근대국어 방언사 탐구

근대국어 방언사 탐구

최 전 승

역락

— 온강 화백에게 —

책머리에

이 책은 내가 2014년에 펴낸 『한국어 방언사 탐색』(역락)의 후속편이다. 따라서 예전의 책과 비슷한 제목으로 나온 이번의 책도 한국어 방언사의 일부 범주로 귀속될 수 있는 8편의 논문으로 구성된 논문집이다. 여기서 취급한 방언사에 관련된 주제들이 대부분 근대국어 단계에 일어난 언어변화와 관련이 있기 때문에 이 논문집의 표제를 이번에는 『근대국어 방언사 탐구』로 설정하였다.

여기에 수록된 4가지의 주제를 담고 있는 8편의 논문들은 2014년 이후부터 2019년 후반까지 작성된 것이다. 그러나 이 책에서의 기본적인 서술의 관점과 태도는 예전의 2014년도의 책과 동일한 연속선 위에 자리하고 있다.

이 책에서 근대국어 단계의 방언사가 관찰의 주요 대상이다. 그러나 원칙적으로 국어의 방언사 연구는 국어사의 영역에 속한다. 이러한 기본적 전제는 국어 방언의 연구가 지향하는 궁극적인 목적이 무엇보다도 국어에 대한 보다 포괄적이고 합리적인 이해에 있다는 사실과도 평행을 이룬다. 국어사 연구는 우리말이 오랜 예전부터 겪어 온 모든 변화를 규명하고 그 역사를 체계적으로 기술하는 것을 목적으로 삼고 있다. 국어사의 연구 대상인 우리말은 비단 중앙어 또는 서울말뿐만 아니라, 우리의 국토 안에서 한국인 화자들이 사용하는 모든 지역적 변종, 즉 방언들이 포함되어야 한다.

이들 지역적 변종들 역시 하나의 독립된 언어 체계를 형성하고 있으며 고유한 역사적 발달 과정을 거쳐 오늘에 이르고 있다(그렇다고 해서 각각의 지역 방언들이 서로 아무런 간섭과 접촉 그리고 방언 차용과 같은 관계 또는 표준어에 의한 방언 수평화의 영향이 없었다는 것은 아니다).

전통적으로 국어 방언의 연구는 국어사와 밀접하게 연관되어 왔음은 잘 알려진 사실이다. 이러한 사정은 19세기 후반 독일과 프랑스 등지에서 출발한 방언학 또는 방언(언어) 지리학이 하나의 독자성을 갖춘 학문으로 발전하게 되는 역사적 배경과 그 맥락을 같이하는 것이다. 그리하여 일찍부터 공시적 지역 방언들은 역사적 문헌 자료의 부족과 심한 제약을 극복할 수 있는 대안으로서, 동시에 국어사 연구와 자료의 살아 있는 광맥으로서 그 중요성이 강조되어 왔으며 지금까지 이러한 인식에 근거한 다양하고 눈부신 국어사 연구 업적들이 지속적으로 축적되어 왔다.

이러한 사실에도 불구하고, 한국어 방언사의 연구 영역은 방언자료의 절대 부족으로 그 자체 많은 제약과 한계를 지니고 있다. 일찍이 김주원(2000 : 182)은 국어의 방언 분화와 그 발달 과정을 기술하면서 국어사에서 16세기 단계는 국어의 방언 분화를 전면적으로 반영하는 시기이기 때문에, 16세기 자료에서부터 철저한 검토를 시작하여야 된다는 주장을 제기하였다.[1] 나는 이러한 김주원 교수의 언급에 대체적으로 공감한다. 그러나 진정한 의미의 방언사에 대한 체계적인 기술이 16세기로부터 본격적으로 시작될 수는 없다고 생각한다. 비록 후기 중세국어의 마지막 단계인 16세기에 일부 지역 방언의 특질을 반영하는 문헌 자료가 단편적으로 출현하였다고 하지만, 독자적인 방언 분화의 과정을 보여주는 전면적인 체계는 드러나 있지 않았다.

19세기의 단계에 이르러서야 중부방언, 남부방언 및 북부방언의 지역적 분화의 발달 과정을 전면적으로 보여주는 다양한 문헌 자료들이 등장되기 때문에, 나는 이 시점이 체계적인 방언사 기술의 출발점이 된다고 생각한다. 개별적인 19세기 지역 방언에 대한 정밀한 공시적 기술을 바탕으로, 우리는 두 가지 유형의 작업을 수행할 수 있기 때문이다. 첫째는 국어 방언사 연구에서

---

1) 김주원(2000), "국어의 방언분화와 발달—국어방언 음운사 서술을 위한 기초적 연구", 『한국문화사상 대계』 제1권, 영남대학교 민족문화연구소, 151-185쪽.

의 전망적(prospective)인 방법을 취할 수 있다. 즉 19세기의 단계에서 오늘날의 지역 방언으로의 지속적인 발달과 확산이 이루어지는 과정과 원리를 기술할 수 있다. 둘째는 이번에는 회고적(retrospective) 방법을 적절하게 구사할 수 있다. 19세기의 단계에서 확립된 공시적 변이와 통시적 변화의 현상들을 이용하여 그 이전의 단계로 소급하여 복원하는 통로가 확립될 수 있다.

이와 같은 관점을 전제로 하고 이 책에 실린 길고 짧은 방언사 관계의 논문들은, 그리 특별한 것은 아니지만, 통상적인 전문 학술지에 실린 여타의 논문들과는 대조가 되는 차이점을 가지고 있다.

그러한 점은 일정한 주제에 대한 논문에 배당된 분량에 관한 것이다. 전문 학술지에 투고되는 다른 논문들은 우선 그 학문적 질을 떠나서 한정된 지면의 제약을 받고 있는 경우가 많다. 그러나 이미 10년 전에 학교에서 정년퇴임한 처지인 나는 그러한 격식을 갖추고 있는 전문 학술지에 내 글을 실을 충분한 여건이나 필요가 없어졌다. 그렇기 때문에, 나는 비교적 여유로운 입장에서 논문 분량의 제약을 받지 않고 나의 논지를 원하는 대로 전개시킬 수 있는 자유가 있었다.

여기에 실린 논문들에 대해서 내가 가지고 있는 이러한 자유는 어떻게 생각하면 혹시 장점이기도 하지만, 동시에 결정적인 단점이 된다는 것은 자명한 사실이다. 학문은 같은 전공자들이 모인 상호 공동의 장에서 건설적인 토론과 비판을 통해서 가능하며 성장할 수 있기 때문이다. 열린 광장에서 이루어지지 않는 공부는 단순한 독백이나 혼자만의 편견에 지나지 않는다고 생각한다.

또한, 일정한 격식의 틀을 갖춘 학술지 논문들은 분량이 한정된 대신에, 간단명료하고, 논지가 압축되어 있다. 그 반면에, 이 책에 실린 논문들은 어떤 점에 있어서 설명을 충분히 제시할 수는 있어도 자칫하면 논지가 여러 갈래로 흐려져서 지리멸렬에 빠지게 되는 위험을 감수하게 되기 십상이다.

그리하여 나는 이 논문들을 작성하면서 그 초고를 가능한 한, 여러 학술대회에 참석해서 발표하고 수정을 받으려고 노력하였다. 그러기 위해서는 때로는 학회에 참석한 젊은 학자들의 따가운 시선도 뻔뻔하게 불사하였던 것이다. 이 책에 실린 논문들은 1편만 제외하면(코로나 19 사태로 금년 2월로 발표 예정된 학회가 취소되었다.), 대부분 학술대회 등지에서 발표하고, 부분적으로 개고와 수정을 거친 결과물들이다.

다른 한 편으로, 나는 논문의 초고를 같은 몇몇 해당 전공자들에게 보내서 많은 질의와 충고, 그리고 질정을 구하였다. 자신의 연구에도 여념이 없는 처지에 시도 때도 없이 요령부득의 논문 초고를 불쑥 내밀어도 귀찮은 기색이 없이 성의껏 읽고, 자신의 생각을 기탄없이 제시하며 토론에 응하여준 대학의 젊은 전공 학자들에게 이 자리를 빌려서 다시 한 번 깊은 감사를 올린다.

이 책을 이루는 단편적인 8편의 논문들은 비교적 최근에 작성된 것이다. 그러나 그 계기와 생각의 씨앗은 내가 대학원 석사과정을 마치고, 전주에 내려와 교편을 잡으며 단독으로 공부를 시작하였던 1970년대 후반 이후와 1980년대 중반으로 소급되는 오래된 낡은 것들이다.

예전에 내가 석사과정을 밟고 있었던 당시에 지도교수님은 개별 논문을 쓴 후에 적어도 6개월 이상을 책상에 묵혀두며 자신의 생각을 오래 숙성시켜야 된다는 엄격한 충고를 주신 바 있다. 이전 학교에서 잡무와 책임시간에 시달리며 1년에 근근이 논문 한두 편씩 써서 마감일에 맞추어야 했던 당시에 그러한 충고를 제대로 따를 수는 없었다. 그러나 늘 가슴에서 떠나지 않았다. 그렇기 때문에, 이 책의 여러 논문에서 등장하는 몇몇 논제들은 나의 예전의 글에서 덜 익은 채로 성급하게, 또는 단편적으로 얼굴을 내밀었던 것들이 많다. 그렇기 때문에, 이러한 불충분한 항목들을 언젠가 다시 다듬고 숙고해서 재정리하여야 될 마음의 큰 빚으로 오래 남아 있었던 것이다.

이 책의 〈제1부 국어 음운현상에서 동화의 음성학적 본질〉이라는 주제로 배정된 제1장과 제2장의 논문 2편은 내가 석사논문을 쓴 이후에, 전북대학교 문리대 국문학과에서 조교 사무를 보면서 제대로 논문을 써야 한다는 극심한 압박감 속에서 나의 학문적 생애 두 번째로 나온 "국어 i-umlaut 현상의 통시적 고찰"(1978)과 밀접한 연관을 맺고 있다. 그 논문에서 취급한 대상과, 추출된 결론은 불행하게도 나의 초기 학문적 입장을 어렵게 하였다.

국어에서 움라우트 현상은 비록 자료상으로 산발적이기는 하였으나 역사적으로 중세와 근대국어의 단계를 관통하는 통합적 음운변화이었으며, 이러한 역행동화 작용을 거쳐 실현된 피동화음들은 하향 이중모음이었을 가능성이 높다는 해석을 그 1978년도의 논문에서 내릴 수밖에 없었다. 이러한 나의 주장은 그 당시 움라우트 현상에 대한 권위 있는 학자들의 보편타당한 교과서적 논지를 정면으로 반박한 결과였기 때문이었다. 그 논문의 별쇄를 받아 본 국민대학교 송민 교수는 나에게 편지로 "용감하다."는 우회적 표현을 전했던 것을 지금도 기억한다.

그러나 그 당시에 나는 움라우트를 거치는 피동화음들이 학계에서 전통적으로 수용된 전설 단모음이 아니라, 하향 이중모음으로 도출되는 음성학적 원리에 대해서는 명확한 이해에 이르지는 못하였다. 그러한 상태는 1985년에 전북대학 대학원에 제출한 학위논문 『19세기 후기 전라방언의 음운현상과 그 역사성』(1986)에까지 지속되어 갔다. 내가 주된 관찰의 대상으로 선정한 19세기 후기의 전라방언의 음운론에서 예의 움라우트 규칙이, 모음체계에서 하향 이중모음들이 단모음화되어가는 순서에 따라서, 2가지로 분열되어 공시적으로 존재하였다는 사실을 제시하게 되었다. 움라우트 규칙 하나는 피동화음 '아, 어, 오'의 경우에 전설 단모음 '애, 에, 외'로, 또 다른 움라우트 규칙 하나는 피동화음 '으, 우'에는 하향 이중모음 '의, 위'의 신분으로 실현시키는 현상으로 나누어지게 된 것이다.

그 당시 나의 학위논문 심사를 맡으셨던 주심 허웅 선생은 예비 심사과정에서 본 심사로 넘어가기 위한 몇 가지 조건을 제시하셨다. 그 조건들 가운데 하나는 심사논문의 자료 대상이었던 신재효의 판소리 사설집과, 전주에서 간행되었던 일련의 완판본 고소설에 반영된 언어가 시기적으로 19세기 후기와 전라방언에 속한다는 시간적 및 공간적 전제와, 다른 하나는 움라우트 현상이 기원적으로 전설 단모음이 아니라 하향 이중모음화로 실현되었다는 가정에 적극적인 타당성 내지는 합리적인 증명을 하여야만 된다는 매우 어려운 주문이었다.

내가 제출한 심사용 논문에 대한 허웅 선생님의 이러한 지적은 반드시 해결하여야 될 타당한 주문이었지만, 나에게는 쉽게 풀기 어려운 심각한 난제였다. 그 당시 80년대 한국정신문화원에서 실시하는 전국방언조사에 현장조사원으로 참여하고 있던 곽충구 교수로부터 전달받은 충남지역 역동적인 움라우트 현상 자료를 통해서 다행스럽게도 곤경을 임시방편으로 벗어날 수는 있었다. 그래도 움라우트 실현의 본질적인 문제는 내 머릿속에 여전히 남아 있었다. 따라서 제1장과 제2장은 20세기 초반 서울지역어의 움라우트 현상의 분포에 대한 종래의 학문적 편견과, 움라우트가 실현되는 음성학적 기제, 그리고 본질적인 동화의 원리를 다시 살펴보려는 묵은 숙제로 작성한 것이다.

이 책의 〈제2부 근대국어 전설모음화 현상의 내적 발달과정과 그 역동성〉이라는 표제로 실린 제3장과 제4장은 근대국어 후기에 산발적으로 문헌자료에 등장하는 전설(구개)모음화 현상들의 유형을 관찰하면서, 2가지 본질적인 문제를 의식하면서 작성한 것이다. 하나는 이와 같은 전설(구개)모음화 유형의 현상들이 변이의 형식으로 보유하고 있는 시간심층(time depth)에 대한 문제의식이다. 즉, 어느 시기부터 각각의 지역방언에서 분화되어 출발하기 시작하였을까. 다른 하나는 어떠한 확산의 과정을 거쳐서 근대국어 후기의 단계로 전개되어 온 것일까. 또한, 그 과정에서 실제 언어생활을 영위하던 당대 화자들의 적극적인 간섭은 없었을까.

일정한 음운론적 변화의 출발점을 규명하기는 어려운 작업이다. 그것의 본격적인 출현과 확대의 과정은 문헌 자료에 나타난 증거보다 언제나 당시의 화자들의 구어에서 먼저 진행되는 것이 사실이다. 이러한 전설모음화 현상의 기원과 확대를 복원하는 작업은 근대국어 후기 이전에 속하는 풍부하고 다양한 문헌 자료에 의존할 수밖에 없지만, 그러한 원전 자료는 쉽게 찾을 수 없었다. 따라서 나는 이 논문들에서 전설모음화에 대한 그 당시 화자들의 언어규범에 근거한 과도교정의 보기들을 다양하게 검증하였다. 그리고 이러한 검증의 틀 안에서 음운론적으로 파악하기 어려운 '칩-(寒)>춥-'의 변화와, 존재사 '잇/이시-(有)>있-'의 중간단계를 설정하려고 단편적으로 종전에 시도했던 나의 가정을 좀 더 확대한 글이다.

이 책에서 〈제3부 현대국어에서 진행 중인 언어변화와 언어규범〉에서는 단 한 편의 논문을 포함하였다. 이것은 내가 오랜 과제로 추진하고 있는 "표준어의 형성과 지역방언"에 대한 고찰의 일부이다. 제5장의 논문은 사회구성원들이 의사소통 과정에서 행사하는 내밀한 숨겨진 합의와 조정의 역사를 몇 가지 용언들이 일정한 경향을 보이면서 변화해 오는 역사적 발달 과정 중심으로 제시한 글이다.

이어서 제4부로 배정된 〈국어 방언사에서 음운론적 해석과 형태론〉에 실린 3편의 논문 가운데, 특히 제6장 "국어사에서 형태론적 조정을 거친 음성변화에 대한 일고찰 : 명사파생접사 '-이'의 역사적 기능을 중심으로"는 내가 1970년대 후반기에 작성한 학문적 생애에서 세 번째의 논문 "명사파생 접미사 '-이'에 대한 일고찰"(1979)을 바탕으로 대폭적으로 수정한 글이다. 나의 1979년도의 논문은 나에게 여러 가지로 기억에 남는 의미 있는 글이다. 여기서 설정한 가설이 지금까지 내가 취급했던 <음성변화와 형태론의 기술 영역>을 차지하고 있다.

그리고 이 1979년도의 논문은 내가 대학교에 취직할 때에 자격심사용으로 제출한 2편의 논문 가운데 하나였다. 또한, 이 작은 논문(1979)은 지금까지 내가 지속적으로 발전시킨 "비어두음절 모음의 방언적 분화 u∽i와 접미사 '-이'의 기능"(1982), 그리고 "파생법에 의한 음성변화와 어휘 대치의 몇 가지 유형"(1989) 등의 이론적 출발점이 되어 왔다.

나의 초기의 논문들이 모두 그렇지만, 1979년도의 이 논문도 논증의 차원에서 자료 운용상으로 많은 취약점들을 가지고 있기 때문에, 그 동안 나의 논문집에서 다시 실리기가 어려웠다. 그리하여 이번 기회에 1979년도의 그 논문에 대폭적인 수정을 하려고 준비하였다. 그러나 도중에 명사파생접사 '-이'가 관여하고 있다고 생각되는 'ㄱ오-'(누르-, 壓夢)>*ㄱ외>가위'의 변화 과정과, '박ᄉᆞ(博士)>*박시>박수/박시'(巫覡/접사)'의 형태 변화를 첨가하면서 원래의 의도에서 약간 멀어지고, 이 책의 제6장으로 나오게 된 것이다.

이 책에 실린 논문들이 발표된 시기와 출처를 순서대로 아래와 같이 제시한다.

2014. 7. "국어사 한글 자료에 반영된 언어 현상과 언어 변화의 해석에 대한 몇 가지 대안적 고찰 : 주로 음운사의 측면에서"
〈2014년 여름 국어사학회 전국학술대회 발표집〉, pp.9-56. 국어사학회.

2015. 7. "20세기 초엽 서울 방언의 음운론과 움라우트 현상의 공시성
—Eckardt의 『조선어교제문전』(1923)을 중심으로—"
〈2015년 여름 국어사학회 전국학술대회 발표집〉, pp.153-198. 국어사학회.

2016. 7. "근대국어 후기 '으'의 전설모음화 현상과 그 과도교정의 역동성
—'칩-(寒)>춥-' 및 존재사 '잇-/이시-(有)>있-'의 중간단계 설정을 중심으로—"
〈2016년 여름 국어사학회 전국학술대회 발표집〉, pp.117-180. 국어사학회.

2018. 8. "조음 음운론과 움라우트 현상에서 <동화>의 음성학적 과정과 본질"
〈2018년 8월 23일 국어문학회 제64회 학술대회집〉, pp.57-88.

2018. 9. "현대국어의 언어규범과 공시적 언어변화의 진행에 대한 사회구성원들의 숨겨진 합의와 조정의 역사성"
〈2018년 9월 14일 제 59회 한국언어문학회 발표집, 『차이·갈등·공동체 : 상생의 언어와 문학』〉, pp.345-423. 한국언어문학회.

2019. 4. "공시적 음운현상들의 표면적 수렴과 상이한 역사적 내적 과정
— 소위 전설모음화 '-르>-리'의 형성을 중심으로—"
경북대학교 국어국문학과 BK21 플러스 〈영남지역 문화어문학 연구 인력양성 사업단〉 전문가 초청 특강 발표집, pp.1-49.

2019. 8. "국어사에서 형태론적 조정과 음성변화에 대한 일고찰
—명사파생접사 '-이'의 기능을 중심으로—"
〈2019.8.20. 전주교육대학, 국어문학 제 46회 전국학술발표회. 『국어문학,
다시 전통을 말하다』〉, pp.133-184.

2019. 12. "19세기 후기~20세기 초반 외국인(선교사들)의 한국어 문법서에 기술된
조건의 연결어미 '-거드면'의 문법화 과정에 대한 재고찰". (미발표)

이 책에 실린 8편의 논문들이 보여주는 학문적 내용의 깊이와 질이 내가
학교에서 퇴임을 한 4년 후인 2014년에 간행하였던 역시 동일한 주제 중심의
논문집 『한국어 방언사 탐색』(역락)의 그것보다 조금이라도 더 진전되었기를
기대한다. 지금까지 작은 힘이지만, 한국어 방언사 연구를 주제로 꾸준하게
나아갈 수 있었던 것은 나에게 큰 행운이다. 그런 의미에서 요즈음 나의 유
일한 말벗인 온강 화백의 꾸준한 배려에 감사하며 이 책을 바친다.

끝으로, 나는 역락출판사 이대현 대표께 깊은 감사를 드린다. 다행스럽게
도, 2004년도부터 시작해서 지금까지 졸저 5권(공역도 1권 포함해서)이 역락출판
사에서 세상에 나왔던 것이다. 그리고 무엇보다 코로나 19 사태의 와중에서
도 흔들리지 않고, 정성스럽고 꼼꼼하게 편집을 해주신 권분옥 편집장께도
깊은 감사를 드린다.

2020년 4월

최 전 승

차례

제1부 음운현상의 전개와 동화의 본질

제2부 전설모음화 현상의 발달과 그 역동성

제3부 진행 중인 언어변화와 언어규범

제4부 국어 방언사에서 해석과 형태론

제1장

20세기 초엽 서울 방언의 음운론과 움라우트 현상의 공시성*
― Eckardt의 『조선어교제문전』(1923)을 중심으로 ―

1. 서론

1.1 이 글에서 글쓴이는 독일인 신부 안드레아스 에카르트(P. Andreas Eckardt, 한국명 : 玉樂安, 1884-1974)가 저술한 『조선어교제문전』(*Koreanische Konversations-Grammatik mit Lesestücken und Gesprächen*, 1923)의 텍스트에 반영된 20세기 초엽의 서울말, 또는 경기방언에 대한 몇 가지 음운론적 양상과, 특히 움라우트('이' 모음 역행동화) 현상을 중심으로 그 의미를 오늘날의 관점에서 해석하려고 한다.[1]

---

* 이 글의 초고 일부는 2015년 2월 12일 <국어문학회>(제57회 정기학술발표대회, 군산 근대역사박물관)에서 "Eckardt의 『조선어교제문전』(1923)에 반영된 20세기 초엽 서울방언의 음운론"이라는 제목으로 발표된 바 있다. 지정 토론자 담당을 해준 양영희(전남대) 교수에게 감사한다.

원래의 초고에 첨가되고 수정된 글을 읽고, 적절한 조언과 대안 및 의문점들을 제시해준 정인호(대구대학교), 신승용(영남대학교) 교수와, 정경재(창원대학교) 교수에게 감사를 드린다. 그리고 최종 원고는 <2015년 여름 국어사학회 전국학술대회>(2015. 8월 6-7일, 충남대학교)에서 발표되었다. 여기서 지정 토론자로 수고하여준 소신애(숭실대) 교수에게 감사한다. 소신애 교수는 이 글에 대한 토론문에서 "근본적으로 <동화>(assimilation)의 음운론적 개념을 어떻게 정의하는지 발표자의 의견을 듣고 싶다."고 하였다. 이에 대해서 글쓴이가 준비한 답은 본서의 제2장으로 배정되어 있다.

이 글의 논지 전개상에서 파생된 모든 잘못과 책임은 전적으로 글쓴이에게만 있다.
1) 이병근·박경래(1992)는 경기방언의 특질을 논의하면서, 그 기술 대상을 "서울을 중심으로 한 경기도 주변지역의 방언"의 개념으로 파악하였다. 『방언학사전』(2000 : 41)의 <경기도 방언>

이 문법서는 당시 25세였던 Eckardt가 1909년 12월 한국에 들어와서 성 베네딕트 교단에서 기독교 선교와 교육 사역을 시작한지, 14년 만에 거의 40세가 되어서 간행한 독일어권 최초의 본격적인 한국어 문법서 겸 학습서이다. Eckardt(1923)는 제1부의 텍스트와, 독자적인 서문과 체제를 갖춘 제2부『附註解』편으로 구성되어 있다. 각 과의 텍스트 본문에서는 먼저 한국어의 문법 항목들이 일정한 규칙으로 제시되었으며, 그 다음으로 <단어 모음>이 배정되어 본문에서 예시된 한국어 예문과 이어서 연속되는 한글 <읽을거리>(Lesestück)에 나오는 개별 어휘를 수록하여 독일어로 번역하였다. 그리고 독일어 문장을 한글로 번역하는 <과제>(Aufgabe) 항목과, 이 문법서의 가장 중요한 특징인 한국어 <대화>(Unterhaltung)가 뒤따르는 체제를 갖추고 있다.

본 텍스트의 한국어 <대화> 부분은 甲과 乙이라는 가상적인 화자와 청자 둘 사이에 오고가는 자연스러운 일상 대화가 높임법의 등분에 따라서 적절하게 제시되어 있다. 대화의 주제는 한국의 역사와 풍습, 민담과 전설 등을 효과적으로 포함하여 한국을 소개하는 역할을 하도록 배려하였다. 민담의 경우는 Eckardt 자신이 직접 수집한 것이며, 자료 제공인, 기타 출처를 일일이 밝혔다.

문법서의 본문 가운데, 한국어 문법 항목들의 설명과, <과제>(Aufgabe) 항목은 독일 고딕체(Fraktur)로 인쇄되어 있다. 이러한 고딕 인쇄체는 그 당시와 1960년대에까지 이르는 독일의 전형적인 관용적인 방식이었다. 그 반면에, 본문에서 사용된 한국어의 문장과 단어는 로마자 표기로 작성하여 고딕체로 인쇄된 독일어와 구분하였다.

Eckardt(1923)는 1923년에 간행되기는 하였으나, 그 원고가 이미 작성되어 1914년부터 독일의 Heiderberg, Julius Groos 출판사에 보내어져 인쇄가 시작되었다고 머리말에서 밝히고 있다(Vorwort, x). 그리하여 이 문법서는 그가 직

항목에서도 서울을 중심으로 경기도 지역에서 쓰이는 중부방언에 속하는 하위방언으로 분류되어 있다.

접 언급한 바와 같이, 세계 1차 대전의 소용돌이 속에서 엄청난 고초와 노력을 요하는 오랜 인내의 결실이었다. 그가 오랫동안 연구하고 수집하여 제시한 이 문법서의 텍스트에 나타난 한국어는 대략 1910년대에서부터 1920년대 초반에 이르는 서울 또는 경기지역 인근의 일반 대중들이 사용하였던 자연스러운 구어 자료에 해당된다.

Eckardt는 머리말에서 자신이 이 문법서를 작성하게 된 배경과, 종래의 다른 문법서들과의 본질적인 차이점, 여기서 구사된 전사표기의 방식, 독특한 구성과 체제를 약술하였다. 그리고 이어서 한글 자모와 한국 문화에 대한 자신의 소감, 세종이 창제한 신문자 <훈민정음>의 우수성과, 조선 太宗 때 독일의 구텐베르크의 인쇄술보다 50년이나 앞서서 동활자를 발명한 사실, 끝으로 오래 지연되었고 험난했던 책의 인쇄와 교정 과정을 자세하게 소개하고 있다.[2]

그는 자신의 문법서는 최초의 독일어-한국어 대조 문법에 해당되는 것이

---

2) 이 책의 성격을 대체적으로 보이기 위해서 Eckardt(1923, Vorwort : v-x)에서 몇 가지 구체적인 언급을 인용하면 다음과 같다.

(ㄱ) 프랑스와 영국 및 러시아인들은 그 동안 문법서와 사전을 편찬하여 한국과 한국어를 정밀하게 이해하려는 노력을 지속적으로 반복하여 한국어 연구의 길을 개척하여 온 반면에, 독일어로 작성된 그러한 체계적인 문법서는 아직까지 없었다.

(ㄴ) 한국에 체류하는 지난 14년 동안 최선의 능력을 다해서 한국어와 한국의 언어 정신 속으로 들어오려고 노력했으며, 혼란과 난삽한 한국어의 문법 형태들로부터 일정한 문법 규칙들을 추출하여 언어의 구조를 밝히려고 했다.

(ㄷ) 문자와 언어로 한 민족의 문화적 단계를 측정할 수 있다면, 한국은 세계에서 최고의 문화 민족에 속할 것이 틀림없다.

(ㄹ) 한글 자모는 단순하고 그 내용이 풍부해도, 독특한 문법 형태와 동사의 다양한 어미로 표현되며, 특히 문장의 구두점을 표시하지 않기 때문에 음절과 단어, 문장의 성분을 구별하는 것이 초학자들에게 어려워서 한글자모는 로마자 표기 원칙을 따라 전사하였다.

(ㅁ) 복잡한 한국어 동사들을 실명하기 위해서 매우 새로운 분석을 시도했다. 이러한 분석 체계는 저자가 1913년 서울에서 간행한 숭신학교 강의용 『조선어문전』에서 처음으로 이루어진 바 있다.

(ㅅ) 본서의 각주를 이용하여 주로 단어를 중심으로 언어 비교를, 첫째 한국어의 계통적 귀속을 밝힐 수 있는 길을 제시하기 위해서, 둘째 한국어와 일본어는 서로 상이하다는 사실을 입증하기 위해서 제시했다.

며, 앞선 시대에 이루어진 Underwood의 영어-한국어 문법서(초판 1895와, 개정
판 1914)와, 프랑스 신부들의 『한어문전』(*Grammaire Coréenne*, 1880) 부류와는 많
은 점에서 매우 다르다고 주장하였다. 그리고 Underwood의 문법서는 원래
한국어 문장을 수집해 놓은 것에 불과하다고 평가하기도 하였다(Eckardt 192
3 : Vorwort, IX).

그는 자신의 문법서에 실린 제1과에서부터 45과까지에서 한국어 문법을
규칙으로 제시하고, 여기에 보기를 예시하면서 연습 항목을 배정했으며, 한
국어 대화문을 덧붙였다고 해설하였다. 그리고 한국어 <읽을거리>(Lesestück)
와, <대화>(Unterhaltung)는 대부분 한국의 정서와 생활, 그리고 풍습, 민담, 한
국의 역사를 고려한 것이라고 밝혔다. 특히 텍스트에서 한국어 독본은 전부
독창적인 이야기인데, 단지 4, 10, 및 11과에 실린 내용은 경향 각지의 신문에
서 선택하여 여기에 약간의 변경을 가해서 전재한 것이라 하였다. 또한 각
과마다 살려있는 한국어 대화 연습은 본 문법서를 위해서 새로 작성된 것이
며, 실제 한국인들의 삶을 바탕으로 하고 있다고 강조하였다.

오늘날의 관점에서 Eckardt(1923)가 보유하고 있는 일차적 특징 가운데 한
가지는 체계적인 문법 기술에도 있으나, 무엇보다도, 자신이 직접 자료 제공
자들로부터 수집한 그 당시의 민담 자료와, 사실적인 <대화>를 로마자로 정
밀하게 전사하여 제시한 언어 자료에 있다.[3] 그의 문법서가 추구하는 일차적
목표는 일반 대중들 속에서 그들이 구사하는 일상적 구어를 이해하고 습득
하는 것이었기 때문에, 기술의 대상인 당시의 언어는 종래의 다른 문법서들
이 대상으로 했던 격식적인 표준어가 아니라, 대중들이 구사하였던 서울말

---

3) 예를 들면, 제21과 <읽을거리>(Lesestück)인 "한라산 신션 니야기"(디역 21, 163-162)에 대해
　서 그는 미리내에 있는 강 신부로부터 들은 것이지만, 전국적으로 잘 알려져 있다고 했다
　(1923 : 242). 그리고 제27과 "님군이 피란흠이라"(디역 27, 146-145)에 대해서는 서울에서 김
　봉제가 들려준 이야기라고 첨부했다.
　또한, 제37과 <읽을거리> "견우 직녀성 니야기"(디역 37, 135-134)에 대한 본문의 각주에서
　그는 "나의 스승, 김봉제의 구술인데, 이 이야기는 일반적으로 유명하다."(1923 : 241)와 같이
　구체적인 출처를 제시하였다.

중심의 살아 있는 구어(vernacular) 중심이었다. 따라서 Eckardt(1923)의 텍스트 본문에 실린 한국어의 자연스러운 모습은 20세기 초엽의 서울말 혹은 경기도 방언에서 쓰이고 있었던 역동적인 음운현상을 관찰하기 위한 매우 양호한 구어 자료에 속한다.

Eckardt의 문법서 가운데 다른 문법서 계열에서 볼 수 없는 또 다른 특징은 텍스트에 출현하는 한국어 단어들을 비교 언어학의 관점에서 대조하려고 시도한 점이다. 그는 한국어와 인구어와의 친족관계 연관 가능성을 주로 단어의 유사성을 중심으로 제시하였다. Eckardt는 한국어와 주위의 언어 일본어 및 인구어 어족의 언어들의 단어들과의 형태상의 유사점들을 20여 가지 항목에 걸쳐 상호 대조하여 본문의 텍스트에서 각주의 형식으로 기술하였다. 그는 본 문법서의 자매편인 제2부 『조선어교재문전 부 주해』(Schlüssel zur Koreanischen Konversations Grammatik)의 서문에서 한국어와 인구어와의 27여 가지의 어휘 항목들을 일목요연한 도표로 비교 대조한 다음, 이러한 예들을 통해서 이미 한국어와 인구어 어족과의 흥미 있는 관계가 도출된다고 지적하였다. 그는 1929년 고국으로 돌아간 이후에도, 한국어와 인구어와의 비교 연구를 꾸준히 지속하여, 그 성과를 단행본 Eckardt(1966)로 간행하였다.

위에서 글쓴이가 개략적으로 기술한 Eckardt(1923)의 성격과, 상대적 가치 및 그 내용상의 개요는 비교적 일찍부터 우리에게 소개되어 왔다(정희준 1938; 小倉進平 1964; 이숭녕 1965; 고영근 1977, 1983). 1970년대 후반에는 <역대한국문법대계>(김민수 외 편, 제2부 제8책)에 수록되어 비록 영인본이지만, 그 실물을 쉽게 접할 수가 있었다.[4] 그리고 최근에 독일어 전공 학자들 중심으로 교재 평가론의 관점에서 이 문법서에 대한 한국어 교재 또는 학습서로서의 구조적 특징과 체재 분석이 구체적으로 이루어진 바 있다(이은정 2008; 원윤희·고예진

---

4) 일찍이 小倉進平(1964 : 89)은 이 문법서를 소개하면서, 한국어 동사의 활용어미를 17 종으로 분류하여 한국어의 속성을 복잡하게 기술하였다는 비평을 하는 학자들이 있다고 하였으며, 한국어와 여타의 인구어들과의 20여 개의 단어 비교는 다소 신중한 태도를 결하였다고 지적하였다.

2012; 고예진 2013). 또한 조원형(2019)은 Eckart(1923)의 주요 내용을 정밀하게 분석하고, 19세기 후반에 등장했던 일련의 외국인 선교사들의 한국어 문법서들과 비교 대조한바 있다.

그 반면에, 이 문법서의 텍스트에 반영된 20세기 초엽의 순수한 언어 자료를 추출하고, 여기에 초점을 맞춘 체계적인 관찰은 이번에 발표된 정인호(2014)의 음운론적 연구를 제외하면, 아직은 쉽게 찾을 수 없다.

1.2 정인호(2014)는 Eckardt의 문법서에 나타난 언어만 단독으로 취급한 것은 아니고, 개화기라는 시대적 배경의 틀에서 이 시기에 출현하였던 주로 외국 선교사들의 여러 문법서와 대역사전에 드러난 국어의 음운목록과 음가, 음운론적 과정을 몇 가지 선정하여 기술하고, 그 의미를 검증한 논문이었다.5) 국어사에서 근대 단계의 종료와 현대국어의 시작을 알리는 시기를 일반적으로 개화기로 칭하는데, 대략 1890-1910년까지의 시대적 공간을 아우른다고 한다(『국어의 시대별 변천 연구 4』, 개화기 국어, 국립국어연구원, 1999).6)

특히 정인호(2014 : 116-118)가 Eckardt(1923)에서 주된 관찰의 대상으로 삼은 음운론적 과정은 이 텍스트에 부단히 생산적으로 출현하고 있는 일부의 움라우트 현상이었다. 형태소 내부와 그 경계에서 실현되고 있는 움라우트에서 형성된 피동화 모음은 주로 V^i와 같은 표기 방식을 이 문법서의 텍스트는 적극적으로 보여주었다. 그 예를 우선 간단하게 일부 소개하면 다음과 같은 유

---

5) 정 교수는 그 논문(2014)에서 근대에서 현대국어로 계승되는 한국어 음운사 연구에 기여하려는 목적을 갖고, 중부방언을 반영한 것으로 판단되는 3개 문법서와 사전 1 종류를 주요 관찰 대상으로 삼았다. 즉, (ㄱ) *Grammaire Coréenne*(『한어문전』, Ridel 1880), (ㄴ) *An Introduction to the Korean Spoken Language*(『한영문법』, Underwood 1890), (ㄷ) *English-Corean Dictionary*(Scott 1891), (ㄹ) *Koreanische Konversations-Grammatik*(『조선어교제문전』, Ecardt 1923).

6) 고영근(1983)에서 "외국인의 국어문법 연구"는 3 시기로 나누어 고찰하는 것이 편리하다고 보았다. 제1기(1832-1882), 제2기(1883-1938), 제 3기(1939-). 이 가운데 이 글에서 고찰의 대상이 되는 에카르트의 문법서(1923)는 제2기에 포함된다. 제2기에 속하는 문법연구를 관통하는 특질은 "국어의 구조에 바탕을 둔 실용적 연구"로 규정하였다.

형들이다(이 글의 §3.1을 참조).

(1) ㄱ. san kokta'ki(꼭대기, 404), toyatji ko'ki(고기, 357), u'pho(우표, 138),
ㄴ. solsol punan para'mi(바람-이, 417), kǔ midtchin sarǎ'mi(사람-이, 18),
irho'mi muǒsinya?(일홈-이, 27),
ǒtâiro ka'myǒn tjosǔmniga?(어대로 가-면, 14) 등등.

그리하여 정인호(2014)는 후설계열의 피동화 모음이 역행동화를 받아서 전설계열의 모음으로 전환되는 움라우트 현상의 원리에 견주어, 예의 피동화음 V'의 본질에 대하여 논란의 대상이 될 수 있는 3가지의 문제를 다음과 같이 제시하였다.

(2) 첫째, 현대국어 움라우트의 성격 규정 원리와 관련하여, 피동화음으로 실현된 표기 V'의 정확한 음가 해석을 어떻게 하여야 될 것인가.
둘째, 이중모음의 단모음화와 관련하여, 이중모음의 단모음화가 대부분 완료된 이 시기의 서울말에서 V'의 표기를 과연 이중모음으로 해석할 수 있을 것인가.
셋째, Eckardt(1923)의 텍스트에 제시된 한국어는 대부분 그 당시의 서울말에 해당된다는 사실을 전제로 할 때, 여기에 생산적으로 반영된 움라우트 현상의 보기들은 예외적으로 방언적 요소가 개입된 것으로 파악하여야 할 것인가.

글쓴이는 Eckardt(1923)에서 움라우트 현상의 피동화음으로 전사된 표기형식 V'에 대해서 정인호(2014)가 위에서 제시한 3가지 문제점에 대한 합리적이고, 타당한 해결책을 전부 여기서 제시할 수 있는 능력은 없다. 그러나 글쓴이는 이미 예전에 19세기 후기 전라방언의 구어 자료를 검토하면서, 움라우트 현상에서 피동화 모음은 이와 유사한 유형의 이중모음화 과정(으→의 [iy]; 우→위[uy>wi]) 일부를 수행하였을 가능성을 제시하고, 그러한 음운론적 과정의 의미를 논의한 바가 있다(최전승 1986, 1987). 그리하여 19세기 후기 일부 지역방언의 움라우트 현상에서 보이는 피동화 모음의 전설화는 역사적으로 두 개의 음운론적 과정(㉮ V→Vy; ㉯ Vy→전설모음화)을 거쳐 축약(telescoping)된 단계를 보여준다는 잠정적인 가설을 제시하였다.

Eckardt(1923)에 반영된 20세기 초엽의 서울방언의 움라우트 현상에 실현되는 V→Vⁱ와 같은 로마자 표기 방식은 이러한 통합적 과정의 제1단계의 모습을 여전히 공시적으로 실현시키고 있었을 개연성이 있다. Eckardt(1923)에서 표기된 움라우트 피동화음 Vⁱ은 19세기 후기 전라방언에서 이와 동일한 음성 조건에서 실현되었던 Vy와의 유기적 연계성을 연상시키기 때문이다.

이와 같은 가정을 전제로 하고, 글쓴이는 정인호(2014)에서 부분적으로 정리된 움라우트 현상의 유형을 텍스트 전체 제1부와 제2부로 확대하여 다시 정리해 보고, 오늘날의 그것들과 비교하여 재음미하려고 한다(이 글에서 §§3-4). 그리고 여기서 이끌어낸 움라우트 자료들과 그 공시적 위상을 확인하기 위해서, Eckardt(1923)에 반영된 몇 가지 통합적 음운론적 과정의 성격을 20세기 초엽 서울말의 특질과 연관시켜 관찰하려고 한다(§2). 글쓴이의 이러한 시도가 어느 정도 합리적인 것이라면, Eckardt(1923)의 텍스트에 반영된 1910-1920년대 서울 또는 경기도 인근 지역방언에서의 V→Vⁱ, 또는 V→Vi(변모음)와 같은 생산적인 음운론적 과정이 움라우트 현상의 지역적 분포에 대해서 우리가 지금까지 종래에 갖고 있었던 언어적 편견을 어느 정도 극복할 수 있는 계기를 마련하여 줄 것으로 기대한다(§5).

2. 1910-1920년대 모음 체계와 통합적 음운 현상의 특질

2.1 변모음(Umlaute)의 형성과 '외, 위'의 발음상의 변이

본 문법서의 텍스트가 시작되기에 앞서 Eckardt(1923 : 1-6)는 음성학적으로 관찰한 그 당시의 한국어 모음체계와 통합적 음운현상에 대한 11가지 발음규칙(pp.1-2)과, 자음의 연쇄적 발화에서 일어난 음운현상 중심의 발음규칙 19가지(pp.2-5), 그리고 표현적 장음, 음절과 단어의 강세와 문장의 억양에 대한 언급, 로마자로 전사한 한글 자모의 명칭을 제시하였다. 이 가운데 단모음과 연관된 발음규칙의 몇 가지 내용을 텍스트 본문에 나타나는 음운현상들과 연관시켜 정리한다.

> (3-1) **발음규칙 (2)** :
> 한국어의 e(에)와 ye(예)는 원래 변모음(Umlaute)으로서, ŏ(어)와 yŏ(여)가 i(ㅣ)와 결합하여 형성되었고, 그 발음은 대부분 독일어와 마찬가지이다.
> (3-2) **발음규칙 (9)** :
> 독일어 변모음(Umlaute) ä, ö, ü는 한국어에서는 a, o, u 모음 뒤에 오는 i를 통하여 형성되었다. 예 : kâi(개, kä로 발음); mâi(매); sâi(새); nôi(뇌, nö로 발음), tûi(뒤, tü로 발음). 이와 마찬가지로, yâi=yä, yôi=yö, yûi=yü, oâi=oä로 발음된다.

발음규칙 (2)에서 Eckardt는 한국어의 단모음 '에'[e]와 이중모음 '예'[ye]는 기원적으로 '어'(ŏ)와 '여'(yŏ)가 i와 결합하여 형성된 變母音(Umlaute)으로 파악하였다[7] 즉, '어+ㅣ → 에, 여+ㅣ → 예. 따라서 그는 이 책의 텍스트에서 [e], [ye]로 발음되는 단모음 '에'와 '예'에 대한 로마자를 각각 '어'(ŏ)와 '여'(yŏ)에 i를 첨가하여 ŏi와 yŏi로 나타낸다. 한국어에서 '에'가 원래 단모음이 아니라 음운사적으로 ə+i>e와 같은 통시적 과정을 밟아서 변모음화되어 전설 단모음 [e]로 형성되었다는 해석을 Eckardt가 어떻게 해서 추출해 내었는가에 대해서는 구체적으로 확인할 수 없다. 당시 서울말에서 생산적이었던 움라우트 현상을 통해서 그렇게 해석하였을 가능성도 있다. 그는 발음규칙 (20) 항

---

7) 독일어에서 원래 움라우트(Umlaut)라는 용어는 글자 그대로의 의미인 "變音"을 뜻한다. 즉 어떤 모음 V1이 후속하는 다른 계열의 V2의 역행 동화를 받아서 원래 모음의 자질에 변동을 일으키는 음운론적인 과정이다. 이 글의 §4.1을 참조

목에서 후속하는 -i 또는 y의 영향으로 앞 선 음절의 후설모음이 쉽게 전설의 변모음으로 전환된다고 기술하였다(§3.1에서 후술). a+Ci→ä+Ci; ŏ+Ci→ e+Ci; o+Ci→ö+Ci; u+Ci→ü. 그가 한글 자모의 이중 문자구조 '애, 에, 외, 위' 자체에서 그러한 해석을 유추하였을 가능성도 있으나, 본문에서 '너'(汝)의 속격형 '네'가 '너+-이→네'와 같이 형성된 것이라는 형태음운론적 현상을 지적하였다.[8]

또한, Eckardt는 문법서의 머리말(1923 : viii)에서 간결하게 요약한 한국어 음운체계의 특질 가운데, 변모음의 유형과, 후설모음의 끝에 -i를 붙이는 전사 방식 ai(=ä), oi(=ö), ui(=ü)를 제시하면서, 그 구성원으로 '의'(ŭi)를 포함시키고 있는 점이 특이하다. 아마도 그는 '의'가 보이는 ŭ+-i의 문자 구조상의 성격과, '이' 모음 역행동화에 출현하는 피동화음 ŭ(으)가 중간단계 ü를 거쳐 -i로 변모음화 하는 과정을 고려했던 것으로 보인다. Eckardt(1923 : 2)는 발음규칙 (11)에서 '의'는 짧은 순간에(flüchtig) 이중모음으로 발음된다고 하였다. 예 : kŭi(긔, 旗), phŭita(픠다, 發), kŭita(긔다, 匍), hŭita(희다, 白). 그러나 이들 단어의 발음에서 이중모음 ŭi는 자주 ŭ 성분이 소실되어서 ki, phita, kita, hita로 발음되는 경우가 많다고 지적하였다. 그리고 변모음인 ŭi(의)의 발음은 úi, üi이지만, 짧은 단모음 i로 발음되는 경우가 빈번하며, 속격조사로 사용되는 경우에는 단모음 ĕ로 전환된다고 하였다.[9]

---

8) 한국어에서 전설 단모음 '애, 에, 외, 위' 등이 역사적으로 -i가 첨가되어 파생되어 나왔을 것이라는 언급은 일찍이 모음체계의 역사적 발달 과정에 대한 기술과 관련하여 Ramstedt(1928)의 설명을 연상하게 한다.

-i를 보유하고 있던 이중모음은 다음과 같이 전설 장모음으로 발달하였다. ai>ä :, ëi>e :, oi>ö :, ui>wi>ü :. 그리하여 ä, e, ö, ü는 수세기 동안 사용되지 않다가 -i의 영향으로 결과적으로 다시 출현하게 된 것이다.(p.443).

20세기 초엽의 서울말에 확립되어 있는 전설계열 모음에 대한 이와 같은 Ramstedt의 통찰력 있는 관찰은 시대적으로 앞서 간행된 Eckardt(1923)를 통해서 확립되었을 개연성도 우리가 생각할 수 있다. 한국어의 움라우트 현상과 관련하여 Ramstedt(1957)와 Eckardt(1923)와의 연관성은 이 글에서 또한 각주 (55)를 참조.

9) Roth(1936 : 8)도 서울말의 모음 '의'(eui)는 ú+i의 결합이며, '이'로 발음되는 사례가 많아서 이

Eckardt는 20세기 초엽의 서울말에서 실현되었던 모음 '외'와 '위'에 대한 구체적인 언급은 하지 않았고, 단순히 독일어의 전설 단모음 ö와 ü와 대응된다는 사실만 제시하였다. 이러한 사실은 이미 40년 전에 프랑스 선교사들이 작성한 『한어문전』(1881 : XIII)에서 출현하는 음성 환경에 따라서 달리 발음되는 공시적 변이음들에 대한 정밀한 기술과 차이가 난다(김봉국 2005; 김인택 2013; 정인호 2014). 또한 1930년대에 Eckardt와 같은 단체에 소속되었던 독일인 신부 Roth(1936)가 당시 서울말에서 발음되었던 '위' 모음에 대한 관찰과도 일치하지 않는 점이 있다. Eckardt보다 13년 이후에 간행된 Roth(1936)는 그의 문법서에 있는 "음운론"(Lautlehre : pp.7-24)에서 당시 서울말의 모음 '외'는 Eckardt(1923)와 동일하게 ö와 같이 발음된다고 하였으나, '위'에 대해서는 아래와 같은 언급을 따로 하였던 것이다.

(4) §10. '위'(oui)는 [ü]와 같이 발음된다. 예 : '뷘'(쏫)=pün. 그러나 많은 단어에서 u음과 i음이 나누어서 발음된다. 예 : '위하야=uihaya.
사람들은 단어 '지위'(地位)를 거의 tchiwi로 발음한다. 그래도 우리는 '위'에서 여전히 u 발음을 청취한다.

런 경우에는 신철자법 방식에 따라서 '이'로 표기한다고 하였다. 그리고 그는 속격어미는 구어에서 대부분 [e]와 같이 발음된다고 관찰하였다. 속격조사 '-의'는 Eckardt(1923)의 텍스트에서 1910년대 당시의 구어 발음에 따라서 모두 로마자 표기 e, 또는 ĕ로 전사되어 있다. 그는 속격형태의 실제 발음이 '-의→-에'의 과정을 밟아서 나온 사실을 표시하기 위해서 텍스트에서 ĕ로 전사했으나, 위첨자가 누락된 e로 인쇄되기도 하였다.

talke pyŏsal(닭의 벼슬, 378), tjŭntjange pyŏngpŏp(戰場의 兵法, 287),
alkĕ al(달의 알, 271), nunĕ mul=nun mul(눈의 물), mŏriĕ thŏl= mŏrithŏl(머리의 털, 271),
kŭ nongpuĕ kuie tâihiko(그 농부의 귀에 대고, 372).
kamakui ôa katchiĕ mŏri(가마귀와 가치의 머리, 344),
namĕ tonŭl ssŭko(남의 돈을 쓰고, 254),
Kyŏnu ôa Tjiknyŏĕ nahi manhŭntjira(견우와 직녀에 나히, 344),
tangsinĕ pyŭntji(당신의 편지, 352),
sŏul saramĕ tâitapi(서울 사람에 대답이, 153),
namĕ tjipesŏ(남에 집에서, 129).

이와 같은 Roth(1936 : 8)의 기술에 의하면, 20세기 초반 서울말에서 모음 '위'의 발음은 음성 환경에 따라서 여전히 [uy∼wi∼ü]와 같은 변이의 모습을 보였을 것으로 판단된다.10) 이러한 공시적 변이음들은 진행 중에 있는 모음 변화의 방향을 가리키고 있을 것이다. 모음 '위'가 실현시키는 이러한 구체적인 변이의 과정은 Eckardt(1923)의 텍스트에 반영된 로마자 전사에서도 다음과 같이 적극적 또는 소극적인 모습으로 확인할 수 있다.

첫째, Eckardt(1923)가 제시한 로마자 전사 방식 가운데 하나는 다른 계열의 V와 i가 음절을 경계로 하여 연속되는 경우에 이러한 사실을 구분하기 위해서 후속하는 i를 특별하게 ï로 표시하였다. Vï→poïmnita(보임니다, 362), nâïil atcham(내일 아침, 81), -soïta(-소이다, tjosoïta, 83), saï 또는 sâi(사이, 새, 14), tjuïl(주일, 86), toïmhan hue(도임한 후에, 191), 장사가 pôïitji anihayŏsŏ(뵈이지, 376) 등등. 모음 '위'에 배당된 로마자 전사는 Eckardt(1923)에서 ũi가 원칙이다. 그 반면에, 텍스트 가운데에서 간혹 규정에 따르는 ũi 대신에 uï가 사용된 예들이 비록 소수이지만 일정한 단어들에 등장하고 있다.

(5) ㄱ. uïhata(爲하다, 315)∼uihata(230),
무슨 신을 uihanan 거시오(위하난, 273),
우리나라에서 제일 크게 uïhanan 신인데(332)∼제일 크게 uihanan 신이니라(333),

ㄴ. kauï, kasâi(가위, 가새, 209),

ㄷ. 그러면 kuïhan 아달이로구나(貴한, 90).

(5)의 보기 가운데, 특히 자음이 선행하지 않은 '위하-'의 발음은 u와 -i가 서로 다른 음절에 배당되어 있는 것처럼 느낄 정도로 독립하여 분명하게 청

---

10) Eckardt(1923)에서 '단초, 단추 꺤다'(tantcho, taintchu güinta=zuknöpfen, 209)와 같은 전사 형태가 등장한다. 근대국어에서부터 '단쵸'와 함께 연결되는 동사 연어는 '끼오다'이었다. 扣鈕 단쵸 끼오다(동문유해, 상.57ㄱ; 한청문감 11 : 17ㄴ). 따라서 20세기 초엽의 서울말에서 '-꺤다'의 이중모음 '-의'가 어떻게 해서 형성된 것인지 알 수 없다.

취되었음을 뜻한다. '위'에 대한 이러한 발음은 [uy]~[wi]에 접근하였을 것으로 보인다. '위하-'에서 모음 '위-'의 발음 내용은 (4)에서 제시한 Roth(1936)의 언급에서도 확인된다. (5)ㄱ에서 uïhata 전사에 대한 또 다른 전사 유형을 보여준다. uihata와 같이, 단모음 ü를 나타내는 ûi에서 상단의 ˘ 표시가 없는 표기 방식이다. 이러한 ui 전사에 대해서 Eckardt(1923)에서 특별하게 언급된 바는 없지만, 그 발음의 내용이 [ü]와 달랐을 개연성이 있다. 그렇게 판단하는 근거는 Eckardt(1923)의 텍스트 전체를 통하여 '위하-'(爲)에 대한 발음의 전사에 ui만 사용되었고, ûi[ü]로 쓰인 예는 발견되지 않는다. kuisin uihanan iaʼki(위하는, 315), uihayŏ(위하여, 352), 잘 되기를 uihayŏ(352), 알기 uihayŏ(352). 이와 같은 전사 방식의 일관성은 이 문법서의 인쇄 과정에서 출현하는 우연한 誤字 유형과 동일시 되지 않는다.

이 텍스트에서 자음을 선행하지 않는 환경의 '위'의 전사에는 ˘ 표시가 반영되지 않는 예들이 많이 등장한다. 이와 동시에 (5)ㄷ의 '귀-'(貴)의 발음 전사에서와 같은 선행자음 'ㄱ' 다음에서도 역시 ui로만 출현하고 있다. 따라서 '위' 발음에 대한 아래와 같은 ui의 전사 예들은 ûi를 갖고 있는 다른 통상적인 예들과 대조를 이루고 있다.11)

(6) ㄱ. uitjang(위장, 48), ŏkui(어귀, 240), uirohata(위로하다, 314),
　　　 irŏn tŏuie(이런 더위에, 63), 밥이 kŏui 먹게 되엱소(거위, 227),
　　　 kŭ uiŏmi(그 위엄이, 241), piui(비위, 398);
　　 ㄴ. kui(귀, 48, 250), kuitchŏng(귀청, 48), 그 농부에 kuie 대히고(372),

---

11) Eckardt(1923)의 텍스트에 출현하는 모음 '위'에 대한 ûi의 전사가 배당된 보기들은 일부 다음과 같다.

　　tjûi(쥐, 57), i tjûika tŭdko(쥐가 듣고, 226), paltûigumtchi(발뒤꿈치, 49, 371),
　　paltûitchok(발뒤축, 49), tonŭl tjom tchûihaya tallako(돈을 좀 취하야 달라고, 246),
　　ton tchûihata(돈 취하다, 250), sul mŏkko tchûihaya(술 먹고 취하야, 345),
　　sûipta, sŭii(쉽다, 쉬이. 307), păihoki sûipso(배호기 쉽소, 359), sûin(쉰, 32), dûita(뛰다, 49),
　　dakûi(따귀, 371), umŭl sûita(숨을 쉬다, 250), nûi=nukuě(뉘=누구에, 284).

nakui(나귀, 56), makui(마귀, 332),
tangnakui saʾkki(175)~tangnakûi(당나귀, 173), kuiri(귀리, 222),
toltjŏkui(돌저귀, 215), kamakui(가마귀, 57, 343),
kamakui ôa katchi(344), 까친지 kamakuiintji 모르겠네(361),
toni kuihamǔro(돈이 貴하-, 320),
nŏmu kuihaniga(너무 귀하니까, 359), kuihata(귀하다, 58),
kuihitôiyŏ(귀히 되어, 59),
kuitchana tjukkedso(귀찮아 죽겠소=kuitchantha=kuihatjianihata, 283),
kuitchantha(145).

둘째, Eckardt(1923)의 텍스트에 있는 로마자 전사 가운데에는, 매우 드문 예이기는 하지만, '위(ui) → 의(ǔi)'와 같은 방식의 표기가 반복되어 출현하고 있다. 이러한 아래의 (7)ㄱ의 예는 '귀신(鬼神) → 긔신'에서 발견된다. 이와 같은 현상은 '위'의 발음 [uy]에서 비원순화를 거쳐 [iy]로의 공시적 변화의 방향을 가리키는 것이다.[12] 그리고 (7)ㄴ은 특정한 음성 연결에서 후행 모음의 간섭으로 uy → u로의 변화를 반영하고 있다.

(7) ㄱ. kǔisin(긔신, 262), kǔisin uihanan ȵiaʾki(긔신 위하는 이야기, 332),
kǔisinǔl uihanan sini(긔신을 위하는 신이, 315)~kuisin uihanan
ȵiaʾki(4)(귀신, 315),
ㄴ. guiûotjutjiansǔmnita(꿔워주지 안슙니다. 249) → ton guyŏtjuta(돈 꾸여
주다, 250).

'외'(ôi)모음의 경우에 Eckardt(1923)의 텍스트에서 역시 ˇ 표시가 반영되지 않는 oi 표기 방식이 간헐적으로 출현하기는 하지만, '위'의 경우와 같이 일정한 원칙이 있는 모습은 보이지 않는다. oi(외), tchamoi(참외, 222), oiatal(외아들,

---

12) 또한, '이' 모음 역행동화 과정에서 피동화음 '우'는 이 텍스트에서 생산적으로 u → uʾ와 같은 전사 방식으로 출현하고 있다. tjuʾkita(죽이- → 쥑이-, 262), uʾphyo(郵票 → 위표, 138), tjuʾkyo(主敎 → 쥐교, 332) 등등. 이러한 통합적 과정은 이 글의 §3에서 본격적으로 취급할 것이다.

116, 296)~oiatăl(42), goigori(꾀꼬리, 57), oinphŏn(왼편, 41), 아니 toikedso(되-, 376).[13] 그러나 '괴악'(怪惡)과 같은 단어의 환경에서 '외'의 로마자 전사가 koi~ko[i와 같은 교체를 보인다. 부분적이기는 하지만, 이러한 변이의 모습은 변화의 진행 과정에서 당시 '외'의 음가의 불안정성을 보여주는 것이다.

(8) ㄱ. ipi ko[iakhan ɲyŏin(입이 괴악한, 302),

ㄴ. 甲 : 이런 koiakhan 놈 보았나?

乙 : 이 놈아, 네가 누구더러(=다려) koiakhan 놈이라고 하나냐?(346),

주막 주인 : 이 사람들 그만 두게. 술이란 것이 koiakhan 음식이오(346, 대화 37).

cf. 내음새가 <u>괴악</u>ᄒ고 믈에 고기가 업스니(1889, 사민필지, 98).[14]

또한, 이 자료에서 '(바늘) 꿰이-'가 '꾀이-'로도 전사되어 있다. panŭ gueïta (=g ôita, 209). 이러한 사실을 보면, 20세기 초엽의 서울말에서 '웨'[we]와 이중모음으로서 '외'[we]가 비슷하게 발음되었을 것으로 생각된다. 19세기 후기 중부방언 자료인 『군인요결』에서도 '외국'(外國)을 '웨국'으로 표기한 예가 보인다(전광현 1983 : 79). <u>웨국</u>에 업수히 여김을… 여기서 '외국→웨국'과 같은 현상은 이 시기에 모음 '외'의 음가가 이중모음 [we]이었음을 알리는 것이다.

---

13) 이 텍스트에서 모음 '외'는 Eckart(1923)에서 제시된 로마자 규정(ô i)에 따라 출현하는 예들이 일반적이다.

ô i(외, 瓜, 296), ô inamutari(외나무다리, 296), tjô i(罪, 314), gôirŭl ssŭnan tâi(꾀, 287), tchŭnhi tôita(賤히 되다, 222), sôi(쇠, 215), yŭlsôi, sôitâi(열쇠, 쇠대, 215), simhôi(心懷, 240), gôi(꾀, 49), sôi(쇠, 75), sakôita(사괴다, 117).

14) ㄱ) 고약 : 고약하다 怪惡(1895, 국한회어, 26), 괴악망측 怪惡罔測(국한회어, 33),

고약ᄒᆫ 성품이라는 뜻시라(1894, 천로역정, 서, 6ㄱ),

시속인심 고약하니 그만 놓고 가것너다(완판 수절가, 상.13ㄴ).

ㄴ) 동리 드러가는 길브터 더러워 괴악ᄒᆫ 너음싀나 도쳐에 츅비ᄒ고(1896, 매일신문, 6.29,1).

2.2 '어'와 '여'의 모음상승 현상

19세기 후기 서울말의 모음 '어'가 장단에 따라서 2가지의 음가, 즉 후설중모음 ʌ[ɔ]와 중설중모음 [ə]에서 모음 상승된 eu[ɨ]를 갖고 있다는 사실은 프랑스 선교사들의 『한어문전』(1881)에서 자세하게 관찰되었다. 그리하여 『한어문전』(1881 : XII)에서 아래와 같은 비변별적이지만, 변이음으로 대립되는 단어들의 쌍이 소개된 바 있다. (ㄱ) 업다(無) : eup-ta ≠ 업다(負) : op-ta; (ㄴ), 벌(蜂) : peul ≠ 벌(罰) : pol, (ㄷ) 벗(友) : peut ≠ 벗(山桃) : pot.

cf. 어머니 : o-mo-ni, 어미 : omi, 걱정 : kok-tjieng.

'어'가 음장에 따라서 달리 실현되는 이러한 대립은 오늘날의 서울말에서도 그대로 유지되어 있다. 서울말을 포함한 경기도 방언의 음운론에 대한 논의에서 두드러진 '어'의 모음상승 현상 '어 : >으 : '는 또 다른 유형의 '오>우'와 함께 언제나 주목의 대상이었다(이병근·박경래 1992 : 20; 이주행 2002 : 179; 유필재 2003 : 73).[15] 이와 같은 모음상승은 상향 이중모음 '여'에도 그대로 적용되어 [yə:]→[yɨ:]와 같은 현상으로 나타난다. Eckardt는 『조선교제문전 부주해』(1923 : 198)에서 한글 자모의 음가를 제시하면서 '어'의 음가를 [ŏ]와 [ŭ] 두 가지로 전사하였는데, 나중의 [ŭ]는 또한 '으'에도 배당되어 있다. 그는 발음규칙 (5)와 (6)의 항목에서 두 가지 유형의 [ŭ]를 구분하여 놓았다.[16]

---

15) 이병근·박경래(1992 : 20)는 경기방언의 기술에서 '어>으' 모음 상승의 보기로 다음과 같은 예를 열거하였다.

드 : 럽다(더럽다), 홍 : 겁(헝겊), 능 : 다넣다), 으 : 른(어른), 을 : 다(언다),
그 : 지(거지), 그 : 머리(거머리), 승 : (姓), 승 : 인(聖人), 즘 : 심(點心), 즌 : 화(電話),
근 : 강하다(健康-), 흠 : 하다(險-).

16) 1920-1930년대에 서울말을 중심으로 한국어 모음의 기호 전사법, 로마자 표기법 및 발음 등을 구체적으로 연구한 小倉進平(1923, 1931, 1934)은 모음 '어'에 두 가지 종류의 음가를 배정하였다. 제1류는 (ㄱ) '어서 오너라, 어머니, 여러 가지'에서 밑줄 친 '어'는 명확하게 [ɔ]이지만, 제2류에 속하는 (ㄴ) '엇지 하얏소, 거즛말' 등의 '어, 거' 등의 '어'는 '으'와 유사한 모음으로 발음된다고 하였다. 그리고 단모음 '어'에 두 가지 종류의 발음이 구별되는 것과 같이, 이중모음 '여'에도 '어'와 대응되는 두 가지 종류의 발음이 나타난다고 하였다.
그리하여 제1류는 '여러(衆), 병(甁)', 제2류는 '열다(開), 병(病)' 등이 속한다고 언급하였다.

그의 문법서 텍스트에는 장모음의 환경에서 '어'와 '여'의 모음상승 현상이 예외 없이 로마자로 전사되어 등장한다.17) 1910–1920년대 서울말 또는 경기 근역의 방언에서 일어나고 있던 모음상승에 관한 Eckardt의 관찰의 정밀성은 어두 위치의 장음 '어'가 비어두음절로 이동하였을 때(9ㄱ)와, 장음을 갖고 있던 용언어간 다음에 모음으로 시작되는 어미와 통합되는 경우에 음장이 소실되는 환경(9ㄴ)에서는 ŭ(으)→ŏ(어)의 교체를 반영하였다는 사실에서 드러난다.

(9) ㄱ. 熱病~病, 病院, 病者, 病身;
　　　yŏlpyŏnge yaki tôitjio(熱病에, 256)~pyŭngûon(病院, 269),
　　　pyŭngtja(病者, 244), pyŭngtsin(病身, 49), pyŭng(病, 42, 113),
　　　뜰다~떨이; tjâi dŭlta(재 뜰다, 260)~tjâidŏri(재떨이, 260),
　　　(돈) 블다~벌이; ton pŭlta(돈 블다, 182)~makpŏri(막벌이, 182),
　　ㄴ. 늠다(越)~넘어-; nŭmta~nŏmŏkata(168), 믈다(遠)~멀어-;
　　　길이 mŭlta hao(123), mŭn(믄), mŭltŏn(믈던)~mŏrŏdtŏn(멀얻던, 186).
　　　cf. 늘(nŭl, 板, 201)~널판지(nŏlpantji, 201).

1960년대에 간행된 Eckardt(1966 : 각주 10)에서도 한국어의 모음 '어'는 이중의 발음을 갖고 있으며, 짧은 소리로는 ŏ(어), 긴 소리로는 ŭ(으)이라는 사실을 강조하였다. 그는 또한 어간음절의 장모음 ŭ(으)가 완료형(과거와 부사형 어미와의 결합)에서는 단모음 ŏ(어)로 바뀌는 모음의 교체는 주목할 만하다고 지적하였다. 그는 한국어의 모음교체(ablaut)를 모음의 질적인 교체와 양적인 모음교체로 구분하고, 그러한 보기를 아래와 같이 제시하였다.

읃다(得)	어더	어덨다
읍다(無)	업서	업섰다
읠다(氷結)	어러	어렀다

---

17) 당시의 실재 발음에 근거한 이러한 표기 방식은 19세기 후기 서울말의 구어를 중심으로 기술한 Underwood(1890)에서는 드물게 등장하였다.

선탄을 만히 넛치 아니혼즉 불이 쯔졋소(1890 : 410).

그뿐 아니라, Eckardt(1923)의 텍스트에는 '어'와 '여' 모음의 장음과 단음에 따른 비변별적인 'ŏ(어) ≠ ŭ(으)' 및 'yŏ(여) ≠ yǔ[yi]'를 반영하는 최소 대립어 들이 아래와 같이 출현하고 있다.

(10) ㄱ. 읍 : 다(無) ≠ 업다(負);

　　1. kan tai ŭpko(간 데 읍고, 139), il ŭpta(일 읍다, 263), kongpu hal su ŭpso(198), ɲyŭmryŏ ŭpsi(염려읍시, 308), hallyang ŭpsi(한량읍시, 308), 살 수 ŭpnan 물건을 더곤다나 돈 ŭpsi 어대서 ŭtŭl su 잇나?(340).

　　2. 업다 : ŏpta(負, 158, 230), 업대다 : ŏptâita(202, 354),

　　ㄴ. 병 : (病) ≠ 병(瓶), 병(兵);

　　1. pyŭnge hâirŭl myŭnhako(病의 해를 면하고, 244), pyŭngko(病苦, 290), musam pyŭngi kesimniga?(무슨 病이 계십니까?, 265),

　　2. pyŏng(瓶, 128), biru(=mâiktju) han pyŏng(맥주 한 병, 236), 묵은 술 mᴵed pyŏng(몇 병, 314),

　　3. tjŭntjange pyŏngpŏp(戰場의 兵法, 287),

　　ㄷ. 성(城 : syŏng=sᴵŏng으로 발음, 3) ≠ 성(聖 : syŭng=sᴵŭng으로 발음, 3).

이 텍스트에 출현하고 있는 단모음 '어 : →으 : '의 모음 상승을 거친 단 어 예들을 일부 정리하면 다음과 같다.[18]

(11) 1. 게(蟹)→긔; kŭi(Krabbe, 57),

　　2. 건너-→근너-; kŭnŏta(46, 110, 168), kŭnnel(=kŭnnŏl) su ŭpso(근넬 수 읍소, 256), kŭnnŏ('kŭnnŏta'에서, 299),

　　3. 벌다→블다; 돈 만히 pŭlsărok 더욱 더 만히 pŭlkotjŏ hao(199),

　　4. 점심→즘심; tjŭmsim(31)~tjumsim(222),

　　5. 적다→즉다; tjŭkŭn(즉은)~tjŭktŏn(즉던)~tjŭkŏdtŏn(즉얻던, 186), tjŭkko 비싼 물건(36), midtchŏnŏn tjŭkko(밑천은 즉고, 283), tjŭkŭntji(즉은지, 243),

───────────

18) 비어두음절 위치에 오는 '어'의 경우에 '效驗'형은 이 텍스트에서 일관성 있게 '효험→효홈' 과 같은 방식의 발음에 근거한 전사를 보여준다.

　hyohyŏm ŭpsi(효험없이, 308), hyōhom(효험, 354), hyohomi idsŏyatjio(356).

6. 엇지 → 웃지; ŭdtjihaya(엇지 하야, 129, 245, 254), ŭdtji yuhanân(엇지 유한한, 287), ŭdtji 높은지 말할 수 ŭpso(187), ŭdtji 왓난고?(203), 언제 → 은제; ŭntje(311), 어떻다 → 으떻다; ŭdtŏtha(310), 맛이 ŭdtŏhanko(203), cf. 어떻해 → ŏdtŏkhe(49, 58),

7. 험하다 → 흠하다(hŭmhata, 250, 307), 잠을 hŭmhi 자다(307),[19]

8. 검다(黑) → 금다; kŏmta=kŭmta(35), kŭmta(검다, 303), kŭmso(검소, 82),

9. 꺼내다 → 끄내다; gŭnâita(332),

10. 헌(舊) → 흔; hŭn(295),

11. 전차(電車) → 즌차; tjŭntcha 292), 전보(電報) → 즌보; tjŭnpo(367), tjŭnpotâi(즌보대,378),

12. 범(虎) → 븜; pŭm, horangi(57), phyopŭm(표범, 57),

13. 얻다(得) → 은다; ŭdta, ŏdta(68).

14. 벌(蜂) → 블; pŭl, pŏl(57), cf. od han pŏl(옷 한 벌, 209),

15. 聖經 → 승경; sŭngkyŏng(332), 聖堂 → 승당; sŭngtang(332),

16. 전나무 → 즌나무; tjŭnnamu(167),

17. 널다 → 늘다; nŭlta(68),

18. 성 → 승; sŭng nâita(성내다, 220), 성미 → 승미; sŭngmi(398), 성깔 → 승갈; sŭngkal(398), 성품 → 승품; sŭngphum(398),

19. 떨고(震) → 뜰고; 그날 저녁부터 dŭlko 알앗습니다(357),

20. 성명(姓名) → 승명; 아모게네 sŭngmyŏng을 잊어 바리지 말라고(307),

21. 넘다(越) → 늠다; nŭmta(310),[20]

22. 戰爭 → 즌쟁; tjŭntjâing(353),

23. 점잖- → 즘잖-; tjŭmtjantha(406), tjŭmtjanhi 꾸지즌이(407),

24. 거즛 → 그잔; kŭtjădmal(358), kŭtjad kŏsintji morŭkedso(361)~kŏtjăd(129),

25. 賤히 되다 →,tchŭnhi tôita(222),

26. 처음 → 츰; tchŭŭm 보겟다(181),

27. 썰물 → 쓸물; ssŭlmul(退潮, 152), cf. milmul(152),

28. 어른 → 으른; ŭrun(으룬, 24, 116), cf. ŏrusine(어르신네, 116).

---

19) '험하다 → 흠하다'(險하-)의 예에서 Eckardt(1923)는 그 의미를 "streng sein"(엄격하다)로 해석했는데, 현대국어의 여러 다의와는 일치하지 않는다. hŭmhata, hŭmhi, hŭmhake(306).

20) 그러나 '넘어가다'의 경우에는 nŭmta(168)~nŏmŏkata(168)와 같은 모음 교체를 보인다.

(11)-1의 kǔi(蟹, 57)는 [kiy]에 해당된다. 당시의 서울말에서 이러한 형태의 출현은 '에'가 이중모음이었을 단계에 kə:y→ki:y와 같은 모음 상승을 이미 수행하여 왔음을 전제로 한다.[21] 20세기 초반의 서울말에 쓰였던 이중모음 [iy]에서 [i]가 자주 탈락된다고 지적한 Eckardt(1923)의 관찰에 따르면, kǔi형 은 당시의 실재 발음으로 [ki]도 가능하였을 것이다. 1940년대 경기도를 포함 한 지역방언들에서도 여전히 [그 : 이]형이 [괴], [궤]형과 함께 사용되고 있다 (小倉進平 1944 : 303).[22]

그 반면에, Eckardt(1923)에서 단모음 '어'는 어두음절 위치에서 모음상승 현상을 원칙적으로 수용되지 않았다.[23] 이러한 경향은 1910년대의 서울말에 쓰이고 있는 (11)-27의 '썰물'(→쓸물)형에서 유일한 예외를 이루고 있다.[24] 현대국어에서 이 단어는 어두에서 단모음으로 출현하며, 이러한 사실은 중세 로 소급될 수 있다. '썰물'형은 중세국어에서 '*혈믈'이었을 것으로 추정되기 때문에, 근대국어에서 '혀->셔->켜-'와 같은 통상적인 변화를 거쳐 이 시기 의 서울말에서 당연히 '켤믈'로 반영되어야 한다. 그러나 이 단어는 어떤 사 회언어학적 요인을 배경으로 해서, 이미 19세기 후기에 간행된 사전 부류들

---

21) 安城板 21장본 『심청전』에서도 '어 → 으' 모음상승이 생산적으로 등장하고 있는 가운데 예의 '긔'(蟹)형이 관찰된다.

   긔발 무러 던진더시(6ㄴ), cf. 늑도 즘도 안이 ㅎ여(5ㄴ), 으더 먹이리(6ㄴ),
   웃더한 여인은(7ㄱ), 병셰 즘즘 위즁ㅎ여(3ㄴ), 친쳑이 읍고(1ㄱ),
   슉달의 피 모이고 늑달의 인형 슘겨(3ㄱ) 등등.

22) 이 가운데 '궤'[kwe]는 1920년대 이완응이 작성한 『고등조선어회화』(1923-1928) 가운데 서울 골목에서 "6. 장사의 외는 소리"에 소개된 바 있다. "28. 궤 제을이-궤".

23) 먹다→mŏkta, mŏkŭl(먹다, 먹을, 195), sul mŏkko(술 먹고, 345),
   술을 mŏkŭmyŏn(먹으면, 346), 벗다→pŏsŏnodtha(벗어놓다, 354),
   덮다→tŏpta--tŏpkâi(덥다-덥게, 259), 넘다→tjŏ san nŏmŏ(저 산 넘어, 229),
   허리→hŏri(48), 엄지 : ŏmtji, 48), 延期하다→yŏnkihata(262), 罰金→pŏlkŭm(262),
   形勢→hyŏngse(262), 걱정→kŏktjŏngio(234), 傳하다→tjŏnhata(230),
   ballâi nŏlta(빨래 널다, 229), 政治→tjŏngtchi(302), 어렵-→ŏryŏun il(어려운 일, 302).

24) 이러한 사실은 정인호(대구대학교) 교수가 지적해 준 것이다. 정인호 교수는 '썰물'형은, 많 은 방언들에서 보이는 點火의 '쓰-'와 동일한 변화 과정을 상정하여, 원래 '혀->스-'의 변화 이후에 '쓰을믈'의 단어형성을 하였을 것으로 해석한다.

에서 용언어간 '써-'와 함께 h 구개음화를 수용한 '썰물'의 형태로 등록되어
나타난다.25) 이러한 상황은 1920년대의 『조선어사전』(조선총독부, 1920)에서도
그대로 지속되어 있다. 써다 : '물써다'의 略(p.474), 썰물 : 退潮(p.476). 그 반면에, 이
사전의 표제항목 가운데 규칙적인 변화를 수용한 형태 '켤물'도 유의어로 등
록되어 결과적으로 '썰물'과 '켤물'이 공존하고 있는 양상을 보인다. 켤물 : '썰
물'과 같다(p.852). 그렇지만, 1930년대의 『사정한 조선어 표준말 모음』(1936)에서
당시 '켤물~썰물'의 공시적 변이에서 결국에는 후자가 표준어로 선정되었음
을 알리고 있다.26) 따라서 Eckardt(1923 : 152)에 등장하는 '썰물'은 이러한 저
간의 사정을 반영하는 동시에, 이것은 어두 단모음으로 발음되었지만, 그 당
시 실제 서울말 화자들의 구어에서 '어'의 모음상승을 거쳐서 [ssŭlmul](152)
으로 발음되었다는 사실을 보여준다. cf. '쓸물'(退潮, 경기도 파주군 탄현면, 김계곤
2001 : 188).

또한, Eckardt(1923)의 텍스트에는 '어' 모음과 동일한 음운론적 행위에 참
여하는 이중모음 '여'의 모음상승 현상도 다양하게 실현되어 있다.27)

(12) 1. 열다 : yŭlta, 42, 94, 272), 의원이 침통을 yŭlko(42), mun yŭlta(98), 열쇠
    → 여을쇠 : yŭlsôi(열쇠, 215, 272), 문을 yŭlko 들어 가난대(212),
  2. 연구; yŭnkuhao(研究하오, 245), yŭnkuharyamyŏn(연구하려면, 339),

---

25) (ㄱ) 썰물 : low water of the tide, Opp. 밀물(Gale의 한영ᄌ뎐, 1897 : 550),
      써다(써, 썬) : to go out of the tides, Opp. 밀다(Gale 1897 : 550),
      Ebb : 써오, 나가오, 업서지오(Underwood의 한영ᄌ뎐 1890 : 91).
    (ㄴ) 켜다(켜, 켠) : 燃燈, 켜다 : to saw, to have a craving for 물, to stretch oneself(Gale 189
      7 : 298).
26) ᄊ과 ᄏ의 통용 : 【ᄊ을 취함】 썰물(退潮, '켤물'을 버림, p.10),
    【ᄏ을 취함】 물켜다(引飮, '물써다'를 버림, 표준말 모음, p.10).
27) 그 반면에, 어두 위치에서 단음 '여'는 이 텍스트에서 모음상승을 수용하지 않은 모습으로
    나타난다.

    변변치 → pyŏnpyŏntchi modhata(354), 병아리 → pyŏngari(57), 겨울 → kyŏŭl(31),
    형제 → hyŏngtje(42), 볕 → pyŏd(楊, 182), 비녀 → pinyŏ(94), 연유, 연고 → yŏnyu, yŏnko(222),
    分明하다 → punmyŏnghata(222).

3. 현대; hyŭntâi(302),

4. 편지; 누가 phyŭntjirŭl 가져왔소(277), 이 phyŭntjirŭl 보고(366),

5. 별; pyŭl(星, 343), 견우직녀라 하난 pyŭl이 잇스니(344),

6. 염려; ȵyŭmryŏ ŭpsi(308), yŭmnyŏ masio(123), 그것은 yŭmye 마십시오 (213), ȵyŭmryŏhao(351)~yŭmyŏkhŏntâi(351),

7. 편지; pyŭntji(161), tangsinĕ pyŭntji(당신의 편지, 352),

8. 열주다; 당신이 ŭntje(은제) 오실 것을 yŭdtjurŏ 왔소(359),

9. 엿보다(窺); yŭdpota(182), yŭdpolsâi(183),

10. 영감; yŭngkam(116),

11. 연하다(軟); yŭnhata(190). cf. 鳶 →yŏn(183).

이러한 음운현상의 반영을 보면, Eckardt(1923 : 152)는 그 당시 20세기 초엽의 서울말의 모습을 정밀하게 관찰하여 로마자로 전사하였음을 알 수 있다. 그렇다면, 위의 보기들 가운데, (12) 10의 '영감→yŭngkam(116) 등은 실제로 어떻게 청자들의 귀에 청취되었을까. 20세기 초반의 "향수어린 서울말"에서 토박이 김정진(2012)은 이렇게 말한다.

(13) '영감'의 발음과 '정기'(定期) 등의 발음은 모음 (ㅣ)와 모음 (ㅡ)가 결합하여 내는 소리이다. 연철하여 천천히 발음하여 구분하려면 (이응+감), (지응+기)와 같이 소리 난다. 서울말에서는 이처럼 모음 'ㅓ'를 모음 'ㅡ'로 발음하려는 경향이 있다. '어른'을 '으른'으로, 또 '저희들'을 '즈이들'이라고 발음한다거나 '너희들'을 '느이들'이라고 발음하는 것도 한 사례이다.(p.19)

2.3 자음 뒤에서 yə〉e의 변화와 그 중간단계 [ye]~[ⁱe]의 실현

지역방언에서 자음 뒤에 오는 상향 이중모음 '여'는 두 가지 유형의 음운론적 과정이 적용될 수 있는 잠재적 입력의 대상이다. 하나는 우리가 위에서 취급하였던 yə→yi와 같은 모음상승 현상이고, 다른 한 가지는 주로 일정한 자음 앞에서 실현되는 C+yə→C+e의 변화이다. 따라서 이러한 2가지의 음운

론적 과정은 통시적으로 일정한 단계에서 선후의 관계, 또는 공시적으로 상
호 출혈관계를 맺고 있다. Eckardt(1923 : 1)는 1910-1920년대 한국어의 '어'와
'여'를 소개하는 발음규칙 (4)에서 다음과 같은 설명을 첨가하였다.

> (14) **발음규칙 (4)** :
> 한국어의 '어'(ŏ)는 독일어 단어 Orgel을 발음할 때의 제1음절 모음 [ɔ]와
> 유사하다. 예 : kŏd(것), pyŏng(甁).
> '여'(yŏ)는 짧은 i음이 앞에 섞여있는(Vorschlag von i) 장모음 e와 같이 발
> 음되는 경우가 많다. 예 : pyŏ 또는 pē(벼~베), byŏ 또는 bē(뼈~뻬), hyŏ
> 또는 hē(혀~혜).[28]

    여기서 Eckardt는 일정한 자음 앞에서 이중모음 '여'의 발음이 원래의
'여'(yŏ)와, 여기에 일어난 변화를 수용한 'i+e', 즉 [ye :]가 2가지로 수의적으
로 일어나고 있음을 지적한 것이다. 그는 위의 '여'에 대한 발음규칙에서
C+yə→[ye :]~[ⁱe :]의 발음 내용을 언급하고 있으나, 보기로 든 예에서는
yə→e의 현상만 제시되어 있다. Eckardt(1923)는 이러한 yə→e의 교체가 수
의적인 현상이 아니라, 문어(철자)와 구어(실제의 발음)간의 상관관계를 맺고 있
음을 적절한 예들을 인용하여 여러 차례 반복하여 지적하였다.

> (15) ㄱ. hyŏ(舌)=he(48), myŏltchi(멸치)=meretchi(57), pyŏrok(벼룩)=peruk으로
>   발음한다(57), pyŏsal(벼슬)=pesil(182), pyŏru(벼루)=peru(161),
>   ㄴ. pēta(베다=pyŏta), pēkâi(베개=pyŏkâi, 259), perita(벼리다, 215),
>   낫이나 칼이나 독긔나 periryamyŏn(베리랴면, 218),
>   ㄷ. yŏrŏd(여럿, 諸), yŏrŏdtŭl(287, 각주→대부분 yŏretŭl로 발음한다),
>   ㄹ. sin han khyŏre(=kheri, 각주→또한 khyŏlli, khelli라고 많이 말한다.

---

28) Roth(1936 : 7)의 <한국어 음운론>에 관한 장에서도 모음 '여'(ye)는 단모음 '어'에 단지
Vorschlag von i가 첨가된 음이며, '여'는 구어에서 자주 [e]와 같이 발음된다고 지적하였다.
예 : 뼈=be.
여기서 그가 이중모음 '여'의 발음을 설명하기 위해서 제시한 술어 "Vorschlag von i"
는 앞선 Eckardt(1923)의 그것과 동일한 점이 주목된다.

323),

ㅁ. nyŏphyŏnne(녀편네, 각주→ 구어에서 자주 néphenne와 같이 발음한다.
344),

ㅂ. myŏnari(ménari로 발음한다, 210), myŏnŭri(ménŭri로 발음한다, 116),
cf. mal bē ôa sō bē ôa saramĕ bē(210)= 몰쎠와 소쎠와 사룸의 쎠(디
역 23 : 133).

이와 더불어 그는 이중모음 '여'의 구체적인 실현과 관련하여 C+yə>C+ⁱe
와 같은 방식의 변화가 화자들의 발음에 공시적으로 나타나는 현상을 언급
하였다. 그리하여 이 텍스트에서 특히 '몇-'(何)형에 대한 실제 발음으로 양순
자음 다음에 연결된 yə가 [ⁱe]~[ɣe]~[ĕ]와 같은 3가지 변이형의 모습이 등장
하고 있다.

(16) ㄱ. myŏt(몇, mⁱed으로 발음한다, 68), mⁱedtchil hue(며칠 후에, 304),
onal mⁱed sie(오늘 몇 시에, 291), mⁱed si tôyŏdso(몇 시, 181),
오날 양력으로 mⁱed tchirio?(며칠이오, 320, 326),
묵은 술 mⁱed pyŏng(몇 병, 314),

ㄴ. myedsal mŏkŏdni?(몇 살 먹었니? 90).

ㄷ. mĕdtchil huena(213), mĕdtchiri 못 되여(211),
medtchina tôio(몇이나 되오, 187).

cf. myŏd tâi(몇 代, 210),

위의 예에서 '몇'에 대한 [mⁱed]의 발음이 특히 주목된다.[29] 여기서 위첨자
i의 존재는 Eckardt(1923)에서 '여'에 대한 발음규칙 (4)를 취급하면서 언급한
"Vorschlag von -i"에 해당되는 것으로 생각한다.[30] 그렇다면, "Vorschlag

---

29) Eckardt(1923)는 텍스트에서 myŏt(몇)과 그 실제 발음형태 mⁱed와의 관계를 각주의 형식을
이용하여 아래와 같이 설명하였다.

'몇'에 특히 i음이 후속되면 거의 mⁱed으로 발음된다. yŏ와 ŏ-i의 연속은 많은 경우에 거의
동일한 'e'로 발음된다. 이른 시기에 있었던 많은 음성전사들은 일반적으로 언제나 ŏ 대신에
e를 보여 준다. 특이하게도 후속하는 -i음이 존재하지 않을 때에도 그렇다.(p.231)

von -i+e"의 통합인 [ⁱe]는 [ⁱᵉe]로 환원시켜 볼 수 있다. 예문 (16)ㄷ에 보이는 '몇'에 대한 또 다른 변이형의 모음 [e]의 형성은 시간적으로 먼저 [ⁱe] 혹은 [ⁱᵉe]의 단계 이후의 발달일 것이다. Eckardt(1923)에 반영된 y계 상승이중모음의 변화 유형을 자세하게 살펴본 정인호(2014 : 118)는 mⁱed의 "e'는 '여>에' 변화의 중간 단계를 보이는 것으로 해석한 바 있다. 이러한 견해에 따르면, 일정한 자음 앞에서 상승 이중모음 '여'가 수행하는 변화 과정으로 일련의 [yə]>[ⁱᵉe]>[e]의 연속이 설정될 수 있다.

위의 (16)ㄴ의 예에서 myed과 같은 로마자 전사표기를 고려하면, [yə]>[ⁱᵉe]의 과정 사이에 [ye]가 개입되었을 가능성이 있다. 여기서 사선으로 표시된 y̸는 Eckardt(1923)의 전사 방식에서 보수적인 표기를 반영하지만, 실제의 발음에서는 표면으로 실현되지 않는다는 사실을 가리킨다.[31] 따라서 (16)ㄴ의 my̸edsal의 실제 발음은 (16)ㄷ에서와 동일한 medsal에 해당된다. 그러나 그가 제시한 이와 같은 철자 방식 y̸e와 실제의 발음 ⁱe의 존재는 일정한 자음 앞에서 먼저 yə→ye와 같은 변화의 단계가 전제되어야만, 그 다음으로 e를 선행하는 Vorschlag y(i)가 약화되어 ye→ⁱe의 과정이 도출될 수 있다고 본다. 여기에 연속되어 뒤따르는 ⁱe>e와 같은 방향은 결국 상향 이중

---

30) Eckardt(1923)에서 사용된 술어 "Vorschlag"와 위첨자 'i'에 대한 구체적인 성격과 그 해석은 움라우트 현상과 관련하여 이 글의 §4.1을 참조

31) Eckardt(1923)은 20세기 초엽 당시의 보수적인 표기법에 의한 철자에 당시의 실제 발음에서는 사라져버렸거나, 음운규칙에 의하여 탈락되는 소리를 반영하기 위해서 해당 철자에 사선으로 표시한 묵음 표시를 사용하였다. 그러한 유형은 아래와 같다.

(ㄱ) -한테→안테; nam ẖanthe(300), -anthe, -taryŏ(128),
   ny̆ŏĪnanthe(363)=녀인훈테(디역 39 : 130),

(ㄴ) 혜아리-예아리- : 혜아릴만한 사정→ẖyearilmanhan satjŏng(301),

(ㄷ) 거름과 흙→kŏrŭm kôa hŭ̸lk(293), hŭ̸lktŏngŏri(흙덩어리, 261), 굵다→ku̸lta(261),
   바늘, 바느질→바느질 : panŭl, panŭ̸ltjilhata(68), ta̸lk(닭, 57), suta̸lk(수탉, 57),
   amta̸lk(암탉, 57)

(ㄹ) 녀인→여인 : ny̆ŏin(68), 님자→임자 : imtja(68), 니르다→이르다 : iru̸ta(至, 74),
   atchame irŏnaya hanta(니러나-, 起, 361), nia̸ki(363), nilkopsi(일곱시, 32),

(ㅁ) 쇼인→소인; sy̸oin(304), 염려(念慮)→염여;
   yŭmryŏhao(351)~yŭmyŏkhŏntâi(염여컨대, 351).

모음의 부음 y가 더욱 약화되어 발음에서 탈락된 결과를 반영한 것이다.[32] 따라서 위의 (16) 예문들에서와 같이, 부사어 '몇'에 대한 당시의 발음이 격식체에서 자연스러운 구어체에 이르기까지 myŏd~med~m^{i}ed 등에 걸쳐 공시적으로 교체되어 출현하는 사실은 m^{i}ed은 myŏd→myed→m^{y}ed→med과 같은 시간적으로 연속적인 발달을 수행하여 왔을 개연성을 가리키는 것이다.

Eckardt(1923)에서도 '여'의 당시 실제 발음에 대한 전사에서 우리가 위에서 설정한 변화의 중간단계 [ye]가 일정한 자음 뒤에서 [yŏ] 또는 [e]와 함께 출현하기도 하였다.

(17) ㄱ. 즌쟝(戰場)에 그 나라히 지게 될 <u>tjikyengimyŏn</u>이면(지경이면, 353),

ㄴ. manil pika oltjikéngimyŏn(만일 비가 올 지겡이면, 353),

  각주→ -tjikyŏngi는 자주 -tjikyengi=-tjikengi와 같이 발음된다(353),

ㄷ. i pasŭl phal <u>tjikyŏingimyŏn</u>(이 밧을 팔 지곙이면, 199),

  --hal <u>tjikyŏingimyŏn</u>(gesetzt den Fall dass..., angenommen dass...에 해당되는 한국어 구문의 보기, 353), cf. tjikyŏng(地境, 354),

ㅁ. 염여(念慮)→염예; 그것은 <u>yŭmye</u> 마십시오(213), yŭmnyŏ masio(123), 참여(參與)→참예; 잔치 <u>tchamye</u> 한 후에(89), <u>tchamye</u> hal su ŭpso(376),

ㅂ. 겨졀로→계졀로 : tjetjŏllo(263).

(17)의 예들과 관련하여, Eckardt(1923 : 353)는 단독형 tjikyŏng(地境, 354)에 연결어미 '-이면'이 연결되면, tjikyŏng-i→tjikyeng-i→tjikeng-i와 같이 자주 발음되는 경향을 지적하였다. 이러한 사실을 보면, 그는 이와 같은 일련의 '지경+-이→지곙+-이→지겡+-이'와 같은 연속적인 통합적 과정의 발단을 '이' 모음 역행동화의 일종으로 파악한 것이다. 따라서 그는 'yŏ>ye'(여>예)의 음운론적 발달은 yŏ에 후속하는 전설모음 -i모음의 역행적 동화에 의하여

---

32) 小倉進平(1937-1940)은 한국어에 있는 외래어에 대한 연구에서 상향 이중모음 ya를 [^{i}a]와 같이 음성전사한 바 있다. 駱駝--[^{i}ak-tɛ], 白楊樹--[pɛ-^{i}aŋ], 生薑--[sɛ-^{i}aŋ] 등등.

(y)ŏ가 (y)e로 파생되었다고 판단한다. 그렇다면, 여기에 해당되는 예가 바로 (17)ㄱ에서의 tjikyengimyŏn일 것이다.

이와 같은 ŏ→e의 과정이 일어나기 위해서는 Eckardt(1923)에서 설정된 규칙에 따르자면, ŏ+-i(→e)의 연속을 이루어야 한다. 예문 (17)ㄷ에서 위첨자 -i가 출현하는 tjikyŏ^{i}ngimyŏn에서 이러한 연속이 형성되어 있다. 따라서 tjikyŏng-i→tjikyeng-i의 변화 사이에 tjikyŏing-i, 또는 tjikyŏ^{i}ng-i의 단계가 먼저 개입되어 있는 셈이다. 즉, tjikyŏng-i→tjikyŏing-i→tjikyŏ^{i}ng-i→tjikyeng-i. 그러나 둘째 음절의 모음에서 일어나는 '-겨->-계-'의 변화는 후속되는 -i에 의한 역행동화 작용이라고 볼 수도 있으나, 자음 앞에서 수행되는 '여>예'의 과정으로도 해석될 가능성이 있다. 이미 Eckardt(1923)는 예문 (16)에서 수행되는 일련의 변화 myŏd→myed→m^{i}ed→med에서 뒤에 -i가 통합되지 않아도 이러한 과정이 일어난다고 텍스트의 각주에서 언급한 바 있음을 상기할 필요가 있다.[33]

이와 같은 상황은 Eckardt(1923)의 텍스트 가운데 또 다른 부분에서 an keseyo?(안 게세요? 61)와 같은 문장이 an kesŏ^{i}yo에서 발달되어 나왔다고 하는 설명에서도 발견된다. 여기에서도 변모음 e의 발달에 관한 발음규칙 (2), 즉 (y)ŏ+-i→(y)ŏi→(y)e이 관여하고 있다. 이 텍스트에서 주체높임의 선어말어미 '-시-'는 부사형 어미와 연결되면 언제나 '-셔→-서'로 출현한다. hasŏdta-hasio-hata(하셨다, 114), padŭsŏdta-padŭsita(받으셨다, 114), tjintji tjapsusŏdsŭmniga?(잡수셨습니까?, 114). 그리하여 그는 텍스트의 예문(1923 : 125)에서 '우리 집에 osŏyo'는 -oseyo와 동일하다고 하였다. 여기서 '-서-→-세-'로의 대치는 -osŏyo→-oseyo와 과정 사이에 위에서 관찰하였던 바와 같은 '-sŏ^i-'의 단계가 개입되어야 할 것이다.

이러한 중간단계의 형성은 일정한 자음 앞에서 '여'가 수행하여온 고유한

---

33) 이 글에서 각주 (29)를 참조.

변화 '-셔->-셰->-세-'일 수도 있다. 그러나 Eckardt(1923)는 뒤에 연결된 종결어미 형태 '-요?'(-yo)의 전설적 y에 의한 역행동화를 거친 ɔi→ö의 과정으로 보고 있다. 그렇다면 그는 20세기 초반의 서울말에서 움라우트 현상을 거친 피동화 모음이 전설모음 또는 V^i으로 도출되어 나오는 것으로 파악하는 셈이다. 이 글의 다음 §3에서부터 Eckardt(1923)에서 관찰된 이와 같은 움라우트 현상의 공시적인 성격과 그 특질을 체계적으로 살펴보기로 한다.

3. 움라우트('이' 모음 역행동화)의 실현 유형과 공시적 변이현상

3.1 공시적 변이와 생산성

Eckardt(1923)는 본문 제1과를 시작하기 전에, 그 당시 한국어의 음운과 실제의 발음 및 음운현상의 일단을 조감하는 <발음규칙>(Ausspracheregeln, pp.1-6)을 모음과 자음 별로 분류하여 상세하게 제시하였다. 이 가운데 제20항의 발음 규칙에서 바로 움라우트 현상('이' 모음 역행동화)이 실현되는 원리를 그는 아래와 같이 명시적으로 기술하였는데, 국어의 움라우트 현상에 대하여 연구자가 갖고 있는 이론적 관점에 따라서 해석상의 문제를 야기할 가능성이 있다.

(18) **발음규칙 (20)** :
뒤따라오는 i 또는 y가 정말로 자주(oft schon) 앞선 음절(의 모음)에서 들리며(Vorschlag), 이것은 쉽게 변모음(Umlaut)을 거친 단모음으로 바뀌진다.[34]

---

34) "Nachfolgendes i oder y ist <u>oft schon</u> in der vorhergehenden Silbe hörbar(Vorschlag) und verändert leicht den einfachen Vokal in einem Umlaute."(Eckart 1923 : 5). 원문과 번역문에서 밑줄은 글쓴이가 작성.

예 : sarǎmi=saraᵢ̈mi(사람-이), pǒpi=pǒᵢpi(법-이),
　　tjukyo=tjûikyo(주교), sɣotjyu=sôitju(소주)'.(1923 : 6-7).[35]

여기서 우리의 논의를 시작하기 전에, 작업상 두 가지의 가정을 먼저 전제로 한다. 하나는 Eckardt가 위의 발음규칙에서 기술한 음운현상은 1910-1920년대의 서울말 또는 경기도 인근 지역방언의 구어에서 생산적으로 일어났던 움라우트 현상에 해당된다. 다른 하나는 이러한 현상을 수용한 피동화 모음은 Eckardt가 정확하게 전사한 바와 같이 화자들의 말의 스타일에 따라서 공시적으로 Vⁱ(즉, 후설모음+윗첨자 : Vorschlag), 또는 해당되는 전설 단모음(Vi : Umlaute=ä, e, ö, ü)으로 전환되었다. 이러한 작업 가정에 대한 구체적인 검증은 글쓴이가 다음 §4에서 시도하려고 한다.[36]

Eckardt(1923)에 뒤이어 13년 후에 출간된 Roth(1936)도 1930년대 서울말의 음운론(pp.7-24)을 기술하면서, 그 당시 출현하고 있었던 움라우트 현상에 대해서 다음과 같은 언급을 한 바 있다.

> (19) 모음 '이'는 <u>구어(in der Umgangsprache)에서</u> 선행하는 모음에 <u>빈번하게</u> (oft) 영향을 끼친다. 그리하여(선행하는) '아'는 '애'와 같이; '어'는 '에'와 같이; '오'는 '외'와 같이; '우'는 '위'와 같이 발음된다.

---

35) Eckardt(1972)의 *Grammatik der Koreanischen Sprache*(개정 3판)에서도 제5장. §19. 동화 작용 가운데 움라우트 현상을 지적하면서 "후행하는 ㅣ가 아주 자주 앞선 음절(의 모음)에서 들을 수 있다."고 언급하였다.(p.37). 그러나 이어서 제시된 간단한 움라우트 실현형들에서 피동화음의 [Vⁱ]의 예는 주격조사와 통합되는 환경으로만 국한되어 있다.

아비 → äbi, 호랑이 → horängi, 기러기 → kiregi, 고기 → kögi, 먹이다 → megida, 사람+이 → saraᵢ̈mi, 법+이 → pǒ̈bi, 또는 보편적으로 pebi.

36) Eckardt(1923)에서 형태소 내부에 실현된 '이' 모음 역행동화의 예로 제시된 tjukyo=tjûikyo (주교 → 쥐교), sɣotjyu=sôitju(소주 → 쇠주)에 대하여 정인호(2014)는 현대음운론의 관점에서 움라우트와 별개의 음운현상으로 설명할 수도 있다고 지적하였다.

'쇼쥬(燒酒) → 쇠주'의 예들은 오늘날의 서울말과 경기도 방언에서도 지속되어 있으며(이글의 §5를 참조), 지역방언에서는 19세기 후기의 자료에서도 관찰되는 현상이다. 그러나 또 다른 예인 '主敎 → 쥐교'와 같은 보기는 움라우트 현상과 관련하여 매우 유표적인 현상이긴 하지만, 다른 별개의 음운론적 과정으로 설명할 수 있는 방안이 없다.

예 : 죽이다 → 쥑이다; 버히다 → 베히다(1936 : 8, 밑줄은 글쓴이가 작성).

Roth(1936 : 8)에서 열거된 이러한 음운론적 과정 '아→애, 어→에, 오→
외, 우→위'에서 각각의 피동화음 '애, 에, 외, 위'의 음가는 전설 단모음 [ä,
e, ö, ü]에 해당되는 것이지만, Eckardt(1923)에서 전사된 피동화음 V^i 또는 Vi
(즉, 전설모음으로 전환된 변모음) 부류와 본질적으로 질적인 차이를 보이지는 않
았을 것이다. 그 반면에, Roth(1936 : 8)의 텍스트에 전적으로 구사된 한글 표
기에는 이러한 움라우트의 실현 예들이 전연 반영되지 않았다. 이와 같은 관
점에서 Eckardt(1923)의 텍스트에 반영된 서울말과 선명한 대조를 보인다. 두
문법서 간에 드러나는 이러한 단적인 차이는 비단 움라우트 현상에만 한정
되어 나타나는 것은 아니다. 그렇다면, Eckardt(1923)와 Roth(1936 : 8)에 개입
된 텍스트 언어의 차이는 당시 한국어의 통사와 어휘를 기술하면서 후자는
서울말의 규범적인 문어(글말)를 대상으로 한 반면에, 전자는 대중들의 구어
(입말)를 학습을 위해서 선정했던 기준과 태도에 있었을 것으로 판단된다.

Eckardt(1923)가 작성한 모든 텍스트에서 출현하고 있는 생산적인 움라우
트 유형을 조감해 보면, 아래와 같은 두 가지의 특징이 추출된다.

첫째, 로마자로 전사된 제1부 텍스트(pp.1-422)에 등장하는 움라우트 실현형
들은 한글 표기로 다시 작성된 제2부『조선어교재문전 부 주해』(pp.1-204; 디
역, 련습)에서는 거의 대부분 비실현형들로 교체되어 있다. 이러한 로마자 전
사와 한글 표기와의 불일치는 비단 움라우트 현상에만 국한되어 있는 사실
이 아니다. 텍스트 자체의 로마자 전사는 현실적인 구어의 발음을 그대로 반
영하는 것이고, 제2부에서 대역 자료 등에 사용된 한글 표기는 당시의 규범
적인 표기 전통을 준수했던 결과이다. 이러한 예들을 대조하여 일부만 제시
하면 다음과 같다.

(20) 1. --tjukŭn hue sini tôiyŏ ryŏnghaimi idta hamŭro(264)

= 뎌역 29 : 142; 이것은 죽은 후에 신이 되어 령혼이 잇다 홈으로,

2. ha┃ngyong marhakirŭl(332)=뎌역 138; 홍용 말ᄒ기를,

3. narahi mangha┃myŏn Tjongmyo-satjiki ŭpsŏtjinta hatjio(333)
   =뎌역 : 138; 나라히 망ᄒ면 종묘사직이 업서진다 ᄒ지오,

4. tcham kŭika maikhŏ tjukkedne(363)=뎌역 40 : 130; 춤 긔가 막혀 죽겐
   네, tcham kŭika maikhin kŏsi(363)=뎌역 40 : 130; 춤 긔가 막힌 것이,

5. manil kŭtjŏ naryŏkaimyŏn(363)=뎌역 40 : 129; 만일 그져 느려가면,

6. nongpuĕ kûie tâihiko malsamhasitâi(372)=뎌역 40 : 129, 농부의 귀에 다
   히고 말슴ᄒ시더.

7. phuldŏiki mâiu ssatŏn kŏsini(174)=뎌역 19 : 166; 풀떡이 매우 싸던 거
   시니.

8. tchorye tchŏngŭro nao┃myŏn(118)=뎌역 13 : 182; 醮禮廳으로 나오면,

9. hok san kirŏ┃kina hok namuro mandan kirŏ┃kirŭl hongpoe ssasŏ
   anko(110)
   =뎌역 12 : 183; 혹 산 기럭이나 혹 나모로 만단 기럭이를 홍보에 싸셔
   안고,

10. totjŏk no┃mi ryukhyŏlphorŭl katjintjira(25)=뎌역 3 : 195; 그 도적놈이
    륙혈포를 가진지라.

둘째, 제1부의 텍스트에는 움라우트 과정을 수용한 실현형과, 그렇지 않은
비실현형들과의 수의적인 교체가 두드러지게 나타나 있다.[37] 이러한 사실은
이러한 음운론적 과정이 서울말을 구사하는 화자나, 말의 스타일에 따라서,
또는 화자가 대화를 운용할 때에 구사하는 화용론적인 상황에 따라서 동화
가 실현되거나, 억제되었을 공시적 사회언어학적 교체를 반영하는 것으로 가

---

37) 그 반면에, 움라우트를 수용한 형태만으로 텍스트에 반영된 예들도 등장한다. 이러한 실현형
   들은 소위 "변모음"(Umlaute)만으로 나타나는데, 대체로 피동화음 '아→애(âi=ä)에 한정되
   어 있다.

   (1) tchâikŭl pâikilltcharo(책을 벳길차로, 238), (2) sâiki(=Junge, 새끼, 261), koyangi sâiki(고
   양이 새끼), sâi sâiki(새 새끼, 261), (3) aiki(애기, 24), âiki(아기, 24), (4) odbâimi(온뻬미, 57),
   (5) talphâingi(달팡이, 57), (6) sâidki(샏기, Seil, Strick 76), (7) nâiki 하기를(내기, 50), (8) 그
   농부에 귀에 tâiko(대히고, 372).

정한다.[38] 먼저 이러한 동화작용에 의한 '아→ 애'의 용례들이 그 비실현형들과 수의적으로 교체되어 출현하는 예들을 형태소 내부와 그 경계(주격조사 '-이'와의 통합 과정)로 구분하여 부분적으로 제시하면 아래와 같다.

(21) 형태소 내부 : '아→ 애'(âi~aⁱ)[39]

    1) 단초~댄초; tantcho(209)~taintcho(209)~tâintchu(213)

    2) 도깨비~도까비; tokkaⁱpi(210)~tokkapi에게 홀련고나(211)

    3) 손잽이~손잡이; sontjaⁱpi(201)~sontjapi(260)

    4) 아비~애비; api, apŏtji(116), hamtjin api(109)~hamtjin aⁱpira purŭmyŏ(110)

    5) 소내기~소나기; sonaki(68)~sonaⁱki(127)

    6) 꼭대기~꼭다기; Halla-san goktakie(191)~san goktâik를 보고(191)~ goktaⁱki(190)

    7) 호랑이~호랭이; horangi(pŭm, 57)~horaⁱngi안테 물려가도(394)

(22) 형태소 경계 : '아→ 애'(âi~aⁱ)[40]

---

38) Eckardt(1923)에 나타나는 적극적인 움라우트 현상의 실현 예들에 비추어, 이러한 과정을 수 용했을 개연성이 있는 예들이 보수적인 비실현 형태로만 열거된 유형들도 존재한다.

  (ㄱ) tolmangi(돌망이, 261), momtongi(몸동이, 261), ûonsu(원수, 315), kôangi(광이, 83), buraki, buri(뿌락이, 67),

  (ㄴ) 세상을 ᄇ리신 후(디역 25 : 151=parisin hu(224), ᄋ희를 다려다가(디역 25 : 151=taryŏtaka(224), mod pakhyŏ(십자가에 못 박혀, 229), tjamkyŏ, tjamkita(잠기-, 잠겨, 229).

39) 앞으로의 논의에서 Eckardt(1923)의 텍스트에서 움라우트 실현과 관련하여 로마자로 전사된 피동화음 Vⁱ는 한글로 적절하게 표시할 수 없기 때문에, 해당 후설모음에서 역행동화에 의 한 전설화가 수행된 형태로 간주하기로 한다.

40) 20세기 초엽 Eckardt(1923)에서 관찰된 V→Vⁱ와 같은 움라우트의 실현 예들은 1980년대 중 반 한국정신문문화원의 『한국방언자료집』(충남과 충북 편)에 실릴 방언 자료를 수집하기 위해서 현지에서 방언 자료를 수집하고 있던 곽충구 교수(당시 충북대)가 형태소 경계에서 수행된 움라우트 실현형을 음성 전사한 Vʸ과 어느 정도 일치를 보인다.

아래의 자료는 1985년 여름에 글쓴이가 19세기 후기 전라방언 자료에서 일부의 피동화 모음 이 V→Vy와 같이 이중모음으로 실현되었을 것이라는 전제를 갖고, 현지 방언 조사를 하고 있는 곽충구 교수에게 자문을 의뢰하였을 적에 보내준 것이다.

이 자료는 최전승(1986 : 162)에서 각주의 형식으로 출처를 밝히고 이용한 바 있다. 이 글에 서는 간단하게 충남의 연기군와 보령군에서만 수집된 피동화음 Vʸ의 예를 중심으로 추려서

1) 긔가 막혀~긔가 맥혀; kŭika ma'khyŏ(251), kŭika ma'khyŏ tjukedta
   (412)~kŭika makhyŏ(254), kŭika ma'khyŏ amo malto(77)~kŭika
   makhita(76)
2) 그렇게 하면~그렇게 해면; kŭrŏkhe ha'myŏn(254)~
   kŭrŏkhe hamyŏn(248)
3) 허락-이~허랙-이; hŏra'ki idsŭllantji(247)~hŏraki idsŭka(247)
4) 바람-이~바램-이; para'mi 불기도 하고(335), 솔솔 부난 para'mi(417)~
   parami 자기도 하고(333), param이 자난대(188), param이 부난대(188)
5) 사람-이~사램이; han sarămi...kŭ sară'mi...,.kŭ midtchin sară'mi(18)~
   그 sarami 아니 왈소?(125), 이런 사람은 참된 sarămi 아님낸다(266)
6) 박혀~백혀; mod pakhyŏ(229)~pâikhita(백히다, 110),
   배가 모래에 pâikhyŏdsŭni(백혔스니, 112)
7) -가면~-개면; 어대로 ka'myŏn 조습닏까?(130),
   집에 들어 ka'myŏn (110)~구경을 kamyŏn(가면, 131)

위의 보기들을 살펴보면, 형태소 내부와 그 경계에서 움라우트 현상을 수
용한 피동화음 '아→애'의 예들이 Eckardt(1923)의 텍스트에서 가장 높은 출
현 빈도를 보인다. 이 가운데 (22-5) '사람-이→사램-이'와 같은 용례들이
특히 빈번하게 등장한다. 이러한 사실은 '사람'(人)의 곡용 형태를 예시하는
문법 기술에서도 주격조사 '-이' 앞에서 역행동화가 실현되는 움라우트 현상
을 반영한다. sara'mi~saramĕke~saramŭke~saramŭn(10).

일부 제시하기로 한다. 자료의 음성 전사는 곽충구 교수가 한 것인데, 움라우트를 거친 피동
화음 Vʸ의 위첨자 y는 하향 이중모음의 부음을 이루는 활음이 약하게 청취되는 반면에, Vy
에서 y는 명확한 발음이기 때문에 이중모음으로 간주된다고 하였다.

(ㄱ) 충남 연기군
   1. hiʸm-i(흠+이), 2. t'əʸg-i(떡+이), 3. Soʸg-i(속+이), 4. komkoʸm-i(곰곰히),
   5. poʸkida(볶이다), 6. oʸgi-(오기 싫다).

(ㄴ) 충남 보령군
   1. kiʸm-i(금+이), 2. hiʸm-i(흠+이), 3. səʸm-i(섬+이), 4. kuʸg-i(국+이),
   5. poʸg-i(福+이), 6. koŋkoʸmi(곰곰히), 7. əʸphinda(업힌다), 8. soʸginda(속인다),
   9. p'oʸphinda(뽑힌다), 10. poʸk'inda(들볶인다), 11. noʸpʰyəra(높혀라),
   12. oʸgi-(오기 싫다), 13. soʸk'i-(속기 쉽다), 14. kuyŋgi-(굶기도 했다).

위의 예 가운데, (21-1) '단초~댄초/추'(紐子)는 이 동화작용의 실현 위계의 측면에서 개재자음 [+설정성](anterior)이라는 제약을 극복하고 있어 주목된다. 이 형태가 수행한 '단초→댄초/추'와 같은 움라우트는 20세기 초엽의 단계에서 불투명하게 표면으로 등장하지만, 기원적으로 '단쵸>(움라우트)댄쵸~댄츄>(단모음화)댄초~댄추'와 같은 통시적 과정을 전개하여 왔을 것으로 보인다. 그리하여 '딘츄'의 형성은 이미 19세기 후기의 서울말에서도 등록되어 있으며, 1930년의 국어사전 부류에서도 지속되어 나타난다.

(23) ㄱ. 단초, tan-tcho, bouton, 한불ㅈ뎐, 1880 : 457);
　　　 단초, 紐子 a botton(Underwood의 한영ㅈ뎐, 1890 : 144),
　　　 紐子 단츄, 糸口子 슈단츄 (광재물, 宮室,3ㄴ),
　　 ㄴ. 딘츄, 鈕子 (딘츄-*뉴) (아돌-*ㅈ); a botton(Gale의 한영ㅈ뎐 1897 : 644),[41]
　　 ㄷ. 단초~댄추~단추(문세영의 조선어사전 1938 : 37, 326).

그렇기 때문에, 1910-1920년대의 서울말을 반영하는 Eckardt(1923)의 텍스트에 움라우트를 거친 '댄초, 댄추'형이 등장한다는 것은 자연스러운 현상이다.[42] 다음으로 여타의 피동화음 '어, 오, 우'가 '이' 모음 역행동화를 수의적

---

41) Gale의 『한영ㅈ뎐』에서 움라우트 실현형으로 예의 '딘츄' 이외에, 특히 '본듸기'(a chrysalis, p.432)형이 주목된다. 이 형태는 '본도기→(비어두음절 모음상승)본두기→(움라우트)본뒤기→(비원순화)본듸기'와 같은 변화의 단계를 거쳤을 것이다.

42) 이 글의 초고를 검토하면서, 정인호 교수는 Eckardt(1923)에 등장하는 '댄초, 댄추'(紐子)와 '쇠주'(燒酒)형들이 움라우트가 적용된 보기로 취급하기에 어려움이 있다고 지적하였다. 그 이유는 Eckardt가 제시한 자음 연결의 발음규칙 (10)항에서 'ㅅ, ㅈ, ㅊ'에 연결되는 이중모음 '야, 여, 요, 유'는 y가 탈락되어 발음된다고 기술하였기 때문이다. 그러나 이들 형태에 19세기 후반 경에 움라우트가 동화주 y의 탈락 이전에 이미 적용되었을 것으로 보인다. 즉, 먼저 움라우트, 다음에 이중모음의 y의 탈락과 같은 순서를 상정한다.

또한, 소신애 교수 역시, 본고의 토론문에서 여기서 글쓴이가 추정하는 '단쵸>(움라우트)댄쵸~댄츄>(단모음화)댄초~댄추'와 같은 통시적 과정을 부정한다. 그 이유는, 당시 개재자음 'ㅊ'의 음가가 경구개음이었다면 이 자음 뒤에서 움라우트를 견인시키는 부음 y가 탈락됨으로써 동화주가 제거되기 때문이라는 것이다.

이와 같은 지적들은 음운현상의 범주화를 위한 인식의 차이에 근거한 것으로 판단되는데,

으로 수용하고, 또한 상황에 따라서 이것을 억제하고 있는 단어와 구문들의 공시적 교체 유형을 제시하기로 한다.

(24.1) '어→에';

풀떡-이~풀떽-이; phuldŏ'ki 매우 싸던 것이니(174)~phuldŏki 수건에 말라붙고(174),

그러면~그레면; Kŭrŏ'myŏn 모양이 조케 하여주시오(213)~ Kŭrŏmyŏn(203),

법(法)-이→뱁-이; pŏpi=pŏ'pi(뱁-이, 5),

먹이-~멕이-; phurŭl mŏ'kyŏ nŏŭmyŏn(235)~phul mŏkita(229),

형용(形容)동사→행용동사; hya'ngyongtongsa(295)~ hyŏngyongtongsa(34),

(24.2) '으→의';

노흐며~노희며; 수건을 내여 nohŭ'myŏ 하난 말이(74)~ 상 우에 nohŭmyŏ(111),

무릎-이~무릎-이; murŭp—murŭ'pi--murŭphi(15),

(24.3.1) 형태소 내부 : '오→외';

소주~쇠주 : syotjyu=sôitju(燒酒, 5).

(ㄱ) sotju→sotju han tjane(345),

(ㄴ) sôitju→mul kôa sôitju ôa(341),

(ㄷ) sô'tju→sô'tju tjangsa(283), sô'tjurŭl koadtŏni(283), sô'tjurŭl kōni(283), sô'tjuka(283).

(ㄹ) so'tju→so'tjumisŭ(쇠주 밑을, 283), so'tjumasi(쇠주 맛이, 283), 고기~괴기; ko'ki nakta(152), ko'ki tjapta(152), mul ko'ki도 서너 마리(180), toyatji ko'ki(357)~mulkoki(57), 술과 koki를 가지고(119), 모밀~메밀; momil~memil(222),

(24.3.2). 형태소 경계 : '오→외';

앞으로의 더 깊은 논의가 공동으로 필요하다고 생각한다. 그리하여 소신애 교수는 결국 '댄 추' 부류는 움라우트의 음성 조건이 없어도 산발적으로 실현되어 있는 '배깥(<바깥), 재주 (<재주), 되배(<도배)' 부류와 같은 모음 전설화(vowel fronting)의 맥락에서 이해할 가능성 이 높다고 판단하였다.

속이-~쇅이-; soʰkita(190), 한 번 soʰkyŏpŏrira(191)~sokita(152),

쫓기-→쬧기-; tjoʰkyŏkata(293)~djodkita, djodkyŏ(229),

도적놈-이~도적넘-이; 네가 totjŏknomi 아니냐?~totjŏknoʰmi 육혈포

를 가진지라(25), 미련한 totjŏknoʰmi sâingkak ŭpsi(26)

(24.4). '우→위';

수혜자~쉬혜쟈; suhyetja 신다(水鞋子, 109)~suihyetja 신고(110),[43]

우표~위표; uphyo(郵票, 165)~uʰpho(138),[44]

죽이-~쥑이-; tjuʰkita(98, 219)~tjukita(204), 말까지 tjukiki 쉽다(99).

위의 예들 가운데, 연결어미 '-으며' 또는 '-으면'이 용언어간 후설계열의
모음을 전설화하는 움라우트의 유형들은 여기서는 수의적 교체 현상만 먼저
제시한 다음에, 나중에 §3.4에서 종합하여 다시 살펴보려고 한다. Eckardt
(1923)에는 '으→의'(ŭ→uʰ~ǖ)와 같은 '으' 피동화음이 역행동화를 수행한 예
들은 다른 피동화 모음들의 경우에 비하여 출현 빈도가 낮게 반영되어 있다.
그리하여 19세기 후기 지역방언에서 생산적으로 실현되어 있는 '드리-(獻)→
듸리-' 등과 같이 용이하게 역행동화가 예측되는 통상적인 예들도 비실현형
으로 나타난다. tŭrita(드리다, 99), tŭryŏyatji(드려야지, 101), cf. 듸리다 : "디리다"에
보라(문세영의 『조선어사전』 1938 : 426).

그 반면에, 적극적인 '오→외'(o→oʰ~ôi)의 동화작용에서, (24.3.1)의 '소주
(燒酒)→쇠주'와 같은 움라우트 실현형들이 매우 생산적으로 출현하고 있으
며, 그 전사 방식도 sôʰtju~sôitju~soʰtju와 같이 세 가지로 출현한다. 이 가
운데 sôitju형은 Eckart(1923)에 따르면, 피동화음 '외'가 완전히 전설 단모음으

---

43) 小倉進平(1939)의 "朝鮮語에서 쓰이고 있는 外來語"(p.112)에 의하면, 이 어형은 '鞋子'의 근대
　　중국음이 변한 것으로 혼례 등에 사용하는 일종의 의식용 신을 가리킨다. 이것은 당시의 지
　　역방언에 따라서 [쇠-자], [쉬-여-자], [쉔-자] 등과 같은 명칭으로 분포되어 있다고 한다.
　　Eckardt(1923 : 109)에서도 Mandarinen Schuhe로 대역되어 있다.
　　cf. 快靴子 슈여즈.(1690, 역어유해, 상.46ㄱ), 尖靴 슈여즈(1778, 방언유, 서부방언, 23ㄴ).
44) 여기서 '우표'(郵票)에 대한 움라우트형 uʰpho(p.110)은 매우 유표적인 형태이다. 이와 유사한
　　형태가 20세기 초반의 서울말에서도 등장한다.
　　위톄, 우편, 위례(郵遞, 郵便) (1912, 법한즈뎐, p.924).

로 변모음화를 거친 단계인 [sö-ʤu]를 전사한 것이다.45) '소주'에서 '이' 모음 역행동화를 수용한 '쇠주'형은 오늘날 서울 토박이 한상숙 노인(조사 당시 74세)이 구사하는 구술 담화 가운데에서도 통상적인 다른 동화 실현형들과 함께 자연스럽게 등장하고 있다.46) '쇠주'(소주, 43), '댄추'(단추, 108). 따라서 예문 (21.1.1)의 '단쵸(紐子) → 딘쵸 → 딘츄 → 딘추'의 경우에서나, (24.3.1)의 '쇼쥬 (燒酒) → 쇠쥬 → 쇠주'의 예들은 당시의 대중들이 구사하는 높은 사용 빈도에 따른 일상생활에서의 친숙도와 같은 화용론적 강화(pragmatic strengthening)를 거쳐서 움라우트를 억제하는 개재자음의 제약을 일찍이 극복한 형태로 간주된다.

또한, '고기(魚) → 괴기'형들은 동화의 비실현형들보다 출현 빈도가 높다.

---

45) 방언형 '쇠주'(燒酒)에 대하여 최명옥(1989/1998 : 190, 각주 18)은 '쇼쥬 → 쇠쥬 → 쇠주'와 같은 움라우트 과정을 거쳐 왔을 것으로 인정하지 않는다. 이러한 논리의 근거로, 이보다 약한 움라우트 실현 제약을 가진 '가지'(나무), '고치'(누에), '가지-'(携), '다치-'(傷) 등도 동화작용을 전연 수용하지 않았다는 사실을 제시한다. 그리하여 최명옥(1989/1988)은 '쇼쥬>쇠쥬'의 변화는 첫 음절의 모음이 갖고 있는 음성 환경 '쇼-' 자체에 내재된 원리에 의했을 것으로 간주한다.

그렇다면, '소주 → 쇠주'의 변화보다 더 개재자음의 위계가 높은 '단쵸 → 딘쵸 → 딘츄'와 같은 변화 과정은 어떻게 파악하여야 될까. 이와 유사한 음성 환경을 구비하고 있는 또 다른 예들, 즉 '투졍(투정) → 튀졍', '투젼(投錢) → 튀젼' 등의 변화도 이미 19세기 후기 중부방언에 등장하고 있다.

(ㄱ) 투졍>튀졍 : 져 아희가 발 구르고 밥 튀졍헌다(재간 교린수지 4.7ㄱ),
     붓드막에 안져서 밥 튀졍하다가 죽엇다네(조선일보, 1934년 3월 23일 4면),
     cf. 잠투세, 잠튀졍(김태균 1986, 함북방언사전, p.423),
(ㄴ) 투젼>튀젼 : 우리가 노름 흐거시 아니라 쇼일노 튀젼을 하여 보앗다고(독립신문 1896
     년 7월 12일), 튀젼 ㅎ는 사름 잇스면(상동).

위의 예에서 (ㄱ) '튀젼'형은 오늘날 경기도 방언에서도 '댄추', '웬수', '쥐졍'(酒酊), '쇠주' 등과 더불어 빈번하게 쓰이고 있다(김계곤 2001). 서울말에 나타나는 '쇠주'와 '쥐졍(酒酊) 등의 형태가 유필재(2003 : 82-83)에서도 '이' 모음 역행동화의 예로 파악된 바 있다(쇼쥬>쇠쥬> 쇠주; 쥬졍>쥐졍>쥐졍).

46) 서울 토박이 화자 한상숙 노인의 서울말은 목수현 씨가 편집한 <뿌리깊은 나무 민중 자서전 18. 서울 토박이 부인 한상숙 한평생> 『밥해 먹으믄 바느질허랴, 바느질 아니믄 빨래허랴』(1992, 뿌리깊은 나무사)를 이용하였다. 한상숙 노인의 한평생에 대한 구술은 그이의 조카인 목수현씨가 꼼꼼이 옮겨 받아 정리했다고 한다.

Eckardt(1923)의 텍스트에 간혹 koki로 로마자 전사되어 있으나, 실제로는 ko'ki로 발음된다는 설명이 예외 없이 첨가되어 있다. 예 : mulkoki(물고기, kôiki로 발음, 128), sokoki(소고기, kôiki로 발음, 128).

    (25)　salko'ki, ko'ki(살괴기, 49),
          tatjin ko'ki(다진 괴기), kuǔn ko'ki(구은 괴기),
          salmǔn ko'ki(삶은 괴기, 127).
          ko'ki nakta, ko'ki tjapta(152),
          mulko'kirǔl 막 먹다가(287), totatji ko'kina, soko'kina 굽게 그라(316).

위의 (24.3.1)에서 '모밀~메밀'의 경우는 '이' 역행동화를 수용한 '모밀 → 뫼밀'의 단계에서 첫째 음절의 '외'모음에 원순성이 제거되어버린 상황(뫼밀 → 메밀)을 반영하고 있다. '오→외'의 역행동화와 관련하여, 이 텍스트에 출현하고 있는 또 다른 형태인 '도배(塗褙) →되배'와 같은 유형이 주목된다. tôipâi(되배, Tapete, 98), tôipâihata(tapezieren, 되배하다, 98).[47] 정인호 교수가 지적한 바와 같이, 이 형태는 전형적인 움라우트의 예들에 포함되지 않는다. 그러나 오늘날의 '되배'와 같은 모음의 전설화가 20세기 초엽의 서울말에서도 이미 완성되어 있음을 알린다.

피동화음 '우 → 위'의 예들에서 한자어 '수혜자(水鞋子) → 쉬혜자'와 '우표(郵票) → 위표'와 같은 움라우트의 형태들은 매우 특이한 유형에 속한다.[48] Eckardt(1923)에 등장하는 이러한 동화작용의 실현형과 비실현형간의 부단한 수의적 교체는 당시 서울말 또는 경기지역의 방언에서 이 현상의 적극적인

---

47) 김계곤(2001)에 의하면, '도배(塗褙) →되배'와 같은 전설화를 수행한 형태는 경기도 일산, 화성, 남양주 인천, 파주 등의 거의 전역에 분포되어 있다.
    경기도 방언에서 이러한 유형은 '고추→괴추'(남양주군, p.401), 노동(勞動) →뇌동(화성군 팔탄면, p.362), 자주(頻) → 재주(시흥군, p.574), 나중(後) →내중(인천 중구, p.596), 창포(菖蒲) →챙포(인천 소래, p.638), 자전거 → 재전거'(일산, 시홍, 파주 문산읍, p.499, 572, 577) 등이다.
48) 이러한 현상과 관련하여, 1912년 르 장드르 신부가 편찬한 『법한ᄌᆞ뎐』의 표제항에서 '위톄, 우편 위톄'(p.924)형이 주목된다. 이 형태는 '郵遞'에 대한 20세기 초반의 변이형으로 보인다.

생산성을 전제로 하여야만 이해된다.

3.2 전설화의 진행 과정과 역행동화의 단독 실현형

Eckardt(1923)의 관찰에 따르면, 움라우트를 수용한 피동화 모음은 후속하는 전설계열의 모음의 조음상의 영향을 받아서 V^i으로 바뀌거나, 또는 이어서 쉽게 변모음(Umlaute)인 전설 단모음 ä, e, ö, ü로 전환된다. 이러한 현상은 20세기 초엽에 역행동화가 일어날 때에 먼저 $V \rightarrow V^i$와 같은 조음상의 조정 단계를 거친 다음에, 곧 이어서 $V^i \rightarrow Vi$(변모음, 즉 a→âi; o→ôi; u→ûi)로 전환되는 두 가지의 음운론적 단계를 실현시키고 있었을 개연성을 의미하는 것으로 생각한다. 즉, 움라우트 과정은 단계적으로 (1) Vorschag → (2) Umlaute의 순서를 밟아 진행되어 온 현상으로 추정할 수가 있다(이 글의 §4.1 을 참조).

따라서 Eckardt(1923)의 텍스트에서 움라우트를 수용한 실현형들 가운데에서도 같은 형태에서 전설화의 단계에 따른 $V^i \sim Vi$와의 교체가 등장하는 경우가 부분적으로 등장하는 사례도 찾아 볼 수 있다.

(26) 1. 이애기(談); ori niâiiki(5), iâiki(17)~ia^{i}ki(50), nia^{i}ki(344),
　　　　ia^{i}kiro marha^{i}myŏn(360),
　　2. 괴기(魚); kôiki(128)~ko^{i}ki(49, 131),
　　3. 댕기-(行); 편안이 tâingkyŏ opsio(45)~ta^{i}ngkita(21, 145),
　　4. 소내기; sonâiki(32)~sona^{i}ki(68, 소나기),
　　5. 기레기(雁); kirŏ^{i}ki(109)~kirŏiki(57),
　　6. 쥐교(主敎); tjûikyo(6)~tjû^{i}kyo(Bischop, 332),
　　　　hongŭi tjû^{i}kyo(Cardinal, 332),
　　7. 꼭대기(頂); san goktâiki(191)~gokta^{i}ki(190),
　　　　san kokta^{i}ki(293, 404), mâin gokta^{i}ke(맨 꼭대기에, 296),

위의 보기들 가운데, Eckardt(1923)의 텍스트에서 '꼭대기'(頂)와 '기려기'(雁)
와 같은 어휘들은 동화의 비실현형과 실현형 그리고 전설화의 단계에 따른
피동화음 Vⁱ과 Vi에 따라서 3가지 유형의 공시적 변이가 반영되어 있다. (ㄱ)
꼭대기~꼭다기; Halla-san goktakie(191)~san goktâik를 보고(191)~goktaʲki(190, 404);
(ㄴ) 기레기~기러기; kirŏʲki(109)~kirŏiki(57)~그 kirŏki를 받아 들여가며(118). 예문
(26-3)의 '당기(行)-→댕기-'에서 텍스트의 로마자 전사에 '이' 모음 역행동
화를 반영하지 않은 예들도 출현하고 있으나, 본문의 각주에서 실제의 발음
은 그렇지 않다는 사실을 첨가하고 있다. 여기에 또 다른 유의어 '다니-(行)
→대니-'도 포함된다.

(27) 다니-→대니-/당기-→댕기-; tannita=tangkita(각주 : 이 말은 taʲnnita=
　　　taʲngita로 발음된다. 282), 골목으로 taʲnnimyŏ(대니며, 282),
　　　sarami taʲngkitji malkŏsio(댕기지, 277), 잘 taʲngkyŏ 오너라(댕겨, 62),
　　　발로 taʲngita(21).

그 반면에, 텍스트 자체에서 움라우트를 수행하여 피동화음에 첫 단계인
Vⁱ의 상태만을 반영하고 있는 고정된 예들도 존재한다. 이러한 동화의 단독
실현형들은 비실현형들과의 교체의 단계를 통과하여 개신형들로 이미 정착
된 것으로 보인다. 먼저, 피동화음 '아→애'(aʲ)를 중심으로 형태소 내부와 경
계로 분류하여 제시하면 아래와 같다.

(28) 1. **형태소 내부 : '아→애'**
　　　komphaʲngi(곰팽이, 173), tcham tjaʲmiidta(재밌다, 410, 412),
　　　tjaʲmisŭrŏun(재미스러운, 245), tjaʲmi(재미, 50),
　　　술 먹고 취하야 tjaʲmi가 읻지, 무슨 tjaʲmi가 읻나?(345),
　　　비가 와서 tjaʲmi 읍곈소(85); oraʲpi, oraponi(오래비, 297);
　　　aʲpi(애비, 11); turumaʲki(두루매기, 209, 220),
　　　tchaʲyang(遮陽→채양, 98), môitchiraʲki(메추래기, 57),
　　　haʲngyong 말하기를(행용, 332, 덕역; 흥용(恒用) 말흥기를, 138);

kaptja'ki(갑재기, 413); tjakta'ki(작대기, 149); sa'kki(새끼, 173),
tangnakui sa'kkika(175); tja'kil(昨日 → 잭일, 327); aiki(24),
âiki(애기, 116); nâirita(내리다, 110), nâirisio(내리시오, 112).

2. 형태소 경계

ㄱ) --함-이 → 햄-이; 신이 되어 ryŏngha'mi 일다 하므로(264),
대답-이 → 대댑-이; ahâi tâita'pi, 두 개는 저 아히 입에 물리고(59),
tâita'pi(대댑-이, 401),
잠-이 → 잼-이; tja'mi 덧들어서(잼-이, 265),
짝-이 → 쩍-이; 신 한 dja'ki 어대 간고랴(쩍-이, 323);

ㄴ) 맡기(委任)- → 맽기-; ton ma'dkita(돈 맽기다, 182, 250),
ton ma'dkin mud saramtŭri(돈 맽긴, 288),
닿이(被觸)- → 댕이-; ta'hita(nahe bringen, 354).

ㄷ) 명사형어미 '-기' : tjina'ki(지내기, 242).

위의 예에서 형태소 내부에서 움라우트 수용만을 보여주는 (28)-1의 개신
형들은 20세기 초엽의 서울말 또는 경기지역의 입말에서 어간의 재구조화를
거친 단계로 파악된다. 그러나 사동이나 피동접사 또는 주격조사 '-이'와의
통합과 같은 형태소 경계에서 일어나는 동화의 단독 실현형들은 자료의 제
약에서 기인되었을 것으로 보인다. Eckardt(1923)의 텍스트에 이러한 실현형
과 비실현형 간의 수의적 교체 과정이 우연하게 반영되지 못하였을 개연성이
높다.

그 다음으로, 여타의 피동화 모음을 중심으로 움라우트의 실현형들로만 출
현하는 단독형들을 살펴보면 다음과 같다.

(29) **1. 피동화음 '어—에'**

ㄱ) 너기- → 네기-; nŏ'kita(308), 도적놈으로 nŏ'kita(21),
버히- → 베히-; pŏhita(=pehita, 88), pehita(209),
꺽이- → 껙이-; 나무가 gŏ'kkyŏdso(394),

ㄴ) susugŏ'ki(수수께기, 237), 나무 bura'ki(根, 뿌레기, 307),[49]

2. 피동화음 '오→외'

오비(吾鼻) → 외비; o'pika susamtchŏkinkoro(吾鼻가 數三尺인고로, 246),

요긴(要緊)한→ 외긴한; yo'kinhan 몽학을 아니하엿슴니다(360),

코기리(象) → 쾨기리; kho'kiri(57), nopta--no'phi(높다-높히-, 260);

녹이- → 뇍이-; no'kita(127, 219), 일홈(姓名)-이 → 일횜-이;

irho'mi 무어시냐(27),

3. 피동화음 '우→위'

죽이- → 쥑이-; ju'kinanya(쥑이-, 43), tju'kita(169, 219),

목매여 ju'kita(262),

까치던지 가마귀던지 보난 대로 tjûikyŏra(쥑여라, 361).

(29-2)의 '오→외'의 예에서 한자 관용구 '오비(吾鼻) → 외비'와, '요긴(要緊) → 외긴'에 적용된 '이' 모음 역행동화 현상은 매우 특이한 유형이다. 그러나 이러한 동화 실현형들의 등장은 20세기 초엽 서울말 또는 경기지역의 입말에서 이러한 통합적 과정이 생산적으로 확산되어 있었음을 반증하고 있다. 특히, '코기리(象) → 쾨기리'와 같은 움라우트를 수용한 형태의 출현은 20세기 초반의 다른 지역의 방언에서 쉽게 관찰하기 어려운 예이다.[50] 19세기 후기 전라방언을 반영하는 완판 고소설 부류에 이와 유사한 '쐬코리'형이 등장하는 사례는 있다. 더국 천자 쐬코리 타고 우리 전하는 연을 타고(84장본 완판 춘향전, 상.35ㄴ). 그러나 19세기 전라방언에 출현하는 '쐬코리'형은 움라우트 과정을 수용한 형태는 아니고, '코(鼻)+-접사 '-이' → 쾨'와 같은 형태론적 과정을 거쳐 형성된 것으로 보인다.[51]

---

49) '나무 bura'ki(根, 뿌레기, 307)'의 예는 피동화 모음에서 ɛ~e 사이에 구분이 혼동된 모습을 보인다. 이러한 경우는 '벗기-(寫) → 벳기-'에서도 반복되어 나타난다.
책을 pâikiltcharo 조희를 사왇소(238).

50) 20세기 초반 함경북도 방언에서 주격 조사 '-이'와 연결되는 체언의 피동화 모음에 생산적으로 적용된 움라우트 현상(감(柿)-이→갬이; 덕(德)-이→덱이; 쏭(糞)-이→쐥이; 월급(月給)-이→월굅이; 국(羹)-이→귁-이)을 "이 音 向上의 法則"이라는 명칭으로 관찰한 田島泰秀(1918 : 65)에서 그 당시 지역형태 '쾨기리'(象)가 수집되어 있다.

51) 『전라도 방언사전』(주갑동, 2005 : 338)에는 '코끼리'(象)에 대한 '쾨코리'형이 수록되어 있다. 또한, 이 방언사전에서 '코(鼻)와 관련된 모든 복합어는 '쾨-'로 출현한다.

3.3 연결어미 '-며'와 '-면'에 의한 '이' 모음 역행동화의 유형

지금까지 살펴본 움라우트의 유형들과 관련하여 Eckardt(1923)의 텍스트에서 특별하게 관찰할 수 있는 또 다른 특징적인 유형은 동화주 y-를 포함하고 있는 연결어미 '-면'과 '-며'가 선행하는 용언어간의 후설계열의 모음에 전설성을 수의적으로 부여하는 동화작용이다. 이러한 유형에서도 피동화음 '아→애'의 과정이 다른 피동화 모음의 경우에서보다 매우 높은 출현 빈도를 반영하고 있다.

(30) 1. '아→애' : 52)

-하면 → -해면; 말 haˈmyŏn(25), 아니 haˈmyŏn(235), 자칫 haˈmyŏn(283),
상등말로 haˈmyŏn(300),
한 번 marhaˈmyŏn 두 번 아니 하난 사람이오(185),
여긔도 나고 져긔도 낟더라 haˈmyŏnsŏ(51), iltchi ani haˈmyŏn(52),
putjarŏn haˈmyŏn(52), 도적을 만낟다 haˈmyŏn(26),
나라히 manghaˈmyŏn 종묘사직이 읍서진다 하지오(333),
tjatchid haˈmyŏn(자칫 해면, 283),
kŭrŏtchi ani haˈmyŏn(그렇지 아니 해면, 191),
우리가 이런 때에 도와주지 anihaˈmyŏn 사람이라 할 수 읻
소?(334), 아까 하던 이애기로 marhaˈmyŏn(말해면, 360),
ta haphaˈmyŏn(다 합해면, 213), 다른 사정으로 mar haˈmyŏn(368),
자긔를 saranghaˈmyŏn 남을 사랑하니(사랑해면, 374),
-하며 → -해며; 노루가 난다 haˈmyŏ(해며, 33),
활로 쏘아 잡앋슬 걸 haˈmyŏ(해며, 51).
-나면 → -내면; 사람이 세상에 naˈmyŏn(-내면, 245),

쾨골다, 쾨딱지, 쾻물, 쾻병, 등등(p.338).
52) Eckardt(1923)의 텍스트에서 연결어미 '-(으)면'과 '-(으)며'에 통합되는 용언어간의 '아' 모음
이 물론 '이' 모음 역행동화를 수용하지 않는 예들이 출현 빈도에 있어서 앞선다.

(1) 살기나 hamyŏn 조켇소(391), (2) tŏumyŏ(더우며), (3) tchiumyŏ(치우며) tchamyŏ(차며,
37), (4) 빨래를 빨라 hamyŏn 물이 조하다(234), (5) 이러케 hamyŏn 잘 될가요?(125), (6) 낟
이나 칼이나 독긔나 periryamyŏn(-베리랴면, 218) 등등.

-가면→개면; 어대로 ka͡imyŏn 조습닏까?(-개면, 130),

　　　cf. 구경을 kamyŏn(가면, 131), 집에 들어 ka͡imyŏn(-개면, 110),

-랴면→-래면; 글씨로 ssŭrya͡imyŏn(-쓰례면, 44),

　　　빨래를 harya͡imyŏn(-하례면, 234),

　　　독선으로 근너 kasillrya͡imyŏn(가실례면, 112),

　　　궤를 djarya͡imyŏn 귀 마초기가 어려우니(-짜례면, 204).

이와 같이 연결어미가 촉발시키는 '이' 모음 역행동화 현상은 경기도 방언의 기술에서 일찍이 수집되어 관찰된 바 있다. 김계곤(1988 : 20)은 경기도 고양군 원당읍 방언을 수집하면서, '-자면→-재면'과 같은 예를 주목한 바 있다. 예 : 글을 <u>쓰재면</u>.53) 그리고 역시 경기도 방언을 기술한 임용기(1984)도 " ㅣ 치닮기"(움라우트) 항목에서 '-가자+-면→-가재면(p.141), 있다-면→있대면, 간다+-면→간대면'(p.149) 등'의 용례들을 제시하고, 이와 같은 보기는 서울말에서도 많이 나타난다고 지적하였다. 간다면→간대면, 보자면→보재면 등.

또한, 임 교수는 그 논문(1984)에서 '간다-며?'에서와 같이 종결 어미화를 거친 '-며'의 경우도 역시 서울말에서 역행동화를 수용하고 있는 예들을 언급하였다. 예 : 간다며→간대며, 있다며→있대며, 본다며→본대며'. 그리고 이러한 움라우트를 거친 이후에 '-며'는 계속적인 발달을 거쳐 '-며→-메'로 전환된다고 하였다. 예 : 간다-며→간대-며→간대-메.54)

---

53) 김계곤(2001)에 의하면, 다음과 같은 역행동화의 예들을 추가할 수 있다.

　(ㄱ) 다-면→대-면 : 그렇대면, 자-면→재-면, 들어 오재면 (경기도 연천군 방언, 284),
　(ㄴ) 자-면→재-면→재믄 : 방을 얻재므는, 하자-면은→허재머는, 그릏케 허재므는(화성군 팔탄면 방언, 392).

54) 정인호 교수와 정경재 교수는 김계곤(1988)과 임용기(1984)에서 '-며, -면'에 선행하여 움라우트를 실현시키는 이러한 일부 중부 방언형의 예들은 '하-' 탈락을 전제로 하는 인용 내포문이 관여한다는 점에서 그 성격이 Eckardt(1923)의 예들과 다르다고 지적하였다.
　이러한 사실을 고려해도, 본문에서 인용된 경기도 방언의 보기 가운데, '글을 쓰자-고 하면'에서 '-고 하-' 성분이 탈락이 이루어진 '글을 쓰자-면'과 같은 절에서 '- 쓰재-면'의 모음어미의 전설화에 대한 설명은 움라우트에 기대지 않고는 어렵지 않을까 생각한다. 그러나 해당 경기도 방언에서 '하+-여→해' 활용형의 유추적 확대에 의하여 자음어미 앞에서까지 '하→해'로 전환되는 예들이 통상적으로 관찰된다(김계곤 2001 : 437, 448).

따라서 Eckardt(1923)의 텍스트에 등장하고 있는 위의 (30)의 예들은 20세기 초엽 단계의 음운론적 과정을 정밀하게 나타내고 있음이 분명하다.[55] 또한, 이러한 유형에 '독사(毒蛇)-면→독새-면'과 같은 동화작용도 등장하고 있다. 그 배암이 toksaˈmyŏn 사람을 물것이오(368).

이번에는 연결어미 '-며'와 '-면'과의 통합에서 여타의 다른 피동화 모음에 움라우트 현상이 적용되어 있는 유형들을 살펴보기로 한다.

(31) 1. '어→에';

    -그러면→그레면; kŭrŏˈmyŏn 네가 은지하야(129)~kŭrŏˈmyŏn 이리로 들어오십시오(120), kŭrŏˈmyŏn(191), kŭrŏˈmyŏn 그리 하시오(213), kŭrŏˈmyŏn 모양이 조케 하여주시오(213),

  2. '으→의';

    -크면→키면; khŭta-- khŭˈmyŏn(키면, 37),

    -같으면→-같의면; 다 이 갇치 쉬울 것 kadhŭˈmyŏn 배홀 것이 무어신가

예를 들면, '하+-고→해고, 하+-니→해니', 하+-다→해다, 그렇다면, '-는다+고 하면→-는다고 해면→-는대-면'과 같은 축약이 움라우트의 관여와는 상관없이 가능할 것 같다.

그 반면에, 정경재 교수는 '하'가 생략된 어미들의 경우 '-며', '-면'이 아니더라도 이러한 모음 변화가 나타나는 예가 구어에 있음을 제시하였다. '-ㄴ다더라>-ㄴ대더라', '-ㄴ다더군요>-ㄴ대더군요' 등.

55) Ramstedt는 그의 *Einführung in die Altaische Sprachwissenscgaft*(『알타이 언어학 개론』(I, 음운론, 1957 : 159-164)에서 알타이 제어 가운데 비어두음절의 모음이 어두음절의 모음에 역행동화를 일으키는 음성변화(Brechung)의 3가지 유형을 소개하였다. 그는 비어두음절의 전설모음 -i-(-y-)가 선행 음절의 비전설 모음에 역행동화 작용을 일으키는 터키어, 몽고어 및 퉁구스어 등의 예들 가운데, 한국어의 움라우트의 보기도 제시하였다. 그는 한국어에서 후행음절의 -i의 영향은 상당히 보편적으로 일어났으며, ai, oi, ui ei, ii는 각각 ä, ö(we), ü(wi), ē, ī로 발달되었다고 언급하였다. 또한 그는 서로 다른 음절에 위치하는 a--i, o--i, u--i 등도 역시 동일한 역행동화 규칙에 지배를 받았다고 지적하였다.

그가 보기로 제시한 한국어의 움라우트의 예들은 빈약한 편이다. 그러한 예 가운데, 용언어간과 연결어미 '-(으)면'과 통합되는 '하-면(hamyẹn)이 '해-면'(hämyẹn)으로 발음된다는 설명이 주목된다(1957 : 164). Ramstedt(1957)에서는 Eckardt(1923)에 대한 언급은 찾을 수 없으나, 그가 예전에 *A Korean Grammar*(1939)을 저술할 때에 참고한 한국어 문법서 가운데 하나가 Eckardt(1923)였다는 사실을 그 책의 서문에서 밝히고 있기 때문에, 역시 그 문법서에서 위의 움라우트의 용례가 차용된 것으로 추정된다. 그러나 Eckardt(1923)에서의 피동화 모음 전사 표시 aˈ가 Ramstedt(1957)에서는 ä로 바뀌어져 있다.

(205),

-놓으며→-놓의며; 수건을 내여 nohŭ'myŏ 하난 말이(노희며, 174),

　　cf. 상 우에 nohŭmyŏ 절하니라(111),

3. '오→외';

-보면→-뵈면; 방은 더웁지 아니한 걸 po'myŏn(-뵈면, 243),

-오면→-외면; 초례청으로 nao'myŏn(나외면, 118),

4. '우→위';

-주면→-쥐면; kirŏ'kirŭl sillangĕke tju'myŏn(기레기를 실랑에게 쥐면,
　　111).

　동화주 y를 갖고 있는 연결어미 '-(으)면'과 '-(으)며'가 앞선 용언어간의 후설모음을 전설화시키는 음운론적 힘은 피동화음 '아' 이외의 환경에서는 약화되어 나타난다. 그러나 움라우트 현상은 이와 같은 음성 조건에서 생산성은 떨어지지만, 피동화음 '어, 으, 오, 우'에 골고루 적용되어 있다. 이러한 사실은 20세기 초엽의 서울말 또는 그 인근 지역어의 구어에서 이러한 움라우트 과정이 공시적으로 광범위하게 확산되어 있었음을 뜻한다.

　또한 움라우트 현상이 매우 생산적으로 작용하였던 19세기 후기 전라방언 자료에서도 조건의 연결어미 부류에서 '-으면→의면' '-으며→-의며', 그리고 '-거드면→-거듸면' 등'과 같은 음운론적 조정이 역시 관찰된다.

(32) 1. -으며→-의며

　　　흥난 소리 양진이 뒤<u>누의며</u> 천지강산이 진동ᄒ니(완판 충열, 하.1ㄱ),

　　　잔듸를 와드득 쥐여 <u>쓰듸며</u> 울제(별춘.25ㄴ; 병오 춘. 13ㄱ),

　　　슈져의 <u>노의며</u> 우니(완판. 심청, 상.24ㄴ),

　　2. -으면→-의면 : 모도 너 사랑 <u>갓틔면</u> 사랑걸여 살 슈 잇나(완판 수절가, 상.30ㄴ), 문우의 허수익비 <u>달여씌면</u> 사람마닥 우러러 볼거시오(상동, 하.22ㄱ),

　　　-더면→-드면→-듸면; 우리 망쳐 <u>사러씌면</u> 조셕 근심 업슬거슬(완판 심청, 상.18ㄴ),

3. -거드면 → -거듸면

금산성을 <u>치거듸면</u> 제 응당 구홀 차로 올 거시니(완판 충열, 하.14ㄴ), 너 조차 <u>죽거듸면</u> 유주부 사당의 일점 영화 잇슬손야(완판 충열, 상.22 ㄴ), 이통하다 <u>죽거듸면</u> 이 원한 니 혼신 원귀가 될 거신이(완판 수절가, 상.39ㄱ), 황긔 쳣단 말을 됴됴가 <u>알거듸면</u> 치소될가 ᄒ난이다(완판 화룡, 37ㄴ).

그러나 金文基 소장 필사본 25장『흥보전』(1901년에 필사)에 반영된 다양하고 생산적인 움라우트 현상 가운데에서도 아래와 같은 연결어미와의 통합에서 실현되어 있는 예들이 가장 풍부한 양상을 보인다. 고대소설『흥부전』의 이본과 그 계열에 관한 연구(김창진 1991)에 의하면, 필사본 25장『흥보젼』은 경판 20장본을 母本으로 하여 필사했으나, 그 표현 방식과 언어 내용은 전형적인 19세기 후기 전라방언으로 전환되었다. 이 텍스트(약칭 : 필사)에서 연결어미와 통합되어 실현되는 움라우트의 유형들을 추출하여 원래의 경판본 20장본(약칭 : 경판)과 대조하여 제시하면 다음과 같다.

(33) **1. 연결어미 '-며'**

ᄂ가며 죠롱ᄒ고 드러 가며 비양ᄒ니(경판 흥부젼 1ㄱ)
--<u>나긔며</u> 조롱ᄒ고 드러 <u>긔며</u>(필사 1ㄱ),
팔 가라 가며 둑이며(경판 15ㄱ)---팔 가라 <u>긔며</u> 죄기고(필사 19ㄴ),
무엇 먹고 져시 ᄂ며(경판 2ㄱ)---무얼 먹고 졌시 <u>닉며</u>(필사 2ㄴ),
물네질 ᄒ며(경판 3ㄴ)---물네질 <u>희며</u>(필사 4ㄱ),
졔물를 차리라 ᄒ며(경판 11ㄴ)---졔물을 차리라 <u>희며</u>(필사 15ㄱ),
오운이 이러나며(경판 7ㄴ)---오운이 <u>이러닉며</u>(필사 9ㄴ).

2. 연결어미 '-(으)면'

즁의 가면 억미 홍졍(경판 1ㄱ)--장에 <u>긘면</u> 억미 희기(필사 1ㄱ),
밥을 지여 먹으라면(경판 2ㄱ)--밥을 지여 <u>먹자희면</u>(필사 2ㄴ),
그러ᄒ면 엇지 ᄒ존말가(경판 4ㄱ)---그러<u>희면</u> 엇지 할가(필사 4ㄴ),
희동 희면 나물 뜻기(필사 4ㄴ), 갑셜 의논희면(필사 9ㄴ),
두랴 ᄒ랑이면...ᄌᄌ히 지랑이면(경판 5ㄱ)---되랴 <u>희면</u>....자자이 지랴

힝면(필사 6ㄱ),
그러ㅎ면 옥인가 보(경판 7ㄱ), 그러ㅎ면 뉴리호박인가 보외, 그러ㅎ면
쉰가 보외(경판 7ㄱ)--
그러힝면 옥인가 부오, 그러<u>힝면</u> 유리호박인가 부오, 그러<u>힝면</u> 쉰가 부
오(필사 8ㄴ),
그러ㅎ면 엇지 ㅎ여 왓소(경판 9ㄱ)--그러<u>힝면</u> 엇지힝야 왓십나(필사
11ㄴ), 거만<u>힝면</u> 쥑일리라(필사 18ㄱ).

   19세기 후기 전라방언의 특질을 반영하는 필사본 25장 『홍보전』에 등장하
고 있는 위와 같은 예들은 움라우트 현상의 실현 위계에 비추어 보면, 통상
적인 음운론적 및 형태-통사적 제약을 극복하고 있는 높은 생산성을 반영하
는 것이다.[56] 이와 마찬가지로, Eckardt(1923)에 의해서 관찰된 연결어미와의
통합에서 일어나는 위의 (30)과 (31)의 예들도 역시 그 당시 해당 지역 화자
들의 구어에서 생산성이 높은 공시적 움라우트 현상을 전제로 하여야만 이
해될 수 있는 것이다.

---

56) 필사본 25장 『홍보전』에서 통사적인 제약을 극복하고 있는 움라우트의 실현 예들을 경판본
   20장과 대조하여 제시하면 다음과 같다.
  (ㄱ) 명사형 어미 '-기'와 통합 과정;
    아희 빈 듸 비츠기(경판 1ㄱ)--아히 빈 데 <u>비치기</u>(필사 1ㄱ), 가믄 날의 비오기 기다리
    듯...즁마진 듸 볏나기 기다리듯...승젼ㅎ기 기다리듯(경판 3ㄴ), ---비오기 기다리듯 장
    마진 데 <u>볏닉기</u> 기다리듯, 젼쟝의 <u>승젼힉기</u> 기다리듯(필사 4ㄴ),
    복즁 츠기, 비더기 츠기, 작뒤기 츠기, 키질 ㅎ기(경판 16ㄱ)---- 복장 치기, 비 치기,
    붕붓난듸 치질 힉기, 희산한데 초혼 힉기(필사 21ㄱ),
    허릿되 쓴코 다라나기(경판 16ㄱ)---허리쮜 쓴코 <u>다라닉기</u>(필사 21ㄱ), 키질 ㅎ기 그릇
    닥기(경판 4ㄱ)---치질 힉기 그럿 <u>쯱기</u>(필사 4ㄴ),
    셩을 즁만하기의 망ㅎ겟다(경판 17ㄱ)--승을 장만<u>힉기</u>예 망ㅎ것다(필사 22ㄴ).
  (ㄴ) 계사와 주격조사 '-이'에 의한 움라우트;
    동뇌 스람이 줌을 못즈니(경판 2ㄱ)--동닛 <u>사림이</u> 잠을 못자니(필사 2ㄴ),
    어진 스룸이라(경판 4ㄱ)---어진 <u>사림이라</u>(필사 4ㄴ), 우리은 각통 사림이라(필사 17
    ㄱ), 나도 집이 볼일이 만는 사림일셰(필사 19ㄴ),
    어디셔 밥이 느랴(경판 2ㄱ)---<u>밥이</u> 어디 잇실손냐(필사 2ㄴ),
    ㅎ늘을 위ㅎ미니(경판 16ㄴ)---하날을 <u>위힙</u>이니(필사 21ㄱ).

4. $V^i {}^\sim Vi$과 전설화의 원리 : Vorschlag와 전설적 성분의 첨가

4.1 움라우트의 진행 단계 :
Vorschlag(앞꾸밈음 : 전설성) → Umlaute(변모음)

우리는 앞선 §3.2에서 Eckardt(1923)에서 수행된 움라우트의 피동화 모음 V^i 의 성격으로 미루어 보아, 이것이 역행동화의 음성학적 첫 단계이었을 가능 성을 제시하였다. 그와 동시에 1920년대 서울방언에서 움라우트 현상은 먼저 (ㄱ) $V \rightarrow V^i$ 과정을 수행하며, 여기서 다음 단계 (ㄴ) $V^i \rightarrow Vi$(변모음, 즉 a→ aî; o→oî; u→uî)로 옮겨갔을 것으로 추정하였다. 움라우트 현상에 대해서 Eckardt(1923 : 6-7)가 설정한 <발음규칙> 20의 규정에서 그 첫 단계로 Vorschlag라는 용어를 사용되었다(이 글의 §3.1을 참고). 그가 구사한 Vorschlag 는 후행하는 움라우트의 동화주 [i]나 [y]의 전설적 발음이 앞선 음절의 모음 에 영향을 준 결과가 $V \rightarrow V^i$와 같이 실현된다고 관찰하였다. 그렇다면, 이러 한 맥락에서 Eckardt가 사용한 "Vorschlag"라는 용어는 구체적으로 어떤 음 성학적 내용을 말하는 것일까.

Vorschlag에 대한 통상적인 정의를 Wikipedia(Die Freie Enzyklopaedie)는 아 래와 같이 제시하고 있다.

(34) Vorschlag는 음성학에서 단어를 발음할 때, 그 단어의 철자에서 감지할 수 없는 어떤 음이 첨가되어 들리는 현상을 말한다(예를 들면, 영어에서 철자 ge-로 시작하는 단어를 발음할 때, 이 g가 d가 앞에 첨가된 약한 마찰음 (generation=[dȝ-])으로 나온다. 그러나 이러한 발음은 철자 ga-, go- 및 gu- 등으로 시작하는 단어에서는 나타나지 않는다.).[57]

---

[57] "in der Phonetik ein bei der Aussprache eines Worts zusätzlich anklingender Laut, der dem Schriftbild des Worts nicht zu entnehmen ist (z. B. spricht man bei englischen Wörtern, die mit ge- beginnen, das g als weichen Zischlaut mit d-Vorschlag, nicht jedoch bei Wörtern, die mit ga-, go- bzw. gu- beginnen)."(Wikipedia : Die Freie Enzyklopaedie, 2015.01.15일 이용).

연속적인 소리의 흐름, 특히 음악에서 이러한 현상은 appoggiatura(아파자투라)라는 용어로도 사용되는데, 이것은 장식음의 일종인 "앞꾸밈음"으로 번역된다. 뒤에 연속될 소리가 앞소리에 섞여 꾸며진다는 것이다. 이와 유사한 현상을 나타내는 음운론적 과정의 기술에서 Vorschlag라는 용어는 Roth(1936)에서도 사용되었다. Roth(1936 : 7-24)는 그의 문법서 서두에 있는 음운론 (Lautlehre)에서 한국어의 상향 이중모음 '여'(ye)는 단모음 '어'(e)와 동일하지만, i가 앞선 Vorschlag가 있을 뿐이라고 기술하였다(p.7). 이어서 Roth(1936 : 12)는 한국어의 유음 'ㄹ'(r~l)이 보이는 다양한 발음 현상을 예시하면서, 'ㄹ'은 i-Vorschlag를 갖고 있는 단모음 '아, 어, 오, 우, 으' 등과 연결되면 n과 같이 발음된다고 언급하였다. 따라서 그는 음운론에서 Vorschlag 또는 i-Vorschlag라는 용어를 상향 이중모음의 활음 y를 지시하는데 사용한 셈이다.

그 반면에, Eckardt(1923)는 '이' 모음 역행동화 현상과 관련하여 선행하는 피동화음에 뒤따르는 i 또는 y의 전설적 성분이 부분적으로 옮겨가서 하향 이중모음의 -y를 형성하게 되는 현상을 Vorschlag로 나타낸 것이다. Eckardt 는 1910-1920년대 당시의 서울말과 경기도 방언의 구어에 실현되고 있었던 '이'의 역행동화 과정을 세밀하게 관찰하고 V → V^{i}의 방식으로 나타냈다고 추정한다. 그러면, 이 시기에 대중들이 구사하였던 움라우트의 표면으로의 1차적 실현이 과연 V^{i}로 실현될 수 있을 것인가.[58]

원래 움라우트라는 용어는 게르만어에서 어떤 모음 V1이 다음 음절에 있

---

58) 이러한 음성학적 개연성과 관련하여 일찍이 허웅(1982 : 358)에서 지적된 일종의 "스며들기"(interversion par pénétration) 현상 한 가지를 여기서 새삼 상기할 필요가 있다. 허웅(1982)에 의하면, 국어의 소위 半切表에서 '가갸거겨...'를 어떤 사람들은 연속해서 낭송할 때에 '가이갸, 거이겨, 고이교, 구이규..'로 발음해 내었던 사실이 있었다고 기억하였다.
전남대학교 이돈주 선생님도 자신의 고향에서 어린 시절에 사람들이 '가이갸, 거이겨... 등과 같은 방식으로 낭송했던 사실이 있다고 글쓴이에게 사석에서 확인시켜준 바 있다(1985. 11). 허웅(1982)은 이러한 현상을 선행 음절의 모음 /a/와 /ə/ 등에서 다음 음절의 상향 이중모음의 부음 /y-/로 옮아가는 과도음이 산출되는데, 이것이 곧 [ay, əy]로 실현되었다고 관찰하였다. 즉, [kakya]의 y가 중간의 k를 뚫고 그 앞으로 진출한 것이다. [kakya] → [kaykya] ~ [kayka]. 허웅(1982)은 이러한 현상을 '스며들기'로 명명하였다.

는 모음 V2와 더 가깝게 접근하기 위해서 음성학적 조정을 수반하는 모음조화의 한 가지 유형을 가리킨다. 이 가운데 특히 게르만어의 i-Umlaut는 후설모음이 뒤에 연속되는 전설계열의 -i 또는 y가 오면, 조음을 편리하게 하기 위해서 해당 전설모음으로 바뀌거나, 또는 전설모음 성분에 가까이 접근하는 변화를 수행하게 된다(Paul 1960 : 146-147; Behaghel 1968 : 285). 이와 같은 움라우트에 대한 기본적인 정의에 충실하면, 피동화음에 첨가되는 V → [+전설성]의 음운론적 과정을 Eckardt(1923)는 텍스트에서 V → Vⁱ의 형식으로 반영한 것이다.

피동화음 Vⁱ에서 실현되는 위첨자 -i의 음성학적 신분은 Eckardt(1923)와 거의 같은 시대에 간행된 Otto Jespersen의 음성학 교과서 *Lehrbuch der Phonetik*(Zweite Auflage, 1913)을 참고하면 어느 정도 드러난다. Jespersen (1913)의 제3부 "음성결합론"(Kombinationslehre)에서 모음동화와 관련하여 Eckardt (1923)에서 사용된 Vorschlag나, 위첨자들의 적극적인 사용은 출현하지 않는다. 그러나 Jespersen은 제12장 "음성의 장단"에 대한 기술에서 매우 짧은 (extra kurz) [i]를 [ĭ], 또는 [ⁱ]로 전사하고 있다(1913 : 178).[59] Eckardt가 이 시기에 Jespersen(1913)을 참고하고 이러한 전사 방식을 한국어의 움라우트 현상에 적용하였을 것이라는 보장은 얻을 수 없다. 그러나 이 시기에 위첨자 표기는 일정한 모음이 아주 짧고, 동시에 약하게 들리는 청음 효과를 전사하기 위해서 사용되었던 관용으로 보인다.

Eckardt(1923)는 움라우트 현상과 관련하여 일정한 모음에 전설성을 첨가하는 일종의 꾸밈음으로 로마자 표기 Vⁱ를 사용하였을 뿐만 아니라, 자음 앞에서 상향 이중모음 yə가 진행하여 오는 연속적인 음성변화의 한 단계를 나타내기 위해서 ⁱe와 같은 전사 방식을 활용하였다는 사실은 우리가 이미 §2.1

---

[59] 또한 Jespersen(1913 : 155)는 중설모음의 유형들을 설명하는 자리에서 [ə]의 음성 환경에 따른 변종으로 아주 짧고, 모음적 활음과 같은 성격의 위첨자 [ᵊ]를 전사 방식으로 제시하기도 했다.

에서 관찰한 바 있다. 그는 C+yə>C+e의 음성변화 과정에 개입된 중단단계 yŏ>ye>ʸe>e(여>예>에)를 나타내기 위해서도 역시 ʲV의 부호를 사용하였던 것이다. mied si tôiyŏdso?(몇 시 되었소? 181), onal m̄edtchirio(오늘 며칠이오? 326), cf. myŏd tâi(몇 代, 210). 따라서 모음 전면에 위치하는 위첨자 'i'를 Eckardt는 일정한 자음 앞에서 수행하는 '여>에'의 변화의 중간단계 ye>ʸe를 표시하기 위해서 사용한 셈이다. 그렇다면, 움라우트 현상을 기술하기 위해서 그가 사용한 V→Vⁱ에 등장하는 위첨자 'i'도 역시 중간단계인 하향 이중모음 Vy의 활음 y가 짧고 약하게 실현되는 Vʸ이었을 것이 분명하다.

Eckardt(1923)에서 Vⁱ는 아래의 예들에서 보는 바와 같이 우리가 지금까지 논의했던 움라우트 현상에서만 출현하는 것은 아니다.

(35) 1. eⁱko! 맥이 대단히 뛰난걸!(에이고, 357), eko=aiko(에고=아이고, 32), eko, aïko(409), eko(=aiko) musŭn pyŭngintji al su ŭpso(356),
  2. 뫼시다; moⁱsiko(뫼시고, 397), 내가 아버님 moⁱsiko 살림살이 하오(397).
  3. sŭⁱkŭi(hata), tjilthu(싀긔하다, 질투, 315),
  4. 암만해도 공부하기 sŭilsŭmnita, 또는 -sŭiryŏⁱyo(sireyo로 발음한다, 257).
  5. ankeseyo(안 게세요, kesŏⁱyo에서 형성되었음, 61),
  6. 건너-(渡) → 건네-; 빨리 못 kŏnnekedso(건네겓소, 'kŏnnŏⁱkedso'에서 형성되었음, 112),
  7. Kûon phanse mudtâi(59), 각주 : phanse(判書)=phansŏ-+(주격첨사) -i와 연결되어 형성되었다.

위의 (35).1의 eⁱko!형은 또 다른 형태 eko=aiko(에고=아이고, 49, 409)에 비추어보면, 원래 eiko→eyko→eⁱko와 같은 음성 실현을 나타낸 것으로 보인다.[60] 그리고 (35).2의 '뫼시다'형의 첫 음절의 모음에 반영된 oⁱ의 경우도 이 시기에 일어난 하향 이중모음 oy→oʸ의 과정으로 판단된다. (35).3에서 한자

---

60) 'eko=aiko'(에고=아이고, 49, 409)형은 Eckardt(1923 : 409)에서 "외침, 간투사"(Exklamation, Intr--jektion)의 일종으로 분류된 바 있다.

음 '싀긔'(猜忌)의 첫 음절 모음 'ǔⁱ'에서 위첨자 -i의 출현은 20세기 초엽 당시의 이중모음 '의'의 발음과 관련되어 있다. Eckardt(1923 : 2)는 한국어의 <발음규칙> 11 항목에서 '의'[ǔi]는 불안정하지만(flüchtig), 이중모음으로 발음되기는 하나, ǔi의 앞 성분 ǔ는 거의 소실된다고 기술하였다. kǔi(긔, 旗)=ki; phǔita(픠다, 發)=phita; kǔita(긔다, 伏)=kita; hǔita(희다, 白)=hita. 이러한 현상으로 미루어보면, sǔⁱkǔi(hata)의 예는 이중모음 [iy]에서 앞 성분인 i가 잔존한 반면에, 활음 -y가 탈락되어버리기 이전에 빠르고, 약화된 발음 [iʸ]를 전사한 것이다.

(35).4에서 -sǔiryǒⁱyo의 당시 현실 발음이 [sireyo]라는 Eckardt의 지적은 (r)yǒⁱ=(r)e와 같은 대응을 추출하게 된다. 그는 <발음규칙> 10에서 한국어의 단모음 '에'를 기원적으로 ǒ(어)+i(이) → e(에)와 같이 파악하기 때문에, 전설계열의 단모음 âi[ä], ôi[ö], ûi[ü]와 같은 신분의 변모음(Umlaute)로 설정하였다. 이와 같은 근거로, 그는 (35).5에 걸쳐 있는 표면에서의 현실 발음 e를 모두 ǒ+ⁱi → ǒi → e의 과정으로 파악하게 된다. 그러나 (35).5에서 an kesǒⁱyo → an keseyo의 예는 '시-+-어 → 셔'와 같은 과정에서 형성된 C+yə의 변화와 관련을 맺고 있을 것 같다.

이와 같은 다양한 음운론적 과정에 출현하는 위첨자 i의 성격에 비추어 볼 때, ⁱV의 경우는 yV → ʸ와 같은 활음 y의 약화 과정을 반영한 것이고, 그 반면에 움라우트 현상에서 나타나는 Vⁱ은 V → Vy(이중모음화) → Vʸ의 진행 방향을 공시적으로 반영한 것으로 해석된다. 그렇다면, 20세기 초엽 서울말, 또는 경기도 지역방언의 구어에서 실현되었던 움라우트 현상은 먼저 (1) V → Vʸ와 같은 조음상의 조정 단계(Vorschlag)를 거친 다음에, 이어서 (2) 전설성 성분 -y가 강화되어서 Vⁱ → Vy(Umlaut : 즉 a → âi; o → ôi; u → ûi)로 전환되는 2가지의 음운론적 단계를 보유했던 것으로 해석될 수 있다.

Eckardt(1923)는 그 당시 화자들의 자연스러운 입말에 출현하는 형태소 내부와 그 경계에서 앞 음절의 후설계열의 모음들이 후속되는 전설의 i와 y의 조음상의 역행동화를 받아서 그 발음 내용에 전설적 성분을 혹은 약하게 때로는 강하게 첨가시키는 음운론적 과정을 $V \rightarrow V^i$과 $V \rightarrow Vi$으로 전사한 것이다. 이와 같은 전제가 가능하다면, 국어 지역방언의 음운론에서 기원적인 움라우트 현상의 기제는 각각의 피동화음에 전설성이 첨가된 $[V^y]$, 또는 $[Vy]$와 같은 이중모음화를 수행하는 과정에 내재되어 있다. 이러한 음운론적 과정을 통해서 일차적으로 형성된 이중모음 $[V^y]$ 또는 $[Vy]$는 해당 지역방언의 음운체계에서 첨가된 전설성이 사용상의 반복 강화됨에 따라서 화자들의 구어에 관습화되어 각각의 전설계열의 모음으로 變音(Umlaut)되었다고 추정한다. Eckardt(1923)는 '이' 역행동화 현상이 보여주는 이와 같은 공시적인 연속적인 진행 단계를 (ㄱ) Vorschlag(앞꾸밈음=전설성의 첨가) → (ㄴ) Umlaut(변모음)으로 정밀하게 관찰한 것이다. 따라서 오늘날의 움라우트 현상은 이와 같은 2가지의 음운론적 과정을 하나로 압축하여 $V \rightarrow$ [+전설성]으로 대변되어 있다.

국어 음운사적으로도 통시적 움라우트의 원형은 일차적으로 해당 피동화 모음에 전설적 성분을 부과하여 하향 이중모음화(Vy) 시키는 과정에 있다는 가정이 지금까지 규명된 방언사의 연구(한영균 1980; 최전승 1986; 백두현 1992)에서 근대국어 단계의 문헌적 자료를 바탕으로 제시된 바 있다. 또한, 1930년대에 정인승(1937)은 당시의 맞춤법 통일안 및 표준어 사정의 사회적 맥락에서 서울말과 경기도 인근 지역어의 움라우트 현상과 그 실현 예들을 검증한 바 있다. 이 가운데 1930년대 한글 맞춤법 통일안과 관련하여 발표된 『한글』(5권1호)에 정인승(1937 : 2-3)이 기술한 움라우트 현상이 실현되는 음성학적 원리는 1910-1920년대에 걸쳐 Eckardt(1923)가 관찰하였던 제1단계 : $V \rightarrow V^i$(Vorschlag) → 제2단계 : $V \rightarrow V^i \rightarrow Vi$(Umalut)의 과정과 잘 부합한다고 생각한다.(이 책의 제2장에서 예문 (16)을 참조)

정인승(1937)의 잘 알려진 음운론적 기술은 움라우트 현상을 해석하려는 오늘날의 학자들이 갖고 있는 이론적 관점에 따라서 여러 번 언급된 바 있다.

언어사 연구에서 해당 언어사회에서 진행되고 있는 일정한 변화, 또는 변화의 경향에 대하여 당대에 활동하였던 연구자 또는 정서법 학자들의 명시적인 관찰 기록은 후대의 학자들에게 보수적인 문헌 자료 이상의 소중한 가치가 부여 된다(Campbell 2000; Smith 2007). 그러나 이러한 동 시대 사람들의 언어현상에 대한 관찰은 경우에 따라 후대의 학자들의 이론적 관점에 따라서 긍정적으로 수용되기도 하고, 또한 부정되어 버리기도 한다.61)

움라우트 현상은 원칙적으로 조음의 경제에 근거한 음석학적 조정으로, 말의 연속적인 흐름에서 앞 음절의 모음의 혀의 위치가 뒤따르는 음절의 전설고모음 i 또는 y의 역행동화를 받아서 전설의 조음 위치로 가깝게 접근하는과정이다. 이러한 조정이 2차적으로 해석되어 해당 피동화 모음이 음운론적으로 모음체계에서 전설모음으로 전환되는 현상은 부수적인 것이다. 이와 같은 관점에서, 글쓴이는 정인승(1937)에서 공시적 현상의 정밀한 기술은 당시1930년대 서울말에서 수행되었던 움라우트의 1차적 음성학적 본질을 잘 드러낸 설명이라고 판단한다.

움라우트 환경에서 역행동화를 입은 후설 모음이 그 조음의 끝을 다 거두

---

61) 정인승(1937)의 언급은 19세기 후기 전라방언의 움라우트 현상을 제1단계와 제2단계로 나누어 파악하려는 최전승(1986 : 164)에서와, 1930년대 서울방언에서의 공시적 "앞모음 되기" 현상을 기술한 김차균(1991 : 19)에서는 긍정적으로 수용되었다.
　　그러나 역사적으로 수행된 움라우트 현상에 대하여 엄밀한 움라우트의 규정상 이 용어를 사용하지 않고, "구개성 반모음 첨가 현상"으로 기술하는 김주필(1994 : 121)은 정인승(1937)의 기술 방식을 부정적으로 파악한다.
　　이러한 경향과 관련하여 이동석(2002 : 215-216)은 피동화주 '으'가 움라우트 현상의 적용을 받는다는 사실은 이해하기 어렵다고 보았다. '으'가 움라우트를 수용한 결과는 표기상 '의'로 나타날 수가 있으나 이것이 움라우트를 거친 피동화음으로 판단할 수 없기 때문이라는 것이다. 그 근거는 현대국어에서 '의'의 발음은 [i], [i], [e] 등으로 실현되지만 움라우트의 적용환경인 '그리-', '쓰리-' 등에서 피동화음이 [e]로 나타나지 않기 때문이다. 그리하여 이동석(2002)은 '으'가 움라우트 현상의 피동화주가 될 수 없다고 간주하였다. 그러나 글쓴이의 생각으로, 이중모음 '의'가 단모음 [e]로 실현되는 경우는 문법적 환경, 즉 관형격 조사에 한정되어 있다.
　　또한, 최근에 정인호(2014 : 117)도 역시 정인승(1937)의 밑줄 친 인용문에서 선행 음절 모음의 끝에서 실현되는 강약의 차이가 구체적으로 무엇을 의미하는가에 대한 설명이 필요하다고 지적하였다.

기 전에 혀가 이미 전설의 방향으로 이동하여 갈 자세를 먼저 취하는 음성학
적 사실로 말미암아, 피동화 모음의 끝이 혹은 약하게, 혹은 강하게 전설의
' ㅣ '(-y)음으로 바뀌지게 된다는 원리는 Eckardt(1923)에서도 관찰된 것이다.
Eckardt(1923)는 움라우트 환경에서 선행하는 피동화 모음의 끝이 약하게 전
설 고모음 i의 방향으로 옮겨가는 경우는 Vorschlag(꾸밈음 : Vⁱ), 그 반면, 강
하게 옮겨가는 경우는 모음체계에서 해당 전설모음으로 전환된 Umlaute(변모
음 : Vy)로 구분해서 전사한 것이다. 글쓴이는 전자의 경우(Vⁱ)를 음성학적 동
화, 후자에 나타난 변모음 현상을 음운론적 동화라고 바꿔 부를 수 있다고
생각한다.

현대국어 지역방언에서 일어날 수 있는 움라우트의 이와 같은 음성학적
동화 현상은 이 글의 각주 (40)에서 인용된 충남 연기군과 보령군 일대의 사
례 이외에 제주도 방언에서도 관찰되어 왔다.(이 책의 제2장 참조.)

4.2 움라우트의 Vorschlag 단계와 전설성 성분의 첨가 -y

국어의 움라우트 현상에서 뒤따르는 전설계열의 i 또는 y의 역행동화를 받
아서 선행 음절의 후설모음이 직접 해당 전설모음으로 바뀌는 것이 아니라,
[+전설성]을 첨가한다는 원리는 1950년대와 1960년대에서도 몇몇 학자들에
의해서 이미 지적되어 온 사실이다. 일찍이 1950년대 한국어 음운체계를 성
분분석(또는 변별자질들의 묶음)의 방법을 이용하여 기술한 S. Martin(1951/1968)
은 당시 서울말의 9개의 단모음과 이중모음체계를 5개의 음운론적 성분으로
분석하였다.62)

---

62) 이러한 모음성분들은 다음과 같은 (동시적으로) 공존하는 연속체로 출현한다(S. Martin
191/1968 : 365).

	IY	I	IW
WEY	EY	E	EW
	AY	A	

(36) high tongue position   I   front tongue position   Y
     mid tongue position   E   lip rounding   W
     low tongue position   A.

이와 같은 S. Martin(1951/1968)의 기술에 따르면, 전설의 혀의 위치를 나타내는 모음성분 Y와 W는 각각 음소 /y/와 /w/로 실현된다. 따라서 전설계열의 단모음들은 /i/=IY, /e/=EY, /ɛ/=AY, /ö/=WEY, /ü/=WIY와 같이 표면으로 도출되어진다. 운봉지역의 공시적 움라우트 현상을 기술한 이병근(1971)은 이러한 성분분석의 자질을 이용하여 움라우트의 기제를 해명하려고 하였다. 그리하여 이 교수는 움라우트 현상은 후설모음이 Y계의 동화주에 의하여 전설모음화하는 과정이기 때문에, 그 원리는 후설모음에 전설화 성분인 Y가 부여되는 다음과 같은 일종의 첨가규칙(addition rule)으로 파악하였다. (1) i>i→IY, (2) ə>e→EY, (3) a>ɛ→AY, (4) u>ü→WIY, (5) o>ö→WEY>WEY (1971 : 478-479).[63]

여기서 글쓴이는 움라우트는 역행동화에 의하여 후설모음에 전설성의 성분인 Y가 첨가되는 것이며, Y는 표면으로 -y로 실현된다는 설명 방식에 주목한다. 즉, ə→əy, a→ay, i→iy, o→oy, u→uy. 다시 말하면, 표면적으로 움라우트 현상의 원리는 후설모음에 전설적 성분 -y를 첨가하는 것으로 해석된다. 전설적 성분 -y가 첨가되어 해당 전설모음으로 전환되는 현상은 2차적으로 음운론화(phonologization)를 거친 것으로, 이러한 위상의 변화는 전적으로 해당되는 모음체계에 귀속되는 문제이다. 따라서 역행동화 작용의 결과,

---

이와 같은 연속체로 형성된 음소들은 그 수효가 11개이다. 9개의 단모음 음소가 존재한다. (여기서 모음성분 Y와 W는 음소 /y/와 /w/로 실현된다. 따라서 W-IY=/wi/, W-EY=/we/, W-E/=/wə/, W-AY=/ɛ/, Y-IW=/yu/, Y-EW=/yo/).

              /i/   /ə/   /u/
       /ö/   /e/   /ɔ/   /o/
              /ɛ/   /a/

63) 이병근(1971)에서는 S. Martin(1951/1968)의 mid tongue position E가 E로 파악되었다.

음성학적으로 전설성 성분 -y는 후설모음의 끝 부분에 표면적으로 혹은 약하게, 혹은 강하게 실현될 뿐이다.

움라우트 현상이 결국은 후설모음에 전설적 성분인 -y(-i)를 첨가하는 구체적인 과정임은 한국어의 모음체계를 생성 음운론의 이론으로 재해석한 김진우(1968 : 520)에서도 지적되었다. i→iy [i], ə→əy [e], a→ay [ɛ], wi [u] →wiy [wi], o→oy [ö], wa→way [wɛ]. 또한, 그는 일련의 전설모음은 후설모음들에서 '전설화'(fronting) 특질을 첨가해서 2차적으로 도출되어 나온 형태-음운론적 특질들을 제시하면서, 이러한 과정은 국어의 음운사의 어느 단계에서부터 점진적으로 밟아온 하향 이중모음의 전설 단모음화의 발달과 일치한다고 지적하였다.[64]

20세기 초엽 서울말에 등장하는 움라우트의 실현형에 대한 로마자 전사에서 <후설모음+-i>와 같은 표기 방식이 前間恭作의 『韓語通』(1909)에서부터 쓰이기 시작한다. 그러나 움라우트를 수행한 피동화음 후설모음에 -i를 첨가하는 이 시대의 표기는 단순히 '-ㅣ'로 끝나는 문자구조에 기계적으로 이끌린 것으로 보인다.

---

64) 김진우(1968)에서 그러한 형태 음운론적 과정을 반영하는 예로 다음과 같은 보기들이 제시되었다.

(ㄱ) na(生)-+-i(사동의 접사)→[nɛ], tha-(燒)+-이→[thɛ], ca-(寢)+-iu→[cɛu], ai(兒)~ɛ(아이~애), sai(間)~ɛ(사이~새);

(ㄴ) sə-(立)+-iu→[seu](세우-), səi(三)~se(서이~세);

(ㄷ) po-(見)+-i→[pö], oi~ö(오이~외) 등등.

이러한 보기들은 한국어의 전설모음들은 비전설모음들에서 "전설화"(fronting) 특질을 첨가해서 도출시킬 수 있음을 제시하는 것이라고 그는 주장한다. 즉, /ɛ/</a/+<i>, /e/</ə/+<i>, /ö/</o/+<i>. 여기서 <i>는 전설화 성분을 나타낸다. 그러나 또 다른 전설모음 /i/가 남게 되는데, 적어도 몇몇 사례에서 i는 i+<i>에서 도출시킬 수 있다는 것이다(김진우 1968 : 519).

(ㄹ) tti-(浮)+-i→[tti-](뜨-+-이→띠),

(ㅁ) hilli-+-i→[hilli](흐르-+-이→흘리),

(ㅂ) pappi-+-i→[pappi](바쁘-+-이→바삐) 등등.

(37) chip-păi-ngi, 집힝이(杖, 54), chip-pu-rɒi-ki, 집흐렉이(原, 집흐락이, 54),
　　　chip-sɒ-ki, 집섹이(原, 집석이, 54), nai-ki, 내기(賭, 68),
　　　toi-mi, 되미(厚魚, 84), mɒik-hi-, 멕히-(237),
　　　poit-ki-, 벳기-(原 벗기-被脫, 246),
　　　poit-ki-, 벳기-(原 벗기, 寫, 237),
　　　chui-ki-, 취기, ('측이-'와 같다, 237).

　위와 같은 보기 이외에, 前間恭作(1909 : 147)은 당시의 기술 대상인 서울말에서 '속이-', '먹이-'와 같은 사동형은 口語에서 어간의 'ㅓ'와 'ㅗ'가 후행음의 영향을 받아서 각각 '쇠기-'와 '멕이-'와 같이 발음되는 사례가 많다고 지적하였다. 1940년대에 오면, 小倉進平(1944)과 河野六郎(1945)과 같은 전문적인 방언 연구를 통하여 그 당시의 한국어 지역방언에서 출현하였던 다양한 움라우트 실현형들이 사실적으로 전사되었다. 특히 小倉進平(1944)은 움라우트 실현형들을 음성 전사하는 방식으로 해당 후설모음에 -i를 첨부하였다(또한, 최전승 1986 및 1987 : 23-24를 참조).

(38) 1. [ko-i-gi] : 충남→서천,
　　　　　[kwɛ-gi] : 제주도→제주, 대정, 경북→의성,
　　　　　[kwe-gi] : 제주도→성산, 서귀포, 전남→목포, 나주; 경북→청송, 충북→충주, 함북→명천, 부거,
　　　　　[kui-gi] : 경북→고령. (小倉進平 1944 : 163),
　　　2. [me-ʔtûi-gi], [me-ʔtui-gi](메띄기, 메뛰기), 전남.북→일부 지역(1944 : 318),
　　　　　[tʃu-dûiŋ-i], [tʃu-duiŋ-i](주딍이, 주딍이), 경기, 황해→일부 지역(1944 : 278),
　　　　　[mo-thuiŋ-i](모튕이), 경남.북, 충남.북, 황해→각각 일부 지역(1944 : 53),
　　　3. [tûiŋ-gɛ](딍개) : 경남→부산, 경북--대구,
　　　　　[tûiŋ-ge](딍게) : 전북→-장수, 진안, 무주, 금산,
　　　　　[tûiŋ-gi](딍기) : 경남--동래 외.

위의 예에서 (38).1의 '고기(魚) → 괴기'의 움라우트를 실현시키는 방언형들
의 첫째 음절의 이중모음 [we]와 [wɛ]의 음성적 존재는 이중모음 '외'[oy]에
서 통시적으로 발당하여온 oy>we~wɛ의 과정을 전제로 하여야만 그 출현이
가능하다. 또 다른 형태 [kui-gi]에서의 이중모음 [-ui]는 oy>uy와 같은 모음
상승에서 형성된 것으로 보인다. 그리고 [ko-i-gi]와 같은 방언형은 같은 시
기에 거의 동일한 지역(충남 : 부여, 논산 등지)에서 관찰된 河野六郎(1945)의
[ko͡ig͡i]을 연상하게 한다.[65] 더욱이 움라우트를 수용한 '괴기'에서 어두음절의
모음의 전사 [-o͡i]는 Eckardt(1923)가 20세기 초엽의 서울말에서 이 형태를 지
속적으로 전사한 로마자 표기 ko͡ki와 완전히 일치한다. 따라서 '고기 → 괴기'
에서 확인되는 [-o͡i]는 후설모음 o가 움라우트 적용 환경에서 후속되는 i의
영향을 받아서 전설성이 첨가되어, "자연이 웃 음절모음의 끝이 혹은 약하게
ㅣ소리로 화해지는 것"(정인승 1937)이며, 이것은 바로 Eckardt(1923)가 관찰한
후설모음에 전설성이 첨가된 "꾸밈음"(Vorschlag)에 해당된다.

이와 같은 사실은 위의 (38)에서 제시된 바와 같이, 움라우트를 수용한 지
역 방언형들에서도 확인된다. (38).2의 예들은 각각 제2음절의 모음 '우'의 단
계에서 역행동화에 의하여 u → uy와 같은 이중모음화를 거치고, 이어서 비
원순화 uy → iy가 적용된 과정을 반영한다. 그리고 (38).3의 '등겨(米糠) → 딩
개, 딩게, 딩기'의 예들은 움라우트를 수용한 피동화음 '으'가 i → iy의 과정을
거쳐 하향 이중모음 [iy]로 전환되어 있음을 보여주는 것이다('딩기 → 딩기'['등
계'의 사투리]에 보라', 문세영 1938 : 426).[66]

---

65) 또한, 河野六郎(1945)은 권말 부록에 실린 <방언어휘> 15에서 '흙(土)'에 주격조사 '-이'가 연
   결되는 경우에 i → iy와 같은 이중모음화가 실현되는 예를 제시하였다.

   '흙+-이' → [hɯigi](충남 : 태인 등지).

66) 한영균(1980 : 229-230)은 19세기 후기에 간행된 완판본 84장본 『춘향전』 텍스트가 완주 방언
   의 영향속에서 이루어졌음을 전제로 한 다음에, '으'의 움라우트형이 '으 → 의'로 실현되는
   사실 등을 지적하고(드리-(獻) → 듸리-; 이름이라 → 일의미라), 이와 같은 움라우트 현상이
   i → i, u → ü, ə → e 등의 과정을 직접적으로 겪은 것이 아니고, i → iy → i, u → uy → ü, ə →
   əy → e의 과정을 이른 단계에서 밟은 것일 수도 있다는 가정을 하였다.

5. 20세기 초엽 서울말과 경기도 방언에서 움라우트 현상의 확산[67]

5.1 1930년대 표준어의 선정과 대중들의 구어

19세기 후기 단계에 서울말에서 출현하고 있는 움라우트 현상의 일부의 모습은 개신교 선교사 W. M. Baird가 관찰한 바 있다. 이러한 음운론적 과정은 그가 1895년 5월호에 간행된 *Korean Repository*(pp.161-75)에 자신의 한국어의 로마자 작성 시안을 발표하는 과정에서 부수적으로 드러나게 된다. Baird가 설정한 몇 가지 로마자 작성의 원칙 가운데 한 가지는 한글 표기를 그 대상으로 하는 것이 아니라, 당시의 소리에 따라야 한다는 것이었다. 따라서 그는 한국어의 동일한 문자가 출현하는 상이한 환경에 따라서 달라지는 변이음들도 여기에 대응하는 로마자로 배당하는 원칙을 준수하게 된다. 그는 한국어의 모음 '아, 어, 오, 야, 여, 요' 등 다음에 '이'가 연속되면 그 영향을 받아서 음가가 분명히(plainly) 수정되는 효과를 나타내는 사실을 관찰하게 된다. 즉, 이들 후설계열의 모음에 전설의 '이'가 직접 또는 자음을 중간에 개입시켜 다음 음절에서 연속되면, 각각 '애, 에, 외. 얘, 예, 외' 등으로 빈번하게 (frequently) 전환되는 현상이다. 그리하여, 그는 아래와 같은 '-이'의 역행 동화의 현상을 보기로 예시하였는데, 주로 주격조사 '-이'와 사동의 접사 '-이' 앞에서 실현되는 형태소 경계에서의 움라우트 현상이었다(최전승 1995 : 110 참조).

(39) 쩍(煎餅) : 쩍+-이 → 쩩이; 법(法) : 법+-이 → 벱이;
　　　목(喉) : 목+-이 → 뫽이; 번역(飜譯) : 번역+-이 → 번옉이;
　　　공(球) : 공+-이 → 굉이; 먹이다 → 멕이다.

20세기 초반, 1920년대에 확산되어 있는 국어의 전반적인 움라우트 현상과

---

67) 이 글에서 §4.3은 글쓴이의 최전승(2001)과, 최전승(2004)의 일부를 다시 수정하여 정리한 것이다.

지역적 분포 상황에 대한 구체적인 모습은 小倉進平(1924 : 46)이 자신이 작성한 <음운 분포도> 제15도와 함께 아래와 같이 밝혀지게 된다.

(40) '이'음의 역행동화 :
　　단어 또는 句의 다음에 '이' 모음이 오는 경우에, 그 단어 또는 句에 있는 모음이 아래의 모음의 영향을 받는 일종의 동화작용, 즉 역행동화(Regressive assimilation)의 현상이 발생할 때가 있다.
　　예를 들면, '바람(風)-이'가 '바램이'로 바뀌고, '사람(人)-이'가 '사램이', '공일'(空日)이 '굉일'로 바꿔진다.68)

　그러나 이러한 관찰과 1920년대 움라우트 실현형의 분포는 서울을 포함한 중부지역의 방언이 아니라, 그가 선택한 남부지역의 방언에만 국한된 현상이었다. 서울과 경기도 일대 방언에서 확산되어 있던 움라우트 현상에 대한 전면적인 모습과, 그 가운데 일부가 의식적인 선택을 거쳐서 맞춤법과 표준어로서의 수용 과정은 1930년대에 언어정책으로 확정된『한글 맞춤법 통일안』(1933)과,『조선어 표준말 모음』(1936)에 온전하게 반영되어 있다.69) 여기서 선정된 표준말 모음과 함께 비표준어의 신분으로 같이 열거되어 있는 "유의어"(같은말)들의 존재를 주시할 필요가 있다. 이러한 비표준 유의어들은 "서울에서 유행하는 즉, 서울 사람으로서 여러 가지를 쓰는 서울 사투리만을 수용"(이윤재 1936 : 6)한 것이기 때문이다. 따라서 당시에 선정된 표준어와 함께

---

68) 小倉進平(1924)은 남부지역의 움라우트 현상이 충청북도의 대부분(단, 청주, 영동지방은 '이'의 영향을 받는다)과 경상북도의 상주, 문경, 영주, 예천, 안동, 청송지방을 제외하면, 그 정도에 있어서는 다소 차이가 있으나 대부분의 남부방언에 일반적으로 확산되어 있다고 기술하였다.

69)『조선어 표준말 모음』(1936)의 "머리말, 2. 표준말 사정의 방법"에 따르면, 당시 표준어 선정의 대상은 물론 서울말이지만, 그 영역을 경기도 전역에까지 광범위하게 확대하였다. 이러한 사실은『한글』제 4권 11호(1936)에 발표된 정인승의 "표준어 사정과 한자어의 표준음"에서 더욱 구체적으로 확인된다.

　경성 발음을 표준으로 하는 것이니, 이는 물론 다른 아무 지방에도 없는 경성 특유의 발음을 말함이 아니요, 적어도 近畿는 물론, 그 밖의 상당한 범위까지 통용되는 경성음을 이름은 물론이다(p.3).

대조되어 있는 비표준어들은 1930년대 광범위한 서울 사회계층에서 사용되었던 공시적 형태들이다. 그렇기 때문에, 표준어에서 탈락된 비표준어 유형들은 1930년대 당시 대중들이 구사하였던 서울말의 구어적 성격을 잘 반영하고 있을 것이다(김차균 1991).

먼저, 『한글 맞춤법 통일안』(1933) 제23항은 "동사의 어간에 '-이, -히, -기'가 붙을 적에 어간의 끝 음절의 홀소리가 그 'ㅣ' 소리를 닮아서 달리 나는일이 있을지라도 그 원형을 바꾸지 아니한다."와 같이 규정함으로써 움라우트 수용을 표기에서 배제하였다. 이와 같은 규정에 따라서 당시에 서울말에서 공존하였으나, 표준어로 선정된 움라우트 비실현형과 비표준어로 밀려난움라우트 실현형들은 아래와 같다.

   (41) 먹이다/(멕이다), 박이다/(백이다), 속이다/(쇡이다), 죽이다/(쥑이다),
       뜨이다/(띄이다), 잡히다/(잽히다), 막히다/(맥히다), 맡기다/(맽기다),
       벗기다/(벳기다), 쫓기다/(쬧기다), 숨기다/(쉼기다), 뜯기다/(띋기다).

위의 보기에서 1930년대에 용언어간에 연결된 사동과 피동의 접사 '-이'계에 의해서 역행동화를 수용한 어간 형태들은 표준어로 선택받지 못했으나,당시 서울말에서 구어의 신분을 갖고 있을 것이다. 그리고 이러한 용언어간에서 움라우트를 실현시킨 형태들은 이미 1910년대의 Eckardt(1923)에서 대부분 선보였던 것들이다. 형태음소적 표기법에 근거하여 움라우트 실현형을 엄격하게 제한하려는 『한글 맞춤법 통일안』(1933)의 원칙은 3년 후에 사정된『조선어 표준말 모음』(1936)에서도 그대로 준수된다. 표준말 모음에 딸린 <부록> 제 9항에서 이러한 원칙이 유의어 관련(예 : 건더기--건덕지, 소나기--소낙비,주둥이--주둥아리, 다듬잇돌--다듬다, 버르장이--버르장머리, 등등)이나 어원 관련(맡기다--맡다, 잡히다--잡다, 젖먹이--먹다, 등등)의 관점에서 다시 확인된다.[70]

---

70) 이와 같은 엄격한 원칙과 기준에도 불구하고, 『조선어 표준말 모음』(1936)에서 표준어로 선정된 움라우트의 실현형들(ㄱ)은 다음과 같다.

5.2 현대 서울 토박이들이 구사하는 움라우트 현상의 일면

화자가 실현시키는 자연스러운 움라우트 현상은 조사자의 격식을 차린 방언조사 면담을 통해서 확인하기는 어려운 통합적 음운현상이다. 해당 지역사회에서 규범어에 속하는 움라우트의 비실현형과 토속적 방언형태인 실현형 간에는 "위신", 또는 "친밀성", 그리고 사회적 "정체성" 등과 같은 사회 상징적 가치가 첨부되어 있다. 그리고 일정한 지역의 화자는 상황에 따라서 청자와의 일종의 대화의 전력으로 움라우트를 화용론적으로 구사하고 있는 경향이 강하다(최전승 2004). 따라서 움라우트 현상에 대한 자료 수집에서 필연적인 "관찰자의 역설"(obserber's paradox)을 어느 정도 극복하려면 이야기 구술체의 스타일을 이끌어내는 방안이 요구된다. 이상억 · 유필재(2003 : 265-280)가 전사한 "서울토박이말 정밀전사 자료(Ⅱ)"를 이용하여 당시의 구술자(1897년생 최영자 씨)의 담화 가운데 등장하는 움라우트 유형에서 주격조사 '-이'가 체언의 후설계열의 모음을 전설화시키는 역행동화의 예를 찾아서 정리해 보기로 한다.

(42) ㄱ. 해방(解放)+-이 → 해뱅+-이;
그르다가 그만 해 : 뱅이 돼서...그런 건데 해 : 뱅이 됐으니까..(2003 : 267),

(ㄱ) **움라우트 실현형** :
깍대기(穀皮), 꼭대기(頂上), 가난뱅이, 갈매기, 내리다(降下), 노래기(사향각시), 때꼽재기, 때리다(打), 달팽이, 다래끼, 댄님, 댕기, 댕기다(引火), 도깨비, 새끼, 새기다(刻), 재미(滋味), 채비(差備), 올챙이, 옹배기, 포대기, 팽이(楸).

(ㄴ) **움라우트 비실현형** :
가랑이, 가자미, 곰팡이, 고장이, 난장이, 나바기, 단추, 다리(橋, 脚), 달이다(煎), 다리미, 당기다(引), 멋장이, 모가비(인부 두목), 미장이, 쓰르라미, 삭히다, 삭이다(消和), 잠방이, 지팡이, 지푸라기, 차리다(準備), 아끼다, 아기, 아비.

1930년대의 서울말에서 표준어로 선정된 움라우트 실현형(ㄱ)들은 "현재 중류사회에서 쓰는 서울말"(『조선어 표준말 모음』, 일러두기)에 해당되는 격식어와 계층어의 신분에까지 확산되었을 것이다.

ㄴ. 사람(人)+-이 → 사램+-이;
살림허는 사램이 따루 있는데두..(2003 : 268),
ㄷ. 투성+-이 → 투셍+-이;
아주 밤나 음식 투셍이야, 투셍이.(2003 : 268),
ㄹ. 광목+-이 → 광뫽+-이;
피륙으루 들어오죠 지끔은 광 : 뫽이지만 그 전에 미영 폭 좁은 미영
이...(2003 : 270).

종로구 관수동에서 출생한 노령의 최영자 할머니의 구술에서 형태소 내부
에서의 움라우트 실현 예들도 등장하였음은 물론이다(예 : 차별 → 채별, 고기 →
괴기, 학교 → 핵교, 송편 → 쇵편 등등). 이와 동시에 위의 (42)의 예들은 당시의 서
울말에서 주격조사 '-이'에 의한 역행동화를 수용한 형태들이 사용되고 있었
다는 사실을 부분적이지만 보여준다.

이러한 현상을 확인해 보기 위해서 서울지역의 중산층 노령의 화자들이
자신의 말 자체에 외부의 조사자에게 신경을 쓰지 않고, 지나온 한 평생을
회상하는 긴 담화 가운데 수의적으로 출현하는 움라우트 현상을 조사하기로
한다. 『민중자서전』(뿌리깊은나무, 1991)을 이용하여 전형적인 서울 토박이 한
상숙 화자(1991년 조사 당시 74세)의 구술에 드러난 움라우트의 실현 예들을 정
리하면 다음과 같다(이병근 1991; 최전승 2004).

(43) ㄱ. 새귄거지(사귀-), 내비리데(내버리-), 디리고(드리-),
매렵다구(마렵-), 멕이구(먹이-), 채려(차리-), 젤이면(절이-),
벳기기(벗기-), 백여서(박이-), 애끼누라구(아끼-),
맫기구두(맡기-), 딜이다(들이-), 뚜드리딧기(뚜드리듯이),
윙겼으미(옮기-), 뉘볐지만(누비-),
ㄴ. 냄편(남편), 되미(도미), 구데기(구더기), 돗재리(돗자리),
스물 몇펭째리(스물 몇평짜리), 핵교(학교), 십원째리(십원짜리),
셈일(삼일), 밀젠병(밀전병), 채례(차례), 다딤이질(다듬이질),
꼴띠기(꼴뚜기),

    ㄷ. 뵈기 싫다구(보기 싫-),

    ㄹ. 댄추(단추),71) 쇠주(소주), 챔위(참외).

  한상숙 구술자의 말에 등장하는 (43)ㄹ의 '댄추'(p.108)나 '쇠주'(燒酒, p.43)와 같은 형태는 움라우트의 실현 위계로 비추어보면, 형태소 내부에 확대된 적극적인 움라우트의 수용 단계를 함축하고 있다. 이러한 역행동화의 실현형들은 또한 깊은 역사성을 반영하고 있음이 틀림없다. 그리하여 '댄추'와 '쇠주'는 우리가 §3.1에서 관찰한 바와 같이 19세기 후기의 단계로 소급된다. Eckardt(1923)에서도 tantcho(209)~taintcho(209)~tâintchu(213), 그리고 sуotjуu~sôitju(5) 등과 같은 수의적 교체를 나타내고 있었던 것이다. 또한, 이분의 말에는 움라우트의 동화주 '-i'가 이중모음에서 기원된 '새귀-(交)와 '챔위'와 같은 유형도 출현하고 있다. 눈독을 들여 가지구 <u>새귄거지</u>(交, 157)~사귀는 색시 있는데(157); 고사 지낼 때 <u>챔위</u>두 놓거든(참외, 85).

  그 반면에, 한상숙 노인의 구술 담화 가운데에서 주격조사 '-이'와 통합되는 환경에서는 움라우트의 실현은 텍스트 자체 내에서 전혀 등장하지 않는다. 이러한 양상은 다른 유형의 서울 토박이 말 전사 자료를 살펴보아도 큰 차이가 없다. 국립국어연구원에서 1997년에 간행한 『서울 토박이말 자료집』(1)을 참조하면, 자연발화 가운데 주격조사 '-이'에 의한 움라우트 실현 예가 '씨름+-이→씨림이'와 '월급+-이→월깁이'와 같이 극소수로 제한되어 있다.

    (44) ㄱ. 씨름+-이 : 씨 : 름두 해두 그냥 <u>씨림이</u> 아니라 삿바 씨름이 나오구(7대째 서울에서 살고 있는 78세 노년층 화자 JSY, 남자, 대학교 졸, p.269),

       ㄴ. 월급+-이 : 취직이 제 : 일 좋거든, 제 : 일 <u>월깁이</u> 좋아. 월급이 존 : 데...(4대째 서울에서 거주하고 있는 남자 화자 81세 JJG, 중학교 졸, p.176).

---

71) (ㄱ) 고름 안달구 <u>댄추</u> 매(p.108), (ㄴ) 조고리에다 적삼해 입으믄 <u>댄추</u> 매서 달아, <u>댄추</u>를 매지(p.108), (ㄷ) 그렇게 깨기구 적삼이구는 죄 <u>댄추</u>를 다는데(p.109).

  한상숙 구술자의 말에서 '댄추'형은 언제나 움라우트 실형형만 위와 같이 출현한다. 따라서 '단츄>댄츄>댄추'와 같은 일련의 변화는 그 출발의 역사가 깊다고 할 수 있다.

이번에는 같은 『민중 자서전』(뿌리깊은나무, 1991) 총서 가운데 경기도 출신 이규숙 씨의 말에 실현된 움라우트의 유형을 검토하기로 한다. 이 분은 서울의 오랜 전통 주택지역인 계동에서 살면서, 양반집 아녀자의 전형을 보여주고 있는 당시 87세(여, 1991년 기준)의 화자이다.[72] <이규숙 연보>에 따르면, 이분은 1905년 경기도 화성군에서 출생하여 1921년 나이 17세에 서울 양반과 결혼을 하고, 20세부터 서울 시집에 와서 살기 시작하였다고 한다. 따라서 언어 습득과 형성기를 경기도에서 보낸 이 화자는 비록 20세부터 평생을 서울에서 살아 왔으나, 근본적으로 경기도 말을 구사하는 것으로 보인다. 이분의 구술 담화에서 형태소 내부에 수행된 움라우트는 매우 다양하게 나타나지만, 이러한 현상은 서울 토박이 화자인 한상숙 씨의 말에서도 빈번하게 등장하기 때문에 특별한 것은 아니다. '웬수'(원수, p.46), '괴기'(고기, 152), '디디-'(踏, 드디-, 65), '쇡였구나'(속이-, 101), '쥑이-'(죽이-, 94), '쬧겨-'(쫓기-, 40), 등등.[73]

이규숙 화자의 말에는 움라우트의 환경을 벗어난 '도배(塗褙) → 되배'와 같은 전설화의 예도 보인다. 옛날에는 되배를 삼첩지루 했어요(169). 여기서 '되배' 형은 20세기 초엽의 Eckardt(1923)에서 출현하고 있는 예를 찾아서 글쓴이가 제시한 바 있다(§3.1을 참조). 따라서 '도배 → 되배'는 오랜 역사성을 보유하고 있다.

경기도 말을 구사하는 이규숙 구술자의 담화 가운데 움라우트 제약의 관점에서 억제성이 강한 개재자음 n에서도 역행동화가 실현된 형태들이 등장

---

72) 이규숙 화자의 구술 자료는 <뿌리깊은 나무 민중자서전 4. 班家 며느리 이규숙의 한평생> 『이 "계동 마님"이 먹은 여든살』(1992, 뿌리깊은 나무사)를 이용하였다. 이규숙 노인의 한평생을 구술한 내용을 편집한 샘이깊은물 김연옥 편집차장은 6개월 동안에 걸쳐 거의 날마다 구술자를 만나 그이가 여든 평생의 기억을 섬세하게 더듬어 펼치도록 이끌었다고 한다.
73) 이러한 움라우트 실현형들은 이규숙 화자의 담화에서 비실현형들과 수없이 교체되어 출현하였다. 이 가운데, '괴기~고기'의 교체를 구술 담화 속에서 보기로 들면 다음과 같다.

옛날엔 뭐든지 괴기가 풍성했지만 자연히 시방은 고기 반 근만 사믄 두 번 시 번 늫잖어, 찌개 할라믄. 게다가 또 수입 괴기들 먹네. 그러구 불고기나 양념 고기루 허는 거는 등심이나 안심으로 해야자(p.152).

하고 있다. '다니-→대니-'(行)가 그러한 보기인데, 언어 사용의 친숙도에 따른 높은 출현 빈도에 따른 것으로 보인다. 서울말을 쓰는 한상숙 씨의 말에서도 이러한 형태는 역시 쓰이고 있다.[74] 그리고 이규숙 씨의 담화 가운데 '다치-(傷)→대치-'와 같은 매우 유표적인 움라우트 실현 예도 보인다. 말에서 떨어지셔서 이 척추를 <u>대치셔서</u>(p.27). 또한, 이분의 말에서도 움라우트 실현형의 동화주 '-이'가 이중모음 '-의'(<의)에서 기원된 형태도 비실현형들과 함께 수의적으로 교체되어 출현하고 있다.[75]

> (45) **죙이~종이(紙)** : 옛날엔 비니루 <u>죙이</u> 겉은 거 안에다, 기름 발른 종이에다가
> 이쁘게 해서 팔어(91), 그때는 비닐 <u>죙이</u> 없으니깐 시방 <u>죙이</u>마냥..(177),
> **댕내귀~당나귀** : 새새댁이 당나귀 타구...부인네두 <u>댕내귈</u> 탈 재격이 될 꺼라.
> 젊은 여자가 <u>댕내귈</u> 타구오믄(160),
> **채미(참외)** : 그 퍼렁 <u>채미</u> 두껍게 벳겨 가지구(94), 그땐 조선 <u>채미</u>잖어(94),
> 시방 노랑 <u>채미</u> 말구 퍼렁 채미 그걸 잘 잡수셔(94).

이러한 움라우트 유형은 서울 토박이 한상숙 화자의 말에서도 등장하였던 예들이다. 그러나 경기도 방언을 구사하는 이규숙 노인의 담화 가운데에는 계사 및 주격조사 '-이'와의 통합 과정에서 움라우트가 수의적으로 실현되어 비실현들과 교체되어 사용된다. 이러한 현상은 한상숙 노인의 말에서는 전연 확인되지 않았던 예들이다.

> (46) 1. 신랭(新郎)+-이 : 신랭이 오는데 보니께(p.14), 신랭이 그거 발꾸 들우와
> 요(40), 신랭이구 색시구(46), 신랭이 좋아 사는 것두(46)~신랑이 가마
> 타고(40),

---

74) (ㄱ) 이규숙 씨의 경기도 방언 : 자주 대녀두 몰러(p.24), 돌아 대니던 걸(89), 두 달을 대니며
(103), 못 걸어 대니셨어(96), 하인이 대니거든(155), 전갈 대니는 하인을(155),
(ㄴ) 한상숙 씨의 서울 방언 : 출장을 대니시니까(p.77).
75) 경기도 방언을 수집하여 정리한 김계곤(2001)을 참고하면, 이와 같은 움라우트 형태는 '호미
→ 회미, 잎사귀(葉) → 잎새귀, 나비(蝶) →내비, 모기→뫼기' 등으로 확대되어 나타난다.

2. 뱁(法)+-이 : 못 내려서는 뱁이구(17), 큰 상을 주는 뱁이야(37), 먼첨 전
   활허는 뱁이잖어(76), 떠들고 하는 것도 못하는 뱁이구(76)~친정서 허
   는 법이지요(20), 죄인이니깐 못 우는 뱁이야, 눈물을 못 내는 법이야
   (p.113).
3. 맴(心)+-이 : 맴이 편하지(86)~맘이 불안허다구(190), 맘이 불안해요
   (204),
4. 바램(風)+-이 : 바램이 시원허구(24), 바램이 술술 들어오니(120), 그 새
   루 갈매기 바램이(181),
5. 사램(人)+-이 : 사램이 얼굴은 똑 같애두 저 사람이 일본 사람인지 한국
   사람인지, 중국 사람인지, 말을 안 허니께 내가 누구헌테 말을 걸 수가
   없대(207).

위의 예에서 '바람-이 → 바램-이'와 '사람-이 → 사램-이' 등의 보기는
Eckardt(1923)에서의 1910-1920년대의 서울말 혹은 경기도 방언에서 관찰한
바 있다(이 글의 §3.1의 예문 (22)를 참조). 특히, 경기도 방언을 구사하는 이규숙
화자의 말에는 '사람-이 → 사램-이'에서 형성된 움라우트 실현형이 생산적으
로 확대되어 주격조사 '-이' 이외의 다른 격조사 형태에서도 유추에 의한 확
대형 '사램'으로 재구조화되어 생산적으로 출현하고 있다. 다른 사램은 재료 값
은 받으시겠지. 그르지 않으믄 지러온 사램들을 으뜿게 다 대줘(22), 암 것두 모르는 사램
은 출생신고도 읎구(16) 등등. 움라우트 현상의 유추에 의한 확대형의 존재는 주
격조사 '-이'와의 통합에서 적극적인 움라우트 실현을 전제로 하는 것이다.
그와 동시에, '사람-이 → 사램-이'와 같은 움라우트는 20세기 초엽으로 소급
되는 시간 심층이 깊은 현상이다.[76]

---

76) 경기도 방언을 장기간에 걸쳐 전체적으로 수집한 김계곤(2001)에서도 주격조사 '-이'에 의하
   여 역행동화를 수행한 것이거나, 여기서 빈번하게 실현된 움라우트형이 유추과정을 거쳐 다
   른 격 형태로 확대된 예들이 생산적으로 채록되어 있다. 이러한 자료에서 '사램'형의 분포가
   경기도 방언 내에서도 폭 넓게 확산되어 있음이 확인된다.

   1.암뇜(암놈, p.21), 2.뱁(밥, 21,81), 3.대핵(대학, 26,276), 4.갭(값, 36), 5.댐(다음, 37,293,324),
   6.뫽(목, 37), 7. 사램(사람, 37,82,135,188,217,239,364,403,460), 8.뱀(夜, 37,238), 9.입묌(입몸, 38),
   9.뱁(法, 44,67,93,224,443), 10.처냄(妻男, 45,94), 11.총객(총각, 45,225),

이러한 사실을 보면, Eckardt(1923)에서 추출된 §3에서의 적극적인 움라우트 현상은 다른 지역방언 요소가 유입된 현상이 아니었으며, 20세기 초엽 당시의 모습을 그대로 반영하였을 개연성이 높은 것으로 판단된다. 그러나 20세기 초엽에서 현대 서울말로 이르는 역사적 과정에서 특히 주격조사 '-이'와의 통합에서 움라우트 실현이 Eckardt(1923)의 예들에서부터 점진적으로 사라진 과정의 원인에 대해서는 앞으로 더 많은 논의가 이루어져야 한다고 본다. 글쓴이는 특히 서울말에서 이러한 형태론적 구성에 적용되었던 움라우트 퇴조의 경향에 1930년대 이후부터 지속적으로 전개해온 언어정책과 교육이 일조를 하였을 것으로 추정한다(김차균 1991을 참조).77) 언어변화와 언어정책 간의 사회언어학적 상관관계에 대한 고찰도 앞으로 논의되어야 할 것이다(본서의 제5장을 참조).

12.영갬(영감, 342,415,445), 13.맴(마음, 57,163431), 14.뱍(밖, 57,187), 15.대쟁(隊長, 67,93), 16.신뱅(新房, 67,173), 17.한갭(還甲, 68,94,119), 18. 실랭(新郎, 67,93,224,251), 19.이쟁(里長, 68,225), 20.부락(部落, 93,224),

이러한 확대형 이외에도 '지뱅(地方), 뇜(놈), 시잭(시작), 사뱅(사방), 땜(땀), 댁(닭), 뱁(밥), 쇡(속), 해뱅(해방), 생객(생각), 바램(바람), 부택(付託)' 등등.

77) 1930년대 국어의 "앞모음되기 현상"을 정인승(1937)에서 제시된 움라우트 유형을 중심으로 검토한 김차균(1991)은 현대국어에서의 움라우트 현상은 앞선 한 두 세대의 움라우트 규칙을 받던 자료의 대부분이 그 규칙을 받지 않은 자료로 되돌려지게 되었다고 판단하였다. 이러한 사실과 관련하여 『서울 토박이말 자료집(1)』(국립국어연구원, 1997)에서 25 대째 서울에서 살아 온 대학원 출신의 bht(당시 74세)씨가 자연 발화 속에서 서울말과 표준말의 차이를 이야기하는 내용이 주목된다.

그 화자에 지적에 따르면, 자신이 어렸을 때 서울에서 '돈'을 '둔', '안경'을 '앤경', '학교'도 '핵교'로 사용해 왔다고 한다. 그러나 표준어가 각각 '돈, 안경, 학교'로 되었기 때문에 그렇게 맞추어 사용하는 것이라 했다. 또한, 그는 토박이말로 '단추'도 '댄추'라고 말하는데, 표준어가 '단추'이지만 보통 말할 때는 '댄추'로 사용한다고 지적하였다(p.306).

6. 결론과 논의

6.1 1920년대 서울방언의 생산적인 움라우트

Eckardt(1923)가 제1부의 텍스트에서 20세기 초엽의 서울말을 로마자로 전사해서 제시한 예문들 및 여러 <읽을거리>(Lesestück)와, 제2부에서 대역된 한글 표기와는 발음상으로 다양한 차이를 보인다. 한글 표기는 당시 관용적인 보수적인 표기 방식을 수용한 것이며, 그 반면에, 로마자 전사는 당시의 음운규칙에 따라서 적용된 실제의 발음 현상을 충실하게 반영하였기 때문에 이러한 괴리가 노출되었을 것으로 보인다. 제2부에서의 일부 대역 자료에서의 한글 표기와 여기에 대응되는 제1부에서 구사된 로마자 전사를 직접 대조해 보면 이러한 사실이 잘 드러난다.

(47) 1. 에고 엇던 사롬은 팔즈 됴하 뎌런 량반의 안히되여(딕역 39 : 131)=paltja tjoha tjŏrŏn yangpanĕ anhâi tôiyŏ...irŏn nongpuĕ anhâi tôiyŏ(363),

2. 그 쟝부되는 농부 이 말을 듯고 셩내여 흐난 말이(딕역 39 : 131)= nongpu I marŭl tŭdŭko sŭng nâiyŏ hanan mari(367).

3. 남대문 문루 우헤 올나가시니(딕역 40 : 128)=Namtăimun mullu uhe ollakasini(372)

4. 오눌은 그만 긋칩시다(딕역 13 : 140)=onarŭn(274), onal pam(347),

5. 늙은 아돌이라 일홈흐고(딕역 13 : 141)=atarira irhomhako(273),

6. 아버지 원 일이오닛가?(딕역 23 : 156)=apŏtji ûen irioniga?(210),
---란 말이 원 말이오닛가?(딕역 23 : 156)=---mari ûen marioniga?(211)

7. 졈잔히 쑤지주니(딕역 44 : 120)=tjŭmtjanhi gutjitjŭni(407),

특히, 로마자 표기에 그대로 반영된 움라우트 실현 V^i, 또는 Vi와, 이러한 역행 동화 현상이 무시된 한글 표기 간의 불일치의 모습은 이미 우리가 §3.1의 예문 (20)에서 관찰한 바 있다. 종래에 20세기 초엽의 관습적인 한글 표기 자료 중심으로 당시의 음운 현상을 관찰하였을 때에 어떠한 결과가 파생되는가를 상상할 수 있다. 그 대상이 되는 자료가 당시의 자연스러운 회화 자료라 하더라고 음운론의 관점에서 다양한 음운현상을 관찰하기 위해서는 적절한 구어의 대상이 되지 못함을 보여준다.

20세기 초엽에 한국어 학습 또는 일본어 학습 교재로 등장하였던 대부분의 회화서를 비롯한 여타의 간행물들도 역시 당시의 격식적인 문어체와 보수적인 표기법을 기준으로 사용하였기 때문에, 움라우트와 같은 섬세한 통합적 음운현상이 그대로 옮겨지지 못했을 것으로 추정한다. 예를 들면, 林圭(1863-1948)가 작성한 『日本語學 音·語 編』과 『日本語學 文典 編』(1912)에 등장하는 다양한 어휘와 음운현상 가운데에서도 움라우트의 실현 예는 적극적으로 등장하지 않는다. 그리고 권덕규는 1920년대 한국어의 특질을 『조선어문경위』(1923)을 통해서 상세하게 진술하였으나, 그가 제시한 예문 가운데에서 움라우트의 예는 보이지 않는다. 그 대신, 텍스트 자체에서 '드듸-→듸듸-→듸디-'(踏)와 같은 움라우트로 보이는 형태가 관찰된다. '듸디-(踏)→듸듸-'와 같은 움라우트의 실현형은 이미 19세기 후기의 중부방언 자료에서도 등장한 예이다. 이와 같은 움라우트의 예들은 그 당시 대중들의 구어 가운데 상당히 진전된 역행동화의 현상을 전제로 하여야만 가능한 것들이다.

(48) ㄱ. 파리가 어떤 놈은 앉아서 뒤ㅅ발로 듸이고 앞발을 싹싹 부비는....
또 어떤 놈은 앉아서 앞발로 듸이고 뒤ㅅ발을 싹싹 부비는 것이 있으니(제17과 44쪽),
ㄴ. 대숲으로 들어가아 沙伐沙伐한지라. 듸이어 방언이 되니(132쪽).
cf. 아모더를 듸듸여도 검은 진흙이... 발자국을 임의로 듸듸일 슈가 업눈지라(독립신문, 1897.2.2.①).

최근에 송철의(2007 : 63-64)는 1910-1920년대에 간행된 일련의 문법서와, 한국어 습득을 위한 회화 자료들을 대상으로 당시의 서울말을 조감하면서, 이 시기 서울말에 등장하였던 움라우트 현상에 대하여 다음과 같은 추정을 하

였다.78)

> (49) ㄱ. 움라우트는 어간 내부에서만 실현되었으며, 주격조사 '-이'에 의한 움
> 라우트는 적용된 예가 없다.
> ㄴ. 문법서에 제시된 예문들에서는 움라우트가 적용된 예를 거의 찾아볼
> 수 없다. 따라서 이 시기의 문법서 작성자들은 움라우트를 방언적인 성
> 격의 음운현상으로 인식하였을 것이다.
> ㄷ. 『朝鮮語法 及 會話書』(조선총독부, 1917)와 『高等朝鮮語會話』(이완응,
> 1926-29)의 자료에 의하면, 이 시기의 서울말에서 움라우트는 대체로
> 피동화음이 'ㅏ, ㅓ'일 경우에만 잘 적용된 반면에, 'ㅗ'나 'ㅜ'일 경우에
> 는 잘 적용되지 않았을 것이다. 따라서 이 시기의 서울말에서 움라우
> 트가 활발하게 실현되지는 않았던 것으로 추정한다.79)

---

78) 19세기 후기에서부터 20세기 초엽에 일본에서 간행된 일련의 한국어 학습서에서 움라우트
현상이 실현된 적극적인 예들이 근소함을 관찰하고 박기영(2005)에서도 송철의(2007)에서와
유사한 다음과 같은 결론이 제기된 바 있다.

그런데 실제로 이렇게 '이' 역행동화가 가능한 모든 환경에서 실현된 것은 아니다. 오히려
'이' 역행동화를 보여주지 않는 표기가 더 많다. 그리하여 아직 중부방언에서 '이' 역행동화
가 그렇게 활발한 음운현상이 아니었음을 알려주는 것이 아닌가 한다."(p.131).

79) 그러나 『朝鮮語法 及 會話書』(조선총독부, 1917)에 반영된 움라우트의 예들을 검증해 보면,
이 회화서의 표기에 역행동화 현상이 의식적으로 억제되어 있을 가능성이 있다. 움라우트의
적용 여부는 그 당시에 일상생활의 대화 가운데 출현 빈도가 높으며, 화자들에게 친숙하게
쓰이던 어휘 유형들의 관점에서 차이가 있었을 것으로 보인다. 출현 빈도와 친숙도가 높으
면 높을수록 해당 어휘는 어휘적 강도(lexical strength, Bybee 2007 : 169-170)를 보유하게 되
어, 생산적인 음운변화에 수용될 가능성이 많을 것이다.
예를 들면, 『朝鮮語法 及 會話書』(1917)에 생선 이름 '도미' 형태가 2회 출현하였지만, 언제나
움라우트 실현형으로 등장한다. 되미 두 마리만 팔게(221), 싱선 중에는 되미가 제일 맛이
좃소(240). 이 단어는 前間恭作의 『韓語通』(1909)에서 이미 등장하고 있다. Toi-mi, 되미(p.84).
또한, 『朝鮮語法 及 會話書』에는 '드리-→듸리-'(獻)와, 이와 유사한 음성 환경을 갖고 있는
형태들의 경우에 언제나 움라우트가 실현되어 출현하고 있다.

1) 하로만 더 기다리시면 히 듸리겟답데다(48), 갓다 듸리릿가(61), 이 명텹을 두엇다가 듸리
게(107), 약주나 듸리고져 ᄒ오니(123), 연산홍을 혼분 듸리겟스니 갓다 보시오(252),
2) 들이-(使入)→듸릴이; 졍신을 듸려서 잘 써라(119), 싸면에 가셔 쌀 흔 셤만 듸려 오너라
(220), 계집아히들이 손톱에 물듸리는 데 쓰오(252),
3) 길드리-(馴)→길듸리-; 미는 길듸려서 쎙 산양을 홉니다(235),
4) 깃드리-(巢)→깃듸리-; 원앙식는 흔 쌍삭 깃듸려 잇습니다(235).

그렇기 때문에, 송철의(2007 : 67)는 최현배의 『우리말본 첫째매』(1929)에서 열거된 다음과 같은 움라우트 현상의 보기들은 당시에 이러한 동화 유형들을 반영하지 않은 회화 자료들과의 관점에서 서울말의 음운 현상으로 파악하지 않았다. (1) 먹-+-이(명사형 어미) → 멕이, (2) 납(鉛)+-이(주격 조사) → 냅이, (3) 잡-+-히-(피동의 접사) → 잽히-, (4) 뽑-+-이(명사형 어미) → 뾉이. 그러나 우리가 지금까지 이 글의 §3에서 살펴본 서울말에서의 공시적이며, 생산적인 움라우트 현상에 비추어 보면, 최현배(1929)의 보기들은 어느 지역방언의 음운 현상을 제시한 것은 아니다.

특히, 송철의(2007)에서 취급된 자료(『高等朝鮮語會話』)에 출현하는 움라우트 실현형들 가운데, '모욕'(沐浴)에 대한 '미역'형은 논의의 대상에서 제외되어 있다.

> (50) 어린 ᄋ히를 <u>미역</u>을 감겨서 재우시오
> (이완응 1926, 『고등조선어회화』 14회).

20세기 초반 서울말의 구어에 나타나는 '미역'은 통상적인 '모욕'에서부터 움라우트를 거쳐 나온 형태이다. 그러한 음운론적 과정의 출발은 17세기 초기의 『東國新續三綱行實圖』(1617)의 언어로 소급되는 오랜 역사를 갖고 있다 (52ㄱ). 이러한 사실은 일찍이 이숭녕(1978 : 49)에서 관찰된 바 있다. 또한, '뫼욕'형은 18세기 초반 月城李氏가 그 아들에게 보내는 한글편지 가운데에서도 반복하여 출현하고 있다(52ㄴ, 황문환 외{3} 2013 : 621-625).

> (51) ㄱ. 조히 <u>뫼욕</u> ᄀ믄 후의 드로리라(동국신속 열녀, 3.40ㄴ),
>   즉시 <u>뫼욕</u>ᄒ기룰 다ᄒ고(열녀, 6.71ㄴ),
>   강이 면티 몯홀가 두려 뫼욕ᄒ고 옫 ᄀ라 닙고(열녀, 7,84ㄴ).
>   cf. 모욕ᄒ여(열녀, 4.54ㄴ), 모욕 ᄀᆷ기거늘(열녀, 5.75ㄴ).
>   ㄴ. 네 싱신날 <u>뫼욕</u>지게ᄒ고 츅슈ᄒ노라(1716, 월성이씨 언간 1, 월성이씨
>   (어머니, 1650-1715) → 권순경(아들),

초ᄒᆞ로 보롬 향한의 <u>뫼욕</u>자겨ᄒᆞ고(1716, 월성이씨 언간 3, 상동).

『東國新續三綱行實圖』에 반영된 17세기 음운론을 조감하면서 이숭녕(1979)은 오늘날의 서울말에서 '목욕'과 '미역 감는다'의 '미역' 또는 '먹'형이 공용되고 있는데, 이 형태들은 '뫼욕'으로 소급된다고 보았다. 그리고 17세기에 '모욕'과 함께 출현하고 있는 '뫼욕'형은 그 이후 다음과 같은 일련의 변화를 거친 것으로 해석하였다. mo-jok>moi-jok>me-jok>mi-jok. 글쓴이는 이와 같은 연속적인 발달을 초래한 '모욕>뫼욕'의 기제는 근대국어의 단계에서 일어난 음성학적 또는 1차적 움라우트 현상에 기인된다고 생각한다.[80] 여기서 1차적 움라우트는 이 글의 §4.1에서 언급된 정인승(1937)의 설명과 일치하는 것이다. 동시에 이러한 전설화로의 음성학적 과정은 20세기 초반의 서울말에서 Eckardt(1926)가 관찰해서 전사하고 있는 것 그대로이다.

Eckardt(1923)보다 거의 20여 년 앞서 19세기 후기 서울말을 중심으로 하는 Gale의 『한영ᄌᆞ뎐』(1897)에서도 '번덕이(p.406)~본듸기(a chrysalis, p.432)와 같은 교체형이 표제어로 등장한다. 이러한 사실을 보면, 20세기 초반에서도 화자들이 구사하는 어휘들의 고유한 출현 빈도에 따라서 움라우트의 피동화음으로 '오'와 '우'가 참여했을 가능성이 높다. Gale의 표제어 '번덕이'와 '본듸기'는 이보다 앞선 1880년대의 『한불ᄌᆞ뎐』으로 소급되는데, 특정한 단어에 한하여 수행된 '우'의 움라우트형도 함께 관찰된다.

(52) ㄱ. 번덕이, chrysalide (한불자전, 1880 : 315), 번듸(315),
　　　번덕이(the chrysalis of the silkworm) see 번데(영한자전 1897 : 406),
　　　누에 변ᄒᆞ야 번데 되고, 번데 변ᄒᆞ야 나뷔된다(법한ᄌᆞ뎐, 1912 : 962),

---

80) 그 반면에, 『문헌과 해석』 1호에서 월성이씨의 한글편지를 소개하고 주석한 황문환(1997 : 66)은 월성이씨가 한글편지에서 구사한 '뫼욕'형은 다른 문헌에서 보이는 '모욕(沐浴)과 비교할 때 음절 경계에서 음절 부음이 유동적으로 표기된 현상으로 파악하였다.
　　또한, 홍윤표(2015 : 25-26)는 "국어사 연구의 문제점과 우리의 과제"(7-34)에서 '목욕(沐浴)~모욕~뫼욕'(26쪽)을 당대의 공시적 변이형 및 통시적 변화형으로 열거한 바 있다.

ㄴ. 골디기, kol-di-gi, Esp. de poisson de poulpe de mer,(한불자전, 194), 쏠둑이, kkol-touk-i, 骨獨魚, Nom d'un poisson de mer dans le genre de la seche(상동, 194).

위의 예에서 (52)ㄱ의 '번덕이'형은 '본도기>본되기>번데기'의 과정을 거친 '본데기'형에 대한 과도교정형으로 보인다. 또한 다른 형태 '본듸'는 Gale(189 7 : 432)에서 제시된 '본듸기'에 대한 일종의 축약형으로, '본도기>본두기>본뒤 기>본듸기'의 단계를 반영한다. 이러한 '본듸'형은 20세기 초반 르 장드르 신 부가 편집한 필사본『불한자전』(1912 : 304, 962)에서도 '번덕이, 번데, 번듸'에서 도 다시 확인된다.

(52)ㄴ에서 '표제어 '골디기'형은 당시의 문어 '쏠둑이'에 대한 구어가 반영 된 것으로 생각한다. 이 형태는 일련의 음운론적 과정, 즉 '골독이>골두기> 골뒤기>골듸기>골디기'을 거쳐 나온 것이다.

이와 같은 사실들로 미루어보면, Eckardt(1923)의 정밀한 관찰을 통해서 드 러난 20세기 초엽의 서울말에서의 단어의 모음, 모음체계와 '어, 여'의 모음상 승, 그리고 자음 앞에서의 ye>ye~^{i}e의 중간단계의 실현 등을 함께 고려할 때(§2를 참조), 우리가 §3에서 취급하였던 다양하고 생산적인 움라우트 실현 예들만 예외적으로 다른 지역의 방언 음운론이 개입되었을 것으로 판단되지 않는다.

6.2 공시적 단모음체계의 확립과, 움라우트의 음성적 이중모음화

Eckardt(1923)에 반영된 당시의 구어에서 움라우트의 피동화 모음 V^i의 위 첨자가 보이는 음성학적 성격이 해당되는 전설 단모음으로 전환되어 가는 과정에서 그 중간단계로 출현하게 되는 하향 이중모음 Vy에서 형성된 [V^y] 임은 분명한 사실이다(이 글의 §4 참조). 당시의 서울말에 전연 언어적 편견이 없는 외국인 신분의 Eckardt 신부는 이러한 동화작용에서 실현되는 피동화 모음의 구조를 정확하게 청취하고 전사하였을 뿐이다. 그렇다면, 정인호 (2014)에서 옳게 지적된 바와 같이, 이중모음의 단모음화가 '의'만 제외하고 거의 완료된 시기에 전설 단모음 대신에 나타나는 V^j와 같은 하향 이중모음 의 존재를 어떻게 이해하여야 할까 하는 문제는 여기서 간단하게 해결되지 않는다.

이중모음의 단모음화가 모두 완료된 오늘날의 일부 지역방언에서도 움라 우트를 수용한 여러 유형의 피동화 모음이 Eckardt(1923)가 관찰하고 정밀하 게 전사한 20세기 초엽의 서울방언에서와 거의 유사한 모습을 보이는 경향이 자연스럽게 나타난다. 예를 들면, 고동호(1995)에서 기술된 제주방언의 움라우 트 다양한 예들 가운데 피동화음들이 전설모음화한 경우 이외에, 하향이중모 음으로 실현되어 "후설모음+j" 또는 "전설모음+j"로 전사된 유형들을 볼 수 있다. 즉, 피동화음 '아'는 (ㄱ)후설모음+j, (ㄴ)전설모음+j, (ㄷ)전설 장모음, (ㄷ)전설 단모음.(본서의 제2장을 참조)

이러한 현상과 관련하여 역시 이중모음의 단모음화가 완료된 오늘날의 전 북 완주방언의 움라우트 현상에서 부분적으로 이중모음이 실현되는 예들을 지적한 한영균(1980)의 언급을 상기할 필요가 있다. 한영균 교수는 완주방언 에서 주격조사 '-이'나 계사 '-이'와 체언의 연결 과정에서 움라우트 현상이 아주 생산적으로 이루어지고 있는 예들을 열거하면서, 이 가운데 피동화음이 하향 이중모음으로 실현되는 두 가지 예를 포함시키고 있다.

(53) ㄱ. '범(虎) : -이' → [pə : mi] ~ [pəymi],
ㄴ. '중(僧) : -이' → [cü : ngi] ~ [cuyngi].

한영균 교수는 이 논문에서, 하향 이중모음을 형성하는 [pəymi], [cuyngi] 의 두 예를 매우 중요하게 인식하고, 이는 움라우트의 제약조건이 되는 音長

이 그 기능을 상실하는 과도기적 단계를 보여주는 것으로 간주하였다(1980 : 226). 즉, /hi : m/이나 /so : m/같은 경우에도 주격조사와의 통합에서 [hiymi], [soymi]와 같은 과정을 거쳐 [himi], [sömi]로 실현되었을 것으로 해석하였다.

참고논저

강희숙(2005), "고모음화의 실현과 방언 분화–전남방언과 서울방언을 중심으로–", 1-32, 『우리말글』 33호, 우리말글학회.

고동호(1995), "제주 방언의 움라우트 연구", 3-24, 『언어학』 제17호, 한국언어학회.

고영근(1977), "『조선어교제문전』해설", [역대문법대계] (김민수・하동호・고영근 편, 1977, ② 23, 탑출판사.

고영근(1978), "19세기 전반기의 서양인의 국어연구 자료", 27-40, 『관악어문연구』 제3집, 서울대 국문과.

고영근(1983), 『국어문법의 연구』, 탑출판사.

고영근1995), "중세어의 동사형태부에 나타나는 모음동화", 587-603, 『국어사와 차자표기』, 태학사.

고예진(2013), "19세기 서양인의 한국어 교재연구", 부산대 박사학위논문.

국립국어연구원(1997), 『서울 토박이말 자료집』(I).

김계곤(1988), "경기도 방언 채집–고양군 원당읍 방언–", 3-25, 『기전문화연구』 제17집, 인천교육대학교.

김계곤(2001), 『경기도 사투리 연구』, 박이정.

김완진(1975), "전라도 방언 음운론의 연구방향 설정을 위하여", 1-6, 『어학』 제2집, 전북대 어학연구소

김인택(2013), "19세기 서양인의 한국어문자와 음운 현상에 대한 기술", 163-194, 『코기토』 73, 부산대학교.

김정진(2012), "향수 어린 서울말", 17-23, 『서울말 연구』, 박이정.

김주필(1994), "17-8세기 국어의 구개음화와 관련 음운현상에 대한 통시적 연구", 서울대 박사학위논문.

김차균(1991), "1930년대 국어의 앞모음 되기 현상", 3-24, 『국어의 이해와 인식』, 한국문화사.

방언연구회 편(2001), 『방언학 사전』, 태학사.

백두현(1991), "20세기 초의 서울 방언에 대한 일 고찰", 127-151, 『용언어문학』 제5집, 경성대 국문과.

백두현(1992), 『영남 문헌어의 음운사 연구』, 태학사.

송철의(2007), "1910-1920년대 한국어 연구와 한국어의 실상–음운론을 중심으로–", 43-67, 『일제 식민지 시기 한국의 언어와 문학』(이병근 외), 서울대 출판부.

송철의/유필재(2000), "서울방언의 국어학적 연구", 『서울학 연구』 15, 서울시립대학.

오새내(2004), "20세기 서울지역어 형성의 사회언어학적 변인, 155-176, 『한국학연구』 21집, 고려대 한국학연구소.

오새내(2012), "1920년대 일본인 대상 조선어 회화서의 서울지역어에 대한 사회언어학적 접근", 67-97, 『서울학 연구』XLIX, 서울시립대학.

원윤희/고예진(2012), "최초의 독일어권 한국어 학습서 『조선어교제문전』 연구, 247-272, 『독일어문학』 제56집, 독일어문학회.

유필재(2001), "서울지역어의 음운론 연구", 서울대 박사학위논문.

유필재(2003), "서울지역어 음운변화 몇 가지", 69-98, 『서울말 연구』 2호, 박이정.

윤애선(2013), "개화기 한국어문법 연구사의 고리맞추기", 114-154, 『코기토』 73, 부산대학교.

이기문(2000), "현대 한국어의 변화들에 대한 단상", 1-14, 『서울말 연구』 1집, 서울말 연구회.

이병근(1971), "운봉지역어의 움라우트 현상", 473-487, 『김형규박사 송수기념논총』, 일조각.

이병근(1992), "한 상숙 노인의 서울말", 15-18, 『밥해 먹으믄 바느질하랴, 바느질 아니믄 빨래허랴』(뿌리깊은나무 민중 자서전, 서울 토박이 부인 한 상숙의 한평생』, 뿌리깊은나무.

이병근/박경래(1992), "경기방언에 대하여", 『남북한의 방언연구』, 15-40, 김영배 편저, 경운출판사.

이상억(2000), "서울 옛말씨 분석 : '생인손' 등의 하층계급어법", 『서울말 연구』 1집, 123-150, 서울말 연구회, 박이정.

이숭녕(1935/2011), "Umlaut 현상을 통하여 본 모음 'ᄋ'의 音價攷", 96-113, 『신흥』 제8호; 『심악 이숭녕전집』 1, 23-45에 재수록, 한국학술정보.

이숭녕(1940), "『ᄋ』音攷", 1-106, 『진단학보』 12호, 진단학회.

이숭녕(1965), "천주교 신부의 한국어 연구에 대하여", 205-217, 『아세아연구』 18호, 고려대학교.

이주행(2002), "서울 방언의 음운에 대한 연구", 177-191, 『21세기 국어학의 현황과 과제』 한국문화사.

이하얀(2014), "국어 음운규칙 변화 연구", 석사학위논문, 서강대학교.

임용기(1984), "양주 지방말의 말소리 연구(1)", 133-169; 『기전문화연구』 12-13 합집, 인천교육대학교.

정인승(1937), "' ㅣ '의 역행동회 문제", 1-7, 『한글』 제5권 1호, 조선어학회.

정인호(2014), "개화기의 몇몇 서양인과 한국어 음운론", 101-126, 『우리말글』 62호, 우리말글학회.

정희준(1938), "에키르트와 한글", 『한글』 6권 8호, 6-7, 조선어학회.

조원형(2019), "독일인 에카르트의 한국어 표준 학습서 연구 : 1923년판 『조선어 교제 문
　　　　　전』과 1965년판 『한국어 문법』을 대상으로", 『한글』 제80권 제1호, 99-136,
　　　　　한글학회.

채서영(2000), "서울말의 비어두 모음 /오/의 상승 변화", 205-230, 『서울말 연구』 1집, 서
　　　　　울말 연구회, 박이정.

최명옥(1989/1998), "국어 움라우트의 종합적 고찰", 169-207, 『국어음운론과 자료』에 재수
　　　　　록, 태학사.

최전승(1978), "국어 'i-umlaut 현상의 통시적 고찰", 『국어문학』 19, 국어문학회.

최전승(1986), 『19세기 후기 전라방언의 음운현상과 그 역사성』, 한신문화사.

최전승(1987), "이중모음 '외, 위'의 단모음화 과정과 모음체계의 변화", 19-30, 『어학』 14,
　　　　　전북대학교 어학연구소.

최전승(1995), 『한국어 방언사 연구』, 태학사.

최전승(2001), "1930년대 표준어의 형성과 수용 과정에 대한 몇 가지 고찰", 235-311, 『국
　　　　　어문학』 36집, 국어문학회.

최전승(2004), "국어 움라우트 현상의 유추적 확대", 157-226, 『우리말글』 31호, 우리말글
　　　　　학회.

최학근(1963), "서울방언권의 형성과 서울방언", 『향토 서울』 제19호, 향토 서울 연구회.

한영균(1980), "완주지역어의 움라우트 현상", 211-232, 『관악어문연구』 제5집, 서울대국어
　　　　　국문학과.

한영균(1991), "움라우트의 음운사적 해석에 대하여", 53-70, 『주시경학보』 제8집, 주시경
　　　　　연구소.

허　웅(1982), 『언어학』-그 대상과 방법-, 샘문화사.

우메다 히로유키(2000), "서울말 모음의 통시적 변화", 27-52, 『서울말 연구』 1집, 서울말
　　　　　연구회, 박이정.

小倉進平(1924), 『남부 조선의 방언』, 조선사학회.

小倉進平(1964), 증보 보주 『조선어학사』(河野六郎 보주), 刀江書院.

小倉進平(1975), 『小倉進平博士著作集』(三), 경도대학 국문학회.

河野六郎(1945), 『朝鮮方言學試攷』, 동도서적.(『한국어 방언학 시론』, 2012, 이진호 역주, 전
　　　　　남대학교 출판부).

前間恭作(1909), 『韓語通』, 丸善株式會社.

Behaghel, Otto.(1968), *Die Deustche Sprache,* Verb Max Niemeyer Verlag.

Campbell, Lyle.(2000), *Historical Linguistics*, The MIT Press.

Eckardt, P. A.(1923), *Koreanische Konversations-Grammatik* mit Lesestücken und
　　　　　Gesprächen, Heidelberg : Julius Groos. [역대문법대계] (김민수 · 하동호 · 고

영근 편, 1977, 탑출판사 ② 23에 수록].

Eckardt, P. A.(1966), *Koreanisch und Indo-germanisch*, Untersuchungen ueber die Zugehoerigkeit des Koreanischen zur Indogermanischen Sparachfamilie, Julias Groos Verlag, Heiderberg.

Eckardt, P. A.(1972), *Grammatik der Koreanischen Sprache*, 개정 3판, Julius Groos, Heiderberg. <역대한국문법대계>(제2부 제42책), 김민수·고영근, 박이정.

Fertig, David.(1996), "Phonology, Orthography and the Umlaut Puzzle", 169-183, *German Linguistics : syntactic* and Dischronic, John Benjamins Publishong. Co.

Jespersrn, O.(1913). *Lehrbuch der Phonetik*(Zweite Auflage), Verlag von B.B. Teubner in Leipzig und

Kim, Chin-Wu (1968), The Vowel System of Korean, 516-527, *Language* 44-3.

Martin, E. Samuel.(1951/1968), Korean Phonemics, *Language* 27. 519-533. in *Readings in Linguistics* 1, 364-370, ed by Martin Joos, The University of Chicago Press.

Paul, Hermann(1960), *Prinzipien der Sprachgeschichte*, Sechste unveraenderte Auflage, Max Niemyer.

Penzl, Herbert.(1996), The Germanic i-umlaut revisited, 189-195, *In Sights in Germanic Linguistics* ed by Rauch, Walter de Gruyter.

Ramstedt, G.J.(1939), *A Korean Grammar*, Helsinki : Suomalais-Ugrilaisen Seura.

Ridel, Félix-Clair(1881), *Grammaire Coréenne*, Yokohama : Imprimerie de L. Lévy et S. Salabelle. [역대문법대계(김민수·하동호·고영근 편, 1977, 탑출판사) ② 19 에 수록]

Roth, P. Lucius.(1936), *Grammatik der Koreanischen Sprache*, Abtei St. Bennedikkt. [역대 문법대계(김민수·하동호·고영근 편, 1977, 탑출판사) ②25에 수록].

Smith, Jeremy.(2007), *Sound Change and the History of English*, Oxford University Press.

Underwood, H.G.(1890), 『한영문법』(*An Introduction to the Korean Spoken Language*), Kelly & Walsh, L'd. [역대문법대계] (김민수·하동호·고영근 편, 1977, 탑 출판사 ②

제2장

조음 음운론과 움라우트 현상에서 "동화"의 음성학적 과정과 본질[*]
─ 국어 음운사와 20세기 지역 방언을 중심으로 ─

1. 서론 : 움라우트 현상과 전설 단모음화와 하향 이중모음화

이 글에서 글쓴이는 움라우트, 또는 '이' 모음 역행동화 과정에서 나온 출력이 '애, 에, 외, 위, 우' 등의 모음들이 이중모음의 신분을 유지하고 있었던 역사적 단계에서와, 모음체계에서 이미 전설 단모음 계열로 확립되어 있는 현대국어의 일부 지역 방언들에서 부분적으로 하강 이중모음들로 출현하는 예들을 중심으로, 여기에 관여하고 있는 동화의 음성학적 과정과 본질을 다시 음미하려고 한다.

15세기 이후 문헌 자료상으로 산발적으로 출현하고 있던 통시적 움라우트 현상의 예들에서 이러한 동화작용에서 나온 피동화 모음이 하향 이중모음일 수밖에 없다는 사실의 제시는 일찍이 이숭녕(1954, 1978)에서부터 시작하여 허웅(1985), 안병희(1985), 고영근(1995) 등으로 이어지고 있다.[1] 그리고 전설 단모

---

* 이 글의 초고를 검토하고 건설적인 비평과 논의를 하여 준 백두현(경북대), 신승용(영남대), 소신애(숭실대), 이옥희(부산대), 김경아(서울여대) 그리고 서형국(전북대) 교수께 감사한다. 수정한 원고를 국어문학회 제64회 학술발표대회(2018년 8월 23일, 전북대학교)에서 발표하였다. 지정 토론자로 수고한 고동호(전북대) 교수에게도 감사한다. 이 글에서 파생된 모든 오류와 잘못된 판단은 오직 글쓴이에게 있다.
1) 국어 음운사 또는 개별 지역의 방언사의 관점에서 움라우트의 출력이 하향 이중모음들로 나오는 동화 현상을 체계적으로 고찰하려는 시도는 최전승(1978, 1986), 한영균(1991), 백두현

음 계열이 이미 확립되어 있는 현대국어의 지역 방언들에서 움라우트 현상
의 출력이 노년 화자층을 중심으로 여전히 하강 이중모음으로 실현하는 현
상이 20세기 초엽의 서울방언(Eckardt 1923; 정인승 1937)을 비롯하여, 제주도를
포함한 남부와 북부의 여러 지역방언(小倉進平 1944; 한영균 1980; 곽충구 1983; 고
동호 1995) 등의 기술에서 명시적으로 드러난다.

현대국어(공시적인 지역방언까지 포함해서)의 음운론에서 중요한 영역을 담당
하고 있는 음운현상 가운데 역행동화에 해당되는 움라우트 현상의 출현 조
건과 제약은 초기의 이숭녕(1935, 1948)을 거쳐, 1970년대 김완진(1971 : 19-20)과
이병근(1971) 등에 와서 명시적으로 확립되었다. 여기서 구체적으로 설정되고,
규정된 움라우트 출현의 조건 및 제약은 그 당시까지 실증적으로 규명되
어 축적된 다양한 연구와 관찰의 큰 성과를 대표하는 상징성을 가지고 있다.
그 이후부터 지금에 이르기까지 지속된 이 음운론적 과정에 대한 고찰이 이
러한 출현 조건과 제약을 준수하여 대체적인 틀 안에서 착실하게 진행되어
왔다(최근까지 이루어진 움라우트의 연구사적 개관에 대해서는 최명옥 1989; 최전승 1991;
신중진 2001).

특히, 이 글의 논지와 관련하여 우리가 먼저 주목하려는 대상은 김완진
(1971 : 19-20)에서 제시된 움라우트 현상이 출현하는 5가지 조건인데, 그 가운
데 마지막 조건 (5)를 다시 인용하면 다음과 같다.

> (1) 피동화음이 '우'나 '으'일 때는 이 현상이 약화된다(예 : 느끼다, 느리다, 후
> 미지다, 웃기다, 굽히다).[2]

(1992), 정수희(2012) 등에서 이루어진 바 있다.

2) 움라우트 현상에 대한 연구사적 입장에서, 피동화음 '우'나 '으'에 부여한 이와 같은 제약의 설
정은 이숭녕(1935)으로 소급된다. 이숭녕(1954 : 231-254)은 "제 4장 Umlaut 현상과 ㆍ 음가
추정"에서 이 동화작용의 피동화음 부류를 'ㆍ, 어, 아, 오'로만 한정하고, 체계적 고찰(언중에
게 의식이 명확한 명사 중심의)에서는 '우'와 '으'의 움라우트는 특히 서울방언에서는 원칙적
으로 불가능하다고 단언하였다. 그리하여 최현배(1937/1961)에서 반증 예로 제시된 일부의 피
동화음 '우'와 '으'의 예들은 용언의 활용에서와, 비속어에서의 원칙이 결여된 특이한 사례들
이기 때문에 고려의 대상에서 제외되었다.

김완진(1971 : 20)은 공시적 움라우트의 실현 조건에 대한 보충 설명에서 피동화음이 '으'나 '우'일 때에 이 동화현상이 부진하거나 약화된다는 사실과, 모음체계에서 '의'나 '위'가 아직도 이중모음으로서의 음가를 유지하고 있는 사실을 연상하면 흥미진진함을 깨닫게 된다고 덧붙였다. 그것은 움라우트 현상이 앞 음절의 후설모음이 동화주 i/y의 영향으로 같은 높이의 전설모음으로 바뀌는 음운론적 과정(이숭녕 1935)에 근거하기 때문이다. 그리하여, 김완진(1971)은 후설모음들인 피동화음이 모음체계에서 '오 : 외, 아 : 애, 어 : 에'와 같이 전설모음과의 대립이 확립되어 있을 때에는 움라우트 현상이 성립하는 동시에, 이러한 대립을 아직 이루고 있지 못한 '으'나 '우'에서 동화작용이 성립되지 않는다고 보았다. 그리고 이러한 사실은 움라우트 현상이 역사적으로 모음체계에서 이중모음들의 전설 단모음화 과정 이후에 계기적으로 등장하게 되었다는 음운사적 상대적 연대와 직접적인 관련이 있는 것으로 해석하였다.

이와는 독자적으로, 이기문(1961/1972 : 201-202)에서도 근대국어의 음운사에서 먼저 '애'와 '에' 모음이 18세기 말엽의 단계에서 하강 이중모음 [ai]와 [əi]에서 각각 전설 단모음 [ɛ]와 [e]로 확립된 다음, 18-19세기의 교체기에 와서 비로소 '아'와 '어'의 움라우트 현상이 문헌 자료에서 등장하는 것으로 기술되었다. 그리고 이 시기의 문헌 자료에 '오'와 '우'의 움라우트의 예는 매우 적거나, 경구개 자음 'ㅈ, ㅊ' 환경에서만 한정되어 있기 때문에, '외'와 '우'의 단모음화는 아직 등장하지 않았던 것으로 해석하였다.

국어 음운체계에서 "움라우트의 (문헌상의) 출현=단모음 계열의 확립"과 같은 등식을 이루는 이러한 가설은 오늘날의 기준으로 보아도 움라우트 현상의 일종으로 밖에 볼 수 없는 역사적 자료들에 대한 해석과 심각한 불일치를 초래하게 되었다.[3] 중세와 근대국어의 시기에 적어도 18세기 전기까지는

언어 현상을 관찰하는 이숭녕(1947/1954)와 최현배(1940/1961)에서의 두 가지 대립되는 관점은 움라우트와 관련된 국어학사의 관점에서 주목할 만하다.

하향 이중모음의 단모음화는 아직 대체로 시작되지 않았기 때문이다(송민 1975). 이와 동시에, 한 편으로 역행 동화작용으로서 움라우트에서 출력으로 산출되었다는 하향 이중모음의 존재들이 통시적·공시적인 관점에서 과연 발음 경제를 지향하는 자연스럽고 보편적 의미에서 동화작용의 산물인가에 대한 심각한 회의가 꾸준히 제기되어 오고 있다(신승용 1997, 2003; 장향실 2000; 정인호 2014; 소신애 2015).

이 글의 제2장에서 지금까지의 여러 연구에서 제시된 내용을 중심으로, 움라우트에 의한 출력이 국어 음운사를 관통하는 통시적으로, 그리고 현대국어에 공시적으로 등장하는 하향 이중모음의 예들을 간략하게 요약하면서 논의의 장을 마련하고자 한다. 제3장에서는 제2장에서 제시된 동화 현상으로서 움라우트의 출력이 보이는 하향 이중모음들의 존재에 대해서 지금까지 여러 연구자들이 제시된 문제점들과 질의를 정리한다.

이어서 제4장에서 동화에 대한 조음 음운론적 관점으로 음성적 층위에서 일어난 움라우트의 출력이 하향 이중모음으로 나올 수밖에 없는 합리적인 근거를 제시한다. 끝으로, 제5장의 결론과 논의에서 움라우트의 출력으로서 도출된 하향 이중모음과 전설 단모음 부류들에 각각의 모음체계에서 차지하고 있는 음운론적 신분을 설정한 다음, 서로 배타적인 피동화음 양자 간에 개연성이 있는 음운론적 조정을 하향 이중모음의 단모음화 관점에서 시도하기로 한다.

---

3) 그리하여 이병근(1982 : 152)은 17세기 전남 구례에서 간행된 『권념요록』에 우연하게 등장하는 '어미'(母)에 대한 움라우트 실현형 '에미'에서 әy>e의 단모음화 가능성을 제시하기도 했다. 또한, 김주원(1984 : 52)도 18세기 경상도 사찰에서 간행되었던 용문사본 『보권염불문』에 등장하는 '죽이->쥑이-'와 같은 움라우트의 보기를 제시하면서, 일반적인 가설에 따라서 경상도 방언에서 uy>ü와 같은 단모음화가 특정한 환경에서 출현하였을 것으로 추정한 바 있다.
그 반면에, 움라우트에 대한 연구사적 고찰에서 이러한 동화현상은 배제하려는 경향도 보인다. 예를 들면, 움라우트의 동화주, 피동화주 및 개재자음 중심의 한 연구사에서 신중진(2001 : 166)은 중세와 근대국어의 단계에 움라우트 현상이 존재한다는 일부의 주장들이 있으나, 'ㅐ, ㅔ' 등이 단모음화를 수행한 18-19세기에 비로소 움라우트가 출현할 수 있다는 사실이 밝혀졌다고 단언한다.

2. 통시적 및 공시적 움라우트의 출력으로서 하향 이중모음

2.1 국어사에서 움라우트 현상과 이중모음화

중세와 근대의 문헌 자료에 산발적으로 출현하는 움라우트 현상에 의한 출력이 이중모음이라는 최초의 관찰은 이숭녕(1954 : 302-312)의 <보수편> "3. 우믈라우트 현상과 이중모음"에서 이루어졌음은 잘 알려져 있는 사실이다. 이숭녕 선생의 이러한 인식은 역사적으로 문자 '익, 애, 에, 외, 위'의 음가가 하향 이중모음이었으며, 이것들은 나중에 축약작용을 거쳐서 전설계열의 단모음으로 발달하였다는 음운론적 성과(이숭녕 1954)를 바탕으로 한 것이다. 따라서 종래에 '익'의 음가 추정의 일환으로 시도되었던 움라우트에 대한 관점이 여기서 크게 수정된 것이다. 이숭녕(1954 : 311)에서 독자들의 "이해를 돕고자" 제시된 '다야(盂)>대야'의 움라우트 과정은 다음과 같다.

(2)   ta-ja   >   tai-ja   >   tɛ-ja
      (이조 초기의 원형)   (이중모음화 : i의 발달)   (contract한 것 : 단모음화)

이와 같은 새로운 견해는 이숭녕(1978)의 지속적인 음운사 연구에서 움라우트 항목에 관한 한, 변함없이 견지되고 확대되어 왔다. 오늘의 관점에서 역사적 움라우트의 보기로 논란의 대상이 되어온 일부의 유형(가야미(蟻)>개야미, 변얌(蛇)>비얌, 등)들은 일단 제외하면,[4] 이숭녕(1959, 1978)에서 제시된 충분한 조건을 갖춘 보기 두 가지를 대표로 인용하면 아래와 같다.

---

4) 허웅(1985 : 555)은 중세국어의 다양한 문헌 자료에 등장하는 '변얌>비얌, 가야미>개야미, 다야>대야 같은 변화는 혹은 움라우트로 볼 수 있을지 모르지만. 그렇지 않다고 보았다. 그 이유는 움라우트는 일종의 닮음인데, 이러한 부류는 후속 음절의 출발점에 있어서의 지속을 길게 한 것이므로 일종의 덧보탬으로 볼 수 있기 때문이다.
   또한, 곽충구(1983), 김정태(1966) 및 고광모(2009)에서 제시된 설명을 참조

(3) ㄱ. 도론혀(返)>도리혀>도리여>도리여;

　　　　도리혀 네 흥졍 머믈울 거시라(번역노걸대, 하.27ㄱ),

　　　　cf. 쏨 내욤둘햇 藥을 뻐 도론혀 다룬 病 나긔 호미(1466, 구급방, 상.12ㄴ).

　　ㄴ. 모욕(沐浴)>뫼욕>메욕>미역;

　　　　조히 뫼욕 구믄 후(1617, 동국신속, 열녀, 3,40ㄴ),

　　　　즉시 뫼욕흐기룰 다흐고(상동, 열녀, 6,71ㄴ),

　　　　뫼욕흐고 온 구라 닙고(상동, 열녀, 7,84ㄴ).

　이숭녕(1959 : 436)은 15세기 국어의 '도론혀'(返)형이 오늘날 '도리여'로 발달하는 과정에서, '도론혀>도리어'로 직접 연결되는 것이 아니고 움라우트에 의한 중간단계를 거쳤다는 사실을 밝혔다. 먼저 '도르혀'로 바뀌고, 어중의 '-르-'가 어말의 '-혀'로 인하여 역행동화되어 '도리혀'의 단계를 거쳐서 '도리여'의 변화를 수행한 것으로 본 것이다. (3)ㄱ의 예는 16세기 국어에서 먼저 역행동화를 수용한 '도론혀>도리혀'의 과정을 나타낸다. 움라우트가 적용된 '도리혀'에서 'ㅇ'의 1단계 변화를 받은 '도릐혀'형에 가까운 또 다른 동화의 유형이 후대에 출현하는 사실을 보면, 움라우트에 의한 개신형이 보수형을 누르고 성공적인 발달을 한 것이다. 머리룰 <u>도릐켜</u>지 말며(莫回頭, 중간본 여사서언해, 3.4ㄱ). 위의 (3)ㄱ의 예와 동일한 과정을 밟은 또 다른 역행동화의 보기는 18세기 후기에 등장하는 '니론혀>니리혀'(起)에서도 찾을 수 있다. 毬룰 <u>드리여</u> 흐여곰 놉히 <u>니리혐</u>을 니룬디 排至라 흐고(1790, 무예도, 67ㄱ).

　또한, 이숭녕(1978 : 49-50)은 17세기 초반 근대국어의 대표적 문헌 자료인 『동국신속삼강행실도』(1617)에 반영된 다양한 음운현상을 고찰하면서 (3)ㄴ의 변화과정을 추출한 다음, '모욕>뫼욕'에서의 이중모음화와 그 이후 전설 단모음화로의 과정을 다음과 같이 구체적으로 제시하였다.5)

_____

5) 근대국어 초기의 방대한 국어 자료 『동국신속삼강행실도』를 전면적으로 분석한 김영신(1980)에서 '모욕>뫼욕'형을 포함한 아래의 몇몇 움라우트 실현형들이 "첨가"라는 항목으로 정리되었다. 이 가운데 17세기 공시적 교체형으로 출현하는 몇 가지 항목을 골라 제시하면 다음과 같다(특정한 예 이외에는 출전 표시는 생략).

(4) mo-jok>moi-jok>me-jok>mi-jək.

이러한 발단 과정에서 변화의 중간단계로 개입된 '뫼욕>메욕'의 단계는 19 세기 후기와 20세기 초반의 이질적인 자료들에서 출현한다. 여기서 중간단계 가운데 하나인 '메역'형은 역행동화에 의해서 산출된 하향 이중모음 [oy]에서 oy>we와 같은 변화를 거쳐 단모음 [e]로의 변화를 밟아 온 형태이다. (ㄱ) 장 경을 미욕 감겨(완판 장경전, 10ㄱ), 미욕지계ᄒ고(좌동, 3ㄱ), (ㄴ) baigner : 메역ᄒ다, 멕 감다(1912 : 187, <법한ᄌ뎐>, 르 장드르 編), (ㄷ) 어린 ᄋ희를 미역 감겨서 재우시오(1926, <고등조선어회화>(14), 이완응).

그러나 사실, 움라우트에 의한 역행동화의 출력이 이중모음으로 형성되는 음운론적 과정에 대한 단편적인 관찰은 일찍이 방언사의 영역에서 河野六郎 (1945/1979 : 279-280)에서 비롯되었다. 河野六郎(1945)은 1940년대 국어의 지역 방언에 분포되어 있는 '기러기'(雁) 방언형들을 검토하면서, 원래 이 형태는 음운사적으로 '그려기>긔려기>기려기>기러기'와 같은 일련의 변화를 거쳐 온 것으로 파악하였다. 이와 같은 설명에 의하면, '그려기>긔려기'에서 '그-> 긔-'의 변화는 제2음절의 동화주 [j]에 의하여 "轉音"(umlauten)된 것으로 '그 려기>긔려기'의 과도기를 반영한다. 이 논의에서 '움라우트'라는 용어와, 거 기서 나오는 출력이 공시적으로 하향 이중모음이라는 사실이 언급되었다. 그 리하여 河野六郎(1945/1979)은 이 어휘의 변화 과정을 kɯ-rjɔ-gi>kɯi-rjɔ-gi> ki-rjɔ-gi와 같은 단계로 설정하게 되었다.6)

---

(1) 지애비(夫)∽지아비, (2) 베히다(斬)∽버히다, (3) 외히려(猶)∽오히려, (4) 히여(爲)∽ᄒ여,
(5) 제혀(恐)~∽저혀 : 적이 제혀 험틱ᄒ되 ᄆ춤내 듣디 아니ᄒ대(동국신속, 열녀, 7,26ㄴ),
(6) 제기(적, 時+-이)∽저기 : 일즙 우디 아닐 제기 업더라(샹동, 충신, 1,24ㄴ).
  cf. 쁟 인ᄂ 스의 졀을 다홀 저기라 ᄒ대(샹동, 충신, 1,2ㄴ).

이러한 예들은 자료적 측면에서 최근에 이어진『동국신속삼강행실도』에 대한 검토에서 긍정 적으로(신상철 2010), 또는 부정적으로(혼효형 또는 오각, 유경민 2013 : 46)으로 취급되기도 하였다. 특히 홍윤표(2015 : 26-27)에서 '뫼욕∽모욕', '베히-∽버히-' 등의 예들은 미세한 의미 상의 차이를 반영하는 단순한 공시적 변이형으로 분류되었다.
6) 김주필(1994 : 135-136)은 지금까지 움라우트 현상으로 간주되어 온 중세와 근대국어의 예들

중세와 근대국어의 문헌 자료에서 출현하는 이와 같은 움라우트의 예들에서 피동화 모음이 이중모음으로 도출되었다는 명시적인 견해는 1970년대부터와, 그 이후의 연구에서도 지속적으로 제시되어 왔다. 최전승(1978)은 중세와 근대국어에서 기본적인 움라우트에 성격에 의한 동화를 거쳐 피동화음이 하향 이중모음으로 산출되었던 사례들(음성적 층위)과, 19세기 이후 전설 단모음으로 동화되어 나오는 사례(음소적 층위)들을 각각 1차와 2차 움라우트 현상으로 구분하였다. 국어 음운사에 대한 정밀한 기술에서 허웅(1985 : 427-428)과 안병희(1985)는 각각 독자적으로, 중세국어 시기의 문헌 자료에 출현하였던 아래와 같은 '이'모음 역행동화('이' 치닮기) 현상을 주목한 바 있다.7)

(5) ㄱ. -ᄒᆡ이다→-히이다, -ᄂᆞ이다→-니이다, -로소이다→-로쇠이다,
　　 -ᄒᆞ노이다→-ᄒᆞ뇌이다→-ᄒᆞ넣다, -다이다→대이다. (허웅 1985),
　 ㄴ. 제기(略, 14ㄱ)~저기(26ㄴ, 33ㄴ), 죄히(淨, 108ㄱ), (안병희 1985).

허웅(1985)은 위의 (5)ㄱ의 예들에서 동화를 수용한 피동화 모음이 단모음으로 바뀌지 않고 y계 하향 이중모음으로 되는 과정이 지금과 다른 점이라고 지적하였다. 안병희(1985)도 16세기 초반의 『別行錄節要諺解』(1522)에 수의적

가운데 경상도 방언의 경우에 "구개성 반모음 첨가 현상"으로 간주하였으며, 16세기 국어에 출현하는 '긔려기'(<그려기, 雁)형을 통해서 그러한 주장이 성립된다고 보았다. 그러나 김주필 교수는 소위 구개성 첨가 현상과 해당 피동화 모음에 부가되는 전설성의 첨가와 연관을 맺지는 않은 것 같다. 김주필(1994)에서 제시된 다음 설명이 이러한 사실을 보여준다.

('긔려기'형에서) 움라우트 현상처럼 i나 y에 의해 선행의 후설모음에 전설성을 추가한다면 '긔려기'가 아니라 '기려기'로 되어야 하기 때문이다. 'ㅡ'에 전설성을 추가하면 당연히 '그려기'는 '기려기'가 될 것이다.(p.135).

7) 중세어의 동사형태부에 나타나는 일련의 모음동화를 논의하면서 고영근(1995 : 589)은 중세어의 'ᄒᆞ샤시이다'가 기원적으로 'ᄒᆞ샤ᄉᆞ이다'에서 움라우트를 수행한 형태로 간주하고, 이에 준하는 변화를 밟았다고 추정되는 예들을 아래와 같이 새로 정리하여 제시한 바 있다.

(1) ㄱ. ᄒᆞᄂᆞ이다>ᄒᆞ니이다, ㄴ. ᄒᆞ노이다>ᄒᆞ뇌이다, (2) ㄱ. ᄒᆞ더이다>ᄒᆞ데이다, ㄴ. ᄒᆞ다이다>ᄒᆞ대이다, (3) ᄒᆞ과이다>ᄒᆞ패이다, (4) ᄒᆞ샤ᄉᆞ이다>ᄒᆞ샤시이다, (5) ᄒᆞ노소이다>ᄒᆞ노쇠이다, (6) ᄒᆞ도소이다>ᄒᆞ도쇠이다, (7) ᄒᆞ사이다>ᄒᆞ새이다.

으로 반영된 (5)ㄴ의 보기들을 움라우트의 일종으로 해석하고 아래와 같은 설명을 첨가하였다.

(6) (이 자료에서) 움라우트 현상은 뒤에 오는 전설모음의 영향으로, 앞의 모음이 -ㅣ를 갖게 된 사실을 말한다. 이 때 -ㅣ가 이중모음의 부음으로 다루어져야 하므로, 현대어의 움라우트 현상과는 똑같지는 않으나 <u>기본적으로 같은 성격의 동화</u>라 생각된다.(p.877). (밑줄은 글쓴이가 첨가).

2.2 19세기 후기 전라방언 자료에서 움라우트 규칙의 중간단계

19세기 후기의 특징적인 사회·문화적 배경에서 나온 산물인 신재효의 판소리 사설집과, 전주에서 간행된 완판본 고소설 부류들에 반영된 당시 서민들의 입말 자료를 음운론적으로 검토한 최전승(1986, 1987)은 그 당시 움라우트 현상이 피동화음의 유형에 따라서 출력이 두 가지의 양상으로 실현되는 양상을 제시하였다. 음운론적으로 동일한 동화의 원리에 기인된 음운현상의 출력이 이와 같이 상이한 결과를 보이는 이유는 하향 이중모음 '애, 에, 외, 위' 등이 단모음으로의 변화 과정에서 그 진행 단계가 서로 상이하였기 때문인 것으로 해석하였다. 19세기 후기 전라방언의 모음체계에서 '애, 에, 외'는 전설 단모음으로 확립되어 있는 반면에, '위'와 '의'는 대체로 여전히 이중모음 [uy∞wi]와 [iy]의 신분을 유지하고 있었던 것이다.8) 이 지역의 방언자료에서 피동화음 '아, 어, 오'는 그에 상응하는 전설계열의 단모음 [ɛ, e, ö]와 "전설 : 후설"의 대립을 형성하였기 때문에, "후설→전설"과 같은 전설화가 강조된 통상적이고, 자연스러운 움라우트의 규칙의 범주에 들어오게 되었다.

그렇다면, 전통적인 움라우트 실현 강령에 따르자면(김완진 1971), 전설계열

---

8) 19세기 후기 전라방언 자료에서 하향 이중모음 '위'와 '의'의 구체적인 음성적 실현은 그 환경에 따라서 '위→의'와 '의→으, 이' 등으로 등장하였다. 그리고 이중모음 '위'의 음가는 수의적으로 [uy]∞[wi]으로의 변이의 양상을 보이는데, 이러한 경향은 uy>wi와 같은 역사적 변화의 방향을 가리키고 있다.(최전승 1987)

의 대응 짝이 모음체계에서 아직 형성되지 않은 '우'와 '으'의 경우는 이러한
동화작용의 실현이 불가능하다. 그러나 그러한 예측과는 달리, '우'와 '으'는
다른 후설모음들에 비하여 생산성은 약간 떨어지지만, 움라우트 현상에 대한
입력으로서 피동화 모음의 기능을 수행하고 있었다. 따라서 최전승(1986 : 163)
에서 설정된 움라우트 규칙은 피동화음의 유형과, 역행동화에 의한 출력의
유형에 따라서 아래와 같이 2가지로 분열된 모습을 보이게 되었다.

(7) ㄱ. **전설모음화** : $\begin{Bmatrix} a \\ \vartheta \\ o \end{Bmatrix} \rightarrow \begin{Bmatrix} \varepsilon \\ e \\ \ddot{o} \end{Bmatrix} \Big/ \underline{\quad}_{i,y}$

ㄴ. **이중모음화** : $\begin{Bmatrix} u \\ i \end{Bmatrix} \rightarrow \begin{Bmatrix} uy \\ iy \end{Bmatrix} \Big/ \underline{\quad}_{i,y}$

움라우트 규칙의 이러한 불일치는 그 발달 과정에서 일종의 중간단계의
모습을 19세기 후기 전라방언의 음운론에서 보이고 있는 것으로 최전승(1986)
은 해석하였다. 그리하여 동일한 역행동화의 기제를 바탕으로 전설모음을 출
력하는 공시적 움라우트 규칙 (7)ㄱ과, 이중모음을 출력하는 움라우트 규칙
(7)ㄴ은 다음과 같은 두 가지의 개연성이 있는 가정을 하여야만 서로 조정될
수 있다고 본 것이다. (7)ㄴ의 경우는 모음체계에서 '위'와 '의'까지 전설 단모
음 [ü]와 [i]로 확립된 19세기 후기 전라방언 이후에 비로소 움라우트의 피동
화음이 오로지 전설 단모음만을 보이는 (7)ㄱ으로 합류된다(제2차 움라우트).
그리고 위에서 (7)ㄱ의 규칙은 '애, 에, 외'가 아직 전설계열의 단모음으로 확
립되지 않았던 19세기 후기 훨씬 이전의 단계에서 움라우트의 출력이 모두
하향 이중모음으로 실현되었다는 전제를 하면, 이번에는 (7)ㄴ의 규칙으로
자연스럽게 합류될 수가 있다(제1차 움라우트).9)

---

9) 19세기 후기 전라방언 자료에 반영된 공시적 움라우트 현상에서 추출된 제1차 움라우트 규칙
(이중모음화)을 설정하였을 때, 국어 음운사에서 파생되는 3가지의 중요한 문제점에 대해서
는 최전승(986 : 167)을 참조

따라서, 19세기 후기 훨씬 이전의 단계에서도 전라방언에 움라우트 현상이 어느 정도 생산적으로 작용하고 있었다고 가정한다면, 역행동화로서 움라우트 규칙의 출력이 보이는 원래의 모습(제1차 움라우트)은 우리가 §2.1에서 확인한 바 있는 이중모음화였을 것으로 판단된다. 그렇다면, 움라우트 규칙의 자연성에 견주어 볼 때, [+high, −low, −back]의 속성을 가지고 있는 동화주 i/y가 후설모음을 y가 뒤따르는 하향 이중모음으로 동화시키는 조음적 행위를 어떻게 이해하여야 될까 하는 보편성의 문제가 대두된다.

2.3 20세기 초반 서울방언에서의 움라우트 현상과 이중모음화 [vʲ]

1920년대 한국의 남부방언을 개관한 小倉進平(1924)에는 제1편 <음운론> 가운데 "18. '이' 음의 역행동화" 항목이 간단하게 설정되어 있다. 그는 형태소 경계에서의 '바람(風)-이 → 바램-이, 사람(人)-이 → 사램-이'와, 형태소 내부에서 일어난 '공일(空日) → 굉일' 등의 예를 제시하면서 이러한 음운현상의 원리를 일종의 역행동화 작용으로 설명하였다. 이어서 그는 이러한 동화 현상이 진행되고 있는 지역적 분포를 남부방언을 중심으로 제시한 다음에, 그 분포도를 부록에서 언어지도로 표시하였다.10) 이와 같은 小倉進平(1924)의 기술을 참고하면, 1920년대의 움라우트 현상은 적어도 표면상으로는 주로 남부 지역 일대에 확산되어 있는 것 같다. 그러나 이와 비슷한 시기에 독일인 선교사 Eckardt(1884-1974)가 전형적인 서민들의 대화체에 쓰이는 토속적인 서

---

10) 일찍이 田島泰秀(1918)는 20세기 초반 함북 경성방언에서 일정한 "법칙"으로 등장하는 생산적인 움라우트 현상을 관찰하고 세밀하게 정리하였다. 그는 풍부한 예들을 제시하면서, 이러한 현상은 아래의 '-이'('야, 요, 유'도 포함하여)가 윗 음절의 '아, 어, 오, 우, 으'의 모음에 영향을 주는 규칙으로 수행되고 있음을 지적하고 <'이' 음 향상(向上)의 법칙>으로 규정하였다. 여기서 '향상'(向上)은 그 당시 관행인 세로쓰기에서 나온 개념인 것 같으며, 후속하는 '-이'음이 역행동화하여 앞선 모음에 부분적으로 첨가되는 음성학적 원리를 말한 것이다.

   예 : 사람이 간다 → 사램이 간다, 감이 잇다 → 갬이 잇다, 덕이 높다 → 덱이 높다,
       쏭이라 한다 → 쬥이라 한다, 월급이요 → 월겁이요, 국이 업다 → 귁이 업다.

울말을 중심으로 정밀하게 음성전사한 한국어 학습서 「조선교제문전」(1923)
에는 그 당시 매우 진전된 단계에 와 있는 움라우트의 전개 상황을 관찰할
수 있다.

Eckardt(1923 : 1-6)의 서두에는 본격적인 제1과가 시작되기 전에 그 당시
한국어의 모음과 자음에 관련된 <발음규칙> 24가지를 정리해 놓았다. 이 가
운데 움라우트 규칙이 피동화음의 유형과 그 적용 영역에 따른 몇 개의 예와
함께 아래와 같이 기술되었다(정인호 2014; 최전승 2015 및 본서의 제1장을 참조).

> (8) 발음규칙 {20} : 뒤따라오는 i 또는 y는 (ㄱ) 정말로 자주(oft schon) 앞선
> 음절(의 모음)에서 들을 수 있으며(Vorschlag), 이것은 (ㄴ) <u>변모음을 거친
> 단모음으로 쉽게 바뀌진다.</u>
> 보기) : sarămi=sarä'mi(사람-이), pŏpi=pŏ'pi(법-이), tjukyo=tjûikyo(주교),
> sγotjγu=sôitju(소주). {본문에서 밑줄과 번호는 편의상 글쓴이가 첨
> 부한 것임}.

Eckardt 신부가 1920년대에 관찰한 발음규칙 {20}에서 움라우트를 거친 피
동화음에 반영된 2가지 사실이 주목된다. 밑줄 친 (ㄱ)에 해당되는 부분은
1920년대 당시 서울말을 구사했던 서민들의 입말에서 움라우트 현상이 매우
생산적이었다는 증언이다.[11] 그 다음 (ㄴ)은 움라우트의 실현이 피동화음에
과도음 또는 활음 y가 약하게 첨가되었으며, 이러한 [vʸ] 발음은 그 당시의
대중들의 발음에서 수의적으로 전설계열의 단모음으로 전환되었다는 음운론
적 정보이다. Eckardt(1923)의 전사체계에서 'ăi, ŏi, ôi, ûi'는 각각 움라우트를
거친 전설계열의 단모음 [ä, e, ö, ü]를 표기한 것이다.[12]

---

11) Eckardt(1923)에 뒤이어 13년 후에 출간된 독일인 신부 P. L. Roth의 *Grammatik der
Koreanischen Sprache*(1936)에도 1930년대 서울말의 음운론(pp.7-24)을 기술하면서, 그 당시
생산적으로 출현하고 있었던 움라우트 현상에 대해서 다음과 같은 관찰을 하였다.

모음 '이'는 <u>구어(in der Umgangsprache)</u>에서 선행하는 모음에 <u>자주(oft)</u> 영향을 끼친다. 그
리하여(선행하는) '아'는 '애'와 같이; '어'는 '에'와 같이; '오'는 '외'와 같이; '우'는 '위'와 같이
발음된다. 예 : 죽이다→쥑이다; 버히다→ 베히다(1936 : 8), (밑줄은 글쓴이가 작성).

또한, 이 규칙에서 움라우트 실현의 예로 제시된 보기들은 형태소 경계와 내부, 그리고 피동화 모음 '아, 어, 오, 우, 으'에 균등하게 확대되어 있다. 그러나 피동화음의 유형에 따라서 움라우트 실현 강도에 있어서는 상대적인 차이를 보인다. 이 가운데 후설모음 가운데, '아'의 움라우트를 수행한 예들이 가장 높은 출현빈도를 반영하고 있다. Eckardt(1923)의 텍스트 전체를 통해서 등장하고 있는 움라우트의 예들을 피동화음의 유형별로, 그리고 그 적용 영역에 따라서 논지의 전개상 극히 일부만 정인호(2014)와 최전승(2015) 및 본서의 제1장에서 인용하면 다음과 같다.13)

(9) 1) 피동화음 '아'

ㄱ. tja¦mi(재미, 50), môitchira¦ki(메추라기, 57), 단초~댄초; tantcho(209) ~taintcho(209)~tâintchu(213), gokta¦ki(꼭대기, 190),

ㄴ. sară¦mi(사람+-이) : han sară¦mi...kŭ sară¦mi...,kŭ midtchin sară¦mi(18), tja¦mi tŏdtŭrŏsŏ(잠이 덧들어서, 265),

2) 피동화음 '어'

ㄱ. 너기- → 네기-; nŏ¦kita(308), 도적놈으로 nŏ¦kita(21), 버히- → 베히-; pŏhita(=pehita, 88), pehita(209), susugŏ¦ki(수수께기, 237), kirŏ¦ki(기러기, 109),

ㄴ. 먹이- ~ 멕이-; phurŭl mŏ¦kyŏ nŏŭmyŏn(235)~phul mŏkita(229), pŏpi=pŏ¦pi(벱-이, 5), 꺽이- → 껙이-; 나무가 gŏ¦kkyŏdso(394),

---

12) Eckardt(1923)는 '움라우트'라는 용어를 여기서 글자 그대로 '변모음'으로 사용했다. 그는 한국어에서 전설계열의 단모음의 형성은 다음과 같은 발음규칙 {9}-{10}을 통해서 형성된 것으로 파악하였다.

(ㄱ) 발음 규칙 {9} : 독일어 변모음(umlaute) ä, ö, ü는 한국어에서는 해당되는 모음 뒤에 오는 i를 통하여 형성되었다.
예 : kâi(개, kä로 발음); mâi(매); sâi(새); nôi(뇌, nö로 발음), tûi(뒤, tü로 발음). 이와 마찬가지로, yâi=yä, yôi=yö, yûi=yü, oâi=oä로 발음된다.
(ㄴ) 발음 규칙 {10} : ŏi(에)는 독일어에서 e와 같이, 그리고 yŏi는 ye와 같이 발음된다. 한국어의 e는 변모음(Umlaut)이다. 우리는 언제나 e, ye로 전사한다.
13) Eckardt(1923)에 등장하는 1920년대 서울말의 전체적인 움라우트의 보기들은 정인호(2014)와 최전승(2015)을 참조.

3) 피동화음 '오'

ㄱ. kôiki(128)~koˑki(고기, 49, 131), khoˑkiri(코끼리, 57), sôˑtju(소주) →
sôˑtju tjangsa(283), sôˑtjurŭl koadtŏni(283), sôˑtjurŭl kōni(283),
sôˑtjuka(283).

ㄴ. oˑpika susamtchŏkinkoro(吾鼻가 數三尺인고로, 246), noˑmi(놈-이, 26),
noˑkita(녹이-, 127), soˑkita(속이-, 190), irhoˑmi(일홈-이, 27).

4) 피동화음 '우'

ㄱ. 우표~위표; uphyo(郵票, 165)~uˑpho(138), 수혜자~쉬혜자; suhyetja
신다(水鞋子, 109)~suihyetja 신고(110),

ㄴ. tjuˑkinanya(죽이-, 43),

5) 피동화음 '으'

ㄱ. <형태소 내부에서는 발견되지 않음>.

ㄴ. 노흐며~노희며; 수건을 내여 nohŭˑmyŏ 하난 말이(74)~상 우에
nohŭmyŏ(111), 무릎-이~무릎-이; murŭp−murŭˑpi-−murŭphi(15),
-크면→키면; khŭta-- khŭˑmyŏn(키면, 37),
-같으면→-같의면; 다 이 갓치 쉬울 것 kadhŭˑmyŏn 배홀 것이 무어
신가(205).

위의 예들을 보면, 1920년대 서울방언에서 생산적인 움라우트 현상은 실현
형과 비실현형 간에 부단한 변이를 반영하고 있다. 그리고 피동화음의 종류
에 따라서 이러한 동화작용의 수용 정도에 차이를 보인다. 대체로 후설모음
가운데에서 피동화음 '아, 어, 오'에 움라우트 수용의 출현빈도가 높은 반면
에, '우'와 '으'에서는 역행동화의 영향력이 약화되어 있다.[14] 특히, 피동화음

---

14) Eckardt는 1962년에 한국어 문법서(Grammatik der Koreanischen Sprache, Julius Gross,
Heiderberg)를 다시 저술했는데, 그 목적은 1920년대의 문법서 Eckardt(1923)와는 완전히 다
르다. 1973년 개정판 Eckardt(1962)에서도 한국어의 움라우트에 대한 설명이 "제19과 동화"
항목에 다음과 같이 실려 있다.

많은 단어의 발음에 움라우트 현상을 확인할 수 있다. 후행하는 i(이) 모음을 정말로
자주(oft schon) 그 선행하는 음절 모음에서 들을 수 있다.
예) 고기→kögi, 먹이다→megida, 기럭이→kiregi, 호랑이→horängi,
사람-이→saraimi, 법-이→pŏipi." (p.37).

간단하게 보기로 제시된 예들의 전사 방식이 형태소 내부의 경우에 Eckardt(1923)와는 약간

'으'에서는 형태소 내부에서 움라우트 적용 예들이 텍스트 자체에서 발견하기가 어려웠다. 그러나 연결어미 '-으며, -으면'과 같은 음성 환경에서 '-의며, -의면'으로 실현되는 움라우트의 예들을 보면, 형태소 내부에서 나타나지 않는 '으'의 움라우트의 예들은 텍스트 자료상의 우연한 공백인 것으로 판단한다.15)

Eckardt(1923)에서의 움라우트 현상을 검토한 정인호(2014 : 117-118)는 다음과 같은 3가지의 관점에서 "적지 않은 논란"을 불러일으킬 수 있다고 지적하였다. 첫째, 적어도 '애, 에, 외' 등의 이중모음의 단모음화가 각각 /ɛ, e, ö/로 완료된 20세기 초엽의 서울말에서 움라우트 출력으로 실현되는 피동화음 [vʲ]의 표기를 과연 이중모음으로 해석할 수 있는가. 둘째, 국어 음운사에서 움라우트의 현상의 본질 규명과 관련하여, 일련의 피동화음 [vʲ]가 나오는 동화의 원리는 무엇인가. 셋째, 텍스트 자체에 등장하는 다양하고 생산적인 움라우트 현상의 예들은 남부지역의 방언적 요소가 개입된 것이 아닌가.16)

정인호(2014)에서 제기된 이러한 몇 가지 의문점들을 부분적으로 풀어보기 위해서 준비한 최전승(2015)에서는 여기에 어느 정도의 대안적 답변을 찾아보려고 시도한 것이다. 정인호(2014)에서 제기된 첫 번째의 질의 사항, 즉 하향 이중모음의 단모음화가 이미 완료된 단계의 서울말에서 여전히 움라우트의

변경되었지만, 형태소 경계에서 움라우트 실현형은 그대로 Vʲ로 유지되어 있다.

15) 1930년대 맞춤법 사정과 관련하여 서울말 중심으로 움라우트 현상과 그 원리를 고찰한 정인승(1937 : 2)에는 피동화음 '으'에 적용된 형태소 내부에서 동화의 예들이 아래와 같이 정리되어 있다.

   시골뜨기 → 시골띄기, 다듬이 → 다딈이, 보드기(短樹) → 보듸기,
   드리다(獻) → 듸리다, 엎드리다(伏) → 업듸리다.

16) 서울 출신 소설가 박태원의 『천변풍경』에 반영된 1930년대 서울 토박이말의 특징을 음운론의 관점에서 분석한 강희숙(2002 : 182-183)을 참조하면, 어느 정도 확대된 움라우트의 실현 예들을 찾아 볼 수 있다. 특히, 개재자음 'ㄹ'에 대한 제약도 제거되어 나타난다. 다리(橋脚)>대리, 저리->제리-, 마렵->매렵, 기다리-(待)>기대리-. 또한, 현대 서울말에서 진행되는 다양한 움라우트의 예들에 대해서는 전형적인 서울토박이 한상숙 화자의 구술을 편집한 민중자서진(뿌리깊은나무, 1991)를 분석한 이병근(1991))에서도 관찰된다.

피동화음이 하향 이중모음에 가까운 [vʲ]로 나오는 현상을 어떻게 이해하여야 하는가에 대해서는 이 글의 §4.2에서 움라우트의 기본적인 성격과 함께 구체적으로 검토될 것이다. 최전승(2015)에서는 Eckardt(1923)가 움라우트의 출력으로 일관성 있게 전사한 [vʲ]는 하강 이중모음 Vy에서 활음 y가 약화된 [vʸ]에 해당된다고 보았다. 그렇다면, 이와 연관된 또 다른 문제가 이어서 나오게 된다. 전설계열의 단모음화가 완료되어 있는 현대국어에서 공시적 움라우트의 적용 결과가 여전히 [vʲ]로 실현되는 다른 지역방언들이 존재하는가.

2.4 현대국어 지역방언에서의 움라우트 현상과 이중모음화 [vy]∽[vʲ]

河野六郎(1945 : 10)은 자신의 저서 첫 부분 <표음기호에 대하여> 가운데 이중모음의 전사방식을 나타내는 항목에서 1940년대에 수집된 '고기(肉)'의 방언형 한 가지의 형태와 그 발음 전사를 예시하여 보이고 있다. 충청남도 논산, 부여, 기타의 등지에서 [koʲgʲ]로 쓰인다는 발음 내용이 그것이다. 이러한 전사 방식은 Eckardt(1923)에서 피동화음 '오'에 움라우트가 적용되었을 때 실현되는 표기의 모습과 거의 동일한 사실이 주목된다. kôiki(p.128)∼koʲki (p.49, 131). 20세기 초반에 간행되었던 Jespersen의 *Lehrbuch der Phonetik* (Zweite Auflage, 1913)에서도 하향 이중모음의 전사 방식에서 모음 뒤에 위첨자 i가 첨부된 vʲ이 사용되어 있는데, 그 발음 내용은 대체로 Vʸ(뒤따르는 활음 y의 약한 소리)에 해당된다.

따라서 河野六郎(1945)에서 수집된 1940년대 지역 방언형 [koʲgʲ]는(어말의 [-gʲ]의 경우는 여기서 일단 제외한다면) 대체로 [koʸgi]의 단계를 전사한 것이 분명하다. 이러한 발음은 '고기'의 움라우트 실현형이 하향 이중모음으로 실현된 [koygi]의 단계를 전제로 한 것이다. 이러한 현상은 움라우트 환경에서 피동화음이 하향 이중모음으로 동화된 음성학적 사실을 말한다. 또한, 河野六郎(1945)에는 형태소 경계에서 움라우트가 적용된 '흙+-이'의 방언형 [huʲigi]

(충남 : 태안)형이 수집되어 있다. 비록 단편적인 발음 내용이기는 하지만, 이러한 정보는 우리가 §2.3에서 부분적으로 예시한 Eckardt(1923)에서의 움라우트 실현형을 나타내는 môitchira^{i}ki(메추라기, p.57), kirŏ^{i}ki(기러기, p.109), no^{i}mi(놈-이, p.26), tju^{i}ki-(죽이-, p.43) 등과 같은 예들에서 전사 표기 v^i 부류들이 일종의 하향 이중모음을 정밀하게 기록한 것으로 확인된다.

1980년대에서도, 일부 지역방언에서 수행되고 있는 움라우트 과정을 거친 피동화음이 먼저 하향 이중모음과, 나중에 그에 해당되는 전설 단모음화 과정을 시간적 순서대로 밟아왔을 가능성은 경북 동해안 방언을 고찰한 최명옥(1980)에서도 제시된 바 있다. 동해안 방언을 구사하는 토박이 노년층 화자들이 '학교'와 '주끼-' 등에 대하여 '하익교/꼬~핵교', '주익끼-~지끼-' 등으로 사용하고 있다고 한다. 최명옥(1980 : 183, 각주 18)은 이러한 현상은 다음과 같은 움라우트의 2가지 발달 과정을 그대로 반영하는 것으로 파악하였다. (1) 먼저 후설모음에 'ㅣ'가 삽입되는 과정; (2) 나중에 '후설모음+-ㅣ'가 축약되는 과정.[17]

20세기 초엽 Eckardt(1923)에서 관찰된 V→V^{i}와 같은 움라우트의 실현 예들은 1980년대 중반 한국정신문화원에서 기획한 『한국방언자료집』(충남과 충북 편)에 실릴 방언 자료를 수집하기 위해서 충남지역 현지에서 자료를 채집하고 있던 곽충구 교수(당시 충북대)가 형태소 경계에서 수행된 움라우트 실현형을 음성 전사한 V^{y}과 어느 정도 일치를 보인다. 아래의 자료는 1985년 여름에 글쓴이가 19세기 후기 전라방언 자료에서 일부의 피동화 모음이 V→Vy와 같이 이중모음으로 실현되었을 것이라는 가정을 세우고, 그 당시에 현

---

17) 전북 완주방언의 움라우트 현상의 공시적 측면과 그 역사적 전개 과정을 고찰한 한영균(1980)에서도 전설모음이 형성된 이후에 움라우트 현상이 가능하다는 기존의 설명에 대하여 off-glide 형성을 통하여 움라우트가 일어날 수 있다는 사실을 지적하였다. 한영균 교수는 그 논문에서 완주방언에서 '범(虎)+-이→[pətmi]'와 '중(僧)+-이→[cuyŋi]와 같이 출현하는 공시적 예와, 19세기 후기 전중에서 간행된 84장본 완판본 고소설 『열여춘향슈절가』에 등장하는 몇몇 예들을 중심으로 "역사적으로 움라우트 현상이 i→iy, u→uy→ü, ə→əy→e와 같은 과정을 밟아 왔을 가능성"을 제시하였다(한영균 1980 : 229-230).

지 방언조사를 하고 있는 곽충구 교수에게 자문을 의뢰하였을 적에 보내준 것이다. 이 자료는 최전승(1986 : 162)에서 각주의 형식으로 출처를 밝히고 이용한 바 있다. 이 글에서는 간단하게 충남의 연기군와 보령군에서 수집된 피동화음 Vʸ의 실현 예를 중심으로 추려서 일부 제시한다. 이 자료에 반영된 음성 전사는 모두 곽충구 교수가 한 것이다. 움라우트를 거친 피동화음 Vʸ에서 위첨자 y는 하향 이중모음의 부음을 이루는 활음이 약하게 청취되는 반면에, Vy에서 y는 명확한 발음이기 때문에 이중모음으로 간주된다고 곽충구 교수가 글쓴이에게 설명해 주었다(1985.6.30, 개인 편지).

> (10) 1) **충남 보령군** :
>   1. kiʸm-i(금+이), 2. hiʸm-i(흠+이), 3. səʸm-i(섬+이), 4. kuʸg-i(국+이),
>   5. poʸg-i(福+이), 6. koŋkoʸmi(곰곰히), 7. əʸphinda(업힌다),
>   8. soʸginda(속인다), 9. p'oʸphinda(뽑힌다), 10. poʸk'inda(들볶인다),
>   11. noʸpʰyəra(높혀라), 12. oʸgi-(오기 싫다), 13. soʸk'i(속기 쉽다),
>   14. kuyŋgi-(굶기도 했다).
>   2) **충남 연기군** :
>   1. hiʸm-i(흠+이), 2. t'əʸg-i(떡+이), 3. Soʸg-i(속+이),
>   4. komkoʸm-i(곰곰히), 5. poʸkida(볶이다), 6. oʸgi-(오기 싫다).

1980년대 충남방언의 움라우트 현상을 기술한 도수희(1981)에서 그 지역방언의 이러한 역행동화 작용들이 보이는 여러 특질들이 자세하게 규명되었지만, 피동화 모음들이 오로지 전설 단모음으로만 실현되고 있는 것으로 파악되었다. 단지 도수희(1981)는 충남 연기군과 보령군이 포함된 A지역에서 방언 화자들이 oy(외), hoy(회), soy(쇠), oykacip(외갓집), kuyhata(귀하다), kuysin(귀신) 등의 단어에서 여전히 이중모음을 유지하고 있으면서도 오히려 전설 단모음으로 나오는 움라우트 현상을 적극적으로 수용하고 있는 사실이 특히 주목된다고 첨부하였다.[18]

---

18) 곽충구(1982)는 충남지역의 일부 방언(牙山)을 중심으로 하향 이중모음들의 공시적 분포와

하향 이중모음의 전설 단모음화가 모두 완료된 오늘날의 다른 지역방언에
서도 움라우트를 거친 여러 유형의 피동화 모음이 곽충구 교수가 수집하여
전사한 위의 충남방언의 경우에서와 유사한 하향 이중모음으로 실현되는 상
황을 찾을 수 있다. 고동호(1995)에서 기술된 제주도 방언 움라우트 현상이 보
이는 다양한 예들 가운데 피동화음들이 전설모음화한 경우 이외에, 하향 이
중모음으로 실현되어 "후설모음+j", 또는 "전설모음+j"로 전사된 유형들이 출
현한다.

고동호(1995)의 관찰과 음성전사를 그대로 이용하여 제주도 방언에서 일어
나는 움라우트 현상에서 피동화 모음이 하향 이중모음화되어 나타나는 유형
들을 글쓴이가 일부 추려서 다시 정리해 보면 아래와 같다. 특히 피동화 모
음 '오'와 '우'의 경우에는 제주도 방언에서 하향이중모음 [oj]와 [uj] 이외에
각각 [we]와 [wi]로 실현되는 사례가 흔하다.19) 이러한 경우는 이중모음 '외'
와 '위'가 공시적으로 이 지역방언에서 수행하는 모음체계에서의 변화의 진
행 방향과 관련되어 있을 것이지만(최전승 1987을 참조), 여기서는 논의의 대상
을 벗어난 문제이기 때문에 더 이상 언급하지 않는다.

(11) 1) **피동화 모음 '아'** :
　　　ʧʌŋaimi(정내미), sajk'i(새끼), harajbi(하래비), tajŋgi(댕기),
　　　ajk'-(애끼다), tajbi(때비←따비, 犁), tajŋgi(댕기), sɛjgi-(새기다, 刻),
　　　tosɛjgi(도새기, '작은 돼지'),

그 단모음화 과정을 기술하였다. 또한, 곽충구(1983)에서 상향 이중모음의 체계를 주로 유지
하고 있는 노년층의 발화에서 주격조사 '-이'에서 일어나는 움라우트 현상의 실현에 하향
이중모음이 등장한다는 사실이 관찰되었다.
19) 小倉進平(1944 : 163)에서도 '고기'에 움라우트를 수용한 피동화음이 제주도를 포함한 일부 지
역에서 아래와 같이 이중모음으로 전사되어 있다.

　　[koi-gi] : 충남(서천), [kui-gi] : 경북(고령).
　　[kwɛ-gi] : 제주도(제주, 대정), 경북--의성,
　　[kwe-gi] : 제주도(성산, 서귀포), 전남(목포, 나주); 경북(청송), 충북(충주), 함북(명천).

2) 피동화 모음 'ᄋ' :
kulgʌjginaŋ(글게기낭←굴거기낭, 굴게낭), sʌjmiʌk(세미역, '진드기의 애벌레'), tʌjɲi(뎅이←덩이),

3) 피동화모음 '어' :
hʌʤejbi(허제비←허자비),

4) 피동화모음 '으' :
kɯjɲi(긩이←긍이, '게'(蟹), nɯjk'naŋ(늬끼낭←느끼낭, '느티나무)',

5) 피동화 모음 '오' :
ʧ'ojk'i(죄끼←조끼), malmorojgi(말모뢰기←말모로기, '벙어리'), tʰojk'i(퇴끼), cf. kweŋi(굉이←공이, '못'), ʧwepʰinaŋ(죄피낭←조피낭, '조피나무'),

6) 피동화 모음 '우' :
nunthujɲi(눈팅이←눈퉁이), kujmujgi(굴뮈기←굴무기, '느티나무'), ipʧudujɲi(입주뒹이←입주둥이), ujgi-(위기다←우기다), koɲʤujɲi(공쥉이←공중이, '귀뜨라미').

이러한 a→aj, ɔ→ɔj 및 o→oj, u→uj와 같은 유형의 이중모음화에 대해서 고동호 교수는 공시적 움라우트 현상이 보이는 음성학적 성격을 보유하고 있는 것으로 해석하였다(글쓴이와의 사적인 논의에서, 2017.3.5). 제주도 방언에서 등장하고 있는 이와 같은 움라우트 피동화 모음의 음성학적 신분은 곽충구 교수가 1980년대 중반에 충남방언에서 채록한 그것들과 원칙상 동일한 기제를 거쳐서 나온 것으로 보인다.

그러나 제주도 방언에서 수행된 움라우트 현상에 대한 종래의 다른 연구자들의 연구에서는 역행동화에 의한 피동화음의 이중모음화 과정이 분명하게 드러나지 않았다. 1980년대 초반에 이루어진 김광웅(1982)에서 움라우트 현상이 통상적으로 전설화 과정([+back]→[-back])에 있음을 전제로 하였지만, 피동화 모음 '오'의 경우에 '토끼→퇴끼, 조끼→쮀끼, 고기→궤기, 본보기→본뻬기, 옮기다→웽기다'와 같은 예들이 포함되어 있었다. 그러나 움라우트에 의한 o→we의 산출 과정에 대한 구체적인 언급은 김광웅(1982)에서 제시된 바 없었다. 제주도 방언의 모음체계와 그와 관련된 음운현상을 고찰한 정승철(1988 : 65)에서도 움라우트의 피동화음 '오'와 '우'가 각각 이중모음 [we] 와 [wi]로 전사되어 있으나, 이러한 결과는 전설계열의 단모음화 중심의 움 라우트 규칙을 수용한 이후의 단계에서 이차적으로 형성된 것으로 추정되었 다. 예) k'akt'wigi(깎두기), s'aŋdwiŋi(쌍둥이); tʰwek'i(토끼), kwegi(고기), weŋkita (옮기다), c'wekkita(쫓기다), cf. totp'eki(돋보기). 그리하여 정승철(1988 : 66)은 제 주도 방언에서 이중모음 [we]와 [wi]는 선행 단계에서 움라우트의 피동화음 '오'와 '우'에서 도출된 전설 단모음 [ö]와 [ü]로부터 각각 ö>we, ü>wi의 통시 적 변화를 거쳐 나온 것으로 해석하였다.[20]

3. 움라우트의 출력인 이중모음화에 대한 문제점과 회의

국어 음운사에서 일어난 여러 음운변화의 원인과 그 과정을 집중적으로 검토한 신승용(2003ㄱ : 120-122)은 적어도 하향 이중모음 '애'와 '에'가 이중모 음의 신분을 유지하고 있었던 역사적 어느 단계에서 일어난 오늘날의 관점 에서 움라우트 현상의 피동화음들이 전설 단모음이 아니고 하향 이중모음으 로 실현되었다는 가정(이 글에서 §2를 참조)에 대해서 동화의 보편적인 원리에 근거한 음성학적 타당성과 자연성의 관점에서 심각한 의문과 반론을 제기하 였다. 신승용(2003ㄱ, 2003ㄴ)에서의 이와 같은 반론을 5가지로 요약해서 글쓴 이가 인용하면 대체로 다음과 같다.

(12) ㄱ. **동화의 음성학적 타당성의 결여** : 하향 이중모음의 단모음화가 완성되기

---

20) 제주도 방언의 역사적 모음체계의 발달 과정에서 전설 단모음 /ö/와 /ü/가 과거에 음소 단위 로서 존재한 적이 없을 가능성에 대해서는 움라우트와 이중모음화의 가설을 적용한 최전 승(1987 : 39, 각주 35)의 논의를 참조

이전 중세 또는 근대국어의 단계에 등장하는 소위 움라우트 현상의 예들('이'모음역행 동화, 또는 1차적 움라우트)에서 피동화음이 하향 이중모음(a, ə→ay, əy/___i/y)로 바뀌는 현상은 자연스러운 음운론적 과정으로 보기 어렵다.

움라우트가 원칙적으로 동화 현상이라면, 동화의 결과가 후설의 단모음으로부터 하향 이중모음으로 도출된다는 것은 음성학적으로 타당성이 없기 때문이다. 또한, 이러한 과정은 무표성을 지향하는 동화의 본질을 벗어난 것이다.

ㄴ. **설득력의 결여** : 생성음운론에서 동화는 자질 변화(feature changing), 자질 기하론(feature geometry)에서는 자질 확산(spreading)으로 취급한다. 자질 변화이든, 자질 확산이든 간에, 동화의 결과로 'ø→X'와 같은 삽입이 일어난다는 것은 비경제적이고, 논리적으로 납득하기 어렵다.[21]

ㄷ. **논증성의 부족** : 동화의 음운론은 조음의 경제적 원리에 의해 조음을 더 편하게 하려는 작용이다. 그렇다면, 동화의 실현이 후설 단모음에서 이중모음으로 이루어진다고 가정하면, 과연 이 피동화음을 보유한 어형이 움라우트 규칙 적용 이전에 단모음을 거진 어형에 비해 조음의 측면에서 더 경제적이고 간편해야 된다는 음성학적 내용이 논증되어야 한다.

ㄹ. **전설성 자질 획득의 실패** : 움라우트 현상의 본질은 결국 전설성 동화에 있다. 이와 같은 관점에서, 후속하는 전설성의 /i, y/에 의해서 후설의 /a, ə/가 /ay, əy/로 동화되었다고 하면, 여기서 도출된 /ay, əy/가 전설성을 획득했다고 보기 어렵다.

따라서 소위 1차적 움라우트 규칙은 역행동화로서의 움라우트 현상을 올바르게 해석하지 못한 것이다.

ㅁ. **하향 이중모음의 구조에서의 문제** : 하향 이중모음이란 음절의 주음은 후설이며, 뒤따르는 /y/는 음절 부음을 말한다. 주음의 조음 위치가 기본적으로 후설이라는 점에서 궁극적으로 부음인 /y/가 후설에서의 1차 조음인 주음을 전설화시킨 것은 아니다. 그렇기 때문에, 김주필(1994)과 김정태(1996)에서처럼 중세와 근대국어에 출현하는 1차 움라우트 현상을 "/y/ 첨가"로 볼 경우에는 그 첨가의 동인을 밝혀야 한다.

---

21) 중세와 근대국어 자료에 등장하는 '버히-(斬)>베히-, 오히려(猶)>외히려' 부류들을 단순한 구개성 반모음 첨가로 해석하는 김주필(1994 : 122, 각주 3)도 역시 y의 첨가는 동화의 범주에 들 수 없는 것으로 간주한다.

따라서 1차 움라우트 현상(또는, '이'모음 역행동화)은 지금까지 언급된
동화의 제 조건을 충족하지 못한다는 점에서 그 타당성을 얻기 어렵다.

위에서 요약된 신승용(2003)의 결정적인 비판 논증 가운데, 피동화음인 후
설모음이 전설성의 동화주 i/y에 의해서 <후설모음+-y>와 같이 y가 뒤따르
는 하향 이중모음으로 전환되는 과정에서 첨가된 활음 y가 후설모음인 핵모
음에 전설성을 첨가했는가, 혹은 아닌가에 대해서는 좀 더 검토가 필요한 부
분이다. 활음 y의 속성은 전설계열의 모음과 동일한 전설성을 지니고 있기
때문이다(최전승 1978/1995 : 162).

움라우트의 음운사적 해석에서 한영균(1991 : 64)은 움라우트 현상의 발달
과정에서의 두 단계를 인정한다. 제1단계는 음성적 변이로서 활음 y의 삽입
에 의한 하향 이중모음화 과정이고, 제2단계는 음운론적 교체로서의 전설 모
음화로서의 과정이 그것이다. 그러나 한영균 교수는 이러한 분석이 동일한
기제에 의한 같은 동화의 결과를 각기 다른 내용으로 해석하게 되어서 수용
하기 어렵다고 본다. 따라서 한영균(1991 : 64)은 활음 y의 삽입에 의한 움라우
트이건, 전설모음화로 실현되는 움라우트이건 간에 동일한 음운 현상에 대한
서로 상이한 실현의 결과라고 파악한다.[22]

이와 같이 신승용(2003ㄱ, 2003ㄴ)이 제시한 논점과 회의는 우리가 §§2.2-2.4
에 걸쳐 요약하여 조감하였던 19세기 후기와 20세기 초반, 그리고 현대국어
의 지역방언에서 관찰되는 움라우트의 실현형 하향 이중모음에도 그대로 적

---

22) 한영균(1991 : 65)은 예를 들어 '외'가 이중모음인 [oy]인 시기에도 '이' 모음 역행동화는 가능
하지만, 이러한 음운론적 과정은 전설화가 강조되는 움라우트라 할 수 없다고 지적한다. 그
이유는 움라우트라는 용어는 기본적으로 전설모음화이며, 따라서 "하향 이중모음화"를 전설
성이 부여된 움라우트라고 지칭할 수 없기 때문이라는 것이다.
그 반면에, 최근 정수희(2012 : 180)는 제1차 움라우트('이'모음 역행동화)나 전설성이 강조된
제2차 움라우트는 다 같이 후행하는 동화주 i/y에 의해서 선행하는 후설모음이 동화주의 성
격을 닮아 전설성을 보유한 모음으로 변화하는 과정으로 파악한다. 따라서 모음체계상 통
시적으로 두 가지 양상으로 실현되었으며, 전설성의 획득을 거쳐 후설모음이 전설화에 접
근하였다는 관점에서 두 가지의 음운현상은 본질은 동일한 것이라고 주장한다.

용될 수 있다. 특히, 소신애(2015 : 199)는 20세기 초반 서울방언에서 움라우트
를 거친 피동화음이 [v̂]로 전사된 Eckardt(1923)에 대한 해석을 시도한 최전
승(2015)의 발표에 대한 지정토론의 자리에서 아래와 같은 질문을 제기했다.
이러한 질의 내용은 원칙상 신승용(2003)에서의 논점과 동일한 점이 있다.

> (13) 일반적으로 '동화'(assimilation)는 '대치'(sustitution)의 방식으로 이루어지
> 는 것으로 알려져 있다. 그러나 이 논문에서처럼 '이' 역행동화가 Vorschlag
> (앞꾸밈음 : 전성 성분)을 통해서 실현된다고 하면, '첨가'(insertion)를 통해
> 서도 '동화'가 일어날 수 있다고 보는 것으로 해석된다. 토론자도 이러한 입
> 장에 동의하는 바이다.
> (그렇다면) 근본적으로 '동화'의 개념을 어떻게 정의하는 것인지, 발표자의
> 의견을 듣고 싶다.

또한, 위에서 언급된 신승용(2003)과 소신애(2015)와는 독자적으로, 근대국어
의 모음체계와 움라우트 현상과의 상관성을 추구하는 논의에서 장향실(2000)
도 동일한 역행동화에 의한 출력이 이중모음화(1차 움라우트/'이'모음 역행동화)
와, 전설 단모음화(2차 움라우트)로 움라우트 규칙이 시기적으로 분리되어 나
오는 모순적인 사실에 대하여 3가지 문제점을 정리하여 제시하였다 첫째는
움라우트 규칙의 내용과 연관된 언어 보편성의 결여의 문제이다. 이러한 문
제와 관련하여 장향실(2000 : 62-64)은 이른바 움라우트의 원조에 속하는 고대
고지 독일어에서 출발하는 움라우트의 전설화 방향 ([+back]→[-back])을 제시
하였다.[23] 둘째는, 역시 움라우트 현상이 동화 현상이라는 사실이다. 따라서

---

23) 고대고지 독일어와 고대영어를 포함한 게르만어에서 수행된 소위 i-umlaut의 출력이 단순히
전설화(fronting)만 아니라, 저설 모음을 중설의 혀의 높이로 들어 올리는 상승화(raising) 현
상과, 일부 방언에서는 이중모음화(diphthongization)로도 출현한다는 사실은 Vennemann
(1972 : 882, fn. 41), Freeman(1973 : 538); Marsh(2012 : 10) 등에 기술되어 있다. 따라서 "움
라우트=전설화"와 같은 단순한 등식을 움라우트 현상의 보편적인 변화 방향으로 생각할 수
없다.
북부와 서부 게르만의 통시적인 움라우트에서 간헐적으로 출현하였던 상승화나 이중모음화
의 원리는 동화주 i/y가 지닌 전설성과 혀의 높이의 자질 [+high, -low]에서 유래되었을 보

동화가 가지고 있는 보편적인 논리에 의해서 후속하는 모음의 전설성이 선행하는 모음의 후설성에 자질 확산을 거친 것이지, 그 대신 y의 첨가가 된다는 것은 모순이다. 그렇기 때문에, 예를 들어 중세와 근대국어의 단계에서 수행된 보기 가운데, '버히다(斬)>베히다' 부류는 역행동화가 아닌 다른 관점에서 설명되어야 할 것으로 본다. 셋째의 문제는 움라우트가 조음상의 노력을 절감하려는 보편적인 경제 원칙에 입각한다면, 그 결과가 비경제적인 "단모음→이중모음화"로의 복잡한 방향으로 향하였다고 볼 수 없다는 것이다.

그리하여 장향실(2000 : 66-67)은 그 대안으로, 1차와 2차 움라우트 규칙을 하나로 통합하고, 전설계열의 단모음이 확립되지 않았던 중세와 근대국어 단계에서 산발적으로 등장하는 움라우트 현상(음성규칙)의 출력을 각각의 '아, 어' 후설모음의 음성적 변이음 [ɛ, e]로 설정하는 것이 타당하다는 판단을 한다. 이렇게 설정하면, 후기 근대국어의 모음체계에서 전설계열의 단모음이 확립된 후에 a→ɛ와 ə→e로 실현되는 움라우트 현상은 진정한 음운규칙으로 설정된다는 것이다.24)

이와 같은 맥락에서, 다음 §4에서 글쓴이는 지금까지 신승용(2003)과 장향실(2000)에서 움라우트 현상과 이중모음화와 관련하여 상세하게 제기한 몇 가지의 질의와 문제점들과, 움라우트에서의 기본적인 동화의 본질에 대한 설명을 요구한 소신애(2015)에 대해서 조음 음운론(articulatory phonology)의 이론적 틀에서 동화로서의 움라우트 현상의 음성학적 내용을 중심으로 부분적인 답안을 찾으려고 한다.

편성을 띤 범언어적 가능성은 이 글의 §4.1에서 언급될 것이다.

24) 이와 같은 관점은 이병근(1982)와 신승용(1997)에서도 제기된 바 있다. 이병근(1982)의 해석은 이 글의 각주 (3)을 참조.
신승용(1997)은 움라우트의 피동화음의 유형(이중모음화 : 전설 단모음화)에 따른 2가지 규칙 유형을 동일한 원리에 의한 결과로 취급하려고 하였다. 그리하여, 신승용(1997)은 중세와 근대국어에서 등장하고 있는 '오히려(猶)>외히려, 버히-(斬) -, 목욕(沐浴)>뫼욕' 등의 부류는 음성적 층위에서 움라우트 규칙이 적용된 결과로서, 여기서의 출력인 '-애'와 '-에'의 음가는 당연하게 전설계열의 [ɛ]와 [e]일 것으로 파악하였다.

4. 예측 동화로서 움라우트의 과정의 음성학적 본질

4.1 후설모음에서 동화주 전설 고모음 i/y으로 상승화(raising) : V → Vy

말소리의 조음 과정에서 일어나는 변화와 변이 현상에 대해서 존래의 절대성/범주성(categorical : 예를 들면, 이중모음인가, 아니면 단모음인가)만을 집착하는 논리에서, 발음에서의 물리적 정도성(gradience : 예를 들면, 전설성의 정도가 어느 단계인가)을 강조하는 근자의 조음 음운론에서 분석의 기본 단위는 분절음이나 음운자질이 아니라, 조음체의 동작이다(Browman & Goldstein 1986, 1992). 따라서 음운 기술이 이루어지는 단위는 조음 동작(gesture)에 있다. 음성 변화는 대부분 구강 내에서 수행되는 조음적인 원리에 바탕을 두고 있으며, 능동적인 조음체들의 이동이 시간상 연속적으로 일어나는 과정에서 발생한다는 전제를 한다(Browman & Goldstein 1989).

이와 같은 관점에서 보면, 동화 현상은 어떤 말소리가 인접해 있는 다른 말소리(조음 장소나, 조음 방식이 서로 다른)에 닮아가는 음성 변화이며, 동시에 동화는 조음 동작이 연속되어 일어나는 과정에서 발생하는 발음 경제적인 조정에 속한다(Bybee 2012). 그렇기 때문에, 동화 현상에서는 조음 기관 내에서 조음체들이 이동해 가는 물리적 동작과, 여기에 배당된 시간 차원이 우선적인 관찰의 대상이 된다. 그 이유는 연속되어 있는 말소리들의 배열을 발음해 내는 조음체들의 동작들이 시간적으로 서로 중첩되어지는 결과가 나오기 때문이다. 그렇다면, 역행동화는 말소리들의 연속을 산출해 내기 위해서 관여하는 조음 동작들의 연속에 시간상의 조정이 개입되었기 때문에 일어나는 것이다. 다시 말하면, 통상적인 역행 동화에서 일정한 조음 동작이 뒤에 오는 조음 동작을 미리 예측하여 준비하여야 한다. 그러자면 앞선 말소리를 산출하기 위한 조음 동작이 완전하게 완료되기 이전에, 시간적으로 미리 후속 말소리의 조음 동작을 위한 방향/장소로 출발시키게 된다. 그 결과, 선행하는 조음 동작의 후반부의 일부와 후속하는 말소리를 산출하기 위한 조음 동작 이 부분적으로 중첩되어 버리게 된다. 역행 동화를 통상적으로 예측 동화라 고 부르는 이유가 그러한 시간적 재조정에 있다(Bybee 2015; Garerett & Johnson 2013).

글쓴이는 이와 같은 조음 음운론의 접근 방식으로 국어에 통시적 또는 공 시적으로 일어난 역행 동화로서의 움라우트 현상의 원리를 파악하려고 한다. 그리하여, 움라우트 현상은 앞선 후설모음과 뒤따르는 전설 고모음 i나 y를 연속적으로 산출해 내기 위한 혀끝 조음체의 조음 동작이 시간적으로 서로 중첩된 결과로 본다. 앞선 후설모음을 산출하는 조음 동작이 끝나기 이전에 후속하는 전설 고모음 위치로 일찍 출발하여 후설모음과 전설 고모음의 조 음 동작이 중첩되어 버리는 상황에서 움라우트 현상이 발생하게 된 것이다. 다시 말하면, 단어 내부에서나 형태소 경계에서 수행된 움라우트 현상의 기 본적인 음성학적 원리는 경구개 위치의 전설 고모음을 산출해 내는 혀의 동 작이 순차적으로 배열된 분절음들의 순서보다 보다 더 일찍 일어나도록 시 간적으로 재조정된 예측 동화에 있다. 그 결과, 움라우트의 피동화음들인 후 설모음과 동화주인 전설 고모음 i/y가 음성적으로 부분적인 중첩이 이루어져 서 앞선 피동화 모음에는 다음과 같은 발음상의 수정이 일어나게 된다.

(14) **움라우트 현상의 음성적 내용** : <후설모음+ i나 y로 이동하여 가는 조음 동작 =전설성 활음>.

이와 같은 발음상의 수정은 표면상으로는 y의 첨가 또는 삽입이지만(소강 춘 1991; 김주필 1994; 김정태 1996), 후설모음 '아, 어, 오, 우' 등에서 전설의 i/y의 위치로 조음 동작의 이동 과정에서 활음 y가 부가된 음성적 사실을 말한 다.[25] 피동화 모음에 일어난 모음 전설화 [+back]→[-back]의 단일한 과정

---

25) 이병근(1971 : 478-479)은 현대국어의 모음을 Martin(1951)이 분석한 5개의 음운론적 성분(I,

만을 강조하는 종래의 관찰에서는 움라우트의 동화주 i/y가 [-back] 뿐만 아
니라, 아울러 또 하나의 중요한 매개변인에 속하는 혀의 높이 [+high, -low]
의 자질을 소홀히 취급한 느낌을 준다. 그러나 구강 내에서 일어나는 조음
동작의 이동에 초점을 둔 조음 음운론의 입장에서는 움라우트의 실현에 동
화주 i/y의 전성성의 자질 못지않게 혀의 높이 매개변인을 역행동화 실현의
1차적 요인으로 간주한다.26) 물론, 중세와 근대국어 단계의 모음체계에서 전
설계열의 단모음은 움라우트의 동화주로서 고모음 '이'가 유일한 존재였다.
그러나 19세기 중기 이후에 여러 지역 방언에서 전설계열로 확립된 '애, 에'
또는 그보다 나중에 '외' 등이 [-back]의 자질을 획득했음에도 불구하고, 움
라우트의 동화주 역할에 참여하지 못하는 이유는 역시 혀의 높이 [+high,
-low]가 우선적인 자질임을 나타낸다.27) 따라서 동화주 i/y가 구강 내에서
점하는 최고의 혀의 높이가(일종의 figure의 역할) 움라우트라는 역행동화의 실
현에서 [-back]의 자질(ground 역할)보다 더 중요한 동인으로 작용한 것이다.

그 결과, 움라우트의 피동화음들이 이러한 역행동화를 밟게 되는 시간적
차이와 공간적 확산의 정도는 모든 후설모음들에게 일정하게 적용되지 않았
다. 여기에 후설인 피동화주들에게 작용하는 요인은 동화주 i/y에 대한 상대

A, Ǝ 및 W, Y)을 기준으로 전북 운봉지역의 움라우트 현상을 파악하는 방안도 제시한 바 있
다. 이러한 방안에 따르면, 움라우트는 후설모음이 Y계의 동화주로 하여금 전설 모음화하는
현상이기 때문에 후설모음에 전설화 성분인 Y가 보태지는 아래와 같은 일종의 첨가규칙
(addition rule)이 된다는 것이다.

1) i>i→I>IY, 2) ə> ə>e→ƎY, 3) A>ɛ→AY, 4) o>ö→WƎ>WƎY, 5) u>ü→WI>WIY.
  (cf. I→high tongue position, Y→front tongue position, W→lip rounding position,
   Ǝ→mid tongue position, A→low tongue position. Martin 1951 : 521)

26) 소강춘(1991 : 159)은 충남 서천방언의 움라우트 현상의 통시성과 공시성을 기술하면서, 체계
   내적인 관점에서 움라우트의 출발은 동화주 i/y의 [+high, -low] 자질이 이 역행동화를 출발
   하게 하는 1차적 자질로 기능을 하여 저설 모음에서부터 a→ay, ə→əy, o→oy, u→uy,
   i→iy와 같은 변화가 먼저 수행되었을 것으로 판단하였다.

27) 그 반면에, 생산적으로 등장하는 충청방언에서의 움라우트 현상을 그 확대의 측면에서 고찰
   한 도수희(1981), 김영태(2002) 및 성희제(2000)에서는 동화주의 영역이 전설 고모음 i/y에서
   여타의 전설모음으로 확대되었을 가능성을 제기하였다.

적 혀의 높이와, 조음 공간 내에서의 물리적 거리에 있다. 바꿔 말하자면, 움라우트 피동화음의 시간적 참여 속도와 순서에 대한 잠재성은 모음체계에서의 혀의 높이와 거리에 밀접한 상관관계를 맺고 있다. 이러한 관점에서 움라우트의 피동화음인 후설의 '아'의 행위가 먼저 주목된다.

통시적으로나 공시적인 움라우트 현상에서 시간적으로 제일 먼저, 그리고 공간적으로 제일 광범위하게 적용되어 분포된 적극적인 피동화 모음은 후설 저모음인 '아'이다(한영균 1980; 오종갑 1999; 김형수 2003). 피동화음 '아'는 동화주 i/y에서 가장 낮은 혀의 위치 [-high, -low]의 속성을 가지고 있는 동시에, 동화주로부터 상대적으로 가장 원거리에 위치한다. 움라우트 현상은 원칙상 발음의 경제에서 출발한 역행동화 작용이지만, 본질은 형태소 내부와 형태소 경계에서의 모음조화로 실현되는 음운론적 조정에 있다(Marsh 2012). 전설의 고모음인 동화주 i/y의 조음 위치에서 보면, 선행하는 모음이 후설이면서 동시에 가장 낮은 혀의 위치에 있는 '아'의 연속이 발음의 경제성에 근거한 모음조화를 이루기 위한 최우선 순위의 대상일 것이다. 종래에도 이미 이와 같은 관점에서 움라우트의 피동화음 가운데 가장 혀의 위치가 가장 낮은 저모음인 '아'가 예의 역행동화를 시간적으로 가장 일찍 수용했을 것으로 주목받아 왔다(이숭녕 1954; 곽충구 1982; 김동언 1985; 소강춘 1991). 최근에, 이하얀(2014 : 44)은 움라우트 현상의 실현상의 강도에 비추어, 동화에서 동화주의 목적은 피동화음을 동화주와 닮도록 하는 데 있기 때문에, 동화주와 가장 정반대의 자질을 지니는 피동화음 '아'가 받는 동화의 힘이 가장 강력했을 것으로 상정하였다.

이러한 전제 위에서, [-high, +low]의 속성을 지닌 피동화음 '아'부터 동화주 i/y에 의해서 역행동화되어 전설이면서 [+high, -low]인 동화주와 닮아가기 위해서 수행되는 조음 동작의 연속적인 이동 상황을 먼저 살펴보기로 한다. 조음 음운론에서 역행동화를 기술한 바와 같이, 후설이면서 동시에 저설 위치의 선행음 '아'를 조음하면서 동시에 연이어 뒤따르는 i/y를 예상하고 시간적으로 미리 혀끝 조음체를 동화주 i/y의 방향을 향해서 낮은 혀의 높이로부터 높은 혀의 높이([+low, high]→[low, +high])로 들어 올리는 조음 동작의 이동 과정은 [a→i]로 나타낼 수 있다. 전설 고모음 i/y를 향한 조음 동작의 이동 과정에서 피동화주 a에 활음 y가 부가되는 결과를 보이는 것이다. 이른바 제1차 움라우트의 과정에서 형태소 내부와 그 경계에서 선행하는 조음 동작의 일부와 후속하는 조음 동작이 부분적으로 중첩된 것이다.

피동화음 a에서 동화주 i를 향해서 굴러가는 소리는 전형적인 과도음 y가 뒤따르는 하향 이중모음을 형성하게 된다. 위의 (14)에서 글쓴이가 언급했던 내용이 바로 이러한 음성학적 과정을 가리킨다. 이러한 a→i>ay의 과정에서 조음 동작이 이동하는 통로를 그림으로 나타내면 <제1도>와 같다.

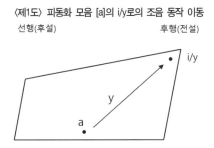

〈제1도〉 피동화 모음 [a]의 i/y로의 조음 동작 이동
선행(후설)   후행(전설)

근본적으로 모음조화를 이루기 위한 이와 같은 역행동화로서 움라우트의 최초의 입력 대상이 동화주로부터 구강 내에서 가장 낮은 혀의 위치에 배정되어 있는 '아'에서부터 견인되어 출발하였기 때문에, '아'의 움라우트 현상은 가장 깊은 시간심층을 보유하고 있으며, 동시에 언어변화의 파장의 원리에 따라서 가장 광범위한 공간적 분포를 반영하게 된 것이다.[28] 움라우트 적용

---

28) 1930년대 서울말에 확산되어 온 움라우트 현상의 예들에서도 피동화음 '아'에 주로 이 작용이 적용되어 있었다. 그리하여 당시의 『사정한 표준말 모음』(1936 : 1112)에서 아래와 같은 움라우트 실현형들이 표준어로 수용되었던 것이다.

(ㄱ) 깍대기(殼皮), 꼭대기(頂上), 가난뱅이, 갈매기, 내리다(降下), 노래기(사향각시), 때꼽재

대상의 순서가 동화주로부터의 단순한 원거리에 있는 것이고, 후설모음이 지닌 혀의 높이에 주로 있다는 사실은 '아'의 움라우트 실현 예들과 그 출현 빈도와 공간적 확산의 정도에 비추어 순차적으로 뒤를 잇는 '어>오>우'의 움라우트 확대 과정에서 확인된다.29)

음운사의 관점에서 움라우트 현상에 적용되기 시작하는 시간적 순서와, 여기에 따르는 어휘적 확산의 강도와 공간적 확대가 움라우트의 동화주와 피동화음 사이에 개재된 상대적 혀의 높이와, 조음기관인 구강 내에서의 상대적 거리와 상관관계를 맺고 있다는 사실은 일찍이 이숭녕(1954)에서 주목받은 바 있다. 이숭녕(1954 : 240-244)은 1950년대 서울말을 기준으로 하여, 움라우트 현상에서 보이는 이러한 상관관계를 아래와 같이 제시하였다.

(15) ㄱ. '아-이'型, '어-이'型에 우물라우트 현상이 강렬히 작용하고, '오-이'型에는 그 예도 적은 듯이 여겨지나, '아-이, 어-이' 型들보다 비교적 약한 듯 느껴지며, '우-이'형에 이르러서는 거의 우물라우트 작용이 없는 듯

기, 때리다(打), 달팽이, 다래끼, 대님, 댕기, 댕기다(引火), 도깨비, 새끼, 새기다(刻), 재미(滋味), 채비(差備), 올챙이, 옹배기, 포대기, 괭이(楸).

위의 (ㄱ) 부류는 개별 단어들의 유형에 따라서 일부는 서울말의 중류 계층의 화자가 품위와 위신을 갖고 구사하는 격식어에까지 움라우트의 실현이 확대되어 있었다는 사실을 나타낸다. 이와 대조적으로 역시 피동화음 '아'를 보유하고 있지만, 비표준어로 취급된 아래의 (ㄴ)의 움라우트 실현형들은 이러한 동화작용의 수용이 일상어에서는 일반화되었지만, 그 당시에 격식어에까지 아직 확대되지 못하였다는 사실을 보이는 것이다.

(ㄴ) 가랑이, 가자미, 곰팡이, 고장이, 난장이, 나바기, 단추, 다리(橋, 脚), 달이다(煎), 다리미, 당기다(引), 멋장이, 모가비(인부 두목), 미장이, 쓰르라미, 삭히다, 삭이다(消和), 잠방이, 지팡이, 지푸라기, 차리다(準備), 아끼다, 아기, 아비.

29) 현대국어 지역방언에 분포되어 있는 움라우트 현상의 어휘적 확산 정도를 계량화해서 측정한 연구로 오종갑(1999)과 Kim Hyung-Soo(2003)가 있다. 이들 연구에서 고찰의 대상이 된 방언 자료는 『한국방언자료집』(한국정신문화원, 1987-1995) 9권이었으며, 주격조사 '-이'에 의한 전설화의 실현 비율을 검토한 것이었다. 따라서 조사의 방법론과 절차에 있어서 많은 문제점이 수반될 수밖에 없지만, 그 대강은 어느 정도 유효하다고 생각한다. 이 가운데, Kim Hyung-Soo(2003 : 144-147)는 움라우트를 선호하는 피동화음들의 우선순위(preferential order of umlaut)를 다음과 같은 백분율로 요약하였다.
'아'(37.0%)>'어'(29.0%)>'오'(28.5%)>'우'(23.3%).

보이며 더구나 '으-이'型은 그 예도 발견하기 어려운 만큼 완전히 권외의 것이다.(p.240)[30]

ㄴ. 우물라우트 현상이 가능한 모음은 '이'음에서 가장 먼 거리의 모음, 즉 '아, 어, 오'음 같은 영역의 모음이어야 된다(p.244).

ㄷ. '이'음에서 가장 먼 위치의 모음일수록 이 작용이 강력하게 작용한다. 제일 먼 음은 '아, 어, 오'음이고 '우'음은 훨씬 가까운 것이며, '으'음은 다시 말할 여지없이 가깝다.(p.244).

피동화 모음 '아'의 움라우트 과정 다음으로, 역사적으로 상대적 출현 순서와, 이에 따르는 공간적 확산의 강도와 상관관계를 맺고 있는 여타의 후설모음인 '어, 오, 우, 으'들이 구강 내에서 각각의 위치에서 전설 고모음 i/y로 상승하는 음성학적 과정은 역시 ② ə→əy, ③ o→oy, ④ u→uy, ⑤ ɨ→ɨy와 같은 순서를 보였을 것이다.[31]

그와 같은 일련의 혀끝 조음 동작이 연대적 순서에 따라서 상승화하는 통로를 <제2도>로 표시하면 아래와 같다.

---

30) '우'와 '으'의 움라우트가 가능하다는 최현배(1946/1961)의 반론에 대하여, 이숭녕(1954 : 240)은 다음과 같은 2가지 사실을 근거로 이러한 유형의 체계적인 움라우트 실현을 부정한다.

(1) 언중에게 의식이 명확한 명사를 가지고 논란하여 주기 바란다.

(2) 간혹 용언의 활용에서와, 비속어에서 그 비슷한 특례를 느낄 적도 있지만, 체계적 고찰에서는 '우'음이 '이'음을 기점으로 한 우물라우트는 원칙적으로 불가능하다(서울말에서는 더욱 그렇다.)(p.240).

31) 서형국(전북대) 교수는 이 글의 초고를 논의하는 자리에서, 모음사각도(구강 내부)를 중심으로 하였을 때, 동화주 i/y로부터 떨어져 있는 혀의 높이와 위치에 따른 움라우트 실현의 강도와 관련하여 'ㅗ-ㅣ'의 음성배열이 'ㅓ-ㅣ'의 그것보다 거리가 더 멀다는 지적을 하였다. 따라서 이 글의 논리에 따르자면, 피동화주 '오'가 '어'보다 역행동화가 시간적으로나 출현빈도 상으로 우선해야 된다는 것이었다.

국어의 모음체계에서 후설 비원순 중모음 음소 /ə/는 그 음성 환경에 따른 구체적인 실현에서 2개의 변이음을 가지고 있다. 하나는 장모음일 경우에 중앙(central)의 [ə :] 실현되지만, 비어두음절의 단모음인 경우에는 통상적으로 후설의 [ʌ]로 실현된다. I.P.A(1996년 판)에서 규정한 [ʌ]의 혀의 높이와 위치는 기본모음 6번에 해당되는 것으로 후설의 [o]보다 더 낮은, [ɒ]에 접근한다(이호영 1996 : 113).

〈제2도〉 혀의 높이에 따른 피동화음들의 i/y로의 조음 동작 이동

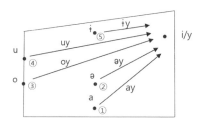

4.2 제1차 움라우트(음성적 움라우트의 출력) V→Vy의 통시적 및 공시적 위상

우리가 §4.1에서 상술한 바와 같이, 움라우트 현상을 구강 내에서 조음체의 조음 동작이 시간상으로 중첩된 과정으로 파악한다면, 여기서 도출된 역행동화로서의 움라우트의 출력이 V→Vy으로 실현되는 것은 음성학적으로 자연스럽고, 동시에 역행동화로서의 모든 정의에 그대로 부합된다.

먼저 §3에서 제시된 소신애(2015)의 질의, 즉 "근본적으로 동화의 개념을 어떻게 정의하는 것인지, 발표자(2015)의 의견을 듣고 싶다."에 대해서 글쓴이는 가장 평범한 답을 내리고 싶다. 동화는 발음의 경제 원리에 따라서 인접 말소리의 조음 장소나 조음 방법으로 닮아가는 음운론적 조정이다(김경아 1996).[32] 여기서 나온 출력은 동화주인 전설 고모음 i/y의 높은 혀의 위치를 시간적으로 미리 조음하기 위해서 선행하는 피화음의 낮은 혀의 위치에서 후행하는 i/y의 방향으로 활강하여 상승하면서, 그 결과 하강 이중모음 Vy으

---

32) 김경아(1996)는 보편적으로 출현하는 자연성의 개념을 이용하여 주로 자음동화에서 일어나는 과정에 대한 음성학적 원리를 규명하려고 하였다.
또한, "소리의 닮음"(곱의 동화, Assimilatiem)에 대한 고전적 정의는 일찍이 최현배(1929)에서 다음과 같이 제시된 바 있다.

§78. 소리의 닮음이라 하는 것은 소리와 소리가 서로 이어 날 적에, 한 소리가 다른 소리를 닮아서 그 본래의 바탕을 버리고 그 다른 소리와 한가지로 또는 가깝게 나는 것을 이름이니…(p.93)

로 실현되는 것이다. 이것은 움라우트의 조건에서 피동화음이 일차적으로 동화주의 속성 [+high, -low]의 방향으로 상승하여 닮아가는 과정이다. 그러한 움라우트 출력의 실현이 피동화음 후설모음에 활음 y가 부가되어 표면적으로 상승 이중모음을 형성하게 된 것이다.

이와 같은 논리로 본다면, 통상적으로 전설화만 강조된 통시적 또는 공시적 움라우트의 규칙에서 [+back]→[-back]과 같은 단순한 입력과 출력에 대한 기술은 그 자체 부자연스러운, 일종의 재구조화된(또는, 부분적으로 형태론화한) 음운규칙으로 볼 수밖에 없다. 이 글의 §3에서 제시한 바 있는 신승용(2003)과 장향실(2000)의 몇 가지 질의 가운데, 통상적인 움라우트 규칙([+back]→[-back])은 보편적이고, 동시에 자연스러운 음운규칙임을 기본 전제로 하였다. 그러나 피동화 모음이 혀의 높이는 무시되어 그대로 유지된 채, 동일한 혀의 높이의 전설화만이 강조되어 전설 고모음 i/y의 방향으로 이동해 가는 역행동화의 과정이 자연스러운 움라우트 규칙이라는 음성학적 증거는 찾을 수 없다. 또한, 이 연구자들은 움라우트 현상의 전형을 보여주는 고대고지 독일어나, 고대영어의 역사적 사례에서 보이는 전설화 중심의 움라우트 규칙이 지닌 보편성을 강조한다. 그러나 움라우트의 기제 자체는 역행동화라는 보편적인 발음의 경제 원칙에 근거한 것이지만, 그 실현의 결과는 각각의 해당 언어들이 보유하고 있는 고유한 음운체계에 따르는 것이 일반적이다.

앞선 §3에서 신승용(2003)과 장향실(2000)은 무표성을 지향하는 동화의 본질을 지적하며, 동화의 결과가 하향 이중모음 V→Vy로 도출된다는 것은 음성학적으로 타당성이 없다고 주장하였다. 동시에, 자질 확산 또는 자질 변화의 관점에서 동화 현상에서 수행된 "피동화+ y 삽입"과 같은 출력은 비경제적이고 조음상의 편리에서 크게 벗어난다고 보았다. 그러나 움라우트 현상에서 출력으로 나오는 Vy는 우리가 이 글의 §4.1에서 제시한 바와 같이, 피동화 후설모음에 1차적으로 혀의 높이, 2차적으로 혀의 전성설의 자질 확산이면서 자질 변화의 범주에 속하는 것이며, 경제적인 원리에 근거한 조음상의 편리를 반영하는 동화의 결과이다.

지금까지 §4.1에서 언급된 1차적 움라우트/음성적 움라우트의 원리는 이미 앞선 연구자들에 의해서 일찍이 1930년대부터 음성학적 측면에서 규명된 바 있다. 정인승(1937)은 1930년대 맞춤법의 확립과 더불어, 그 당시 심각한 문제를 야기하였던 서울말의 움라우트 현상을 취급하는 "그 원리와 처리 방법"을 통해서, 그 역행동화가 지닌 음성학적 기제를 다음과 같이 관찰하여 언급하였다.

> (16) ㅣ는 所謂 혀 높은 앞홀소리(前母音)로서 "ㅏ, ㅓ, ㅗ, ㅜ, ㅡ" 들이 모두 혀 낮은 뒷홀소리 혹은 中間 홀소리임에 反하여 "ㅣ"만이 顯著하게 달라, 혀몸이 높으면서 앞을 얕게 열어 나는 소리이기 때문에, 우리가 말을 할 때 "ㅓ ㅏ ㅗ ㅜ ㅡ" 等 혀 낮은 소리를 發한 뒤에 連하여 이 "ㅣ" 소리를 내고자 할 때에는 혀몸이 갑작이 먼 距離인 입천장 가까운 자리로 옮겨가기 爲하여 웃 音節 홀소리의 끝을 다 거두기 전에 혀가 벌서 "ㅣ" 소리를 낼 자리로 옮겨갈 姿勢를 먼저 취함으로 因하여 自然히 웃 音節 홀소리의 끝이 혹은 強하게 혹은 弱하게 "ㅣ" 소리로 化해지는 것이요,…
>
> (정인승 1937 : 2-3, 원문 그대로 인용).

글쓴이는 이러한 정인승(1937)의 설명은 20세기 초반 서울말에 생산적으로 작용하고 있었던 움라우트 현상을 있는 그대로 정밀하게 기술한 것으로 판단한다.[33] 우리가 앞선 §4.1에서 조음 음운론의 관점에서 이러한 역행동화 과정을 조음 동작의 움직임으로 파악한 $V \rightarrow Vy$의 당위성과 바로 일치한다.

---

33) 그러나 역사적 움라우트 현상을 동화현상과는 무관한 단순히 구개성 반모음 y의 첨가라고 파악하는 김주필(1994 : 121-122)은 정인승(1937 : 2-3)의 설명을 표기에 이끌린 설명으로 간주한다. 그 근거는, 정인승(1937)에서 제시된 '으'의 움라우트 실현형 '다듬이→다듸미, 드리다→듸리다, 시골뜨기→시골띄기' 등의 예들에서 표기 '의'는 '이'로 실현되는 음이기 때문이라는 것이다. 이동석(2002 : 215-216)도 김주필(1994)에서 제시된 이와 같은 정인승(1937)의 (16)에 대한 부정적인 언급과 보조를 같이 하고 있다.
이 글의 §2.3에서 Eckardt(1932)에서 전사된 '으'의 움라우트의 실현형(8-5)들의 보기와, 19세기 후기 전라방언 자료에서 추출된 다양한 '으'의 움라우트 실현형(최전승 1986 : 153-154)들을 참조하기 바란다.

따라서 이 글의 §4.1 부분은 정인승(1937)의 음성학적 설명 방식을 그대로 길게 부연해서 해설한 것에 불과한 셈이다. 또한, 위의 (16)의 기술은 우리가 §2.3에서 정리해 놓은 1920년대 Eckardt(1923)에서의 움라우트 출력에 대한 정밀한 음성전사 V^i와 일치하는 대응을 보인다.

이러한 음성적 움라우트 현상과 관련하여, 허웅(1981 : 358, 각주 33)이 예전에 한글을 배우는 사람들이 소위 반절표를 낭송할 적에 연속 발음에서 일어나는 '가갸, 거겨, 고교, 구규' → [가이갸, 거이겨, 고이교, 구이규]와 같은 통상적인 습관음을 "스며들기"(intervertion par pènètration) 현상의 일종으로 제시한 사실이 주목된다. 이러한 현상이 일어나는 이유에 대해서 허웅(1981)은 '가갸'에서 혀는 모음 '아'를 내고 바로 연속되는 '야'의 전설음 [j]의 위치로 옮아가게 되는데, /아/에서 뒤에 오는 전설음 /j/로 옮아오는 과도음, 이것이 곧 [아이]의 발음으로 나온 것으로 파악한다. 이와 연관되어 있는, 유사한 현상은 이숭녕(1954 : 307)에서도 관찰된 바 있다. 이숭녕(1954)은 중세국어에 등장하는 움라우트 현상 '가야미>기야미, 바얌>비얌' 부류가 역행동화를 수용하여 각각 ʌ>ʌy, a>ay 같은 변화를 수행하는 과정을 설명하면서, 현대어에서 한글 반절표 '아야, 어여, 오야, 우야, 이야 등의 암송에서 후속하는 상승 이중모음 y로 말미암아 [아ⁱ야, 어ⁱ여, 오ⁱ요]와 같이 선행 모음과 후행 모음 사이(히아투스)에 [y]음을 삽입시키는 효과가 있음을 제시하였다.

지금까지 제시된 제1차 움라우트에 의한 음성적 과정 $V \rightarrow Vy$에 대한 논증을 바탕으로 하면, 우리가 §2.1에서 개략적으로 조감하였던 '모욕>뫼욕' 또는 '지아비>지애비' 등과 같은 부류에서 관찰되는 '이'모음 역행동화 또는 1차적 움라우트의 예들은 피동화 모음에서 o → oy, a → ay와 같은 하향 이중모음을 반영하는 것이다. 이러한 예들은 일찍이 이숭녕(1954 : 310)에서 지적된 바와 같이, "李朝 전반에 존재하였던 일종의 음운변이의 한 경향으로 광의의 모음동화작용이며, 그리고 우물라우트 현상의 초기의 예들"에 속한다.

'애, 에, 외' 등이 하향 이중모음의 신분을 모음체계에서 유지하고 있었던 단계에 출현하였던 움라우트 현상의 초기 단계의 예들을 일종의 역행동화 현상의 범주로 인정은 하면서도, 움라우트 현상은 곧 전설화를 전제로 하는 일부 연구에서 그 출력을 오늘날의 경우에서와 같은 전설계열의 단모음으로 파악하려는 경향이 지속되어 왔다(이병근 1982; 김주원 1984; 신승용 1997 : 48; 장향실 2000 : 68-69).34) 그러나 중세나 근대국어에서 수행된 1차적 움라우트의 출력이 보이는 '애'와 '에' 등의 음가는 글자 그대로 당시에 하향 이중모음이었을 것이다. 이러한 판단을 하는 근거는 이 글의 §2에서 취급한 19세기 후기 전라방언에서의 공시적 중간단계(전설계열 모음 : 하향 이중모음), 그리고 20세기 초반 Eckardt(1923)가 관찰한 서울말(§2.3), 오늘날의 일부 충남과 제주방언에서 등장하고 있는 사례들(§2.4)에서 움라우트의 출력이 여전히 하향 이중모음이라는 사실에 있다.

　중세와 근대국어의 단계에서 전설계열은 모음체계에서 확립되어 있지 않았으며, 20세기 초기부터 국어의 지역방언에서는 적어도 '애, 에, 외' 등은 전설 단모음으로 확립되어 있었다는 사실을 전제하면, 역사적 움라우트의 초기의 예들과 20세기 국어의 지역방언 일부에서 움라우트의 출력으로 도출되어 나온 일련의 하향 이중모음의 신분은 어떠한 위상으로 존재하는 것일까. 이러한 의문과 관련하여 한영균(1991 : 64)은 음운사적으로 움라우트 현상이 동일한 기제에 의해서 동일한 현상의 결과를 음운체계에 따라서 상이하게 실현한 것으로 파악한다. 그리하여, 한영균(1991 : 각주 19)은 현대국어로 한정한다면, 일부 방언에서 움라우트의 음성적 실현을 통해서 생성되는 하향 이중

---

34) 예를 들면, 하향 이중모의 단모음화와 움라우트와의 상관성을 추구하면서 신승용(1997 : 48)은 중세와 근대국어 자료에서 발견되는 '아→애, 어→에' 등과 같은 움라우트 현상은 음성 층위에서 일어난 것으로 간주한다. 그리하여 역행동화에 의해서 도출되는 '애'와 '에'의 음가는 당연히 전설계열의 단모음 [ɛ]와 [e]라고 해석하였다.
　그러나 신승용 교수는 이러한 단모음 [ɛ]와 [e]는 아직까지 모음체계 내에 존재하지 않기 때문에, 당시의 언중들의 의속 속에는 그와 가장 가깝게 여겨지는 하향 이중모음 [ay]와 [əy]로 인식했을 것으로 추정하였다. 다시 말하자면, 역행동화에 의해서 도출된 현실 발음은 전설 단모음 [ɛ]와 [e]이지만, 화자들의 인식은 하향 이중모음으로 하는 이중적 상황이었다는 것이다.

모음을 해당 전설모음의 음성 환경에 따른 변이음으로 간주하였다. 음성적 차원의 1차적 움라우트 작용을 거쳐서 출력으로 나오는 하향 이중모음들이 전설계열의 단모음 체계를 형성하고 있는 오늘날의 일부 지역방언에서 음성 환경에 의한 후설모음의 변이음을 형성하고 있다면, 이러한 논리가 중세와 근대국의 단계의 초기 움라우트의 예들에서도 역시 동일하게 적용되어져야 한다.

5. 결론과 논의 : 하향 이중모음의 전설 단모음화와 움라우트 규칙의 형태론화

5.1 움라우트의 동화주 i/y의 자질 [+high, −low]와 개재자음 제약의 상관성

현대국어의 중부방언에서나 남부와 북부를 포함한 지역방언의 움라우트 현상에 대한 지금까지의 다양한 고찰에서 이러한 역행동화 작용을 허용하는 개재자음의 유형과, 그것을 거부하거나 어휘에 따라서 억제하는 기능을 발휘하는 개재자음의 유형이 1910년대의 고찰에서부터 꾸준하게 주목된 바 있다 (田島泰秀 1918; 이숭녕 1935; 정인승 1937; 김완진 1971; 이병근 1971). 그리하여 대체로 개재자음이 양순음 및 연구개음 계열에 속하는 자음일 경우에는 동화의 적극적인 역할을, 그 반면에, 치조와 경구개음 계열에 속하는 개재자음일 경우에는 상대적으로 억제적인 역할을 담당하고 있다고 알려져 왔다. 움라우트를 저지하고 있는 개재자음들의 음운론적 속성은 연구자의 관점에 따라서 때로는 [+continuant], 또는 [−grave], 아니면 [+coronal], 혹은 [αhigh, αback] (최명옥 1989), 변자음(peripheral consonant) 등으로 기술되었다(소신애 2016 : 240-241을 참조). 여기서의 문제는 피동화음이 전설계열로 도출되는 형태론화된 현대국어에서의 움라우트 현상을 중심으로 이러한 개재자음의 자질이 배정되었다는 사실이다. 그렇기 때문에, 이러한 속성을 지닌 개재자음들이 어떠한 음성학적 근거로 동화주 i/y가 발휘하는 역행동화의 수행을 상대적으로 저지하고 있는가에 대한 성찰이 적절하게 이루어지지 못한 느낌이 있다.

전설의 동화주 i/y가 지닌 속성인 혀의 최고의 정점 [+high, −low]와 개재자음 'ㄴ, ㄷ, ㅅ, ㄹ, ㅈ, ㅊ' 부류의 조음적인 속성인 설정성[+coronal]과의 유사성에 따른 제약은 일찍이 이숭녕(1935 : 108, 1954 : 311)와 정인승(1937)에서 관찰된 바 있다.

(17-1) 표준어에서 '갈비, 가리(肋骨), 가지(茄子), 머리(頭)'와 같이 모음간에 'ㄹ, ㅈ, ㅅ' 등을 개재시키면 그 치음의 분절 단위가 [i] 또는 [j]와 거진 비슷하고 그 기능이 또한 근사하므로 '이'에 앞질러 우믈라우트 현상을 저지시킨 것으로...(이숭녕 1935/1954).

(17-2) 이러한 닿소리들은 直接 혀의 作用으로 發하는 닿소리로서, 그 혀의 자리가 모두 홀소리 "ㅣ"의 發音자리와 比較的 가깝기 때문에 웃 音節 홀소리로부터 아래 音節 "ㅣ"로 옮기는 途中에 그 가까운 자리에서 일어나는 이러한 닿소리가 먼저 나버리므로, 아래의 "ㅣ" 소리가 웃 홀소리에 影響될 겨를이 없어 그 同化 作用이 나타나지 않는 것이니...(정인승 1937 : 4).

고전적인 생성 음운론의 변별자질 분류표(Chomsky & Halle, 1968 : 307; Halle 1962)에서 전설 고모음과 경구개 및 경구개-치조 자음 부류들에 공히 [+high, −low]이 배정된 논리도 이런 사정을 말하여 주고 있다 애초의 음성적 또는 1차적 움라우트의 동인이 동화주 i/y의 전설성보다는 혀의 높이 고설성에 있었기 때문에 V→Vy 또는 Vʸ와 같은 출력이 가능하였다는 사실은 이미 언급한 바 있다. 그러나 이러한 동화주의 혀의 높이가 움라우트의 실현을 저지하는 요인으로도 작용하게 된다는 사실이 드러난다. 1차적 움라우트의 동화주와 혀의 높이에 관한 한 유사한 [+high, −low]의 자질을 보유한 개재자음이 동화주와 피동화음 사이에 개입되면 동화주가 발휘하는 역행동화의 기능이 앞선 자음에 막혀서 제거되어 버리기 때문이다.[35]

따라서 제1차 움라우트를 허용하는 제1 순위는 개재자음이 개입되지 않은 환경이라고 할 수 있다. 중세국어에 공존하는 '가야미(蟻, 훈몽자회, 상.12ㄴ)∽개야미(석보상절, 6.36ㄴ) 부류는 제1차 움라우트를 수용한 '가야미>개야미'의 역행동화 과정을 반영하였을 가능성이 높다. 앞선 후설 저모음의 '아-'가 뒤따르는 전설 고모음 y의 역행동화를 개자음의 관여 없이 직접 수용하여 [i]로 혀끝이 이동하여 '애-'[ay]로 형성되었다. 그 다음의 적용 순위는 개재자음 가운데 양순음 계열의 경우에 해당한다. 이러한 환경에서 직접 관여하는 조음동작이 위아래의 입술이므로 혀의 높이와는 무관하기 때문에 후속 음절의 동화주는 선행하는 후설 저모음계열의 분절음을 Vy의 방향으로 끌어올릴 수가 있다. 또 다른 개재자음인 연구개음 계열에서는 설근이 연구개로 접근하지만, 좁은 구강 내부 후반부에서 중립 위치보다 혀의 위치가 낮을 수밖에 없다. 그리하여 피동화 모음은 개재자음의 존재에도 불구하고 후속하는 혀의 고설성의 직접 영향권 내에 들어가게 되는 것이다. 예를 들면 '고기(魚/肉) → 괴기'의 1차적 움라우트에서 후설의 피동화음 '오'는 본래의 조음 동작을 완료하기 이전에 후속하는 동화주 i/y를 예측하여 혀끝을 동화주의 방향으로 끌어 올려 하강 이중모음([o→oy])을 형성한 연후에 개재자음 [g]의 조음으로 이어지는 것이다.

그 반면에, 1차적 움라우트에 의한 출력인 피동화 모음이 Vy에서 각각의 전설계열의 모음으로 단모음화를 거친 형태론화된 2차적 움라우트의 규칙

---

35) 그러나 국어에서 작용하는 이와 같은 개재자음의 기능은 보편적인 것은 아니다. 개재자음 'ㄷ, ㅅ, ㅈ, ㅊ' 등을 가지고 있는 단어들에 적용된 움라우트의 예들을 1930년대『한글』(조선어학회)잡지에 투고된 북부방언에서 일부 인용하면 다음과 같다(최전승 1994 : 228).

　1. 웬성(穩城, 북간도. 한글 6권 1호), 2. 쇠신다(쑤시-, 함남 함흥. 한글 6권 7호), 박달꼬쟬르 쒸시무(함북 청진. 한글 9권 3호), 니쒸시개(평남 개천.한글 7권 4호),
　3. 맨지다(만지-,평북 선천. 한글 4권 4호), 4. 쇠식(消息, 함남 함흥. 한글 6-7; 평남 개천. 한글 7-4), 5. 새치(奢侈, 함남 정평(2) 한글 5권 2호; 함북 청진(7) 한글 9권 9호),
　6. 동내치(동냥치, 평북 용천. 한글 6권 5호), 7. 꾀집다(꼬집-, 함남 정평(1). 한글 5권 1호; 함북 나진. 한글 9권 3호), 께집다(평북 선천. 한글 4권 4호),
　8. 갠지랍다(간지럽-, 평북 선천. 한글 4권 4호).

환경에서는 전설화만이 강조된다. 따라서 이 규칙의 내용에서 자연스러운 역행동화를 허용하거나, 억제하는 개재자음의 기능적 주체인 [+high, −low]의 효력은 무의미하게 된다.[36] 지금까지 제시된 사실은 원래 움라우트에 관여하는 개재자음의 기능은 혀의 고설성이 중심이 된 V→Vy와 같은 1차적 움라우트에서 설정된 매개변인이었음을 의미한다. 1차적 움라우트로 나온 [Vy] 출력들이 하향 이중모음의 단모음화에 의해서 전설 단모음화를 거친 이후에, V→[−back]와 같이 규칙의 환경이 바뀌진 제2차 움라우트에서는 개재자음의 [+설정성] 또는 [+high, −low]는 화석화되어 버린 것이다. 이러한 사실은 2차 움라우트 규칙의 기술에서 설정성 개재자음이 전설성만이 드러난 동화주 i/y의 작용을 저지시키는 데 아무 기능을 발휘할 수 없음을 의미한다.

따라서 오늘날의 2차적 움라우트 규칙 [−back]/___C[−coronal]+i/y는 출력과 개재자음의 제약에서 자연스러운 음성학적 동력을 상실한, 부분적으로 형태론화된 규칙이다.

5.2 표기상의 출현과 1차적 움라우트 현상의 분포와의 괴리

지금까지 중세와 근대국어의 단계에서 간헐적으로 문헌 자료에 반영된 1차적 또는 음성적 차원에서 수행되어 왔던 움라우트 현상의 예에서 역행동화를 거쳐 나온 피동화음을 "후설모음+과도음 y", 즉 하향 이중모음으로 파

---

36) 현대국어의 공시적 관점에서 주로 중부방언에서 작용하는 2차적 움라우트의 개자자음의 운용에 대한 전면적인 재고찰을 시도한 소신애(2016)는 개재자음의 본질에 대해서 5가지 결론을 추출하였는데, 이 가운데 몇 가지를 요약해서 인용하면 다음과 같다.

(1) 'ㄷ, ㄹ, ㄴ, ㅈ, ㅊ'와 같은 중자음을 개재하고도 중부방언에서는 움라우트가 일어난다. 따라서 그 제약 조건은 상대적이다.

(2) 'ㅈ, ㅊ'가 개입된 '쇼쥬>쇠주(燒酒)', '단츄>댄추'의 예들에서 움라우트 규칙의 적용 층위는 기저 층위로 보는 것이 타당하다.

(3) 움라우트 규칙은 수의적 규칙이기에 해당 규칙을 지배하는 절대적 제약은 존재하지 않는다. 따라서 움라우트 현상의 개재자음의 제약은 위반 가능한 제약의 일종으로 한 가지의 상대적인 "경향"을 반영할 뿐이다.

악한다면, 그리고 이와 같은 음성규칙이 동화로서의 움라우트 규칙의 본질이
었다고 전제한다면, 다음과 같은 문제가 일어난다. 이렇게 도출된 피동화음
은 전설계열의 단모음들이 아직 확립되지 않았던 중세와 근대국어의 모음체
계에서 어떤 음운론적 위상을 차지하고 있었을 것인가.

17세기 국어의 초기 문헌『동국신속삼강행실도』(1617)에 등장하는 움라우
트 수용 형태들 가운데, 우선 '지아비(夫)∽지애비' 유형을 일종의 변이로 출
현하는 화용적 맥락과 함께 이러한 문제를 생각하여 보기로 한다.[37]

> (18) 김시는 안동 사롬이니...김시 나모활을 잡고 브르지져 아퍼 가 왼소느로 (1)
> 지아비롤 잡고 올혼 소느로 범을 텨..김시 ᄀ로디 네 이믜 내 (ㄱ)지애비롤
> 더위고 날조차 므로려 ᄒᄂ냐 범이 이예 나가다 (2)지아비 긔졀ᄒ여놀....
> 김시 어버 지븨 도라가니 새배 (3)지아비 도로 사다(동국신속, 삼강. 열녀,
> 5ㄴ, 金氏樸虎).

위의 「金氏樸虎」라는 서술 텍스트에서 움라우트의 비실현형 '지아비'는 3
회 출현하는 반면에, 움라우트 실현형 '지애비'는 단 1회 출현하는 분포를 보
인다.[38] 그러나 개신형 '지애비'가 출현하는 환경이 이 텍스트에서 주인공
"안동 김씨"의 직접 인용문 안이라는 사실이 다른 비실현형 '지아비'와 대립
을 보인다. 이러한 양자 간의 분포는 당시 화자의 입말과 격식적인 글말에
따른 개신형과 보수형들의 말의 스타일상의 출현 양상을 반영하는 것으로
생각한다.[39] 제1차 음성적 움라우트를 수용한 개신형인 '지애비'는 움라우트

---

37) 역사적 문헌 텍스트에 출현하는 표기상의 특징과 철자에 반영된 미세한 변이는 우연하거나,
기술적인 측면에서 파생되는 것이라기보다는 이것들은 화자들이 의식적으로, 세심하게 배
려한 의사소통의 행위라는 Tyrkkö(2015 : 131)의 표기의 사회언어학적 관점을 따른다.

38) 유경민(2013 : 46)은 17세기 초엽에는 피동화음이 전설 단모음화되어 나오는 통상적인 움라
우트 현상은 존재하지 않았다는 사실을 전제로 하여,『동국신속삼강행실도』에 반영된 '지애
비'(夫)의 예는 3회나 나오는 '지아비'형에 비하여 단 1회만 출현하기 때문에, 실제 당시의 방
언형으로 보지 않고, 단순한 오각으로 파악하는 것이 타당하다고 주장하였다.
그러나 문헌 자료에 나타나는 통상적인 오각의 본질에 비추어(유타일 2000 : 275), 자획의 탈
락과 생략은 가능하여도 刻手의 입장에서 'ㅏ → ㅐ'와 같은 수고스러운 첨가는 드문 일이다.

환경이라는 조건에서 피동화 모음은 a→ay의 변화를 거쳤을 것이다. 그렇다면, 움라우트로 도출된 피동화음 '애'[ay]는 그 당시의 음운론에서 움라우트 환경에서 발생하는 후설모음 /a/의 조건 변이음에 불과하였을 것으로 보인다. 발음의 경제적 노력으로 인한 역행동화의 작용으로 여기에 따른 새로운 음성적 변이음의 출현을 뜻하는 것이다.

그리하여 설령 17세기 국어의 어느 지역방언, 혹은 소위 중앙어에서 음성적 움라우트 현상이 입말에서 어느 정도 확산되어 있었다고 하더라도, 그 당시 표기법의 관점에서 역행동화를 밟은 변이음의 신분을 인지하여 문자화하여 '아→애'로 수고스럽게 표기하는 일은 흔하지 않았을 것으로 추정한다. 그러나 위의 텍스트에서 등장하는 '지아비→지애비'의 움라우트 실현을 반영한 표기는 당시의 긴박한 화용적 상황을 표출하기 위한 사실적 수단이었을 것이다. 따라서 실제로 역사적 어느 단계에서 움라우트 현상이 구어에서 어느 정도의 세력을 가지고 있었다 하더라고 이러한 개신형들을 구태여 표기로 반영하는 작업이 소홀하게 되었을 가능성을 생각할 수 있다. 그렇기 때문에, 중세와 근대국어의 단계에서 단지 격식적인 문헌 자료만을 이용해서 주로 입말에서의 발음 경제에 바탕을 둔 1차적 움라우트 현상의 확대를 심층적으로 접근하기가 어려운 것이다.

이와 같은 글쓴이의 논의를 중세와 근대국어 단계에서 수행된 움라우트의 다른 피동화음 '어, 오, 우' 등으로 확대한 다음, 이와 같은 변이음 "후설모음+활음/과도음 y"가 19세기와 20세기 초반에 걸쳐서 순차적으로 하향 이중모음의 단모음화 과정을 밟아서 음운화(phonologization)하는 2단계를 나타내면 대략 다음과 같다.[40]

---

39) 다급한 상황에 빠진 김씨 부인의 발화에 무의지적으로 출현하는 움라우트 실현형 '지애비' (夫)는 이 현장에서 최초로 개신형으로 쓰인 것은 아니다. 17세기 초엽의 근대국어에서의 어느 지역방언 또는 중앙어에서 이 움라우트 개신형은 글말 보수형과 배타적 분포를 형성하여, 당시 대중들의 입말에서 확산되어 있을 것으로 본다.

40) 곽충구(2010 : 156-157)는 함북 육진방언에서 단모음체계 성립과는 무관하게 움라우트가 실

(19) **움라우트 규칙 발달의 2단계와 피동화음 신분의 변화**

피동화음(변화가 없음) → 제1단계(조건 변이음) → 제2단계(전설 단모음화 : 형태론화)

a	>	[ay]	>	/ɛ/
ə	>	[əy]	>	/e/
o	>	[oy]	>	/we/~/ö/
u	>	[uy]	>	/wi/~/ü/

19세기와 20세기 초반에 이르러서 비로소 움라우트 현상이 격식어 중심의 문헌어에서 점진적으로 드러나게 되는 경향은 하향 이중모음의 전설계열의 단모음화에 근거한다. 1차적 움라우트에 의해서 조건 변이음의 신분을 누리고 있던 피동화음 [Vy]들이 단모음으로 합류되면서 움라우트 규칙의 내용은 출력에서 이전 단계에서의 변이음으로부터 개별적인 독립 음소로 음운화하는 큰 변모를 겪게 된다. 이에 따른 화자들의 움라우트 현상에 대한 인식이 비로소 잠재성/잉여성(의존적 변이음)에서 현실성/변별성(개별적인 독립 음소)으로 부상하게 되었기 때문에, 의식적인 층위에서 움라우트 실현형들이 표기에 쉽게 반영되었을 것이 분명하다.

이와 같은 과정에서 동화주 i/y의 자질 가운데 변별자질의 기능을 발휘하였던 [+high, -low]에 이끌린 역행동화 작용에 의한 1차적, 음성적 움라우트 규칙이 하향 이중모음의 단모음화와 더불어 그 음성적 동인을 상실하게 된다. 그 대신 변모된 2차 움라우트 규칙의 동화주 i/y에는 종래에 잉여적 자질이었던 전설성([-back])이 음성적 동인으로서 두드러지게 된 것이다. 그러나 동화주 i/y의 자질 내용으로 미루어, 전설계열이 확립된 현대국어의 모음체계에서 동일한 혀의 높이의 전설로 후설에서 수평적으로 이동시키는 2차 움

현되는 예들을 주목한 바 있다. 이 방언에서는 모음체계 내에 전설단모음 /ö/와 /ü/가 형성되어 있지 않다. 그러나 '죠끼>쬐끼' [čök'i], '죠리>쬐리'[čöri], '열콩-이(강남콩-이)>열쾽이' 등의 움라우트가 이루어지며 피동화주 모음은 전설단모음 [ö]로 실현된다. 따라서 이광명이 18세기에 한글로 기록한 18세기 함남 방언자료 <이쥬풍속통>에 등장하는 '싁기'(<삭기), '귀경'(<구경)의 움라우트 수용형의 피동화모음이 [sɐyk'i]와 [kuygən]의 이중모음일 수도 있지만, 단모음 [ɛ]와 [ü]로 실현되었을 가능성도 존재한다고 보았다.

라우트 규칙은 엄밀하게 말하자면, 그 주된 음성적 동인을 상실한, 소위 형태론화를 거친 음운규칙의 범주에 속하게 되었다고 생각한다.

5.3 1차와 2차 움라우트 규칙의 공시적 공존과 말의 스타일

지역방언의 자연스럽고 다양한 음운현상을 보여주는 19세기 후기 남부와 북부방언의 자료에서 움라우트 현상은 거의 모든 피동화 모음에 걸쳐 생산적으로 확산되어 있었다(최태영 1983; 최전승 1986; 백두현 1992; 최임식 1994). 이들 지역에서 관찰되는 움라우트 현상의 높은 출현 빈도가 바로 19세기 후기의 공시적 단계에 등장하였던 것은 아니다. 그 이전 단계의 대중들의 구어에서 음성적 제1차 움라우트 규칙이 주로 입말에 확대되어 있다가 이중모음의 단모음화를 계기로 표기에 그대로 반영되었을 뿐이다. 그러나 하향 이중모음의 단모음화는 모든 대상에 일률적으로 파급된 음운변화가 아니었기 때문에, 움라우트의 피동화음 역시 전설화의 시기가 시대적으로 상이하였다. 우리가 이 글의 §2.2에서 제시한, 19세기 후기 전라방언에서 움라우트의 중간단계 (7)은 바로 이러한 분열된 과정을 나타낸다. 이러한 상황은 공시적으로 피동화음의 역행동화 실현 유형에 따라서 음성적 조건을 가지고 있는 1차 움라우트 규칙과, 형태론화를 거친 2차 움라우트 규칙 간의 공시적 공존을 가리킨다. 그러나 이중모음의 단모음화가 완료되는 시기에서 음성적 층위의 1차 움라우트 규칙은 음성적 동인을 상실한 2차 움라우트의 규칙으로 합류된다.

그 반면, 하향 이중모음의 단모음화가 모든 피동화 모음에 걸쳐 부분적으로 완료된 20세기 초반의 서울말에서와, 현대국어의 제주도 방언을 비롯한 남부방언 일부의 노인층의 발화 가운데 특정한 말의 스타일에 따라서 음성적 층위의 1차 움라우트 규칙이 다시 표면으로 소생하여 작용할 수 있는 것으로 보인다. 그 근거는 1차적 움라우트가 여전히 음성학적 차원에서 기원적인 역행동화의 기능을 발휘하고 있기 때문이다. 그리하여 노인층 화자들이 구사하는 느리고 신중한 말의 스타일에서 움라우트를 실현시킬 적에 동화주 i/y의 일차적 음성동화를 받은 V → Vy∽V^{y}와 같은 출력이 등장하게 되었을 것이다. 이와 같은 움라우트의 출력 내용이 일찍이 20세기 초엽 서울말에서와, 현대국어 지역방언 일부(§2.4를 참조)에서 관찰된 것이다.

이러한 글쓴이의 추정과 관련하여 Eckardt(1923)가 제시한 움라우트 규칙(이 글의 §2.3에서 (8) 참조)을 다시 점검해 볼 필요가 있다. 그는 당시의 서울말 발화에서 역행동화로 선행하는 후설모음에 뒤따르는 전설 고모음 i/y의 속성이 미리 첨가되어 V^{i}로 바뀌게 되지만, 이 말소리는 Vi로 쉽게 전환되어 전설계열의 단모음으로 전환된다고 기술하였다. 이러한 2가지의 전사 방식이 텍스트 자체에 반영되어 있다. 예를 들면, kôiki(고기, p.128)∽ko^{i}ki(p.49, 131). Eckardt(1923)의 이러한 관찰은 움라우트 환경에서 선행하는 피동화 모음의 끝이 약하게 전설 고모음 i/y의 방향으로 옮겨가는 경우는 Vorschlag(꾸밈음 : V^i), 그 반면, 강하게 옮겨가는 경우는 모음체계에서 해당 전설모음으로 전환된 umlaut(변모음 : Vy)로 출현하는 현상으로 이해된다. 그렇다면, 1920년대 서울말을 구사하였던 동일한 화자들의 발화에서 "후설모음(V) → 하향 이중모음(V^i)", 혹은 "후설모음(V) → 전설 단모음(Vi)"의 두 단계의 변화가 상황과 말의 스타일에 따라서 수의적으로 실현되었다는 사실을 의미하는 것으로 보인다.[41] 이러한 움라우트의 두 단계 실현 방식이 오늘날의 제주도 방언에서와 남부방언의 일부 지역 화자들의 말의 스타일에 따라서 지속되었을 것으로 판단한다.

현대국어의 서울말 또는 중부방언 및 지역방언에 분포되어 있는 형태소 내부와 경계에서의 움라우트 현상에 대한 공시성과 통시성에 대한 검토에서 일정한 환경에서 움라우트의 통시성이 강조된 바 있다(김수곤 1978; 최명옥 1988; 박창원 1991). 적어도 어느 지역의 방언에서 형태소 내부에서 수행되는 움라우

---

[41] 글쓴이의 이러한 생각은 최전승(2105)에 대한 정경재 선생(2015.4.24일자 이-메일)의 논평에서 도움을 받아 나온 것이다. 이에 감사를 드린다.

트는 통시적 현상이라고 전제한다면, 그러한 통시성 또는 비생산성은 어느 단계에서부터 시작되었을까. 이러한 역동적인 현상의 영역과 분포를 문헌 자료에서 투명하게 관찰할 수 있는 19세기 후반의 남부와 북부지역의 자료에 국한시켜 생각하여 보면, 적어도 1차 움라우트 현상을 보일 때까지에는 그 규칙의 내용이 음성학적 층위에서 이루어지기 때문에 생산적이고, 동시에 공시적 음운현상이었을 것 같다. 그러나 움라우트 규칙이 생산적인 지역에서도 이 규칙은 출현 빈도가 높거나, 일상생활에 친숙한 어휘가 아니면 수의적 규칙으로 시종된 것이다.

그리하여 그 당시의 움라우트 규칙은 사회언어학적 변항(지역, 연령, 신분/계층, 말의 스타일, 상대방 화자에 대한 말씨 조정)의 지배를 받았을 것으로 추정된다. 따라서 움라우트 규칙은 통상적인 언어변화의 규칙 내용, 즉 A→A∽ B>(B)(Hopper & Traugott 2003)를 반영한다. 이러한 19세기 후기의 상황에서 하향 이중모음의 단모음화가 '애'와 '에'에서부터 점진적으로 다른 하향 이중모음으로 확산되어 가면서 1차 움라우트 규칙이 2차 움라우트 규칙으로 부분적인 형태론화를 거치면서 차례로 그리고 점진적으로 음운규칙으로서 공시적 성격을 상실해 간 것으로 보인다. 현대국어로의 과도기 단계인 19세기 후반에서 움라우트의 출력으로 나오는 피동화음의 변화(하향 이중모음화 : 전설화)에 따라서 이 역행동화 현상은 음성적 층위의 음운규칙과 형태론화된 비생산적인 음운규칙으로 공존했을 가능성이 있다. 그러한 이중적 상황은 이 글의 §2.2에서 19세기 후기 전라방언 자료에서 제시한 (7)ㄱ과 (7)ㄴ으로 나누어진 2가지 움라우트 규칙에서 관찰된다. 따라서 현대국어의 지역방언에서 움라우트의 비실현형과 실현형이 공시적으로 공존하며, 화자들은 의사전달의 상황과 필요에 따라서 보수형과 개신형을 선택하여 구사하는 것으로 이해한다.

이와 같은 상황에서, 20세기 초반의 서울말에서(이 글의 §2.3), 그리고 여전히 공시적으로 하향 이중모음 체계를 부분적으로 유지하고 있는 충남방언에서(이 글의 §2.4), 그리고 여전히 하향 이중모음 또는 그 변화 과정을 보이고 있는 오늘날의 제주도 방언(이 글에서 §2.4) 등에 등장하는 움라우트의 출력으로서 하향 이중모음의 존재는 다음과 같은 사실을 내포하고 있다.

  (1) 형태론화된 움라우트 규칙과 1차적 움라우트 규칙을 여전히 고수하고, 대화가 일어나는 상황에 따라서 교차적으로 사용하거나, (2) 하향 이중모음의 단모음화로의 변화가 아직 진행 중에 있거나, 또는 (3) 말의 스타일에 따라서(주로 신중한 말씨에서) 음성학적 층위의 본래의 움라우트 규칙을 실행하였을 가능성을 생각해 볼 수 있을 것이다.

참고논저

강희숙(2002), "『천변풍경』의 음운론", 『국어학』 제40집, 171-194, 국어학회.

고광모(2009), "vjv의 축약에 대하여-'바얌>뱀' 형과 '바양>뱀' 형의 두 갈래 변화", 『언어학』 제55호, 129-168, 대한언어학회.

고동호(1995), "제주방언의 움라우트 연구", 『언어학』 제17호, 2-24, 한국언어학회.

고영근1995), "중세어의 동사형태부에 나타나는 모음동화", 587-603. 『국어사와 차자표기』, 태학사.

곽충구(1982), "아산 지역어의 이중모음 변화와 이중모음화, -y계 이중모음과 ə>wə 변화를 중심으로-, 『방언』 6, 27-56, 한국정신문화연구원.

곽충구(1983), "충청·경기방언의 현지조사 과정과 반성", 『방언』 7, 81-104, 한국정신문화연구원.

곽충구(2010), "이광명의 <이쥬풍쇽통>(夷州風俗通)과 18세기 함남 甲山의 언어문화", 141-201, 『방언』 제12호, 한국방언학회.

김경아(1996), "위치동화에 대한 재검토", 『국어학』 27, 131-155, 국어학회.

김광웅(1982), "제주 남부어의 움라우트에 대한 조사연구", 『북천 심영택선생 화갑기념논총』, 71-93, 형설출판사.

김수곤(1978), "현대국어의 움라우트현상", 『국어학』 6호, 145-160, 국어학회.

김영신(1980), "<동국신속삼강행실도>의 국어학적 연구", 『부산여대논문집』 제9집, 1-58, 부산여자대학교.

김완진(1971), "국어 모음체계의 신고찰", 『국어음운체계의 연구』에 수록, 2-44, 일조각.

김정태(1996), 『국어 과도음 연구』, 박이정.

김정태(1997), "음운현상의 예외에 대한 해석-구개음화와 움라우트를 중심으로-", 『한밭한글』 2, 25-47, 충남 한글학회.

김정태(2002), "충남 천안방언의 움라우트에 대하여", 『우리말글』 25, 135-154, 우리말글학회.

김주필(1994), "17·18세기 국어의 구개음화와 관련된 음운현상에 대한 통시적 연구", 서울대학교 박사학위논문.

김형수(2003), "The Lexical and Phonological Diffusion of Umlaut in Korean Dialects", in *The Lexical Diffusion of Sound Change in Korean and Sino-Korean.* Monograph Series no. 20(pp.97-174), *Jounal of Chinese Linguistics.*

도수희(1981). "충남방언의 움라우트 현상", 『방언』 5, 1-20, 한국정신문화연구원.

박창원(1991), "음운규칙의 변화와 공시성-움라우트현상을 중심으로-", 『국어학의 새로운 인식과 전개』, 297-322, 민음사.

백두현(1992), 『영남 문헌어의 음운사 연구』, 태학사.

백두현(1994), "경상방언의 통시적 연구 성과와 그 전망", 『인문과학』, 189-222, 경북대학 교 인문과학연구소.

백두현(1997), "19세기 국어의 음운사적 고찰", 『한국문화』 제20집, 1-47, 서울대학교 한국 문화연구소.

성희제(2000), "충남방언 움라우트현상의 유형 연구", 『어문학』 제71집, 69-89, 한국어문학 회.

소강춘(1991), "움라우트 현상에 의한 충남 서천지역어의 공시성과 통시성", 『국어학』 21, 113-161, 국어학회.

소신애(2015), "<20세기 초엽 서울방언의 음운론과 움라우트 현상의 공시성<애 대한 토 론문", 『2015년 여름 국어사학회 전국학술대회 발표집』, p.199, 국어사학회.

소신애(2016), "움라우트 개재자음에 관한 재고찰", 『국어국문학』 제176호, 237-272. 국어 국문학회.

송 민(1974), "모음 「ᄋ」의 비음운화 시기", 『논문집』 5, 15-24, 성심여자대학교.

신성철(2010), "<동국신속삼강행실도>의 국어사적 고찰", 『어문학』 1071, 65-90, 한국어문 학회.

신승용(1997), "하향성 이중모음의 단모음화와 움라우트와의 상관성, 『서강어문』 제13집, 27-56, 서강대학교 국어국문학과.

신승용(2003ㄱ), 『음운변화의 원인과 과정』, 태학사.

신승용(2003ㄴ), "공시적 /o/, /u/ 움라우트의 성격과 'ㅚ'/oy/, 'ㅟ'/uy/의 변화", 『어문학』 제81집, 49-71, 한국어문학회.

신중진(2001), "국어 움라우트 연구사-동화주, 피동화주, 개재자음의 본질을 찾아서-", 『울 산어문논집』 제15집, 159-183, 울산대학교 국어국문학과.

안병희(1985/1992), "『別行錄節要諺解』에 대하여", 『구어사 자료연구』에 재수록, 문학과 지 성사.

오종갑(1999), "'이' 역행동화와 영남방언", 『국어국문학』 제125집, 93-118. 국어국문학회.

유경민(2013), "<동국신속삼강행실도>의 언해문의 방언 반사론에 대한 재검토", 『어문학』 121, 27-52, 한국어문학회.

유탁일(1990), 『한국문헌학연구』, 아세아문화사.

이기문(1972), 『국어사 개설』, 탑출판사.

이동석(2002), "국어 음운현상의 소실과 변화에 대한 연구", 고려대학교 대학원 박사학위 논문.

이병근(1971), "운봉지역어의 움라우트 현상", 『김형규박사 송수기념논총』, 471-487, 일조각.

이병근(1982), "연구의 방법과 이론", 『제25회 전국 국어국문학 연구발표대회 초록집』, 국어국문학회.

이병근(1991), "한상숙 노인의 서울말", 『밥해 먹으믄 바느질허랴, 바느질아니믄 빨래허랴』(뿌리깊은 나무 민중자서전 18. 서울 토박이 부인 한상숙의 한평생), 15-18. 뿌리깊은나무사.

이숭녕(1935/2011), "Umlaut 현상을 통하여 본 모음 'ᄋ'의 音價攷", 『신흥』 제8호; 『심악 이숭녕전집』 1(2011), 23-45에 재수록, 한국학술정보

이숭녕(1940), "『ᄋ』音攷", 1-106, 『진단학보』 12호, 진단학회.

이숭녕(1947/1954), 『조선어 음운론 연구, 제1집 'ㆍ' 음고, 을유문화사.

이숭녕(1959), "'ㆍ'음가 재론", 『학술원논문집』 제1집, 41-154, 대한민국학술원.

이숭녕(1978), "『동국신속삼강행실도』의 음운사적 고찰", 『학술원논문집』 17, 37-76, 대한민국 학술원

이하얀(2014), "국어 음운규칙 변화 연구", 서강대학교 대학원 석사학위논문,

장향실(2000), "근대국어 모음에 관한 연구", 고려대학교 대학원 박사학위논문.

정수희(2012), "개화기 국어의 표기와 음운체계-신소설을 중심으로-", 이화여자대학교 대학원 박사학위논문.

정승철(1988), "제주도 방언의 모음체계와 그에 관련된 음운현상", 『국어연구』 84, 국어연구회.

정승철(1995), 『제주도 방언의 통시 음운론』, 태학사.

정인승(1937), "'ㅣ'의 역행동화 문제", 1-7, 『한글』 제5권 1호, 조선어학회.

정인호(2014), "개화기의 몇몇 서양인과 한국어 음운론", 『우리말글』 62호, 1011-1126, 우리말글학회.

최명옥(1980), 『경북 동해안 방언연구』, 영남대학교 민족문화연구원.

최명옥(1988), "국어 Umlaut의 연구사적 고찰", 『진단학보』 65, 63-80, 진단학회.

최전승(1978), "국어 'i-umlaut 현상의 통시적 고찰", 『국어문학』 19, 국어문학회.

최전승(1986), 『19세기 후기 전라방언의 음운현상과 그 역사성』, 한신문화사.

최전승(1987), "이중모음 '외, 위'의 단모음화 과정과 모음체계의 변화", 『어학』 14, 19-30, 전북대학교 어학연구소.

최전승(1990), "움라우트", 『국어연구 어디까지 왔나』, 95-108, 동아출판사.

최전승(1994), 『한국어 방언사연구』, 태학사.

최전승(2015), "20세기 초엽 서울방언의 음운론과 움라우트 현상의 공시성", 『2015년 여름 국어사학회 전국학술대회 발표집』, 153-198, 국어사학회.

최현배(1940/1961), 고친『한글갈』, 정음사.

한영균(1980), "완주지역어의 움라우트 현상", 『관악어문연구』 제5집, 211-232, 서울대국어

국문학과.

한영균(1991), "움라우트의 음운사적 해석에 대하여", 『주시경학보』 제8집, 주시경연구소.

허　웅(1981), 『언어학-그 대상과 방법』, 샘문화사.

허　웅(1985), 『국어 음운학』, 샘문화사.

홍윤표(1994), 『근대국어연구』(1), 태학사.

홍윤표(2015), "국어사 연구의 문제점과 우리의 과제", 『2015년 여름 국어사학회 전국학술
　　　대회 발표집』, 7-36, 국어사학회.

小倉進平(1924), 『南部 朝鮮의 方言』, 조선사학회.

小倉進平(1944), 『朝鮮語 方言의 研究』, 岩波書店.

田導泰秀(1918), "咸鏡北道의 訛言", 『조선교육연구회 잡지』 2월호, 60-69. 조선교육연구회.

河野六郎(1945), 『朝鮮方言學試攷』, 東都書籍.(『한국어 방언학 시론』, 2012, 이진호 역주, 전
　　　남대학교 출판부).

Browmann & Geldstein,(1986), Towards an Articulatory Phonology, in *Phonology
　　　Yearbook* 3, pp.219-252, Cambridge University Press.

Browmann & Geldstein,(1989), Articulatory Gestures as Phonological units, in *Phonology
　　　Yearbook* 6, pp.219-252, Cambridge University Press.

Browmann & Geldstein,(1992), Articulatory Phonology : *Haskins Laboratories Status
　　　Report on Speech*R 111/112.

Bybee, Joan.(2012), Patterns of lexical diffusion and articulatory motivation for sound
　　　change, in *The Initiation of sound change* Edited by Daniel Recasens et al,
　　　pp.212-234, John Benjamin Publishing Company.

Bybee, Joan.(2015), *Language Change*, Cambridge University Press.

Bybee, Joan.(2015a), Articulatory processing and Frequency of use in sound change, in
　　　T*he Oxford Handbook of Historical Phonology,* pp.467-484, Oxford
　　　University Press.

Campbell, Lyle.(2000), *Historical Linguistics*, The MIT Press.

Chomsky, N & M. Halle.(1968), *The sound Pattern of English*, Harper & Row.

Eckardt, P. A.(1923), *Koreanische Konversations-Grammatik* mit Lesestücken und
　　　Gesprächen, Heidelberg : Julius Groos. [역대문법대계] (김민수·하동호·고
　　　영근 편, 1977, 탑출판사 ② 23에 수록].

Eckardt, P. A.(1972), *Grammatik der Koreanischen Sprache,* 개정 3판, Julius Groos,
　　　Heiderberg. <역대한국문법대계>(제2부 제42책), 김민수/고영근, 박이정.

Garerett & Johnson.(2013), Phonetic bias in Sound Change, in the *Origins of Sound
　　　Change : Approaches to Phonlologization,* pp.51-97, Edited by Alan, C.
　　　Y(2013), Oxford University Press.

Freeman, M.(1983), On the Source of Old French [ü]; A Rejoinder, *Linguistic Inquiry* IV, pp.534-539.

Halle, Morris.(1964), Phonology in Generative Grammar, In the *The Structure of Language,* edited by Fodor & Katz, pp.334-352, Prentice-Hall Inc.

Hickey, Raymond.(2017), Language Change, pp.1-62, From Http : //www.uni-due /ELE/Language Change, Pdf.

Hopper, P.& E. Traugott.(1993/2003), *Grammaticlization,* Cambridge University Press.

Jespersen, O.(1913). *Lehrbuch der Phonetik*(Zweite Auflage), Verlag von B.B. Teubner in Leipzig.

Marsh, J.(2012), Pre-Old English, in the *Historical Linguistics of English,* pp.1-18, HSK 34-1,

Martin, E. Samuel.(1951), *Korean Phonemics, Language* 27-4, pp.519-533.

Ohara, J, J.(2006), Sound change, in the *Encyclopaedia of Language and Linguistics,* 2nd Edition by Keith Brown, pp.520-525, Elsevier. Ltd.

Roth, P. Lucius.(1936), *Grammatik der Koreanischen Sprache,* Abtei St. Bennedikkt. [역대 문법대계(김민수·하동호·고영근 편, 1977, 탑출판사) ②25에 수록].

Tyrkkö, Jukka.(2015), Book Review of Orthography as Social Action, in *Journal of Historical Sociolinguistics* 1(1), pp.131-134.

Twadell W. Freeman.(1938/1957), A note on Old High German Umlaut, in *The Readings in Linguistics,* 1, pp.85-87. Chicago University Press.

Vennemann, Th.(1972), Phonetic Detail in Assimilation : Problems in Germanic Phonology, *Language* 48. pp.863-892.

전설모음화 현상의 발달과 그 역동성

제3장

근대국어 후기 '으'의 전설(구개)모음화 현상과
그 과도교정의 역동성에 대한 일고찰*
— '칩-(寒)〉춥-' 및 존재사 '잇/이시-(有)〉있-'의 중간단계 설정을 중심으로 —

1. 서론

이 글에서 글쓴이는 19세기 후기에서부터 여러 지역방언의 문헌 자료에 출현하기 시작하는 용언의 활용형 '칩-/치워'(寒) → 춥-/추워'와 같은 개신의 출발에 근대국어 후기 단계에서 생산적으로 작용하고 있었던 '으'의 전설(구개)모음화 현상에 대한 당대 화자들의 일종의 반작용으로 형성된 과도교정 과정이 적극적으로 관여하였다는 가정을 제시하려고 한다.1) 이러한 잠정적

---

 * 이 글은 ≪2016년 여름 국어사학회 전국학술대회≫(전북대학교)에서 발표한 내용을 수정한 것이다. 지정 토론으로 수고하여준 김한별 교수(서강대)와, 귀중한 조언을 해주신 홍윤표, 임용기(연세대) 두 분 교수님께 깊은 감사를 드린다.
  또한, 이 글의 초고를 상세하게 검토하고, 여기에 기본적으로 내재된 여러 문제점들을 지적하고 그 개선점들을 제시해준 김한별(서강대), 김규남(전북대), 신성철(국민대), 김명주(경북대), 신승용(영남대), 고동호(전북대) 교수님들에게 고마운 인사를 올린다. 이 분들의 친절한 지적과 대안을 여기에 포함시켜 보완하고 수정하려고 노력하였다. 이 글을 작성하는 오랜 과정에서 서형국 교수(전북대)와 수시로 가졌던 여러 논의들은 글쓴이에게 큰 자극과 보탬이되었다. 그러나 이 글에서 야기될 수 있는 논지상의 모든 모순과 오류는 오직 글쓴이의 책임으로만 한정된다.
1) 글쓴이는 예전에 언어변화와 과도교정의 기능을 전반적으로 조감하는 자리(1987 : 357)에서 19세기 후기 전라방언 자료에 등장하는 '칩-(寒)~춥-'의 변이 현상에서 '칩->춥-'의 변화 과정에 전설모음화의 과도교정에 의한 중간단계 '칩- →'츱~칩->춥~칩-'이 개입하였을 개연성을 단순하게 추리하여 본 적이 있다.

인 해석에 실체를 부여하기 위해서 글쓴이는 두 가지의 작업을 여기서 진행한다.

한 가지는 주로 전라방언 중심의 19세기 후기 문헌 자료에서 '으'의 전설모음화 현상(앞으로는 "전설모음화"로 표기)에 대한 과도교정이 보이는 다양한 용례들을 정리하고, 특히 '칩->춥-'과 같은 유형에 속하는 과도교정형들의 일부는 오늘날의 지역 방언에까지 지속적으로 분포되어 있는 양상을 제시한다.[2]

다른 한 가지는 15세기 국어 또는 그 이전 단계에서부터 비자동적 교체를 보였던 존재동사 '잇-/이시-'(有, 存)형이 18세기 후기 무렵부터 어간단일화의 첫 단계를 마련하는 '이시->이스-'로의 변화 시작도 초기의 전설모음화 현상의 출발과 그 보조를 같이 하는 화자들이 적극적으로 참여한 과도교정의 조정을 거쳤을 것이라는 종래의 입장을 다시 살펴본다.

이러한 작업을 통해서 글쓴이는 18세기 후기의 단계에서 문헌 자료에 산발적으로 출현하기 시작하는 전설모음화의 예들을 일부 추출하고, 이 현상의 기원이 당대 화자들의 일상적인 구어에서 출발하여 확산된 변화가 규범적인

---

2) 원래 "전설모음화"라는 용어는 몇 가지 상이한 음운현상을 포괄할 수 있기 때문에 국어사와 지역방언의 기술에서 적절한 용어로 글쓴이는 생각하지 않는다. 한영균(1997 : 481)은 국어 모음사에서 전설모음화 현상은 다음과 같은 3가지 유형을 포괄한다고 기술한 바 있다.
　(ㄱ) 이중모음의 단모음화, (ㄴ) 움라우트, (ㄷ) 두 음절의 융합에 의한 전설모음화. 이와 관련하여 황대화(2001)의 "앞모음되기 현상"에 포함된 4가지 유형의 음운 현상도 아울러 참조. 따라서 이와 구분하기 위해서 "전설고모음화"라는 용어도 쓰이고 있지만, 피동화 모음 '으>이'로의 과정에서 전설화가 동화의 주체가 되는 현상이고, 혀의 높이는 음운론적으로 관여하지 않기 때문에 역시 적절하지 않다.
　남광우(1975 : 59)에서부터 사용되기 시작한 "구개모음화"라는 용어를 소신애(2004)는 동화주 /ㅅ, ㅈ, ㅊ/의 동화작용으로 피동화 모음이 갖게 되는 자질은 '구개성'이기 때문에 다시 이어 사용하기도 하였다. 최근에 신성철(2014)은 이러한 음운현상에 "'─' 전설모음화"라는 적절한 용어를 사용하였는데, 이 글에서 글쓴이는 잠시 차용하여 쓰기로 한다.
　그리고 '으' 전설모음화 현상에 흔히 포함되는, 주로 어간말 위치에서 일어나는 '-르>-리'와 같은 지역방언의 예들은 움라우트 현상이거나, 접미사 '-이'의 첨가(이숭녕 1978)로 해석될 수 있는 형태론적 조정으로 역사적으로 파생된 현상이기 때문에 이 글에서는 제외하지만, 본서의 제4장에서 취급할 것이다. 이 글의 §3.3에서 각주 (46)과, 최명옥(1982 : 62, 각주 34), 김주원(1999 : 242), 소신애(2004 : 274)의 지적을 참조.

문헌어로 부분적으로 정착되기까지의 시간적 거리를 추정해 보려고 한다. 이러한 과정을 거쳐서 18세기 후기부터 비로소 격식적인 문헌어에 등장하기 시작하는 '이시->이스-'형과 그 확산이 당대에 진행되기 시작하였던 전설모음화의 초기 단계에서 이 변화에 대한 화자들의 보수적 규범의식에 근거한 잘못된 교정으로 소급될 수 있다고 해석하려고 한다.

그리하여 글쓴이는 역사 사회언어학적 관점에서 당대의 권위 또는 규범에 근거한 화자들의 언어태도가 일정한 형태들의 발달과 그 전파에 어떠한 영향을 발휘할 수 있는가 하는 주제도 아울러 생각해 보려고 한다.

근대국어의 분절 음운론은 시간의 흐름에 따라 중세적 성격을 점진적으로 탈피하고 현대국어에 접근하는 모습을 보인다. 이러한 진로에 종래에 집중적으로 논의된 '♀'의 제2단계 변화, 구개음화, 원순모음화, '이' 모음 역행동화(움라우트) 등의 음운현상이 크게 관여하였음은 잘 알려진 사실이다. 특히 ㄷ-구개음화 현상에 대한 소위 역-구개음화 또는 과도교정 유형이 각별한 주목을 받아 왔다. 그리고 언어변화의 관점에서 이것들의 생성과 수용에 있어서 표준 규범에 근거한 언어태도에 따른 당시 화자들의 의식적 또는 무의식적인 참여의 성격이 파악되어 왔다(김주필 1985, 1994, 2009, 2011, 2013; 김주원 1997, 2010 등등).

근대국어 후기 단계에서 체계 내적 요인으로 지역에 따라서 발생하여 나중에 전 지역방언에 걸쳐 발달되어 온 전설모음화 현상(이혁화 2000; 배혜진 2015)도 역시 현대국어의 음운론과 어휘항목들의 성격에 지대한 영향을 끼치게 되었다. 따라서 음성변화로서 전설모음화의 출발과 그 전파의 과정, 그리고 현대국어 지역방언에서 그 반사체들의 분포에 대한 연구들이 생산적으로 수행되어, 그 본질이 전반적으로 충분히 규명되어 왔다(유창돈 1964; 이병근 1970; 남광우 1984; 최명옥 1982; 백두현 1992, 1997, 2011; 홍은영 2013, 이상규 2013; 김예니·김명주 2014). 그러나 이 음운현상은 공시적 및 통시적으로 순행동화 작용으로서 피동화음들의 후설 조음위치를 전설 또는 구개모음의 방향으로 이동시키는 동화주 가운데 경구개음 'ㅈ' 계열에 속하지 않는 치마찰음 'ㅅ'의 성원을 어떻게 음운론적으로 해석하여야 되는가 하는 쉽게 해결되지 않는 특이한 문제점을 내포하고 있다(김주필 1985, 1994; 백두현 1992; 김주원 1999; 소신애 2004; 이진호 2008).[3]

<hr>

3) '으'의 전설모음화의 동화주 'ㅅ, ㅈ, ㅊ'를 종래의 연구자들이 대부분 "치찰음"으로 규정해 왔다(대표적으로, 이병근 1970 : 383). 그러나 글쓴이는 이 자음들의 음성적 특질을 단순히 치찰음이라는 통칭으로 묶을 수 없다고 생각한다. 또한, 동화주들이 피동화주 '으'에 발휘하는 순행 동화의 힘은 조음방법에 기인하는 것이 아니라, 혀의 조음위치의 이동에 있다.

음운론적으로 전설성 또는 구개성이 결여된 치조마찰음 'ㅅ'과 경구개 파찰음 'ㅈ, ㅊ'가 같은 구개성 자질로 공모하여 후속하는 비전설고모음 '으'를 '이'로 전설화하는 단일한 통시적 및 공시적 전설모음화 현상을 설명하기 위해서 지금까지 연구자들은 두 가지의 방식을 사용하여 왔다.

한 가지는 공시적 자음체계에서 'ㅅ, ㅈ, ㅊ' 부류를 "치경구개음" 계열로 분류하는 것이다(김봉국 2002 : 12). 다른 한 가지는 주로 역사적 관점에서 'ㅅ, ㅆ'이 '치음>경구개음>치조음'과 같은 신분의 변화를 연속적으로 거쳤으며, 통시적인 '스>시'의 전설모음화는 'ㅅ'이 경구개음의 조음을 갖고 있었을 단계에서 가능했었다는 관점이다.

이진호(2008 : 217-234)는 'ㅅ'과 'ㅈ, ㅊ'는 역사적으로 구개음화나 y-탈락, 전설모음화 등의 여러 음운변화에서 동질적인 모습을 보였다는 사실을 지적한다. 이진호 교수는 김주필(1985, 1994)에서 제기한 주장을 근거로 하여, 'ㅅ, ㅆ'도 어느 일정한 역사적 단계에서는 'ㅈ, ㅊ'와 비슷한 경구개 부근으로 조음 위치가 이동했다가, 현재와 같이 치조음으로 다시 옮겨왔을 것으로 보았다. 이와 유사한 해석 방식은 고광모(1992), 김주원(1999), 성희제(2002)에서도 제시된 바 있다.

그 반면에, 최근에 김한별(2014)은 'syV>⋯>sV'와 전설모음화의 문제를 논의하면서 각 분절음의 특징과 그 자질들에 대한 정확한 기술을 전제로 하여, 치조음 'ㅅ' 뒤에서 실현되는 전설모음화를 규칙 적용영역의 확대로 설명할 수 있는 가능성을 모색하기도 하였다. 19세기 또는 그 이전 단계에서 처음에 전설모음화 규칙이 경구개 'ㅈ, ㅊ'의 음성 환경에서 출발하였다가 그 영역을 치조음 'ㅅ'까지 일반화시켰다고 파악하려면, 당대의 문헌 자료에 반영된 예들이 그러한 확대의 방향을 가리키고 있어야 할 것이다.

이와 같은 문제점들에서 글쓴이는 전설모음화 현상을 떠나서 공시적으로 어떤 지역방언에서나 음운체계에서 'ㅅ'을 'ㅈ, ㅊ'와 동일한 조음위치 범주로 귀속시키기는 어렵다고 생각한다. 또한, 'ㅅ' 계열이 역사적으로 설령 한 때 'ㅈ, ㅊ'와 같은 경구개 위치에서 다시 치조로 방향을 이동했다고 하더라도, 오늘날의 지역방언에서 형태소 경계에서 수행되고 있는 공시적 전설모음화 현상은 역시 설명할 수 없다.

일찍이 Ohala(1981)는 청자의 입장에서 잘못 인식함으로써 일어나는 음성변화의 유형들을 제시한 바 있다. 예를 들면, 'ㅅ+으'를 연속해서 발음할 때 생기는 음향적 신호가 아주 다른 'ㅈ, ㅊ+으'를 연속 발음할 때의 음향적 신호와 혼동하게 되어 동일한 것으로 잘못 인식하게 됨으로써 전설모음화를 촉발시키는 음성 환경으로 작용했을 가능성도 앞으로 검토하여 볼 수 있을 것이다.

또한, Ohala(1993, 2003)는 청자 중심의 입장에서 청취한 발음을 정밀화시키는 데에는 hyper-

19세기에 일어난 전설모음화 현상에 대한 일종의 반작용으로 형성된 과도교정의 유형과 이것이 일정한 문법형태 변화의 과정에 기여한 역할 등에 대해서도 지금까지 적극적인 관찰과 논의가 지속되어 왔다(허웅 1982; 이현희 1994; 최동주 1995; 신성철 2014). 글쓴이는 이러한 업적들을 바탕으로 하여, 전설모음화라는 음성변화의 최초의 출발이 18세기 후기 또는 그 이전의 단계로 소급될 수 있는 잠재성을 여기서 모색해 보려고 한다. 이러한 추정을 통해서 18세기 후기 무렵부터 자료들의 격식적인 문헌어 스타일에 산발적으로 출현하기 시작하는 초기의 과도교정의 존재와, 이러한 과도교정형이 확산되어 본격적인 변화로 발달되어가는 점진적인 경로를 복원해 볼 것이다.

이 글의 제2장에서 언어변화의 실현과 그 확산 단계에 따라 보조를 같이 하는 해당 변화의 반작용인 과도교정이 격식적인 문헌 자료에서 실현되어 나타나는 조건과, 그 성격을 개략적으로 정리한다. 일정한 시기의 문헌에서 표기상으로 나타나는 과도교정의 유형들은 화자들이 구사하는 스타일상의 전환 원리에 근거하여 당시 화자들이 구사하였던 여러 말의 스타일 목록 가운데 격식성이 매우 높은 서사 표기체에 속하는 것으로 설정한다. 그리하여 이러한 유형들은 언어변화와 관련하여 스타일에 따라서 넘나드는 정량적 (quantitative) 과도교정과, 고착화된 정성적(qualitative) 과도교정의 관점에서 취급되어야 할 필요성을 제시한다.

이어서 제3장에서는 19세기 후기에서부터 오늘날의 지역 방언에까지 생산적으로 작용하고 있는 전설모음화에 대한 몇 가지 정성적 과도교정의 유형들을 정리한 다음, 이것들이 해당 언어사회에서 화자들을 통해서 발휘하고 있었던 역동성을 찾으려고 한다(심다/심그대[植] → 슴다/슴그다>숨다/숭구다; 집다[補]>집다 → 줍다>줍다/줗다; 침[鍼] → 츰>춤; 진쥬[珍珠] → 즌쥬>준주). 이러한 유형들은 각각의 역사적 형성 과정에 음성변화의 중간단계로 전설모음화의 반작

---

correction이라는 용어를 사용하지만, 이와 대조적으로 그 반대의 상황, 즉 청취한 발음을 잘못해서 단순화시키는 hypo-correction이라는 용어와 짝을 이룬다.

용인 과도교정이 반드시 개입되어야 하는 사실을 주목할 것이다.

제4장에서는 오늘날의 용언어간 '춥-'(寒)과 그 활용형 '추워~추우니' 등이 제3장에서 추출된 지역방언의 예들과 유사한 방식의 전설모음화에 대한 과도교정을 거쳐서 19세기 이전 단계에서부터 보수형 '칩-'으로부터 분리되어 공시적 변이를 형성하게 되었을 것으로 가정한다. 그리하여 새로운 개신형 '춥->춥-'형이 어떤 유리한 사회언어학적 여건에서 득세하여 결국에는, 일부의 지역방언의 경우를 제외하면, 1930년대 표준어의 신분으로 수용되었다고 판단한다. '칩다/치워/치우니 → 춥-/츠워/츠우->춥-/추워'.

제5장에서는 중세국어 이전 단계부터 19세기에 이르기까지 다양한 이형태들의 단일화라는 강력한 경향을 전면적으로 거부하고 있었던 존재동사 '잇-/이시-'(有)형이 결국에는 유추 과정을 거쳐 단일한 어간 '있-'으로 이르는 중간단계에 개입된 '이시-/잇시-→이스-/잇스-'와 같은 발단이 전설모음화에 대한 과도교정으로 비롯되었다는 종래의 주장을 다시 검토한다. 이러한 작업은 주로 18세기 후기와 19세기 전반에 걸친 문헌 자료와 한글 편지 부류 등을 통해서 진행될 것이다. 그리하여 지금까지 문제점으로 지적되었던 전설모음화 현상의 출현 시기와 존재동사의 개신형 '이스-~잇스-' 계열이 과도교정을 거쳐서 문헌상으로 출현하기 시작하는 시기와의 시간적 거리(최동주 1995; 최전승 2002)를 어느 정도 일치시키거나, 또는 좁혀보려는 시도를 한다.

제6장 "결론과 남은 과제"에서는 지금까지 이 글에서 논의되었던 과도교정형 가운데 표준어의 규범으로 수용된 '칩-(寒) → 춥-'의 활용형과, 어간의 단일화를 이루는 과정에서 중간단계 '이시- → 이스-'로의 대치가 18세기 후기에서부터 격식적인 문헌 자료에 출현하여 19세기 국어 전체로 확대되었던 예들을 종합적으로 기술한다. 그리고 이러한 새로운 방향으로의 계기가 이와 비슷한 역사적 단계에 출현하기 시작하였던 전설모음화 현상의 생산성과 직접적인 관계를 맺고 있음을 언어변화의 "촉발"(actuation)의 차원에서 파악하려고 한다.

이와 동시에, 동화주 'ㅈ' 계열이 갖고 있던 기원적인 치조음 자질에 의해서 전설모음화 현상이 침투되지 않았던 평안도와 함북 및 육진방언 등지에서 수행된 '이시-→이스-' 유형의 과도교정을 개괄하였다. 이와 같은 유형의 변화는 해당 방언지역 화자들이 다른 권위 지역방언을 의식하여 향토적 정체성 및 유대성을 강조하기 위해서 고유한 방언적 특질을 과도하게 고수하려는 과도 방언화(hyper-dialectalism)와 연계되어 있을 것이라는 추정을 한다.

2. 19세기 후기~20세기 초반 전설모음화 현상에 대한 과도교정의 유형과 역동성

2.1 표기상의 과도교정과 발음상의 과도교정

역사적인 문헌 자료에 산발적으로 등장하는 과도교정이라고 판단되는 다양한 표기들이 당시 어느 정도 확산되어 있는 실제 언어 현실이 그대로 반영된 형태인지, 아니면 단순한 격식적인 표기매체에 한정되어 당시 화자들의 언어생활과는 유리되어 있던 것인지 분명히 밝히기 어려운 측면이 있다.4) 설령 그것이 일시적으로 당시 사회규범 의식에 근거한 반작용으로 형성된 실제의 과도교정을 거친 형태라 하더라도 다음 단계로 지속되지 못하고 나중에 개인적 차원에서 다시 바른 형태로 교정될 가능성이 높다. 과도 교정형은 일부의 사회 계층이거나 개인적인 성향의 일정한 스타일의 말에서 출발하기 때문에, 어떤 유리한 사회언어학적 여건이 조성되지 않는 한, 다른 구성원 화

---

4) 지금까지 국어사와 방언학에서 논의된 과도교정의 개념과 그 원용에 대한 종합적인 정리는 소신애(2007)를 참조. 소신애(2007 : 187)는 문헌에 나타난 표기를 대상으로 음운변화를 기술할 때, 특히 발음과는 직접 관련이 없는 과도교정과 당시에 실제로 일어난 과도교정을 관찰자가 구별하는 작업은 매우 어렵다는 사실을 지적하였다. 소신애 교수는 같은 논문에서 언어변화의 기제로서의 과도교정은 발화 해석에서 촉발된 일종의 재해석으로 간주하였다.

자들에 의하여 그러한 개신형이 모방 또는 채택되거나 다른 사회계층으로 확산될 기회가 많지 않았을 것이다.

국어사 자료에서 대표적인 표기상의 과도교정의 예는 '♀'의 두 단계에 걸쳐 일어난 변화에 대한 반작용과 관련되어 있다. 중세국어와 근대국어의 문헌 자료에서 '♀'의 제1단계와 제2단계 변화로 인한 비어두음절과 어두음절 위치에서 실현되는 그 반대의 방향, 즉 '으→ ♀'와 '아→ ♀'와 같은 역표기 유형들은 음운사와 변화의 방향의 관점에서 해석의 몇 가지 가능성이 열려 있다(한영균 1994; 김주필 2004; 백두현 1992).5) 그러나 '으>♀'의 흐름 속에서 병행되는 '아→ ♀'의 역표기 가운데 일부는 근대국어 후기, 특히 19세기 접근할수록 표기법의 혼란과 아울러 표기상의 과도교정에 기인되었을 것이다(황문환 2004 : 366).6) 이와 같은 판단은 근대국어의 단계에 수행된 'ㅈ' 계열의 1차 구개음화 과정과, '샤, 셔, 쇼, 슈' 등의 연속에서 'ㅅ'의 신분 변화로 촉발된 후속하는 단모음과 이중모음간의 부단한 혼기와 과도교정들에도 역시 적용된다(김한별 2014).

19세기 후기 Ross의 *Korean Speech*(1882)와 『예수성교전셔』(1887)에 등장하는 ㄷ-구개음화를 의식한 과도교정(잘못 돌이킴)인 다음과 같은 예들은 규

---

5) 18세기 전기 장서각 소장 필사본 자료 『고문진보언해』에 반영된 음운변화를 기술하면서 백두현(2007ㄴ : 321-326)은 여기서 기대되는 '♀>으'의 변화보다는 압도적으로 출현 빈도가 높은 '으>♀'의 방향과 같은 16세기의 문헌 부류와 유사한 사실을 추출하였다. 그리하여 백두현(2007ㄴ)은 이러한 표기의 경향이 '♀>으'의 변화를 의식한 과도교정으로 형성된 것인가, 아니면 '으>♀'의 음운변화로 해석하여야 할 것인가를 진지하게 논의한 바 있다.

6) 한영균(1994 : 187-188)은 '♀>으'의 변화와 관련하여 후기 중세국어 단계에 역방향으로 출현하는 '으>♀'의 예들의 문헌 별 분포와 출현 빈도를 고려하면 [+설정성] 자음의 영향으로 일어나는 일정한 음성 환경을 구비하고 있으며, 또한 출현 빈도에 따라서 다음과 같은 특징을 갖고 있음을 제시하였다.
   (1) 16세기의 단계에서 이러한 '으>♀' 변화는 출현하는 어휘 개개의 특성에 따라서 적용되는 경향이 강하다.
   (2) '으>♀' 변화를 보이는 어휘들은 일부 특정 문헌에 편중되어 있지 않고, 일정한 고른 분포를 나타낸다.
   (3) '♀>으'의 예를 반영하지 않았던 16세기의 문헌 자료에서 '으>♀'의 변화 예들이 출현하는 경우가 적지 않다.

범적인 서울말을 지향한 것이다. 그러나 오늘날의 해당 지역어의 입말에 비추어 보면, 이것들이 당시의 순수한 평안도의 언어적 현실로 파악되지 않는다.

(1) ㄱ. 집안으로 <u>지려</u>오나라, jiryu(p.32, 디려-<디려-<드려-),
     cf. 집안으로 딜여오시(Primer, p.48),
ㄴ. <u>어지</u>로 오나냐(어디, p.34), 어지를 가던지(p.30), 어지 가나냐p.(33),
     cf. 어디 가난(Primer, p.52),
ㄷ. 발가락 시예 <u>치눈</u>이 박여, chinoon(p.58), 치눈(티눈, p.82)
ㄹ. 털물 <u>민질어라</u>(p.20), 누룩을 만질고(p.46),
     cf. 민던다(p.90), 민길나 오나라(p.38).

(2) ㄱ. 모쇼의 명혼 바 갓치 례물올 <u>질이고</u>(예수성교, 누가 5 : 14),
     손으로 그 갈베에 <u>질이</u> 밀지 오코는(상동, 요한 20 : 25),
ㄴ. 오직 말 한 <u>마지</u>만 흐시면(마디, 상동, 마태 8 : 8),
ㄷ. 신량이 <u>더지미</u> 다 조다가 자는더(더디-, 상동, 마태 25 : 5절),
     지너오기를 <u>더지지</u> 말나 흐니(상동, 사도 9 : 38),
     악한 종이 뜻흐기를 쥬인이 <u>더지</u>오리라 흐고(상동, 마태 24 : 48),

그러나 일정한 단계의 역사적 자료에 반영된 과도교정의 다양한 표기 유형들에서 표기상의 성격과 당시 실제 발음상의 차이를 분명하게 식별해 낼 수 있는 구체적인 장치는 존재하지 않는다. 시기적으로 가까운 개화기의 자료 가운데에서도 서울말 중심의 『독립신문』(1896-1899)의 논설과 광고문 가운데 일부 등장하는 모음 사이 'ㅎ' 탈락 경향에 대한 'ㅎ'의 의식적인 첨가라든가, 전설모음화에 대한 반작용에서 나온 일부의 예들(보조용언 '-고 싶-→-고 습-')도 역시 당시의 실제 언어 현실과 거리가 있었을 것이다.

(3) ㄱ. 관찰스 윤창셥씨의 편지를 <u>보히</u>며(←보이며, 독립신문. 1897.6.1③),[7]

---

7) '보이-→보히-'와 같은 'ㅎ' 첨가는 18세기 후기 『持經靈驗傳』(1795)의 텍스트에도 출현하고

　　　　보기에는 풀과 ᄀᄒ하 보히나 실상인즉(상동, 1897.7.22),
　　　　보ᄌ ᄒᄂᄃ 아니 내보혓다 ᄒ기로… 즉시 내보혓다더라(상동,
　　　　1897.7.10),
　　ㄴ. 셰가 대단히 늘허 작년에 들어온 것 보다(←늘어, 상동, 1897.7.6),
　　　　좌즁이 다 듯고 감샤히 넉히더라(←넉이-, 상동, 1897.7.10),
　　　　새는 알아 보기가 쉬흔 거시(←쉬운, 상동, 1897.7.6),
　　ㄷ. 죠션이 즁흥이 되게 ᄒ번 ᄒᄂ거슬 보고 습고(←싶고, 독립신문,
　　　　1896.10.13①),
　　　　사롬이 학문도 비호고 습고(상동, 1896.12.3),
　　　　대개 나라 일을 ᄒ고 스푸니ᄭ 벼술을 ᄒ고 스푸다고 ᄒ나…나라일ᄒ고
　　　　스퍼 벼술ᄒ고 습다는 말은 다 고져 들을 슈가 업더라(상동, 1896.12.5),
　　　　지물 모ᄒ고 습푼 싱각이 젹기도 ᄒ거니와(상동, 1896.12.8),
　　　　사롬을 도적놈으로 믄들고 습거던(상동, 1897.1.9①).
　　　　이사롬들을 위ᄒ여 츌염내고 스푼이 잇거든(상동, 1896.6.16②),
　　　　　　cf. 죠션 말도 비호고 십고 영어와 한문을 비호고 십거던(상동,
　　　　　　　1897.4.24③).

　역사적으로 어간말음 'ᅀ'의 탈락으로 인하여 'ᄉ' 변칙용언으로 전환된 '낫
-'(癒)의 활용형 '나ᄒ아~나ᄒ나~나ᄒ니' 등에 첨가되는 아래의 (4)의 예들에
서 'ᄒ'의 출현은 역시 과도교정으로 형성된 것이다. 그러나 (3ㄱ-ㄴ)의 표기
예들과는 대조적으로, 이러한 'ᄒ'의 개입은 여러 시간과 공간에 걸쳐 다양한
문헌 장르(간본, 언간, 문법서, 신소설 부류)에서 지속적으로 반복되어 나타나고
있어 분명한 차이를 보인다. 이러한 사실을 고려하면, 아래의 (4)의 예들은

───────────
있다. 『持經靈驗傳』은 경기도 양주군 천보산 불암사장판으로 『朝鮮學報』 제51호, 1969에서 영
인된 자료를 이용했음.

보히여도 알 씰 업고(參禪曲 4ㄱ), 잇삽는 듣 업삽는 듣 알니이되 보히댠코(參禪曲 4ㄱ).

또한, 『持經靈驗傳』(1795)에는 다른 유형의 'ᄒ' 첨가 형태(우움→우훔)도 등장한다.
코노리 눈우훔에(笑, 인과곡 13ㄱ), 아침의 우훔터니(수선곡 1ㄱ).
이와 같은 표기 형태는 19세기 후기에 간행된 완판본 『홍길동전』의 텍스트에서도 '웃-'(笑)의
활용형에도 등장한다.
좌우 졔인이며 그 거동을 보고 크게 우흐며(17ㄱ).

당시 발음에서 개입된 'ㅎ'의 구체적인 실체가 존재했거나, 화자들의 말의 스타일에 따라서 출현하는 구어적 특성이 반영된 것이다.

(4) ㄱ. 헌더 **나흐니**(持經靈驗傳, 17ㄱ), 병이 돈연히 **나흐니라**(23ㄱ), 즉시 나흐리라(24ㄱ), 병이 나흐니(24ㄴ), 병이 즉시 싀훤히 **나흔디라**(25ㄴ),

ㄴ. 나는 니졉은 져기 **나흐나**(1791, 추사가언간 23, 김노경(남편) → 기계유씨(아내)), 호동 우환은 더 **나하** 지내는가(1822, 추사가언간 29, 김노경 → 미상(며느리)), 우환들은 다 **나하** 지내고(1831, 추사가언간 34, 김노경(시아버지) → 미상(며느리)),[8]

ㄷ. 그 병이 **나흐니**(독립신문.1897.7.17), 병 **나흔** 사룸이(상동, 1896.10.8③), 병원에셔 **나흘** 약을 붓치고 갓다더라(상동, 1896.5.14②), 병이 **나흔** 것은 업스나 죠곰은 나흔지라(상동, 1898.6.23).

ㄹ. **나핫**다고(癒, 1912, 『日本語學 音·語 編』, 454), 곳 **나허** 버립니다(548), 매우 **나흐신** 양으로(454), **나흘**가요(548),

ㅁ. 병도 **나흘** 듯 흐닛가(1912, 재봉춘, 120), 병이 좀 **나흘가** 하야(1912, 류화우. 하.62), 병이 **낫코** 아니 나은 것을(1912, 비행선, 65).

위의 예에서 신소설 부류에 등장하는 (4ㅁ)의 '병이 낫코'의 경우는 어간이 20세기 초반에 경기방언에서 실제로 '낳-'로 재구조화되었음을 보인다. 그리하여 어간의 종성 표기가 비교적 초기 단계에서 정연하게 확립되어 있는 이상춘의 『조선어문법』(1925)에서 이 용언의 종성은 '낳-'(癒)으로 등장한다. 않다가 낳다(p.12). 이러한 어간의 재구조화는 오늘날의 지역방언에까지 그대로 지속되어 구어에 반영되어 있다(최명옥 1993).[9]

---

8) 추사가 언간은 『조선시대 한글편지 판독자료집』 2(황문환 외 엮음, 역락)을 이용했음.
용언 활용형 '낫-'(癒)의 어간에 'ㅎ' 첨가는 화자의 개인적 말의 스타일 성향에 따라서 달랐을 것으로 보인다. 예를 들면, 추사 김정희가 그의 부인에게 보낸 언간에서는 한 세대 앞선 추사의 부친 김노경(본문에서 4ㄴ)과는 달리 'ㅎ' 첨가는 전혀 나타나지 않는다.

나앗도다 ᄒᆞ여 겨시오나 **나으실** 이가 잇습. 진졍 **나으시**면 원의셔 ᄆᆞ음이 위로 되오랴마는 (1841, 추사언간 22, 김정희 → 예산이씨).

9) 최명옥(1993)은 'ㅅ' 불규칙 어간 '낫-'(癒)이 강원도 일부(인제, 양양)와 전북의 일부(무주)에서 재구조화를 수행하여 '나 : 코~나흐니~나아도' 등과 같은 교체를 보이고 있음을 제시하고,

'ㅅ' 불규칙 범주에 속하지 않더라도 모음 사이에 표기로 'ㅎ'이 첨가되어 어느 시기에 구어에서 고착화되고, 이어서 오늘날의 지역방언에까지 그대로 지속되고 있는 용언들도 있다. 어간 '고오-', 또는 '고으-'(熬)의 근대국어 후속 형들이 여기에 속한다. 이러한 'ㅎ' 첨가형이 자료에 출현하는 가장 이른 시기는 경상도 방언의 경우에 17세기의 초기의 한글편지『현풍곽씨언간』에서와, 17세기 후기에 작성된 한글 필사본『음식디미방』으로 소급된다(최전승 2014 : 180).10) 오늘날의 경북방언 일대에 재구조화된 어간 '꿇-'형이 [꼬코] (고-+-고; 월성, 달성, 안동, 봉화) 등으로 분포되어 있다(『한국방언자료집』, 경북 편, 1989 : 382-383).

또한, 근대국어의 구개음화의 진행 과정과 함께 문헌 표기상에 등장하는 다양한 유형의 과도교정 가운데 일부는 1930년대 사정한『조선어 표준말 모음』(1936 : 3)에까지 성공적으로 수용되어 있다. 이러한 예들은 어느 역사적 단계에서 형성되어 확립되어온 구어적 실체성이 강하였음을 알 수 있다. 그리고 20세기 초반 서울말의 격식어로 진입하지 못한 일부 ㄱ-구개음화의 과도교정형들이 일상어에서는 관용적으로 사용되고 있는 사실을 그 당시의 문법학자들과 표준어 사정에서 증언하고 있다.

(5) ㄱ. 제12과 習慣音 : 자음의 (발음) 習慣
    ㄱ을 ㅈ으로 變함이니; '겨자'(市)를 '져자'라, '귤'(橘)을 '쥴'이라, '길삼' 을 '질삼'이라,11) '길엉이'를 '질엉이'(蚯蚓)이라.

그 교체형으로 '낳 : -'와 '나-'를 분석하여 내었다. 그리고 이러한 교체형의 기저형으로 단일한 '낳 : -'를 설정하였다.
    전남방언에서도 '낫-'(癒)이 활용형은 '(병이) 나코~나꼬'와 같은 교체형들을 보인다(『한국방언자료집』(전남 편, 1991 : 385).
10) 예를 들면, 17세기 후반의 필사본『음식디미방』의 텍스트에는 이 어간의 활용형들이 적극적으로 쓰이고 있는 구체적인 상황이 아래와 같은 연속적인 담화의 흐름에 등장한다.
    가마의 물 만이 붓고 꼬하 프러지거든..., 묑물의 고타가 젼지렁 혼 되...승겁게 타 다시 고흐 딕 쎠 녹도록 고하...믈을 만이 혀여 고흐딕 물이 업서 가거든 더 부어 극히 꼬흐야 쎠 첫거 스란 주어 바리고 쓰더(디미.6ㄱ).

ㅈ이 ㄱ으로 變하기도 하나니 : '질방'을 '길방'이라, '정토(淨土)절'을 '경
틔절'이라 함.

(권덕규의 『조선어문경위』(1923 : 27, 광문사장판)

ㄴ. **버릇소리(習慣音)의 예** : ㅣ 위에서 ㅊ 또는 ㅆ으로 내는 일이 있나니 : 이
도 또한 이붕소리 된 것. '키→치(舵, 箕), <u>가르키다</u>→가르치다(指),
따위.(최현배 1937 : 128).

ㄷ. 【ㅈ을 취함】; 갱지미(<u>갱기미</u>), 점심(<u>겸심</u>), 진달래(<u>긴달래</u>), 왁저지('장아
찌'의 일종, <u>왁저기</u>).

● **ㅊ와 ㅋ의 통용**; 【ㅋ을 취함】; <u>가리키다</u>(指, 가리치다, 가르치다).
키(舵, 치).

(사정한 『조선어 표준말 모음』 1936 : 3; 1936 : 10).

권덕규(1923)는 1920년대 당시 화자들의 관습적인 입말에서 ㄱ-구개음화를
수용한 단어들과 그 과도 교정형을 제시하면서, '길엉이 → 질엉이'와 같은 방
향을 제시하고 있다. 그러한 과도 교정형을 표준형으로 인식하는 착오는 (5
ㄴ)에서 최현배(1937)에서도 마찬가지로 나타난다. 형태 분화가 이루어졌다고
판단된 '가리키다'(指)는 기원적인 '가르치다'(指/敎)에서 ㄱ-구개음화에 대한
과도교정의 결과로 파생되었을 것이다. (5ㄷ)의 『조선어 표준말 모음』(1936)에
서 제시된 비표준어의 예들은 ㄱ-구개음화의 과도교정을 거친 형태로, 당시
의 서울말과 경기도권의 입말에서 광범위하게 쓰였던 사실을 반영하고 있
다.12) 이러한 과도교정과 그 판단의 착오에서 나온 보기들은 1920년대 서울

---

11) 김선기의 '철자법 원리'(114-120), 『한글』 제1권제3호, 1932 : 119)에서 아래와 같은 언급도
참조

습관음; ㅏ를 ㅓ ㅗ로 내는 것; '하고'를 '허고'로 하고, '눈바라'를 '눈보라'라 하는 따위. 닿소리;
ㄱ을 ㅈ으로 냄 : '길삼'을 '질삼'으로 내는 따위.(p.119).

12) 『조선어 표준말 모음』(1936)의 "머리말, 2. 표준말 사정의 방법"에 따르면, 표준어 선정에 있
어서 서울말의 영역을 경기도 전역에까지 광범위하게 확대시키고 있다. 이러한 사실은 『한
글』 제 4권 11호(1936)에 발표된 정인승의 "표준어 사정과 한자어의 표준음"에서 더욱 구체
적으로 확인된다.

경성 발음을 표준으로 하는 것이니, 이는 물론 다른 아무 지방에도 없는 경성 특유의 발음
을 말함이 아니요, 적어도 近畿는 물론, 그 밖의 상당한 범위까지 통용되는 경성음을 이름은

말을 포함한 경기방언권에서 ㄱ-구개음화 현상이 중류계층 화자들의 격식어를 제외한 일상어 또는 다른 사회계층의 말에서 어느 정도 확대되어 있었음을 알리고 있다.[13]

1920-30년대 당시 화자들의 구어에서 사용되었던 ㄱ-구개음화의 과도교정의 구체적인 사례들을 점검해 보면, 그 이전 역사적 단계에서 문헌상의 표기 형태로만 전달되어 오는 대부분의 과도교정의 유형들 역시 같은 범주에 속하는 대상이며, 실체성을 갖고 있었을 것으로 보인다. 이러한 관점은 다음에 논의될 19세기 후기의 지역방언에서 전설모음화에 대한 과도교정의 예들에게도 그대로 적용된다.

문헌어 중심의 경상도 방언 자료를 고찰하는 백두현(1992 : 261-263)은 19세기 후기와 20세기 초반에 걸치는 자료에 출현하고 있는 전설모음화에 대한 다양한 과도 교정형들을 제시하면서, 이러한 예들은 단지 표기상의 것으로 판단하였으며 당시 화자들의 실제 발음을 반영한 것으로 간주하지 않았다.[14] 이러한 문제와 관련하여 Labov(1972 : 112-113)가 그의 혁신적인 사회언어학 연구 방법론에서 제시한 말의 스타일 유형을 여기에 고려해 볼 필요가 있다.

물론이다.(p.3).

13) 1930년대 서울과 경기도 권에서 통용되었던 ㄱ-구개음화 수용형들의 배제는 『사정한 조선어표준말 모음』(1936)에 그대로 반영되어 있다. 이러한 심의 절차에서 ㄱ-구개음화에 대한 과도교정형들도 표준어로 수용되었다.

●ㄱ과 ㅈ의 통용. 【ㄱ을 취함】; 굵(줅), 길(질), 길쌈(질쌈), 기름(지름), 김장(짐장), 김치 (짐치, 짐채), 기미(지미), 깃(깃, 짓), 기장(지장), 기직 (지직), 기지개(지지개), 깊다(深, 짚다).

이러한 사실을 보면, 19세기 후기의 서울말을 반영하는 『독립신문』에서도 ㄱ-구개음화를 수용한 형태들이 등장하고 있음은 자연스러운 것이다.

(ㄱ) 갸륵 → 쟈륵 : 이런 일을 ᄒᆞ니 참 쟈륵호 일이더라(1896.12.10),
(ㄴ) 점잖- → 겸잖- : 겸잔호 사룸(1896.5.21), 겸잔코 례 잇고 신이 잇서(1896.5.21).

14) 19세기 후기부터 20세기 초반에 걸쳐 나타나는 경상도 방언의 과도교정의 유형에 대해서 백두현(1992)은 "표준방언과 비표준방언간의 관계에서 비롯된 것이 아니라, 전설모음화가 적용되기 이전의 것을 규칙적인 것으로 인식하고 이 규범에 복귀하려는 표기상의 복고적인 노력의 결과"인 것으로 간주하였다.

그는 토착어 연구에서 마주치게 되는 관찰의 모순을 극복하기 위해서, 화자들이 사회적 상황에 따라서 달리 구사하는 말의 스타일에 주목하여 2가지 원리를 설정하였다.

하나는 단일한 말의 스타일만을 갖고 있는 화자는 존재하지 않는다는 "스타일 교체"(style shifting)의 원리. 다른 하나는 말의 스타일은 화자 자신의 말에 부여된 주의력의 정도에 따라서 자연스러운 비격식체에서부터 최고의 격식체에 이르기까지 단일한 연속선으로 배열될 수 있는 "관심 집중도"(attention)의 원리. 그리하여 Labov(1972, 1978)는 다음과 같은 말의 스타일을 분리 추출하게 된다. 일상체(casual speech) → 격식체(careful speech) → 문장낭독체(reading style) → 단어목록 읽기체(word list) → 최소대립어쌍체(minimal pairs).

화자들이 일상에서 사용하는 자연스러운 입말에서부터 시작하여 주의력이 자신의 말에 가장 많이 집중된 스타일에 이르기까지 걸쳐있는 연속체 가운데 어느 지점에 글쓴이는 역사적인 문헌 자료에 등장하는 전설모음화의 과도교정의 형태들을 포함한 일반적인 유형의 여타의 과도교정 표기들을 일종의 서사 표기체(writting style), 또는 문헌어 격식체로 설정할 수 있다고 생각한다. 일정한 시기에 문자로 작성된 문헌어들도 역시 독자적인 의사전달의 방식에 속하는 말의 스타일로 판단되기 때문이다. 이와 같은 특정한 스타일에 출현하는 과도교정의 형태들을 구사했던 당대 화자들은 또 다른 더 일상적인 말의 스타일에서는 등장시키지 않았을 것이다. 또한, 어떤 상황에서는 문헌어 격식체에서만 주로 출현하였던 언어적 특질이 어느 시점에서는 다른 일상어체로 확산되는 사례도 출현하게 된다.

2.2 전설모음화에 대한 정량적 과도교정과 정성적 과도교정

전설모음화 현상(스, 즈>시, 치)은 19세기 후기의 단계에서 여타의 다른 지역방언의 경우에서도 그렇지만, 특히 전라방언의 자료들(완판본 고소설 부류와 판소리 사설)에서 형태소 내부와 그 경계를 포함해서 매우 생산적으로 출현하고 있다(최전승 1986, 1987).15) 이와 같은 음운현상은 오늘날까지 연속되어 있는 당시의 언어 사실을 그대로 반영한 것으로, 그 기원이 19세기 후기 훨씬 이전의 단계로 소급된다. 또한, 19세기 후기 전라방언을 반영하는 같은 범주의 자료들에서 체언과 용언 및 문법형태소에까지 걸쳐서 일종의 반작용으로 과도 교정형들이 다양하게 나타나는 모습을 보인다. 아래와 같은 과도교정의 예들은 그 당시에 이미 적극적으로 확산 중인 전설모음화 현상을 배경으로 이루어진 것이다.

(6) ㄱ. 싣-(載) → 슬-; 슈리의 슬코 셜미의 슬코 쇠게 실코(판, 박타령, 388), 쥬늬 등물을 슬고(완판 삼국지,4.29ㄴ), 금은보화를 만이 슬코 (완판 충열, 하.31ㄱ), 슈리 우의 놉픠 슬고(丁巳 조웅, 3.34ㄴ), 짐을 슬어 들니거늘(丁巳 조웅,2.18ㄱ),

ㄴ. 계시-(在) → 게스-; 옥문간의 와 겨슬 졔(완판 춘향, 하.38ㄴ),16) 아번이 게슬젹의(판, 박타령, 330), 셔울 계슨 도련님(필사

---

15) 19세기 후기와 20세기 초반에 걸친 경상도 방언 문헌에 나타나는 전설모음화에 대한 과도교정의 다양한 예들은 어휘형태소와 문법형태소에 따라서 백두현(1992 : 261-262)에 체계적으로 정리되어 있다.
또한, 이상규(2013)는 19세기 후기에 속하는 경남방언 자료인 을유본 『유합』(1885년으로 추정)을 발굴하여 그 언어내용을 고찰하면서, 여기에 나타난 전설모음화의 광범위한 과도교정 예들을 기술한 바 있다. 그 구체적인 용례들은 이 글에서 각주 (32)를 참조.

16) '계시-'(在)의 비어두음절에 수행된 '-시- → -스-'와 같은 과도교정은 19세기 중기 『의성김씨 김성일파 종택 한글 간찰』(2009, 한국학 중앙연구원 편) 가운데 당시 24세 맏며느리 진성이씨(1825-1888)가 58세의 시아버지 김진화에게 보낸 한글편지에서도 출현한다.
이 한글편지 자료집에 실현된 19세기 전기-중기에 걸치는 경북지방에서의 전설모음화 현상의 개략적 전반에 대해서는 최전승(2012 : 324-326), 더욱 상세한 관찰은 김한별(2015 : 162-168)을 참조.

봄의 와 <u>겨슬</u> 젹도 진지 잡슙는 도리가(1849, 096. 맏며느리 → 시아버지, p.629).

별춘향, 203),

ㄷ. -시- → -스-; 하슬가 ᄒ노니다(완판 적셩, 상.12ㄱ), 가슬졔는(완판 춘
향, 상.40ㄴ),

ㄹ. 찌고- → 쯔고; 힝장을 엽피 쓰고(완판 충열, 상.17ㄴ), 동의를 젓티 쓰
고(좌동, 상.19ㄴ),

ㅁ. 모시-(待) → 모스-; 이 고더 모슬 싱각이 업스니(완판 길동, 13ㄴ),

ㅂ. 것이 → 거스; 긔졀담낙 할거스니 가마니 게옵소셔(완판 춘향, 하.33ㄱ),
목심 보존ᄒ긔 어려올 거스니(완판 충열, 하.14ㄴ), 디환
이 목젼의 잇슬 거스니(상동, 하.10ㄴ), 후환이 업실 거스
니(상동, 상.28ㄱ), 졔물을 극진이 작만홀 거스니(상동,
상.15ㄱ),17)

ㅅ. ᄒ직(下直) → ᄒ즉(완판 소대셩, 4ㄱ; 초한, 상.2ㄱ; 풍운, 22ㄱ; 조웅,
1.11ㄴ),

양식(糧食) → 양슥; 남의 양식을…제 양슥을(완판 화룡, 68ㄱ), 삼삭 양
식을 가지고…삼삭 양슥은 고스ᄒ고(상동, 74ㄴ),

임실(任實) → 임슬; 노고바회 임슬을 얼풋 지나(완판 26장본 별춘향전,
12ㄴ),

점심 → 점슴; 점슴을 먹ᄌ흐이(신재효 동창 춘향가/가람본 8ㄱ),

적실(適實) → 적슬; 상놈은 적슬하다(완판 춘향, 상.15ㄴ),

사직(社稷) → 사즉; 나라흥망과 스즉은(완판 화룡, 61ㄴ),

진실(眞實) → 진슬; 진슬노 의긔남자라(완판 길동, 16ㄱ), 말삼은 진슬
노(필사 구운, 상.214ㄴ), 진슬노 지극하신 졍(필사
구운, 상.228ㄴ),

축실(着實) → 축슬; 축슬리 품을 파라(판, 박타령, 342), cf. 축실이 먹인
후의(동, 348),

침실(寢室) → 침슬; 침슬의 들거라… 침실리 덥거든(완판 춘향, 상.16
ㄴ),18)

---

17) 위의 예문 가운데 (6ㅂ)의 '것이 → 거스'와 같은 과도교정은 전설모음화가 생산적인 19세기
의 여타의 지역방언 자료에서 산발적으로 확인된다.

(ㄱ) 다 쓰지 못ᄒ는 <u>거스니</u> 갈여 발니 것시니라(1886, 잠상집요, 10ㄴ),
뉘에 일졔니 날 <u>거스니</u> 달은 글읏세 두어(상동, 13ㄱ),
스흘 후에 쏘 잠잘 <u>거스니</u> 두 번 잠잔 후에(상동, 13ㄴ),
(ㄴ) 집안 일을 도모 ᄒ다시 <u>홀거스니</u> 쳥컨디(1898, 매일신문, 9.24).

계집(女) → 게줍; 아 빈 게줍...물인 게집(판, 박타령,326),
짐(負) → 즘; 옹긔 즘 작디츠고...질머진 짐(판, 박타령,328).

이러한 과도교정들의 유형들은 19세기 후기 전라방언의 격식어 차원에서 화자들이 확산되어 오는 개신적 변화인 전설모음화 현상을 중앙어를 의식하거나, 또는 자신이 속한 사회 계층의 말에서 확립된 규범의 기준에 근거하여, 여전히 수용하지 않으려는 부정적인 인식과 태도를 반영한다. 따라서 개신적인 전설모음화의 실현형들은 당시에 보수적 관점에서 일종의 사회적 낙인형으로 인식되어 어느 정도 회피되거나, 비실현형으로 교정하려는 반작용이 나타나게 되었을 것으로 보인다. 그리하여 화자들은 상황에 따른 말의 스타일에 따라서 전설모음화의 실현형들을 비실현형으로 옳게 교정하려는 시도를 하는 과정에서 위의 (6)에서와 같은 잘못된 유추에 따른 과도교정이 출현하게 된 것으로 파악된다.19)

---

18) 또한, (6)에서 전설모음화에 대한 과도교정형과 원형 간의 동일 문면에서의 교체 현상 '침슬(寢室) ⇔ 침실', '계줍(女) ⇔ 계집'. '즘(負) ⇔ 짐' 등은 비단 문헌 자료에서만 출현하는 예들은 아닌 것 같다. 전북방언의 구술 자료 가운데 이와 유사한 교체(빗지락 ⇔ 빗즈락)가 다음과 같이 부분적으로 관찰된다.

이종만(74세)의 구술 : 아, 그날 식즌에 가보니깨 빗즈락 자루더래이(일동 : 웃음). (조사자 : 네?) 빗즈락 몽댕이(일동 : 웃음). (청중 1 : 그 부엌이나 마당이나 헌 빗자락이...몽당 빗지락이 도깨비여!).
(청중 2, 3 : 빗지락, 빗자락!). 그런디 구름이 꼭 쪘네, 저녁으.. (『한국구비문학대계』 5-3, 전북 부안읍 줄포면 4 : 50).
cf. 아, 그 빗지락 좀 갖고 오이라(상동, 줄포면 51 : 429).
19) 역사적으로나 공시적으로 과도교정은 규범과 권위 등에 대한 사회언어학적 가치 평가에 근거하여 화자들이 결과적으로 잘못 만들어낸 유추의 일종이다(Decamp 1971 : 87; Hock 1991 : 205-206). 그리하여 이와 같은 잘못된 유추는 일정한 언어 특질 또는 진행 중인 변화에 대한 화자들의 부정적인 인식으로 출발하는데, 한 편으로 당대의 표준어와 지역 방언간의 관계에서 형성될 수 있다.
다른 한 편으로 일정한 사회의 내부에서나 개인 화자의 말의 스타일에 따라서 새로운 언어 변화가 일어나서 확산되어 가는 경우에 보수형과 개신형간의 변이에 대한 화자의 규범적 판단에서 의식적으로 일어날 수도 있다. 후자의 과도교정의 경우에 어떤 언어 변화가 확산되기 시작하는 초기의 단계에서도 출현할 수 있을 것으로 예측된다. 따라서 격식어인 문헌어에서 해당 변화의 모습이 전면적으로 억제되어 원래의 보수형으로 완벽하게 옳게 교정되

글쓴이는 위의 §2.1에서 과도교정을 나타내는 이와 같은 표기들에 대하여 발음상의 실체를 어느 정도 인정하고 화자들이 구사하는 여러 가지 말의 스타일 가운데 주로 서사 표기체에 잠정적으로 등장하는 것으로 설정한 바 있다. 이러한 전제는 통시적 및 공시적 과도교정 형태를 일정한 말의 스타일에만 일시적으로 출현하여 계량화할 수 있는 정량적(quantitative) 과도교정과, 모든 말의 스타일로 확대되어 고정된 정성적(qualitative) 과도교정의 2가지 차원으로 구분하여 파악하는 경우에 성립된다.

Labov(1972 : 126, 2006)의 사회언어학 연구에서 원래의 "과도교정"이라는 용어는 공시적 언어변화의 한 가지 요인으로서, 일정한 사회 계층에 속하는 특정한 말의 스타일에서만 나타나는 도표의 선이 가리키는 "넘나들기"(cross over) 현상에 적용되어 왔다. 즉 중하류 계층의 화자들이 일정한 규범적인 발음상의 특질을 구어에 가까운 여러 일상체 등에서는 중상류 계층의 화자들보다 빈도수 도표에서 언제나 낮은 사용 빈도를 보인다. 그러나 중하류 계층의 화자들은 2가지 격식체 스타일(주로 최소대립어쌍 읽기와 단어목록 읽기)에서만 자신들이 지향하려는 중상류 계층 화자들의 해당 말의 스타일에서 구사하는 빈도보다 훨씬 더 높게 사용하는 것이다. 그리하여 중하류 계층의 2 격식체의 말에서 중상류 계층이 사용하는 빈도를 계산한 도표의 선을 뛰어넘게 되는 현상이 유의미한 과도교정으로 주목받게 된 것이다.

최근에 Janda & Auger(1992)는 이러한 특수한 말의 스타일 상황에서만 의식적으로 실현되는 부분적인 과도교정을 정량적 또는 계량적(quantitative)인 것으로, 그리고 언어변화와 관련하여 종래에 전통적으로 사용된 그것의 개념은 정성적 또는 질적(qualitative)인 것으로 분류한 바 있다. 그리고 Janda & Auger(1992)는 종래의 전통적인 과도교정, 즉 정성적 과도교정에 대한 관찰에

었으나, 일부는 그 교정이 너무 지나치게 되어 잘못된 과도 교정형이 무의식적으로 등장하게 되는 상황도 있을 것이다. 또 다른 경우에는 새로운 변화를 수용한 개신형들이 당시의 화자 또는 서사자에게 익숙하게 되어 이미 변화를 겪은 형태인지를 인지하지 못하였기 때문에 그대로 노출되는 예들도 발견된다.

서는 이러한 형태들이 문헌 자료에서 등장하는 계량적 빈도와, 그 출현을 지
배하고 있는 말의 스타일과 연관된 여타의 다른 사회언어학적 요인들을 정
밀하게 관찰하려는 시도가 없었다는 사실을 지적하였다.

글쓴이는 이와 같은 과도교정의 2가지 유형의 개념을 오늘날의 언어와 시
간상으로 분리되어 있는 역사적 문헌 자료의 표기에 등장하는 예문 (6)과 같
은 전설모음화의 과도 교정형들에 대한 이해에 부분적으로 적용하려고 한다.

먼저, 19세기 후기 전라방언의 사회에서 일정한 계층에 속하는 화자들은
전반적으로 확대된 전설모음화 현상을 중앙어를 의식하지 않거나, 표준적 규
범에서 자유로운 자신들의 일상체에서는 높은 빈도로 실현시키고 있었다고
가정한다. 그러나 이들 화자는 위로부터 규범의 압력을 받는 상황(pressure
from above)에서 구사하는 격식체와 서사 표기체 등에서는 개신으로서 전설모
음화 현상의 사용 빈도를 의식적으로 축소시키거나, 비실현형으로 옳게 교정
하려고 하였을 것이다.[20] 이와 같은 특정한 격식적 상황에서 화자의 착각에
서 파생된 잘못된 교정도 적지 않게 나타나는 경우도 있었을 것이다.

따라서 위의 (6)에서 부분적으로 제시한 19세기 후기 전라방언에서의 과도
교정형의 유형들도 특정한 말의 스타일인 서사 표기체에서 넘나들기로 등장
한 실체적인 형태로 간주될 수 있다.[21]

---

20) 이와 같은 과도 교정형은 격식적인 방언조사 환경에서도 출현하기도 한다. 김주원(2003 : 22)
은 동해안 방언의 음운론을 기술하면서, 전설모음화와 관련하여, 자료 제공인이 사용하는
'바심하다(打作하다) → 바슴하다'; '징용(徵用) → 증용'과 같은 예를 주목한 바 있다. 김주원
교수는 '바슴하다'의 형태는 '바심하다'에서 일종의 야화 현상이 일어나서 형성된 것으로 파
악하였다.

21) 일정한 시기의 문헌 자료에서 작성자의 의식적인 교정을 거쳐 표면으로 출현하지 않았던 음
운론적 사실을 과도교정의 형태를 통해서 관찰자가 규명해 낼 수 있게 한다. 이러한 사실은
주로 지역방언 자료에서 ㄱ-구개음화와 ㅎ-구개음화와 결부되어 있다.
역사적으로 전개해 오던 구개음화의 유형 가운데, 특히 ㄱ-과 ㅎ-구개음화현상은 남부와 북
부방언, 또는 중부방언(일정한 하류계층)에 한정된 극히 유표적인, 그리고 전형화된 음운현
상이었기 때문에, 격식어에서는 가능한 출현이 의식적으로 배제된 것으로 보인다. 그러나
그러한 형태를 회피하려는 시도가 때로는 ㄱ-구개음화를 거쳐 나온 'ㄱ>ㅈ' 형태로 잘못 판
단된 기원적 형태나, 정상적인 ㄷ-구개음화를 거친 'ㄷ>ㅈ' 변화 형태를 구개음화 이전 보
수형 'ㄷ'형으로 교정한 예들이 국어사 연구에서 드러나기도 한다.

이와 같은 과도교정의 출현은 격식적인 문헌어로 작성된 대부분의 문헌 자료에서 그 작성자들이 당대에 전개되어 오는 개신적 언어 변화들을 그대로 표기에 반영하기보다는 규범을 준수하여 억제하거나 교정하려고 했다는 사실을 알려준다. 그러나 이러한 의도적인 교정의 작업을 통해서도 어떤 부류의 개신형은 이미 이른 단계에 변화를 수용하여 작성자의 주목을 받지 못하는 상황도 발생하게 된다.

예를 들면, 19세기 중엽에 작성된 필사본 『字類註釋』(1856, 정윤용 1792~?)에는 해당 시기의 중앙어에서 예상되는 전설모음화 현상은 전혀 문면에 드러나지 않는다. 일종의 교육용 어휘집으로서 보수적이고 규범적인 텍스트를 지향하고 있는 이 문헌의 성격으로 보아 작성자는 그 언어 사용에서 당시에 확산되어 있었을 개연성이 있는 전설모음화 현상을 문면에서부터 철저하게 배제시키거나, 그 개신형의 경우에는 원래의 격식적인 보수형으로 옳게 교정한 것으로 보인다. 그러한 전설모음화에 대한 교정의 과정에서 '씨슬 식 拭(상.72ㄱ), 씨슬 기, 揩(상.72ㄱ), 씨슬 문, 抆(상.72ㄱ)' 등과 같은 일련의 단어에서는 '씨-→쓰-'의 교정이 면제되어 있다. 따라서 전설모음화 현상의 일부가 『字類註釋』의 텍스트에 은연중에 그대로 노출되어 있음을 알 수 있다.[22]

중세국어에서 물을 이용한 '싯-'(洗)과, 물기를 훔치는 행위인 '슷-'(拭)형은

경상도 방언의 경우에, 김주원(1997 : 34-37, 2000 : 168-169)은 경북 풍기에서 간행된 『七大萬法』(1569)에 등장하는 '듀화'(9ㄱ)형이 원래 '규화'(葵花)에서 잘못 교정되어 표기된 것으로 주목하고, 이러한 과도교정형이 출현하게 된 배경을 이해하려면 다음과 같은 음운론적 과정을 설정하여야 된다고 보았다(또한, 백두현 2013 : 18을 참조).

규화>(ㄱ-구개음화)쥬화→(과도교정) 듀화.

그리하여 김주원 교수는 이러한 사실은 16세기 후기의 경상도 지역방언에 ㄷ-구개음화뿐만 아니라, 이미 ㄱ-구개음화도 파급되어 왔을 것으로 보지 않을 수 없다고 단정하였다. 『七大萬法』(1569)의 이러한 '듀화' 형태는 서사 표기체에 사용되었던 일종의 정량적 과도 교정형일 것이다.

22) 그 반면에, 을유본 『유합』(1885)의 경상도 방언 자료에서 '洗'와 '濯'의 새김은 전설모음화를 수용한 형태로 잘못 인식되어 '시-→스-'로 과도교정되어 있다. 슥글 세(洗, 14ㄱ), 스슬 탁(濯, 14ㄱ).

성조와 모음의 차이에 따른 별개의 형태이었다. 洗 시슬 셰(예산본 훈몽자회, 하.5
ㄴ) : 揩 쓰슬 기(동, 하.10ㄴ), 拭 스슬 식(신증유합, 하.32ㄴ), 내 눗 시서지라(洗面)...나그
내네 눗 시서다 ᄒ늴 사ᄅ마 상 스셔라(抹卓, 번역노걸대, 상.61ㄴ). 이와 같은 어휘상
의 대립은 '슷-'(拭)형이 새로운 음성변화로 확산되어 오는 전설모음화를 수
용하게 되면서 '슷->싯-'으로 전환된 결과, 점진적으로 '싯-'(洗)형과 그 형태
와 의미가 합류하거나 때로는 서로 혼동되어 나타나게 된다. (ㄱ) ᄒ로난 눈물
이리 쑷고 져리 쑷시면셔(완판 춘향, 상.36ㄴ), 눈물 쑷고 도라 셔며(동, 하.14ㄴ) : 말근 물
의 손도 싯고 발도 싯고(동, 상.16ㄴ), (ㄴ) 눈물 썻고(판, 박타령, 344), 눈물 흔적 시치면셔
(완판 심청, 하.19ㄴ), (ㄷ) 손으로 청강슈을 쥐여 눗 슷더니(완판 구운몽, 상.5ㄴ).

이와 유사한 상황은 홍윤표(2009ㄱ)에서 소개된 19세기 중기의 필사본『幼
學一隅』의 본문에서도 관찰된다. 홍윤표 교수에 따르면, 이 필사본에 반영된
언어는 19세기 중기에서부터 후기까지의 서울을 중심으로 하는 중앙어의 특
징을 보인다. 그렇기 때문에, 여기에 움라우트와 ㄱ-구개음화 및 전설모음화
현상은 전연 나타나지 않는다고 한다.[23] 19세기 중기와 후기의 단계에 서울
말 중심의 방언에 통상적으로 확산되어 있었던 여러 음운현상을 고려하면,
이 텍스트에는 이와 같은 특질을 철저하게 반영시키지 않고, 그 대신 전형적
인 보수적인 형태로 작성자가 교정을 한 것이다. 그러나 우리가 위에서 필사
본『字類註釋』에서 찾을 수 있었던 전설모음화 수용 형태 '스슬->시슬-'의
예가 여기서도 등장하고 있다. 씨슬 식(拭, 하.7ㄴ), cf. 이슬 존(存, 상.8ㄱ), 니즐 망
(忘, 상.12ㄱ), 업슬 무(無, 상.5ㄴ), 거즛 양(佯, 상.12ㄴ), 차즐 심(尋, 하.7ㄴ).

19세기의『字類註釋』(1856)과『幼學一隅』의 텍스트에 이와 같이 유일하게
등장하는 전설모음화의 형태 '슷->싯-~썻-'(拭)의 존재는 당시 이 단어 부류

---

23) 홍윤표 교수의 해제(2009ㄱ : 271-292)에 따르면,『幼學一隅』에는 필사기가 없지만, 표기법이
나 印記(이상익, 1801-?)로 보아 19세기 중엽에 편찬된 것으로 추정되었다. 한자 석음에 나
타나는 한글 표기는 19세기 중엽에서 말기까지의 특징을 보이는 반면에, 새김은 극히 보수
적으로 19세기 초기의 양상을 나타낸다고 한다. 이 자료에는 약간의 움라우트 현상을 수용
한 형태도 찾을 수 있다. 진납이 猿(상.8ㄱ), 식식기 雛(상.5ㄴ), 식일 彫(상.10ㄴ).

에 이른 시기에 먼저 해당 변화가 적용되어 문헌어로 진입한 것으로 해석된다. 그리하여 당시의 규범적인 텍스트 작성자들이 사회적 및 연령·계층적 공간에서 확산되고 있던 전설모음화 현상을 억제하고, 이것을 전부 비실현형으로 교정하는 과정에서, '슷->썻-'(拭)형이 기원적인 '싯-'(洗)과의 구별이 되지 않을 정도로 이미 관습화되어 있었기 때문에 미처 교정되지 못한 것으로 보인다.

위의 (6)에서 제시된 19세기 후기 전라방언에서 전설모음화 현상에 대한 일련의 과도교정의 예들은 화자들이 구사하는 다른 여타의 일상체의 말에서는 다시 원상으로 복귀되어 사용되었을 것이 분명하다. 이와 같은 관점에서 (6)의 과도교정형들은 엄밀하게 말하면 한정된 맥락 또는 개인 차원에서 수행된 잠정적인 "개신"(innovation)의 신분이었을 것이다. 그러나 이와 같이 격식체에서 의식적인 넘나들기를 통하여 출현하였던 잠정적인 과도 교정형들이 어떤 유리한 상황에서 점진적으로 동일 화자들의 다른 말의 스타일에까지 확대되어 스타일의 교체 사용과 무관하게 일관성 있게 출현하는 상황을 가정할 수 있다. 이와 같은 과정을 거친 고정적인 과도교정을 정성적 또는 질적 과도교정에 해당된다. 그리고 정량적이거나 정성적 과도교정을 거친 형태들이 다른 지역간이나 동일한 사회 구성원간의 상호 의사소통 과정을 통하여 다른 화자들이 모방하게 되어 확산이 이루어질 경우에 비로소 전설모음화에 대한 과도 교정형들은 신분상의 위상이 "변화"(change)의 단계로 들어서게 된다.

위의 (6)의 정량적 과도교정들의 예에서 잠정적이고 단순한 개신을 거쳐 본격적인 정성적 과도교정으로의 변화 단계로 진입하기 위한 첫 번째 관문은 반복되어 쓰일 수 있는 출현 빈도에 있을 것이다. 그러나 (6)의 과도교정형들은 19세기 후기 단계에서 어느 정도의 반복성과 출현 빈도를 지속했는지는 분명하지 않다. 따라서 이러한 과도 교정형들은 백두현(1992)이 경상도 방언 자료에 나타나는 구개음화에 대한 과도 교정형들에 대해서 내린 다음과 같은 결론과 어느 정도 일치된다.

> (7) 과도교정이 어형의 실질적 변화로 굳어진 예가 극소수에 지나지 않고, 대부
> 분의 예들이 일시적인 현상으로 끝나 버렸기 때문에 과도교정의 많은 예들
> 은 단순한 표기상의 오류로 보는 것이 합리적이다....과도교정형이 표기 당
> 시의 실제 음성형을 반영한 것이었다 해도 과도교정에 의한 음성형이 당대
> 의 언어현실에서 사회적으로 일반화되었을 가능성은 극히 적다고 생각되
> 며, 시간적으로 오래 지속되지도 않았을 것으로 추측된다.(p.338)

이러한 "합리적"인 판단에도 불구하고, (6)의 과도교정 예들 가운데 일부
는 출현하는 지역과 시대는 상이하지만, 전설모음화에 대한 당대 화자들의
유추에 의한 인지 작용을 거쳐 부분적으로 반복되어 출현하는 형태들이 있
다. (6ㄱ)의 '싣-(載) → 슬-'의 경우는 19세기 후기 전라방언의 자료에서도 지
속적으로 출현할 뿐만 아니라, 거의 비슷한 시기에 전설모음화 현상이 전개
되어 있는 19세기 후기 중부방언의 자료에서도 역시 등장한다.24)

> (8) 슈뢰포 슬코 다니는 비가 이척(독립신문, 1897.1.30.②),
> 슈뢰포 슬코 다나는 비가 흐나(상동, 1897.1.30.②),25)

---

24) 전설모음화와 관련하여 '싣-(載) → 슬-'의 과도교정을 반영하고 있는 『독립신문』의 예들은
고립된 사례가 아니다. 같은 자료에서 '짐작(斟酌) → 즘작', '다짐 → 다즘' 등과 같은 동일한
유형들도 출현하고 있다.

  ㄱ) 짐작 → 즘작;
  길게 말 아니 흐여도 대강 즘작 홀뜻 흐더라(독립신문, 1896.6.30①),
  그사롬이 죄가 잇거니 즘작만 흐고(상동, 1896.9.29①),
  그 나라 인민이 엇더흔 빅셩인지 즘작 흐는거슨(상동, 1897.2.2.①).
  cf. 낙지부 고문관이 그 ᄾ셰를 짐작 흐고(상동, 1896.12.19).
  ㄴ) 다짐 → 다즘; 招狀 다짐 글월(역어유해, 37ㄱ),
  경부에 가셔 발명흐여 오라고 억지로 다즘 밧고(독립신문, 1897.5.4③),
  비도들이 낡어 보고 쾌히 귀화 흐기를 다즘을 두어(상동, 1896.10.17②),
  cf. 이둘 이십일노 한졍 주어 다짐 밧고(상동, 1897.9.16).
25) '실코'에서 과도교정을 거친 '슬코'형은 1897년 1월 30일 간행 『독립신문』의 2면 <외국통신>
란에 연속적으로 모두 7회 사용되었다. 그 반면에, 같은 일자의 신문 제1면 <론셜> 텍스트
에는 '실코'로 출현한다.

아라샤 사룸의 물믜 슬코 가눈 물건을(상동, 1897.1.14③),

cf. 물건을 마거로 실코 다니게 ᄒ며(상동, 1897.1.30.①),

　　물건들을 사셔 비에 실코 쟝ᄉ차로 가다가(상동, 1896.9.10②).

19세기 후기 전라방언과 중부방언에 등장하고 있는 이러한 '슬코'와 같은 형태는 상호 영향 관계가 있었다는 것보다는 각각의 지역에서 확산되어오는 전설모음화에 대한 화자들의 동일한 인지적 유추작용을 거쳐 독자적으로 형성되었을 것이다. 그러나 이러한 과도 교정형이 서로 다른 지역에서 반복적으로 출현한다는 사실은 화자들의 일정한 말의 격식체에서 출현하고 있었던 실체를 가리킨다. 20세기 초엽의 충남 서천방언을 반영하는 『初學要選』에는 생산적인 전설모음화 현상과 함께 (8)의 예들과 같은 '싣-'(載)의 과도교정 형태가 실려 있다(홍윤표 1991 : 214). 슬을 지(11).[26]

또한 『독립신문』의 언어에는 '즐겁-'과 '즐기-'(喜)의 활용형들이 전설모음화에 적용된 다음에 ㄱ-구개음화에 대한 과도교정을 거친 '질겁- → 길겁-'과 '질기- → 길기-'와 같은 형태들도 빈번하게 나타난다. 이러한 유형은 19세기 후기 전라방언 자료에서도 생산적으로 사용되었다. 특히 19세기 후기 전라방언 자료에는 이와 비슷한 유형의 '깃브->짓브- → 즛브-, 깃그->짓그->즛그-'와 같은 과정을 거친 과도교정형들도 출현한다. 역시 같은 계통의 20세기 초반의 『女四書諺解』(1907, 전남 고흥 간행)에서도 '즛그-'와 같은 형태가 일부 사용된 바 있다(백두현 1992 : 262).

그러나 19세기 후기라는 역사적 단계에서 지역을 달리하여 등장하는 아래의 서울방언의 (9ㄱ)과 전라방언에서 (9ㄴ)의 과도교정 형태들은 사회언어학적 동기를 달리하는 것이지만, 그러한 과정을 거치는 화자들의 유추의 원리는 동일하다.[27] 다음과 같은 (9)의 예들은 ㄱ-구개음화 현상이 발달되어 있

---

26) 이와 같은 '싣- → 슫/슬-'의 과도교정은 19세기 후기 경남 김해지역 방언이 반영된 필사본 을유본 『유합』(1885)에도 반복되어 있다. 슬을 지(載, 1ㄴ).

27) 17·8세기에 일어난 ㄷ-구개음화와 관련된 과도교정을 정리하고 고찰한 김주필(1994 : 66)은

는 남부방언의 전형적인 특질을 의식적으로 거부하려 하거나, 또는 서울·경기도 권과 남부지역 언어사회에서 확산되었으나 규범에서 벗어난 사회적 낙인형을 서사 표기체에서 시용하지 않으려는 의도에서 형성된 것이다.

(9) ㄱ. 기화훈 빅성들이 되야 <u>길겁게</u> 셰계에 딕졉을 밧고(독립신문, 1897.3.1①),
　　　즈거 월급 가지고 <u>길겁게</u> 셰월을 보내며(상동, 1897.3.25①),
　　　ᄀᆺ치 <u>길겁고</u> 경스롭게 죠션을 다스리시고(상동, 1897.4.17②),
　　　사룸들이 엇지 <u>길겁지</u> 아니 ᄒ리요(상동, 1897.10.2),
　　　즈쥬 독립국 된거슬 <u>길거워</u> ᄒ얏ᄂᆫ지라(상동, 1897.3.27①),
　　　<u>길거온</u> 뜻을 셜명 ᄒ며 노러을 ᄒ야<상동, 1897.8.14>
　　　모도 익국가를 부르며 <u>길기더니</u>(상동, 1897.7.10).

　ㄴ. 소쟝니 검무로 <u>길기물</u> 돕게 하올리ᄃ(완판 초한, 상19ㄴ),
　　　목동더리 다 <u>길기여</u> 부르ᄂᆫ지라(상동, 상.28ㄱ),
　　　춤도 추고 <u>길기ᄂᆫ</u> 소리(완판 화룡, 48ㄱ),
　　　엇지 <u>길겁지</u> 안이ᄒ며...여군동낙 질길 젹으(상동, 47ㄱ),[28]

　ㄷ. 황후 더욱 <u>즛거</u> 위문 ᄒ신더 부원군이 더욱 <u>깃거</u>ᄒ며(완판 심쳥, 하.37ㄱ),
　　　크게 <u>즛거</u> 왈(丁巳 조웅, 3.14b), 원슈 <u>즛거</u>(동, 3.2ㄴ), 부인은 <u>즉거</u> 아이
　　　ᄒ시고(동, 3.6b),
　　　엇지 <u>즛부지</u> 안이 ᄒ올잇가(동, 3.5a),
　　　　cf. 엇지 깃부지(완판 조웅, 3.4ㄴ), 원수 직거(좌동, 3.2ㄴ).[29]

20세기 초반 서울방언을 반영하는 『日本語學 音·語編』(임규, 1912)에서도 이러한 과도교정을 거친 '즐겁->질겁-→길겁-'의 활용형들이 등장한다. 길

서울방언과 경상과 전라방언에서 일어난 과도교정은 동일한 형태를 취하지만, 화자들의 의식의 측면에서 차이가 있다고 보았다. 서울말에서 일어나는 과도교정 부류는 규범상의 부정적인 평가를 받고 있는 남부방언의 전형적인 표지를 회피하려는 수단인 반면에, 남부방언에서의 그것은 위신을 갖고 있는 서울말의 특질을 지향하는 데에 기원된다는 것이다.

28) 20세기 초반 경상도 방언(경북 상주)을 반영하는 『養正編』(1926)에서도 이와 같은 동일한 과정을 거친 '길기-'(樂) 과도교정형이 사용되었다(허재영 2008을 참조).

부모의 편하고 <u>길거움</u>을 일울지니라(安樂, 17ㄴ), cf. 존장의 질기고 조아 하야(20ㄴ).

29) 20세기 초반 전남 고흥(瀛洲)에서 간행된 것으로 추정되는 중간본 『女四書諺解』(1907)에서도 '깃거->깃서-→즛거'와 같은 과도교정형이 사용되고 있다. '크게 <u>즛거</u> ᄒ고'(3.24ㄴ).

거읍게 하얏는가 하고(430), 길거워하고 잇습니다(428), cf. 질거워서(431), 질거운 공상에 (439). 독립 운동가이며 교육자인 林圭(전북 익산군 출생, 1863-1948)가 작성한 이 문법서의 언어에서도 물론 전설모음화 현상이 적극적으로 실현되어 있다. 따라서 19세기 후기 전라방언에서 앞서 우리가 관찰하였던 (6)의 과도교정 유형들과 같은 범주에 속하는 아래와 같은 형태들도 같은 문법서 텍스트에서 자연스럽게 나타난다.

(10) ㄱ. 씻-(洗) → 쑷- : 쑷겟습니다(482), 슈건을 짜서 잘 쑷지 안니하면(484),
등 쓰서 주는 주인이 업는데(484),
ㄴ. 씨름 → 쓰름 : 쓰름군은 발가벗고 쓰름을 합니다(228),[30]
ㄷ. 심심하-(閑) → 슴슴하- : 나는 슴슴하야서 신문이며 쇼셜 갓혼 것을 보고 잇드니(555).

『日本語學 音・語編』(1912)에 등장하는 이러한 형태들 가운데 위의 (9ㄱ-ㄴ)에서와 같은 "전설모음화 → ㄱ-구개음화에 대한 과도교정"을 거친 '기럼길'(捷徑)형도 포함된다. 이러한 과도 교정형은 여기서 고립되어 단편적으로 쓰인 것이 아니고, 서로 연관성이 없는 19세기 후기의 서울방언과 전라방언 자료에서도 독자적으로 출현하고 있다(최전승 2009 : 135-136).

(11) ㄱ. 기럼길은 도리어 손(損)입니다(日本語學 音・語編, 208),
ㄴ. 죵일 비를 맛고 힝진 ᄒᆞ야 기럼길노 산에 올나(독립신문, 1896.8.18①),
ㄷ. By-way 기럼길(Underwood의 한영ᄌᆞ던 1890 : 제2부, p.32),
Path 기럼길(상동, 제2부, p.190), cf. 즈럼길 徑路(상동, 제1부, p.174),
ㄹ. 죵용ᄒᆞᆫ 길럼길로 몬져 가셔(판, 춘동, 150).

19세기 후기와 20세기 초반에 걸쳐서 자료상의 형식과 지역적 장소를 초월해서 이와 같이 반복적으로 등장하는 '즈름길>지럼길 → 기럼길'과 같은 과

---

30) 이러한 과도교정 가운데 '씨름 → 쓰름'의 예는 곧 이어 제시할 20세기 초엽의 『온각서록』에 서도 관찰된다(전광현 1983/2000).

도교정은 당시 화자들의 일정한 격식체, 즉 서사 표기체에서 사용되었던 실체를 어느 정도 반영하는 동시에, 다른 여타의 다른 말의 스타일에서는 '지럼 길'로 교체되었을 것이다. ㄱ-구개음화에 대한 과도 교정형들인 '김치(沈菜), 깃(羽), 기와(瓦), 길쌈(紡績)' 등이 1930년대에 성공적으로 표준어의 신분으로 진입한 반면에, 이것들과 동일한 유추과정을 거친 '기럼길'형은 오늘날의 여러 지역방언들의 분포에서 구체적으로 확인되지 않는다. 그렇다고 해서 위의 예문 (11)에서 출현하는 과도교정의 형태를 당시 실제의 발음 현실과는 거리가 있는 단순한 표기 차원의 현상으로 취급할 수는 없다. 서로 다른 시간과 장소 및 자료 형식상의 차이를 넘어서 일어나는 "표기상의 오류"(백두현 1992)가 이렇게 지속적으로 반영되기는 어렵기 때문이다.

또한, 우리가 제시한 19세기 후기 전라방언에서의 예문 (6)에 나오는 몇 가지 과도교정의 종류 가운데 '점심(點心) → 정슴'과 '계집(女) → 게줍'의 사례도 사용상으로 특정 자료 형식에 국한되어 있는 고립된 출현에 해당되지 않는다. 전광현(1983/2003)이 전북 정읍방언과 연관하여 소개한 바가 있는 20세기 초반의 필사본 『온각서록』(1901-1902)에서도 이와 동일한 과도교정이 다른 유형들과 함께 등장하고 있다. 점심→정슴, 심지→(등장) 슴지, 씨름→스름, 겨집→겨줍, 짐작→(그려) 즘작, 흩어지-→훗터즌 것. cf. 셔랍→(담비) 헐흡(전광현 1983/2004 : 182). 오늘날의 지역방언에서 과도 교정형 '점슴'형의 분포는 분명하게 살펴볼 수는 없으나, 김병제의 『방언사전』(1980 : 123)에서 '정슴~정슴'의 형태가 주로 강원도와 북부방언 지역에서 쓰이고 있는 것으로 조사되어 있다.[31]

19기 후기부터 20세기 초반에 걸친 여러 경상도방언 자료에 나타나는 전설모음화의 과도교정은 그 예들도 다양할 뿐만 아니라 사용의 범위가 넓었다.[32] 이러한 예들은 그 당시에 해당 방언에서 전설모음화 현상이 생산적으

---

[31] 전설모음화 현상이 일어나지 않는 육진방언을 포함한 북부지역 방언에서 사용되고 있는 전설모음화에 대한 과도 교정형들의 사회언어학적 속성에 대하여는 본고의 제6장에서 논의하려고 한다.

[32] 이상규(2013)가 발굴하여 그 영인과 함께 자세하게 기술한 을유본 『유합』에 반영된 전설모

로 확대되어 있으며, 동시에 일정한 의사소통의 상황에서 이 현상에 대해서 화자들의 규범의식에 근거한 사회언어학적 반작용이 강하게 실현되었음을 반증한다. 을유본『유합』(1885)에 실려 있는 경상도방언의 과도교정형들 가운데 일부는 자료 형식과 유형이 상이한 19세기 후기와 20세기 초반의 중부와 전라방언 자료에까지 확대되어 있다. 특히 '씹-→씁-'(嚼)과 같은 예가 여기에 속한다.

(12) ㄱ. 그 간을 내여 <u>씁으니</u>(독립신문, 1896.10.8②),
cf. 잘 씹어 싱키지를 아니ㅎ엿다가(상동, 1897.7.1),
ㄴ. 씁을 卹, 씁을 嚼(1926, 養正編 字解, 2ㄱ),
cf. 십기를 소래 잇시 마되(좌동, 12ㄱ),
ㄷ. 시모의 부럼 벌에를 <u>씁고</u> 팔과 손가락 피를 니여(1907, 중간본 여사서
언해, 4.12ㄴ)
cf. 귀덕이 낫거늘 씹어 먹고(초간, 여사서언해 4.15ㄴ),
ㄹ. <u>씁을</u> 직/작(喫/嚼, 1885, 을유본 類合 13ㄴ).

음화의 과도 교정형들의 용례는 특히 풍부하고 다양하다(pp.248-250). 이 자료는 1885년 경남 김해지역 중인 서리 계층으로 추정되는 사람이 필사한 것으로, 당시 이 계층에 속한 화자의 불안정한 사회언어학적 상태를 보이는 것으로 생각된다. 이상규(2013 : 249)는 이러한 과도 교정형들을 제시하면서, "이러한 특정 음운 현상이 확산되기 시작한 초기 단계에서 과도교정의 형태가 다소 출현하는 점으로 미루어 보아도 이 지역어에서 전설고모음화 현상의 확산 초기임을 증명할 수 있다."고 언급하였다.

이상규(2013)에서 제시된 전설모음화의 과도교정의 예들을 글쓴이가 다시 종합하여 정리하면 다음과 같다(화질이 선명한 을유본『유합』영인본 파일을 보내주신 경북대학교 이상규 교수에게 감사를 드린다.)

형태소 내부; 1. 씁을 직/작(喫/嚼, 13ㄴ), 2. 스슬 탁(濯, 14ㄱ), 슥글 셰(洗, 14ㄱ),
3. 쯔을 용, 도(舂, 搗 14ㄱ), 4. 슴줄 맥(脈, 9ㄱ)/심 역(力, 9ㄱ),
5. 니슬 직/유/존(在, 有, 存, 2ㄴ, 10ㄱ, 19ㄱ),
6. 숨물 직/종(栽種, 14ㄱ)=窓 박계 菊花을 숭거(본문이 끝나는 부분에 실린 가
사 작품 속에 등장한다, 20ㄱ), 7. 슬을 직(載, 1ㄴ), 8. 츠매 상(裳, 12ㄱ),
9. 슬으 증(甑, 11ㄱ), 10. 밥 즈을 취(炊, 11ㄴ), 11. 쓸을 급(汲, 16ㄴ),
12. 스엄 시(試, 14ㄴ), 13. 슬경 가(架 9ㄴ), 14. 건즐 제(濟, 14ㄴ),
cf. <u>츠매</u> 상(裳, 1925, 동몽수독 천자문 10ㄴ).
형태소 경계; 1 가즐 지(持, 14ㄱ), 2. 살즐 비(肥, 12ㄴ), 3. 마슬 음(飮, 13ㄴ),
4. 숫츨 상(想, 14ㄴ), 5. 어즐 션(善, 12ㄴ)~어질 션(賢, 12ㄴ).

위의 (12)에서와 같은 과도교정 형태를 특정한 서사 표기체에서 구사하는 당시의 화자들은 자신이 구사하는 상황에 따른 말의 스타일의 목록에서 다음과 같은 단계를 거쳐서 점진적으로 원래의 올바른 형태로 다시 교정하거나, 아니면 어느 정도 일정한 기간 지속하게 되었을 것으로 추정된다.

(13) ㄱ. 씹- → ㄴ. 씹-~씁- → ㄷ. 씹-~(씁-).

지금까지 글쓴이는 19세기 후기 전라방언 자료에 나타난 과도 교정형들을 중심으로 이것들에 대하여 실제 언어적 실체를 부여하기 위해서 화자들이 상황에 따라서 구사할 수 있는 말의 사용목록 가운데 특정한 스타일, 즉 서사 표기체를 설정하고 자료의 형식이나 시대와 지리적 공간을 달리하여 부분적으로 반복되어 출현하는 예들을 일부 찾아서 제시하였다. 물론 이러한 과도교정 형태들의 대부분은 의사소통의 맥락에서 지속되는 변화로 이어지지 못하고 개인 화자에 한정된 일종의 개신으로, 당대의 일시적인 현상으로 끝나버리고 말았을 것이다.33) 그렇다고 해도, 이것들의 존재는 해당 음운변화의 출발과 확산 및 이것에 대한 화자들의 사회언어학적 태도와 반응을 알리는 중요한 지표로 작용하고 있다.

---

33) 그러나 전설모음화에 대한 과도 교정형 가운데에는 일시적인 개신이 의사소통의 과정에서 동일한 심리적 기제에 의해서 19세기 후기의 단계 문헌어에서 현대국어의 지역방언에서의 격식체의 스타일에까지 계속 반복되는 상황도 생각할 수 있을 것이다.
예를 들면, 19세기 후기 전라방언에 나타난 (6ㅁ)의 높임말 '모시-(待) → 모스-'의 예는 전남 신안방언의 설화 구술에서도 아래의 이야기 흐름에서 빈번하게 등장하고 있다.

면내 각 부락에서 제 모슬 경비를 거출해가지고 해마다 여그다가 제 모술 그런 습관이 있는데...그 사람이 산으로 제사를 모스러 가는데 제사를 모스러 가는 데는... 깨끗한 집이서 제사를 모스게까지 하는디 제사 모슨되도 산에 올라가서 일주일 동안 공을 드립니다. 공을 드린 데는 그 제 모스러가서...인자 공을 디려 가지고 제사를 모스게 되는데, 에 대개 제사를 모스게 된다 하며는...
그러나 과거에는 그런 정도로 제를 모샀는데 그렇게 제를 모스니까 제로 인해가지고 효험을 많이 봤었읍니다. 그래서 지금도 안좌면민들은 그 산을 가리쳐서 젯산이라 이렇게 부르고 있읍니다.(『한국구비문학대계』 6-7, 전남 신안군편,(신안군 안좌면 설화 27 : "불결하게 제를 지내면 재앙을 내리는 堂神", pp.235-236).

지금까지 논의된 19세기 후기 또는 20세기 초반에 걸친 과도교정의 예들과 같은 범주에 속하는 오늘날의 지역방언에서 '지->즈-'와 같은 공시적 현상도 찾아 볼 수 있다. 경남 고성 출신인 정연찬 선생이 경남방언의 음운론적 특징에 대한 기술에서 이 방언에서 (방아를) '찧다'(搗)의 어간말음이 일반적으로 [쯯다]로 재구조화되어 있음을 지적한 다음, 그 활용형을 다음과 같이 제시하였다. [쯩는다, 쯩코, 쩽치, 쯩컷다, 쯩어, 쯩은, 쯩으모](정연찬 1980 : 36-37). 정연찬 선생은 여기서 '찧다'의 용언어간말 자음이 '쯯-'로 쓰이는 사실만 주목했고, 어간모음에 일어난 '이→으'의 대치는 언급하지 않았다. 경남의 고성·통영방언에서 보편적으로 쓰이는 이러한 '찧-→쯯-'와 같은 어간모음의 변화는 우리가 설정한 전설모음화에 대한 과도교정의 공시적 유형으로 보인다.

이와 같은 전설모음화에 대한 공시적 과도교정 형태들 가운데 일부는 말의 스타일 위계에서 정량적 과도교정의 신분을 벗어나서 점진적으로 일상체의 스타일에까지 확대되어 정성적 과도교정으로 진입하게 되는 개별적인 사례도 등장한다. 국어사에서 농기구 일종인 '보십(犁頭)>보습'과, 이에 따른 '보십고지>보습고지'('보습' 모양의 곳 : 김양진 2011 : 241)와 같은 변화가 여기에 속한다.34) 중세국어의 '보십'과 '보십고지' 형태는 19세기 후기와 20세기 초반에 이르는 다양한 자료에서 비어두음절 모음 '이'가 '으'로 전환되어 고정되는 모습을 보인다. 이와 같은 대치는 전설모음화에 대한 과도교정의 흐름 속에서만 이해되는 것이다. 따라서 이러한 "(ㄱ) 보십→(ㄴ) 보십~보습(스타일상의

---

34) '보십(犁)>보습; 보십고지>보습고지';
   (ㄱ) 보십 犁頭(훈몽, 중.17; 사성통해, 상.28), 耜 보십 亽(신증 유합, 상.28ㄴ),
   (ㄴ) 犁底 쟝기술 보습 마초는 디, 壓鑱 보습 눌너 무는 나무(광재물, 民業, 1ㄴ),
       犁 보습 리(1908, 신정 천자문, 33), 보습 犁(1880, 한불자뎐, 336),
   (ㄷ) 진황디지에 묵은 쟝기 묵은 보습으로 갈고져 ᄒᆞ니(1908, 경세종, 29),
       도로혀 못 부러진 묵은 보습으로 묵은 밧 가는 것만(상동, 30).
   (ㄹ) 보습고지 젼 방亽 고영근씨의 집(독립신문, 1898.3.19),
       남셔 보습고지셔 샤쥬젼 ᄒᆞ다가 일젼에 잡힌(상동, 1897.10.16),
       슈일젼에 보습고지 亽는 젼 통졔亽 민형식씨가(매일신문, 1898.9.7),
       쟝교로 건너 오려고 보습고지를 막 나셔쟈(1912, 구의산, 상.8).

넘나들기 cross-over) → (ㄷ) 보습"과 같은 정량적 과도교정에서도 정성적 과도
교정으로의 점진적인 대치를 설정할 수 있다. 그리하여 개신형 '보습(犂)형은
『사정한 표준말 모음』(1936 : 15)에서 단일한 표준형으로 수용된다.

　이러한 유형의 변화는 산발적인 성격을 띤 것이나, 국어사에서 희소하지는
않다. 여기에 '시라손(土豹, 훈몽자회, 상.19ㄱ)>스라소니(1810, 몽유편, 상.016b; 1890;
영한ᄌ뎐, 588)의 예가 첨가될 수 있다. 조항범(1998 : 130)은 동물 명칭의 어휘사
를 취급하면서, 현대국어의 '스라소니'는 '시라손>스라손이>스라소니'로 변화
해 왔음을 지적한 바 있다. 19세기 말엽 Gale의 『한영ᄌ뎐』(1897)에서 '시라손
이'(p.588)는 20세기 초반 『조선어사전』(1920)에서는 '스라손이'(p.130)로 교체되
어 나타난다. 어두에 개입된 '시->스-'와 같은 변화는 근대국어의 전설음화
에 대한 과도교정으로 형성된 것이다.

　또한, 일정한 근대국어 단계의 화자들에 의하여 채택된 이와 같은 정성적
과도교정 형태는 이어서 지속적으로 다른 음운변화의 과정에 참여하는 부류
들도 확인된다. 그렇기 때문에, 어떤 특정한 사례들에는(문헌 자료에 나타나지
않는) 과도교정의 개입을 그 중간단계로 적절하게 삽입하지 않고서는 A>B로
의 변화 과정을 합리적으로 파악할 수 없는 경우가 발생한다.35)

---

35) 주갑동의 『전라도 방언사전』(2005)에는 구어에 등장하는 다양한 유형의 과도교정형들이 수
　　록되어 있다. 그 가운데, '송편'에 대한 그 지역 방언형 [행펜]과(p.363), '소주'(燒酒)에 대한
　　[혜주]형(p.358)이 주목된다.
　　각각 표준어 '송편'과 '소주'에서 이러한 지역 방언형들에 적용된 직접적인 음성변화의 통로
　　는 찾을 수 없다. 그러나 이들 형태에 ㅎ-구개음화에 대한 과도교정 과정 '소→효'와, 이어
　　서 개입된 '효->회->해-'와 같은 음성변화를 설정하여야만 합리적으로 이해되는 것이다. 19
　　세기 후기 전라방언에서 일어난 '효>회'의 모음변화는 최전승(1986)을 참조.

　　즉, (ㄱ) 송편 → 흉편(과도교정)>횡편(이중모음의 변화)>행편(어두음절 모음의 비원순화),
　　　　(ㄴ) 소주 → 효주(과도교정)>회주(이중모음의 변화)>해주(비원순화).
　　'소주'(燒酒)에 적용된 과도교정과 그 후 수행된 변화 과정은 19세기 후기의 전라방언 자료
　　에서 확인된다.

　　　효쥬(완판 26장본 별춘향전, 17ㄱ), 회쥬(완판 84장본 춘향전, 상.24ㄴ).
　　　cf. 쇼쥬 ou 효쥬(한불자전,1880 : 436).

3. 전설모음화에 대한 과도교정과 음성변화의 중간단계

3.1 '심-~/심그-(植) → 슴-~슴그-)숨-~숨그-' :

전설모음화가 확산되어 나타나는 19세기 후기『독립신문』(1896.4.7-1898.5.30)
의 텍스트에는 개화기 단계의 여러 가지의 새로운 언어 현상이 전개되어 있
다. 그 가운데 용언 '심다(植) → 슴다'와 같은 다양한 활용 예들이 원래의 '심
다'형과 공시적 변이를 이루고 있는 양상이 주목된다.

(14) 나무를 <u>슴으</u>게 ᄒᆞᆫ디 그 나무를 <u>슴으</u>는 날은 죵목일이라,36)
    이 나무도 만히 <u>슴으</u>고. 각식 나무를 <u>슴으</u>니... 나무를 <u>슴으</u>게들 홀 것 ᄀᆞᆺᄒ
    면(1896.8.11),
    곡식 <u>슴으</u>는 법과 우무 기르는 법(1896.9.15①),
    나무를 만히 <u>슴어</u> 노코... 집집 마다 나무를 <u>슴으</u>는지라(1896. 10. 29),
    여러 가지 나무 <u>슴</u>을 ᄍᆞ홀 경ᄒᆞ라고(1896.12.17),
    공혼 ᄍᆞ에 나무를 <u>슴어</u> 빅셩의 싱업이 잘 되고(1897.1.7③),
    밧에 <u>슴은</u> 곡식들을(1998.2.10),
        cf. 벼를 심어야 죠흔 줄노 알거니와 벼만 심어셔(1896.6.4),
            해 마다 나무를 심어 큰 리를 보고 숄나무를 심어셔는(1896.6.4①).

이와 같은 '심다'의 활용형 '슴은~슴을~슴어~슴으니~숨으고~슴으는'
등과 같은 형태들은 오늘날의 경기도 방언의 구어에도 확대되어 있다. (나무
를) 숨었는데, 숨어야, 숨구, 숨어야지(고양군 원당읍, 김계곤 2001 : 520); 여기선 콩이나 숨
구, 숨어야지, 숨다(고양시 일산, 김계곤 2001 : 655).37)

19세기 후기의 형태 '슴-'과 현대 경기도 방언 '숨-'사이에 '슴-(植)>숨-'과

---

36)『독립신문』(1896.4.7-1898.5.30)에서 '심다'와 과도교정형 '슴다'(植)의 출현 비율은 다음과 같다.
  슴어 7회/심어 19회; 슴으고 1회/심으고 5회; 심으기 2회/슴으기 1회; 심는 2회/슴는 0회.
37)『한국방언자료집』(경기도편, 한국정신문화원, 1995 : 45)에는 통상적인 "심는다, 심근다, 싱근
  다"형만 수록되어 있다. 그러나 '심다∽슴다'와 같은 변이 현상은 20세기 초반 서울말에서도
  수집되어 있다.
  semer : 심으다(신어, 심은), 슴으다(1912, 법한ᄌᆞ뎐, 르 장드르 편, p.1306).

같은 원순모음화가 개입되어 있다. 이러한 원순모음화 현상은 이미 19세기 후반의 경상도방언 자료에서 등장하고 있었다. 벼 슘우다 鍾稻(1895, 국한회어, 坤 43), 등성등성 숨어라(동, 乾 88), 드물기 숨어라(동, 乾 29).38) 19세기 후기 경기도 방언권을 포함한 서울말 중심의 『독립신문』에서 보이는 '심-(植)>슴-'으로의 대치는 생산적인 전설모음화 현상 '스->시-'와 그 반대 방향을 향하고 있다. 따라서 이러한 유형은 이 현상에 대한 일종의 반작용으로 수행된 과도교정을 거쳐 형성되었을 것이다. 또한, 19세기 후기의 단계에서 이러한 과도교정 형들은 단순한 표기상의 문제가 아니라, 화자들이 구사하는 구체적인 실체를 갖고 있었으며, 그 이후에도 공간적 분포가 확산되어 현대국어의 공시적 방언에까지 사용되고 있다.

일찍이 곽충구(1994 : 574-575)는 형태소 경계에서 어간과 어미가 맺는 계합 관계에서 이루어지는 어간 재구조화의 유형들을 제시하면서, 경우에 따라서는 어간 교체형을 단일하게 설정하여 기술하기 어려운 상황도 있다는 사실을 지적한 바 있다. 그러한 보기 가운데 전남의 하위 지역방언들에서 통상적으로 쓰이고 있는 용언 '심-'(植)의 입말 형태와 그 교체형들이 아래와 같이 제시되었다.

(15)

어미	長成	務安	麗川	光陽
-고	숭꼬	숭꼬	숭꼬	숭꼬
-는다			숭는다	숭는다
-더라	숨뜨라	숭뜨라	숭구더라	숭구더라
-어도	숭거도	숨어도	숭거도	숭거도
-으면	숭구면	숭구면	숭구면	숭구면

---

38) '슴->숨-'에서 이루어진 원순모음화는 어간말 양순음에 의한 원순성 역행동화를 받았을 가능성도 있으며, 또는 '시므-' 또는 과도교정형 '스므-'의 단계에서 형성되었을 것으로 보인다.

너희들의 슈고ᄒᆞ야 시무며 붓도드믈 싱각ᄒᆞ고(1781, 어졔졔쥬대뎡륜음. 2ㄱ),

붓도도와 시무단 말이라(1839, 유즁외대쇼민인등쳑샤륜음. 8ㄱ).

악흔 거슬 졔ᄒᆞ야쩌 덕을 심우는 거슨(1881, 어졔유대쇼신료급즁외민인등쳑샤륜음. 4ㄱ).

위의 예는 현대 전남방언의 구어에서 '심-'의 활용형들이 '숨-~숭구-'로 재구조화되었음을 나타낸다(이기갑 외 1988 : 370). 이러한 과정은 이미 19세기 후기 전라방언에서 시작되고 있으며, 그 출발은 전설모음화의 과도교정에서 비롯된 것이다. 또한, 같은 시기의 경상방언 자료 을유본『유합』(1885)에서도 이와 같은 범주에 속하는 과도 교정형이 출현하고 있다. 또한, 이러한 과도교정형이 1940년대 해당 지역방언에서도 그대로 계승되어 있는 사실(小倉進平 1944 : 372-3)을 보면, '심->숨-'으로의 과도 교정형의 세력이 광범위하게 확산되어 있다.

> (16) ㄱ. 죠흔 논은 일 슈무고 나진 논은 늣 심운다(가람본 남창 춘향가, 36ㄱ),
>   =죠흔 논은 일 슘우고 나진 논은 늣 슘문다(신재효본 남창 춘향가, 60).
>   ㄴ. 외 슘어셔 파라시나(판, 박타령, 362), cf. 심어 보시(동, 404),
>   모 숭글졔(판, 박타령, 366), 우리도 이박 슘어, 단단이 숨어더니(성두본, 흥보가, 32).
>   ㄷ. 슘물 지, 죵(栽, 種, 을유본 유합, 14ㄱ),
>   窓 박계 菊花을 숭거(을유본『유합』의 본문이 끝나는 부분에 필사된 일부의 가사 작품 속에 등장하는 구절이다).

따라서 경기방언과 남부방언을 포함한 화자들의 격식성이 높은 서사 표기체에서 넘나들기로 출현하였던 정량적 과도 교정형 '숨-/슘-~숭그-'형이 점진적으로 다른 일상적인 말의 스타일로 확대되어 정성적 과도교정으로 전환되는 과정은 위에서 제시한 (13) '씹-→쑵-→씹-'(詛嚼)의 경우와는 상이하다. 전자는 지속적으로 확대되어 성공적으로 수용된 반면에, 후자의 형태는 이내 원상으로 교정되었기 때문이다.

> (17) ㄱ. 심-/심그- → ㄴ. 심-/심그-~슘-/슘그- → ㄷ. 숨-~숭그-.

3.2 '깁-(補)〉집- → 즙-)줍-~주워' :

19세기 후기의 여러 방언자료에서 용언 '깁다'(補)의 활용형들의 모습에 어떤 구체적인 변이는 드러나지 않는다. 다만 이 시기의 서울말을 포함한 지역 방언들의 자료에서 '깁-'에서 ㄱ-구개음화가 적용된 '집-'의 형태만 산발적으로 관찰된다.39) 집신 <u>집기</u>와 기직 쓰기로 세월을 보너여(독립신문, 1899.11.2), 집블 보 (補, 을유본 유합 14ㄴ), 헌 접것 두덕누비 가지가지 쌔라 <u>집꼬</u>(신재효본, 심청가, 184). 그러나 오늘날의 전남방언에서 '깁-'의 활용형들은 대체로 '줍-/줒-/줏-' 등의 형태로 분포되어 있으며, 어간모음이 '이→우'로 전환된 재구조화를 수행하였다. 이전에는 헌옷도 안 베리고 <u>줘서</u>(또는, <u>조서</u>) 입었다.『우리 고장 무안의 방언』(오홍일 2003 : 250).『한국방언자료집』(전남편, 1991 : 96)에 따르면, 하위 지역어에 따라서 '집-~줍-/줏-'의 변이를 보이는 가운데 재구조화된 '줍-'형이 출현 빈도에 비추어 훨씬 우세한 편이다.40)

이와 같은 '깁->줍-'으로의 변화의 방향은 전북지역에서도 거의 동일한 양상을 보인다. 전북 임실방언 : 준 : 다, 줍 : 찌, 줘 : 라, 주워. 순창방언 : 준 : 는다, 줍 : 찌, 줘 : (김규남 1991).41) 또한, 제주도방언에서도 '깁-'(補)의 활용형은 '줍-'형으로 전면적인 재구조화가 완료되었다. 줍다, 주라, 주우라, 주지, 줍지.『한국방언자료 집』(제주도편, 1995 : 57); 깁다 → 줍다(縫), 제주 전역(『제주어 사전』1995 : 512, 제주대학교 박물관).42) 그 반면에, 경기도와 경상도 등을 포함한 다른 방언지역에서도

---

39) 20세기 초반의 서울말 구어를 중심으로 기술한 Eckardt의『조선어교제문전』(1923)에는 ㄱ 구개음화를 수용한 단어들이 더러 등록되어 있으며, 당시의 서울말에서 자주 '기-'를 '지-'로 발음한다고 관찰되었다.

예 : 깁다(補) → <u>집다</u>(tjipta, p.209), 기장(黍) → 지장(kitjang=tji-, p.222),
길(道) → 질(kil=tjil, p.222).

40) 전남방언에서 일어난 '깁->줍-'(補)의 변화는 적어도 1940년대로 소급될 수 있는데, 小倉進平 (1944 : 382)에는 '줍-'의 활용형 [주워]형이 돌산, 여수, 광양을 포함한 전남 대부분의 지역에 확대되어 있다.

41) 그러나 전북 고창방언에서 수집된 '줩넌다, 줩지-'(『한국방언자료집』전북편, 1987 : 71)와 같은 활용형은 특이한 면이 있다. 전남 장성지역에서도 '줩는다'형이 보고된 바 있다(최학근 1990 : 1294).

이러한 '줍-'형이 말의 스타일에 따라서 출현할 것으로 예상되기는 하지만, 『한국방언자료집』 등의 자료집에서 확인되지는 않는다.

전라방언에서 다양하게 출현하는 ㅂ-불규칙 용언들의 활용 형태를 정리하고 이것들이 지향하고 있는 역동적인 변화의 진행방향을 정밀하게 추적한 정인호(1997 : 152, 163)는 '깁-'(補)의 활용형 '줍 : 찌~주 : 지/주 : 치~쭈 : 자 쭝 : 개 줘 : 라' 등은 어간에 '-우-' 첨가 이외에 달리 설명할 방법이 없다고 판단하였다. 그리하여 정인호 교수는 이 활용형들은 다음과 같은 일련의 절차를 순차적으로 밟아서 도출된 것으로 해석하였다. (1) ㄱ-구개음화(깁->집-) → (2) '-우-'의 첨가(지웁-) → (3) '지웁->줍->쭙- → (4) ㅂ>ㅎ/ㆆ(좋, 주ㆆ). 글쓴이는 여기에 개입된 최종 단계 (4)의 변화 방식에는 의견을 약간 달리하지만(최전승 2014 : 263), 이러한 연속적인 과정에 전개된 (1)-(3)의 변화는 공시적인 측면에서 매우 타당한 것으로 생각한다.

정인호(1997)가 (2) 단계에서 설정한 소위 '-우-'의 첨가는 현대국어에서 음절말 p~w 비자동적 교체를 보이는 ㅂ-불규칙 용언들에 한정되어 출현하는 특징적인 현상이다. 이러한 현상은 부분적으로 19세기 후기의 단계로 소급되기는 하지만, 주로 20세기 초반서부터 점진적으로 문헌들에서 등장하기 시작하였다.[43] 한영균(1985 : 390-391)은 '돕- → 도웁-, 곱- → 고웁-, 밉- → 미웁-' 등과 같은 활용형들은 모음어미 앞에서 실현되는 '도우-, 고우-, 미우-' 등과 같이 어간 형태를 단일화하려는 노력에서 일어난 일종의 혼효형으로 파악한

---

42) '헌 옷에 새 험복을 대영 줍는 사름은 엇다(『제주방언 성경, 마가복음, 2장 21절).

43) 19세기 후기에 '-우-' 첨가를 보여주는 활용형 가운데 '덥-(暑) → 더웁-'이 격식적인 문헌 자료에 제일 먼저 등장하기 시작한다. 더웁다 署(1880, 한불ㅈ뎐, p.468; 1895, 국한회어, 77), 불을 더웁게 넛코(1896, 독립신문. 6.20).
   20세기 초반의 서울말에 이르면 이러한 현상은 대부분의 ㅂ-불규칙 용언어간에 확대되어 있다. 이러한 사정은 林圭의 회화 및 문법서 『일본어학 음·어편』(1912)의 텍스트에 잘 반영되어 있다.

   무서웁게(p.224), 정다웁게(97), 아름다웁다(93), 사나희다웁다(133), 좀스러웁다(127), 남스러웁다(133), 질거웁다(100), 어려웁도록(437), 주접시러웁게(236), 밉살시러웁게(535), 귀는 어드웁고(224).

바 있다(또한, 곽충구 1994 : 559도 참조). 따라서 위에서 언급된 '깁->집->지웁->줍-'(補)의 경우도 화자들이 어간의 단일화를 추구하는 혼효형에서 결과된 것이다.44)

이러한 '지웁-(補)>*줍->줍-'에서 설정된 축약 과정은 음운론적으로 개연성이 높은 현상이라고 가정한다면, 이와 동일한 음성 환경을 구비하고 있는 또 다른 용언 '밉-'(憎)에서 '밉->미웁->*뮵->*뮵-'의 과정을 거친 활용형이나, ㄱ-구개음화가 적용되지 않은 방언에서 '깁->기웁-'으로부터 다음 축약의 단계 '기웁->*귭->굽-'과 같은 예들이 출현할 것으로 기대될 수도 있다. 그러나 경기도 방언에서 '깁-'에 대해서 '기웁다~기웁지~기우다'와 같은 이형태들이 출현하고 있으나, 여기서 '기웁->굽-'과 같은 축약 과정을 거친 형태는 보여주지 않는다(『한국방언자료집』, 경기도편 1995 : 90).45) 따라서 형태소 내부에서는 이와 같은 유형의 비음절화 현상은 일어나지 않았던 것으로 보인다.

또한, '집-'(補)의 활용형 중에서 자음어미 앞에서는 '지웁- → 줍'으로 조정되었다 하더라도, 모음어미 앞에서는 여전히 예전 형태 '지워~지운' 등으로 출현하게 되었을 것이다. 이어서 이번에는 '줍-~지W-'와 같은 여전히 존재하는 활용 성원간의 불일치를 다시 결속시키기 위한 화자들의 노력이 계속되어 '줍-~지W- → 줍-~주W-'와 같은 평준화가 뒤따르게 되는 추후의 작업이 첨가되어야 한다는 사실도 이러한 과정을 복잡하게 한다.

19세기 후기 또는 20세기 전반기에 간행된 지역방언 자료들에 등장하는 다양한 전설모음화의 과도교정의 유형 가운데 '깁-(>집-, 補) →*줍-'의 예는

---

44) 일찍이 허웅(1965/1972 : 516)은 ㅂ-불규칙 용언어간에 빈번하게 나타나는 이러한 현상을 불규칙 활용형들이 결속하려는 힘에 의해서 형성된 유추(analogy)의 범주로 귀속시켰다.

45) 『한국방언자료집』(한국정신문화원 편)의 조사 항목 가운데, (쓰레기를) '치운다, 치우+-어' 및 (동물 등을) '키운다, 키우+-어'에 해당되는 각각의 지역방언에서의 통합적 음운현상은 예상했던 축약 과정은 전연 보이지 않는다. 그 대신, 이들 활용형들은 거의 대부분 [치운다]~[친 : 다]~[친다]~[쳐 :]~[처]~[치어] 및 [키운다]~[킨 : 다]~[켜 :] 등으로 나타난다.

따로 관찰되지는 않는다. 그러나 그 시기 문헌 자료에 반영된 과도교정의 예들은 단지 일부가 우연하게 드러나게 되었을 뿐이다. 당시 화자들이 언어사회에 확산된 전설모음화에 대한 반작용으로서 시도했던 과도교정의 다양한 경향에 비추어, 문헌상에 표면으로 드러나지 않는 '집-→줍-'과 같은 현상도 사회계층의 말에 따라서 실현되었을 것으로 추정할 수 있다. 그리하여, 정인호(1997)에서 '줍-~주워' 등과 같은 교체를 설명하기 위해서 설정된 '집-→지웁-→줍'의 과정과 함께, 그 대안으로 19세기 후기에 가까운 단계에서 전설모음화의 과도교정에 근거한 또 다른 다음과 같은 일련의 과정을 밟아 왔다고 가정한다.

(18) 집다~기운~기워 →(ㄱ)
　　구개음화 : 집다~지운~지워 →(ㄴ)
　　과도교정 : 줍다~즈워~즈운 →(ㄷ)
　　역행 원순모음화 : 주운~주워~줍다 →(ㄹ)
　　유추적 확대/활용의 평준화 : 주운~주워~줍다.

3.3 (ㄱ) 진쥬(眞珠) → *즌주〉준주, (ㄴ) 준주+ㅓi → ˙준쥐〉준직〉준지 :

19세기 후기 전라방언 자료 가운데 가장 대표적인 84장 완판본 『열녀춘향수절가』에서와, 19세기 중엽에 간행된 것으로 추정되는 최초의 경판본 방각본 고소설 『삼셜기』(1848?)의 텍스트에는 '진쥬'(眞珠)에 해당되는 이형태로 특이한 '준쥬'가 등장하고 있다. 이러한 '준쥬'형이 20세기 초반 신소설 부류에서도 계속 확인되는 사실을 보면, 그 분포가 일부 지역에 한정되어 있지는 않았던 것으로 추정된다.

(19) ㄱ. 네가 무어시냐 밀화 금픽 호박 <u>준쥬</u>냐 안이 그거도 당치 안소...
　　　　일등 명기 지환벌 허다이 다 만드니 호박 <u>준쥬</u> 부당하오(완판 84장본
　　　　춘향, 상.33ㄱ),

ㄴ. 큰 머리 쩌는 잠의 <u>준쥬</u> 투심 갓초흐고 귀어고리 룡잠이며(경판 삼설기, 3.16ㄴ).

    cf. 셕우황 진쥬 투심 산호가지 휘얼근 도토락 당긔(남원고사, 1.14ㄱ),

ㄷ. 옥반에 <u>준쥬</u> 굴니는 소리로(1911, 목단화, 64),

얼골에 잇다금 <u>준쥬</u>갓흔 눈물 흔젹이 잇스니(1911, 원앙도, 95),

그 음셩이 옥반에 <u>준쥬</u> 구을니는 소리도 갓고(1912, 치악산, 하.68),

<u>준쥬</u> 갓튼 눈물을 쩌러트리며(1914, 츄텬명월, 4).

19세기 후기 지역방언의 특질을 반영하는 측면에서 완판본『열녀춘향수절가』의 두 가지 동형이판본 <다가서포본>과 <서계서포본>의 동일한 본문에서 표기와 형태를 부분적으로 달리 하는 경우가 있다(최전승 2009 : 256-257). 그러한 사정은 <다가서포본>의 텍스트를 그대로 이용하여 나중에 <서계서포>에서 개각본을 내는 과정에서 그 당시 독자들의 이해를 돕기 위하여 적절하게 수정된 사실에서 비롯된다(유탁일 1983 : 177). 그러나 (19ㄱ)의 예문에 나오는 '준쥬'형은 두 판본에서 동일한 모습을 보이기 때문에, 이 방언형은 어느 정도 그 당시의 화자들에게 실체가 있었음이 분명하다. 이 '준쥬'형이 이른 시기에 간행된 경판본 고소설에서와, 일련의 신소설 텍스트에서도 지속적으로 등장하고 있으나, 여기서 '진쥬'(眞珠)>준쥬'와 같은 변화는 쉽게 이해하기 어려운 것이다.

또한, 오늘날의 제주방언 전역에는 '진쥬'의 방언형 '준쥬'와 어두음절의 모음에 관한 한 동일한 '준지'형이 쓰이고 있다. 진주(眞珠) → 준지, 준지 닷말 우전을 걸엉(진주 닷말 웃돈을 걸어서, 전 지역).『제주어사전』1995 : 512). 제주도 방언에서 사용되는 이러한 '준지'형은 박용후의『제주방언연구』(자료편, 1988 : 92)에도 등록되어 있다. 19세기 후기의 방언형태 '준쥬'와 대조되는 '준지'와의 비어두음절 모음의 불일치는 이 지역에서 오늘날의 제주도방언에서 생산적인 접미사 '-이'를 첨가하면 해결될 것으로 보인다(이숭녕 1978 : 98-99).[46] '준주+-이 → 준

---

46) 제주도 방언의 형태론에서 이숭녕(1978)은 다음과 같은 방언형들은 어간에 접미사 '-이'가

쥐→*준긱(비원순모음화)→준지'(단모음화).47) 1960년대 조사되었던 함북 육진 방언 가운데 '식귀(식구), 녹뒤(녹두), 발귀(발구), 포쉬(포수)' 등과 함께 '진주'에 접미사 '-이'가 연결된 '진쥐'형이 경원군에서 확인된다(황대화 2011 : 170). 그렇다고 해도 통상적인 '진쥬'(眞珠)로부터 '준쥬' 또는 '준지' 형태를 음운·형태론적으로 이끌어낼 수 있는 합리적인 장치는 찾기 어렵다.

그러나 '진주→준주~준지'와 같은 변화는 전설모음화에 대한 과도교정이 여기에도 역사적 어느 단계에서 적용되어 '진쥬→*즌쥬'를 형성한 다음에, 후설 원순모음의 역행동화를 거쳐 *즌쥬>준쥬'와 같은 경로를 밟았을 것으로 가정할 수 있다.48)

첨가되어 파생된 것으로 설명하였다.

고치(고추+ㅣ), 공비(공부+ㅣ), 가매(가마+ㅣ), 마리(宗, ᄆᆞᄅᆞ+ㅣ), 조캐(조카+ㅣ).

제주도 방언의 통시음운론을 기술한 정승철(1995 : 43-45; 84)에서도 이 방언에서의 '골미, 녹디, 베리, 노리, 시리' 등은 중앙어의 '골무, 녹두, 벼루, 노루, 시루'에서 어간말에 접미사 '-이'가 첨가되어 발달된 것으로 파악되었다. 그리하여 정승철(1995)는 제주 방언형 '노리, 시리' 등의 경우에 '르' 아래에서 '─>ㅣ'의 직접적인 변화를 겪은 것으로 보기 어렵다고 하였다. 또한, 박용후의 『제주도 방언연구, 고찰편』(1988 : 88)에서 제시된 'ㅜ>ㅟ' 항목에서는 '국쉬(국수), 소쥐(소쥐), 안쥐(안주), 단취(단추) 등과 같이 접사 '-이'가 직접 연결되어 하향 이중모음을 유지하고 있는 형태들도 등장한다. 이와 같이 명사어간에 접미사 '-이'가 연결된 다양한 지역 방언형들이 비단 제주도 방언에만 국한되어 있지 않다는 사실은 최전승(1983)을 참조

47) 이 글의 초고를 검토하면서 고동호 교수는 '준주+-이 → 준쥐 → *준긱(비원순모음화) → 준지'(단모음화)와 같은 일련의 발달에서, '준쥐>(w 탈락)준지'의 과정으로 설명하는 것이 좋다고 보았다. 그리고 '즌쥬>준쥬'의 경우는 제주도 방언에서 이와 유사한 환경의 다른 유형의 예를 보강해야만 설득력이 있다고 지적하였다.

48) 이와 같은 전설모음화에 대한 반작용으로 나온 과도교정의 관점에 서면, 종래에 음성적 바탕으로 파악하기 어려웠던 유형의 몇몇 변화형들이 다시 검토될 수 있다.

예를 들면, 19세기 후기 전라방언 자료와 중기 단계의 경상방언 자료(의성김씨 김성일파 종택 한글간찰)과 에는 '모시'(苧)에 대한 '모슈'형이 사용되고 있으며, 이것은 오늘날의 지역 방언형 '모수'로 그대로 이어진다.

(ㄱ) 한소 <u>모슈</u> 상침ᄇᆞ지(박순호 소장 99장본 춘향가, 3ㄴ),

당 <u>모슈</u> 상침바지, 진한 <u>모슈</u> 통힝견(장자백 창본 춘향가, 2ㄴ),

물식 진한 <u>모슈</u> 철육, 빅쥬전디 고를 느려 미고(완판 84장본 춘향전, 하.3ㄱ),

cf. 한산 <u>모시</u> 쳥도포의(완판 26장본 별춘향전 1ㄴ).

(ㄴ) 내 갓슬 적의 <u>모슈</u> 필 무명 필 두고 왓더니...네가 입을 거시 업더언 <u>모수</u>나 흔필 내야 입어라(1848, 068. 시아버지/김진화→며느리, 『의성김씨 김성일파 종택 한글 간찰』

3.4 침(鍼) → 츰〉춤 :

전남 진도 강강술래 무형문화재 재능 보유자인 최소심(1907-?) 부인이 84세 때(1990) 자신의 한 평생을 조사자 앞에서 토박이말로 구술해 놓은 내용을 그 대로 편집한 『시방은 안해, 강강술래럴 안해』(뿌리깊은나무 민중자서전 9, 1992)의 텍스트에는 긴 이야기의 전개 속에 등장하는 자연스러운 진도방언이 그대로 반영되어 있다.49) 이 가운데 다음과 같은 '침(鍼) → 춤'의 대치가 반복되어 출 현하고 있는 사실이 주목된다. 그러나 통상적으로 '침〉춤'으로의 방향은 이 해하기 어려운 것이다.

(2009, 한국학 중앙연구원 편), p.475),
　　모슈 ㅈ이나 싱각ㅎ오시나(1848, 108. 둘째 딸→아버지/김진화, 상동, p.698).

이와 같은 표준어 '모시'와 방언형 '모수'간의 비어두음절 u~i의 모음 대응은 '모시'에 대한 전설모음화의 과도교정으로 형성되었을 가능성이 있다. 즉, '모시→*모스〉모수'. 1960년대 조사되었던 함북 육진방언 가운데, '모시'에 대한 과도방언형 '모스'형이 관찰되기 때문이다.
'모스는 여기서 안해서'(모시, 함북 경원군 룡계리·종산리, 황대화 2011 : 173).

또 다른 형태는 19세기 후기 전라방언과 중부방언 권에서 사용되었던 '중치막(큰 창옷)→ *중츠막〉중추막과 같은 부류이다.

(ㄷ) 셥슈 쾌ㅈ 중치막과(경판 20장본 심청전 1ㄱ),
　　=셥슈 쾌자 중추막과(완판 乙巳本 심청전, 상.1ㄴ),
　　중치막을 딥셕 줍고 엇지 ㅎ여 울으시오(경판 홍보젼 20장본 4ㄱ),
　　=중추막을 딥셕 잡고 엇지 희야 우르시오(필사 흥부전 26장본 4ㄴ).
　　샌라 디린 중츄막의 목부납을 눌너 찌고(판, 춘향, 56)~샌라 디룬 중츄막의 목부납을
　　눌너 쮜고(가람본, 춘향가, 남.33ㄱ).
　　cf. 토반들은 다 그 본을 써서 중치막과 도복을 입오미(1898, 매일신문, 6.15.3).

또한, '중추막'은 19세기 후기 중부방언을 반영하는 Gale의 『한영ㅈ뎐』(1897)의 표제항에서도 등장하였다. 중츄막 : A large second coat.(p.791)
49) 이 책에는 서정수 선생이 "최소심 부인의 진도말"이라는 제목을 달고 진도방언의 전형적인 특질 몇 가지를 정리하여 놓았다(pp.14-16). 또한, 최소심의 말에는 전설모음화에 대한 과도 교정형이 부분적으로 나타난다.
　　자슥들도 썰디 없어(p.35), 가이나 자슥이 글 배우면 베린다고(p.38),
　　자슥들 가르칠라고(p.120).

(20) ...어려서는 그 주사춤 놓러 다닌다고 댕깄거든. 이라고 있으믄 주사춤 준다
고 일본놈같이 생긴 그런 사람들이 와서... 워째 주사춤얼 주냐하먼...따끔하
길래 돌아본께네 딱 침 주어....아가 어째 그라냐 허니께, 춤 주러 온께, 춤
주러 온께 하고 울더래. 주사춤이 긍게 무서운 양인가 그랬거든.(pp.20-21).

이와 같은 '춤'(鍼)형은 최소심 부인의 단순한 개인어가 아니라, 전남방언
일대에 확산되어 있음을 주갑동의 『전남방언사전』(2005)의 표제어에서 확인
할 수 있다. 침→춤, 침통→춤통(2005 : 334), 한 : 춤(韓醫院에서 맞는 침, 356). 또한,
이 방언형은 경상도와 전남방언의 운율을 비교하는 자리에서 김차균(2002 :
29)이 열거한 예문 가운데 창원 방언에서도 등록되어 있다. 침(鍼)→춤. 그리
고 표제어 '침바치'(鍼醫)에 대한 지역 방언형으로 '[춤장이]--경북 : 안동, [춤
쟁이]--전북 : 남원'(최학근 1990 : 433)과 같이 수집되어 있다.

이와 같은 예들을 보면, '침→춤'으로의 대치가 전라도와 경상도 방언 일
대에 부분적으로 분포되어 있는 사실이 분명하다. 이러한 변화에서도 이들
지역방언에 전설모음화 현상이 생산적으로 확산되어 있던 역사적 어느 시점
에서 화자들이 이에 대한 반작용으로 형성한 과도교정으로 만들어진 '침→
*츰'을 거쳐서, 어간말음 m의 원순성 역행동화를 수용하여 '츰>춤'으로 형성
된 것으로 추정된다.

4. '칩-(寒)〉춥-'의 변화와 전설모음화에 대한 과도교정의 개입

4.1 19세기 후기~20세기 초반 개신형 '춥-'의 출현과 지역적 확산

근대국어의 후반, 특히 19세기 단계에 들어와서 여러 지역방언의 어휘들에
일어난 여러 변화들 가운데, 용언 '칩-(寒)>춥-'으로의 대치가 가장 두드러진
다. 이 시기에 새로이 출현하여 확산되기 시작하는 개신형 '춥-'이 방언접촉

등을 통한 다른 기원에서 유래했다고 보기는 어렵다. 그렇기 때문에, 개신형 '춥-'은 19세기 국어 이전 시기에서부터 보수형 '칩-'으로부터 이탈하여 지속적인 변화를 밟아온 결과라고 이 글에서 전제한다.50)

그렇다면, '칩-(寒)>춥-'에서 선행 자음 'ㅊ-' 다음 환경에서 수행된 어간모음 'i→u'로의 방향은 지금까지 알려진 근대국어 음운론의 합리적인 변화의 방식을 벗어난다. 그리고 '츱>춥-'에 한정된 이러한 유형은 종래의 '춤'(唾液) 또는 '기춤(咳)'형이 각각 '춤>츰>침'과 '기춤>기츰>기침'으로의 이동 방향과 반대가 된다. 최종적인 '침'과 '기침'으로의 출발에 전설모음화 현상이 19세기에 적극적으로 관여하였음은 잘 알려진 사실이다(이병근 1970 : 384). '춤, 기춤 → 츰, 기츰(후속자음 m의 이화작용에 의한 비원순화) → 침, 기침(전설모음화)'.51) 이

---

50) 일찍이 Aitchison(1995)은 언어변화의 모형을 생물학과 사회학의 관점에서 아래와 같이 넓게 3가지 유형으로 구분하여 설명한 바 있다.

   (ㄱ) **올챙이에서 개구리로의 모형(Tadpole-into-frog)** : 이것은 전통적으로 X에서 점진적으로 Y로 변한다는 개념에 해당된다. 즉, 기성 세대들이 인식하던 어린 "올챙이"가 다음 세대의 화자들에게 어느새 다 자란 "개구리"로 파악된다는 것이다.

   (ㄴ) **뻐꾸기 새끼 모형(Young-cuckoo)** : 이것은 Y가 점점 X를 몰아내 버린다는 설명 방식이다. 보수형 X와 개신형 Y가 어느 기간 동안 사회언어학적 변이로 공존하고 있다가 어느새 Y가 둥지에 잠식해 들어와서 X를 추방시켜 버리게 된다는 설명 방식이다.

   (ㄷ) **다중-기원 모형(Multiple-birth)** : 여러 개의 상이한 이형태들이 상이한 지역, 사회집단 또는 말의 스타일에서 출현하여 일정한 기간 동안 공존하게 된다. 그러다가, 그들이 갖고 있었던 힘의 균형이 붕괴되어 그 가운데 어느 유리한 사회언어학적 조건하에서 하나의 이형태가 대중 화자들의 집중적인 선택을 받게 되면서 나머지 이형태들은 도태되거나, 특수한 영역으로 한정되어 버리게 된다.

   이러한 방식의 변화 모형에서 보면, 우리가 취급하려는 '칩-(寒) → 춥-'으로의 대치는 상당한 기간 동안에 걸치는 "뻐꾸기 새끼" 방식의 변화이고, 전설모음화에 의한 점진적인 '춤(涎), 기춤(咳) → 츰, 기츰 → 침, 기침' 부류의 변화는 "올챙이에서 개구리" 방식의 변화로 파악된다.

51) 이러한 발달 과정에 대한 관점은 연구자에 따라서 차이를 보인다. 유창돈(1964/1980 : 153)은 '우>이'의 항목에서 '춤>침, 기춤>기침, 목숨>목심' 등의 변화는 후설모음 /우/가 구개음과 치조음 /ㅈ, ㅊ, ㅅ/에 끌리어 중설모음 /으/로 바뀌고 다시 '으>이'로 변화한 것으로 기술하였다. 또한, 김주원(1999 : 246)도 '목숨>목심, 국수>국시' 등의 예를 제시하며 '우' 모음도 전설모음화의 영향을 받은 것처럼 보인다고 하였다. 박창원(1992 : 65)은 '춤>침'의 과정은 '우(上)>위'의 경우와 함께 '우'의 직접 전설화 현상에 동참한 것으로 기술한 바 있다. 그 반면, 이병근(1970 : 384)은 "어간모음 u가 직접 i로 바뀌어졌거나 u>i>i로의 과정을 거쳤

와 같은 자연스러운 변화의 중간단계는 19세기 후기의 여러 문헌 자료들에서
도 용이하게 확인할 수 있다. (ㄱ) 츰 밧고 오즘 누기 ㅎ며(태상감응편도설언해, 1. 9
ㄴ), 츰 밧흐며(동, 1. 9ㄴ), 우러러 츰 밧트면(재간 교린수지, 4. 2ㄱ), (ㄴ) 깃츰ㅎ다 咳唾
(한불ㅈ뎐, 1880 : 176), 깃츰, 깃츰ㅎ오(Underwood의 『한영ㅈ뎐』 1890, II. p.62).52)

   적어도 간기가 분명한 문헌에서 '칩-(寒) → 춥-'의 대치를 보여주는 최초의
개신형 '춥-'형은 19세기 후기의 『한불ㅈ뎐』(1880)에서 보수형 '칩-'과 더불어
대등한 표제어로 공식적으로 등장한다(21ㄱ). 그러나 그 후의 『한어문전』(1881)
에서 제시된 용언의 활용표에서는 원래의 보수형 '칩-'의 예만 열거되어 있
다(21ㄴ).

   (21) ㄱ. 칩다(Tchip-ta, Tchi-oue, Tchi-oun, 1880 : 603);
        춥다(Tchoup-ta, Tchou-E, Tchou-oun, 1880 : 609),
      ㄴ. 칩다(Tchip-ta)-칩더니-칩더면-칩소-칩겟다-치워-치운-치워시면-치
        움(1881 : 33).

   그 이후에 간행된 Underwood의 『한영ㅈ뎐』(1890)에서는 보수형 '칩-'만이
표제어로 선정되어 있다. 칩소(寒, p.187), 치우오, 치위(제2부, p.47). 이러한 사실을
보면, 19세기 후기 당시에 전통적인 '칩-'은 주로 규범적인 격식어 스타일에
유지되어 있었으며, 개신형 '춥-'은 일상어 또는 비규범적인 말의 스타일이나
특정한 사회계층에 한정되어 있었을 개연성이 있다. 비슷한 시기의 Gale의
『한영ㅈ뎐』(1897)에서는 이러한 보수형과 개신형이 대등한 유의어 자격으로
표제어로 각각 등록되어 있다. 또한, Gale의 예문과 회화 중심의 문법서인
Korean Grammatical Forms(ㅅ과지남, 1894)에서도 두 변이형이 상황적 맥락
에 따라서 번갈아 등장한다. 따라서 이 시기에 서울말 등지에서 구어로서

───────────
   다고 하기 보다는 후속자음인 순음의 영향으로 i와 u가 원순성에 의한 대립의 가치를 잃은
   뒤에 전부모음화하여 i로 된 것"으로 간주한다.
52) 중세국어에서도 '기츰'형은 '기춤'과 공존하고 있었는데, 이것은 '깇-'에서 각각의 파생법을
   달리한 결과로 보인다. 과ㄱ리 기츰 기치고 가스미 막고(1489, 구급간이방, 2.9ㄴ).

'춥-'형의 확산 정도를 간접적으로 측정하게 한다.[53]

> (22) ㄱ. 칩다(寒, 치워, 치운, 한영즈뎐, p.815) : 춥다(寒, 추어, 춘, *see* 칩다.
> p.823),
> ㄴ. 치운 데 나가 둔니면(스과지남, p.44)~긱고ᄒᆞ려면 춥은 것도 견디고
> (동, p.226).

19세기 후기의 서울말 중심 또는 격식적인 문헌 자료에 이와 같이 산발적으로 반영된 '칩->춥-'의 변화는 그 기원이 대중 화자들의 구체적인 의사소통 과정에서 일어난 입말에 일차적으로 있는 것이기 때문에, 변화의 출발은 훨씬 그 이전의 시간심층으로 소급될 수 있다.[54] 송민(1998 : 44)은 근대국어 음운사에서 일어난 대부분의 음운변화에서 어느 절대 연대를 밝히는 일이란 지극히 난감한 과제이며, 동시에 그 자체가 불가능할 때도 많다는 보편적인 사실을 지적한 바 있다.

그리하여 송민 교수는 이러한 난점을 적극적으로 해결하기 위한 방안으로 어떤 두 가지 이상의 음운변화들이 일정한 기간 동안 맺고 있는 계기적 유기성을 나타내는 상대적 연대(relative chronology)를 설정하려고 하였다. 이와 같은 음운사적 형편을 고려하면, 역사적인 문헌 자료만을 이용하여 '칩->춥-' 변화의 절대적 연대를 규명하기는 불가능에 가깝다. 또한 19세기 후기의 단계에서도 여러 지역방언에서 개신형 '춥-'의 분포와 확산의 정도는 자료의

---

53) 20세기 초반의 서울말 중심의 『법한즈뎐』(1912)에서도 '칩다'와 '춥다'는 공시적 변이형으로 나타난다.

치위ᄐᆞ다, 치위, 칩다(치워, 치운), 춥다(추워, 추운), p.696.

54) Romaine(2004 : 1697)은 일반적으로 대개의 음운변화는 문헌 자료에서 실제로 그 존재가 반영되기 훨씬 이전부터 오랜 기간에 걸친 발달의 역사를 보유하고 있다는 사실을 강조한 바 있다. 또한 문헌 자료의 대부분은 격식적인 스타일에 한정되어 있고, 변이 과정의 대부분은 의식적으로 통제되어 있으며, 이야기의 주제 역시 한정되어 있기 때문에 특정 변화의 기원과 전개 과정에 대해서 많은 사실을 문헌 자료만을 통해서 관찰하기는 어려운 것이 사실이다.

보수성과 낮은 출현 빈도로 인하여 구체적으로 규명하기는 어려운 일이다.

개화기의 대표적인 언어자료 가운데 하나인 『독립신문』(1896.4.7-1898.6.30)의 텍스트에서 '춥-'형의 출현은 단 1회로만 한정되어 있는 반면에, 보수형 '칩-'의 활용형들이 주로 사용되어 있다. 이러한 '춥-'의 극히 한정된 분포는 시대적으로 조금 앞선 『한불ᄌ뎐』(1880 : 609)에 또 다른 표제어로 실려 있는 개신형 '춥다'의 신분을 생각하면, 당시 신문의 논설과 기사문의 문체에서 개신형의 사용이 극도로 억제된 느낌을 준다. 일기가 <u>츄워</u>지면 ᄯᅩ 더운 나라로 가나니라... 여름에는 <u>치운</u> 디로 갓다가(1897.7.6), cf. 몸은 쟝 약 ᄒᆞ야 치위와 더위와 압흔거슬 (1897.2.20), 더웁고 칩고 주리고(1898.1.4). 그 치운 겨울에(1896.8.18). 그 반면에, 19세기 후기의 경상방언을 부분적으로 반영하는 『국한회어』(1895)에서는 개신형 '춥-'에 대한 표제항들이 보수적인 '칩-'형의 그것보다 더 빈번하게 등록되어 있다. 19세기 후기의 여러 자료에 나타나는 개신형과 보수형 간의 이와 같은 분포상의 차이가 언어 실현상의 차이에 있는 것인지, 아니면 작성자들이 구사하는 말의 스타일에 의한 것인지는 알 수 없다. 치위 타다 畏寒(坤, p.671)~추어-而寒之語(乾, p.99; 坤, 666), 춥다 耐寒(坤, p.668), 추위를 타다 乘寒, 畏寒(坤, p.666).

이와 비슷한 시기의 산물인 전라방언 자료들에서는 '칩-~춥-'의 활용형들의 변이가 상황에 따라서 어느 정도 반영되어 있다. [寒]에 해당되는 문맥이 가장 빈번하게 등장하고 있는 완판본 41장본 戊戌本 『심청가』(1898)에서 이 활용형들의 변이 현상을 정리해 보면 다음과 같다.[55]

    (23) ㄱ. 춥- : 아부지 춥지 안소(9ㄱ), 비 고푸잔케 춥지 안케(4ㄱ), 방은 츄어
               턱이 썰어져(11ㄱ), 춥긴들 오직 ᄒᆞ며(13ㄱ),
        ㄴ. 칩- : 힝여 치위홀가(2ㄱ), 치위 병이 나실가(8ㄱ), 치운 졸을 모르고(8
               ㄴ), 치운 방의 늘근 부친(8ㄴ).

---

55) 이와 동 시대의 산물인 경판 20장본 『심청전』 고소설 부류에서는 보수형 '칩-'이 주로 등장하고 있다.
    방은 치워 턱이 덜덜(경판 심청.8ㄴ), 곱푸지 안코 칩지 안케(동, 4ㄱ).

위의 예들은 같은 시대의 다른 판본인 71장본 완판 乙巳本『심청젼』의 텍
스트에서도 동일한 모습으로 출현하고 있는데, 대화와 지문에 따라서 개신형
과 보수형의 등장하는 비율이 동일하게 4 : 4의 분포를 보인다. 그러나 여타
의 다른 완판본 고소설과 판소리 사설 자료에서는 이와 같은 균일한 모습으
로 실현되어 있지는 않아서 분포상의 어떤 추정을 하기 어렵게 한다.

> (24) ㄱ. 춥- : 어, 추워라(완판 84장본 춘향, 하.38ㄴ),
>   춥기는 고사ㅎ고 비 곱파 못 살것다(완판 화룡 60ㄴ).
>   ㄴ. 칩- : 몸이 오직 치워슬가(판, 적벽가, 506), 이 치우의 져 꼴ㅎ고(신재
>   효본, 박타령, 338), 비 고풀가 치워홀가(판, 남창. 춘향가, 46).

20세기 초반 주로 경기도 출신 신소설 작가들이 참여한 일련의 신소설 부
류의 대화체 중심의 텍스트에 이르면 비로소 개신형 '춥-'의 활용형들과 보
수형 '칩-'의 활용형들이 다양한 상황에서 서로 교체되어 출현하는 양상을
관찰할 수 있다. 신소설 부류의 전산 자료를 이용하면, 우선 자음어미 앞에서
의 활용형 '춥-'의 예들이 11회, '칩-'의 예들이 33회의 빈도로 출현하고 있다.
(ㄱ) (박) 무엇ㅎ노라고 이러케 <u>치운</u> 날 들어오지 안ᄂ냐. (갑) <u>칩기</u>는 무엇이 <u>치워</u>요. (박)
<u>칩</u>던지 덥던지 웨 안이 들어오고 거귀 셧셔(1912, 고목화, 상.38), (자근돌) <u>칩</u>다. 문닷쳐라
(1907, 귀의성, 상.67) : (ㄴ) 그러케 <u>춥지</u> 안타 흐들(1912, 두견성, 상.82), 날이 그리 <u>춥지</u> 안
터니(1908, 송뢰금, 100). 파생명사 형태와, 모음어미 앞에서 출현하는 보수형과
개신형 두 부류의 예들을 신소설 자료에서 부분적으로 이끌어내면 다음과
같다.

> (25) ㄱ. 추위 : 더단히 추위 집에 잇스면...추워셔 살 슈가 잇나(1912, 두견성, 하.97),
>   날은 점점 추어 오는디 어린 것들을 다리고(1908, 송뢰금, 3),
>   추운 : 추운 쩌와 더운 쩌는(1912, 두견성, 상.121), 추운 쩌에(1912, 삼
>   각산, 43),
>   추위 : 금년 추위는 히마다 례투로 말흐든 추위라셔 정말 금년 추위는
>   몃 십 년의 처음이라(1912, 두견성, 상.82), 이 추위에라도(동,

상.85), 봄추위가 오히려 혹독훈 서울을 떠나(상동, 상.98).

ㄴ. 치위 : 어허 치위, 한 마듸롤 ㅎ며(1912, 구의산, 상.15), 방이 조곰 칩거
나 더웁거나(상동, 하.78), 어-치워, 이방 쓱쓱한ㄷ(1907, 귀의성,
상.64), 일긔는 점점 치위 오고(1911, 월하가인,4),

치운 : 치운 겨울에(1907, 귀의성, 상.103), 점점 치운 싱각이 나셔(동,
상.7), 아릿목으로, 드러오ᄂᆞ듸, 썩, 몹시 치운 모냥이라... (부인)
우이 그럿케 치우시단 말이오(상동, 상.64),

치우- : 날이 치우니 잘 닙히기를 ㅎ오(1912, 구의산, 상.30), 아모 철 몰
으고 치우니 비곱흐니(1912, 추풍감수록,11),

치위 : 더위가 가면 치위가 오고 치위가 가면 더위가 오ᄂᆞ 것은(1912,
현미경,1), 첫 치위에 어러 죽을지 모르ᄂᆞ 터에(1908, 치악산,
상.133).

신소설 작가 가운데 경기도 포천 출생의 이해조(1869-1927)의 경우에, 그가
1911년 2월 22일부터 9월 28일까지 『매일신보』에 연재한 『九疑山』의 텍스트
에 '칩-/치위'와 같은 보수형만이 구사되었지만, 이어서 1912년에 간행한 『杜
鵑聲』에서는 주로 개신형 '춥-'의 활용형들만 등장하고 있다. 이러한 사실이
당시의 '칩-'과 '춥-'의 사용에 어떤 분명한 경향을 가리키는 지표가 되지는
못한다. 그러나 격식어에서 이 두 변이형들의 쓰임이 당대의 사회에서 어느
정도 수의적이었고, 개신형 '춥-'형이 경기도 지역권에서 상당히 확산되어 있
었음을 반영하는 것으로 보인다.

신소설 텍스트 안에서와, 심지어 동일한 문장 내부에서까지 이러한 '칩-~
춥-'의 공시적 교체는 경기도 음죽군에서 출생한 국초 이인직(1862-1916)의
『雉嶽山』(상, 1908)에서도 관찰된다(26ㄱ). 그러나 같은 시기에 간행된 작가 미
상의 신소설 『金菊花』에서는 '칩-~춥-'으로 교체되어 번갈아 등장하는 아래
의 예에서 각각의 이형태들에 배정되어 있던 당시의 신분이나 계층 등과 같
은 사회언어학적 변항으로서의 가치가 약간 상이하였다는 사실을 보이고 있
다(26ㄴ).

(26) ㄱ. 날은 날디로 져물고 <u>츕기는</u> 졈졈 더 <u>치워지</u>더니(p.149),
　　　 밤은 되고 날은 <u>츕고</u>(p.149)~슈월당이 <u>치운</u>것도 잇고(p.152),
　　　 동지셧달 <u>치운</u> 쩌에도(1908, 치악산, p.154).
　　ㄴ. 녀ᄌᆞ는 오십오륙세나 되여 보히는 로파를 쳐어다 보며 "참 오날은 미
　　　 우 <u>치운</u>디…",
　　　 (로파) "일긔가 아죠 <u>츕슙이다.</u>" 로파는 <u>치운</u> 모양을 지으며 "오늘은
　　　 고기잡이ᄒᆞ는 사름이 만슙이다."(1914, 금국화, 하.35).

　20세기 초반 단계의 서울말 또는 경기도 방언 중심의 신소설 텍스트를 이
용하여 개략적으로 살펴보았던 '칩-~츕' 활용형들의 교체 양상은 20세기
초반에 여러 가지 목적으로 간행되었던 다양한 문법서와 회화서에 반영된
용례들에서도 대체적으로 일치하는 모습을 보인다.[56] 예를 들면, 『獨習 日語
正則』(정운복 1907, 편무진 외 2008)과 『韓語通』(1909)에서는 보수형 '칩-'의 활용
형들이 여전히 사용되었다. 이러한 상황은 『조선어법 급 회화서』(1917, 조선총
독부)의 텍스트에서도 그대로 지속되었다. 칩다, 치워, 치우(寒, 48), 아이고 치워라
(104), 치운 쌔(136), 더욱 칩소(155).
　그 반면에, 전북 익산 출신의 임규(1862-1948)가 간행한 『일본어학 음 · 어편』
(1912)에서는 개신형 '츕-' 계통만 모든 예문에서 사용되어 있다. 그리고 여기
에서 ㅂ-불규칙 활용에 대한 일종의 유추를 거친 단일화에 근거한 '추웁-'
활용형이 등장한다.[57] 또한, 권덕규의 『조선어문경위』(1923)에서는 '츕-'과

---

56) 그러나 텍스트 작성자의 연령이나 출신 지역 또는 말의 성향에 따라서 이 시기에 개신형과
　 보수형간의 사용 빈도에 개인적으로 큰 편차를 보이기도 하는 것 같다. 예를 들면, 『日鮮語
　 學敎範』(1912, 일본인을 대상으로 한 조선어 교육자료 3, 허재영 해제, 2011, 역락)에서는 '칩-~
　 츕-'의 사용 빈도에서 개신형 '츕-'이 크게 약진된 양상을 보여준다.

　ㄱ) 요시이는 썩 치워졋슘이다(p.36), 오날은 희한흔 치워오그려(55),
　　　 벌셔 치워셔 괴로왓슘이다(272),
　ㄴ) 오날은 디단이 츕슙이다그려(p.40), 그러쿠려, 어제보다는 몹시 츕소그려(40),
　　　 오늘은 미우 츕사오니 잘 단속ᄒᆞ지 아니ᄒᆞ면 감긔드시오리다(45),
　　　 그럿소, 오날은 미우 추의가 엄흔 모양이구려(45), 이 추위에 갈 슈 잇겟나(143),
　　　 그만 추위도 다 지나셔(60), 미년 추운 쩌에는 이러케 추위가 엄ᄒᆞ야셔는(60),
　　　 추운 것도 미우 견딜 슈 업소구려(60), 거년 츄의에(99), 츄을 쩌는 물이 어러(99)

'칩-'의 쓰임이 텍스트 자체의 예문에서와, 저자가 개입하여 당시의 관습음을 기술하는 상황에서 서로 교체되어 나타나기도 한다.

(27) 의복은 모양 내지 말지니 춥지나 않게 할지요(p.60)~'칩으니'를 '치우니'로, '무겁으니'를 '무거우니'로, '질겁어'를 '질거워'로 내는 따위(p.31).

이러한 사실을 보면, 보수형 '칩-'과 개신형 '춥-'의 활용형들이 20세기 초반 서울말 또는 경기도 방언권에서 일정한 기간 동안 연령, 계층, 담화의 형식 그리고 말의 스타일에 걸쳐서 상이한 사회언어학적 변항으로 작용하면서 공존해 왔을 것이다. 이러한 변이 현상은 1930년대까지 그대로 지속된 것으로 보인다. 그러나 20세기 전기 이후로 접근할수록 주로 일상체로 한정되어 있었던 개신형 '춥-'형의 사용빈도가 어떤 유리한 조건 하에서 점진적으로 증가하여 격식체의 신분으로 옮겨 오게 되었을 것으로 추정된다. 그리하여 '춥-'형이 드디어 1930년대 『사정한 조선어 표준말 모음』(1936 : 30)에서 경쟁하던 '칩-'형 등을 누르고 표준어의 신분으로 선정되기에 이르렀다. 이러한 사실은 '춥-'의 활용형들이 당시 서울말 중심 중산층의 격식어에까지 확산되었음을 의미한다.

4.2 '칩-/치워〉춥-/추워'로의 변화와 그 중간단계로서의 '츱-/츠워'의 존재

19세기 후반에서 20세기 초반에 걸친 '칩- → 춥-'(寒)으로의 점진적인 대치 과정은 §4.1에서 언급한 언어변화의 모형 가운데 "뻐꾸기 새끼"(Young-cuckoo)

---

57) ㄱ) 추우- : 추워한다, 추우 탄다(p.72), 추워서 니러나기 어려웁니다(p.170), 추우, 더우(p.72, 210), 난로며 적은 화로로 추우를 견딥니다(p.243), 6), 추위 걱정(p.300), 여긔 추우에 익지 못한고로(p.381).
ㄴ) 추웁- : 더우나 추우나 피안까지라고 한즉 이달 한 달은 추웁겟지오(p.381), 아모리 추웁드래도(p.550).

유형에 귀속된다. 그것은 '칩->춥-'으로의 '이>우'와 같은 모음의 변화가 또 다른 변화 모형인 "올챙이에서 개구리로"(Tadpole-into-frog)의 자연스러운 발달 방식으로 파악하기가 매우 어렵다는 인식에 근거한다.

물론 지금까지 이러한 변화를 인접 음성 환경에 기인된 역행동화의 일종으로 설명하려는 설득력 있는 시도도 있어 왔다. 일찍이 유창돈(1964/1980 : 163)은 '칩->춥-'의 변화는 어간말 /ㅂ/에 이끌린 역행 순행동화, 즉 원순모음화로 설명하였다. 그리고 이러한 변화는 '춤(涎)>침'과는 반대가 되는 방향이기 때문에, "곧 언어의 변화는 수의적이라는 사실을 방증하는 자료"(p.163) 간주하였다. 또한, 어간말 'ㅂ'에 의한 역행 원순모음화의 또 다른 예로 유창돈(1964/1980 : 161)은 비어두음절 위치에서 수행된 '어듭-(暗)>어둡-'의 과정을 제시하였다. 그 반면, 남광우(1976 : 72)는 '칩->춥-'으로의 변화는 일종의 모음끼리의 동화로서, 앞 모음이 후속모음에 동화한 역행동화의 예(ㅣ+ㅜ>ㅜ+ㅜ)로 기술하였다. 즉, 치뷔>치위>추위; 치버>치워>추워.58)

위에서 제시된 순수한 음성변화로서의 '칩->춥-'으로의 2가지 과정은 설명으로서 충분한 개연성을 갖고 있다고 생각한다. 그러나 여기에는 중요한 두 가지 문제가 개입되어 있다. 하나는 음성변화의 자연스러운 방향이다. 어간 음절말 'ㅂ'의 원순성에 의한 역행 동화인 '칩->춥-'의 경우에서나, 용언에 후속하는 어미의 원순모음 '우'에 의한 역행 동화인 '치위>추위'에서 직접 i →u로의 이행은 국어사에서 통상적인 원순모음화의 과정으로 관찰할 수 없

---

58) 김주필(1993)은 17세기 초엽의 『현풍곽씨언간』에 반영된 그 당시 경상도 방언의 음운론적 특질들을 검토하면서 아래와 같은 예문에 등장하는 '츅워'와 같은 활용 형태에 주목하였다.

여러날 비치게 되면 <u>츅워</u> 나만 아니 소글 거시니 덴드기 마소(현풍곽씨, 27).

그리하여 김주필(1993)은 이 형태를 '칩-'(寒)의 활용형의 이형태로 간주하고, "불규칙 활용되는 '칩-'이 '츅워'(61)로 나타나 '춥-'으로 재구조화되는 초기 모습을 보여주기도 한다."고 보았다.

그 반면에, 백두현(2003 : 191)은 여기서 '츅워' 형을 『훈몽자회』 범례에 나오는 "네 가짓 소의 터흘 <u>츅워</u> 놓은 그림"에서 확인하고, 이를 "정(定)히, 정하여"로 풀이하였다.

다. 근대국어의 모음체계에서 /i/에 원순성의 추가는 [wi] 또는 [ü]로 향할 수는 있지만, 이러한 유형의 변화는 이 시기에 등장하지 않는다. 그 반면에, 유창돈(1964/1980)에서 '칩->춥-'과 같은 유형의 변화의 예로 제시된 또 다른 '어듭-(暗)>어둡-'의 경우는 어간말 'ㅂ'에 의한 원순성 동화 현상이거나, 또는 '어드워/어드운>어두워/어두운' 등과 같은 후행하는 '우' 계통의 원순모음에 의한 동화의 일종이다. 국어사에서 실현된 원순모음화 현상을 고찰하면서 남광우(1974/1984 : 72)도 후속하는 'ㅂ'에 의한 어간 '으' 모음이 '우'로 원순모음화되는 유형으로 예의 '어듭->어둡-' 이외에, '듧-(穿)>둛-'을 제시한 바 있다. 이와 같은 변화형들에 일어난 역행 동화의 방향은 i→u이기 때문에 여기에 개입된 원순모음화의 방향은 자연스러운 것이다.[59]

'칩->춥-'의 변화를 단순한 음성변화로 파악하였을 때에 파생되는 또 다른 하나의 문제는 그 출현 시기에 관한 것이다. 이미 남광우(1974/1984)에서 지적한 바와 같이, '어듭->어둡-' 그리고 '듧->둛-'으로의 변화를 반영하는 활용형들은 각각 15세기와 17세기 국어에 문헌상으로 등장하였기 때문에, "그 원순모음화의 근원이 오래 된 것임"(p.80)을 보여준다. 따라서 만일 '칩->춥-'으로의 변화가 어간말 'ㅂ'에 의한 원순모음화 '이→우'에 기인되었다고 한다면, 그 출현 시기가 §4.1에서 살펴 본 바와 같이 19세기 후반 이후로 한정되어 문헌 자료에 나타났을 이유가 없다.

일찍이 Weinreich et al(1968 : 102, 184-187)은 사회언어학적 변이와 변화의 새로운 모형을 제시하면서 설명의 가장 높은 단계로, 어떤 구조적 특질이 왜 특정한 언어의 특정한 시기에 변화하고, 이와 동일한 특질과 조건을 갖고 있는 다른 언어에서나, 다른 시기에는 변화하지 않는가 하는 언어변화의 "촉

---

59) 국어사에서 '으'의 원순모음화와 관련하여 '어듭-(暗)>어둡-', '듧-(穿)>둛-'의 발달은 최전승 (1975 : 60-62), 석주연(1996 : 223), 백두현(1998 : 197), 오광근·김주필(2013 : 23-25) 등에서 논의되었다. 이 가운데 일부의 연구에서는 어간모음 '으'의 원순화가 음절말 양순음 'ㅂ'에 의해서, 또 다른 연구에서는 '어드운>어두운, 어드워>어두워' 등에서와 같이 후행 음절의 원순성에 의해서 수행되었다고 해석하는 점에 있어서는 차이가 있다.

발"(actuation)의 문제를 가장 중요한 핵심으로 제시하였다. 이와 같은 설명의 어려운 문제를 여기서 단순히 제한된 문헌 자료만을 근거로 하여 '칩->츕-' 의 변화의 출현 시기의 문제로 환원시켜 보기는 불가능하다. 그러나 글쓴이 는 왜 '칩-→츕-'(寒)으로의 변화가 중세나 근대국어 초기 단계에서가 아니 라, 근대국어 후반기에서부터 지역에 따라서 문헌 자료에 출현하기 시작하는 가 하는 문제를 '으'의 전설모음화 현상과 연관시켜 접근하려고 한다.

이러한 작업을 위해서 글쓴이는 먼저 다음과 같은 가정을 설정한다.

(28) ㄱ. '칩-'(寒)에서 먼저 '*츕-'이라는 중간단계가 개입되어야 '춥-'으로 이행
    하여 갈 수 있다.
  ㄴ. 그 중간항 '츕-'은 문헌에서 18세기 후기 또는 그 이전 시기부터 등장
    하는 전설음화 '스, 즈, 츠>시, 지, 치'에 대한 일종의 과도교정으로 형
    성된 '칩-→츕-'으로의 대치가 점진적으로 확산되기 시작한 형태이다.
  ㄷ. '츕-'에서 모음어미와의 연결된 활용형 '츠워, 츠운' 등에서 원순성 동화
    를 역행으로 받아서 '츠워>추워, 츠운>추운' 등과 같은 음성변화가 일
    어나고, 이어서 유추적 확대에 의해서 자음어미 앞으로 평준화된 것이
    다.[60] 즉, '츕->춥-'. 그러한 유형의 예는 '어듭-(暗)>어둡-, 듧-(穿)>
    듧-' 등에서 이미 역사적으로 앞선 단계에서 등장하였다.
  ㄹ. 따라서 '칩->츕->춥-'의 일련의 진행 단계는 먼저 전설모음화 '스, 즈,
    츠>시, 지, 치'의 발생 시기에 일종의 반작용으로 촉발된 것이었기 때
    문에, 그 변화의 상대적 순서는 먼저 전설모음화, 그 다음 '칩->춥'과
    같이 정해진다.

지금까지 전설모음화에 대한 과도교정들을 다양하게 보여주는 19세기 후 기 중심의 지역방언 자료들에서 명시적으로 '칩-→츕-'으로의 방향을 가리

---

60) '칩-/치워'의 과도 교정형 '츕-/츠워'에서 최종 형태 '춥-/추워'로 이르는 과정은 '으' 어간모
음에 후속되는 어미의 원순모음에서 뿐만 아니라, '츕-' 어간 자체에서 어간말 자음 'ㅂ'의
원순성에 이끌린 역행동화로 인하여 '츕->춥'과 같은 변화를 수행하였을 수도 있다. 중세
와 근대국어의 단계에서 어간말 양순자음이 동일한 음절에 있는 '으'와 'ㅇ'에 역행으로 작용
하는 원순모음화 작용에 대해서는 이기문(1959/1978 : 82)과 정경재(2015)를 참조

키는 예는 출현한 바 없다. 그러나 이와 비슷한 음성 환경에서 과도교정이 일어난 '(시-), 지-, 치-→(스-), 즈-, 츠-'의 보기들은 여러 지역방언들에서 쉽게 찾을 수 있다. 실-(載)→슬-, (깃브-, 喜)→짓브-→즛브-, 치미(裳)→츠미; 쓰을(길-, 汲)→질-→즐-; 씹-(訕)→쑵-; 심-(植)→슴->숨- 등등. 주로 한정된 서사 표기체 또는 격식성이 높은 문어체로만 구사되었던 이러한 과도교정형들은 대부분 다시 원래의 올바른 형태로 수정되어 버렸다. 그러나 이 가운데 '심-(植)→슴->숨-'의 경우는 경기도를 포함한 많은 남부와 북부 지역방언의 구어에 성공적으로 확산되어 있음은 우리가 §3.1에서 살펴 본 바 있다. 따라서 상황에 따라서 19세기 후기와 20세기 초기의 단계에서 '칩-(寒)→츕-'과 같은 과도교정이 일부 화자들의 격식어에서 수행되었을 잠재성도 배제할 수 없다.

20세기 초반의 서울말과 경기도 지역권의 대중들의 자연스러운 구어를 중심으로 『조선어교제문전』(Koreanische Konversations-Grammatik, 1923)을 저술한 독일인 신부 안드레아스 에카르트(P. Andreas Eckardt, 한국명 : 玉樂安)는 당시의 언어 현상을 정밀하게 기술하면서, 통상적인 용어어간 '칩-'(寒)에 대한 실제의 발음을 다음과 같이 관찰한 바 있다.

(29) 명사파생접사 '-위'(-ui); tchipta(칩다, gespr. tchŭpta)→tchiui(치위).
tŏuota(더웁다)→tŏui(더위). p.260.
cf. tchipta(칩다, 122), 으스스 tchipkito hamyŏ(칩기도 하며, p.356),
요새 심한 치위에 어린 걷들도 다 충실한가? 요새 날이 너무 치워서 그럴 걸(p.242), 날이 너무 tchiuni 일 하기가 오직 tchiulga(치우니, 치울까, p.377).

Eckardt(1923 : 260)는 명사파생접사 '-위'(-ui)의 유형을 제시하면서 표기형 '칩다'에 대한 당시 화자들의 실제 발음이 [tchŭpta], 즉 [츕다]였음을 지적하고 있는 것이다. gespr. tchŭpta='츕다'로 발음한다(1923 : 260). 그는 『조선어교제문전』의 텍스트에서 당시의 관용적인 한글 표기법을 따르려고 하였지만, 대중들의 실제 발음과 전통적인 표기와의 심한 괴리를 인식하고 있었다. 그리하여 그는 대화체 중심의 텍스트에 사용한 다양한 예문과 단어들에서 대중들의 당시 실제의 발화에 각별한 관심을 쏟았다.61) 그렇다면, 그가 제시한 '칩다'의 실제 발음 [츱다]의 어간 모음 ŭ(으)는 어디에서 기원된 것일까.

우선 한 가지의 가능성은 개신형 '춥-'에서 어간말 양순음 'ㅂ'의 영향을 받아서 '춥->츱-'과 같은 비원순화 과정을 수용한 형태로 볼 수 있다.62) 이러한 유형의 변화는 19세기에 '춤(唾)>츰>(침)' 및 '기춤(咳)>기츰>(기침)' 등에서도 적용된 바 있다(이 글의 §4.1을 참조). 그러나 『한국방언자료집』(한국정신문화원 편) 등을 참고하면, 경기도 방언을 포함한 대부분의 지역방언에서 '춥-'(寒)의 활용형들의 어간모음이 비원순화되어 쓰이는 예들은 전혀 확인되지 않는다.

따라서 글쓴이는 앞에서 가정한 바와 같이, 이것은 '칩- → 츱-'과 같은 과

---

61) (1) 단니다, 당기다(行) : tannita=tangkita는 taᴵnnita=taᴵnhkita로 발음한다(p.282),
　　　　 물고기 : mulkoki(물고기, kôiki로 발음한다, p.128),
　　　　 sokoki(소고기, kôiki로 발음한다, p.128),
　　(2) 몇(何) : myŏt(mᴵed으로 발음한다, p.68), 너편네 : nyŏphyŏnne(각주 : 구어에서 자주 nephenne와 같이 발음한다. p.344),
　　(3) 스인교(四人轎) : saïnkyo : 'sarinkyo'로 발음한다(p.378),
　　(4) 살고꽃; salkogod kukyŏng(p.353, 각주 : 자주 salku라고 발음한다.),
　　(5) 속격형태 : '-의 → -에' :
　　　　 머리에 꼬잣던 꿩의 깃을 쎄고(더역 38 : 131=mŏrie gotjadtŏn gûongĕ kisŭl bâiko, 355),
　　　　 병자의 뜻을 잘 맛초는고로(더역 38 : 133)=pyŭngtjaĕ dŭsŭl tjal madtchonankoro(355)
　　　　 병의 근원은 자세히 모르나(더역 38 : 133)=pyŭngĕ kŭnuonŭn(355).
　　　　 에고 엇던 사람은 팔즈 됴하 더련 량반의 안힌되여...나즌 사람은 팔즈 구박ᄒᆞ야 이런 농부의 안힌 되여(더역 39 : 131)=paltja tjoha tjŏrŏn yangpanĕ anhâi tôiyŏ...irŏn nongpuĕ anhâi tôiyŏ(363).
62) 고동호 교수(전북대)는 이 글의 초고에 대한 검토에서 20세기 초엽 Eckardt(1923)의 텍스트에서 비로소 등장하는 '츱'형은 이 형태의 시대적 추이로 미루어 보면, '칩->츱->츱-'의 변화 순서를 가리키는 것으로 간주하여야 된다고 지적하였다. 즉, '춥->츱-'의 변화는 어간말 양순음에 의해서 어간모음 '우-'와 '으'가 중화되었음을 보이는 현상으로 처리될 수도 있다는 것이다.

도교정에서 기원되었을 것으로 판단한다.[63] 이러한 과정은 당시의 말에 생산적으로 적용된 전설모음화 현상을 전제로 하는 것이다. Eckardt(1923)의 텍스트에는 아래와 같은 전설모음화를 생산적으로 반영하고 있다. 이러한 예들은 20세기 초반 서울말과 경기도 방언 인근의 실제의 모습과 어느 정도 접근되어 있다(Martin 1954 : 12; 김계곤 2001을 참조).

(30) 맞은→마진; matjin djak/tjip/paraiki(맞인 짝, 집, 바래이), p.300, matjin
        (=matjŭn, 맞은, p.300),

    앉은→안진; antjin(=antjŭn, p.49), nune antjin pharirŭl(눈에 안진 파리를,
        p.51),

    슳다→싫다; tŭdki siltha(듣기 실타, p.49), cf. tŭdki sŭltha(p.50), 일하기
        sŭltha(=siltha, p.50), sŭiltha(싫다, p.257), 암만해도 공부하기
        sŭilsŭmnita(실씁니다) oder sŭiryŏ'yo(sireyo로 발음, p.257),

    -올슴니다→-올심니다; tangsin malsami olsimnita(-올심니다, p.266),

    씀씀이→씀씸이; 식구는 만코 ssŭmsimi manhasŏ 여가가 읍고래(씀씸이,
        p.235),

    춤→츰~침; tchim, tchŭm(唾, p.354),

    벼슬→벼실; pyŏsal(=pesil, p.182).

    기춤→기츰→기침; kidtchim(긷침, p.356), kidtchim 아니하려고 하여도
        (p.353),

    가슴→가심; kasim(가심, p.48),

    거즘→그진; kŭtjad=kŭtjid(p.128).

따라서 전설모음화에 대한 일련의 반작용으로 주로 격식체에서 전개된 정

---

63) 그 반면에, P. Lucius Roth 신부가 저술한 *Grammatik der Koreanischen Sprache*(1936)에서는 한글 표기가 1933년 조선어학회의 맞춤법통일안에 맞추어 작성되었으며, 그 텍스트에는 '춥다'와 '칩다'가 공존하여 있다. 그러나 대체적으로 개신형 '춥다'의 출현 빈도가 더 높게 나타난다.

  (ㄱ) 춥다 : kalt sein(p.84), 겨울에는 춥고 여름에는 더웁다(p.85), 겨울을 꽤 추워하오(183), 추워서 못견디겠소(p.379), 북간도에서는 지금 추울걸(p.413),

  (ㄴ) 오늘은 퍽 칩다. 어제보다도 더 칩다(p.220).

량적 성격의 과도교정형 '칩-→츱' 형태가 그 이전 단계에서부터 발달하여 20세기 초기에서는 일반 화자들의 구어 스타일에까지 확산되어 왔을 것으로 생각한다. 이와 같은 과정을 거친 과도 교정형 '츱-'형의 존재는 1910년대 서울말을 중심으로 편집된 『조선어사전』(총독부 편, 1920)에서 그 활용형과 더불어 구체적으로 확인된다. 이 사전에는 표제항으로 예의 '츱다'(寒)형 이외에 다른 4가지 유형의 변이형들이 대등한 공시적 자격으로 등록되어 있는 사실이 주목된다.

> (31) ㄱ. 츱다(츠워, 츠운) : '치웁다'와 같다, p.843),
> ㄴ. 칩다(치워, 치운) : '치웁다'와 같다, p.851),
> ㄷ. 추웁다(추워, 추운) : '치웁다'와 같다, p.833),
> ㄹ. 춥다(추워, 추운) : '치웁다'와 같다, p.833),
> ㅁ. 치웁다(치워, 치운)='추웁다, 춥다, 츱다, 칩다', p.847),
> cf. 추위 : '치위'와 같다(p.833), 치위(寒氣)=추위(p.847).

위의 표제어들을 보면, 1910년대 서울말과 경기도 인근지역어에서 [寒]을 의미하는 이형태들 가운데 전설모음화에 대한 과도교정을 거친 '츱-'과 그 활용형이 규범적인 사전에 올릴 만한 세력을 갖고 확산되어 있음을 알 수 있다. 위의 공시적 이형태들 가운데 '춥다~추워~추운' 등과 같은 활용형들은 이 글의 §4.1에서 살펴 본 바와 같이 19세기 후기의 단계로 소급되는 것이며, 이어서 20세기 전기로 지속적으로 확산을 거듭한 형태이다.

이러한 개신형 '춥-'이 이전 단계의 보수형 '칩-'과 그 활용형으로부터 직접 발달된 것으로 파악하기는 음성변화의 방향과 그 출현 시기의 관점에 비추어 어렵다. 따라서 '춥-'형은 '칩-'에서 전설모음화에 대한 반작용으로 근대국어 후기의 어느 단계에 형성된 과도교정 '츱-'으로부터 출발하였다고 가정한다. 그리고 '츱->춥-'으로의 재구조화에는 먼저 원순모음을 갖고 있는 모음어미 앞에서 역행 원순모음화에 의하여 (ㄱ) '츠워~츠운>추워~추운'의 단계를 거치고, 그 다음 (ㄴ) 자음어미 앞의 '츱->춥-'의 경우는 일종의 유추에 의한 압력을 받아서 '추워~추운~츱->추워~추운~춥-'과 같이 활용형태가 단일화된 '춥-'이 형성되어 나왔을 것이다.

또한 위의 (31)의 이형태들에서 보수형 '칩-'와 개신형 '춥-'의 어간 Xp에 대해서 새로운 어간 Xup을 첨가한 '치웁-'과 '추웁-'형들이 공존하고 있는 현상이 주목된다. ㅂ-불규칙 용언에 한정되어 나타나는 새로운 유형의 Xup 어간은 오늘날의 서울말의 구어와 여러 지역방언에서도 지속되어 있다(유필재 2001 : 96-97 및 이 글에서 §3.2를 참조). 그러나 이러한 어간 유형은 대체로 19세기 후기와 20세기 초반의 문헌 자료에서부터 산발적으로 관찰되기 시작한다.[64]

이러한 Xup 어간 가운데 개신형 '춥-'의 또 다른 잠재적인 기원으로 설정할 수 있는 '치웁-'형이 주목된다. 여기서 '칩- → (유추에 의한 '-우-' 삽입)치웁->(축약)춥-'과 같은 자연스러운 음운론적 과정을 설정할 수 있기 때문이다. 이 글의 §3.2에서 '깁-(補)>줍-'의 변화를 설명하는 대안으로 논의한 바 있는 '깁->집- → 지웁->줍-'(정인호 1997)의 발달 과정과, 여기서 '칩- → 치웁->춥-'과 같은 일련의 진행 통로가 상호 일치한다.[65] 그러나 여기에는 같이 고려하여야 될 몇 가지 문제들을 지적할 수 있다.

(32) ㄱ. '칩- → 치웁->춥-'의 과정이 가능하려면, 19세기 중기 또는 그 이전 단

---

64) 이 글의 각주 (43)에서 특히 임규의 회화 및 문법서(1912)에서 추출된 예들을 참조. 1920년대 김희상의 문법서 『울이글틀』(1927)에는 당시의 구어에 실현되고 있는 ㅂ-불규칙 활용의 Xup 어간이 다른 변이형들과 함께 보기로 제시되어 있다.

말이 말다웁지 몯하고 글이 글다웁지 몯하게(p.5),
밥이 더운만치 국은 덜 더웁다(p.134),
넓고 두터웁게(183), 치웁다(寒)--치우다, 도우다--도웁다(助), 곱다--고다(麗)(p.170).
cf. 슌은 치웁고 눈이 오며 물이(1896, 신정소학.37ㄴ),
   아모리 추웁드래도 설마 얼어죽지는 안이ᄒ겟고(1912 : 550, 林圭, 『일본어학. 畜 · 語』).
65) 이 글의 초고를 논의하는 과정에서 서형국 교수(전북대)가 지적한 사항이다. 서형국 교수는 형태론의 관점에서 '칩-(寒)>춥-'으로의 변화의 기원이 기본적으로 '칩->치웁->춥-'에 있을 것이라는 논지의 논문을 준비 중에 있다.

계에서 ㅂ-불규칙 용언들에 첨가된 Xup형이 어느 정도 생산적으로 확대되어 있었음을 전제로 하여야 된다.

ㄴ. Xup형이 '칩-→치웁-'에 뿐만 아니라, 개신형 '춥-→추웁-'에도 실현되어 있다. 그렇다면 또 다른 이형태인 '츱-'에도 '츱-→츠웁-'은 왜 보이지 않을까. 혹시 이러한 과정이 존재한다면, 역시 '츱-→츠웁->춥-'의 발달이 가능할 것이다.

ㄷ. 개신형 '춥-'이 '치웁->춥-'으로부터 나온 것이라면, '추웁-'의 경우에 다시 이중으로 Xup형이 첨가된 결과가 된다. 이와 같은 이중의 Xup 어간이 어떤 필요에 의해서 개입되어 있다고 할 수 있을까.

ㄹ. 개신형 '춥-'이 '칩-→치웁->춥-'으로의 변화를 거쳤다면, 또 다른 이형태 '츱-'의 존재는 어떻게 설명할 것인가.

ㅁ. 보수형 '칩-'(寒)의 어간모음은 중세에는 거성이었으며, 근대와 근대국어에서는 단모음으로 기능한다. 이러한 음절축약 과정에서 '(칩-→)치웁->춥-'이 형성되었다면, 개신형 '춥-'의 어간모음은 보상적 장음화에 의해서 자음어미 앞에서는 장모음으로 실현되어야 한다.66)

따라서 19세기 후기와 20세기 초반에 걸쳐 문헌 자료에 등장하기 시작하는 개신형 '춥-'의 기원을 '칩-→츱->춥-'과 '칩-→치웁->춥-'의 두 가지 방향으로 설정할 수 있다. 그러나 글쓴이는 개신형 '춥-'의 활용형들의 역사적인 출현 시기의 관점에서 전설모음화에 대한 과도교정에서 출발한 전자의 진로에 더 중심을 두려고 한다. 서울말과 경기도 방언 등지에서 1920년대 초반에 공시적으로 공존하였던 '칩-~치웁-~츱-~춥-' 등과 같은 변이 현상은 그 쓰임에 있어서 사회언어학적 변항에 좌우되었을 것으로 추정된다. 그러나

---

66) 그러나 『한국방언자료집』(한국정신문화원 편) 가운데에는 전남 편(1991 : 252)과 전북 편 (1987 : 183)의 일부 지역에 활용형 '춥-'의 어간모음이 장모음으로 조사되어 있다.

(ㄱ) '춥다, 춥+-고'→[춥 : 때/[추꾀/[추 : 꾸] : 전남 보성, 전북 : 익산.

(ㄴ) '춥+-으면'→[추 : 면]/[추 : 문] : 전남 해남, 구례.

위의 예에서 (ㄴ)의 어간모음에서의 장모음으로의 실현은 일반적인 방언형 [추으면]/[추우면] 등에서 음절 축약으로 형성된 보상적 장모음화인 것으로 보인다.
『한국방언자료집』(경기도편, 1995 : 236)에서도 '춥+-으면'의 통합형들은 모두 [추우믄]/[추우믄]/[추 : 면]/[추 : 면]/[추 : 믄] 등으로 분포되어 있다.

결국에는 하나의 어간 형태로 단일화의 과정을 점진적으로 밟을 것이다. 이러한 판정은 1930년 사정한 『조선어 표준말 모음』(1936 : 30)에서 공식적으로 아래와 같이 발표되었다.

(33) ● ㅜ와 ㅣ의 통용.
　　【ㅜ을 취함】 : **춥다**(칩다, 추웁다, 치웁다, 츱다)

　『조선어 표준말 모음』(1936 : 30)의 머리말에 실린 <표준말 사정의 방법>에 따르면 "표준말은 대체로 현재 중류사회에서 쓰는 서울말로 한다."라는 원칙에 의지하여 선정하였으나, 가장 보편성이 있는 시골말도 적절하게 참착할 필요가 있음을 인정하였다. 그리하여 표준어 선정에 있어서 서울말의 영역을 경기도 전역에까지 광범위하게 확대시키게 되었다.[67] 이 규정집의 특징은 그 당시 표준말 사정의 심의 대상으로 고려하였던 일련의 이형태들을 모두 열거하였다는 사실이다. 따라서 여기서 선정된 표준말과 함께 나란히 열거된 그 후보군들은 1930년대 당시에 서울과 경기도 인근지역에서 다양한 계층과 말씨에 따라 쓰였던 공시적 변이의 양상을 보여준다. 이러한 경쟁하는 형태들 가운데 당시의 표준말로 선정된 기준은 "서울말 중심의 중류 사회에서 쓰는 격식어"의 신분에 우연하게 먼저 이른 단어이었을 것이다. 이와 같은 사실을 전제로 하면, 위의 (33)에서 표준어 선정에서 탈락된 '칩다~추웁다~치

---

67) 표준어 사정위원은 전체 72인 가운데 반수 이상인 37인(이 가운데 서울 출생이 26인)을 경기 출생으로 하고, 기타 약 반수인 36인은 각 도별로 인구 비례에 따라 선출하였다 한다. 그리하여 사정 회의 시에 한 개의 단어를 표준어로 처리함에 있어서 일단 경기 출생의 의원에게만 결정권이 부여되었다. 만일 지방 출생의 위원 가운데 이 결정에 이의를 제기하는 경우에는 이를 재심사에 붙이고 전체 위원의 표결을 거쳐 결정하였다.
표준어 선정에 있어서 당시의 서울말과 경기도 인근의 지역어를 고려하였다는 사실은 『한글』 제 4권 11호(1936)에 발표된 정인승의 "표준어 사정과 한자어의 표준음"에서 더욱 구체적으로 확인된다.

경성 발음을 표준으로 하는 것이니, 이는 물론 다른 아무 지방에도 없는 경성 특유의 발음을 말함이 아니요, 적어도 近畿는 물론, 그 밖의 상당한 범위까지 통용되는 경성음을 이름은 물론이다.(p.3).

읍다~츕다' 형들은 1930년대에 계층과 말씨에 따라서 서로 경쟁적으로 쓰이고 있었음을 알 수 있다. 『조선어사전』(1920)에서 추출된 (31)의 표제어들을 상기하면, 특히 '츕다'를 포함한 4가지의 변이형들의 1930년대의 분포는 그대로 1910년대와 동일하다. 그렇지만, 그 사이에 이들 이형태들이 보유하고 있었던 사회언어학적 신분과, 이에 따른 출현빈도는 서로 동일하지는 않았을 것이다.

19세기 후기에 간행된 『한불ᄌ뎐』(1880 : 609)에 보수형 '칩-'과 더불어 표제어로 등록되어 나타났던 개신형 '츕-'이 1930년대 여러 경쟁하는 이형태들 가운데 단일한 표준어로 선정되었던 언어외적 과정은 결코 단순하지는 않았을 것으로 생각한다. 특히 파리외방전교회 한국선교단의 Ridel 주교와 여러 동료 신부들이 이 사전의 초고를 준비하였던 시간상의 단계들(이은령 외 2013)을 고려하면, 당시의 서울말 '츕-'의 사용은 그 이전 시기인 19세기 중엽으로 추징될 수 있다.

따라서 '츕-'의 형성을 보수형 '칩-'에서 전설모음화에 대한 과도교정 '츕-'의 존재를 전제로 한다면, '칩-→츕-'으로의 과정 역시 개신형 '츕-'의 기원보다 훨씬 더 깊은 시간심층을 갖고 있는 근대국어 후기의 어느 단계로 소급될 수 있다. 만일 '칩->츕-'으로의 과정이 전설모음화와 직접적으로 관련되어 있다면, 서울말이나 지역방언에서 전설모음화 출발의 역사성은 근대국어의 어느 단계로까지 소급될 수 있을까.

5. '으'의 전설모음화 현상의 출발과
존재사 '있-'(有)의 단일화와의 상관성

5.1 전설모음화 현상의 역사성

'ㅅ, ㅈ' 계열(연구자에 따라서 'ㄹ'도 포함하여)의 자음을 후속하는 '으' 모음이 수행하는 전설화 현상은 종래에 19세기 후기의 언어 사실을 중심으로 관찰되어 왔다(유창돈 1964/1980; 허웅 1965; 이병근 1970 등등). 그러한 이유는 주로 19세기 후기의 단계에서 해당 전설모음화 현상이 다양한 형식의 문헌 자료에서 집중적으로 등장하였기 때문이다.[68] 그리하여 이러한 변화는 19세기 국어의 음운사에서 "고유한 음운현상"(백두현 1997 : 34)으로 규정되기도 하였다.[69] 최근에, 홍윤표(2009 : 166-167)는 근대국어가 보이는 역사적 성격과 그 시기의 음운변화를 조감하면서 전설모음화의 출발은 18세기부터 시작하여 19세기에 와서 일반화되었다고 간략하게 기술한 바 있으나, 그 구체적인 예들은 따로 제시하지 않았다.[70] 경상도 방언을 반영하고 있는 영남 감영판『十九史略諺

---

68) 남광우(1984 : 167-168)는 구개모음화 현상(전설모음화)이 『텬로력뎡』(1895)에 출현하는 예들 ('진흙, 질거워, 실커든, 시려 ᄒᆞ지, 근심시려온, 직싱, 징인, 업실 것, 차시려, 규칙, 칙은히')을 제시하고, 이러한 예들은 주로 19세기 후기의 자료에 나타나기 시작한 것으로 판단하였다. 또한, 남광우 선생은 같은 논문에서 이 현상이 이미 16세기 초의 문헌에서 나타나는 것으로 보이는 예들도 언급하였다. "안즉(且, 번역 소학 9.43ㄴ, 但, 9.44ㄴ)〜안직(번역노걸대, 상.17; 번역 소학 8.31ㄴ)".
   그러나 16세기 출현하는 시간부사 '안직'형은 '잠시, 일단' 등의 의미를 맥락에 따라 갖고 있었다. 그러한 '안직'형은 15세기 국어에서부터 '안죽'과 더불어 사용되고 있었던 또 다른 형태 '아직'형에 부분적으로 이끌린 혼효 형태로 생각된다.

   니ᄅᆞ샤디 多寶佛은 도로 아직 녜ᄀᆞ티 겨쇼셔 ᄒᆞ시니(석보상절, 20 : 44ㄴ),
   비록 그리코져 아니ᄒᆞ나 아직 주어 아직 시기다가 에(소학언해, 2.12ㄴ).
69) 최명옥(2004 : 263)은 전설고모음화 규칙은 19세기 초에 발생되어 먼저 비어두음절에 적용되었는데, 나중에 어두음절에까지 확대되었다고 기술하였다.
70) 홍윤표(2009)는 전설모음화 출현의 초반에는 비어두음절의 위치에서 주로 실현되었으나, 곧 이어서 어두음절까지 확대되었다고 지적하였다. 그러나 홍윤표 교수는 같은 논문에서 전설모음화의 적용을 받는 어휘들과 그렇지 않은 어휘들의 관계는 아직 규명되어 있지 않았다고 보았다. 1930년대 표준어 선정과정에서 서울과 경기도 권에 확대되어 있었던 당시의 전

解』에 등장하는 부분적인 전설모음화의 예들을 중심으로, 예전에 그 기원이 18세기 후기의 단계로 설정된 적도 있었다. 그러나 이 문헌 출간의 정확한 연대가 1772년에서 1832년으로 수정되면서(김주원 1998, 1999), 그 자료에 실현되어 있는 경상도 방언의 전설모음화의 예들도 19세기 전기의 현상으로 옮겨 가게 되었다(백두현 2011).

이러한 전설모음화 현상의 출현 시기가 자료상으로 19세기로 한정되어 좁혀져 있기 때문에, 이 시기의 소위 중앙어와 각각의 지역방언에서 그 확산의 정도 또는 출현의 빈도는 대조되어 측정하기 어려운 측면이 있다. 백두현 (1997, 2011)은 서울말 또는 경기도 지역권의 자료에서 관찰되는 전설모음화의 예들 가운데 가장 이른 시기의 것은 필사본 『亽쇼졀』(士小節, 경기도 양주, 1870년)이며, 전라도 방언에서의 경우는 19세기 전기 전북 임실방언을 반영하는 필사본 『睡雲亭悲懷遺錄』(1826)에서의 다양한 예들로 소급될 수 있음을 규명하였다. 그리하여 이 음운변화가 남부방언에서는 19세기 전기의 단계에, 그 반면 서울 경기 권역에서는 19세기 후기에 자료에 나타나는 사실을 근거로, 백두현(2011)은 경상방언과 전라방언이 그 진원지에 해당된다고 판단하게 되었다.71)

글쓴이는 백두현(1997, 2011)에서 이루어진 전설모음화 현상에 대한 출현 연대의 관찰을 바탕으로 하여, 해당 자료에 우연하게 등장하는 개신적인 변화의 예와 이러한 변화를 격식어와 같은 문헌어로 드러내게 하였던 당시 화자들의 실제적인 구어와의 시간적 거리를 생각해 보려고 한다. 19세기 국어의 음운사적 고찰을 하면서 백두현(1997 : 35)은 서울과 경기도 방언권에서 "'亽>

　설모음화 현상에 대한 사회언어학적 측면은 이 글 §5.3에서 각주 (101)를 참조
71) 주로 19세기의 자료를 이용하여 전설모음화 현상의 발생과 전개를 고찰한 홍은영(2012)에서도 이 변화는 19세기 초엽 전라와 경상방언에서 그 적용 환경과 전개 양상은 서로 상이하였지만, 시기상으로 두 남부방언들에서 먼저 발생하기 시작하였음을 확인하였다.
　또한, 19세기 후기~20세기 초반의 자료를 중심으로 경상도 방언 중심의 전설모음화를 조감한 김예니 · 김명주(2014)도 특히 경북방언에서 이 현상이 생산적으로 확산되어 있음을 밝혔다.

시'와 '즈>지'의 변화가『스쇼졀』에 가장 먼저 나타나므로, 이 변화는 1870년
대에 발생한 것이라 할 수 있다."고 결론 지었다.[72] 그러나 글쓴이는 1870년
에 작성된 필사본 자료에서 전설모음화 현상이 음절 위치에 구애 받지 않고,
부분적으로 등장한다는 사실은 이미 당시 화자들의 구어에서 어느 정도 이
현상의 확산 또는 생산성을 전제로 한다고 생각한다. 동시에 이렇게 추정된
생산성은 19세기의 상당한 시간심층으로 소급될 수 있을 것이다. 이러한 잠
정적인 추정은 전설모음화가 비교적 이른 시기에 등장하는 남부방언 자료인
『수운정비회유록』(1826)과『십구사략언해』(1832)의 언어 사실에도 적용된다.

특히, 전북 임실의 유학자 김낙현(1759-1830)이 작고하기 4년 전 67세의 노
년에 필사로 작성한 노비들과의 공식적인 계약문서인『수운정비회유록』
(1826)의 텍스트에 나타나는 전설모음화 현상은, 백두현(2011)에서 지적된 바
와 같이, 상당히 발달된 진행 단계를 드러내고 있다. 여기에 등장하는 전설모
음화에는 통상적인 형태소 내부와 경계에서만 아니라, 다음과 같은 곡용체계
에서 유추에 의한 확대(analogical extension)와, 몇몇 과도 교정형들이 포함된
다.[73]

(34) ㄱ. 쁟(義)+-이(주격조사) → 쁘디>쁘지(구개음화) → 쁘질~쁘지로;
너희등이 한 쁘지로 거힝ᄒ고(11ㄴ), 이 지믈 분탕할 쁘지로(12ㄴ)~뉘
라셔 니 쁘질 이여(9ㄴ)~쁘즐 바다(12ㄱ), 쁘즐 살피디 안니ᄒ며(12ㄴ),
쁘즐 먹그면(13ㄴ),
cf. 빅한으로 버즐 삼고(友, 7ㄴ)~한슘으로 버졀 삼아(6ㄴ).
ㄴ. 셰곡이 이삼슙 셕을 바드면(이삼십, 13ㄴ),

---

72) 19세기 국어에 대한 종합적 논의를 하는 과정에서 민현식(2008 : 23)도『스쇼졀』(1870)의 텍
스트를 기준으로 하여, 치찰음과 유음 뒤의 전설모음화 현상은 "1870년대부터 나타난다."고
기술하였다. 그 반면에, 홍은영(2012 : 40)은『태상감응편도설언해』(1852)에 출현하는 '거짓
말'(2.50ㄱ)의 예를 중부방언에서 가장 이른 시기의 보기로 제시한 바 있다. 엇지 망년된 거
짓말노 사름을 속이시리요 ᄒ거눌(2.50ㄱ).
73) 필사본『수운정비회유록』(1826)의 텍스트에 반영된 당시의 언어에 대한 철저한 분석과 원문
주해는 백두현(2011), 백두현 · 전영곤(2012)을 참조.

흐르는 세월이 임의 틸습이라(칠십, 8ㄴ).

위의 (34ㄱ)에서 제시된 유추적 확대형은 19세기 후기 전라방언 자료(완판
본 고소설과, 신재효의 판소리 사설)에서 추출된 생산적인 예들과 매우 근접되어
있다(최전승 1986 : 265-276). 취비흔 뜻질 가지고(완판 조웅 1.27ㄴ)~요악흔 쓰즐(완판
장경, 11ㄴ), 우름으로 버즐 삼고(완판 별춘향, 24ㄱ), 계신 곳질 갈으치니(완판 조웅, 2.29
ㄱ), 그 곳질 힝ㅎ거늘(완판 충열, 하.7ㄴ).74)

필사본 『수운정비회유록』(1826)을 직접 작성한 김낙현(1759-1830)은 18세기
중반 이후 19세기 전반에까지 임실지역에서 생활하였던 인물이므로, 그의 언
어 습득기와 같은 요인 등을 고려하면 전설모음화 현상이 그의 언어에 수용
되기 시작한 시기는 18세기 후기 또는 그 이전 단계까지 소급될 수 있다. 따
라서 이 필사본 텍스트에 변이의 형식으로 등장하고 있는 이러한 전설고모
음화 현상의 원래의 출발과 그 확산의 잠재성은 전북 임실지역에서는 이미
18세기 중기 또는 후기에 있었을 개연성이 높다.75)

중세 또는 근대국어의 자음체계에서 'ㅈ' 계열이 중세적 치조음의 성격에
서 벗어나서 1단계 구개음화를 수행하여 경구개음으로 확립되면서 ㄷ-구개

---

74) 따라서 지금까지 추출되고 해석되어 온 소위 19세기 후기 전라방언의 전설모음화를 비롯한
다른 음운현상들 (최전승 1986) 역시 그 이전 단계로부터 발달되어 점진적으로 확산되어 온
것으로 이해할 필요가 있다.

75) 19세기 전기(1829-1850)에 집중된 『의성김씨 김성일파 종택 한글 간찰』(2009, 한국학 중앙연
구원 편)에서 제시된 판독문과 그 주석을 이용하면, 이 한글편지 묶음의 텍스트에서도 편지
작성자의 유형에 따라서 전설모음화가 실현되어 있다.
여강이씨(1792-1862)가 아들 김홍락(1827-1899)에게 보낸 편지에 (ㄱ)의 '업스니>업시니'와
같은 변화가 반복되어 쓰이고 있는 사실을 보면, 당시 경북 안동 50대 사대부의 여인의 말
에 이러한 음성변화가 어느 정도 확산되어 있다. 그리고 김진화(1793-1850)가 만년에 그의
아우 김진중(1796-1872)에게 보낸 편지글에 '거즛>거짓'과 같은 'ᄌ>지'의 변화 예(ㄴ)가 나
타난다(최전승 2014 : 325 및 김한별 2015 : 165-166).

   ㄱ) 긔쳑 업시니 고이고이(1848, 077. 어머니→아들/김홍락, 531),
      안자시나 안줄 경(景)이 업시니...어제는 긔쳑이 업시니(연대미상, 083. 어머니→아들/김
      홍락, 558),
   ㄴ) 거짓불이와 쥬식(酒色)과 다른 쟉ᄂᆞ이(1850, 123. 형/김진화→아우, 775).

음화가 실현되기 시작하였다는 사실을 고려할 필요가 있다(이기문 1972ㄱ : 67).
'ㅈ' 계열의 경구개음화는 바로 '즈, 츠>지, 치'와 같은 전설모음화를 직접 촉
발시키게 하는 동화주의 자격을 갖추기 때문이다. 따라서 'ㅈ' 계열의 경구개
성이 갖는 자연스러운 순행동화의 힘(여기서는 'ㅅ'의 경우는 당분간 제외하면)이
'즈, 츠'의 환경에서 오래 저지되어 있었다는 것은 합리적으로 설명하기 어렵
다. 물론 필요하고 충분한 음성조건을 구비하였다고 해서 모든 음운변화가
촉발되어 실현되지는 않는다.76)

전설모음화의 역사성과 관련하여 최전승(2012 : 324)은 근대국어의 문헌 자
료상으로 확인되는 가장 이른 시기의 분명한 예 가운데 하나는 18세기 후기
의 『漢淸文鑑』(1779)에 등록된 '(즌흙>)진흙'(粘泥, 1.34ㄱ)으로 보았다. 그런데
이 개신형의 존재는 이와 거의 비슷한 시기에 간행된 다른 문헌 자료에서도
다시 등장한다. 粘泥 진흙(1778, 방언유석, 地輿類, 1.9ㄴ). 따라서 '즈>지'와 같은
전설모음화에 적용되어 있는 '진흙'의 형태는 매우 고립되어 있지만, 비교적
이른 시기인 18세기 후기의 단계에 이 변화를 초기에 먼저 수용한 단어(early

---

76) 김주필(1993 : 138)은 주로 17세기 전기에 작성된 한글편지들의 묶음인 『현풍곽씨언간』("진
주하씨 묘 출토 한글 필사자료")에 반영된 표기와 달성지역의 다양한 음운현상을 검토하면
서, 15세기 국어에서 쓰였던 '-엄직/암직' 형태(허웅 1975 : 619-620)가 이 편지에서는 일부
'-암즉'으로 전환되어 비어두 음절에서 '직→즉'의 방향으로 나오는 예들을 주목한 바 있
다. 김주필 교수는 이러한 예들은 '즈>지'와 같은 전설모음화에 대한 역방향의 변화를 보여
주는 것으로, 전설모음화가 실현되지 않는 상황에서 등장하고 있는 사실이 흥미롭다고 지
적하였다.

당슭 안쥬롤 뎌그나 눔 보암즉게 ᄒ여 보내소(곽주/남편 → 진주하씨/아내, 현풍곽씨언간, 55),
쟝의 살 것도 자내 짐쟉ᄒ여 사 뻠즉흔 거시 잇거든(현풍곽씨언간, 25),
음식도 머검즉게 ᄒ여 주니(현풍곽씨언간, 66).

그 반면에, 백두현(1992 : 256)은 '-엄/암직 → -엄/암즉'의 예들은 근대국어의 다른 자료에서
도 출현하고 있으며, 후대에 나타난 '즈>지'와 반대 방향의 변화를 보이는 것이지만, 음운론
적 동기를 나타내는 것이 아니고 형태론적 성격을 가진 교체로 간주하였다.
또한, 백두현(2003 : 182)은 이러한 현상은 1632년 간행의 중간 『두시언해』에도 많이 나타나
며, 이 시기에 '-엄직'이 '-엄즉'으로 바뀐 것은 음운변화가 아니라 형태변화라고 다시 확인
한 바 있다. 그러나 백두현 교수는 '-암/엄직~암/엄즉'과 같은 교체가 어떠한 형태론적 원
리에 근거한 것인가에 대하여서는 구체적인 설명을 제시하지 않았다.

adopter)에 속하는 셈이다. 격식적인 문헌어에서 '진흙'형의 출현이 주로 19세기 후기의 단계에 출현하고 있음을 상기하면, 18세기 후기에 노출된 이러한 개신형의 존재는 매우 의미심장한 사실을 말하는 것이다.77) 김한별(2015 : 163)은『한청문감』(1779)에 등장하는 '진흙'(粘泥)형를 전설모음화를 수용한 최초의 예로 인정하면서, 이 개신형의 등장은 사역원에서 간행된 역학서 계통의 문헌에서 이 변화를 "선진적으로" 수용한 결과로 해석하였다.

그렇다면, 이 시기의 역학서 계통의 편집자들이 어떠한 이유로 '즌흙'형에 가장 먼저 전설모음화를 수용하게 되었을까. 매우 격식적인 사전 부류에 이러한 개신형이 우연하게 노출되었다는 사실은 18세기 후기의 단계에 전설모음화 현상이 당시 화자들의 구어에 어느 정도 확산되어 있었음을 전제로 한다.

전설모음화의 이른 개신형 '진흙'을 보이는『한청문감』(1779)에는 이와 동일한 성격의 변화를 수용한 것으로 보이는 또 다른 예를 찾을 수 있다. '走痢 즈츼다. 臥痢 즈츼다'(1690, 역어유해, 상.61ㄴ)에서 발단된 '즈츼-(泄瀉)>지치-(疲困)'의 변화가 그것이다. 그리고 이와 같은 '지치-'형은 18세기 후기의『삼역총해』(1774)와, 비교적 다른 형식의 자료들에서도 지속적으로 출현하여 19세기의 단계로 이어진다.

(35) ㄱ. 지치다(疲倦, 한청 7.38ㄱ),
　　　●어버럼비(eberembi → schwach geworden[vor Alter], Hauer 1952 : 228),
　　ㄴ. 근력 디치다(力竭, 한청 7.38ㄴ), 근력 과히 써 디치다(肯乏, 한청 7.39ㄱ).
　　　cf. 어름 즈츼다, 어름 즈츼는 신(한청 11.12ㄱ),
　　ㄷ. 疲倦 지치다(1790, 몽어유해.보.11ㄱ), 물이 지쳣고(삼역총해 9.1ㄱ),
　　　●모린 샤다하비(šadambi → müde sein, šadahabi → šadambi의 과거,

---

77) 북싱 히변 쓰흔 진흙과 여홀이 만흐며(1875, 이언해, 3.43ㄱ),
　　화산에셔 더운 진흙과 직가 산뼝이 곳치<1889, 사민필지, 53),
　　진흙 泥, 진흙 泥土(1895, 국한회어, 281)~즌흙(泥土, 1880 한불자전, 555).

müde geworden sein(Hauer 1955 : 840).

남의 즘싱 우마지류를 불샹이 넉이지 아니코 <u>지치게</u> 훈 써 흐며(1796, 경신록언석 83ㄴ),

ㄹ. 심흐고 브됴흐니 <u>지친</u> 근녁이니 요스이 엇디 디내눈고(『순원왕후어필』 언간 1-06, 1842-1845, 순원왕후(재종누나) → 김흥근(재종동생), 황문환 외 2013(3) : 105.

ㅁ. 셕달을 이리 신고흐오니 주연 원긔는 <u>지치고</u> 먹지 못흐고(추사언간 24. 1841, 김정희(남편) → 예안이씨(아내), 황문환 외 2013 : 62.

　　cf. 지치다 疲(1880, 한불자전, 568).

국어의 의미변화의 한 가지 유형에서 "행위의 원인→결과"와 같은 환유(metonymy)의 과정으로 제시되는 전형적인 보기는 '즈츽다(泄瀉하다)>지치다(疲困하다)'이다(심재기 1982 : 177). 위의 예에서 원래의 '즈츽-'형의 비어두음절 '의' 모음이 단모음으로 전환되어 있기 때문에 『한청문감』(1779)의 '지치-'를 그 이전 형태 '즈츽-'로부터의 지속적인 발달을 거친 후속형으로 볼 수 있을 것인가에 대해서는 의심스러운 점이 있다. 그러나 같은 자료에서 비어두음절 위치의 이중모음 '의'에서 일어난 단모음화의 예가 단어에 따라서 산발적으로 출현하고 있음을 보면, '즈츽->지치-'의 변화에서 비어두음절의 '의>이'의 경우도 단모음화에 일찍 적용된 형태로 간주된다.[78] 또한, 여기서 '지치-'는 같은 자료에서 ㄷ-구개음화에 대한 반작용으로 형성된 과도 교정형 '디치-'로도 출현하기도 하였다(35ㄴ).

1840년대에 작성된 『순원왕후어필』의 한글편지에는 전설모음화에 적용된 또 다른 개신형들이 등장하고 있다. 아래의 예문 가운데 '이즐고→이질고'

---

78) 『한청문감』(1779)에서 단모음화 '의>이'가 수행되어 있는 몇 개의 사례들을 추출해 보면 다음과 같다.

(ㄱ) 밋그러지다(한청 9.78ㄱ), cf. 滑了 믯그럽다(1775, 역어유해, 6ㄴ),
(ㄴ) 가마기, 갈가마기(한청 13.54ㄴ),
　　cf. 가마기와 간치왜(1632, 중간 두시언해16 : 7ㄱ),
　　　老鵶 가마귀, 寒鵶 갈가마귀(1790, 몽어유해, 하.29ㄱ).

(忘, 잊+을고, 37ㄱ)에서는 형태소 경계에서, '즈즐ᄒ-→즈질ᄒ-'(厭煩, 37ㄴ)에서
는 비어두음절 위치에서 각각 전설모음화가 실현되어 있다(이승희 2000; 신성철
2014).

> (36) ㄱ. 앗갑고 원통ᄒ기 죽기 젼 엇디 <u>이질고</u>(순원왕후 언간 1-03, 1849,
> 순원왕후→김흥근(1796-1870),
>
> — 황문환 외 2013(3) : 101,[79]
>
> cf. 스스로 말홀 일도 아조 니즈니(순원왕후 언간 1-15, 1851년),
> — 황문환 외 2013(3) : 116.
>
> ㄴ. 심히 보채여시니 이제 싱각ᄒ여도 <u>즈질티</u> 아니 ᄒᆫ가(순원왕후어필 언
> 간 1-09, 1840, 순원왕후(재종누나)→김흥근(재종동생),
> — 황문환 외 2013(3) : 108,
>
> cf. 厭煩 즈즐ᄒ다(동문유해, 상.33ㄱ; 한청문감 7.49ㄴ; 몽어유해. 보.8
> ㄴ), 즈즐ᄒ다 : ennuyeux, etre insupportable, tres desagreable (한
> 불자전 1880 : 558).

전설모음화가 형태소 경계에까지 적용된 (36ㄱ)의 예는 순원왕후(1789-1857)
가 60세 되던 해에 작성된 편지글에서 따온 것이다. 이와 같은 전설모음화의
전개는 개인 화자의 말에서 이 현상이 비록 밖으로 노정되어 있지는 않지만
이미 형태소 내부에서도 확산되어 있다는 사실을 전제로 한다. 따라서 형태
소 내부에서 실현된 (36ㄴ)의 '즈즐ᄒ->즈질ᄒ-'의 예는 어느 정도 통제된

---

79) 이승희(2000 : 131)는 규장각 소장본 순원왕후의 한글편지에 대한 고찰에서 '이질고'(1-3)의
예를 전설모음화로 추출한 바 있다. 또한, 이승희 교수는 같은 논문에서 전설모음화의 반대
방향을 보여주는 과도교정의 예('ᄎ' 아래에서 'ㅣ'가 'ㅡ'로 바뀜)로 '구이업슨 인스도 <u>츠루려</u>
겸ᄒ여 덕니'(2-8)에서 '츠루-'형을 제시하였다. 이 용례가 역대 문헌 자료에서 쉽게 확인되
지는 않지만, 전설모음화 현상에 인색한 『한불자전』(1880)에서 쓰인 다음과 같은 예들을 보
면, 원래 '츠르-'형으로 보인다.

츠르다 ou 츠루다 : 수행하다, 손님이나 인사를 치르다(p.600), 칠우다, V. 츠루다(p.603),
츠다 : (개천이나 우물을) 치다, 먼지를 치우다(p.600).

순원왕후의 한글편지를 역주한 이승희(2010 : 424)에서는 원형이 '츠루다'로 수정되었다.

상황에서 이 현상이 우연하게 노출된 것이다. 이승희(2010 : 288)와 신성철(2014 : 129)은 순원왕후의 한글편지 텍스트에 대한 검토에서 위의 두 예들을 추출하고, 19세기 중기 자료에 출현하는 이것들은 'ㅡ' 전설모음화의 초기의 경향을 보여주는 것으로 파악하였다.[80] 순원왕후의 한글편지에 나타난 ㄷ-구개음화와 그 과도교정의 출현빈도를 검토하면서 김주필(2011 : 249, 각주 15)은 위의 (36ㄱ)의 예문에 나오는 '이질고'의 구문을 '이즐고(잊-[이지러지다]+-을고)'로 분석한 바 있다. 그러나 이 구문이 쓰인 전후의 문맥을 검토하여보면, 전자의 해석이 사실에 가까울 것 같다. cf. 虧 이즐 휴(1575, 광주본 천자문, 17ㄱ).

18세기 후반 경기도 양주 불암사에서 1년 시차를 앞뒤로 하여 간행된 도교 문헌인 『持經靈驗傳』(1795)과 『敬信錄諺釋』(1796)의 텍스트에서 전설모음화를 수용한 형태들이 산발적으로 등장하고 있다. 특히 『지경영험전』에는 이 현상에 비교적 이른 시기에 적용되어 있는 모습을 보이는 '아침'(朝)형이 등장한다. '아츰>아침'(朝)과 같은 예들이 대체로 19세기 후기의 판본 자료에 보이기 시작하는 사실을 고려하면, 이 개신형은 거의 1세기 앞서 문면에 노출되어 있는 셈이다. 동일한 자료 계통의 『경신록언석』에서도 같은 유형의 전설모음화 현상이 드물게 관찰되기 때문에, 여기에 나타나는 '아침'의 예는 18세기 후기의 단계에서 고립되어 있는 형태는 아니다.

(37) ㄱ. 싱리ㅅ별 긔약 업서 <u>아침</u>의 우훔터니 저력의 셜운 곡셩(1795,
지경영험전, 수선곡 1ㄱ).[81]

---

80) 신성철(2014 : 129)에서 『순원왕후어필』언간 2-02에 등장하는 또 다른 전설모음화의 예로 '질경을'(2-2)도 첨가되어 있다. 이 보기가 등장하는 맥락은 다음과 같다.

일이 잘 되논디 그릇ᄒᆞᆫ디 날노셔는 용녈ᄒᆞ여 질경을 못ᄒᆞ니 위인이 이러ᄒᆞ고 어이 이 터을 당ᄒᆞᆫ 줄만 셜우니 견딜 수 잇ᄂᆞᆫ가(1850, 순원왕후→김흥근, 황문환 외[3], 121).

순원왕후의 한글편지를 역주한 이승희(2010 : 380)는 위의 구절에서 밑줄 친 '질경'을 '질뎡'(質定)으로 판독하였다. '질졍'(質定)은 16세기에서부터 사용되어 있다.

의심도원 어려온 디롤 질졍ᄒᆞ야 무러 녯 聖賢의 ᄆᆞᅀᆞᆷ 쓰시던 디롤(1517, 번역소학, 8,35ㄴ), 질졍ᄒᆞ야 무러 녯 聖賢의 ᄆᆞᄋᆞᆷ 쓰심을 求ᄒᆞ야(1586, 소학언해, 5,113ㄴ).

ㄴ. 남의 공명 글웃치며 골육 리간홀 것도(경신록 언석, 64ㄱ),
    놉고 나즌 츠데롤 어긔롯치며 남이 그룻흐믈 보고(상동, 83ㄴ).82)
  cf. 내 本來ㅣ ᄆᅀᆞ매 그르츠리로다(월인석보, 20 : 35ㄱ),
    願이 어그르츠니 슬픈 ᄆᅀᆞ몰 머거셔(초간 두시언해, 9,1ㄴ).

오늘날의 '어기다, 어긋나다'(違)의 뜻으로 중세국어에서 쓰인 '그르츠며~
그르츤~그르추미' 등과 같은 어간 '그룻-' 활용형들의 존재로 미루어 (37ㄴ)
의 '글웃치며~어긔롯치며'는 비어두음절 위치에서 '-츠->-치-'와 같은 전설
모음화를 수용한 형태로 판단된다. 이와 같은 종류의 전설모음화 형태는 다
른 자료 형식에 속하는 18세기 후기의 여러 문헌에서도 역시 출현하였다. 흔
글ᄀ치 보는 듸 어그룻치미 이실 뿐 아니라(1783, 상도윤, 3ㄴ), 사거의 일을 그룻치디 아니
ᄒ리라(1787, 병학지남, 1,2ㄱ), 損動ᄒ 곳이 발 그룻틴 곳에 흙 써러던 흔젹이라(1792, 증수
해, 3,34ㄱ).

위의 (37)의 예들과 같은 전설모음화를 우연하게 반영하는 18세기 후반의
『지경염험전』과 『경신록언석』의 텍스트에서 여타의 다른 음성 환경들에서는
이러한 현상이 철저하게 억제되어 있다. 이러한 사실을 바탕으로 하면, 이 시
기에 대중들의 구어에서 어느 정도 발달된 전설모음화 현상은 대부분의 격
식적인 서사 표기체에서 엄격하게 교정되어 있었을 것이다. 그와 동시에 같

---

81) 위의 예문은 전산자료 <세종어휘역사자료>(시대별)에서도 동일하게 등록되어 있다. 그러나
   출전이 (1796, 인과곡, 슈션곡 1ㄱ)으로 되어 있다. 규장각 소장 근대국어 문헌 자료를 정리
   하고 소개한 홍윤표(1993 : 36-37)에 따르면, 이 출전은 『奠說因果曲』(1976)에 해당된다.
   이 문헌은 1796년 경기도 양주 불암사에서 洪泰運의 글씨를 판하로 하여 간행된 목판본 1책
   으로, 같은 해에 간행된 『경신록언석』과 같은 上之下二十年喜慶丙辰冬開刊楊洲天寶山佛巖寺藏
   板 간기와 동일한 판각 글씨체를 갖고 있다고 한다.
   글쓴이가 이용한 (37ㄱ)의 예는 『朝鮮學報』 제51집에 William E. Henthorn이 소개하고 영인
   한 목판본 『지경영험전』에서 인용한 것이다. 이 언해본은 「지경령험전」(1ㄱ-25ㄴ), 「뎐셜인
   과곡」(1ㄱ-19ㄱ), 「권션곡」(1ㄱ-8ㄴ), 「슈션곡」(1ㄱ-3ㄴ), 「參禪曲」(1ㄱ-6ㄴ)으로 구성되어
   있다. 이 문헌의 끝부분에 있는 「참션곡」의 말미에 첨부된 기록 甲寅孟冬法性山無心客印慧信
   士智瑩述은 홍윤표(1993 : 37)에서 지적한 규장각본 『젼설인과곡』의 그것과 동일하다.
82) 『경신록언석』(1796)에서 제시된 두 예(37ㄴ)는 이 문헌에 반영된 언어적 특질들을 검토하는
   과정에서 홍 윤표(1993 : 28)가 치찰음 아래에서 전부모음화의 예로 추출한 것을 이용하였다.

은 시기의 자료에서 이 현상에 대한 반작용으로 일어난 과도교정으로 판단 되는 차용어 '진딧(眞的)>진짓 → 진줏'의 사례도 아래와 같이 드러나게 되었 다. 이러한 과도교정은 18세기 후반에서부터 출발하여 19세기 중반에까지 간 본 자료에 지속되어 있다.

(38) ㄱ. 귀신을 디홀다 닐으믄 <u>진줏</u> 망녕된지라(경신석, 36ㄱ),
ㄴ. 슐을 부으며 왈 경은 <u>진줏</u> 션인군지라(1852, 태상해, 1.38ㄱ),
묘확이 붓그리고 탄복ᄒᆞ여 왈 공은 <u>진줏</u> 댱지라(상동, 2.38ㄱ).

따라서 우리가 다음의 §5.2에서 취급하게 될 존재사 '이시- → 이스-'와 같 은 점진적인 대치도 이와 같은 맥락에서 화자들이 참여한 과도교정일 가능 성이 높다. 특히 『지경염험전』과 『경신록언석』에서 '이시->이스-'의 예들이 생산적으로 등장하고 있는 것은 우리의 관점에서 충분하게 예측되는 현상 이다.

5.2 전설모음화의 과도교정 '이시-(有) → 이스-/잇스-'의 출발과 어간 단일화

19세기부터 20세기 초반의 문헌 자료에 두루 출현하는 전설모음화의 예들 을 관찰하는 연구자들의 일부는 존재사 '이스-/이시-'(有) 또는 '잇스-/잇시-' 등의 변화 방향을 역으로 파악하는 경향이 있다. 최근에 김예니·김명주(201 4 : 110-111)는 이 시기의 경상방언을 반영하는 문헌어에 등장하는 전설모음화 의 예들을 기술하면서, 『영남삼강록』(1939) 등에서의 '잇시며(8 : 19ㄴ), 잇시니 라(17 : 32ㄱ), 잇시되(8 : 28ㄱ), 잇시믜(9 : 6ㄴ)', '이실 존'(存, 역대천자문 9ㄴ)형들 은 이러한 현상을 수용한 개신형으로 간주하였다. 그 반면에, 같은 자료에 '업스니(9 : 12ㄴ), 업스며(17 : 7ㄴ)' 등과 함께 공존하고 있는 '잇스며(4 : 13ㄱ), 잇스니(7 : 2ㄴ)' 등의 형태는 전설모음화의 미실현형으로 분류하였다. 이와 같은 관점은 『영남삼강록』에 대한 음운론적 고찰을 시도한 백두현(1988 : 112-113)으로 소급된다.

새로 발굴한 을유본 『유합』(1885)에 반영된 경남방언의 음운론을 논의하면서 이상규(2013 : 250)도 역시 '니슬 지(在, 10ㄱ), 니슬 유(有, 10ㄱ), 니슬 존(存, 19ㄱ)'의 형태들을 "전설고모음화가 적용되지 않는 예들"로 기술하였다.[83] 또한, 19세기 후기 경상도 방언을 반영하는 필사본 자료 『수겡옥낭좌전』의 언어에 실현된 모음변화에 대한 논의에서 박창원(1992 : 64-65)은 전설모음화의 예들 가운데 과거형태 '앗/엇시-'로 나타나는 '보앗시니(41), 누엇신이(26), 주것시면(74)' 등은 전설모음화를 수용한 것인 반면에, 같은 자료에 변이의 형식으로 공존하는 또 다른 '믹잣스니(17), 나럿스니(16), 낫스니(17), ᄒᆞ엿스나(16)' 등은 '으>이' 전설모음 현상을 보이지 않는다고 언급하였다. 19세기 후기 국어의 모음체계에 대한 연구에서 이병근(1970 : 383-385)이 제시한 "치찰음 아래에서 전부모음화"의 예들에서도 존재사 '잇시-' 그리고 과거형태 '앗/엇시-' 유형들이 이 범주에 부분적으로 혼재되어 있다.[84]

> (39) 『太上感應篇圖說』 : 썩엇시되(4.5),
> 　　　『華音啓蒙諺解』 : 잇시나(상.22), 갓시나(상.21), ᄒᆞ엿시니(상.19),
> 　　　　　cf. 업시나(상.17), 안지라(상.31), 질겨(하.40).

---

83) 참고로, 시대에 따른 『유합』의 여러 판본에서 존재동사 '이시-(在)' 또는 '이스-' 형이 등장하고 있는 상황을 보이면, 전설모음화와 관련하여 을유본(1885)에서 '니슬-'의 상대적 위상을 알 수 있다.

칠장사본(1664)	신증(1576)	영장사본(1700)	송광사본(1730)	을유본 (1885)
이실 지(在)	이실 지	이실 지	이실 지	니슬 지

84) 또한, 19세기 국어의 음운론적 연구에서도 전미정(1990)은 'ᄒᆞ엿시니(태상, 2.10ㄴ), 갓시나(태상, 2.19ㄱ), 어덧시니(태상, 3.28ㄴ), 써시니(교린, 2.60ㄱ)' 등의 예들을 전설모음화 현상으로 기술하였다. 그리고 서부 경상방언을 반영한 『역대 천자문』의 텍스트를 고찰한 홍윤표(1985 : 599)와 신경철(1986 : 53-54)에서도 '이실 지(在, 6ㄴ), 이실 존(存, 9ㄴ)'의 보기를 전설모음화를 수행한 부류로 소속시킨 바 있다.

그러나 15세기에서부터 18세기 국어에 이르기까지 전반적으로 존재사의 형태는 비자동적 교체를 보였던 '잇-/이시-', 그리고 '-아/어+잇/이시-'의 통사구성에서 문법화를 거친 과거형은 '아/어시-'형이었기 때문에, 19세기 후기에 등장하고 있는 이러한 (39)의 예들은 원칙적으로 해당 시기에 작용하였던 전설모음화와 관련이 없으며, 그 선행 단계의 보수적인 양상을 지속시키고 있는 것이다.[85] 굴절 영역의 체언과 용언의 비자동적 교체형들이 중세 이후

---

85) 19세기 후기 『독립신문』(1895.4.7-1898.5.30)의 텍스트에서 이 존재사는 이미 '이스-'의 과도교정을 거치고, 자음어미 앞에서 교체되는 어간 '잇-'으로 단일화되어 '잇스-'의 형태에 도달하여 있다. 다리는 <u>잇스나</u> 겁질이 업고..종류가 여럿시 <u>잇스니</u>(1897.7.11), 더 쎄셔 갈 것이 혹 잇슬가 ᄒᆞ야(1897.12.30) 등등. 또한, 이 자료에 '잇시-'형도 공존한다.

『독립신문』에서 보수형 '잇시-'(有)와 '잇스-'와의 상대적 출현 빈도수는 다음과 같다. (ㄱ) '잇스-' 계열 : 978회/ '잇시-' 계열 : 233회, (ㄴ) '잇슬 : 390회/잇실 : 45회. 이와 개념상 대립되는 또 다른 존재동사 '없-'(無)의 경우에, 전설모음화를 수용하지 않은 '업스-' 계열의 출현 빈도수가 380회에 이른다. 그 반면에 이 변화에 적용된 '업시-' 계열은 48회에 불과하다. 여기서 출현 빈도에 있어 열세를 이루고 있는 '잇시-/잇실' 계열의 음운·형태론적 신분은 두 가지로 해석될 수 있다.

첫째는 이 형태들은 『독립신문』 언어 자료에서 다수를 이루고 있는 '잇스-/잇슬'의 단계에서 당시에 진행 중에 있는 전설모음화에 적용된 결과인가. 둘째, '시→스'와 같은 과도교정을 거부하고 있다가 자음어미 앞에서 교체되는 어간 '잇-'으로 단일화(잇시-/잇실)를 이룬 것인가.

또한, 『독립신문』의 텍스트에서 '-앗스-/-엇스-'형은 618회인 반면에, '-앗시-/-엇시-'의 예들은 204회에 걸쳐 출현한다. 『독립신문』에 반영된 과거시제 이형태들의 이러한 상이한 출현 빈도수는 19세기 후반에 선교사들이 작성한 『한어문전』(Grammaire Coréenne, 1881)이나, Underwood의 『한영문법』(1890) 등에서 제시된 기술과 대조된다. 『한어문전』(1881)에서 과거형은 '시→스'의 과도교정이 전연 파급되지 않은 '앗시-/엇시-'로만 기술되어 있다.

ᄒᆞ여시면, ᄒᆞ셔시면, 갓시면, 먹어시면, 잇서시면(잇스면), 업서시면(업스면), 쎗서시면(쎗스면), 하겟시면, 잇겟시면, 등등(p.91).

이와 같은 관찰은 『한영문법』(Underwood, 1890)과 『언문말칙』(J. Scott, 1887)에서도 동일하게 반복되어 있다. 특히 Underwood(1890)는 과거와 미래시제 문법형태소에 연결되는 연결어미(connective)는 언제나 '-시-'라고 기술하고 있다(p.144-5). 주엇소-주엇시면-주엇시나(he gave), 맛잣소-맛잣시면-맛잣시나(it suited), 가겟소-가겟시면-가겟시나(he will go), 엇겟소-엇겟시면-엇겟시나(he will get).

Underwood의 『한영문법』(1890 : 144)에서는 '없-'의 활용형 '업소~업순~업스면' 등을 제시하면서 전설모음화가 적용된 '업시면'형이 많이 사용된다고 언급하였다. 이번 쟝ᄉ에는 리훈푼 <u>업시니</u> 흐동만동ᄒᆞ오(p.182). Underwood(1890)에 제시된 한국어 예문들을 검토해 보면, 전설모음화에 대한 보수형과, 이 음성변화를 수용한 개신형들이 병존하고 있다. 그렇기 때문에, 이들 문법서에서 기술된 과거형태의 '-엇시-/-앗시-'의 '시'가 전설모음화와 그 과도교정에 비추어 어떠한 단계를 반영하고 있는 것인지는 더 면밀한 관찰을 필요로 한다.

점진적인 형태 단일화 과정을 유추에 의해서 밟아온 반면에, 특히 존재사 '잇-/이시-'의 불규칙 활용형들은 근대국어 후기에까지 단일화 과정을 완강하게 거부해 오고 있는 사실이 특이한 것이다. 그러다가 18세기 후반에 오면, '잇-/이시-'의 비자동적 교체는 단일화로의 새로운 전환기를 맞게 된다. 그 첫 출발은 전설모음화와 역방향을 이루는 '잇-/이시- → 잇-/이스-'로의 대치의 출현에 있다.

근대국어 연구의 일환으로 18세기 후반 경기도 양주에서 간행된 『경신록언석』(1796)의 텍스트를 분석하면서 남광우(1980 : 75)는 존재사 '이시-'형이 빈번하게 '이스-'로 교체되기 시작하는 경향을 주목하였다. 아니 홀 재 이스랴(84ㄴ), 기드려 되는 일도 이스나(84ㄴ), 칙의 이스매(84ㄱ), 빗즐 겨 이스며(84ㄱ), 하던이 이스니(48ㄴ), 일이 이스리니(7ㄱ), 이슬지라도(7ㄱ), 착흔 거시 이스면(7ㄱ), 죄칙이 이스면(6ㄴ) 등등.86) 그리하여 남광우(1980)는 이러한 '이시->이스-'의 변화가 단일 어간 '있-'(有)으로의 출발을 보여주는 것으로 간주하였다.87) 『경신록언석』(1796)에서의 <태상감응편>(1ㄱ-8ㄱ) 부분은 후대에 간행된 『태상감응편도설언해』(1852)의 제1권 <틱샹감응편>(大文解, 1ㄱ-11ㄴ)과 동일한 내용을 언해한 것이

---

86) 『경신록언석』(1796)의 텍스트에서 존재사 어간에 부사형어미가 연결된 형태는 중세어부터 전통적인 '이셔'로만 28회 등장한다. 이 자료에 등장하는 생상적인 개신형 '이스-'의 존재로 미루어 보면, '이셔' 형태는 새로운 어간 '이스-'에 아직 조정을 거치지 못한 단계로도 생각된다. 또한, 존재사 '이시->이스-'의 변화가 이 자료에서 생산적으로 확대되어 있는 반면에, 과거시제 형태에는 아직 이와 같은 과정이 확산되지 못한 단계를 나타낸다.

여러 히 너희등 경결흐믈 보아시나(50ㄱ), 죡짜 즈동의 신명이 이셔 문챵직을 맛다시니(46ㄱ), 이제 비록 양쉬 진흐여시나(43ㄴ).

87) 『敬信錄諺釋』(1796)에 등장하는 개신형 '이스-' 계열의 출현 빈도는 전체적으로 31회인 반면에, 보수적인 형태 '이시-'의 빈도는 8회에 한정되어 있다. 그 반면에 양주 불암사에서 이 문헌보다 1년 앞서 동일한 형식으로 같은 인물에 의하여 언해된 『持經靈驗傳』(1795)에서는 보수형 '이시-'가 압도적으로 쓰였고 개신형 '이스-' 계열은 단지 아래와 같은 4회로 한정되어 출현하고 있다.

셰샹의 이슬 쩌에(영험전 1ㄱ), 이샹홈이 이스리라(전설인과곡 19ㄴ), 무숨타념 쏘 이슬고(권선곡 5ㄴ), 오라 홀가 이스롤가(권선곡 7ㄴ).

위의 두 문헌 자료에 존재사 '이스-'와 '이시-' 양형의 출현 빈도에 이러한 심한 편차를 보이는 사실은 동 시대에 말의 격식 스타일에 따른 차이로 환원시켜 볼 수 있다고 생각한다.

다. 시대를 달리하는 두 텍스트에서 그 사이에 개입된 몇 가지의 변화 가운데, 18세기 후기 『경신록언석』에서의 개신형 '이스-/이셔' 유형들은 19세기 중반의 『태상감응편도설언해』의 해당 텍스트에서는 한 단계 더 발달된 '잇스-/잇셔'형으로 전환되어 있다.[88] 그렇지만, '잇스-'형을 보여주는 『태상감응편도설언해』(1852)에서도 과거 형태에서 '앗/엇스-'로 여전히 확대되지는 못하였다. 힝치 못ᄒᆞ엿시나(대문해, 10ㄴ), 힝ᄒᆞ엿시나(대문해 11ㄱ). 이러한 현상은 먼저 '이시-→이스-'로의 대치가 충분히 진행된 다음에, 존재사와 통합된 형태구조 '-아/어+시->-아/어+스-'로의 확대되어가는 진로를 순차적으로 취했기 때문이었던 것으로 보인다.

허웅(1987 : 235)은 18세기 후엽부터 발생하여 그 이후 확대되었던 '이시->이스-'와 과거형 '아시-/어시->아스-/어스-' 변화의 시작은, 첫째 당시 언중들의 문법 의식 속에서 마지막 어간 '-시'의 모음 '-이'를 통상적인 매개모음 '-으-'로 잘못 생각(재해석)하기 시작하였으며, 둘째, '스, 즈, 츠>시, 지, 치'와 같은 전설모음화 현상의 확산으로 이러한 현상에 대한 반작용으로 형성된 "잘못 분석"이 강화되었기 때문이었다고 파악하였다. 이와 비슷한 관점이 19세기 국어 문법사 기술의 과정에서 이현희(1993 : 66, 각주 [6])에서와, 과거시제 '-엇-'의 문법화와 더불어 수행되는 연쇄적 변화의 측면에서 최동주(1995 : 137-138)에서도 제시된 바 있다. 그리하여 최동주(1995 : 137)는 과거시제 형태소 '-아/어시-'의 '이' 모음이 '-으니'의 '으-'로 재해석된 일종의 오분석은 18세기 후기부터 출현하기 시작하는 존재사 '이시->이스-'(有)의 변화가 촉발시킨 것으로 보았다.[89]

---

88) 신명이 이셔(경신록언석 1ㄱ) …… 신령이 잇셔(틱샹감응편, 大文解, 1ㄱ),
　　머리 우희 이셔(1ㄱ) ……………… 머리 우희 잇셔((1ㄱ),
　　죄괘 이스미(1ㄴ) ………………… 허물이 잇스미(1ㄴ),
　　허물 이스믈 원ᄒᆞ며(4ㄴ) ………… 공 잇스믈(5ㄱ).
89) 최동주(1995)는 이러한 "'오분석"을 다음과 같이 풀이하고 있다.
　　즉, 언중들의 의식 속에서 '이시-' 및 '-어시-'의 끝 모음 /ㅣ/가 본래적인 것이 아니라 /ㅅ/

그러나 최동주 교수는 같은 논문의 각주 [39]에서 전설모음화의 과도교정과 '이시->이스-'의 관련성에 대해서 다음과 같은 중요한 의문을 제시하였다. 즉, 전설모음화를 취급한 이병근(1970 : 383-384), 이기문(1972 : 203) 등에서 제시된 예들이 주로 19세기 중엽 이후에 분포되어 있는 반면에, '이시->이스-' 변화의 유형은 18세기 후기부터 문헌 자료에 등장하기 시작하기 때문에, 양자 사이에는 시간적 거리가 개입되어 있다는 문제이다. 그렇기 때문에, 최동주 교수는 '이시->이스-의 변화의 원인이 과연 전설모음화에 직접 기인된 현상인 것인지 좀 더 검토가 필요하다는 지적을 하였다(1995 : 138).

우리가 §5.1에서 확인한 18세기 후기 단계의 전설모음화 실현상의 잠재성과 관련하여, 이 시기를 전후하여 문헌 자료에 등장하였던 존재동사 '이시->이스-'의 변화 유형을 관찰하여 보기로 한다. 앞에서 언급했던 도교 관계의 『경신록언석』(1796)과『지경영험전』(1795) 등을 제외하면, 18세기 후기와 19세기 초반에 걸치는 간본 자료의 제약으로 인하여 매우 격식적인 『倫音諺解』의 텍스트를 주로 이용하기로 한다.

> (40) '이시->이스-' : 90)
>> 1) 경소를 비옴도 이에 잇고 긴 명을 빌기도 이에 <u>이스니</u>(1794, 유졔도도신
>> 륜음, 3ㄱ), 지극훈 뜻에 가히뼈 말숨이 <u>이슬지라</u>(샹동, 3ㄱ),
>> cf. 스스로 격녜 이시니(2ㄱ), 쳐분흐미 이시랴(2ㄱ).
>> 2) 흔연이 고흐여 감격흐믈 아는 듯흐미 <u>이스니</u>(1792, 어졔유양쥬포쳔부로
>> 민인등셔, 2ㄱ),

뒤에서 /ㅡ/가 / l /로 바뀐 음운현상에 의해 생겨난 것으로 재해석된 것이다.(p.139)
90) 이현희(1993 : 61, 각주 [11])는 존재동사 '이시-/잇-'의 단일화 경향이 18세기 후기 국어자료에서도 산발적으로 출현하였다고 기술하면서, 아래와 같은 예들을 '이스니'로 각각 인용하였는데, 해당 윤음 원문에는 '이시니'로 나온다. 또한, 최동주(1995 : 각주 38)에서도 동일한『윤음언해』에서 '이시니'가 '이스니'로 출현하는 보기로 같은 예문이 제시된 바 있다.

(ㄱ) 활과 살을 베품이 녜로조차 <u>이시니</u>(1783, 유경기홍충젼라경상원츈함경육도윤음, 1ㄴ).
(ㄴ) 졀반을 일흔 쟈도 잇고 젼혀 일흔 쟈도 <u>이시니</u>(샹동, 2ㄴ),
cf. 스방의 뜻이 이심을 뵈는 바(샹동, 1ㄴ), 민인은 오직 내 이시니(샹동, 4ㄴ).

3) 『유증외대쇼민인등척샤륜음』(1839) :
  ㄱ) '이시-' : 네히 이시니(1ㄱ), 다슷시 이시니(1ㄱ), 오륜밧게 나미 이
             시리오(1ㄴ), 허물 이시며(9ㄴ), 경계홈이 이셔도(8ㄴ),91)
  ㄴ) '이스-' : 씨달를 비 이슬 거시로더(3ㄱ), 가히 아디 못ᄒᆞ미 이슬너
             니라(3ㄴ), 더러옴이 이스며(3ㄴ), 구각이 이스니(5ㄱ), 오
             히려 졔스의 의 이슨즉(5ㄴ), 음양이 이스면(6ㄱ), 근본이
             뉘 심홈이 이슬고 (6ㄱ), 불힝이 흥젹승훈 쟤 이서(2ㄴ).
  ㄷ) '잇시-' : 어긔미 잇셔도 오히려 이단이라 이르거든(2ㄱ), 나라의 덧
             덧흔 형벌이 잇셔(2ㄱ), 가히 혹홀 단셰 잇셔(5ㄱ),
  ㄹ) '잇스-' : 춈가르치고 고ᄒᆞ미 잇슴이 아니라(1ㄱ), 물이 잇스면 법이
             잇다 ᄒᆞ니(1b), 리금에 이러ᄒᆞ리 잇슬가 보냐(5ㄱ).

18세기 후기에 간행된 윤음의 텍스트에서 존재사 '이시-' 계열이 주된 변
이형의 성원으로 등장하지만, 그 가운데 개신형 '이스-'형도 산발적으로 노출
되기도 하였다. 이와 거의 같은 시기에 경기도 양주에서 간행된『경신록언석』
(1796)에서 구사된 '이스-'의 분포와 비교하면, 위의 (40)1-2의 예들은 이러한
개신형의 쓰임이 어느 정도 통제되어 있을 가능성이 있다.

그러나 이러한 상황은 19세기 초엽의『유증외대쇼민인등척샤륜음』(1839)에
이르면, (39)-3의 예들이 제시하는 바와 같이 4가지 변이형 '이시-(5회)~이스
-(8회)~잇시-(3회)~잇스-(3회)'들의 공존으로 전환되어 나타난다. 이와 같은
변이형들은 (ㄱ) '이시->이스->잇스-', 또는 (ㄴ) '이시->잇시->잇스-'와 같
이 어간 단일화 '잇스-'(있-)를 지향하는 점진적인 발달과정을 공시적으로 반
영하는 것으로 보인다.92)

---

91)『유증외대쇼민인등척샤륜음』(1839)에서는 치찰음 'ㅅ'과 경구개음 'ㅈ, ㅊ'와 연결되는 단모
   음과 이중모음의 표기가 일부만 제외하면, 비교적 혼란되어 있지 않다.

   속이고(2ㄴ), 숨기고(3ㄴ), 숨겨(7ㄴ), 죽엄(4ㄱ), 죽음으로(5ㄴ), 감초고(7ㄴ), 녀항필셔가지
   밋쳐(2ㄱ), 위엄을 크게 쩔쳐(3ㄴ)~죽은 쟤(5ㄴ), 쥬리고 비부른 젹(9ㄴ).
92) 그 반면에 고광모(2009)는 '이시-/잇>있-, 어시/-엇->-었-, -게시-/-겟->-겠-'의 변화 과정
   을 기술하면서, '이시-'가 자음어미 앞의 변이형태 '잇-'의 유추에 의해서 '잇시-'로 변화했다
   는 견해가 성립될 수 없음을 논증하면서 아래와 같은 결론을 제시한 바 있다.

위의 (40)-3의 예들 가운데 '이시-'와 변이를 형성하고 있는 새로운 '잇시-' 형은 자음으로 시작하는 어미 앞에서 비자동적으로 교체되는 '잇-'으로부터 유추를 거쳐 형성된 것으로, 같은 자료에서 과거형 '아/어시-'에는 어간말 'ㅅ' 이 아직 확산되어 있지 않은 상태를 나타낸다. 죄의 업듸여시니(8ㄱ). 이러한 '잇 시-'형은 18세기 초엽의 『伍倫全備諺解』(1721)에서부터 드물게 등장하기 시작 하여, 그 후기의 단계인 『三譯總解』(1773)의 텍스트 일부에서는 과거시제 형 태로까지 이어진다(최동주 1995; 고광모 2009 : 116).[93] 그렇지만, 19세기에서도 존 재사 '이시-'의 어간 단일화 과정은 그 쓰이는 상황의 격식성의 정도와 자료 의 유형 등에 따라서 매우 완만한 확산을 보여준다. 이러한 공시적 상태를 19 세기 후기에 매우 짧은 텍스트로 구성된(1ㄱ-4ㄱ)『어제유대쇼신료급중외민인 등쳑샤륜음』(1881)에서 관찰하게 된다. 아래의 (41ㄷ)의 예에서 종래의 과거형 '아/어시-'에서도 '앗/엇스-'로의 발달이 확대되어 있다.

(ㄱ) '이시-, -어시-, -계시-'의 ㅅ이 겪은 경음화를 설명해 줄 수 있는 것은 '이시-/잇-'의 반의어 '없-' 밖에 없다. '없-(/업ㅆ-/)의 'ㅆ'에 이끌려서 '이시-'의 'ㅅ'이 경음화되고, 그에 따라서 '-어시-'의 'ㅅ'이 경음화되고, 이어서 '-게시-'의 'ㅅ'이 경음화했다.

(ㄴ) '잇시-/잇-'의 단일화는 매개모음을 어간에 붙여 나타내면 '이시-/잇->잇스-/잇-'의 변 화이다. 이 변화는 '잇시-/잇-'이 '업스며/업고, 버스며/벗고' 등의 모델에 이끌림으로써 이루 어진 유추적 변화다.(2009 : 137).

물론 고광모(2009)의 이러한 주장도 타당성이 높다. 그러나 글쓴이는 여기서 이와 같은 단일 화의 출현 시기에 문제가 있다고 생각한다. 예를 들면, 존재사 '이시-/잇-'의 비자동적 교체 로부터 '잇-'으로의 단일화의 시작을 알리는 '이(잇)시->이(잇)스-'와 같은 어간말 모음 '-시-> -스-'로의 조정이 시기상으로 앞선 단계에서도 얼마든지 충분히 가능한 과정인데, 이러한 조정이 18세기 후엽 또는 19세기에 와서 비로소 실현되었을까? 또한, 이러한 조정이 짝을 이루는 활용형 '업스며/없-, 버스며/벗-' 등의 매개모음 '-으-'에 유추 과정에 의하여 이끌렸다면 그 가능성은 일찍이 15세기부터 존재하였을 것이다. 그렇지 만 그러한 유추 현상은 18세기 중기에 이르러도 대부분의 문헌 자료에서 출현하지 않았다. 그리고 '이시/잇-'의 교체형에서 어간말음 'ㅅ'의 경음화 동인을 그 짝을 이루는 반의어 '업 스-/없-'의 실재 발화 [업쓰-]에서 찾을 수 있다면, 그러한 경음 [-쓰-]의 실현에 대한 유추 의 동인도 18세기 후기에 앞선 시기에도 충분하게 작용하였을 것이다.

93) 고광모(2009 : 116)가 『오륜전비언해』(1721)을 중심으로 추출한 예들은 다음과 같다.

(ㄱ) 丁이 잇시되 壯터 아니 ㅎ야(有丁, 오륜전비언해, 6.18ㄱ), 혼 客이 잇셔(동, 6.31ㄱ),
(ㄴ) 힘 쓰는 것 갓가이 되엿시니(삼역총해, 6.10ㄱ), 항복ᄒᆞᆫ는 글 가져 왓시니(동, 6.11ㄱ).

(41) ㄱ. **이시-/이스-(有)**; 샤교가 이셔(1ㄱ), 오실 즈음에 이셔(1ㄱ), 근심이 항샹
이셔(2ㄱ),94)

ㄴ. **이스**; 확청ㅎ논데 이스니(2ㄴ), 더러오미 이슨즉(4ㄱ), 이에 알재 이스
리라(4ㄱ),

ㄷ. **앗/엇스**; 그 너츌을 끈허쓰나(1ㄱ).

지금까지 주로 18세기 후기에서 20세기 초반에 이르는 몇 가지『倫音諺解』
의 텍스트를 이용하여 존재사 '이시-'형이 '이스-' 또는 '잇스-'로 교체되어
가는 초기 과정을 살펴보았다.95) 여기에 부분적으로 반영된 '이시->이스-'로
의 변화는 위에서 허웅(1989)과 최동주(1995) 등에서 언급한 전설모음화에 대
한 일종의 과도교정의 형식으로 실현되었을 가능성이 높다. 그러나 위에서
검토된 19세기 초엽부터 후기에 걸치는 두 가지『쳑샤륜음』의 텍스트 자체
에는 '이시->이스-'의 추진력이 되는 전설모음화 현상은 전혀 반영된 바 없
다. (ㄱ) 업스라(1839,『쳑샤륜음』4ㄱ), 업스니(동, 6ㄴ), 업슨 즉(동, 9ㄴ), 몹쓸 즘싱(동, 5
ㄴ), (ㄴ) 아니리 업스니(1881,『쳑샤륜음』1ㄱ), 즘싱의 마음(3ㄱ). 이러한 사정은 개신
형 '이스-' 계열의 형태를 생산적으로 반영하는 다른 자료 형식의『경신록언
석』(1796)에서도 거의 유사하다. 그러나 우리가 §5.1에서 18세기 후기 단계의

---

94)『어졔유대쇼신료급중외민인등쳑샤륜음』(1881)에서는 'ㅅ, ㅈ, ㅊ'에 연결되는 단모음이 이중
모음으로 과도하게 교정되어 표기되는 경향이 강하게 나타난다. 감쵸고(2ㄱ), 슘기기로(2ㄱ),
슈믄 거슬(3ㄱ), 빅셩을 쇽이미(1ㄴ), 녀츌을 끈허쓰나(1ㄴ), 악흥오미 업셔(1ㄱ).
따라서 이 자료에 등장하는 '이셔'의 경우에 보수형 어간 '이시-+-어'의 결과인지, 아니면 개
신형 어간 '이스-+어'에서 나온 것인지 판단하기 어렵다.
95) 그러나 18세기 중엽 이후에 간행된『종덕신편언해』에 부분적으로 출현하는 '이스-'(有) 활용
형 부류와 같은 표기가 실제로 '이스-'를 반영하였다면, '이시-→이스-'로의 과도교정의 단
계는 문헌의 성격에 따라서 더 깊게 소급될 가능성이 있다.

그 사롬이 벼술에 <u>이술</u> 째롤 당ㅎ야(종덕신편, 하.25ㄱ),
녬녀ㅎ면 응당 쓰로 소견이 <u>이술</u>디라(상동, 하.42ㄱ),
됴곰이나 샹홀 배 이술가 녬녀ㅎ리오(상동, 하.34ㄴ)~다칠 배 이실가 져허(좌동, 하.34ㄱ),
그거시 반드시 이술 거시니(상동, 하.44ㄴ).
cf. 업슨 디라(상동, 하.1ㄴ), 아춤에(朝, 상동, 하.28ㄴ), 기드리더니(待, 상동, 하.15ㄱ),
다스리기롤 엄히 ㅎ니(상동, 하.23ㄱ).

문헌들의 텍스트에서 역시 산발적으로 노출되는 일부의 전설모음화의 예들을 확인한 바 있다.

또한, 정승혜(2012)가 소개한 18세기 후엽에서 19세기 초반에 걸치는 조선 통사들이 小田機五郎(1754-1832)에게 보낸 매우 사적인 한글 편지글 가운데에 '잇/이시-'에서 한 단계 발달된 '잇스-'형이 '잇시-'의 활용형들과 함께 나타난다(최전승 2012; 김한별 2015).

> (42) ㄱ. 도리가 <u>잇셔야</u> 흐게 흐여스오니(1798, 41-6, 박준한 68세[1730-1799] →
>   小田,
>   緊흔 公幹이 <u>잇셔</u> 下往치 못 흐옵고(1795, 48-6, 현의순→小田),
>   ㄴ. 사정이 <u>잇슬</u> 듯흐고..이런 薄情흔 사롬이 어대 <u>잇실이</u> 흐고 (1806,
>   54-3-3. 현양원, 44세 [1762-?] →小田).
>   cf. 平日 親흐던 보람이 <u>업시니</u>(상동, 1806, 54-3-3).

위의 예문 (42ㄴ)에서 당시 44세의 조선 통사 현양원이 같은 편지글 맥락에서 구사한 '잇스-~잇시-'의 수의적 교체 현상은 우리가 앞서 살펴보았던 18세기 후반-19세기 초반까지의 윤음언해들 가운데 1839년에 간행된 『유중외대쇼민인등척샤륜음』(1839)에서 추출된 예들에 더욱 접근되어 있다.

두 가지 유형의 자료 사이에 개입된 시간의 차이에도 불구하고, 존재사의 유사한 발달 단계를 보여 준다는 사실은 사적인 편지글(1806)과 격식적인 문서형식(1839)이라는 말의 스타일 차원으로 환원시킬 수 있다고 생각한다. 격식적인 문서인 『윤음언해』부류에서 전설모음화는 표면으로 출현이 억제되어 있으나, 편지글에서는 '업시니'(無)의 경우처럼 이 현상이 그런 제약을 받지 않았음을 보여준다.

지금까지 제시한 사실에서 19세기 초반을 포함하여, 존재사 '이스-'형이 표면으로 등장하는 18세기 후기의 윤음언해의 언어에서 전설모음화 현상이 잠재적으로 존재하였다는 추정을 할 수 있다.[96] 그렇다면, 전설모음화의 비교적 초기 단계에서 이 현상의 반작용으로 나타나는 '이시-→이스-'와 같은 과도교정이 당대의 화자들의 언어활동에서 가능할 수 있었을 것인가.

5.3 과도교정은 언제 출발할 수 있는가?

어느 새로운 음성변화가 개인적 개신의 차원을 넘어서 어떤 화자에서 다른 화자로, 계층과 집단에서 다른 계층과 집단으로, 그리고 다른 지역으로 확산되어 가는 과정에서 화자들의 민감한 반응에서 나온 과도교정의 출현은 해당 변화의 적극적인 생산성을 전제로 한다는 관점이 통상적이다.97) 특히 전설모음화와 그 과도교정에 대하여 백두현(1992 : 261)은 경상도방언에서의 19세기와 20세기 초반에 걸치는 역사적 자료를 중심으로 기술하면서 "전설모음화 현상이 보유하고 있던 가장 높은 생산성이 이 변화에 대한 많은 과도교정을 산출하게 되었다."는 판단을 하였다. 또한, 최근에 소신애(2007)는 언어

---

96) 전설모음화의 잠재적 출현 가능성에 대한 이러한 판단은 18세기 후기 『경신록언석』(1796)의 언어 내용에도 그대로 적용될 수 있다. 이 자료에서도 전설모음화 현상은 표면으로 등장하지 않지만, 그 반대의 방향을 가리키는 '진짓→진즛'과 같은 과도교정형이 1회 노출되어 있다. 이러한 과도교정형 '진즛'은 19세기 중엽 『태상감응편도설』(1852)의 텍스트에서는 더욱 확대되어 원래의 '진짓'과 교체를 이루고 있다.

   (ㄱ) 가히 텬디 귀신을 디홀다 닐으믄 진즛 망녕된지라(경신록언석, 36ㄱ),
       cf. 이 은를 비록 보나 진짓 치 거즛 치 내 아디 모로노니(번역노걸대, 하.14ㄴ).
   (ㄴ) 경은 진즛 션인군지라(태상해, 1.38ㄱ), 진즛 혼낫 범부로다 흐거놀(동, 2.49ㄴ),
       진즛 모진 사롬이로다(동, 4.31ㄴ)~ 이 진짓 그 사롬이로다(동, 2.78ㄱ), 진즛 어진 사롬이라(동, 3.6ㄴ).

97) 과도 교정형의 출현은 어떤 특정한 권위와 규범의 대상인 표준어 또는 핵심 지역방언을 지향하기 위해서 형성되는 사회언어학적 현상이기 때문에, 이것의 존재는 다음과 같은 사실을 보여준다고 Labov(1972 : 122, 2006:196-197)는 지적한다.
   즉, (1) 언어변화의 진행 방향, (2) 상이한 사회계층 집단들이 보여주는 언어 사용의 불안정성, (3) 사회 공간 내에 공존하고 있는 상이한 하위집단들에 대한 화자의 태도, (4) 여러 상이한 집단들과 결부되어 있는 다양한 언어 특질들에 대한 화자들의 태도
   또한, 김주필(2009 : 94-97)은 특히 구개음화에 대한 과도교정에 대해서 다음과 같은 점들을 강조하였다. (1) 음운변화에 대한 화자들의 인식을 바탕으로 해당 음운변화가 진행 중에 있다는 심리적인 실체를 보여준다. (2) 그뿐 아니라, 음운변화와 상호작용하면서 그 음운변화의 방향을 보여준다는 점에서 중요시되어야 한다.

변화의 기제로서의 과도교정을 20세기 초엽 함북방언 자료를 이용하여 상
세하게 검토하면서 추출해낸 3가지 결론 가운데 하나를 아래와 같이 제시하
였다.

(43) 과도교정적 재해석은 진행 중인 음운변화가 일반화되어, 그러한 변화의 개
신형이 표지 혹은 상투형의 단계에 이르렀을 때 그에 대한 반작용으로 일
어난다. 따라서 과도교정적 재해석은 발화 산출 과정상의 공시적 음운교체
및 진행 중인 음 변화와 밀접하게 연관되어 있다(p.204).

과도교정의 출현 시점에 대한 이와 같은 맥락에서, 대체적으로 18세기 후
기부터 나타나서 확산되는 전설모음화의 시간적 진행 과정과, 이러한 변화에
대하여 당시의 화자들의 개입으로 등장하기 시작하는 과도교정의 시점에 대
한 대안을 구체적으로 점검해 볼 필요가 있다고 생각한다.

(44) 1. A>A∼B>(B);
    2. A→A∼b→A∼B→a∼B→(B)
      제1단계 제2단계 제3단계
      -------------------→시간
      -사회언어학적 변이-(계층, 연령, 말의 스타일)
    3. 18세기 (중반)후반기--------------→19세기 후기

언어변화의 진행 원리를 A>A∼B>(B)와 같은 변이형들이 각각에 배당된
사회언어학적 평가와, 의사소통의 현장에서 화자와 창자들이 수행하는 조정
에 따라서 점진적인 선택과 소멸이 이루어지는 과정으로 파악될 수 있다
(Brinton & Traugott 2005; Auer Anita et als 2015). 그렇다면, 근대국어의 후기의 어
느 시점에서 개신으로서 전설모음화 현상이 일부의 화자들의 말에서 출현하
여 다른 계층의 화자들로 확산되기 시작하여 전설모음화 비실현형인 규범적
인 보수형과 공존하게 되는 공시적 변이가 일어나게 된다(제1단계 : A∼b). 이

단계는 전설모음화 현상의 출발 또는 초기에 해당된다.

이어서 새로운 개신형인 전설모음화 수용 형태들이 어떤 유리한 조건하에서 더욱 확산되어 언어사회에서 인지되고 주목됨에 따라서 격식적인 말의 스타일에서나, 서사 표기체에서 억제되고, 권위적인 보수형으로 옳게 교정하려는 노력이 시도되었을 것이다. 개신형에 대한 억제와 교정이 특정한 상황에서 이루어지는 이러한 초기 단계에서도 기원적인 '시, 지'의 음성 환경을 착오에 의해서 '스, 즈'로 잘못 돌이키게 되는 사례들이 나타났을 것으로 추정한다. 그렇다면, 18세기 후기에 간행된 격식적인 『윤음언해』와 도교 관계 문헌 『경신록언석』(1796) 등의 부류에 출현하는 존재사 '이시- →이스-'와 같은 유형이 제1단계에 일어난 과도교정의 범주에 귀속될 수 있다.

전설모음화 현상의 지속적인 발달의 다음 단계에서 개신형과 보수형 간의 사회언어학적 변이가 당대의 지역사회에서 개신형과 보수형간의 변이가 당대의 언어사회 내에서 거의 대등한 분포 세력(제2단계 : A~B)을 형성하게 되면서 화자의 입장에서 상황에 따른 적절한 변이형에 대한 선택상의 착오 또는 혼란이 증가되었을 것으로 보인다. 이러한 제2단계에서 전설모음화의 과도교정이 제1단계에서보다 더 적극적으로 산출되었을 가능성이 높다. 그와 동시에 일정한 과도 교정형들이 사회적 관습화의 단계를 거쳐 고정되는 상황도 일어나게 될 것이다.

ㄷ-구개음화의 과도교정에 대한 관찰에서 김주필(2009 : 94-97)은 구개음화 규칙을 전제로 하여 성립되는 과도교정의 예들이 구개음화의 예들과 17 · 18세기 문헌에서 거의 같은 시기에 나타나거나, 또는 방언에 따라서는 과도교정의 예들이 더 이른 시기에 출현하기도 한다는 사실을 제시하였다. 김주필 교수는 같은 논문에서 중앙어를 반영한 문헌에 나타나는 ㄷ-구개음화와 그 과도 교정형들이 아래와 같은 순서로 진행된다고 기술하였다(2009 : 95).

	시기	ㄷ-구개음화	과도교정
(45) 1.	17세기 후기 :	단어의 비어두음절 :	어두음절
2.	18세기 전기 :	어두음절·형태소 경계 :	어두음절·비어두음절 →
			출현 빈도의 증가
3.	18세기 중반기 :	생산적인 확산 :	현저하게 출현 빈도의 감소
4.	18·9세기 교체기 :	구개음화의 완성 :	거의 출현하지 않음.

김주필(2009)은 과도교정 현상은 ㄷ-구개음화 규칙이 이미 화자들에게 내재화되어 있음을 말해주는 것인 동시에, 구개음화가 일어나고 있었다는 심리적 실재를 보여주는 근거로 간주하였다. ㄷ-구개음화의 확산 과정에서 과도교정의 예들이 초기 단계에 보인다는 사실은 노걸대언해 계통의 장르에 반영된 ㄷ-구개음화 현상의 통시적 변화와 특성을 검토한 김주필(2013 : 105)에서 다시 확인된다.[98] 한국어 중앙어로 ㄷ-구개음화가 확산되기 시작한 시기를 18세기 초엽으로 설정한 안대현(2009 : 133-134)은 이러한 사실을 보여주는 『오륜전비언해』(1721)의 텍스트에서 ㄷ-구개음화의 실현 예들과, 이 현상에 대한 반작용으로 나온 과도교정의 분포 비율을 각각 0.58%(6/1027)와 0.71%(20/2827)로 산출한 바 있다. 그리하여 안대현 교수는 그 논문에서 『오륜전비언해』에 반영된 ㄷ-구개음화 현상은 중앙어에서 일어난 해당 음운변화의 초기 단계에 해당된다는 사실을 규명하였다. 따라서 안대현(2009)에서도 우리는 일정한 음운변화가 전개 확산되기 시작하는 초기에서부터 그 현상에 대한 화자들의 교정 의식이 개입되어 과도 교정형들이 거의 동시에 형성된다는 사실을 알 수 있다.

김주필(2013 : 106)은 이러한 초기 단계에 출현하는 과도교정들의 존재는 구개음화가 일정한 환경에서 규칙적으로 실현되는 음운현상임을 당시의 화자들이 인식하고 있음을 전제로 하는 것이며, 진행 중인 ㄷ-구개음화를 수용한

---

98) 백두현(1992 : 336-337)도 『박통사언해』와 『역어유해』유형의 자료 형식에 반영된 구개음화 현상과 관련하여, 여기에 함께 출현하고 있는 과도교정이 반드시 해당 규칙의 높은 생산성을 전제로 하지 않는다는 사실을 지적한 바 있다.

개신형들을 억제하려는 의도적인 노력이 가해져 만들어진 예들로 파악하였다. 그리고 김주필 교수는 ㄷ-구개음화의 과도 교정형들이 형성되는 진행 과정을 3 단계로 설정하였다. 이와 같이 김주필(2013)에서 설정된 ㄷ-구개음화의 과도교정에 대한 진행 과정을 이번에는 18세기 후기에서부터 문헌에 등장하고 있는 전설모음화 현상과 그 과도교정, 특히 '이시->이스-'의 진로와 대조해 볼 필요가 있다.

이러한 시도와 관련하여, 신성철(2014 : 125)은 19세기 전기와 후기에 걸치는 3종류의 한글편지 텍스트를 이용하여 전설모음화 현상이 출발하여 시간의 전개와 더불어 발달하여 가는 과정을 분석하였다. 또한, 신성철(2014)은 19세기 전기에서 후기에 걸친 양반가(추사·추사가 언간 1775-1844, 의성김씨 종택 언간 1829-1883)과 왕실(순원왕후어필봉서 1834-1857, 명성황후 언간 1866-1895)의 일련의 한글편지를 검토하여 '으'의 전설모음화의 출발과 그 확산의 과정을 검토하고, 이 현상은 다음과 같은 3 단계의 과정을 거쳐 점진적으로 발달되어 갔을 것으로 판단하였다.[99] **제1단계** : 'ㅡ>ㅣ'와 'ㅣ>ㅡ' 유형이 극소수로 함께 출현하기 시작, **제2단계** : 'ㅣ>ㅡ'의 확산, **제3단계** : 'ㅡ>ㅣ'의 확산.

신성철(2014)에서는 논의의 대상이 된 'ㅣ>ㅡ'의 성격에 대해서 특별한 언급을 하지 않았다. 그러나 신성철 교수가 『추사가·추사 언간』에서 3회 이끌어낸 예들은, '니즐'(痢疾, ←니질)만을 제외하면, 존재사 '이시-(有)>이스-'와, 이것과 통합된 과거형 '-앗/엇시->-앗/엇스-'와 같은 개신형의 예들이다.[100]

---

99) 신성철(2014 : 109)은 '으'의 전설모음화는 근대국어의 대표적인 음운 현상 중의 하나이며, 19세기 국어부터 그 경향이 나타나기 시작한 것이기 때문에 19세기 전체를 아우르는 해당 시기의 한글편지를 고찰하면 그 변화의 추이와 경향이 확인될 것으로 보았다. 따라서 신성철 교수는 '으' 전설모음화가 19세기 국어의 특질을 밝히는 데 매우 적절한 대상이라고 판단하였다.
또한, 신성철 교수는 그 논문에서 19세기의 단계에서 '으' 전설모음화의 적용시기와 확산 과정은 양반가 한글편지와 왕실 한글편지에 반영된 언어 사실에 비추어볼 때, 약 반세기의 격차가 존재한다는 사실을 제시하였다.
100) 니질(痢疾) →니즐; 안환과 니즐도 다 쾌복ᄒᆞ야 지내오시니(1831년, 김상희(당시 37세, 오빠, 추사의 계제, 1794-1873) →미상(서매).

이러한 개신형들은 우리가 전설모음화에 대한 반작용으로 형성된 과도교정으로 취급하였던 예들에 해당한다. 또한, 신성철 교수가 추사 한글편지에서 추출해낸 아래와 같은 유일한 전설모음화의 보기는 매우 함축적인 사실을 말하여 준다.

(46) 가을 후의 됴흔 <u>거시로</u> 스오 졉이 되나 못되나 션편의 부치고(추사-24, 1841년, 김정희(남편) → 예안이씨(아내), 황문환 외 2013(3) : 62.

추사의 한글편지에는 전설모음화에 관한 세심한 교정이 이루어져 전혀 개신형이 반영되지 못했다는 사실(§5.1의 예문 [35]ㅁ에서 (46)에서와 같은 편지에 나오는 "원긔는 <u>지치고</u> 먹지 못흐고"는 제외하면)을 고려할 때, 형태소 경계에서 수행된 위의 '거시로(것+으로)'는 변화의 발달 과정상 형태소 내부에서의 전설모음화를 전제로 한다. 이와 같은 예문을 이용해서 신성철(2014 : 126)은 충청 방언, 즉 1830년 대 중부방언에 이미 '으' 전설모음화가 발생하기 시작한 것으로 판단하게 된다.

김주필(2013)과 신성철(2014)에서 이끌어낸 결론을 참고하여, 이 글의 §5.1-5.2에서 추출된 18세기 후기 이후에서부터의 전설모음화의 과도교정인 '이시-/잇시-(A)>이스-/잇스-(B)' 등의 발달 과정이 해당 변화의 초기 단계에서부터 출현하여 다음과 같은 순서를 밟아서 점진적으로 확대되어 왔을 것으로 가정해 보려고 한다.

제1단계(A~b) : 지역사회에서 진행 중인 전설모음화를 수용한 개신형들이 화자들의 사회언어학적 변항 요소(연령, 계층, 말의 스타일, 말이 쓰이는 상황)에 따라서 나타나고 있지만, 이들에 부여된 사회언어학적 평가가 아직 낮고, 당시의 권위 규범에 벗어나기 때문에 이들을 격식체 중심의 표기에서는 일체 반영

---

cf. 니승은 니질이 더흐다 흐읍(추사가-24, 1771-1793, 김노경(남편) → 기계유씨(아내), 교관도 밋쳐 못 <u>왓스니</u> 섭섭하다(1828년, 추사가-30, 김노경(시아버지) → 미상(며느리), 보잔아도 응당 쟝 가 <u>이슬</u> 듯 얄밉습(1831년, 김상희(남편) → 죽산박씨(아내)).

시키려고 하지 않는다. 이러한 화자의 억제하려는 노력이 지나쳐 기원적인 '시, 지, 치' 형태까지 과도하게 교정되는 경향이 나타난다.

　제2단계(A~B) : 이미 자신의 말의 스타일 가운데 개신형('시, 지, 치')까지도 격식적인 보수형('스, 즈, 츠')으로 환원시켜 격식체에서 교정하려고 시도한다. 이와 같은 옳게 돌이키는 과정에서 기원적인 '시, 지, 치' 형태까지도 전설모음화를 수용한 개신형으로 혼동 또는 착각하게 되어 보수형 '스, 즈, 츠'으로 전환시키는 빈도가 증가하게 된다.

　제3단계(a~B) : 전설모음화에 대한 과도교정의 원인이 제거되었기 때문에, 종래의 과도과정은 더 이상 나타나지 않는다.101)

---

101) 20세기 전반에 개입된 언어정책, 『사정한 조선어 표준말 모음』(1936)에 의해서 전설모음화 현상의 진행은 결정적인 간섭을 받게 된다. 일찍이 전설모음화를 수용하여 20세기 전반의 단계에서 서울말의 격식어 등급에까지 확대된 상태의 일련의 단어들은 1930년대에 표준어로 인정되었다. 그 반면에, 화자들의 구어에서는 전설모음화가 생산적으로 적용되었으나, 아직 그 당시까지 격식어의 신분으로 올라오지 못한 일련의 다른 단어들은 비표준어로 처리된 것이다.

　　"으"와 "이"의 통용(p.32-3) :
　(ㄱ) 【ㅣ를 취함】 : 거짓, 거칠다, 구실(職), 넌지시(緩), 다시마, 마지막, 마침, 마침내, 묵직하다, 버짐, 부지런하다, 싫다, 싱겁다, 지레, 지름길(徑路), 질러가다, 짐짓, 짓(行動), 징검다리, 징경이, 칡(葛), 편집, 아직, 아지랑이, 아침(朝), 오직(唯), 움직이다, 일찌기, 하염직하다(可爲, 하염즉하다).
　(ㄴ) 【ㅡ를 취함】 : 갖은(各樣, 가진), 거스르다(거스리다, 거사리다), 구슬(珠, 구실), 벼슬(官, 벼실), 쓰다(씨다, 用, 書, 冠), 쓸개(膽, 씰개), 쓰다듬다(撫, 씨다듬다), 쓰레기(씨레기), 쓸다(掃, 씰다), 쓸쓸하다(孤寂, 씰씰하다), 사슴(鹿, 사심), 스님(僧, 시님), 쓰라리다(씨라리다), 쓰러지다(씨러지다), 슬그머니(실그머니), 슬근슬근(실근실근), 슬며시(실며시), 스물(二十, 시물), 스승(師, 시승), 승검초(當歸, 싱검초), 스치다(시치다), 즐겁다(질겁다), 즐기다(질기다), 즈음(際, 지음), 옴츠리다(움치리다).

5.4 과도교정의 적극적 개입을 배제한 존재사 어간 단일화의 원리[102]

지금까지 글쓴이는 존재사 '잇-/이시->있-'으로 향하는 단일화의 발단을 이루는 첫 단계 '잇-/이시-→잇-/이스-'로의 대치가 18세기 후기 또는 중기 정도로 소급되는 전설모음화에 대한 화자들의 과도교정에 의해서 촉발되기 시작한 것으로 전제하였다. 이러한 가정을 실체화하기 위해서 근대국어 언어 사실에 근거한 논지의 구체적인 전개 과정에서 또한 다른 몇 가지 문제점들을 파생시켜 놓았다.

여기서 새로 만들어지는 의문점들은 근대국어 후반기에 출발하여 점진적으로 확대된 이러한 중요한 변화가 단일한 기제에 의해서만 수행되었다고 주장하기는 어렵다는 사실을 반증한다. 일찍이 King(1988 : 336)은 동일한 언어 자료를 갖고서도 일정한 공시적 시대의 다른 화자들이 기본적으로 상이한 방식으로 규칙성과 일반화를 추구할 수 있다는 주장을 설정한 바도 있다. 근대국어에 수행된 언어변화에 대한 일반화를 추구하는 연구자들의 관점에서도 "자료에 대한 본질적인 이해"에 대한 정도와 재해석의 방식에 따라서 그 결론이 어느 정도 상이할 수밖에 없을 것으로 생각한다.

존재사 '잇-/이시->잇-'으로의 역사적 재구조화를 논의한 송철의(2008 : 432)는 이러한 어간 단일화는 "대체로 18세기 후반쯤"에 완료되었을 것으로 추정하고, 그 발단은 늦어도 17세기 후반부터 출현하는 'ㅅ, ㅈ, ㅊ+단모음 : ㅅ, ㅈ, ㅊ+y가 앞선 상향 이중모음' 사이의 변별적 대립의 중화 현상에서 기인된다고 간주하였다. 송철의 교수는 그 논문(2008)에서 18세기 후반의 자료

---

102) §5.4 부분은 원래의 초고에는 작성되지 않았다. 김한별 교수는 이 글의 초고를 검토하면서 글쓴이에게 제시한 몇 가지 중요한 지적 사항 가운데, '잇-/이시->있-'으로의 단일화 과정을 설명하는 방안으로 전설모음화에 대한 과도교정이라는 기제를 굳이 끌어들일 필요가 있는가 하는 문제를 기본적으로 송철의(2008)의 논지에 의지하여 제시하였다. 글쓴이는 처음부터 송철의(2008)을 숙지하고 있었으나, 이 글의 전개 과정에서 논의 대상에서 누락되어 버렸던 것이다. 따라서 추후에 §5.4 부분을 서둘러 약간 첨부하기로 한다. 이러한 사실을 환기시켜 준 김한별 교수에게 감사한다.

에서 어간말음으로 'ㅅ'을 갖고 있던 체언들에 부사형어미 '-어'가 연결되어 나타나는 '-서→-셔'의 혼기를 주목하고, 이것들의 실제 발음은 [-서]이었을 것으로 판단한다. 그리하여 이 시기에 문헌 자료에 쓰이고 있었던 존재사의 부사형 '이셔'는 사실 [이서]의 발음이었을 것으로 전제하게 된다. 존재사의 활용형 '이셔→이서'의 대치는 그 당시에 '잇-~이시니~이시면~이서'와 같은 공시적 변이형들을 초래하게 되었을 것이라고 한다. 이러한 활용상의 변이형들 가운데 부사형 [이서]의 존재는 당시의 화자들이 '잇-+-어→이서'와 같은 재해석을 수행하게 되었다는 것이다. 그리하여 결국에는 여기서 당대의 화자들이 추출한 어간 '잇-'형이 다른 환경에서 출현하였던 이형태들 '이시니 →이스니(잇-+-으니), 이시면→이스면(잇-+-으면)'으로도 확대되었을 것이라는 추정이 송철의(2008)에서 제시된 해석의 요점이다.

송철의(2008 : 432)는 '잇-/이시-→잇-/이스-'에 개입된 가능한 음운현상으로 전설모음화를 배제한다. 그 근거는 18세기 후반의 문헌 자료에 등장하기 시작하는 '이셔'[이서], '이스-'(잇-+-어)의 예들은 19세기 이후에 많이 나타나는 것으로 알려진 전설모음화 현상과 시기상으로 차이가 드러나 있기 때문이다. 또한, 송철의 교수는 18세기 중기 자료 이후부터 산발적으로 출현하는 또 다른 표기형태 '잇시-'는 그 당시에 유행하였던 중철표기와 같은 부류에 속하는 것이기 때문에, 실제의 발음은 그대로 반영한 것이 아니라고 판단한다(2008 : 433).

이와 같은 송철의(2008)의 견해에서도 근대국어 문헌 자료에 반영된 표기형태에 대한 해석상의 몇 가지의 의문점들이 드러난다. 그렇기 때문에, 이러한 견해에 대하여 18세기 중기와 후기 및 19세기 전기의 문헌 자료상에 반영된 표기법의 경향과 존재사의 활용형들을 중심으로 다시 세심한 검증이 필요하다. 우선, 송철의(2008)에서 다음과 같은 항목들이 자료 내적과 자료 외적인 측면에서 다시 논의되어야 한다고 본다.

5.4.1 자료 내적 측면

㉠ 18세기 후반 경에 완료되었다는 존재사의 부사형 형태 '이셔'[이서]가 모음어미 앞에서 출현하는 다른 '이시-' 활용형들로 유추적 확대를 거듭할 수 있는 음운론적 또는 형태론적 요인이 무엇일까. 우선 '이셔'[이서]의 출현 빈도를 고려할 수 있을 것이다. 18세기 후기 자료『경신록언석』(1796)에는 개신형 '이스-' 계열이 31회, 그 반면에, '이셔'의 경우는 28회 등장하고 있기 때문에(이 글의 §5.2를 참조), 부사형 '이셔'가 차지하고 있는 출현 분포상의 유의미한 차이를 찾을 수 없다.

그리고 이 문헌에 나오는 모든 '이셔'의 예들을 재구조화된 어간 '잇-'에서 유추된 [이서]로 파악하려면(잇-+-어→이서) 적어도 표기상으로도 실제 발음을 나타내는 '이서'형이 같이 단 1회 정도라도 등장해야 하는 것이 아닐까. 18세기 후기에 해당되는 윤음언해 부류 가운데『양로무롱반힝륜음』(1795)의 텍스트에 사용된 존재사의 활용형들 가운데 개신형 '이서'가 보수형 '이셔'와 함께 1회 출현하였다. 그러나 '이서'의 존재를 '이셔'와의 혼기로 인해서 형성된 것으로 간주하기 어렵다. 이 텍스트에는 치찰음 뒤에서 단모음과 상향 이중모음 간의 혼기가 16세기부터 이어오는 '업슈이'(6ㄱ)만 제외하면 드러나지 않는다. 죵요로운 되 이서(3ㄱ)~힘 닙으미 이셔(6ㄴ), cf. 들에 이시니(1ㄱ), 덧덧ㅎ미 이시며(2ㄴ), 법측이 이시믈(2ㄴ), 달으미 이시되(2ㄴ), 그여긔 이시며(6ㄴ). cf. 모양을 가져(가지-+어, 4ㄱ), 유익ㅎ미 업서(없-+서, 2ㄱ).[103]

㉡ 소위 치찰음 뒤의 단모음과 상향이중모음 간의 중화로 파급된 존재사

---

[103] 이 텍스트에 나타나는 '이서'형은 자료에 표면적으로 반영되지 못한 이 시기의 개신형 어간 '이스-'의 존재를 전제한다. 그 반면, 같은 자료에 공존하는 '이셔'의 경우는 보수형 어간 '이시-'에 근거한 것이다. 개신형 '이스-'는 전설모음화에 대한 과도교정일 것인데, 이 자료 텍스트 자체에서 전설모음화 현상은 표면상으로 확인되지는 않는다. 그러나 여기에 쓰인 한자음 '징험'은 혹시 원래의 '징험'(徵驗)이 아니라면, '증험'(證驗)에서 이루어진 전설모음화의 일종일 가능성이 있다.

곡식이 닉으미 이믜 젼히에 징험ㅎ야시니(旣驗於昨歲, 7ㄱ).
　　cf. 증험 증(證, 신증 유합, 하.18ㄴ).

의 단일한 어간 '잇-'으로의 재구조화 시기는 18세기 후기의 단계에서 그렇게 급진적으로 완료되지 않았을 것이다. 그 당시 사회계층과 해당 지역, 자료의 유형 등에 따르는 공간적 확산의 점진적인 과정을 고려해야 한다.104) 이와 같은 관점에서 글쓴이는 개신형 '이스-'의 출현과 관련하여 역시 이 글의 §5.2에서 제시한 19세기 초반의 윤음자료『유중외대쇼민인등척샤륜음』(1839)에서 추출된 '이시-~이스-~잇시-~잇스-'와 같은 4가지 변이형의 유형들은 그 당시의 공시적 변이를 어느 정도 실제로 반영하고 있다고 전제한다. 이 윤음 텍스트에 'ㅅ, ㅈ, ㅊ' 다음의 단모음과 상향 이중모음의 혼기가 개입되어 있지만, 단지 부분적인 현상이었다(이 글의 §5.2의 각주 [91]를 참조).

  ⓒ 18세기에 등장하고 있는 존재사의 활용형 '이셔, 이시-'에 대한 새로운 '잇셔, 잇시-'의 존재는 송철의(2008 : 433)에서 지적된 바와 같이 그 당시 표기의 경향인 중철형태에 포함될 가능성이 있다. 생산적인 '이스-' 계열의 활용형들을 반영하고 있는『경신록언석』(1796)에서도 통상적인 중철표기가 등장한다.105) 그러나 이 텍스트에서 보수형 '이시-' 등에 적용된 '잇시-' 류와 같은 중철은 찾을 수 없다. 이러한 사실은『경신록언석』의 텍스트에서 보수형 [이시-]나 개신형 [이스-]형에 아직 어간말 'ㅅ'이 첨가되지 않았던 단계를 반영하는 것으로 보인다. 또한, 고광모(2009 : 116)에서 『오륜전비언해』(1721)을 중심으로 제시된 '잇시되, 잇셔, 되엿시니, 왓시니'의 예들을 중철표기의 관점에서 견주어 볼 때, 이 텍스트에 반영된 여타의 다른 중철표기는 통상적인

---

104) 국어 동사의 변천사를 조감하는 자리에서 정윤희(2009 : 588)는 18세기 후기의『경신록언석』과『증수무언록언해』등의 자료에 나타나기 시작하는 '이시- → 이스-/이스-' 등의 예를 제시하면서 이러한 예들은 어간 '잇-'으로의 통일의 시초에 해당되는 것이며, 단일 어간 '잇-'으로의 통일은 19세기에 이르러 완성된 것으로 추정하였다. 또한, 윤음언해를 중심으로 18세기 후기 국어의 음운론을 고찰한 전광현(1971 : 67)에서도 존재사 '잇-'으로의 단일화는 19세기에 들어서의 현상으로 파악된 바 있다.

105) ㉮ 뜻즐(뜻+-을, 2ㄴ, 61ㄴ), 뜻지(뜻+-이, 14ㄴ), 곳더(곳+-이, 20ㄱ), 벗즐(벗+-을, 80ㄴ)~벗술(82ㄴ), 빗세(빛+-에, 78ㄱ)~빗즐(80ㄱ, 84ㄱ),

    ㉯ 앗스며(앗-+-으며, 83ㄴ), 앗서(앗-+어, 82ㄱ), 찻즈며(찻-+-으며, 12ㄱ), 웃서(웃-+서, 35ㄴ), 웃스며(웃-+-으며, 83ㄴ).

사례만 제외하면 전면적으로 구사되지 않았던 것이다(전광현 1978).

5.4.2 자료 외적 측면

제주도 방언에서 존재사 형태로 전형적인 '시-(모음으로 시작하는 어미 앞에서)~싯-'(자음으로 시작되는 어미 앞에서)의 교체와 나란히 중세국어 '이시-'(有)와 거의 같은 활용형을 보여주는 '이시라, 이서, 이시난, 이시민, 잇수과' 등과 같은 형태들이 쓰이고 있다(이숭녕 1978 : 23-24; 김완진 1996 : 71). 이 방언에서도 전설모음화 현상이 형태소 경계에서 생산적으로 적용되어 있으나(김광웅 1986; 정승철 1988), 존재사의 활용 형태들의 경우는 고유한 형태론과 관련되어 있는 것으로 보인다.

그 반면에, 육진을 포함한 함경도와 평안도의 전형적인 지역방언에서는 19세기 후반에서부터 활용형 '이스-/이서'가 사용되고 있다. 이러한 존재사의 활용 양상은 국어사 음운론에서 18세기 중·후기 정도의 단계를 반영하고 있다. 북부방언에서는 기원적으로 전설모음화 현상도, 'ㅅ, ㅈ, ㅊ'와 통합되는 단모음과 이중모음의 변별성의 중화도 실현되지 않았다. 그리하여 육진방언이 보이는 자음의 결합적 특성으로 마찰음 및 파찰음에 상향 이중모음이 유지되어 있으며(곽충구 1994; 한진건 2003), 특히 '샤, 셔, 쇼, 슈'의 연속이 구어에서 많이 쓰이고 있다고 한다. 그렇다면 이 지역에서 존재사의 부사형은 전통적인 [이셔]로 실현되어야 할 것이다. 그러나 20세기 초반부터 오늘날에까지 육진방언에서 쓰이고 있는 활용 형태는 [이셔]가 아니라, 예외적으로 [이서]로 아래와 같이 대변되고 있다(19세기 후기 평안방언에 출현하는 '이스-'와 '이서'의 활용형들은 §6.2에서 각주 [116]을 참조).106)

(47) ㄱ. 아무 소리두 아니 하명 셔구 <u>이서</u>(있어, isə, 1901,

---

106) 1940년대 북부방언에서 '있-'(有)의 부사형 [이-서]의 지역적 분포(황해도 일원과 함경남도 문천 이북지방)는 小倉進平(1944/2009 : 364)을 참고할 수 있다.

철자교과서 64과 p.43),[107]

새 나무 가제 안자 <u>이서셔</u>(있었어, 상동, 43),

내개 드를 꺼는 <u>이서</u>두 먹을 꺼는 업다(있어도, 상동, 67과 p.44),

경게 예끼 <u>이서셔</u>(있었어, 상동, 69과 p.45),

한 아 <u>이서셔</u>. 그 아 이름이 긔만이예셔(있었어, 상동, 72과 p.91),

cf. 큰 아덜이 암쇠르 밭에셔 멕이기두 하구 집이셔 구주렁물두 주어셔
   (상동, 90과 p.69),

ㄴ. 포시 <u>잇어셔</u>[이서셔] 범두 여라 잡앗스(한진건 2003 : 127),

덕수리 <u>잇으던마늬</u>[이스던](상동, 2003 : 109),

잇긴 <u>잇으되</u>[이스되](상동, 2003 : 82),

그 집이셔 놈둥?(상동, 2003 : 135),

ㄷ. 물만 가차비 <u>이스믄</u>(있으면, 경원군, 황대화 2013 : 150),

양식 챙고가 <u>이셔서</u>(있어서, 종성군, 황대화 2011 : 274),[108]

피야 : 나두 따리 <u>이셔</u> 가따 와 : 쓰구(있어, 종성군, 황대화 2011 : 312),

우리 형님과 내 <u>이스니</u> 그러티(종성군, 황대화 2011 : 295),

내 소바께 무시기 <u>이서</u> : 게쓰(있었겠소, 부령군, 황대화 2011 : 371),

쉬기나 <u>이서쓰므</u> 조켕기(있었으며, 부령군, 황대화 373).

이러한 '이셔 → 이서'와 같은 대치는 치찰음 'ㅅ' 다음의 환경에서 상향 이
중모음이 단모음으로 바뀌었다고 기술하는 방편도 있지만, 왜 이러한 음운
환경에서만 교체가 일어나는가 하는 적절한 음운론적 근거를 찾기가 어렵다.
존재사의 어간 '잇-'으로의 단일화의 기제를 부사형 [이서]의 출현으로 한정
하는 송철의(2008)의 경우에 육진방언에서는 기원적으로 '이셔'이었기 때문에
적용될 항목이 없다. 그러나 육진방언에서 존재사 '이시-' 계열의 활용형들이

---

107) 20세가 초반 러시아 카잔에서 간행된 *Azbuka dlja Korejtsev*(『한국인을 위한 철자교과서』)
   에 대한 서지 사항은 곽충구(1994 : 20-26)를 참조.
   글쓴이는 이 텍스트 출력본을 1994년 SOAS에서 Ross King 교수에게서 선물로 받았다. 러
   시아 키릴문자로 작성된 원문과 육진방언의 예문들은 Ross King 교수가 영문과, 국제음성
   부호로 바꾼 것인데, 이것을 여기서는 편의상 한글자모로 전사한다.
108) 황대화(2001)에서 정리된 1960년대 육진방언 자료에서 종성군에서 존재사 '이스-'의 부사형
   이 '이셔'로 전사되어 있는데, 이러한 전사 표기가 실제의 [이셔]를 나타내는 것인지, 아니
   면 [이서]의 잘못된 표기인지 현재로서는 분명하게 파악하기 어렵다.

18세기 후기의 자료에 산발적으로 출현하기 시작하는 '이시-→이스-'의 음운론적 과정을 거쳤다고 가정한다면, '이셔→이서'의 대치에 대한 설명이 가능하다. 즉, 종래의 존재사 '이시-'에서 새로 재구조화를 거친 '이스-' 어간이 기준이 되어 여기에 부사형어미 '-어'가 연결되면 새로운 활용 형태 '이서'가 출현하게 될 것이다(이스-+-어→이서). 따라서 치찰음 'ㅅ'과 통합되는 상향 이중모음 '-여'가 존재사 부사형에서만 단모음화하는 것 같은 예외적 표면 현상이 이해된다고 생각한다.

그러나 여기서의 문제는 전설모음화 현상이 실현되지 않는 육진방언 등에서 기원적인 존재사 '이시-'를 '이스-'로 전환시킬 수 있는 음운론적 힘이 과연 무엇인가이다. 이와 같은 문제에 대한 논의는 다음의 §6.2에서 계속될 것이다.

6. 결론과 남은 문제

6.1 보이지 않는 손의 작용과 과도교정

언어변화를 보이지 않는 손의 원리로 설명하는 Keller(1994)에 따르면, 언어변화는 언어를 의사소통의 수단으로 사용하는 개인 화자들의 행위로 환원되어야 한다. 그리고 의사소통 과정에서 수행되는 개별 화자들의 행위 자체는 그들이 상황과 맥락에 따라서 구사하는 적절하고 효과적인 작전에 근거하고 있다고 한다. 따라서 언어변화는 화자와 청자들이 의사소통의 과정에서 일어나는 화용론적 현상으로서 부수적으로 일어나는 것이다(Croft 1997 : 393).

화자와 청자가 참여하는 의사소통의 현장에서는 발화의 편리성과, 소통의 명료성이라는 서로 대립하는 힘이 작용한다. 18세기 후기부터 일부 문헌의 몇몇 격식어에까지 침투하는 역사적인 전설모음화의 본질은 동화 현상으로, 당대 화자들이 조음기관상의 발음에 편의를 도모함에 기인하는 것이다. 이러한 음운현상이 일어날 수 있는 계기는 근대국어의 자음체계에서 치조파찰음 '天, 夫'가 겪는 경구개음으로의 제1차 구개음화(이기문 1972)로 소급된다는 사실에 있다. 그렇다면 전설모음화 현상이 18세기 후기의 단계에서부터 시작되어야 할 이유는 따로 찾을 수 없다. 우리가 격식적인 문헌어의 자료를 중심으로 관찰했던 18세기 후기의 몇몇 개신형의 예들은 당대의 언어 사실에서 빙산의 일각이었던 것으로 추정된다. 18세기 후기 훨씬 이전의 시기에 그 당시 일정한 지역과 계층에 속하는 화자들의 구어에는 어느 정도 전설모음화 현상이 진행 중에 있었다고 전제하여야만 이러한 문헌어의 개신형들의 존재가 이해되는 것이다.109)

---

109) 김한별(2016)은 이 글에 대한 토론문에서, 전설모음화에 대한 언중들의 과도교정의 출현이 해당 변화의 존재를 전제로 한다면, 16세기 초기의 문헌 자료인 『正俗諺解』초간본(1518)에서부터 출현하는 아래와 같은 '침뎐(寢殿) → 츰뎐'의 보기에 견주어 전설모음화는 과연 언제 시기상으로 출현하였을 것인가 하는 의문을 제기하였다.

> (ㄱ) 그믈 앗뗘 더 아니 니스리도 겨시며 프른 뵈 거스로 츰뎐 발 션 도르리도 겨시며(초간본 24ㄴ-25ㄱ),
> (ㄴ) 금을 앗뗘 더 아니 니으리도 겨시며 프른 뵈 거스로 츰뎐 발 션 두르리도 겨시며(유탁일 교수장본, 17세기, 24ㄴ-25ㄱ).

전설모음화 현상이 출현하는 초기의 단계를 문헌 자료만을 중심으로 정확하게 식별해 낼 구체적인 방법은 없다. 그러나 이 변화의 출현은 다음과 같은 2가지의 언어내적 제약 밑에서 가능한 것이다.

(가) 자음체계의 변화 : 자음체계에서 'ㅈ' 계열의 제1단계 구개음화를 거쳐서 중세적 치조음의 신분을 갖고 있었던 'ㅈ'이 전설적 경구개음으로 옮겨온 다음에 비로소 ㄷ-구개음화 현상과, '즈, 츠>지, 치'와 같은 전설모음화 현상의 실현이 가능하게 된다.

(나) 모음체계의 변화 : 후설 비원순 고모음 '으'가 전설 비원순 고모음 '이'와 수평적 대립 체계를 형성하고 있어야만 '으' 모음이 경구개적 자음 'ㅈ'의 순행동화로 인하여 전설의 '이' 모음으로 이동할 수 있다.

이러한 2가지의 제약에 비추어 볼 때, 앞에서 제시된 『正俗諺解』초간본(1518)에 반영된 언어 사실에서 자음과 모음체계의 변화 여부가 분명하게 관찰되지 않는다. 우선 'ㅈ'의 경구개성을 반영하는 '자 : 쟈, 저 : 져, 조 : 죠' 등의 변별에서에서의 혼기가 여기서 표기상으로 나타나지 않는다. 따라서 위의 예문에 등장하는 '침뎐(寢殿) → 츰뎐'과 같은 경우는 이 시기의 전설모음화에 대한 과도교정과는 다른 성격일 가능성이 많다고 생각한다. 이러한 유형은 남광우(1998 : 1323)에서 지적된 15세기 형태 '치(刺) → 츠'에서도 관찰된다.

> 그 소배 거믄 벌에 기리 두서촌 히니 잇고(석보상절,24,50ㄱ-ㄴ),
> 두서촐 혀에 梵世예 니르로몰 나토시며(법화경언해,6,103ㄱ).

이와 같은 관점에서 우리가 지금까지 취급하였던 §4에서의 '칩-(寒)>츱->
춥-'과, §5의 존재사 '이시-(有)>이스-'의 예들도 전설모음화 현상의 초기 단
계와 함께 비교적 이른 시기에 당시 화자들의 여러 말의 스타일 가운데에서
격식어 또는 서사 표기체 스타일에서만 정량적(quantitative) 과도교정으로 일
종의 넘나들기 형식으로 출현하기 시작하였을 것이다. 특히, '칩-(寒) → 츱->
춥-'의 과정을 거친 개신형이 보수형 '칩-'과 함께 본격적으로 문헌상으로 출
현하는 시기는 비교적 최근에 속하는 1880년에 해당된다(§4.1의 예문 [21]을 참
조). 그러나 그 이후의 시기에도 자료 형식에 따라서 여전히 보수형 '칩-'만
고수하거나, '칩-~춥-'으로의 공시적 교체 현상만을 보여주었던 것이다. 20
세기 전기에 개입된 언어정책 『사정한 조선어 표준말 모음』(1936)에서 이러한
상황이 급변하여 표준어로 '춥-'형만 선정되었다는 것은 합리적으로 이해하
기 어려운 현상이다.

18세기 후기의 자료에 보이는 개신형 '진흙'(粘泥)형이 그보다 100 년이나
경과한 19세기 후기의 여타의 문헌들에서 비로소 '진흙~즌흙'과 같은 교체
형식으로 등장하는 사실에 비추어 볼 때, 19세기 후기에 비로소 출현하는 것

또한, 김한별(2016)은 이러한 예들과 관련하여 이 글의 각주 (76)에서 언급된 『현풍곽씨언
간』에서의 '-암/엄직 → -암즉/엄즉'과 같은 보기들을 주목하였다(백두현 1992 : 256을 참
조). 특히 이와 같은 유형의 과도 교정형들이 단편적이거나, 고립된 성격을 유지하고 있는
것이 아니라는 사실을 김한별(2016)은 지적하였다. 백두현(1992)에서도 제시된 중간본 『두
시언해』(1632)에서의 20여회에 걸치는 '-암/엄직 → -암즉/엄즉'의 경우는 당시의 17세기
경상방언에서 등장하였던 생산적인 ㄷ-구개음화에 비추어 전설모음화에 대한 과도교정형
을 반영하였을 가능성이 많다. 그러나 '-암/엄즉'의 예들이 16세기의 경상도방언 자료인
『정속언해』로까지 소급된다는 사실은 이해하기 어렵다. 또한, 이 예들은 16세기의 통상적
인 문헌 자료에서도 관찰되기 시작한다.

쇼신이 쏘 흔 마리 이시니 널엄즉호가. 므슴 이리 잇는고9번역노걸대, 상:52ㄴ),
그 이솜이 업서 足히 믿엄즉디 아니홈이 분명호느니라(1586, 소학언해, 5,55ㄴ),
노롬노리 이바디예과 뻐 바독 쟝긔과 긔특흔 보암즉흔 거슬 니르히(상동, 6,121ㄴ).

김한별(2016 : 182)은 이러한 예들이 16 · 17세기 경상도방언에서 전설모음화의 발생 시기
를 새롭게 규정해야 할 필요성을 제기해 주는 자료로 간주했다. 앞으로 이 문제에 관한
더 많은 진지한 논의를 거쳐야 될 것으로 생각한다.

처럼 보이는 개신형 '춥-'의 경우도 역시 훨씬 그 이전 단계로 소급되는 시간 심층을 보유하고 있었다고 전제하여야만 20세기 전기 표준어로의 수용 과정이 합리적으로 파악된다. 이와 함께, §3에서 전설모음화의 과도교정을 중간 단계로 설정해야 했던, 오늘날의 경기도 권을 포함한 여타의 지역방언에서 광범위하게 분포되어 있는 '심-(植) → 슴->숨-' 등과 같은 유형들(§§3.1-3.4)도 역시 오랜 시간심층을 거쳐서 형성되어 왔다고 보아야 타당하다.

종래에 주로 19세기 후기의 격식적인 문헌 자료를 검토하여 각각의 지역방언에 확산되어 있는 전설모음화의 분포를 중심으로 이 현상의 시간적 진행 과정과 이동의 방향을 추정한 바 있다. 그러나 지금까지 우리가 §5.1에서 살펴본 근대국어의 음운변화로서 전설모음화 현상의 역사성은 서울말 또는 경기도 권역의 방언에서도 18세기 후기 또는 그 이전의 단계로 소급될 수 있는 잠재성을 보여준다. 따라서 전설모음화에 대한 반작용으로 형성된 다양한 과도교정의 유형들 역시 거의 같은 시기로 소급되는 오랜 시간심층을 갖고 있다고 간주하여야 된다.

우리가 §2에서 취급하였던 19세기 후기에서 다양한 유형의 전설모음화의 과도교정들(§2.2의 예문 [6])은 나중에 또는 동 시기에 다른 여타의 말의 스타일에서 대부분 다시 원형으로 교정되었다. 그러나 이들의 특정한 말의 스타일에서의 존재와, §3에서 취급한 지역방언에서의 '심-(植)>숨-, 깁-(補)>줍-, 진주(眞珠)>준주/지, 침(鍼)>춤' 부류, 그리고 §§4-5에서의 '칩-(寒)>춥-'과 '이시-/잇시-(有)>이스-/잇스-' 등과 같은 과도교정에 근거한 형태들의 형성은 언어변화의 측면에서 발음의 편의나 표현의 명확성과는 거리가 있다. 이러한 형태들은 언어사용의 규범 또는 사회언어학적 권위와 언어정책의 이념을 준수하고 모방하려는 시도에서 결과된 것이다. 언어변화를 발생시키는 요인들 가운데, "위신"(prestige)이 매우 막강한 힘을 발휘한다는 사실은 Trask(2010 : 29-31) 등에서 지적된 바 있다. 그러므로 과도교정에 근거한 지금까지 열거한 예들의 출발과 그 확대의 과정은 언어변화를 보이지 않는 손의 원리로 설명하려는 Keller(1994 : 94-99)가 제안한 두 가지의 언어 행위의 기본적 원칙 (maxims of action)을 약간 모방해서 아래와 같이 이해하려고 한다.

(48) 다른 사람들과 의사소통할 때, 가능한 한 규범을 준수해서 점잖게 말하라.

여기서 "다른 사람들"이란 처음에는 다른 사회조직망(social network) 또는 다른 사회 계층과 사회언어학적 변항에 속하는 부류를 가리킨다.110) 또한, 이 러한 범주에 국어사에서 다른 대안이 없이 불가피하게 다룰 수밖에 없는 서 사 표기체 또는 문헌어체도 포함됨은 물론이다. 이러한 (48)의 대화의 원리를 추구하기 위해서 부차적으로 파생된 일정한 과도 교정형들은 초기에는 격식

---

110) 이러한 언어 행위의 원리와 관련하여 이글의 §2.2에서 제시된 19세기 후기 전라방언 자료
에서 전설모음화에 대한 과도교정의 예들인 (6)의 예문들을 다시 점검하여 볼 필요가 있다.
우선 이 가운데 판소리 사설을 소설화한 완판본 판소리계 84장본『열여춘향슈절가』만을
선택하여, 이러한 과도교정들이 출현하고 있는 상황적 맥락을 살펴보기로 한다.

ㄱ) **적실(適實)→적슬**, [방자] : 가물 현, 불 타겻다 누루 황. [이도령] 예 이놈 상놈은 <u>겹슬</u>
하다. 이 놈 어디셔 장타령 하난 놈의 말을 드럿구나. 니 일글계 드러라(상.16ㄱ),

ㄴ) **침실(寢室)→침슬**, [이도령] : 금일한풍 소소리하니 <u>침슬</u>의 들거라 찰 한...이마 만금 오
너라 올 닌.. 침실리 덥거든 음풍을 취하여 이리 져리 갈 왕(상.16ㄴ),

ㄷ) **가실-→가슬-**, [춘향→이도령] : 빅연 삼만 육쳔일을 쩌나 사지 마자ᄒ고 주야 장쳔 어
루더니 말경의 <u>가슬</u> 졔는 쭉 쩨여 바리시니...낙화낙엽 되거드면 어느 나부가 다시 올
가(상.40ㄱ),

ㄹ) **할 것이니→할거스니**, [춘향모→이도령] : 어사쏘 긔가 막켜 너가 왓다고 말을 하소
[춘향모] : 왓단 말을 하거드면 긔절담낙 <u>할거스니</u> 가마니 게옵소셔(하.33ㄱ),

ㅁ) **계시-→계스-**, [춘향→향단] : 샹단아 셔방임 어디 계신가 보와라. 어졔 밤에 옥문간에
와 <u>겨슬</u> 졔 쳔만 당부 하엿더니 어디를 가셧난지 나 죽난줄 모르난가(하.38ㄴ).

위의 과도 교정형들이 출현하는 예들은 "이도령과 방자와의 대화"(ㄱ), "첫날밤 이도령이
춘향을 데리고 노는 말놀이"(ㄴ), "이별을 통고받고 이도령 앞에서 하는 춘향의 넋두리"
(ㄷ), "옥문간에서 춘향모가 이도령에게 하는 당부"(ㄹ), "옥중의 춘향이가 향단이에게 이
도령을 찾는 하소연" 등의 상황이다. 여기에 등장 하는 상이한 계층에 속하는 인물들의
대화 가운데 출현하는 산발적인 과도 교정형들은 (48)과 같은 대화의 화용적 원리로 파악
될 수 있을 것으로 본다.
이 글의 초고를 검토하면서 신승용 교수는 당시의 구어 자료에 가까운 판소리 사설 부류
의 텍스트에 등장하는 전설모음화에 대한 과도교정의 유형은 격식적인 과도교정의 성격
과 일치하지 않는다는 사실을 지적하였다. 따라서 이 각주 부분이 이러한 질문에 대한 답
이 어느 정도 될 수 있을 것으로 생각한다.

체에 한정된 정량적 성격을 보유하게 된다. 그러나 시간이 경과하면서 개신형인 과도 교정형들이 여타의 다른 비격식적 말의 스타일에도 확산되는 경우에는 이것은 고정된 정성적 성격으로 전환될 것이다. 그러면서 "다른 사람들"에게 한정된 과도 교정형들은 내집단의 구성원들에게 구사하는 일상체로 옮겨오게 된다. 이와 같은 대화의 원칙을 지키려는 화자들의 의도적인 개별적 노력들이 반복 집중되어 결과적으로 §§3-5와 같은 과도교정이라는 언어변화를 완성시키게 된 것으로 이해한다.

6.2 전설모음화에 대한 과도방언화(hyper-dialectalism)와 내면적 위신

지금까지 이 글의 §§2-5에서 취급한 전설모음화에 대한 대부분의 과도교정 유형들은 사회언어학적으로 높은 권위를 갖고 있는 표준어 또는 격식어의 방향으로 옮기어 가려는 의사소통상의 조정으로 형성되었기 때문에, 엄밀하게 말하면 이것들은 일반적으로 "과도중앙어화"(hyper-urbanism)의 범주에 속한다. 그 반면에, 자신이 속한 지역 방언의 특질을 상황에 따라서 외부인에게 또는 동일 집단의 내부에서 과도하게 나타내어, 구성원들 간에 유대와 정체성을 외적으로 표출하려는 "과도방언화"(hyper-dialectalism)의 경향도 역시 존재한다(Trudgill 1983 : 45-46). 과도방언화는 자신이 지향하려는 특정한 지역 방언의 특질로 과도하게 잘못 교정이 이루어지는 현상으로, 밖으로 공공연하게 드러나지 않는 해당 지역이나, 집단의 내면적 권위에 근거한다.

전설모음화의 관점에서 과도중앙어화는 진행 중에 있는 음성변화로서 전설모음화를 수용한 개신형들을 교정하여 규범형으로 과도하게 억제하려는 과정에서 서울말과 경기도 권역 및 여타의 남부지역방언 등지에서 일어난 것이다(시, 지, 치→스, 즈, 츠). 그러나 전설모음화의 과도방언화의 경우는 이러한 현상이 일어나지 않은 주로 서북·동북 및 육진방언에서 관찰되는 현상이다. 이것은 이들 북부방언의 화자들이 기원적인 본래의 '시, 지, 치' 부류를 전설모음화를 수용한 표준어 또는 외부 방언적 성분들로 잘못 인식하여 자신들의 방언에 고유한 음운현상으로 환원시키는 과정에서 무리하게 교정되어 관습화된 형태들이다.

전설모음화와 관련된 과도방언화의 예들을 주로 북부방언들을 중심으로 기술한 한영순(1967), 황대화(1998), 한진건(2003), 황대화(2011), 김영황(2013) 등을 이용하여 일부 정리해 보면 다음과 같다.

(49) ㄱ. 습오(十五), 간즈럼(간지럼), 쏫다(씻다, 洗)111),
스줍(시집<싀집)-동북-북청, 점슴, 정슴(정심)-동북, 류진,
어즐다(어질다, 동북-경성), 승구다(심다, 심그다)-동북. 황대화(1998 :
22-29).

ㄴ. 스집(시집)-경흥, 종성, 회령, 스개(媤家), 정슴 굶는다(점심),112)
회령지방에서 '까치봉'(地名)을 '까츠봉'으로 말하고, '있기는 있으되'를
'잇긴 잇으되'(경흥)로 말한다. 한진건(2003 : 32, 41).

ㄷ. 습원(십원), 음슥(음식), 즈끔(지금), 습 : 다(植, 심다), 정슴(정심),
스오마니(시어머니) → 황해도 방언. 한영순(1967 : 117).

ㄹ. 습원(십원), 음슥(음식) → 평안남/북도, 자강도, 스오마니(시어머니),
슴슴하다(심심하다), 즈끔(지금), 김영황(2013 : 80, 81, 169-170).

ㅁ-1. 이스니, 이셔(있으니, 있어야, p.295, p.312, 종성군),

---

111) 김태균(1986 : 341)의 함북방언에서도 '씻-(洗) →쏫-'의 과도교정이 등록되어 있다.
씻다(洗) : 쏫다(청진), 쓰서라(온성).
112) 이 초고를 검토하면서 김한별 교수는 육진방언 등지에 분포되어 있는 '스집, 스오마니' 등의 접두사 '스-'는 조선어 한자음 '媤-'(싀-)와는 관련 없이, '싀->스'와 같은 단모음화를 직접 수행한 결과로도 볼 수 있다고 지적한 바 있다. 그러나 이 방언의 음운론에서 어두음절 위치에 일어난 'C+의>C+으'의 예는 찾기 어렵다. 육진방언의 어휘를 고찰한 곽충구(1998 : 628, 634)에 의하면, 중세국어의 '싄다리'(腿, 싄다리 퇴, 훈몽자회, 상.14ㄱ)를 계승한 이 방언의 어휘는 '의>이'의 변화를 거쳐 '신다리'로 쓰이고 있다고 한다. '넙적다리'에 대한 '신다리'형은 19세기 후기 전라방언 자료에서도 등장하고 있음을 보면 그 분포가 넓었을 것으로 보인다.

뉘가 싱침을 맛녓야 신다리을 쥬물넛야(완판 84장본 열여춘향, 상.17ㄱ).

또한, '스ᄀ올(鄕)>스골>싀골'과 같은 역사적 단계를 거쳐 오늘날의 '시골'형으로 정착되는 형태도 평북방언(김이협 1981 : 355)에서와 함북방언(김태균 1986 : 326) 등에서도 어두음절 위치에서 '싀->시-'의 변화를 수용하였다.

-2. 스집갈 때(경원군, p.161), 스집 슬타구(경흥 p.76),
　　스애끼, 스아끼(시아누, p.196),
-3. 모스는 여기서 안해서(모시, 부령군, p.173),
-4. 즈끔두 있지, 즈끔 와서사(지금, p.173, 부령군), 즈금(경원군 p.239),
　　드금 됴흔 세상이(종성군, p.282), 드금으 다리르 놨스꿔이(p.282),
　　드금 봐서(p.282), 내 그럼 드금두(p.282),
　　즈끔 그럴 바께 업디(p.282).
-5. 한 습여호(한 십여호, 부령군, p.173), 한 이습넨 될거구(이십, p.173).
-6. 다 승구야지(십어야지, 부령군 373).
　　이상은 황대화(2011)에서 인용.

　한영순(1967 : 117)은 전설모음화 현상을 보이지 않는 북부방언에서 지속적으로 쓰이고 있는 이러한 과도교정의 유형들(49ㄷ)을 제시하면서, "문화어나 다른 사투리와의 사이에 생기게 된 '으'와 '이'의 대응 관계에 대한 <자각>이 유추를 낳게까지 하고 있다."고 기술하였다.113) 위의 (49)에서와 같은 과도교정형들에 대하여 김병제(1988 : 55)는 서북방언의 경우를 예로 들면서 이러한 유형들은 제한된 범위 내에서 개별적 단어에 실현되며 체계성과 규칙성은 갖고 있지 않다고 지적한 바 있다. 그러나 상당수의 예들은 반복적으로 정량적 과도교정의 단계를 넘어서 격식어에서만 아니라 일상어의 스타일에까지 확대된 정성적 과도교정의 특성을 보이고 있다. 위의 예에서 '습'(←십)형은 전설모음화 현상과 관련이 없는 대부분의 북부방언에서 보편화되어 쓰이고 있다. 평안도 방언에서 이러한 과도교정의 역사는 19세기 후기의 단계로 소급된다.114)

─────────

113) 김영황(2013)에서도 서북방언(평안남/북도, 자강도)의 음운적 특징인 전설모음화에 대한 과도교정에 대해서 이와 비슷한 견해를 나타내었다.

　'스 즈 츠' 뒤에서 '으'가 '이'로 발음되는 경향에 대하여 기피한다. 즉, 'ㅅ, ㅈ, ㅊ' 뒤에서 '으'가 그대로 발음될 뿐 아니라, '이'인 것도 오히려 '으'로 발음하고 있다.(pp.169-170)

114) (ㄱ) 팔습오리(팔십오리, Corean Primer, p.44), 습쟝(十帳, 좌동, p.10),
　　이습예명 군사(이십, Korean speech, p.67), 일천팔빅팔습이년(좌동, p.44),
　　식기 습예기 나앗다(Korean speech, p.23),

위에서 열거된 북부방언에서의 과도 교정형들 가운데, (49ㄱ)의 '숭구다' (植)와 (49ㄷ)의 '슴 : 다'형이 주목된다. 이러한 형태들은 우리가 §3.1의 예문 (14)-(16)에서 경기도 방언과 남부지역의 방언 등에서 관찰하였던 전설모음 화에 대한 과도교정 형태들과 표면상으로 일치한다. 그러나 두 가지 유형의 과도교정의 동기는 서로 근본적으로 다르다. 전설모음화 현상을 회피하려는 화자들의 행위는 동일하지만, 북부방언 권에서는 유대와 소속 정체성을 표출 하려는 과도방언화를 추구한 것인 반면에, 경기도와 남부방언 권에서는 규범 지향적인 과도 중앙어화를 의도한 것이다. 또한, '십(十) → 슙'의 경우는 19세 기 전반 전북 임실방언 자료인 『수운정비회유록』(1826)에서도 과도교정으로 출현하였음을 언급한 바 있다(§5.1의 예문 [34ㄴ]을 참조).

이와 같은 북부와 남부방언에 분포하는 동일한 과도교정 형태의 형성에 내재된 상반된 동기화는 우리가 §5.2에서 취급한 바 있는 존재사 '이시-(有) → 이스-'형에서도 찾을 수 있다. 위의 (48ㅁ-1)에서의 육진방언 '이스니, 이 서'가 여기에 포함된다. 이러한 과도 방언화를 수행한 예들의 북부방언에서 의 분포는 매우 광범위하였을 것으로 보인다. 평양지역어의 음운론에서 이금 화(2007 : 79)는 '있-'(有)의 활용형들을 [이스니까, 이스문, 이서두, 인는다, 익 꾸, 읻떠라]로 기술하였다.115) 19세기 후기 평안도 방언을 반영하는 Ross의 *Corean Primer*(1877)와, 그 개정본 *Korean Speech*(1882)에서도 이 용언은 '이 스-'와 '이서'형으로 사용되고 있다.116) 또한 Ross의 회화서와 『초역본 누가

(ㄴ) 누가데 습장(1882, 초역 누가복음 21 : 3), 사습일을 시염을 들어에서 미귀게 보넌데 (좌동, 누가 4 : 3), 참고) 누가복음 데십장(1887, 예수셩교견셔,누가복음), 습지틀(초역 누가 23.21)---십지틀(1887, 전셔 누가 23.21).

115) 평남 평양 출신인 주요한이 『창조』 창간호(1919)에 발표한 <불노리>와, 또 다른 <새벽쑴> 의 전문에도 존재사 '이스-'와 과거형 '앗/아스-'가 등장한다.

(ㄱ) 멈출 리가 이스랴, 불상히 녀겨줄이나 이슬까, 「발금」도 이슬 수 업는 거슬(불노리), (ㄴ) 뜻 업슨 눈물 쏫고 이섯도다(새벽쑴).

116) (ㄱ) 네 니 자편에 이스시(Primer, p.53), 죠곰 이스면 구만 두갓슴(p.67), 동남에 큰 델이 이 서(p.34), 마부 이서 횟딕 들고 왓슙데(p.16), 이 비단에 좀이 이서 상흐얏다(p.60), (ㄴ) 니 션성이 이스면 디리고 가거라(Speech, p.19), 이거시 맛 이스니 잡소와 보시오

복음젼셔』(1882)에서 존재사 '이스-'와 통합된 과거시제 형태들도 이러한 과
도교정이 확대되어 '-아스-/-앗-'으로 조정되어 있거나, 간섭을 받지 않은 '-
아시-/-앗-'으로 사용된다.117)

(50) ㄱ. 쇼고기가 설러스니(Primer, p.13), 담이 물어져스니(Speech, p.35),
　　　 쇠사슬노 결박ᄒ여스니(동, p.67)~손님 두분이 오셔시니 샹 노아라
　　　 (Speech, p.5), 다 먹어사니 방 스러라(동, p.7).
　　 ㄴ. 방빅이 되야슬 ᄡ려여(초역 누가, 2 : 2), 긔 녑풀 보니 ᄡ러스되(동, 4 : 17),
　　　 법 갈으치넌 쟈 안저스니(상동, 5 : 17) 님지 ᄯ딸이 죽어스니(상동, 8 :
　　　 49)~안저 회기 ᄒ여시리라(상동, 10 : 13),
　　　 닉 덕인티 못ᄒ여시니 엇디 이런 일이 이스리오(상동, 1 : 34), 다 면ᄒ
　　　 여 주워시니(상동, 7 : 42), ᄯ또 셩약을 긔록ᄒ여시니(상동, 1 : 73).
　　　 cf. 귀 이스면(상동, 8 : 8), 부인이 이스니(상동, 8 : 2),
　　　　 복이 이슬더니(상동, 6 : 21).

　그 반면에, 북부방언에서 '춥-'(寒)의 활용형들은 대체로 '칩-→츱-'과 같
은 전설모음화에 대한 과도방언화 과정을 실현시키고 있지 않는 사실이 주
목된다. 김태균(1986 : 472-473)과 한진건(2003 : 41-42)에 의하면, 이 활용형의 육
진과 함북방언형들은 '치브면, 치브문, 치브므, 치바서, 치버서, 치버셔~치워
서(경흥)' 등과 같은 분포를 보인다.
　그리고 이 지역방언에서 '추위'형은 명천과 부령 지역에서의 '추우'만 제외
하면, 통상적인 '치비'와 '취비'(학성, 명천, 경성, 경흥, 경원, 온성, 무산)로 사용되는

─────────

　　　(isuni, p.12), 죠션은 춍 이스면 다 포슈노릇한다(p.25), 음식이 맛시 이서 잘 먹엇소
　　　(p.12).
117) 평안방언의 형태론적 고찰에서 김영배(1984 : 105-106)는 이 지역방언에서 존재사의 활용형
　　　으로 중세국어의 잔존형인 (ㄱ) '이시-/잇-' 계열과, 또 다른 (ㄴ) '이스-/잇-' 계열이 수의
　　　적으로 교체되어 쓰이고 있음을 관찰하였다.

　　(ㄱ) 돈이 이시야(있어야), 돈이 좀 이시오(있어요),
　　(ㄴ) 시간이 잇으니(있으니), 집에 잇으몐서두(있으면서도), 잇으문(있으면),
　　　이서라(있어라).

데, 여기서 '취비'형은 또 다른 설명을 요하는 특이한 형태이다. 황대화(1998 : 46)는 함경남도에서도 쓰이는 방언형 '취비'를 "앞모음되기"(움라우트)의 일종으로 분류한 바 있다. 그러나 1960년대 육진방언에서 수집된 다음의 예들(황대화 2011)은 후행음절 모음 '-이'의 영향과는 직접적인 관련이 없어 보인다.

> (51) ㄱ. <u>칩기르</u>? <u>칩기르</u> 아마 너덧 다리 잘 <u>칩쓰</u>(부령군, 추위가? 추위가 아마 너덧 달이 잘 되게 춥소, 350), <u>칩재이으 칩쓰</u>(춥지 않고 춥소, p.350),
> ㄴ. 겨을에 치바서(경흥군, p.45), 치버? 더 칩습니다...그야 응당 <u>취벘겠지</u> (p.49),
> ㄷ. <u>취비</u>(추위, 경원군, p.150), 동삼엔 치벘소(p.150).

이와 같은 '칩-'(寒)의 어간에서 일어난 변화는 'ㅂ' 규칙활용을 보이는 함북과 육진방언의 일대에서만 출현하는 것은 아니다. 평안도 방언과 일부 남부 지역방언에 분포되어 있는 어간말 자음 'ㅸ'에서 기원된 불규칙 활용형들에서도 일부 등장하고 있다. (ㄱ) <u>취위</u>(함남, 김병제 1980 : 138), (ㄴ) <u>취위</u> [tsʰwiwi] (평남 : 대동, 강남), 추우(평북 : 전지역, 평남 : 대동, 강남을 제외한 전 지역), 김영배 1977 : 198), (ㄷ) <u>취와</u>서 시 : 풀어다(전남 담양, 김차균 2002 : 248). 이와 같은 유형의 방언형이 원래 '칩-'이나, '춥-'에서 발달하였을 것으로 추정되지만, 여기서 당장 분명한 대안을 찾기는 어렵다.[118] 이와 유사한 현상은 우리가 §3.2에서 다룬 바 있는 '깁-'(補)의 과도 교정형들 가운데 전남 일부의 지역에서 쓰이고

---

118) 19세기 초반에서 중기를 거쳐 후기에 이르는 『交隣須知』판본들의 텍스트에 반영된 언어를 대조하는 과정에서 '칩-→취워→칩-→치워'와 같은 연속에서 '칩-'형이 관찰된다.

(ㄱ) 서리가 볼셔 와시니 날이 졈졈 칩게 흐엿습니(필사본 苗代川本 1.4ㄱ),
(ㄴ) 서리가 볼셔 와시니 날이 졈졈 <u>취워</u> 가옵니(1873, 武藤本 1.5ㄴ),
(ㄷ) 서리가 볼셔 와쓰니 졈졈 날이 칩사오리다(1883, 재간 교린수지 1.4ㄴ),
(ㄹ) 서리가 왓스니 츠츠 일긔가 치워지겟소(1904, 校訂 교린수지, 7).

또한, 20세기 초반에 작성된 필사본 『여항소설』(<산촌미녀>, <일본산천풍속기>, <장벽지화>, <경성백인백색>, 이종주 1984를 참조)에서도 일부 '취-'(寒)형이 등장하고 있다.

엣 <u>취워라</u>(경성백인백색, p.98), 이고 <u>취워라</u>(p.39).

있는 '쥡-'형에서도 나타난다.

북부방언 권에서도 평안도 방언에서 '춥-'(寒)의 활용형들은 그대로 서울과 경기도 방언의 형태들과 동일한 모습을 보여주는데, 이러한 상황은 19세기 후기의 단계로 소급된다.[119] Ross의 *Corean Primer*(1874)와 『예수셩교젼셔』(1887)의 평안방언 텍스트에서 '춥-'의 활용형이 일부 등장하였으나, 종래의 보수형 '칩-'과의 공존 여부가 관찰되지 않는다. (ㄱ) <u>추우야</u> 숙키 얼름을 타갓다 (Primer, p.71), 긔갈에 자로 먹지 못ᄒᆞ고 ᄯᅩ <u>추우며</u> 벗는 거시니(고린도후서 11 : 28). 이 방언에서 '춥-'의 활용형들이 서울말 또는 경기도 권에서 차용되어 온 것인지, 아니면 자체적으로 '칩-'에서 '춥-'으로의 과도방언화를 거친 형태인지는 판단하기 어렵다.[120]

1940년대 경북과 경남, 그리고 강원도 및 함남지역 일대에 분포되어 있던 '춥-'의 또 다른 방언형 '추바-/추버-' 등의 활용형(小倉進平 1944 : 361-362)은 그 이전 단계에서 '칩- → 츱-'으로의 과도교정을 수행한 다음에 어간말음 'ㅂ'에 의한 원순성 역행동화를 겪은 것으로 보인다. 그러나 경상도와 강원도 일대에서의 '추바-/추버'의 예들은 과도중앙어화를 지향한 반면에, 전반적으로 전설모음화와 무관한 함경도 방언에 분포되어 있는 동일한 활용형들은 과도방언화의 일종으로 파악된다.

---

119) 김이협의 『평북방언사전』(1981 : 495-496)에 의하면, 이 형태는 '추우, 춥다, 추우 타다' 등으로 공시적 분포를 보인다.

120) 그 반면에, 전설모음화 현상이 존재하지 않으며, 이러한 현상을 과도방언화를 통해서 회피하려는 경향이 있는 북부방언 권에서 특정한 단어에 있어서는 예외를 보이고 있다.

   (ㄱ) 싱게(김이협의 『평북방언사전』 1981 : 363); 승교(乘轎) → 싱게(철산),
        싱교(정주, 강계),
        cf. 초교(草轎) → 최개(p.495). 가마 → 싱개, 싱교(평북 용천, 『한글』 6권 5호).
        싱교 타고 오니(shinggio, Corean Primer 1877 : 15),
   (ㄴ) 싱냥이(Putsillo의 『로한자뎐』, 1874 : 709),
        싱내, 싱내이(승냥이, 함북 온성군 p.197), 싱내이라능게(함북 경원군 p.162, 싱내이두 잇구(p.171). 이상의 예는 황대화 2011에서 인용.

참고논저

강희숙(2000), "전설모음화의 발달과 방언 분화", 『한국언어문학』 제44집, 521-542, 한국언어문학회.

고광모(1992), "국어의 음운변화 syV>sV에 대하여", 『논문집』 13-2, 목포대학교.

고광모(2009), "'이시-/잇>있-, 어시/-엇->-었-, -게시-/-겟->-겠-'의 변화, 『언어학』 53, 115-140, 한국언어학회.

곽충구(1994), "계합 내에서의 단일화에 의한 어간 재구조화", 549-586. 박갑수선생 회갑기념논문집, 한샘출판사.

곽충구(1998), "육진방언의 어휘", 『국어어휘의 기반과 역사』, 617-669, 태학사.

곽충구(2001), "구개음화 규칙의 발생과 그 확산", 『진단학보』 92, 237-268, 진단학회.

곽충구(2011), "구개음화 규칙의 전파와 어휘 확산 : 조선족 육진방언의 경우", 『국어학』 61, 3-40, 국어학회.

김계곤(2001), 『경기도 사투리 연구』, 박이정.

김광웅(1986), 『제주지역어의 음운론』, 제주대학교 출판부.

김규남(1991), "전북방언의 ㅂ 불규칙 활용과 재구조화", 『어학』 제18집, 95-124. 전북대어학연구소.

김규남(2013), "위신표기의 추이와 사회적 변수의 상관성연구", 『방언학』 17, 201-228, 한국방언학회.

김봉국(2002). "강원도 남부지역 방언의 음운론", 서울대 박사학위 논문.

김영배(1977), 『평안방언의 음운체계 연구』, 동국대학교 한국학연구소.

김영배(1984), 『평안방언연구』, 동국대학교 출판부.

김영배(1987), 『증보 평안방언연구』, 태학사.

김영황(2013), 『개정 조선어방언학』, 태학사.

김예니·김명주(2014), "19세기 후기~20세기 전기 경상방언을 반영한 문헌어의 음운현상 연구", 『국어학』 71집, 93-123, 국어학회.

김완진(1972), "형태론적 현안의 음운론적 극복을 위하여", 『동아문화』 제11집, 273-299, 서울대학교 동아문화연구소.

김완진(1996), "형태론적 유인에 의한 형태소 증가에 대하여", 『음운과 문자』에 수록, 69-80, 신구문화사.

김주원(1997), "구개음화와 과도교정", 『국어학』 제29집, 33-49, 국어학회.

김주원(1998), "『19사략언해』의 간행 연대, 『국어학』 32호, 247-263, 국어학회.

김주원(1999), "알타이제어와 한국어의 전설고모음화 현상", 『알타이학보』 제9호, 233-247, 한국 알타이학회.

김주원(2000), "국어의 방언 분화와 발달", 『한국문화사상대계』 제1권(영남대 개교 50주년 기념). 151-185, 영남대학교 민족문화연구소.

김주원(2003), "음운론적 관점에서 본 동해안 방언의 특성", 『동해안 지역의 방언과 구비문학 연구』, 13-62, 민족문화연구소 편, 영남대출판부.

김주필(1985), "구개음화에 대한 통시적 연구", 『국어연구』 제68호, 국어연구회.

김주필(1993), "『진주하씨 묘 출토 한글 자료』에 대한 음운론적 연구", 『진단학보』 75, 129-148, 진단학회.

김주필(1994), "17·18세기 국어의 구개음화와 관련된 음운현상에 대한 통시적 연구", 서울대 박사학위 논문.

김주필(2004), "18세기 중후기 왕실 자료의 'ᄋᆞ' 변화", 『어문연구』 122권, 41-68, 한국어문교육연구회.

김주필(2008), "『뎡미가례시일긔』의 음운론적 특징", 『장서각』 19집, 69-94. 장서각.

김주필(2009), "근대국어 음운론의 쟁점", 『국어사연구』 제9호 : 69-122, 국어사학회.

김주필(2011), "조선시대 한글 편지의 문어성과 구어성", 『한국학논총』 35호, 223-257, 국민대학교 한국학연구소.

김주필(2013), "ㄷ 구개음화와 원순모음화 현상의 통시적 변화와 특성" 『진단학보』 118, 95-135. 진단학회.

김차균(2002), 『영호남 방언 운율 비교』, 역락.

김한별(2014), "국어의 음운변화 'syV>...>SV'에 대한 재고찰", 『국어학』 제72집, 323-360, 국어학회.

김한별(2015), "19세기 전기 국어의 음운사 연구", 서강대학교 대학원 박사학위논문.

김한별(2016), "<근대국어 후기 '으'의 전설(구개)모음화 현상과 그 과도교정의 역동성에 대한 일고찰>에 대한 토론문, ≪2016년 여름 국어사학회 전국학술대회 발표집≫, 181-182, 국어사학회.

남광우(1975), "한국어의 발음연구", 『인문과학연구소 논문집』 제1집, 37-59, 인하대학교.

남광우(1976), "음의 동화·이화 연구-<한국어의 발음연구>의 일환작업으로-", 인하대학교 부설 인문과학연구소 논문집 제 2집.

남광우(1984), 『한국어의 발음연구』(1), 일조각.

박기영(2005), "개화기 한국어의 음운 연구", 서울대학교대학원 박사학위 논문.

박창원(1992), "경남방언의 모음변화와 상대적 연대순", 『가라문화』 제9집, 43-76, 경남대학교.

배혜진(2015), "달성지역어 전설모음화의 변화 과정", 『어문학』 129호, 1-20, 한국어문학회.

백두현(1988), 'ᄋᆞ, 오, 으, 우'의 대립 관계와 원순모음화, 『국어학』 17, 177-202, 국어학회.

백두현(1992), 『영남문헌어의 음운사 연구』, 구어학총서 19, 국어학회.

백두현(1997), "19세기 국어의 음운사적 고찰 -모음론-", 『한국문화』 20, 1-47, 서울대 규장각.

백두현(1998), "19세기 한글 문헌에 대한 고찰", 『수련어문논집』 제24집, 59-84, 수련어문학회.

백두현(2000), "<현풍 곽씨 언간>의 음운사적 연구", 97-130, 『국어사자료 연구』, 창간호.

백두현(2003 : 341) 『현풍곽씨언간 주해』, 태학사.

백두현(2007ㄱ), "애국지사 김태린이 지은 『동몽수독 천자문』에 대한 연구", 『어문학』 95집, 55-92. 한국어문학회.

백두현(2007ㄴ), "사도세자의 학습서로 사용된 『고문진보언해』 연구", 『장서각 소장 한글 필사자료연구』, 305-358, 이광호 외, 태학사.

백두현(2011), "19세기 초기 전라방언 자료 『수운정비회유록』연구", 『한국문화』 54, 65-96, 서울대학교 규장각 한국학연구원.

백두현·전영곤(2012), "『睡雲亭悲懷遺錄』(1826)의 원문 번역과 주해", <국어사연구> 15호,

백두현(2013), "영남지역 국어사 자료의 연구 성과와 연구 방향", <한국문학언어학회> 제5차 학술대회, 주제 발표원고, 1-30.

석주연(1996), "중세국어 원순성 동화 현상에 대한 일고찰", 『관악어문연구』 제21집, 217-228, 서울대학교국어국문학과

성희제(2002), "치음 'ㅅ, ㅈ, ㅊ' 뒤의 전설모음화 현상 고찰", 『우리말과 글의 이해』, 212-221, 충남대학교 출판부.

성희제(2002ㄱ), "자음에 의한 순행적 모음동화현상 연구", 『한국언어문학』 제49집, 565-583, 한국언어문학회.

소신애(2004), "/ㅅ, ㅈ, ㅊ/의 音價와 口蓋母音化-연변 훈춘지역 조선어를 중심으로-, 『국어국문학』 137, 269-299. 국어국문학회.

소신애(2007), "언어변화 기제로서의 과도교정-20세기 초 함북방언을 중심으로-, 『어문연구』 35-1, 183-207, 한국어문교육연구회.

소신애(2014), "비어두 위치의 ㄱ 구개음화에 대하여", 『국어국문학』 167, 5-39. 국어국문학회.

송 민(1998), "근대국어의 음운론적 인식", 『음운』[2](국어학강좌 5), 35-58, 이병근·박창원 편, 태학사.

송철의(2008), "용언어간 '있다'의 통시적 발달에 대하여", 『한국어 형태음운론적 연구』, 407-445, 태학사.

신경철(1986), "『역대 천자문』연구", 『국어국문학』 95집, 37-62, 국어국문학회.

신성철(2014), "발신자의 사회적 성격에 따른 19세기 한글 편지의 표기와 음운", 『어문론집』 제57집, 107-135, 중앙어문학회.

신승용(2006), "치음 /ㅅ/, /ㅈ/의 조음위치 이동 원인과 변화 과정", 『국제어문』 36집, 117-144, 국제어문연구회.

신승용(2010), "공시태와 공시적 음운 기술의 대상으로서 진행 중인 변화", 37-60, 국어국문학』 157, 국어국문학회.

심재기(1982), 『국어어휘론』, 집문당.

안대현(2009), "한국어 중앙어 ㄷ 구개음화의 발생 시기", 『국어학』 제54집, 109-136, 국어학회.

오광근・김주필(2013), "후기 중세국어 원순모음화 현상의 양상과 특징", 『반교어문연구』 제34집, 5-34, 반교어문학회.

유탁일(1983), 『완판방각소설의 문헌학적 연구』, 학문사.

유필재(2001), "서울지역어의 음운론 연구", 서울대 박사학위논문.

유창돈(1964/1980), 『이조국어사연구』, 이우출판사.

이광호(2004), 『근대국어문법론』, 태학사.

이금화(2007), 『평양지역어의 음운론』, 역락.

이기갑 외(1988), 『전남방언사전』, 전라남도, 태학사.

이기문(1972), 『개정판 국어사 개설』, 탑출판사.

이기문(1972ㄱ), 『국어 음운사 연구』, 한국문화연구 총서 13, 한국문화연구소.

이병근(1970), "19세기 후기 국어의 모음체계", 『학술원논문집』 제9집, 375-390, 대한민국학술원.

이병근(1976), "19세기 국어의 모음체계와 모음조화", 『국어국문학』 72・73합집, 345-360, 국어국문학회.

이상규(2013), "을유본 『유합』에 나타나는 김해방언", 『방언학』 17, 229-259, 한국방언학회.

이숭녕(1978), 『제주도방언의 형태론적 연구』, 국어학 연구선서 5, 탑출판사.

이승희(2000), "규장각 소장본 '순원왕후 한글 편지'의 고찰", 『규장각』 23, 113-140, 서울대 규장각 한국학연구원.

이승희(2010), 『순원왕후의 한글편지』, 푸른역사.

이진호(2005), 『국어음운론 강의』, 삼경문화사.

이진호(2008), 『통시적 음운 변화의 공시적 기술』, 삼경문화사.

이진호(2012), 『한국어의 표준발음과 현실발음』, 아카넷.

이혁화(2009), "방언사의 현황과 과제 -방언음운사를 중심으로-", 『국어학』 제54집, 303-497, 국어학회.

이현희(1991), "국어 문법사 기술에 있어서의 몇 가지 문제", 「국어사 논의에 있어서의 몇 가지 문제」, 한국정신문화원 제5회 학술 세미나.

이현희(1993), "19세기 국어의 문법사적 고찰", 『한국문화』 제15집.

장윤희(2009), "국어 동사사의 제문제", 『국어 형태・의미의 탐색』, 홍사만 외, 583-622, 역락.

전광현(1971), "18세기 후기 국어의 일고찰 : 윤음언해를 중심으로", 『논문집』 13, 39-70, 전북대학교 대학원.

전광현(1978), "18세기 후기 국어의 일고찰 : <오륜전비언해>를 중심으로", 『어학』 5, 15-24, 전북대학교 어학연구소.

전광현(1983/2003) "『온각서록』과 정음지역어", 『국어사와 방언』 1, 177-190에 재수록, 월인.

전광현(2003), 『국어사와 방언』(1) [국어사 연구], 도서출판 월인.

전미정(1990), "19세기 국어의 음운론적 연구", 경북대학교 석사학위논문.

정경재(2015), "한국어 용언 활용 체계의 통시적 연구", 고려대학교대학원 박사학위논문.

정경재(2018), "{있다}의 활용 양상 변화 고찰", 『국어학』 제85호, 251-293, 국어학회.

정승철(1988), "제주도 방언의 모음체계와 그와 관련된 음운현상", 『국어연구』 84호, 국어연구회.

정승혜(2012), "對馬通士가 남긴 對馬島의 한글편지에 대하여」, 『어문논집』 65, 219-250, 민족어문학회.

정연찬(1980), "경남방언 음운의 몇가지 문제-특히 고성·통영 지방을 중심으로-", 『방언』 4, 23-47, 한국정신문화연구원

정인호(1997), "ㅂ-불규칙 용언 어간의 변화에 대하여-서남 방언을 중심으로-", 『애산학보』 20, 145-178, 애산학회.

주갑동(2005), 『전라도 방언사전』, 수필과비평사.

최동주(1995), "국어 시상체계의 통시적 변화에 관한 연구", 서울대학교 문학박사 학위논문.

최명옥(1982), 『월성어지역어의 음운론』, 영남대학교출판부.

최명옥(1992), "19세기 후기 국어의 연구 : <모음 음운론>을 중심으로", 『한국문화』 13집, 55-90, 서울대학교 한국문화연구소.

최명옥(1993), "어간의 재구조화와 교체형의 단일화 방향", 『성곡논총』 제24집, 1599-1642, 성곡학술문화재단.

최전승(1983), "비어두음절 모음의 방언적 분화 u~i와 접미사 <-이>의 기능", 『국어학연구》(정병욱선생 환갑기념논문집), 신구문화사.

최전승(1986), 『19세기 후기 전라방언의 음운현상과 그 역사성』, 한신문화사.

최전승(1987), "언어변화와 과도교정의 기능-19세기 후기 전라방언 자료를 중심으로-", 『국어학신연구』(김민수교수화갑기념) 340-359, 탑출판사.

최전승(2002), "19세기 후기 전라방언의 특질 몇 가지에 대한 대조적 고찰", 『한민족어문학』 41, 27-81, 한민족어문학회.

최전승(2009), "19세기 후기 국어방언에서 진행 중인 음성변화와 과도교정의 개입에 대한 일 고찰", 『국어문학』 46, 323-385, 국어문학회.

최전승(2012), "19세기 전기 경북 사회방언 발달 과정에서 개별성과 보편성에 대한 일 고

찰", 『교과교육연구』, 277-375, 전북대학교 교과교육 연구소.

최전승(2014), 『한국어 방언사 탐색』, 역락.

최학근(1990), 『한국방언사전』, 명문당.

최현배(1929), 『우리 말본 첫째매』, 연희전문학교 출판부.

한영균(1985), "음운변화와 어휘부의 재구조화-순경음 ㅸ의 경우", 『관악어문연구』 10.

한영균(1994), "후기 중세국어의 모음조화 연구", 서울대학교 박사학위논문.

한영균(1997), "모음의 변화", 『국어사 연구』, 457-490, 태학사, 국어사학회.

한영순(1967), 『조선어 방언학』, 종합대학 출판사.

한진건(2003), 『륙진방언 연구』, 역락.

황대화(1998), 『조선어 동서방언 비교연구』, 한국문화사.

황대화(2001), "앞모음되기 현상에 대하여-동해안방언을 중심으로-", 『조선어문학 연구총
서』 제2권, 123-145, 어문학편집실, 천지출판.

황대화(2011), 『1960년대 육진방언 연구』, 자료편, 역락.

황문환(2004), "秋史 한글 편지의 국어학적 특징에 대한 일고찰", 『한국어의 역사』,
363-382, 보고사.

허 웅(1965/1972), 『개고신판 국어음운학』, 정음사.

허재영(2008), "언해본 『양정편』의 경상방언 문헌으로서의 가치", 『동방학』 27호, 한서대
학 동양고전연구소.

홍윤표(1985), "『역대 천자문』과 서부 동남방언", 『국어학논총』(김형기선생 팔지기념),
585-605, 어문연구회.

홍윤표(1991), "『初學要選』과 19세기말의 충남 서천지역어", 『국어학의 새로운 인식과 전
개』, 107-221. 서울대학교 대학원 국어학연구회 편, 민음사.

홍윤표(1993), "규장각 소장 근대국어 문헌자료의 종합적 연구", 『한국문화』 15, 1-56, 서
울대 한국문화연구소.

홍윤표(1993ㄱ), 『국어사 문헌자료 연구』, 태학사.

홍윤표(1994), 『근대국어연구』(1), 한국정신문화연구원, 태학사.

홍윤표(2009), "근대국어의 국어사적 성격", 『국어사연구』 제9호, 153-172, 국어사학회.

홍윤표(2009ㄱ), "『幼學一隅』해제", 271-273, 『국어사연구』 제9호, 국어사학회.

홍윤표 외(1995), 『17세기 국어사전』, 태학사.

홍은영(2012), "한국어 전설고모음화 현상 연구", 『국어연구』 231, 서울대학교 국어연구회.

小倉進平(1944), 『朝鮮語方言의 研究』(上), 岩波書店.

Auer Anita et als(2015), Historical sociolinguistics : the field and its future, *Journal of
Historical Sociolinguistics* 1(1) : 1012.

Aitchison Jean.(1995), Tadpoles, cuckoos, and multiple births : Language contact and model
of change, In *Linguistic Change under Contact Conditions*, Edited by Fiaiak

J. 1-13, Mouton de Gruyter.

Brinton, L. & Elizabeth C. Traugott.(2005), *Lexicalization and Language Change*, Cambridge University Press.

Campbell, Lyle.(2000), *Historical Linguistics*, The MIT Press.

Croft, William.(1997), Book Review on *Language Change*, by R. Keller 1990, *Journal of Pragmatics* 37, 193-402.

Decamp, David.(1972), Hypercorrection and rule generalization, *Language in Society*, Vol.1, no.1.

Giles, H. & Angie Williams.(1992), Accommodating Hypercorrection : A Communication Model, *Language and Communication*, Vol.12, No.3/4, 343-356.

Hauer, Erich.(1952-1955), *Handwörterbuch der Mandschusprache*, I-III, Kommissionverlag, Otto Harrassowitz, Wiesbaden.

Hock. H. Henrich.(1991), *Principles of Historical Linguistics*, Mouton de Gruyter.

Janda, R. D. & Julie Auger(1992), Quantitative Evidence, Qualitative Hypercorrection, Sociolinguistic Variables-and French Speakers, 'Eadhaches with English h/ø, *Language and Communication*, Vol.12, No.3/4, 196-236.

Keller, Rudi.(1994), *On Language Change*, The invisible hand in Language. Routledge.(이 기숙 역 : 언어변화, 서광학술자료사. 1994).

King, D. Robert.(1988), Competing generalization and linguistic change, In *Languages and Cultures*, Studies in Honor of E. D. Polome, edited by Werner Winter et al. 335-346, Mouton de Gruyter.

Labov, William.(1966), Hypercorrection by the lower middle class as a factor in linguistic change, In Bright, W.(Ed.) *Sociolinguistics*, 84-102. Mouton, The Hague.

Labov, William.(1972), Some principles of linguistic methodology, *Language in Society*, 1. 97-120.

Labov, William.(1978), *Sociolinguistic Patterns*, Basil Blackwell.

Labov, William.(1994), *Principles of Linguistic Change*, 1. Internal Factors, Blackwell Press.

Labov, William.(1966/2006), *The Social stratification of English in New York City*, 2nd Edition. Cambridge University Press.

Lenz, N. Alexandra.(2010), Emergence of varieties though restructuring and reevaluation, 295-315, *Language and Space* I,(An international Handbook of linguistic variation, edited by Auwe, Peter et als), Mouton de Gruyter

Martin, E. Samuel(1954), *Korean Morphophonemics*, Linguistic Society of America.

Ohala, J. J.(1981), The listener as a source of sound change, CLS 17, no.2, *Papers from the Parasession on Language and Behavior* 178-203.

Ohala, J. J.(1993), The phonetics of sound change, In *Historical Linguistics*, edited by Jones, 237-278, Longman.

Ohala, J. J.(2003), Phonetics and Historical Phonology, In *The Handbook of Historical Linguistics*(Edited by Joseph, D. B & Ricchard D. Janda), 669-686, Blackwell Publishing.,

Romaine, Suzanne.(2004), Historical sociolinguistics, In *Sociolinguistics*, an international Handbook of the Science of the Language and Society, 2nd edition, 1696-1703, edited by Ammon. U. et als. Walter de Gruyter.

Trask, R. L.(2010), *Why do Languages change?*, Cambridge University Press.

Trudgill, Peter.(1972). Sex, covert prestige and linguistic change in the urban British English of Norwich, Language in Society 1(2), 179-196.

Trudgill, Peter.(1983). *On Dialect,* Social and Geographical Perspectives, Basil Blackwell.

Trudgill, Peter.(1986). *Dialects in contact*, Basil Blackwell.

Weinreich & Labov & Herzog.(1968), Empirical foundations for a theory of language change, in *Directions for Historical Linguistics*(edited by Lehmann & Malkiel), 95-196, University of Texas Press.

제4장

공시적 음운현상들의 표면적 수렴과 상이한 역사적 내적 과정*
— 소위 전설모음화 '-르)-리'의 형성을 중심으로 —

1. 서론: 표면적으로 동일한 전설모음화 현상들의 이질적 기원

이 글에서 글쓴이는 국어사와 지역 방언사를 통하여 전개하여온 역사적 발달 과정 가운데 몇 가지 상이한 형태·음운론적 과정을 거친 체언과 용언의 굴절형들이 어느 단계에서 표면적으로 유사한 모습으로 합쳐지게 되어서, 현대국어의 공시적 관점에서 동일한 음운론적 원리를 거쳐 형성된 현상들로 파악되는 사례들을 찾아서 그 동인을 다시 분석해 보려고 한다.[1] 그 주요 대

---

* 이 글의 초고를 읽고 건설적인 비판과 조언을 해주신 신승용(영남대), 소신애(숭실대), 김한별(서강대) 교수께 감사를 드린다. 다시 수정한 원고는 경북대학교 국어국문학과 BK21플러스 <영남지역 문화어문학 연구인력 양성 사업단> 전문가 초청 특강(2019년 4월 19일, 경북대학교 대학원동)에서 발표되었다. 그 발표회에 참석하여 도움말을 주신 백두현 교수를 비롯한 국문학과 여러 교수님들과 대학원생들에게도 감사한다.

1) 현대국어의 이중모음체계를 논의하면서 정연찬(1991 : 379)은 여러 언어 사실에서 결과의 동일함이 언제나 반드시 원인의 동일함을 의미하지 않기 않기 때문에, 동일한 결과를 그것의 현상적인 동일성만을 이유로 동일하게 처리하였을 때 나타나는 문제들을 언급한 바 있다. 그 반면에, 김진우(2011)는 국어 음운현상들을 지배하고 있는 두 가지 강력한 경향을 가설로 제시하였다. 하나는 "폐구조음원리"(principle of close articulation)이고, 다른 하나는 이른바 "원심성 원리"(principle of centrifugality)가 이질적이고 다양한 음운현상 전반에 걸쳐 공모하여 적용된다는 것이다. 전자의 원리는 모음상승, 자음군 간소화, 중화(미파), 파열음화 등에 실현되며, 후자의 원리는 움라우트와 구개음화, 조음위치 동화 등의 현상을 지배한다고 한다. 이 글의 주제인 '르>리'의 변화와 관련하여 원심성 원리가 가지고 있는 약간의 문제성은 §5의 결론 부분에서 지적하려고 한다.

상은 종래의 연구에서 역사적 또는 공시적 전설모음화의 영역으로 포함시켜 온 체언과 용언 어간말 위치에서의 '-르>-리'에 관한 변화 유형이다.

예를 들면, 이진호 교수는 그의 잘 알려진 음운론 교과서『국어음운론 강의』(2005 : 133)에서 현대국어의 여러 음운현상들을 제시하는 가운데, <§2.13 전설모음화>에 대한 부차적인 설명을 덧붙이는 [참고] 항목에서 여러 방언에 나타나는 "58. 특이한 전설모음화"를 다음과 같이 유형별로 열거하였다(예문의 배열은 이 글에서 기술의 필요에 의해서 다시 정리한 것이다.)[2]

> (1) '우'가 '이'로 바뀌는 전설모음화;
>   (ㄱ) 고치(<고추), 국시(<국수), (ㄴ) 부시다(<부수다), 상치(<상추),
> (2) 중부방언의 (ㄷ) 가루(粉), 노루(獐), (ㄹ) 다르다(異), 부르다(唱)
>   →동남방언에서 (ㄷ) 가리, 노리, (ㄹ) 다리다, 부리다.

이러한 보기에 대해서 이진호(2005 : 133)는 (1)의 부류는 어간말 모음의 '-우'가 '-이'로 바뀌는 전설모음화이며 '우'가 전설모음으로 바뀌면 단모음 '위'가 되어야 하는데, 해당 방언에서 '이'가 되었다는 점에서 특이하다고 보았다. 그 반면에, (2)의 부류는 동남방언에서 'ㄹ' 뒤에서 전설모음화가 적용되었다고 할 수 있는데, 그 적용 동기 자체를 설명하기가 무척 어렵다고 기술하였다.

이와 같은 이진호(2005)의 관점과 기술은 적어도 글쓴이의 입장에서 동의하기 어려운 몇 가지 문제점들을 가지고 있다. 여기서 가장 큰 문제는 위의

---

2) 이진호(2002 : 37-38)는 음성 환경에 따라 차별적으로 적용된 음성변화의 속성에 의해서 현대국어에서 화석화된 활용형의 예들을 전설모음화와 관련시켜 경상방언 자료에서 다음과 같이 제시한 바 있다.

   (ㄱ) 씨고, 씨더라⇔써서, 썼다(쓰-. 用), (ㄴ) 모리고, 모리다⇔몰라서, 몰랐다(모르-, 不知).

   이진호 교수는 같은 논문(2002)에서 위의 (ㄱ)의 예가 치찰음 'ㅅ, ㅈ, ㅊ' 뒤에서 '으→이'와 같은 전설모음화를 보여주는 현상과 동일하게, (ㄴ)의 예도 '모르고→모리고, 모르다→모리다'의 방식으로 'ㄹ' 뒤에서 전설모음화가 적용된 현상으로 기술하였다.

(1)과 (2)의 유형을 관찰하는 방식이다. 이러한 방식에서 나온 해석은 이 방언형들이 각각의 지역방언의 음운사를 통하여 전개해 온 고유한 역사성, 즉 내적 발달의 역사에 대한 고려가 배제되어 있다. 중부방언의 '고추'형이나 지역 방언형 '고치' 등의 변이 현상은 각각의 해당 방언지역에서 역사적인 과정을 밟아서 전개해온 개별적인 내적 변화의 산물이라는 차원을 고려하지 않았다는 것이다. 그리하여 현대국어의 공시적 표면형을 단순한 기준으로 삼아서 그 변화의 방향을 중부방언에서 지역방언 형태로 직접 설정하였기 때문에, 결과적으로 체언이나 용언 어간말 모음 '-우'가 '-이'로 바뀌는 전설모음화로 파악된 것이다.3)

또한, 이진호(2008 : 217-218)는 통시적으로 일어난 음운변화를 공시적으로 기술하는 방안에 대한 연구에서도 전설모음화와 관련하여 주로 경상도 방언에서 생산적으로 일어나고 있는 '르>리'의 용례들을 아래와 같이 소개하였다.

   (3) ㄱ. 가리(가르, 粉), 하리(하르, 日),
      ㄴ. 시리문(싫+으면), 어디문(얻+으면),
      ㄷ. 노니로(논+으로), 사니로(산+으로).

이진호 교수는 이 연구(2008)에서 예 (3ㄱ)은 '르' 뒤에서 일어난 전설모음

---

3) 지역방언에서 표준어 중심의 관점에서 체언어말 모음 간의 표면적 대응을 '-우→-이'의 방향으로 이해하려는 방식은 훨씬 그 이전으로 소급된다. 전남방언을 중심으로 이돈주(1979 : 193-194)는 다음과 같은 예들을 개재자음에 의한 순행동화의 일종으로 기술하였다.

   시루→시리, 고추→고치, 자루→자리, 시루→시리, 하루살이→하리살이, 골무→골미.

   이와 동일한 중앙어 또는 표준어 중심의 기술 태도는 충남방언의 모음변화를 기술하는 자리에서 도수희(1977)에서도 취하여진 바 있다. 도수희(1977 : 109)는 직접 전설모음화라는 술어를 사용하지 않았으나, <§4.2 원순모음의 비원순 전설모음화>의 항목들 가운데, 'u→i 현상'에 아래와 같은 다양한 성격의 예를 제시하였다.

   고추장(표준어) → 고치장(충남방언), 빗자루→비짜리, 한숨→한심,
   수줍다→수집다, 심술→심실, 수염→시염→셤, 아주머니→아지머니→아짐니,
   기술자→지실자, 오줌→오짐, 명주→명지, 숨을까(隱) → 시무까.

화로서 'ㅅ, ㅈ' 계 자음 뒤에서의 그것과는 달리 동화 여부를 명확하게 판별하기 어렵다고 보았다. 그리고 (ㄴ)-(ㄷ)의 예는 전북 부안방언을 대상으로 제시한 김옥화(2001 : 151-152)에서 인용한 것이다. 이진호 교수는 여기서 이러한 예는 치조음인 'ㄴ, ㄷ' 뒤에서 일어난 전설모음화로 우선 지역적으로 제한되어 있으며, 산발적으로 출현하는 동시에 동화의 성격 여부도 불분명하기 때문에 논의에서 일단 제외하였다(p.218).4)

글쓴이는 이와 같이 이진호(2005, 2008)에서 단일한 음운론적 범주로 묶여진 위의 (1)-(3) 유형들이 비록 표면적으로 어간말 '-이' 모음의 방향으로 수렴되어 결과적으로 전설모음화 항목으로 포괄되었으나, 그 성격이 "특이한"(이진호 2005) 이유는 역사적으로 이 단어들에 개입된 내적 기제, 즉 변화의 원리가 상이하였기 때문이라고 가정한다. 위의 예들에 대해서 글쓴이가 이해하는 내적 발달에 대한 상이한 부분적인 원리는 이 글을 진행하면서 §§2-4에 걸치는 적절한 자리에서 제시될 것이다.

글쓴이는 위의 특이한 전설모음화에 대한 이진호(2005)의 설명에서 완전 동의하는 부분이 하나 있다. 그것은 경상도 남부방언에 적용되었다고 하는, 어간말음 유음 'ㄹ' 다음에 연속되는 '-으'가 전설화하여 '-이'로 바뀌는 음운론적 과정이 전설모음화 현상으로서 설명하기가 무척 어렵다는 지적이다. 그러한 사실은 일종의 순행동화 '으→이'의 과정에 기여하는 동화주로서 유음 'ㄹ'[r]의 음성학적 속성에 있다. 중부방언이나 여타의 지역방언의 통시와 공시적 음운론에서 자음체계의 /ㄹ/은 모음 사이에서 후설모음을 경구개 조음 위치에 있는 전설의 방향으로 이끌 수 있는 동화력이 결여된 설단-치조(apico-alveolar)의 지점에서 조음되기 때문이다.

비교적 최근에 백두현 외(2013)가 간행한 교과서 『한국어 음운론』에서도

---

4) 이병근(1970 : 384)은 치조음 계열 'ㄴ, ㄹ, ㄷ, ㅌ' 등의 경우에 전설모음화가 수행된 예를 좀처럼 발견할 수 없는 사실은 전설모음화 현상이 구개음화가 이루어진 다음에야 가능하였다는 변화 시기의 문제를 암시하고 있다고 파악하였다.

통시적 음운변화로서 <§4. 전설고모음화 현상>(pp.348-351)이 자세하게 설명되어 있다. 그 가운데 하나의 유형으로 주로 지역 방언적 성격이 있는 문헌에 등장하는 것이 특징이라고 언급된 '르>리' 항목(p.351)이 아래와 같은 예와 함께 제시되어 있다(예문의 배열 역시 이 글에서 조금 변경하였다.).

> (4) ㄱ. 가리쳐(敎, 스쇼졀, 58ㄴ), 가리쳐(指, 명성경언해 15ㄴ),
>   일이키다(興起, 국한회어, 坤 601).
>   ㄴ. 기림(oil, *Korean Speech*. 20).[5]

위의 전설모음화의 예 가운데, (4)ㄱ에 속하는 '가르치->가리치-'(指/敎)와 '이르키->일이키-'의 경우는 통상적인 용언 어간말 위치에 '-르>-리'의 변화가 수행된 것이 아니어서 앞서 제시한 예문 (1)ㄹ 부류(다르다→다리다, 부르다→부리다)와 상이한 면이 있다. 또한, 19세기 후기 평안도 방언자료에 출현하는 (4)ㄴ의 '기름'(oil)에서 '기름>기림'의 예도 지금까지 언급된 바 있는 전설모음화의 통상적인 범주에서 벗어난다. 이와 같은 '기름(油)>기림' 부류의 변화 유형은 정인호(2004)에서도 전설모음화의 일종으로 포함되었던 항목이었다.

평북방언과 전남방언의 음운론적 대조를 시도한 연구에서 정인호(2004 : 82-83)는 동화주 'ㅅ, ㅈ'에 의한 전설모음화와 성격이 다른 '르>리의' 전설모음화가 일종의 수의적 변이의 신분으로 이들 지역방언에 등장하는 다양한 예를 제시하였다. 여기서 글쓴이가 주목하는 몇몇 보기들만을 골라서 추리면

---

5) 주로 전반적인 모음체계에 수행된 음운변화를 중심으로 19세기 국어의 음운사적 고찰을 종합한 백두현(1997 : 34-37)도 아울러 참조. 백두현 교수는 이 논문(1997)에서 경기도 방언을 반영하는 필사본 『스쇼졀』에 '르>리'를 포함한 전설모음화 현상이 등장하는 것은 당시의 경기도 양주방언에 이러한 음운현상이 실제로 쓰였기 때문인 것으로 설명하였다.

§2.6 치찰음과 유음 뒤의 전설모음화; '르>리'를 실현한 예는 다음 예에 지나지 않는다.
가리쳐(敎, 스쇼졀 58ㄴ), 가리치고(좌동, 62ㄴ), 가리쳐(指, 명성경언해, 15ㄴ),
기림(oil, Korean Speech, p.20), 일이키다(興起, 국한회어, 坤, 601)."(p.37)

다음과 같다.

> (5) ㄱ. 기림(기름), 씨림~씨름, 이림~이름,
>   ㄴ. 니리키-(일으키-),
>   ㄷ. 디리-(소리를/빗장을 '디르-'), 띠리-(칼로 '띠르-').

위의 (4)ㄱ과 (5)ㄱ에서 제시된 용언과 체언어간 부류의 이질적인 예들은 모두 '르>리'의 변화에 참여한 전설모음화의 경우로 표면상으로 보이지만, 해당 지역방언에서 밟아온 내적 발달의 동기는 이러한 음운현상과 기본적으로 상이하였을 것으로 이 글에서 전제한다.

그리하여 글쓴이는 이와 같은 다양한 소위 '르>리'의 변화를 수행하였다고 하는 전설모음화의 타당한 본질에 어느 정도 접근하게 위해서 두 가지의 작업을 이 글에서 시작한다.

먼저 제2장에서 공시적 지역방언에 대한 몇몇 고찰에서 소위 전설모음화 현상의 유형으로 포함된 위의 (4)ㄱ '가르치->가리치-'(敎)와, (3)ㄴ의 예들에서 '시리문'(싫+으면), '어디문'(얻+으면) 등은 통상적인 움라우트 현상으로 이해한다. 그리고 일정한 체언에 통합되는 부사격조사(향격과 조격) '-으로>-이로'(논+-으로) 등의 과정들은 역사적으로 처격의 '-의'와 지향점 표시의 '-로'가 결합된 '-의로>이로'의 발달에서 기인된 것으로 파악하려고 한다.

제3장에서 중부방언의 '노루, 나루, 시루, 가루'등의 일련의 체언들의 어간 말음 '-루'와, '다르-'(異), '부르-'(唱) 등과 같은 용언 어간말 '-르-' 부류들이 전형적인 남부지역 방언들을 포함한 여타의 지역방언 등에서 '-리'로 전환되어 표면상으로 '스, 즈, 츠>시, 지, 치'와 같은 음운론적 변화와 합류하게 되는 현상처럼 보이는 역사적 발달과정의 내적 기제를 어간말에 첨가된 파생접사 '-이'와 관련된 형태론의 차원에서 제시하려고 한다.

제4장에서는 위의 예문 (4)ㄱ과 (5)ㄱ에서와 같은 여러 지역방언에서 등장하는 '기름>기림(油), 이름>이림(名)' 등과 같은 폐음절 체언부류 유형들에 반

영된 '르>리'의 변화를 조감한다. 그리고 이러한 변화 유형들은 직접적인 전설모음화가 아니라, 생산적인 움라우트와 그 이후에 출현빈도가 높은 주격형을 기준으로 유추에 의한 일종의 어간 재구조화로 형성되었을 가능성을 주장하려고 한다.

2. 용언어간에서 '르〉리'와 부사격조사 '-의로〉이로'의 발달

2.1 '가르치-〉가리치-'(敎) 부류와 움라우트 현상

동사 'ᄀᄅ치-' 형태는 중세국어에서도 동일한 기원에서 출발하여 지시하는 의미의 은유적 연상을 거쳐 맥락에 따라서 [指→敎]의 영역에 걸쳐 수의적으로 쓰이고 있었으며, 이러한 상태는 20세기 초반에까지 지속되어 있었다. 주시경의 『국어문법』(1910)의 텍스트 자체에서도 여전히 두 가지 유의어의 뜻으로 '가르치-'가 그대로 사용되었다. (ㄱ)어느 것을. 가르치어 내는. 뜻이. 잇나니라.(指, p.52), (ㄴ) 자라는. 사람의. 가르침을. 맡으신(敎, p.118).[6] 그러나 후대에 와서 각각 '가르치-'(敎)와 '가리키-'(指)로 별개의 어휘로 공식적으로 분화된 것은 1930년대 맞춤법 규정집 『사정한 조선어 표준말 모음』(1936)에서부터였다.

---

6) 1920년대 총독부편 『조선어사전』의 표제어에서도 이러한 사정은 변함이 없었다. 이 사전에서 '가르치-'의 뜻풀이에서 파생된 의미 '敎'가 제 1의미로 규정되어 있다. 가르치다'(가르처, 가르친) : (1) 敎. (2) 指(p.8).
그러나 '가르치-'의 오늘날과 같은 어휘 분화의 발단은 1910년대 조선광문회 편 「말모이」(원고본 사전)에서 명시적으로 나타난다(이병근 2000 : 545).

- 가르치(밖) : 모르는 것을 알게 하여 줌. 또 '가라치'.
- 가라치 : '가르치'에 보임.
- 가르치(밖) : ㄱ. 손으로 어느 쪽을 안하아 이끌는 일,
　　　　　　　ㄴ. 무엇을 들어 말함(누구를 -어 말이야).

(6) ㅊ과 ㅋ의 통용 : 【ㅋ을 취함】 **가리키다**(指, '가리치다, 가르치다'를 버림.
   p.10),

   ㅏ와 ㅡ의 통용 : 【ㅡ를 취함】 **가르치다**(敎, '가라치다'를 버림. p.15).

새로운 표준말 규범(6)은 1930년대 서울말과 인근의 경기도말에서 통상적
으로 '가르치다'와 '가리키다' 형태가 의미의 구분이 없이 혼용되었으며, 여기
에 또 다른 변이형 '가리치다'와 '가라치다'도 당시 대중들의 말에 함께 뒤섞
여 사용되고 있었음을 보이고 있다. 이러한 사정은 오늘날의 언어사용에까지
그대로 지속되어 있다. 1990년대 수집된 서울 토박이 한상숙 노인의 자연스
러운 담화 가운데에서도 여전히 '가르치-∽가리키-∽가르키-' 등의 3가지 형
태가 구분 없이 구사되어 있다.[7] (ㄱ) 어머니는 언문 아셨지. 그래두 가리켜 줄 새가
어딨어?(p.38), (ㄴ) 글두 선생님이 가르치는 도리를 알구 배이지(p.40), (ㄷ) 그르믄서름 가
리켜 달라구 그랬지(p.40), (ㄹ) 고거 여섯 살부팀 할아버지가 천자를 가르키시데(p.40).

여기서 새로운 의미영역을 분담하여 나온 형태 '가리키-'(指)의 형성이 특
이하지만, 이것은 '가르치-'(敎)와 투명한 유연성을 보이고 있기 때문에, '가르
치-→가리키-'와 같은 변화의 방향으로 파악된다. 이러한 사실은 1930년 당
시 「표준말 모음」(1936)에 시종일관 주도적으로 참여하였던 최현배가 그의 맞
춤법 해설서『한글 바로적기 공부』(1961)에서 밝힌 2가지 형태의 분화의 타당
성에 대한 구체적 설명에서 확인할 수 있다.

(7) (110눈) (ㄱ) **바름** : 가르치다(敎)~(ㄴ) **틀림** : 가르키다

---

7) <뿌리깊은 나무 민중 자서전 18. 서울 토박이 부인 한상숙 한평생>, 『밥해 먹으믄 바느질허
   랴, 바느질 아니믄 빨래허랴』(1992, 뿌리깊은나무사)에서 인용.
   이러한 사실과 관련하여 심재기(1982 : 187-8)는 현대국어에서 맞춤법의 제정 이래 '指'는 '가
   리키다로, '敎'는 '가르치다로 각각 규범화했으나, 실제 일상적인 언어사용 예에서 보면 이것
   을 구분해서 쓰는 화자들은 별로 없을 것이라고 지적하였다.
   그리하여 심재기(1982)는 이러한 구분은 의미의 차이를 명시하기 위한 방편으로 적절하기는
   하나, '指, 敎'의 본질적 의미는 매우 근접해 있어서 이 단어에 관한 한, 화자들이 구사하는 실
   재의 입말에서는 실용성이 없고 맞춤법 표기상의 규정에 지나지 않는다고 보았다.

(ㄱ) **바름** : 가리키다(指)~(ㄴ) **틀림** : 가리치다
이 따위 말에서 '르'와 '리'가 서로 통하고, '키'와 '치'와 서로 통하는 것은
우리말에서 일반스런 현상이지마는, 말의 갈혀남(分化)을 위하여 대중세운
것이다(p.190-1).

'가르치-'에서 파생된 새로운 단어 '가리키-'가 [指]의 뜻으로 구체적으로
언제부터 쓰이기 시작하였는가에 대한 역사적 정보는 쉽게 얻기 어렵다. 이
것의 비교적 이른 등장은 김두봉의『깁더 조선말본』(1922)에서 혼용되어 같이
쓰이고 있는 '가리치-'와 함께 관찰할 수 있다.

(ㄱ) 지난 여름 한글 익힘집에서 <u>갈이킨</u> 흘림글씨와(알기, p.2),
　　　cf. 말본은 곳 이를 가리침이라(p.1)
(ㄴ) 소리는 무엇이 붙어지어 우리의 귀에 들림이 있는 것을 다 <u>가리침</u>이니(p.5)
(ㄷ) 움즉이는 꼴만 <u>가리친</u> 듯 하도다(p.26)

이러한 사실을 보면, [敎]의 의미인 '가르치-'형에서도 어간모음 '르>리'의
변화가 가능하였다. 또한 [指]의 의미인 '가리키-'의 경우도 원래의 '가르치->
가리치-'의 변화가 수행된 다음에, 이어서 '가리치- → 가리키-'와 같은 구개
음화와 연관된 일종의 과도교정이 실현되어 확대된 것으로 보인다. 일찍이
'가르치->가리치-'(敎/指)에 대한 변화는 19세기 후기의 자료부터 20세기 초
반에 이르기까지 소급되는 여러 지역방언 자료에서 관찰할 수 있다.

(8)　ㄱ. 쌍 일홈 관쓰를 가리쳐 늬 성을 흐고(1883, 관성제군명성경언해 16ㄱ),
　　　ㄴ. 뎌가 셩 텬사 갈이치믈 밧들어(1887, 예수성교, 사도행전 10 : 22),
　　　　　글이 자긔 갈이친 일을 강논흐고(상동, 누가 24 : 27), 나롤 갈이친 거시
　　　　　다(상동, 누가 24 : 44), 모둔 회당에셔 갈이치니 뭇사람이 영화를 돌니
　　　　　더라(1882, 초역 누가복음 4 : 8),
　　　ㄷ. 큰 뫼칙을 가리침을 바리온니(완판 쵸한전, 상.10ㄴ),
　　　ㄹ. 처음 가리쳐 주든 선싱(1919, 주해 어록총람, 47ㄴ),[8]

ㅁ. ᄋ라가지를 ᄀ리치시멍, 회당에 들어간 ᄀ리치셨는디, 그 ᄀ리치심을
들언 놀랬쑤다(제주방언 마가복음 1 : 22), 이영 ᄀ리치셨쑤다(제주방언
마가 7 : 14).[9]

현대국어의 지역방언에 나타나는 이러한 '가르치->가리치-'의 변화를
'르>리'의 음성변화를 전제로 하여 지금까지 통상적인 전설모음화의 한 가지
유형으로 분류되어 왔음은 이 글의 §1에서 지적한 바 있다. 또한, 19세기와
20세기 초엽에 경상도 방언에 등장하는 음운변화를 논의하면서 김주원(1999)
은 '가르치->가리치고'(敎, 嶺南三綱錄. 3.14ㄴ)의 예를 'ᄆᆞᆯ>마리 宗, 宗(역대천
자문 2ㄴ), 흐ᄅᆞ>하리(一日, 勸往 43ㄱ)' 부류와 같은 범주에 속하는 보기로 포함
하였다. 그리하여 김주원(1999 : 243)은 경상도 방언의 경우에 음절 위치에 관
계없이 'ㅈ, ㅅ, ㄹ' 아래에서 활발하게 '으' 모음의 전설모음화가 일어났다고
설명하였다. 이러한 관점은 경상도 방언을 반영하는 문헌 자료들을 중심으로
해당 지역방언의 음운사를 복원하려고 시도한 백두현(1992)에서 정리된 "§3.7
치찰음과 유음 뒤의 전설모음화 항목"(pp.254-264)으로 소급된다. 그리고 이와
유사한 기술은 최근까지 김예니 · 김명주(2014 : 110-111)의 전설모음화에 대한
역사적 고찰에서도 그대로 지속되고 있다.[10]

---

8) 『주해 語錄總覽』(1919)는 백두용이 서울 관훈동에서 간행한 백화문 소설 西遊記 등의 어록의
   일종으로, 여기에 반영된 언어는 20세기 초반의 중부방언에 가깝다고 생각한다. 이 자료에 등
   장하는 움라우트 실현형들 가운데 유표적인 형태를 일부 정리하면 다음과 같다.

   (ㄱ) 디리는 멀숙ᄒ고(68ㄴ), 두 디리가 잇는게 되어(93ㄱ),
   (ㄴ) 웬슈 갑허(59ㄱ), 웬슈는 외나무 디리에셔 맛난다(78ㄴ),
9) 이 제주방언의 입말 자료는 제주향토문화연구소에서 간행한 『제주방언성경 마가복음』(1981,
   보이스사)이다. 이 복음서의 간행 목적은 사라져 가는 제주어를 하나님 말씀으로 보존하고
   지켜 나가자는 의도와, 제주의 기독교 복음 선교에 보탬을 이루고저 함에 있다고 한다.
   이러한 점에서 제주방언으로 작성된 마가복음은 19세기 후기 평안도 방언을 다소간 반영한
   초기의 Ross본 『예수셩교젼셔』(1887)와 부분적으로 맥이 닿는다.
10) 방언 음운사를 중심으로 중부방언의 방언사를 기술하면서 이혁화(2009 : 307)도 '르>리'의 전
   설모음화를 반영하는 대표적 보기로 '가르치->가리치-'의 과정을 보이는 19세기 후기의 예
   를 제시하였다.

그러나 위에서 제시한 (8)의 보기들은 '가르치-(脂, 敎)>가리치-'의 변화가 경상방언의 음운현상에만 국한되어 있지 않고, 19세기 후기 중부방언(8ㄱ)과 평안방언(8ㄴ), 그리고 전라방언의 일부(8ㄷ) 및 오늘날의 제주방언(7ㅁ)에까지 폭넓게 확대되어 있음을 보인다. 이들 지역방언에서 전설모음화 현상 가운데 동화주 'ㄹ'를 매개로 한 음성변화는 용언어간 말음 위치에서 통상적으로 실현되지 않는다. 백두현(1992, 1998), 김주원(1999), 김예니·김명주(2014) 등에서 관찰된 용언 어간말에서 '-르>-리'의 전설모음화에 속하는 부류는, '가르치->가리치-'를 포함하여 19세기 후기 전라방언 자료와 평안도 방언에서는 경상방언과는 성격이 다른 원리(-르>-로)의 지배를 우선적으로 받고 있다(이 글의 §3.2에서 예문 (28)을 참조).

이러한 사실을 고려하면, 19세기 후반에서부터 중부방언을 포함한 여러 지역방언에 출현하는 '가르치->가리치-'의 변화는 '르>리'와 같은 통상적인 전설모음화 현상과 관련이 없다고 생각한다. 그것보다는 차라리 일반적인 제약을 이루는 개재자음 'ㅊ'을 넘어서 생산적으로 확대된 움라우트 현상을 반영하고 있을 가능성이 높다. 19세기 후기 전라방언을 나타내는 판소리 계열의 자료와, 이와 비슷한 시기의 산물인 경판본 고소설 자료에 '가르치-'에서 움라우트의 1차적 단계(하향 이중모음화 : '-으>-의')에 적용된 '가릐치-' 또는 '가리치-'의 형태가 산발적으로 등장하고 있다.

(9) ㄱ. 조상이 가릐쳐서(신재효 창본, 심청가, 166),
　　　여섯치 통 가릐치며(신재효 창본, 박타령, 406),
　ㄴ. 궁검지술을 가릐칠시(경판, 25장본 용문전, 3ㄴ), 가리치소셔(좌동, 5ㄱ),
　　　グ릐치지 못ᄒᆞ려니와(상동 3ㄱ).[11]

---

11) 19세기 후기의 대체로 서울과 경기중심의 중부방언을 반영하는 경판본 고소설 25장본『농문전』에서 개재자음 'ㄹ'에서도 움라우트가 실현되었을 가능성이 체언 부류(도리>되리)에서도 확인된다.

　　부모의 녕을 조츠미 인자의 되리어늘(道理, 20ㄴ).
　　경판본 25장본『농문전』(畢)은『고소설판각본전집』제4집(김동욱 편), pp.539-550에서 인용

ㄷ. 썰으치->썰의치-; 제비 박씨를 흥보 압푸 <u>썰의</u>치니(신재효 박타령,
362), 흥부 압희 써리치니 흥부가 집어보니(송동신판, 경판 20장본 홍
부전 6ㄴ),
cf. 박시를 흥부 압희 써르치니(경판본 25장 홍부전, 8ㄱ),
박씨을 흥보 압혜 써러츄니(김문기 소장 26장본 홍보전, 8ㄴ).

19세기 후기의 전라방언 전체 자료를 통하여 (9)ㄱ의 '가르치-'(敎, 指)에서
움라우트를 수용한 것으로 보이는 '가릐치-', '가리치-'형은 극히 산발적으로
출현하지만, 중부방언을 반영하는 경판본의 고소설 자료에서도 확인되는 사
실이 주목된다. (9)ㄷ의 보기는 '가르치-'의 음성조건과 유사한 '써르치-'에서
도 움라우트 현상이 적용된 모습을 보여준다. 이러한 '썰으치->썰의치->써
리치-'의 과정에서도 역시 (9)ㄱ에서의 '가릐치-'와 동일한 중간단계를 반영
하고 있다.12) 19세기 후기의 단계에서나 20세기 초반의 여러 지역방언에서
출현빈도가 높은 단어에 개재자음인 치조음 'ㅅ, ㄷ, ㄴ'이나 구개음 'ㅈ' 계열
의 제약을 극복한 움라우트 실현형들이 등장하였다는 것은 잘 알려진 사실
이다(김영배 1985; 최전승 1989; 곽충구 1994). 특히, 중부방언에서 이러한 개재자음
의 제약을 극복한 다양한 움라우트 실현형들의 보기는 소신애(2016)에 자세하
게 제시되어 있다.13)

하였음.
12) 신재효 창본 판소리 사설에서 본문의 (9)ㄷ의 예들은 이번에 '써르치->써루치-'와 같은 변화
로 나타난다.(이 글의 3.2에서 용언어간의 '르>로'의 변화를 취급한 예문 (28)을 참조).

흥보압에 써루치니, 너압에다 써루치기 고이ᄒᆞ니(星斗本 B, 홍보가, 16),
너압쒸다 <u>썰우츄기</u> 고히ᄒᆞ니(신재효 창본, 박타령, 364).
13) 서울과 경기도 토박이 화자들의 말에서 개재자음 치조음 'ㄴ'이나 경구개음 'ㅊ'을 극복한 움
라우트 실현형들이 관찰된다.

(ㄱ) 다니-(行)>대니-; 자주 대녀두 몰러(p.24), 돌아 대니던 걸(p.89), 두 달을 대니며(p.103),
못걸어 대니셨어(p.96, 이규숙의 경기도 방언),
출장을 대니시니까(p.77, 한상숙의 서울 방언).
(ㄴ) 다치-(傷)>대치-' : 말에서 떨어지셔서 이 척추를 <u>대치셔서</u>(p.27, 이규숙의 경기도 방언).

이규숙 화자의 구술 자료는 <뿌리깊은 나무 민중자서전 4. 班家 며느리 이규숙의 한평생>

여기서 글쓴이가 생각하는 간단한 예를 몇 가지 들면, 심리형용사 '무섭다>뮈섭다'(恐)와 같은 움라우트 실현형은 18세기 중엽의 황해도방언을 반영하는 『念佛普勸文』(興律寺本)에 등장하며, 그 후대의 반사형들은 '미셥다, 미섭다'로 1940년대 함경도방언에 분포되어 있다. 그러나 이 형태는 신소설 부류가 반영하고 있는 20세기 초반의 경기도 방언권에서도 확인된다(아래의 예문 10ㄱ을 참조). 그리고 감정을 수반하는 동작동사 '꼬집다'에 대한 변이형 '쬐집다∽쮀집다'가 19세기 후기와 20세기 초반 외국 선교사들이 편집한 대역사전 부류에 표제항으로 등록되어 있는데, 이 형태는 그 당시 서울 중심의 말이었을 것이다(예문 10ㄴ).

(10) ㄱ. 디장경에 니로샤터 디옥 고통 슈흐기 실노 뮈셥다 ᄒ시니(흥률사본. 22ㄴ),
　　　　미셥다(『한글』 9권 8호, 함북 청진(6)),
　　　　미셥다(『한글』 6권 2호, 함남 고원(2)),
　　　　눈압헤셔 피덩이를 비앗는 것이 뮈셔울 쓴 아니라(1912, 두견성, 상.114),
　　　　경기도 안성면 이죽면 → 미셥다, 미슙다, 미수어서, 미서워요(김계곤 2001 : 144),
　　　　cf. 포천군 군내면 → 쇠리(소리, 상동, p.107), 가평군 북면 → 쇠식(消息, 상동, p.65).
　　ㄴ. 쮀집다(夾執) : Pincer, Serrer la peau entre les doigts(1880, 한불자전, p.200),
　　　　쮀집다, 잡아뜻다, 집어뜻다 : Pincer(1912, 법한자전, 르 장드르, p.105),
　　　　pinch : 쬐집소(1890, Underwood의 영한자전, 제2부, p.194),
　　　　　　　쬐집다(어;은) 1897, Gale의 한영자전, p.234),
　　　　cf. 꼬집다 瓜搯(1895, 국한회어, 33).

지금까지의 사실을 보면, 이 글의 §1에서 (4)ㄱ의 '가르치-(敎/指)>가리치-'

『이 "계동 마님"이 먹은 여든살』(1992, 뿌리깊은 나무사)를 이용하였다. 서울 토박이 화자 한상숙의 서울말은 목수현씨가 편집한 <뿌리깊은 나무 민중 자서전 18. 서울 토박이 부인 한상숙 한평생>『밥해 먹으믄 바느질허랴, 바느질 아니믄 빨래허랴』(1992, 뿌리깊은 나무사)를 이용하였다.

와 더불어 전설모음화 현상의 일종으로 제시되었던 '이르키->이리키-'의 경우도 움라우트 현상으로 포함될 것으로 보인다. '이르키->이리카-'의 중간단계 '이릐키-'형이 19세기 후반에 이수정이 번역해서 간행한 『신약 마가젼복음셔언히』에 등장한다. 그 압희 가 그 손을 잡아 <u>이릐키니</u> 열이 즉시 물너가는지라 (1 : 31). '이릐키->이리키'의 예는 1929년에 간행된 최현배의 『우리말본』(첫째 매 : 소리갈)의 텍스트 본문 가운데에서도 등장한다. 이에 對하여, 우리는 한 의심을 <u>일이키지</u> 아니하지 몯할 것이 있나니(p.57).

2.2 부사격조사 '-의로>-이로'의 지역 방언적 반사체

일정한 지역방언에 수행되고 있는 공시적 전설모음화의 한 가지 유형으로 체언 어간말 치조계열의 'ㄴ, ㄷ, ㄹ, ㅅ' 등이 부사격조사 '-으로'와 통합되는 환경에서 연음되어 종종 '-이로' 또는 '-이루'로 전환되는 현상이 포함되어 왔다(정인호 1995; 김옥화 2001, 2004, 2007; 이혁화 2005; 위진 2010). 그러한 기술의 관점은 '-으로'의 두음인 후설모음 '-으-'를 '-이-'로 전설화시키는 동화의 음운론적 힘을 체언어간말 치조계열의 선행자음들이 'ㅈ'계열의 구개자음과 마찬가지로 전설성에 기인한다는 전제에 두고 있다.14) 전북 서부 지역방언의 격조사 형태들을 전반적으로 기술하면서 김옥화(2004 : 110-111)는 이러한 해석을 확대하여 적용시켰다.15) 그리하여 지향점 부사격조사 '-으로'는 'ㄴ'과 'ㅂ'와

---

14) 배주채(2003 : 76)는 치음과 치조음과 경구개음이 발음되는 조음위치는 음운론적 관점에서 모두 전설음이라고 부를 수 있다고 기술한 바 있다. 그리고 이러한 전설음과 평행하게 연구개음도 후설음으로 바꾸어 부르는 것을 권장하였다. 또한, 배주채(2011 : 51)에서는 국어 음운론에서 치음과 치조음, 치조음과 경구개음, 치음과 경구개음은 조음위치만으로 변별되는 예들이 없다고 보았다. 그리하여 'ㄷ'과 'ㅈ'은 조음위치의 차이로 변별되는 것이 아니라, 폐쇄음과 파찰음이라는 조음방식의 차이로 변별된다는 것이다. 따라서 치음, 치조음, 경구개음은 음운론적으로 구분할 필요가 없기 때문에, 전설음이라는 하나의 조음위치로 통합한다고 하였다.

15) 전남방언을 중심으로 전설모음화의 발생 양상과 그 적용조건을 고찰한 위진(2010 : 79-80)은 치조음 'ㄹ, ㄴ, ㄷ, ㄸ, ㅌ'에서도 산발적이고 드물지만 역시 이러한 음운론적 과정이 일어

같은, 전설모음화의 관점에서 이질적인 말음이 포함된 체언에도 '-이로'로 전
설화된다고 기술하였다. 그러나 김옥화(2004)에서 그러한 내적인 음성적 동인
은 구체적으로 제시되지 않았다. '수건+으로'[수거니로], '논+으로'→[노니로], '집+으
로'→[집이로].

　정인호(1995)는 전남 화순방언의 음운론에서, 그리고 김옥화(2001, 2007)는 전
북 부안방언의 음운론 기술에서와, 부안지역의 방언과 옥구지역의 방언을 비
교 대조하는 과정에서 체언과 용언의 굴절에 출현하는 이러한 유형의 전설
모음화를 열거하였다. 여기서 논의 대상이 되는 해당 곡용과 활용의 예들 가
운데 일부를 인용해서 다시 한 번 살펴보기로 한다.16)

(11) 숫(釜)+-으로→소시로, 손(手)+-으로→소니로,
　　　cf. 집(家)+-으로→지부루, 곱(倍)+-으로→고부루.(정인호 1995 : 65),

(12) ㄱ. /붓(筆)+-으로/→[부시로], /낫(鎌)+-으로/→[나시로],
　　　　　/숫(釜)+-으로/→[소시로], /못(鉦)+-으로/→[모시로],
　　　ㄴ. /산(山)+-으로/→[사니로],
　　　　　/손(手)+-으로/→[사니로].(김옥화 2001 : 151).

(13) ㄱ. /논+-으로/→[노니로], cf. /논+-을/→[노늘](논, 畓),
　　　　　/신 : 으야+지/→/시느야지/→[시니야지](신, 履)
　　　ㄴ. /풀+으야+지/→/푸르야지/→[푸리야지](풀-, 解),
　　　　　/건+으야+지/→/거드야지/→[거디야지](건-, 收),
　　　ㄷ. /빗+으로/→/비스루/→[비시루], cf. /빗+을/→[비슬](빗, 梳)
　　　　　/멋 : +으로/→/머 : 스로/→[머시루],

나는 것으로 기술하였다. 그러한 논리는 같은 조음위치인 'ㅅ, ㅆ, ㄹ' 뒤에서 전설모음화가
발생하였다면, 'ㄴ, ㄷ, ㅌ, ㄸ' 뒤에서도 적용될 가능성이 높기 때문이라는 것이다.
　　이와 같은 견해가 가지고 있는 3가지 문제점은 소신애(2004 : 136-138)에서 지적된 바 있다.
16) 최근에, 이진숙(2013 : 133)도 진도방언에서 지향점의 부사격조사 '-으로'가 체언 어간말 자음
　　이 치조음이나 경구개음이 아닌 연구개음 부류와 통합되는 환경에서도 '-이로'로 실현된다
　　는 표면적 현상을 전설모음화 항목으로 제시하였다.
　　/속(裏)+-으로/→[속이로]∽[속으로], /방(房)+-으로/→[방이로]∽[방으로].

cf. /멋 : +을/→[머 : 슬].(김옥화 2007 : 104-105).

전남 화순과 전북의 옥구·부안방언의 공시 음운론에서 등장한다는 이러한 (11)-(13)의 예들을 다시 분석해 보면 다음과 같은 근거로 순수한 음운론적 원리로 파악되지 않는다.

첫째, 화순방언과 옥구·부안방언에서 체언 어간말 치조음 'ㅅ'과 'ㄴ'이 향격과 조격을 포괄하는 부사격조사와의 연결 환경에서 전설모음화 현상에 의해서 (11)ㄱ과 (12)ㄷ의 예들에서 '-으>-이'의 대치가 수행되었다면, 이와 동일한 음성조건을 구비하고 있는 다른 격 형태들에서도 동일한 음운론적 과정이 적용되어야 할 것이다. 그러나 옥구·부안방언의 예문 (13)에서 참조로 제시된 바와 같이, '논+-은/-을', '빗-은/-을', '멋+-은/-을' 등의 환경에서는 이러한 현상이 전연 적용되지 않는다. 어떠한 이유로 전설모음화 현상이 부사격조사 형태에만 '-이로∽이루'로 실현되고, 보조사와 대격 형태에는 그러한 과정이 미치지 못하고 있는가에 대한 합리적인 설명을 음운론적으로 제시하기 어렵다.17)

따라서 체언의 곡용형태 '논'(田)과 '빗'(梳) 부류의 부사격조사 '-이로'와 보조사 '-은' 및 대격조사 '-을'에 나타나는 전설모음화 실현상의 이와 같은 불일치는 지향점 부사격조사와의 결합 형태에서만 출현하는 표면상의 전설모음화 현상이 다른 관점에서 논의될 필요를 알린다고 생각한다. 그와 동시에 공시적으로 형태소 경계를 넘어서 치조음 'ㅅ'이나 'ㄹ'의 경우도 '르>리'나 '스>시'와 같은 공시적 전설모음화에 가담하지 않는다는 분명한 사실을 보여준다.18) 특히, 정인호(1995)와 김옥화(2004)가 같은 부류의 전설모음화의 유형

---

17) 김옥화(2001 : 151)는 예를 들어 '논'(畓)의 굴절형의 경우에, 처격조사와 연결되는 형태에서 /-으, -으서/와 함께 /-이, -이서/형이 공존하기 때문에, [노니](논+에), [노니서](논+에서)에 실현된 표면형 [-이, -이시]가 '-으, -으서'에서 전설화된 결과인지, 아니면, 원래의 기저형 /-이, -이서/와 통합된 것인지 분명치 않다고 보았다. 그렇기 때문에, 부안방언에서 곡용의 전설모음화는 부사격조사 '-으로'와만 연관되어 있는 것으로 판단되었다.

18) 전남의 고흥방언과 진도방언의 음운론을 상호 대조한 이진숙(2013 : 133)은 전설모음화 항목

으로 제시한 '집(家)+-으로→[지비로]의 예에서 체언 어간말음 양순음인 'ㅂ' 까지도 동일한 전설모음화 규칙으로 참여한다는 기술은 음운규칙으로서의 존재 자체의 성립을 어렵게 한다.

둘째, 이러한 글쓴이의 논리가 예문 (13)ㄱ-ㄴ에 걸쳐 제시된 옥구·부안 방언에서 연결어미와 통합되는 용언어간의 '르>리'와 '느>니' 및 '드>디'의 경우에도 그대로 적용된다. 용언어간 '신-(履)'과 '풀-(解)'에 통합되는 강세보조사 '-어야의 모음 '-어'는 비어두음절 위치에서 먼저 모음상승을 수행하여 '-으야로 바뀐 다음, 어간말 자음과 연음되어 각각 '신어야지→[시느야지] →[시니야지]'와 '풀어야지→[푸르야지]→[푸리야지]'로 전환된 단계를 나타낸다. 이러한 음운론적 과정은 조건의 연결어미 '-으면>-이문'의 변화와 함께 다음 §2.3에서 구체적으로 제시할 움라우트 현상을 거쳤을 개연성이 높다. 전북 옥구와 부안방언에서 뿐만 아니라, 대부분의 전북방언에서 용언어간 '신-'과 '풀-'이 움라우트 환경이 제거된 연결 조건인 미래 관형사형 어미와의 통합 과정에서는 전설모음화가 통상적으로 적용되지 않기 때문이다.19) '신-+-을→[시늘∽시널]', '풀-+-을→[푸를∽푸럴]'.

특히 치조비음 'ㄴ'은 곡용에서나 활용 영역에서 후속하는 '으'와 연결되는 환경에서 '이'로 이끌 수 있는 경구개적 전설화의 음운론적 동화 기능을 발휘하지 못한다. 이러한 음운론적 사실은 '며느리'(子婦), '마늘'(蒜), '바늘'(針), '하늘'(天) 등의 음성 환경에서 치조음 'ㄴ'이 후속하는 '으' 모음을 전설모음화와

에서 체언 어간말 'ㅅ' 계열의 치조음이 방향의 부사격조사 '-으로'와 통합하여 '-이로'로 전환되는 진도방언의 음운현상을 기술하였다.

(ㄱ) /낫(鎌)+-으로/→[나시로]∽[나스로], (ㄴ) 옷(衣)+-으로/→[오시로]∽[오스로].

그리하여 이 방언의 전설모음화의 적용 환경을 경구개음과 함께 치조음 'ㅅ, ㅆ'까지 포함하였다. 이러한 굴절 형태들이 전설모음화를 반영한다면, 주제의 보조사 '-은'과 대격조사 '-을'이 통합되었을 경우의 표면형들도 아울러 검토한 다음에 적절한 판정을 내려야 할 것으로 보인다.

19) 이들 지역방언에서 쓰이는 색체어 '푸르-(靑)>푸리-'와 '누르-(黃)>누리-'의 활용에 대해서는 용언어간 접사 '-이'의 첨가에 대한 §3.2장에서 각주 (57)을 참고.

관련이 없는 '우' 모음으로 전환시킨 [메누리], [마눌], [바눌] 및 [하눌] 등과 같은 방언형들이 전라방언으로 분포되어 있는 상황에서도 확인된다(이기갑 외 1997 : 225, 269, 639).[20]

주로 부사격조사 '-으로>-이로'와 관련된 곡용형태가 일정한 격 형태에서 다른 격 형태로 옮겨가는 확산 경로를 설명하기 위한 하나의 대안이 제기된 바 있다. 그리하여 앞서 제시한 위의 (11)-(13) 예들과 유사한 음운현상들에 대해서 형태론적 장치인 유추(analogy)의 원리가 원용되기도 하였다. 전북의 무주와 충북의 영천 그리고 경북의 김천의 지역방언을 음운론적으로 비교 대조하면서, 이혁화(2005 : 47-49)는 다른 방언과는 달리 무주지역에서만 부사 격조사 형태가 일정한 체언과의 통합에서 '-으로∽-이로'의 수의적 변이를 보이는 특징적인 현상을 주목하였다.[21] '밥-으로∽밥-이로; 신으로∽신-이로; 빗-으로∽빗-이로; 흑-으로∽흑-이로'. 이혁화(2005)는 이러한 수의적 변화 '-으로>-이로'의 과정이 먼저 치찰음과의 연결에서 전설화가 수행된 다음, 이어서 개신형 '-이로'형이 다음 시간 단계에서 치찰음 뒤라는 조건을 넘어서 모든 자음 뒤로 점진적으로 확산되는 일종의 유추 변화가 일어난 것으로 아래와 같이 설명하였다.

(14) 〈시기 1〉 → 〈시기 2〉 → 〈시기 3〉 → 〈시기 4〉
　　　 밥-으로　　　밥-으로　　　밥-으로　　　밥-이로
　　　 신-으로　　　신-으로　　　신-이로　　　신-이로
　　　 빗-으로　　　빗-이로　　　빗-이로　　　빗-이로
　　　 흑-으로　　　흙-으로　　　흑-이로　　　흑-이로(이혁화 2005 : 49).

그러나 유추 작용이 적용되는 기본적인 개념 몇 가지에 비추어 볼 때

---

20) 황해도 방언의 음운현상에 대한 기술에서 황대화(2007 : 63)는 치조음 'ㄴ'과 결합된 '으'는 '우'로 바뀌어 실현되는 예들을 제시하였다. 마늘→마눌, 며느리→메누리, 바느질→바누질.
21) 경북방언에서도 조격조사 형태로 '-으로'와 '-이로'형이 선행 체언의 음성적 환경에 구애되지 않고 변이 현상으로 분포되어 있음은 이상규(1991, 1999)에서 지적한 바 있다.

(Fertig 2013 : 42-47), 치찰음 뒤에서 전설모음화를 먼저 수행한 부사격조사 '-이로'형이 어떤 형태론적 동기로 다음 단계에서 기준의 틀로 작용하여 치조음이나 심지어 양순음과 연결된 보수형 '-으로'형을 '-이로'의 방향으로 평준화시켰을 것인가 하는 근거를 제시하기 어렵다. 특정한 환경에서만 출현하였던 소규모의 개신형 '-이로'형이 연상의 기본 틀로 인식되어 출현빈도가 높은 안정된 형태를 유지하고 있는 '-으로'형을 유추적 작용을 통해서 '-이로'형으로 대치시킬 수 있는 조건을 갖추고 있지 못하기 때문이다.

이러한 사실과 관련하여 통시적 및 공시적 전설모음화 현상을 종합적으로 정리한 홍은영(2012 : 52-53)은 전북 무주방언에서 보이는 '바므로∽바미루', '흑으로∽흑이루' 등에 적용된 전설모음화를 유추에 의한 확대로 가정하는 이혁화(2005)를 기반으로 하여 다음과 같이 규정한다. 즉, 오늘날의 일부 지역 방언에서 체언 어간말 자음 치조음이나 양순음 부류에 실현되는 외견상 전설모음화 현상은 부사격조사 '-으로'에서 '-이로'로 재구조화된 통시적인 결합일 뿐으로, 공시적인 음운현상은 아니다.[22]

글쓴이는 예전의 논문(최전승 2000)에서 19세기 후기 전라방언 자료를 중심으로 지향점의 부사격조사 '-의로'와 낙착점의 처소격조사 '-의'와의 관련성을 오늘의 전남과 전북의 방언 반사체들과 대조하면서 논의한 바 있다. 그러면서, 부차적으로, 19세기 후기의 부사격조사 '-의로'형의 반사체들이 오늘날의 전남과 전북의 지역방언에서 '-이로'로 분포되어 있는 사실을 지적하였다. 그 논문에서의 논지와 부분적으로 중복되기는 하지만, 지금까지 논의되었던

---

22) 전남 영암방언의 공시음운론에서 전설모음화를 기술한 이상신(2008 : 82-85)은 체언 어간말 'ㅅ'과 'ㄴ'이 지향점 부사격조사 '-으로'로 통합하여 실현되는 [-이로]형은 전설모음화와는 상관이 없으며, 단순히 곡용어미의 목록으로 /-으로/와 함께 /-이로/를 어휘부 목록에 첨가하여야 될 것으로 보았다.
또한, 담양방언의 음운론을 기술하면서 이진숙(2004ㄱ : 119-120)도 이 지역어에 지향점의 부사격조사 '-으로'가 '-이로'로 빈번하게 출현하는 현상은 일반적인 전설모음화 과정과 차이가 있기 때문에 동일한 범주로 귀속시킬 수 없으며, 곡용어미의 문제에 해당한다고 판단하였다.

전설모음화와 외견상 결부되어 있는 것으로 보이는 부사격조사 '-이로∽-이루'의 기원을 다시 조명하기 위한 방편으로 여기서 새롭게 조감하기로 한다.

일부 지역방언의 형태론에서 폐음절 체언에 연결되는 부사격조사 '-으로' 형은 다른 보조사 '-은'이나 대격 형태 '-을'과는 달리, 체언 어간말 자음의 성격과 무관하게 종종 '-이로'로 전환되어 사용되는 특성을 보인다. 경기도 광주방언의 격조사를 고찰한 임용기(1988)에 따르면, 방향, 도구 및 자격, 전성 등의 기능으로 쓰이는 부사격조사 '-으로>-이로'의 형태가 모음상승이 수행된 '-이로>-이루'의 과정을 거쳐서 가장 빈번하게 연결되는 체언 '집'(家)을 포함한 다양한 체언들로 확대되어 있다. 낫-이루(鎌),23) 겨육대학-이루(敎育大學), 안-이루(內), 용인-이루(龍仁), 이천-이로(利川) 등. 부사격조사 '-이루'의 존재는 예전에 특이처격 '-의'의 쓰임을 전제로 할 때에만 가능한 것이다.24) 이러한 '-으로'의 변이형 '-이로∽이루'형은 일부 광주방언에만 한정되어 등장하는 것이 아니고, 경기방언 전역에 걸쳐 분포되어 나타난다. (ㄱ) 바다가 산이루 변한다, 붓이루 쓴다(경기도 평택군 현덕면, 348), (ㄴ) 집이루, 집이서는, 집이서; 토정이루(포천군 군내면, 123, 김계곤 2001에서). 부사격조사 '-이로'형의 출현빈도는 오늘날 전남과 전북방언에서는 경기도 방언권에서보다 높으며, 경상방언(이상규 1999 : 3)과 일부 함경방언(이기동 1999 : 425)에까지 확산되어 있다(이기갑 2003).

---

23) 임용기(1988 : 249)는 이러한 예들 가운데, '낫(鎌)+이루'의 부사격조사 형태 '-이루'는 '-으루'의 음운론적 변이형태로 보는 것이 이 방언에서 더욱 합당할 것 같다고 보았다. 그 이유는 /ㅅ/ 아래 홀소리 /ㅡ/가 /ㅣ/로 바뀌는 전설모음화 현상이 아주 자연스럽게 이 지역 말에서 일어나기 때문이다.
　　그와 동시에, 함경도 방언에 나타나는 변이형 '-이루'의 쓰임을 관찰한 이기동(1999)은 이 부사격조사 형태는 주로 행동이 미치는 방향성을 보일 때 사용된다고 관찰하였다.

24) 임용기(1988 : 240-242)와 김계곤(2001)을 참조하면, 경기도방언 전역에서 처소격조사 '-에'도 '-이'로 사용되고 있다. 처격형 '-이'는 공시적인 '-에>이'로의 변화가 아니라, 특이 처격조사 '-의'에서 '의>이'의 과정을 거친 것이다. 이러한 예들을 김계곤(2001)에서 일부 추출하면 다음과 같다.

　　--할 적이는(가평, 이천), 새벽이(용인), 저녁이두(평택), 아침이, 밤이(평택), 교육상이두, 밤중이(포천), 그 전이는(대부도), 끝이(대부도), 겨울기(용인), 갈 : 이(가을에, 평택, 대부도).

　1990년대 간행된 민중자서전에 반영되어 있는 전남 강진 토박이 김우식씨의 말을 고찰한 김웅배(1991 : 15-17)에서도 부사격조사 '-이로'의 빈번한 쓰임이 주목을 받았다.[25] 봉황이로 건너와서 요리 칠량이로 건너 왔제(p.21), 음력이로 섣달 초아흐렛날(p.21), 낫이로 모가지럴 짤라다가(p.24), 놈의 집이로 얻어 묵으로 댕엤다 뿐이제(p.24), 구석이로만 잡어도(p.29), 거그서 백리럴 냇갓이로, 냇갓이로 해서 공사판이로 올라갔제(p.38).

　오늘날 공시적 지역방언, 특히 전라방언 등지에서 부사격조사 '-으로'와 더불어 공존하여 빈번하게 쓰이고 있는 '-이로'형은 19세기 후기 전라방언 자료에는 대부분 '-의로'형으로 소급된다. 여기서 '-의로'형의 형태론적 구성은 처격조사 '-의'에 향격의 '-로'가 결합된 복합 조사로 분석된다. 따라서 '-의로'는 <처소+방향>의 결합인 '-에로'에 해당되는 처소의 방향성을 지시하는 표지이다(홍윤표 1994 : 493). 이들 방언 자료에서 처격조사는 통상적인 '-에/-여' 또는 '-의'로 출현하고 있으며, 19세기 후기의 공시적 단계에서도 '-의>-으' 또는 '-의>-이'로의 변이를 부단히 보여준다. 뒤히로 함셩이 디진하며(완판 대봉, 상.32ㄴ), 뒤히로 짜른 빅(완판 화용, 58ㄴ), 뒤히로 함셩이 진동하거늘(완판 대봉, 상.33ㄴ) ∞뒤흐로 가난듯(좌동, 하.7ㄴ),

　그리하여 19세기 후기 전라방언에서 '-의로'의 반사체들은 '-의로>-이로'의 변화를 수용하여 현대 전남과 전북 일대의 지역방언 구어에서도 그대로 지속되어 있다. (ㄱ) 미리 죽게 생긴게 집이 들어 가야겠다고, 떡 허니 집이를 갔단 말여, 집이를 간게나(5-4.『한국구비문학대계』, 전북 군산시 22 : 123), 에이, 작것 그 집이로 머심이나 간다고(5-4, 전북 군산시 25 : 131), (ㄴ) 우리 가끔이로...우리 까끔이서 나무럴 해...그 집 까끔이로는 나무럴 못하러 가것드라(전남 완도, 최소심, p.32). 이러한 예에서 (ㄱ) '집이를'의 경우는 처소격과 대격의 결합으로 '-에를'에 해당되는 것이다. (ㄴ) '까끔이로'와 더불어 나타나는 '까끔이서'의 '-이서'는 처소의 낙착점과 출발점이 결합된 '-에서'와 대응된다.

---

25) 본문에서 추출된 예문은『칫다리 잡을라, 옹구풀라, 밥해묵을라』(뿌리깊은나무, 구술 : 김우식, 편집 : 김정호, 뿌리깊은나무 민중자서전 19)에서 인용한 것이다.

19세기 후기와 20세기 초반에 걸쳐 전주에서 간행된 완판본 고소설 부류 가운데, 주로 완판 83장본 『화용도』를 중심으로 지향점을 가리키는 부사격조사 '-의로'의 쓰임(15ㄱ)과 낙착점의 처소격조사 '-의'(15ㄴ)와의 상호 연관성을 부분적으로 제시하면 다음과 같다.[26]

(15) ㄱ. 노근의로 동여(화용도, 3ㄴ), 남의로 가라친이(9ㄱ), 번셩의로 도망ㅎ다 가(11ㄱ), 어린 쇼견의로(13ㄴ), 노슉의로 더부러(14ㄱ), 됴식의로 히야 금(20ㄴ), 츄쳘산의로 향힐 시(24ㄱ), 즉룡의로 비션 일쳑으 군사 빅명 준비ㅎ야(27ㄱ), 장막 밧긔로 나오니(29ㄱ)~밧그로 나가(30ㄱ), 문틈의 로 살펴보니(43ㄱ), 우금으로 도독을 삼어(31ㄱ)~우금의로 션봉을 삼 고(80ㄴ), 됴됴 진중의로 가며(47ㄴ), 공명이 자룡의로 ㅎ여금(74ㄴ), 입 의로 피을 토ㅎ고(80ㄱ)~입으로 피을 토ㅎ는지라(81ㄴ).

ㄴ. 장악의 잇스니(1ㄱ), 초당의 올나가(3ㄱ), 옥중의 다다르니(1ㄴ), 남양의 밧갈기(5ㄴ), 허창의 잇다가(6ㄴ), 험혼 길의(6ㄴ), 산조는 집의 들고 주

---

26) 19세기 후기 전라방언 자료에서 처격조사 '-의'와 연관되어 있는 지향점의 부사격조사 '-의 로'의 출현은 비단 83장본 『화용도』라는 특정한 자료에 국한된 현상은 아니다.

(1) 밋틔로만 뒬난인쎄(84장본 완판 수절가, 상.29ㄴ), cf. 단장밋틔 빅두룸은(좌동, 하.29ㄴ),
(2) 끗틔로 길동의 상을 의논홀식(완판 길동, 5ㄱ),
  cf. 말 끗틔 긔졀ㅎ야(완판 별춘, 29ㄱ), 편지 끗터 ㅎ여쓰되(병오본, 춘. 25ㄴ),
(3) 장막 밧긔로 나오니(완판 화룡, 29ㄱ),
  끗봉이 밧기로 반만 너다보니(완판 심쳥, 하.17ㄴ),
  cf. 장막 밧긔 나셔니(화룡, 43ㄱ), 옥문 밧긔 다다라셔(완판 별춘, 26ㄱ),
(4) 고향의로 도라가(완판 초한, 상.27ㄱ)~고힝으로(좌동, 상.28ㄴ),
(5) 허슈이비 모양의로(가람본 춘, 남.33ㄴ)~ 허슈아비 모양으로(신재효, 춘, 남.70),
(6) 짜리로 소사난야(완판 충열, 하.25ㄴ), 짜리로 소삿는가 (병오,춘.26ㄱ),
(7) 뒤히로 함셩이 디진하며(완판 대봉, 상.32ㄴ), 뒤히로 짜른 비(완판 화룡, 58ㄴ),
  뒤히로 함셩이 진동하거늘(완판 대봉, 상.33ㄴ)~뒤흐로 가난듯(좌동, 하.7ㄴ),
(8) 우회로 향화을 밧들고(완판 길동, 3ㄱ), 우희로 임군을 도와(좌동, 14ㄴ),
  cf. 졀벽 우회 올나(상동 16ㄴ), 셤 우의 업더어(상동, 19ㄴ),
  수리 우의 놉피 실코(완판 충열, 상.25ㄴ), 우의 지니가면(완판 퇴, 8ㄴ),
(9) 셔의로난(완판 대봉, 상.30ㄴ)∞셔으로 도망하여(완판 초한, 상.30ㄱ),
(10) 층암졀벽승의로 올라가니(정사본 조웅 1.10ㄱ),
(11) 혼 고듸로 좃추(완판 길동, 15ㄴ), cf. 혼 고듸 다다르니(좌동, 1ㄱ),
(12) 옥문 궁긔로 숀을 너여(가람본 춘, 남.44ㄴ)∞귀문궁그로 너다 보니...
  문궁기로 너다 볼졔(신재효, 춘, 남.74).

수는 굴의 드러(48ㄴ), 셩하의 이르니(81ㄱ), 이믜 우의 손을 언고(68ㄱ), 비의 오르니(53ㄱ).

19세기 후기 전라방언에 등장하는 처소격 형태 가운데 (15)ㄴ에 보이는 부분적인 '-의'는 중세국어에서의 이른바 특이 처격의 신분으로 소급된다. 특이 처격의 존재 이유는 처격과 속격이 기능상으로 공통성을 지니고 있다는 의미·통사적 사실에도 찾을 수 있다(이남순 1998 : 198-200). 그러나 특이 처격형은 속격과 처격의 개념 범주가 미분화되어 있었던 국어사의 어느 단계에서 쓰였던 형태가 전기 중세국어에서 가까운 시기에 각각의 문법범주로 분화되는 과정에서 관습적으로 지속되어 있는 일종의 잔존형(residue)으로 글쓴이는 추정한다(최전승 2000). 속격형태 '-의'와 처격형태 '-애, 에, 예' 등으로 분리되어 점진적으로 분화되었으나, 특히 출현 빈도가 높은 일단의 체언들에는 종래의 미분화 단계에서의 기원적인 '-의'가 고수되어 중세국어 단계로 진입한 다음에 근대국어에까지 이른 것이다.[27]

통상적인 문헌어 중심의 근대국어의 처격형태들 '-애, 에, 예'와 공존하고 있던 일단의 특이 처격형태들은 18세기 후기의 단계로 향하면서 점진적으로 기능상의 식별이 제거되면서 그 존립 근거를 상실하고 '-에'로 단일화를 거치는 과정에 들어서게 된다(이광호 2004 : 255-258).[28] 그러나 특히 19세기 후기 전라방언의 생산적인 처격형태 '-의'의 출현과, 그것의 오늘날의 직접 반사체들('-의>-으; -의>-이')의 존재는 중아어의 문헌 자료들의 처격형태들의 모습과 다른 진로를 취한 결과로 보인다.[29] 19세기 후기의 단계와 오늘날의 전라방

---

27) 김선효(2011)는 근대국어의 단계에서 관형격과 처소격조사의 양면적 신분으로 동시에 사용되는 상황을 17세기부터 19세기에 이르는 동일 문헌의 언해 자료를 중심으로 통시적으로 비교하였다.

28) 홍윤표(1976 : 300)에 의하면, 19세기 중앙어에서 처격조사는 간혹 '-애, -이, -의, -에' 등이 보이지만, 거의 '-에'로 통일되어 나타난다. 그리하여, 이러한 '-에'형으로 합류되는 현상은 18세기까지만 해도 '-의'가 우세했던 사실과 매우 대조가 된다고 하였다.

29) 전북 옥구방언 중심의 격조사의 지역적 방언형을 검토한 김옥화(2004 : 99-100)에서도 처소격조사 형태로 '-에, -으, -이, -여' 등이 관찰되었다. 이 가운데 처격형 '-이'를 보여주는 형

언에서 보이는 처격형 '-의'의 생산성은 처소의 방향성을 지시하는 '-에로'에 대한 '-의로'를 거쳐 오늘날 '-이로'의 발달을 반영하는 것이다.

따라서 중앙어의 부사격조사 '-으로'를 기준으로 남부 지역방언에서 '-이로'의 전반적인 변이 현상은 공시적 전설모음화와 같은 음운론적 차원과는 다른 형태론 영역의 대상이다.

2.3 조건의 연결어미 '-으면〉-이문'과 움라우트 현상

최명옥·김옥화(2001)는 전북방언에 대한 음운과 어휘 및 어법 중심의 종합적 연구에서, 이 방언이 다른 지역방언들과 공유하고 있는 보편성을 전제로 하여 고유한 특수성을 몇 가지 규명하려고 하였다. 이 논문 가운데 전북방언의 특수성을 보이는 음운론적 과정의 하나로 활용의 영역에 나타나는 특별한 전설모음화 현상이 각별한 주목의 대상이 되었다(pp.209-210).

최명옥·김옥화(2001 : 209)의 설명 방식에 의하면, 공시적 용언 활용의 경우

태는 다음과 같다. '낮-이(낮에), 그전-이는(그전에는), 물-이다(물에다), 솥-이다(솥에다), 집-이가(집에가)'. 이러한 처격형 '-이'는 이미 19세기 후기의 방언자료에서도 '-에∽-으∽-여'와 함께 아래와 같이 등장하고 있는데, 이것은 '-의〉이'의 변화를 수용한 결과이다(최전승 2000).

옷(衣)+ -에 : 옷시 물을 쓰노라니(신재효 심청가, 178),
　　　　　헌 옷시 이 즉부며(신재효, 박타령, 332),
　　　cf. 헌 옷에 이 잡으며(성두본A, 흥부가 4ㄱ),
앞(前)+-에 : 부인 압피 궤좌ㅎ야(완판 충열, 상.4ㄱ), 무덤 아피 무더(좌동, 2.2ㄴ),
　　　　　압피는(정사본 조웅 3.25ㄴ), 적진 압피 다다른니(완판 조웅, 3.27ㄴ),
　　　　　원슈 압피 나어가(정사본 조웅 1.8ㄱ), 압피 큰 산이 잇스되(완판 충열, 상.29ㄱ),
옆(側)+-에 : 힝장을 엽피 쓰고(완판 충열, 상.17ㄴ),
집(家)+-에 : 집이 갓다 도라오는 길(신재효, 변강, 608),
입(口)+-에 : 손가락을 입이 물고(신재효, 남창, 춘, 18),
　　　cf. 손가락을 입의 넛코(<가람본>, 춘.11ㄱ), 입의 너흐니(완판 길동, 21ㄴ),
천변(川邊)+-에 : 남원부 천변이 거하는(수절가, 하.21ㄱ), 남원 천변이 거흐는(병오판 춘향, 21ㄴ), 뒤(後)+-에 : 뒤히난(완판 조웅, 3.25ㄴ), 비 뒤히로(완판 화용, 58ㄱ),
싸(地)+-에 : 머리 짜히 쩌러지거늘(정사본 조웅 2.23ㄱ).

에 통상적인 다른 지역방언의 음운론에서는 "어간말의 치조음과 경구개음 아래에서 어미 초의 후설 비원순 고모음 '으'가 어간말 자음이 가지고 있는 [+전방성]에 동화되어 비원순 고모음 '이'로 되는 것"이라 한다. 여타의 방언에서 이러한 음운현상을 촉발시키는 "동화주는 'ㅅ, ㅆ, ㅈ, ㅊ, ㅉ' 등 [+치찰성]을 가지는 자음"에 국한되어 있다고 한다.30) 그렇지만, 전북방언의 경우에 동화주는 'ㄴ, ㅌ, ㄷ, ㅌ' 등 [+치찰성]을 가지는 치조음도 포함된다는 사실이 "매우 특징적인" 음운론적 과정이라는 것이다.

이러한 사실을 확인하기 위해서 최명옥·김옥화(2001)는 통상적인 활용의 예(16ㄱ-ㄷ)와 특징적인 활용의 예(16ㄹ-ㅂ)로 나누어 아래와 같이 대조시켜 제시하였다.31)

(16) ㄱ. /낫 : -+-으문/→[나시문], cf. /낫 : +어서/→[나사서](낫-, 癒),
      ㄴ. /늦-+-으문/→[느지문],   /늦-+-어서/→[느저서]/(늦-, 晩),
      ㄷ. /싳-+-으문/→[시치문],   /싳-+-어라/→[시처라](싳-, 洗),
      ㄹ. /신 : -+-으문/→[시니문],   /신 : -+-어라/→[시너라](신 : -, 履),
      ㅁ. /알 : -+-으문/→[아리문],
      ㅂ. /닫-+-으문/→[다디문],   /닫-+-어라/→[다다라](닫-, 閉).

---

30) "어간말의 치조음과 경구개음 아래에서 어미 초의 후설 비원순 고모음 '으'가 어간말 자음이 가지고 있는 [+전방성]에 동화되어 비원순 고모음 '이'로 되는 것"이라는 최명옥·김옥화 (2001 : 219)의 전설모음화에 대한 설명에서 글쓴이는 이해하기 어려운 부분이 있다.
음운론의 자음에 관한 자질분석에서 [+전방성](anterior)이라는 음운자질은 구강의 전방 위치, 즉 치조를 포함한 양순음 부류를, [-전방성]은 경구개와 연구개 및 후음 부류를 통상적으로 지칭하기 때문이다(이진호 2005 : 74; 백두현 외 2013 : 127-128). 원칙적으로 경구개음 'ㅈ, ㅊ' 부류의 자음이 후설의 '으'를 전설의 '이'로 끌어당기는 동화력은 전설고모음 '이'의 조음위치와 동일한 경구개음들의 [+전설성]에 있다. 따라서 전설모음화를 혹은 "구개모음화"라 부르는 근거가 여기에 있다.
또한, 동화주 'ㅅ, ㅆ, ㅈ, ㅊ, ㅉ' 등이 모두 [+치찰성] 자질을 가지고 있다는 최명옥·김옥화 (2001 : 219)의 설명에도 문제가 있다고 생각한다. 전설모음화에서 직접적인 음운론적 힘은 경구개 파찰음들 'ㅈ, ㅊ'의 조음 방식([-지속성, +마찰성])이 아니고, 전설성을 가지고 있는 조음 위치에 있기 때문이다.
31) 최명옥·김옥화(2001 : 219-220)에서 제시된 활용형들의 기저형에서 표면형으로 도출 과정은 편의상 글쓴이의 관점으로 간략하게 재조정하였다.

　그러나 글쓴이의 관점으로는 용언 어간말 자음의 유형들이 조건의 연결어미 '-으면'의 방언형 '-으문'과 연결되는 음운론적 환경만이 아니고, 표면적으로 추정되는 전설모음화가 수행될 잠재성이 있는 다른 조건, 즉 관형사형 어미 '-은'이나 대격조사 '-을'의 경우까지 포함시키고 나서야 전북방언의 활용상의 특징에 대한 타당한 해석이 나올 것으로 본다. 통시적 및 공시적 전북방언의 음운현상에 대한 오랜 관찰자로서 글쓴이는 위의 (16ㄹ-ㅂ)의 활용에서와 '으'가 개입되는 동일한 환경인 /닫-+-은/이나 /닫-+-을/과 같은 통합과정에서 각각 예의 전설모음화를 거쳐 *[다딘]이나 *[다딜]가 같은 표면형이 어떤 사회계층이나 연령층의 토박이 화자에게서도 도출되어 나오는 사례를 확인하지 못하였다. 또한, 위에서 제시된 (16)에서와 동일한 매개모음 '-으-'를 수반하는 다른 연결어미 '-으니'와의 결합에서도 역시 /닫-+-으니/→*[다디니]와 같은 표면형은 전북 화자들의 발화에서 의식적으로도 실현되지 않는다. 이러한 사실을 전제로 하면, 용언 어간말 치조음 부류 'ㄴ, ㄷ, ㄹ' 등이 전북방언의 활용에서 후속하는 '으' 모음을 전설화시키는 경우는 최명옥·김옥화(2001)에서 제시된 연결어미 '으문'의 환경에서 뿐이다. 조건의 연결어미 '-으문'에서만 한정되어 전설모음화 현상이 일어나는 반면에, 기타의 여느 환경에서는 그것이 실현되지 않는다는 사실은 그 동인이 다른 원리에 근거하고 있을 가능성이 높다고 글쓴이는 판단한다.

　이와 같은 문제와 관련하여, 이번에는 김옥화(2001)는 전부 부안방언에서 활용에 참여하는 전설모음화의 경우에 곡용형태의 사례에 나타나는 것보다 훨씬 더 다양한 용언 어간말음(자음군단순화를 거쳐 파생된 이차적 환경도 포함)를 거쳐 나온 표면적인 예들을 포함하였다. (1) 'ㄴ, ㄷ, ㄹ, ㅅ, ㅆ', (2) 'ㅈ, ㅊ'. 이와 같은 특유한 전설모음화 현상을 예시하기 위해서 김옥화(2001 : 152-153)는 위의 (16)의 예들에서 사용하였던 조건의 연결어미 '-으문'형과의 결합과 함께, 강세첨사 '-어야'로부터 모음상승으로 인한 '-어야>-으야'에서 파생된 이차적 형태 '-으야'와의 통합 과정을 제시하였다.

김옥화(2001)에서 나열된 다양한 예들 가운데 용언 어간말음이 경구개자음
인 환경들을 일단 제외하면, 아래와 같은 예들이 남는다.

(17) ㄱ. /많ː+-으야/→[마니야], cf. /많ː+-어서/→[마녀서](많-, 多),
　　　/살ː+-으야/→[사리야], cf. /살ː+-어라/→[사러라](살ː-, 生),
　　　/벗+-으야/→[버시야],　 cf. /벗+-어라/→[버서라](벗-, 脫衣),
　　ㄴ. /싫+-으문/→[시리믄], cf. (쉬를)/싫+-어서/→[시러서](싫-, 産),
　　　/얻ː+-으문/→[어디문], cf. /얻ː+-어라/→[어더라](얻ː-, 得),
　　　/낫ː+-으문/→[나시문], cf. /낫ː+-어라/→[나서라](낫-, 治癒).

　우선, 부안방언의 (17)ㄴ 부류의 활용에서 파생되는 소위 전설모음화라는
'르>리', '드>디'의 예들은 최명옥 · 김옥화(2001)가 위에서 제시한 전북방언에
서의 고유한 특징인 (16ㄹ-ㅂ)의 활용의 사례와 동일하다. 그렇기 때문에, 개
재모음 '으'를 전설로 유도하는 동화주의 음운론적 기능은 용언의 어간말 자
음의 성격으로만 파악되지 않는다. 그 대신, 후속되는 조건의 연결어미 '-으
면' 자체가 보유하고 있는 음성 조건에서 '으'의 전설모음화가 실현되는 동인
을 찾아야 할 것으로 판단한다.

　예를 들면, (17)ㄴ의 /얻ː+-으문/→[어디문]의 변화에서 전설화의 원리
는 앞서 (16ㄹ-ㅂ)의 활용에서 지적한 바와 같이, 어간말 자음 'ㄷ'의 치조성
이나 전방성 자질에 존재하지 않는다. 그것은 조건의 연결어미 '-으면'의 단
계에서 후속성분인 '-면'의 동화주인 경구개성 y가 선행하는 '으'를 '이'로 이
끈 일종의 역행동화로서 움라우트에 해당한다.[32] 그리하여, /용언어간+-으면

<hr />

32) 통상적으로 '으'의 움라우트는 중간단계 '의'를 거쳐서 '으>이'의 단모음화로 실현되는 음운
　론적 과정을 따른다. 따라서 선행하는 음절 모음 i나 y에 의해서 형성된 '으>의'의 단계는
　제1차 음성적 움라우트를 밟아 온 것이다. 20세기 초반의 중부방언의 자료에서도 '으'의 움
　라우트가 하향 이중모음 '의'로 등장하고 있다.
　따라서 조건의 연결어미 '-으면>-이면'과 같은 과정이 공시적 현상이라면 중간단계 '-의면'
　이 축약(telescoping)된 것인 반면에, 만일 통시적 현상이라면 '-으면>-의면>-이문'의 경로를
　단계적으로 밟아 왔을 것으로 보인다.
　예를 들면, 20세기 초반에 간행된 『朝鮮語法 及 會話書』(조선총독부, 1917)에는 '으'의 움라우

/의 단계에서 먼저 연결어미 자체에서 '-으면>(움라우트)>-의면>(단모음화)이 면'의 과정을 거친 다음에, 후속하는 '-면' 자체에 '-면>-믄>-문'와 같은 일련의 변화가 개입되어 [용언어간+-이문]과 같은 활용형태가 표면으로 도출되었을 것으로 추정한다.

그리하여 조건의 연결어미 '-으면'에서 두 번째 성분 '-면' 자체에 수행된 '-의면>-이면>-이문'의 과정은 다음과 같은 변화를 차례로 밟아 왔을 것이다. 먼저, [-myən]>[-myin](모음상승)을 통하여 경구개 y 상향이중모음은 비자음 앞에서 탈락한다. 이어서 [-min]>[-mun](원순모음화)를 순차적으로 수행한다. 여기서 파생된 '-으면'의 두 번째 성분이 역사적으로 밟아온 '-면>믄'으로의 진로가 투명하다는 사실은 전남방언의 일부에서도 확인된다. 예를 들면, 이진숙(2013 : 132)은 조건의 연결어미 '-으면'형이 고흥과 진도방언에서는 모두 '-으믄∽-으면'으로 자유변이를 보여준다고 관찰하였다.[33] /묶-(束)+-으면/ →[무꾸믄→무끄믄], /굽-(曲)+-으면/→[구부믄], /깜-(沐)+-으면/→[까무믄]. 이들 방언에서 '-으믄'과 성격을 달리하는 또 다른 연결어미 '--으면'이라는 이형태는 [-myən]>[-min]>[-mən]과 같은 다른 발달 경로도 가능하였음을 보여준다.

트형은 여전히 '의'로 출현한다.

(ㄱ) 드리-(獻)→듸리- : 하로만 더 기다리시면 희 듸리겟답데다(p.48), 갓다 듸리릿가(p.61), 이 명텹을 두엇다가 듸리게(107),
    약주나 듸리고저 ᄒ오니(123), 연산홍을 훈분 듸리겟스니 갓다 보시오(252),

(ㄴ) 들이-(使入)→듸일; 경신을 듸려서 잘 써라(119), 싸면에 가서 쌀 훈 셤만 듸려 오너라(220), 계집아희들이 손톱에 물듸리는 데 쓰오(252),

(ㄷ) 길드리-(馴)→길듸리-; 미는 길듸려서 썽 산양을 홉니다(235),

(ㄹ) 깃드리-(巢)→깃듸리-; 원앙시는 훈 쌍삭 깃듸려 잇습니다(235).

33) 조건의 연결어미 '--으면'형은 전북방언 일대에서도 [-으믄]∽[-으문]∽[-으면] 등과 같은 변이형으로 분포되어 있다. 이러한 사실은 『한국구비문학대계』(한국정신문화원) 전라북도 편 전체를 통해서 확인된다. 또한 '-으면' 또는 '-면'의 방언형 '-(으)믄'은 오늘날 서울말의 구어에까지 확대되어 있다.

국민핵교, 초등핵교, 한 이 : 학년쯤 대문 안 놀아(되면, <서울 토박이말 자료집>(1), 국립국어원, 1997 : 412).

고흥과 진도방언에서는 '-으면'형에서 '으'의 움라우트가 실현되지 않았지만, 연결어미 '-으면>-의면'과 같은 변화의 과정은 19세기 후기의 전라방언 자료(18ㄱ)와 20세기 초기의 서울방언에 대한 음성전사 자료(18ㄴ)에서도 관찰되며, 또한 오늘날 경기도 방언(18ㄷ)에서도 출현하고 있다(최전승 2015).

(18) ㄱ. **-으며 → -의며**

　　　　ᅙᅡ난 소리 양진이 뒤누의며 천지강산이 진동ᄒᆞ니(완판 충열, 하.1ㄱ),

　　　　잔듸를 와드득 쥐여 쓰듸며 울제(완판 별춘, 25ㄴ, 완판 병오본 춘향, 13ㄱ),

　　　　슈져의 노의며 우니(완판 심청, 상.24ㄴ),

　　　　-으면 → -의면; 모도 너 사랑 갓틔면 사랑걸여 살 슈 잇나(완판 수절가, 상.30ㄴ),

　　　　문우의 허수이비 달여씌면 사람마닥 우러러 볼거시오(상동, 하.22ㄱ),

　　　　-더면 → -드면 → -듸면; 우리 망쳐 사러씌면 조셕 근심 업슬거슬(완판 심청, 상.18ㄴ),

　　　　-거드면 → -거듸면

　　　　금산셩을 치거듸면 졔 응당 구홀 차로 올 거시니(완판 충열, 하.14ㄴ),

　　　　너 조차 죽거듸면 유주부 사당의 일점 영화 잇슬손야(완판 충열, 상.22ㄴ),

　　　　이통하다 죽거듸면 이 원한 니 혼신 원귀가 될 거신이(완판 수절가, 상.39ㄱ),

　　　　황긔 쳣단 말을 됴됴가 알거듸면 치소될가 ᄒᆞ난이다(완판 화룡, 37ㄴ).

　　ㄴ. **같으면 → 같의면** : 다 이 갇치 쉬울 것 kadhŭˈmyŏn 배홀 것이 무어신가 (p.205),

　　　　-크면 → 킈면 : khŭtaー khŭˈmyŏn(킈면, p.37),

　　　　-놓으며 → -놓의며 : 수건을 내여 nohŭˈmyŏ 하난 말이(노희며, p.174).

　　　　　　　　　　　　(이상의 자료는 Eckardt 1923에서 추출),

　　ㄷ. **그렇다면 → 그렇대-면**, 하자-면 → 허재-면, 들어오자-면 → 오재-면 (경기도 연천군 방언, 284),

　　　　-자면 → 재-면 → 재믄 : 방을 얻재므는, 하자-면은 → 허재머는 : 그릏케 허재므는(화성군 팔탄면 방언, 392),

　　　　글을 쓰자-면 → 쓰재-면, 말하자-면 → 말 허제면(고양시 일산지역, 666). (이상의 자료는 김계곤 2001에서 인용)

끝으로, 김옥화(2001)가 앞서 제시한 (17)ㄱ의 부안방언의 활용형에서 /많 : +-으야/→[마니야](많-, 多), /살 : +-으야/→[사리야](살 : -, 生) 등에 연결된 강세보조사 '-으야>-이야'의 경우도 역시 '으'의 움라우트의 일종으로 판단된 다. 이 지역방언에서 용언어간의 자음과 통합된 '-어야는 통상적인 모음상승 을 거쳐서 [-으야]로 전환된 다음, 이어서 후속하는 두 번째 성분 [-야]의 y 의 역행동화를 직접 수용하여 [-으야>-의야>-이야]와 같은 움라우트가 적용 된 것이다.

3. 지역방언에서 체언과 용언 어간말 '르〉리'의 역사적 전개와 형태론

3.1 체언 어간말 '르〉리'의 전설모음화 : 접사 '-이'의 첨가

통시 음운론의 차원에서 전설고모음화 과정에 동화주로서 치찰음과 경구 개 파찰음 'ㅅ, ㅈ, ㅊ'와 함께 치조 유음 'ㄹ'를 정식으로 포함시킨 본격적인 논의는 월성지역의 방언을 공시와 통시적 측면에서 고찰한 최명옥(1982 : 59-64)에서 비롯된다. 최명옥 교수는 월성방언의 통시 음운론 가운데 "§2.7 전 설고모음화" 항목에서, 이 음운현상은 치찰음(ㅅ, ㅈ, ㅊ)과 유음(ㄹ) 뒤의 '으' 가 선행음소가 가지고 있는 전설성에 동화되어 전설고모음 '이'로 바뀌는 일 종의 순행동화에 해당되는 음운론적 과정이라고 규정하였다(p.59).

경상도 월성방언이 통시적인 변화과정을 연속적으로 밟아서 수행하여온 전설모음화 '르>리'의 범주에 포함되는 중세국어의 기원들은 다음과 같이 소 급된다(최명옥 1982 : 62).

(19) ㄱ. 체언 : 주른(炳), 쟈른(袋), 흐른(一日), ㄴ른(津), 노른(獐),

ᄀᄅ(粉), 시르(甑);
ㄴ. 부사 : 서르(相), 바르(直), 고르(均);
ㄷ. 용언 : 가르-(分), 다르-(異) 등의 대부분 '르' 불규칙 용언어간.

위의 역사적 반사체들은 각각의 상이한 발달 과정을 밟아서 현대 중부방 언형에서 어간말 '-우, -오, -으'형인 반면에, 경상도 월성 방언형에서는 '-이' 형(ㄱ. 자리, 노리, 하리, 나리, 가리, 시리; ㄴ. 서리, 바리, 고리; ㄷ. 다리-(異), 무리-(軟), 부리-(唱))' 등으로 대응된다. 따라서 최명옥(1982)은 (19)에 해당하는 월성방언 의 반사체들은 전설모음화가 출현하기 시작하는 19세기의 단계에서 어간말 유음 'ㄹ' 뒤에서 '으>이'의 변화를 밟아온 것으로 설명한다. 그리하여 월성방 언의 통시적 전설고모음화 규칙은 동화주로서 'ㄹ'만 아니라, 'ㅅ, ㅈ, ㅊ'를 아울러 포함하기 때문에, 아래와 같이 3가지 하위 범주로 나누어 설정된다.34)

(20) 전설고모음화 규칙
(ㄱ) 동사에서 '으'는 'ㅅ'과 자음(ㄹ 포함) 사이에서 '이'로 변하며,
(ㄴ) 그 이외의 경우에는 '으'는 치찰음 뒤에서 '이'로 변한다.
(ㄷ) 어간말음이 '으'로 끝날 때 '으'는 'ㄹ' 뒤에서 '이'로 변한다.(최명옥 1982 : 54).

이러한 하위 범주에서 (ㄷ)은 유음에 의하여 전설고모음화가 적용되는 경 우에는 피동화주가 모두 개음절에 위치하여야 된다는 음성 환경상의 제약 한 가지를 첨부하고 있다. 최명옥(1982 : 63)에서 부가된 이러한 규칙 적용상의

---

34) 그러나 최명옥(1982)은 본문의 각주 (34)ㄴ에서 위의 예문 가운데 특히 체언부류 (17)ㄱ에만 한정하여 이러한 전설고모음화 방식이 아닌 다른 한 가지 대안으로 '-이' 첨가와 그 이후 수 행된 단모음화를 앞으로의 연구로 과제로 아래와 같이 제시하였다.

월성어도 중부방언과 동일한 변화를 경험했다면, 현대 월성어형은 '-이' 첨가와 단모음화에 의하여 설명될 수도 있다. 즉, 쟈르>쟈로>자루(자루+ㅣ)>자뤼>자리, 노르>노로>노루>(노 루+ㅣ)>노뤼>노리 등과 같은 과정을 거쳐 현재와 같은 어형이 되었다고 설명할 수 있다. '-이' 첨가형은 월성어에서 흔히 발견되기 때문이다. 가매(轎), 치매(裳), 허패(肺) 등.(p.62)

제약은 월성방언에서 '그륵(器), 노륵(노릇), 버릇(習慣), 어른(成人), 어름(氷)' 등과 같은 폐음절 어간말에서는 '르>리'의 변화가 일어나지 않는다는 사실에 근거한다. 그렇다면 이러한 제약은 소위 '르>리'의 전설고모음화 현상이 당대의 음운규칙으로서의 순수한 음성적 동기를 지니지 않고 있다는 사실을 드러낸다. 전설고모음화라는 '르>리'의 음운론적 과정이 개음절 어간에서만 적용되고, 어간말음을 보유한 폐음절 어간에서는 모두 제외되는 이유는 개음절과 폐음절 어간의 체언이라는 표면적 음성 조건에서만 찾을 수 없다(이 글의 §4를 참조).

경상도 방언을 반영하는 역사적 문헌 자료들을 중심으로 해당 지역방언의 음운사를 복원하려고 시도한 백두현(1992 : 254-264)도 "§3.7 치찰음과 유음 뒤의 전설모음화 으>이"의 항목에서 이러한 예들을 역시 동화주 'ㅅ, ㅈ, ㅊ'와 'ㄹ' 뒤의 음성 환경으로 나누어 세밀하게 고찰하였다. 이 가운데 백두현(1992 : 263-264)에서 "유음 뒤의 '으>이'"에 속하는 경상방언의 예들을 글쓴이의 관점에서 다시 정리하여 그대로 간략하게 추려보면 아래와 같다.35)

> (21) ㄱ. 마리/말리(宗), 하리(一日), 즈리(<자르), 미리(<미르, 龍),
>   cf. 하로/하루(<ㅎ르), 나로(津), 노로/노루(獐), 산마르(산마루),
>   ㄴ. 가리치고(敎), 다림(異)이 업시며/잇더라,
>   ㄷ. 마리지 안니하다(不乾), 짜리고/짜리며(隨), 아우릴 병(並),
>   들일 위(圍), 오릴 승(昇), 일카리더라(稱), 일이키는(<일으키-),
>   푸리더라(靑), 배 부일 포(飽), 너일 활(廣),
>   ㅁ. 무립(膝,<무릅), 모림이(須).

이들 방언 형태에 대한 백두현(1992 : 263-264)의 설명에 따르자면, (20)ㄱ 부류는 역사적으로 어간말음에 'ㅇ'를 보유했던 단어가 'ㅇ'의 제1단계 변화 'ㅇ>으' 이후에 '르>리'의 변화를 실현시킨 예들에 속한다(또한, 백두현 1988 :

---

35) '르>리'의 변화를 수용한 경상도 방언형들의 자세한 자료 출전은 백두현(1992 : 263)을 참조

231-232도 참조). 그리하여, 비슷한 시기의 자료에 공존하는 방언형 '하리/하로'(一日)의 예들에서 전자는 통시적으로 '흐르'에서 '흐르>흐리'의 전설모음화를, 후자의 형태는 '흐르'에서 '흐르>하로'의 변화를 각각 서로 다르게 밟아온 것이라고 한다. 그리고 (21ㄱ)과 (21ㄴ)의 예들은 대부분 체언과 용언의 어간 내에서 '르>리' 전설모음화 변화를 직접 수행한 지역 방언형으로 파악된다.

위의 전설모음화 현상 '르>리'를 반영한다는 예들에서 용언 어간말이라는 음성조건을 벗어나는 (21)ㄴ의 '가르치->가리치-'(敎)의 경우는 우리가 앞서 §2.1에서 움라우트의 관점에서 따로 검토한 바 있다. (21)ㄴ에서의 또 다른 유형 '다림이'(異, 다름+-이)의 예는, 백두현(1992 : 264)에서 지적된 바와 같이, 용언 폐음절 어간에 '르>리'의 전설모음화가 적용되지 않는다는 월성방언의 제약(최명옥 1982 : 63)을 준수하지 않았다. 이러한 제약의 면제에 (21)ㅁ의 '무릅'(膝)과 '모림이'(須)와 같은 방언형도 포함되어 있다. 따라서 이러한 예외적 방언형들의 존재에 대한 설명이 필요한 것인데, 다음의 §4에서 종합하여 논의하기로 한다.

국어의 전설고모음화 현상을 알타이제어와의 대조를 통해서 고찰한 김주원(1999)도 19세기와 20세기 초엽에 경상도 방언에 등장하는 '르>리' 범주의 형태들을 제시하였다. 무릇>마리 종 宗(역대천자문 2ㄴ), 흐륵>하리(一日, 勸往 43ㄱ), 가르치->가리치고(敎, 嶺南三.3.14ㄴ), 아루르->아우릴 병 竝(漢蒙, 12ㄱ). 이러한 보기들은 위에서 언급된 백두현(1992)의 예들인 (21)과 어느 정도 일치한다. 또한, 김주원 교수는 같은 논문(1999 : 243)에서 영남방언의 경우에 음절 위치에 관계없이 'ㅈ, ㅅ, ㄹ' 아래에서 활발하게 전설모음화가 일어났다고 지적하였다. 그와 동시에, 김주원(1999 : 243)은 각주 (22)에서 '국수>국시(麵)', '목숨>목심(生命)' 등의 예를 보면, 어간말 '우' 모음도 전설고모음화의 영향을 받은 것처럼 보인다는 견해를 제시하였다.[36] 이러한 관점은 앞서 우리가 §1에서 "특이

---

36) 19세기 후기 국어의 모음체계를 고찰한 이병근(1970 : 384)에서 치찰음 아래에서 어간말 '-우'가 '-이'로 변화된 것으로 표면상 나타나는 예들은 '-우'에서 직접 '-이'로 바뀌어졌거나 '우>

한 전설모음화"로 이진호(2005)가 제시한 예문 (1)ㄱ '국시'(<국수)의 경우와 부
분적으로 일치한다. 19세기 후기에서부터 20세기 전기에 걸치는 경상도 방언
중심의 문헌어에 반영된 다양한 음운 현상을 분석하여 정리한 김예니·김명
주(2014 : 110-114)에서도 "§3.2 전설모음화" 항목에서 통상적인 예들과 함께 체
언과 용언어간의 말음에서 수행된 '르>리'의 변화 용례들이 정리되어 있다.
그러나 그러한 예들은 대체로 위의 예문 (21)의 유형들에서 크게 벗어나지
않는다.

국어의 전반적인 지역방언을 대상으로 전설모음화 현상을 논의한 홍은영
(2012 : 51-52)은 이번에는 전라방언에 공시적으로 출현하고 있는 아래와 같은
용언과 체언어간 형태들이 역사적으로 '르>리'의 전설모음화 현상을 수행해
온 결과로 파악하였다.

> (22)　ㄱ. 다리-(異), 마리-(乾), 자리-(剪), 따리-(追), 빠리-(速),
> 　　　　모리-(不知), 흐리-(流),
> 　　　ㄴ. 가리(粉), 시리(甑), 마리(宗), 하리(日), 노리(獐).

오늘날 전라도 방언에 출현하고 있는 이러한 방언형들의 유형은 위에서
백두현(1992)과 김예니·김명주(2014)에서 제시한 영남방언의 형태들과 대체로
일치되는 소위 '르>리'의 변화를 반영한다.37) 따라서 체언과 용언어간에서

으>이'로의 과정을 거친 것이 아니라, 후속자음인 양순음의 영향으로 '으'와 '우'가 원순성에
의한 대립적 가치를 상실한 이후에, 전설모음화하여 '-이'로 전환된 것이라고 지적된 바 있
다(또한, 전남 화순방언에서 '으>이'의 전설모음화와 관련하여 제시된 방언형 '목심, 오짐' 등
에 대한 '정인호 2004 : 84를 참조). 19세기 후기의 중부방언의 자료에서도 '목숨>목 숨>목심'
의 변화과정이 나타난다.

　(ㄱ) 목슴 : 인간애 나온 사롬 목슴을 혀여 보소(1776, 염불보권문_일, 31ㄱ),
　　　　　 목슴을 ᄇ리셧ᄂ니라 ᄒ거눌(1894, 천로역정, 하.145ㄱ),
　(ㄴ) 목심 : 필경 죄를 닙고 목심을 일어ᄇ릴 터이니(1896, 독립신문, 1986.10.14).
37) 홍은영(2012 : 51)은 몇 가지의 사실을 근거로 기원적으로 'ᄋ'를 가졌던 체언에서 나타나는
'Xᄅ>X리'의 경우는 '르>르>리'의 일련의 변화가 아니고, '르>리'의 과정을 직접 거친 것이
라고 주장한다. 그리하여 용언에서 보이는 'Xᄅ->X리-' 현상만이 '르>리' 전설고모음화를

수행된 '르>리'의 적용 영역은 영남과 호남을 포함한 남부지역 일대로 폭넓게 확산되어 있는 분포를 보인다.[38] 그러나 오늘날의 제주도 방언 일대에서는 '르>리'의 변화가 체언과 용언어간에서 동일하게 실현되지 않는다. 제주도 방언에서는 체언어간에 관한 한, 영남과 호남방언에 등장하는 위의 예문 (21)ㄱ과 (22)ㄴ의 예들과 '르>리'의 변화 수용에 있어서 어느 정도 일치한다. 그 반면에, 용언어간 부류는 이 방언에서는 이러한 변화가 적용되지 않았다 (이숭녕 1978; 현평효 1962; 박용후 1988; 정승철 1995). 이러한 '르>리'의 변화와 관련하여 제주방언이 보이는 체언과 용언어간의 이러한 불일치는 대체로 당시 전북방언에 가까운 언어 특질을 반영하고 있는 19세기 후기 전라방언 자료(완판본 고소설과 신재효의 판소리 사설집)에서 추출된 모습과 유사한 것이다(최전승 1986). 그렇기 때문에, 위의 예문 (22)에서와 같은 체언어간과 용언어간에서의 '르>리'의 과정을 동일한 전설모음화 현상으로 피상적으로 간주하기 어렵다.

중세국어의 단계에서 특수어간 교체들의 제주방언의 반사체들, 즉, '노리' (獐), '시리'(甑), '마리'(宗), '찰리'(袋), '나리'(津) 등(현평효 1962)에 대해서 이숭녕 (1978 : 11~15)은 개음절 체언어간말 'ㅇ'에 '-이'를 첨가한 형태론적 과정(노ㄹ

밟아온 것으로 인정한다.

38) 전남 구례방언의 공시적 음운체계를 기술한 이승재(1980 : 90)는 이 지역방언에서 '르' 불규칙 용언의 거의 대부분과, '으' 불규칙 용언어간이 /모리-/(모르다), /따리-/(따르다) 등과 같이 /-리-/의 방향으로 기저형의 재구조화를 초래하였다고 기술하면서, 해당 용언의 활용체계를 아래와 같이 제시하였다.

(ㄱ) 모르다(不知) → 모리고, 모리멘, 몰라; 바르다(塗) → 보리고, 보리멘, 볼라야;
    다르다(異) → 다리고, 다리제; 달라야 기르다(養) → 기린다고, 기리제, 길라야
(ㄴ) 따르다(隨) → 따린다, 따리제, 따라간다.

이승재(1980)에서는 위의 예에서 '르>리'의 전설모음화를 직접 언급되지는 않았으나, 이 용언어간들의 기저를 /-르-/형으로 간주하게 되면 공시적 활용체계에서 이러한 형태가 전혀 실현되지 않기 때문에 약간 추상적 기저형이 될 것으로 보았다. 그러나 이승재 교수는 이러한 추상적 기저형에서 자음어미와 모음어미와 각각 결합해서 실현되는 표면형의 음운론적 변화는 구체적으로 언급하지 않았다.

→노른+-이→노리)으로 형성된 것으로 해석하였다. 정승철(1995 : 45)도 제주방
언의 통시음운론(1995 : 45)을 복원하면서, 어간말 '-이'형을 보여주는 이러한
유형의 체언들은 비어두음절 'ㅇ>으'의 변화를 거치고, 그 이후의 단계에서
어간말 '-이'가 접미된 변화로 기술하였다. 이숭녕(1978)에서 파악된 제주도
방언의 형태론에서 이와 같은 체언 어간말 '-이' 첨가의 기능은 비단 중세국
어 특수어간의 반사체들에만 한정되지 않는다. 다음과 같은 개음절 어간으로
구성된 다양한 방언형들의 영역에까지 접사 '-이'의 첨가가 확대되어 있어서
그 설명력에 보편성이 어느 정도 강하다고 생각한다(이숭녕 1978 : 12-13에서 정
리했음).

> (23) ㄱ. 고초(苦草) → 고치, 나무(木) → 나미, 공부(工夫) → 공비,
>   구구(단) → 구기(단), 가마(釜) → 가매, 조카(姪) → 조캐,
>   누구/고(誰) → 누기,
>   ㄴ. 시루(甑<시르) → 시리, 노른(獐) → 노리, ᄌᆞ른(袋) → 찰리,
>   ㄷ. 화로(火爐) → 화리, 마루(大廳) → 마리,
>   ㄹ. 손자(孫子) → 손지, 孔子(공ᄌᆞ) → 공지 → 공재,
>   孟子(맹ᄌᆞ) → 맹지 → 맹재, 글ᄌᆞ(字) → 글지 → 글재,
>   마고자(上外衣) → 마고지.
>   cf. ᄀᆞ른(粉) → ᄀᆞ루~ᄀᆞ를, ᄆᆞ른(宗) → ᄆᆞ루~ᄆᆞ를,
>   ᄒᆞ른(一日) → ᄒᆞ루~ᄒᆞ를.

위의 보기에서 제주도 방언의 (23)ㄱ 가운데 '고초/추→고치'의 형태는 우
리가 이 글의 §1에서 제시한 바와 같이, 이진호(2005 : 133)가 특이한 전설모음
화의 유형으로 취급한 동남방언의 '고추>고치'의 사례와 일치한다. 제주도
방언형 '고치'의 형성에 대한 이숭녕(1978) 방식의 설명에 따르면, '고초' 또는
'고추'의 단계에서 접사 '-이'가 연결되어 '고추+-이 → 고취>고칙(비원순화) →
고치(단모음화)'의 연속적인 과정을 거쳐 남부지역 일대의 방언형으로 분포한
다. 제주도 방언을 반영하는 역사적 문헌 자료가 없기 때문에, 통시적으로

'고추>고치'가 밟아온 구체적인 중간단계를 제시하기는 어렵다.

그러나 현평효(1962)에 등록된 1950년대 방언형들을 살펴보면, '고추>고추
+-이→고취'와 같은 형태론적 과정에서 형성된 중간단계 u→uy의 과정이
공시적 변이 현상으로 나타난다. 현평효(1962)를 관찰하면 중앙어의 체언 어
간말 '-우'형이 제주도 방언에서 대부분 wi∽iy∽i와 같은 변이로 대응되어
있다. 현평효(1962)는 해당 방언형의 어간말 '-위'의 음성 내용을 대부분 [wi]
로 전사하고 있다. 그러한 예들을 찾아서 부분적으로 제시하면 아래와 같다.

(24) ㄱ. 제주, 제쥐(čežwi, 才操, p.538), 장구, 장귀(長鼓, p.536),
      식구, 식귀(sikkwi, 食口, p.284), 소주, 소쥐(燒酒, p.484),
      석수, 석쉬(səkswi, 石手, p.479), 메쥐(mežwi, 메주, p.432),
      달구, 달귀(talgwi, 달구, p.309), 국쉬(국수, p.383),
    ㄴ. 골메, 골미(골무, p.373), 녹듸(noktii, 녹두, p.396),
    ㄷ. 감틔(감투, p.320), 마리(마루, p.424), 베리(벼루, p.457),
      화리(火爐, p.590).

여기서 (24)의 예들을 앞서 이숭녕(1978)에서 제시된 (23)의 예들과 비교해
보면, 체언의 어간말 위치에서 -u∼-i의 대응에서 u∼wi와 같은 모음대응으
로 소급된다. 이와 같은 자료상의 소급은 실제로 시간의 통시적 소급(real
time)일 뿐만 아니라, 공시적으로 상이한 연령대 화자들의 언어 사용상의 차
이를 통해서 드러나는 명목상 시간의 소급(apparent time)으로도 생각할 수 있
다(Labov 1994 : 83-85). 제주도 방언의 모음체계에서 체언 어간말 위치의
'-위'[-wi](예문 23)는 원순성 w의 탈락을 거쳐서 비원순화되어 단모음 [-i](예문
21ㄴ)으로 향하고 있다. 이러한 -wi→i의 진행방향은 개별적인 어휘들의 발
달 과정과, 토박이 화자들의 말의 스타일에 따라서 가변적으로 출현할 것으
로 본다. 제주도 방언에서 -wi의 선행 단계는 대체로 -uy로 소급된다.[39] 그

---

39) 제주도 방언의 모음체계의 역사적 복원에 대해서는 서로 대립되는 방법론을 이용한 최전승
   (1987)과 정승철(1995), 그리고 고동호(1995)를 참조.

러한 변화 방향의 복원은 어휘 유형에 따라서 uy>iy(비원순화)의 진로를 취한 (24)ㄴ의 '녹듸'[noktii]와 같은 방언형으로도 존재한다는 사실에서 가능하다.

위의 (23)과 (24)의 예들에 등장하는 제주도 방언의 어간말 '-이'형에 속하는 '골미, 감티, 마리, 화리'형이 제주도 방언에서와 동일한 형태론적 과정(접사 '-이'의 첨가)을 취한 19세기 후기 함북방언 자료에서는 [-uy]∾[iy]로 소급된다. (ㄱ) khal-kuksui(칼국쉬, p.276), (ㄴ) maru, marui(마뤼, p.460).[40] Putsillo의 『로한ㅈ뎐』(1874)에 등장하는 19세기 후기 함북 방언형 '국쉬' [kuk-sui]는 거의 1세기에 가까운 시간이 지난 1960년대의 현평효(1962)에서 '국쉬'[kuk-swi]로 사용된다. 이와 같은 사실을 고려하면, 지역적 차이는 존재하지만 함경도와 제주도 방언권에 분포하는 '국쉬'형은 이 글의 §1에서 이진호(2005)가 '국수'를 기준으로 하여 특이한 전설모음화 형태로 예시한 경상도 방언형 '국시'의 선행 형태와 관련성이 깊다. 이러한 판단은 체언 어간말 모음에 첨가되는 접사 '-이'의 적용 영역이 역시 경상도 방언에도 확산되어 있었을 것이라는 사실을 전제로 한다.[41]

(24)ㄷ에서 제주도 방언형 '화리'(火爐)는 19세기 후기의 Putsillo(1874)에서는 함북 방언형 '활위∾화로'(p.247); '화뢰'(p.165)로 소급된다. 여기서 '화뢰'는

---

40) Putsillo의 『로한ㅈ뎐』(1874)에서 이러한 함북 방언형들의 변이 과정을 찾아서 일부 정리하면 아래와 같다. 이러한 방언형들은 김태균(1986)을 참조하면 어간말 위치에서 이중모음의 단모음화 과정(-위>의>이)을 수행하여 대체로 어간말 '-이'형으로 등록되어 있다.

   (ㄱ) 공뷔, 공부(p.187), 윤되, 윤도, 윤뒤(p.675), 단취(521), 단취고이(423), 탁쥐(61),
       후초, 후취(247), 상튀(257), 녹뒤, 녹두, 원뒤, 원두, 쇼뒤(小豆, p.117),

   (ㄴ) 감틔(245), 벼뤼, 벼릐돌이(435),

   (ㄷ) 동뫼, 동믜(249), 동뫼, 동믜, 동모, 버디(643), 골뫼(335).

   (ㄹ) 활위, 화로(247), 화뢰(165).

41) 황대화(2007 : 32)는 황해도 방언에서 사용되는 체언 어간말 '-이'형에 대하여 '-이'가 첨가된 아래와 같은 중간단계를 상정하였다. 그리고 첨가된 '-이'는 '장가→장개, 가마→가매, 글자→글째' 부류에 비추어, 주격조사나 체언형 서술격조사 '-이'의 유착과 밀접한 관련이 있을 것으로 보았다.

   국수→(국쉬)→국시, 하루→(하뤼)→하리, 고추→(고취)→고치, 뒤주→(뒤쥐)→뒤지,
   누구→(누귀)→누기, 상구→(상귀)→상기, 여우→(여위)→여이, 풀무→(풀뮈)→풀미.

'화로+-이'의 형태론적 과정을 거친 것인데, 이 형태는 17세기 초기의 근대국어 단계의 시간차원으로 더 깊숙이 소급된다.[42] 그렇다면, 체언 어간말에 첨가되는 접사 '-이'의 적용 영역은 근대국어의 단계에서도 당시 화자들의 입말에서 광범위하게 확대되어 있었을 것이다. 시월의는 방의 잇고 동지쫄애는 화뢰예 잇고 셧쫄애는 평상의 잇고(1608, 태산집, 66ㄴ). cf. 화롯블에 뙤며(상동, 67ㄴ). 17세기 전기의 어느 지역방언에서 등장하는 '화뢰'형은 그 이후에 개입된 연속적인 음운변화를 밟아서 19세기 후기의 중부방언과 평북방언 자료에서 제주도 방언형과 동일한 최종적인 형태 '화리'로 등장하고 있다.

   (25) ㄱ. 화리, hoa-ri. voir 화로, 火爐.(1880, 한불ㅈ뎐,104),

       ㄴ. 들에 풀은 오날은 잇다가 너일은 화리에 더지ㄴ니(1887, 예수성교젼셔, 누가 12 : 28), 무법ᄒᆞ는 쟈롤 모와 화리에 더져(상동, 마태 13 : 42), 악한 거슬 갈나 너여 화리에 더지리니(상동, 마태 13 : 50),

    17세기 근대국어의 '화뢰'형에서 19세기 후기와 오늘날의 지역방언에서 변화의 최종적인 형태 '하리'로의 종착역에 이르는 중간단계에 개입된 변화의 경로는 Putsillo(1874)에 등록된 '활위∽화로'(p.247); '화뢰(p.165)'와 같은 변이형들을 고려하면, 다음과 같은 2가지 방식으로 설정된다. (ㄱ) '화뢰>(비원순화)

---

42) '화로(火爐)>화뢰'의 형태론적 파생과 관련하여 '마로(大廳)'에서 발달한 17세기 초기의 경상도 방언형 '마뢰'의 예도 아울러 여기서 언급할 필요가 있다. '마로→마로+-이>마뢰'형은 『현풍곽씨언간』에 두 차례나 등장하였다(백두현 2003 : 338). 17세기의 '마뢰'에서 비어두음절 위치에 '-오>-우' 모음 상승을 수행한 '마뤼'형이 19세기 후기의 함북방언 자료인 『로한ㅈ뎐』(1874)에서 다시 출현하였다.

  (ㄱ) 분둘 내방 창밧긔 마뢰여 연저 서리 마치게 마소(현풍곽씨언간 no.10), 대청 마뢰ᄒᆞ며 뜰ᄒᆞ며(상동 no.62).
  (ㄴ) 마뤼, 마루(marui, maru)(로한ㅈ뎐 p.461). cf. 바민 마로예 ᄂᆞ리디 아니ᄒᆞᄂᆞ니(1579, 삼강행실도, 열녀, 1ㄱ).

『현풍곽씨언간』에 등장하는 '마뢰'에 대하여 백두현(2003)은 오늘날 경상도 방언에서 쓰이는 '마리'형(大廳)이 '마뢰>마릐>마리', 또는 '마뢰>마뤼>마리'와 같은 변화를 거쳐 형성되었을 것으로 설명하였다.

화레>(모음상승)화리', 혹은 (ㄴ) '화릐>(모음상승)화뤼>(비원순화)화릐>(단모음화) 화리'.

또한, 제주도 방언사전 표제항에서 중세국어의 '드르ᇹ'(野)의 반사체는 어간말 자음 'ᇹ' 탈락만 제외하면 큰 변화를 수용하지 않고 그대로 '드르'(현평효 1962 : 420; 박용후 1988 : 13)로 등장한다. 그러나 '드르ᇹ' 또는 어간말 'ᇹ' 종성이 사라진 '드르'의 어느 역사적 단계에서 접사 '-이'가 연결되어 발달한 '드리'형의 존재도 특수한 맥락에서 한자음에 대한 새김으로 쓰이고 있다. 드리 야(野, 표선, 애월. 『천자문 자료집』(이기문 · 손희하 1995 : 160). 이러한 사실을 보면, 제주도 방언의 통시 형태론에서 체언 어간말 모음에 첨가되는 '-이'의 전통은 깊은 시간심층으로 소급된다고 판단한다.[43]

그러한 전통은 제주도 방언에만 국한되지 않았다(이숭녕 1984; 최전승 1979, 1982).[44] 예를 들면, 중세국어 단계에서 굴절 형태를 보여주지 않고 고립형으

---

43) 20세기 초반의 육진방언을 전사한 옛 러시아 카잔 자료에서도 '들'(野)의 방언형은 '두루' 또는 '두뤼'형으로만 출현하였다(제정 러시아에서 간행된 카잔 자료에 대해서는 곽충구 1994를 참조).

(ㄱ) ir-bun kun-pye turue šəsso?<두루에>(로한회화 57, p.407),
  obun turullu tara teŋyera(철자교과서 29, p.37).
(ㄴ) turui(두뤼)(로한소사전(85)), turui(단어와 표현 p.40),
(ㄷ) 두루이'(『로한ᄌ뎐』, p.411, p.457).

또한, 小倉進平(1944 : 28~29)에 의하면, '[tu-rui] : 함북(경흥), [tu-ru] : 함남(문청, 영흥, 정평, 신흥), 함북(경원), [ti-re] : 함남(북청), 평북(영변, 희천)'(野) 등으로 출현한다. 이들 예는 '드르>드로>드루>두루'의 마지막 단계에서 개음절 체언에 매우 생산적으로 적용되는 접사 '-이'가 관여한 형태(두루+-이 → 두뤼)로 보인다.
이와 같은 사실을 보면, 중세국어의 단계에서 '드르ᇹ'(野)도 특수어간 교체를 하였던 '시르'(甑) 부류와 동일하게 '드르ᇹ>드로ᇹ'와 같은 변화 방향을 지역방언에 따라서 따로 취한 것 같다.
묘니ᄒᆞᄂᆞᆫ 법은 낫ᄌᆞᆫ 드로희 희롤 ᄲᅬ며(『마경언해』, 상 81ㄱ).
44) 영남 문헌어에 반영된 방언 어휘들을 종합적으로 고찰한 백두현(1998 : 217-245)은 체언 어간말 모음에 '-이'가 첨가된 다양한 방언형들을 아래와 같이 추출한 바 있다.

(ㄱ) '수시'→'슈슈'에서 어말의 ㅣ 첨가 및 단모음화가 일어난 어형이다
  (슈슈>슈쉬>수싀>수시, 227쪽),

로 존재하였던 고유어 '미르'(龍)은 나중에 한자음 '룡'으로 대치되어 버린다. 그러나 이 형태는 여러 지방의 고유한 방언 새김을 정리한 『천자문 자료집』 (-地方 千字文-, 1995 : 19)에서 대부분 '미리'로 유지되어 있다. 중세국어의 '미르' 형으로부터 오늘날의 '미리'로의 발달 과정에도 역시 접사 '-이'의 첨가가 중간단계로 참여한 것으로 추정된다.45) 그러한 판단은 '미르>미리'의 변화 과정에 개입되었을 것으로 보이는 근대국어에서의 '미리'형으로부터 나온다. 이

> (ㄴ) '허패' → 어말 ㅣ첨가가 일어난 어형이다(224쪽),
> (ㄷ) '소래' → '소라'(盆)에 어말 ㅣ첨가가 일어난 것이다(230쪽),
> (ㅁ) '졍쥬' → 한자어 鼎廚(졍듀)에서 비롯되었으며 경상방언에서는 주로 '정지'이다. '졍듀>졍쥬(ㄷ 구개음화)>졍쥐(어말 ㅣ첨가)>졍즥(비원순화)>정지(단모음화)의 변화 과정을 거친 것이다(232쪽),
> (ㅂ) '가매'(轎) → '가마'의 방언형으로 어말 ㅣ첨가가 일어난 것이다(235쪽).

이러한 사실에도 불구하고, 백두현(1998 : 231-232)은 경상도 방언형 '쟐리/자리'만큼은 접사 '-이'의 첨가를 배제하였다. "쟐리(곽씨언간, 81) : '쟈릭'의 변화형이다. 오늘날 경상방언에서 '자리' 또는 '쟐리'가 쓰이는데 <영남삼강록>의 '즈리'는 ㄹ 뒤의 一>ㅣ가 적용된 형태이다." 백두현(2007 : 81)은 20세기 초반의 경남방언 자료인 『童蒙須讀 千字文』(1925)에 반영된 '나리 津(2ㄱ), 노리 獐(14ㄱ)' 등에 대해서도 '르>리'의 전설모음화의 범주로 일관되게 취급하였다. 최근에 이상규 교수가 발굴하고 공개한 19세기 후반의 경남방언 자료 을유본 『類合』(1885, 이상규 2013 : 229-259)에서도 접사 '-이'가 개입된 다양한 방언형들을 관찰할 수 있다. 이상규(2013)는 이러한 예들을 정리하고, i 첨가에 의한 어간의 재구조화로 형태론적 특질을 밝힌 바 있다. 이 자료에서 글쓴이의 관점으로 이러한 방언형들을 유형별로 추출하면 다음과 같다.

> (ㄱ) 쟝미 마(장마, 2ㄴ), 도매 괴(机, 9ㄴ), 바더 히(海, 3ㄴ), 츠미 샹(裳, 12ㄴ), 가매 부(釜, 11ㄱ), 방애 침(砧, 9ㄴ), 족해 질(姪, 8ㄱ), 나래 국(國, 7ㄱ), 질메 안(鞍, 12ㄱ), 빕패 슬(瑟, 9ㄴ).
> (ㄴ) 뉘긔 수(誰, 13ㄴ), 직쥐 지(才, 12ㄴ), 살귀 행(杏, 4ㄴ), 검은귀, 거문귀 금(琴, 9ㄴ), 새위 애(蝦, 6ㄴ), 셩뉘 유(榴, 4ㄴ), 위 샹(上, 1ㄴ),
> (ㄴ-1) 볘리 연(硯, 10ㄱ), 무의 쳥(菁, 5ㄱ),
> (ㄷ) 미리 용(龍, 6ㄴ),
> (ㄹ) 쾨 비(鼻, 8ㄴ), 쾨커리 샹(象,6ㄱ).

45) 고유어 '미리'의 출현은 천자문 계열에서 19세기 중엽에 전주에서 간행된 행곡본 『千字文』 (1862)으로 소급된다. 미리(龍, 73). 행곡본 『千字文』의 새김 인용은 손희하(1991)를 참조하였으며, 인용된 새김의 출처에 해당되는 번호는 역시 손희하(1991)에서 작성된 색인 순서를 따랐다. 이 자료에 접사 '-이'가 연결된 새김과 한자음들이 '미리'(龍) 이외에 다음과 같이 나타난다(19세기 후기 경남방언 자료에서 '미리'의 예는 을유본 『類合』(1885)을 참조).

바더(海, 65), 치미(裳, 88), 신희(臣, 117), 누기(孰, 543), 잇블 뢰(勞, 685).

개신형은 大東急紀念文庫 所藏 『천자문』에서의 새김에서 '미리'(龍, 4ㄱ)로 출현한다.46) 따라서 오늘날의 최종적인 형태 '미리'형은 직접 '미르>미리'와 같은 소위 전설모음화를 수행한 것이 아니고, '미르>미르+-이 → 미릐∞미려> 미릐>미리'와 같은 접사 '-이'의 형태론적 조정을 거친 결과로 판단한다.

그렇다면, 위에서 제시한 관점에서 지금까지 소위 전설모음화의 범주로 기술되어 온 체언 어간말 '르>리'의 변화도 역시 접사 '-이'의 형태론적 조정을 받아서 파생되어 나왔을 개연성이 높다. 제주도 방언의 형태론에서 접사 '-이'의 첨가와 관련하여 이숭녕(1978)이 제시한 예문 (23)ㄷ의 '시루(甑, <시르) → 시리, 노릇(獐) → 노리, ᄌ르(袋) → 찰리' 등의 방언형들을 상기할 필요가 있다.47) 여기서 '시루(甑, <시르) → 시리'의 발달 과정에 개입되었을 접사 '-이'의 첨가는 19세기 초엽의 경상도 방언을 반영하는 중간단계 '시릐'형에서 확인된다(편무진 2005 : 656). 시릐로 썩을 잘 쩌내면 먹기 무던ᄒ외(苗代川本 필사본 交隣須知, 3.10ㄱ).48)

---

46) 大東急紀念文庫 所藏 『千字文』의 영인과, 자료 소개 및 索引은 1980년 藤本幸夫 교수가 각각 『朝鮮學報』 제93집과 97집에 개재한 내용을 이용하였다.
47) 19세기 후반 경남방언을 적극적으로 반영하는 을유본 『類合』(1885, 이상규 2013)에서 체언 어간말 '-리'형 어휘들은 대부분 '-르'로 대치되어 있는 점이 특이하다. 마르 동(棟, 9ㄱ), 슬으 증(甑, 11ㄱ), 가르 면(麵, 10ㄴ), 잘으 더(袋, 12ㄱ), 놀으 장(獐,6ㄱ).
     그러나 이러한 방언형들의 어간말 '-르'는 전형적인 방언 표지 '-리'에 대한 일종의 과도교정에서 나온 의식적인 표기(리 → 르)인 것 같다. cf. 동으 분(盆, 10ㄴ), 검으 주(蛛, 7ㄱ), 아으 제(弟, 8ㄱ), 중으 군(裙, 12ㄱ), 여으 호(狐, 6ㄱ).
     전남의 방언의 음운현상에 대한 비교연구를 시도한 이진숙(2013 : 30)에서도 자료 제공자들로부터 '보리(麥) → 보르, 허리(腰) → 허르' 등의 방언형들이 관찰된 사실을 보면, 을유본 『類合』(1885)에서도 '-리 → -르'의 과도교정은 당대의 화자들이 규범 지향성 의식에서 실제 사용하였을 가능성이 있다.
48) 天保本(1846) 교린수지 : 시릐로 썩을 잘 쩌내면 먹기 무던ᄒ외(3.10ㄱ),
     서울대본(1868) 교린수지 : 시러로 썩을 잘 쩌내면 먹기 무던ᄒ니라(3.33ㄱ),
     齊州本 (1880) 교린수지 : 시러로 썩을 잘 쩌내면 먹기 무던ᄒ니라(3.33ㄴ).

3.2 용언 어간말 '르)리'의 전설모음화와 '-이'의 첨가

현대 중부방언에서 용언 어간말 '-르'형이 영남과 호남방언 등의 남부방언
군에서 '-리'로 생산적으로 대응되는 현상에 대해서 최명옥(1982), 백두현
(1992), 이진호(2002; 2005), 홍은영(2012) 그리고 김예니·김명주(2014) 등에서 주
로 역사적 전설모음화 '-르>-리'의 변화라는 관점에서 취급되어 왔음을 지금
까지 §3.1에서 제시한 바 있다. 그러나 글쓴이는 용언 어간말의 범주에서도
체언의 경우와 동일하게 역시 '-르>-리'와 같은 음운론적 과정이 국어의 어
느 역사적 단계에서도 실현되지 않았을 것이라는 전제를 유지하려고 한다.
그러한 근거는 이미 이진호(2005 : 133)에서 옳게 지적된 바와 같이, 치조음
'ㄹ'이 다른 치조음계열의 자음 'ㄴ, ㅅ, ㄷ' 부류와 마찬가지로 후속하는 후설
모음 '으'를 전설모음 '이'로 동화시킬 수 있는 음성적 동기가 존재하지 않기
때문이다.[49] 그 대신, 여기서는 해당 지역방언의 역사에서 용언 어간말 '르'
에 모종의 접사 '-이'가 연결되어 '르+-이→릐>리'로 전개되는 발달의 진로
를 모색하려고 한다.

지금까지 역사적 관점에서 동사 활용의 형태론을 검토한 장윤희(2002/200
9 : 108)는 적어도 15세기 국어에서부터 변이의 과정을 통해서 점진적으로 근
대국어의 단계로 확대하여 오는 '-아>-애'로의 어간 재구조화의 예들인 '보
차-(惱)>보채-', '보타-(補)>보태-', '놀나-(勇, 利)>날내-', '오라-(久)>오래-'
및 '놀라-(驚)>놀래-' 부류는 투명한 음성조건이 존재하지 않기 때문에, 그
원인을 파악하기 어려운 변화로 파악하였다. 국어 용언활용 체계에 대한 통
시적 변화를 체계적으로 고찰한 정경재(2015 : 97-100)는 이와 같은 어간 재구
조화의 예들을 정리하고, 특정한 동화주가 개입되지 않고 수행되는 '-이' 첨
가 현상으로 분류하였다. 일부의 용언어간의 모음에 한정하여 산발적으로 적

---

49) 다만 치찰음 'ㅅ'과 연관된 역사적 전설모음화 현상에 대해서는 이러한 글쓴이의 판단은 보
  류한다. 18세기 후기부터 20세기 초반에 이르는 단계에서 전설모음화 실현과 관련된 'ㅅ'의
  음운론적 신분에 대한 다양한 가설에 대해서는 최전승(2016)에서 정리되어 있다.

용된 이와 같은 '-이' 첨가의 본질과 그 원인은 아직 규명된 바 없다.50) 따라서 이러한 '-이' 첨가 현상에 대해서 두 가지 의문이 풀리지 않고 있는 것이다. (1) 국어사 모든 단계를 통해서 왜 이러한 변화가 일부의 용언어간들에만 시차를 두고 점진적으로 확대되어 등장하는가. (2) 첨가된 '-이'가 언어 외적 요인에 의한 것이라면, 그 사회 언어학적 또는 화용론적 기능은 무엇일까.

그러나 위에서 언급된 '오라-(久)>오래-, 눌나-(勇, 利)>날내-' 등의 변화 유형은 종래에 지적된 '너기-(想)>녀기-, 곳고리(鶯)>굇고리, 고롭-(苦)>괴롭-' 등과 같은 통상적인 -y 첨가 부류와는 달리 다음과 같은 2가지 특성을 가지고 있다. (ㄱ) 용언의 어간말 모음에서만 '-이'가 연결되어 재구조화가 수행되었다. (ㄴ) 15세기 국어의 '프-(開花)>피-'에서부터 변화가 시작하기도 하지만, 대부분은 일정한 시차를 두고 16세기 국어에서부터 출현하는 동시에 17세기에서는 단계적으로 변이를 거쳐 확산되는 경향을 보인다. (ㄷ) '바라-(望)>바래-'에서나 '놀라-(驚)>놀래-' 등의 변화는 17세기 경상도 방언에서 출발하여 오늘날에 이르기까지 중아어의 구어로까지 확대되고 있다.

글쓴이는 최근의 논문(2018)에서 19세기 후기 전라방언과 평북방언 자료를 이용하여 이러한 '-이' 첨가의 형태론적 과정이 용언어간 모음 '아'에서 뿐만 아니라, '어'와 '오' 및 '우'에 걸쳐서 지역적으로 확대되어 왔으며, 일부는 현대국어 서울말의 구어에서도 부단히 출현하고 있는 사실을 제시하였다.51)

---

50) 국어사에서 구체적인 통합적인 음성조건이 결여된 환경에서 -y가 어간모음에 첨가된 매우 한정된 일련의 단어들이 존재하고 있음은 잘 알려진 사실이다. '너기-(想)>녀기-, 구더기(蛆)>귀더기, 곳고리(鶯)>굇고리, 스ᄀ올(鄕)>싀골, 특(顎)>틱, 모츠라기(鶉)>뫼츠라기, 고롭-(苦)>괴롭-' 등의 부류에 대해서 유창돈(1964 : 165-166)은 자생적 변화에 해당하는 "-ㅣ 첨가 현상"으로 기술한 바 있다. 또한, 백두현 1992 : 177-178, 1998 : 224; 이동석 2002 : 239, 2005 : 191-192을 참조.

51) 용언어간에 '-이'가 연결되어 어간의 재구조화를 거치는 유형들은 오늘날의 서울말을 포함해서 경기도 방언권에서도 확대되어 나타난다(김계곤 2001; 『한국방언자료집』(경기도편), 1995을 참조). 이러한 부류들의 역사적 전개 과정을 검토한 최전승(2018)은 '-이'의 첨가 기능을 화자들이 의사소통에서 구사하는 감정 표출의 강화에 기반을 둔 화용론적 측면에서 찾으려고 하였다.

(ㄱ) 모자라-(不足, 乏)→모지래-, (ㄴ) 자라-(足, 生育)→자래-, (ㄷ) 놀라-(驚)→놀내-, (ㄹ) 건너-(渡)→건네-, (ㅁ) 지나-(經過)→지너-, (ㅂ) 만나-(遭遇)→만너-, (ㅅ) 나무라-(叱責)→나무래-, (ㅇ) (꿈을) 꾸-→꿔-,[52] (ㅈ) (장기를) 두-→뒤-.

이와 같은 사실을 고려하면, 경상도 방언에서와 전남방언 등지에 분포되어 있는 용언 어간말 '르>리'의 역사적 변화에도 '-이'의 첨가 현상이 개입되어 있을 개연성이 있다. 오늘날의 전북과 제주도 및 북부지역의 방언에서는 용언어간에서 '르>리'의 변화는 적극적으로 분포되어 있지 않다.[53] 그 이유는 이들 지역방언에서 용언어간의 '르' 환경에서 다른 유형의 변화 '르>로'가 접사 '-이'의 첨가보다 더 경쟁적으로 적용되었기 때문이다. 그럼에도 불구하고, 자생적 또는 인접 지역방언과의 접촉에서 비롯된 '르>리'의 변화가 일부 용언어간에 실현되기도 한다. 19세기 후기 전라방언 자료에서도 일부 용언어간에 출현하는 '르>리'의 예들이 관찰된다.

아래와 같은 보기들은 19세기 후기 전라방언의 자료들에서 일정한 규칙성

(ㄱ) 놀라다(驚)→놀래다(경기도 광주군 도척면, p.436; 일산, p.654-놀래서),
　　　놀랜다, 놀랬다, 놀래지, 놀래키지, 놀래게 하자
　　　(『한국방언자료집』(경기도편, 1995 : 293),
(ㄴ) 건너가다(渡)→근네가다, 근네다(다리를 근네 갔다, 강을 근네고, 인천 중구 p.600),
(ㄷ) 바라다(望)→바래다(그걸 바래고, 시흥 목감동, p.571),
(ㄹ) 만나다(遭遇)→만내다(처음 만내시니께, 시흥 p.571),
(ㅁ) 자라다(成長)→자래다(시흥 p.571),
(ㅂ) 꾸다(夢)→뀌다(꿈을) 뀌도, 연천군 미산면 p.270),
　　　(꿈)-뀌지~뀌어서~꿰서~꿰지~뀌었다.(『한국방언자료집』(경기도편, 1995 : 376),
(ㅅ) (장기) 뒤지~뒤서~뒤어서~뛰었다.(상동, p.376),
(ㅇ) (돈을) 뀌어~뀌지~뀌었다(상동, p.376).
52) 용언어간 '꾸->뀌-'(夢)로의 재구조화 경향은 함북방언의 일부 지역인 종성과 회령에서도 사용되고 있다(김태균 1986 : 107). 또한, 20세기 초반 서울 지역어에서도 주목을 받은 바 있다.

(ㄱ) 뀌-; 夢, 放氣, 『韓語通』(1909 : 255, 前間恭作),
(ㄴ) 꿈 뀌다 : dream, p.26, A. Baird, 1911, *Fifty Helps for the Beginner in the Use of the Korean Language.*
53) 용언의 어간 모음에 한정되어 일어나는 '르→리'의 변화는 황해도 지역방언에서도 부분적으로 관찰된 바 있다. 가르다→가리다, 벼르다→베리다, 등등(황대화 2007 : 35).

이 없이 산발적으로 등장하지만, 용언어간에서 '르>리' 변화의 중간단계로
추정되는 '르>릐'와 같은 표기를 일부 반영하고 있다.

(26) ㄱ. 비부르-(飽滿)>비부릐-; 밥을 비 부릐게 먹어써면 그거시 편할테니(신
　　　　재효, 심청가, 180),
　　　ㄴ. 무르-(軟弱)>무릐-; 못 먹고 안저 크니 원 무릐 되야(신재효, 박타령,
　　　　346),
　　　　cf. 원 무루 되야(가람본, 박타령, 10),
　　　ㄷ. 기르-(育)>기릐- 이집 즈식 기릐난 법은(신재효, 박타령, 346),54)
　　　ㄹ. 모르-(不知)>모릐-; 큰 쇠는 몰의난쏘다(완판 화용, 61ㄴ), 나 죽는 줄
　　　　몰의논고(필사본 별춘향, 373)~나 죽난 줄 모르난가(수절가, 하.38
　　　　ㄴ), 낭군이 몰의시오(신재효, 퇴별가, 270)~낭군이 모류시오(완판
　　　　퇴별가, 7ㄴ),
　　　　cf. 노인 존장 몰리고 악졍ㅎ난 놈(박순호 소장 99장본 별춘향전 54ㄴ),
　　　　어스 쥴을 몰리고셔 누셜 욕을 ㅎ엿시니(상동, 63ㄱ), 늬 아모리 아
　　　　녀진들 그만 스체 모리깃쇼(신재효 창본, 오담가, 638),
　　　ㅁ. 다르-(異)>다릐-; 인간 음식과 달의더라(완판 소대성, 18ㄴ)
　　　　~ 각각 달으단 말이(상동, 42ㄱ), 죠션과난 달의것다(신재효, 퇴별
　　　　가, 256)~조션과난 달으것다(완판 퇴별가, 2ㄴ),
　　　ㅂ. 뭇지르-(退治)>뭇지릐-; 진국 항졸 이십여만을 신안셩 남의 뭇질의니
　　　　(완판 초한, 하.7ㄱ), 칼의 뭇지리고(완판 충열, 하.200ㄱ), 쳥병을
　　　　혼 칼의 다 뭇지리고(좌동, 39ㄴ), 디칼의 뭇지리고 용상을 쳐 부시
　　　　며(상동, 하.22ㄴ),
　　　　cf. 뭇지르다 屠戮(1880, 한불자전, p.260),
　　　ㅅ. 불지르-(放火)>불지릐-; 불 질의고(신재효, 박타령, 324), 불 질의고(좌
　　　　동, 326), 잔도괴 불지리기난(완판 초한, 상.26ㄴ),55)

---

54) 이러한 용언어간은 19세기 후기 평안방안 자료에서도 '-르>-리'의 변화를 반영하였다. 그러
　나 『평북방언사전』(김이협 1981 : 79)에는 '기루다∽길루다'로 등록되어 있다.
　　나물도 길이고 쳥콩으로 두부 앗고(grow, Corean Primer, p.46),
　　cf. 기르다(길녀, 기룬), 양휵하다, 양육ㅎ다(1912, 법한즈뎐, 20),
　　　기르다 養(1880, 한불자전,174), 기르다 養(기롤-양)(1897, Gale 한영자전, 343),
55) '불지르-(放火)>불지리-'의 예는 19세기 후기 평안도 방언 자료에서도 부분적으로 등장하였
　다. 군사롤 보너여 그 고을을 불지리고(1887, 예수셩교젼셔, 마태 22 : 8),

　　　　cf. 즉시 그 문셔롤 불지르고(1758, 종덕해, 상.19ㄱ),

　(27)　ㄱ. 다다르-(到)>다다리-; 검각쳔산을 다다린니(완판 초한, 상.33ㄴ)～ 다
　　　　　다르니(좌동, 상.36ㄱ),

　　　　cf. 왜젹이 곳 평양으로 다다르니(1880, 과화존, 18ㄴ),

　　　ㄴ. 업지르-(傾覆)>업지리-; 계하의 업지리고(완판 충열, 하.20ㄴ), 옥관도
　　　　　ᄉ를 잡바드려 게흐의 업지리고 슈쥐 왈(상동, 하.46ㄴ), 부친 압푸
　　　　　업지리고(상동, 하.35ㄴ),

　　　　cf. 깃드린 거술 업지르며(1796, 경신석, 3ㄴ), 업지르다 傾覆(1880,
　　　　　한불자전, 22),

　　　ㄷ. 문지르->문지리; 나슬 흔틔 문지리며(신재효, 심청, 166).
　　　　　누른 물 무든 오슨 싱강즙을 문지르고 물의 쌜면(1869, 규합총서,
　　　　　28ㄴ).56)

　19세기 후기 전라방언의 자료에서 용언 어간말 모음에 이와 같이 부분적
으로 등장하는 '르→릐'의 표기들을 '르' 용언어간에 '-이'가 첨가된 형태로
해석할 수 있는가에 대해서는 몇 가지 문제를 안고 있다.

　첫째, '-르∽-릐', 또는 '-리∽릐'와 같은 교체를 보이는 표기가 이들 방언
자료 내에서 단순한 혼기로 해석될 여지가 있다. 그러나 비록 19세기 후기의
전라방언 자료 자체에서도 이와 같은 '-르∽-릐' 간의 교체가 비록 근소하게
실현되어 있지만, 글쓴이는 이러한 표기의 유형들을 당시의 단순한 표기의
혼란으로 간주하기는 어렵다고 판단한다. 당시 서사자들의 의식 가운데 표기
상으로 '으'와 '의', 특히 '르'와 '릐'가 혼란 또는 혼기를 야기할 수 있는 음운
론적 여건이 형성되어 있지 않았기 때문이다. 19세기와 20세기 초기의 여러

　　슐셔롤 모와 믓사롬 압페셔 불지리니(1887, 상동, 사도행전 19 : 20).
56) 19세기 후기 전라방언 자료에는 '걷-'(步)의 활용형에서도 '거르->거리'와 같은 변화가 등장
　　하기도 한다.

　　잇쩌 使道임이 大廳의셔 거리시다가 엇더케 놀너신지 뒷군뒤롤 흐셧구나(가람본 신재효 창
　　본 동창 춘향가 10ㄱ)
　　=잇쩌 ᄉ쏘임이 디쳥의셔 거리시다 엇덕케 놀너신지 뒷군뒤롤 흐셧구나(신재효 춘향, 동창.
　　132).

지역의 문헌 자료에서 '으→의' 또는 '르→릐'와 같은 표기는 당시의 움라우트 현상을 그대로 반영한 것으로, 그 변화 방향이 역으로 표기될 여지가 없다(이 글에서 §2.3에서 예문 18을 참조). 따라서, 19세기 후기의 완판본 고소설 자료에서나 신재효가 개작한 판소리 사설 텍스트에서 체언이나 용언의 어간 내부의 환경에 '으'와 '의' 간의 표기상의 혼란은 대체로 출현하지 않았다.[57] 이와 같은 사실을 고려하면, 위의 (26) 예문에 등장하는 '-르' 어간에 대한 '릐'의 표기 형태는 어느 정도 당시의 발음 내용을 가리키는 현실성이 있다. 그렇다면, 예문 (26)의 예들은 일부의 용언 어간말 '-르'에서 '-리'로 이르는 (27)의 예들에 대한 일종의 중간단계를 반영한 표기 형태로 파악된다. 이러한 과정에서 '-르>-릐'의 변화에 개입된 -y는 용언 어간말에 첨가된 '-이'의 범주에 연계되어 있다.

둘째, 용언 어간말에 개입된 '-이' 첨가 현상이 15세기 국어에서부터 매우 산발적으로, 일부의 용언들에 국한되어 출발하여 점진적으로 확대하여 왔다는 역사적 사실을 고려하면, '-르>-르+-이→-릐'와 같은 발달은 적어도 '르>리'의 변화가 생산적으로 적용되어 있는 전남과 경남·북 지역의 역사적 방언 자료에서 명시적으로 관찰되지 않는다. 이와 같은 관점에서 호남의 일대와 영남지역에 확산되어 있는 '르' 변칙용언의 '르>리'의 변화를 19세기 후기 전라방언의 일부 표기 흔적인 (27)의 보기들을 중심으로 '-이'의 첨가 현상으로 포괄적으로 설명하기는 어렵다.

그러나 용언어간에 연결되는 '-이' 첨가 현상이 용언 어간말 '르'의 환경에서는 19세기 후기의 단계에 비교적 뒤늦게 확산되어 왔을 상황을 추정해 볼 수 있다.[58] 이러한 형태론적 과정이 국어사의 전개 과정에서 용언의 어간 유

---

57) 그 반면에, 19세기 후기 전라방언 자료에서 '의>이'로의 단모음화 현상이 진행 중에 있었기 때문에, 본문의 예문 (26)에 반영된 '릐'의 표기들은 '르>리'의 변화에 대한 표기상의 과도교정에서 나온 '리→릐'일 가능성도 있다고 생각한다.

58) 경남방언 음운의 몇 가지 문제를 논의하면서 정연찬(1980 : 41)은 고성과 통영의 지역방언에서 용언 '읽-'(讀)의 기본형이 '이리-'로 쓰이고 있으며, 그 활용형들은 '흐리다'(流) 등의 유

형에 따라서 선별적으로 적용되어 왔다. 그리고 경상도 방언에서도 '놀라-(驚)>놀래-'의 사례가 17세기의 단계에서, 그리고 오늘날까지 지속되고 있는 '바라-(望) >바래-'의 변화가 문헌상으로 18세기 초엽부터 등장하기 시작하였다는 사실을 환기할 필요가 있다. 그렇다면, 남부방언권에서 '-이' 첨가 현상이 '르' 변칙용언으로 확대되었을 비교적 늦은 역사적 시기에 이미 '의>이'의 단모음화 과정이 거의 완료되는 단계이었을 것이다. 따라서 '르' 변칙 용언어간에 수행되었던 '-르>-르+-이→릐'와 같은 형태론적 과정이 당대의 서사자에게 분명하게 인지되지 못해서 최종적인 '-릐→-리'로 표기되었을 가능성이 있다.

19세기 후기의 역사적 산물인 완판본 고소설이나 신재효의 판소리 사설의 자료에서 용언어간의 '-르>-리'의 중간단계로 추정되는 '-릐'형 표기들이 위의 (26)의 예들 일부만 제외하면 생산적으로 출현하지 않은 이유는 다른 원인에서 찾을 수 있다. 그것은 용언 어간말 '르'의 음성조건에 작용하였던 또 다른 경쟁적 변화에 의해서 그 당시의 해당 방언에서 '-이'의 첨가가 적극적으로 수용되지 않았기 때문이다.[59] 그러한 사정은 오늘날의 전북방언의 사례

형과 마찬가지로 다음과 같다고 지적하였다. '이리고, 이리지, 이리더라, 일러, 일러라'. 용언 '이리-'(讀)의 이와 같은 활용 방식은 경상도 방언의 특질로서, 옥산서원 소장본 초간본 『二倫行實圖』(1518)에서 '니르-'로 소급된다.

주으려셔 ㄴ물 먹고 글 니르더니(이륜행실, 초간, 48ㄱ),
cf. 글 닑더라(좌동, 중간본 규장각본, 48ㄱ).

영남방언의 통시적 변천을 고찰한 백두현(1999 : 70)은 16세기의 경상도 방언형 '니르-'형이 20세기 초반의 지역방언의 자료에서는 '니르->이르-'의 변화를 거치고, 오늘날 ㄹ뒤에서 ㅡ가 ㅣ로 변화한 다른 용언의 활용형들과 함께 '이리-'로 정착된 것으로 보았다. '니르->이르->이리-'.

59) 19세기 후기 방언자료에서 색체어 '푸르-'(靑)과 '누르-'(黃)은 대부분 '푸리-'와 '누리-'형으로 활용하고 있다. 오늘날의 전북방언 일대의 구어에서 아래와 같은 색채 형용사어간은 일반적인 '르' 용언어간들의 활용 방식에 유추되어 '푸르-'와 '누르-'로 대치되어 버렸지만, 노년층의 발화와 민요 가사에 예전 활용형들이 산발적으로 등장하고 있다.

(ㄱ) 용언어간 '-르-'+자음어미; 눈은 푸리고 수염이 불그미(완판 삼국, 4.26ㄱ),
눈이 누리고(완판 화용, 90ㄱ), 봄 풀러 푸리거든(완판 충열, 상.8ㄱ),

에 비추어 보면 빈번하게 관찰된다. 19세기 전라방언의 자료에서 '르' 변칙용언 어간들은 주로 '-르>-로>(-루)'와 같은 변화의 방향을 아래와 같이 취하고 있다. 이러한 경향은 오늘날 전북방언의 영언 활용에 그대로 지속되어 나타난다.

(28) ㄱ. **가르치-(敎/指)>가로치-** : 손으로 가로치거날(필사 구운몽, 하.257ㄴ),
　　　　cf. 가루칠 교(敎, 1918, 초학요선, 63),
　　ㄴ. **싸르-(追)>싸로-** : 싸로거늘(완판 충열, 하.5ㄴ), 싸로난이(좌동, 하.44ㄴ),
　　　　싸로 난지(완판 초한, 상.8ㄴ), 싸로난 장수(좌동, 하.40ㄱ),
　　　　급피 싸로더니(완판 대성, 상.21ㄱ), 싸로지 안코(완판 삼국지, 3.38ㄴ),
　　ㄷ. **기르-(靑)>기루-** : 기루던 기러기(완판 적성, 상.36ㄱ),
　　　　공자 기루시던 기럭이(완판 적성, 상.30ㄴ),
　　　　군亽을 기류어 연십ᄒᄋᆡ(완판 초한, 상.25ㄱ),
　　　　cf. 잠 길우은 법(잠상집요, 19ㄱ), 야잠을 먹여 길우이라(잠상집요, 19

---

　　　　cf. 눈이 푸르고(완판 대성, 25ㄴ), 강수청청 푸르거든(완판 수절, 상.44a),
　　(ㄴ) 용언어간 '-르-'+모음어미; 푸린 버들(완판 수절, 상.18ㄴ), 푸린 남기(좌동, 하.38ㄱ),
　　　　푸린 안기(완판 조웅, 3.32ㄱ), 푸린 물은(완판 심청, 하.6ㄴ),
　　　　푸릴 쳥, 불글 단(완판 수절, 상.7ㄴ), 양유청청 푸린 가지(완판 충열, 하.43ㄴ),
　　　　누린 국화(완판 수절, 하.16ㄴ), 머리에 누린 송낙을 쓰고(완판 적성, 상.9ㄱ),
　　　　청산만 푸리여 잇고(완판 충열, 상.16ㄱ), 각식 빅화 다 푸럿고(충열, 상.16a),
　　　　방초난 푸려난디(완판 수절, 상.10b).
　　　　cf. 수봉만 푸르럿다(완판 심청, 하.1ㄴ), 풀만 푸르럿고(필사 구운, 상.227ㄴ).
　　　　푸른 안기(완판 조웅, 3.32a), 누루 황(완판 수절, 상.15a).

'르' 어간 색체어에 적용된 이와 동일한 현상은 오늘날의 제주도 방언에서도 등장한다. 그러나 이 지역방언에서 '르' 변칙용언들은 이러한 변화로부터 대부분 면제되어 있는 모습을 보인다. 이와 같은 상황은 19세기 후기 전라방언 자료와 오늘날의 전북방언에 등장하는 모습과 유사한 것이다.

(1) 누르다>누리다 : 누리어, 누린, 누리니;
　　푸르다>푸리다 : 푸리어, 푸린, 푸리니(박용후 1988 : 47),
(2) 푸리룽 : -ᄒᆞ다, 푸리스룽-ᄒᆞ다, 푸리시구룽-ᄒᆞ다(p.579), 노릿노릿, 노리룽-ᄒᆞ다,
　　노리스룸-ᄒᆞ다, 노린-알(노른 자위, p.396). 이상의 보기는 현평효 1982에서 인용).

정승철(1995 : 45)은 제주도 방언에서 '푸리-'(靑)와 '누리-'(黃) 등의 색체 형용사를 제외하면, 월성방언(따리-) 등과 같은 '르>리'의 예는 제주도에서 사용되고 있지 않기 때문에, 용언 어간말 '르' 아래에서 '으>이'의 직접적인 변화를 겪은 것으로 보기는 어렵다고 판단하였다.

ㄱ), 기루다 養育, 기룰 축 畜 獸畜(1895, 국한회어, 49).

ㄹ. **벼르-(記恨)》벼로-** : 무한이 별우다가(완판 수절가, 하.20ㄱ), 베루고 갓다
   가(장자백창본 춘향가, 34ㄱ), 벼루던 마음(고대본 춘향가, 376),

ㅁ. **이르-(至)》이로-** : 넝포을 잡아 비관의 이루니(완판 삼국지, 4.35ㄴ)~이르
   러(좌동, 3.15ㄱ), 셩하의 일르러(완판화용, 94ㄴ),

ㅂ. **어르-(嫩)》어루-** : 어루는 소리(완판 심청, 하.27ㄱ), 아기 갓치 어루겄다
   (신재효, 춘향, 동창,138), 주야장천 어루더니(완판 수절가, 상.40ㄴ),
   흔춤 얼루더니(신재효, 변강.540), 아기를 얼울제(완판 심청, 상.11ㄱ).
   cf. 입에 너어 주며 달내고 어루는 모양이라(1912, 구의산(상),5).

위의 예에서 (28)ㄱ의 '가르치->가로치-'(敎, 指)에 반영된 '르>로>(루)'의
변화는 20세기 초반의 충남 서천방언 등지에도 확대되어 있다(홍윤표 1991 :
216).[60] 이러한 변화가 용언 어간말 환경에 집중된 여타의 '르' 변칙용언들에
서 실현되었다는 사실은 그 음성 조건은 어간말 '르' 자체에 있다. 그렇지만,
어간말 유음 '르'이 후속하는 '으'를 '오'나 '우'로 원순모음화 시킬 수 있는 음
운론적 동인은 여기서도 찾을 수 없다. 또한, 지역방언에 따라서 ㄷ-변칙용
언 '듣-'(聽)이나 '걷-'(步)이 모음어미와 연결된 '드르-'와 '거르-'와 같은 음성
환경이나, '넓-'(廣)의 방언형 '너르-'어간에도 '르>로>(루)'의 변화가 적용되
어 출현하고 있다.[61] (ㄱ) 드르->드루-(聽) : 고지 드루시고(정정 인어대방, 5.3ㄱ), 드
루니 은로가 넉넉이 되야셔 말이 잇스니(정정 인어대방, 3.8ㄱ), (ㄴ) 거르->거로(步) : 안

---

60) 홍윤표(1991)는 19세기 후기 충남 서천방언의 자료로서 『初學要選』(1918)에 반영된 언어 현
   상들을 살펴면서, 예의 '가루치-'(敎)는 'ㆍ'로 인한 원순모음화의 보기로 간주하였다.
61) 또한, '어르만지-(撫)>어루만지-'의 예들도 18세기의 자료에서부터 등장하여 19세기 후기
   전라방언 자료와 20세기 초반 중부방언 등지에 분포되어 있는 모습을 보인다.

   (ㄱ) 등을 어루만져 골ㆍ샤뎌(1796, 경신석,24ㄴ), 그 등을 어루만져 왈(1852, 태상해, 4,29ㄴ),
   (ㄴ) 어루문지다, 어로문지다, 달리다(법한즈뎐, 1912 : 265, 르 잔드르 편),
       군ㅅ를 잘 어루 만지며 은혜와 스랑이 극진ㅎ고(1907, 월남망국ㅅ, 28),
   (ㄷ) 왼몸을 어로 만지며(완판 적성, 상.36ㄱ), 옥수로 어로 만지며(좌동, 상.3ㄴ),
       어로만지니(좌동, 상.15ㄴ),
       등을 어로만지며 (완판 대봉, 상.22ㄱ), 어루 만지며(완판 구운몽, 하.36ㄴ),
       cf. 撫 어르문질 무(1576, 신증유합, 하.13ㄴ).

졋다 일어나셔 두류두류 <u>거로면셔</u> 팔도강산 허다 경기 숀곱아 세알를 제(박순호 소장 99 장본 춘향가, 4ㄱ), (ㄷ) 소겐이 <u>너류물</u> 탄복ᄒ고(완판 장경젼, 43ㄴ). 이러한 예들에서 '너르-(廣)>너로-'의 변화는 자료의 성격에 따라서 18세기 중기의 단계로 소급되기도 한다. 바다히 <u>너로고</u> 하슈 깁프니(1746, 한글 제망매문).62)

(28)ㄴ의 '짜르-(追)>짜로-'와 같은 활용형들은 근대국어 단계에서부터 출발하여 19세기 후기와 20세기 초기의 중부 방언권에서도 확산되어 있다.63) (ㄱ) 짜로다 隨(1880, 한불자전, 461); ᄯ로다, 追, (ᄯ롤-츄), ᄯ라, ᄯ론 : to follow(1897, Gale의 한영자전, p.646), cf. ᄯ로다, 注, to pour from one into another, also ᄯ르다(좌동, p.646), (ㄴ) 계모의게 짜루기를 싱모갓치 짜루면셔(1907, 혈의누, 25), ᄌ연히 김부령에게 짜루더라(1915, 공진회, 76), 사족 부녀ㄱ 짜루지 못홀 힝실이 잇던 게집이라(1907, 귀의셩, 상.22). 이러한 사실을 보면, 용언어간에 수행된 '르>로'의 변화는 개별적인 용언 유형에 따라서 여러 지역으로 확대되어 있었다. 그리하여, 중세국어 '바르-'(正, 直)와 'ㅂ르-'(塗)로 소급되는 용언어간도 17세기와 19세기 후기의 단계에 이르러 다양한 자료를 통해서 '르>로'의 변화 양상을 반영하고 있다.

(29) ㄱ. 그 먹즙을 디거 도닷던 듸며 입 안해 다 ㅂ로고(1608, 태산집요, 69ㄱ),
      니러ᄂ던 비눌이 도로 붓거든 물 바로기롤 긋쳐지 아니ᄒ면(1869, 규합총서, 10ㄱ),
      cf. 바르다 塗(1895, 국한회어, 129),

   ㄴ. 진실로 그 ᄆ음을 구ᄒ면 간 디마다 바루지 안니ᄒ미 업슬지라(1880, 삼성훈, 25ㄱ), 오직 ᄆ옴 바로기예 잇고 ᄆ옴 바로게 ᄒ는 도리는 (1746, 자성해, 1ㄴ), 뎌르며 기울며 바로기 흐ᄅᄀ티 그 형상 ᄌᆺ고 (1792, 증수해, 3,94ㄴ),

   ㄷ. 금 발루게 터져잇다(신재효, 변강, 536), 바론디로 아뢰라(완판 충열,

---

62) 이 한글제문은 1746년 儒學 奇泰東이 죽은 누이를 위해서 쓴 필사본 자료이다. 정승혜(2013)에서 소개·판독된 내용에서 인용한 것이다.

63) 백두현(1992ㄱ)은 17세기 국어 필사본 『진조번방지』(再造藩邦志)에 대한 국어학적 고찰에서 "쏠오디 못ᄒ는(5.12ㄱ), 쏠와 가리라(1.68ㄴ)" 등의 예들을 추출한 다음, '쏠오-'가 'ᄯ르-'에서 '-오-'의 개입으로 이루어진 과정으로 파악하였다. cf. 제슷의 녜는 뻐 먼 듸를 <u>짜로고</u> 근본을 갑는 바요(1839, 유척윤, 5ㄴ).

　　하.18),
　ㄹ. 도리는 바루게 하고(*Corean Primer*, p.19),
　ㅁ. 집이 경즉혼 거슬 바루게 곳칠 쎄는(1882, 정정 인어대방, 5.4ㄴ).

　지금까지 주로 체언 어간말 위치에서 수행된 '르>로', 또는 '㝄>로'의 변화는 '㝄'의 모음체계상의 본질과 관련하여 각별한 주목을 받아 왔다(이숭녕 1939, 1940, 1954; 河野六朗 1945; 허웅 1955; 유창돈 1964; 남광우 1984). 이러한 변화에 대한 고찰의 대상은 중세국어에서 비자동적 교체를 보였던 특수어간들 가운데 '-르/-㝄'와 같은 음성조건을 갖추고 있던 한정된 부류들이었다. 여기서 '으>오' 또는 '㝄>로'의 변화를 거쳐 오늘날의 중부방언 어간말 '-루'까지 이르는 과정에 대한 합리적인 설명과 그 대안이 추구되었다. 그러나 이러한 역사적 과정에 개입된 특이한 모음의 변화 '으>오' 또는 '㝄>오'의 방향이 당시 모음체계의 틀에서 음운론적으로 통합적 또는 계합적 관계로 쉽게 파악되지 않는다.

　최근에 소신애(2015)는 주로 체언어간에 적용된 '㝄>오'의 변화에 대한 작동 원리를 음성적 차원, 어휘적 차원 및 사회적 차원에서 면밀하게 재검토한 바 있다. 앞으로, 위의 (28)-(29)에서와 같은 다양한 지역방언의 용언어간 음성 환경에서 일어난 '르>로>(루)' 또는 '㝄>로>(루)'의 변화 범주에까지 관찰의 대상이 포괄적으로 확대되어야할 필요가 있다.64)

---

64) 통시적 음운변화를 공시적으로 기술하는 방안을 고찰한 이진호(2008 : 206)는 '으'에 적용되는 원순모음화의 보기 가운데 경기도와 강원도 등에 많이 등장하는 '사루다'(<사르+다), '치루다'(치르+다) 용언어간을 첨가하였다. 그러나 이진호(2008)는 이러한 용언어간에서 수행된 원순모음화가 규칙으로 설정하기에 너무 미약한 변화이기 때문에 논의의 대상이 되기 어렵다고 보았다.
이러한 어간모음의 변화를 보이는 '사루다'와 '치루다'형은 이미 18세기 후기-19세기 후기에 확립되어 있다.

　(ㄱ) 불사로개(한청문감 10.50ㄱ), 죠희 사로며(경신록언석 24ㄱ),
　(ㄴ) 츠르다 ou 츠루다(한불자전 1880 : 600), 칠우다 : voir 츠루다(좌동, 1880 : 603).

4. '기름(油)〉기림' 부류의 전설모음화 : 움라우트와 유추적 확대

4.1 움라우트에 의한 유추와 재구조화

글쓴이는 이 글의 §§1-3을 통해서 지금까지 여러 학자들이 통상적으로 설정한 전설모음화의 유형들을 소개하면서, 일부의 지역방언에서 19세기 후기에 역사적으로 발달한 '기름>기림'(油, Korean Speech, p.20) 부류와 같은 체언어간의 예들을 주목하였다(백두현 1992, 1997; 백두현 외 2013; 정인호 2004). 월성방언의 통시 음운론에서 최명옥(1982)은 전설모음화를 거친 '르>리'의 변화를 기술하면서, '어름'(氷) 등과 같은 폐음절 체언어간에는 이 변화의 규칙이 적용될 수 없다는 제약을 설정한 바 있다. 그러나 '기름>기림'(油) 부류에서 수행된 '르>리'의 변화는 시대와 지역을 넘어서 이러한 소위 전설모음화의 적용제약을 벗어나 있다. 공시적 지역방언의 음운현상에 대한 최근의 연구에서도 이러한 유형의 '르>리'의 변화를 거친 형태들이 해당 지역방언에서 설정된 전설모음화 현상의 범주로 지속적으로 거론되어 오고 있다.

예를 들면, 전남방언 하위 지역어들의 다양한 음운현상에 대한 대조와 비교에서 이진숙(2013)은 고흥방언에서 쓰이고 있는 '고림'(고름), '보림'(보름) 등의 예들을 전설모음화의 범주로 귀속시켰다. 이러한 예들과 함께 이진숙(2013 : 30)은 '르>리'의 음운론적 과정에 대한 일종의 역현상으로 보이는 '트름'(트림, 진도 강진/병영), '보르'(보리), '허르'(허리) 등과 같은 지역 방언형들을 제시하였다. 여기서 추출된 '트림→트름'과 '보리(麥)/허리(腰)→보르/허르'의 예들은 전형적인 '르>리'의 방향과 대조하면, 매우 특이한 형태이다. 그렇기 때문에, 이러한 방언형들은 해당 지역방언의 통합적 음운현상으로 이해되지 않는다. 따라서 고흥방언에서의 이러한 방언형들이 실제로 일정한 사회적 맥락에서 의사소통 행위를 하는 토박이 화자들의 규범에 근거한 언어 의식을 통해서 '르>리' 변화에 대한 과도교정(hypercorrection)으로 형성되었을 것으로 이진숙(2013)은 해석하였다.

전남의 하위 지역방언에 출현하는 '트림→트름'의 사례는 위에서 전설모음화의 유형으로 열거된 19세기 후기 평안도 방언의 '기름(油)→기림' 부류의 변화 방식과 반대 방향을 가리킨다. 이러한 대조를 통하여 '기름(油)→기림' 등과 같은 변화가 오늘날의 전남방언을 비롯한 여타의 지역 방언들에 어느 정도 생산적으로 분포되어 있을 잠재성을 찾을 수 있다(이 글의 §4.2에서 예문 (39ㄴ)을 참조). 기림(油, 1895 국한회어 49), 기림짠다(壓油, 410).[65] 또한, '보리(麥)/허리(腰)→보르/허르'와 같은 유형들이 비단 오늘날의 전남방언에서만 출현하는 형태는 아니었다. 시대와 지역이 다른 경상도 방언 일대에서도 이러한 예들이 등장하였다. 이러한 사실을 보면, '르>리'의 변화 유형이 토박이 방언 화자들이 구사하는 언어 사용에서 확고한 위상을 차지하고 있음을 알 수 있다.[66]

>
> (30) ㄱ. 트림→트름 : 룡트름 屈曲假龍(1895, 국한회어, 100), 신트름 난다 酸嚏(좌동, 199), 게트름ᄒ며 ᄒ는 말이(남원고사, 1.37ㄴ),
> 그림(畵)→기름 : 기름 畵(전남 곡성, 『지방 千字文』(이기문 외 1995 : 110),
> ㄴ. 마르 동(棟, 9ㄱ), 잘으 디(袋, 12ㄱ), 가르 면(麵, 10ㄴ), 놀으 쟝(獐, 6ㄱ), 슬으 증(甑, 11ㄱ), 이상은 을유본 <類合>에서.
> ㄷ. 검으 주(蛛, 7ㄱ), 아으 제(弟, 8ㄱ), 동으 분(盆, 10ㄴ), 중으 군(衆, 12ㄱ), cf. 벼리 연(硯, 10ㄱ), 미리 용(龍, 6ㄴ). 이상은 을유본 <類合>에서.

---

65) 담양방언의 음운론적 특징을 기술하는 가운데 이진숙(2014ㄱ : 112)이 제시한 전설모음화 '으>이'의 보기 가운데, '씨림'(←씨름) 방언형이 포함되어 있다. 이러한 방언형 '씨림'의 예는 전남 벌교방언 토박이 화자인 이봉원 노인의 구술 담화 가운데에서도 등장한다(예문 37ㄹ을 참조). 이러한 사실을 보면, '씨름>씨림'과 같은 체언어간의 재구조화는 전남방언 일대에 확산되어 있는 것 같다.

66) 19세기 후기 乙酉本 <類合>에 나타나는 김해방언에서의 용례는 이상규(2012 : 229-259)에서 추출하였다.
새로 발굴한 자료를 촬영한 선명한 파일을 글쓴이에게 보내주신 경북대 이상규 교수에게 감사한다. 이상규(2012)는 이 자료가 1885년에 경남 김해지역 중인서리 계층으로 추정되는 사람이 필사한 것으로 고증하였다.

아래의 보기에서 (30)ㄱ은 '트림→트름'과 같은 방언형들의 분포가 어느 일정한 지역방언에만 한정되어 있는 것이 아니라, 19세기 경상도 방언과 경기도 방언 일대에서도 출현하였음을 보여준다. 전남 곡성의 『지방 천자문』에 등장하는 '그림'에 대한 전통적인 새김 '기름'은 오랜 시간심층을 나타낸다. 그러나 '그림'의 단계에서 먼저 움라우트가 적용되고(그림>긔림>기림), 이어서 그 이후에 '르>리' 변화 유형에 대한 반작용으로 '기림→기름'으로 과도교정된 상대적 연대만이 추정된다.

(30)ㄴ-ㄷ의 예들은 19세기 후반의 경남방언 乙酉本 『類合』에서 부분적으로 추린 것이다. (30)ㄴ에서 '마르, 잘으, 가르, 놀으, 슬으' 부류는 해당 지역의 토착 방언형 '마리(棟), 잘이(袋), 가리(麵), 노리(獐), 시리(甑)'의 존재를 전제로 한다. 이 시기의 중앙어 중심의 규범형은 체언 어간말 '-우'형이었지만, 방언적 징표성이 강한 어간말 '-이'형을 회피하기 위한 방안으로 '-으'형으로 선택된 사실이 특이한 면이 있다. 따라서 이와 같은 과도교정을 시도한 토박이 화자는 체언 어간말 환경에서 '으(규범 또는 중립적 지향 가치) : 이(토착 방언의 부정적 가치)'와 같은 모음 대응을 인지하고 있었다고 판단된다. 그러한 추정은 (30)ㄷ의 예들에서 부분적으로 드러나는 것과 같이, 당시의 규범형에 속하는 '거미(蛛), 동이(盆), 중의(盆)'형까지도 무리하게 어간말 '-으'형으로 환원시키려는 서사자 또는 화자의 의도에서 확인된다. 이와 같은 사실을 보면, 토박이 화자들이 의식적으로 '리>르'의 과도교정을 적용시킨 (30)의 예들과 오늘날의 전남방언에서의 '보리(麥)/허리(腰) → 보르/허르'와 같은 사례는 체언어간의 자음 '르'에만 한정된 현상으로 보기 어렵다.

지금까지 논의한 (30)ㄱ의 '트림→트름' 및 '그림→그름'과 같은 산발적인 과도교정을 토박이 화자들이 촉발시킨 유추의 비례식은 해당 방언에서 생산적인 '기름>기림'(油) 등과 같은 부류의 생산적인 쓰임을 전제로 한다. 그러나 체언어간의 환경에서 일어나는 이와 같은 '-름>-림'의 변화는 음성 조건에 의한 결합적 음운과정인 전설모음화에서 유래한 것으로는 파악되지 않는다. 그러한 이유는 지금까지 글쓴이가 이 글의 §§1-3을 통해서 일관되게 지적한 바와 같이, 후설모음 '으'를 경구개 조음위치의 '이'로 이끌 수 있는 조음 음성적 동력이 결여된 치조음 'ㄹ'이 '-름>-림'의 변화에서 동화주로서 기능을 발휘한 적이 어느 역사적 단계에서도 없었기 때문이다.

이러한 사실과 관련하여 글쓴이는 체언어간의 음성 환경 '-름'이 일단 '-림' 으로 모음이 '으→이'의 반향으로 전설화될 수 있는 일차적 동인을 주격조사(서술격조사도 포함) '-이'와 통합되는 움라우트 실현 조건에서 찾으려고 한다. 1970년대 전북 운봉 지역방언에 확산된 생산적인 움라우트 현상의 분포 양상과 그 작동 원리를 기술했던 이병근(1971 : 483)은 주격조사 '-이'와 결합되는 형태소 경계의 위치에서 거의 모든 피동화 모음이 대응하고 있는 전설모음으로 바뀌는 현상을 관찰하였다. 강(江)+-이→갱이, 법(法)+-이→벱이, 목(喉)+-이→묍이, 교통(交通)+-이→교툉이. 이병근(1971)에서 제시된 이러한 운봉방언에서의 움라우트 실현형들 가운데, 체언 어간말 '-름'의 환경에서 '으'의 움라우트를 수용한 아래와 같은 일련의 주격형태들을 주목할 필요가 있다(31 ㄱ). 그러나 이러한 유형과 동일한 기제에 의한 움라우트 실현형들인 주격형들이 1970년대의 전북 운봉방언에서만 국한된 고유한 음운현상이 아니었다. 예전 함경도 출신 원주민들로 구성된 중국 연변방언의 움라우트 현상을 고찰한 채옥자(2002 : 68-69)에서도 아래와 같은 주격형들이 등장한다(31ㄴ).

(31) ㄱ. 이림이(이름+이), 거림이(거름+이), 밑거림이(밑거름+이), 어림이(어름+이),
     ㄴ. 이리미(이름+이), 기리미(기름+이), 시리미(시름+이), 고리미(고름+이),
       거리미(거름+이), 어리미(어름+이), 주리미(주름+이), 찌미(쯤+이).

전북 운봉방언과 중국 연변방언에서 주격조사 '-이'와의 통합 과정에서 위와 같이 등장하는 '이름(名)+-이 → 이림이', '거름(步)+-이 → 거리미' 등의 부류에서 동화주 '-이'가 나중에 탈락되었다고 가정하면 우리가 앞서 살펴보았

던 '기름(油)>기림' 유형과 같은 단독형이 표면으로 도출되어 나올 것이다. 그
렇다면, 이와 같은 가정과 관련하여 2가지 의문이 제기된다. 첫째, 어떤 형태
론적 조정이 체언어간에서 '-름>-림'의 변화를 촉발시킨 움라우트의 동화주
'-이'의 제거에 나중에 관여하였을까. 둘째, 먼저 움라우트의 적용, 그 다음
단계에서 동화주 '-이'의 탈락이 순차적으로 수행되는 상대적 순서가 체언어
간 '-름>-림'이라는 개별적인 음성 환경에서만 가능하였을까.

이러한 두 가지의 의문점과 관련하여, 리동빈(2004 : 40-41)이 주로 북부방언
자료를 중심으로 제시한 움라우트 적용 조건이 결여된 음성 환경에서 전설
화가 실현된 방언형들의 예들과, 여기에 따른 설명을 논의의 전개상 먼저 인
용한다.

  (32) ㄱ. 골멕(골목) : 동북, 눈꿥(눈꼽) : 동북, 바램(바람) : 동북, 툅(톱) : 동북,
         ㄴ. 택(턱) : 동북, 동남, 서남, 중부.

리동빈(2004)에 따르면, 이와 같은 예들은 예전에 체언 어간말에 접사로서
모음 '-이'를 보유하고 있었던 역사적 단계에서 먼저 움라우트가 적용되고,
이어서 동화주 '-이'가 탈락되는 과정을 거쳤다고 한다. 골목+-이>골목+-이(움
라우트)>골목(-이의 탈락), 눈꼽+-이>눈꿥+-이>눈꿥, 바람+-이>바램+-이>비램, 탁+-이>
택+-이>택. 따라서 (32)의 '골멕, 눈꿥, 바램, 택' 등과 같은 방언형들은 움라우
트를 수용하여 형성된 어휘들이라는 해석이다. 이러한 예들 중에서 특히 여
러 지역방언에 확대되어 등장하는 방언형 '택'(頤)의 경우는 초기 근대국어의
단계로까지 소급될 수 있기 때문에, 지금까지 연구자들이 각별한 주목을 하
였다(유창돈 1964 : 165; 곽충구 1994, 1998; 백두현 1998 : 224).[67]

---

67) 유창돈(19640 : 165-166)은 17세기 초엽의 자료에서 등장하는 '특(顊)>턱'의 변화는 일종의
   자생적 변화로 '너기다(相)>녀기다, 조조(淨)>짓짓, 모츠라기(鴉)>뫼츠라기, 구더기>귀더기,
   쌤>쌤, 곳고리(鶯)>굇고리' 부류와 함께 체언어간에 '-이'가 첨가된 현상으로 기술하였다. 또
   한, 백두현(1998 : 224)을 참조.

곽충구(1994, 1998)는 평북과 육진방언 및 경북방언 등지에 분포된 방언형
'택'이 '특'에서 제1음절 위치 'ᄋ>아'의 변화를 수용한 '탁'형에 접사 '-이'가
연결되어 움라우트 실현형 '탁+-이>택이'를 형성한 단계에서 '-이'가 탈락되
어 어간이 재분할 또는 재구조화된 것으로 분석하였다. 앞서 제시한 리동빈
(2004)의 설명 방식과 일치하는 점이 있으나, 곽충구(1994)에서는 '탁이>택이'
의 다음 단계에서 접사 '-이'가 모음으로 시작하는 격조사 앞에서 탈락한다
는 조건이 첨가되었다.[68]

이러한 '택'형과 함께 주로 함경도 방언을 대상으로 제시된 위의 (32)ㄱ의
예들에 귀속되는 부류들은 1930-1940년대에 비전문가들이 자신들의 고향 말
을 수집하여 『한글』에 기고한 해당 지역의 방언형들에서도 등장하고 있다(최
전승 1994 : 231-232).

> (33) 배꿉, 염퉁, 문뒤(배꼽, 염통, 문둥이, 함북 길주. 『한글』 6권 6호), 지뙹(地動,
> 함북 청진. 『한글』 10권 2호), 천뙹(天動, 좌동), 몽딩(몽둥이, 청진(6).
> 『한글』 9권 8호),

---

68) 20세기 함북방언형 '특>탁>탁+-이>택이>택'의 논리를 17세기 초기의 『동국신속삼강행실도』
(1617)과 경상 방언을 반영하는 중간본 『두시언해』의 '탁'형에 적용에 그대로 적용할 수 있
을까 하는 의문이 제기될 수 있다.

믄득 눈믈이 턱애 흐르더라(1617, 동국신속, 효자, 4,5ㄴ),
狼頭ᄂᆞᆫ 턱 아래 고기롤 드듸는 둧ᄒᆞ도다(1632, 두시언해, 중간:2,7ㄴ).

19세기 후기 전라방언 자료에서도 '특>탁+-이→탁이>택이>택'의 과정을 거친 형태들이 생
산적으로 출현하고 있다.

븩방사 진솔속것 턱 미티 휠신 츄고(84장본 수절가, 상.8ㄱ),
초미 자락을 휠신 추워다 턱 밋트 싹 붓치고(상동, 하.5ㄴ),
방은 추워 턱이 썰여지고(완판 심청, 상.16ㄱ),
안지며 턱을 괴니(완판 조웅전, 상.21ㄴ),
턱 미티 임점용인의 삭여쓰되(완판 츌열, 상.38ㄴ),
웃턱은 가만이 두고 아릭턱만 달달 썰어(장자백 창본 춘향가, 4ㄱ),
도련임 턱 밋티 안져셔(박순호소장본 99장본 춘향가, 1917년 정사년 필사).
cf. 두 눈셥이 탁 아릭 나려지고(완판 용문전, 10ㄱ).
  노랑코는 아릭탁의 거말장을 ᄒᆞ고(박순호 소장 99장본 춘향가, 74ㄴ).

염튕이(염통, 함남 함흥.『한글』6권 7호), 염튕(함북 청진(8).『한글』10권 1호), 배꿉, 배꿉(배꼽, 함북 청진(6).『한글』9-8). cf. 배꿉이(함남 함흥.『한글』6-7),

호랭(청진(9).『한글』10-2)~호랭이(함남 정평(2).『한글』5-2).

뗑뗑(뚱뚱이, 청진(5).『한글』9-7), 쥐뒤(주둥이, 함남 고원.『한글』6-10), 쥐뒤(함북 청진(9).『한글』10-2)~주딩이(주둥이, 함남 정평(3).『한글』5-3),[69]

cf. 막딍이(막둥이, 함북 길주.『한글』6-3), 몽딍이,몽뒹이(함남 정평(2).『한글』5-2), 벼리디(벼룩, 평북 용천.『한글』6-5), 베리디(평남개천.『한글』7-4), 베리기(함북 온성.『한글』1-9), 베루기(함남 정평(2).『한글』5-2).

지금까지 (32)-(33)에서 제시된 움라우트를 거치고 '-이'가 탈락하여 결과적으로 재구조화를 거친 일련의 독립형들이 움라우트 현상이 생산적인 북부 방언에서만 관찰되는 것은 아니다. 경기도 방언권 일대의 노년층 화자들이 구사하는 방언 자료를 기술하고 정리한 김계곤(2001)에서도 이러한 방언형들이 각별한 관심의 대상이 되었다. 김계곤(2001)은 경기도 하위방언 여러 등지에서 빈번하게 등장하는 "대쟁(大將), 부락(部落), 여뙥(旅毒), 노동댕(勞動黨), 신랭(新郞), 풍쇽(風俗), 희맹(希望), 편잭(扁鵲), 쇽(속), 괴탱(交通), 사램(사람), 닭(닭)" 등의 예들을 제시하면서, 다음과 같이 지적하였다. "이런 어휘들은 '-이'를 첫 낱내로 하는 토씨나 잡음씨가 연결된 경우에 나타나는 '이 치닮음 현상'인 것도 있고, 이미 그와 같은 단독 형태로 굳어진 것도 있다고 볼 수 있다."(김계곤 2001 : 137). 최전승(2004)은 김계곤(2001)에서 제시된 이러한 설명을 바탕으로 자연스러운 방언구술 자료를 이용하여 주격조사 '-이'와 통합된 체언의 주격형이 출현하는 생산적인 사용 빈도수를 산출한 다음, 다른 격 형태로 유추에 의해서 확대되는 재구조화 과정을 복원하려고 하였다.[70]

---

69) 이 가운데 '쥐뒤'(주둥-이>주뒝-이>쥐뒝-ø)의 이전 단계 '쥐뒝이' 방언형은 1940년대 전북 익산 방언과, 오늘날의『평북방언사전』(1981)에도 등록되어 있다.
쥐뒝이, 쥐뒝배기(「한글」. 11-1), 주둥이, 쥐뒝이(「평북사전」, 466).

위와 같은 사실을 정리해 보면, 앞서 제시했던 (31)의 예문과 관련된 2가지 의문에 대한 답을 어느 정도 제시할 수 있다. 종래에 소위 '르>리'의 전설모음화 현상으로 편입되어온 '기름(油)>기림'의 부류들도 위에서 언급된 (32)-(33)의 예들의 범주, 즉 (1) 먼저 주격조사 '-이'와 통합되어 일어난 움라우트 현상, (2) 이어서 움라우트를 수용한 주격형의 생산적인 출현 빈도에 따른 다른 격 형태로의 유추에 의한 확대, (3) 단독형으로의 재구조화의 과정 속에서 이해하는 것이 합리적이다.

이러한 사실과 관련하여, 영남 문헌어의 음운사 연구에서 백두현(1992 : 263)이 <유음 뒤의 '으>이'> 항목에서 제시한 다양한 예들 가운데, (126)d "무립(膝), 다림이(異) 업시며/잇더라" 등이 주목된다.71) 여기서 단독형 '무립'(膝)의 사례에서는 통사적 환경이 파악되지 않지만, '다림(異)이 업시며/잇더라'에서는 주격조사 '-이'와 통합되어 움라우트가 적용되어 있다. 그리하여 주격형

70) 김태균의『함북방언사전』(1986 : 515-63) 후반부에는 각 지역 노년층의 방언화자들이 실제로 쓰는 구어의 예들이 한 문장씩 표준어와 대조해서 제시되어 살아 있는 언어 자료를 제공한다. 이 가운데 유추적 확대형들이 대화에서 구체적으로 쓰이는 몇 가지 예가 온성과 경흥, 성진을 중심으로 다음과 같이 나타난다. 이 구어 자료의 일부에는 체언에 연결되는 동화주 주격조사 '-이'에 의한 움라우트 현상이 생산적으로 실현되어 있다.
배 고프거나 뫼이 아풀 때무 집 생객이 나는 벱이오(명천, p.555, 배가 고프던지 몸이 아프던지 하면 집 생각이 나는 법이오).

ㄱ. 죽은 벱으 보고 그렇게 놀라더럽데(죽은 범을...온성, 553),
ㄴ. 그 때부텀 나는 그 사램하고 자주 만나게 됐소(사람하고, 온성, 540),
　귀겨 : 갈 사램은 손으 들어라(사람은...온성, 538),
ㄷ. 내믜 정시므 날마당 얻어 먹기아(남의 점심을...성진, 539),
ㄹ. 당신이 춺을 취니 나두 췄꾸마(춤을 추니...경흥, 542).

『증보 한국방언사전』(최학근 1990)을 참고하면, 움라우트를 거친 유추적 확대형들의 예들이 '바램'(바람, p.37), '땡'(땅, p.100), '무댕'(무당, p.367), '땜'(땀, p.496), '뱅'(방, p.643) 등을 포함하여 모두 30여 가지로 전 지역에 확대되어 있다. 이러한 방언사전 부류들에서 방언 자료의 수집은 주로 격식적인 면담의 절차를 거쳤을 것이기 때문에, 실제로 대화의 상황에서 화자들이 화용론적으로 구사하는 움라우트의 유추적 확대형들은 더욱 그 양이 풍부한 동시에, 폭넓게 분포되어 있을 것이 분명하다(최전승 2004).
71) 영남 문헌어에 반영된 방언어휘에 대한 고찰에서도 백두현(1998 : 223)은 방언형 '무립'(膝, 영남삼강록 17 : 17ㄴ)을 주목하고, 'ㅅ'과 'ㄹ'은 조음 장소가 치조라는 공통점을 공유하고 있기 때문에 ㄹ 뒤에서 '一>ㅣ' 변화를 수행한 것으로 간주하였다.

'다림-이'는 해당 방언에서 다른 격 형태로 유추에 의한 확대(다림+-은, 다림+-
을, 다림+-으로)를 거쳐 나중에 단독형 '다림>다림'으로 재구조화될 수 있는 잠
재성을 가지고 있다. 이와 같은 관점에서 위에서 언급되었던 19세기 후기의
지역 방언형 '기름(油)>기림'의 부류의 일차적 출발은 지금까지 검토한 예문
(31)에서의 움라우트 실현 환경으로 소급된다.

다음의 §4.2에서는 이러한 재구조화가 19세기 후기 전라방언의 자료와 현
대 지역방언 등지에서 수행되는 구체적인 과정을 개별적인 사례 중심으로
검증하기로 한다.

4.2 '기름(油)>기림' 부류의 재구조화 과정

19세기 후기 전라방언에 적용된 움라우트 현상은 형태소 내부와 형태소
경계에서 생산적으로 확대되어 있었다(최전승 1986을 참조). 19세기 후기 전라
방언 자료에서 추출된 아래 (34)의 보기는 '기름(油)>기림' 부류에 속하는 체
언 '우름'(泣)과 '어름'(氷)이 주격조사/서술격조사 '-이'와 통합된 통사적 환경
에서 움라우트를 수용하여 각각 '우림-이'와 '어림-이'로 실현되는 상황을 보
인다.

> (34) ㄱ. 어름-이>어림-이
>   지리 나문 기천의 밀친 다시 쩌러지니 면상의 흑빗시오 의복이 어림이
>   라(완판 심청, 상.17ㄱ)~으복이 어름이라(완판 41장본 심청가, 17ㄱ),
>   ㄴ. 우름-이>우림-이;
>   쇽의셔 우림이 쓰러 나오며…우림이 보츠 통츠 건덕이츠 아죠 쑥 쌔
>   져….우림이라 흣난 거시 남이 말니면 더 우난 법이엿다(장자백 창본
>   춘향가 22ㄴ-23ㄱ)~노당나구 우름쑈를 니여(상동, 22ㄴ)~아모리 드러
>   도 우름이 장차 질구나(완판 84장본 수절가, 상.39ㄱ), 우름이란 게 말
>   이난 사람이 잇시면 더 우던 거시엿다(상동, 상.36ㄴ), 진양조란 우름이
>   되야(상동, 하.7ㄱ),

ㄷ. 다름(異)-이>다림-이;
　　한신니 왈 니 그디을 쳥홈문 <u>다림미</u> 아니랴(완판 초한, 상.34ㄱ)～ 뇌공
　　으 쳐분을 지달이고 쏘한 문을 닷기난 다름이 아니라(상동, 상.17ㄴ),
　cf. 병마을 거두워 틱평으로 <u>늘기미</u> 엇더 호요 한디(늙음-이, 완판 초
　　한, 하.8ㄴ),
　　니자가 불민하면 가장 나셜 <u>씍기미</u>라(완판 84장본 수졀가,상.25ㄱ),
　　집푼 물의 <u>풍냉이</u> 요란한듸(風浪이, 완판 대봉, 상.10ㄱ).

위의 보기에서 주격형/서술격형 '어림-이라∽어름-이라', '우림-이∽우름-
이', 또는 '다림-이∽다림-이' 등은 19세기 후기 전라방언에서 공시적 변이
현상으로 등장하고 있다. 이러한 변이는 움라우트의 수용이 오늘날의 상황에
서와 동일하게 사회언어학적 변항에 의존하였을 것으로 보인다. 그리하여,
위의 예들에서 아직은 재구조화된 '어림'이나 '우림'이 단독형으로 확립되어
나타나지 않았지만, 당시 자료상의 한정된 제약 때문일 것으로 생각된다. 19
세기 후기 전라방언의 음운론에서 '으'의 1차적 움라우트는 중간단계 '으>의'
의 과정이 개입되었을 것이다. 위의 움라우트 실현형들은 이중모음 '의'가 단
모음 '이'로의 변화가 19세기 후기 당시에 진행 중이었기 때문에, 위의 (34)의
보기에 출현하는 주격형들은 결과적으로 축약된 상태(-으>-의>-이)로 반영되
어 있는 셈이다.

그러나 19세기 후기 전라방언의 자료에서 주격조사 '-이'와 통합되어 움라
우트에 적용된 각각의 '어림-이'과 '우림-이'형과 유사한 음성 조건을 구비하
고 있는 일부의 다른 체언에서는 주격형의 유추에 의한 움라우트 적용의 확
대와 어간의 재구조화가 이 시기에서도 형성된 단계를 나타내고 있다. 자료
자체에서 출현 빈도가 높은 '노름(戱)>노림'의 사례가 여기에 속한다.

(35) 노름>노림(戱);
　ㄱ. 춘향아, 우리 <u>말노름</u>이나 좀 하여보자. 이고 참 우수워라. <u>말노림</u>이 무
　　어시오 <u>말노림</u> 만이 하여본 셩 부르게, 천하 쉽지야(완판 84장본 수졀

가, 상.35ㄱ).72)

ㄴ. 광더 십여인이 모다 노름ㅎ며, 나도 노림을 ㅎ더니...광더등이 듯고 노
림을 시작ㅎ거날.. 왼갖 노림을 잘 ㅎ니(완판 풍운, 10ㄴ),

ㄷ. 이 노림 져 노림 그만 두고 놀보놈을 조쳐ㅎ쟉(김문기 소장 26장본 흥
부전, 23ㄴ),

ㄹ. 이 번 노림에(필사본, 구운몽, 하.257ㄱ), 다만 노림에 춤예치 아님으로
(상동, 257ㄴ), 낙유원 노림에(상동, 257ㄱ),

cf. 상ㅎ업시 노난 노름의 무신 쳥턱이 잇써라(장자백 창본, 춘향가, 5ㄴ).

위의 예들에서 (35)ㄱ에서 보이는 다양한 통사적 환경은 여타의 단독형
'노림'(戱)이 주격조사 '-이'와의 통합 과정에서 형성된 움라우트 실현형으로
부터 유추를 거쳐 점진적인 재구조화로 이르는 진행 경로를 보여준다. 이와
같은 첨단적인 재구조화의 촉발이 당시의 화자들이 구사하였던 높은 출현
빈도에 있을 것이라는 추정은 '노림'이 등장하는 다양한 자료 자체(35ㄱ-ㄹ)에
서도 확인된다. 또한, 19세기 후기에 간행된 완판본 고소설 부류나, 판소리
사설과는 자료의 유형이 상이한 동 시대의 전북방언으로 작성된 『봉계집』에
서도 재구조화가 완성된 '노림'형이 등장하고 있다.73) (ㄱ) 광더 창부 네 노림은
이왕의 구경이라(필사본 봉계집. 41ㄱ), (ㄴ) 각식 노림을 시기민 그 구경을 엇지 다 층냥
ㅎ리(좌동, 44.ㄱ).

---

72) 완판 84장본 『열녀춘향수절가』(수절가)의 이야기 구성과 전개를 어느 정도 충실히 따르고
있는 두 편의 필사본에서 '말노름~말노림'은 '말농질'로 교체되어 있다.

(ㄱ) 이이 말농질이나 좀 ㅎ여 보쟉. 익고 구졉시러라. 말농질은 엇쩟케 한단 말삼이요(장자
백 창본 수절가, 21ㄱ),
(ㄴ) 그러나 졭어나 시작ㅎ 짐의 말농질이나 ㅎ어 보자. 익고 그 양반 별 잡셩시런 쇼리을
다 ㅎ시요(박순호 소장 99장본 별춘향전, 30ㄴ).

여기에 등장하는 '말농질'은 비슷한 시기의 산물인 『한불ㅈ뎐』(1890)과, 20세기 초반의 『법
한ㅈ뎐』(1912, 르 장드르 편)의 표제어로 올라와 있기도 하다.
말농질ㅎ다 : jouer en cheval(enfant), 한불ㅈ뎐, 1880 : 225, 법한ㅈ뎐 1912 : 297).

73) 19세기 후기 전북방언을 반영하는 필사본 「鳳溪集」은 1894년 전북 진안군 주천면 출신 朴海
寬이 작성한 50장본으로, 전북대 이태영 교수가 발굴하여 오늘날의 전북방언과 대조하여 소
개하였다("<봉계집>과 19세기 말 전북 화산 지역어"(『국어문학』 제28집, pp.3-25).

19세기 후기 전라방언 자료에 등장하는 '노름∽노림'은 이전 단계의 '遊戱'의 보수적 의미를 그대로 계승하는 '놀옴(놀이/노리)'로 소급되지만, 이미 이 시기에도 '賭博'로의 의미가 파생되어 나왔다. 글 닑키는 아니ᄒᆞ고 날마다 노름을 공부ᄒᆞ니(賭, 태상감응편 3.33ㄴ), Gamble : 노롬ᄒᆞ오, Gambler : 노롬(Underwood의 한영ᄌᆞ뎐, 제2부, 1890 : 117), 賭枝(1895, 국한회어, 62). 오늘날 전남 벌교지역의 토박이 방언이 구사된 80대 노년층(이봉원) 구술 자료에서도 '노름'(賭)에 대한 '노림' 형이 주격형과 단독형으로 변이 현상으로 출현하고 있는 사실을 보면, 그 재구조화의 기원이 19세기 후기의 단계로 소급됨을 알 수 있다.[74]

> (36) ㄱ. 그때는 그 근방이 <u>노림</u>이 흔해, <u>노림</u>이 흔헝께(이봉원, p.34),
>
> ㄴ. <u>노림</u> 배우먼 못 씬다고 <u>노림</u>이 살림 망헌 사람 있고(p.34)~노름 히 갖고 기양 새경돈 다 없애뿌리고(이봉원, p.34), 즈그 칭형은 노름해 갖고 거덜이 나 갖고 있고 (이봉원, p.171).

(36)ㄴ의 예에서 "노림 배우면…"과 같은 문맥에 출현하는 '노림'형은 후속하는 격조사 형태가 생략되어 있지만, 통사적 환경에 비추어 주격형일 가능성은 적다. 이 자료제공자의 말에서 주격조사와 연결되어 등장하는 움라우트 실현형 '노림-이'는 벌교방언의 공시적 음운현상으로 보인다. 따라서 주격형 '노림-이'의 생산적인 출현 빈도에 의해서 점진적으로 단독형 '노림'으로 재구조화 되었을 것이다. 동일한 자료제공자 이봉원 노인이 보수형 '노름'과 개신형 '노림'을 변이 현상으로 교체하여 사용하는데, 그 변이형들이 등장하는 구술 담화의 환경은 동일하지 않은 것으로 보인다. 또한, <뿌리깊은나무사>에서 펴낸 민중자서전 12, 『벌교 농부 이봉원의 한평생』(1992)의 구술 자료에

---

74) 이 구술은『뿌리깊은 나무 민중자서전 12, 벌교 농부 이봉원의 한평생』, <그때는 고롬고롬 돼 있제>(편집 : 박기웅, 1992)을 이용하였다. 구술 채록 당시 85세 이봉원 자료제공자는 전라남도 보성군 벌교읍 가난한 농가에서 1906년 출생하여, 이 지방 소작농으로서 겪어온 고생스럽고 험한 한평생을 1990년 현재에 이르기까지 순수한 토박이 벌교말로 자연스럽게 구술하였다.

는 '노름>노림'(賭博)의 재구조화 이외에도 체언어간 '-름'의 음성 조건을 갖
추고 있는 몇몇 어휘에서 '-름>-림'의 단독형 유형들이 그러한 변화를 수용
하지 않은 원래의 보수적 형태들과 부단한 변이현상을 보인다.

> (37) ㄱ. 여름>여림(夏) :
> 시안에 방애 찧다가 여림에까장 묵그덩(p.92), 일꾼덜이 인자 여림에
> 맹글아(p.92), 덕석은 여림에 마당서 맹글제(p.92), 여림에 모 다 싱키고
> (p.122), 봄에 여림에뱉이 못 입고(p.134)~여름에 날 따시고 헝께로
> (p.134).75)
>
> ㄴ. 구름>구림(雲) :
> 구림이 막 탐박질로 들어가고, 구림이 막 부산 낳게 올라 와. 하느바람
> 허고 구림이 들오고 나가고(p.77), 구림이 막 저 동쪽으서(p.76)~
> ~구름이 또 요리 내리오그덩(p.76), 그릏게 구름 들으갛 것 보고(p.77).76)
>
> ㄷ. 보름>보림(望月);
> 보림에는 또, 근방으 댓나무가 있어(p.27).
>
> ㄹ. 씨름>씨림 :
> 그 굿이 농군덜 베실이여. 상씨림이여(p.123), 씨림 헤기가 일이고(p.25),
> 그리갖고 씨림 했다 허먼(p.123)~씨름 헤기 허고(p.26), 씨름 허고
> (p.25), 인자 벌괴에서나 씨름 붙이먼(p.123).77)

---

75) '여름(夏)>여림'과 같은 움라우트에 의한 재구조화를 거친 단독형은 전남방언 일대에 광범위
하게 확산되어 있다. 여름→여림(주갑동 2005 : 254). 전북 전주방언의 구비 담화에서 '여름
+-이'의 주격형에 움라우트가 실현되어 있다. 여림이구 겨굴이구, 뭐 겨울이믄(한국구비문학
대계 5-2, 전북 전주시/완주군편 : 전북 운주군 설화 4/202).
76) '구름(雲)>구림'의 경우도 벌교지역 토박이 방언화자 이봉원 노인의 특유한 말투는 아니다.
'구림'형은 역시 주갑동(2005 : 26)의 『전라도방언 사전』에 등록되어 있다.
cf. 구들→구딜(주갑동 2005 : 26).
77) 『평북방언사전』(김이협 편, 1981)에서도 '씨름'에 대한 '씨림'형이 출현한다. 평북방언의 음운
론에서 체언과 용언의 어간에 이른바 '르>리'의 변화를 반영하는 사례는 존재하지 않기 때
문에, 이러한 '씨름>씨림'의 경우도 예의 '기름(油)>기림' 등의 변화와 마찬가지로 움라우트
를 수용한 주격형의 유추에 의한 확대로 파악된다.

비교씨림(p.220), 씨림꾼, 씨림판(p.372), 책과 씨림하다(p.372).

이와 같은 '-름>-림'의 재구조화를 거친 어휘들은 동일한 토착 화자의 구술 자료에서도 어휘마다 개별적인 동시에, 고정성을 띠거나 출현의 일관성을 보여주지 않는다. 이러한 사실은 개별적인 방언화자들에서 해당 어휘들의 출현 빈도와 함께, 보수형과 개신형 간의 교체가 담화가 일어나는 언어 외적인 사회언어학적 변항에 따라서 실현되고 있을 것으로 보인다. 이와 비슷한 상황이 음성 환경 '-름'의 체언에서만 여러 지역방언에서 한정되어 출현하는 것은 아니다.

예를 들면, 전남 진도군 군내면 설화 (8)을 구술하는 자료제공자는 '(고기)비늘'에 대한 주격형 '비늘-이'에서 움라우트를 적극적으로 실현시키고 있으며, 따라서 재구조화된 단독형 '비닐'도 아래의 예에서와 같이 등장한다(38ㄱ). 또한, 전광현(2003)에서 수집된 "동해안 방언의 어휘" 가운데에서 전남 벌교 방언 화자 이봉원의 담화에서 출현하지 않았던 체언어간에서의 '-름>-림'의 변화 유형을 일부 추출해 낼 수 있다(38ㄴ). 이러한 재구조화 부류에서 '거름 (肥料)>거림'형은 전북 남원방언(전광현 1977)에서와, 경남 경주방언 일대(宣德五外 1991)에서도 분포되어 있다(38ㄷ).[78]

(38) ㄱ. 이 비닐이 생겨갖고 고기 <u>비닐마이</u>로 전부 입혀진다 그말이여. 비닐이를 지금 못벗고 있는데, 그날 저녁에는 비닐이 벗드라 그 말이여~딱 그 고기비늘이, 비늘이 식도에가 걸렸다(『한국구비문학대계』 6-1, 1980. 진도군 군내면 설화 8. 183-184),

---

78) 체언의 음성 환경 '-름'에서 비어두음절 위치에 개입된 '으→어'의 음운론적 과정으로 인해서 '-름>-림'의 변화가 면제된 경우도 생각할 수 있다. 19세기 후기 경상도 방언을 반영하는 『국한회어』(1895)에서 '여름(結實)>여림'의 재구조화는 등장하였으나, 다른 유형의 체언 '-름'의 경우들은 '-름>-림'의 변화를 먼저 수용하였기 때문에 이러한 재구조화에 참여하지 않은 모습을 보인다.

여름(結實) : 여림(1895, 국한회어, 67), cf. 여름, fruit, baie, *Syn.* 열믜(한불자전, 1880 : 30), 여림, 夏(국한회어, 67). 어럼 빙, 氷, 어럼물, 어럼 굵게 고기 뚜다(좌동, 65), 어려운 거럼이요(步, 상동, 66), 비럼 果茱名(비름, 상동, 47).

cf. 머슴→머섬, 奴(국한회어, 34), 미음→미엄, 米飮(좌동, 40), 오듸로 시무은 법은 <u>첫여럼에</u> 잘 익은 거슬(1886, 잠상집요, 3ㄴ).

ㄴ. 거름(肥料) → 거림(동해안, 151쪽), 옷고름→ 옷고림(154쪽), 어름(氷) →
　어림(138), 거름(步) → 거림(148쪽).
ㄷ. 거름 : 거림, 재거림, 밑꺼림이(p.193, 남원 동면, 아영, 운봉),
　　cf. 고드름(p.194), 지름, 동백 찌름(p.196), 거름→ 거림(경남, 경주,
　　p.200).

그 반면에, 앞서 언급하였던 전남 벌교 토박이 방언화자 이봉원의 자료에
서 '-름'의 음성 조건을 구비하고 있는 '이름'(姓名)이나 '기름'(油) 등과 같은 어
휘에서는 그 출현 빈도가 매우 제한적이지만, 주격조사 '-이'와의 통합 과정에
서 예상되는 움라우트 현상이 적용되지 않는 사실이 특이하다. 아래의 (39)의
예에서 주격형에 움라우트가 적용되어 이미 19세기 후기의 단계에서 '이름>
이림'과 '기름>기림'의 재구조화를 이룬 지역의 방언형도 같이 제시한다.

(39) ㄱ. 동네마당 이름이 달라(이봉원, p.18), 그것은 이름이 읾어(이봉원, p.77),
　　cf. 네 이림이 무수게냐?(회룡, 『함북 북부지역어 연구』, 최명옥 외, 태
　　학사. 2002 : 90),
　　이름(名) → 이림(전북 부안, 『조선어방언조사』, 宣德五 外, 연변출판
　　사. 1991 : 58)[79].
　ㄴ. 약값이랑 것이 지름이여(이봉원, p.80).
　　cf. 1). 기림 油(국한회어, 410), 기림짠다(壓油, 국한회어 410)~동백긔
　　　름 冬栢油(국한회어,83),
　　　2). 기림과 술노써 그 샹한 곳에 부워 싸믹고(1882, 초역 누가.10 :
　　　34)=기름과 술노써(1887, 예슈셩교젼셔, 누가.10 : 34),
　　　기림 일빅말이라 ᄒ니(1882, 초역 누가16 : 6)=기름 일빅말이라
　　　ᄒ니(1883, 누가 16 : 6)--기롬 일빅말이라 하니(1887, 누가).
　　　기림 oil(*Corean Primer* 어휘집, p.91),
　　　장판에 기림 뎔너라(girim, *Corean Primer*. 20).

---

79) 宣德五 外(1991 : 45)는 함북 명천방언에서 '이름(姓名)>이림', '고름(濃)>고림' 등의 예를 제시
하면서, 이 지역방언에서 제 2음절 위치에 있는 '-름'은 자주 '-림'으로 대치된다는 설명을
첨가하였다.

위에서 제시된 (38)-(39)의 보기들은 여러 지역방언에서와, 동일한 지역 내에서도 토박이 방언화자들이 구사하는 친숙한 생활어가 쓰이는 상황에 따라서 체언어간 '름>-림'의 재구조화가 매우 가변적으로 수행되고 있는 모습을 나타낸다. 그리하여 (39)ㄱ의 '이름(姓名)>이림'과 같은 재구조화는 비록 벌교 방언 토박이 화자 이봉원 화자의 구술 담화에는 등장하지 않았으나, 쓰이는 사회언어학적 변항에 따라서 함북방언에서부터 전북 부안방언에까지 출현하게 되었을 것으로 본다. 일찍이 정인호(2004 : 82)와 백두현 외(2013 : 348)에서 '르>리'의 변화를 나타내는 전설모음화의 범주로 파악되었던 (39)ㄴ에서 '기름(油)>기림'의 재구조화 기원은 19세기 후기 경상도와 평안도 방언으로 소급된다. 이러한 사실은 19세기 후기의 단계에서 이들 방언에서 움라우트 현상이 주격조사 '-이'를 포함한 형태소 경계를 넘어서도 이미 생산적으로 확산되어 있었음을 전제로 한다(최임식 1994 : 73-77).

김계곤(2001)을 참조하면, 경기도 방언의 일부에서도 단독형으로 '씨림'(씨름)과 '이림'(이름)형이 분포되어 있다. 이름→이림(부천군 대부도 p.37), 씨름→씨림(광주군 도척면, p.432). 경기도 지역에 등장하는 이러한 체언 형태들은 역시 주격조사 '-이'와 통합과정에서 생산적으로 적용된 움라우트 실현형 '씨림-이'와 '이림-이'의 유추적 확대를 통해서 재구조화를 수행한 것이다. 더욱이 '기림'형은 『평북방언사전』(김이협 1981 : 557)에 부록으로 수록된 "평북방언 「千字文」"(pp.557-569)에 전통적인 새김으로 등록되어 있다. 이와 같은 상황을 보면, 보수형 '기름'에서 재구조화된 형태로 대치가 비교적 이른 단계에서 수행된 것이다. 그리하여 '기름+-이>기림-이>기림-이'의 단계를 거쳐 단독형으로 재구조화를 거친 방언형 '기림'이 오늘날에까지 그대로 지속되어 있는 상황을 『평북방언』에서 관찰할 수 있다. 개기림(김이협 1981 : 18), 기림(油, p.79), 챙기림(참기름, p.489).[80]

---

80) 경기도 방언에 관한 김계곤(2001)을 참고하면, 이 방언에서도 역시 '씨림'(씨름), '이림'(이름) 등의 형태가 산발적으로 사용되고 있다.

지금까지 앞선 예문 (34)-(39)에 걸쳐 논의된 산발적이지만, 다양한 체언어 간의 '-름>-림' 재구조화의 유형들은 해당 방언지역의 토박이 화자들에게 일종의 방언적 표지(marker), 또는 전형적인 방언 특질(stereotype)로 인식되었을 것으로 보인다(Wardhaugh & Fuller 2015 : 411). 따라서 격식적인 말의 스타일에서 '-름>-림'의 재구조화에 대한 반작용으로 규범 지향적인 방향으로의 '-림 →름'과 같은 과도교정이 등장하게 될 개연성이 높다. 우리가 예문 (30)ㄱ에서 살펴보았던 19세기 후기 단계에서『국한회어』에 반영된 경상도 방언 '트림→트름'의 출현이나, 전남 곡성『지방 千字文』에서 한자 '畵'에 대한 새김에 등록되어 있는 '그림(畵) → 기름' 등과 같은 예들이 여기에 속한다.

이와 같이『지방 千字文』에 등장하는 새김의 전통이 보수적이고, 동시에 대중적이라는 사실은 19세기 후기 전라방언 자료에 생산적으로 등장하는 과도교정형 '그름∽기름'의 출현 빈도에서 확인된다. 아래에서 (40)ㄱ-ㅁ의 예들은 완판본 계열『열녀춘향수절가』의 여러 판본(84장본 수절가→29장본 별춘향전→33장본 병오본 열여춘향수절가)과, 그 텍스트의 유형이 동일한 2가지 필사본 『춘향전』이본들을 중심으로 표제어 '그림'(畵)형이 다양한 지역 방언형(기름 ∽기림∽긔림∽기음)으로 빈번하게 출현하는 해당 맥락을 상호 대조하여 제시한 것이다.

(40) ㄱ. 벽상을 살펴보니..무슨 *기림*장도 붓쳐 잇고..*기림*을 그려 붓쳐쓰되...셰간 기물과 *기림*이 웨 잇슬고난는..견우 직여 만나난 기름, 광한전 월명야의 도약하던 항아 기름, 칭칭이 붓쳐씨되.. 이티빅이 황학전 쑤러안져 황정경 익던 기름, 빅옥누 지은 후의 자기 불너올녀 상양문 짓난 *기림*(84장본 수절가, 상.21ㄴ-22ㄱ),

ㄴ. 벽상을 둘러본니 왼갓 긔림 다 붓쳣다, 엇더한 긔림 붓쳣넌고..만고성인 공즈 긔림, 향우 긔림, 춘화 긔림을 넉넉키 긔려잇고(29장본 완판 별춘향전, 7ㄴ-8ㄱ),

---

씨림(부천군 대부도, 김계곤 2001 : 37), 이림(광주군 도척면, 김계곤 2001 : 432).

ㄷ. 벽상을 둘너보니 왼갓 기림 다 부치엿다. 엇더혼 기림 부치엿난고(33장
  병오본, 6ㄱ),

ㄹ. 동서벽 붓친 긔림 즈셔이 살펴본이...이만 ㅎ고 셧난 양을 역역키 긔려
  잇고... 이만ㅎ고 셧는 모양 긔려잇고(장자백 창본 춘향가, 14ㄱ),

ㅁ. 사방을 살펴보니 니상혼 <u>기음</u> 몃장 동벽의 붓쳐시되 엿더혼 <u>기음</u>인곤
  니...군신죠회 밧든 <u>기름</u>...상양문 짓는 <u>기름</u>...남악부인 모셔잇는 팔션여
  안히 <u>기름</u> 둘러시 붓체잇고(박순호 소장 필사 99장본, 별춘향전, 19ㄴ).

판소리계 완판본 『춘향전』 계열 중에서 위의 예문 (40)ㄱ이 추출된 84장본
『열여춘향수절가』는 19세기 후기 전라방언 자료로서 가장 풍부하고, 동시에
완벽한 텍스트를 갖추고 있다. 한정된 맥락을 보여주는 (40)ㄱ에서 움라우트
에 적용되어 '그림>긔림>기림'과 같은 과정을 거친 방언형 '기림'형의 출현
빈도는 4회인 반면에, 같은 담화 문맥 속에서 '기림'에 대한 과도 교정형 '기
름'형은 3회 등장하는 비율을 보인다. 또한, 같은 판소리 고소설 계열에 속하
지만 시기적으로 비교적 앞선 단계의 산물인 29장본 완판 『별춘향전』에서
나온 (40)ㄴ의 맥락에서는 '그림'(畵)에 1차적 움라우트가 실현된 단계인 '그
림>긔림'의 과정을 반영하고 있다.[81] 그러나 구어성이 강한 필사본 가운데
박순호 소장 99장본 『별춘향전』에서 추출된 (40)ㅁ의 예들은 과도교정형 '기
음∽기름'으로만 등장한다. 이러한 단편적인 보기를 통해서 당대의 화자들이
움라우트에 적용된 토착 방언형 '기림'보다는 '-르>-리'에 대한 변화에 더 민
감하게 반응하였기 때문에, '기림→기름'으로 과도교정이 시도되는 경향을
감지하게 된다. 그리고 19세기 후기와 20세기 초반에 걸치는 전라방언에서도
자료의 유형에 따라서 판소리 사설부류에서는 '기림∽기름'의 교체가 텍스트
의 격식성에 따라서 화자가 구사하는 말의 스타일에 따라서 결정되기도 한

---

81) 19세기 후기 전라방언 자료에서 '그림'에 대한 1차적 움라우트의 적용과, 뒤이어 교정된 '긔
  름'형의 출현은 비판소리 계열인 완판본 군담소설 부류에 속하는 86장본 『유충열견』 텍스트
  에서도 등장한다.

  산수 <u>긔름</u> 팔간 병풍 둘너난 듯 산중의 잇난 경기 엇지 다 기록ㅎ리(상:29ㄴ).

다(41ㄱ). 그 반면에, 보수성이 강한 전형적인 자료에서는 오로지 과도교정을
거친 형태 '기름'형만 사용되었다(41ㄴ).

(41) ㄱ. 기름~기림; 스벽에 부친 거슨 열녀 기림뿐이로다. 동벽의 부친 기림...
남벽의 부친 기림(신재효 창본 남창 춘향가, 16)~긔름뿐이로다...동벽
의 부친 긔름...남벽의 부친 긔름(가람본, 남창 춘향가, 9ㄱ),
ㄴ. 기름 기린 뒤흐로, 마른 먹으로 기린 기름, 산슈 기리고 淡彩로 혼 기름,
먹으로 기린 치식 아니혼 기름, 먹을 뭇쳐 기린 그름(物名攷,『한국고문
연구』제8집, 1995에서 영인. 전남 장성, p.262).[82]

지금까지 우리가 19세기 후기 전라방언에서 '르>리'의 변화에 대한 반작용
으로 토박이 화자들이 시도한 과도교정 '리>르'의 반응은 대체로 격식적인
규범을 지향한 것이었다. 그 반면에, 같은 시기의 중부방언의 화자들에서도
이러한 과도교정이 일부 출현하였다. 이러한 중부방언 화자들의 과도교정은
당시의 지역방언에서 진행 중인 '르>리'의 변화를 인지하고, 전형적인 지역
방언적 특질을 회피하려는 의도에서 이루어진 것이다. 19세기 후기 개화기
자료인『독립신문』의 언어에서 용언어간 '리→르'의 과도교정으로 보이는
'츳리-→츳르-'(備)와 같은 예들이 등장한다.

(42) ㄱ. 츳르- : 죠곰치라도 정신을 츳르지 아니 홀 것 곳하면(1898.4.28.), 죠션
사름들이 셔스 사룸들 곳치 열녀 그럿케 츳르고 살아도(1897.9.23.),
회샤를 모아 이런것을 츳르던지 그러치 아니 흐면(1897.9.23.), 정신 츳
르는 나라는 그 어려온 스셰를 면 흐야 잘 되여 가고 정신 못 츳르는
나라는 결단이 나는것이라(1897.8.10.),
ㄴ. 츳리- : 대군쥬 복장과 위의를 츳리고 사름을 보시나(1897.3.25.), 아모
째라도 명문 잇스면 곳 쩌나기로 츳리고 잇다더라(1897.11.11.).

---

82) 이 자료는 34장본 필사본『物名考』(『古文硏究』제8집에서 영인)에서 일부 추출했음. 여기에
첨부된 이상보 교수의 <해제>에 의하면, 전남 장성군 북하면 약수리 회룡마음에 사는 김백
규(당시 61세)님이 소장하고 있으며, 그분의 古祖인 거연정(김문익)이나, 曾祖인 경초공이 필
사한 것이라 한다.

이러한 사실과 관련하여, 19세기 후기에서 20세기 초반의 중부방언에서 등장하는 '심부림∽심/신부름'과 같은 변이 현상이 주목된다. 이 어휘들에 대한 어원적 분석이 어렵지만(김양진 2011 : 214), '부리-'(使)의 명사형 '-부림'과 '심/신-'의 합성으로 구성된 형태로 생각된다. 불견의는 손이 되고 관역ㅅ부 <u>부림</u> 되야 셰샹사리 흉황ᄒ니(1796, 인과곡,권션곡, 1ㄱ), 죠병직은 박영효의게 붓쳐셔 그 <u>부림</u>이 되야(독립신문, 1896.7.21.). 그러나 1930년대에 와서 『사정한 조선어 표준말 모음』에서 비로소 '심부름'형이 표준어로 선정되었다.[83] 아래의 (43)ㄱ에서의 '심/신부림'형을 배제하고 어간말 '-름'형인 '심부름'이 이렇게 선택된 저간의 사정은 분명하지 않다.

    (43) ㄱ. 신부림; 심부림ᄒ다 服事(1880, 한불자전, 416), 심부림군 使喚(좌동, 416), simpurim, simpurimkun, simpurimhata(Eckardt 1932 : 181), 심부림 가다니 힉지도록 아니 온다(Gale, 사과지남 1874 : 75), 신부림 信使(1895, 국한회어, 198), 심부람ᄭᅮᆫ(좌동, 200), 심부림ᄒ다, 심부림, <u>심부름</u>, 심부림가다, 심부림군, ᄉ환(법한ᄌ뎐, 1912 : 327),

       ㄴ. 심부름; 님군의 신부림만 홀 ᄲᅮᆫ 아니라 빅셩의 신부림도 ᄒ라신 거시니 (독립신문, 1896.4.16.), 방 김영욱의 신부름 ᄒ는 김원슉이가(좌동, 1896.9.19.), 삼 신부름ᄒ는 죠션 사롬들을 잡아다 가두고(상동, 1896.11.14.),

---

83) 20세기 초반 권덕규는 『조선어음경위』(1923) 제12과 "관습음" 항목에서 '힘부림'을 '심부림'이라 한다고 언급하였으며, 이 어휘가 있는 예문도 제시하였다.
  어른의 힘부림으로 돈을 取하러 가았다가 얻어가지고 오는데(권덕규 1923 : 31).
  20세기 초반 당시의 신소설 부류에 반영된 중부방언에 이 어휘는 아래와 같이 4가지 변이형으로 등장하고 있다.

  (1) 심부림 : 져의 디감도 불너 심부림을 식이고(1912, 구의산(상), 15),
         쩍방아를 찌어쥬든지 심부림을 ᄒ야 쥬든지(1912, 치악산(하), 2),
  (2) 심부름 : 네 심부름을 거겨헐 사람은 아니다(1912, 재봉춘, 76),
         쳥국 사람의 심부름군 되어(1907, 월남망국ᄉ, 3),
  (3) 신부름 : 잔신부름이라고는 안이 식이는 것 업스나(1911, 원앙도, 65),
         어셔 사랑에가셔 신부름이나 ᄒ여라(1913, 셰검뎡, 95),
  (4) 심바람 : 남에 심바람도 ᄒ야 하로 브러다가 겨우 연명을 ᄒ는 터인디(1915, 공진회, 35).

ㄷ. 심부롬 : 심부롬 ᄒ다, 심부롬ᄭᅮᆫ 使喚軍(Gale 한영자전, 1897 : 546),
심부롬 ᄒᄂᆫ 사람이 심부롬 식히는 사람보다 크지 못ᄒ니(1900, 신약전
서, 요한 13 : 16).

5. 논의와 결론 : 음운현상들의 지배 원리

5.1 "설명은 오고 가지만, 문제는 그대로"[84)]

이 글에서 국어사 또는 국어방언사의 어느 역사적 단계에서 출발해서 부
분적으로 오늘날의 지역 방언에 지속되고 있는 몇 가지 유형의 변화를 글쓴
이의 관점에서 이해하려고 시도하였다. 여기서 취급한 변화들은 종래의 연구
와 음운론 교과서에서 전설모음화 '르>리'의 범주로 설정되어 왔다. 그러나
글쓴이는 지금까지 이 글의 §§2-4에서 제시된 논증을 통하여 5가지의 독립된
다양한 변화가 서로 다른 시기에 독립적으로 작용하여 결과적으로 '르>리'의
변화로 표면적으로 합류되었다고 가정하였다. 이러한 가정을 어느 정도 구체
화하기 위해서 여기서 설정된 음운론적 및 형태론적 변화 유형은 다음과 같
다.[85)]

(1) 개재자음의 제약을 초월한 움라우트 현상; (2) 역사적으로 특이 처격과
연관된 지향점 부사격조사의 지역적 발달; (3) 체언어간 '-르/-ᄅ'에 접미된
명사파생접사 '-이'의 형태론; (4) 용언 어간말 '-르/-ᄅ'에 첨가된 모종의 접

---

84) 언어변화에 대해서 제기된 여러 가지 이론과 많은 설명은 시대와 더불어 부침을 거듭하지
만, 핵심 문제점들은 여전히 풀리지 않고 그대로 존재한다는 맥락에서 언급한 Robert D.
King(1988 : 335)의 지적을 인용한 것이다.
85) 방언 음운사에서 전설모음화와 관련하여 제시된 '르>리'의 변화 대부분이 동화주 /ᄅ/의 전
설성에 의한 동화가 아니라는 지적은 이미 소신애(2004)에서 간단하게 제시된 바 있다. 소신
애 교수는 그 논문(2004 : 274, 각주 29)에서 소위 '르>리'의 변화를 초래한 동인은 (1) 움라우
트 현상이나, (2) 한정첨사 '-이'의 첨가로 설명될 수 있다고 보았다.

사 '-이'의 형태론; (5) 주격조사 '-이'와의 통합에 적용된 움라우트의 실현과,
이어서 유추적 확대를 통한 어간의 재구조화.

국어 방언사를 포함한 국어사의 연구 주제가 과거에 일어난 언어변화를
복원하고 설명하는 작업이 중심이라면, 복원은 그것이 어떻게 일어났는가 하
는 역사적 사실을 규명하는 연대기의 기술일 것이고, 설명은 그러한 변화가
촉발된 원인을 일반 원리에 비추어 합리적으로 해석하는 영역에 속한다(Lass
1980, 1997). 역사언어학에서 1980년대부터 진지하게 논의되어 왔던 무엇이 설
명인가 하는 차원에 비추어 보면(Davis & Iverson 1992; Harris & Campbell1 1995),
이 글에서 글쓴이가 취한 태도는 차라리 단순한 분류에 지나지 않는다. 어떤
언어 변화를 이해하고 해석하는 첫 단계는 그것에 대한 설명보다는, 그 대상
에 대한 체계적 기술을 거친 일차적 범주화에 있다고 생각한다. 일정한 언어
변화 현상에 대한 범주화는 관찰자 개인의 철학과 경험에서 나오는 심리적
인지의 산물이다.

따라서 이 글에서 다양한 통시적 과정을 밟아서 공시적으로 '르>리'의 단
일한 변화로 수렴되는 이러한 현상들이 일반 언어나 개별적인 국어의 보편
적인 하나의 단일한 설명 장치로 환원될 수 있는 수준까지에는 이르지 못하
였다.[86] 바꿔 말하자면, 글쓴이가 추출한 다섯 가지의 변화들이 어떻게 유기

---

86) 언어의 특수한, 개별적인 현상을 통하여 언어의 일반적 원리를 추구하는 방법론은 19세기
후반에서부터 오늘의 언어학을 관통하는 기본 원리에 속한다. 일찍이 19세기 후반 독일의
저명한 소장문법학자 Brugmann은 그의 『인도게르만 제어의 비교 음성, 어간형성론 및 굴절
론』(*Vergleichende Laut-, Stammbildungs- und Flexionslehre der Indogermanischen Sprachen*,
1897 : xi) 제1권 <서론과 음운론>의 개정판 서문에서 "결합적 음성변화" 부분을 대폭 확장
했음을 밝히며, <음성법칙은 예외 없이 작용한다.>는 가설에 대하여 Schuchardt(1885)가 제
기한 다음과 같은 비판을 초판에서 음성변화 기술의 적절한 모토로 삼을 수 있었으면 좋았
을 것이라고 언급하였다.

수많은 어원론적 및 형태론적 대응, 그리고 수천 가지의 음성법칙들이 그 자체로 고립되어
존재하며, 더 높은 언어의 질서 속으로 통합되지 못한다면, 그것이 다 무슨 의미가 있는가?
우리가 찾아낸 모든 개별적인 것들은 무엇보다 언어과학 그 자체로 승화되어야 한다.
다시 말하자면, 우리는 여러 개별 언어적 특수한 사실 속에서 일반 원리를 찾아내야 한다.
따라서 모든 언어의 현상을 지배하는 하나의 사실을 추구하는 노력이 개별적인 언어현상에

적인 질서 속에서 상호 공모하여 표면상의 '르>리'의 변화로 수렴되는가에 대한 기능적 원리를 찾을 수 없었다는 것이다.

이 글에서 취급한 표면적 '르>리'의 변화와 관련하여, 국어의 다양한 음운 현상에 대한 한 단계 높은 차원의 기능적 설명은 김진우(2011)에서 발견된다. 그러한 설명은 김진우(1971)에서부터 출발하여 김진우(1972)를 거쳐 오랜 사고 의 성숙을 거쳐 확립된 것인데, 다음과 같이 요약된다.

> (42) 국어의 음운현상을 지배하는 두 가지 원리가 존재한다. 하나는 "폐구조음 원칙"(Principle of close articulation)이고, 다른 하나는 "원심성 원 칙"(Principle of centrifugality)이 그것이다. 이 두 가지 원칙은 국어 음운현 상 전방에 걸쳐 공모적으로 작용한다.
> 폐구조음 원칙은 조음할 시에 가능한 개구도를 줄이려는 경제 원칙인데, 모음상승, 음절말 중화(평폐쇄음화), 자음군 단순화 등을 지배한다. 그 반면 에, 원심성 원칙은 양순음과 연구개음으로의 조음위치동화, 움라우트의 개 재자음, 구개음화 현상 등에서 실현된다. 원심성 원칙은 폐구조음 원칙에서 유래된 것이며, 이러한 두 원리는 서로 상보적인 관계에 있다.(김진우 201 1 : 269).

위에서 언급된 "폐구조음 원칙"이 모음의 경우에는 일련의 모음상승(오→ 우, 에→이, 어→으, 애→에), 자음에서는 음절말 중화와 평파열음화 현상 및 자음군 단순화에 적극적으로 공모하여 관여한다는 주장은 조음 음성학의 관 점에서 우리에게 설득력과 설명력이 높다. 두 번째의 원리에 등장하는 "원심 성"(Centrifugality)이란 개념은 조음기관을 기준으로 중앙(central)에서 산출되어 나오는 설정성[+coronal] 자질의 치조와 경구개음에 대해서, 구강의 주변부에 서 산출되는 비설정성[-coronal] 자질의 양순음과 연구개음들은 주변음으로 처리하는 이분법에서 유래한다. 따라서 원심성 원칙은 중앙의 치조와 경구개 자음들이 구강의 간극을 좁히려는 폐구조음 원칙에 대한 영향으로 주변의

집착하는 것보다 훨씬 더 중요한 것이다.(p.36)

양순음이나 연구개음의 방향으로 이동하는 두드러진 경향을 여러 음운현상에 반영한다는 것이다.

그러나 글쓴이는 원심성 원칙이 지배하고 있다는 음운현상들에 대한 김진우(2011 : 282-285)의 여러 예시적인 음운현상 가운데, 움라우트의 개재자음의 본질과 관련하여서는 동의하지 않는다. 김진우 교수에 따르면, 움라우트 현상의 개재자음이 중앙(치조와 경구개)인 조건에서 이 현상이 거부되지만, 중앙자음(central consonants)이 원심성 원칙에 의해서 조음위치 동화를 거쳐 주변음으로 옮겨간 이후에 비로소 그 동화작용이 일어난다는 것이다. 벗기다→벅기다→벡기다. 안기다→앙기다→앵기다. 그리하여 김진우(2011)는 이렇게 역설한다. "국어의 움라우트의 사례에서 우리가 제기하여야 할 문제는 이 움라우트 현상이 왜 중앙지역(즉, 전설모음 또는 경구개 지역)으로 향하는가가 아니고, 개재자음이 중앙자음인 조건에서는 왜 일어나지 않는가이다."(p.284). 이러한 문제에 대해서 김진우 교수는 다음과 같은 해답을 제시한다. 개재자음이 중앙자음인 조건에서 움라우트 현상이 일어난다면, 동화주 '-이'는 전설의 중앙모음에 속하기 때문에 형태소 내부에 V(중앙모음)+i/y(중앙모음)의 연속이 될 것이다. 이러한 분절음들의 연속은 주변음을 선호하는 국어에서 바람직하지 않은 현상이기 때문에, 과도한 중앙화를 방지하기 위해서 움라우트 현상이 저지된다는 것이다(김진우 2011 : 284).

이러한 설명에 대해서 글쓴이는 두 가지의 문제를 제시한다. 하나는 첫 번째 폐구조음 원칙이 대부분 기저구조(입력)에서 표면형(출력)을 산출하는 조음 과정에서 수행되는 음운현상들에 적용되는 것인데 반하여, 움라우트의 실현과 관련된 원심성 원칙은 이러한 역행동화를 거부하는 원리에 집중되어 있다. 움라우트 현상의 개재자음이 설정성 자음, 즉 치조와 전설의 경구개음인 조건에서 후속하는 전설고모음 '-이'의 영향이 선행 후설모음에 전달되지 못하는 이유는 순수한 조음 음운론(articulatory phonology)의 관점에 있다(이숭녕 1935; Bybee 2015 : 19-20). 설단이 구강 내에서 치조나 경구개로 상승하는 설정

성 자음이 후속하는 같은 설정성의 전설고모음 -i/y가 선행하는 후설 저모음
들에게 끼치는 전설 고모음화로의 역행 동화로의 힘을 중도에서 미리 차단
시키기 때문이다.[87] 그 반면에, 개재자음이 비설정성 자음들인 양순음이나
연구개음일 경우에는 경구개성 -i/y가 선행 피동화 모음에 작용할 수 있는
음운론적 영향에 관여할 수 없다.

움라우트와 관련된 김진우(2011)의 원심성 원칙에 대한 다른 하나의 문제
는 이러한 동화작용의 출력인 피동화음들이 모두 전설모음, 즉 중앙모음으로
집중되어 구심성(centripedal)으로 향한다는 사실이다. 다양한 통시적 및 공시
적 음운론 및 형태론적 과정을 통해서 지역방언들에서 그 출력들이 입력의
후설모음 부류들에서 대부분 전설모음, 특히 전설고모음 '-이'의 방향으로 집
중되는 현상은 <전설모음화>의 항목으로 설정되어 일찍부터 연구자들의 주
목을 받아 왔다(유창돈 1964 : 151-159; 김형규 1976 : 291-310; 정인호 2013). 이 글에
서 글쓴이가 취급한 표면적인 '르>리'의 과정으로 수렴되는 다섯 가지의 음
운·형태론적 과정들 역시 최종적인 출력은 중앙모음인 전설고모음 '-이'로
합류하고 있다. 따라서 이와 같은 다양한 변화를 밟아서 구강 내에서 주변위
치의 후설모음 계열에서 중앙의 전설고모음 '-이'로 이동을 독려하는 음운론
의 지배 원리가 추구되어야 할 것이다. 이와 같은 맥락에서, 최근 김한별
(2018)은 국어 형태·음운사를 통해서 하향성 활음 y가 첨가되는 몇 가지 이
질적인 현상들에 대하여 음운론의 차원에서 일관성 있는 해석을 시도한 바
있다.

---

87) 김진우(2011)가 원심성 원리와 관련하여 취급한 움라우트 개재자음의 문제는 오로지 서울말
중심이다. 개재자음의 본질이 'ㅅ, ㅈ, ㅊ' 부류와 같은 소위 중앙자음에 귀속되어 있어도
(ㄱ) 해당 지역방언에서의 움라우트 현상의 생산성과 확산의 정도, (ㄴ) 해당 단어의 출현
빈도수 및 화자들의 사용의 일상성에 따른 친숙도에 따라서 서울말 자체에서도 [+설정성]의
음성적 제약이 제거되는 사실은 이 글의 §2.1에서 예문 (9)-(10)을 참조.

5.2 몇 가지 남은 문제 : 체언과 용언어간에 연결되는 접사 '-이'

이 글의 §3에서 체언과 용언어간에서 일어난 '르>리'의 변화는 치조 유음 '르'에 의한 전설모음화가 아니라, 해당 지역방언의 역사적 어느 단계에서 접사 '-이'의 첨가로 인한 지속적인 발달을 밟아온 결과로 간주하였다. 그러나 특히 용언어간에 연결된 접사 '-이'의 형태론적 성격에 대해서는 구체적으로 언급하지 못하였다. 문법범주가 다른 체언과 용언의 어간에 연결된 접사 '-이'는 동일한 문법 기능에 속하지 않을 것이나, 표면상 동일한 '-이'의 형태를 취한 것으로 생각한다. 국어 방언사에 대한 지금까지의 다양한 고찰에서 체언 어간말에 연결되는 '-이'는 많은 주목의 대상이었지만, 그것에 대한 타당한 본질에 어느 정도 일치된 의견의 접근을 본 적은 없다.

그 반면, 용언어간에 연결된 '-이'의 경우는 중세국어의 단계에서부터 부분적으로 출현하며 근대국어의 단계로 진입하면서 산발적이지만 지속적으로 일부의 용언어간들로 확산되는 경향을 보인다(정경재 2015 : 98). 17세기 중간본 『두시언해』(1632)에 비로소 등장하는 '놀라-(驚)>놀래-'의 사례가 두드러진다 (백두현 1992 : 177-179). 이러한 변화는 오늘날의 구어에까지 지속되고 있다. 예를 들면, 형용사 어간 '바라-(望)'와 그 명사형 '바람'에 대한 일반 화자들의 대중적 선택인 '바래-'와 '바램'을 현대국어의 표준어와 정서법에서 규제하는 단계에 이르렀다. 개음절 용언 어간말에 첨가되는 '-이'의 성격에 관해서 종래의 연구에서 제시된 견해를 5가지로 정리한 김한별(2018)은 이 가운데 최전승(2018)의 경우는 의사전달 상황에 따른 화자들의 "화용론적 요구"에 의해서 형성된 것으로 분류했다.

이 글의 §4에서 움라우트를 거친 유추적 확대와 어간의 재구조화로 취급된 '기름(油)>기림', 또는 규범에 민감한 화자들의 과도교정으로 인한 '트림>트름' 등의 부류에 속하는 유형 중에서 이미 중세국어의 단계에서부터 '르∽리'의 교체가 반영된 예들도 존재한다. '그림제(影)∽그름제'와, 그 유의어 '그르메∽그리메'가 여기에 속한다. '그림제'형이 15세기의 고전적인 자료에서부터 등장하여 현대국어로 계승되지만, '그름제'형도 산발적으로 16세기를 거쳐 19세기 국어로 일부 이어진다. (ㄱ) 表ㅣ 바르면 그름제도 바르는 주를(고열여전 25ㄴ), (ㄴ) 그름제 영 影(1576, 백련초해, 4ㄴ), 호 바롤 반만 거더 뫼 그름제룰 맛쵸(좌동, 11ㄱ), 뫼 그름재 므레 것구러뎌시니(상동, 4ㄴ), (ㄷ) 거울을 디흐여 그 그름즈를 보기와 곳 흘지라(1898, 매일신문, 4.28,1).

그 반면에, 현대국어에서 '그림제'형에 자리를 내어준 또 다른 유의어 '그리마∽그르마'의 사례는 어간 '르∽리'의 교체가 15세기의 단계에서도 출현한다. 믈 미틧 그르메룰 보고(석보상절, 11.36ㄱ)∽影은 그리메오(월인석보, 11,17ㄱ). 두시언해 초간본과 중간본에 반영된 언어 자료를 통해서 통시 음운론적 비교를 시도한 백두현(1989 : 58)은 초간본과 중간본 텍스트에 공히 등장하는 '그리메'형을 주목하고, '르' 아래에서 일어난 '으>이'의 이른 단계의 변화로 간주하였다. 새 그리메는 서늘흔 모스로 디나가놋다(9,34ㄱ).[88] 그러나 중세와 근대에 걸쳐 이렇게 나타나는 '그림제(影)∽그름제/그르메∽그리메'와 같은 부류는 이 글의 §4에서 관찰의 대상이 된 체언 어간말 환경에서 수행된 변화의 범주에 속하지 않기 때문에, 다른 각도에서 논의할 필요가 있다.

---

88) 백두현(1989)에서 '르>리'의 변화에 대한 보기로, '그리메∽그르메'(影) 이외에, '이릿다온(美)<아룻다운, 게일러(怠)<게을러'의 용례도 포함되었다.

楊雄의 집과 가줄비느니 게일어 解嘲 지울 ᄆ욤미 업소라(중간 두시언해, 7.1 ㄴ),
고지 아리다온 雜남기 迎逢ᄒ고(상동, 6.12ㄱ).

참고논저

강희숙(2002), "전설모음화의 발달과 방언 분화", 『한국언어문학』 제44집, 521-541, 한국언어문학회.

고동호(1995), "제주 방언의 움라우트 연구", 『언어학』 제17호, 3-24, 한국언어학회.

김계곤(2001), 『경기도 사투리 연구』, 박이정.

김선효(2011), "근대국어의 조사 '의'의 분포와 기능", 『어문론집』 46호, 141-162, 중앙어문학회.

김양진(2011), 『우리말 수첩』, 정보와사람.

김예니·김명주(2014), "19세기 후기~20세기 전기 경상방언을 반영한 문헌어의 음운 현상 연구", 『국어학』 71집, 국어학회.

김옥화(2001), "부안지역어의 음운론적 연구", 서울대학원 박사학위논문.

김옥화(2004), "전북 서부 지역어의 격조사", 『어문연구』 제32권 제2호, 95-118, 한국어교육연구회.

김옥화(2007), "옥구지역어의 음운과정과 음운론적 특징", 『배달말』 제40집, 99-125, 배달말학회.

김웅배(1991), "김우식 씨의 강진말", 뿌리깊은나무 민중자서전 『칠량 옹기배 사공 김 우식의 한평생』, 15-17, 뿌리깊은나무.

김이협(1981), 『평북방언사전』, 한국정신문화연구원.

김진우(1971), "국어 음운론에 있어서의 共謀性", 『어문연구』 제7호, 87-94, 어문연구회.

김진우(1973), "Gravity in Korean Phonology", 『어학연구』 9권 2호, 274-281, 서울대학교 어학연구소.

김진우(2011), *Two undercurrents in Korean phonology*, 『한국어와 문화』, 269-290, 연세대학교 한국문화연구원.

김주원(1999), "알타이제어와 한국어의 전설모음화 현상", 『알타이학보』 제9호, 233-247, 한국 알타이학회.

김태균(1896), 『함북방언사전』, 경기대학교 출판국.

김한별(2015), "19세기 전기 국어의 음운사 연구", 서강대학교 대학원 박사학위논문.

김한별(2018), "국어 형태·음운사에서의 하향성 활음 /y/ 첨가에 대한 음운론적 해석", 『방언학』 제28호, 109-147, 한국 방언학회.

김형규(1976), "경상남북도 방언연구", 『증보 국어사 연구』에 수록, 290-334, 일조각.

남광우(1984), 『한국어의 발음연구』, 일조각.

도수희(1977), "충남방언의 모음변화에 대하여", 『국어국문학논총』(이숭녕선생 고희기념),
    95-124, 탑출판사.
민현식(2008), "19세기 국어에 대한 종합적 검토", 『국어국문학』 149호, 23-68. 국어국문학회.
박기영(1995), "국어 유음에 대한 통시적 고찰", 『국어연구』 131호, 서울대학교 국어연구회.
박용후(1988), 『제주방언연구』(고찰편), 과학사.
배주채(2003), 『한국어의 발음』, 삼경문화사.
배주채(2011), 개정판『국어 음운론 개설』, 신구문화사.
백두현(1989), "두시언해 초간본과 중간본의 통시 음운론적 비교", 『어문학』 제50집,
    47-67, 한국어문학회.
백두현(1992), 『영남 문헌어의 음운사 연구』, 국어학총서 19, 태학사.
백두현(1997), "19세기 국어의 음운사적 고찰-모음론-", 『한국문화』 20집, 1-47, 서울대학
    교 한국문화연구소.
백두현(1998), "영남 문헌어에 반영된 방언어휘 연구", 『국어학』 32집, 231-232, 국어학회.
백두현(1999), "영남방언의 통시적 변천", 『민족문화논총』 제20집, 23-54, 경북대 민족문화
    연구소.
백두현(2003), 『현풍 곽씨언간 주해』, 태학사.
백두현(2007), "애국지사 김태린이 지은 『동몽수독천자문』(童蒙須讀千字文) 연구", 『어문
    학』 제95집, 55-92, 한국어문학회.
백두현(2013), "영남지역 국어사 자료의 연구 성과와 연구 방향", 한국문학언어학회 2013
    년 제5차 학술대회(2013.8.13.) 발표 원고, 1-29.
백두현·이미향·안미애(2013), 『한국어 음운론』, 태학사.
宣德五 外(1991), 『조선어 방언조사 보고』, 연변인민출판사.
심재기(1982), 『국어 어휘론』, 집문당.
소신애(2004), "/ㅅ,ㅈ,ㅊ/의 음가와 구개모음화-연변 훈춘지역어를 중심으로-", 『국어국문
    학』 제137호, 269-299, 국어국문학회.
소신애(2015), "체언어간말 'ᄋ>오' 변화에 대하여", 『국어학』 74집, 175-206, 국어학회.
소신애(2016), "움라우트의 개재자음에 관한 재고찰"-중부 방언을 중심으로-, 『국어국문
    학』 제176호, 237-271, 국어국문학회.
신승용(2018), "통시 음운론과 음성학", 『국어학』 제85집, 399-426, 국어학회.
유창돈(1964), 『이조국어사 연구』, 선명문화사.
위진(2010), "전설모음화의 발생과 적용 조건", 『한국언어문학』 제73집, 한국언어문학회.
이광호(2004), 『근대국어문법론』, 태학사.
이기갑(1992). "이봉원 노인의 벌교말", 『그때는 고롱고롬 돼 있제』(뿌리깊은 나무 민중
    자서전 12. 벌교 농부 이봉원의 한평생, 편집 : 박기웅, 15-18. 뿌리깊은 나
    무사.

이기갑 외.(1997), 『전남방언사전』, 전라남도, 태학사.

이기갑(2003), 『국어 방언 문법』, 태학사.

이기동(1993), 『북청방언의 음운론』, 고려대학교 민족문화연구소.

이기문·손희하(1995), 『천자문 자료집』(-지방 천자문 편-), 도서출판 박이정.

이남순(1998), 『격과 격표지』, 월인.

이돈주(1979), "전남방언 연구", 181-223, 『전남방언』, 형설출판사.

이병근(1970), "19세기 후기 국어의 모음체계", 『학술원논문집』 9집, 375-390, 대한민국 학술원.

이병근(1971), "운봉지역어의 움라우트 현상", 『김형규박사 송수기념논총』, 471-487, 일조각.

이병근(1992), "한상숙 노인의 서울말", 『밥해 먹으믄 바느질허랴, 바느질아니믄 빨래허랴』(뿌리깊은 나무 민중자서전 18. 서울 토박이 부인 한상숙의 한평생), 15-18. 뿌리깊은나무사.

이상규(1990), "경북방언의 격어미 형태구성과 기능", 『어문론총』 24호, 105-123, 경북어문연구회.

이상규(1999), 『경북방언문법연구』, 박이정.

이상규(2013), "을유본 『유합』에 나타나는 김해방언", 『방언학』 제17집, 229-259, 한국 방언학회.

이상신(2008), "전남 영암지역어의 공시음운론", 서울대학교대학원 박사학위논문.

이숭녕(1935), "Umlaut 현상을 통하여 본 모음 'ㅇ'의 음가고", 『新興』 제8호, <조선어문제 특집호>, 96-113. 『심악 이숭녕전집』(1), 한국학술정보.

이숭녕(1978), 『제주도방언의 형태론적 연구』, 탑출판사.

이숭녕(1984), 『국어조어론고』, 을유문화사.

이승재(1980), "구례지역어의 음운체계", 『국어연구』 45호, 서울대학교 국어연구회.

이진숙(2013), "고흥지역어와 진도지역어의 음운론적 대비 연구", 전남대 대학원 박사학위논문.

이진숙(2014), "전남 함평지역어의 형태음운론", 배달말 제54호, 29-52, 배달말학회.

이진숙(2014ㄱ), "담양 지역어의 특징적인 음운현상", 『국어학』 69집, 105-133, 국어학회.

이진호(2002), "화석화된 활용형에 대하여", 『국어국문학』 130호, 27-57, 국어국문학회.

이진호(2005), 『국어음운론 강의』, 삼경문화사.

이진호(2008), 『통시적 음운 변화의 공시적 기술』, 삼경문화사.

이혁화(2005), "무주, 영동, 김천방언의 음운론적 대비연구", 서울대학교 대학원 박사학위논문.

이혁화(2009), "방언사의 현황과 과제-방언 음운사를 중심으로-", 『국어학』 제54집, 303-324, 국어학회.

임용기(1988, "광줏말의 자리토씨", 『기전문화연구』 제 17집, 223-259. 인천교육대학.

장윤희(2009), "국어 動詞史의 제문제", 『국어 형태·의미의 탐색』(홍사만 외), 5830622, 역락.

정경재(2015), "한국어 용언 활용체계의 통시적 변화", 고려대학교 대학원 박사학위논문.

정승철(1995), 『제주도 방언의 통시음운론』, 국어학회, 태학사.

정연찬(1991), "현대국어 이중모음 체계를 다시 생각하여 본다", 『석정 이승욱선생 회갑기념논총』, 379-402, 동 기념논총위원회.

정인호(1995), "화순 지역어의 음운론적 연구", 『국어연구』 134호, 서울대학교 국어연구회.

정인호(2004), "원평북방언과 전남방언의 음운론적 대조 연구", 서울대학교 대학원 박사학위논문.

정인호(2013), "어감 표현과 전설모음화의 한 유형", 『우리말글』 제57호, 55-77, 우리말글학회.

주갑동(2005), 『전라도 방언사전』, 수필과비평사.

채옥자(2002), "중국 연변지역어의 움라우트현상", 『한국문화』 26, 59-73.

최명옥(1982), 『월성지역어의 음운론』, 영남대학교 출판부.

최명옥·김옥화(2001), "전북방언연구", 『어문학』 73집, 203-224, 한국어문학회.

최임식(1994), "19세기 후기 서북방언의 모음체계", 『국어방언의 음운사적 연구』(문창사)에 수록

최전승(1979), "명사파생 접미사 -i에 대한 일고찰", 『국어국문학』 79-80집, 245-265, 국어국문학회.

최전승(1983), "비어두음절 모음의 방언적 분화(u∽ö)와 접미사 -i의 기능", 『국어학연구』(1), 정병욱선생 화갑기념논총), 154-175, 신구문화사.

최전승(1986), 『19세기 후기 전라방언의 음운현상과 그 역사성』, 한신출판사.

최전승(2000), "19세기 후기 전라방언의 처소격조사 부류의 특질과 변화의 방향", 『우리말글』 제20집, 101-152, 우리말글학회.

최전승(2004), "국어 움라우트 현상의 유추적 확대와 화용론", 『우리말글』 31호- 157-226, 우리말글학회.

최전승(2015), "20세기 초엽 서울방언의 음운론과 움라우트 현상의 공시성", ≪2015년 여름 국어사학회 전국학술대회≫(충남대), 153-197, 국어사학회.

최전승(2016), "근대국어 후기 '으'의 전설(구개)모음화 현상과 그 과도교정의 역동성에 대한 일고찰", 『어문교육』 제11호, 7-120, 어문교육학회.

최전승(2018), "현대국어 '바래-'(望) 영언 부류들의 확산의 역사성과 공시적 규범", 『한국언어문학』 제107집, 19-82, 한국언어문학회.

최현배(1929), 『우리말본 첫재매』, 연희전문학교출판부.

한성우(2003), "의주방언의 음운론적 연구", 서울대학교 대학원 박사학위논문.

허 웅(1955), "말의 소리는 어떻게 變하는가", 『국학논총』(용재 백낙준박사환갑기념), 343-456, 사상사.

현평효(1962), 『제주도 방언연구』(자료편), 정연사.

홍윤표(1976), "19세기국어의 격 현상", <제19회 전국국어국문학 연구발표대회 발표요지>, 『국어국문학』 72-73합집, 국어국문학회.

홍윤표(1991), "『초학요선』과 19세기말의 충남 서천지역어", 『국어학의 새로운 인식과 전개』, 197-221, 민음사.

홍윤표(1994), 『근대국어연구』(1), 태학사.

홍윤표(2015), "국어사 연구의 문제점과 우리의 과제", ≪2015년 여름 국어사 학회 전국학술대회≫, (충남대), 153-197, 국어사학회.

홍은영(2012), "한국어 전설고모음화 현상 연구", 『국어연구』 231, 서울대학교 국어연구회.

황대화(2007), 『황해도 방언연구』, 한국문화사.

Brugmann, Karl.(1897), *Vergleichende Laut-, Stammbildungs- und Flexionslehre der Indogermanischen Sprachen,* Strassburg, Karl J. Thuebner.

Bybee, Joan.(2015). *Language Change,* Cambridge University Press.

Davis G, & Gregory Iverson.(1992), *Explanation in Historical Linguistics,* John Benjamins Publishing Company.

Eckardt, P.A.(1923), *Koreanische Konversations-Grammatik* mit Lesestücken und Gesprächen, Heidelberg : Julius Groos. [역대문법대계] (김민수·하동호·고영근 편, 1977, 탑출판사 ② 23에 수록].

Fertig, David.(2013), *Analogy and Morphological Change,* Edinburgh University Press.

Harris, A. & Lyle Campbell.(1995), *Historical syntax in cross-linguistic Perspective,* Cambridge Studies in Linguistics 27, Cambridge University Press.

King, D. Robert.(1988), Competing generalization and linguistic change, In *Languages and Cultures,* Studies in Honor of E. D. Polome, edited by Werner Winter et al. 335-346, Mouton de Gruyter.

Labov, William.(1978), *Sociolinguistic Patterns,* Basil Blackwell.

Labov, William.(1994), *Principles of Linguistic Change* Internal Factors, Blackwell.

Lass, Roger.(1990), *On Explaining Language Change,* Cambridge Studies in Linguistics 27, Cambridge University Press.

Lass, Roger.(1997), *Historical Linguistics and Language Change,* Cambridge Studies in Linguistics 81, Cambridge University Press.

Schuchardt, Hugo.(1885), *Ueber die Lautgesetze,* -Gegen die Junggrammatiker-, Berin, Verlag von Robert Oppenheim.

Wardhaugh, R. & Janet Fuller.(2015), An Introduction to Sociolinguistics, 7th edition, Wiley Blackwell.

제3부

진행 중인 언어변화와 언어규범

제5장 현대국어의 언어규범과 공시적 언어변화의 진행에 대한
사회구성원들의 숨겨진 합의와 조정의 역사성
―『조선어 표준말 모음』(1936)과 〈표준어 규정〉(1988)을 중심으로―

현대국어의 언어규범과 공시적 언어변화의 진행에 대한 사회구성원들의 숨겨진 합의와 조정의 역사성*
— 『조선어 표준말 모음』(1936)과 〈표준어 규정〉(1988)을 중심으로 —

1. 서론 :
사회구성원들의 부단한 언어 개신과 표준어 규범과의 갈등과 조정

언어 내부에 존재하는 질서 있는 이질성과, 이것을 바탕으로 한 공시적 언어변이에 대한 새로운 연구방법론을 설정하여 언어변화를 연구하기 위한 역사-사회언어학적 방향을 제시하면서 Weinreich et al.(1968 : 100-102)이 우선적으로 해결하여야 기본적인 과제로 내세운 5가지의 항목은 다음과 같다. (1) 언어변화의 제약의 문제, (2) 전이의 문제, (3) 언어 구조와 사회구조 내에서의 내포의 문제, (4) 사회 구성원들의 평가의 문제, 그리고 제일 중요한 (5) 언어변화의 촉발의 문제.[1] 이 가운데, 이 글에서 취급할 (2) 전이(transition)의 문제는 언어변화가 공시적인 사회구조 내부에서 어떤 제약을 받아가면서 점

---

* 이 글의 초고를 세심하게 검토하고, 여기서 파생된 많은 문제점에 대한 적절한 대안과 개선점을 제시하여 준 김경아(서울여대), 김한별(서강대), 정경재(고려대) 교수, 그리고 이은지(전북대) 선생에게 감사한다. 다시 수정한 원고는 제59회 한국언어문학회 학술대회에서 <차이·갈등·공동체 : 상생의 언어와 문학>(2018.9.14, 전북대)에서 기조발제로 발표하였다.
이 글에서 파생된 모든 잘못과 오류는 글쓴이에게 한정된다.

1) Labov(1982 : 17-92)는 1966년에 개최된 『역사언어학의 제 방향』(1968)에서 발표한 <언어변화이론의 실증적 기초를 위한 제 원리> 이후 이루어진 언어변화에 대한 5가지의 문제에 대한 연구 성과를 종합 정리하고, 그 발전 방향을 다시 설정한 바 있다.

진적으로 A>B, 또는 A>A∽B의 중간단계를 거쳐 전개되어 가는가에 대한 영역을 담당한다.

글쓴이는 언어변화의 관점에서 오늘날 현대국어에서 일어나고 있는 공시적 변이 현상 몇 가지를 이용하여 언어규범의 견제 속에서 그 지속적인 발달이 지연되고 있지만, 상당한 시간심층과 일정한 방향성을 지니고 사회구성원들 간의 묵시적 합의를 통하여 점진적으로 확산되어가는 전이의 과정을 기술하려고 한다.

이 글에서 "차이와 갈등으로부터, 상생의 지역 공통체"를 언어적 관점에서 지향하면서 국어의 다양성, 그리고 표준어와 비표준어 또는 지역방언의 대립과 대조가 주로 이루어진다. 그렇지만 이 논의에서 언어규범으로서 표준어와 자연스러운 발달로서의 비표준어 또는 방언은 모두 우리말의 소중한 문화적 소산이며 정신적 다양성의 결정체로 이해하며, 서로 긍정적이나, 혹은 부정적 편견이 전혀 개입되지 않는 중립의 개념으로 파악한다.2) 일찍이 Haugen(1966 : 927)에서 지적한 바와 같이 표준어와 비표준어 또는 방언은 지역사회의 구성원들이 구사하는 대등한 의사소통의 수단이지만, 언어구조(격식체)와 사회적 기능(공식적 상황), 그리고 쓰이는 지리적 공간에서만 부분적인 차이가 존재할 뿐이다.

이 글에서 설정한 목적을 위해서 글쓴이는 2가지의 작업을 진행하려고 한다. 하나는 현대국어의 일상적인 구어에 출현하는 여러 가지 유형의 언어변화가 표준어에 어떻게 영향을 끼치고 있으며, 동시에 자생적인 언어변화들이

---

2) 또한, 이 글에서 부분적으로 조감할 1930년대의 『표준말 모음』(1936)과, 오늘날의 <표준어 규정>(1988)에서 추구되었던 언어규범으로의 표준화 과정은 언어변화의 출발과 전파에 관여하는 2가지의 원리(Labov 1972 : 178-181)에서 관찰되어야 한다고 글쓴이는 생각한다.
일찍이 Labov(1972, 1994)는 음성변화가 "아래로부터의 변화"(사회적 인식의 층위아래에서 자연스럽게 출발)와 "위로부터의 변화"(위신과 권위를 가지고 있는 표준어 규범으로의 교정) 2가지의 기원으로 소급된다고 보았다. 표준어로 선정된 어휘 항목들의 기원은 대부분 원래 아래로부터의 변화에서 확산을 거쳐 유래된 것이지만, 언어의 표준화 과정은 언제나 위로부터의 변화를 거치는 것이다. 그리고 이러한 위로부터의 변화는 언어규범의 압력을 받아서 나오는 체계 외적인 변화에 해당된다(Beal 2016 : 302).

표준어의 완강한 규범에 의해서 그 진행이 공시적으로 어떻게 억제되고 있는가 하는 양상을 언어 갈등과 상생에 초점을 두고 관찰하려고 한다. 다른 하나는 언어사용 중심의 관점에서 화자들이 사회적 제약과 규범적 구속을 벗어나서 일관되게 향하고 있는 일정 부류의 언어적 이탈 행위들을 진행 중인 언어변화의 중간단계로 해석하고, 이러한 변화의 기원과 진행 과정이 일정한 방향성을 가지고 있는 동시에, 오랜 역사적 시간(시간심층)으로 소급된다는 사실을 제시하려고 한다.

그리하여 이러한 공시적 언어변화의 중간단계에 대한 종래 규범과 학교 교육의 입장에서 취하고 있는 부정적 평가를 지양하고, 의사전달이 이루어지는 사회 환경 속에서 언중들이 일상에서 구사하는 역동성 있는 표현이 다양한 상황과 맥락에 따라서 선택되는 공시적인 말의 스타일의 한 가지로 이해되고 포용할 수 있는 합의가 마련되어야 함을 주장하려고 한다.

모든 언어사회는 말의 사용에서 한 가지만의 단일한 "우세 용법"이나, "표준어 용법"만을 가지고 있는 것이 아니라, 사회적 의사소통의 상황에 따라서 끊임없이 상호 조정되는 다양한 스타일을 보유하고 있다(Eckert & Rickford 2001; Coupland 2007). 이와 같은 관점에서 오늘날 언어규범의 엄격한 기준에서 끊임없이 논란의 대상이 되는 몇 가지 공시적 변이형들을 검토하고, 이러한 부류들이 예전의 문헌 자료들에서부터 부단하게 등장하고 있는 역사적 발달 과정과 공간적 전개의 과정을 살펴볼 것이다. 그리하여 획일적인 언어규범의 관점에서가 아니라, 화자들이 다양한 표현을 위한 말의 스타일에 따라서 적절하게 구사할 수 있는 의사 표현의 다양성과 화자들의 의지에 의한 자유로운 선택으로 수용되어야 할 당위를 확인한다.

이 글의 제2장에서 언어규범이 일상적인 언어생활을 영위하는 사회구성원들의 합의 과정(그것이 인식 착오로 나온 것이라 하더라도)을 거친 관습화를 통해서 점진적으로 확립되어 왔다는 원칙을 활용 범주가 바뀐 용언어간 '줍-'(拾)과 '쪼-'(啄)와 그 활용형들의 표준어화 수용을 통해서 제시한다. 그리고 비표준어 또는 틀린 말로 처리되는 '시럽-'(冷)과 '삼가하-'(謹愼)형이 파생법의 역사적 발달 과정에서 지속적으로 전개되는 합리적인 파생어임을 보인다. 그리하여 개신형 '시럽-'과 '삼가하-'의 유형이 표준어의 잣대로서가 아니라, 1930년대 이전 문법학자들이 설정했던 관용적 범주의 "익은말"(관습음)을 설정하여 상생할 수 있는 가능성을 추구한다.

제3장에서는 19세기 후기부터 20세기 초엽에 이르기까지 서울방언에서 생산적인 음운론적 과정에 있었던 움라우트 현상이 1930년대 『표준말 모음』에서의 엄격한 선정과, 현대국어의 <표준어 규정>을 통해서 억제되고 축소되는 양상과, 표준어 선정의 문제점을 지적한다. 그럼에도 불구하고, 움라우트 현상은 오늘날의 노년층의 서울 토박이 화자들의 일상어에서 여전히 지속되며, 여기서 파생되는 세대 사이의 갈등과 차이를 제시한다. 이어서 이미 1930년대부터 표준어로 선정된 화용론적 용법의 '목욕/모욕'과 '미역/멱'의 수용의 원칙을 확대하여, 한 사회언어학자가 주장하는 '원수'(怨讐)와 '웬수' 부류에 대하여 상황에 따라 선택되는 표준어 수용의 타당성을 다시 확인한다.

이어서 제4장에서는 오늘날 우리 주위에서 일어나고 있는 언어사용의 실제에서 파생되는 언어규범과의 갈등과 상생의 문제를 용언어간에 연결되는 접사 '-이'의 파생법을 통해서 어간 재구조화를 수행한 활용형들의 유형을 중심으로 기술하려고 한다. 그 주요 대상은 '바라-'(望)의 활용형, 특히 명사형 '바램'이다. 화자와 청자로서 사회구성원들의 언어생활에서 위로부터의 부단한 교정의 압력을 받으면서도 '바래-' 부류의 일군의 용언어간들이 확산되어 쓰이는 근거를 사회집단 내부에 존재하는 다른 차원의 압력을 통해서 형성된 화자들의 숨겨진 사회적 합의에 있음을 제시한다. 또한, 용언어간에 연결되는 접사 '-이'에 의한 어간 재구조화 경향은 용언어간들의 유형에 따라서 중세국어에서부터 출발하여 근대에서 부단한 변이 현상을 거쳐 현대국어로 이어지는 오랜 시간적 전통과 세력을 보유하고 있음을 제시한다.

2. 합의된 언어 관습과 언어규범의 본질 : 일상적 언어사용

2.1 '줍-'(拾)과 '쪼-'(啄)의 표준어로서의 성립과 그 역사성

현대국어의 <표준어 규정>(1988)에서 특히 제2장 "발음의 변화에 따른 표준어 규정"은 대중 화자들이 추구하는 지속적인 언어변화에 따른 언어규범의 긍정적인 수용의 일면을 반영하고 있다. 역동적인 언어규범이란 고정되어 있는 대상이 아니라, 결국 화자들이 선택하는 말의 관습이 일정한 방향으로 점진적으로 진행되어 언제나 새롭게 거듭나는, 진행 중인 과정(emergent)이라는 본질을 잘 보여주기 때문이다. <표준어 규정>(1988) 제1절 자음 항목에서 제5항에 표준어로 선정된 개신형 '사글세'(삭월세), '고샅'(고샅), '강낭콩'(강남콩), 그리고 제6항에 있는 '돌'(돐 : 생일, 주기)의 형태들이 종래의 비표준어 신분에서 격상될 수 있었던 근거는 실제 언어를 사용하는 사회구성원들이 꾸준한 묵계를 통하여 사용상의 일치와 모방 또는 일관된 사회적 합의의 결과임을 전제로 한 것이다.

언어규범은 일종의 사회적 합의와 자연스러운 말의 관습을 통해서 성립되고 유지되는 산물이다. 사회구성원 간에서 형성되는 일치된 합의는 의사소통을 통한 말의 실제적 사용에서 나온다. 예를 들면, 기존의 전통적인 보수형 '삭월세'(朔月貰), '고샅', '강남콩', 그리고 '돐' 등과 같은 규범적 글말들이 가지고 있는 위세에도 불구하고, 대중 화자들이 입말에서 선호하는 또 다른 공시적 변이형 '사글세', '고샅(겉-, 속-)' 등이 가지고 있는 새로운 말맛에 따라서 언어 사용상에 사회적 일치와 합의가 이루어진 것이다.[3] 이와 같은 표준어로

---

3) <표준어 규정>(1988)에서 새로 선정된 이러한 표준어 가운데, '고샅(초가지붕을 일 때 쓰는 새끼)형의 존재는 문제가 된다. 우선 이 말이 비표준어로 처리된 변이형 '고샅과 어떤 관계를 맺고 있는 것인지 알 수 없다. '고샅이나 '고샅'에 대한 역사적 선행 형태는 아직까지 알려져 있지 않기 때문이다. 만일 '고샅→고샅'의 발달의 방향을 보여준다 하더라도, 예전의 초가지붕 이는 작업에 소용되는 새끼줄과 같은 매우 국한된 영역의 단어가 이렇게 성문화에 참여해야 될 근거는 매우 낮다.

의 수용은 일정한 기간 동안의 공시적 변이를 전제로 하는 것이며, 그 과정에서 보수형과 개신형 간의 사회적 갈등과 대립을 거쳐 온 것이다. 그 결과가 <표준어 규정>(1988) 제 5항에서 "어원에서 멀어진 형태로 굳어져서 널리 쓰이는 것은, 그것을 표준어로 삼는다"로 성문화되었다.

새로운 언어변화를 지향하는 사회 구성원들이 보수적인 언어규범에 암묵적으로 저항하고, 개신의 방향으로 부단하게 향하는 일종의 사회적 일치에 대하여, 말의 다양성과 도시방언을 연구하는 Labov(2012 : 10)는 "숨겨진 합의"(hidden consensus)라고 지칭한 바 있다.4) 통상적인 언어규범은 사회구성원들의 이러한 어느 정도 일치된 사회적 합의를 어느 단계까지는 거부하고 억제하려고 하는 경향이 강하다. 여기서 사회구성원들과 당대의 언어규범 간의 갈등과 언어 사용상의 사회적 문제들이 파생되지만, 일정한 시간이 흐르면

그 반면, <표준어 규정>(1988)에서 특별한 언급이 없으나, 『큰사전』(한글학회, 1947 : 267)을 거쳐 『표준국어대사전』(국립국어연구원)에서 단독 표제어로 등록되어 있는 '고샅'(시골 마을의 좁은 골목길. 또는 골목 사이)은 20세기 초반의 『조선어사전』(1920 : 70)에서 '고샃 : 隙間'으로 등록되어 있다. 이 '고샃'형은 그 이후 문세영의 『조선어사전』(1938 : 120)에서 "고샃 : 구석, 틈, 사이"의 의미로 지속되어 있다. 그 이상의 더 깊은 '고샃'의 선행 형태는 확인되지 않는다. 처소를 지시하는 이 단어의 부사격 곡용형태가 전남방언에서 '고샅+-에'인 사실을 보면 (이기갑 외 1997 : 33), '고샅'이 어원에 가까울 것으로 보인다. 그러나 1930년대 『표준말 모음』 (1936 : 8-9)에서 음절 말에서 'ㅅ'과 'ㅌ'이 통용되었던 명사 부류들의 목록에서 '고샅'에 대한 언급은 누락되어 있다.

● [ㅅ과 ㅌ의 통용], 〖ㅌ을 취함〗 : 팥(팟, 퐅, 豆), 곁(傍, 겻, 곃), 밭(밧, 밫, 田), 밑(밋, 및, 底), 볕(볏, 볓, 陽), 숱(솟, 숯, 斧), 끝(끗, 끚, 末), 뭍(陸, 뭇, 뭋), 머리맡(枕邊, 머리맛, 머리맟), 낱(個, 낫, 낯), 겉(表面, 겻, 곃), 샅(삿, 샃), 숱(숫, 숯, 量).

4) 언어변화를 거쳐 새로 형성되는 개신형들을 사회구성원들이 채택하고, 따라서 그 형태가 확산되는 과정을 합리적으로 설명하기 위해서 "위신"(prestige)이라는 개념이 사회언어학에서 사용되어 왔다(Chambers 2003). 사회에서 위신은 구성원들이 속한 지역사회에 따라서 달리 실현될 수 있다. 그렇기 때문에 통상적인 위신은 언어규범을 상황에 따라서 지향하려는 "밖으로 드러난 표면적 위신"(overt prestige)과, 일정한 집단 속에서 결속과 동질감을 나타내려는 "내밀한/숨겨진 위신"(covert prestige)으로 분류된다(Labov 1972; Trudgill 1974). 언어규범의 강력한 제약에서도 언어 사회의 구성원 집단 내에서 일정한 개신형들이 확산되어 발달하는 근거는 구성원끼리 공유하고 있는 내면적, 은밀한 권위에 기인된다. 따라서 본문에서 사용된 Labov(2012)의 용어 "숨겨진 합의"는 일정한 내부집단의 화자들이 가지고 있는, 전통적인 "내밀한 위신"에 해당된다.

결국 대중 화자들의 확고한 언어관습으로 이르게 하는 사회적 묵계와 숨겨진 합의가 득세하게 되는 것이 원칙이다.5) 이러한 과정을 거쳐 표준어로의 수용 과정을 1930년대 '줍-'(拾)과 '쪼-'(琢)의 사례에서 확인할 수 있다.

이 활용형들은 소위 "어법"에 맞는 표준어가 아니고, 역사적 어느 단계에서 용언 어간이 대중 화자들의 지속적인 착오로 인해서 재구조화를 거쳐 형성되었다. 따라서 '줍-'의 경우에는 현대국어에서 활용범주가 'ㅅ' 변칙에서 'ㅂ' 변칙으로 옮겨오는 불합리를 초래한 전력을 가지고 있다.6) 이와 같은 통시적 변화는 당시 언어를 구사하였던 대중 화자들의 어느 정도 일치된 합의를 통해서 관습화된 것이다. 1930년대 『표준말 모음』(1936 : 7)에서 설정된 " ● ㅂ과 ㅅ의 통용 : 〖ㅂ을 취함〗 " 항목은 그 당시 넓은 분포를 보유한 '줍다(변격동사, 拾)가 그 당시 공시적 변이형 '줏다'를 제치고 표준어의 신분으로 확립되었음을 알린다. 그와 동시에 역사적인 '줏다'형은 어간이 재구조화되어 'ㅂ' 변칙동사의 범주로 배정되었다. 이 표준어 규범집에서 품사 배당에 대한 언급은 이 단어가 유일하다. 새 표준어 '줍다'에 대한 이러한 각별한 배려는 역사적 사실에서 나온 것이다.

표준어 '줍-'은 중세국어에서 반치음 'ㅿ'을 음절 말에 가지고 있었던 '즛-'으로 소급된다. 涅槃온 주수미라 일홈ᄒᆞ면 거두며 줏논 스시예(1461, 능엄경언해, 1.19ㄱ).

---

5) 현대국어에서도 문법에 비추어 규범적인 '먹을거리'와 일반 언중들에서 선호되어온 '먹거리'에 관한 최근까지의 표준어 관련 논란도 이러한 범주에 포함된다. 단어형성론에 맞지 않는 비문법적인 '먹거리'라는 비통사적 합성어가 언제부터 사용되어 왔는지는 구체적으로 알기 어렵다. 그러나 '먹거리'형이 통상적인 의사소통 과정에서 문법적인 '먹을거리'의 쓰임을 압도하고 있다. 김형배(2007 : 220-221)는 현행 어문규정의 문제점에 대한 검토에서 이러한 '먹거리 : 먹을거리'의 문제를 지적하며, "언어 현상이 있고, 문법이 있는 것이지, 문법에 의해 언어가 실현되는 것은 아니라는 사실"을 기억할 필요가 있다고 하였다.
그리하여 2014년 국립국어원에서 현재 표준어 '먹을거리'와 함께 별도의 표준어로 의미를 분화시켜 '먹거리'를 추가하였다. 그러한 의미 분화 설정에는 인위적인 요서가 있다. '손자'(孫子)와 대립되어 별도의 표준어로 포함된 '손주'(손자와 손녀를 아울러 이르는 말)의 경우도 마찬가지이다.
6) 여기서 말하는 "불합리"는 언어규범상의 관점에서 나온 것이다. 일찍이 '즛->줏->줍-'(拾)의 변화 과정은 국어 동사 발달의 역사와, 유추작용에 의한 어간 재구조화의 관점에서 곽충구(1994), 장윤희(2002/2009), 김경아(2008) 및 정재경(2015) 등에서 심층적으로 분석된 바 있다.

그렇기 때문에, 이 단어는 일찍이 표준어 재검토를 위한 논의에서 '쪼-'(琢)형과 함께 거듭 문제가 되어온 대상이었다(강헌규 1987; 오종갑 1997). 16세기 국어 단계에서부터 예외 없이 수행된 음운변화 △>ø를 거쳐서 17세기 국어에서 이 용언은 다음과 같은 'ㅅ' 변칙 활용형으로 출현하였다. 주어∽주으니∽주으면∽줏고∽줏다(홍윤표 외 1995 : 2454). 이 활용형은 현대국어의 경기도 방언 일대에서도 여전히 'ㅅ' 변칙으로 지속되어 있다(김계곤 2001).7) 그러나 17세기 '줏-'의 활용형들은 18세기 후기에 이르면 어간 말 'ㅂ'으로 교체되어 개신형 '줍-'으로 등장하는 사례가 보이기 시작한다. 그리고 'ㅅ' 변칙에서 'ㅂ' 변칙 활용으로 범주를 옮긴 '줍-' 활용형은 19세기에 이르면 문헌 자료에 집중적으로 등장한다.

(1) ㄱ. 拾起 줍다, 收了 거두다(1775, 역어유해, 26ㄱ), 拾了 줍다(1778, 방언유해, 28ㄴ), 撿起 줍다(1790, 몽어유해, 12ㄱ),

ㄴ. 길희 ㅂ린 거슬 줍디 아니 ㅎ고(1832, 십구사략언해, 2.106ㄱ, 不拾遺), ᄯ히 곡식을 줍ᄃ시 ㅎ며(1882, 경석문, 3ㄱ), 바린 거슬 보거든 곳 쥬으며(좌동, 8ㄴ), 扱 줍다(광재물보, 物性, 4ㄴ), 이삭줍다, 拾穗(주워, 주운), (1880, 한불자전, 46; 1912, 법한자전, 721), 줍다(주어, 주은), 拾, 1880, 한불자전, 581), cf. 집다(집어, 집은), 拾(좌동, 565), 줍소, 拾, to pick up. 1890. Underwood 한영자전, 제2부, 194), Glean : 이삭을 줍소(상동, 제2부 : 119).

cf. 집소, 拾, to take hold of, to seize(상동, 177).

---

7) '줍-'으로 재구조화되기 이전 원래의 '줏-'(拾)에서 파생된 부사 '주섬주섬' 형태가 현대국어의 표준어로 수용되어 있다. 이것은 'ㅅ' 정칙활용을 보유하고 있는 지역 방언형 '줏-'의 파생어이다. 중부방언에서의 'ㅅ' 변칙용언 '줏-'에서 파생된 부사어 '주엄주엄'형도 20세기 초반에 쓰이기도 하였다.

(ㄱ) 주섬주섬 줏다(1895, 국한회어, 270).
(ㄴ) 주엄주엄 집어 도로 그 견듸에다 너어(1911, 화세계, 37),
간난 어미가 주엄주엄 집어 셰여 보더니(1912, 화의혈, 65),
주엄주엄 집어 낫낫치 펴가지고(1912, 화의혈, 70).

위의 예에서 '줏- → 줍-'의 대치는 통상적인 음성변화의 방식을 벗어난 것이다. 이러한 변화의 원인은 근대국어 단계에서 'ㅅ' 변칙 활용을 하는 '줏-'(<즛-)이 모음어미와 연결되어 나오는 '주-으면(<주ᅀᅳ면), 주-으니(<주ᅀᅳ니), 주-어(<주ᅀᅥ)' 등과 같은 결합형들이 어간모음 '우'의 원순성 동화를 받아서 각각 '주우니, 주우면, 주워'로 실현되는 상황이 많았기 때문에, 당시의 화자들에 의해서 'ㅂ' 불규칙 용언으로 잘못 유추되었던 것으로 추정된다(김경아 2008 : 121). 그것은 어간모음으로 원순모음을 가지고 있었던 '굽-'(炙), '눕-'(臥) 등과 같은 'ㅂ' 변칙 활용형들의 형태론적인 패러다임과 표면적으로 매우 유사하게 되었기 때문이었다.[8] 그리하여 자음어미와의 결합형 '줏-'어간에까지 확대되어 결국에는 '줏->줍-'으로의 문법 범주의 이동을 하게 되었다.

이러한 패러다임 간의 유추작용을 용이하게 유도한 한 가지 요인으로 '줏-과 유의어를 형성하고 있었던 '집-'(拾) 활용형의 간섭도 배제하기 어렵다.[9] 이와 같은 잘못된 유추(analogy)를 거쳐 재구조화된 개신형 '줍-'이 20세기 초반에는 서울 지역어 화자들의 일상어로 채택되어 점진적으로 세력이 확대되는 경향은 당시 다양한 성격의 자료에서 관찰될 수 있다.[10]

---

8) 15세기 국어의 음운론에서도 용언어간 말 'ㅸ'을 가지고 있었던 일련의 활용형들이 ㅸ>w의 변화를 거치고, 모음으로 시작하는 어미와 연결되는 경우에, 어간 모음이 '오'와 '우'의 원순모음이면 통합되는 어미가 가지고 있었던 모음의 원순성이 일종의 이화작용에 의해서 탈락되는 사례들이 많았다.

(1) '굽-'(炙) : 구어∽구으며, (2) '눕-'(臥) : 누어∽누으니,
(3) '곱-'(麗) : 고ᄋ∽고아∽고은, (4) '돕-'(助) : 도아∽도으면.

배주채(2003 : 151)에서도 현대국어에서 '줏->줍-'으로의 대치가 '줏-'의 불규칙 활용형들이 어간모음의 원순모음 '우'로 인하여 순행동화를 수행하여 '주으면>주우면, 주어>주워' 같은 변화가 일어나 'ㅂ' 불규칙으로 오인된 것으로 파악하였다.
그 반면, 백두현(1998 : 71)은 19세기 후기 문헌에 등장하는 '줏->줍-'의 활용형들의 등장하게 되는 원인을 추상적으로 파악하였다. 백두현 교수는 원래 '줏-'의 어간 말음이 유성음 ㅿ이었기 때문에 '줏-'이 재구조화되면서 ㅿ에 대응하는 말음 ㅸ의 반사체가 19세기 후기에 선택된 것으로 본 것이다.

9) 본문의 예문 (2)ㄱ에서 『조선어사전』(1920 : 767)의 단독 표제어 '줍다'의 활용형이 'ㅂ' 정칙의 '줍어, 줍은'으로 예시되어 있는 사실이 주목된다. 이 사전에서 'ㅂ' 변칙 활용형들의 통상적인 예시는 다음과 같다. 곱다(麗, 고와, 고온, p.77), 차갑다(冷, 차가워, 차가운, p.800).

(2) ㄱ. 줍- : chup-(chuw-), (1908, 『한어통』, 228).

줍다(줍어, 줍은) : 拾하다(1920, 조선어사전, 767),

ㄴ. tjupta(aufheben) : tjup-(줍-), tjuu-(주우-), tjuuo(주워)(Eckardt 192
3 : 95),

ㄷ. 줏다→'줍다'의 사투리(1937, 문세영 조선어사전, 1301),

줍다(주워, 주운) : 떨어진 물건을 집어 가지다(상동, 1301).

위의 20세기 초반의 서울 지역어의 예들은 '줍-'의 활용형이 [chuw-], 또는 '주우, 주워, 주운'으로 확립되어 있었다는 사실을 보여주고 있다. 이러한 대체적인 경향은 격식체에까지 확대되어 1930년대 『표준말 모음』(1936)에 그대로 수용되었을 것으로 생각한다.[11]

15세기 국어에서 어간말음으로 △을 가지고 있었던 용언의 활용형들 가운데 16세기부터 일어난 △>ø의 변화로 인하여 일부가 형태론적 구성이 불완전하게 되었다. 그 결과 당대의 화자들은 일정한 형태에 일정한 의미를 보존

---

10) 그 반면에, 곽충구(1994 : 564-565)는 '줏-/줏->줍-'의 실제 확산의 세력은 미미하였을 것으로 보았다. 그 근거는 '△' 탈락이 적극적으로 수행된 경기도 지역 일대의 노년층 화자들에서 유추를 거친 '줍-'형을 거의 들을 수 없기 때문이었다.

그리하여 곽충구 교수는 1930년대에 '줍-'형이 인위적으로 표준어로 사정되었기 때문에, 서울 지역어에서 세력을 얻었을 것으로 보았다. 그렇기 때문에, 오늘날 '줍-'형은 주로 정서법에서만 통용되고 있다고 하였다.

11) 그러나 19세기 후기 서울 지역어의 대표적인 언어 자료인 『독립신문』(1896-1899)에는 재구조화된 '줍-'의 활용형들이 전혀 반영되어 있지 않는 사실이 주목된다. 『독립신문』에서 이 활용형들이 출현하는 빈도는 매우 낮았지만, 주로 'ㅅ' 정칙을 하는 '줏-'형으로만 출현하고 있다(정재경 2015 : 337을 참조).

쓸 혼 자로를 길에셔 주서셔 그 일혼 사름을 차자 주엇다더라(1896.9.15②),
어름 우편 반쪽을 길에셔 주셔 가지고 신문샤에 와셔 말 흥기를(1897.11.11),
죠흔 안경 혼나를 주셔셔 경무셔셔에 두엇스니(1896.8.6①),
그 계집 ㅇ희를 어려셔 주셔다 길넛다 흥고(1896.9.10③).

정경재(2015 : 336-337)는 후기 근대국어 시기에 '줍-'형이 세력을 얻지 못했기 때문이 아니라, 20세기에 들어오면서 'ㅅ' 정칙 활용의 방언형 '줏-'이 차용된 결과로 간주하였다. 근대국어의 단계에서 '웃-'(笑), '앗-'(奪) 등의 활용어간이 지역방언에서 차용된 사연은 '△'의 탈락과 함께 초래된 형태적 불안정이었기 때문에, 규칙적인 '줏-'(拾)이 차용될 특별한 근거는 표면적으로 찾기 어렵다.

하기 위해서 일련의 재조정을 수행하여 왔다.12) 이러한 재조정 과정에서 오늘날의 표준어 '쪼-'(啄)가 밟아온 어간 재구조화의 과정은 위에서 살펴본 '줍-'(拾)의 경우와는 다른 진로를 취하였다. 현대국어의 '쪼-'에 대응되는 15세기 국어 형태는 어간말음에 'ㅿ'을 가지고 있었던 '좃-'으로 소급된다. 집게로 빠혀 내며 시혹 뽈로 <u>조사</u> 낸 後에 소곰 므를 쁘거나(1466, 구급방, 하.32ㄱ). 이 활용형이 근대국어 단계를 거쳐 오늘날의 반사체 '쪼-'형으로 확립된 것은 1930년대 『표준말 모음』에서였다. **쪼다**, 啄(X 줍다, 쫍다, 쫏다)(1936 : 53). 이러한 규정은 1930년대 서울 등지에서 사용되었지만, 중류 계층의 격식어에까지 확산되지 못해서 비표준어로 분류된 형태들은 '줍다∽쫍다∽쫏다'였음을 알리고 있다.

이와 같은 공시적 변이형들에서 '줍-/쫍-'은 위의 예문 (1)에서 '줏-(拾)>줍-'과 유사한 변화를 보이는 형태이다. 그리고 다른 하나의 '쫏-'형은 15세기 국어의 '좃-'에서 ㅿ>ø의 변화를 거쳐 'ㅅ' 변칙용언 어간으로 규칙적인 발달을 밟아온 것이다. 啄喫 조아 먹다(1775, 역어유해,보. 48ㄱ). 喫 조아먹다(1778, 방언유석, 12ㄴ). 19세기 후기에서부터 20세기 초반까지 자료에 반영된 이들 변이형들의 개략적인 모습은 아래와 같다.

(3) ㄱ. 쫍다(죠아, 죠은), tjyo-ta, tjyo-a, tjyo-eun(1880, 한불자전, 579),
　　　쫍다, 啄(조을-탁),(조아, 조은)(1897, 한영자전, 776),
　　　밧그로 시가 쫍는디 견디지 못ᄒᆞ야(1898, 매일신문, 7.25,1),
　　　딱적울이 쫍지 마라 고목이 썩었다(1923, 권덕규의 조선어문경위, 124),

---

12) 김완진(1973 : 157-158)은 15세기 국어에서 어간말음으로 ㅿ을 가지고 있던 '웃-'(笑)의 어간이 규칙적인 음성변화 ㅿ>ø를 밟아서 후대에 '우음, 우으니/우니, 우어, 우웁다' 등으로 쓰였으나, 그 반대의 감정을 나타내는 동사어간 '울-'(泣)의 활용형 '울+-니 → 우니, 울+-오 → 우오' 등과 동일한 형태를 보이기 때문에, 형태구조상 안정된 어형을 유지하고 있는 방언형 '웃-'(笑)의 활용형으로 근대국어에 와서 대치된 것으로 보았다.
활용형 '웃다'(笑)를 의사소통 과정에서 장애가 되는 'ㅅ' 변칙용언으로부터 'ㅅ' 정칙용언으로 교체시킨 주체는 언어생활을 영위하는 화자들로서, 이들의 일치된 합의를 통해서 그러한 과정이 점진적으로 이루어진 것이다. 오늘날 'ㅅ' 정칙을 하는 '빼앗다'(奪)의 앞선 형태인 '앗-'의 활용형들도 의사소통 과정에서 불편을 최소화하기 위해서 화자들의 선택을 통해서 '웃-'의 활용형들과 유사한 발달 과정을 거쳐 온 것이다(김완진 1973 : 158).

돌을 줍고 잇소(1908, 獨習 日語正則(편무진), 188),

cf. 암닭이 삿기를 드리고 먹을 것을 줍습니다(拾, 상동, 91),

ㄴ. 쫏다(쪼아, 쪼은); 啄, ttjyo-a, -eun, ttjyot-ta,

Syn. 좁다. tjyop-ta(1880, 한불자전, 579),

啄木鳥는 나모를 쪼아서 버레지를 잡아 먹습니다(1908, 獨習 日語正則
(편무진),192),

ㄷ. 쪼다(쪼아, 쫀) : 啄,(1920, 조선어사전, 750),

쫍다 : '쪼다'의 사투리(1938, 문세영의 조선어사전, 1272).

위의 (3)의 예에서 19세기 후기 서울방언을 중심으로 작성된 『한불ᄌ뎐』
(1880)에 '좁다'와 '쫏다'가 대등한 유의어의 신분으로 같이 등록되어 있는 사
실이 주목된다. 이러한 상황은 프랑스 신부 Louis Le Gendre(1862-1928)가
1893년에 착수하여 1912년에 완성한 필사본 『법한ᄌ뎐』에 반영된 20세기 초
반의 서울 지역어에서도 그대로 지속된다. becqueter : 좁다(쪼아, 죠은), 쫏다(쪼아,
쪼은, 1912 : 205).

(3)ㄴ의 '쫏다'형과 관련하여 어두경음화 문제는 논외로 하면, 당시 대중
화자들의 지속적인 착각으로 형성되어 전개된 '좁-'형과 정상적인 발달을 반
영하는 '쫏-'형이 모음어미와 연결되어 실현되는 활용형들의 형태는 각각 '조
/쪼아~조/쪼은'으로 표면상 같은 모습으로 합류된 것이다. 이와 같은 공시적
상황에서 화자들은 모음어미와 연결되어 출현하는 변이형을 새로운 기저형
으로 재해석하기에 이른 것 같다. 그리하여 자음어미와 연결될 때 실현되는
상이한 2가지의 형태 '좁-'과 '쫏-'에서 제 기능을 상실한 어간 말 자음 ㅂ과
ㅅ을 당시의 화자들은 의사소통 과정에서 탈락시켜 버리게 되었다. (3)ㄷ에
서 20세기 초반의 『조선어사전』(1920)의 단독 표제어로 등록된 '쪼다'와 그 활
용형 '쪼아~쪼은/쫀'이 그러한 사정을 보이고 있다. 그러나 1920년대 당시의
서울 지역어 구어에서는 여전히 '좁-'(啄)과 그 활용형들이 쓰이고 있었음을
Eckardt(1923 : 94)를 통해서 확인할 수 있다. tjopta(picken, hacken mit den Schnabel) :

tjou(조의), tjoa(조아, p.94).

1930년대 『표준말 모음』에서 '쪼다'형이 표준어로 선정되고, 공시적으로 경쟁하였던 '좁/쫍다'와 '쫏다'형은 비표준어로 처리되었다는 사실은 당시의 표준어 선정 과정에 대한 다음의 2가지 정보를 알린다. 하나는 표준어의 존재와 그 선택이 언제나 문법적으로 올바르지 않다는 사실이다. 다른 하나는 표준어 설정이 비록 언어학적으로 타당하지 않다고 하더라도, 당시 화자들이 의사전달의 과정에서 서로의 숨겨진 합의를 통해서 말맛에 따르는 형태를 새로운 언어관습으로 설정할 수 있다는 사실이다. 그리하여 다른 경쟁 형태 '좁/쫍다'와 '쫏다'에 소속된 문법범주 'ㅅ' 변칙이나 'ㅂ' 변칙용언의 틀에서 벗어난 규칙적인 형태 '쪼다'를 그 당시 화자들이 점진적으로 선호해서 사용하였고, 그 세력이 당시의 중류 계층의 말씨에까지 확산되어 있었던 것으로 보인다.13)

21세기의 현대국어 언어사용에 있어서도 언어규범과 문법적인 관점에서 교육자나 연구자들로부터 비표준어/방언 또는 "틀린 말"이나 "잘못된 말/웃기는 말" 등으로 자주 지적되어 오는 일부의 단어들이 존재한다. 그래도 대중 화자들은 무의식적인 관습과, 때로는 자유롭고 다양한 말맛에 따라서 "위로부터"(from above)에서의 지탄과 박해를 감수하며 지속적으로 사용하고 있다.14) "아래로부터"(from below) 자연 발생적으로 형성되어 나온 예들 가운데

---

13) 현대국어에서 'ㅂ' 불규칙 용언의 활용형들이 이번에는 'ㅅ' 불규칙 활용형으로 이동한 사례도 관찰된다. 중세국어의 겸양법 선어말어미 '-ᅀᆞᆸ-'이 연결된 '잡습다'(喫)에서 발달한 '잡숩다'형은 19세기 후기 서울 지역어에서 'ㅂ' 불규칙용언으로 등장한다. 잡숩다 : 喫, 잡수어, 잡순, (1897, 한영자전). 그러나 1880년대에 간행된 『한불ᄌᆞ뎐』(p.528)에는 '잡숩다'(잡수어, 잡순)형과 '잡수시다'(잡수셔, 잡수신)의 2가지 형태가 등록되어 있다. 1930년대 『표준말 모음』(1936 : 96)에는 '잡수다'와 '자시다'가 [비슷한 말] (近似語)로 정리되어 복수 표준어로 선정되었다. 잡수다--먹다의 尊/ 자시다--먹다의 稍尊.
그러나 국립국어연구원의 『표준국어대사전』에서 단독 표제어는 '잡숫다'이고, 이 형태는 '잡수시다'의 준말로 등록되어 있다. '잡숩다'에서 '잡숫다'로의 이동은 원래의 'ㅂ' 불규칙 활용형 '잡수어, 잡순' 등이 'ㅅ' 불규칙 용언의 활용형들에 접근하고, 이어서 또 다른 존칭어 '잡수시다'의 출현으로 대중 화자들의 착오를 거쳐 형성된 것으로 보인다(유필재 2000).

14) 이 글의 각주 (2)에서 언급한 바와 같이, "위로부터"(from Above), 또는 "아래로부터"(from

표준어 '시리다'(寒)에 대한 '시럽다'와, 표준어 '삼가다'(勤愼)에 대한 '삼가하다'
부류가 대표적인 형태들이다.

2.2 개신형 '시럽다'(寒)와 '삼가하다'(勤愼)의
"익은말"로서의 확산과 역사적 발달과정

서울 출신의 음악가 백순진 씨(1949-)가 작사 작곡한 동요 "겨울바람"의 가
사 일부는 다음과 같다. 손이 <u>시려워</u> 꽁/ 발이 <u>시려워</u> 꽁/ 겨울바람 때문에.../ 손이 꽁
꽁꽁/ 발이 꽁꽁꽁/겨울바람 때문에.... 이 동요 가사에 나오는 형용사 '시리다'의
활용형 "시려워"가 언어규범과 관련하여 자주 문제가 된다. 최근에, 박갑수
선생은 『어문생활』 2016년 9월호에 실린 시론 "언어 현실과 규범, 그리고 교
육"(pp.3-4)에서 이 동요에 나오는 '시려워'는 방언이라고 지적한 바 있다. 작
사자가 서울 출신인데, '시려워' 방언형을 일부러 찾아서 쓴 것이 아닐 것이
다. 또는 표준어 '시리-'의 활용형 '시려'를 동요의 리듬을 살리려는 의도에서
그렇게 썼을 가능성도 있다. 표준어 '시리다∽시려∽시리니' 등과 같은 활용
형은 역사적으로 '슬히다>스리다>(전설모음화)시리다'와 같은 규칙적인 발달
을 밟아온 형태이다. 겨르도 오니 치워 등 슬혀 계오 왓거늘(1565, 순천 김씨언간,
31), 手寒 손 스리다(1748, 동문유해, 하:56ㄱ). 19세기 후반에서부터 20세기 초반
의 서울 지역어에도 '시리다'형이 지속되어 있음을 그 당시의 문법서의 텍스
트나 사전의 표제어 항목에서 확인할 수 있다. (ㄱ) 져기 차면 발 시리지 아니ᄒ다
(Gale의 ᄉᄀᆞ지남 1894 : 46), (ㄴ) 치운 ᄃᆡ 토슈를 끼고 츌닙ᄒ면 손이 싀이지 안소(1905,

---

Below)라는 용어는 사회적 상황에서 일어나는 언어변화의 진원지를 기준으로 Labov(1972,
1994)에서 구분해서 사용한 사회언어학의 개념이다. 그러나 이 용어들이 여러 사회언어학에
기반을 둔 언어변화의 연구에서 조금씩 상이하게 쓰이기도 하여 왔다(Downes 1998). 이 글
에서 "위로부터"는 언어규범을 통해서 일반 화자로 진행되는 변화, 또는 언어규범과 표준어
이데올로기 등으로 확산되는 변화나 규범 자체를 뜻하는 개념으로 사용한다.
또한 이와 대립되는 "아래로부터"의 변화는 일상 속에서 대중 화자들의 의사소통에서 자연
스럽게 형성되어 전파되는 일반적인 언어개신을 말한다.

독한 한어대성, p.209), 발(손) 실다(-어, -은), 발(손) 시리다(1912, 법한자전, p.696).

그러나 20세기 초반의 서울 지역어에서 '시리다'형만 단독으로 쓰였던 것
이 아니었다. '시리다'에서 일종의 파생법을 거친 '시럽다'도 같이 화자들의
구어에서 사용되기 시작하였을 것으로 보인다. 그것은 1920년대에 독일 선교
사 에카르트 신부가 당시의 서울 지역어 가운데 대중들의 자연스러운 입말
을 중심으로 정밀하게 관찰하고 기술한 한국어 문법서(『조선어교제문전』 1923)
과 Roth의 『한국어 문법』(1936)의 텍스트에서 예시된 보기 가운데 예의 개신
형 '시럽다'와 그 활용형이 이미 등장하고 있기 때문이다.

> (4) ㄱ. 손 스럽다(son sûrŏpta=frieren, Eckardt 1923, 182),
> 손 스럽지오(son sûrŏptjio, 성에를 언즈면 손스럽지요, 상동, p.183),
> ㄴ. siryŏpta(frieren, 시럽다) : sirŏp-(시럽-), siryŏu(시려우-),
> siryŏuo(시려워, 상동, p.95),
> ㄷ. 시럽다 : frieren, kalt sein(Roth 1936, 174),
> 오늘 아침에는 매우 손이 시럽다(상동, 179).

이러한 사실을 보면('스럽다→시럽다'의 변화는 별개의 변화임), 형용사 '시리다'
에서 파생된 '시럽다'형이 서울 지역어에서 이미 20세기 초반을 전후로 하여
대중들의 구어에서 등장하여 오늘에까지 지속된 것으로 볼 수 있다.15) 따라
서 동요 "겨울바람"의 가사 속에 있는 '시려워'는 어느 지역의 방언형일 수도
있지만, 그것보다는 예전부터 대중 화자들에 의해서 형성된 서울 지역어의
자연스러운 구어에 해당된다. 그러나 '시럽다' 또는 '시룹다'형이 전남방언 일
대에도 쓰이고 있는 사실을 보면, 이 형태의 분포는 훨씬 더 확대되어 있었
을 것으로 생각된다. 시룹다∽시로와서/시라서(이기갑 외 1997 : 377), 추워서 손발이
시룹다/시럽다(주갑동 2005 : 214-215). 서울 지역어와 전남방언에서 '시럽다'와 그

---

15) Eckardt(1923 : 95; 142-145)는 'ㅂ' 변칙활용 가운데, '시럽다'의 활용형을 '무섭다', '가럽다' 등
의 활용과 같은 "중동사"(Mittelzeitwort; 형용사)의 범주로 취급하였다.

활용형이 '시리다'에서 발달한 것이라면, 규칙활용을 하는 형용사 어간이 'ㅂ' 변칙 계열에 속하는 문법범주로 이동했음을 뜻하기 때문에, 이러한 변화의 방향은 통상적인 경향이 아니다. 통상적으로 아동들의 언어습득 과정에서 기억하기에 부담이 있는 불규칙 활용형들에서 간편한 규칙 활용형으로 변화해 오는 것이 일반적인 추세이기 때문이다.

중세국어의 접미파생법에서 동사어간에 일련의 접사가 연결되어 형용사어간을 파생시키는 형용사파생 접사들이 생산적으로 사용되었다. (ㄱ) '-ᄫᆞ/보-'(웃다→웃보다, 그리다→그립다, 믜다→뮙다) 부류, (ㄴ) '-ㅂ-'(믿다→믿브다) 부류, (ㄷ) '-앟/엏-' 부류(묽-→무겁다, 앗기다→앗갑다, 즐기다→즐겁다) 부류 등이 그것이다. 예를 들면, 15세기에서 동사 '두리다'(畏)는 파생접사 '-엏-'이 첨가되어 형용사 '두렫-'이 파생된 다음, 다시 여기에 동사 파생접사 '-어/아 ᄒᆞ다'가 연결되어 동사 '두려워ᄒᆞ-'가 형성되어 나왔다.[16] 또한, 현대국어에서 '두렵다' 이외에 어간의 공시적 분석이 어려운 '가렵다, 어렵다' 등과 같은 형용사 어간이 존재한다.

이러한 사실을 보면, 20세기 초반의 서울 지역어에서부터 등장하는 개신형 '시렵다'(寒)형은 종래의 감각 형용사 '시리-'(冷, 寒) 어간에 다시 형용사 파생접사 '-업/압-' 계열이 연결되어 '시리-→시리-+-업->시렵-'과 같은 형용사를 파생시킨 것으로 추정된다. 일반적으로 형용사파생 접사 '-업/압-' 계열이 동사 어간에 접미되어 형용사 어간을 파생시키는 방식이 기본적인 파생법의 원칙이다. 그러나 '시리-(寒)→시렵-'의 형성은 다음의 2가지 가능성을 생각할 수 있다. 하나는 당시의 대중 화자들이 '시리-'의 품사 범주를 올바르게 인식하지 못한 상태에서 형용사 파생접사 '-업/압-'을 과도하게 적용시킨 결

---

16) 중세국어의 단계에서 동사 '두리-'어간에 형용사파생 접사 '-어/아 ᄒᆞ-'가 연결되어 '두려ᄒᆞ-' 형이 파생되어 쓰이기도 하였다.

그제 目連이 龍王이 두려ᄒᆞᄂᆞᆫ 둘 보고(월인석보,25.108ㄱ),
분발ᄒᆞ며 닐와다 저허 두려ᄒᆞ디 아니 ᄒᆞ과ᄃᆞ녜니라(번역소학,8,29ㄱ).

과이다. 다른 하나는 위에서 언급된 '가렵다, 어렵다' 그리고 '두렵다' 등과 같
은 어간들로부터 화자들의 잘못된 연상 작용을 거친 유추에 의해서 '시리-
→시렵-'과 같은 파생이 가능했을 것이다. 혹은 형용사 '시리-' 어간이 감각
성에서 적극적인 동작성을 띠게 되었거나, 감각의 상태를 심리적으로 강화하
는 기능이 접사 '-업/압-'에 첨가되었을 또 다른 가능성도 생각할 수 있다.

  위에서 언급된 잠재적 과정을 거친 개신형 '시렵-'형이 다양한 감정 표현
과 새로운 의사소통 방식을 원하는 사회 구성원들에 의해서 모방되고 확산
됨에 따라서 20세기 초반의 서울 지역어에서부터 오늘날의 동요 "겨울바람"
의 가사에까지 자연스럽게 등장하게 된 것이다. 따라서 '시리다'에 대한 또
다른 표현 형태 '시렵다'는 20세기 초반을 전후한 시간심층으로 소급되는 대
중 화자들이 선호하는 소중한 입말의 한 형태이기 때문에, 현행 표준어의 규
범에 맞지 않는다는 단순한 이분법에 준해서 "방언" 또는 "잘못된 말"로 규
정할 수는 없다고 본다. 언젠가 이 단어가 원래의 '시리다'와 함께 복수 표준
어 범주로 귀속될 가능성이 매우 높기 때문이다.[17]

  현대국어의 용법에서 문법과 언어규범에 비추어 '삼가-'(謹愼)에 대한 잘못
된 표현으로 끊임없이 지적되어 온 파생어 '삼가하-'의 형성도 지금까지 언
급한 '시리- → 시렵-'의 단어 파생과정과 유사한 측면을 보인다. 근대국어 이
후부터 현대국어에 이르기까지 '깃브-(>기쁘-), 슬프-, 알/아프-, 믿브-; 밉-(>
밉-)' 등과 같이 동사 어간에서 2차적으로 파생된 심리형용사에 동사 파생접

---

17) 이재경(2010)은 시내 일간신문지의 교열팀장으로서 취재 기자들이 작성한 기사 가운데 가장
빈번하게 나오는 맞춤법·표준어의 오류를 정리하였다.
  여기서 지적된 오용 사례 유형 가운데에서 p.115. '푸른'(X푸르른); p.113. '예쁘다'(X이쁘다);
  p.110, '딴죽'(X딴지)l은 지난 2015년 12월 14일에 국립국어원에서 '이쁘다', '푸르르다', '딴지'
  등을 추가 표준어로 인정한다는 보도 자료가 나왔다. 그리하여 이 복수 표준어들이 현재
  『표준국어대사전』(국립국어원)에도 등록되어 있다. 그 사전에서 복수 표준어 '푸르르다'와
  '푸르다'는 의미의 분화가 첨가되어 있는 사실이 주목된다.
  푸르르다→'푸르다'를 강조하여 이르는 말.
  그러나 이러한 의미 분화는 인위적이다. 오늘날의 '푸르-'(靑)형은 15세기 국어에서 '프를-'
  로 소급되기 때문이다.

사 '-어/아 ᄒ-'가 다시 연결되어 타동사가 파생되는 현상이 매우 생산적이었다. 이와 같은 파생법에 비추어 보면, 오늘날 사회구성원들의 의사소통에서 지속적으로 출현하고 있는 '삼가-하다'의 용법이 문제가 된다(이은정 1989; 이재경 2010). '삼가하-'의 활용형들은 현대국어 언어규범의 관점에서는 잘못된 표현이기 때문이다(김성규 · 정승철 2013 : 255; 특히, 강희숙 2014 : 20-1에서 '삼가다'와 '*삼가하다' 항목을 참조). '삼가하-'의 활용형들은 동사 '삼가-'(삼가고, 삼가야, 삼가면..)에 다시 동사를 파생시키는 접사 '-어/아 하다'가 연결되어 파생된 단어(삼가하고, 삼가하여, 삼가하면...)이다. 그러나 언어규범과 문법을 기준으로 이 형태에 사회적으로 부가된 부정적 낙인에도 불구하고, 일반 사회구성원들은 '삼가하-'의 용법을 공시적인 구어와 문어에서 매우 적극적으로 구사하고 있다.18)

현대국어에서 동사 '삼가-'(謹愼)의 통상적인 활용방식은 그대로 15세기 국어의 단계로 소급된다. 부텻 기티논 긔걸이니 모로매 모다 삼가라(1447, 석보상절, 23.13ㄱ), 제 주구믈 取툿ᄒ니 삼가디 마로미 올ᄒ녀(1463, 법화경, 7.159ㄱ). 그러나 동사 어근 '삼가-'에 접사 '-어/아 하-'가 연결된 '삼가하-'의 용법이 20세기 초반의 회화용 문법서 Eckardt(1923)의 서울 지역어 중심의 예문에 등장하고 있다(5ㄱ). 또한, 이러한 방식의 쓰임은 20세기를 전후한 서울 지역어의 구어에서만 아니라 격식적인 문어에서와, 남부의 지역방언을 부분적으로 반영하고 있는 19세기 후기의 지료에서도 확인된다(5ㄴ-ㄷ).

(5) ㄱ. marŭl samkahanantjunge, tŏok samkahalkŏsio,
　　　(말을 삼가하난 중에, 더욱 삼가할 거시오). Eckardt 1923 : 277,
　　ㄴ. 이덕을 믈니치기를 말솜ᄒ는 재 바다 방비ᄒ기를 삼가ᄒ고(1875, 이역

---

18) '삼가하-'형이 국어문법 학자의 논문 가운데 본문에서도 다음과 같이 출현하는 예를 보면, 오늘날 이 활용형이 언어생활에 확산되어 사용되는 상황을 충분히 감지할 수 있다.

　"---이러한 현상에 대한 理由를 說明하기 위해서 音節數와 연관을 시키는 일은 <u>삼가하는</u> 것이 좋을 것이다."(홍윤표, 1978 : 128, 각주 19, <方向性 表示의 格>, 『국어학』 6, 국어학회).

언해, 3.54ㄴ),

ㄷ. 殃禍 : 삼가ᄒ면 앙해가 몸의 밋치 아니 ᄒ오니(필사 苗代川本 교린수지
4.22ㄴ),

삼가 삼으면 몸의 앙화가 밋지 아니 하오니(小倉本 교린수지 4.25ㄱ),

삼가ᄒ면 앙해가 몸의 밋치 아니 하오니(武藤本 4.13ㄴ),

삼가면 몸에 앙화가 밋치지 아니 허리라(1882, 초간본 교린수지 4.24ㄴ).

위의 예들을 참고하면, 현대국어에서 대중 화자들의 소위 오용 표현이라는
'삼가하-'의 쓰임이 서울 지역어와 지역 방언에 따라서는 19세기 후기 이전의
단계로 소급될 수 있다. 따라서 그 기원이 최근에 갑자기 형성된 것이 아니
라는 사실을 알 수 있다. 사실 이러한 오용 표현은 파생법의 한 가지 방식으
로 일찍이 16세기 초반의 고전적인 『번역소학』(1517)에서도 등장하기 시작하
여, 18세기 후반의 자료에까지 부단히 지속된다.[19] (ㄱ) 일란 샬리 ᄒ고 말ᄉᄆ란
삼가ᄒ야 어딘 사ᄅᄆᄭᄭᄀ게 나ᅀᅡ가(번역소학, 4.8ㄴ), 네 위의롤 공경ᄒ며 네 덕을 잘 삼가ᄒ
면(좌동, 4.22ㄴ), (ㄴ) 싀어미 셤기기롤 더욱 삼가ᄒ니(1797, 오륜행실도, 열녀, 4ㄱ).

이와 같은 파생법의 유형은 유독 '삼가ᄒ-'에만 고립되어 한정되어 출현하
는 것은 아니다. 역사 형태론에서 일반적인 경향은 아니지만, 몇몇 다른 동사
어간에서도 접사 '-어/아 ᄒ-'가 통합된 사례들이 중세와 근대국어의 역사적
자료에서 관찰된다. 이러한 범주에 속하는 자동사 '놀라ᄒ-'(驚)와 타동사 '나
무라ᄒ-'(戒)의 활용 예를 일부 제시하면 다음과 같다.

(6) ㄱ. 지븨 오니 집 사ᄅ미 다 과ᄀᆯ이 온 주를 놀라ᄒ더라(1517, 번역소학,
9.31ㄱ),

가난ᄒ고 微賤ᄒ 저글 니ᄌ시신가 ᄒ야시든 내 ᄯᅩ 놀라ᄒ노라(1611, 내훈.
奎, 2.92ㄱ),

---

19) 장윤희(2002/2009 : 601)는 동사 발달의 역사를 조감하면서 16세기 국어에서부터 등장하는
'삼가ᄒ-'는 단일어에 '-ᄒ-'를 통합하여 파생어를 형성하는 매우 독특한 현상으로 보았다.
이어서 장윤희(2002/2009)는 각주 29)에서 '삼가>삼가ᄒ-'의 변화는 일종의 강조표현인 '-어
/아 ᄒ-'와 통합되었을 가능성도 있다고 하였다.

風流ᄒᆞᄂᆞ다 듣고 箏 놀라ᄒᆞ야눌 魏氏 닐오디<1481, 삼강행실도, 열녀, 15).

ㄴ. 이룰 다시 나므라ᄒᆞ면 어들 곳이 업서이다(1721, 오륜전비언해, 2.13ㄴ), 됴호니 나므라홀 거시 업스리이다(상동, 2,14ㄴ),

cf. 내 쏘ᄒᆞᆫ 집이 이시니 싱각건대 나므라미 업스리이다(상동, 2,18ㄱ), 이런 銀을 도로혀 므어슬 나므라ᄒᆞᄂᆞ다(1795, 중간노걸대, 상.59ㄱ).

위의 예에서 심리동사 '놀라-'와 일반 타동사 '나므라-' 어간에 다시 동사를 파생시키는 접사 '-어/아 ᄒᆞ-'가 연결된 파생 방식은 형태론적으로 잉여적인 것이지만, 그러한 동작과 관련된 상황에 따른 화자의 화용론적 기능이 첨가된 것으로 생각된다. 이현희 외(1977 : 176)는 초간본『두시언해』6권 가운데 '저-'(偐) 동사 어근에 '-어/아 ᄒᆞ-'가 연결된 '젓가 ᄒᆞᄂᆞ니'(6권 23ㄴ) 구문에 대한 주석에서, 이러한 방식은 일종의 "동작의 강화 표현"으로 해석하였다.[20] 이와 같은 형태론적 구성이 15세기의 다른 유형의 고전적인 자료에서도 이미 등장하고 있는 예를 보면, '젓가 ᄒᆞ-'와 같은 파생 형태가 초간본 두시언해』6권에서만 유일한 것은 아니다. 뵈 ᄯᅡ노라 젓가 ᄒᆞ거늘(1459, 월인석보, 22,26ㄱ).

현대국어에서 (6)의 예들에서와 같은 '놀라ᄒᆞ-'와 '나무라ᄒᆞ-'의 반사체들은 더이상 지속되지 못하고 적어도 문어의 층위에서는 약화되어 버렸다. '놀라ᄒᆞ-'의 경우는 근대국어에서 생산적인 파생법, 즉 "형용사어간+-어/아 ᄒᆞ-"에 밀려서 '놀라- → 놀랍- → 놀라워 ᄒᆞ-'로 대치되었다. 그 반면에, 기원이 16세기 국어로 소급되는 '삼가ᄒᆞ-'의 반사체들은 오늘에 이르기까지 그대로 유지되어 있을 뿐만 아니라, 언어규범의 부단한 간섭에도 불구하고 그 사용 영역을 확대하고 있음이 특징이다.[21]

---

20) 초간본『두시언해』에서의 '젓가 ᄒᆞᄂᆞ니'(6권 23ㄴ)는 중간본에서는 '젓바 ᄒᆞᄂᆞ니'로 대치되어 있는 사실을 보면(이현희 외 1997), 15세기 국어의 '젓가 ᄒᆞ-'와 같은 파생 형태는 "형용사어간+-어/아 ᄒᆞ"의 확대로 근대국어에 와서 약화된 것으로 보인다.

21) 오늘날의 '삼가>삼가하-'의 확산 유형은 이은정(1989 : 90)과 이재경(2010 : 108)이 제시한 한글 맞춤법과 표준어 사용의 빈번한 오류 사례에 다음과 같이 제시되어 있다.

이와 같은 단어들의 소멸과 확대라는 역동적인 과정에 참여하고 있는 주체는 역시 일상적인 의사소통을 하는 대중화자들이고, 그들의 자발적인 의지이며 취향이다. 따라서 단어의 생성과 소멸, 그리고 확산은 언어규범의 강력한 개입이 없더라도, 화자들이 일정한 사회와 상황 속에서 상호 조정하며 이루어지는 의사소통의 현장에서 자연스럽게 일어나고 있다. 이와 같은 관점에서 지금까지 §2.2에서 취급한 '시리-'의 변이형 '시럽-'의 형성은 형용사 어간에 다시 형용사 파생접사 '-업/압-'이 연결되어 새로운 형용사가 파생되어 나오는 파생법의 확대에 해당된다. 그리고 '삼가-'의 또 다른 변이형 '삼가하-'의 쓰임은 오랜 역사로 그 기원이 소급되는 동시에, 오늘날의 서울 지역어에서 일상어로 확립되어 있는 파생어로서 화자들이 의도하는 화용론적 표현 기능이 첨가된 것이다. 따라서 '시럽-'과 '삼가하-'의 활용형들은 표준어 규정 또는 언어규범의 차원에서가 아니라, 언어사회 구성원들의 자발적인 합의에서 나온 일종의 관용적인 "버릇소리" 또는 "익은말"의 범주로 용인되어야 한다.

1930년대 언어의 표준화가 사회적 이념으로 적극 호응을 받으며 본격적으로 시행되기 이전이나, 그 이후에도 당시의 전통적인 문법서에서 "국어 습관소리"(주시경 1910), "말의 버릇소리"(최현배 1937/1960), 또는 "습관음"(권덕규 1923)이라는 항목을 배정하는 전통이 있었다. 그러한 범주 항목의 성격은 당시의 음운규칙을 포함해서 이질적이며, 한 마디로 규정하기 어려운 복잡한 내용을 포함하고 있다. 그러나 그 범주에는 당대의 일상 화자들의 관용적인 구어 발음을 예시한 부분이 많았다.[22]

(ㄱ) 신나했다(→신이 났다), 꺼려한다(→꺼린다),
(ㄴ) 꺼리다(X 꺼려하다), 반기다(X 반겨하다).

[22] 예를 들면, 1920년대의 당시 언어 현실을 잘 보여주는 권덕규(1923)에서의 "제12과 習慣音"의 내용 일부는 다음과 같다.

〖자음의 접변〗 ㄱ을 ㅈ으로 변함이니, '겨자(芥)'를 '져자'라, '귤(柚子)'을 '쥴'이라, '길삼'을 '질삼이라, '길엉이'를 '질엉이'라 하는 따위.

최현배(1937/1960)는 당시 화자들의 버릇소리(慣習音)를 체계적으로 분류하여 정리하였으며, 그 원인을 (1) 역사적 사정, (2) 심리적 관계, (3) 어족적 특성, (4) 音理의 상근, (5) 교육의 결합, (6) 단순한 버릇, 등으로 설정하였다. 그리고 최현배 선생은 이와 같은 버릇소리들과 표준어와의 관계 설정에 대해서 아래와 같은 의미심장한 언급을 하였던 것이다(밑줄 첨가는 글쓴이).

(7) 버릇소리는 소리로서의 그러한 사실과 이치를 알아 둘 따름이요 결코 대종 말 잡음을 규율할 것은 아니다. <u>두 가지의 버릇소리 중에서 어느 것을 대종 말소리(표준어음)으로 잡겠느냐 하는 문제는 소리 이치의 문제가 아니요, 사실의 문제이다.</u>
그러므로 위에 든 여섯 가지 원인 가운데, 교육적 결합으로 된 것 밖에는 다 마구 배척할 것이 못되느니라.(1937/1960 : 28).

3. 생산적인 음운 현상과 표준어 규범으로서의 억제와 수용

3.1 1930년대 서울 지역어의 움라우트 현상과 『표준말 모음』(1936)의 선정과 배제의 원칙

일정한 시기에 성문화가 완료된 언어사용에 대한 규범과 표준어의 개념은 대체로 자연스럽게 자연어를 배경으로 형성되었다기보다는, 그 시대의 사회-문화적 이념(이데올로기)을 바탕으로 한다(Johnstone 2008 : 66-67). 1930년대에 조선어학회에서 펴낸 자료집 『사정한 조선어 표준말 모음』(1936, 이하 『표준말 모음』으로 약칭)은 그 당시 서울 지역어와 일부의 경기도말에서 자연스럽게 진행되고 있던 언어변화의 확산에 대한 공시적 단면을 보여준다. 그러나 이러한 성문화된 규범집은 결국 사회-문화적 조건들의 상호작용에서 빚어진 사회언

ㅈ이 ㄱ으로 변하기도 하나니 '질방'을 '길방'이라, '정토(淨土)절'을 '경틔절'이라 함.(p.29)

어학적 선택이라는 성격이 강하다.23) 그러한 사실은 『표준말 모음』의 머리말
에 실린 "표준말 사정의 방법"과 <일러두기>에서 드러난다. 표준말 취사선
택의 기준과 방법은 대체로 현재 중류 사회에서 쓰는 서울 지역어로써 으뜸
을 삼되, 가장 널리 쓰이고 어법에 맞는 시골말도 적당히 참작하여 설정하였
다는 원칙에 준한다.

이 원칙은 (1) 지역성(서울 지역어 중심)과, (2) 시간(현재)이라는 공간과 시간
의 2가지 요소 이외에, (3) 사회 계층(중류)과, 여기서는 따로 언급하지 않았으
나, (4) 품위 있는 격식체 말씨(style)와 같은 사회언어학적 변항을 포함하고
있다.24) 따라서 이러한 원칙은 어떤 언어변화가 1930년대 서울 지역어에서
생산적으로 진행 중에 있다고 하더라도, 그 확산의 정도가 서울 화자들의 상
류나 하류 계층에 어느 정도 한정되어 있었다면, 그러한 변화를 수용한 단어
들은 표준어로 선정되지 못한다는 사실을 나타낸다. 또한, 해당 언어변화가
하류나 상류 계층을 넘어서 설령 중류 계층에까지 발달되어 있었다고 하더
라도, 품위 있는 격식체가 아닌 자연스러운 일상체에 주로 출현하는 경우에

---

23) 1930년대에 사정한 『조선어 표준말 모음』에 적극적으로 관여한 최현배 위원이 당시 표준말
　에 대해서 가지고 있었던 이념은 <표준말 특집>으로 간행된 『한글』 5권 7호(1937)에 실린
　그의 논문 "표준말과 시골말"에서 명확히 드러난다(밑줄 첨가는 글쓴이).

　두루 쓰이는 사실은 바른 말, 표준말이 되기에 가장 가까운 말이다. 그러나 그렇다고 두루마
　리 반드시 표준말이 되는 것은 아니다. 이를테면, '봉선화'와 '봉숭아꽃'과 '봉사꽃'; '숯'과
　'숱'; '거의'와 '거진'과 '거위' 등이 다 같이 두루 쓰이는 말이지마는 우리는 그 가운데서 반드
　시 한 낱의 표준말을 가려잡아야 함과 같은 것이다. 표준말은 다만 사람의 규범의식이 그
　실현을 요구하는 이상적 언어이다.(p.6).

24) 표준말 사정의 전체의 과정에 참여한 핵심 위원인 이희승은 방송 원고 "표준어 이야기"(『한
　글』 제5권 7호)에서 표준어 제정의 원리에 제시한 몇 가지 가운데 "품위와 어감"이란 조건
　이 포함되어 있다. 여기서 "품위"는 속되거나 야비하지 않고 점잖은 말씨라는 뜻이다. 이러
　한 점잖은 말이 서울 지역어의 격식체에 해당된다.
　이러한 표준어의 조건은 최현배의 "표준말과 사투리"(『한글』 제5권 7호)에서도 명시적으로
　언급되어 있다. 그분에 따르면(1937 : 4), 서울 지역어 가운데 '둔 우전'(돈 오전), '절루'(절로),
　'똘배'(돌배) 등은 품위와 어감이 고상하지 못하기 때문에 표준어가 될 수 없다는 것이다. 그
　러나 표준어의 선정 기준에 또 다른 사회언어학적 변항인 화자들의 연령에 대한 언급은 누
　락되어 있다.

는 역시 표준어의 규범으로 수용되기 어려운 제약을 보인다.

이와 같은 상황에서 표준어 선정과 관련하여 특히 서울 지역어에 진행되고 있는 음성변화의 경우에는 여러 가지의 문제점을 파생하게 되었다. 어떤 음성변화가 확산되어 가는 과정에서 그러한 해당 변화가 일정한 단계에서도 음성 환경을 갖추고 있는 모든 단어에 일시적으로 동시에 적용되지 않는 것이 일반적인 현상이다. 의사전달 가운데 등장하는 단어들의 출현 빈도와 화자들의 친숙도, 그리고 유리한 음성 조건의 순위에 의해서 음성변화는 개별적인 어휘들에 따라서 시간적으로 차이 있게 확산되어 가기 때문이다(Wang 1968; Labov 1992). 그 결과, 1930년대 서울 일대에서 일어나고 있는 동일한 음성변화를 수용하고 있는 단어들로서 표준어로 선정된 부류와 비표준어로 처리된 부류 사이에는 순수한 언어 내적인 차이가 존재할 수 없다.

예를 들면, 『표준말 모음』 가운데 『"ㅡ"와 "ㅣ"의 통용』(32-33)에서 '스, 즈, 츠>시, 지, 치'와 같은 전설모음화를 수용한 (ㄱ) 아침(朝), 싫다(厭), 지름길(捷徑), 버짐(버즘)' 등의 항목들은 표준어로 선정되었다. 그 반면에, 이와 동일한 음성 환경을 갖추고 있어서 이미 전설모음화를 수용한 다른 항목들 (ㄴ) 씨다(쓰다, 用, 書, 冠). 씰개(쓸개), 벼실(벼슬), 싱검초(승검초), 시님(스님, 僧)' 등의 부류는 비표준어로 처리되었다. 동일한 음성변화를 수용했으나, 단어들에 따라서 표준어 수용의 기준에서 이렇게 갈라지게 되는 원인은 일차적으로 공시적인 1930년대를 기준으로 삼았을 때, 그 변화를 수용하는 완급의 속도가 단어들마다 개별적으로 일정하지 않았다는 사실에 있다.

서울 지역어에서 전설모음화를 수행했으면서 동시에 표준어로 선정된 (ㄱ) 부류의 단어들은 그 음성변화를 수용한 시기가 (ㄴ) 부류들보다 시간적으로 훨씬 더 선행하였음을 문헌적 자료들이 보여준다.25) 이 단어 부류들은 당시

---

25) 전설모음화를 수용하였으면서 동시에 1930년대에 표준어로 승격된 (ㄱ) 부류 단어들 가운데, '츩(葛)'에서 발달해온 개신형 '칡'형은 19세기 후반 Gale의 『한영ᄌ뎐』(1897)에 '칡'(p.815)으로 등록되어 있으며, 이 보다 앞선 『한불ᄌ뎐』(1880)에서는 '칡~츩'(p.603)과 같은 변이를 나타내었다.

의 서울 지역어에서 중류 계층의 화자들의 격식어에까지 전설고모음화가 확대되어 있는 상태를 반영한다. 대부분의 언어변화가 일단 일상어에서 먼저 출현하여 사용되다가 가속도를 얻어서 격식어로 침투해 오는 스타일상의 이동 과정을 상기 할 필요가 있다. 이러한 연유로 1930년대 서울 지역어에서 전설모음화를 반영하는 (ㄱ)의 단어들은 표준어의 범주로 격상되었다. 그 반면에, 전설모음화를 반영하고 있지만, 비표준어의 신분으로 떨어진 (ㄴ) 부류의 단어들은 시간적인 출발이 비교적 후대에 있었기 때문에, 1930년대 서울 지역어에서는 그 확대의 과정에서 아직 중산층의 격식체에 이르기까지 못한 단계에 있었을 것이다.

전설모음화와 관련하여 1930년대 『표준말 모음』(1936)에서 비표준어로 격하된 (ㄴ) 부류의 전설모음화를 수용한 단어들은 1980년대 후반에 개정된 표준어 규정에 이르기까지 표준어의 범주로 복귀된 항목은 찾을 수 없다. 서울 지역어의 일상적인 구어에서 전설모음화 현상이 형태소 내부에서 다시 형태소 경계로 확대되어 가는 경향에 비추어 보면(Eckardt 1923; Martin 1992), 언어 규범이 격식어에서 전설모음화의 발달을 인위적으로 통제하고 있다. 그리하여 심지어, 서울말에서 매우 통상적인 구어 형태 '으시대다'에 대한 표준어는 여전히 '으스대다'를 고수하고 있으며, '으시대다'는 자주 틀리는 잘못된 표현으로 취급되어 오고 있는 불합리를 보인다.26)

현대국어의 구어에 등장하는 화자들의 자연스러운 음성변화가 표준어의 규범에서 1930년대부터 지금에 이르기까지 인위적으로 가장 강력한 저지를

또한, '즈름길'의 개신형 '지름길'은 19세기 후기 『독립신문』(1896-1899)에 과도교정형 '기럼길'(←지름길)로 출현하였다. 기럼길로 산에 올나 쫏차 가니(독립신문 1권 59호, 1986.8.28, 잡보). 『한불ᄌ뎐』(1880 : 557)에 이 형태는 보수형 '즈럼길'로 실려 있으나, 거의 20년 후에 간행된 Gale의 『한영ᄌ뎐』(1898 : 766)에서는 개신형 '지럼길'로 교체되었다. 따라서 19세기 후기 중부방언에서 사용된 '기럼길'과 같은 과도교정형은 같은 시대의 개신형 '지럼길'의 존재를 알리는 것이다.
26) 그 반면에, 북한의 문화어에서는 전설모음화를 반영한 '으시대다'형이 규범으로 지정되어 있다.

받는 유형으로 움라우트 현상을 들 수 있다. 1930년대에서도 언어 현실에 있어서 그 실현 정도가 현저하고, 동화의 습관이 또한 강하였기 때문에 맞춤법 정리와 표준말 선정에서 심각한 문제를 제기하였던 것이다. 이러한 문제를 맞춤법과 표준어 선정의 관점에서 정리한 정인승(1937 : 1-10)은 개재자음의 유형에 따라서 3가지로 분류한 다음, 제2 부류(개재자음이 [-설정성])에 속하는 움라우트 실현형들은 동화의 정도가 매우 강하여 어법에 일치되는 발음으로 회복하기 어렵다고 인정하였다. 따라서 그러한 경우에만 현실 발음을 준수하여 "언어의 어법과 조직체계에서 불일치 또는 모순된 점이 없는 한"에서는 동화된 현실음 그대로를 표준어로 선정한 것이다(정인승 1937 : 6). 그러나 자연스럽게 확립된 움라우트 실현형이라고 하더라도, 여기에 첨가된 조건인 문법과의 일치(유어와 어원 관계) 항목이 매우 엄격하게 적용되었다.[27] 이와 같은 높은 제약을 넘어서 1930년대 『표준말 모음』에서 표준어의 범주로 선정된 동화의 항목들은 아래와 같이, 당시 대중들이 구사하였던 언어 현실과 크게 벗어난 모습을 보이게 되었다.[28]

(ㅏ와 ㅐ의 통용, p.11-12)

(8) ㄱ. [ㅐ를 취함] :
깍대기(穀皮), 꼭대기(頂上), 가난뱅이, 갈매기, 내리다(降下), 노래기(사향각시), 때꼽재기, 때리다(打), 다래끼, 달팽이(蝸牛)
(a)대님, (b)댕기, 댕기다(引火), 도깨비, 새끼, 새기다(刻), 재미(滋味), 채비(差備), 올챙이, 옹배기, 포대기, 괭이(楸).

---

27) 「표준말 모음」(1936)의 "부록" 제 (9)에서 움라우트 현상으로 인하여 피동화주 '아, 어, 오, 우, 으'가 각각 '애, 에, 외, 위, 의'로 발음되는 습관이 있다 하더라도 類語 관련(예 : 두루마기-두루막, 소나기- 소낙비)과 語源 관련(맡기다- 맡다; 젖먹이-먹이다)이 있는 단어들은 이 현상을 반영하지 않는 예들을 표준어로 선정한다는 더욱 명확한 기준이 첨가되었다(p.121).

28) 1920년-1930년대를 중심으로 당시 서울 지역어의 구어에 생산적으로 확대되어 있는 움라우트 현상의 다양한 모습은 Eckardt(1923), Roth(1936), 그리고 서울 출신 박태원의 소설 『천변풍경』에 반영된 움라우트를 포함하여 서울 지역어의 음운현상을 정리한 강희숙(2002)을 참조

ㄴ. [ㅏ를 취함] :
가자미(板魚), 곰팡이((菌), (c)단추(댄추, 단초), 다리(橋, 脚), 달이다
(煎), 다리미, (b)당기다(引), 쓰르라미, 모가비(인부두목), 삭히다, 삭이
다(消化), 잠방이, 지팡이, 지푸라기, 차리다(準備), 아끼다, 아기, 아비
(父), 미장이. (d) 멋장이(멋쟁이), 고장이(고쟁이), 난장이(난쟁이), 나바
기(나배기), 가랑이(가랭이),

ㄷ. (ㅓ와 ㅔ의 통용, p.18);
[ㅓ를 취함] : 구덩이(구뎅이), 누더기(누데기), 무더기(무데기), 어미
(에미),

(9) ㄱ. (ㅝ와 ㅞ의 통용, p.31); [ㅝ를 취함] : 원수(웬수, 怨讐),
ㄴ. (ㅡ와 ㅢ의 통용, p.31); [ㅡ를 취함] : 드리다(듸리다, 디리다, 獻),
ㄷ. (ㅖ와 ㅗ의 통용, p.20); [ㅖ를 취함] : 메밀(모밀, 메물).
ㄹ. (ㅖ와 ㅚ의 통용, p.20); [ㅖ를 취함] : 메뚜기(뫼뚜기, 뫼뛰기, 메또기),
ㅁ. (ㅡ와 ㅣ의 통용, p.32); [ㅓ를 취함] : 디디다(드디다, 딛다, 踏).

위의 보기에서 표준어로 선정된 (8)ㄱ의 움라우트 실현형들은 이에 대응하
는 비실현형들과 당시의 서울 지역어에서 부단한 변이 현상으로 출현하였지
만, 이미 중류 계층의 격식어에까지 확대되어 있어서 어느 정도 어법으로 교
정할 수 없는 고정된 단계를 나타낸다. 이러한 예들이 모두 피동화 모음 '아'
를 가지고 있는 단어들에 집중되어 있다는 사실이 주목된다. 움라우트 현상
이 음성 환경인 여러 후설모음들 가운데 시간적으로 피동화음 '아'에서부터
먼저 진원지에서 출발하여 1930년대 서울 지역어에 개신의 파장으로 확산되
어 왔음을 뜻한다. 시간적으로 뒤늦게 이어서 확산된 피동화음 '어'를 포함한
다른 후설 계열의 모음을 보유한 단어들은, '베끼다'(寫)와 같은 특별한 예외
적인 경우를 제외하면, 표준어로 선정되지 못하였다.29) 물론 이러한 단어들

---

29) '베끼다'(寫)형은 이전 형태 '벗기다'에서 움라우트를 수용한 형태로 19세기 후기의 문법서
및 20세기 초반의 사전 부류에서부터 단독형으로 등장하고 있다. 이 개신형은 1930년대에는
이미 재구조화되어 있어서 당시의 표준어 선정 대상에서 제외되어 있었던 것으로 보인다.

칙 벳긴 것 쥰ᄒ야 봅세다(1894, 스과지남, 236),

은 움라우트의 실현형들과 상황에 따른 교체를 반영하였으나, 개신형들의 출현 빈도가 당시의 중류 계층의 격식어에까지 본격적으로 이르지 못했던 것이다.

(8)ㄱ의 예들에서 움라우트 실현형 (a) '대님'(腿帶)과 '댕기'형이 1930년대의 표준어로 선정되어 있는 사실이 당시의 서울 지역어에 전개되어 있었던 움라우트 현상의 세력과 관련하여 주목된다. 역사적인 보수형 '다님'에서 움라우트 현상에 대한 강력한 개재자음의 제약 [+설정성](coronal)을 넘어서 당시의 서울 중산층의 말에까지 도달해 있기 때문이다. 이 형태는 19세기 후기와 20세기 초반의 서울 지역어 자료에서도 여전히 보수형으로만 등장하였다. 다님 短袴(1880, 한불자전, 455), 자쥬물 드린 양목 다님 치고(1898, 매일신문, 4.22), 고의적삼과 허리씩 보선 다님꺼지(1912, 행락도, 69), 다님(1920, 조선어사전, 178).30) 따라서 개신형 '대님'이 1930년대에 보수형 '다님'의 분포를 앞질러 급진적으로 확대되어 표준어로 편입된 것으로 보이기도 한다. 그러나 전통적인 문헌 자료에서는 드러나지 않았을 뿐이고, 움라우트를 수용한 개신형이 당시 대중들의 구어에서 일상적 친숙성으로 인하여 이미 서울 지역어에서도 상당한 세력을 확보하고 있었다.31) 20세기 초반의 『법한ᄌᆞ뎐』(1912)에 '대님'과 '다님'이 나란

벳기다 : 벳겨, 벳긴, (1920, 조선어사전, 381).
cf. 니혼셔롤 벗겨 가지고 가니라(1852, 태상해, 3.31ㄴ).

또한, 『표준말 모음』(1936)에서 표준어로 선정된 '데리다'(率, p.14)형은 비표준어로 '다리다'와 함께 '더리다'형이 제시되어 있다. 따라서 '데리-'의 변화 과정으로 중세어 '드리-'에서 'ᄋ'의 제2단계 변화를 밟아서 '드리->다리-'로 변해 왔을 경로와, 근대의 단계에서 'ᄋ>어'의 변화를 거쳐서 '드리->더리-'의 경로를 생각할 수 있다.

30) 조선총독부 편 『조선어사전』(1920)의 표제어로 실린 움라우트 실현형들은 매우 한정되어 있다. 그러나 '다리'(橋,脚)가 '대리'(p.179, 200)와 동등한 자격으로 등록되어 있다. 또한 여기에 올린 표제어 가운데 움라우트와 관련된 '웬슈'(怨讐, p.650), '무재치'(무자치, p.334), '새치'(젊은이의 흰머리칼, p.460), '잿치다~잣치다'(p.715)와 같은 항목들이 주목된다.

31) 주로 사전류에 등록된 표제항들을 대조하여 개화기 이후부터 지금에 이르기까지 표준어의 변천 과정을 검토한 장태진(1973 : 57)은 개신형 '대님'이 1930년대에 표준어로 급진적으로 유입된 사정을 당시의 통상적인 服制 어휘가 갖고 있는 대중성의 영향에서 찾으려고 하였다.

히 등록되어 있다. 대님, 다님, 보션미기(p.843).

민속적인 服制 어휘로서 표준어로 선정된 개신형 '대님'과 대조를 이루는 형태는 (8)ㄴ의 보수형 '단추'형이다. 1930년대에 '단추'와 변이를 보이고 있는 개신형 '댄추'는 역시 개재자음의 제약을 극복하고 역행동화를 수용한 형태이다(소신애 2016 : 263). 이것은 이미 서울 지역어에서 19세기 후반에서부터 20세기 초반에 이르기까지 사전류의 표제항과 문법서의 예문으로 등장하고 있었다. 그러나 움라우트를 수용한 개신형 '댄추'는 1930년대에 표준어 선정의 대상에서 배제되었다. 이러한 사실에도 불구하고 『표준어 모음』(1936) 이후 거의 반세기 이상이 지난 오늘날 1990년대 서울 중류 계층의 토박이말의 일상어에서 여전히 개신형 '댄추'의 세력이 표준어 '단추'형보다 확대되어 있다.

(10) ㄱ. 딘츄 : (鈕子). (딘츄-뉴) (아돌-ㅈ), 1897, 한영자전, 644,
　　ㄴ. 단초~댄초; tantcho(p.209), taintcho(p.209), tâintchu(p.213),
　　　　Eckardt (1923),
　　ㄷ. 조고리에다 적삼해 입으믄 댄추 매서 달아, 댄추를 매지
　　　　(한상숙의 한 평생, 1991, 108),
　　　　그리구 적삼에는 고룸 안 달구 댄추 매(상동, 108),
　　　　그렇게 깨끼구 적삼이구는 죄 댄추를 다는데(상동, 109).[32]

위의 보기 (8)ㄱ 가운데, 땋은 머리끝에 드리는 장식용 헝겊이나 끈을 가리키는 (b) '댕기'와 '댕기다'(引火)형은 그 이전 단계에서 각각 '당긔'와 '둥기다'로 소급된다. 따라서 이 형태들은 움라우트의 동화주 -i의 음운론적 자격과 관련하여 예의 동화작용에서 배재되는 것이 원칙이다. 이러한 음성적 제약을 넘어서 움라우트를 수용한 '댕기'와 '댕기다'가 그 당시 표준어로 선정된 근거는 이 단어들이 언어사회에서 쓰이고 있었던 높은 출현 빈도와, 대중 화자들과의 일상적 친숙성에 있다.

---

32) <서울 토박이 부인 한상숙의 한 평생>, 『뿌리 깊은 나무 민중 자서전, No.18』에서 인용.

그 반면에, 특수한 상황에서 주로 쓰이는 개신형 '댕기다'(引火)와 동일한 기원을 가지고 있는 (8)ㄴ의 '당기다'(引)형은 움라우트 비실현형이 표준어로 분류되어 있는 사실이 특이하다. 원래 '당기-(<둥긔-)는 비어두음절 위치에서 '의>-이'의 단모음화를 거쳐 움라우트 적용의 영역으로 들어온 것으로, 이러 한 개신형은 19세기 후기 자료에서부터 등장한다. 모름즉이 텬하슈를 자바 덩게 다가 탕척ᄒ랴니와(1883, 명성경언해, 16ㄴ). 1930년대 표준어 선정 과정에서는 동 일한 형태 구조를 가지고 있는 단어가 쓰이는 특정한 또는 일반적인 화용론 적 환경에 따라서 표준어로 움라우트의 실현형과 비실현형이 출현 빈도나 친숙성에 따라서 각각 다르게 선정된 것이다.[33] 오늘날의 표준어 규범에서도 '댕기다(引火) : 당기다(引)'의 구분이 그대로 유지되어 있으나, 움라우트 실현 형 '댕기다'는 "불이 옮아 붙다(붙게 하다)"와 같은 한정된 의미의 발달을 거치 게 되었다.

위에서 움라우트와 관련하여 열거한 (9)의 예들은 1930년대 『표준어 모음』 의 사정에 관여한 당대의 수정 위원들의 관점에서(정인승 1937을 포함하여) 움라 우트 현상과 관련이 없는 항목으로 처리된 단어들이다. (9)ㄱ의 '원수(怨讎)∽ 웬수'의 통용에서 개신형 '웬수'가 이전 단계의 '원슈'에서 개재자음의 제약을 극복하고 역행동화를 수행한 여부에 대해서는 논란의 여지가 있다(최전승 198 6 : 133; 소신애 2016을 참조). 그러나 이 단어는 특유한 감정이 개입된 감정어에 해당되기 때문에, 통상적인 개재자음의 음성적 제약을 넘었을 것으로 판단한 다.[34] 19세기 후기 남부방언에서 높은 출현 빈도를 보였던 '웬수'형은 20세기 초반의 중부방언 자료에서도 등장하기 시작한다. (ㄱ) 웬슈 갑허(1919, 주해 어록

---

33) 그 전의 『조선어 맞춤법 통일안』(1933)에서와 『표준말 모음』(1936 : 15)에서 시도하였던 의미 분화에 따른 형태 분화를 시각적으로 구분하려는 유형과 동일한 것이다. '가르치다'(敎) : 가 리키다'(指), 또는 '(꽃)봉오리 : (산)봉우리' 등과 같은 대중 화자들의 일상어와 유리된 인위 적인 구분이 여기에 속한다.

34) 19세기 후반과 20세기 초반의 서울 지역어 중심의 사전류에 등록된 '꾀집다>꾀집다∽쒜집 다' 등의 경우도 이러한 범주에 속한다고 볼 수 있다. 꾀집소 : pinch(1890, 한영ᄌ뎐 II, p.104), 쒜집다(-아, -은) : pincer(1912, 법한ᄌ뎐, p.1018).

총람, 58), 웬슈는 외나무 디리에서 맛난다(좌동, 78), (ㄴ) 원슈 : 轉 왼슈(1920, 조선어사전, 646), (ㄷ) 웬수의 친구라도(군인요결, 34). 특히, 『조선어사전』(1920)의 '원슈' 표제항에서 '왼슈'로 변했다는 지적은 개신형 '웬수'형이 당시의 서울 지역어에서 무시할 수 없는 분포를 차지하고 있었다는 사실을 가리킨다.[35]

(9)ㄴ의 '드리다(獻)∽디리다∽디리다'와 같은 공시적 변이형에서 움라우트 실현형들이 비표준어로 분류되었다. 개신형 '디리다'형의 존재는 20세기 초반에서 '드리다>디리다>디리다'와 같은 음성변화의 중간단계(하향 이중모음화 : i>iy)를 거쳐 형성된 과정을 반영한다. 이와 같은 역행동화의 예들이 19세기 후기와 20세기 초반의 신문기사와 신소설 부류 및 문법서에서도 관찰된다.[36]

(11) ㄱ. 목쟝 믈 셰필을 듸리라 혹즉 나라 믈을 군슈가 듸리라 ᄒᆞ니(독립신문, 1897.4.29,④),
　　　원 돈ᄌᆞ는 ᄒᆞ더금 고쳐 부표 ᄒᆞ야 써 듸리게 ᄒᆞ옵고(상동, 1897.3.27,③),
　　ㄴ. 편지롤 갓다가 시어머니께 듸리며(1914, 안의성, 46),
　　　웬 편지봉 ᄒᆞᄂᆞ를 듸리거날 바더 가지고(1913, 한월, 하.137),
　　ㄷ. 손님한테 차나 듸리시요(1905, 독학 한어대성, p.121), 손님게 듸리게 과ᄌᆞ를 사오ᄂᆞ라(상동, p.121), 차ᄒᆞ고 과ᄌᆞ를 듸려라(p.121).

앞서 제시되었던 (9)ㄷ의 '메밀'형은 움라우트의 피동화 모음 '오'가 차지하고 있는 실현상의 낮은 위계에도 불구하고 비교적 일찍이 서울 지역어에서 역행동화를 수용하여 '모밀>뫼밀>(비원순화)메밀'과 같은 일련의 과정을 밟아

---

35) 1920년대 서울 지역어에서 사전 표제어 '원슈'에 대한 또 다른 항복 '원수'는 '원수>웬수→왼수'와 같은 발달의 경로를 보여주는 것으로, 공시적으로 문자 '웨'와 '외'가 동일한 이중모음의 음가를 가지고 있었거나, 아니면 모음체계에서 we→ö의 변화를 반영하는 것으로 생각한다.

36) 최현배(1960 : 484)에서 제시된 "굽은 소리되기 현상" 가운데 'ㅡ'의 굽은 소리되기의 보기에서도 역행동화의 중간단계로 '으>의'의 과정이 개입되어 있다. 그러나 역행동화 결과 피동화음의 소리 냄은 '의'의 겹홀소리로 내는 것이 아니요, 거의 짧은 ㅣ와 같은 홀소리로 내는 것이라는 설명이 첨부되어 있다.

들이다(入)>딀이다>딜이다, 드리다(獻)>듸리다>디리다, 그리다(畵, 慕)>긔리다>기리다.

서 중류 계층에까지 확대된 것이다. 이러한 사정은 '메밀'이 일상적인 농산물 지칭어이며, 그 작물을 재배하는 농민이나 시장 소비자들에게 잘 알려진 친숙성에 기인되기도 하지만, 움라우트가 발달된 지역 방언형이 그 생산품과 함께 서울로 유입되어왔을 가능성도 있다.

일찍이 최현배(1937/1960 : 483)는 이와 같은 유형의 움라우트는 "자주 쓰기"와 "버릇하기" 때문에 말미암아 형성되는 것이니, 자주 쓰지 않으면 생기지 아니하며, 또 자주 쓰더라도 버릇하지 않으면 안 생기는 현상인 것으로 규정한 바 있다. 중세와 근대국어 단계에서 동작동사 '드듸-'(踏)와 그 활용형들은 원칙적으로 움라우트 적용 대상에 포함될 수 없다. 그 이유는 다음과 같은 강력한 언어 내적 제약 두 가지를 포함하고 있기 때문이다. 하나는 움라우트 현상을 저지하는 [+설정성] 자질 'ㄷ'을 개재자음으로 가지고 있다. 다른 하나의 제약은 동화주 '-이'가 기원적인 모음이 아니고, '-의>이'의 단모음화를 거쳐 형성된 2차적 음성조건이다. 그럼에도 불구하고 유독 이 단어에만 한정되어 높은 위계의 제약들을 넘어서 '드듸다>듸듸다>디디다'과 같은 일련의 변화를 거쳐 움라우트 현상을 수용했으며, 이러한 개신형 '디디다'가 서울 지역어로 확산되어 결국에는 1930년대에 표준말의 신분에까지 도달하게 된 사실은 매우 이례적이다.

이와 같은 예외적 현상은 개신형 '디디다'가 가지고 있는 높은 출현 빈도에 있었을 것으로 보인다. 이러한 과정에 이르기 위해서는 서울 지역어에서 '드듸->듸디->디디-'의 역행동화의 발단과 그 점진적인 확대가 시간적으로 상당한 내적 발달과정을 필요로 하였을 것이다. 움라우트 실현형 '듸듸-'와 그 활용형들이 19세기 후기와 20세기 초반의 중부방언(경기도 지역), 또는 서울 지역어 자료에서 아래와 같이 등장하기 시작한다. 이러한 음운론적 과정은 '드듸-'에서보다, '벗-'이나 '헛-' 등과 같은 접두사를 앞세운 파생어에 먼저 적용되는 것 같다.

(12) ㄱ. 벗듸듸다, pet-teui-teui-ta, -teui-ye, -teuin,
　　　　벗듸듸여 기드리다(한불자전 1880 : 318),
　　　ㄴ. 벗듸듸다(距踏, 막을-거, 볿을-답), -듸듸여, -듸된)
　　　　(한영자전 1897 : 410).[37]
　　　　헷듸듸다, -듸듸여, -듸된,(상동, 1897 : 133),
　　　　헷듸듸다, 헛볿다, 실죡ᄒ다(법한자전, 1912 : 641, 르 장드로 편),
　　　　　cf. 드듸다, 볿다(상동, 1912 : 684),

(13) ㄱ. 아모더를 <u>듸듸여</u>도 검은 진흙이… 발자국을 임의로 <u>듸듸일</u> 슈가 업는지
　　　　라(독립신문, 1897.2.2.①),
　　　ㄴ. 즈근 즘싱은 <u>듸듸여</u> 죽게 되는지라(삼셜기, 노섬 샹좌기, 27,三, 22ㄱ),
　　　　늙으니롤 몰나 보고 <u>듸듸고</u> 단니니(상동, 27,三, 26ㄴ),
　　　ㄷ. 현긔증이 나셔 발을 <u>헷듸듸면</u> 왼몸이 ᄲᅡ지는 거슬(1895, 천로역졍,
　　　　상.11ㄱ).

(14) 떨니는 발을 문박그로 다시 <u>넙더듸듸</u>더니(1912, 재봉춘, 135),
　　　발을 뒤로 <u>벗듸듸</u>고 평싱 긔운을 다 쓰니<1912, 고목화(상), 70),
　　　　cf. 사롬이 발 드듸고 사는 짱덩어리가(1908, 은세계, 2).

　　위의 예에서 출현하는 '드듸->듸듸-'의 예들을 당시의 움라우트 현상을 거친 과정으로 간주하기에는 약간의 문제가 있다. 개신형 '듸듸-'에서 제2음절의 모음 표기 'ㅢ'를 글자 그대로 이중모음 [iy]로 파악한다면, 그것은 움라우트의 순수한 음성적 동화주 기능에서 제외될 수밖에 없기 때문이다. 그러나 당시에 'ㅢ'의 이중모음의 음가가 [iy]에서 단모음 [i]로 변이의 과정을 거쳐서 진행되는 중에 있는 변화였다면, 그 제2음절의 표기 'ㅢ'는 단순한 표기 관습에 의했을 뿐이며, 실제의 발음상의 신분이 [i]로 전환되었을 것이다. 그리하여 [iy]> [i]의 변화를 거친 새로운 표면상의 동화주 '-이'가 '드듸-의 단계에

---

37) Gale의 『한영ᄌ뎐』(1897 : 656)에 방언형으로 표시된 '듸딈' 履(shoes, see 신발, p.656) 항목이 등록되어 있다. 이 형태는 나중에 『큰사전』(1947 : 936, 한글학회)에서 '디디미'로 나와 있으며, '신발'에 해당하는 심마니의 말이라는 해설이 첨부되어 있다. 19세기 후기에 만들어진 심마니들의 은어인 '듸딈'형에도 역시 용언 '드듸->듸듸-'(踏)의 변화가 관여한 것이다.

서 그 용언 활용형이 출현하는 높은 개체빈도 효과에 의해서 움라우트를 2차
적으로 수용한 것으로 보인다.[38]

그 반면에, '드듸->드디-'의 단계에서 2차적 동화주 [i]의 역행동화를 수행
하여 피동화주 '으'는 위의 예문 (11) '드리->듸리-'와 같은 하향 이중모음을
형성하였으며, 이러한 과정이 '듸디-'로 표기에 반영된 것이다. 글쓴이가 이
와 같이 추정하는 '드듸->드디->듸디-'(踏)와 같은 경로는 1920년대 권덕규
의 문법서『조선어문경위』(1923)의 텍스트에 제시되어 있는 아래와 같은 움라
우트 실현형 '듸디-'의 출현에서 보강될 수 있다.

> (15) 파리가 어떤 놈은 앉어서 뒤ㅅ발로 믤이고 앞발을 싹싹 부비는....
> 또 어떤 놈은 앉어서 앞발로 믤이고 뒤ㅅ발을 싹싹 부비는 것이 있으니(제
> 17과 p.44),
> cf. 대숲으로 들어가아 沙伐沙伐한지라. 믤이어 방언이 되니(상동, p.132).

위에서 검토한 '드듸->듸디-'의 변화와 그 확산의 방향을 보면, 1930년대
에는 서울 지역어에서도 개신형 '디디-'(踏)형이 드디어 보수형 '드듸-'를 누
르고 표준어 사정에서 선택된 것은 우연하고, 갑작스러운 과정이 아니었음을
알 수 있다.

(9)ㄹ에서 표준어 '메뚜기'와 공존하였던 비표준어 '뫼뛰기'형은 어중 모음
의 변화에만 주목하면, 1930년대 서울 지역어 화자들의 친숙성에 따라서 피
동화음 가운데 가장 낮은 위계에 속하는 '우' 모음에까지 어휘 범주에 따라서
움라우트가 적용되었다는 사실을 보인다. 1930년대 움라우트 현상과 맞춤법
의 수용 문제를 취급하면서 정인승(1937)은 당시의 서울 지역어에서 피동화음
'우'에 적용된 움라우트 실현형과 그 비실현형 간의 공시적 변이를 다음과 같

---

38) '드듸->듸디-'(踏)의 변화는 움라우트 현상의 진원지의 하나로 추정되는 19세기 후기 전라방
언 자료에도 매우 생산적으로 출현한다(최전승 1986 : 151-152). 이러한 사실을 보면, 20세기
초반의 서울 지역어에 일반화된 '디디-'형은 남부의 지역방언에서 확대되어 왔거나, 차용되
었을 가능성도 있다.

이 예시한 바 있다. 아궁이~아귕이, 주둥이~주뒹이, 메뚜기~메뛰기, 왕퉁이(胡蜂)~
왕튕이, 쟁퉁이(心僻者)~쟁튕이.39)

1930년대 서울 지역어에서 움라우트 적용상의 위계가 비교적 낮은 피동화
모음 '오/우'에서도 출현하는 단어의 개체 빈도나 화자들의 일상에 친숙한 유
형에 따라서 역행동화를 수용하여 표준어로 채택된 또 다른 형태로 '번데기'
형을 들 수 있다. 그러나 여러 변이형 가운데 선정된 '번데기'(蛹)는 그 보편
적인 쓰임 때문에 당시의 표준어 사정 위원들에게서 움라우트를 수용하여
나온 형태라고 인식되지 못한 것으로 보인다.

(16) ● 음절의 증감 : 〚더함을 취함〛 번데기(번데), 『표준어 모음』 1936 : 46).

표준어로 선정된 '번데기'형은 역사적인 선행 형태 '본도기'형에서부터 일
찍이 움라우트를 수용하여 '본도기>본되기'의 단계에서, 비원순음화를 거쳐
'본되기>번데기'의 변화 과정을 연속적으로 밟아 온 것이다. 19세기 후기 서
울 지역어를 반영하는 『한불ᄌ뎐』(1880 : 315)에 이 단어는 '번덕이' 또는 '번듸'
로 함께 등록되어 있다. 여기서 '번덕이'는 이미 서울 지역어에 출현하고 있
던 '번데기'형에 대한 일종의 과도교정을 거친 형태이다. 이러한 과도교정형
'번덕이'는 그 이후의 시기인 Gale의 『한영ᄌ뎐』(1897 : 406)에서와, 20세기 초
반에 르 장드르 신부가 편집한 『법한ᄌ뎐』(1912 : 304)에서도 '번데' 또는 '번듸'
형과 함께 등장하고 있다.40) 따라서 서울 지역어 자체에서도 '번데기'형이 수

---

39) 또한, 최현배(1937/1960 : 482)도 "우리말의 실제에서도 'ㅜ'가 'ㅣ'를 뒤닮아서(umlauten) 'ㅟ'
   로 되는" 보기를 다음과 같이 예시하면서, 역행동화를 거쳐 형성된 'ㅟ'는 아직 완전한 단모
   음으로 확립되었다고 보기 어렵다고 지적하였다.

   죽이다>쥑이다, 숙이다(머리를)>쉭이다, 메뚜기>메뛰기,
   꾸미(양념)>뀌미, 깍뚜기>깍뛰기.

40) Gale의 『영한ᄌ뎐』(1897 : 432)에서 '번듸기'형도 수집되어 있는데, 이것은 '본도기>(모음 상
   승)본두기'의 변화 단계에서 움라우트에 적용되어 '본두기>번뒤기>(비원순화)번듸기'의 과
   정을 밟은 것이다.

용한 움라우트의 발달 과정이 오래되었거나, 아니면 움라우트를 수용한 지역
방언형을 차용해 온 시간이 19세기 후기 이전으로 소급되었을 것이다.

3.2 현대 서울 지역어에서 움라우트 현상의 위상과 표준어 규범의 영향

1920-1930년대 서울 지역어에 전개된 움라우트 현상의 발달 단계에 대해
서 주로 당시의 문법서의 예문과 격식적인 회화서의 용례들만을 대상으로
관찰한 송철의(2007 : 67), 박기영(2005 : 130-131) 등에서는 일부의 피동화 모음
'아'와 '어'에만 한정되어 출현하였던 소극적인 음운과정이었던 단계로 파악
된 바 있다. 그러나 1920년대와 1930년대의 일상적인 대중들의 서울 지역어
구어를 중심으로 작성된 한국어 학습서 Eckardt(1923), Roth(1936) 및 당시의
맞춤법과 표준말 사정에 직접 주도적인 역할을 하였던 정인승(1937)의 증언은
움라우트 현상이 매우 적극적이며, 동시에 생산적으로 진행되고 있었음을 알
려준다. 지금까지 우리가 §3.1에서 1930년대 성문화된『표준말 모음』(1936)을
중심으로 검토해 온 움라우트 현상의 표준어 수용과 거부의 다양한 양상 자
체는 이러한 음운과정이 당시의 남부와 북부방언의 전개 수준에 이르지는
못했지만, 서울 화자들의 일상적 입말에 생산적으로 확대되어 있는 단계를
반영한다.

통상적으로 현대사회에서 진행되고 있는 언어변화는 인위적인 표준어화와
자연스러운 변화 사이에서 균형을 이루고 있기 때문에, 화자들이 주도해 나
가는 언어 개신들이 표준어 규범으로 인해서 그 진행과 확산의 속도가 늦추
어지거나, 잠정적으로 정지될 수도 있다고 한다(Marynissen 2009 : 165). 이와 같
은 관점에서 1930년대 서울 지역어의 움라우트 현상의 전개와 발달에 영향을
준 언어 외적 요인으로『표준말 모음』(1936)을 통한 표준어 선정 작업에 있다
고 가정해 볼 수 있다. 정인승(1937)에서 제시된 풍부한 보기들을 중심으로
1930년대 움라우트 현상을 고찰한 김차균(1991)은『표준말 모음』이 오늘날의

서울 지역어와 표준어의 움라우트 확대와 수용에 심각한 부정적인 결과를 초래하게 된 것으로 간주하였다.41) 이러한 관찰은 표면적으로 타당한 측면이 있다.

움라우트 현상과 관련된 항목들을 취급한 현대국어의 개정된 <표준어 규정>(1988) 제 9항에서는 "'ㅣ' 역행 동화 현상에 의한 발음은 원칙적으로 표준 발음으로 인정하지 아니하되…"와 같은 전제를 내걸었다. 그러나 다만 음성변화가 가장 분명한 서너 가지의 경우만 예외로 표준어로 포함시켰을 뿐이다 (서울-내기, 냄비, 동댕이치다). 여기에 [붙임 1]로 통상적인 '아지랭이'형을 새삼스럽게 부정하고 보수형 '아지랑이'를 표준어로 특별히 강조한 사실과, [붙임 2]에서 기술자에게는 접사 '-장이'(미장이 유기장이), 그 이외에는 움라우트 실현된 '-쟁이'가 붙는 형태(멋쟁이, 소금쟁이)를 표준어로 수용한 사실이 그것이다.42) 표준어의 제1장 제 1항의 "표준어는 교양 있는 사람들이 두루 쓰는 현대 서울 지역어로 정함"이라는 표준어 사정 원칙에 비추어 볼 때, 움라우트 규정에 관한 제9항은 너무 현실과 유리된 것이다. 또한, <표준어 규정>(1988)에서 개정의 대상이 주로, (가) 그동안 자연스러운 언어 변화에 의해 1933년에 표준어로 규정하였던 형태가 고형(古形)이 된 항목들과, (나) 방언, 신조어 등이 세력을 얻어 표준어 자리를 굳혀 가던 항목들이었음을 상기해 보면, 위의 발음 변화에 따른 현대국어의 표준어 규정 제9항은 현실적으로 1930년대 『표준말 모음』에서 크게 벗어나지 못한 단계를 보인다.

그러나 1980년대 <표준어 규정>이 보여주는 이와 같은 표면적 사실에도

---

41) 김차균(1991 : 3-4)은 정인승(1937)에서 제시된 움라우트 현상의 자료는 1930년대의 서울 지역어의 공시적 체계를 그대로 반영하는 것으로 전제하였다. 이어서 김차균 교수는 같은 논문에서, 현재에 쓰이고 있는 일상적인 말에서 움라우트 현상은 서울 지역어와 방언을 가릴 것 없이 바로 앞선 세대에서 움라우트 규칙을 받던 자료의 대부분이 그 규칙을 받지 않은 자료로 되돌려졌다고 보았다.

42) <표준어 규정> 제9항 [붙임 2]에서 제시한 접사 형태 '-장이'와 '-쟁이'의 인위적인 표준어상의 구분은 1930년대 『표준말 모음』(1936)에서 '댕기다'(引火)와 '당기다'(引)과 같은 구분을 연상시키는 것이다.

불구하고, 일부의 움라우트 실현형들은 움라우트와 관련된 규정의 대상에서
명시적으로 언급된 바 없지만, 현대국어의 표준어로 이미 수용되어 있다.
1930년대 『표준말 모음』에서 {ㅏ와 ㅐ의 통용}에서 〖ㅏ〗를 취함의 대상이
었던 (1)ㄴ의 (d) '멋장이(멋쟁이), 고장이(고쟁이), 난장이(난쟁이), 나바기(나배
기), 가랑이(가랭이)' 항목들은 움라우트 실현형들이 『표준국어대사전』(국립국어
연구원)에 표준어 신분으로 등록되어 있다. 또한, <표준어 규정> 제2장(모음)
의 제11항은 그 동안의 모음의 발음 변화를 인정하여, 종래의 보수형을 버리
고 개신형을 표준어로 선정한 항목인데, 여기에 움라우트 실현형과 관련하여
'깍쟁이'(서울-, 알-)와 '튀기'(雜種, 混血)형이 포함되어 있다.

　새로 표준어로 들어온 '튀기'형은 종전의 '트기'형을 대치시킨 형태이다. 그
러나 '트기→튀기'로 이동해가는 변화의 원리는 파악하기가 어렵다.[43] 19세
기 초반의 자료 『물보』(1802, 毛蟲 부류)에 최초로 '특이'형이 확인되며 이것은
'트기'의 형태로 20세기 초반의 국어로 넘어온다. 트기(1920, 조선어사전, p.880).
'트기'에서 움라우트를 수용한 '틔기'형이 권덕규(1923)에서 말(馬)에 대해서 수
집된 여러 용어들 가운데 등장하기도 하였다. 틔기, 牛父馬母(1923 : 162).

　따라서 개신형 '튀기'는 '트기>틔기'의 단계를 거친 이후에 형성된 형태로
보인다. 이와 같은 '트기'의 변이형 '튀기'가 19세기 후반의 서울 지역어 자료
인 『한영즈뎐』(1897 : 710)에 등장하기 시작하였으며, 20세기 초반에 르 장드르
신부가 작성한 『법한즈뎐』(1912 : 964)에서도 지속되어 있다.[44] 이 형태가 민중

---

43) 국립국어연구원 발행 <표준어 규정 해설집>(1988)에서는 '튀기→트기'의 과정으로 해석하
　고 다음과 같이 해설하였다.

　'튀기→트기'는 모음 단순화 현상일 텐데, 아직 원형이 쓰이고 있다고 보아 제10항에서와는
　달리 '튀기'를 표준어로 삼은 것이다.(1988 : 12).
44) 한글학회 편 『우리말 큰사전』(1994)에는 '트기'가 표제어로 실린 반면에, '튀기'는 '트기'와 같
　은 말로 설명되어 있다(p.4358). 또한, '튀기'형은 함북을 포함한 일부의 지역 방언형으로도
　분포되어 있다.

　튀기 : 함북의 성진, 학성 외 7개 지역(김균태 1986 : 485),
　경북의 3개 지역, 충북의 대부분, 전북의 무주, 강원의 4개 지역(최학근 1990 : 1347).

자서전 『班家 며느리 이규숙의 한 평생』(1992)의 구술 자료에서도 자연스럽게
등장하는 사실을 보면 그 분포가 경기도와 서울 등지로 확대되어 있었던 것
으로 보인다. 희끔희끔헌 거나 빨간 머리는 튀기래(1992 : 205).

이와 같은 움라우트 현상에 대한 표준어 규범이 1930년대의 『표준말 모음』
과, 반세기가 지난 현대 <표준어 규정>(1988)을 통해서 강화되어 왔으며, 이
러한 효과는 학교교육 등을 통해서 부단히 청소년층이나 중년층까지 그대로
적용되어 왔다고 생각된다. 따라서 언어규범에 의해서 대중 화자들의 자연스
러운 음성변화의 진행 과정이 정지되거나, 축소되는 효과를 나타낸다. 그러
나 오늘날 "교양 있는 서울 토박이들이 두루 쓰는" 서울 지역어 가운데 주로
60세-80세의 노년층의 말에서는 그러한 표준어 규범이 언어 사용상의 갈등
의 요인으로 작용하는 예를 『서울 토박이말 자료집(1)』(1997, 국립 국어연구원)
에서 찾아볼 수 있다.

> (17) ㄱ. 우리 어렸을 때는 서울에서 '돈 : ' 같은 것을 '둔 : ' 그랬어요. 이 '안경'
> 도 '앤경', '학교'도 '핵교', 이런 식으로 해 왔는데, 표준어를 표준발음으
> 로 해야겠다 생각해서, 뭐 '핵고'도 '학교'고, 그리고 '둔 : '도 '돈 : '이라
> 그러고...(bht, p.306).
> ㄴ. 우리가 인제 이 뭐, '단추' 겉은 것도 '댄추' 그랬잖아? '댄추' 뭐 그랬듯
> 이 '댄추'는 틀린 비표준어다, '단추'가 표준어다, 그래서 ...쓰기는 뭐,
> 보통 쓸 때는 '댄추'로 해.(bht, p.307).

위에서 인용한 자연 발화 가운데 일부는 25대째 서울에서 살아온 대학원
출신의 자료 제공자(당시 74세)에서 나온 것이다. 지금의 서울 지역어와 표준
어와의 차이에 대해서 말하여 달라고 하는 대담자의 주문에 대한 답변이다.
이 70대 노년층 화자의 언어 습득이 완성되었던 "어렸을 때"인 대략 1930년
대의 서울 지역어의 움라우트 현상이 지금까지 언급된 『표준말 모음』(1936)에
서의 범위보다 그 확산의 폭이 훨씬 더 넓었다는 사실을 알려준다. 이러한

그 당시 생산적인 움라우트 현상은 『서울 토박이말 자료집(1)』(1997)에서 자연발화로 수록된 다른 비슷한 연령대의 여느 서울 토박이 화자들에서 등장하였다.

(18) ㄱ. 대림질/대리다 : 그거는 풀을 멕여서 대림질을 해. 밤을 새서 대림질을 해(p.156), 아무 때나 대리지, 한 사람이 대려, 이것도 대려 입을래면(p.162).

　　　모통이 : 개천 모통이에 가 섰다가(p.165),(이상은 igd),

　　ㄴ. 쥑이다 : 며느릴 쥑였다 허는 그러헌 말이야(p.173),

　　　핵교(學校) : 그릏게 물장수노릇허면서 아들덜 다 전문핵교 대학 시키구, 그때만 해두 전문핵교만 댕겨두(p.189), 제2고등보통핵교라구 나왔죠(p.202), (이상은 jjg),

　　ㄷ. 새기다(親交) : 동네분들 하고는 안 새겨요(p.217), 그 새기던 색시가...곧 잘 새기더니(p.231) (이상은 sjs),[45]

　　ㄹ. 대핵교(대학교) : 아휴, 대핵교 교수도 쓴 책두..(p.257), 연세대핵고 사회교육원엘 나가요, 거기 연세대핵교에 다른 대학은 없는데(p.257),[46]

　　　새기다(親交) : 친구두 많지 않구, 새길려구 안 그러구(p.250),

　　　대리다(달히다, 煎) : 이런 독에다 대레서 붓구(p.264), (이상은 jsy),

---

45) '사귀다(交)'의 움라우트 실현형 '새기-'는 동화주가 '-위>-의>-이'와 같은 단모음화를 거친 이후에 확대되어 발달한 형태로 보인다. 이러한 형태는 노년층의 서울 지역어에서 일반화되어 사용되는 것으로 보인다. 예를 들면, 서울의 오랜 전통 주택지역인 계동에서 살면서, 양반집 아녀자의 전형을 보여주고 있는 당시 87세(여, 1991년 기준)의 이규숙 화자의 일상적인 대화에서도 '새귀-'형이 '사귀-'형과 변이의 형식으로 출현하고 있다.

　　새귀-~사귀-(交) : 눈독을 들여 가지구 새귄거지(p.157)∽사귀는 색시 있는데(p.157), <뿌리깊은나무 민중자서전 4. 班家 며느리 이규숙의 한평생> 『이 "계동 마님"이 먹은 여든 살』(1992, 뿌리깊은나무사).

46) 서울 지역어에서 '학교(學校)>핵교'와 같은 움라우트 실현형은 이미 1910년대의 자료인 林圭(1863-1948)의 『日本語學 音・語篇』(1912)에서도 움라우트 비실현형과 일종의 공시적 변이현상으로 출현하기 시작하였다. 학교에 오면(p.516)∽핵교에 가면(p.617). 이와 같은 변이가 오늘날의 서울 지역어 노년층 화자들의 일상어에서도 그대로 반복되어 나타난다.

　　활동사진은 학교 마당이 넓으니깐 핵교 마당에서 밤 그저 농촌에서 농사 다 끝나고(『서울 토박이말 자료집』(1), jsy,1997 : 269).

ㅁ. 깍디기(깍두기) : 그러구 깍디기 담그구, 깍디기, 깎뚜기 당그지, 알무
깍두기, 알무 깍디기, 요새 요만한 거 있잖아?(286).

그렇다면, 교양이 있는 서울 토박이들이 두루 쓰는 오늘날의 서울 지역어
에서 음운규칙으로서 움라우트 현상의 위상은 다음과 같은 2가지의 측면에
서 그 개연성을 고려할 수 있다. 하나는 공시적인 움라우트 규칙이 서울 지
역어에서 여전히 생산적으로 작용하고 있지만, 그 적용 연령대는 주로 노년
층의 화자에만 한정되어 있다. 그리고 그 생산성은 중장년층이나 젊은 층으
로 내려 갈수록 표준어 규범으로 인해서 그 효력이 점진적으로 줄어들게 된
다. 따라서 공시적 음운현상이 진행되는 세대와 더불어 점진적으로 약화되어
일종의 통시적 현상으로 변모되는 과정에 있다. 이러한 관점은 음운변화로서
움라우트 현상이 20세기 초반까지 생산적으로 확대되어 그 정점에 이르다가
점진적으로 세대의 부침과 보조를 같이 하여 소멸되어가는, 일종의 "출현→
확산→능동적 활동→종료"의 단계를 거치는 활동주기(life span, Janda 2003 :
402)을 나타내는 것이다.

다른 하나는 오늘날의 서울 지역어에서 개신적 변화로서 움라우트는 통시
적인 변화이다. 그러나 모든 움라우트 적용 대상의 환경에서 A>B와 같이 변
화가 완료된 것은 아니다. 보수형과 개신형이 오늘의 서울 지역어에서 연령,
계층, 상황, 그리고 말의 스타일 등과 같은 사회언어학적 변항에 따라서 선택
되어지기 때문에, 움라우트 변화의 공식은 A>A∽B, 또는 A>A∽B>(>B)와
같은 단계에 있다.47) 그리하여 변이형으로 출현하는 움라우트 실현형들에 대

---

47) 서울 토박이 화자인 한상숙 씨(당시 74세)의 말에서도 역시 움라우트 실현형이 빈번하게 등
장하고 있다.

'웬수'(원수, p.46), '괴기'(고기, 152), '디디-'(踏, 드디-, 65), '쇡였구나'(속이-, 101),
'쥑이-'(죽이-, 94), '쬧겨-'(쫓기-, 40), 등등. (<뿌리깊은 나무 민중 자서전 18. 서울 토박이
부인 한상숙 한평생> 『밥해 먹으믄 바느질허랴, 바느질 아니믄 빨래허랴』(1992, 뿌리깊은
나무사).

해서 자연적으로 다음과 같은 3가지의 사회언어학적 평가와 인식이 통상적인 서울 지역어가 쓰이는 언어사회 구성원들에 형성되었다고 본다.

(가) 서울 지역어에서 표준어로 인정되지 않은 움라우트를 수용한 변이형들은 언어규범 의식에 의해서 화자가 속한 특정한 계층이나 연령 등과 같은 부류에 결부된 "전형화" 또는 "낙인화"와 같은 부정적 평가가 형성되어 있다.

(나) 그와 동시에, 움라우트 수용형들은 다양한 연령층에 속하는 화자들에 따라서 일종의 화용론적 기능이 첨부되어서, [-위신, -격식성, +내부집단 의식, +친밀성, +낮춤] 등과 같은 사회언어학적 속성을 나타내는 표지(marker)로 작용하는 경향을 나타낸다.

(다) 또한 언어규범 의식에 의해서 움라우트 실현형에 결부된 사회언어학적 속성들과 연관되어 움라우트의 조건이 아닌 다른 환경으로 일종의 유추적 확대를 보여준다. 예를 들면, 『서울 토박이 자료집(1)』의 자연 발화에서 제시된 자료 제공인 jsy의 말에서(위의 (11)ㄹ을 참조) '주제→쥐제'와 같은 형태가 사용되었다. 자기가 자기 쥐제를 알구 살어야지.(1991 : 252).[48]

이러한 움라우트 실현형들은 한상숙 화자의 담화에서 화자가 의도하려는 화용론적 상황에 따라서 실현형들과 부단하게 교체되어 출현하였다. 이 가운데, '괴기(魚)~고기'의 교체를 구술 담화 속에서 보기로 들면 다음과 같다.

"옛날엔 뭐든지 괴기가 풍성했지만 자연히 시방은 고기 반 근만 사믄 두 번 시 번 늫갖어, 찌개 할라믄. 게다가 또 수입 괴기들 먹네. 그러구 불고기나 양념 고기루 허는 거는 등심이나 안심으로 해야지."(p.152).

48) '주제→쥐제'와 같은 형태는 일상어에서 움라우트 실현형이 그 비실현형에 대해서 가지고 있는 사회언어학적 표지인 [-위신, -격식성, +내부집단 의식, +친밀성]의 속성들이 유추를 거쳐 확대된 것으로 보인다(최전승 2004를 참조). 이와 같은 현상은 여타의 지역방언에서도 관찰된다. 이와 다른 관점에서 정인호(2013)는 표면적으로 특정한 음성조건이 없이 출현하는 전설모음화가 일정한 어감을 표현한다고 해석한 바 있다.

이놈, 서울만 올라가기만 올라가믄, 그냥 뫼가지를 비틀어 버린다고."(구비문학대계 5-1, 전북 편, 남원군 보절면 662).

그러나 움라우트의 유추적 확대 과정을 거친 형태로 간주되는 '밴댕이'(蘇魚)형은 표준어로 수용되어 있어 특이하다. 근대국어에서 이 형태는 '반당이'(역어유해, 하.38ㄱ; 규합총서 7ㄴ)로 사용되었다. 이것은 19세기 후반에 출현한 사전 부류, 예를 들면 『한불ᄌᆞ뎐』(1880 : 200)에서도 그대로 '반당이'로 변동이 없었다.

현대국어의 표준화 작업이 그 생명력을 상실하지 않고, 사회 속에서 이루어지는 의사소통 과정에서 사회 구성원들에 의해서 창조되고 확산되는 역동적이고 자연스러운 흐름을 언제나 추구하는 것이 되어야 한다면(이익섭 1991), 위의 움라우트와 관련된 사실들이 표준어 규범과 관련하여 신중하게 고려되어야 한다. 특히, 언어규범은 화자들의 언어사용을 통해서 관습화되는 것이 원칙이라는 전제에서 위에서 설정된 (나)의 화용론적 항목을 주목할 필요가 있다. 화자와 청자가 일정한 사회적 배경과 태도를 가지고 정보가 적절하게 전달되고 이해되기 위해서 문장 속에 여러 가지 언어적 장치가 필요하지만, 상황에 따라서 임의적으로 선택된 하나의 단어도 많은 정보의 내용을 담고 있다. 이와 같은 맥락에서 효과적인 의사소통을 위해서 대중 화자와 청자들에 의해서 자연스럽게 변화되어 선택되는 과정이 현행 표준어로 그대로 수용된 '목욕/모욕'형과 '미역/멱'형의 공존은 매우 시사적인 점이 크다.

현행 표준어에서 '목욕'(沐浴)과 '미역/멱'형은 모두 표준어로 등록되어 있다. 그러나 이 단어가 사용되는 사회적 또는 화용론적 상황은 어느 정도 관습적으로 구분된다. 한자어 '沐浴'에서 직접 유래하는 '목욕' 또는 '모욕'의 사전적 뜻은 "머리를 감으며 온몸을 씻는 일"로서 그 행위가 격식적인 상황(목욕탕)에서 주로 일어난다. 그 반면에, '미역/멱'의 뜻은 대체로 앞의 단어와 같지만, 그 행위가 비격식적으로 "냇물이나 강물 또는 바닷물에 들어가 몸을 담그고 씻거나 노는 일"에 한정되어 있다. 이들 단어의 기원은 동일한 한자어 '沐浴'에 기반하고 있음은 물론이다. 비격식적인 상황에서 쓰이는 '미역' 또는 이것의 준말인 '멱'은 '목욕>모욕'으로부터 자연스러운 음성변화 몇 단

1920년대 『조선어사전』(1920 : 355)에서 처음으로 움라우트를 실현시킨 '반댕이'형이 출현하기 시작하였다. 그리하여 이 표제어가 『표준 조선말사전』(이윤재 1947 : 311)에도 계속되었다. 「표준말 모음」(1936)에서 이 형태에 대한 언급은 누락되었지만, 『큰사전』(한글학회)에서는 '반댕이'에서 한 단계 급진적인 변화를 수용한 '밴댕이'형을 보여 준다. 밴댕이, 밴댕이-젓, 밴댕이-구이, 밴댕이-저냐(1950 : 1286). 그 반면, 원래의 '반댕이'형은 이 사전에서 사투리의 신분으로 격하되었다(p.1208).

계를 역사적으로 밟아서 현대국어에 이른 형태이다.

그 변화의 첫 단계는 17세기 근대국어 초반으로 소급된다. '모욕>뫼욕'(제 1단계 : 음성적 움라우트).49) 이러한 개신형 '뫼욕'에 연속적으로 시간적 간격을 두고 개입되는 일련의 음성변화를 거쳐서 20세기 초반에 이르면 '메역'(비원순 모음화)에서, 다시 '미역' 또는 축약형 '멕'의 단계에까지 도달하여 있다. 이러한 사정은 당시의 교과서 부류와, 외국인 선교사가 작성한 사전 등에서 그대로 반영되어 있다(법한ᄌ뎐(1912 : 197, 르 장드로); Eckardt 1923 : 245; 이완응 1926 : 14). 1930년대 『표준말 모음』에서 규범적인 '목욕'의 존재에도 불구하고, 이 형태와 함께 또 다른 공시적 변이형 '미역감다'형이 화자들의 일상적 쓰임에 의해서 선정된 것은, 여타의 경우와 대조해 보면, 매우 이례적인 판단이었다.

> (19) ㄱ. 미역 : 어린 ᄋ히롤 미역을 감겨서 재우시오(1926, 이완응 <고등조선어 회화>, 14회),
>
> Baigner : 메역, 맥 : 메역 감다, 목욕하다, 멕 감다.(1912, 법한ᄌ뎐, p.187).
>
> ㄴ) ●ㅔ와 ㅣ의 통용 〔ㅣ를 취함〕 : 미역감다(浴, X 메역감다, 멱감다), 표준말 모음, 1936 : 21.

위의 (19)ㄴ의 규정은 오늘날의 표준어로 계승되어 오는데, 언어규범에서 움라우트를 수용하지 않은 격식적인 형태와, 움라우트를 포함한 연속적인 음

---

49) 근대국어에서 등장하는 '모욕>뫼욕'의 개신에 대해서는 관점에 따라서 다양한 설명이 가능하다(홍윤표 2015 : 25). 그러나 글쓴이는 이러한 유형의 변화를 17세기 초기 국어 음운론에 일어난 움라우트 현상의 일종이라는 이숭녕(1978)의 견해를 따른다.

　(ㄱ) 조히 뫼욕 ᄀ른 후의 드로리라(1617, 동국신속 열녀, 3.40ㄴ),
　　　즉시 뫼욕ᄒ기롤 다ᄒ고(상동, 열녀, 6.71ㄴ),
　　　강이 면티 몯홀가 두려 뫼욕ᄒ고 온 ᄀ라 닙고(상동, 열녀, 7.84ㄴ).
　　　cf. 모욕ᄒ여(상동, 열녀, 4.54ㄴ), 모욕 ᄌ기거늘(상동, 열녀, 5.75ㄴ).
　(ㄴ) 네 싱신날 뫼욕지게ᄒ고 축슈ᄒ노라(1716, 월성이씨 언간 1, 월성이씨(어머니, 1650- 1715) → 권순경(아들),
　　　초ᄒᄅ 보롬 향한의 뫼욕자겨ᄒ고(1716, 월성이씨 언간 3, 상동).

성변화들을 밟아온 비격식적인 형태가 화용론적 환경에 따라서 달리 쓰이는 표준어로 선정된 것이다. 이와 같은 선택은 엄격한 규범 의식과 관련되어 표준어에서 배제되어버린 다른 유형의 생산적인 개신형들을 고려하면 매우 합리적이며 바람직한 정책이다.[50] 1930년대의 서울 지역어에서 '목욕'과 '미역/멱'형의 공존이 그만큼의 오랜 역사적 발달과정의 시간심층을 반영하고 있기 때문에 공시적 변이형으로서 대등한 표준어 신분으로의 수용이 가능했던 것이다.

언어 사용의 주체인 사회 구성원들의 숨겨진 합의를 통해서 성립된 상생과 관용의 사회언어학적 상황이 현대 서울 지역어에서 사용되는 또 다른 부류인 '원수'(怨讐)의 변이형 '웬수'의 대상에도 적용되어야 할 것으로 본다. 일상의 대화 상황에 따라서 화자들이 다양한 표현 방식과 말맛에 따라서 자유

---

50) 이와 같은 화용론적 기능을 표현하는 2가지 형태의 표준어 공존과는 약간 다른 범주에 속하지만, 의미의 분화를 거쳐 지역 방언형과 서울 지역어 단어가 대등한 표준어의 신분으로 수용된 단어는 '부스럼'과 '부럼'을 들 수 있다.

부럼 : (1) 『민속』, 음력 정월 대보름날 새벽에 깨물어 먹는 딱딱한 열매류인 땅콩, 호두, 잣, 밤, 은행 따위를 통틀어 이르는 말. 이런 것을 깨물면 한 해 동안 부스럼이 생기지 않는다고 한다. (2) '부스럼'의 방언(전라, 충남). (표준국어대사전).

오늘날의 표준어 '부스럼'은 15세기 국어의 단계에서는 '브스름'(腫氣)이었다. 16세기에 진행된 △의 변화로 인하여 '브스름>부으름'을 거쳐 '부름/부럼'으로 축약되었던 것이다. 그리하여 1930년대 『표준말 모음』(1936)에서 '부럼'은 비표준어로 처리되고, 그 대신 지역 방언형을 취하여 '부스럼'형이 표준어로 선정되었다.

●음절의 증감 〔음절이 더함을 취함〕 : 부스럼(X부럼), 1936 : 46.

'부스럼'형은 기원적으로 음소 '△'에 대한 'ㅅ'을 보유하고 있었던 방언형이었다. 그럼에도 불구하고 당시의 서울 지역어에서 표준어로 '부스럼'이 선택된 것은 이 형태가 어떤 이유(형태상의 불안정)로 인하여 대중 화자들에 의해서 선호되었기 때문이다. '부럼' 대신에 '부스럼'이 개화기 시기의 사전 부류에서부터 단독형으로 출현하고 있다.

부스럼, 헌듸, 샏로지(1897, 한영ㅈ뎐, 453),
샏로지, 부스럼, 짬듸(1912, 법한ㅈ뎐, 235).

그와 동시에 19세기 후기 Gale의 『한영ㅈ뎐』(1897) 사전에 '부럼'형은 의미가 분화되어 등록되어 있다. 부럼 : Fruits etc eaten on the 15th of the first moon, p.445).

롭게 골라 쓸 수 있는 사회적 용인과 그 여건이 출현 빈도가 높은 여타의 공
시적 변이 현상에서도 마련되어야 한다는 논지의 주장 하나를 여기서 소개
하려고 한다. 사회언어학자인 김하수 교수가 <지금 이 사람> 차익종 연구원
과의 대담에 실린 "규범 중심 언어 연구 넘어섰으면"(『새국어생활』 제23권 제2호,
2013 : 100-110)에서 제기한 "표준어 '원수'와 비표준어 '웬수'의 사용상의 차이"
에 대한 다음과 같은 논의를 그대로 인용한다(밑줄은 글쓴이가 첨가).

> (20) 김하수 : 현재 표준어에서는 '원수, 웬수' 중에서 '원수'만 허용하고 있지요.
> 그렇지만 실제 언어 사용에서는 '원수'와 '웬수'는 달리 쓰입니다. '웬수'는
> 정말 사랑하지만 섭섭함을 느끼는 대상에 대해서 쓰지요. 의미가 다른 말이
> 지요. '여시', '올레', '기집애' 같은 말도 마찬가지입니다. '틀린 말'이 아니지
> 요. 의미는 같지만 기능을 달리하여 쓰이는 말이니, 이런 말도 다 포용해
> 주면 풍부히 분화된 언어를 갖게 됩니다.
> 어떻게 보면, 규범이란 자연스럽게 만들어지는 것이라고도 할 수 있어요.
> 언어 표현의 미세한 차이를 먼저 발견하고, 사용하도록 해 주는 태도가 필
> 요합니다. <u>이제까지의 국어학이 음운론과 형태론에 초점을 두는 옳고 그름
> 을 판정하는 '형법'의 시대였다고 한다면, 이제는 '민법, 상법'의 시대가 되
> 어야 한다는 것이 제 생각입니다</u>(2013 : 106).

위의 인용문에서 언어 사용의 상황에 따라서 선택될 수 있는 후보 표준어
들 가운데, '여우'(狐)에 대한 은유에서 나온 '여시'와의 관계는 최근 2015년에
복수표준어로 추가된 '마을'(里)에 대한 '마실'(이웃집 나들이)과 대비된다. 그리
고 또 다른 후보 표준어 '올레'의 경우는 중세국어의 고유어 '오래'(門)에서 이
미 한자어로 대치되어 버린 후에, 제주방언에 잔존해 있던 방언형 '올레'형이
최근 사회-문화적 운동의 일환으로 '올레-길'로 새롭게 부상하게 되는 특이
한 역사를 가지고 있다(곽충구 1995 : 56-57).

4. '바래-'(望) 용언 부류들의 확산의 역사성과 언어규범 수용 가능성

4.1 '바래-'(望) 용언 부류들의 진행 중인 변화와 언어규범의 압력

여기서는 오늘날 우리 주위에서 일어나고 있는 "아래로부터의" 변화가 "위로부터"의 권위적인 언어규범으로부터 어떠한 공개적인 압력을 부단히 받고 있으며, 이러한 불리한 여건과, 또는 불이익을 받는 상황에서도 대중 화자들의 일상적인 개신이 숨겨진 합의에 의해서 지속되어 가는 과정과 그러한 과정에서 야기되는 언어 갈등의 문제를 주로 언어변화의 진행 과정의 관점에서 취급하기로 한다. 이러한 논제와 관련하여 그 주된 대상은 표준어 '바라-'(所望)에 대한 비표준어 '바래-'의 활용형과 그 어휘적 역사성이다.

현대국어의 <표준어 규정>(1988)과 국립국어원의 『표준국어대사전』은 폐쇄적이며 고정된 개념은 아니다. 이러한 장치는 끊임없는 시대의 변화에 따라 필연적으로 생성되는 화자들의 다양한 언어 개신과 창조를 현실적으로 반영하여 검증의 단계를 거쳐 수용하고 있는 역동적이고 개방된 틀을 유지하고 있다. <표준어 규정>(1988)의 제1부 "표준어 사정 원칙, 제2장"(발음 변화에 따른 표준어 규정)에 적어도 언어 변화에 대한 이와 같은 기본적인 원칙이 제시되어 있다.[51] 그러나 그러한 원칙이 언제나 타당하고, 문제와 갈등의 요소가 없는 것은 아니다.

앞으로 전개하여 가려는 글쓴이의 설명의 편리에 따라서, 표준어 '바라다'가 규정된 제2장 제11항 항목을 부분적으로 아래에 제시하면 다음과 같다.

> (21) 제11항 다음 단어에서는 모음의 발음 변화를 인정하여, 발음이 바뀌어 굳어진 형태를 표준어로 삼는다.(ㄱ을 표준어로 삼고, ㄴ을 버림.)

---

51) <표준어 규정> 제2장 제1절 자음 항목 중에서 제7항 접두사 '수-/숫-' 통일에 대한 규정은 가장 많은 논란과 문제를 야기하는 "비현실적인" 대상에 속한다. 제2절 제 9항 움라우트('ㅣ' 역행동화)에 의한 예들의 문제는 이 글의 §3에서 이미 취급하였다.

ㄱ	ㄴ	비고
-구려	-구료	
깍쟁이	깍정이	1. 서울--, 알--, 찰--.
나무라다	**나무래다**	2. 도토리, 상수리 등의 받침
		은 '깍정이'임
미수	미시	미숫-가루.
바라다	**바래다**	'바램[所望]'은 비표준어임.
상추	상치	~쌈.
시러베-아들	실업의-아들	
주책	주착	←主着. ~망나니, ~없다.
지루-하다	지리-하다	←支離.
튀기	트기	

　　현대국어에서 아래로부터 출발한 모음의 변화를 수용한 단어들이 대중 화자와 청자들의 언어생활에서 점진적으로 확대되어 일종의 관습화되어 언어규범화를 거치는 일련의 단어 가운데, '깍정이→깍쟁이, 미시→미수, 상치→상추,52) 지리(支離)-하다→지루하다, 주책(主着)→주책' 등의 경우는 지역 방언형의 차용 또는 서울 지역어 구어 세력의 확대에 근거한 유형에 속한다.

　　그러나 위의 제11항의 목록에는 이러한 설명 방식과 완전 배치되는 항목이 2개나 배정되어 있다. '바래다(望) → 바라다'와 '나무래다(叱) → 나무라다'가 바로 그러한 예이다. 이 용언어간들은 규정에서 언급한 대로 "모음의 발음 변화를 인정하여, 발음이 바뀌어 굳어진 형태"가 표준어로 된 것이 아니라, 오히려 그 반대이다. 따라서 이 두 단어들은 모음의 변화를 입은 개신형

---

52) 국립국어원에서 제시한 <표준어 규정>의 해설집에 따르면, '미수→미시'나 '상추→상치'는 치찰음 다음에서의 'ㅣ' 모음화로 보고, '미수'와 '상추'를 표준어로 삼은 것"이라고 하였다. 이 가운데 '상치'형은 1930년대 『표준말 모음』(1936 : 31)에서 공시적 변이형 '상추, 상치, 생취, 부루'형을 누르고 선정되었다. 당시의 변이형 '상취, 생취, 상추'는 원래 '싱치'(生菜)로부터의 변화를 거쳐 오는 과정에서 다양한 중간단계를 보이는 것이다.

싱치(菭, 몽어유해, 하.3ㄱ), 상취, 생치(조선어사전, 1920 : 459), 샹취, 상치(한불자전, 1880 : 384), 상추 : '상치'의 사투리(문세영의 조선어사전 1938 : 754).

‘바래-’와 ‘나무래-’형이 비표준어로 판정된 반면에, 아직 그러한 변화와는 무
관한 전통적인 보수형 ‘바라-’(<ᄇ라-)와 ‘나무라-’(<나므라-)형이 표준어로 규
정된 것이다. 그렇다고 해서, <표준어 규정>(1988) 이전에 ‘바라-’와 ‘나무라-’
형이 비표준어 취급을 받았던 것도 아니었다.[53] 이러한 사실이 너무 당연한
것이기 때문에『표준말 모음』(1936)에서 이 단어들은 사정의 대상에도 포함되
지 않았다.

그렇다면, 왜 이 단어 항목들이 제11항에 개입되어 표준어 규정의 설명에
불일치가 나오게 되었을까. 더욱이 ‘바라다’ 항목에 배정된 비고란에 명사형
‘바램’(所望)은 비표준어라는 각별한 설명이 첨가된 사실이 주목되기도 한다.
국립국어원에서 간행한 <표준어 규정 해설집>(1988)에서 근자에 ‘바라다’에서
파생된 명사 ‘바람’을 ‘바램’으로 말하는 경향이 있음을 인정하고, ‘바람’(風)과
의 혼동을 피하려는 화자들의 심리 때문에 기인된 것으로 풀이하였다.[54]

제11항에서 표준어 규정상의 불일치를 보이는 ‘바래- → 바라-’와 ‘나무래-
→ 나무라-’에 대한 지적은 어간 재구조화를 수행한 개신형 ‘바래-’와 ‘나무
래-’형의 현대국어에서의 쓰임이 전통적인 형태 ‘바라-’와 ‘나무라-’에 대등할
만큼 일상 언어생활에서 확산되어 있었음을 반증하는 사실로 보는 것이다.
따라서 개신형과 보수형 간의 혼란(공시적 변이)을 제거하고, 변화를 수용하지
않은 전통적인 보수형 ‘바라-’와 ‘나무라-’의 위상을 표준어로 다시 확인하려

---

53) 20세기 초반의『조선어사전』(1920)에서도 ‘바라다’(바라, 바란, 希望, 349)형이 단독으로 등록
되어 있으며, 이것은 다른 표제어 ‘바래다’(退色, 349)와 대립되어 있었다. 또한, ‘hope : ᄇ라
오, n. ᄇ람, Underwood의 한영ᄌ뎐, 1890, 제2부, p.133)을 참조. 또 다른 형태 ‘나무라다’(詰
問)의 경우도 역시 동일하다.

54) 현대국어에서 ‘바람’(風)과 ‘바람’(望)이 동음충돌을 일으키면서, 여기에 대한 회피의 방안으
로 화자들이 ‘바램’을 선택한다는 견해는 민현식(1999)에서도 되풀이되어 있다. 이러한 해석
은 직관적인 추정에 불과하다.
우선 표면상 동음어를 형성하는 두 단어는 화용론적 관점에서 동음 충돌의 조건을 구비하
지 못한다. ‘바람’(風)은 물리적인 구상적 개념의 명사인 반면에, ‘바람’(望)은 심리동사 ‘바라
-’의 명사형이기 때문에, 동일한 화맥에 출현해서 의미의 중의성을 초래할 가능성은 없다.
따라서 ‘바램’은 개신형 동사어간 ‘바래-’의 명사형일 뿐이다.

는 의도가 여기에 드러난다. 현대국어에서 공시적 변이로 실현되었던 '바라-
∽바래-; 바람∽바램'과 '나무라-∽나무래-'와 같은 어간 재구조화 현상은 적
어도 표면상으로는 서울 지역어에서 19세기 후기를 포함하여 20세기 초반의
단계에서도 적극적으로 관찰되지 않는다. espérer : ㅂ라다, espoir : ㅂ람(1912, 법한
자전, 578).

원고 작성 시기가 1940년 이전으로 소급되는 『큰사전』(1950, 한글학회)에 이
르면, 표제어 '바라다'와 함께 '바래다'형이 비로소 문면에 등장한다. 바라다 :
(바래다, 염독하다)(큰사전, 1950 : 1188).55) 『큰사전』 첫째 권(1947)의 범례 가운데
"7. 해석의 방식"에는 사전에 등록된 여러 항목들의 관계에 대한 자세한 해
설이 제시되어 있다. 표제어 '바라다'에 딸린 (바래다, 염독하다)의 어휘적 신
분은 분명하지 않지만, (바래다)형은 표제어 '바라다'에 대한 유의어 정도로
이해된다.56) 이와 같은 사실을 보면, 1940-1950년대 경의 서울 지역어에서
적어도 '바래-'(望) 어간과 그 활용형들이 어느 정도의 주목을 받을 정도에 이
르기까지 확산되어 있었던 것으로 추정된다. 그러나 '바라->바래-'의 변화가
19세기 후기와 20세기 초기에 걸쳐 외국인들에 의해서 서울 지역어를 중심으
로 하여 간행된 일련의 문법서(Underwood 1890; Eckardt 1923)와 사전 부류 등과,
이와 비슷한 시기의 『독립신문』(1896-1899)의 언어에서 출현하지 않았던 상황,
그리고 1930년대 『표준말 모음』에서 개신형 '바래-'가 표준어의 신분으로 전
혀 고려의 대상이 되지 못했던 사실 등을 상기할 필요가 있다. 따라서 이러한
경향은 20세기 초기를 전후로 하여 의식적인 언어 관찰자들에 의해서 직접
인지되지 않게 "아래에서부터" 대중 화자들의 친숙한 구어에서 변화가 확대
되기 시작하여 1950년대부터 적극적으로 주목받기 시작한 것으로 추정된다.

---

55) 이와 대조적으로, 『큰사전』(1947, 한글학회)에서 '나무라다/나무람'(p.573)의 표제어에는 '바라
　　다 : (바래다)'와 같은 어휘 관계가 표시되지 않았다.
56) 『큰사전』 첫째 권(1947, 한글학회) 범례에 있는 해석의 방식 (4)에는 서로 관련이 있는 어휘
　　들을 여러 가지의 방식으로 소개하였다. (1) 표준말과 표준어가 아닌 말, (2) 원말과 변한 말,
　　(3) 상대되는 말, (4) 참고할 필요가 있는 말 등등.

적어도 20세기 초반에서부터 서울 지역어를 포함한 경기도 권 지역방언에
서 개신형 '바래-' 또는 같은 유형의 '나무래-'형이 매우 산발적으로 자료상
으로 출현하기 시작한다.

    (22) ㄱ. 영업인들 엇지 잘 되기를 바리리요(1912, 신소설, 삼각산, 26),
            내가 늘 믿고 바래는 아무는 참으로 보람있게 일하시는도다.(김두봉의
            조선말본, 1916, 217).[57]
        ㄴ. 긔왕 잘못흔 일을 이제 나무리시면(1912, 두견성(상), 80),
            순희를 나무리서 말흐되(1911, 죽서루, 9),
            영ᄌ를 나무리며 남의 귀에 그런 말이 들닐가 염녀흐야(1914, 안의성,
            40),
            니가 그년을 나무리고 십퍼셔(1914, 츄텬명월, 18),
            cf. 어린아희를 나무라면(1914, 츄텬명월, 14).

이와 같은 변화의 경향이 오늘날의 서울 지역어에서 급진적으로 확산되어
주목받게 되었다는 사실은 우리가 앞서 제시하였던 <표준어 규정>(1988) 제
11항에서의 '바래다/바램 → 바라다/바람'와 '나무래다 → 나무라다'와 같은 규
정에서 드러난다. 그리하여 오늘날의 언어규범을 대변하는 『표준국어대사전』
(국립국어원)의 '바라다' 표제항에서도 비표준어 '바래-형에 대해서 다음과 같
은 주의 사항이 첨부되어 있다. 이러한 유형의 언어 오용에 대한 정보는 일
반적인 국어사전 범주에서 특이한 것이다.

    (23) 바라다(동사 : 바라, 바라니) :
        ※ "네가 성공하길 바래.", "어머니는 자식이 성공하기를 바랬다."의 '바래,
           바랬다'는 '바라, 바랐 다'로 써야 옳다. 기본형이 '바라다'이므로 '바라+-
           아→바래', '바라+-았- →바랬-'이 될 수 없다.
           【<ㅂ라다<석상>】.

---

57) 김두봉의 초판 『조선말본』(1916)의 개정판 『깁더조선말본』(1922 : 180)에서도 동일한 예문에
    서 '바래는'형이 그대로 유지되어 있다.

이와 같이 권위를 가진 "위로부터의" 거듭 반복되는 '바라-/바람'형의 표준어 규범에 대한 확인과는 상관없이, 현대국어에서 전반적으로 개신형 '바래-/바램'과 '나무래-/나무램' 부류들이 선호되는 경향은 언어 사용에 신중하거나 까다롭다는 국어학자들의 격식적인 논문의 텍스트에서도 그대로 노출되어 있다. 그러한 언어 사용에 대한 최근의 현실을 반영하는 몇몇의 예를 추출해 보면, 다음과 같다.58)

> (24) ㄱ. 가능하면 두 책이 보완적 기능을 할 수 있었으면 하는 <u>바램</u>으로 기획된 것이었다.(『국어사연구』(국어사연구회, 태학사, 1997 : 1234, <편집을 마치면서>),
>
> • 이 글을 쓰면서의 일관된 <u>바램</u>은 많은 부분이 점 더 자세하고 세밀하게 조사될 수 있었으면 하는 것이다.(서정목 1981 : 176, 『방언』 5, "『한국방언조사질문지』의 문법편에 대하여"),
>
> • 여기서의 논의도 그러한 문제에 닿을 수 있는 조그만 계기가 되었으면 하는 <u>바램</u>이다.(김흥수 1987 : 223, "'좋다' 구문의 통사와 의미", 『국어국문학』 97집.
>
> ㄴ. --너무 평면적으로 단순하게 생각했다는 <u>나무램</u>을 면하기 어려운 것이다.(김완진 1973 : 51, "국어 어휘 마멸의 연구", 『진단학보』 35집).

오늘날의 언어생활을 영위하는 일반 화자와 청자들은 '바라-/바람' 표준형에 대한 "위로부터"의 강력한 교정 지시와 여기에 대립되는 일상적인 "아래로부터의"의 '바래-/바램' 개신형의 지속적인 쓰임에 혼란을 일으키게 되었을 것으로 보인다. 이러한 곤혹스러운 문제에 대한 해결책으로 일반 대중은 국립국어연구원 누리집에서 운영하는 <온라인 가나다 : 묻고 대답하기>(어문규범, 어법, 표준국어대사전 등에 대하여 문의하는 곳)에 자문을 구하게 된다. 이 누리집에 일반인들이 자주하는 질문을 정리해 놓은 상담 사례 모음을 검색해

---

58) 여기서 논문집 편집 후기 또는 연구자들의 개인 논문에서 이끌어낸 '바램'과 '나무램'의 용례는 현대국어에서 사용되고 있는 이 개신형들의 생산성을 방증으로 제시하기 위한 목적 이외에, 어떤 다른 의도는 전연 없음을 밝힌다.

보면, '바라-/바래-'와 그 명사형 '바람/바램' 가운데 어느 형태가 옳고 그름을 문의하는 질문 수효가 높은 출현 빈도를 보인다.[59]

또한 지금까지 국어교육의 "교양 있고 올바른 언어생활"과 정서법 및 언론 관련 분야에서 일반 대중들이 흔히 범하는 '바래-/바램'의 오용에 대한 끊임없는 지적과 이에 대한 비난, 그리고 문법에 근거한 이 개신형의 비타당성에 관한 적절한 논리가 제시되고 있다(이은정 1989; 민현식 1999; 이재경 2010; 김양진 2011; 기세관 2013; 강희숙 2014, 2016; 방석순 2015).

사회구성원들의 일상적인 의사소통 과정에서 빈번하게 출현하는 '바래-/바램'의 그릇된 말을 바로 잡으려는 노력을 경주한 강희숙(2014 : 151-152)과 방석순(2015 : 9)은 가수 노사연의 대중가요 <만남>의 노랫말에 등장하는 "바램"(우리의 만남은 우연이 아니야/그것은 우리의 바램이었어)"에 심한 유감을 나타낸다. 그렇지만 당대의 대중을 위한 대중가요의 가사에 규범적인 표준어 '바람'이 아니고, 대중적인 구어 '바램'으로 등장할 수밖에 없었다는 사실은 이 개신형이 대중 속에서 차지하고 있는 사회언어학적 위상을 여실하게 반증하는 것으로 생각한다. 이 노랫말 '바램'에 대한 방석순(2015)의 언어적 반감은 매우 강한 것이지만, 그의 글 가운데에서 인용한 아래와 같은 보충적인 언급은 매우 의미심장한 면을 보여준다(일부 밑줄은 글쓴이가 첨가).

> (25) '바래다'(빛이나 색이 날아가다, 또는 손님을 배웅하다)의 명사형 '바램'과 '바라다'(희망하다)의 명사형 '바람'의 그런 차이를 잘 아는 사람들도 노래 부를 땐 으레 '바램'이라고 합니다. <u>안 그러면 노래 맛이 안 난다며.</u> 그런데

---

59) 국립국어원 누리집의 <온라인 가나다 : 묻고 대답하기>에 올라와 있는 묻고 대답하기에 대한 본보기로 하나의 사례를 아래에 인용한다.

질문 : 안녕하십니까? 새해 복 많이 받으시길 바라며, '바람'과 '바램' 중 어느 말이 맞는지 알려주시길 청하면서 새해 인사드립니다.

담당자의 답 : 바람이 어법에 맞는 표기입니다. '바램'은 '바람'의 잘못입니다. '소망하다'라는 의미의 '바라다'는 어미 '-아'가 이어지면 '바라+아'→'바라'가 됩니다. 따라서 '바래'는 틀린 표현입니다. 그 명사형 역시 '바램'으로 쓰는 것은 잘못이고 '바람'으로 써야 합니다. (조회 495).

노래뿐이 아닙니다. 일상 대화에서도 "새해 가장 큰 '바램'은 가족들의 건강"이라고 예사로 말하곤 합니다. 우리말을 바르게 쓰기란 정말 쉽지 않은 일인가 봅니다.(방석순 2015.9).

위의 인용문은 지금까지 이재경(2010)과 김양진(2011) 등을 비롯한 언어규범 논자들이 그렇게 애써 구분시키려고 노력한 '바라-(望)/바람'과 '바래-/바램'(脫色, 손님을 배웅) 간의 차이를 일반 대중 화자들이 일상적인 언어활동에서 인지하지 못해서 표준어 '바라--/바람'(望)을 구사하지 못한 것이 아니라는 사실을 드러낸다. 일반 화자들은 "위로부터"의 지속적인 강한 압력과 거듭되는 시정 조치에도 불구하고, 의사소통 과정에서 화자와 청자 간에 적절한 말맛을 위해서, 또는 집단 간의 화합과 결속을 위해서 "아래로부터" 형성된 의견의 은밀한 일치 또는 합의를 거쳐서 개신형 '바래-/바램'을 의식적 또는 무의식적으로 선호한 것이다. 이와 같은 이유로, 일반 사회구성원들은 표준어 '바라-/바람'을 의식적으로 구사하지 않은 것으로 생각할 수 있다.[60]

이러한 어간 재구조화 경향으로 미루어보면, 이 활용형들이 보이는 변화의 전반적인 방향은 표준적인 국어사전과 언어규범이 강조하는 '바래-/바램 → 바라-/바람'이라기보다는 오히려 언어사회 구성원들이 사회적 합의를 이룬 '바래--/바램'으로 향하고 있다. 그러나 이러한 변화가 '바래-'에 연결되는 어미의 유형에 따라서 균질적으로 확산되지 않는 상황을 나타내고 있는 현상이 주목된다.[61] 현대국어에서 이와 같은 개신형으로 공시적 확산 과정에 차이가 일어나는 모습은 용언 활용형들에 일어나고 있거나, 과거에 일어났던

---

60) 이러한 개신형은 일정한 동류 집단이나, 사회조직망에서 내부 결속을 나타내는 일종의 사회언어학적 표지(marker)로 작용할 수도 있을 것이다(Cheshire & Milroy 1993 : 20-21).
61) 어간 재구조화를 수행한 '바래-'(望)의 활용형 가운데 명사형 '바램'이 '바라->바래-'의 변화에 가장 선두 위치를 점하고 있다. 전북대학교 중앙도서관 국내 학술 DB에 있는 KISS(한국학술정보 제공 국내 학회지 전문), DBpia(누리 미디어 제공 국내 학술 학회지 원문 DB)에서 제공하는 각종 잡지와 학술지에 실린 글에서 '所望'을 뜻하는 단어는 모두 명사형 '바램'으로 표기가 되어 있으며, 규범형인 '바람'은 보이지 않는다.

어간 재구조화가 진행되어온 순서를 우리에게 보여주고 있다. 배주채(2013 : 190, 각주 48)는 표준어 중심의 현대국어의 용언 활용체계를 정리하면서, 개신형 '바래다'는 모음어미와의 결합형에서는 그대로 '바래-'의 형태로 빈번하게 쓰이지만, 자음과 매개모음 어미와의 결합형에서는 '바래고, 바래니' 등과 같은 형태로 잘 사용되지 않는 경향을 지적한 바 있다. 기세관(2013)은 '바라다'(望)의 맞춤법의 논리를 전개하면서, 서울 출신 40대 여성 화자(김선미 씨)가 자연스러운 상태에서 구술하는 이 용언의 활용형들을 다음과 같이 제시하였다.

(26) ㄱ. 바라- : 바란다, 바라면, 바라는, 바라시니, 바랍니다, 바라오,
     ㄴ. 바래- : 바래, 바래서, 바랬다, 바램.(p.75, 각주 2)[62]

따라서 이 40대 여성 화자의 경우에, '바라->바래-'의 변화가 명사형과 모음어미와의 연결형에서 다른 환경에서보다 더 일찍 수용되어 있음을 보여준다. 이와 같은 공시적 변화의 중간단계에서 어느 정도 시간이 경과하면 자음어미와의 연결형에까지 패러다임 내부로 완전히 미치게 될 것일까 하는 문제는 우리가 이러한 과정을 앞선 단계에 서울 지역어에서보다 먼저 완료한 19세기 후기와 현대 지역방언에서의 상황을 조감하는 §4.2에서 취급하려고 한다.

표준어와 언어정책론의 관점에서 표의주의와 75% 이상의 다수결의 원리를 존중하는 <표준어 선정의 기준>을 시안으로 제시하면서 민현식(1999)은 개신형 '바래-'형을 출현 빈도로만 보았을 때 표준어 사정의 후보로 적절하지만 자음어미와 모음어미로 연결되는 각각의 활용형에 따라서 실현되는 빈도가 상이하기 때문에, 판단하기에 어려운 문제가 있다고 보았다. 이와 관련

---

62) 글쓴이가 관찰한 바에 의하면, 4.50대 서울 출신의 화자들의 말에서 '바라-'어간에 비격식체 반말높임의 '요'가 연결되면 통상적으로 '바래-요'로 전환되어 쓰인다.

하여, 민현식(1999)에서 해당되는 부분만을 인용하면 다음과 같다(밑줄은 글쓴이가 첨가).

> (27) 가령 '바라다'와 '바람'의 경우 '바래다, 바램'이 널리 쓰이고 있어 표준어 사정이 필요한 듯이 보인다. 그러나 '바라다'는 단순히 결정하기 어려운 문제가 있으니 활용형에 따라 쓰이는 빈도가 다른 매우 특이한 형태다. 즉, '바라다, 바라고, 바라면...'의 경우는 아직 ㅏ 모음형의 유지가 어색하지 않아서 그대로 놔두어도 된다.
> 그러나 과거 시제형 '(..하기를) 바랐다, 바랐고, 바랐으면..'의 경우는 ㅏ 모음형의 발음이 매우 어색하고 '바랬다, 바랬고, 바랬으면..'이 더 자연스럽다. '바람'(望)도 '바람'(風)과의 동음충돌을 회피하고 '바랬다'의 ㅐ 모음 경향을 따라 널리 쓰이게 된 것으로 보인다. 그러나 과거 시제형이 그런면이 있지만 '바라다, 바라고, 바라면...'의 경우는 더 자연스럽게 쓰이는 점에서 이 형태를 표기할 수 없다.
> 따라서 과거 시제형과 명사형도 '바랬다, 바랬고, 바랬으며— 바램'으로 쓰도록 어려서부터 교육을 강화하여 오용형을 교정하는 수밖에 없다.(pp.666-667)

지금까지의 사실을 정리해 보면, 서울 지역어의 사용 관습에서 용언 '바라-' 활용형들이 패러다임 내부에서 대체로 자음어미 또는 모음어미와의 결합형에 따라서 보수형 '바라-'와 개신형 '바래-'로 나누어져 있음을 알 수 있다. 현대국어의 공시적 관점에서, 소위 통상적인 불규칙 활용은 용언어간에 자음어미와 연결되는가, 아니면 모음어미와 연결되는가에 따라서 상이한 이형태가 실현되는 비자동적 음운론적 현상을 말한다. 여기서 출현하는 이형태들은 통시적 음운변화를 음성 환경에 따라 상이하게 수용한 결과이다. 그렇다면, 오늘날의 서울 지역어에서 '바라-+자음어미 결합형'과 어간 재구조화를 수행한 '바래-+모음어미 결합형' 간의 교체는 전형적인 불규칙 활용('아' 불규칙 활용) 범주(배주채 2003)에 들어선 것이다.[63]

___
63) 배주채(2003 : 145)는 '바라다, 나무라다'의 모음어미 활용형이 현실어에서는 '바래, 나무래'로

　이와 같은 현상은 현재 진행하고 있는 언어변화의 역동적인 관점에서 '바라->바래-'로의 변화의 공시적 중간단계를 반영하는 것이다. 따라서 앞으로 일정한 시간이 경과하면, 서울 화자들의 말에서 점진적으로 개신형 '바래-'형이 자음어미와의 결합형에까지 확대되어 어간 재구조화가 수행될 것으로 예상된다.64) 그러나 여기에 위에서 우리가 조감하였던 언어규범이 강력하게 개입되어 있기 때문에, 그 과정이 어느 정도 정체되거나 오래 소요될 수 있다. 언어변화는 지속적인 변화로의 추진력과 해당 사회에서 추진하는 표준화 사이에서 불안정한 균형을 공시적으로 이루는 단계가 있다고 한다(Marynissen 2009 : 188). 자연스러운 개신형들이 표준화 과정과 언어규범으로 그 진행이 어느 시점에서 중지되거나, 늦추어질 수도 있기 때문이다. 이와 같은 상황에서, 모음어미와의 결합형에서 사회구성원들에 의해서 관습적으로 선호되는 개신형 '바래-'와 '바램'형을 비표준형으로 언어규범에서 억제하기보다는 잠정적으로 일종의 익은말로 수용하는 방안이 고려되어야 한다고 생각한다. 이러한 논리는 현대국어에서 통상적인 불규칙 활용을 보이는 용언 활용형들을 복수

　　사용하는 사실을 지적하고, 이러한 유형은 'ㅏ' 불규칙 용언 '하다'의 활용 '하고, 해'와 동일하다고 보았다. 따라서 현실어를 기준으로 하면 '바라다, 나무라다'는 'ㅏ' 불규칙 용언이 되는 셈이라고 하였다. 그리고 배주채(2003)는 일부 화자들이 기본형을 '바래다, 나무래다'로 바꾸어서 '바래고, 바래면, 바래; 나무래고, 나무래면, 나무래'로 사용하기도 하는데, 이때는 '바래다, 나무래다'를 'ㅐ' 용언으로 보아야 할 것이라 기술하였다.

64) 강원도 남부지역 방언의 음운론을 기술한 김봉국(2002 : 152-154)에 따르면, 이 방언에서는 어간말 모음에 '-이'가 연결된 용언으로 '바래-(願), 근네-(渡), 만네-(逢), 지내-(過), 놀래-(驚) 활용형들이 생산적으로 분포되어 있다. 김봉국 교수는 이 논문에서, 예를 들면, '바라>바래-'의 활용에서 하위 지역어에 따라서 모음어미와 자음어미의 결합형이 '바라-'와 '바래-'로 나누어진 경우와, 모든 어미와의 결합에서 오로지 '바래-'로 재구조화된 경우를 대조하고 다음과 같은 관찰을 하였다.

　'願'의 의미를 지닌 용언어간이 삼척, 강릉, 정선은 '바래고, 바래니, 바래'의 활용형을 보이고, 원주는 '바라고, 바라니, 바래'의 활용형을 보여 이 예들을 통해서 어간 재구조화의 방향을 포착할 수 있다.
　시기 1 : 바라고, 바라니, 바라,
　시기 2 : 바라구, 바래니, 바래(원주),
　시기 3 : 바래구, 바래니, 바래(강릉, 삼척, 정선).(김봉국 2002 : 154쪽 각주).

기저형으로 인정하여 정서법에서 그 변이형들을 그대로 반영하는 방식과 동
일한 것이다.

이러한 '바라->바래-'로의 어간 재구조화 방향에서 자음어미와 모음어미
와의 결합형에 따라 상이하게 실현되는 개신형과 보수형 간의 차이는 서울
지역어에서도 일시적이며, 본질적인 문제가 될 수 없음은 우리가 앞서 살펴
보았던 20세기 초기의 예문 (22)에서도 확인된다. 그 예문에서 자음어미와 연
결되어 출현하는 '바래-' 형태만 아니라, 또 다른 20세기 초반의 '나무라-(叱
責)→나무래-'의 변화에서 개신형 '나무리시면, 나무리며, 나무리고' 등과 같
이 주로 자음어미와의 연결형에 등장하고 있다. 단지 '나무래-' 활용형의 경
우는 그 출현 빈도가 '바래-'형보다 더 낮기 때문에, 언어 교육자나 언어규범
론자들로부터 아직은 관심의 대상으로 부상되지 않았을 뿐이다.

현대국어에서 용언어간의 모음이 'ㅏ' 활용에서 'ㅐ' 활용으로 옮겨가는 이
러한 경향은 지금까지 대상으로 삼은 '바라-'와 '나무라-'의 활용형에만 국한
되어 있는 고립된 현상이 아니다. 서울 지역어의 음운론적 연구를 진행한 유
필재(2001 : 114)는 자동사 '놀라다'(驚)와 타동사로서 '지나가다'(過)에서 용언어
간 모음이 'ㅏ → ㅐ'로 향하는 자유변이형 '놀래다'와 '지내가다'가 사용되고
있음을 기술한 바 있다.[65]

여기서 "자유변이형"(free alternant)이란 용어는 50년대의 기술 언어학의 시
대에서 나온 용어로서, 변이형의 사회언어학적 또는 화용론적 기능과 언어변
화에서 필수적인 공시적 중간단계의 개념을 고려하지 않은 단순한 기술 범
주에 국한된 것으로 생각한다. 서울 지역어에서 용언 활용형 '놀래-'의 경우
에 사회구성원들 간의 의사소통 과정에서 일정한 화용론적, 또는 사회언어학
적 속성이 개입되어 나중에 일반화된 것으로 추정된다. 오늘날의 서울 지역

---

65) 국립국어원에서 간행한 『서울 토박이말 자료집』(II, 1998))을 참고하면, 서울 토박이 노년층
의 화자들에서 자동사 '놀라>놀래-'의 변화는 상당한 진척을 나타내고 있다. 놀랜다, 놀래
서, 놀랬다, 놀래지, 놀래키지, 놀래게 하지.(p.144).

어에서 일종의 공시적 변이로서 등장하는 이러한 '놀라- → 놀래-'의 변화는
부분적으로 19세기 후기와 20세기 초반의 서울 지역어로 소급되는 역사성을
가지고 있다.66)

(28) ㄱ. 빅셩들이 놀내고 의혹 ᄒᆞᆫ거슬(1897, 독립닙문, 4.20.④),
　　　　못된 일을 ᄒᆞ여도 놀내고 분히 ᄒᆞᄂᆞᆫ 사룸이 업고(1897, 상동, 3.16①),
　　　　놀내여 본즉 총 머리에 잇던 리용셕이가 따에 업더지는 고로(1897, 상
　　　　　　동, 3.4③),
　　　　빅셩이 다 놀내며 겁ᄒᆞ야 모도 도망 ᄒᆞ니(1897, 상동, 1.02),
　　　　　cf. 빅셩들은 조곰도 놀나지 말나(1896, 상동, 5.12),
　　　ㄴ. ᄆᆞ음에 <u>놀나되</u> 패빅이 해ᄒᆞ지는 못ᄒᆞ고 <u>놀내여</u> 굴ᄋᆞ디(1894, 천로역정,
　　　　　상.75ㄴ),
　　　ㄷ. 항당들이 삼포에 돌입ᄒᆞ야 사룸을 <u>놀내게 ᄒᆞ고</u> 삼을 무슈히 키여 가고
　　　　　(1898, 매일신보 9.25),
　　　　　cf. 놀나다 驚, avoir peur, (놀라, 놀란), 1880, 한불자전, 290),
　　　　　　놀내다 驚, 사동형 : fair peur, effrayer, (놀내여, 놀낸), 상동, 290.
(29) 그것은 나도 본 일이어서 놀낼 것이 업네(1912, 日本語學 音·語 篇, 임규,
　　　p.503),
　　　말 잘 하는 데는 참 놀냇습니다(상동, 552),
　　　로형의 웅변에는 언제라도 놀냅니다(상동, 335),
　　　　cf. ○○ 씨는 참 놀나운 일입니다(상동, 553).

　서울 지역어에 한정하면, '놀나-(驚) → 놀내-'의 변화의 시작은 19세기 후
기 그 이전으로 소급되지는 않는다. 그리고 20세기 초반에 이르러서도 격식
적인 문체에서는 여전히 보수적인 '놀나-'형이 쓰이고 있었다. 놀나다, 쌈작 놀

---

66) 현대국어에서 자음어미와의 결합형에서 나타나는 '놀라- → 놀래-'의 빈번한 경향은 김경아
　　(2008 : 118), 배주채(2013)에서도 주목된 바 있다. 배주채(2013)는 비표준형 '놀래-'형에 대해
　　서 아래와 같은 언급을 하였다.

　　'놀라다'는 자동사이고, 놀라게 한다는 뜻의 타동사(사동사)는 '놀래다'이다. 그런데 현실어에
　　서 자동사를 '놀래다'라고 하고, 사동사를 '놀래키다'라고 하는 일이 많다. 이러한 '놀래다'와
　　'놀래키다'는 표준형으로 인정하지 않는다.(p.190)

나다, 놀나온 일(1912, 법한즈뎐, 1349, 1361). 위의 예문 (28)ㄴ에서 같은 문장 내에서 자동사 보수형 '놀나-'와 개신형 '놀내여'가 공존하고 있다. 그리고 예문 (28)ㄷ에서 19세기 후기의 '놀라-'의 장형 사동형으로 '놀내게 ㅎ-'의 출현은 자동사로서 개신형 '놀내-'가 어느 정도 확산되어 있는 모습을 반영한다. 이와 같이 서울 지역어에서 19세기 후기에 등장하는 산발적인 '놀나- → 놀내-'의 경우에서도 자음어미나 모음어미와의 결합형 간의 구분이 없이 어간의 재구조화가 실현되어 있다.

현대국어에서 언어 규범론자들이 제시하는 언어 사용상의 빈번한 오용 사례에는 지금까지 언급된 '바라-(望) → 바래-'를 위시하여 '나무라-(叱責) → 나무래-', 그리고 '놀라-(驚) → 놀래-' 등에 덧붙여 어간모음이 'ㅏ' 부류에 포함되지 않는 용언들도 포함되어 있다. 이재경(2010 : 106)과 이은정(1989 : 93) 등에서 제시된 이러한 예들은 다음과 같다.

> (30) (말을) 되뇌다→X되뇌이다,
> (목이) 메다→X메이다,
> 맑게 갠 하늘→X개인 하늘,
> (마음이) 설레다→X설레이다,
> (추위가 살을) 에다→X에이다,
> (정처 없이) 헤매다→X헤매이다.

따라서 현대국어의 일상적인 구어에서 일련의 용언어간들의 모음에 '-이'가 첨가되는 현상이 그 유형에 따라서 매우 국한되어 점진적으로 진행되고 있음이 틀림없다.[67] 그렇다면, 언어변화의 관점에서 다음과 같은 2가지의 문

---

67) 김한별(2018 : 129)은 본문의 (30)의 예에서 '개-, 메-'는 중세국어에서 각각 '개-(상성+거성), 메-(상성+거성)'과 같이 상성-평성의 교체 어간이었으며, '에이-'는 17세기 형태 '어히-'로 소급되는 사실을 지적하였다.
그리하여 김한별 교수는 그 논문에서 표면적으로 '-이'가 첨가된 것으로 보이는 '개이-, 메이-, 에이-'형들은 자음어미 앞에서의 장음 흔적으로 볼 수 있으며, 또한 '설레이-', '헤매이-'의 경우는 이들로부터 유추에 의한 결과로 파악된다고 보았다.

제가 일어난다. 하나는 이와 같이 매우 한정된 부류의 용언어간에서 공시적
으로 일어나는 '-이' 첨가 경향이 언어변화의 관점에서 현대국어에서 가지고
있는 기능과 의미는 무엇일까. 다시 말하면, 왜 일부의 용언어간에 '-이'가 부
단히 연결되는 것인가. 다른 하나의 문제는 우리가 몇 가지의 예만을 중심으
로 하여 잠정적으로 용언어간 '-이'의 첨가라고 부른 이러한 어간 재구조화
현상은 언어변화의 출발과 확산 과정에서 서울 지역어의 경우는 다른 지역
방언들의 발달 단계와 비교해서 어떠한 위상을 반영하고 있는가.

이러한 두 가지의 의문에 대한 부분적인 해결에 접근하기 위해서 다음
§4.2에서 서울 지역어의 영역을 떠나서, 비교적 어간 재구조화가 자연스럽게
수행되고 있는 지역방언에서의 '-이' 첨가 현상의 다양한 면모를 역사적으로
검토해 보기로 한다.

4.2 지역방언에서 어간 재구조화의 진행 방향과 그 역사성

우선, 오늘날 서울 지역어와 인접해 있는 경기도 방언권에서 일어나고 있
는 용언어간의 '-이' 첨가의 예들을 김계곤(2001)과 『한국방언자료집』(경기도편,
1995)을 이용하여 그 확대 유형을 중심으로 개략적으로 정리해 보면 아래와
같다.

> (31) ㄱ. 놀라다(驚) → 놀래다(경기도 광주군 도척면, p.436; 일산, p.654-놀래서),
>   놀랜다, 놀랬다, 놀래지, 놀래키지, 놀래게 하자
>   (『한국방언자료집』(경기도편, 1995 : 293),
>   ㄴ. 건너가다(渡) → 근네가다, 근네다(다리를 근네 갔다, 강을 근네고, 인천
>   중구 p.600),
>   ㄷ. 바라다(望) → 바래다(그걸 바래고, 시흥 목감동, p.571),
>   ㄹ. 만나다(遭遇) → 만내다(처음 만내시니께, 시흥 p.571),
>   ㅁ. 자라다(成長) → 자래다(시흥 p.571),
>   ㅂ. 꾸다(夢) → 꿔다(꿈을) 꿔도, 연천군 미산면 p.270), (꿈)-꿔지~꿔어

서~꿰서~꿰지~뀌었다.(『한국방언자료집』(경기도편,   199
5 : 376),

ㅅ. (장기) 뒤지~뒤서~뒤어서~뛰었다.(상동, 376),

ㄷ. (돈을) 뀌어~뀌지~뀌었다(상동, 376).

경기도 지역에서 용언어간에 통합되는 '-이'의 첨가가 비록 다양한 유형의
용언들로 확산되어 있지는 않지만, 해당되는 어간의 모음이 'ㅏ'에서뿐만 아
니라 §4.1에서 살펴보았던 서울 지역어의 경우와는 달리 부분적으로 '-ㅓ'와
'ㅜ'에 까지 걸쳐 있음을 위의 예들은 제시하고 있다. 다른 지역방언에 확대
되어 있는 이들 용언어간들의 발달과정을 살펴보기 위해서 역사적으로 소급
될 수 있는 자료를 중심으로 개별적으로 추출하기로 한다.

먼저, §4.1에서 주된 논의의 대상이었던 '바라-(望)>바래-'의 어간 재구조화
사례는 18세기 전기의 경상도 방언 자료에서부터 확인된다(정경재 2015 : 99).[68]

(32) ㄱ. 브릐-+아; 어진 사롬은 시시예 ᄆᆞᆷ애 셔방을 브래야 아미타부을 싱
각ᄒᆞ쇼셔(時時心向西方, 1704, 예천 용문사본 염불보권문,
11ㄱ),[69]

ㄴ. 브래-+ᄂᆞ니; ᄯᅩ 집안 사롬이 나의 졍염을 어즈려 염불 릴홀가 염티ᄒᆞᆫ
온는다 굿브러 브래ᄅᆞ니 다시 도라갈 법을 뵈히샤(1741,
임종졍결문 3ㄴ),

cf. 집안사롬이 나의 졍념을 어즈려 염불을 일홀가 스럼ᄒᆞ옵ᄂᆞ니 굿
브러 브래ᄂᆞ니 다시 도라갈 법을 보이샤(1776, 염불문_일, 37ㄴ).

---

68) 박창원(1992 : 67)은 19세기 경상방언을 반영하는 필사본 <수겡옥낭좌전>(경남대본)에 나타
난 경상방언의 모음변화를 고찰하면서 여러 유형의 'ㅏ>ㅐ'의 변화를 주목하였다. 이 가운
데 용어간 모음에 첨가된 '-이'의 예만을 인용하면 다음과 같다.

만너-(p.83), 놀너-(pp.26, 38), 바러-(pp.17, 18, 24, 55, 63, 74, 96).

박청원(1992 : 67)은 이러한 예들은 "비조건적 전설화현상"을 보이는 것으로, 전설계 단모음
의 공백을 메우기 위한 모음 변화와 그 궤를 같이 하는 것으로 해석하였다.
cf. 이마에 손 언고 바러다 額手而望(1895, 국한회어,234), 해바러기 向日花(좌동, 347).

69) 김영배 외(1996 : 23)는 이 부분의 언해문 역주를 하면서 '브래야'를 다음과 같이 풀이하였다.
브래야 : 바라보고, 향하여, '브ᄅᆞ+-이'(사동접미사)+-야(연결어미).

위의 (32)ㄱ의 '브래야(向)은 동작동사 '브라-'의 어간에 '-이'가 연결된 것이지만, 의미변화의 관점에서 동작의 '向'에서 은유를 거쳐 '所望'의 추상적 의미가 부차적으로 파생되어 나온 것이다. 이러한 과정을 (32)ㄴ에서의 심리동사 '브래-(望)이 반영하고 있다. 위의 예에서와 같은 '브라->바래-'의 변화는 18세기 전기 경상방언에서만 아니라, 비슷한 시기의 남부지역의 여타의 방언들에도 어느 정도 확산되어 있었을 것으로 보인다.70)

19세기 후기의 단계에 이르면, 북부방언에서는 개신형 '바리'의 활용형들이 보수적인 '바라-'형을 전면적으로 대치시키고 있다. 바리던~바리면~바리는~바리리~바리며∽바리여~바림. 19세 후기 평안방언의 사례는 Ross본『예수셩교젼셔』(1887)와 그 초역본『누가복음젼셔』(1882)을 이용하여 자음어미와 모음어미와의 결합형들을 유형별로 제시하면 아래와 같다.71)

(33) ㄱ. 바리-+야; 하나님올 바리여 쏘흔 이갓치 스사로 슈식ᄒ고(베드로젼셔
　　　　　 3 : 5),
　　　　 ㄴ. 바리-+(으)면; 그 갑기를 바리면 무순 은통이 이스랴(1882, 초역 누가
　　　　　 6 : 34),
　　　　 cf. 갑기롤 바리면 무삼 은총이 이스리요(누가 6 : 34),
　　　　 ㄷ. 바리-+던; 예루살임에 구완 바리던 사롬의게(누가 2 : 38),

---

70) '브라-(望)>브래-'의 변화는 19세기 전기 의성김씨 김성일파 종택의 한글편지 묶음에 반영된 당시의 안동 지역 양반 사대부 집안의 편지글에서도 등장하고 있다.
아래의 자료는 서강대학교 김한별 교수가 글쓴이에게 소개하여 준 것이다(2016.05.24, 이-메일). 김한별 교수의 호의에 감사를 드린다. 아래의 어간 재구조화의 보기는 간단하지만, 개신형 '브리-' 어간에 모음으로 시작하는 어미와의 결합형의 존재는 자음어미 결합형에 변화가 완료된 단계를 함축하고 있다.

(가) 원을 득실을 브리여 급ᄒ 거시 아니라 천금 ᄀᆞᆺ흔 ᄎᆞ돌의 몸의 이ᄒ 거시라(金誠一家 -006, 1832년, 여강이씨(아내) → 김진화(남편)),
(나) 남치마는 의성 동당에 가 ᄶᅥ 오고 비단 브래 져리 ᄒᆞ나 ᄶᅥ 오고(金誠一家-060, 1850년, 여강이씨(아내) → 김진화(남편)),
(다) 가기 젼 한 번 인편 이스면 조흐련마는 엇디 바리랴 [이상 사연 끝](미공개-055, 1847년, 의성김씨④(누나) → 김흥락(동생)).
71) 자료에 등장하는 활용형들의 출현빈도에 상관없이 한 가지 결합형만 대표로 열거한다. 그 대신 명사형 '바림'의 경우에는 격조사와의 연결 과정을 제시한다.

ㄹ. 바리-+는; 간졀이 셥겨 허락을 바리는 바라(사도행젼 26 : 7),
ㅁ. 바리-+(으)리; 올 쟈가 긔더니잇가 사로 다른 스룸을 바리리잇가 ᄒ니
　　(마태 11 : 4),
ㅂ. 바리-+(으)며; 범사롤 졉어 싱각ᄒ며 밋으며 바리며 참는 거시오(고린
　　도 젼서 13 : 8),
ㅅ. 바리-+(으)ㅁ; 바림이→너희는 바림미 업슨 쟈 되미 안은 즉(고린도
　　후서 13 : 5),
　　바림도→바림도 업고 이 셰샹에 하나님도 업슨 쟈라(에베소서 2 : 13),
　　바림과→마암 눈올 발켜 그 볼음에 바림과 그 셩도의
　　게(에베소서 1 : 18),
　　바림을→하날에 게신 간딕혼 바림올 위ᄒ고(골로새서 1 : 5),
　　바림에→사랑에 뇌고홈과 바림에 참으물 덧덧시 싱각ᄒ라(데살로니카
　　젼서 1 : 3),
　　바림뿐→니의 바림뿐 아니라(고린돗 후서 8 : 5),
　　바림으로→잇는 거슬 삼아 바리미 업스나 바리무로 밋어써(로마서
　　4 : 18).

위의 예들은 19세기 후기 평안방언에서 '바라->바리-'의 변화가 대부분의
활용형에서 완료되어 있는 단계를 나타낸다. 따라서 이와 같은 변화는 평안
방언의 역사에서 전기 근대국어의 단계 또는 그 이전으로 소급될 수 있는 비
교적 깊은 시간심층을 반영한다. 19세기 후기의 평안방언에서 일어난 어간
재구조화는 용언어간 '바라-'(望)에만 고립된 것이 아니라, 일련의 용언어간
모음에 첨가되는 '-이'의 현상으로 하나의 흐름을 반영한 것이다. 오늘날의
평북방언 사전(김이협 1981)에서 이러한 경향을 보이는 용언어간 부류들을 다
음과 같이 추출된다. (1) 바래다 : 통일이 되기를 바래다/자식들을 바래구 산다; (2) 자
래다(p.445) : 그는 엄한 가뎡에서 자래낫는디라; (3) 모재래다(p.243, 445); (4) 건네 뛰다,
건네다, 건네다 보다(p.27); 바둑 뛰다(바둑 두다, p.261).

그러나 같은 자료인 『예수셩교젼셔』(1887)에서 다음과 같은 구절에 등장하
는 보수적인 용언어간 '바라-'와 명사형 '바람'형은 여기에 반영된 전반적인

개신형 '바리-'와 '바림'에 대한 매우 드문 예외를 보여주기도 한다.[72] 우리 바리무로써 구완ㅎ미니 보는 바의 <u>바람이 바람</u> 온니라 보는 바롤 뉘가 바리랴. 만일 보지 못혼 바롤 <u>바라면</u> 참아써 기디릴지니라(로마 8 : 25).

그 반면, 20세기 초반 성경 번역위원회서 유표적인 지역 방언적 색체를 제거하고 서울 지역어 중심으로 공동번역하여 간행한『신약젼셔』(1900)에서 '바라->바리-'와 '바람>바림'과 같은 용언어간의 변화가 전혀 출현하지 않는 사실이 주목된다. 서울 지역어 중심의 19세기 후기의 자료 및『신약젼셔』(1900)에서 추출된 몇 개의 보기를『예수셩교젼셔』(1887)와 대조해 보이면 다음과 같다.

> (34) ㄱ. hope : ㅂ라오, ㅂ람(Underwood의 한영자전, 1890 : 133),
>   공로가 ㅎ나도 업ᄉ즉 ㅂ랄 거시 뎡녕 업술지라(1894, 천로역정, 하.171
>   ㄴ), 더욱 시로와 질쥴노 바라고 기다리노라(1898, 매일신문, 7.8.2), 혼
>   갈ᄌᄎ치 그 효험 이루기를 바라고(1898, 매일신문, 5.15,3).
>   cf. 바래다(탈색, blanchir,1880, 한불자전, p.304).
>   ㄴ. 하ᄂ님의 영광을 ㅂ람으로 즐거옴이 잇ᄂ니라(신약 로마 5 : 2),
>   cf. 하나님의 영혼 바리물 쟈랑홀지니(예수셩교 로마서 5 : 2),
>   련단은 ㅂ람을 낫는 줄 아ᄂ니 ㅂ람은 붓그러옴에 니르지 아니
>   홈은(신약 로마 5 : 5)
>   cf. 년단에 바리미 나물 아ᄂ니 바리ᄂ 거슨 붓그러운데 닐으지 안
>   으문(예수셩교 5 : 5),
>   아브라함이 ㅂ람이 업난 즁에 ㅂ람으로 밋엇시니(신약 로마 5 : 18),
>   cf. 업는 거슬 잇는 거슬 삼아 바리미 업ᄉ나 바리무로 밋어(예수셩
>   교 로마 5 : 18).

'바라-(望)>바래-'와 '바람>바램'과 같은 변화가 서울 지역어에서는 적어도

---

72)『예수셩교젼셔』<로마서> 자체의 텍스트에서도 본문에서의 (33)ㄱ의 예만 제외하면 대부분
  '바리-'와 '바림'형만으로 출현하고 있다.

  하나님의 영화 바리물 쟈랑홀지니… 년단에 바리미 나물 아ᄂ니 바리ᄂ 거슨 붓구러운데 닐
  으지 안으문..(로마서 5 : 2-5 : 4).

표면적으로 20세기 초반에 보편적으로 등장하지 않았으며, 1930년대 『표준말모음』(1936)의 선정 과정에서도 유표적으로 드러나지 않았던 사실을 상기할 필요가 있다. 오늘날 서울 지역어에서 개신형 '바래-'와 '바램'의 빈번한 사용이 언어규범과 관련하여 특별한 관심의 대상이 되었다는 것(이 글의 §4.1을 참조)은 서울 지역어 자체의 내적 변화에서 급진적으로 전개된 것일 수 없다. 그렇다면, 대중 화자들의 최근 서울 지역어에서 이러한 개신형들의 점진적인 확산은 주변 방언 특질의 침투가 방언 차용을 거쳐서 일어난 것으로 추정된다. 그러나 서울 지역어의 구어에 확산되어 있는 다른 부류, '놀라-(驚)>놀래-'와 나무라-(叱責)>나무래-' 등과 같은 유사한 성격의 예들을 같이 포함시켜 보면, 용언어간의 모음에 '-이'가 첨가되는 형태론적 과정이 서울지역으로 뒤늦게 파급되어 온 것이다.

'바라->바래-'와 '바람>바램'의 확산의 주체는 오랜 시간적 발달을 거듭해 온 남부와 북부방언 어느 양 방향을 생각할 수 있다. 예를 들면, 19세기 후기의 전라방언의 자료에서도 이러한 개신형은 위의 예문 (33)에서 관찰하였던 같은 시기의 평안방언에서와 질과 양적으로 유사한 확산의 단계를 반영하고 있다.

(35) ㄱ. 바리고; 우리가 돈 바리고 네게 왓냐(완판 수절가, 하.8ㄱ),

ㄴ. 바리것냐; 졍승이야 엇지 바리것나마는(완판 수절가, 상.18ㄱ),

ㄷ. 바리건듸; 바리건듸 션관은 길을 가라치소셔(완판 적성, 상.6ㄱ),

ㄹ. 바리더니; 긔별 올가 바리더니(완판 33장본 수절가, 12ㄴ; 병오본, 슈졀가, 28ㄱ) ~힝여 올가 바라던니(완판 26장본 별춘향젼 11ㄱ),

ㅁ. 바리옵건듸; ㅂ리옵건듸 부인은 너무 염예 마옵소셔(완판 유충열, 상.28ㄴ),

ㅂ. 바리리오; 엇지 함기가기를 바리리오(완판 수절가, 상.37ㄱ),

ㅅ. ㅂ리소셔; 도망ㅎ여 살기을 ㅂ리소셔(완판 유츙열, 상.28ㄱ),

ㅇ. 바리나이다; 디왕의 만셰무량 흐시믈 바리난이다(완판 초한, 하.10ㄱ),

ㅈ. 바리는듸; 봉작을 바리는듸 군위 엄숙하와(완판 초한. 상.18ㄱ).

(36) ㄱ. 바리-(向); 북두칠성을 바리고 도망홀 제(완판 유충열, 상16a), 도련임
　　　 를 물그럼이 바리더니(완판 수절가, 상.41ㄴ),
　　ㄴ. 바리보-(向見); 마조 바리보난지라(완판 삼국, 3.13ㄴ), 멀이 바리보니
　　　　　　 (좌동, 3.14ㄴ), 됴됴의 슈진을 바리보며(완판 화룡, 39
　　　　　　 ㄴ)~쏘한 곳 바라보니(완판 수절, 상.6ㄴ), 흔 고슬 바
　　　　　　 라보니(완판 심청, 하.15ㄱ).

　위의 전라방언 자료에서 개신형 어간 '바리-(望)'에 모음어미와 연결되는
결합형이 확인되지는 않는다. 이러한 변화가 확대되어 있는 19세기 후기 평
안방언의 자료에서 '바리여'로 등장하는 것을 보면, 이 활용형이 전라방언에
서는 자료상으로 우연하게 확인되지 않을 뿐이다.[73] 또한, 전라방언의 자료
에서 '바리-'의 명사형이 쓰이는 환경이 나타나지 않기 때문에, '바림'형의 존
재 여부도 확인하기 어렵다. 예문 가운데 (35)ㄴ은 구상적 동사어간 '바라-
(向)' 또는 '바라보-'에서도 '-이'가 연결된 개신형이 사용되고 있으며, '바라-
∽바리-', '바라보-∽바리보-'와 공시적 변이를 반영하기도 하였다.

　이렇게 쓰인 예문 (35)의 19세기 후기 전라방언의 '바리-'형들을 경판본 고
소설의 자료와 부분적으로 대조를 해보면, 비슷한 시기의 중부방언을 반영하
는 경판본에서는 보수형 '바라-'로 대응된다. (1) 이러 ᄒ고 부귀을 바릴손냐(김문
기 소장 26장본 필사 흥부전, 2ㄴ) : 바랄쇼냐(경판 흥보전 20장본, 2ㄱ), (2) 쳐분을 천만
바리나이다(김문기 소장 필사 흥부전 8ㄱ) : 바라ᄂ이다(경판 20장본 흥보전, 6ㄴ). 이와
같은 사실은 우리가 §4.1에서 관찰한 바와 같이, '바라->바리-'의 변화가 19
세기 후기의 중부방언 또는 서울지역 문헌어에까지 아직 확산되지 않았던
단계를 가리키는 것이다. 그 반면에 위의 (35)의 예들이 보여주는 다양한 '바

---

73) 특정한 어휘와 그 출현상의 빈도는 취급하는 자료의 성격에 따라서 다르다. 19세기 후기 평
　　 안방언 자료인 『예수성교젼셔』(1887)는 종교서적이기 때문에, 소망을 나타내는 용언 '바리-'
　　 와 그 명사형이 풍부하게 출현하는 반면에, 완판본 고대소설의 유형에는 다양하게 나타나지
　　 않는다. 그 반대의 경우도 가능하다. 완판본 고대소설 부류에서는 (꿈)을 '쒸니∽쒸여∽쒸던
　　 ∽쒼' 등의 활용형이나, (바둑을) '뒤던∽뒤난' 등과 같은 활용형이 등장하지만, 『예수성교젼
　　 셔』(1887)에서는 등장하지 않는다.

라->바리-'의 활용형들의 전반적인 분포는 19세기 후기 전라방언에서도 그이전의 단계로 소급되는 시간심층을 반영하는 것이다. 19세기 전기 전북 임실방언으로 작성된 김낙현(1759-1830)의 필사본 『수운정비회유록』에서도 'ㅂ래-'의 활용형이 출현하고 있다. 부유인성이 장구ᄒ기을 바리이오(3ㄴ).

이와 같이 19세기 후기 또는 그 이전의 역사적 단계에서 지역방언에 확산된 용언어간에 첨가된 '-이'의 현상은 우리가 이미 §4.1 등에서 살펴본 바와같이 비단 '바라-'(向/望)어간에만 한정된 사례는 아니었다. 아래에서 19세기후기 또는 20세기 초기의 지역방언과 관련 자료에서 이러한 활용형들의 몇가지의 유형을 차례로 제시한다.

4.2.1 모자라-(不足, 乏) → 모지래-

ㄱ. 19세기 후기 전라방언 :
소신의 털를 ᄲᅦ여 죄를 논지ᄒ여도 털이 모지리오니 죽여주옵소셔(완판 충열, 하28ㄱ), 양식으로 바다오나 돈으로 바다오나 ᄒ여도 모지리만 보와기로(신재효 박타령, 370),

ㄴ. 20세기 초기 경상방언 :
모자리도 얼미 아니 모자리듯 만니 모자린다 희도 봇터 그틱 치와 쥬시려ᄒ여시니(『조선후기 한글간찰의 역주』 1, 2005 : 287, 20세기 전반, 전주유씨 안동수곡파 간찰 1-14. 며느리 → 시아버지),

ㄷ. 19세기 후기 경남방언 :
모지릴 축(縮, 을유본 유합 19ㄴ), 모지릴 핍(乏, 좌동, 19ㄴ),[74]

ㄹ. 19세기 후기 평안방언 :
쇼젓이 잘레것넌 못잘레간년, (so jiodi dsarreghannun...mot dsarreghanun, cow milk enough (or) not enough? *Corean primer* 1877 : 14),
cf. 모자라다 乏(1880, 한불자전, 248), 모자라다 不足(1895, 국한회어,

---

74) 乙酉本 『類合』에 반영된 19세기 중반/후기의 김해방언 자료는 이상규(2013)와 그 영인 자료를 이용했음. 이 자료에는 '모지러-' 이외에 '맛넬 봉'(逢, 17ㄱ), '놀낼 경'(驚, 14ㄴ)의 유형도 출현하고 있다.
정철(1991)을 참고하면, 오늘날의 경북방언에서도 '모지래다'(p.131)를 포함하여, '나무래다'(p.121), '만내다'(p.129) 등이 사용되고 있다.

116), 모자라다, 부죡ᄒ다(1912, 법한ᄌ뎐, 1353).

현대국어의 '모자라-(不足, 缺乏)'는 '몯+ᄌ라-'의 파생구성으로 중세국어의 단계에서 이미 어간말 자음 'ㄷ'이 탈락된 형태와 그대로 유지된 형태가 공존하여 19세기 후기로 이른다(김완진 1971 : 100). 도ᄂᆞᆯ 만히 달라 ᄒ니 내 지블 ᄑ라도 몯ᄌ라로다(1518, 이륜행실,초간,43ㄴ), 縮 못ᄌ라다(광재물보, 物性,3ㄱ). 위의 보기에서 19세기 후기 평안방언에 등장하는 '못잘레간년'은 어간말 자음의 존재를 여전히 보여준다. 19세기 후기 전라방언과 경남방언에서 '모지리-'의 경우는 비어두음절 위치에서 '모ᄌ라->모즈라-'('ᄋ'의 제1단계 변화)를 거치고 19세기에 전설모음화를 수용하여 '모즈리->모지리-'로 발달한 것이다. 그러나 어간말 모음 '-이' 첨가와 전설모음화 현상의 시대적 선후 관계는 확인하기 어렵다. 이러한 변화는 같은 시기 서울 지역어의 격식어에는 아직 적용되지 않았다.

4.2.2 자라-(足, 生育) → 자래- : 19세기 후기 평안방언

ㄱ. 자리-+며 : 들에 나리꼿츨 햄ᄒ라 엇더케 자리며 입부지도 안코 방석도 안이 ᄒ되(1887, 예수셩교젼셔, 마태, 6 : 29),

ㄴ. 자리-+아/어 : 갓치 자리여써 거둘 씨에 닐으러(상동, 마태, 13 : 30), 동산에 시문 즉 잘이여 남우롤 일우미(상동, 누가, 13 : 19),

ㄷ. 자리-+되 : 죵ᄌ가 발ᄒ여 자리되 그 글어한 바롤 아지 못ᄒ문(상동, 마가, 4 : 27),

ㄹ. 자리-+(으)면 : 죄가 자리면 죽음올 낫ᄂᆞ니(상동, 야고보서, 1 : 13),

ㅁ. 자리-+고 : 너희 밋음이 심히 자리고(상동, 데살로니카 후서, 1 : 3),

ㅂ. 자리-+게 : 하나님의 자리게 ᄒ무로 자리게 ᄒᄂᆞᆫ 바(상동, 골로새서, 2 : 19).

19세기 후기 평안방언 자료에 생산적으로 출현하는 '자라-(生育) → 자리-'의 어간 재구조화의 단계는 모음어미와의 결합형을 포함하여 거의 모든 활용형에 확대되어 있다. 자리며~잘이여/자리여~자리고∽자리되~자리게~자리면.[75]

---

75) 중세국어에서 'ᄌ라-'(足)에 부사파생접사 '-이'가 연결된 파생부사 'ᄌ래-'형이 쓰이고 있었

따라서 이 방언에서는 앞서 살펴보았던 예문 (33)의 '바라- → 바리-'의 어간
재구조화와 대등한 규칙적인 패러다임을 보인다. 그러나 이와 같은 개신형이
예상되는 19세기 후기의 남부방언 자료에서는 어휘상의 공백으로 인하여 쉽
게 관찰되지 않는다.

4.2.3 놀라-(驚) → 놀내-

ㄱ. 19세기 후기 전라방언

    놀닉-+아 : 부인 품의 달여들거늘 놀너 찌다르니(완판 유충열, 상.4ㄱ),

        진평이 놀너여 한왕을 급피 모시고(완판 쵸한, 하.7ㄴ),

        장양니 심중의 놀너여 헤아르되(상동, 상.11ㄴ),

        춘향이 놀너여 살펴 보니(수절가, 하.18ㄴ),

        춘향이 쌈짝 놀너여 네 엇지 오냐(상동, 상.18ㄱ),

    놀닉-+지 : 춘향아, 놀너지 말고 닉 말 잠간 드러 보아라(완판 33장본 열녀

        춘향, 11ㄴ),

    놀닉-+(으)ㅁ : 닉 경사를 놀너미 안이라(완판 33장본 열여춘향, 11ㄴ).

    cf. 기러기 쇼릭의 놀나 찌다르니(경판 쇼딕셩젼, 상.14ㄴ),

        심공이 크게 놀나 불가흐믈 쥬호디(경판 심청젼, 24ㄱ),

        원쉬 놀나 혜오디(경판 조웅젼, 상.21ㄱ).

ㄴ. 19세기 후기 평안방언

    놀닉-+아 : 부인덜이 놀너여 짜에 업디니(1887, 예수셩교젼셔, 누가, 24 :

        5)~사마랴 빅셩이 놀나 뭇사룸이 샹흐 업시 다 갈오디(상동,

        사도행젼, 8 : 10),

    놀닉-+더라 : 그 일을 이샹히 네겨 놀너더라(상동, 사도행젼, 3 : 11),

    놀닉-+고져 : 닉가 글노써 너희롤 놀너고져 흐미 은이오(상동, 고린도 후셔,

        10 : 9),

    놀닉-+고 : 사가랴 보고 놀너고 무셔워 흐니(상동, 누가, 1 : 12),

    cf. 여러 사룸이 심히 놀나 굴으디(1900, 신약젼, 마가, 7 : 37), 그 근쳐

        사는 이가 다 놀나고(상동, 누가, 6 : 5), 그 지혜와 디답흐심을 놀나

        더라(상동, 누가, 2 : 47), 뭇 사룸들이 곳 예수롤 보고 심히 놀나며

다. 그러나 출현 빈도가 낮은 부사어간이 본동사 어간을 'ㅐ' 활용의 방향으로 이끌 수 있는
유추적 힘은 없었을 것으로 추정된다.

(상동, 마가, 9 : 15).
cf. 쌈작 놀ᄂ 발 구루며(경판, 심청, 9ㄴ)=짐작 놀늬 발구르면서(완판 심청,
상.19ㄴ).

19세기 후기 전라방언 자료에서는 자동사 '놀나- → 놀늬-'의 과정을 거친
'놀늬-'에 모음어미와의 결합형들이 주로 등장하하는 반면에, 자음어미와의
결합형은 상대적으로 드물다. 용언어간 모음에 '-이'가 첨가되어 형성되는 어
간 재구조화의 진향 방향으로 미루어 보면, 자음어미와의 결합형에는 이러한
변화가 충분하게 확산되어 있지 않았을 가능성도 있다. 그러나 19세기 후기
의 평안방언 자료에서는 이 용언의 모든 활용형에서 규칙적으로 확산되어
있는 어간 재구조화를 반영하고 있다. 자동사 '놀라-(驚) → 놀늬-'의 변화는
우리가 §4.1의 예문 (28)-(29)에서 살펴본 바와 같이, 19세기 후기의 서울 지
역어의 구어에서 '바라-(望) → 바리-'의 경우보다도 더 일찍 산발적으로 수용
되어 있었다.[76] 그러나 20세기 초반의 『신약성서』(1900)의 격식어에까지 확대
되지 못하고 있다. 따라서 일련의 용언어간 모음에 첨가되는 '-이' 현상 가운
데 '놀늬-'의 활용형이 비교적 일찍이 방언차용을 통해서 서울 지역어의 구
어로 먼저 채용된 것으로 보인다. 이러한 사실은 지역방언에서 역사적으로
다른 용언어간들에 비해서 '놀라-(驚) → 놀늬-'가 앞서 발달하여 온 상대적
순서를 가리킨다.[77]

---

76) 19세기 후기 『독립신문』(1896)에 반영된 자동사 개신형 가운데, '놀늬-+아'의 결합형들은 다
   음과 같다.

   며나리가 <u>놀내여</u> 집에 갓ᄂ듸(1896, 독립신문, 9.8),
   이 ᄋ희가 <u>놀늬여</u> 써구러져 가만히 보니(상동, 5.2),
   너부 대신이 대단히 <u>놀내여</u> 그 사롬을 잡아 가두란 말이 들니니(상동, 9.17).

77) 어간의 재구조화를 패러다임 간의 유추로 환원시키는 김경아(2008 : 118)는 실재의 발화에서
   는 비표준형 '놀래--'(驚)의 활용형들(ㄱ. 놀래고, 놀래니, 놀내, ㄴ. 놀내키고, 놀래키니, 놀래
   켜)이 더 빈번하게 사용된다고 관찰하면서, 이러한 경향에 2가지 설명의 가능성을 제시하였
   다. 하나는 '놀래-'와 같은 꼴의 '달래-'(誘)의 활용형에 유추되었을 가능성이다. 다른 하나는
   역사적으로 'X아/어 ᄒ-'로부터 발달한 용언어간들의 부사형 어미와의 결합형(그래서, 파래
   서)로부터 유추를 거쳤을 가능성이 그것이다.

각각의 시대적 단계에 따른 경상도 방언을 반영하는 다양한 문헌들을 중심으로 음운사를 복원한 백두현(1992 : 177-179)은 중간본 『두시언해』(1632)에 등장하고 있는 자동사 '놀라-(驚) → 놀내-'의 변화를 발굴하고, "off glide j 첨가"라는 명칭을 붙였다.

(37) ㄱ. 蒼江애 누워셔 歲의 느저가몰 놀라노니(초간 두시언해, 6.9ㄱ)=蒼江애 누어셔 歲의 느저가몰 놀래노니(중간 두시언해, 6.9ㄱ),

ㄴ. 쎠에 놀라 녯 明哲ᄒᆞᆫ 사ᄅᆞ몰 저ᄒᆞ니(초간 두시언해 24.41ㄴ)=쎠에 놀래 녯 明哲ᄒᆞᆫ 사ᄅᆞ몰 저ᄒᆞ니<骨驚畏, 중간 두시언해, 24.41ㄴ).

cf. 銀을 기우리며 玉으로 브어 사ᄅᆞᄆᆡ 누늘 놀래언마ᄂᆞᆫ(중간 두시 25.17ㄴ)=놀래(초간 두시),

ᄀᆞ올 防戍호매 엇데 敢히 놀래리오(중간 두시 23,2ㄱ)=놀래리오(초간 두시).

중간본 『두시언해』에 반영된 17세기의 몇 가지 경상방언의 특질로 미루어 보면, 이 자료에 출현하는 자동사 '놀나->놀내-'의 변화는 역시 해당 시기에 출현하였던 남부지역 방언의 성격을 반영하는 것으로, 그러한 어간 재구조화의 원리는 용언간의 모음에 '-이'가 연결된 과정으로 생각된다.

4.2.4 건너-(渡) → 건네-

ㄱ. **19세기 후기 전라방언**

건네-+가니 : 방자 젼갈 모와 춘향으계 건네 가니(완판 수절가, 상.11ㄱ),
잔말 말고 건네 가자(좌동, 10ㄴ),
계우 이러나 광한누 건네 갈 졔(완판 수절가, 상.11ㄴ),

건네-+더니 : 강을 건네더니(완판 조웅, 3.19ㄱ),

건네-+기 : 물을 건네기을(완판 구운, 상.6ㄴ),
하북 건네기를(완판 삼국, 3.39ㄴ),

건네-+여 : 팔쳔졔ᄌᆞ을 거나려 강을 건네여 초국의 도라올식(완판 초한, 상.10ㄱ), 금강이 얼픗 건네여 놉푼 ᄒᆞᆫ질 여그로다(완판 29장본 별춘향전 20ㄴ).

건네-+리오 : 웃지 약수를 건네리요(완판 적성의전, 3ㄱ).
건네-+려 : 강동으로 건네려 ᄒ는이 어느 질노 가난요(완판 초한, 하.38ㄱ),
건네-+소셔 : 급피 강동으로 건네소셔(상동, 하.40ㄴ).
ㄴ. **19세기 후기 평안방언**
건네-+여 : 비에 올나 바다롤 건네여 고향에 닐으니(1887, 예수셩교젼셔,
마태. 9 : 2), 비에 올나 바다올 건네여 가빌남으로 갈 식(상동,
요한. 6 : 17), 예수롤 찻다가 바다 건네 두던에서 만니여 갈오
디(상동, 요한. 6 : 24),
건네-+쟈 : 함쯰 비에 올나 갈오샤디 우리 호슈롤 건네쟈 ᄒ고(상동, 누가.
8 : 22).

중세국어에서 사동사 '건네-'형은 자동사 '건너-'에 사동접사 '-이'가 첨가
되어 형성된 형태로 18세기까지 사용되었다. 그러나 자동사 개신형 '건네-'
(渡)의 예는 18세기 초엽에 경북 예천지방에서 간행된 용문사본『염불보권문』
(1704)에 지역 방언형으로 등장하고 있다. 바단믈 겐네미 ᄌᆞ흐니(14ㄱ), 삼계바다 건
네리라(39ㄴ), 화장바다 건네 저어(40ㄴ), 비를 무어 ᄐᆞ고 바단믈 건너미 ᄌᆞ흐니(해인사본,
1776, 14ㄴ). 이러한 예들에서 개신형 '건네-'의 등장은 사용 빈도가 낮은 사동
의 '건네-'형이 자동사의 영역으로 유추작용으로 인하여 수평화된 것으로 볼
수 없다. '건너-'의 어간에 '-이'가 연결된 유형으로 생각된다.

19세기 후기 평안방언을 반영하는 Ross의 *Corean Primer*(1877)의 텍스트
와 그 개정판 *Korean Speech*(1882)의 어휘집에서도 '건네-'형이 동일한 유형
의 다른 용언어간들과 함께 등록되어 있는 것을 보면, 19세기 후기 평안방언
에서 이 개신형들의 확산의 정도를 가늠할 수 있을 것 같다. cross : 건넨다
(vocabulary. p.83), hope : 바라다(p.88), 만니면 깁버 ᄒᆞ며(1882. p.73), 비가 오면 깁퍼 건네
지 못함넌다(Corean Primer, p.28), 겐네 갓소다(p.28). 또한, 개신형 '건네-'형은 20세
기 초반의 서울 지역어 자료에서도 일부 등장하고 있다. balli mod könnekedso
(빨리 못 건너겠소, Eckart 1923 : 112). Eckardt(1923 : 12)는 '건네-'형의 어간모음이
künnö'kedso에서 발달한 것으로 설명하였다.

4.2.5 지나-(經過) → 지니-

ㄱ. 19세기 후기 평안방언 : 지니여~지니기~지니지~지니가지~지니며.

지니-+여 : 坯 너희게로 지니여 마키도냐에 일으고(예수성교젼셔, 고린도
후서, 1 : 16), 비롤 타고 이비소롤 지니여 아샤에 머물기롤 면
ㅎ고(상동, 사도행전, 20 : 16),

cf. 비 틋고 애패소로 지나랴 함은(1900, 신약),

지니-+기 : 악디가 바늘 구녕에 지니기가 부쟈 텬국에 들어가기 보담(상동,
마태, 19 : 24),

지니-+지 : 이 셰더가 지니지 못ㅎ여 이거시 다 일우고(상동, 마태, 24 : 35
절), 지니-+가지/니/고/도 : 만약 이 잔롤 너가 마시지 온코 지니
가지 온으면(상동, 26 : 42), 둘치 화단이 지니가니(요한묵시록 1
1 : 14), 시로온 사롬이니 녯즈슨 지니가고(고린도 후서 5 : 17),

cf. 이젼 일은 임의 지내가고 모든 일이 새로 된지라(1900, 신약),
텬디가 다 지니가도 너 말은 지니지 못ㅎ리니(상동, 마태, 24 : 35),

cf. 이더가 지나가지 아니 ㅎ리라(1900, 신약),

지니-+(으)며 : 우리 조샹이 바다 가온더 지니며(고린도 젼서10 : 1),

cf. 바다 속을 지나며(1900, 신약).

ㄴ. 19세기 후기 전라방언 : 지니여~지니듯~지니가니.[78]

지니-+여 : 디문 중문 다 지니여 후원을 도라가니(완판 수절가, 상.20ㄱ),
노구바우 너머 임실 얼는 지니여 오수 들거 중화하고(상동, 하.3
ㄴ), 셔촉으로 드러갈시 잔도괴을 지니여 한왕게 ㅎ직 왈(완판
초한, 상.26ㄱ),

지니-+감 : 옥중의 춘향이 봉사 지니가물 알고(완판 33장본 열녀춘향, 21ㄱ),

지니-+가도 : 돌기라도 망두셕은 천말연이 지니가도 광셕될 줄 몰나잇고
(84장본 완판 수절가, 상.44ㄱ),

지니-+되 : 남기라도 상사목은 일년춘졀 다 지니되 필 쥴 몰나잇고(상동,
상.44ㄱ),

지니-+면 : 첫 도리 지니면 손 잡고 거러보고(신재효, 박타령.344), 셰월이
여류ㅎ야 열어 희가 지니면(1826, 『수운정비회유록』, 11ㄱ),

지니-듯 : 나루비 지니듯 문 듯 지니가니(완판 심청, 상.4ㄱ),

---

78) 乙巳季冬完山新刊 『千字文』(1905)에서도 새김으로 '지날'이 첨부되어 있다.
지닐 過(6ㄴ), cf. 놀닐 鷲(좌동, 14ㄴ). 손희하(2010)에서 인용.

cf. -지느가니(경판 20장본 심청, 2ㄴ).

위의 예들을 보면, '지나-(經過) → 지니-'로의 어간 재구조화는 19세기의 단계에서 평안방언이나 전라방언 자료에서 거의 모든 활용형에 걸쳐 수행되었다. 이러한 사실은 용언어간의 '-이'모음의 첨가가 '지나-'의 경우에 비교적 일찍이 적용되어 발달해 온 시간심층을 반영한다. 오늘날의 '지나-' 용언은 "어디를 거치어 가거나 오거나 하다/시간이 흘러 그 시기에서 벗어나다" 등의 의미영역을 점하고 있다. 그 반면에 '지내-'는 "사람이 어떤 장소에서 생활을 하면서 시간이 지나가는 상태가 되게 하다/계절, 절기, 방학, 휴가 따위의 일정한 시간을 보내다"를 나타낸다. 그러나 19세기 후기의 지역방언에서 일어나는 '지나- → 지내-'와 같은 어간 재구조화는 두 용언의 의미영역의 중의성 또는 접근에서 나온 것이 아니고, 원래의 의미 영역을 고수하고 있는 '지나-'에서 용언어간의 모음에 '-이'가 첨가되어 형성된 것으로 판단된다. 이러한 예들은 오늘날의 서울 지역어에까지 적극적으로 확산되지는 못하였으나, 19세기의 중부방언에서도 산발적으로 등장하기도 하였다.79) 大西洋을 橫斷ᄒ야 歐羅巴로 直航ᄒ고 內方은 하도손과 運河롤 <u>지니여</u> 各地로 貨物을(1895, 국소학, 28ㄴ), cf. 이쩌까지 긔화도 못되고 슈구도 못되여 그럭뎌럭 지니여 왓스니(1898, 매일신문, 5.10,1).

4.2.6 만나-(遭遇) → 만니-

19세기 후기 평안방언 : 만니여~만니지~만니니~만닙~만니엿~만니고
만니-+지 : 이갓치 밋으물 만니지 못ᄒ엿노라(1887, 예수성교젼셔, 마태 8 : 10)=
　　　이 ᄀᆞᄒᆞᆫ 밋음을 맛나 보지못 ᄒ엿노라(1900, 신약성서),

---

79) 1930년대 후반 『한글』(1938, 제6권 4호)의 <물음과 대답>에서 독자의 아래와 같은 질문이 실려 있다.

　『한글』지에 '지나다'(過)로 쓴 데도 있고, '지내다'도 쓴 데도 있으며, '놀라다'(驚)와 '놀래다'도 두 가지로 쓰여 있으니 어찌 일정한 표준이 없읍니까?(p.21).

만나-+고 : 차즌 즉 만나고 문올 쒸든 즉 여나니(상동, 마태, 7 : 7)=쏘흔 맛날 거
시오(1900, 신약성서). 찻는 쟈는 만나고 문올 쒸지는 쟈는(상동, 누
가 11 : 10),

맛나-+(으)ㅁ : 너희 빌어 겨울 만나물 면흐라(상동, 마가 13 : 18),

맛나-+니 : 셩녀에 잇는 한 사롬올 만나니 이 귀신이 쑤튼 쟈라(상동, 누가 8 :
27),

맛나-리니 : 버푸지 안는 쟈가 은혜 업슨 심판올 만나리니(상동, 야고보서 2 :
13),

맛나-+지 : 다시 만나지 못흐리니(상동, 요한묵시록 18 : 14),

맛나-+여/엿 : 예리코에 니려 오다가 강도롤 만나여 그 옷슬 앗고(상동, 누가 1
0 : 30), 힐은 바 양올 만나여스니 나로 함끠 즐거워 흐쟈(상동, 누
가 15 : 6), 아달은 죽엇다 다시 살며 힐엇다 다시 만나엿다 흐고
(상동, 누가 15 : 24).

19세기 후기 평안방언 자료에서 '만나- → 만나-'의 어간 재구조화는 거의
모든 활용형으로 확대되어 패러다임이 단일화되어 있다. 그 반면에 이와 비
슷한 시기의 전라방언 자료에서 이러한 변화는 극히 일부만 제외하면 전반
적으로 등장하지 않는다. 쑴 가온디 임을 만나 만단졍회하여쩐이(84장본 수절가, 하.33
ㄱ), 우리 두리 쳐음 만나 노던 부용당의(좌동, 하.34ㄴ), 즁노의 큰 비을 만나 수일 지쳬흐
여던니(완판 초한, 상.8ㄱ). cf. 어진 군자을 만나여(필사 구운몽, 상.226ㄱ), 다시 만닌 것 갓
더라(좌동, 210ㄱ), 셔로 만나기난(좌동, 209ㄴ). 그러나 오늘날의 전남방언 일대에
분포된 '만내다'(광양, 여천; 주갑동 2005 : 128), '만녠다'(장성 외 6개 지역, 이기갑 외
1997 : 213) 등을 보면, 어간 재구조화 과정이 '만나-'의 경우에는 비교적 뒤늦
게 적용되기 시작한 것으로 추정된다.

19세기 후반 경남방언을 반영하는 『類合』과, 1926년 경북 상주에서 간행한
『養正篇』에서는 개신형 '만나-'형이 등장하였다. (ㄱ) 맛낼 봉(逢, 을유본 유합 17
ㄱ), (ㄴ) 우연히 마낼 후(양정편 字解, 邂逅, 2ㄴ). 현대 경상도 방언에서도 어간 재
구조화가 수행된 [만내니], [만내서], [만낸다]형이 대부분의 하위지역에 분포
되어 있는 사실을 보면(최학근 1990 : 1877-1878), 19세기 후기 전라방언 자료에

서 이러한 개신형의 부재는 잘 이해되지 않는다.

현대국어의 강원도 남부지역 방언에서도 '만나->만내-'의 어간 재구조화의 분포는 하위 지역에서 모음어미 결합형과 자음어미 결합형 간에 차이를 나타낸다(김봉국 2002). 하위지역에 따른 이와 같은 분포상의 차이를 김봉국(2002 : 152)은 연결어미의 유형에 따라서 다음과 같은 확산의 진전 과정을 설정한 바 있다. (1) 선행시기의 활용 : '만나고, 만나니, 만나' → (2) 중간단계의 활용 : '만나고, 만나니, 만내' → (3) 현재 단계의 활용 : '만내고, 만내니, 만내'.

4.2.7 나무라-(叱責) → 나무래-

ㄱ. 18세기 전기와 20세기 초기 경상방언[80]

불법 나므랜 죄로 디옥게 든다 ᄒ시니(1704, 예천 용문사본. 10ㄱ; 1776, 해인사본, 9ㄱ),

늘근 사름 념불호믈 나모래야 우스며(예천 용문사본, 왕낭전, 20ㄱ),

불법 나무랜 죄로 디옥의 드어 나지 못ᄒ다 ᄒ시니(1704, 예천 용문사본 11ㄱ), 불법 나무랜 죄로 디옥의 드러(1776, 염불보권문, 해인사본, 11ㄴ).

나무랟 訾(1926, 養正篇, 字解, 1ㄴ), 사람을 남으래고(訾人, 좌동, 10ㄱ).

ㄴ. 19세기 후기 전라방언

나무리-여 : 흥보 가난 것을 보고 졔 셔방을 나무리여(신재효, 박타령.344).

ㄷ. 20세기 초기 경기방언 : 신소설 부류

나무리-+며 : 듯는디로 영즈를 나무리며(1914, 안의성, 40),

나무리-+시 : 긔왕 잘못흔 일을 이제 나무리시면 쓸디 잇슙잇가(1912, 두견성(상), 80),

나무리-+서 : 슌희를 <u>나무리서</u> 말ᄒ되(1911, 죽서루, 9),

나무리고 : 닉가 그년을 나무리고 십퍼셔 복냐(1914, 츄텬명월, 18),

---

80) 이러한 유형은 영남 문헌어들을 중심으로 그 음운사를 복원한 백두현(1992 : 177-179)에서 다양한 다른 변화 형태들과 함께 상세하게 제시된 바 있다. 그러나 백두현(1992 : 177)에서 열거된 예들 가운데, 19-20세기의 영남문헌 자료에서 추출된 예문 (62)c의 일부 경우는 그 성격을 달리하는 것으로 보인다.

즉, "혜아리드래도, 말삼을 듯드래도, 삼드래도, 직무가 밥부드래도" 등의 문법형태는 '-더라+ᄒ여도→-더라 힛도→더라 잇도→-더러도'와 같은 'ᄒ여(爲)>힛'의 변화와 직접 관련되어 있다.

cf. 어린아희를 나무라면 조용조용이 불너(상동, 14).

'나무라-'(叱責)의 어간모음에 '-이'가 연결되어 어간 재구조화를 수행한 '나무리-' 개신형은 경상방언의 경우에 18세기 전기에서부터 등장하고 있지만, 이러한 활용형들의 예는 자료상으로 다양하게 등장하지 않았다. 따라서 18세기 전기의 경상방언에서 모음어미와의 결합형만 개신형으로 출현하고 있는 사실은 단순한 자료상의 공백이 아니라면, 자음어미와의 결합형에까지 이러한 변화가 아직 확대되어 있지 않은 단계를 반영하고 있다. 19세기의 전라방언 자료에서 이러한 어간 재구조화의 예들이 모음어미와의 결합형만 주로 등장하였지만, 오늘날 전라방언에서 '나무래-'형이 자음어미와의 연결형에까지 점진적으로 확산되어 있다(최학근 1990 : 1829; 이기갑 외 1999 : 97).[81]

또한 20세기 초반의 신소설 부류에서도 이러한 어간 재구조화를 거친 개신형들이 특히 자음어미와의 결합형에서 등장하고 있기 때문에, 이러한 변화가 패러다임의 평준화로 확대되어 있는 단계를 반영한다. 그러나 19세기 후기를 거쳐 20세기 초반의 서울 지역어에서는 그대로 보수형 '나무라-'활용형만 사용되었다. (ㄱ) reprove : 나물ᄒ오, 최ᄒ오(1890, 한영자전, 제2부, p.218), reprimander : 나무라다, 꾸짓다, 멋당하다(1912, 법한자전, p.1250), (ㄴ) 나무라다(나무라, 나무란, 1920, 조선어사전, p.153). 따라서 1930년대 『표준말 모음』(1936)에서 '나무라-'형은 개신형 '나무래-'와 특별한 경쟁 관계를 형성하지 못하였기 때문에,

---

81) 제주방언으로 작성된 『마가복음』(1981. 제주향토문화연구소 편, 보이스사)에서 '나무라->나무래-'를 포함한 일부 용언의 어간 재구조화가 반영되어 있다.

  (ㄱ) 나무라->나무래-; 제ᄌ들이 그 사름들을 나무래였쑤다(마가 10 : 13),
                그 사름들을 ᄀ리치시멍 나무래셨쑤다(마가 11 : 17),
  (ㄴ) 놀라->놀래-; ᄀ리치심을 들언 놀랬쑤다(마가 1 : 22),
                제ᄌ들은 깜짝 놀래연 서로 쏘근닥 거렸쑤다(마가 10 : 26),
  (ㄷ) ᄇ라->ᄇ래-; 하늘을 ᄇ래멍 한숨을 내쉰 대음(마가 7 : 34),
                이녁들 밖이는 아무도 ᄇ래지 못하였쑤다(마가 9 : 8),
                나안티 ᄇ래는 게 미싱 것고?(마가 10 : 36),
                예수께서 성전을 ᄇ래보멍 계실 때에(마가 13 : 3).

별다른 주목을 받지 못하였다. 그러나 오늘날 <표준어 규정>(1988) 제 11항에서 '바래다'와 함께 열거된 비표준어 '나무래다'에 대한 각별한 규범상의 관심은 서울 지역어로 이 개신형의 유입이 최근에 급진적으로 이루어졌음을 나타낸다.

4.2.8 (꿈을) 꾸- → 뀌-

19세기 후기 전라방언 : 뀌니~뀜~뀌여~뀌던

뀌-+니 : 그날 꿈을 뀌니...긴밤의 꿈을 뀌니(완판 심청, 상.24ㄴ), 일젼의 꿈을 뀌니(완판 심청, 하.31ㄱ).

뀌-+제 : 니가 졍영 꿈을 뀌제(신재효본, 심청가, 246),

뀌-+는 : 기 꿈 뀌난 쇼리(장자백 창본 춘향가, 45ㄴ),

뀌-+(으)ㅁ : 니 신셰로 꿈 뀌미라(가람본, 춘향가, 남창, 41ㄴ),

뀌-_(으)ㄴ : 니 신셰로 뀐 꿈이니(신재효본 춘향가, 남창, 70),

뀌-+아/어 : 꿈을 엇터킈 뀌여(가람본, 춘향가, 남창, 42ㄱ),

　　　　　간 밤 꿈을 엇디 뀌여(신재효본, 춘향가, 남창, 72),

뀌-+었 : 어허, 이 꿈 잘 <u>뀌엿다</u>(병오본, 열여춘향, 22ㄱ),

　　　　꿈을 엇찌 뀌엿나(장자백 창본 춘향가, 45ㄴ),

뀌-+던 : <u>뀌던</u> 꿈 씨엿짜고(신재효본, 적벽가, 512).

　　cf. 공쥐 밤의 훈 꿈을 쑤니(구운, 상.54ㄴ), 간 밤의 꿈을 쑤니(완판 수절, 상.11ㄴ).

　지금까지 §§4.2.1-4.2.7에서 제시한 용언어간의 재구조화의 예들은 주로 '아', 그리고 '어' 모음에 국한되어 있었으나, '쑤-(夢) → 뀌-'의 사례도 '-이' 첨가의 범주에 포함될 수 있다고 생각한다. 19세기 후기 전라방언의 모음체계에서 용언어간 모음 '우'에 '-이'가 첨가되어 형성된 '위-'의 음가는 [uy] 또는 [wi]를 나타낸다. 위의 예들은 19세기 후기의 단계에서 개신형의 활용형들로 '쑤-'의 패러다임이 완전히 대치된 단계를 보인다. 이와 같은 상황은 현대의 전남과 전북지역 하위방언에서도 동일한 모습으로 계승되어 있다.『한국방언 자료집』(Ⅵ. 전남 편, 1991 : 397)에 의하면, 전남 대부분의 하위지역에서 [(꿈을)

꾸지~꾸어서~꿰서~꾸었대와 같은 활용형으로 조사되어 있으며, 화자들의 말의 스타일에 따라서 보수적인 [꾸-]와 부단한 변이를 이루고 있다.82)

또한, '꾸-(夢)'로의 어간 재구조화 경향은 이북 지역의 방언에서도 생산적으로 실현되어 있다. 1920년대 옛 러시아에서 간행된 한국어 교과서에 나타나는 함북방언의 요소를 논의하면서 King(1994 : 174)은 '꾸->꾸-'와 같은 변화를 거친 개신형을 주목한 바 있다. /kkwi-/ 'to dream'(PA. 27). '꾸-'(夢)의 활용형은 함북방언의 일부 지역인 종성과 회령에서도 사용된다고 한다(김태균 1986 : 107). 그 반면, 평북방언에서 이러한 변화는 보이지 않는다(김이협 1981 : 106). 우리가 앞서 예문 (31)에서 관찰한 바와 같이, '꾸-'의 활용형이 경기도 지역에도 분포되어 있으며, 20세기 초반 서울 지역어의 일부 자료에서도 산발적으로 등장한다. (ㄱ) 꾀-; 夢, 放氣, 『韓語通』(1909 : 255, 前間恭作), (ㄴ) 꿈 꾀다 : dream, p.26, A. Baird, 1911, *Fifty Helps for the Beginner in the Use of the Korean Language.*

4.2.9 (장기를) 두- → 뒤-

19세기 후기 전라방언 : 뒤던~뒤난

뒤-+는 : 바돌 뒤난 훈슈 ᄒ노라고(장자백 창본 춘향가, 14ㄱ),

뒤-+던 : 상산의 바돌 뒤던 수호션싱 노라씬이(상동, 2ㄴ), 수호의 뒤던 ᄇ돌(신재효본 퇴별가, 272)=수호의 두던 바독(완판 퇴별가, 7ㄴ),

　　　cf. 종일토록 바독을 두다가 나오니(완판 구운몽, 하.6ㄴ), 바독이나 두자 ᄒ고(상동, 하.6ㄱ), 바돌 두ᄌ 날을 춧나(완판 퇴별가, 11ㄴ).

(장기를) '두-(對局) → 뒤-'의 활용형도 용언 어간말 모음에 '-이'에 연결된 재구조화의 단계를 보여주는데, 19세기 후기 전라방언의 자료에서는 다양하게 관찰되지는 않는다. 그러나 현대 전남방언에서 수집된 설화 텍스트에는, 개신형 '뒤-'의 활용형이 활발하게 등장하고 있다.83) 그리고 앞선 예문 (31)

---

82) 이와 같은 상황은 전북방언의 경우나, 경북과 경남의 방언에서도 동일한 모습을 보인다(『한국방언자료집』(VII. 경남 편, 19901 : 347)과 VIII. 경북 편 (1992 : 379)을 참조).

에서와 같이 경기도 방언에까지 확대되어 나타나는 사실을 보면 여타의 지역방언에서도 이러한 변화가 생산적으로 수행되어 있는 것으로 보인다. 평북방언 사전(김이협 1981)에서도 이 용언에 어간말 모음 '-이'가 첨가된 '뛰-'형이 등록되어 있다. 바둑 <u>뛰다</u>(p.261).

4.3 용어어간에 첨가된 '-이'에 의한 어간 재구조화의 이해와 현대국어에서 '바라-(望) → 바래-' 부류의 위상

지금까지 우리가 §4.2에서 주로 19세기 후기와 20세기 전기에 해당하는 지역방언 일부 자료를 이용하여 살펴본 '바라-(望) → 바래-'를 포함한 특정한 몇몇 용언어간의 재구조화 부류들의 전개와 발달(§§4.2.1-4.2.7)은 현대국어에서 지역적 편차에 따라서 화자들의 말의 스타일에 따른 변이 현상으로 존재하며, 표준어의 규범으로 수용되지 못하고 있다. 그러나 그 적용되는 대상은 달리하지만, 용언 어간말 '-이'의 첨가 현상은 어휘의 유형에 따라서 이미 16세기 국어의 단계로 소급되는, 시간적으로 깊은 내적 발달을 가지고 있다.

현대국어에서 역사적으로 어간 재구조화로의 변화가 패러다임 내에서 완료된 일부 용언들, '늘나-(敏, 勇)>날내-', '보차-(煩惱)>보채-', '보타-(補)>보태-', '오라-(久)>오래-' 등의 어간 부류들이 여기에 해당한다(정경재 2015 : 30-31; 97-100을 참조). 중세나 근대국어의 단계에 위의 용언어간들은 사동/피동의 접사 '-이' 혹은 부사파생의 접사 '-이'의 연결에 의한 파생어의 짝들을 본동사 어간과 대립해서 사용하고 있었다. 따라서 사동과 피동형 또는 부사형이 본

---

83) 『한국구비문학대계』 6-1, (전남 진도편, 지춘상 조사. 1980)에서 <진도군 군내면 설화 7> 37쪽, 박길종 58세 구술, "똥 넣은 감을 먹은 대감" 텍스트에 등장하는 '(장기)뒤-'의 어간 재구조화들은 아래와 같다.

---장기를 <u>뒤고</u> 놀게 되았던 거입디다(p.36), 장귀나 <u>뒤게</u>(p.37), 장기를 <u>뒤기</u>로 되아서(p.37), 장기를 <u>뒤는</u> 것이...장기를 이케 <u>뒤고는</u>(p.37), 너 <u>뒤어</u>라 이랑께, 한번 탁 <u>뒤시로</u> '장을 받어라' 이라거든(p.37).

동사 어간으로 점진적으로 확대되었을 가능성도 있다. 그러나 용언 활용체계의 역사적 발달 과정을 고찰한 정경재(2015)에서 지적된 바와 같이, 유추의 원리에 비추어서 출현빈도가 낮은 시동/피동형이나 부사형 어간이 유추의 기본 틀을 형성해서 본동사 어간으로 확산되어 왔을 가능성은 매우 낮다.[84] 그렇다면, 위에서 언급된 일련의 역사적 용언어간들에 적용된 변화는 우리가 §§4.2.1~4.2.7의 항목에서 취급한 예들에서와 동일하게 '-이'의 첨가에 의한 어간 재구조화를 시간적으로 앞서 일찍이 수용한 결과로 추정한다.[85]

물론 이러한 변화에 참여한 각각의 '날내-, 보채-, 보태-' 및 '오래-' 개신형들의 시대적 출현은 역사적으로 상이한 단계로 소급되지만, 그 원리는 동일한 바탕에서 출발한 것이다(배주채 2013 : 190). 이러한 몇 가지 용언들이 보이는 변화 가운데, '보차->보채-'의 사례를 중심으로 논의해 보기로 한다. 정경재(2015 : 98)에 따르면, '보차->보채-'(惱)의 변화는 16세기부터 변이 현상으로 출발하여 이미 17세기에 이르면 개신형 '보채'의 패러다임으로 대부분 완료되었다는 것이다. 17세기에 간행된 자료들에 등장하는 어간 재어휘화를 거친 '보채-'형은 15세기에 쓰였던 사동이나 피동의 접사 '-이-'가 연결된 파생어간과 같은 파생어간 범주로 간주되지 않는다(『17세기 국어사전』, 홍윤표 외, 1995 : 1310).

(38) 보채-+엿 : 나라 일이란디 마디 못ᄒᆞ여 보채엿습더니(1676, 첩해신어, 초간,

---

84) 정윤자(2007 : 27)는 17세기 국어에서 일어난 '오라-(久)>오래-'의 변화가 '오라-' 어간에 부사파생 접사 '-이-'가 첨가된 파생부사(오라+-이 → 오래)에 형용사 어간이 유추되어 '오래-'로 재구조화를 수행한 결과로 파악하였다. 그 반면, 김경아(2011 : 183, 각주 18)는 '오라-(久)>오래-'는 피/사동 접사가 결합한 채 어간의 재구조화가 수행된 것으로 파악하였다.
85) 배주채(2013)는 현대국어 음운론에 일어나고 있는 'ㅏ용언>ㅐ용언'의 경향을 지적하면서, 다음과 같이 언급하였다.

'놀라다>놀래다, 바라다>바래다, 나무라다>나무래다'와 같이 현실어에 나타나는 'ㅏ용언>ㅐ용언'의 변화가 아주 엉뚱한 현상인 것은 아니다. 15세기 이후에 일어난 '놀라다>날래다, 보차다>보채다, 오라다>오래다' 등의 변화를 보면 이러한 경향이 예전부터 있었던 것임을 알 수 있다.(p.190).

1.4ㄴ),

보채-+(♀)ㅁ : 엇디 뎌의 보채몰 바드리오(1677, 박통사언해, 하.60ㄱ),

보채-+ㄴ뇨 : 이 아히들이 엇디 이리 날을 보채ᄂ뇨(상동, 중.55ㄴ),

보채-+더라 : 이러트시 삼보롤 보채더라(상동, 하.18ㄴ),

보채-+(♀)단 : 사롬을 도도와 보채단 意(激惱人, 1657, 어록해, 중간.34ㄴ;
　　　　초간.19ㄴ),

보채-+다 : 賴誣 이미히 보채다(1690, 역어유해, 하.43ㄴ).

보채-+놋다 : 나그내로 돈뇨매 病이 히마다 보채놋다(旅病年侵, 1632, 중간
　　　　두시언해, 3.13ㄴ).

　cf. 보차-+거나 : 다론 나라히 와 보차거나 도즈기 굴외어나 ᄒ야도(월
　　　　인석보, 9.44ㄱ), 보차-+(♀)ㅁ : 모든 사ᄅ미 善人일씨 ᄠ 보차미 업
　　　　스리라(법화경, 6.176ㄴ),

　　　보차-+-ㅣ-+(♀/으)ㅁ : 믈읫 衆生이 種種 분벼릐 보채요미 ᄃ외야
　　　長常病ᄒ야 시드러(석보상절, 9.29ㄴ).

　위에서 제시된 17세기 국어에서 용언 활용형 '보차-(惱)>보채-'가 어간의
재구조화를 수행하는 변화의 진로는 우리가 지금까지 살펴본 '바라-(望)→
바래-'를 포함한 특정한 몇몇 용언어간의 재구조화 부류들(§§4.2.1-4.2.7)의 전
개와 발달의 방식과 동일한 과정을 밟아왔을 것으로 추정한다. "과거의 언어
상황과 변화를 설명하기 위해서 현재를 이용하는" 방법론(Labov 1978)을 빌리
면, 언어 외적으로 다음과 같이 수행된 통시적 발달 과정(변화의 촉발→모방/채
용→확산→사회적 규범의 압력)을 복원할 수 있다.

(39) (1) 15세기 후반 또는 16세기 국어의 초기에 어느 지역방언에서 일부의 사
　　　회 구성원들(젊은 세대)이 의사소통에서 어떤 화용론적 필요에 의해서
　　　구어에서 심리동사 '보차-'의 어간말음에 '-이'를 첨가하기 시작하였다.

　　(2) 이러한 개신형 '보채-'형은 유리한 조건하에서 사회조직망을 통해서 또
　　　는 의사소통의 상호 조정(accommodation)을 거쳐서 다른 구성원들로
　　　모방 또는 차용되기 시작하였을 것이며, 시간의 흐름에 따라서 다른
　　　지역방언으로 점진적으로 확산되었다.[86]

　　(3) 보수적이며 사회 중추적인 세대의 화자들은 이러한 개신형을 의식하기

시작하였고, 언어 규범의 관점에서 새로운 '보채-'형의 쓰임을 적극적
으로 억제하였다.

(4) 그러나 개신형 '보채-'에 새로운 말맛을 전하는 사회언어학적 특성에
의해서 말의 스타일에 따라서 원래의 보수형 '보차-'와 상황에 따른 변
이 현상으로 지속되었다. 이러한 경향의 일부가 16세기 당대에 격식적
인 문헌어에까지 등장하게 되었다.

(5) 그리하여 17세기 중반기에 이르면 언어변화의 전형적인 진로 A>A~
B>B를 거쳐 보수형 '보차-'는 언어사회에서 사라지게 되었다.

(6) 그와 동시에 유표적인 '보채-'형은 이중모음의 단모음화(-a+i→ay>ε)
와 함께 어간이 'ㅐ' 활용으로 재구조화되어 표면적으로 '-이' 첨가에서
이탈하여 무표적 형태로 전환되었다.

또한, '보차->보채-'의 어간 재구조화는 지금까지 §§4.1-4.2를 통해서 밝혀
진 근대국어 후기의 예들을 고려하면, 언어 내적으로 패러다임 내부에서 다
음과 같은 시간적 순서로 진행되어 왔을 것으로 추정한다. (1) 먼저 모음으로
시작하는 연결어미와의 결합형에서부터 '-이' 모음 첨가가 출발하였으며, 이
어서 (2) 자음과 매개모음으로 시작하는 결합으로까지 유추에 의한 수평화가
확대되었다.

그렇다면, 중세국어에서부터 근대국어의 단계를 거쳐 현대국어에 이르기
까지 용언어간의 '-이' 첨가 현상이 일부의 동사와 형용사어간에만 한정되어
순차적으로 적용되는 경향은 어떠한 언어적 사실을 말하는 것일까. 바꿔 말
하면, 이러한 꾸준한 변화의 경향을 언어 내적으로 설명할 수 있는 기제가
존재하는가. 이러한 통시적 및 공시적 문제에 부분적으로라도 어떤 해결에
접근하기 위해서 다시 이러한 부류들과 관련된 오늘날의 '바라-(望)→바래-'
용언 부류들의 실제 사용과 지금까지 시도된 해석을 조감해 볼 필요가 있다.

---

86) 사회심리학에서 의사소통의 "조정 이론" 또는 "상호 조정"의 개념은 일상적인 대화 과정에
서 화자와 청자가 서로 사회적으로 접근하기 위해서 상대방이 사용하는 말씨나 언어 특질
등을 서로 조정하거나 접근시키는 현상을 가리키는 용어로서, 언어변화 수용과 확산의 주요
한 동인으로 작용한다(Giles Howard, N. Coupland, and J. Coupland 2003을 참조).

국어의 동사들이 역사적으로 밟아온 시간적 과정을 주제 중심으로 종합적으로 분류하고 정리한 장윤희(2002/2009 : 108)는 국어사에서 꾸준한 변이의 과정을 통해서 보이는 일련의 어간 재구조화의 예들, '놀라-(驚)>놀래-', '늘나-(利)>날내-', 그리고 '오라->오래-'(久) 등을 제시하고, 이것들은 "원인을 설명하기 어려운 재구조화의 예"로 기술하였다. 여기서 변화의 원인을 설명하기 어렵다는 논리는 표면적으로 드러난 음성 환경의 개입이 없이 변화가 수행되었기 때문에 나온 것이다. 그렇다고 해서 해당 용언어간들의 의미 자체에 구체적으로 어떤 변화가 가해진 것도 아니다. 표면적인 음운론의 관점에서, 역사적으로 이러한 변화를 기술하고 조감한 여러 연구(이동석 2004 : 192; 정재경 2015 : 99)에서 위에서 언급된 유형의 재구조화에 대하여 단순히 "-i 첨가 현상"이라는 애매한 명칭을 사용하였다. 글쓴이 또한 이 글에서 이러한 용어를 지금까지 중립적인 입장에서 잠정적으로 차용하여 사용하여 왔던 것이다.[87]

이와 같은 일부 문제에 대하여 임석규(2002)는 패러다임을 바탕으로 이루어진 곡용어간의 재구조화의 원리를 이용하여, 현대국어의 '바라-(望) → 바래-/바람 → 바램'의 형성과정을 아래와 같이 추상적 개념으로 이해하려고 하였다(밑줄은 글쓴이가 첨가).[88]

---

[87] 정경재(2015 : 99-100)은 16세기 '보차-(煩惱>보채-'의 어간 재구조화로 일어난 변화가 피동사 '보채-'를 기준으로 유추되었거나, '늘나-(利)>늘내-', '오라-(久)>오래-'의 경우에는 부사 '늘내', '오래'의 영향으로, '놀라-(驚)>놀래-'는 사동사의 형태적 확대로 간주할 수 있는 가능성도 있다고 보았다.

그러나 유추의 기본적 원칙에 비추어 보면, 본동사 어기로부터 2차적 파생으로 형성된 파생어 어간의 출현 빈도가 훨씬 더 낮기 때문에, 부사나 사동/피동의 어간이 패러다임 내부에서 유추의 기반이 될 수 있는 가능성은 없다고 단정하였다. 더욱이 그런 범주에 속하는 17세기의 '보타-(補)>보태-'의 경우에는 부사나 사동/피동의 2차적 어간이 존재하기 않기 때문에 유추에 호소하는 설명에는 의문의 여지가 있다.

따라서 음성 조건을 이루는 표면적인 동화주가 개입되지 않은 상태에서 '이'가 첨가되는 현상으로 보아야 된다는 논증을 전개하였다.

[88] 오늘날 국어 지역방언에서 동화주로서 주격조사 '-이'에 의해서 일어나고 있는 움라우트 현상의 유추적 확대와 화용론의 관점에서 보면(최전승 2004), 이러한 유형의 어간 재구조화는 원칙적으로 형성되기 어렵다.

또한, 임석규(2002)에서 제시된 '놀래-(<놀라-), 나무래-(<나무라-), 바래-(<바라-)' 등의 변

(40) (11)바. 바램(望) : (11)바의 예는 '바람'과 조사 '-이'의 통합에서 움라우트 규칙이 적용되어 '바래미'라는 어형이 실현된 것이다. 여기에 화자나 청자는 움라우트 규칙을 고려하지 않고 어간을 재분석하여 새로운 어간 '바램'을 도출한 것이다. 동사 '바래다'의 경우는 그러한 분석 결과의 확장이라고 보아야 할 것이다.

각주 23) → '놀래(놀라-), 나무래-(나무라-), 모자래-(모자라-), 건네(건너), 꿔-(구-), 둬-(장기를 두-), 가둬-(가두-)' 등도 '바램'과 관련된 확장으로 이해하고자 하나 확언할 수는 없다. 이와 같은 자료는 배주채, 김봉국, 김현, 이진호의 도움에 의한 것임을 여기서 밝힌다.(pp.332-333)

그 반면에, 매우 생산적이고 개체 출현빈도가 높은 패러다임 'ㅎ-'(爲)의 활용 어간이 소위 '-이' 첨가 현상을 보이는 일정한 용언어간들의 활용형 어간에 재구조화를 초래하는 원동력이 되었다는 유추의 원리가 몇몇 연구자들(김봉국 2003; 김경아 2008; 배주채 2013)에게서 제기된 바가 있다.

김봉국(2003 : 194-196)은 유추를 통해서 활용 어간에 불규칙적 교체가 실현되는 형성 요인을 검토하면서, "(가) 나무라구, 나무라니, 나무래(叱), (나) 놀라구, 놀나니, 놀래(驚), (나-1) 놀래구, 놀래니, 놀래(驚)" 등의 부류를 주목하였다. 우선, 김봉국(2003)은 이들 활용형 가운데 모음어미와의 결합형 '나무래'가 2가지 방식을 통해서 실현되었을 것으로 추정하였다. 한 가지는 어간 '나무라-'를 '나물하-'와 같은 'X하-' 어간으로 과도교정한 결과로 이해하는 방안이다. '나무라-'를 '나물하-'와 같은 'X하-' 어간으로 인식하게 되면 '나물하구, 나물하니, 나물해'와 같은 패러다임을 보이게 된다는 것이다. 그 이후, 유성음 사이에서 'ㅎ'이 탈락하게 되면 '나무라구, 나무라니, 나무래'가 결과 된다고 한다. 다른 한 가지의 대안은 타동사 '나므라-'에 상태성의 강조를 나타내는 '-어/아 ㅎ-'가 접미된 구성으로 '나므래'가 파생되었다는 것이다.

화 예들이 적어도 지역방언에 따라서 17세기 국어의 단계로 소급된다는 사실을 환기하면, 그와 같은 역사적 단계에서 주격조사 '-이'가 동화주 역할을 담당하여 일어나는 움라우트의 유추적 확대가 보편적으로 가능했을 것으로 판단되지 않는다.

실제로 근대국어의 자료에서 '나므라-' 어간에 '-어/아 ㅎ-'가 연결된 문헌 예들이 산발적으로 등장하고 있다는 점에서 이러한 가정은 설득력이 있다.[89] 파생어 '나므라ㅎ-'는 '나므라ㅎ고, 나므라ㅎ면, *나므라ㅎ야' 등의 활용형들을 보이게 된다. 그렇다면, 모음어미와 연결된 결합형 "*나므라ㅎ야'는 'ㅎ-(爲)>히'의 변화 방식을 따라서 "*나므라ㅎ야>*나므라히>나무래'와 같은 음성 변화를 순차적으로 밟아서 오늘날의 '나무래'형으로 형성되어 나오게 된다는 논리이다.

김봉국(2003)은 '놀라-+(으)자음∽놀래-+모음'의 공시적 불규칙적 교체에 대해서도 이 가운데 '놀라-(驚)>놀래-'의 형성도 앞에서 언급한 접미사 '-어/아 ㅎ-'가 연결되어 파생된 현상으로 파악한다. 근대국어의 단계에서 이와 같은 '놀라-+ㅎ-'와 같은 활용형들이 주로 자음어미와의 결합형으로 등장하고 있다. 그리하여 모음어미와 결합한 '놀라+ㅎ야'가 "*놀라히'의 변화를 수용하여 결국에는 "*놀라히>놀래'가 형성되었으며, 이 활용형이 결국에는 자음으로 시작하는 어미와의 결합형으로까지 확대되면 /놀래-/로 어간의 재구조화가 이루어진다고 한다.

현대국어의 용언 활용형들의 유형을 분류하면서 배주채(2013 : 190)는 역사적으로 'ㅏ' 규칙용언에서 'ㅐ' 규칙용언으로 옮겨 온 '보타-(補)>보태-, 놀나-(利, 敏捷)>놀내-' 등의 부류와 오늘날 비표준형으로 존재하는 '놀라-(驚)>놀래-' 등의 'ㅏ' 불규칙 부류는 개체 사용빈도가 높은 용언 '하-(爲)'의 활용형 '하고∽해(<ᄒᆞ여)'의 패러다임에 이끌린 유추 현상으로 해석하였다. 글쓴이의 관점에서, 이와 같은 관계를 여기에 해당되는 용언 일부를 이용하여 유추의 비례식으로 정리하면 다음과 같다.

---

89) (ㄱ) 나므라ᄒᆞ면(오류전비 2 : 13ㄴ), (ㄴ) 나므라ᄒᆞᆯ 거시 업스리이다(오류전비 2 : 14ㄴ), (ㄷ) 네 도ᄅᆞ혀 ᄆᆞ어슬 나무라ᄒᆞᄂᆞᆫ다(중간 노걸대, 하.29ㄴ).

이상의 보기는 김봉국(2003)에서 인용하였음. 이 글에서 §2.2에서의 예문 (5)와 (6)ㄴ을 아울러 참조

(41) ㄱ. 하고, 하지, 하면 : 해 = 놀라고, 놀라지, 놀라면 : 놀래,
　　　하고, 하지, 하면 : 해 = 바라고, 바라지, 바라면 : 바래,
　　　하고, 하지, 하면 : 해 = 나무라고, 나무라지, 나무라면 : 나무래.
　　ㄴ. ᄒ고, ᄒ디, ᄒ면 : 히(<ᄒ야) = 보타고, 보타디, 보타면 : 보태(<보타히
　　　　　　　　　　　　　　　　　　　　　　　　　　　<*보타ᄒ야),
　　　ᄒ고, ᄒ디, ᄒ면 : 히(<ᄒ야) = 오라다, 오라디, 오라면 : 오래(<오라히
　　　　　　　　　　　　　　　　　　　　　　　　　　　<*오라ᄒ야).

　그러나 (41)에서와 같은 패러다임 간의 유추에 기반을 둔 해석은 2가지 중
요한 문제를 안고 있다고 생각한다. 하나는 유추의 기본이 되는 'ᄒ-'(爲)의
활용형 가운데 모음어미와의 결합형 '해'가 'ᄒ여/ᄒ야'에서 불규칙적 형태
'히'로 일반적으로 형성되는 시기는 아무리 늦춰 잡아도 19세기 후기 이전 단
계로 소급되지 못한다(최전승 2004 : 132).[90] 그 반면에, 오늘날 'ㅐ' 용언어간으
로 재구조화가 이루어진 (41)ㄴ의 '보태-/오래-' 등의 활용형은 이미 17세기
국어에서 변화가 종료되어서 'ㅐ' 활용어간으로 패러다임이 재편성되었다. 따
라서 (41)ㄴ에 속하는 역사적 부류에서 모음어미와의 연결형은 'ᄒ다'의 부사
형 '히'의 생산적인 출현빈도와는 무관한 것이다.[91]

　또한, 현대국어에서 변이 현상으로 등장하고 있는 (41)ㄱ의 예에서도 위와
같은 말을 할 수 있다. '놀라-'(驚) 어간에 모음어미가 연결되어 출현하는 '놀
라>놀내'의 변화는 17세기 전기에 속하는 중간본 『두시언해』(1632)로 소급된
다(백두현 1992, 그리고 이글에서 §4.1의 예문 37을 참조). 17세기의 경상방언에서 'ᄒ

---

90) 16세기 후기 한글편지(이응태 부인이 죽은 남편에게 보낸 마지막 편지, 1586년)의 텍스트에
서 표면적으로 'ᄒ야>히'에 준하는 변화형이 등장한다.

　(ㄱ) 자내 날 향히 ᄆᆞ으믈 엇디 가지며 나는 자내 향히 ᄆᆞ으믈 엇디 가지던고
　(ㄴ) 자내 향히 ᄆᆞ으믈 츳싱 니줄 주리 업스니.

　이러한 음성변화는 19세기 후기의 'ᄒ여>히'의 불규칙 축약형 형태를 편지글에서 최초로
　보여주는 것이나, 그 역사적 형성과정과 발음의 내용은 음운론적으로 동일하지 않다고 생
　각한다.

91) 이와 같은 사실은 정경재(2015 : 97-100)에서 지적된 바 있다.

-'(爲)의 불규칙 활용형은 주로 '하야'이었기 때문에, 개신형 '놀내'의 유추적
기반이 될 수 있는 축약형 '해'는 아직 존재하지 않았다.

다른 하나의 문제는, 만약에 위의 (41)에서와 같은 모음어미와의 결합형
'놀래, 나무래, 바래' 등이 '하다'(爲) 용언의 부사형 '해'로부터 유추되었고, 이
것이 점진적으로 자음어미와의 결합형 '놀래고, 나무래고, 바래고' 등으로 확
대되었다면, 유추의 기본이 되는 '하다'에서도 '해고, 해니, 해면'과 같이 유추
적 수평화가 먼저 수행되어야 한다.[92] 그러나 부사형 '해'가 자음어미와의 결
합형으로 유추에 의해서 확대되는 현상은 최근에 일어난 과정이며, 오늘날의
경기도 방언 일대에서 부분적으로 관찰될 뿐이다(김계곤 2001).

또한, 동사어간에 접미되는 상태성 강조의 '-아/어 하-'에 의해서 '놀래, 나
무래' 등의 활용형이 파생되어 나왔을 것이라는 김봉국(2003)의 해석도 시대
착오적이라는 결정적 결함 몇 가지를 국어사적으로 안고 있다.

첫째는 음성변화의 관점에서 '놀라-'에 모음어미와의 결합형 '놀래'의 형성
이 '놀나+아 하->놀라하여>*놀라해>*놀래애>놀래'와 같은 발달 과정을 밟
아 왔다면, 역시 유추의 기반이 되는 '하야>해>해'의 발달 시기와 일치하지
않는다.

둘째는 접사 '아/어 하-'가 용언어간 '삼가-'에도 연결되어 '삼가하-'형이
자료상으로 출현하였지만, 김봉국(2003)에서 설정한 '삼가하여>*삼가해'의 단
계에서 예측되는 '*삼개-'(<삼가애->삼가해)와 같은 재구조화는 오늘날 어떤 지
역방언에서도 출현한 적이 없다는 사실이다.[93]

---

92) 개체 출현빈도의 효과는 음운론과 형태론에서 서로 대립되어 정반대로 작용한다(Bybee
2001 : 11-12). 음성변화의 경우에는 상대적으로 출현 빈도수가 높은 항목에 훨씬 더 빨리
적용되는 반면에, 형태론의 패러다임에서는 높은 빈도 효과는 해당 항목들의 변화를 저항
하게 만든다. 그리하여 빈도수가 높은 활용형들은 유추에 의한 수평화를 거부하는 경향이
강하다.
이러한 현상은 출현 빈도가 매우 높은 비자동적 교체형 '하-(爲)∽하야∽해'에서나 존재사
'이시-(有)∽잇-'에서 패러다임의 단일화가 완강하게 거부되고 있는 사실과 일치한다.
93) 용언어간의 모음이 후속되는 '-아/어 하-'의 연결로 인하여 'V+해<하야 단계를 거쳐 축약되
어 변화를 수행하는 경우는 형용사 어간에서 파생된 파생동사의 어간말 모음에서도 나타나

셋째, 역사적으로 이미 어간 재구조화를 근대국어 시기에 완료한 '보타->
보태-, 보차->보채-, 오라->오래-'등의 활용형들에 접사 '-아/어 ᄒ-'가 연
결되어 등장하는 예들을 자료상으로 전혀 찾을 수 없다. 또한 18세기 초기에
서부터 지역방언에서 출발하여 오늘날 현대국어에서 'ㅏ' 변칙활용을 하고
있는 '바라-(望) → 바래-'의 경우도 'ᄇ라+ᄒ여>ᄇ라히'의 형태 구조는 존재
하지 않는다.

따라서 김봉국(2003)에서 제기된 일련의 용언어간에 연결된 '-아/어 ᄒ-'에
대한 추론은 위의 모든 어간 재구조화(또는 공시적으로 변이 현상을 보이는) 사례
들을 유추를 기반으로 합리적으로 포괄하기에 타당하지 않다고 생각한다.[94]

지 않는다.

앓다(痛) → 앓/아프다 → 아프-+-아/어 ᄒ다 → 현대국어 : 아파한다, 아파하지, 아파해서, 아
파해>*아패.

슳다(悲) → 슬프다 → 슬프-+-아/어 ᄒ다 → 현대국어 : 슬퍼한다, 슬퍼하고, 슬퍼해서, 슬퍼
해>*슬페.

믿다(信) → 믿브다 → 믿브-+-아/어 ᄒ다 → 현대국어 : 믿브다, 믿브지, 믿버해서, 믿버해>*
믿베.

그 반면에, 용언어간에 '-ᄒ-'가 원래부터 존재하는 일련의 색채어 '노라ᄒ-(黃)>노래' 부류
등과, 아래에 정리된 몇 가지 유형의 19세기 후기의 통사 구성에서는 그러한 변화가 수용되
어 있다.

(ㄱ) '글어히도>그래도';
글어히도 셩죠라고(신재효본 박타령.356),
학두룸이 씨꺼우를 모도 먹이고도 그러히도 마니 나마(상동, 372).
(ㄴ) '-ᄒ라고 ᄒ여라>ᄒ리라';
일이 올나 오시리라(박순호 소장 99장 필사본 춘향가, 10ㄱ),
야야, 방즈야, 춘향니 거그 좀 안지리라(상동, 10ㄴ),
칙방의 몽낭쳥 나오시리라(장자백 창본 춘향가 11ㄴ).
문닷드리라 → 문닷더라고 ᄒ여라(한불자뎐,1880 : 부록 : '하다'의 활용형 49).
(ㄷ) 무어시 웃지고 웃지여(필사본 54장본 고대본 춘향가, 348, 구자균 교주, <한국고전문학
전집>,
(ㄹ) 그러ᄒ여>그러히>그레;
판수 : 그 가막구가 가옥가옥 그러케 울제?
춘향 : 예, 그레요(수절가, 하.22ㄴ).
ᄒ나히 디답하되 과연 그러히(1881, 한어문전, 수준별 연습, 19 : 7),
그려 : en verite, C'est ainsie(1881, 한어문전, 138).

그렇다면, 이와 같은 일련의 어간 재구조화의 방향과 그 원인에 대한 추정은 일단 장윤희(2002/2009 : 108)에서 간단하게 지적된 바와 같이, "원인을 설명하기 어려운 재구조화의 예"로 다시 돌아간다. 또한, 그러한 통시적 및 공시적 경향이 수행되는 언어 내적 동기와 표면으로 드러난 구체적인 원인을 확인할 수 없기에 종래에 이동석(2004)와 정재경(2015) 등에서 언급된 단순한 '-이' 첨가 현상으로 분류될 수밖에 없다.95)

그러나 일정한 언어변화의 원인 또는 추진력에는 언어 내적인 요인만 아니라, 다른 언어 외적인 사회언어학적 변항의 개입의 여부나, 사회구성원들의 실제 언어 사용에 참여하는 다양한 화용론적 요인도 고려하여야 한다는 글쓴이의 잠정적인 판단이 다음 장에서 마무리와 함께 제시될 것이다.

---

94) 어간 재구조화를 패러다임 간의 유추에 의한 작용으로 파악하는 김경아(2008 : 118)도 "(ㄱ) 모자라고/모자라니/모자라서~(ㄴ) 모자래고/모자래니/모자래서; (ㄱ) 놀라고/놀라니/놀라~ (ㄴ) 놀래고/놀래니/놀래~(ㄷ) 놀래키고/놀래키니/놀래켜; (ㄹ) 달래고/달래니/달래" 등의 활용 예들을 주목한 바 있다.

그리하여 김경아 교수는 '-아/어'계 어미가 결합된 '놀라' 부류에서 그 원인을 찾아 볼 수 있는 몇몇 추정 가운데, 한 가지 가능성을 다음과 같이 추구하였다.

이 활용형의 표면 음성형은 분명 수적으로 우세한 '르' 불규칙어간들의 '-아/어'계 결합형과 동일하므로 화자나 청자에 의해 그 기저어간이 '모르- : 몰라=x : 놀라'와 같은 유추과정을 통해 '*노르-'로까지 분석될 가능성도 있다. 그러나 이러한 기저형은 현실적으로 존재하지 않으므로 혼란을 극복하기 위해 먼저 '-아/어'계 결합형을 '놀래'로 변화시켰을 가능성이 있다고 보는 것이다.(2008 : 118).

95) 백두현(1992 : 179)은 17세기-20세기 초반까지의 영남방언 자료에서 잡다한 유형의 소위 '-이' 첨가 현상의 유형들을 정리한 다음, 이러한 유형들에 대해서 그 원인을 규명해 내기 어렵기 때문에, 자생적 혹은 무조건적 -i의 첨가라고 처리하는 방법도 있다고 하였다.

그러나 백 교수는 그 논문에서 모든 음운변화는 동기를 가지고 있기에 가능한 범위까지 그 동기나 의미를 추구하여야 될 것으로 보았다. 그리하여, 활음 y의 첨가와 탈락 현상의 양면에서 "하향이중모음의 구성요소가 가진 결합 관계가 유동적이고 불안정한 속성을 드러내 보인" 결과로 파악하였다(백두현 1992 : 184).

5. 결론과 논의

5.1 어제의 비표준어/방언형은 오늘날의 표준어[96]

공시적 언어규범의 기본은 그 언어를 의사소통의 수단으로 일상에서 사용하고 있는 동 시대의 사회구성원들인 화자와 청자들의 언어활동의 관습으로 이루어져 있다. 이와 같은 논리는 언어규범을 수정하게 하는 다양한 공시적 언어 개신에도 적용된다. 그렇기 때문에 언어규범은 폐쇄되어 고정된 개념이 아니라, 언제나 사회구성원들의 언어와 조정을 하고, 변화를 수용하는 유동적이고 개방된 대상이다. 일부 화자들에 의한 규범에서 벗어난 개신, 즉 변화가 출현하여 다른 구성원들로부터 사회적 합의와 호응을 얻어 모방되어 확산되는 경우에는 비표준어의 신분으로 존재하기 마련이다.

이 글의 §2.1에서 취급한 '줍-'(拾)와 '쪼-'(啄)의 예들은 사회구성원들의 표면 활용형들에 대한 인식의 착오에 의해서 18세기 후반에 걸쳐 비표준어로 점진적으로 등장하였지만, 1930년대 『표준말 모음』에서 표준어로 수용되기까지에는 1세기 이상이 넘는 기간을 필요로 하였다. 2011년 국립국어원 심의회를 거쳐 새로 추가된 표준어 목록 가운데, '먹을거리'에 대한 '먹거리', '괴발개발'에 대한 '개발새발' 등은 그 기원이 비문법적이거나 잘못된 연상(類推)에 의한 화자들의 재해석으로 형성되었으나, 꾸준한 세력을 얻어서 비표준어에서 표준어로 진입한 단어들이다. 그리고 종래의 표준어 '손자'(孫子)에 대한 '손주'형은 의미에 구분을 추가하여 별도의 표준어로 추가되었으나, '손주'는 원래 '손ㅈ'(孫子)에 접미사 '-이'가 생산적으로 쓰였던 지역 방언형(손지>손주)으로부터 차용된 단어이다. 이러한 단어들은 예전에 언어규범으로부터 견제와 박해를 부단하게 받아왔으나, 화자들의 "아래로부터" 성립된 은밀한 내면

---

96) 이와 같은 일종의 구호는 역사적으로 통사론적 구성에서 출발하여 공시적으로 형태론의 영역으로 문법화를 거쳐 진입하는 통시적 변화 원리를 "오늘날의 형태론은 어제의 통사론이다"와 같은 구호로 제시했던 Givón(1971)을 흉내 낸 것이다.

적인 권위에 의해서 구성원들의 합의를 거쳐 그 사용 빈도와 영역을 넓혀 온 것들이다. 그러한 확산의 동기는 사회내부에 존재하는 일정한 구성원 집단들과의 귀속 또는 정체성을 동일시하려는 화자들의 욕구에서 비롯된 것이기도 하다(Trask 2010 : 186). 복수표준어로 추가된 '자장면'에 대한 '짜장면'의 사례는 은밀한 권위를 지지하는 대중 화자들의 자연스럽고 강력한 언어 관습을 뒤늦게 수용한 것이다. 이와 같이 어제의 구박받던 비표준어는 성공적인 경우에 오늘날의 표준어로 수렴되는 과정을 거친다.

이와 같은 "비표준어→시간의 개입→사회구성원들의 숨겨진 합의→표준어로의 수용"의 절차와 방식이 자연스러운 것이라면, 논리를 연장시켜 "오늘날의 비표준어/방언형은 내일의 표준어"라는 구호도 가능하다. 이 글의 §2.2에서의 비표준어 '시럽-'(寒)과 '삼가하-(勤愼)'의 활용형들이 여기에 포함될 수 있다. 이 개신형들이 등장하는 역사는, 전자는 문헌상으로 서울 지역어에서 20세기 초반으로, 후자는 16세기 중세국어의 단계로 소급되는 시간심층을 보인다. 또한, 감각형용사 '시리-'에서 출발한 '시럽-'은 다시 형용사어간을 파생하는 형용사파생접사 '-압/업-'을 예외적으로 연결시킨 파생법을 보인다. 그 반면에, '삼가하-'는 동사어간에 다시 동사를 파생하는 역사적 접사 '-아/어 ㅎ-'를 접미시킨 후행 형태이다. 공시 형태론에서는 이색적이지만, 화자의 관점에서는 그러한 파생법으로 유도 시킨 언어 외적 동기가 내재되어 있을 것이다(§5.2에서 기술).

이 글의 §4에서 주로 취급했던 '바라-'(望)에 대한 비표준어 '바래-'를 위시한 일련의 용언어간에 '-이' 첨가 형태들의 경우도 역시 조만간 시간이 주어지면 표준어로 진입할 수 있는 충분한 자격을 갖추고 있다. 언어규범을 이루는 일부 서울 지역어를 제외한 경기도를 포함하는 공시적 지역방언에서 '-이' 첨가 활용형들은 유추에 의한 확대를 거듭하여 이미 패러다임의 수평화가 확립되어 있다. 따라서 위로부터의 언어규범이 오랜 역사를 가지고 진행 중인 일련의 전통적인 언어변화의 경향을 인위적으로 억제하고 있는 셈이다.

이러한 잠정적 비표준형에 대하여 화자들의 일상적인 의사소통 과정에서 일어나는 자연스럽고, 다양한 표현의 욕구를 만족시킬 수 있는, 사회적으로 공인된 장치가 절실하게 필요한 것이다.

5.2 감정 표출 욕구와 접사 '-이' 첨가 현상과 이중모음의 단모음화에 따른 어간 재구조화

이 글에서 논의된 §2.2에서의 비표준어 감각 형용사 어간 '시리-(寒)>시렵-' 과 동작동사 '삼가-(謹愼)>삼가하-'의 활용형들의 생성은 언어 내적인 단어형성규칙으로 잉여적인 동시에 불합리한 것이다. 전자는 형용사어간에 다시 형용사파생 접사가 연결된 형태이며, 후자는 동사어간에 다시 동사파생접사가 연결된 형태이기 때문이다. 그러나 이러한 변화가 이미 역사적 이전 단계에서 출현하여 사회구성원들에게서 수용되고 확산되었다는 사실은 여기에 대한 어떤 설명을 요구한다. 그리고 §4에서 언급된 용언어간 말 '-이' 모음 첨가를 일련의 용언어간들의 경우도 그 변화의 요인을 언어변화의 내적 요인에서 쉽게 찾기 어렵다는 공통점을 보인다.[97] 따라서 글쓴이는 이러한 언어변화의 유형에 언어 외적인, 사회-화용론적인 관점을 취하기로 한다.

일찍이 기능 언어학의 관점에서 Coseriu(1958 : 37-39)는 화자가 언어 개신을 일으키는 요인 중 한 가지로 정감적 표현을 강화하려는 의사소통 상의 일종의 전략이라고 지적한 바 있다. 이러한 기능적 관점을 계승한 최근의 학자들은 모든 언어변화의 중심에는 사회구성원들인 화자와 청자가 있으며, 언어 개신은 개인과 사회집단들이 서로를 인식하고 그 관계를 새롭게 형성하는

---

97) 언어변화, 특히 음성변화의 내적 요인의 성격은 Labov(2001)를 요약하여 정리한 이옥희(2014 : 28)에 따르면 다음과 같다.
    (1) 최소노력의 원리, (2) 유추와 출현 빈도수의 효과, (3) 체계 내부에서 균형 유지, (4) 투명성이나 단순성의 극대화, (5) 규칙 적용의 최대화, (6) 언어 제약의 재배치를 통한 학습 노력의 경감.

과정에서 나온 부산물인 것으로 파악한다(Keller 1994; Geeraert 1997; Blank 1999; Croft 2000; Trask 2010; Fertig 2013). 따라서 언어변화의 요인을 화자 중심의 전략과 청자 중심의 전략으로 분류하게 된다. 전자는 의사소통 상의 효율성(efficiency)을 가리킨다. 특히, 음성변화의 층위에서 발음 노력의 경제를 지향하는 다양한 유형의 결합적 변화에서 나온 동화, 약화(연음화) 그리고 탈락 현상들이 여기에 포함된다. 그 반면에, 청자 중심의 전략은 상대에게 화자 자신의 감정을 표출하여 소정의 목적을 성취하거나, 상호 간의 사회적 유대를 강화하는 방식이다. 이것을 풍부한 정감 표출(expressiveness)의 기능이라고 한다.98) 우리가 의사소통을 통해서 대화 상대방을 설득하고, 친밀한 감정을 전달하고, 소속집단에 속해 있는 정체성을 확인하며 공동의 관점을 전달하기 위해서는 정감 표출적 표현을 일종의 대화 전략으로 구사하게 된다는 것이다.

우리가 대화 상대에게 형식적인 정보 이외에 정감 표출적 기능을 부여하는 방식은 다양하다. 쉽게 생각할 수 있는 방안은 [명제+a] 또는 [a+명제]인데, a에 화용표지(담화표지)와 같은 통사적 장치를 구사할 수 있다. 다른 하나의 방안은 대화에 출현하는 단위 요소에 감정표출 방식을 추가하는 장치이다. 이러한 방식의 한 가지로, 격식체 형태보다는 사회적으로 비표준어로 낙인찍힌 일상체의 형태를 구사할 수도 있다. 예를 들면, 격식형인 '소주(燒酒)'에 대한 움라우트 실현형이며 비표준어인 '쐬주'가 대화 가운데 구사되는 아래와 같은 대화의 상황을 설정해 보기로 한다.

(42) ㄱ. 나중에 우리 만나서 <u>소주</u>나 한 잔 할까요?
ㄴ. 나중에 우리 만나서 <u>쐬주</u>나 한 잔 할까요?

---

98) 일정한 어휘가 가지고 있는 특유한 정감적 의미가 보편적인 언어변화를 거부하고 있는 상황도 발견된다. 어두 위치의 'ㄴ'의 구개음화 또는 탈락 현상(n>ø)은 근대국어 후기 단계에 보편적으로 수행된 음성변화이다. 그러나 '녀석', '님' 그리고 여성을 비하하는 명칭 '이' 등의 경우는 이러한 변화에 현재에도 면제되어 있다. 그러한 예외가 형성된 원인은 이들 단어가 보유하고 있는 유표적인 정감 표출에 있을 것으로 보인다.

우리의 설정을 확대해서, 위의 대화는 서로 바쁜 출근길에 만난 두 친구가 간단하고 의례적인 인사말을 나누며 지나갈 적에 이루어졌다고 하자. 이러한 상황에서 인사를 건네는 화자의 말에 등장하는 규범형 (42)ㄱ '소주'는 서로 가깝지만 어느 정도 격식적적인 두 사람의 사회적 관계를 나타낸다고 본다. 이에 비해서 낙인찍힌 비표준형 (42)ㄴ의 '쐬주'는 정감적 표현 [소주+a]로 실현되었으며, 그 부가된 a 성분은 화자와 청자 간의 은밀하고 일상적 친밀 감을 나타내는 움라우트 수용형과 어두경음화로 반영된 것으로 추정한다.[99) 이러한 '쐬주'형은 현장에서 형성된 개신형이 아니다. 그것은 상황에 따라서 운용하는 여러 변이형 가운데 의도적으로 선택된 형태이며, 사회구성원들은 이러한 이탈적인 표현이 서로에게 의도된 정감적 효과를 전달한다는 사회언 어학적 장치를 숙지하고 있다.

언어변화를 거시적으로 보면, 단순하고 이해 가능한 의사소통을 통해서 화 자와 청자 간의 상호 작용에서 파생된 보이지 않는 손이 작용하는 일종의 역 동적인 현상으로 파악하는 Keller(1994 : 100-101)는 언어 개신은 다음과 같은 대화의 원칙에서 유래되는 것으로 설명한다. (ㄱ) 상대에게 주목받을 수 있 게 말하라; (ㄴ) 같은 집단에 속해 있다는 인식을 주도록 말하라; (ㄷ) 재미있 고 재치 있는 방식으로 말하라; (ㄹ) 매력적이고, 상대에게 호감을 주는 방식 으로 말하라.[100) 이와 같은 대화의 논리를 이용하여, §2.2에서의 개신형 '시 럽-'과 '삼가하-'의 출현은 의사소통의 과정에서 청자에게 화자의 객관적인 느낌의 [寒]과, 동작의 [謹愼]의 의미에 주관적이며, 동시에 정감적 효과를 강 하게 표출하려는 의도에서 문법에서 이탈되어 나온 형태로서 출발하여 사회

---

99) 서울 지역어에서 비표준어 신분인 움라우트 실현형들이 가지고 있는 정감적 의미의 표출은 이 글의 §3.2에서 인용된 이하수 교수의 글(예문 [20])에 등장하는 '원수'(怨讐)에 대한 '웬수' (사랑스럽지만, 섭섭한 사람), '여우'(動物)에 대한 '여시'(간사한 사람의 유형)에도 역시 적용 된다고 생각한다.

100) Keller(1994 : 101)의 원문에서의 내용 가운데 (ㄴ)에 해당 항목은, 글쓴이가 임의로 변경하 여 인용하였다.

구성원들의 호응을 얻어서 확산된 것으로 이해한다.[101]

우리가 §4에서 취급하였던 소위 용언 어간말 '-이' 첨가의 예들은 §4.2에서 검토한 바와 같이, 어간모음의 변화 과정을 통시적으로 수집하고 분류할 수는 있었다. 그리고 그 변화 경향의 면면한 흐름이 현대국어로까지 확대되어 오지만, 지금까지 제시된 몇 가지 대안으로도 표면적인 변화의 원인을 쉽게 규명할 수는 없었다.[102] 그러한 일련의 용언어간에서 모음의 변화가 수행되었지만, 그 변화의 조건은 물론, 여기에 어떤 의미의 변화가 수행되었다고 확인하기도 어려웠다. 소위 '-이' 모음 첨가를 거친 일련의 용언들을 다시 살펴보면, 일부는 그 자체 정감적으로 유표적인 개념을 표출하고 있다. '바래-(望); 모지래-(不足); 놀래-(驚); (꿈을) 꿔-; (곡식/돈을) 꿔-; 보채-(煩惱)'. 현대국어에서 부분적으로 이러한 경향의 진행이 다른 차원에서 관찰되는 소위 오용

---

101) 이 글의 §2.2에서 '삼가-'와 같은 동사어간에 다시 동사파생접사 '-어/아 ㅎ-'를 연결시켜 새로운 파생동사 어간을 형성하는 방식에 대해서, 그리고 이러한 파생법이 "동작의 강화 표현"이라는 이현희 외(1997 : 176)의 설명을 참조.

102) 최근에, 정인호(2013)는 현대국어의 모음체계에서 후설모음을 전설모음으로 교체함으로써 새로운 단어를 형성하고 있는 일련의 전설모음화 유형(웬수/원수, 쬐끔/조금, 댄추/단추, 무섭다/미섭다, 되배/도배 등)을 상세하게 제시하면서, 이러한 유형의 전설모음화가 어감의 차이를 표현하려는 새로운 경향으로 형성되고 있음 논증한 바 있다.

그러나 역사적으로 전설모음화로 통칭될 수 있는 모음의 변화는 그 기원이 단일한 것이 아니다. (1) 움라우트, (2) 명사어간의 접사 '-이', (3) 18세기 후기서부터 출현하는 '스 즈 츠>시, 지, 치'의 구개모음화 등과 같은 일련의 변화들로 집약될 수 있기 때문에, 단순히 그 변화의 원리를 추상적으로 어감 표출을 향한 "전설모음화"로 지정하기 어렵다.

우리가 §4에서 취급한 '바라-(望) → 바래-', '놀라-(驚) → 놀래-' 등의 공시적 예들은 결과적으로 전설모음화의 일종이라고 해석할 수 있지만, 역사적으로 용언어간에 '-이'가 첨가되어 전설모음으로 재구조화를 거친 형태이다.

또한, 역사적으로 1차 움라우트(음성적 동화작용)를 거친 '무섭다(恐)>뮈섭다'의 경우도 18세기의 황해도 방언 자료(興律寺本 念佛普勸文)에서부터 출현하고 있는데, 피동화음의 출력은 이중모음(u>uy)이었다. 디장경에 니로샤더 디옥 고통슈ᄒ기 실노 <u>뮈셥다</u> ᄒ시니(31ㄴ), cf. 디장경에 닐오샤더 디옥 고통 슈ᄒ기 실노 무셥다 ᄒ시니(1776, 염불문_일, 21ㄱ).

이러한 '무셥->뮈셥-'의 반사체가 20세기 초반의 경기도 방언을 반영하는 신소설 자료에서도 등장하고 있다. 눈 압헤셔 피덩이를 비앗는 것이 <u>뮈셔울</u> 뿐 아니라(1912, 두견성, 상.114).

20세기 초반의 피동화음의 출력 '뮈-'모음의 음가는 전설모음이 아니라, 이중모음 [wi]이었을 것이다.

표현들인 '설레-이-다; (날씨가) 개-이-다, (목이) 메-이-다, (추위가 살을) 에-이-다' 등의 유형도 이러한 범주에 속한다고 볼 수 있다. 이러한 예들은 실제의 언어 수행에서 주관적인 강한 감정의 표출 이외에도, 화자가 청자에게 주려는 어떤 종류의 의도된 효과(재미를 주기, 친밀감을 형성하기, 소속의 동질감을 나타내기 등)를 위해서 의도적으로 개신을 일으켰을 가능성도 있다(Fertig 2013 : 100).

당시 화자들이 의사전달에서 가해진 의도적인 정감적 강화의 효과를 위해서 이러한 문법적 이탈을 시도한 유표적인 '-이' 첨가 개신형들이 시간이 흐름에 따라서 일반화되어서 다음 단계의 언어 습득자들에 의해서 규범에 속하는 무표적 형식으로 인식되는 단계에 도달할 수도 있다. 이러한 예들을 이미 중세와 근대국어의 시기에 어간 재구조화가 완전히 이루어져 패러다임의 수평화를 이룬 '보태-(補), 보채-(煩悶), 오래-(久), 날래-(敏捷)' 등에서 확인할 수 있다. 그와 동시에 이러한 형태들은 이중모음의 단모음화가 수행된 근대국어 후기의 단계에서 표면적인 '-이' 첨가 현상에서 벗어나게 되었다. 용언 어간말 모음 a에 첨가된 -i로 인한 이중모음 ay가 단모음 ɛ로 전환되어 'ㅐ' 용언 활용형들로 재배치되었기 때문이다.

이와 같은 관점에서 오늘날의 '바래-'(望) 활용형을 포함하여 이 글의 §4.2.1-4.2.9에서 취급한 '모자래-'(不足), '놀래-'(驚), '건네-'(渡), '만내-'(遭遇), '나무래-'(詰), '(장기를) 뒤-' 및 (꿈을) 꿔-' 등도 역시 유표적인 감정 표출의 기능을 담당하는 접사 '-이'의 첨가에서 각각의 하향 이중모음의 단모음화를 거쳐 어간의 재구조화가 이루어졌다. 현대국어에서 이러한 감정 표출의 활용형들은 이제는 용언 어간의 모음이 각각의 단모음으로 재구조화되어 표면상으로 전설모음을 보여준다. 그러나 그 기원은 접사 '-이'의 첨가에서 유래된 형태들이며 보수적인 규범형들에 대한 유표적 특성과 감정 표출의 기능을 지속적으로 유지하고 있다.

따라서, 현대국어에서 이 글의 §4.2.1-4.2.9의 활용형들은 재구조화를 수행하였으면서도, 여전히 접사 '-이' 첨가를 원래 보유하고 있는 형태들의 오늘날의 직접적인 반사체의 신분을 유지하고 있다. 현대국어 이전 단계에서 활동하였던 '-이' 첨가의 기능과 유표성이 오늘날에서도 여전히 유효하게 작용하고 있다는 사실은 위에서 언급하였던 '설레- → 설레-이-', '설렘 → 설레-이-ㅁ' 등의 오용 표현의 확산에서 관찰할 수 있다.

참고논저

강헌규(1987), "표준어 재사정을 위한 몇 가지 문제", 『우해 이병선박사 화갑기념논총』, 375-388, 동 간행위원회.

강희숙(2002), "『천변풍경』의 음운론", 『국어학』 제40집, 171-194, 국어학회.

강희숙(2010), "/j/ 첨가와 전남방언 분화", 『한민족어문학』 57호, 227-251, 한민족어문학회.

강희숙(2014), "'바람'과 '바램'", 『우리말 편지』, 151-152, 소통.

강희숙(2016), 『다른 말과 틀린 말』, 역락.

곽충구(1994), "계합 내에서의 단일화에 의한 어간 재구조화", 『국어학연구』(박갑수 선생 화갑기념논문집』, 549-586, 태학사.

곽충구(1996), "국어사 연구와 국어방언", 『이기문교수 정년기념논문집』, 45-71, 신구문화사.

기세관(2013), "'바라다'(望)의 맞춤법", 『선청어문』 40집, 67-78. 서울대사대 국어과,

김경아(2008), "패러다임 간의 유추에 따른 어간 재구조화", 『어문연구』 36권 4호, 103-129, 한국어문학회.

김경아(2011), "음운변화와 패러다임의 상관관계", 『동양학』 제49집, 171-189, 단국대동양학연구소

김경아(2014), "패러다임 간의 유추와 의미관계", 『국어교육연구』 55호, 155-180, 국어교육학회.

김계곤(2001), 『경기도 사투리 연구』, 박이정.

김균태(1986), 『함북방언사전』, 경기대학교 출판부.

김봉국(2002), "강원도 남부지역 방언의 음운론"(서울대 대학원 박사학위논문)

김봉국(2003), "복수기저형의 설정과 그 타당성 검토", 『어학연구』 39권 3호, 559-578, 서울대언어교육원.

김봉국(2013), "국어사 지식을 위한 표준어 선정", 『명주어문』 제25집, 5-18, 영주어문학회.

김성규, 정승철(2013), 『소리와 발음』, 한국방송통신대학교 출판부.

김순녀(2011), "우리말 규범의 어제와 오늘", 『국어교육학연구』 41집, 283-310, 국어교육학연구회.

김양진(2011), 『우리말 수첩』, 정보와사람.

김이협(1981), 『평북방언사전』, 한국정신문화원.

김완진(1971), 『국어음운체계의 연구』, 일조각.

김완진(1973), "국어 어휘 마멸의 연구", 『진단학보』 제23호, 36-59, 진단학회.

김차균(1991), "1930년대 국어의 앞모음되기 현상", 『국어의 이해와 인식』(김석득 교수 회갑기념논문집), 3-24, 한국문화사.

김한별(2018), "국어 형태·음운사에서의 하향성 활음 /y/ 첨가에 대한 음운론적 해석", 『방언학』 제28호, 109-147, 한국방언학회.

김형배(2007), "현행 한국어 어문규정의 문제점", 『한국어의 역사와 문화』(최기호 박사 정년 퇴임기념논총), 205-225, 박이정.

민현식(1999), "표준어와 언어정책론(1)" 『선청어문』 제27호, 서울대사대 국어교육과.

박갑수(1994), "언어규범과 현실의 간극-신문 표제어의 문제-", 『이용주교수 퇴임기념논총』, 133-152, 한샘출판사.

박창원(1992), "경남방언의 모음변화와 상대적 연대순", 『加羅文化』 제9집, 43-76, 경남대학교.

방석순(2015), "웃기는 말, 잘못된 글", 『한글새소식』 510호, 8-9, 한글학회.

배주채(2013), 『개정판, 한국어의 발음』, 삼경문화사.

백두현(1989), "두시언해 초간본과 중간본의 통시 음운론적 비교", 47-67, 『어문학』 50, 한국어문학회.

백두현(1992), 『영남 문헌어의 음운사 연구』, 국어학총서 19, 태학사.

백두현(1997), "19세기 국어의 음운사적 고찰 : 모음론", 『한국문화』 20, 1-47, 서울대 한국문화연구소.

소신애(2016), "움라우트 개재자음에 관한 재고찰", 『국어국문학』 제176호, 237-272. 국어국문학회.

신승용(2017), <어문논설> "국가 주도 표준어 정책의 문제점", 『어문생활』통원 제232호, 6-7. 한국어문회.

안병희·이광호(1990), 『중세국어문법론』, 학연사.

오새내(2008), "일제 강점기 서울 지역어의 성격과 표준어와의 관계", 『한국어학』 제40집, 35-55, 한국어학회.

오종갑(1997), "어간 '줍-'의 방언 분화와 표준어 문제", 『인문연구』 18권 2호, 1-32, 영남대 인문과학연구소

유필재(2000), "'잡숫다'류 동사의 사전 기술", 『서울말 연구』 1, 231-243, 박이정.

유필재(2001), "서울방언의 음운론", 서울대학교 박사학위논문.

이기갑 외(1997), 『전남방언사전』, 태학사.

이기문 외.(1983), 『한국어문의 제 문제』, 일지사.

이동석(2004), "중세국어 '오라-'와 현대국어 '오래-'의 비교 연구, 『이중언어학』 제25호, 187-205, 이중언어학회.

이상규·조태린 외(2008), 『한국어의 규범성과 다양성- 표준어를 넘어서기-』, 태학사.

이옥희(2014), "후기 근대국어 이중모음 'ㅚ'와 'ㅟ'의 사회적 변이 연구", 부산대학교 박사

학위논문.

이은정(1989), "오용 사례 검토", 『국어생활』 제19호, 89-116, 국어연구소.

이익섭(1983), "한국어 표준어의 제 문제", 『한국어문의 제 문제』, 7-46, 일지사.

이익섭(1988), "국어 표준어의 형성과 변천", 『국어생활』 제13호, 17-23, 국립국어원.

이재경(2010), "취재기자가 가장 많이 틀리는 우리말", 『새국어생활』 제20권 제2호, 105-116. 국립국어원.

이진호(2002), "화석화된 활용형에 대하여", 『국어국문학』 130호, 27-57, 국어국문학회.

이현희 외(1997), 『두시와 두시언해』(6), 신구문화사.

임석규(2002), "패러다임을 바탕으로 한 곡용어간의 재구조화", 『형태론』 4권2호. 형태론학회.

장윤희(2002/2009), "국어 動詞史의 제문제", <한국어 의미학> 10. 97-141. 『국어 형태·의미의 탐색』에 재수록, 역락.

장태진(1973), "국어표준어의 변천에 관한 연구", 『한국언어문학』 제11호, 57-81, 한국언어문학회.

장태진(1881), 『국어 사회학 연구』, 과학사.

정경재(2015), "한국어 용언 활용 체계의 통시적 변화", 고려대학교 대학원 박사학위논문.

정인승(1937), "'ㅣ'의 역행동회 문제", 『한글』 제5권 1호, 1-7, 조선어학회.

정인호(2013), "어감 표현과 전설모음화의 한 유형", 『우리말글』 제57호, 55-77, 우리말글학회.

정윤자(2007), "자음말음 채언어간의 재구조화 연구", 단국대학교 박사논문.

조태린(2016), "성문화된 규정 중심의 표준어 정책 비판에 대한 오해와 재론", 『국어학』 제79호, 67-104, 국어학회.

주갑동(2005), 『전라도 방언사전』, 수필과비평사.

차익종(2013), "【지금 이 사람】규범 중심의 언어연구 넘어섰으면-연세대학교 김하수 교수를 만나다-", 『새국어생활』 제23권 제2호, 100-110, 국립국어연구원.

최전승(1986), 『19세기 후기 전라방언의 음운현상과 그 역사성』, 한신문화사.

최전승(1987), "이중모음 '외, 위'의 단모음화 과정과 모음체계의 변화", 『어학』 14, 19-30, 전북대학교 어학연구소.

최전승(2001), "1930년대 표준어의 형성과 수용 과정에 대한 몇 가지 고찰", 『국어문학』 36집, 27-81. 국어문학회.

최전승(2004), 『한국어 방언의 공시적 구조와 통시적 변화』, 역락.

최학근(1990), 『증보 한국방언사전』, 명문당.

최현배(1937/1960), 『우리말본』(17판), 정음문화사.

홍윤표(2015), "국어사연구의 문제점과 우리의 과제", <2015년 여름 국어사학회 전국학술대회>(충남대학교), 7-34, 국어사학회.

Barbara, Johstone.(2008), *Discourse analysis*, Blackwell Publishing.

Beal, Joan.(2016), Standardization, in *The Cambridge Handbook of English Historical Linguistics,* pp.301-317, edited by Kytö M. et al. Cambridge University Press.

Blank, Andreas.(1999), Why do new meanings occur? A cognitive typology of the motivations for lexical semantic change, in *Historical Semantics and Cognition,* edited by Blank, A. & Peter Koch, pp.61-90, Mouton de Gruyter.

Bybee, Joan.(2001), *Phonology and Language use,* Cambridge University Press.

Cheshire, J. & Jim Milroy.(1993), Syntactic variation in non-standard dialects : background issues, in *Real English,* edited by J. Milroy, 3-33, Longman, Pearson Education.

Coupland, Nikolas.(2007), *Style,* language variation and identity, Cambridge Univ. Press.

Coft, William.(2000), *Explaining Language Change,* Longman, Pearson Education.

Dowened, William.(1998), *Language and Society,* 2nd edition, Cambridge University Press.

Eckert, p. & John, Rickford.(ed. 2001), *Style and Sociolinguistic Variation,* Cambridge University Press.

Fertig, David.(2013), *Analogy and Morphological Change.* Edinburg Historical Linguistics, Edinburg University Press.

Flora Klein-Andreu(1992) Understanding standards, in *Explanation in Historical Linguistics* pp.167-178. John Benjamins Publishing Company.

Geeraert, Dirk.(1997), *Diachronic Prototype Semantics,* Clarendon Press.

Giles, H., N. Coupland & J. Coupland.(2003), Accommodation theory : communication, context, and consequence, in *Contexts of Accommodation,* edited by Giles, H. et als, pp.1-68, Cambridge University Press.

Givon, Talmy.(1971), Historical Syntax and Synchronic Morphology, *CLS* 7, pp.394-415.

Haugen, E. (1972), Dialect, Language, Nation, *Sociolinguistics*(selected readings), pp.76-89, Penguin Books.

Janda, Richard.(2003), "Phonogization" as the start of Dephonologization-or, On Sound Change and its Aftermath, In *The Handbook of Historical Linguistics,* pp.401-422, edited by Joseph & R. Janda, Blackwell Publishing.

Keller, Rudi.(2004), *On Language Change,* The invisible hand in language, Routledge.

Labov, William.(1972). *Sociolinguistic Patterns,* Basil Blackwell.

Labov, William.(1978), On the use of the Present to explain the Past, In *Readings in Historical Phonology,* edited by Badi, P. & Ronald Werth, pp.275-312, The Pennsylvania State Univ. Press.

Labov, William.(1982), Building on Empirical Foundations, pp.17-92, In *Perspectives on*

Historical Linguistics, edited by Lehmann, W. P. & Yakov Malkiel, John Benjamins Publishing Company.

Labov, William.(1994). *Principles of Linguistic Change,* 1. Internal Factors, Blackwell Press.

Labov, William.(2012), *Dialect Diversity in America,* University of Virginia Press.

Martin, Samuel.(1992), *A Reference Grammar of Korean,* (한국어문법총람), Charles E. Tutle Company

Marynissen, Ann.(2009), Sprache Wandel zwischen Evolution und Normierung. pp.165-188, *Zeitschrift fuer Dialektologie und Linguistik,* LXXVI, Jahrgang. Heft 2.

Milroy, James.(2001), Language ideologies and the consequences of standardization, *Journal of Sociolinguistics,* 5/4, pp.530-555.

Trask, R. L.(2010), *Why do language change?,* Cambridge University Press.

Wang, William S-Y.(1969), Competing Change as a cause of Residue, pp.9-25, *Language* 45.

Weinreich, Labov & Herzog.(1968), Empirical Foundations for a Theory of Language Change, pp.95-196, In *Directions for Historical Linguistics,* A symposium, edited by Lehmann, W. P. & Yakov Malkiel, University of Texas Press.

제4부
국어 방언사에서 해석과 형태론

국어사에서 형태론적 조정을 거친 음성변화에 대한 일고찰
— 명사파생접사 '-이'의 역사적 기능을 중심으로 —

1. 서론

일정한 지역방언들의 역사를 포함한 전반적인 국어사의 음운론과 형태론의 영역에는 명사어간에 첨부된 파생접사 '-이'의 간섭을 받으면서 다양한 음성변화를 밟아온 일련의 어휘들이 분포되어 있다. 그러한 문법형태소 '-이'의 첨가는 체언의 개음절과 폐음절 어간에 역사적으로 공히 출현하였으나, 현대국어의 공시적 관점에서 지금까지의 여러 연구자들은 취급하는 자료를 중심으로 서로 상이한 신분으로 파악하기도 한다(§2.1의 각주 ⑶을 참조).

이 글에서 글쓴이는 특히 개음절 체언어간에 접사 '-이'가 첨가됨으로써 해당 지역방언에 따라서 특징적인 역사적 발달 과정을 수행하여 왔다고 추정되는 몇 가지 어휘 부류를 선정해서 기술하려고 한다.[1] 이러한 어휘들의 공시적 형태구조를 초래한 일련의 과정이 역사적으로 어느 단계에서 일어난

---

1) 이 글의 초고를 검토하고 건설적인 비평과 조언, 그리고 대안을 제시해준 이기갑(목포대), 백두현(경북대), 신승용(영남대), 소신애(숭실대), 정경재(창원대), 김한별(서강대), 김경아(서울여대) 교수님들에게 감사한다. 다시 수정한 글에서 그분들이 지적하여준 문제점들과, 보충 자료를 본문과 각주를 이용하여 가능한 한 소개하고 첨부하려고 했다. 그러나 이 글에서의 모든 오류와 편견은 글쓴이에게만 한정된다.
이렇게 수정된 초고는 국어문학회 제66회 전국학술대회(2019.8.22. 전주교육대학)에서 발표되었다. 그 자리에서 김규남(전북대) 교수의 상세한 지정토론에 감사한다.

형태론적 조정인 어간말 '-이'의 첨가를 전제로 하지 않고서는 합리적으로 설명되지 않는다는 가정을 전제로 한다.

여기서 어간말 '-이'의 첨가와 관련하여 주목하는 주된 대상은 (ㄱ) 'ᄀ오 눌이-(夢壓)>가위 눌리-'; (ㄴ) '박ᄉ(博士)>박수(巫覡)>-박수, -박시'(접사); (ㄷ) 개음절 체언어간의 인명명사 '곽재우(郭再祐)>곽재위' 부류를 비롯한 일정한 어휘 부류이다. 이 가운데 (ㄷ) 항목은 16세기에 활동하였던 특정한 인물에 한정된 것이 아니고, 그 대신 개음절로 구성된 인명의 고유명사에 연결되는 전반에 걸치는 '-이'의 첨가 유형을 논의하려고 한다.

이 글의 제2장은 본 고찰을 위한 일종의 예비 작업으로, 지금까지 국어사와 국어 방언사의 다양한 문헌 자료를 통해서 드러난 체언어간에 연결된 접사 '이'의 형태론적 기능과 음성변화와의 상관성을 주로 글쓴이의 관점으로 요약하여 정리한다. 그 대상 자료를 최근에 이상규(2013)가 발굴하고 소개한 19세기 후기의 경남방언을 반영하는 『유합』(1885)를 중심으로 체언어간에 연결되는 접사 '-이'의 형태론적 과정이 적어도 전기 중세국어 이전의 단계로 소급되는 역사성을 보유하고 있음을 제시한다. 그리하여 접사 '-이'의 본질은 지시 대상에 대한 화자의 주관적인 인식과 해석을 전달하는 일종의 사회언어학적 표지(marker)로서, 일종의 평가접사의 범주로 귀속된다고 판단한다.

제3장에서 중세국어의 'ᄀ오 눌이-'(夢壓)가 현대국어 대부분의 지역방언에서 '가위 눌리-'와 같이 특이하게 발달된 사실을 중심으로, 이러한 변화 과정에 접사 '-이'가 관여하여 'ᄀ오+-이 → ᄀ외'로 재구조화를 수행한 이후에 규칙적인 변화를 밟아 온 경로를 기술한다. 이와 같은 형태론적 조정을 거친 'ᄀ외 눌리-'형이 일부의 지역방언에서 방언형 '가새 눌리-'로 대치되어 있는 현상으로 미루어, 당시의 화자들이 이와 유사한 발달을 밟아온 'ᄀ외>가위'(剪)의 형태와 유추적 연상을 초래하였을 가능성을 부차적으로 지적한다. 접사 '-이'가 첨가된 'ᄀ외>가위'(夢壓) 형태가 1930년대 서울말과 표준어로 수용되었던 근거를 이와 동일한 형태론적 범주에 속하는 '오도(桑椹)>오디', '가

가(假家)>가개/가게', '셜마(雪馬)>셜매/썰매'. 그리고 '동토(動土)>동티', '짜뷔
(耒)>따비' 등의 사례를 이용하여 보강하려고 한다.

제4장은 오늘날의 남자무당을 지칭하는 무속용어 '박수'(巫覡)형은 이른 시
기에 유입된 중국어계 차용어 '박스'(博士)가 여러 의미 영역에 전용되면서 고
유어화 과정에서 발달된 형태임을 가정하려고 한다. 차용어 '박스'(博士)형이
몽고어와 퉁구스 계통의 알타이 지역 대부분의 언어에서 수행한 다양한 의
미변화(관직→학자/선생→점성술사→무속인)와 보조를 맞추어, 근대국어의 단
계에 무속의 어휘로 진입하였을 것으로 추정한다. 이러한 과정에서 접사
'-이'의 조정을 받아서 '박스+-이→*박시'를 형성한 이후에 '*박시>박쉬>박
수'와 같은 변화의 진로를 취했을 것으로 전제하고, 이러한 역사적 변화 방식
의 타당성을 점검하려고 한다. 그리고 '-박스' 그 자체, 또는 일련의 형태론적
과정을 수행한 '-박수/-박시'(<*박시)형이 일부 지역방언에서 문법화 과정에
들어와서 어근의 성질이 풍부함을 표시하는 파생접사로까지 이르는 과정을
논의한다.

이어서, 제5장은 김한별(2019ㄴ)이 판독하고 주석을 제시한 18세기 후기의
필사본 한글자료 『학봉 김선싱힝쟝』(1770)의 텍스트에 등장하는 역사적 인물
의 고유명사 '郭再祐'에 접사 '-이'가 첨가되어 '곽지위∽곽지우'와 같은 변이
를 보이는 사실을 중심으로, 이러한 형태론적 과정이 인명명사의 경우에도
역사적 여러 단계를 통하여 반복하여 적용되어 온 사례를 점검하려고 한다.
그리하여 개음절이나 폐음절 어간의 인명명사에 첨가된 접사 '-이'의 기능이
여타의 보통명사에서와 동일함을 제시하고, 대상 인물에 대해서 화자나 서술
자가 특정한 맥락에서 보여주는 주관화(subjectification)가 접사 '-이'의 첨가로
결과 되었음을 제시한다.[2]

---

[2] '주관화'는 주로 문법화 과정과 의미변화의 영역에서 외적인/객관적인 대상/개념으로부터 시
간의 흐름에 따라서 이를 인지하는 화자의 내적인/주관적인 평가와 판단 및 태도로 옮겨가는
단계를 말한다(Traugott & Dasher 2002 : 89~99, Traugott 2003 : 126).

제6장 결론과 논의에서는 글쓴이가 이 글을 통해서 파악하는 명사파생접사 '-이'의 본질과, 송철의(1989)에서 논의된 파생접사 '-이3', 그리고 구본관(1997)에서 15세기 국어 형태론을 중심으로 제안된 3가지 종류(인명명사, 동물명사, 무정명사)의 '-이'와의 차이를 대조하려고 한다.

2. 명사파생접사 '-이'의 역사성과 보편성

2.1 N+-i와 N+ø의 공시적 변이와 변화

오늘날 현대국어의 구어에서 명사어간에 '-이'(N+-i)가 연결되어 어간의 재구조화가 이루어진 계량적인 정도와 분포의 범위는 해당 지역방언들에 따라서 일정하지는 않다. 이러한 사실은 '-이'의 첨가 현상의 유무가 절대적인 정량적 성격이 아니고, 의사소통이 이루어지는 화용론과 사회적 상황에 따른 화자의 수의적인 선택에 의한 변항적인(variable) 성격을 나타낸다. 그러나 일상적인 N+-i와 격식적인 N+ø 간의 수의적 교체에서 구어 형태가 득세하여 모든 말의 스타일에 고정되어 버리는 사례도 흔하다. 이 글에서 취급하려는 위의 몇 가지 어휘 항목들도 역사적 발달의 과정에서 일상어로서 N+-i가 원래의 격식어 N+ø를 대신하게 됨으로써 공시적으로 형태 분석이 불투명해진 것들이다.

이러한 N+-i에 첨가된 '-이'의 본질과 성격에 대해서는 지금까지 자료를 대하는 연구자들의 관점에 따라서 몇 가지 견해가 제시되어 온 바 있다(김한별 2018).[3] 그러나 이 글에서는 '-이'의 연결과 관련된 형태론과 음성변화를

---

3) 김한별(2018)은 개음절 체언어간에 첨가된 '-이'에 대한 지금까지 연구자들의 관점을 대체로 아래와 같이 정리한 바 있다.

(ㄱ) 주격조사 : 河野六郎(1945 : 209-210), 최학근(1976 : 22-23), 기세관(1985 : 57),

거쳐 역사적으로 발달해온 일부의 몇몇 체언부류에 대한 새로운 관찰이 주목적이다. 따라서 여기서 사용하는 '-이'에 대한 기술은 지금까지 종합적 또는 단편적으로 제시한 최전승(1979, 1982, 1988)에 준해서, 일종의 사회언어학적 성격의 명사파생접사로 규정하려고 한다. 역사적 어느 단계에서 공시적으로 N+-i와 N+ø의 상보적 본포에는 언어 내적인 의미상의 차이는 찾을 수 없다.4) 그렇기 때문에, 담화 가운데 출현하는 일정한 대상 체언(N)에 대한 화자의 주관적 인식에 따른 정감적 표출상의 차이에서 출발했을 것으로 가정한다. 체언어간에 연결되는 '-이'는 대체로 청자와의 대화에서 화자가 전달하려고 하는 정보의 내용에 [-위신, +친숙성, -격식성, +동질집단의 정체성] 등의

(ㄴ) 주격조사 및 계사 : 임석규(2002 : 326-332),

(ㄷ) 접사 : 이숭녕(1961 : 81), 이기문(1971 : 595), 최전승(1979 : 254, 1982 : 162-163),

(ㄹ) 한정첨사 : 곽충구(1994 : 76-83).

이러한 형태론적 조정은 국어방언 영역에서 일찍이 小倉進平(1930)이 주목한 바 있다. 小倉進平(1930 : 15-17)에 의하면, 명사어간에 첨가되는 '-이'는 북부방언(함경도와 황해도 일대)에서 그 정도에 있어서 차이는 있지만 공통적으로 일어나는 현상이다. 소(牛) → 쇠, 치마(裳) → 치매, 가마(釜) → 가매; 북(鼓) → 붑히, 거북(龜) → 거북이 등등. 小倉進平은 그 논문에서 특히 폐음절 어간의 명사에 연결된 '-이'는 주격을 표시하는 조사와 동일한 것으로 파악하였다.

그 반면, 이숭녕(1954, 1961/1981, 1978)은 제주도 방언과 국어사의 형태론의 관점에서 개음절과 폐음절 체언어간에 연결되는 접사 '-이'의 존재와 역할을 강조하였다. '-이'에 관한 (ㄹ) "한정첨사"라는 술어는 Ramstedt(1939 : 36-40)의 determinative particle에서 유래한다. Ramstedt(1939 : 39)는 '양털/양틸-이'(羊毛), '궤밑/궤밑-이' 등의 예에서 체언을 한정하는 기능('the' or 'its')을 가지고 있는 한정첨사 '-이'가 명사어간 뒤에 연결되어 나중에 어간의 일부로 굳어지게 되었다고 기술하였다. 그리하여 N+-i와 N+ø의 2가지 변이형이 지역에 따라서 등장하고 있다고 관찰하였다. '발구/발귀', '만두/만뒤'(Ramstedt 1939 : 40).

4) 이 글의 초고에 대한 검토에서 신승용 교수는 N+-i와 N+Ø가 사회언어학적 또는 화용론적으로 상보적 분포를 이룬다는 표현은 전통적인 개념의 기술언어학에서의 상보적 분포(complementary distribution)의 내용과 동일하지 않기 때문에, 보충 설명이 필요하다고 지적하였다. 또한, 신승용 교수는 전통적인 의미의 상보적 분포는 구조적으로 분포가 분할되는 것인데 비해, [+친숙성]이라는 사회언어학적 속성은 화자에 따라 달라질 수 있으므로 이 때의 상보적 분포는 한 화자 내부 또는 [±친숙성]을 공유하는 집단 내에서만 상보적이어서 '상보적 분포' 용어의 사용이 자연스럽지 못하다고 보았다. 글쓴이가 여기에서 통상적으로 사용한 술어 "사회언어학적 또는 화용론적 상보적 분포"에 대해서 스스로 더 깊은 성찰을 요한다고 생각한다.

속성을 첨가하는 일종의 사회언어학적 표지(marker), 또는 평가 접미사(evaluative suffix)의 기능(Scalise 1984 : 131)을 갖고 있다고 해석한다.5)

이 글을 전개하기 위해서, 편의상 '-이'의 쓰임과 그 본질에 대한 글쓴이의 인식을 개략적으로 요약하여 정리하는 방안으로, 최근에 이상규(2013)가 소개하고 분석한 을유본 『類合』(1885년 필사로 추정)에 반영된 지역 방언형들을 이용하려고 한다. 이 필사본 방언 자료는 19세기 후기의 경남 김해지역 방언을 적극적으로 반영하고 있다. 여기에 등장하는 '-이' 첨가의 유형들은 주로 개음절 체언을 중심으로 하였으며, 체언 어간말 모음에 따라서 글쓴이의 관점에서 다시 정리해 보면 다음과 같다(이상규 2013 : 246, "§4.2.4 y첨가와 어휘재구조화" 참조).6)

> (1) ㄱ. 족해 질(姪,8ㄱ), 나래 국(國,7ㄱ), 질메 안(鞍,12ㄱ), 방애 침(砧,9ㄴ),
>   도매 괴(机,9ㄴ), 바더 히(海,3ㄴ), 츠미 샹(裳,12ㄱ), 가매 부(釜,11ㄱ),
>   빕패 슬(瑟,9ㄴ), 쟝미 마(麻,2ㄴ), 도매 괴(机,9ㄴ),
>   cf. 들 얘(野,3ㄱ),
>   ㄴ. 쾨 비(鼻,8ㄴ), 쾨커리 샹(象,6ㄱ),
>   ㄷ -1. 살귀 행(杏,4ㄴ), 검은귀/거문귀 금(琴,9ㄴ), 새위 애(蝦,6ㄴ),
>   직쥐 지(才,12ㄴ), 위 샹(上,1ㄴ),
>   -2. 무의 청(菁,5ㄱ), 뉘귀 수(誰,13ㄴ),
>   -3. 벼리 연(硯,10ㄱ), 경지 주(廚,9ㄴ),

---

5) 표준어 중심의 파생어 형성과 관련하여 송철의(1989)에서 기술된 소위 '-이3'의 범주는 이 글에서 일단 논외로 처리한다. 송 교수가 그 논문에서 취급한 '-이3'에 속하는 대부분의 예들은 현대국어에서 파생접사 '-이'의 성격도 있으나, 형식(의존)명사 '-이'의 범주에도 속한다고 생각한다. 그러한 문제는 이 글의 "§6. 결론과 논의" 부분에서 구체적으로 검토하기로 한다.

6) 필사본 을유본 『유합』에는 '-이'의 연결이 폐음절 명사어간에서도 등장하고 있음은 물론이다.

새미 경(井,7ㄴ), 고동니 나(螺,6ㄴ), 달팡니 와(蝸,7ㄱ), 쳉니 긔(箕, 11ㄱ),
  cf. 시미 천(泉, 역대 천자문 26ㄱ), 병이 병(瓶, 역대 천자문 21ㄱ).

이 가운데, '새미 경(井,7ㄴ)'의 방언형은 경남 宣寧에 거주하는 李儒生이 『한글』 제8권 제7호(1940)에 기고한 "지방의 한자훈 음독"에도 출현한다. 새미 천(泉), 새미 졍(井), p.9. 『歷代 千字文』(1910)에 반영된 언어 내용이 그 당시 경남 고성방언을 반영했을 것으로 파악한 홍윤표(1985 : 601)는 '시미'(泉), '병이'(瓶)에서 '-이'를 파생접미사 '-이'로 간주한 바 있다.

ㄹ. 미리 용(龍,6ㄴ),

    cf. 마르 동(棟,9ㄱ), 슬으 증(甑,11ㄱ), 가르 면(麵,10ㄴ), 잘으 더(袋,12ㄱ), 놀으 장(獐,6ㄱ). 동으 분(盆,10ㄴ), 검으 주(蛛,7ㄱ), 아으 제(弟,8ㄱ), 중으 군(裙,12ㄱ), 여으 호(狐,6ㄱ).7)

위의 예문 (1)에서 '-이'는 주로 체언의 어간말 모음 '-아'와 '-우'에 생산적으로 연결되어 있으며, 어간말 모음 '-어'나 '-오' 및 '-으'의 경우는 쉽게 찾을 수 없거나, 비교적 드물게 등장한다.8) 이러한 '-이'의 연결에서의 출현 빈도는 19세기 후기의 전라방언의 자료와 비교하여 보면 본질적인 성격이 아니고, 자료상의 우연한 공백으로 보인다. (1)ㄷ의 예들은 '-이'가 어간말 '-우'에 연결되어 '-위'와 같은 이중모음을 형성한 다음에 어휘들의 유형과 선행하는 자음의 음성적 자질에 따라서 비원순화와 단모음화 과정을 거쳐 점진적으로 '-위>-의>-이'로 향하는 중간단계의 모습을 보여준다.

특히, (1)ㄷ-3에서 '졍지'(廚) 방언형의 경우는 어간말 '-우/유'에 연결된 '-이'와 관련하여 17세기 중반의 칠장사본『유합』(1664, 경기도 안성군 소재)의 언어로 소급된다. 졍디 듀(廚, 7ㄱ), cf. 졍듀 듀(신증 유합, 상.23ㄴ). 백두현(1998 : 232)은 영남 문헌어에 나타나는 방언 어휘들을 검토하면서 19세기 후기~20세기 전반에 등장하는 '졍지'형들에 대하여 한자어 '鼎廚'(졍듀)에서 비롯되었으며 경상방언에서는 '졍듀>졍쥬(ㄷ-구개음화)>졍쥐(어말 -i 첨가)>졍즤(비원순화)>졍지(단모음화)'와 같은 일련의 변화 과정을 밟아온 것으로 설정하였다.9) 17세기의 경기도 방언에 등장하는 '졍디'형에서 ㄱ-구개음화와 관련된 일종의 과도교정으로 형성된 (1)ㄷ-3의 '졍디 → 경지'는 18세기 후반에 경남 남해도로 유

7) 을유본『유합』에서 (1)ㄹ에 참고로 제시한 방언형들의 어간말 '-르'는 전형적인 방언 표지 '-리'에 대한 일종의 과도교정에서 나온 의식적인 표기(리 → 르)인 것 같다.

동으(←동이, 盆), 검으(←거미, 蛛), 아으(←아이, 弟), 중으(←중이, 裙), 여으(←여이, 狐).
8) 19세기 후기의 전라방언 자료에 더 다양하고 더 생산적인 양상으로 등장하는 체언 어간말 '-이'의 연결 상황은 최전승(1988 : 39-47)을 참조
9) 졍지 쥬(廚, 通學, 중.21/正蒙 16ㄴ/時文 68ㄴ), 졍지 포(疱, 歷代 2ㄱ)(백두현 1988).

배 중인 柳義養이 기록한 『남해견문록』의 방언 항목에서 소개된 바 있다.

경지란 말은 부엌이란 말이오"(조남호 1997 : 138).

을유본 『유합』에서 추출된 (1)ㄹ의 '미리' 용(龍, 6ㄴ)은 중세국어의 '미르'에
서부터 변화된 형태로서, '미르/미ᄅ>미리'와 같은 전설모음화 현상을 밟아온
것으로 파악되지 않는다. 이와 같은 변화의 중간단계로 접사 '-이'가 첨가된
'미릐' 또는 '미릐'형을 전제할 수 있기 때문이다. 그러한 형태는 16세기 중엽
에 간행된 것으로 추정되는 大東急紀念文庫所藏 『천자문』(1980, 『朝鮮學報』 제
93집에 수록)의 새김으로 등장하는 '미릐'(龍, 4ㄱ)에서 확인된다(藤本幸夫 1980).10)
따라서 '미르(龍)>미리'의 변화 과정에 파생접사 '-이'가 개입되어 '미르/미ᄅ
+-이→미릐/미리>미리'와 같은 형태론적 조정에 따른 음성변화를 이어서
수행한 형태로 보인다. 그렇지만, 18세기 중엽에 간행된 순천 송광사판 『천자
문』에 새김 '미리'(龍, 3ㄱ)형이 출현하는 사실에 비추어 볼 때(손희하 1993 : 120),
이 시기의 언어에 '미릐>미리'와 같은 단모음화 현상을 따로 설정해야 되는
어려움이 있다.11)

또한, (1)ㄷ-1의 에들에서 경남 방언형 '살귀'(杴)는 명사 어간말 모음에 연
결되는 '-이'의 형태론적 조정이 전기 중세국어의 단계로까지 소급되는 역사
성을 가리킨다. 1403-1424년 사이에 간행된 것으로 추정되는 『朝鮮館譯語』에

10) 大東急紀念文庫所藏 『천자문』(1980)에는 새김의 명사어근에 접사 '-이'가 연결된 또 다른 형
   태가 등장한다. 바리 쳐(處, 31ㄴ). 여기서 새김 '바리'는 광주판 『천자문』(1575)에서는 '바라
   쳐'(處, 30ㄱ)로 실려 있다. 따라서 '바리'의 경우도 '바라+-이>바리'의 과정을 거친 것이다.
11) 그러나 18세기 전기의 송광사판 『천자문』의 언어에는 경구개음 다음 환경에서 '으>이'와 같
   은 전형적인 전설모음화 현상은 아직 실현되지 않았다(손희하 1993). 따라서 전설성을 보유
   하지 않은 치조음 'ㄹ'이 시대적으로 먼저 이러한 '으>이'의 음성변화를 선도했다고 보기 어
   렵다.
   국어 음운사에서 자음 앞에서 '의>이'의 단모음화의 출발은 어휘에 따라서 이미 16세기에서
   부터 문헌상으로 등장한다. '그려기(雁)>그려기(제1차 움라우트)>기려기∞기러기'(단모음화)
   의 과정에 실현된 일련의 과정이 그것이다.

   (ㄱ) 鴻 그려기 홍, 鴈 그려기 안(1527, 훈몽자회 예산본, 상.8ㄴ),
   (ㄴ) 기려기 안 鴈(1576, 백련초해, 3ㄴ), 늘근 기려기눈(1632, 중간본 두시언해, 8.21ㄱ).

"no.163. 杏 所貴"의 항목이 등록되어 있다. 권인한(1995 : 83-84)은 『朝鮮館譯語』의 음운론적 연구에서 이것을 '술고+-이 → 술괴'로 해독하며, 어간말에 연결된 '-이'를 육진방언에 등장하는 '살귀'형에 대한 곽충구(1994 : 239)의 해석에 따라서 일종의 한정첨사로 기술하였다. 15세기 후기의 중앙어 중심의 한글자료에서 이와 같은 '-이'가 첨가된 '술괴'형은 직접 출현하지 않는다.12) 그러나 15세기 전기의 『朝鮮館譯語』에 등장하였던 '술괴'에 대한 반사체는 [살귀]∽[살기], 또는 [술궤]∽[술귀] 등의 형태로 오늘날 육진방언과 제주도 및 남부방언 일대에 전반적으로 분포되어 있다(현평효 1962 : 474; 김태균 1986 : 288; 최학근 1990 : 1105).

15세기 초기의 『朝鮮館譯語』에 대한 종합적 검토에서 이기문(1968 : 48-49)은 이 자료에 반영된 언어는 정음 초기의 문헌들보다 그 이전 단계의 상태를 보여주는 면도 있지만, 동시에 부분적으로 오히려 새로운 언어 모습을 나타내고 있다고 지적한 바 있다. 이기문(1968)은 『朝鮮館譯語』에 반영된 언어가 정음 초기의 문헌들보다 더 새로운 모습을 보이는 양상에 대해서 구체적으로 제시하지는 않았다. 그러나 같은 자료에서 '-이'가 연결된 또 다른 항목 "no.276, 盔 兎貴"(투구+-이 → 투귀, 권인한 1995 : 102) 부류는 이러한 항목들이 정음 초기의 문헌 자료들보다 새로운 언어 모습을 부분적으로 반영하는 것으로 보인다.13)

---

12) 정승철(2000 : 8)에서 제주본 『훈몽자회』에 나타난 한자음들이 검토되면서, 아울러 '술괴 촘'(上.11ㄴ)의 제주 방언형이 주목된 바 있다.

13) '투구'는 중국어 차용어(頭盔)로서 15세기 초기의 『朝鮮館譯語』 시기 훨씬 이전부터 국어에 유입되어 있었을 것이다(이기문 1991 : 221). 따라서 이러한 한자어에도 '투구+-이 → 투귀'형이 형성되었다는 사실은 15세기 초기의 단계에서 이러한 '-이'의 첨가 기능이 생산적이었음을 반영한다. 이러한 형태론의 전통은 오늘날의 19세기 후기 함북과 전라방언의 자료에서 '투귀' 또는 '투귀∽투기'의 형태로 존속되고 있는 것이다. 이 가운데 '투긔'형은 tʰugu+-i → tʰuguy>tʰugiy의 과정을 거친 것이다.

(ㄱ) 투긔[tʰugiy](Putsillo 1874 : 84),
(ㄴ) 마초를 치니 투귀 버셔지는지라(완판본, 삼국지, 3.6ㄴ),
    ∽니 투긔 네가 씨고(판소리, 적벽가, 522).

그렇다고 해서 중세국어 후기 문헌어들에서 『朝鮮舘譯語』에서 확인된 '-
이'의 첨가 현상이 전연 존재하지 않았던 것은 아니다. 특정 어휘에 한정되어
있으나, 명사의 개음절이나 폐음절 어간을 가리지 않고 '-이'가 연결된 문헌
어들이 아래와 같이 다양하게 출현하였다.14)

> (2) ㄱ. 舍利弗이 흔 獅ᄉ子중ㅣ롤 지서내니(1447, 석보상절, 6 : 32ㄴ),
> cf. 獅子는 중싱돌히 다 저흘씨(상동, 3 : 43ㄱ),
> 모딘 象과 獅子와 범과(상동, 9 : 24ㄴ),
> 獅 ᄉ짓 ᄉ, 㹎 ᄉ지 산(1527, 훈몽자회, 상.10ㄱ),
> 獅子 ᄉ지(1690, 역어유석, 하.33ㄱ),
> 獅子 ᄉ지(1778, 방언유석, 해부방언, 13ㄱ).
> cf. 空生온 본래 獅子ㅣ 삿길식(금강경삼가해, 2.21ㄴ).
> ㄴ. 내 바랏 흔 터리롤 몬 무으리니(석보상절, 6 : 27ㄱ),
> 입과 터리예 다 됴흔 좀내 나시며(1459, 월인석보, 2 : 58ㄱ).

이기문(1971)은 '州'의 고속음 '쥐'가 15세기에서부터 18세기에 걸친 여러 문
헌 자료에서 등장하는 사실을 제시하면서, '獅子'의 한자음이 'ᄉ지'로 역시
오랜 기간에 걸쳐 사용되어 있는 사실을 주목한 바 있다. 그리하여 이기문
선생은 (2)ㄱ의 '獅ᄉ子중ㅣ롤'(석보상절 6 : 32ㄴ)에서 첨부된 '-ㅣ'가 당시의 실
제 발음 'ᄉ지'를 반영하기 위한 장치로 파악하였다(1971 : 595).

위의 예에서 속격구성을 보이는 '獅子ㅣ 삿길식'에 등장하는 '-ㅣ'의 경우
는 중세국어의 통상적인 속격조사 '-이/의'와 대립하여 모음어간 뒤에서 출현
하는 형태론적으로 조건된 이형태로 파악되어 왔다(홍윤표 1969 : 57; 안병희
1971 : 183; 허웅 1975 : 354-356). 그러나 속격형 '-ㅣ'는 'ᄉ즈+-이'의 통합 과정에
서 '으/으' 약모음이 규칙적으로 탈락하는 중세국어의 음성변화를 밟아서 도

---

14) 전래지명어에 첨가된 지명접미사 '-이'에 대한 유형을 검토한 성희제(2007 : 31)는 지명어에
접미사 '-이'가 붙은 고문헌상의 최초의 예는 '俗稱 白達 힌다리'(용비어천가 2 : 22ㄴ)임을 지
적하였다. 이 지명은 개성 서쪽 30리밖에 있는 나루터의 이름인데, '힌(白)+달(達)+접사 -이'
의 구성으로 파악된다고 하였다.

출된 음운론적으로 조건된 이형태일 가능성이 높다.

(2)ㄱ에서 제시된 대격조사와의 통합형 '亽지롤'이나 단독형 '亽지'는 한자음 '亽즈'(獅子)에 '-이'가 연결된 형태 구조로서, 15세기 당대의 공시적 문헌어에서도 후속되는 격 형태에 따라서, 혹은 담화의 성격에 의해서 가변적인 출현 상황을 나타낸다. 이러한 형태론적 조정 방식은 17세기와 18세기의 근대국어 단계에까지 그대로 지속되고 있으며, 19세기 후기와 오늘날의 지역방언 일부에서는 '사지'형으로 분포되어 있다. 오늘날의 방언형 '사지'는 15세기 국어의 '獅子+-i → 亽지'에서 연속된 후속 형태들로서, '亽지>亽즤>사지'와 같은 규칙적인 음성변화를 수행하여 온 것이다.15)

(3) ㄱ. sadziy nirgədyešə....sadziyri turgə šešə(<u>사즤</u> 늘거뎨셔...<u>사즤르</u> 둘거셰셔, sadziygɛ tsxumu pakkira šiydzɛgiri xaməŋ(<u>사즤게</u> 추무 박기라 싀재기르)(『한국인을 위한 철자교과서』 1902 : 43),

ㄱ. 亽지, 獅子, a lion, Also 亽즈(1897, Gale의 『한영즈뎐』, p.548),

ㄴ. 亽지 : 獅子의 轉, 사지춤, 사지코, 사지탈(1920, 『朝鮮語辭典』, p.444).

ㄷ. 사자 → 사지(평남, 개천, 『한글』 7권 4호, p.27), 사지 獅子(1895, 국한회어,163),

ㅁ-1. 조선에서도 '-子'(즈)를 '지'로 소리 내는 수가 있나니 : '獅子'를 '사지'라...(최현배 1929 : 우리말본 첫재매 소리갈, p.57),

ㅁ-2. '종즈'를 '종지', '亽즈'를 '사지'라 함 따위를 보면 'ㆍ'는 'l'로 변하였다.(김윤경 1934, "된소리", 『한글』 제2권 제5호, p.69).

---

15) 19세기 전기와 후기에 걸친 경상도 방언의 부분적인 특질을 반영하는 일련의 대역 회화서 『交隣須知』의 판본들에서도 시대의 흐름과 텍스트의 성격에 따라서 '亽지 → 亽즈 → 사지'와 같은 변모를 나타낸다.

(ㄱ) <u>亽지가</u> 강남은 혼흐가 시브의(묘대천본 필사본 교린수지 2.6ㄴ),
(ㄴ) <u>亽지가</u> 강남은 혼혼가 시브외(아스톤본 필사본 교린수지 2.1ㄴ),
(ㄷ) <u>亽즈는</u> 셔역에 만타 허는이(1881, 초간/1883, 재간 교린수지 2.1ㄴ),
(ㄹ) <u>사지는</u> 셔역에 만타ᄒᄂ니(1908, 교정 교린수지, 70).

1910년대 함북의 '獅子'에 대한 방언형으로 '사재'도 보고된 바 있다(1918, 田島泰秀. "咸鏡北道의 訛言"(『조선교육연구회잡지』 60-69, 제29호, 2월호, p.67). 여기서 '사재'형은 '亽지'에서의 직접 변화형으로 보인다.

위의 (3)ㄱ의 '스직'[sadziy]형은 1872년경 함북 경흥에서 연해주로 이주해 온 자료 제공자를 대상으로 20세기 초반 제정 러시아 카잔에서 간행 『한국인을 위한 철자 교과서』(Azbuka dlja Korejtsev, 곽충구 1994)에 등장한다. 이 텍스트에는 '스지>스직'의 과정을 거친 중간단계 '스직'[sadziy]형이 대격과 부사격 조사 앞에서 사용되어 있다. 이러한 중간단계에서 '스직>사지'의 변화를 밟은 '사지' 형태들이 1920-1930년대 지역어들의 일상어로 확대되어 있다.

또한, (2)ㄴ의 '털(毛)+-이→터리'와 같은 무정명사 유형들에 적용된 형태론적 조정도 대중들의 구어에서부터 15세기 국어의 문헌어로 침투되어 확립되어 있었던 것으로 보인다. 이러한 유형의 접사 '-이'의 첨가 현상은 오늘날의 지역방언에 지속되어 생산적으로 등장하고 있다. 중세국어 문헌어에서도 변이형 '털+ø' 유형과 '털+-이' 유형은 후속하는 격조사의 형태에 따라서 상보적으로 출현하는 환경상의 분포 제약을 보인다. 또한, 15세기와 17세기의 국어에서 유정명사 '벌'(蜂)의 변이형으로 어간말에 접사 '-이'가 연결된 '버리' 형도 '버리+-도', '버리+-와'와 같은 굴절형으로 등장하고 있다. '벌→벌이'의 형태론적 과정은 19세기 전기 경상방언을 반영하는 필사본 묘대천본 『교린수지』로 이어진다. (ㄱ) <u>버리</u>도 ᄆᆞᄎᆞ매 모디로몰 머겟ᄂᆞ니(蜂蠆終懷毒, 초간/중간 두시언해 5,9ㄴ), 곳부리 어즈럽고 飛飛ᄒᆞᄂᆞᆫ <u>버리</u>와 나븨(뵈)왜 하도다(초간/중간 두시언해 25.18ㄴ), (ㄴ) 곳부리 픠ᄂᆞᆫ 거슬 <u>벌이</u>가 기ᄃᆞ리옵ᄂᆡ(교린수지 2.40ㄱ).

파생접사 '-이'의 첨가는 언어접촉을 통해서 차용되어온 외래어 명사를 고유어화하는 기능도 가지고 있었던 것으로 보인다. 이기문(1991 : 238)은 『훈몽자회』(상.18ㄱ)의 '豹' 각주에 '시라손 曰 土豹'가 보이는데, 이 단어는 女眞語 silasun과 가깝다고 지적하였다. 차용어로서 16세기의 '시라손'은 후대에 어말에 '-이'가 연결된 '시라손이'을 거쳐서, 1920년대에는 오늘날과 같은 '스라손이'형으로 확립된다. 시라손이(1897, 한영ᄌᆞ뎐, 588); 스라손이(1920, 조선어사전, 532).16) 이와 같은 '시라손+-이→시라손이'의 형태론적 조정은 위에서 살펴

---

16) 동물 명칭의 어휘사를 조감한 조항범(1998ㄱ : 130)은 현대국어의 '스라소니'(土豹)의 발달 과

보았던 중세국어에서의 '벌+-이→벌이'의 예들과 보조를 같이 하는 행위로 생각된다.

중세국어의 폐음절 체언어간 '벌>벌이'(蜂) 부류에 연결된 접사 '-이'의 출현도 후속되는 격조사 성분에 따라서 일정한 출현상의 제약을 받고 있었다. 이와 같은 접사 '-이'의 출현상의 제약은 오늘날의 지역방언에도 그대로 계승되어 있다. 예를 들면, 경북 울진군 설화 가운데 같은 어느 화자의 담화에서 '새댁+ø'형과 '새댁+-이'형이 교체되어 출현한다. '새댁+-이'형은 주로 '새댁이+-가/-는/-를' 등의 격조사와의 통합에서, 그 반면, '새댁+ø'형은 주격조사 '-이'와의 통합 환경에서 일반적으로 실현된다(『어문론총』 19호, 1985, 경북대 인문대 국어국문학과, 학술조사단, <울진군 기성면 현지조사 보고서>, "두꺼비 보은" 설화 : 제보자 손우천 당시 63세, 1985.8.5. 채록).

    (4) ㄱ. 그 집에 금방 시집 온 <u>새댁이가</u> 하루는

            그래서 이 <u>새댁이가</u> 생각을 해 볼 적에,[17]

정을 '시라손>시라소니>스라소니'로 정리한 바 있다. 그러나 그러한 과정에서 첫째 음절의 치찰음 다음에서 일어난 모음의 변화 '이>으'에 대한 언급은 없었다. 이러한 현상은 근대국어 단계에 일어난 '스, 즈, 츠>시, 지, 치'로의 전설모음화 현상에 대한 일종의 반작용으로 형성된 과도교정의 일환으로 파악된다(최전승 2016).

17) 경북방언의 격조사 형태구성과 기능을 고찰하면서 이상규(1999 : 24-25)는 이 방언의 통시적 특징으로 폐음절 체언어간에 연결되는 주격조사 '-이가'형을 아래와 같이 예시하였다.
(1) 배이가 아파서 병원에 갔다. (2) 기왕 말이가 났으니 그러지. (3) 그 사람들이가/발뻬댁이가/밑이 가 깍 땡기서, (4) 케가 아파여(코가)/이매가/치매가, (4) 털이가/별이가/샘이가/뱀이가.
그리하여 이상규(1999)는 '-이가'의 실현 유형을 2가지로 제시하였다.

(1) 유형 : -이(주격조사)/+-가(주격조사)=-이가,
(2) 유형 : -이(주격조사가 어간에 재편성된, 어간재편성에 의한 쌍형어간)+-가(주격조사)/=-이가.

그 반면, 동해안 방언의 문법을 기술하는 최동주(2003 : 68)는 주격조사 '-이가'와 함께 '-이는/-이를' 등의 격조사형을 아래와 같이 제시하였다.

(1) 오늘이가 메칠인고(경주), 이북 사람이가 사람이 어에 생갓노 시퍼가 구경할라꼬 봤다(영덕), 우리 집에도 요새 대학생이가 다녀서 와 있어(울진), (2) 혀임이는(형님이는) 배는 앤짜 봤는기요(경주), (3) 정다이(경단)를 맨들어가 고래 파디더(울진).

ㄴ. 두꺼비가 그 <u>새댁+ø이</u> 타는 가마에 올라타는 기라,

ㄷ. <u>새댁이는</u> 거 드가면 죽을 줄 알고,

ㄹ. <u>그 새댁이를</u> 동네서 모시고 나와(pp.151-152).

위의 예에서 (4)ㄴ의 "그 새댁+ø이 타는 가마에"에서의 환경에 등장하는 경우는 '새댁이+ø(주격조사 생략)로 파악되기도 한다.18) 이번에는 안동 송천동 설화 가운데 등장하는 '뱀+ø'와 '뱀+-이'형 간의 연결되는 격조사에 따른 교체를 살펴보기로 한다. 동일한 화자의 담화에서 후속되는 격조사 형태에 따라서 다음과 같은 두 형태 간의 상보적 교체를 보인다. 뱀이-를/뱀이-가/뱀이-는/뱀이-한테∽뱀+ø-이(주격형).19)(『안동문화』 제9집, 1988, <송천동의 구비문학> : "허물을 벗은 뱀서방", 조사자 : 임재해, 제공자 : 강옥분(여) 당시 62세, 1987.6.19 채록).

(5) ㄱ. 아를 낳아 놓이 <u>뱀이를</u> 크단한 거를 낳았어,

　　　 아를 놓는다는 게 뱀이를 낳아 기가 멕히그던.

　　 ㄴ. 하루는 <u>뱀이가</u> 뭐라 카는게 아니라,

　　　 뱀이가 스르르 들어와서 대례청에 와가주고,

위에 예들에 대하여 최동주(2003)는 '-이가' 형태는 통상적으로 이중의 주격조사(-이+-가)로 해석하는 사례도 있으나, 주격조사가 나오지 않는 환경에서 '-이'가('-이는/-이를)쓰이는 경우도 있어서 재고할 필요가 있다고 보았다. 그리하여 '이가'로 나타나는 예 가운데에는 주격조사 '-이'와 '-가'가 결합된 것이 아니라, '-가'만 주격조사이고, '-이'는 체언의 어간 일부인 경우도 있다고 최동주 교수는 이 논문에서 판단하였다.

18) 신승용 교수가 이 글의 초고를 검토하면서, 이 글에서 각주 (19)ㄷ의 예(공작이+ø(속격조사 생략)와 함께 지적하여 준 것이다.

19) 폐음절 명사어간에 연결되는 접사 '-이'는 주격조사 앞에서만 아니라, 속격조사와의 통합에서도 실현되지 않는다. 『구비문학대계』 6-11, 전남 화순군편 <한천면 설화 2>(18-19쪽)에 등장하는 '공작+ø'형과 '공작+이'형 간의 격조사에 따른 교체 출현을 보이면 아래와 같다.

(ㄱ) 공작이-가 : 근게 참 낮거무를 잡어서 그 공잭이가 죽게 생겼는디,

(ㄴ) 공작+ø-이 : 이 <u>공잭이</u> 먹는 물품만 알어서,

(ㄷ) 공작+ø-의 : 하! 우리 한국나라도 인자가 있어서 <u>공잭이</u> 밥을 알었구나!

(ㄹ) 공작이+-도 : 그 공잭이도 많이 있지. 거 개무만 먹고 사는 <u>공잭이</u>,

(ㅁ) 공작이+를 : 아 중국서 공잭이를 이 조선땅에 내보내.

ㄴ-1. 고마 뱀이가 허물을 벗으니....그 뱀+Ø이 허물을 요래요래 접아,

뱀+Ø이 스르르 들어와 가주고...

ㄷ. "야야, 저 건너 아무것이네 뱀이한테 시집을 갈래." 카그든,

찌져 먹그던 찌져 먹지 뱀이한테 어예 시집을 보냈니꺼?

ㄹ. 뱀이는 벌떡 섰다가 업드려 절하고(pp.119-121).

오늘날 경상방언의 일상적 담화에서 추출된 일반명사 '새댁'과 '뱀'에 작용하는 N+-i형과 N+ø형 간의 위와 같은 교체는 후기 중세국어 또는 전기 중세국어 이번 단계로 소급되는 오랜 역사성을 보유하고 있다고 생각한다.[20] 후기 중세국어 이전에 중국에서 유입된 불교계 차용어 '발'(鉢)형이 '鉢+-이→바리'와 같은 고유어화 과정을 밟아서 15세기의 문헌어로 전용되고 있는 사실은 '-이'의 첨가 현상의 보편성을 전제로 한다(남풍현 1968 : 132, 조세용 1991 : 53).[21] 八萬四天 七寶 바리롤(1447, 석보상절,20 : 46ㄱ), 옷과 바리롤 ㄱ초디 아니 ㅎ며 (1461, 능엄경 6,108ㄱ), 바리와 錫杖과롤(석보상절 23 : 12ㄱ), 바리 발(鉢, 훈몽자회, 중.19 ㄴ).[22]

---

20) '-이'가 첨가되는 형태론적 현상은 특히 육진방언과 함북방언 일대에서 남부방언에 못지않은 보편성과 적극적인 생산성을 보이고 있다(곽충구 1994). 그리하여 육진방언을 모태로 사용하고 있는 중국 길림성 용정지역의 한인마을의 방언에는 어간말 '-이'의 첨가는 공동격조사 '-과'(-가∞-까)에서도 아래와 같이 출현하고 있다(정향란 2010 : 46).

(ㄱ) 삼추이가 같이 감다. (ㄴ) 아덜이까 같이 놀았슴다. (ㄷ) 딸이까 같이 장마다 갑데다. cf. 선새가 학새느 다르지(선생과 학생은 다르지).

21) 남풍현(1968)은 15세기 언해 문헌을 통해서 한글로 표기된 중국계 차용어들을 고찰하면서 예의 '바리'형을 '鉢+이'로 분석한 다음, 불교를 통해 대중화된 잡종어의 일종으로 간주하였다. 그러나 체언어간에 첨가된 '-이'의 성격은 거론하지 않았다.

한자어계 귀화어를 종합 정리한 조세용(1991)은 한자어 '발(鉢)'에 접사 '-이'가 첨가된 혼종어적 파생으로 간주하며, 원래 나무로 만든 중의 밥그릇이라는 의미에서 출발하였으나, 나중에 의미 영역이 확대된 것으로 설명하였다.

22) 19세기 후기 서울말을 반영하는 『한불ᄌ뎐』(Ridel, 1880)에는 '寸蟲'에 대한 '촌충+-이'형이 등록되어 있다. 촌충이, 寸蟲(1880 : 606). 이 형태가 그 당시 일반적이었다는 사실은 같은 시기에 간행된 『독립신문』의 언어 실태에서 관찰된다.

챵ᄌ 속에 혹 버러지가 잇는디 흔훈 것이 촌츙이와 회라 회는 디렁이와 갓치 싱겻는디 다믄 빗이 다르고 촌츙이는 무더가 여럿이 잇는디... 촌츙이를 현미경을 디고 샹고ᄒ면...그 알들이 ᄭᅵ져 촌츙이가 되야 즉지고 챵ᄌ로 내려가(독립신문, 1897.7.20.).

2.2 18세기 윤음언해 부류에 등장하는 개음절 체언어간의 '-이'

이른 역사적 단계에서 이미 대중 화자들에게 일반화된 개음절의 중국계 차용어 가운데에서도 고유어 과정으로 첨가된 접사 '-이'의 예들이 관찰되기도 하였다. 일찍이 김완진(1971 : 112)은 15세기 국어에서 차용어로 간주되는 '되'(升)와 '뵈'(布)형이 원래 중국어(斗, *tu/tou; 布, *pwo/puo-/pu)에 존재하지 않았던 -i를 가지고 있음을 주목하며, 이것은 나중에 국어에서 첨가된 명사형성 접사 -i로 해석하였다.

후기 중세국어의 단계에서 이러한 형태론적 조정은 체언어간의 유형에 따라서 N+i의 형태가 일종의 개신형으로 구어에서 확산되어 일종의 공시적 변이로 문헌어에 등장하는 경우도 있었다. 16세기 『훈몽자회』의 여러 이본들 사이에 나타나는 언어상의 차이를 대조하는 자리에서 이기문(1971 : 123-126)은 '눈ᄌᆞ싀'(睛, 叡山本, 상.13ㄱ)∽눈ᄌᆞᅀᆞ'(東中本, 상.25ㄱ) 등과 같은 공시적 교체를 당대의 "개신형(또는, 방언형)∽보수형(점잖은 말씨의 어형)" 간의 사회언어학적 교체로 파악하기도 하였다.

이와 같은 접사 '-이'의 첨가의 형태론적 조정은 비록 격식적인 문헌 자료상에 비록 수의적으로 출현하고 있지만, 실재 당대의 화자들이 구사하였던 비격식어의 스타일에서는 화자의 계층이나 지역성에 따라서 근대국어의 단계에서도 일반화되었던 것으로 보인다. 18세기 후기의 특정한 언해 자료인 일련의 『윤음』 계통의 언어에서 몇몇 한자어 부류에서 '-이'의 첨가 현상이 두드러지게 출현하고 있다('되-가'(道), '인귀-가'(人口), '농ᄉᆡ-가'(農事), '죄-가'(粟)). 이러한 특정 문헌어에서 명사어간에 연결된 접사 '-이'의 출현은 주로 새로운 주격조사 '-가' 앞의 환경에서만 등장하였다(전광현 1971/2003 : 146; 홍윤표 1994 : 356을 참고).23) 따라서 종래에 여러 연구자들이 각자의 관점에서 이러한

---

23) 18세기 후기 『윤음언해』를 통해서 이러한 현상을 처음으로 제시한 전광현(1971/2003 : 147)은 (6)의 보기들은 "이중의 주격형태로는 볼 수 없는 것"으로 판단하였다.

체언에 첨가된 '-이'의 존재에 대해서 "유추작용에 의한 어간형성"(이숭녕 1958), "주격조사 '-이'+첨사 '-가'"(홍윤표 1994), 혹은 "이중의 주격조사 '-ㅣ가'"(정재영 1998), 또는 보수적 주격형 '-이'와 개신적 주격형 '-가'의 "혼성"(blending)(고광모 2013) 등과 같은 다양한 해석을 제시한 바 있다.

(6) ㄱ. 대져 <u>농ㅅ가</u> 연히가 그릇되면(農事, 1783, 호남윤음, 3ㄴ),
　　　ㄱ을 <u>농ㅅ가</u> 보리 농ㅅ에셔 나을까 ㅎ엿더니 이제는 벼농ㅅ의 흉년이 도로혀 보리 농ㅅ의셔 심ㅎ니(1783, 호서윤음, 5ㄴ),
　　ㄴ. 밥 짓는 되가 몃 회며 <u>인귀가</u> 십만여 구(人口, 1783, 원춘윤음, 2ㄴ),
　　ㄷ. 여러 <u>되가</u> 서러 가람 알외야...본도는 이 네 가지 지앙을 겸ㅎ니(道, 1783, 호남윤음, 3ㄴ)
　　　전년은 세 <u>되가</u> 흉년이오 올흔 여솟 <u>되가</u> 흉년이니(1783, 호남윤음, 1ㄴ),
　　　이제 여솟 <u>되가</u> 흉년을 고ㅎ야(1783, 함남관서, 4ㄱ),
　　　대져 <u>본되가</u> 셔울노셔 여러 쳔니가 남고(本道, 1783, 함남관서, 1ㄴ),
　　ㄹ. 시방 보야흐로 잇는 <u>쉬가</u> 만타 ㅎ는 되도(數, 1783 경민윤음, 4ㄴ),
　　ㅁ. 두태와 피와 <u>죄가</u> 아오로 병을 밧지 아닌 되 업고(粟, 1783, 호남윤음, 4ㄴ),
　　ㅂ. 경쳥법 녜대로 <u>감ㅅ가</u> 장문ㅎ야 논죄ㅎ게 ㅎ고 어ㅅ의 렴탐홀 째에(監事, 1783, 자휼전측, 9ㄴ).

위의 예에서 (6)ㄱ의 '농ㅅ가'의 형태구조는 '농ㅅ(農事)+ㅣ+가'로 쉽게 분석된다. 여기에 개입된 '-이'는 예를 들면 인칭대명사 '나, 너, 누'의 주격형 '내, 네, 뉘'가 오랫동안 사용되었던 관습으로 고정되어 개신형 '-가'의 등장 이후에도 재구조화를 수행하여 '내가, 네가, 뉘가'와 같이 그대로 유착된 이중 주격조사의 형태와 동일하게 간주될 여지가 많다. (6)ㄱ의 '농ㅅ가'가 출현하고 있는 동일한 문면에서 속격과 부사격조사 앞에서는 원래대로 '농ㅅ'에 '-이'가 연결되지 않았기 때문이다. 19세기 후기 육진방언 자료에서 '농ㅅ'에 접사 '-이'가 연결된 단독형 '농시'가 등장한다. 농시(1874, 푸칠로의『로한ㅈ뎐』, p.197). 오늘날의 제주도 방언에서도 '농시'의 후속형이 [noŋsi]로 쓰이고 있는데, 접사 '-이'에 관여를 받지 않은 '농ㅅ'형의 직접 반사체인 [noŋsʌ]와 공시

적 변이형을 이루고 있다(현평효 1966 : 490).24)

(6)ㄷ에서 후속하는 격 형태에 따라서 교체되는 '본되(本道)-가'와, 이에 대
립하는 '본도-는'의 상보적 출현에서도 이러한 판단을 할 수 있다. 정재영
(1998 : 45, 각주 62)은 윤음언해에 이와 같이 등장하는 '본되가, 인귀가, 농시가'
등이 인칭대명사 주격형 '내가, 제가, 뉘가, 제가' 등의 연결 방식과 동일한 구
조로 파악한다. 따라서 정 교수는 『字恤典則』(1783)의 본문에 출현하는 '감시
가'의 구성은 동 시대의 윤음 자료에 등장하는 이중의 주격조사 -ㅣ가'와 통
합된 결합 방식에 준하여 '감ᄉᆞ+-ㅣ가'로 분석하는 것이 자연스럽다고 설명
하였다.25) 그 반면, 최근에 고광모(2013 : 90)는 주격조사 '-가'의 기원을 논의
하면서 18세기 국어에 공시적으로 출현하였던 예전 시대의 주격형, 예를 들
면, '농시'와 새로운 주격조사 '-가'와 결합된 '농ᄉᆞ가'의 공존이 빚은 혼성으
로 위의 (6)에서와 같은 '농시가' 부류가 형성되었을 것으로 해석한 바 있다.

그러나 글쓴이는 위의 (6)의 예들에 대하여 지금까지 여러 연구자들이 파
악한 이중의 주격조사, 또는 혼성어 등의 해석은 일련의 체언어간에 연결된
-i를 뒤따르는 주격조사 '-가'와의 통합 구조에만 한정시켜 추출된 것으로 생
각한다.26) (6)의 예들과 동일한 파생법의 범주에 속하는 다른 유형의 '체언어
간+-이'의 보기들이 주격조사 '-가'만이 아닌(또는, 개신형 '-가'의 출현 이전의 단
계에서) 다른 격조사와도 통합되어 등장하고 있기 때문이다. 이러한 범주에

---

24) 제주도 방언에서 이형태들간에 등장하는 체언어간말 /ɐ∽i/의 교체의 예들은 현평효(1966 :
490)에 의하면, 아래와 같다. 중세국어 단계에서 체언어간말 'ᄋᆞ'는 제주도 방언에서 /ɐ/로,
그러한 체언에 접사 '-이'가 연결된 형태는 변화를 거쳐 /i/의 반사체로 등장한다.

등자(<둥ᄌᆞ, 鄧子) : [tuŋǯɐ]∽[tuŋǯi]; 샹자(<샹ᄌᆞ, 箱子) : [saŋǯɐ]∽[saŋǯi];
쟝사(<댱ᄉᆞ, 商人) : [ǯaŋsɐ]∽ [ǯaŋsi]; 역사(<력ᄉᆞ, 役使) : [jɐksɐ]∽[jɐksi].
25) '감ᄉᆞ(監司)에 접사 '-이'가 첨부된 '감시'형도 19세기 후반의 함경도 방언 자료에 등장하고
있다. 감시, 감ᄉᆞ, 감삿뒤(1874, 푸칠로의 『로한ᄌᆞ뎐』, p.125).
26) 이글의 §5.2에서 18세기 후기의 한글 필사본 『학봉 김션셩힝쟝』(1770)의 텍스트에 등장하는
'대마도→대마되'의 예문은 각주 (67)ㄹ의 용례를 아울러 참조

대마되의 오시니(對馬島, 학봉, 35ㄱ),

속하는 다양한 보기들 가운데 지금까지 파생접사 '-이'로 규명된 적이 있는 몇몇 사례들만 다시 정리해 보면 다음과 같다.

> (7) ㄱ. 팔주(八字)+-이 → 팔지;
> 이만혼 <u>팔지</u>면 므스므러 쳐주는 삼긴고(1565, 순천김씨, 72),
> 스시는 팔지니 내 팔지 이리 사오나이 되여 잇거니(상동, 94),
> 자내 팔지 눕의 강긔드르라 삼겻거니 자내 <u>팔지룰</u> 호홀만 호데(현풍곽씨, 46),
> ㄴ. 바룯(海)+-이 → 바리;
> 프른 하놀핸 그롭과 <u>바리왜</u> 흐르놋다(중간 두시언해, 9.24ㄴ),
> <u>바리롤</u> 건너(상동, 17.12ㄱ), <u>바릴</u> 그룬 거시(좌동, 1.5ㄴ),
> ㄷ. 가마(釜)+-이 → 가매;[27]
> 블근 약대의 고기룰 프른 <u>가매애</u> 술마내오(翠釜, 중간 두시언해, 11.17ㄴ),
> 죠롱박 너출을 <u>가매예</u> 담고 믈 브어 달혀(1608, 언해 두창집요, 上.6ㄴ),
> ㄹ. 신하(臣下)+-이 → 신해;
> <u>신해</u>는 님금의 말슴을 듯고(1704, 예천 용문사본, 염불보권문, 13ㄱ),
> <u>신희</u>는 님금의 말슴을 듯고(1776, 합천 해인사본, 13ㄴ),
> 눕의 <u>신해의게</u> 아당호니(1770, 필사본 학봉김션생행장, 29ㄴ),
> 이 엇딘 <u>신해의</u> 이리오(상동, 34ㄱ).[28]

위에서 (7)ㄱ의 '팔지'(八字+-이)형이 쓰인 예문은 16세기 중엽과 17세기 초엽에 각각 서로 다른 지역의 사대부 집안에서 작성된 한글편지에서 가져온 것이다. 특히 『현풍곽씨언간』에 등장하는 '팔지'의 예문에서 전자는 주격조사, 후자의 형태는 대격조사와 통합되어 있는 상황을 보인다. 주격조사 '-이'

---

27) 중세국어의 단계에 '가마'(釜)에 접사 '-이'가 연결된 '가매'형의 등장은 김영배(2000 : 406)에서 지적한 바 있다.

그 粥이 <u>가매에져</u>(셔) 열 자콤 소사 올아(석보상절 3 : 40ㄱ)

28) 본문의 (7)ㄹ에서 '신해'(臣下)의 굴절형이 추출된 18세기 중기 이후의 한글 필사본 『학봉김션싱힝쟝』의 판독문과 그 주석은 김한별 교수(서강대)에게서 미발표용 원고로 소개받은 것이다. 이 한글 필사본의 서지와 언어에 대해서는 김한별(2019ㄱ)를 참조 김한별(2019ㄱ)에 의하면, 이 자료는 경북 안동중심의 양반계층의 방언을 반영한다.

와의 연결에서 '-이'는 주격형 '팔지'와 합류되어 그 존재가 드러나지 않았지만, 대격조사 앞에서는 '팔지를'으로 원래의 모습을 나타냈다. 『현풍곽씨언간』에 대한 음운론적 연구에서 백두현(2000 : 127)은 예의 '팔지'에 대해서 같은 자료에 등장하는 '옥쉬'(옥슈+-이), '대귀'(大邱+-이) 등의 인명과 지명 부류의 어간말음에 연결된 것과 같은 동일한 -i 첨가 현상으로 설명하였다.29) 또한, 일종의 재구조화를 거친 '팔지'형이 19세기 후기 함경도 방언에서도 쓰이고 있는 사실에 따르면(1874, 『로한즈뎐』, p.31), 파생접사 '-이'의 적용영역이 광범위하게 확대되어 있는 것으로 보인다.

(7)ㄴ의 '바리'(바를+-이)의 예들은 경상방언과 부분적인 관련이 있는 중간본 『두시언해』에서 추출된 것으로, 이숭녕(1981 : 221-222)은 '바를'에서 새로운 어간구성으로 참여한 '-이'는 파생접사로 간주하였다. 또한, 17세기 자료에 출현하는 (7)ㄷ에서 처격조사와 통합된 '가매'(가마+-이)형의 어간말 '-이'의 신분도 역시 동일한 범주에 속한다고 생각한다.30) 이와 같은 관점에서, '신하'(臣下)에 '-이'가 연결되어 18세기 초엽의 경상방언 자료에서 '신해+는'의 구성으로 등장하는 (7)ㄹ의 '신해'형도 접사와 관련되어 있다.31) 위의 (7)에서

---

29) 16세기 중엽의 『순천김씨묘 출토간찰』의 언어에서도 한글편지 가운데 등장하는 개음절 어간 인명과 지명에 '-이'가 첨가된 예들이 다수 관찰된다. 이 자료에서도 '대구'(大邱)형이 '대귀'로 출현한다. 아바님도 경뫼관 디내라 대귀 왓다 ᄒᆞ다(1565, 순천김, 53).
조항범(1998 : 276, 주해 5)에서 '대귀'는 '大邱'에 '-ㅣ' 첨가형으로 풀이되었다.

30) 개음절 어간의 보통명사에 연결되는 접사 '-이'는 특히 오늘날의 제주도 방언의 형태론에서 생산적으로 나타난다(이숭녕1978). 그리하여 정승철(1994 : 367)은 제주방언에서 '메쥐(메주), 치마(치마), 뇌(櫓)' 등의 예들을 제시하며, 대체로 이 방언에서 개음절 체언의 어말 모음은 전설모음 '-ㅣ, ㅔ, ㅟ[wi], ㅞ'인데, 그러한 사실은 어말에서 접사 '-이'가 첨가되는 형태론적 과정과 관련되어 있다고 보았다. 제주도 방언의 '노(櫓)+-이>뇌'의 예는 19세기 후기 전라방언의 자료에서도 등장한다.

배전의셔 목뇌을 들고 배질홀 새(木櫓, 완판 삼국지, 3.40ㄴ),
오역으로 뇌를 저여(장자백 창본 춘향가, 21ㄴ).

31) 후기 중세국어 자료에서도 '臣下'의 속격형태와 관련하여 '臣下ㅣ'(신해)형이 출현한 바 있다.
臣下ㅣ 말 아니 드러 正統애 宥心홀씨(1447, 용비어천가, 98장).
글쓴이의 관점으로는 '臣下ㅣ 말'의 통사적 구성은 아래와 같은 2가지 방식으로 분석될 수 있다고 생각한다. 첫째는 '신하+-의'와 같은 통상적인 속격조사와 연결된 구성으로 파악하

제시된 예들은 대부분 경상방언으로 귀속되지만, 특히, '신해'(臣下+-이)의 경우는 19세기 후기의 자료와 오늘날의 지역방언에서 폭넓은 분포를 나타내고 있다.

> (8) ㄱ. 신희가 지죠 업서(완판본, 퇴별가, 12ㄱ; 신재효 판소리 퇴별가, 222),
>
> ㄴ. tsɛ šiynɛri kananan mamdyəŋkeri ponɛšə. šiynɛ mamdyəŋ innin de ka mar ɣɛ(데 시내르 가나난 남뎡게르 보내셔, 시내 남뎡 인는데 가 말해), *Azbuka dlja Korejtsev*(『한국인을 위한 철자교과서』 1902 : 43),
>
> ㄷ. 퉁신 신해들이 거기 안자서(함북 경흥군 하회리 황대화 2011 : 61),
>
> ㄹ. 신해, 신(臣, 평북 : 강계, 강원도 : 강릉, 제주도 : 표선,
> 『천자문 자료집』, 지방 천자문 편, 1995 : 30).
> 시내, 신(臣, 평북방언 「천자문」(김이협 1981 : 559).

지금까지 (7)에서 제시한 예들에 준해서 18세기 후기의 윤음언해 부류의 텍스트에 등장하는 (6)의 몇몇 어휘들, '농시-가'(農事), '되-가'(道), '인귀-가'(人口), '죄-가'(粟) 등의 경우도 체언어간에 명사파생접사 '-이'가 연결되어 파생명사를 형성한 이후에 주격조사 '-가'와 통합된 형태론적 과정을 거친 것으로 글쓴이는 추정한다. (6)의 파생명사들이 유독 주격조사 '-가'와의 연결에서만 표면적으로 등장하는 사실은 문헌 자료의 격식성에 있다고 본다. 18세기의 대중 화자들의 구어에서 '농ᄉ, 인구, 도, 조' 등의 어간에 접사 '-이'가 연결된 '농시, 인귀, 되' 그리고 '죄' 파생어들이 통상적으로 다른 격조사 형태에도 수의적으로 나타났을 개연성이 있다. 그러나 이러한 파생법에 의한 어간의 재구조화는 말의 스타일에 따라서 모든 격조사와 일률적으로 통합되어

는 경우이다. 그렇다면 중세국어 모음연결의 규칙 a+ʌy→ay에 의해서 '신해'(臣下ㅣ)로 결과 된다. 그러나 중세국어 당대에 일반적인 속격 '-의'와 통합된 臣下의 갓돌히(월인석보 2 : 28ㄴ)의 예도 수의적으로 등장한다.

둘째 방식은 N1+N2의 구문에서 속격조사가 생략되었다는 전제이다. 그리하여 위의 '臣下ㅣ 말' 같은 통사구성은 '신하'에 먼저 접사 '-이'가 연결된 다음 재구조화를 수행한 '신해'형(N1)이 속격조사의 개입 없이 후속하는 '말'(N2)과 통합된 것으로 파악하는 것이다.

실현되었던 것이 아니라, 출현 빈도에 의한 관습화의 정도에 따라서 단계적으로 수행되었을 것이다. 그리하여 명사파생접사 '-이'가 연결된 어간의 재구조화 진행 과정이 다른 격조사보다 주격조사 앞에서 가장 일찍이 일어났기 때문에, 바로 이 통사적 환경이 먼저 일반화를 거쳐 당시의 격식적인 문헌어로 수용되었을 가능성이 높다.[32]

3. 중세국어의 '고오-'(누르-, 壓夢)에서 현대국어의 '가위'-(눌리-)

3.1 '고오-'(누르-)와 파생접사 '-이'

현대국어에서 "악몽에 시달리다"의 의미로 단독명사 '가위'와 '누르다'의 피동형이 연어로 구성된 합성동사 '가위눌리다'형이 『표준국어대사전』에 각각의 독립된 표제어로 등록되어 있다. 이 어휘 항목들은 15세기 국어의 '고오 누르-/눌이-'와 같은 구문으로 소급된다. 厭魅ᄂᆞᆫ 고오 누르ᄂᆞᆫ 鬼神이니 鳩槃茶ㅣ라 (1459, 월인석보, 9,34ㄱ), 자다가 고오 눌여 ᄢᅵ디 몯거든(1489, 구급간이방, 1,83ㄱ). 또한, 같은 시기의 문헌 자료에 이와 동일한 의미로 '즑누르-'와 같은 구성도 등장하고 있다. 烏蘇慢ᄋᆞᆫ 즑누르다 혼 ᄠᅳ디니(석보상절, 3 : 29ㄱ).

국어사에서 수행된 어휘 변화의 양상을 기술하는 자리에서 지춘수(1997 : 1174)는 예의 '즑누르-'에 준해서 '고오누르-'(厭)의 기본 형태를 '즑-'[kʌβ-]이었던 것으로 파악하고 다음과 같은 변화를 가정하였다. 고ᄫᅮ르->고오누르->가위누르-. 『석보상절』 권3에 나타나는 오각과 희귀어들을 고찰한 김영배(2000 : 399-412)도 '즑누르-'형이 '고오누르-'보다 고형일 가능성을 지적했으나, '즑-'

---

32) 그러나 '農事, 人口, 道' 등이 한자어이기 때문에 후대의 발달에서는 규범적인 한자음에 대한 올바른 인식 또는 반성으로 접사 '-이'의 연결이 적어도 격식어에서는 제거된 것으로 보인다. 제2장에서 논의되었던 'ᄉᆞᄌᆞ'(獅子)에 대한 중세국어의 문헌어 (2)ㄱ의 'ᄉᆞ지'의 경우도 오늘날 지역 방언형으로만 잔존해 있다.

의 의미가 현재로서는 자세하지 않다고 언급하였다. 또한, 『석보상절』 권3의 새로운 어휘들을 논의하면서 이화숙(2004 : 301-302)은 '굅누르-'에서 선행 성분 '굅-'의 의미를 "覺"으로 추정한 바도 있다.[33]

그러나 이 글에서 글쓴이의 관심은 중세어 'ᄀᆞ오(누르-)'에서 현대국어로 직접 계승된 '가위(누르-)'의 발달 과정과 그 원인에만 한정한다. 'ᄀᆞ오->가위-'의 변화 방식은 국어사에서 수행되었던 일반적인 음운론의 층위에서 통상적으로 해결하기가 어렵다. 먼저, 'ᄀᆞ오->가위-'의 변화의 출발과 종료 과정 사이에 시대적 흐름에 따라서 개입된 중간단계의 몇몇 모습을 살펴보면 아래와 같다.

> (9) ㄱ. 뎡튝의 광피 금듕의셔 낫줌 자시더니 <u>ᄀᆞ애</u> 놀려 괴이훈 일이 이시니(노릉지 22ㄱ)[34],
>
> ㄴ. <u>가외</u> 놀녀(夢魘, 1810, 몽유편, 상.2ㄱ),
>
> ㄷ. 魘 : <u>가의</u> 눌니다(광재물보, 인도, 6ㄱ),
>
> ㄹ. Nightmare : <u>가위</u> 눌니는 것(Underwood 1890 : 제2부, p.179), 가위 눌니다(壓夢, 1895. 국한회어), 가위 눌니다(夢壓, 1897, Gale 한영ᄌᆞ뎐, p.123).

위의 예들은 중세어 'ᄀᆞ오 (누르-)'에서 직접 계승해온 형태들로 주로 현대국어에서 가까운 19세기 전·후반기에 걸쳐 있으며, 동시에 형태상의 다양성을 보여주지 않는다. 이러한 상황에서도 19세기 후기에 가까운 (9)ㄹ의 '가위'형을 제외하면, '가외', '가의' 및 'ᄀᆞ애'와 같은 세 가지의 변이형을 추려볼 수 있다. 이들 형태 가운데 (9)ㄴ의 19세기 초기 '가외-'형과 중세어의 'ᄀᆞ오-'형과의 유연성을 부분적으로 감지할 수 있다. 그렇다면, 일단 'ᄀᆞ오->가외'와

---

33) 또한, 정우영(2002 : 244)에서의 기술도 아울러 참조

34) (9)ㄱ의 'ᄀᆞ애' 형태는 1793년에 작성된 것으로 추정되는 한글 필사본 『노릉지』(선문대 중한번역문헌연구소 소장)에서 추출한 것이다. 이 자료의 서지와 언어를 검토한 박재연·김민지(2009 : 61-88)를 참고하였다.

같은 발달 과정을 상정할 수 있다.

첫째 음절의 'ᄋ'는 규칙적인 음성변화를 수용한 것이기 때문에 자연스러운 과정이지만, 둘째 음절에 실현된 '-오>-외' 사이의 시대적 간극은 순수한 통시 음운론의 차원에서 파악되지 않는다. 그러나 지금까지 제2장에서 논의한 개음절 체언어간에 첨가되는 접사 '-이'의 조정을 거치면, 중세어 'ᄀᆞ오-'와 19세기의 '가외'형은 합리적으로 타협될 수 있다. ᄀᆞ오>ᄀᆞ오+-이 → ᄀᆞ외>가외. 이와 같은 형태론적 조정을 거친 '가외'형은 19세기 단계에서 생산적으로 확대되었던 어간말 모음의 모음상승 현상(-오>-우)을 거쳐서 '가외>가위'로 전환되어 현대국어로 이어지게 된다.

3.2 명사어간으로서 '가외-'의 재해석과 문제점

그러나 위에서 제시한 'ᄀᆞ오+-이 → ᄀᆞ외'와 같은 형태론 차원이 개입된 통시적 발달의 경로를 만족시키려면, 그 전제 조건으로 서로 연관되어 있는 세 가지의 문제를 해결하여야 된다. 첫째, 19세기 단계에 등장하고 있는 또 다른 이형태들의 존재, 즉 (9)ㄱ의 'ᄀᆞ애-'와 (9)ㄷ의 '가의-'를 선행 단계의 중세어 'ᄀᆞ오-'와 어떻게 소급시켜 그 발달의 경로를 복원할 수 있을까 하는 문제이다. 'ᄀᆞ오>ᄀᆞ애'와, 'ᄀᆞ오>가의'. 둘째, 파생접사 '-이'는 명사의 어간말에 연결되는 것이 원칙이기 때문에, 중세국어에서부터 'ᄀᆞ오-'와 '눌이-'가 연결된 연어형식에서 선행 형태 'ᄀᆞ오-'형에 그러한 형태론적 과정이 참여했을 여지가 없을 것이라는 사실이다. 세 번째의 문제는 'ᄀᆞ오+-이 → ᄀᆞ외'의 문헌어로서의 신분의 문제이다. 지금까지 제2장에서 접사 '-이'와 관련하여 대상이 되었던 어휘들은, 약간의 예외는 있으나, 구어 또는 지역 방언형들이 대부분이었다. 따라서 개음절 체언어간에 '-이'가 첨가된 형태가 당시 중앙어의 문헌어로 확립될 수 있었을까 하는 의문이다.

위에서 열거된 첫 번째의 문제에서, 글쓴이는 19세기 후기의 다른 이형태들도 역시 'ᄀ오>ᄀ애', 또는 'ᄀ오>가의'와 같은 부자연스러운 음성변화를 직접 거치지 않았다고 판단한다. 이것들은 파생접사 '-이'의 연결에 의한 'ᄀ외/가외 눌리-'(壓夢)가 사용되었던 공시적 단계에서 이와 비슷한 형태구조로 발달한 다른 어휘 'ᄀ외/가외'(剪子) 또는 'ᄀ애/가의' 등과 부분적으로 일치하게 되었을 가능성을 주목한다. 그리하여 당시의 화자들은 'ᄀ외/가외 누르-'(壓夢)와 같은 구문에 등장하는 불투명한 성분 'ᄀ외/가외-'를 구문에서 파생된 의미와 관련하여 투명한 대상인 '가외'(剪子)와 결부시키게 되었을 것으로 본다. 19세기 초엽의 『몽유편』(1810)에서 'ᄀ외'(剪子, 상.12ㄴ)와 '가외-(夢魘, 상.2ㄱ) 형태는 어두음절의 모음에서만 차이를 나타내지만, 단순한 표기상의 문제일 뿐이다. 그 반면에, 19세기의 필사본 『광재물보』에서 '壓夢'과 '剪子'를 나타내는 어휘는 각각 '가의-(눌니다)'와 '가외'로 약간 다른 표기로 등록되어 있다. 그러나 '剪子'의 형태가 18세기에 '가외'로 등장하고 있음을 상기할 필요가 있다. 이어서 19세기 후기에 이르면 상이한 의미영역을 점하고 있던 두 어휘의 외관상 형태는 완전 일치하게 된다. 가위(剪刀) : 가위 눌니다(壓夢,1895,국한회어,4) : 가위(剪刀) : 가위 눌니다(夢壓, 1897, 한영ᄌ뎐, p.23).

이와 같은 화자들의 잘못된 연상에 의한 유추의 동기는 근대국어에 등장하는 '가위'(剪子)형의 특이한 발달에서 유래한다. 이 형태는 중세와 근대국어의 단계에서는 'ᄀ애>ᄀ새>ᄀ애∽가외'와 같은 대체로 규칙적인 음성변화를 수행하여 왔다. 그러나 후기 근대국어에서 'ᄀ애∽가외'의 형태로부터 발달한 '가외'형과, 이어서 개입된 비어두음절 '오>우'의 변화에 의한 '가위'형으로 등장하기 시작한다(이기문 2014 : 29-30). 19세기의 화자들이 '가외/가위-(눌리-)'의 불투명한 성분 '가외-/가위-'(壓夢)를 구문에서 연상된 어떤 기구에 의해서 눌리는 의미와 형태가 유사한 '가외/가위' 또는 'ᄀ애/가의'(剪子) 등에 유추되어 이끌리게 되었을 것이라는 직접적인 증거는 구체적으로 찾기 어렵다.35)

---

35) 이 글의 초고를 검토하면서, 김한별 교수는 현대 국어 화자들의 인식을 대상으로 다음과 같은 방증 자료를 제시하여 주었다.

그러나 일부의 전남지역의 방언에서 '가위 눌리-'의 형태가 '가새 눌리-'로 분포되어 있는 사실을 주목한다. 전남방언에서 '가위'(剪子)의 방언형은 물론 '가새'이다. 가위눌리다→가새눌리다. 가위→가새(주갑동 2005 : 2). 따라서 'ᄀᆞ오-(壓 夢)>ᄀᆞ애', 또는 'ᄀᆞ오->가의'와 같은 변화는 형태론적 조정(ᄀᆞ오+-이)을 받아서 파생된 'ᄀᆞ외'형이 동 시대에 등장하였던 '가위'(剪子)의 또 다른 이형태 'ᄀᆞ애/가의'에 유추되어 형성된 것이다.

두 번째의 문제는 통사적 구성체 'ᄀᆞ오-눌이다'에서 'ᄀᆞ오-' 성분이 역사적 어느 단계에서부터 체언어간으로 화자들에 의하여 인식되어 접사 '-이'가 첨가되는 현상이다. 20세기 초반의 <신소설> 부류에 'ᄀᆞ오+-이→가위'의 과정을 거쳐서 '가위'로 발달한 형태들에 격조사가 연결된 곡용형들이 등장한다.

> (10) ㄱ. 최씨가 분명 <u>가위</u>를 눌인 것이라, 왼 사롬이 자다가 가위를 눌녀서(혈의 누; 1906년, 8.10일. 만세보),
> 박부장이 곤이 ᄌᆞᄂᆞᆫ듸 가위를 눌엿다가(1912, 고목화, 상.113),
> 얼골된 모양이 쑴에 보아도 가위를 눌닐 만ᄒᆞ게(1912, 추풍감수록, 73),
> 쑴을 ᄭᅮ다가 가위를 눌럿던지 소리를 버럭 질러셔(1907, 귀의성, 상.2),
> ㄴ. <u>가위가</u> 눌녓든지 어머님이 니러나거라 ᄒᆞ시고 니르키시는 김에(1912, 두견성, 상.57),
> cf. 옥년의 가위 눌리는 소리를 드럿스ᄂᆞ(1907, 혈의누, 77).

위의 예에서 피동 구문 형식을 취하는 체언 '가위'에 통합될 수 있는 격조사는 주로 대격이지만, 드물게 주격형으로도 사용되었다. 이와 같은 '가위'의 굴절형들의 존재는 19세기 후기의 자료에서 문헌 자료상으로 관찰되지는 않았다. 그러나 이미 19세기 초기의 단계에서부터 '가오'에 접사 '-이'가 첨가되

Goolge 사이트의 이미지 검색창에서 '가위 눌림'을 검색하면, 자고 있는 사람 얼굴 위에 '가위[剪]'가 올려져 있는 그림이 적지 않게 나온다. 이러한 사실은 (19세기 후기나 그 이전 단계의 화자들의 인식과 마찬가지로) 현대 국어 화자들도 '壓夢'을 뜻하는 구성성분 '가위'를 그와 형태가 동일한 '剪'의 의미로 인식하고 있음을 말해 주는 증거가 될 수 있다.(김한별 2019.8.6. 이-메일).

어 쓰이는 사실을 보면, 이러한 '가외'형은 당시의 화자들이 유추에 의해서
체언으로 재해석한 결과로 해석된다.[36] 이러한 재해석은 당시의 화자들이
'가외/가위 누르-'의 불투명한 '가외/가위' 성분을 이와 동음어를 형성하고 있
는 투명한 단독명사 '가외/가위'(剪)와의 개념적 환유에서 비롯된 것이다.

세 번째로, 'ᄀ오+-이 → ᄀ외'의 과정을 거친 지역 방언형 또는 구어적 형
태가 '가외>가위'의 변화를 거쳐서 격식적인 중앙어의 어휘체계로 진입하는
문제이다. 명사어간에 접사 '-이'를 첨가해서 어간의 재구조화를 수행한 예들
이 중세국어의 격식적인 문헌어로 등장하는 예들은 우리가 이 글의 제2장에
서 개략적으로 살펴보았다. 이러한 예들의 존재는 15세기 국어 당대의 서울
말이나 경기도 지역의 방언에서도 접사 '-이'에 의한 파생법이 작용하고 있
었다는 사실을 말한다. N+-i의 형태론적 조정을 받아서 파생된 일부의 파생
명사들은 초기 단계에는 화자들의 일상적인 구어에서 출발하였으나, 일부의
형태들은 출현빈도가 높아짐에 따라서 문어로 확장되어 격식어의 신분을 획
득하게 되었다. 예를 들면, '商店'을 뜻하는 오늘날의 서울말 '가게'는 한자어
'假家'에서 기원된 어휘로, 중세와 근대국어의 자료에서 '가가'형과 '가개'형으
로 공존하였다. 이러한 이형태들 가운데 '가개'형이 대중 화자들로부터 세력
을 얻어서 20세기에 표준어 '가게'로 선택되는데, 이 형태는 기원적으로 어간
말 '-이'가 연결된 '假家+-이 → 가개'에서 출발하였다.[37]

---

36) 이 초고를 검토하면서 정경재 교수는 신소설 부류에서 추출한 위의 (10)의 굴절형태들이 모
두 '가위'로 이미 실현되어 있어서 이것들은 'ᄀ오>ᄀ외>가위'의 변화를 겪은 이후에 당시의
화자들이 비로소 동음어 '가위'(剪子)와 유추에 의해서 혼동하면서 독립 체언으로 재구조화
시킨 것이라는 지적을 하였다. 따라서 'ᄀ오>가위'(壓夢)로 형태가 변화하기 이전 단계에서
'-이'가 연결되어 출현하는 굴절 형태가 존재하여야만 화자들이 체언으로 파악한 증거로 제
시할 수 있다고 보았다.
 그러나 근대국어의 문헌 자료에서 19세기 이전에 'ᄀ오+-이'의 형태론적 과정을 거친 'ᄀ외'
형이 격조사와 통합되어 굴절하는 모습은 찾을 수 없다. 이러한 사실은 자료상의 빈칸으로
생각할 수도 있기 때문에, 19세기 후기의 굴절형태 '가위'형들이 18세기 정도의 단계에서 'ᄀ
외>가위'를 거친 것으로 글쓴이는 추정한다.
37) 이기문(2014 : 22)은 중세어에서 '가개'(가가)의 '-개'는 '家'의 당시 俗音이었던 것으로 추정하
였다. '俗音'이란 당시 대중들의 관습음이라는 것인데, 글쓴이는 접사 '-이'의 간섭과 관련 있

오늘날의 '반디'(螢)형도 중세국어에서 '반도'형과 '반되'형으로 공시적 변이를 나타내고 있었다. 여기서 '반되'형은 어근 '반도'에서 접사 '-이'가 연결되어 나온 파생명사로 파악된다.38) 현대국어의 표준어 '반디'는 원래의 N+-ø인 '반도'형에서 시작된 발달로는 적절한 설명을 이끌어낼 수 없다. 그 대신, '반도'에서 N+-i의 조정을 거친 '반되'로부터 '반되>반뒤(모음상승)>반듸(비원순화)'와 같은 일련의 변화를 밟아서 '반듸>반디'로 이른 것이다.

또한, 뽕나무 열매 '오디'(桑椹)의 경우도 일찍이 접사 '-이'의 첨가와 연관되어 있는 형태이다. 이 어휘는 중세와 근대국어를 통해서 대부분 개신형 '오디'형으로 등장하였으나, 자료의 유형에 따라서 드물게 보수형인 '오도'형이 확인된다.

다고 본다.

(ㄱ) 가개, 가개집(1912, 법한ᄌ뎐, 르 장드르 편, p.131),
　　가개(原 가가, 假家, 韓語通, 1909,61),
(ㄴ) 길을 범ᄒ야 집이나 가가를 지으면(1896, 「독립신문」, 10.6),
　　길가에 가가와 차양이 나온 거슨 다 ᄎᆡ게 쩨고(상동).

38) 중세국어에 반영된 '반도∽반되'의 변이에서 접사 '-이'에 의한 '반되'형이 15세기의 문헌 자료에 등장하는 반면에, 원래의 '반도'형은 16세기 자료에 나타난다. 문헌 자료의 시대적 간행 연도만을 중심으로 '반되>반도'의 변화 방향으로 설정할 수 없다. 중세국어의 공시적 변이형 '반도∽반되'는 말의 스타일에 따른 사회언어학적 변이였을 개연성이 있다. '반도∽반되'는 공시적으로 보수형과 개신형 간의 대립이었던 것이다. 따라서 문헌 자료의 텍스트 유형에 따라서, 혹은 서사자가 구사하는 말의 스타일에 따라서 어느 하나의 변이형이 선택되었을 것으로 추정한다.

16세기에 작성된 최세진의 『훈몽자회』에는 '반도 형'(螢, 1527, 상.11ㄴ)과 같이 N+ø의 보수형이 선택되었지만, 이보다 시대적으로 앞선 『훈민정음 해례』 용자례에서는 N+i의 개신형 '반되'가 채택된 것이다. 그러나 폐음절 어간에 접사 '-이'가 연결되는 '굼벙∽굼벙이'와 '올창∽올창이'의 경우에서는 앞서 언급한 두 가지 유형의 자료가 반대의 경향을 보여준다. 15세기의 『훈민정음 해례』 용자례가 '굼벙, 올창'의 보수형을, 16세기의 『훈몽자회』에는 '굼벙이, 올창이'와 같은 개신형을 반영하였다.

15세기 여타의 문헌 자료에서도 개신형 '반되'가 빈번하게 출현하는데, 이러한 사실은 보수형 '반도'보다 개신형이 당시의 대중 화자들에 의해서 선호되었음을 의미한다.

(11) ㄱ. <u>오도</u> 블거ᄒᆞ니롤 하나 져그나 ᄂᆞ로니 시버...<u>오도</u>옷 업거든(梧子{<u>오도</u>}
　　　將紅者不拘多少細嚼..(1489, 구급간이방, 6,8ㄴ).
　　ㄴ. 葚 오디 심(1527, 훈몽자회, 상.6ㄴ), 桑椹 오디(1690, 역어유, 하.42ㄱ),
　　　桑椹 오디(1748, 동문유해, 하.5ㄴ), 오듸(桑椹子, 1799, 제중신, 19ㄱ).

위의 (11)ㄱ의 예는 15세기의 '오도'(梧子)에서 오늘날의 형태 '오디'로 이르
는 선행 형태가 '오디'로 사용되었다는 사실을 보여준다. 『우리말큰사전』(<옛
말과 이두>, 1992, 한글학회 편)은 '오도' 표제어에 대한 해설에서 이 어휘의 변화
과정을 '오도>오디>오듸'(1991 : 5278)와 같이 제시하고 있다. 그러나 '오도>오
디'와 같은 직접적인 음성변화는 중세와 근대국어의 역사 음운론에서 통상적
으로 설정될 수 없다. 이러한 변화가 가능하려면, 그 사이에 문헌 자료에는
등장하지 않았던 중간단계 '*오되'형을 개입시킬 필요가 있다. 오도>*오되>오디
(oy>ʌy, 비원순화)'. 여기서 복원된 '*오되'는 원래의 '오도'에 접사 '-이'가 첨가
된 '오도+-이 → 오되'의 형태론적 과정으로 파생된 형태이다. 16세기의 국어
의 '오되>오디'의 변화에서 수행된 중세국어의 비원순화 oy>ʌy의 사례는 비
교적 이른 현상이지만, 이와 동일한 시기에 출현하는 '춤외(甛苽)>츠밋'(고고리,
1489, 구급간이방, 2,32ㄱ:3.63ㄱ) 등의 예에서 이와 같은 비원순화 현상을 관찰할
수 있다.39) 20세기 초반 『법한ᄌᆞ뎐』(1912 : 998)의 표제어에는 '오듸'형과 나란

---

39) 16세기에 일어난 '춤외(甛苽)>츠밋'의 변화 방향에 대해서 관점에 따라서 그 반대의 '츠밋>
춤외'이 설정되기도 한다. 『우리말 큰사전』(<옛말과 이두>, 1992 : 5374)의 '츠밋' 표제어에서
그러한 발달 과정이 제시되어 있다. 또한, 여은지(2016 : 72-73)도 비어두음절에 일어난 "ㅐ>
ㅚ"의 범주에서 '츠밋>춤외'의 방향으로 파악하였다. 그러나 16세기의 합성어 '춤외'형이 '춤
(眞)+외(瓜)'의 구성이라고 전제하면, '춤외(甛苽) →*츠뫼>츠밋'의 변화가 자연스럽다.
16세기 시대의 동일한 인물인 최세진이 저술한 서로 다른 문헌에서도 '춤외'(번역노걸대,
하.38ㄱ)와 '(쥐)츠밋'(사성통해, 상.65ㄴ)형이 공시적 변이형으로 번갈아 등장하고 있다.
이 글의 초고에 대한 검토에서 정경재 교수가 지적한 바와 같이, '오되>오디'(桑椹)의 비원
순화와 '춤외>츠밋'(甛苽)의 비원순화는 동일한 음성 조건에 의한 변화는 아니다. '춤외>츠
밋'의 경우에 음성 조건이 비어두음절 위치의 양순음에 의하여 원순성 소실이 일어난 일종
의 이화작용에 해당된다. '오되>오디'(桑椹)의 변화 역시 선행 음절의 원순모음 '오'에 의한
거듭되는 원순성이 제거된 결과로, 역시 일종의 이화작용의 결과로 해석할 수 있다고 본다
(최전승 1975; "중세국어에서의 이화작용에 의한 원순성 자질의 소실에 대하여", 『국어연구』

히 또 다른 '오데'형이 등록되어 있다. 여기서 형태 '오데'의 경우는 비어두음절 'ᄋ'의 변화와 관련하여 선행 형태 '오디'에서 직접 발달한 것이다.[40)

또한, 19세기 후기에 비로소 모습을 보이는 오늘날의 '썰매'형도 한자어 '셜마'(雪馬)로 소급되며, 어간말에 접사 '-이'가 첨가된 형태 '설마+-이 → 썰매'의 파생법을 거쳐 나온 형태로 간주된다(김양진 2006 : 216).

> (12) ㄱ. 눈우히 셜마 산힝ᄒ다(1779, 한청문감 4.52ㄴ), 쪄징 박은 셜마(좌동, 11,12ㄱ), 셜마(상동, 11.12ㄱ), 셜마 잘 타는 이(상동, 6.25ㄴ), 雪馬 셜마(광재물보, 器用, 1ㄴ),
> ㄴ. 썰매(1880, 한불자전, p.393 : "눈 위를 가기 위해서, 발밑에 작은 판자를 부착한 기구"),
> 셜매(雪馬) : a sledge, a kind of sled(1897, p.567, Gale의 한영자뎐),
> 氷車, 셜메 ou 셜매, 셜마(雪馬)(1912, p.1421, 법한ᄌ뎐).

그 반면에, 체언어간에 연결된 접사 '-이'의 형태론적 과정을 거쳐서 오늘날의 표준어로 수용된 이러한 파생어들 가운데 여기에 대응되는 일부의 지역 방언형에서는 그러한 생산적인 조정을 받지 않은 대조적인 사례도 존재한다. 그러한 예로 오늘날의 표준어 신분인 '동티'(東土)와 '따비'(耒)형을 대표로 열거할 수 있다. 이 어휘들의 19세기 후기 전라방언형들은 각각 중세국어 형태를 충실하게 계승한 '동투'와 '따부'로 대응된다.

> (13) ㄱ. 동토(東土)>동토+-이 → 동퇴>동투>동틔;.
> 동틔나다, 動頉 : porter malheur, sa vengeance(1880, 한불자전, p.492),
> 동톄, 動頉 : retributive disease-for having offended the spirits by molesting a grave site, cutting ancestral trees, etc. also 동틔(나다).(1897, 한영자전, p.676),

---

33호를 참조).
40) 또한, 『법한ᄌ뎐』(1912)에는 중세어 '마디'(節)의 변화형 '마데'도 등록되어 있다.
마데, 마두, 귀절, 마디(p.146).

ㄴ. 시어머니 구돌동틔에 죽는 것을 보앗더니(1911, 월하가인, 60),
　　동셔의 별로 고맙게 굴든 동틔가 나랴나(1912, 광악산, 41),
　　　cf. 왼 집안에 동토가 나셔 다 죽을 지경이라(1907, 혈의누, 13),
　　　　원쥬 감영에 동토가 나셔 아귀 귀신 니려왓네(1908, 은세계, 53),
　　　　나무 버힌 동토로 ㅈ손이 다 죽고(필사본 삼설기, 3.24ㄴ),
　　　　동토, 動土(1895, 국한회어, 84),
ㄷ. 동토+ø>동투;
　　박쇽은 업고 굴엉상지를 느허신이 그것 쪼한 동투날 것시 안인가(임형
　　택 필사본 병진년 홍보전 16ㄱ).
　　당산나무를 비면 저 동투가 나셔 죽는다고 허고(한국구비, 5-3, 전북부
　　안군편 부안 17 : 66).

　위의 예들을 보면, 무속적 어휘인 '동티'형은 한자어 '東土'에서 유래된 것 같다. 19세기 후기와 20세기 초엽의 서울말에서 등장하는 '동토∽통틔'의 공시적 변이는 '동토>동틔'와 같은 변화의 방향을 가리키지만, 이러한 변화의 과정은 순수한 음성변화의 관점으로 파악되지 않는다. 따라서 '동토'에 접사 '-이'가 첨가된 *'동퇴'형을 복원하고 '동토>동틔'에 이르는 중간단계를 설정하면, '동토>통토+-이 → *동퇴>*동튀(모음상승)>동틔(비원순화)'와 같은 자연스러운 변화의 통로를 찾을 수 있다.[41]

　한자어의 고유어화 유형을 논의하면서 조남호(1993 : 851)는 한자어 '동티'(動土)형이 일부 다른 한자어 '미루나무'(<美柳-), 짐승(<衆生), 가게(<假家), 가난(<艱難)' 등과 더불어 한국에서 고립된 상태에서 개별적으로 변화를 거듭하여 중국어와의 유연성이 상실되었다고 설명하였다. 여기서 한자 차용어 '가게'와 '동티'의 경우는 대중 화자들의 친숙성 정도에 따라서 어간말 '-이'가 연결되어 고유어 어휘체계로 편입되었음을 뜻한다. 20세기 초엽의 경기도 방언에서도 N+-ø인 '동토'와 N+-i의 '동퇴'에서 변화를 거듭한 '동티'형이 공시적 변이

---

41) 19세기 후기의 또 다른 변이형 가운데, (13)ㄱ의 '동테'는 앞서 언급되었던 '오도(榒子)의 변화형 '오더>오데'에서와 같은 경우로서, '동퇴>동틔(비원순화)>동테'의 과정에 해당된다.

로 등장하였다. 그러나 1930년대 『사정한 조선어표준말 모음』(1936 : 26)에서 '동티'가 원래의 '동토'형을 누르고 표준어로 정식 선정되었다. 그 반면에, 체언어간에 '-이'가 연결되는 형태론적 장치가 서울방언의 경우보다 더 생산적으로 적용되었던 남부 방언권 일대에서 '동토'에는 그러한 과정이 면제가 되었는데, 그러한 사회언어학적 원인은 쉽게 추정하기 어렵다.

이와 같은 특이한 예외적 상황은 농촌에서 일반적으로 쓰이는 농기구 명칭인 표준어 '따비'(耒)의 통시적 발달에도 찾을 수 있다. 오늘날의 표준어 '따비'를 선행하는 중세국어의 형태는 '짜보' 또는 '짜부'로 소급된다. 짜보 리, 秬 짜보 스(1527, 훈몽자회, 중.9ㄱ); 耒 짜부 뢰(1576, 신증유합, 상.28ㄴ). 이 어휘들이 후기 근대국어의 단계에 이르면 '짜븨' 또는 '짜뷔'로 바꾸어져 있는 반면에, 대체로 남부 방언형을 반영하는 자료에서는 중세어 '짜보' 또는 '짜부'를 그대로 직접 계승하고 있다.

(14) ㄱ. 짜븨 뢰 耒(왜어유해, 하.2ㄴ), 짜븨 秬(1880, 한불자전, 460),
    踏犁 짜븨(광재물보, 民業,1ㄴ),
  ㄴ. 짜뷔는 밧가는 거시매(1883, 재간 교린수지, 3.28ㄱ),
    짜뷔 뢰(耒, 通學徑編, 상.23ㄴ); 兒學編, 상.11ㄱ; 짜뷔 뇌(耒, 1918, 초학요선, 58),
    신농시 믿든 짠뷔 쳔만세롤 유전훈다(필사본 남원고사, p.365).
  ㄷ. 실농씨 니신 짜부 쳔추만디 유전ᄒ니(수절가, 하.25ㄴ),
    슌님금의 짠부 흔젹(신재효 판소리, 퇴별가, 272).
    짜부는 밧가는 거시매(묘대천본 필사본, 교린수지, 3.16ㄱ).

『우리말큰사전』(1992 : 5222)에서 표준어 '따비'의 발달과정을 '짜보>짜부>짜븨'와 같이 설정하고 있다. 이와 같은 연속적인 변화과정 가운데에서 '짜부>짜븨'와 같은 변화의 방향은 국어 음운사를 통해서 가능하지 않기 때문에, 올바른 해석이 아니다. 위의 (14)ㄴ에 등장하는 19세기의 형태 '짜븨' 또는 '짜뷔'를 그 중간단계로 개입시켜야 된다. 이들 중간단계의 형태 가운데

'짜븨'형은 근대국어의 어느 시기에 '짜보>짜부'를 거친 '짜부'형에 접사 '-이'
가 연결되어 형성된 파생어 '짜뷔'에서 순차적으로 비원순화에 적용된 것이
다. 따라서 오늘날 표준어의 '따비'는 접사 '-이'가 연결되는 형태론적 조정을
받은 어휘로서, 그 발달의 과정은 '짜보>짜부(모음상승)>짜뷔>짜븨(비원순화)>
짜비(단모음화)'와 같이 설정되어야 한다. 그러나 농촌에서 친숙한 농기구의
일종인 이 어휘가 남부 방언권에서 생산적인 접사 '-이'의 적용이 면제된 사
회언어학적 원인 역시 파악되지 않는다.

지금까지 위에서 제시한 몇몇 표준어 어휘들이 어간말 접사 '-이'가 연결
되는 파생법을 거쳐서 중앙어의 격식어로 수용되어 있는 사실 등을 고려하
면, 중세국어 'ᄀ오-'의 단계에서 'ᄀ오+-이 → ᄀ외'에서 발달한 '가외>가위'
형이 표준어의 신분으로 확립되는 과정은 자연스러운 현상으로 간주된다.

4. '박ᄉ(博士)'에서 현대국어의 '박수(巫覡)'와 파생접사로의 문법화

4.1 한자어 '박ᄉ'의 고유어화 과정과 의미변화

이 장에서는 가장 이른 시기에 중국어계 차용어의 신분으로 국어 어휘체
계로 편입된 한자어 '박ᄉ'(博士)가 오랜 시간의 흐름을 거치면서 여러 언어
층위에 일어난 고유어로의 동화과정 가운데 의미변화가 일어나서, 어형이 남
자무당을 가리키는 '박수'(巫覡)로 분화되기도 하였는데, 여기에 파생접사
'-이'의 첨가 현상(박ᄉ+-이 → *박싀)이 중요한 기여를 하였다는 가정을 설정하
고 구체적으로 논증하려고 한다.

19세기 후기에 Gale 목사가 간행한 『한영ᄌ뎐』(1987 : 381)에서 '박ᄉ' 표제
어에 대한 해설은 다음의 4가지의 뜻으로 나누어져 있다. 박ᄉ(博士) : (1) 궁정
점성술사(The royal astrologer); (2) 왕의 무당(the king's sorcerer); (3) 현자(a wise man);

(4) 학자(a scholar). 이 사전보다 17년 앞서 나온 『한불ㅈ뎐』(1880 : 297)에서의 '박ㅅ' 항목에 대한 통상적인 단일한 해설(Nom d'une haute dignité)과는 분명한 대조가 된다. 그러나 Gale(1987)에서 열거된 '박ㅅ'형이 소유하고 있는 4가지의 多義는 서로 유연성이 없이 고립된 것이 아니다. 그것들은 일반적인 의미 변화의 규칙(Traugott & Dasher 2002)에 따라서 은유 또는 환유의 작용을 거쳐 원래의 기본 의미에서부터 점진적으로 "고위 관직 → 학자/현자 → 무당/점성 술사" 등의 영역으로 확대된 것으로 추정된다.

중국어계 차용어 '박사'가 국어에서 밟아온 이러한 의미변화는 이 단어를 이른 시기에 차용해간 인근의 몽고어, 만주어 및 튀르크어를 포함한 대부분의 알타이 언어지역에서도 유사하게 확인된다. 고대 튀르크어와 몽고어의 관직 명칭을 고찰한 Ramstedt(1939/1951 : 73)는 고대에 중국어에서 차용해간 '博士'라는 단어가 몽고어, 터키어, 만주어 그리고 한국어 등지에 각각 고유어화를 수행한 형태(faksi; bakši; pakži; bagši)로 다양하게 분포되어 있는 사실을 제시하였다.[42] 또한, Ramstedt(1939/1951)에 따르면, 알타이 언어지역에 수용된 차용어 '博士'는 각각의 고유어화 과정에 따른 형태의 변화와 함께, 여기에 부가된 의미변화 가운데 "장인, 선생, 학자 → 점쟁이, 무당(shaman), 점성술사, 마법사"와 같은 변화 방향을 보여준다(Ramstedt 1949 : 184; Von Gabain 1950 : 300). 이와 같은 관점에서, 19세기 후기 국어에서 '박ㅅ'가 포함하고 있는 다의

---

42) 또한, Menges(1968 : 166)는 퉁구스 어족의 언어를 기술하는 가운데 차용어와 외래어들을 검 토하면서 고대 중국어 '博士'에서 차용된 pakši 부류의 단어들이 "학자, 선생, 현자, 점성술사" 등의 의미로 퉁구스 어족 전반에 보편적으로 걸쳐 있음을 지적하였다.
리득춘(1987 : 72-74)은 조선어 어휘사 기술에서 12세기 초엽 『계림유사』에 등장하는 '工匠曰 把指', 그리고 '把指'를 계승한 15세기의 접사 '-바치/-바지'(노릇바치, 옥바치, 성녕바지와 흥 정바지) 등의 최종적인 어원이 중국어 '博士'로 소급된다는 사실을 제시하였다. 리득춘(198 7 : 74)에 의하면, '博士'가 차용되었을 당시의 중국어 상고와 중고의 발음내용은 다음과 같 다. 博士(漢語 上古와 中古) : puakʤiə, 파식(漢語 近古) paši.
이와 같은 리득춘(1987)의 언급은 일찍이 高麗史에 출현하는 몽고어들을 검토한 일본 역사 학자 白鳥庫吉(1929 : 405-406)의 설명과 어느 정도 일치한다. 이와 동시에, 조선어에 유입되 어 있는 외래어를 광범위하게 고찰한 小倉進平(1939-1940)에서 '-바치/아치'에 대한 설명도 참조

가운데 '무당/점성술사/점쟁이' 등과 같은 의미의 파생은 여타의 알타이 언어
지역의 사정과 유사한 것이다.

그러나 '박사'라는 단어가 중국어로부터 알타이 언어지역으로 유입되던 어
느 단계에서도 원래 중국어 '博士' 자체에 그러한 의미변화가 이미 발생하여
있었기 때문에 그 파생의미도 함께 첨부되어 갔을 것으로도 추정된다. 19세
기 후기 국어에서 "현자/점성술사"와 같은 의미로 한자어 '博士'가 처음 등장
하는 사례는 Ross본 『예수셩교젼셔』(1887)의 <맛태복음>(2 : 1)에서부터 찾을
수 있다(15ㄱ).

> (15) ㄱ. 헤롯왕 때여 예수가 유대 벳내임에 나니 박사 수인이 동방으로붓터 예
> 루살엠에 닐으러 갈오대...(2 : 1),
> 헤롯왕이 사사로히 박사롤 불너...(2 : 4),
> ㄴ. 헤롯왕 시절에 예수ㅣ 유대 뻿레헴에 나시니 박수들이...박수가 왕의 말
> 을 듯고 가더니(1900, 신약젼셔, 마태복음).

위의 Ross본 『예수셩교젼셔』(1887)에 쓰인 '박사'라는 어휘는 그 당시 한글
번역에 참고하였던 중국어 신약성서의 본문에 나오는 '博士'라는 용어를 그
대로 편의상 차용한 것이다. 중국어 성서에서의 '박사'는 그리스어 mágoi(단수
형은 mága '賢者')의 번역어로서, 페르시아 사제 계층에 속하는 점성술사에 해
당된다. 그와 동시에 이들 부류는 지역에 따라서 마술사의 역할도 담당했다
고 한다(Barton & Muddiman 2001). 따라서 그리스어 mágoi의 번역어인 중국어
'박사'형도 역시 그와 유사한 의미(현자→점성술사)에 접근되어 있었을 것이
다.43) 그와 동시에 한글성서 번역에서 중국어 성서로부터 그대로 수용한 '박
사'가 그 당시 국어(적어도, 평안도 방언)에서 가지고 있었던 의미도 크게 다르

---

43) 『中文大辭典』에 의하면(Wikipedia 검색, 2018. 12.23.), '博士'의 구체적 의미는 5가지로 분류되
어 있다. "1. 古수을 정통한 사람, 2. 고대의 經學 전수를 관리하는 학관 명칭, 2. 고대에 기술
과 전문 직업을 가진 사람의 존칭, 4. 최고 학위명, 5. 紫微斗數星曜(운명을 예측하는 占星術
인데 중국의 전통 命理學의 일종임) 중의 하나를 지칭."

지 벗어나지 않았을 것으로 보인다.

20세기 초에 평안도 방언으로 쓰인 '박사'에 남자무당이란 의미가 부연되어 출현한다. 여기서 "박사→현자→점성술사"와 같은 의미변화의 자연스러운 진로가 예상되는 것이다. 아래에 제시되는 '박사'(博士)의 쓰임은 평안도 민속극 <배뱅이굿>을 김태준이 1930년대 그곳 지역방언으로 전사하여 소개한 대본에서 관찰된다.

(16) ㄱ. 조판서의 아들 섬석이는 <u>건달박사</u>로서 처음 외방을 벌어서 배뱅이 사는 골 원이 되어,
ㄴ. 새로 도임한 원님이 조판서의 셋재 아들 <u>박사</u>(博士)라니…그 <u>박사</u>레 군수루 왔다는 말을 듣고 문복(問卜)을 들어가디 않았습마.(1934, 『한글』 제2권 제1호, pp.8-9).

위의 인용문에 출현하는 '박사'(博士)는 사용된 문맥으로 보면 남자무당을 가리킨다. 그리고 '건달-박사'는 1930년대 쓰였던 '건달'의 의미("일정한 주소, 직업이 없이 돌아다니는 사람", 문세영 1938 : 74)에 유추하여 보면, 일종의 '선-무당'에 해당된다. 문세영(1938 : 551)에 따르면, '박수'는 "사내 무당"을 뜻하는 반면에, '박사-무당'은 '박수'의 사투리로 규정되어 있다. 그렇다면, 1930년대 방언형 '박사'에 대한 당시의 표준어 '박수'는 어디에서 나온 것일까.

이러한 의문과 관련하여 Gale(1897)의 표제어로 '박슈'(覡 : a sorcerer; a fortune teller, See 무당)형이 '무당'과 유의어로 실려 있는 사실이 주목된다. '박슈'형의 존재는 19세기 중엽에 들어와서 비로소 자료상으로 등장하는 것으로, 1880년대의 『한불ㅈ뎐』의 표제어로 소급될 수 있다. 박슈, 覡 : Sorcier, *Syn.* 화랑이 (p.297), cf. 박슈 覡, 男巫(1895, 국한회어, 130), 端公 : 박슈(광재물보, 庶流, 5a). 17세기 후기서부터 남자무당을 지칭하는 단어로 '박ᄉ'형이 문헌어로 중국어 '端公'과 대응되어 쓰이고 있었다는 사실에 비추어 보면, 격식어의 자리가 19세기의 단계에 와서는 그 동안에 '박슈'로 교체되어 있는 셈이다.[44]

(16) 端公 박슈(cf. 婆子 무당, 1690, 역어유해, 상. 27ㄴ),
　　 端公 박슈(cf. 博士 박슈, 1778, 방언유석, 신부방언, 31ㄴ, 35ㄱ)[45].

이와 같은 예들을 고려하면, 巫覡에 대한 17세기 후기의 문헌어 '박슈'(博士)형과 19세기 중엽부터 그 자리를 대신하고 있는 '박슈'형과는 매우 밀접한 유연관계를 설정할 수 있다. 표준어가 선정되는 1930년대에서는 '박슈'에 일어난 변화를 수용한 개신형 '박수'가 당시 서울 중류 계층의 말씨로 확립되었고, 원래의 '박사'형은 지역 방언형으로 잔존하게 되었다. 그리하여 표준어 '박수'에 대한 지역 방언형으로 [박사], [박새], [박시] 등의 변이형들이 평남·북, 함북 및 황해도 등지의 북부방언에 분포되어 있다(김이협 1981; 김태균 1986; 2007, 한민족언어정보화 통합검색 프로그램). 그렇다면, 표준어 '박수'형은 오늘날의 지역 방언형 '박사∽빅새∽박시' 부류들과 어떤 분명한 변이형들의 관계를 형성하고 있을 것으로 추정된다.[46]

4.2 파생접사 '-이'에 의한 '박슈+-이 → *박시〉박수'(巫覡)

남자 무당을 지칭하는 '박수'(巫覡)형이 한자어 '博士'의 차용과 직접 관련되어 있을 것이라는 추정은 일찍이 이능화(1927)에서 제시된 무속어휘의 어원 설명으로 소급된다.

44) 覡 화랑이 혁; 男日 覡 俗呼 端公(1527, 훈몽자회, 중:2ㄴ).
　　『훈몽자회』에 제시된 凡例 10條 가운데 제(7)항에 의하면, 주석에서 "俗呼"는 당시 중국의 俗語, 즉 口語에 해당된다(註內俗稱者 指漢人之謂也. 이기문 1971 : 54을 참조).
45) 18세기 후기의 필사본 『방언유석』(1778)에서 국어의 '박슈'에 대한 '端公' 항목은 (1) 漢 : 端뒨公궁; (2) 淸 : 사망가 날먀; (3) 蒙 : 어러부커; (4) 倭 : 호산도노.
　　Hauer(1955 : 764)에 의하면, 만주어의 '사망가'(samangga : zum Schmanen gehörg=무당에 속하는), '사망가 날먀'(-- niyalma : vom Geiste bessener Mensch=신 내린 남자, 남자무당).
46) 알타이 언어지역의 무당 용어와 한국어 '박수/박사'를 연관 짓는 자세한 논의에 대해서는 알타이 언어지역들의 巫覡 명칭을 비교 대조한 조량(2008)을 참조.

(17) 俄語呼男巫曰博數(paksu) 疑卽博士或卜師之轉 按巫書 稱卜師曰博士 周易博士 多智博士等者卽是也.(우리말에 남자 무당을 박수(paksu)라 하는데, 博士 혹 은 卜師의 와전이 아닌가 한다. (한글로 작성된) 무속서적을 보면 卜師를 博 士라 칭했는데, 주역박사, 다지박사 등이 그것이다.) 서영대 역주(2008 : 77).

§4.1의 예문 (16)에서 제시된 바와 같이, 중국어에서 무당을 지칭하는 '端 公'이 17세기 후기에 우리말 '박ᄉᆞ'와 대응되어 있는 사실을 상기할 필요가 있다. 그렇다면, 차용어 '박ᄉᆞ'형은 기원적으로 관직명을 등을 나타내는 격식 적인 형태로부터 민간으로 확대되어 쓰이면서 그 의미도 일반화된 것이다. 그러한 확산 과정에서 이미 17세기 후기 당시에는 우리의 무속 신앙으로 이 단어가 수용되었으며, 의미변화와 함께 국어의 어느 단계에서 특이한 '박ᄉᆞ> 박수'의 변화 과정을 독자적으로 밟은 것으로 추정된다(Lee 1973; 조량 2008 : 37).[47]

국어 음운사의 단일한 층위에서 근대국어의 어느 역사적 발달 단계에서 일어난 '박ᄉᆞ>박수'와 같은 변화를 음성변화의 층위에서 직접 연결할 수 있 는 방법은 찾기 어렵다. 따라서 이러한 변화 과정이 국어 음운사에서 실현되 려면 반드시 중간단계를 설정할 필요가 있다. 그것은 '박ᄉᆞ'형에 우리가 지금 까지 살펴본 예의 파생접사 '-이'를 첨가시키는 '박ᄉᆞ+-이 → *박싀'의 형태론 적 조정을 거쳐 복원된 가상의 '*박싀'형이다. '박ᄉᆞ'의 쓰임이 일반으로 확대 되어 일상적인 대중 화자들과 친숙하게 됨으로써 어간말 모음에 파생접사 '-이'가 부가되었을 것이다. 우리가 지금까지 §§2-3을 통해서 살펴본 바와 같 이, N+-i의 형태가 원래의 체언 N의 속성에 당시 화자들과의 친숙성의 첨가 라는 사회언어학적 자질 또는 화자의 정감을 표출하는 화용론적 표시임을 고려하면 자연스러운 형태론적 과정이다. 그렇다면, '박ᄉᆞ>박수'의 변화는 이

---

47) 조량(2008 : 37)에 의하면, 중국에서 '端公'은 원래 특정한 관직 명칭을 지시했으나 후세에 민 간에서 무당 명칭으로 발달한 것이라 한다. 그리하여 한국어의 '박수'도 본시 관직명인 '박 샤'에서 파생된 것으로 추정한다.

번에는 중간단계를 개입하여 '박ᄉ>박ᄉ+-이 → *박시>*박쉬>박수'의 과정으로 재설정된다.[48)]

이와 같이 '박ᄉ>박수'에 개입된 중간단계의 복원형 '*박시'와, 여기서 '박수'로의 변화 과정은 이와 유사한 경로를 거친 또 다른 무속 명칭 '판수'의 사례와 그 변화 과정이 일치한다. 이러한 무속 명칭 '판수'의 형성 역시 일찍이 '판ᄉ'(判事)형과 연관되어 있기 때문이다. 기원적으로 '判事'는 고려와 조선시대로 소급되는 특정 관직의 명칭이었으나, 후대에 그 쓰임이 민간으로 일반화되면서 점복하고 독경하는 일반 소경/봉사를 지칭하는 '판수'로 분화되어 발달한 것이다. 18세기 후기에 완성된 어휘집인 필사본『古今釋林』(1789) 권28에 수록된 <東韓譯語>에 다음과 같은 구절이 등장한다. 東俗稱盲者能解卜者曰 判事. 따라서 이미 18세기 후기의 무렵에는 오늘날의 '판수'에 해당되는 의미로 '판ᄉ'형이 확립되어 있었던 것으로 보인다. 그 이후, 19세기 후기의 단계에서부터 '판ᄉ>판슈'의 변화를 나타내는 '판수'형이 본격적으로 등장하지만, 예전 형태 '판ᄉ'와의 공시적 변이도 출현하였다. 그러나 '판ᄉ'(判事)에서 직접 계승된 '판사'형이 19세기 후기에 북부 방언형으로 밀려나 있는 반면에, 변화를 수용한 '판수'형은 19세기 후기와 20세기 초반에 그 사용 빈도가 높아져서 드디어 1930년대에 표준어의 지위를 얻게 되었다.[49)] 이러한 사정은 앞

---

48) 소신애 교수는 이 글의 초고를 검토하면서 '박ᄉ>박수'(巫覡)의 변화를 일련의 '박ᄉ>박ᄉ+-이 → *박시>*박쉬>박수'의 과정으로 가정한다면, 두 가지 문제가 파생된다고 지적하였다. 첫째는 '박쉬>박쉬'의 과정이 음운론적으로 자연스럽게 설명되지 않는다. 둘째는 '박쉬'가 통상적인 발달 '박쉬>박쉭>박시'로 향하지 않고, '박쉬>박수'로 변한 이유가 무엇인지도 설명해야 한다.

첫째의 문제에 대해서 글쓴이는 명료한 해결을 제시하지 못한다. 다만 본문에서와 같이, 이와 유사한 발달의 진로를 보이는 '싱치' (生茶) 부류의 변화 방식과 일치한다는 사실만 제시할 수 있다. 두 번째의 문제에 대해서 글쓴이의 생각은 다음과 같다. 체언 어간말 이중모음 -uy>-u의 변화는 주로 지역방언의 특유한 음운 현상이다. 예를 들면, '나븨>나뷔>나부; 거믜>거뮈>거무; 박회>바퀴>바쿠/바꾸; 바회>바위>바우' 등과 같다. 따라서 민속어휘 '박쉬>박수의 현상은 원래 처음부터 지역방언에서 해당 음운론에 근거하여 수행되어 중부방언으로 확산되어간 유형으로 판단된다.

49) 사정한『조선어 표준말 모음』(1936 : 92)에서 '판수'(盲人, 卜術者)형은 '소경', '장님'과 함께 유의어의 신분으로 표준어로 선정되었다.

서 언급된 방언형 '박ㅅ'와 표준어 '박수'와의 뒤바뀐 신분과 평행을 보인다.

(18) ㄱ. 허봉신란 판쉬 맛춤 지나거눌 옥졸더리 판슈를 부르되...봉신 옥길을 초
ㅈ갈제, 판슈놈이 음흉ㅎ여(경판본, 16장본. 춘향전, 12ㄴ)~판ㅅ놈이
아라듯고(좌동, 13ㄱ),

ㄴ. 판슈, 盲人(1880, 한불ㅈ뎐, 352), 무당과 판슈로 굿슬한다 넉두리를 흔
다ㅎ야(독립신문, 1896.12.1), 무당과 판슈와 선앙당과 풍슈와 즁과 각
식 이런 무리들이(상동, 1896.5.7.), 무당과 판슈는 인민의게 크게 히로
은것이라 요ㅅ이(상동, 1897.8.19.),
점슌이를 쇠기던 판수는 김승지 부인의게 불려(1908, 귀의성, 하.115),

ㄷ. 츈향이 니판사를 보고(1898, 김병옥의 춘향전 47.1), 니판사 츈향의 말
을 듯고(좌동, 47.8), 판사님 급피 싱각ㅎ와(상동, 47.7), 니판사 츈향과
작별ㅎ고(상동, 48.49.1).[50]

cf. 판사, 判事(1895, 국한회어,325).

위의 (18)의 예에서도 원래의 '판ㅅ'에서 19세기 후기에 보이는 '판슈'로의
발달은 접사 '-이'가 개입된 '판ㅅ+-이>*판시>판수'의 변화 과정과, 그 사이
에 중간단계 '*판시'를 복원할 수 있다는 전제를 설정한다. 그렇다고 하여도
'*판시>판수'와 같은 음성변화가 일반적인 변화의 원칙에 따라서 합리적으로
파악되는 것은 아니다. 앞서 우리가 상정하였던 '*박시>박수'(巫覡)의 변화 과
정에도 이와 같은 지적이 그대로 적용된다. 그러나 '*박시>박수'(巫覡)와 '*판
시>판수'와 같은 유형의 변화는 국어 음운사에서 체언 어간말 위치에서 일어
난 '으/ᄋ>오>우'와 같은 부류의 변화를 연상케 한다.
체언어간에서 일어난 매우 특이한 음성변화 '-ᄋ/으>오>우'의 과정은 일
차적으로 중세국어 특수어간 교체를 수행하였던 일련의 체언어간들에 한정

---

50) 이 자료는 19세기 후반 제정 러시아 페테르브르크 대학의 한국어 강사 김병옥이 1898년에
Saint. Petersburg에서 편집하고 간행한 *Koreiskie Teksty*(한국어 독본)에 실려 있는 고소설
『츈향뎐』을 이용한 것이다. 이 필사본은 함북방언의 특징을 반영하고 있으며, 그 말미에
"디아라사국 황셩 승 피덕 디됴션국 공관 셔긔싱 김병옥 투필어차, 강싱 일쳔팔빅구십팔년
츈 슘월 이십일 필"과 같은 기록이 첨부되어 있다(King 1991; 최전승 2004 : 567-568을 참조).

되어 출발하였다.51) 이와 같은 체언 어간말 모음 '-ㅇ/으'가 근대국어 단계의
중부방언에서 각각 원순화하여 'ㅇ/으>오'로 이르는 변화는 모음체계와 관련
하여 순수한 조음음성학의 관점으로 파악되지 않는다. 그렇기 때문에 이러한
변화의 방향에 대해서 대체로 언어사용자의 심리에 근거한 언어 외적 설명
이 지금까지 주류를 형성하여 왔다. 그리하여 "형태 유지와 관련된 어형 강
화를 위한 이화작용"(이숭녕 1939/1988, 1954; 河野六郎 1945; 허웅 1965/1985), 또는
"가변적 모음의 회피를 통해서 형태소의 단일 형태 유지를 지향한 독특한 발
로들임에 불과"(김완진 1973 : 51), 그리고 최근에는 "'ㅇ'의 청취 효과 및 변별
력 강화에 대한 화자의 암묵적 의도"(소신애 2015 : 202) 등과 같은 화자의 발화
의도에 근거한 설명이 제시된 바 있다.52)

---

51) 중세국어에서 비자동적 교체를 보이는 체언어간들은 (ㄱ) 두 음절로 구성되었으며, (ㄴ) 두
번째 음절은 유성자음(m, n, r, z)과 'ㅇ/으'의 결합을 보여 주며, (ㄷ) 성조가 低·低調(평·평
성)를 이루고 있었다. 이러한 특이 체언들은 어간말 음성 환경에 따라서 각각 네 가지 유형
으로 출현하였다(이기문 1962, 1978 : 153~154).
  제1유형 : 나모~낡-(木) 부류; 제2유형 : 노루~놀ㅇ-(獐) 부류; 제3유형 : ㅎㄹ~홀ㄹ-(一
日) 부류; 제4유형 : 아슨~앗ㅇ-(弟) 부류.

52) 통시 음운론에서 음성변화에 대한 '기능적' 설명은 언어는 의사전달의 주체인 화자와 청자가
추구하는 최적의 의사소통에 근거한 언어 사용의 인지적인 대상임을 전제로 한다. 그리하여
만일 음운론적 과정이나, 음운변화의 진로에서 의도하는 의미 변별이나 형태 통사적 정보에
문제가 야기되었을 때, 화자와 청자들이 이것을 극복하기 위해서 의식적, 또는 무의식적으로
관여하여 일어나는 치유적 또는 예방적인 장치가 존재한다는 것이다(Harris & Campbell
1995 ; Croft 2000).
  소신애(2015 : 192-201)는 중세국어 체언 어간말 위치의 'ㅇ'가 중부방언에서 '-ㅇ>-오>-우'
와 같은 연속적인 변화를 대상으로, 이러한 변화는 당시 모음체계에서 (ㄱ) 'ㅇ'의 음운론적
애매성, (ㄴ) 'ㅇ'와 '오'의 음성적 유사성, (ㄷ) 어간말 'ㅇ'의 청취 효과를 높이며, 변별력 강
화에 대한 화자의 요구에서 발단되었다는 주장을 제시하였다.
  또한, 소신애(2018)는 이러한 'ㅇ>오'의 변화에 대한 반사체들을 현대국어의 여러 지역방언
으로 확대하여 중세국어의 'ㅇ' 말음 체언의 공시적 형태들이 주로 '-이'나 '-우로 실현되어
있는 경향을 주목하였다. 소 교수는 같은 논문(2018 : 63)에서 모음체계상에서 모음 '이'와
'우'의 조음위치와 조음 방법에 견주어 최적의 어말모음으로 판단되기 때문에, 화자들이 어
말 위치에서 조음적 노력을 최소화하면서, 동시에 청각적 변별 효과를 극대화하려는 화자들
의 암묵적인 의도가 작용한 결과로 파악하였다.
  그러나 글쓴이의 관점으로는 지역 방언형 '손자'(孫子), '장시'(商人), 또한 '박시'(巫覡) 부류들
이 결과적으로 화자들의 발화 의도에 순응하기 위해서 의도적으로 '-이'의 첨가를 어간말에
부가하는 형태론적 조정을 먼저 취한 것으로 보이지 않는다. 이러한 어간말 체언 '-시/-지'

글쓴이는 체언 어간말 '♀/으>오'에 대해서 제시된 이러한 기능적 또는 목적론적 설명에 따로 새삼스럽게 덧붙일 준비가 되어 있지 않다. 우리가 여기서 취급하는 '박ㅅ'(博士)와 '판ㅅ'(判事)가 밟아온 역사적 발달이 직접 '박ㅅ>*박소>박수' 또는 '판ㅅ>*판소>판수'와 같이 중간단계로 '*박소'와 '*판소'를 거친 진로를 택하였을 가능성도 있다(소신애 2015). 그러나 그와 같은 부류의 중간단계는 오늘날의 지역 방언들이나, 근대 문헌 자료에서 좀처럼 확인되지 않는다. 또한, 오늘날의 '박수'(巫覡)에 대한 또 다른 지역 방언형 [박시], [박새] 부류를 체언 어간말 위치에서 일어난 '♀>오'의 변화 과정에서 직접 이끌어 낼 수가 없다.

이러한 상황과 관련하여, 글쓴이는 '손ㅈ'(孫子)와 '싱치'(生菜)에서 역사적으로 발달된 오늘날의 지역 방언형들이 [손주], [손지], [손재], 그리고 [상치], [상추], [생치], [생추], [상취] 등으로 분포되어 있는 사실을 주목한다(최학근 1990 : 262, 1213).53) '손ㅈ'(孫子)에 대한 [손주]형은 1920년대『조선어사전』에서 일종의 낮은 말의 신분으로 처음 등장한다. 손주 : <孫子>(손ㅈ)의 卑語(1920 : 504), 손주베 : <움베>와 같다(좌동, 504). 그러나 [손주]형은 20세기 초반 훨씬 이전부터 지역방언의 구어에서 다른 이형태들과 함께 확립되어 있었던 것으로 추정된다([손자]∽[손재]∽[손지] :『함북방언사전』, 1986 : 312). 만일 '손ㅈ'(孫子)형이 체언 어간말 '♀>오'의 변화에 합류하였다면, 어딘가에 '*손조'의 발달 단계가

부류의 경우에는 접사 '-이'의 첨가가 규칙적인 음성변화 '♀>으'를 수행한 이후의 단계에서나, 원래 '-♀'의 단계에서 이루어진 증거도 발견된다. 그리고 원래 비어두음절 위치에 실현되는 '오>우' 현상은 정보 부담량이 적은 환경에서 화자가 "폐구조음원리"(김진우 2011)에 따른 것이다.

53) '손자(孫子)에 대한 상스런 말의 신분으로 출발한 '손주'형은 대중 화자들의 사용빈도가 상승됨에 따라서 2011년 8월 31 자로 "손자와 손녀를 아우르는 말"이라는 의미를 첨가하여 표준어로 수용되었다. 그 반면, '상치'에 대한 표준어 '상추'는 현대국어 표준어 규정(1988) 제11항(모음의 발음 변화를 인정하여 발음이 바뀌어 굳어진 형태를 수용)에 준해서 표준어로 선정되어 예전의 표준어 '상치'의 자리를 차지한다.
그러나 이 글에서의 관점으로, '손자'에 대한 '손주'형은 '손ㅈ'에 파생접사 '-이'가 연결되어 발달한 형태이며, '상치'에 대한 '상추'형은 기원적인 한자어 '싱치'(生菜)로부터 상이하게 변화한 이형태들이다.

공시적으로 존재하여야 될 것이다. 그리고 '손ᄌᆞ>손조>손주'의 일련의 변화 과정에서 지역 방언형 [손지]와 [손재]가 형성될 여지가 없다. '손ᄌᆞ'에서 비롯된 오늘날의 3가지 유형의 변화를 이끌어내려면 여기에 예의 파생접사 '-이'의 첨가를 중간단계로 설정하여야 된다. 즉, '손ᄌᆞ>손ᄌᆞ+-이→*손지'가 그것이다. 이와 같이 복원된 중간단계의 형태 '*손지'로부터 (ㄱ) '손ᄌᆡ>손지' 와, 비어두음절 위치에서 수행된 개별 지역방언에서의 'ᄋᆞ'의 변화와 관련된 (ㄴ) '*손지>손재',54) 그리고 (ㄷ) '*손지>*손쥐>손주'와 같은 변화의 진로가 설정된다.

여기서 중간단계를 복원해서 설정한 (ㄷ) '*손지>*손쥐>손주'(孫子)의 변화 과정이 실제적으로 충분히 가능하다는 사실은 중간단계 '*손지'와 동일한 음성 환경을 갖추고 있는 한자어 '싱치'(生菜)가 순차적으로 밟아온 변화 과정과, 오늘날 지역방언의 반사체들에서 확인된다.

(19) ㄱ. 生菜 싱치(1790, 몽어유해, 하.3ㄱ), 싱치 生菜(1880, 한불자전, 388),

ㄴ. 샹치, 샹취 : laitue(1880, 한불자전, 384), 싱취(1917, 『조선어법 급 회화 서』, p.229).

ㄷ. 상취 : (萵苣, 생치, 부루)(1920, 『조선어사전』 459), 상취쌈(좌동, 459), 상치, 상취, 생치(1937, 문세영의 『조선어사전』 755),

---

54) 이와 같은 단어형성법으로 파생된 명사의 어간말의 '-익'가 '-애' 또는 '-에'로 발달한 예들은 1930년대와 40년대 <한글>에 수집된 북부방언 자료들에 광범위하게 반영되어 있다.

종재(種子, 함남 정평 {3},<한글> 5.3호; 함북 청진{9}, <한글> 10.2호),
쥐전재(주전자, 함남 정평{3}, <한글> 5.3호; 평남 개천{2}, <한글> 7.5호,
함북 길주, <한글> 6.3호), 쥐젠재(함북 청진{9}, <한글> 10.2호),
감재(柑子, 평북 창성, <한글> 7.3호), 감재, 감지(함북 온성 <한글> 1.9호),
감재, 호감재(평남 개천, <한글> 7.4호), 감제(함북 나진{1}, <한글> 9.3호),
상재(箱子, 함남 정평{2},<한글> 5.2호),
손재, 손지(孫子, 함남 정평{2}, <한글> 5.2호).

특히 황해도 방언에서 비어두음절 '-익>애'의 변화가 생산적으로 실현되어 있다. '잔채(잔치), 종애(종이), 조래(조리), 동애(동이), 잔대(잔디), 호미(호매), 도깨(도끼)' 등이 그러한 예이다 (황대화 2007 : 57).

상추 : '상치'의 사투리(상동, 745),

ㄹ. 상치(萵苣, 상추, 상취, 생치, 생취, 부루, 1936, 사정한 『조선어 표준말 모음』 31).

(19)ㄹ의 보기는 1930년대에 처음으로 서울말 중심의 격식어를 중심으로 표준어가 선정될 당시 경기도와 서울 등지에서 기원적 '싱치'(生菜)에서 발달해온 반사체들이 무척 다양한 공시적 이형태의 신분('상치∽상추∽상취∽생치∽생취')으로 사용되고 있었음을 반영한다.55) 이러한 5가지 형태들이 보이는 1930년대 공시적 변이는 단일어 '싱치'(生菜)에서 기본적으로 2가지 방식의 음성변화를 밟아서 독자적으로 형성된 것으로 파악된다. (ㄱ) 싱치>싱칙>생치∽상치; (ㄴ) 싱치>(싱칙)>싱취>생취∽상취>상추. 이와 같은 변화 유형에서 (ㄴ)에서 밟아온 '싱치>(싱칙)>싱취'의 과정은 여기서 분명하게 규명하기 어렵다.56) 그러나 그 변화의 방식은 앞서 글쓴이가 '손ᄌᆞ'(孫子)와 '박ᄉᆞ'(博士)에 체언 어간말 '-이'를 연결시켜 복원한 중간단계 형태인 "손지'와 "박시'에서 오늘날의 반사체 [손지]∽[손주] 및 [박수]∽[박시] 등으로 이르는 통시적 과정과 어느 정도 일치한다.57)

---

55) '싱치'(生菜)와 같은 부류에 속하는'비치'(白菜)의 역사적 후속형들 '배추'와 '배치' 역시 '박ᄉᆞ'(博士)에서 접사 '-이'의 조정을 받은 중간단계 "박식'의 후속 변화형 '박수'와 '박시'와 동일한 변화 방식을 반영한다. 빗츠 see 비츄(Gale의 한영ᄌᆞ뎐,1897 : 403). 그러나 '팀치'(沈菜)의 경우는 비어두음절 모음의 발달에 관한 한, '김치'로 규칙적인 음성변화를 수행하였다.

56) 김충회 교수의 『충청북도의 언어지리학』(1991, 인하대학교 출판부)에서 표준어 '상추'에 대한 언어지도(20)을 참조하면, [부루]형 이외에 다음과 같은 6가지 변이형들이 분포되어 있다. 이러한 충북 방언형들을 보면, '싱치>싱취>싱초'의 중간단계도 역사적으로 개입되어 있었을 가능성이 높다.

[상추], [상치], [상초], [상취], [생초], [생취].(1991 : 120).

57) 김한별 교수(2019.8.6. 이-메일)는 다음과 같은 대안을 제시하여 주었다.

'싱치>(싱칙)>싱취'의 과정을 분명히 설명할 수 없다면, "손지'>'손취>손주'와 같은 과정을 상정하는 것이, '손ᄌᆞ'>'손조>손주'와 같은 변화를 상정하는 것보다 과연 더 나은 설명력을 지닌다고 할 수 있을지 의문이다. "손취'와 "손조' 두 형식이 모두 발견되지 않는다는 점은 동일하기 때문이다. 어쩌면 '손재, 손지' 등은 접미사 '-이' 결합형의 후대형이고, '손주'는 '손ᄌᆞ'>'손조>손주'와 같은 변화를 겪은 형식일 가능성이 있다.

체언 어간말 '-ᄌ/ᄉ' 등을 형태구조로 보유하고 있는 여타의 다른 어휘들의 통시적 발달의 사례들도 역시 파생접사 '-이'가 첨가되는 형태론적 조정을 받아서 오늘날 '-우ᄋᄋ-이'로 분포되어 있다고 예측할 수 있다.[58] 예를 들면, 현대국어 표준어에서 '장사'(商業/商行爲)와 '장수'(商人)는 각각 독립된 어휘로 분화되어 있다. 이러한 형태 분화는 1930년대 『사정한 조선어 표준말 모음』에서부터 공식화되었다. 장사 : 商行爲, 장수 : 商人("비슷한 말", 1936 : 96). '장사'나 '장수'형은 모두 단일한 중세어 '댱ᄉ'에서 파생되어 나온 어휘들이다. 아둘

소신애 교수도 이 글에 대한 논평(2019.8.13. 이-메일)에서 '댱ᄉ>댱수; 판ᄉ>판수; 손ᄌ>손ᄌ' 부류의 변화에서도 체언 어간말 '-ᄋ>-오>-우'로 설명하는 방식이 음운론적으로 더 자연스럽다고 지적하였다. 소신애 교수는 물론 '댱ᄉ>댱소; 판ᄉ>판소; 손ᄌ>손조' 등의 변화형이 문헌 자료에서 확인되지 않지만, 비어두 음절 위치에서 '-오>-우'와 같은 모음상승 현상이 생산적으로 일어났기 때문에 '댱소>댱수; 판소>판수; 박소>박수'의 발달 과정이 가능한 것으로 보았다.

그러나 'ᄋ' 어말 체언의 경우에, 중국어 계열의 접사 '-子'가 관여해서 형성된 'ᄉᄌ'(獅子), '모ᄌ'(帽子), '상ᄌ'(箱子), 또는 '의ᄌ'(椅子)의 후속형들은 '-ᄋ>-오>-우'의 변화와 무관하다. 중세국어의 단계에 '모ᄌ'와 '의ᄌ'형이 어휘체계에 진입하지 않았을 가능성도 있으나, '의ᄌ>의지'(椅子)의 변화를 거친 '의지'형이 19세기 후기 평안방언 자료인 Corean Primer(1877, Ross)에 등장한다. <u>의지여</u> 걸레질 하시(p.12), cf. 등지가 근어덧다(<등ᄌ, 鐙子, p.55), 겨지와 무(<겨ᄌ, p.65).

그리고 'ᄉᄌ>사지'의 형태론적 조정은 15세기 국어에서부터 출현하여 '사지'로 20세기 초반의 자료에 등장한다(이 글의 §2.1의 예문 (3)을 참조). 이들 후속형들이 중부방언에서 'ᄋ>오'에 참여하여 각각 'ᄉ조>사주(獅子); 모조>모주(帽子); 상조>상주(箱子); 의조>의주(椅子)로 발달하지 않은 이유는 무엇일까.

58) '(널-)반ᄌ'(板子)의 오늘날의 발달형은 '널반지'(1936, 사정한 조선어표준말 모음, 114)를 거쳐 표준어 '-널-빤지'(국립국어사전)로 정착된다. 이 과정에서도 중간단계에서 접사 '-이'가 연결된 '판ᄌ(板子)+-이→판지'가 설정된다. 그러한 '판지'는 19세기 자료에서 등장하고 있다.

(ㄱ) 판지, 板材(한불ᄌ뎐 1880 : 352),
(ㄴ) 로인 계신 집에 판지는 어더둘 거시니라(1894, ᄉ과지남, 169),
    판지가 됴ᄒ면 얼는 썩지 아니ᄒ오(교정 교린수지, 176).

이와 동일한 형태론적 조정과 변화를 반영하는 예들은 아래와 같다.

상ᄌ(箱子) +-이> 상지>상지,
대ᄉ(大事) + -이>대시>대수(롭다),
명화ᄌ(명아주)>명아쥬(재간 교린수지 2.13; Gale, 189,766),
피마ᄌ(피마주)>피마쟈(물보,5), 비마ᄌ, 비마주(1920, 조선어사전, 425),
표ᄌ박(표주박)>표쥬박(Gale, 478), 표주박(어록총람, 25).

羅ㅏ이 一千貫으로 댱스 나가더니(1459, 월인석보, 23,64), 賈 댱스 고(1576, 신증유합, 하.17
ㄴ). 이러한 '댱스'로부터 역사적으로 발달한 '장수'의 형태가 '장스'형과 함께
처음으로 문헌에 등장하는 시기는 대체로 19세기 후기에 해당한다(20ㄱ). 그
리하여 20세기 초엽 이전까지 이 두 형태는 "상인"과 "상행위" 간에 따로 구
분이 없이 사용되어 왔던 것으로 보인다(20ㄴ). 이 가운데 특히 "商人"을 뜻하
는 '장수'형은 오늘날의 지역방언에서 [장수]와 [장시]형으로 분포되어 있다.
특히 평안도 방언을 참조하면, '장수'(商人)형은 아래의 (20ㄷ)에서와 같이 4가
지의 변이형으로 등장하고 있다(김영배 편, 1997, 『평안방언연구』(자료편)).

   (20) ㄱ. 물과 쇼가진 거름 쟝스와 지게 진 사람이(독립신문, 1896.11.22.),
          지각 잇는 거름 쟝스들은 부언 량셜을 고지 듯지말고(상동, 1896.11.22.),
          모혀 두엇다가 거름 <u>쟝수</u>가 오거던 불너쥬되(상동, 1896.11.17.),
          집과 풀은 똥 거름 <u>쟝슈</u>를 주든지 엇덧케 쳐치 ᄒ든지(상동, 1896.7.18.①),
     ㄴ. 쟝스 : 商賈, 商人,(1909, 『한어통』 53), 무슨 쟝스를 ᄒ오(좌동, 143),
        쟝슈 : 商人,(상동, 53), 물쟝슈(상동, 67).
     cf. 슐중슈를 하여 볼가(신재효 판소리, 박타령, 350),
        비단장스 다니난 길(좌동, 384), 들병중스 슐짐 지기(상동, 350),
        우리 형님은 쟝스요 그는 션싱이오(1890, Underwood의 『한영문법』,
        44).
     ㄷ. 고기당사, 고기당세, 고기당수, 고기당시(『평안방언연구』(자료편), 199
        7 : 128).
     cf. 당새, 화당새(평남 개천(2), 『한글』 7권 5호), 장시(함남 정평(3), 『한
        글』 5권 3호).

    중세어 '댱스'형으로부터 19세기 후기와 20세기 초엽의 '장수'형과, 그 이외
의 다양한 지역방언의 변이형 '당시∾당세∾당수' 등을 적절하게 역사적으로
이끌어 내려면, 역시 이 사례에서도 체언 어간말에 연결된 파생접사 '-이'의
형태론적 조정을 거쳐야 된다. 즉, '댱스+-이 → 댱시'의 과정이 그것이다. 여
기서 변화의 중간단계로 설정된 '댱시'형은 더 이상 가상의 재구된 형태가 아

니다. 19세기 후반 함북방언을 반영하는 Putsillo의 『노한ᄌ뎐』(1874)에 중간 단계가 등장하고 있기 때문이다. 댱시, 댱싁(商人, p.269), 댱ᄉ비, 댱싁비, 샹셔니(商船, p.625). 따라서 오늘날의 공시적 평안도방언의 이형태들인 (20ㄷ)의 예들은 다음과 같은 4가지 방식의 변화를 독자적으로 밟아 온 것이다. (1) 댱ᄉ>댱사; (2) 댱ᄉ+-이→댱싀>댱싁>댱쉬>댱수; (3) 댱ᄉ+-이→댱싀>댱싁>댱시; (4) 댱ᄉ+-이→ 댱싀>댱새.

지금까지 글쓴이는 현대국어 '박수'(巫覡)형이 기원적으로 '박ᄉ'에서부터 체언어간에 접사 '-이'가 연결되어 지역 방언형 '박사, 박새, 박시'로 변화되어 온 과정을 예증하기 위해서 이와 역사적으로 유사한 발달 과정을 보이는 다양한 예들을 제시하였다. 다음의 §4.3에서는 이렇게 형성된 '박수' 또는 '박시' 형 자체가 사람의 직종이나 특성을 뜻하는 어근 부류에 연결되어 일련의 문법화를 거쳐서 파생접사로 전환되는 과정을 살펴보기로 한다.

4.3 파생접사 '-박수/-박시'로의 문법화

통상적인 인칭접사 '-바치/아치', '-쟁이', '-뱅이', '-꾼' 등의 부류는 기원적으로 일정한 전문 직업이나, 기술을 보유한 장인 또는 전문인을 지칭하는 자립어에서 출발하여 오랜 시간을 통해서 문법화를 거쳐 형성된 것이다(유창돈 1964 : 204). 이들 자립어들이 인명명사 뒤에 결합하여 쓰이는 사용 빈도의 증가와 함께 유추에 의한 의미의 주관화와 일반화를 거쳐서 선행하는 어근이 가지고 있는 특성의 과다를 지시하거나 낮춤 또는 부정적 인식의 평가접사로 전환되었다. 또 다른 계열의 인칭접사 '-꾸러기'형도 원래 물건을 담아두던 '구럭'(綱橐)에서 출발하여(Roth 1936 : 291; 이성주 1938 : 6), "구럭/망태에 많이 쌓아두는 물건→그러한 성질이나 특성"과 같은 의미의 연상을 거쳐 어근의 의미를 과도하게 가지고 있는 사람의 속성을 가리키는 접사 신분으로 발달한 것이다.

이와 같은 인칭접사의 유형에 '박ᄉ'(博士)에서 역사적으로 형성된 예의 '박수'와 '박시'형도 참여하였을 가능성이 있다. §4.3에서 글쓴이는 '박ᄉ>박수/박시'형이 자립명사로부터 인명명사 뒤로 연결되면서 기본의미에서 그러한 박식한 성질이나 특성을 나타내는 2차적 의미로 파생된 다음, 이어서 사회적으로 인식되는 부정적 평가가 첨가되어 경멸이나 낮춤의 접사로 전환되는 역사적 진로를 설정하려고 한다.[59) 현대국어의 지역방언에서 '-박수/-박시'가 파생접사의 형태로 등장하는 사례는 아래의 보기에서와 같이 남부방언에서 매우 산발적으로 분포되어 있다.

(21-1)   ㄱ. [어더박수](전남 : 여수), ㄴ. [어더박시](충남 : 금산),
         ㄷ. [어듬박지](전북 : 진안), (小倉進平 1944 : 78),
(21-2)   ㄱ. [거르박수](경남 : 하동),
         ㄴ. [거러박씨](경북 : 김천), [어더박시](충남 : 금산), [으더박시](경북 : 문경, 충북 : 괴산), [으드박씨](충북 : 연풍, 전북 : 무주), [으덩박씨](충남 : 서천),
(21-3)   [어덤박지](전북 : 진안), [으덩박지](충남 : 천안, 홍성, 서산, 태안, 당진, 예산, 아산), [동냥박지](충남 : 조치원),(최학근 1990 : 306-310).
(21-4)   [껄떡박시], cf. [껄덕배기](전라도방언, 주갑동 2005 : 47-48),
(21-5)   ㄱ. [어더박수](전남 : 여수), ㄴ. [껄떡박시](전남 : 광양),
         ㄷ. [비름박지](전남 : 화순).(이기갑 2005 : 181).

위의 예에서 접사 '-박수/박시'는 구걸 행위를 지시하는 용언 '얻-'(得)의 부사형 '어더-' 또는 '빌-'의 부사형 '빌어-', 및 '乞-'과 유관한 불완전어근이

---

59) 글쓴이의 개인적 경험에 의하면, 1950-60년대의 서울과 경기도 인근지역에서 아동들의 놀리는 말에서 '짱구-박사'라는 단어가 쓰였다. 이제 생각하니, 이 단어는 파생어로서, 후행성분 '-박사'가 짱구의 특성이 특히 심한 모양을 놀리는 뜻을 함유한 파생접사 기능을 가지고 있었던 것 같다.
또한, 『표준국어대사전』의 표제어로 등록되어 있는 '엉터리-박사'("실속이 없이 허울 좋은 박사나, 그렇게 소문난 사람을 이르는 말")도 이러한 부류에 포함된다고 생각한다. 그러나 일상에서 '엉터리박사'는 터무니없는 말이나 행동이 심한 사람을 비하하는 의미에 가깝게 쓰인다.

나, 상징부사 '껄덕' 어근에 한정되어 있다. (21-3)의 접사 '-박지' 부류는 우리가 §4.2에서 살펴보았던 '박亽>박수∽박시'의 역사적 변화에서 조금 이탈되어 있는 사실이 특이하다. 그러나 '-박지'의 형태는 '박亽>박시'에서 형성된 '박시'와 어떤 관련성이 있는 것으로 보인다. (21)의 예들이 등장하는 동일한 지역방언에서도 다른 유형의 일반적인 접사 '-바치(>아치>치), -뱅이(房+-이)-, -배기(박+-이)', 또는 '-꾼'(軍) 등과 접사 '-박시/박수/박지'형은 부분적으로 서로 교체될 수가 있다. 이러한 사실을 보면, 위의 '-박수/박시/박지' 부류가 접사의 기능을 담당하고 있다. '걸인'을 지칭하는 단어의 존재가 국어사 문헌 이전 단계로 소급되는 오랜 역사성을 가지고 있음을 고려하면, 어근에 첨가된 서로 다른 접사 유형들은 단어형성론에서 개별적인 역사적 단계에 출현하였던 고유한 시간심층을 반영하는 것으로 이해된다. 그러나 (21)의 예에서의 파생접사 '-박수/박시/박지' 부류의 형성 연대는 분명히 파악할 수 있는 단서를 찾기 어렵다. 국어사에서 '박亽>박수/박시'의 변화가 등장하는 18세기 이후의 단계로 소급될 수도 있으나, 그 한정된 분포가 어떠한 역사적 사실을 내포하고 있는 것인지 확실하지 않다.

기원적으로 '박亽'의 형태에서 직접 문법화를 거쳐 접사의 영역으로까지 확장되었다가, 18세기 후반에 '박亽>박수/박시'의 변화에 같이 보조를 맞추었을 가능성도 존재한다. 1930년대 평안도 방언으로 작성된 민속극 가운데 자립명사 '박사'(巫覡)와 함께 등장하였던 또 다른 형태 '건달-박사'(이 글에서 §4.1의 예문 {16} 참조)의 후속성분 '-박사'에 배당된 새로운 화용론적 의미는 파생접사로 향하는 문법화의 초기단계에 출현하는 연계 맥락(bridging context)에서 파생된 것으로 보인다(Geeraerts 2010 : 147). 한편으로 남자 무당이라는 의미와, 다른 한편으로 선행 성분 '건달-'의 의미 속성을 강화하는 기능으로 전환된 접사적 성격을 동시에 보여주는 것으로 파악되기 때문이다.

그 반면, 이기갑(2005)은 전남방언의 고유한 파생접사들의 유형과 생성을 기술하면서, 인칭접사 '-배기'(껄떡-베기, 어더-베기...)가 기원적으로 '-박이'에서

온 것이라는 추정을 보강하는 증거로 또 다른 인칭접사 '-박수, -박시, -박주' 등(예문 21-5를 참조)이 전남방언에서 쓰이고 있는 사실을 제시하며 다음과 같이 설명하였다.

> (22) 여기서 '-박시', '-박수', '-박지' 등은 각각 '박-'에 '-시, -수, -지' 등이 결합된 것으로 볼 수 있는데, 그렇다면 '-베기'의 기원도 '-박이'로 추정해야만 이들 접사끼리의 관련성을 지을 수 있게 된다.
> '-박이'가 '-박-이'에서 온 것이고, 여기서 '-이'가 사람이나 동물을 가리키는 것이라면, 똑같이 '-박시, -박지, -박수'의 '-시, -지, -수'도 '-이'와 같은 성격을 가졌을 것이다. 다시 말하면, '-박시, -박지, -박수' 등도 모두 <어떤 것이 박혀 있는 사람이나 사물>을 가리키던 의미에서 동사 '박-'의 의미가 약화되면서 단순히 사람이나 사물을 낮춰 표현하는 용법으로 바뀌게 된 것이다. (이기갑 2005 : 181, 본문의 밑줄은 글쓴이가 첨가).

출현 분포에 비추어 매우 한정된 어근에서만 등장하는 접사 '-박수/-박시/-박지'형들이 전남방언의 공시적 파생법의 관점에서 '-박이'(-베기)와 교체될 수 있는 同價를 형성하지만, 그렇다고 해서 동사 '박-'에서 출발하여 '-시/-수/-지'를 연결하여 형성되었다는 이기갑(2005)에서의 주장은 글쓴이는 수용하기 어렵다. 우선, 위의 (21)에서 확인할 수 있는 바와 같이, '-박수/-박시/-박지' 부류의 접사들은 비단 전남방언에만 단편적으로 분포되어 있는 현상은 아니다. 그리고 기원적인 동사 '박-'에서 출발하였다고 가정해도, 연결되는 매우 이색적인 문법형태 '-수/-시/-지'형들이 일반적인 접사 '-이'와 동일하게 "사람이나 사물"을 지칭했다는 어떤 증거도 발견되지 않는다. 다만, '-박수/-박시'와 동일한 문법적 성격을 보이는 또 다른 접사 '-박지'형이 근원 어휘 '박ᄉ'와 어떠한 관계를 맺고 있는지는 알 수 없다.[60]

---

60) 또 다른 파생접사 '-박지'형은 '박ᄉ'(博士)에서 문법화한 '-박시'형과 공시적으로 존재하는 같은 계열의 파생접사 '-바치/-바지'형과의 일종의 혼효형(contamination)으로 형성되었을 가능성도 있다고 생각한다.

이상의 사실에서 글쓴이는 기원적으로 접사 '-박수/-박시' 또는 '-박지'는 한자 차용어 '박ᄉ'(博士) 자체의 변화형 '박사'에서 또는 파생접사 '-이'의 조정을 받아서 발달한 '박수' 또는 '박시'형이 전문직종이나 일정한 긍정적인 특성을 나타내는 사람명사 뒤에 연결되어 점진적으로 문법화의 과정을 수행하여 발달한 문법형태로 판단한다. 이와 같은 일련의 과정을 거치면서 어근이 나타내는 전문직종의 의미에서 그러한 특성을 과다하게 보유하고 있는 사람이라는 부정적 의미로 전개된 것으로 보인다. 그러한 의미의 일반화와 보조를 같이 하는 의미가치의 하락은 '匠人'과 같은 전문직을 지칭하는 '匠+-이'에서 재구조화를 거쳐 문법화가 수행된 파생접사 '-장이/-쟁이'가 밟아온 역사적 과정과 대략 일치한다.

5. 인명에 연결된 접사 '-이'와 '곽재우(郭再祐)〉곽재위' 부류

5.1 폐음절 어간의 인명과 접사 '-이'

인명에 첨가되는 접사 '-이'는 이러한 파생접사가 표시하는 친숙성과 비격식성 등과 같은 사회언어학 또는 화용론적 속성을 부여하는 기능을 가장 투명하게 나타내고 있다.[61] 프랑스 파리외방전교회 선교사들이 19세기 중엽의

---

61) 일찍이 유창돈(1964 : 366-367)은 국어사에서 작용하였던 "명사+접사〉파생명사"를 이루는 명사형성 접사들의 목록을 제시하면서, 이 가운데 가장 높은 출현 빈도수를 보이는 접사가 '-이'라고 보았다. 이어서 명사형성 접사 '-이'는 여타의 일반명사와 아울러 인명에도 연결되는 사실이 한 가지 특이한 특징을 가지고 있으며, 인명에 다시 '-이'가 첨가되는 현상은 현대국어에서도 강력하게 작용하고 있다고 언급하였다. (ㄱ) 目連-이, 須達-이; (ㄴ) 그력(雁)-이, 풀((蠅)-이, 올창(蚪)-이; (ㄷ) 물(群)-이, 도랏(桔梗)-이 → 도라지(유창돈1964 : 366, 1971 : 80).

그 반면에, 허웅(1968 : 21-22)은 15세기 국어를 중심으로 단어형성론의 기술방법을 논의하는 가운데, 인명과 다른 일반명사에 첨가된 '-이'의 예들은 일종의 "有形의 非接辭"(접사가 놓이는 자리에 있어서 꼭 접사처럼 보이는 요소이나, 접사로 볼 수 없는 형태)로서, 문법

서울말을 중심으로 기술한 문법서 『한어문전』(1981 : 20-21)에는 兒名으로 '셩질-이, 호연-이, 복질-이, 셩난-이, 최셩질-이 등과 같이 '-이'가 연결된 인명이 나열되어 있다. 그리고 이러한 종류의 兒名은 나중에 혼례를 치룬 성인이 된 다음에는 '니효달-이'에서 '니셩유'로 바뀌는 것으로, 쓰이는 사회적 상황에 따라서 '치션∽치션이', '여경∽여경이' 등과 같은 교체도 일어난다고 관찰하였다.

또한, 홍기문(1927)은 『현대평론』 1권1호부터 1권5호까지 연재한 자신의 최초의 문법논문 <朝鮮文典要領>의 "제2편 명사" 항목에서 고유명사 인명에 연결되는 '-이'에 대하여 아래와 같은 중요한 사실을 지적하였다.

> (23) ㄱ. 고유명사 중 인명으로 만일 종성이 잇는 말이면 그 아래에 '이'를 부치어 쓴다.
>
> 乙支文德이가, 淵蓋蘇文이를, 金庾信이도, 姜邯贊이만.
>
> ㄴ. 그러나 익호, 당호, 아호에는 부치어 쓰지 안한다.
>
> 四溟堂이, 朴燕巖을, 李忠武公도(p.113).

위에서 제시한 (23)ㄱ에서 고유명사 인명에 연결된 '-이'는 폐음절 어간의 사례만 제시되어 있다. 그러나 동일한 조건에서 '-이'는 [+존경성] 속성을 표시하는 堂號나 雅號 등에는 출현하지 않는다는 언급을 주목할 필요가 있다.62) 이러한 차이는 접사 '-이'가 연결되는 다른 보통명사의 경우에서도 동

과 어휘적인 층위에서 아무런 뜻이 없고, 오직 소리를 고루기 위해서 들어간 요소로 처리하였다.

고영근(1998 : 78)은 15세기 국어에서 人名에 '-이'를 붙여 쓰인 '安樂國이는'(월석 8 : 87)과 '阿難이롤'(월석 7 : 8) 등의 예를 제시하면서 "사람 이름을 평범하게 말할 때 그 말에 받침이 있으면 접사 '-이'를 붙이는 일이 있다."고 언급하였다.

62) 이와 같은 관찰은 1930년대 "대명사"를 기술하면서 정열모(1933 : 278)에서도 이루어졌다. 정열모 선생은 그 논문에서 인명 '쇠돌-이, 개똥-이', 보통명사 '호랑-이, 비듦-이, 두룸-이' 등에서의 어간말 '-이'는 예전의 주격토가 체언 어간말음으로 동화된 것이며, 특히 사람의 이름을 부를 적에 그 상대가 어린애 같으면 '수길-이'로 '-이'를 첨가하여도 당연한 것이지만, 그 상대자가 존경할 사람이면 인명에 '-이'를 덧붙이기를 기피한다고 언급하였다.

일하게 적용되겠지만, 인명과 연관된 '-이'가 가지고 있는 속성 가운데 하나
는 [-존경성] 또는 [-높임]임을 알 수 있다. 이와 같이 인명에 연결된 접사 '-
이'의 속성이 하나의 사회언어학적 규칙으로 적용되어 있는 사례는 19세기
후기 전라방언의 자료에 등장하는 인물들의 인명에서 확인할 수 있다.

(24) 부여리롤 어분 듯 여싱이을 어분 듯...<u>충무공</u>을 어분 듯 <u>졍츙강</u>을 어분 듯..
      (완판본 84장본 열여춘향수절가, 상.24ㄴ),
      cf. 담 쏘턴 부열이도 <u>무경</u>을 맛ᄂ 지상이 되엿고(경판본 20장본 흥부전, 6ㄴ),
      담만 쏘턴 부열이도 ...밧만 갈던 이윤이도 ....위수의 여상이도 주문왕 만나
      깃만(완판본 유충열, 상.21ㄱ),
      <u>화턴</u> 편작이가 좌우의 묘셔서도 구할 슈가 업스오니(1898, 완판본 퇴별가 2ㄱ),
      =화타와 변죽이가 좌우의 모셔써도(신재효 가장본, 퇴별가, 256).

위에서 제시된 중국 고사에 나오는 인명들, 특히 폐음절 어간의 경우에 모
든 담화의 상황에서 언제나 '-이'가 연결되는 것은 물론 아니다. 이러한 인명
들에 접사 '-이'가 첨가되어 있다는 것은 당시 대중 화자들과의 [+친숙성]과
[-격식성] 속성을 전제로 하여야 된다.63) 또한, 홍기문(1927)에서와 유사한 언
급은 1930년대 일반 대중 화자들의 한국어를 관찰하고 기술한 독일인 신부
Roth(1936 : 247)의 문법서에서도 등장한다. 한국어의 개인 인명명사에 대부분
'-이'를 연결한다는 기술이다. 그러면서 다음과 같은 예를 제시하였다. 이때 괴
걸 <u>진훤이는</u> 소위 후백제국을 창건하야...<u>왕건이는</u> 고려의 태조가 되어...(p.247). 이러한
맥락에 출현하는 인물 '진훤-이'와 '왕건-이'의 경우를 포함해서, 위의 (24)에
등장하는 고대소설이나 판소리사설 속의 주인공들은 고대 중국 역사의 전형

---

63) 허웅(1975 : 39040)은 중세국어 자료에서의 폐음절 인명에 등장하는 '-이'를 유사접사로 처리
     하면서, 이것은 소리를 고루게 하기 위해서 들어간 것이지만, 현대어에서 인명에 접미된 '-이'
     는 "훨씬 부드러운 느낌을 준다."고 기술하였다.
     또한, 고영근(1995 : 53-68)은 현대국어의 파생접사의 분석 한계를 검토하면서, 인명의 '-이'
     접미형은 비공식적인 상황에서 [미성년]이나 [낮춤]의 자질이 부여되는 상황에서 쓰인다고
     정리하였다.

화된 인물들인 '華陀'와 '扁鵲', 그리고 '傳說'(殷나라 武丁皇帝의 충신)이나 '呂尙'
(姜太公) 등과 같은 당대의 대중들에게 친숙한 대상들이기 때문에, 접사 '-이'
가 연결된 것으로 판단한다. 그리하여 만일 이들 인명이 [+격식성]과 [+존경
성] 등의 속성을 띠게 되는 담화의 상황에서는 접사 '-이'의 사용은 제약되는
것이다.

이와 같이 19세기 후기 전라방언 자료에서와 1920-30년대 관찰된 다양한
인명에 연결되는 '-이'의 성격과 기능은 지금까지 우리가 이 글의 §§2-4에 걸
쳐 살펴보았던 여타의 보통명사들에 실현되었던 접사 '-이'와 본질적으로 일
치한다.[64] 이광호(1985)가 지적한 바와 같이 보통명사의 어간에 연결되던 접
사 '-이'가 역사적으로 고착화되어 재구조화가 수행된 것은 원래 '-이'가 내
포하는 속성이 원래의 N+ø 영역으로 확대된 현상이다. 파생접사 '-이'가 첨
부된 동물이나 곤충 부류는 [+존경성, +격식성] 등의 속성과는 원래 거리가
먼 유형들이다. 그러므로 그러한 N들이 일차적으로 보유하고 있던 개념의미
에서 이탈하여 [-존경성, -격식성 +친숙성]등이 부착된 N+-i형으로 교체되어
고정화되기 쉽다고 생각한다. 그력(雁)>그려기, 풀((蠅)>푸리, 올창(蚪)>올창이, 물
(群)>무리, 도랏(桔梗)>도라지(유창돈1964 : 366, 1971 : 80).

인명의 경우에도 대중 화자들의 친숙도에 따라서 N+-i 유형의 출현 빈도
가 상승하면서 원래의 N의 속성까지 역으로 확대되는 사례도 발생할 수 있
다. 그리하여 19세기 후기의 『한불ᄌ뎐』(1880)의 인명명사 표제어로 '-이'가
고착된 형태들이 다수 등록되어 있다(최전승 1982 : 301). 편작이(扁鵲, p.359), 소진
이(蘇秦, p.43), 됴식이(曹植, p.498), 졍츙신이(鄭忠臣, p.550), 춘향이(春香伊, p.611), 됴식이
ou 됴ᄌ건이(p.603). cf. 두견 ou 두견이(杜鵑, p.501), 둔덕이(岸, p.502), 촌츙이(寸蟲, p.606),

---

64) 이광호(1985 : 79)는 폐음절 어간의 이름에 붙는 '-이'는 평칭의 인명명사 지칭 접사라는 기
능을 부여하였다. 그러나 이 교수는 그 논문에서 '부헝 → 부헝이, 기력 → 기러기' 부류의 명
사에 연결된 접사 '-이'는 어간에 고착화되어 재구조화가 역사적으로 수행된 반면에, 인명에
연결된 '-이'의 경우는 수의적이기 때문에, 명사파생접미사와 인명명사 지칭 접사는 기원적
으로 동일하지만 공시적으로 상이한 신분을 유지한다고 보았다.

황문이(肛門, p.102).

따라서 19세기 후기와 20세기의 초반의 자료에서 추출된 인명명사에 연결되는 접사 '-이'의 사회언어학적 속성은 중세국어의 문헌 자료에 등장하는 인물들의 인명에서도 역시 유사하게 적용되었을 것으로 추정한다. 15세기 불경언해『석보상절』에 반영된 언어 사용을 기술하면서 이호권(2001 : 150)은 석가의 제자들의 이름에 접사 '-이'를 통합시키는 경향을 지적한 바 있다(阿難-이, 目連-이, 迦葉-이, 阿那津-이, 羅雲-이). 이들 인명명사 가운데 출현 빈도가 비교적 높은 '阿難+-이'와 '阿難+ø'의 2가지 이형태가『월인석보』(1459)의 텍스트에 실현되는 언어내적 제약(격조사와의 결합 유무)과 외적 제약(담화의 상황)은 아래와 같이 나타난다.

(25) ㄱ. **공동격조사**
　　　부톄 阿難이와 韋提希ᄃ려 니ᄅ샤ᄃ(월인석보, 8,44ㄱ),
　　　cf. 世尊이 靈鷲山애 겨샤 難陁와 阿難과 羅雲과ᄃ려 니ᄅ샤ᄃ(상동, 10,5ㄴ),
　　ㄴ. **부사격조사**
　　　부톄 阿難이ᄃ려 니ᄅ샤ᄃ(상동, 8,26ㄱ),
　　ㄷ. **대격조사**
　　　즉재 阿難이ᄅᆞᆯ 시기샤 머리 갓기시고(상동, 23,77),
　　　그 저긔 羅刹女와 龍王괘 四大弟子와 阿難이 爲ᄒᆞ야(상동, 7,51ㄴ),
　　ㅁ. **보조사 '-ᄂᆞᆫ', '-도'**
　　　迦葉이 優婆離ᄅᆞᆯ 請ᄒᆞ야 律藏ᄋᆞᆯ 모도고 阿難이ᄂᆞᆫ 經藏ᄋᆞᆯ 모도게 터니(상동, 25,9ㄴ),
　　　cf. 目連은 ᄒᆞ마 滅度ᄒᆞ시고 阿難ᄋᆞᆫ 시름ᄒᆞ야 우러 ᄌᆞ개 아디 몯ᄒᆞ시고
　　　　（상동, 25,7ㄱ),
　　　부톄 아니 바ᄃ신대 阿難이ᄅᆞᆯ 주어늘 阿難이도 아니 받고 닐오ᄃ(상동, 7,8ㄱ),
　　ㄹ. **호격과 속격조사**
　　　阿難아 사ᄅᆞ미 몸 ᄃᆞ외요미 어렵고(상동, 9,48ㄴ),
　　　迦葉이 比丘ᄃᆞᆯ ᄃ려 무로ᄃ 阿難이 마리 외디 아니ᄒᆞ녀(상동, 25 : 11ㄱ),
　　　이ᄂᆞᆫ 阿難 塔이니 供養ᄒᆞ쇼셔 王이 닐오ᄃ 녜 엇던 功德이 겨시더니잇

고(상동, 25 : 112ㄴ).

ㅁ. **주격조사**

阿難이 술보디 大德世尊하 내 如來 니르샨 經에 疑心올 아니ᄒᆞᆸ노니(상
동, 9,46ㄱ).

위의 예들에서 부처의 제자 '阿難+-이'형은 주격 '-이'와 속격의 '-의/의',
그리고 호격조사 '-아'와의 통합과정에서 출현하지 않는 제약을 보인다. 그러
한 이유는 언어 내적으로 체언 어간말 '-이'와 후속하는 모음으로 시작하는
격 조사형과의 결합에서 일어나는 중세국어 음운현상에 있다. 이와 같은 음
운현상은 동일한 음성 조건에서 인명 이외의 다른 보통명사 어간에 첨부된
접사 '-이', 또는 형식명사 '-이'가 취하는 행위와 그대로 일치한다(이 글의 §2.2
의 예문 ⑷-⑸를 참조). 주격의 '-이'와 접사 '-이'는 형태상 일치하기 때문에,
N+-i형의 접사 '-이'는 기능을 표면으로 노출시키지 못한다. 속격조사 '-의/
의'와의 연결에서도 음운연결의 규칙 '-이+의/의 → 의/의'에 의해서 접사 '-이'
의 본질이 드러나지 못한다.

언어 외적 측면, 즉 텍스트의 담화가 수행되는 상황에서 접사 '-이'의 출현
이 언어 내적으로 작용한 예들을 보면, '阿難+-이'와 '阿難+ø'의 두 가지 이형
태가 공동격조사와 일부 보조사와의 통합에서 출현한다. 이러한 공시적 변이
현상이 여타의 다른 불경언해 『능엄경』 등에 등장하는 동일한 인물 '阿難'에
대한 언급에서는 일어나지 않았다. 따라서 불경언해 텍스트에 나타나는 인명
에 해당되는 N+-i∽N+ø 간의 교체는 두 가지 요소가 작용하였을 것으로 추
정된다. 하나는 담화에 등장하는 인물들에 대한 서술자의 주관적 관점에 좌
우되었을 가능성이 있다. 등장하는 인물에 대한 서술자의 객관화와 주관화가
여기에 작용한 것이다.[65] 다른 하나의 요소는 부처와 같은 상위자에 대한 배

---

65) 담화 텍스트 작성자가 등장하는 인명에 대하여 가지고 있는 이러한 주관화와 객관화의 인식
은 다른 유형의 역사적 한글 자료에서도 동일하게 관찰된다. 예를 들면, <行實圖> 언해 가
운데 "효자" <閔損單衣>에 등장하는 주인공 '閔損'에 대한 N+-i∽N+ø와의 교체는 언어 내적

려에서 그 제자들의 인명에는 상황에 따라서 [-존경성] 등의 속성이 의식적으로 부가되었을 가능성이다.

5.2 개음절 어간의 인명과 접사 '-이'

지금까지는 인명명사에 연결된 접사 '-이'의 성격에 대한 논의는 주로 폐음절 어간의 환경에서만 집중적으로 논의되어 왔다(허웅 1975; 이광호 1985; 고영근 1998). 그리하여 앞서 §5.1에서 논의한 인명에 첨부된 접사 '-이'의 사회언어학적 변항(variables)의 속성이 개음절 어간의 인명에서는 적용되지 못하였다. 왜 파생접사 '-이'가 폐음절 어간의 인명에서만 등장하고, 개음절 어간의 경우에는 그렇지 못할까. 우리가 지금까지 살펴본 보통명사에 연결되는 파생접사 '-이'의 예들이 기본적으로 체언어간의 음절구조와는 무관하게 실현되는 현상에 비추어 볼 때, 인명의 고유명사에 연결되는 '-이'는 폐음절 어간의 형태에만 작용한다면 두 가지 유형의 접사 '-이'에 대한 본질적인 문제가 파생되어 나오게 된다.

그러나 주로 지역방언을 반영하는 여러 역사적 단계의 방언사 자료에는 개음절 어간의 인명에 접사 '-이'가 연결된 N+-i의 예들이 N+ø와 부단한 공시적 교체를 반영하고 있다. 우선, 시대적으로 가까운 18세기 후기 한글 필사본 『학봉 김션싱힝쟝』(1770, 김한별 2019)의 텍스트에는 18세기 중기 이후의 안

으로 다음과 같다.

> (ㄱ) <u>민손이</u> 다숨어미 <u>민손이</u>를 믜여 제 아들란 소음두어 주고 <u>민손이</u>란 굴품두어 주어늘...다숨어미를 내툐려커늘 <u>민손이</u> 쑤러 술오티(1579, 삼강행실, 효자.1ㄱ).

따라서 16세기 『삼강행실도』의 담화서술자는 주인공 '閔損'을 주관화하여 언급한 것이다. 그 반면, 동일한 내용을 번역한 18세기 후기의 『오륜행실도』(1797)에서 동일한 주인공은 대부분의 통사적 환경에서 N+ø형으로 등장한다. 18세기의 간본에서 담화서술자는 주인공 '閔損'을 객관화한 것이다.

> (ㄴ) <u>민손의</u> 즈는 즈건이니...손의 계뫼 손을 믜워ᄒᆞ여 나흔 아들란 오시 소음 두어 닙히고 <u>손</u>으란 굴품을 두어 닙히더니(1797, 오륜행실, 효자.2ㄱ).

동 중심의 경북방언과 양반계층의 사회방언이 반영되어 있는데, 여기에 등장
인물의 고유명사 '郭再祐'에 대한 서술자의 담화에서 두 가지 이형태인 '곽지
위∽곽지우'형이 공시적 변이로 등장한다.66) 곽재우(1552-1617)는 조선 중기
임진왜란에서 크게 활약한 의병장이었다.

> (26) ㄱ. 감수 김쉬 각 관의 관즈노화 <u>지위룰</u> 잡부라 ㅎ니 <u>지우의</u> 군새 허열질
>   쓷지 잇더니(학봉, 60ㄴ),
>   또 <u>지위의게</u> 츄쟝ㅎ야 니르시대… 그제야 지위 ㅎ는 일 올흔 일인쥴 알
>   고(학봉, 60ㄴ),
> ㄴ. 곽지위 싸홈 싸호는 옷과 갓으로 와 뵈옵거늘…군수 수쳔을 더 어더 지
>   우롤 도으시다(학봉, 61ㄴ), 지우로 하여곰 셰를 보아(학봉, 69ㄱ),
>   곽지우는 볼셔 몬져 셩의 드니(학봉, 68ㄴ), 공이 심히 근심ㅎ샤 지우의
>   게 글월 기쳐 ㄱ르대(학봉, 69ㄱ).

위의 예에서 '곽지우+-이 → 곽지위'의 형태론적 조정을 거친 '곽지위'형은
대격조사와 부사격조사와의 연결에 등장하고 있다. 그러나 이외 동일한 다른
맥락의 통사적 환경에서 '곽지우+ø'형과 교체를 보인다. 이 자료를 판독하고
주석을 첨부한 김한별(미발표 원고, 2019ㄱ)은 여기에 출현하는 '곽지위'에 대해
서 "하향성 활음 /y/ 첨가(접미사)"로 해석하였다. 한글 필사본 『학봉 김선싱
힝쟝』을 작성한 당시의 안동 지방의 유학자인 필사자 金柱國(1701-1771)이 주
인공 학봉선생과 관련된 주위 인물인 郭再祐에 대한 상황에 따른 주관화와
객관화의 인식에 따라서 N+-i∽N+ø 간의 사회언어학적 교체가 텍스트에 반
영된 것으로 추정한다.67)

---

66) 한글 필사본 『학봉 김션싱힝쟝』(1770, 김한별 2019)의 텍스트와 그 판독문에 대해서 이 글의
   §2.2의 각주 (20)을 참조.
67) 개음절 어간의 인명에 연결된 접사 '-이'로 인한 '곽지위∽곽지우'의 교체를 나타내는 『학봉
   김션싱힝쟝』(1770)의 담화 가운데에서 보통명사와 지명에 접사 '-이'가 첨부된 예들도 물론
   존재한다('신해'(臣下+-이)의 예는 이 글의 §2.2에서 예문 (7)ㄹ을 참조).

   (ㄱ) <u>진쥐논</u> 큰 진이로되(晉州, 학봉, 62ㄴ), 진쥐로 가면(51ㄴ), 진쥐로셔(51ㄴ), 진쥐롤 함셩

또한, 이 필사본 자료에는 인칭대명사 '아모'(某)의 굴절형에도 접사 '-이'가 첨가되어 있는 '아모+-이'와, 원래의 '아모+ø'형이 수시로 교체하는 특이한 양상을 보인다. 요亽이 <u>김아뫼롤</u> 보니(학봉, 3ㄴ), 다 <u>아뫼의</u> 공이니이다(학봉, 79ㄱ), 공 뭇 아들 <u>아뫼더러</u> 닐녀 골오샤대(학봉, 80ㄱ)∞군亽와 백셩이 아모 보기롤 스랑ᄒᄂᆫ 어미 보기 ᄀᆞ치 ᄒᆞ며(학봉, 79ㄴ).(68) 이 텍스트에서 '아뫼' 또는 '아모'는 학봉 김성일과 그의 맏아들 김집 등을 지칭하는데 주로 구사되었다. 필사본『학봉 김션싱힝장』에 반영된 언어를 고찰한 김한별(2019 : 67-8)은 '아모'(某)형은 후손들이 김성일의 휘나 자를 함부로 부를 수 없는 현상을 반영하는 어휘적 차원의 경어법으로 간주하였다. 그렇다면, 김성일을 지칭하는 인칭대명사 '아모'에 접사 '-이'가 첨가된 '아뫼'형은 통상적인 인명에 연결되는 파생접사 '-이'와 속성과는 차이가 있다. 그러나 '아뫼'형의 존재는 접사 '-이'가 쓰이는 상황에 따라서 부연하는 몇 가지 속성 가운데 [+친숙성] 또는 [+동일집단 소속성]의 자질이 유표적으로 전면으로 등장하고, 나머지 [+존경성, +격식성] 등은 잉여적 성분으로 전환된 것으로 보인다.

역사적 인물 가운데 郭再祐에 대한 이형태 N+-i형이『학봉 김션싱힝쟝』(1770)의 텍스트에만 한정되어 출현한 특별한 현상은 아니다. 시대적 배경과 구사된 지역방언은 다르지만, 다른 유형의 18세기 중엽의 필사본『직조번방지』(再造蕃邦志, 1759)에서도 공동격조사와의 결합에서 '-이'가 연결된 '곽직위' 형이 등장하고 있다(백두현 1992 : 1854).(69) 현풍인 <u>곽직위와</u> 고령인 젼좌랑 김면과

치 못ᄒ문(102ㄴ)∞진쥬 업ᄉ면(62ㄴ);
　나쥐 목亽롤 ᄒᆞ시니(羅州, 학봉, 13ㄱ), 나뮈 싸흔 큰 고을을ᄒᆞ라(학봉, 13ㄴ),
(ㄴ) 쟝군이 큰 쟝쉬로셔 ...여러 디 신해오 오란 쟝슈로셔 감히 도망홀 것가(將帥, 학봉, 52
　ㄱ-52ㄴ), 쟝쉬와 군힉 ᄆᆞ옴이 프려져 다 닐오디(학봉, 91ㄱ),
(ㄷ) 츄회나 비굴ᄒᆞᆫ 일이 이시면(秋毫, 학봉, 29ㄴ),
(ㄹ) 대마되의 오시니(對馬島, 학봉, 35ㄱ),
68) '아뫼'(某)는 중세국어에서 주격형/서술격형과 관형격형으로 사용되었다.

(ㄱ) <u>아뫼</u> 짓 門의 길둘 몰로라(초간 두시, 8,32ㄱ).
(ㄴ) 부텨 ᄃᆞ외야 일후믄 <u>아뫼오</u> 나랏 일후믄 <u>아뫼오</u>(능엄경 1,17ㄴ),
　<u>아뫼</u> 이 ᄀᆞᆮᄒᆞᆫ 무롤 기드리ᄂᆞ니(남명천, 상.51ㄱ).

(3.10ㄴ). 이 자료에 반영된 언어를 검토한 백두현(1992 : 1866)도 '곽지위'형을 주목하고, 인명의 어간말음에 j가 첨가된 일련의 현상으로 기술한 바 있다. 이러한 사실을 보면, 당시 대중 화자들의 구어에서 잘 알려지고 친숙한 역사적 인물들의 개음절 체언의 인명에도 구사되는 상황과 맥락에 따라서 담화 서술자들의 주관적 해석이 가미되어 접사 '-이'가 연결된 사례들이 어느 정도 생산적이었을 가능성이 있다.[70]

이러한 추정은 1930년대 함북 온성지역 방언의 형태론적 특징에서 확인될 수 있다. 함경북도 行營에 거주하는 오세준 씨가 1933년도 『한글』(제1권 제9호, pp.371-76)에 기고한 "穩城方言 調査"에서 이 지역방언의 발음상의 특징을 (1)-(12) 항목으로 나누어 제시하였다. 이러한 항목 중에서 보통명사와 개음절 체언의 인명명사에 접사 '-이'가 연결되는 현상만을 추출하면 아래와 같다(최전승 1982, 1988).

> (27) ㄱ. (7) 화, 오'를 '왜'로 발음함; 리성왜(李成化 : 이성화), 김성왜(金聖五 : 김
>   성오),
>   (8) '화'를 '홰'로 발음함 : 리해칠(李化七),
>   (9) '로, 노'를 '뇌'로 발음함 : 김성뇌(金聖魯 : 김성로, 김성노),
>   ㄴ. (5) '가'를 '개'로 발음함; 와개←와가(瓦家),
>   (11) '조, 주'를 '죄, 쥐'로 발음함 : 졔죄(製造), 디쥐(地主).

위의 예에서 (27)ㄱ의 (7)과 (9)의 항목들은 온성방언에서 한자어 '-化, -五' 및 '-魯'로 끝나는 인명에 접사 '-이'가 첨부하여 발음되는 1930년대 함북 온

---

69) 백두현(1992)에 따르면, 한글본 『진조번방지』의 필사연대는 1759년이지만, 이 자료에 반영된 언어 내용은 17 세기의 일반적 특질을 나타낸다고 한다.

70) 이 글의 §5.1의 예문 (24)에서 제시되었던 19세기 후기 전라방언 자료에 등장하는 개음절 어간의 인명명사 '화타(華佗)∽화틱'의 교체도 아울러 참조. 여기서 '화틱'는 '화타+-이'의 형태론적 과정을 거친 형태이다.

(ㄱ) 화틱 편작이가 좌우의 묘셔서도(1898, 완판본 퇴별가 2ㄱ),
(ㄴ) 화타와 변죽이가 좌우의 모셔써도(신재효 가장본, 퇴별가, 256).

성 지역의 언어 관습을 지적한 것이다. (27)ㄱ의 (8)은 접사 '-이'가 인명명사
의 어간 말음이 아니라, 어중의 한자음 '化'에 연결되어 있는 모습을 보인다.
이러한 현상은 이 지역어의 말에서 한자음 '化' 자체에 원래부터 접사 '-이'의
연결이 고착화되어, 통상적으로 인명의 한자음에도 사용되어 온 것이다. 그
러한 예를 들면, 『천자문 자료집』(지방 천자문편, 1995)의 한자음에는 해당 지역
방언이 수행하여온 고유한 변화가 반영되어있는데, 그 가운데 '勞'는 일부 지
역방언에서 다음과 같이 접사 '-이'가 부착되어 그대로 계승되어 있다. 에뿔
뢰(勞, 평북 강계, p.172), 수그로울 뇌(전남 곡성, p.172), 힘쎌 뢰(경남 마산, p.172).[71]

근대국어의 여러 지역방언을 반영하는 일부의 간본 자료에서도 개음절 체
언어간의 인명에 연결된 파생접사 '-이'의 보기들이 부분적으로 확인된다. 18
세기 초엽 경상도 예천 용문사에서 간행한 『염불보권문』을 위시한 그 이후
여러 같은 계열의 후대의 다른 판본에서 동일한 문면에 등장하는 인명 '옹ᄋ'
(翁兒)와 '방쟈'(房煮)에 연결된 접사 '-이'의 변이 현상을 살펴보기로 한다.[72]

   (28) ㄱ. **예천 용문사본(1704)** : '옹이', '방쟈'
      옹이도 년곳 금뭇우희 논다 ᄒ고(翁兒,18ㄴ), 옹이ᄂ 쟝항의 손ᄌ 일홈
      미라(翁兒,18ㄴ),

---

71) 한자어로 구성된 보통명사의 경우에는 파생접사 '-이'가 체언어간에 연결된 것인지, 또는 원
   래의 관습화된 한자음 자체에 붙어서 고착화된 것인지 판단하기 어려운 상황도 있다. 한자
   어 '여아'(女兒), '남아'(男兒) 및 '유아'(幼兒) 등에 접사 '-이'가 연결된 예들은 19세기 후기의
   북부와 남부 지역방언 자료에 아래와 같이 등장한다.

   (ㄱ) 네이 죽디 안코 잔다 ᄒ니(女兒, 1882, 초역 누가, 8 : 52), 네이의 부모(초역 누가, 8 : 51),
      예수 네이의 손을 잡고(상동, 8 : 54), 네이야 닐어나라(상동, 8 : 53).
      녀이의 손을 잡고(1887, 예수셩교젼셔, 누가, 8 : 54), 녀이 죽지 안코 잔다 ᄒ니
      (상동, 누가 8 : 52), 녀이의 일홈(상동, 데자 12 : 13),
   (ㄴ) 혹 그런 소문이 이셔도 남이가 두려ᄒ랴(男兒, 묘대천본 교린수지 4.16ㄴ),
      혹 그런 소문이 잇슨들 남이가 두려허랴(1883, 재간 교린수지 4 : 18ㄱ),
   (ㄷ) 십셰 유이가 얼운을 당ᄒ드라(幼兒, 1838, 소대성전, 상.3ㄴ).

   그러나 '아녀자'(兒女子)의 경우에 한자음 '아'(兒) 자체에 접사 '-이'가 연결된 것으로도 이해
   할 수 있다. 낭군이 아녀자를 싱각ᄒ여(경남대본 필사본, 수겡옥낭자전, 12ㄴ)
72) 염불보권문 판본과 언어에 대해서는 김주원(1994, 1996)을 참조

방재 훈 를근 사룸 넘불 권코 그 방쟈도 훈가지로(房煮17ㄴ), 일홈미 방
재라(17ㄴ), 그 방쟈를 불너 보시니라(18ㄱ).

ㄴ. **대구 동화사본(복각본 1764)** : '옹ᄋ', '방재~방쟈'
옹ᄋ는 년곳 금못우회 논다 ᄒ고...옹ᄋ는 쟝하의 손즈 일홈이라(17ㄴ),
방재 한 늘근 사람 넘불 권코 그 <u>방쟤도</u> 한 가지로 셔방가다 하시다(15
ㄴ), 일홈미 방재라(15ㄴ), 그 <u>방쟤을</u> 다시 인간으로 노화 보내시니(16
ㄱ), 그 방쟈를 불너 보시니라(16ㄱ).

ㄷ. **평북 묘향산 용문사본(1765)** : '옹ᄋ', '방쟈~방재'
옹ᄋ논(24ㄱ), 옹ᄋ논(24ㄱ).
방재 닐오디(23ㄱ), 그 <u>방쟤을</u> 다시 인간으로(23ㄱ), 그 방쟈를 불너(23
ㄱ),

ㄹ. **황해도 흥률사본(1765)** : '옹ᄋ', '방쟈
옹ᄋ는 년곳 금못우회 논다 ᄒ고(27ㄴ), 옹ᄋ는 댱향의 손즈 일홈이라
(27ㄴ),
그 방쟈도(26ㄴ), 그 일홈이 방재라(26ㄴ), 그 방쟈을 다시 인간으로(27
ㄱ),

ㅁ. **합천 해인사본(1776)** : '옹ᄋ', '방재~방쟈73)
옹ᄋ논(19ㄱ)....옹ᄋ논(19ㄱ).
그 <u>방쟤도</u> 훈 가지로(17ㄴ), 방쟤 닐노디(18ㄱ), 그 <u>방쟤을</u> 다시 인간으
로(18ㄱ), 그 방쟈를 불너(18ㄱ).

　18세기 전기와 중반기 이후에 다른 지역에서 간행된 동일한 내용의 불경
언해에 등장하는 개음절 체언어간의 인명 '옹ᄋ'(翁兒)는 예천 용문사본(1704)
텍스트에서만 접사 '-이'가 연결되어 재구조화된 모습을 나타내었으나, 후대
의 다른 간본에서는 N+ø형으로만 등장하고 있다. 그 반면에, 또 다른 인명
'방쟈'(房煮)의 경우에는 예천 용문사본에서 접사 '-이'의 조정을 반영하지 않
았으나, 다른 후속 간본에서는 N+-i(방재)∽N+ø(방쟈) 간의 공시적 교체를 보
인다. 그러나 황해도 흥률사본(1765)에서만 유일하게 이들 인명에 접사 '-이'
의 연결이 배제되어 있다. 예천 용문사본(1704)과 그 이후에 간행된 다른 후속

---

73) 합천 해인사본의 예는 선운사본(1787)과 경북대소장 해인사본에도 동일하게 나타난다.

판본들의 언어에 접사 '-이'의 연결이 부분적으로 반영되어 있는 사실을 고려하면,74) 개음절 어간의 인명의 접사 '-이'의 경우도 등장인물에 대한 텍스트 작성자 또는 편찬자의 주관적인 인식이 어느 정도 개입되어 있는 것으로 추정된다.75)

이와 같은 개음절 어간의 인명명사에 접사 '-이'가 첨가되는 현상은 충신, 효자, 열녀 등의 행적을 기록한 일련의 행실도 언해 부류에 적극적으로 출현하고 있다. 17세기 국어 초기의 『동국신속삼강행실도』(1617)에는 지명과 인명에 접사 '-이'가 연결된 사례들이 다양하게 나타난다. 개음절 어간의 인명명사를 중심으로 이러한 유형을 부분적으로 제시하면 아래와 같다(김영신 1980 : 13-15; 최전승 1988 : 48-50).

(29) ㄱ. -花, -化, -和+접사 -이 :
옥홰는 : 냥녀 옥홰는 덕쳔군 사룸이니(玉花, 열녀, 7 : 16),
수홰는 : 스비 수홰는 딘안현 사룸이니(四花, 효자, 2 : 4),
미홰는 : 냥녀 미홰는 곤양군 사룸이니(梅花, 열녀, 6 : 84),
규홰는(揆花, 효자, 8 : 53), 금홰는(今化, 열녀, 7 : 9),
슌홰는(順和, 열녀, 7 : 15),
ㄴ. -加+접사 '-이' :
시개는 : 관노 시개는(是加, 효자, 8,9)~시개 어미룰 업고(효자, 8,9ㄴ),
ㄷ. -壽, -守+접사 -이 :
희쉬는 : 스로 희쉬는 니셩현 사룸이니(希守, 효자, 8,65),
김학쉬는(金鶴守, 효자, 8,47), 박연쉬는(朴延守, 효자, 6),
cf. 보병 니년슈는 김뎨군 사룸이라(李延守, 효자, 8,31ㄴ), 관군 셕텬슈

---

74) ㄱ. 경상도 예천 용문사본(1704) : 신해는(臣下, 13ㄱ), 그러훈 년괴를 다 난낫티 술온대(緣故, 22ㄱ).
ㄴ. 대구 동화사본(복각본 1764) : 공각이라 ᄒ는 양반의 으의 동싱이 맏져 주건지...네 으의 를 블러(23ㄱ), 과연 아씌로 시겨(23ㄴ).
75) 또한, 19세기 초엽의 『십구사략언해』(1832)의 텍스트에서도 '王假'이라는 인명에 '왕가∞왕개'와 같은 한글 표기상의 변이가 실현되어 있다.

무긔 죽근 열 여둛 히만의 왕개 셧더니 후에 쏘 두 히만의 진왕 졍이 병을 보내여 위을 쳐 왕개을 죽기고 위룰 멸ᄒᆞ야 고올을 삼다(=王假ㅣ 立이러니...殺王假而滅... 2,76ㄴ).

는 뎡쥐 사롬이라(石天守, 효자, 8,50ㄴ),
최슝쉬의 : 유혹 <u>최슝쉬의</u> 안해라(崔松壽, 열녀, 5,71),
뎡펑쉬는 : 졍병 뎡펑쉬는 함열현 사롬이니(鄭彭壽, 효자, 8,32),
긔쉬롤(麒壽); 텬병이 긔쉬롤 다른 고디 가 결박ᄒ여(열녀, 5,8ㄴ),
싀아비 최광익기롤 주기고 쏘 긔쉬롤 주기고져 ᄒ거롤(상동).

위의 예들을 관찰하면, 등장 인물들이 당대에 속한 사회적 계층, 幼學, 正
兵, 保人이나, 良女, 私奴, 私婢, 官奴 등의 부류에 관계없이 인명명사에 접사
'-이'가 수의적으로 첨가되어 있는 사실을 알 수 있다. 이와 같은 접사 '-이'
의 수의적 출현은 폐음절 어간의 인명명사에도 동일하게 반영되어 있다. 냥녀
<u>펑복이는</u> 경도 사롬이니(彭福, 열녀, 3,28)∽냥녀 향복은 셔울 사롬이니(香福, 열녀, 3,27);
박뎨상이 가몰 쳥ᄒ야(충신, 1)∽예왕이 뎨상이롤 가도고 무러 ᄀ로디(좌동, 1).76) 따라서
인명의 접사 '-이'는 텍스트에 등장하는 인물에 대한 담화 서술자의 주관적
인식과 어느 정도 보조를 같이 하였을 것으로 보인다. 남성의 인명의 경우에
어간말 한자음의 유형과 접사 '-이'의 첨가는 특정한 연관이 없는 것 같다.
예를 들면, 인명의 어간말 한자 '-浩'에 접사 '-이'가 연결된 보기는 찾을 수
없다. 졍병 <u>최호는</u>(正兵 崔浩, 효자, 8.23). 이러한 현상은 『동국신속삼강행실도』
(1617) 자체의 텍스트에서 폐음절 어간의 인명에서도 접사 '-이'가 수의적으로
첨가되지 않은 유형들과 동일한 것이다.

(29)ㄷ의 예 가운데 "유혹 <u>최슝쉬의</u> 안해라(崔松壽)"의 경우는 대부분의 경
우에 인명명사를 포함한 대부분의 보통명사의 속격형에 접사 '-이'가 연결되
지 않는 조건을 위반하고 있다. 이러한 조건은 통상적인 음운 연결의 제약에

---

76) 동일한 텍스트에 대한 18세기 후기의 『오륜행실도』(1797)의 한글 번역에서는 대격조사를 취
하는 인명 '提上'에 접사 '-이'가 첨가되지 않았다. 왜 왕이 알고 뎨샹을 가도고 무러 굴오디
(오륜행실, 충신.72ㄴ). 17세기 전기의 『동국신속삼강도』에서 '뎨상이롤'에서 접사 '-이'는 百
濟 雜勿王에 대한 신하로서의 신분을 특별히 표시하거나, 등장인물 '提上'에 대한 친숙성을
표시하려는 서술자의 주관적인 평가가의 개입을 나타낸 것으로 보인다. 그 반면에, 『오륜행
실도』의 예는 텍스트 자체의 격식성 또는 서술자의 객관적 인식 등의 요소가 반영되었을
것이다.

서 비롯된 것이다. 접사 '-이'가 체언 어간말 모음에 첨가되어 하향 이중모음을 형성하게 되면 속격조사 '-의/의'와의 통합 과정에서 그 실체가 표면으로 드러나지 못한다. 이와 동일한 음운 현상이 보통명사의 개음절 체언에 속격조사 형태가 연결되는 환경에서 적용되지만, 상황에 따라서 예외도 수의적으로 등장한다.[77]

특히, 개음절 어간의 인명명사에 접사 '-이'가 생산적으로 적용된 예들은 17세기 초엽의 『동국신속삼강행실도』(1617)의 텍스트를 시대적으로 전후한 한글편지 부류에서 관찰할 수 있다. 16세기 중반의 『순천김씨묘 출토언간』(전철웅 1995; 조항범 1998)과, 17세기 초엽의 『현풍곽씨언간』(백두현 2003; 황문환 외 2013)을 이용하여 그러한 예들 일부를 유형 별로 추려보면 다음과 같다.[78]

> (30) ㄱ. -슈+-이>-쉬;
>   옥슈+-이>옥쉬 : 옥쉬내 쌔 닷되 맛다 가셔(청주언간, 99),
>   희슈+-이>희쉬 : 희쉬와 광희와 가져 온 유무보고(상동, 71),
>   뉴슈+-이> 뉴쉬 : 뉴쉬는 본더 글월 디일후미 이시니(상동, 153),
>   명슈+-이>명쉬 : 명쉬롤 드려다가 무러 ᄒ새(상동, 130),
> ㄴ. -화+-이>-홰;
>   구화+-이>규홰; 구홰와 영이와 겨틔 안잣더고나(상동, 73).

---

77) 아래의 보기에서 '신하(臣下)'와 '댱쟈(長者)'에 속격조사 '-의'가 통합되는 음성 환경에서도 음성배열 제약의 준수형과 예외형이 공시적인 변이로 존재한다.

　(ㄱ) 臣下ㅣ 말(용비어천가, 98)~臣下의 갓돌히(월인석보, 2 : 28ㄴ),
　(ㄴ) 長者ㅣ(:댱쟝) ᄯ리(석보상절, 24 : 36ㄱ)~長者의 ᄯ리(좌동, 3 : 40ㄱ),
　　　　　　　　　　　　　　　長者의 여듧찻 ᄯ리시니(월인석보, 2, 23ㄱ).
　　　長者ㅣ 아돌(월인석보, 2 : 44ㄱ)~ 長者의 아돌(석보상절, 24 : 33ㄱ).
78) 『순천김씨묘 출토간찰』은 1550년부터 임진왜란(1592) 사이에 작성된 한글편지이며, 편지 작성자들의 당시 거주지로 미루어 사용된 방언은 중부방언 또는 서울 중심의 양반 사대부 계층의 언어였을 것으로 추정된다(조항범 1998 : 121). 그 반면에, 17세기 초엽에서 중엽에 이르는 『현풍곽씨언간』의 경우는 당시 현풍 지역 사대부의 언어를 반영하였을 것으로 본다(백두현 2000 : 118)

(31) ㄱ. -화+-이>-홰;

녀화+-이>녀홰; 녀홰 이론 다시 므슴 마롤 홀고(현풍언간, 86),

녀홰도 나읏 게 잇던돌(상동, 19).

ㄴ. -모+-이>뫼;

영모+-이>영뫼; 졍월읏터 병으로 티보기, 영뫼, 넙싱이 나셔 넙싱이는

나가고 영뫼는 그믐끠사 드러숩노이다(상동, 153).

ㄷ. -즈+-이>지;

유즈+-이>유지 : 곳나흔 돌긔알 다엿만 유지롤 주워(상동, 71), 유지 약

은 가녀다가 주고 유지 저는 비예 와 날 기드려 건네고(상동, 71).

ㄹ. -슈+-이>-쉬;

옥쉬는 왓는가 그저 아니 왓는가(17), 옥쉬란 혼자 물 주워 내여 보내

디 마소(44), 희쉬와...녀쉬는...녀쉬호여..한쉬 가녀간 눌근 둥치막호고

(상동, 59), 내 핫둥치막 보의 싸 녀쉬호여 보내소(상동, 71), 곽샹이와

한쉬는 오늘로 숑아치 사셔오고(상동, 16),

위의 한글편지에 등장하는 인명들은 주로 집에서 부리는 奴婢들이거나, 친근한 아랫사람 등을 지칭하는 경우가 대부분이다. 또한, 이러한 한글편지는 작성자와 수신자 사이가 출가한 딸, 아내, 자식 등에 국한된 친숙한 테두리 안에서 작성되었기 때문에 구어성이 강하게 표출되었다. 이러한 요인들이 편지 작성자의 주관적 해석을 거친 접사 '-이'의 첨가 현상이 인명명사 뿐만 아니라, 지명이나(쳥쥐/清州, 대귀/大邱) 보통명사(유뮈롤/유무)의 개음절 어간에 생산적으로 등장시킨 것으로 생각한다. 청주언간과 현풍언간을 종합적으로 판독해서 주석을 제시한 조항범(1998)과 백두현(2003)은 위의 (30)-(31)에 열거된 일부 인명명사들에 대하여 개별적 사례에 따라 어간말 '-이'가 첨가되었다고 기술하였다.79) 동일한 이들 한글편지의 텍스트에는 폐음절 어간의 인명명사에 접사 '-이'가 첨부된 사례들도 역시 생산적으로 등장하였음은 물론이다(백

---

79) 백두현(2000 : 107)은 『현풍곽씨언간』에서 폐음절과 개음절의 인명과 지명 및 보통명사의 체언어간에 접사 '-이'가 첨가되어 하향이중모음을 형성하는 예들을 추출하고, 이러한 유형들은 일상생활 속에서 대중 화자들에게 친숙하고, 동시에 출현빈도가 높은 단어들임을 지적하였다.

두현 2000 : 107을 참조).[80]

6. 결론과 논의 : 파생접사 '-이'의 본질과 음성변화의 역할

6.1 형식명사로서 '이'와 파생접사로서의 '-이' : 송철의(1989)에서 '-이3'의 사례

단어형성론에서 일반적으로 파생접사가 어근에 첨가되어 새로운 파생어를 만드는 경우에, 해당 파생접사는 어근에 의미를 첨가하거나(어휘적 파생법), 어근의 통사 범주를 변경시키는(통사적 파생법) 절차 가운데 반드시 한 가지를 수행하여야 한다(고영근 1990 : 23). 이러한 기준에 의해서 송철의(1989 : 92)는 국어의 파생어형성에 대한 연구에서 명사파생의 접사 '-이'를 다음과 같은 3가지로 분류하였다. (ㄱ) 동사어간에서 명사를 파생하는 '-이1'('다듬-이' 부류);

---

80) 그렇다면, 개음절 체언의 인명명사에 연결된 파생접사 '-이'의 본질과 관련하여 다음과 같은 중요한 의문이 제기된다(이 의문은 정경재 교수(2019.8.3. 이-메일)가 제시한 것이다.).
오늘날의 중앙어만을 관찰의 대상으로 하였을 때, 개음절 어간의 인명명사에는 접사 '-이'의 첨가가 실현되지 않는 양상을 보인다. 그 결과, 접사 '-이'가 폐음절 어간의 인명명사에만 공시적으로 두루 결합하는 현상으로 파악되는 것이다. 동일한 인명명사에 붙는 접사 '-이'의 생산성이 중앙어에서는 체언 어간말 음성조건에 따라서 달리 실현된 이유는 어디에 있을까? 이러한 의문은 중앙어에서 개음절 인명명사 뿐만 아니라, 개음절 지명의 고유명사에도 적용된다.
폐음절 체언의 인명명사에 연결되는 접사 '-이'는 공시적으로 투명해서 쉽게 어근에서 분리하여 낼 수 있다. 동시에 화자들은 공시적인 언어능력으로 N+ø와 N+-i의 설정을 담화 상황과 맥락에 따라서 가역적으로 수행한다. 그 반면에, 개음절 어간의 인명명사의 경우에는 연결된 접사 '-이'가 어간말 모음과 이미 융합되어 이중모음화가 이루어졌으며, 이어서 단모음화가 역사적으로 수행되었다.
그 결과, 현대국어의 공시적 관점으로 개음절 어간의 인명명사에 연결된 접사 '-이'의 존재는 분석하기 어려운 불투명한 존재가 되어 버렸다. 인명명사는 대부분 한자어로 구성되어 있기 때문에, 독립된 한자어의 발음과 인명명사의 어간말 한자음의 발음과 괴리가 발생하게 되었을 것이다. 개음절 체언의 인명명사에 연결된 '-이'의 불투명성과 원래의 한자음과의 불일치가 인명명사의 경우만 아니라, 한자어로 구성된 대부분의 개음절 체언의 어근에서도 나타났기 때문에, 원래의 한자음의 발음으로 복귀하게 된 것으로 추정한다.

(ㄴ) 형용사어간에서 명사를 파생하는 '-이2'('높-이' 부류); (ㄷ) 그 외의 제3의 부류 '-이3'.

송 교수가 같은 논문에서 분류한 이와 같은 파생접사 '-이' 가운데 하나의 항목인 '-이3'은 주로 명사나 어근, 그리고 의성·의태어에 연결하여 어근과 같은 속성을 갖는 사람, 동물, 사물 등을 지칭하는 명사를 파생시키며, 행위 명사나 추상명사를 파생시키는 사례는 없다고 기술하였다. 그리고 접사 '-이3'을 거친 파생명사들은 주로 사람 또는 동물인 유정명사가 대부분이고, 무정물인 사물이나 식물을 가리키는 파생명사 부류도 일부 존재한다고 하였다. 따라서 송 교수는 파생접사 '-이3'에 "유정명사화소"라는 명칭을 부여한다 (1989 : 98). 송 교수는 같은 논문에서 파생접사 '-이3'에 속하는 3가지 부류를 아래와 같이 제시하였다(1989 : 99-102).

> (32) 가. 곰배팔이, 애꾸눈이, 육손이 등의 부류;
> 나. 개구리, 꾀꼬리, 뻐꾸기 등의 부류;
> 다. 누더기, 얼룩이, 바둑이 등의 부류.

송철의(1989)의 설명에 따르면, (32)가에 속하는 부류는 어근이 몸의 한 부위를 가리키는 명사에서부터 파생접사 '-이3'가 첨가되어 그러한 몸의 부위를 소유하고 있는 사람이나 동물을 가리키는 파생명사가 된다. 그리고 (32)나와 (32)다의 부류는 어근이 의성어와 의태어로 구성된 명사들로서 해당 소리나 짓을 내는 동물의 명칭과 사물을 가리키는 파생명사가 된다는 것이다.

그러나 글쓴이가 판단하는 위의 3가지 부류에 참여하는 소위 파생접사 '-이3'는 글쓴이가 이 글에서 취급하는 접사 '-이'의 본질과 상이하다. 위의 예들에서 '-이'는 파생접사의 영역도 포함하고 있으나, 동시에 형식명사 '이'의 범주에 접근되어 있다. 예문 (32)에 등장하는 '-이3' 부류는 "사람이나 동물 및 사물"을 지칭하는 전형적인 형식(의존)명사에 해당되는 '이'의 문법적 신분도 동시에 가지고 있기 때문이다. 따라서 위의 (32)의 예문에 속하는 '-이3'은 이 글에서의 명사파생접사 '-이'와는 거리가 있다.

글쓴이가 이 글에서 취급하는 파생접사 '-이'의 본질은 어근과의 가변적인 분리성 여부에 있다. 파생접사 '-이'는 무형의 N+ø에서나, 유형의 N+-i에서 언어 내적인 기준(품사범주와 의미론의 의미)에서 同價이다. 그러나 '-이'의 첨가는 언어 외적인(사회언어학적 또는 화용론적) 측면에서 일정한 [-격식성, +친숙성, -존경성, +동일집단 소속성] 등의 자질을 첨가하는 표지이다. 이러한 기능은 중세나 현대국어의 지역방언에서도 대체로 동일하다. 털(毛)+ø∽털+-이 (터리), 벌(蜂)+ø∽벌+-이(버리), 뱀(蛇)+ø∽뱀+-이(배미), 곰(熊)+ø∽곰+-이(고미). 여기서 첨가되었던 접사 '-이'가 어근에서 다시 분리된다 하여도 언어 내적인 기능과 의미에는 표면적으로 아무런 차이가 없다. 대화가 일어나는 문맥이나, 상황에 따른 화자 또는 담화자의 화용론적 선택에 따른다. 물론 이 글의 §2.1에서 지적한 바와 같이, 파생접사 '-이'의 속성이 무형의 N+ø에서 일반화되어 시간의 흐름에 따라서 유형의 N+-i로 이전되어 단일한 어간으로 재구조화되는 사례도 존재한다.

그 반면에, 송철의(1989)에서 제시한 (32)가-다에 속하는 3가지 부류들에서 어근에 첨부된 '-이3'는 언어 내적인 기능과 의미를 보유하고 있다. '-이3'는 어근에 속하는 특성을 소유한 사람이나 동물을 뜻한다. 따라서 어근에서 '-이3'를 분리하면 통사범주가 부사로 변하는 부류도 있고(의성・의태어의 경우), 그대로 원래의 명사에 귀속하는 부류도 있다. 그리하여 (32)가의 부류는 '-이'를 분리시키면, 그대로 명사이지만, 그 의미는 따라서 변한다. '곰배팔/곰배팔-이'에서 '-이'를 제거하면 사람의 일정한 신체부위를 가리키지만, '-이'를 첨가하면 "그러한 신체를 소지하고 있는 사람"이라는 의미가 첨가되는 것이다. 따라서 여기에 '-이3'는 파생접사의 성격도 가지고 있지만, 동시에 사람, 동물, 장소 등을 포괄하는 형식명사 '-이'에 속한다. 그런 기준에 의하면, '곰배팔-이' 부류는 파생어가 아니라, 합성어로 배당될 수도 있다.

위의 (32)나의 부류는 주로 의성어 어근에 '-이'가 첨가된 형태로, 여기에 서 '-이' 성분의 분리성이 개재되면 의미와 통사범주가 따라서 바뀐다. '꾀꼴/ 꾀꼴-이'에서 '-이'가 첨가되지 않으면 의성어 자체이고 품사는 의성부사이 다. 이 어근에 '-이'가 첨가되면, 통사범주가 부사에서 명사로 파생되는 동시 에, 어근의 울음소리를 내는 동물로 바뀐다. 또한 의태어 중심의 (다) 부류에 서도 같은 말을 할 수 있다. '얼룩/얼룩-이'에서 '-이'가 분리되면 색체 자체 를 뜻하는 의태부사이지만, 이 어근에 다시 '-이'를 첨부하면 그러한 어근의 색체를 띄고 있는 동물이 되어 통사범주가 부사에서 명사로 바뀐다.

이 글에서 글쓴이가 주로 취급하는 명사파생접사 '-이'는 어근의 통사 범 주와 의미에 영향을 주지 않는 대신에, 화자가 대상에 대하여 느끼는 주관적 속성을 지시한다는 관점에서 일련의 문법화의 과정을 밟아서 파생접사로 전 개하여 왔을 가능성이 크다. 그 근원 명사는 역사적으로 소급해서 파악할 수 없지만, 통상적으로 문법화 과정이 진행되는 단일방향성의 가설(Hopper & Traugott 1993)에 따르면, 다음과 같은 가정을 설정할 수 있다. (1) 사람·동 물·사물 등을 가리키는 인칭대명사 '이'에서부터 출발하여, (2) 그러한 대상 의 代用을 가리키는 형식명사를 거쳐 왔을 것이다. 그리고 이어서 (3) 그러한 대상에 대한 화자의 주관화가 가미된 속성을 뜻하는 파생접사 '-이'로의 발 달을 연속적 변이를 통해서 국어사의 어느 역사적 단계(후기 중세국어 이전)에 서 도달하게 된 것이다.

6.2 인명명사에 연결되는 접사 '-이' : 송철의(1989)에서 '-이3'의 사례

송철의(1989 : 99-102)는 또한, 인명명사에 연결되는 파생접사 '-이'의 경우도 §6.1에서와 동일한 맥락으로 파악하여 역시 '-이3'으로 포함시킨다. 송 교수 는 같은 논문에서 '복동+ø'과 '복동+-이' 사이에서는 의미상의 차이가 언어 내적으로 식별되지 않지만, 별칭인 '개똥/깨똥-이' 또는 '쇠똥/쇠똥-이'에서는 보통명사에 '-이'기 연결되어 인명명사로 파악된다는 사실을 제시한다. 따라서 인명에 붙는 '-이'도 역시 본질적으로 (32)에서와 같은 '-이3'의 범주에 귀속시킨다(1989 : 100). 인명명사도 넓게 보면 유정명사 범주에 속하기 때문에, 여기에 참여한 '-이'도 유정명사를 파생시키는 접사 '-이3'으로 해석하는 것이다.

그러나 글쓴이의 판단으로는 인명명사 '복동'과 '복동-이' 부류를 '쇠똥'과 '쇠똥-이' 부류와 동일시하는 것은 문제가 있다. '쇠똥'은 보통명사지만, '-이'를 첨가한 '쇠똥-이'는 인명명사로 통사범주를 옮긴다. 그러나 '복동'과 '복동-이'는 역시 '-이'의 첨가 여부와 관련이 없이 언어 내적 의미와 통사범주는 동일하게 인명명사로 기능한다. 따라서 '복동-이'의 경우는 폐음절 인명어근 '복동'에 대한 화자의 주관화를 거친 사회언어학적/화용론적 표지를 첨가하는 것이기 때문에, 글쓴이가 이 글에서 이해하는 파생접사 '-이'의 범주에 든다. 그 반면, '쇠똥/쇠똥-이'에서 '-이'의 유무는 보통명사와 인명명사를 가르는 기준으로 작용한다. 따라서 여기서 '-이'는 "(쇠똥을 이름으로 갖고 있는) 사람"을 가리키는 형식명사에 가깝다. 이러한 근거로, '쇠똥/쇠똥-이'의 '-이'는 '개굴/개굴-이' 부류에서의 '-이'와 동일한 형식명사 '-이'에 속하는 것으로 이해한다.[81]

또한, 송철의(1989 : 102)는 인명에 붙는 '-이'가 현대국어에서 가지고 있는 제약을 다음과 같이 몇 가지로 제시한다. (1) 접사 '-이3'에 의해 파생된 인명명사는 존칭의 인물에는 사용할 수 없다. 그 이유는 '구두-닦이', '절름발-이'

---

81) 송철의(1989 : 101)는 현대국어에서 '복순', '복동'과 같이 이미 인명인 경우에 왜 '-이'가 다시 덧붙는가 하는 의문에 대하여 다음의 2가지 해결책을 제시한다.
    하나는 전통적으로 인명을 만들 때 '개똥이, 쇠똥이, 똘똘이'처럼 어근에 '-이'를 연결하여 만들기 때문에, 이미 인명인 것에도 '-이'가 결합되어야 자연스럽다고 인식되기 때문이라는 것이다. 다른 하나는 한자어 인명은 우리의 고유한 인명명사 형성방법에 의하여 만들어진 것이 아니기 때문에 고유한 우리 인명에 가깝게 하려는 의도에서 나온 것이라는 것이다.
    글쓴이의 판단으로는 인명에 붙는 접사 '-이'의 속성에 대한 본질과는 거리가 있는 설명 방식이다.

와 같이 유정명사의 파생어들이 통상적으로 사회적으로 낮은 가치 평가를 받기 때문이라는 것이다. (2) 중국과 일본인의 인명을 제외하고, 외국인의 영어 인명에는 '-이'가 연결되지 않는다. 예를 들면, 미국 40대 대통령 '레이건'(Reagen)을 '레이건-이가', '레이건-이를' 등과 같이 사용하지 않는다는 것이다. (3) '호진이형' 또는 '수환이형' 등에서도 '-이'가 연결될 수가 있으므로, '-이'가 반드시 "평칭의 인명명사 지칭 접미사"라고 할 수 없다고 한다.

그러나 글쓴이의 입장에서, 인명에 연결되는 접사 '-이'의 속성을 파악하면 위에서 제시한 송철의(1989 : 102)에서와 같은 근거가 잉여적이 된다. 그러한 파생접사 '-이'의 속성들 가운데 한 가지인 [친숙성]이라는 개념을 이용하면, 대체로 한국인 화자들은 미국 대통령 '레이건'에 대해서 [-친숙성] 자질을 부여할 것으로 보인다. 따라서 '레이건+ø'형의 등장이 대화의 상황에서 특수한 상황을 제외하면 일반적이다. 그 반면에, '호진이형' 등에 대해서 대상 인물 '호진'에 대해서 예의 접사 '-이'가 연결된 것은 그러한 인물을 대하는 주위의 후배들이 그 선배에게 [+친숙성] 자질을 부여하였기 때문이다.[82]

---

82) 이 글의 초고에 대한 논의에서, 김한결 교수(2019.8.6. 이-메일)는 다음과 같은 보충 설명을 제시하여 주었다.

'호진'과 같이 폐음절로 끝나는 인명에 대하여 '호진이형' 대신 "호진형"으로 부르는 경우는 들어 보지 못했다. 만일 "호진형'이라는 형식이 (거의) 존재하지 않는다고 한다면, 인명 뒤에 결합하는 '형'이라는 호칭어/지칭어는 사실상 늘 [+친숙성] 자질을 동반한다고 보아야 한다.
그런데 '수진'과 같이, 동일하게 폐음절로 끝나는 여성 인명 뒤에 결합하는 '누나'의 경우에는, '수진이누나' 뿐만 아니라 '수진누나'도 (개인적으로) 가능한 것으로 보인다. 이러한 경우에는 이 글에서와 같이, [+친숙성] 자질로써 설명할 수 있다.
다시 말해서, "호진형' 대신 '호진이형'만 가능하다는 전제를 수용한다면, 이 경우 '-이'가 결합하는 이유는 ('수진이누나'의 경우와는 달리) 음절 구조나 음절수의 영향도 있다. 왜냐하면 이와 같은 규칙성은 의미 자질(혹은 화용적 자질)보다는 음운 자질과 관련짓는 것이 더 타당해 보이기 때문이다.(2019. 8. 6)

6.3 주격조사로서의 '-이' : 송철의(1983)에서 '낳(年齡)+-이>나이'의 사례

일찍이 송철의(1983)는 현대국어의 표준어를 중심으로 파생어 형성에 대한 역사성을 고찰하면서, 명사 '나이'(年齡)형이 중세어에서 ㅎ 종성체언 '낳'에서부터 주격조사 '-이'가 연결되어 단일 어간으로 재구조화를 수행한 통사적 구조로 소급하였다. 그리하여 '나이'는 역사적으로 '폴(繩) → 폴+-이>프리>파리' 등과 같은 변화 부류들과 같은 접사 '-이'가 첨가된 파생어 범주에 속하지 않는 것으로 보았다.[83] 송 교수가 그 논문에서 제시하는 근거는 다음과 같은 4가지 기준이다(1983 : 60).

(ㄱ) 중세어 문헌 예문에 주격형 '나히'의 출현 빈도가 다른 격 형태들보다 제일 높다; (ㄴ) 의문대명사 '누'(誰)에 의문첨사 '-고'가 빈번하게 연속되어 결국에는 '누고'가 단일 어간으로 재해석되었다. 또한, 인칭대명사 '나'(我)와 '너'(汝)의 주격형 '내'와 '네'가 그대로 굳어져 단일 어간으로 굳어져 여기에 개신형 주격조사 '-가'가 연결되어 '내가'와 '네가'로 사용된 현상과 '낳+-이>나이'의 유형도 동일한 것이다; (ㄷ) '낳'와 같은 ㅎ 종성체언에 명사파생접사 '-이'가 첨가된 예는 없다; (ㄹ) 명사파생접사 '-이'는 반드시 구체명사에만 첨가될 수 있다.

송철의(1983)에서 오늘날의 '나이'(年齡)가 주격형 '나히'의 재구조화라는 근거로 제시된 (ㄱ)과 (ㄴ)의 항목은 적어도 표면상으로 타당하다고 생각한다. 그러나 현대국어라는 개념을 좁은 표준어 중심이 아니라, 현대국어를 구성하고 있는 다양한 지역방언들로 구성된 총체라고 규정한다면, 접사 '-이'의 첨가와 관련된 (ㄷ)과 (ㄹ)의 제약은 무의미하다. 우선, 여러 지역방언에서 명사파생접사 '-이'가 중세어의 ㅎ 종성체언이었던 어근에도 생산적으로 연결되어 있기 때문이다.

---

83) 그 반면에, '폴(繩) → 폴+-이>프리'의 변화 유형에 대해서 일찍이 허웅(1965 : 519-520)은 '프리'(주격형), '프리라'(지정사 연결형)과 같은 결합이 반복되어, 그 결과로 언어 습득자들이 잘못 분석하여 '프리' 자체를 단일 어간으로 재구조화한 것으로 설명하였다.

(33) ㄱ. 네 알리 안이넌들 은나래이 업슬랏다(신재효 판소리 박타령, 358),
　　　蜀나래이 머다 ᄒ되(신재효 판소리 방애타령, 1),
　　　양나래 쥬흥스가(필사본 별춘향전, 217).

　　ㄴ. 바디가 말으면 용의 얼골을 능히 볼거시오(완판 84장본 춘향가, 하:22
　　　ㄴ), 연평바더 그무 갓치 얼키고(상동, 상:28ㄱ),
　　　바디물이 말나 뵈인이(상동, 하:22ㄱ), 바디가 ㅅ글난 듯 ᄒ더라(완판
　　　용문전, 37ㄴ),
　　　빅만 군졸이 큰 바더의 ᄲᅡ짐 갓틀지라(완판 초한전, 하.26ㄴ).

　　ㄷ. 나이/사리(年齡, 1874, 노한ᄌᆞ뎐, p.7), ᄯᅡ이(地, p.197), 코이(鼻, p.361),
　　　초이(酢, p.667), 조이(栗, p.513), 바다이(海, p.309), 셔이/셔편이(西,
　　　p.187), 모이/네모이(方, p.263), 노이/승ᄌ(繩, p.47), 파이/ᄯᅳᆯ파이(葱,
　　　p.289), 우이(ui, 上, p.49).

중세국어의 단계에 ㅎ 종성체언이었던 (33)ㄱ-ㄴ의 '나라'(國)와 '바다'(海)
형들은 19세기 후기 전라방언의 자료에 파생접사 '-이'가 연결되어 단일 어간
으로 재구조화된 다음에 여러 굴절형으로 등장하고 있다. 접사 '-이'가 어근
에 ㅎ 종성이 제거된 단계 이후에 적용된 상태일 수도 있다. 그러나 19세기
후기의 함북/육진방언을 반영하는 푸칠로의 『로한ᄌᆞ뎐』(1874)에서 추출된 보
기들은 ㅎ 종성체언이었던 역사적 단계에 접사 '-이'가 연결되었음을 가리킨
다. 그리하여 (33)ㄷ의 예들은 후대에 'ㅎ'이 탈락되었어도, 그 흔적으로 여전
히 이중모음으로 축약되지 못한 상태를 반영한다.[84]

이러한 상태에 등장하는 (33)ㄷ의 함북 방언형 '나이'(年齡)가 그대로 '내'로
축약되지 않은 단계에서 1930년대에 표준어로 수용된 사실이 특이하다. 19세
기 후반의 『한불ᄌᆞ뎐』(1880 : 261)과 Gale의 『한영ᄌᆞ뎐』(1897 : 355) 등에서 '나
이'형은 표제어로 사용되지 않았고, 그 대신 원래의 '나'로만 등록되었다. 그
러나 Underwood의 『한영ᄌᆞ뎐』(1890 : II, p.7)에서 표제어로 오늘날의 '나이'의

---

84) King(1991 : 12)는 육진방언에서 아직 축약되지 않은 '코이'(<곻), '조이'(<좋) 등의 방언형에
　　예전의 유령의 'ㅎ'(ghost h)가 내재되어 있다고 보았다.

선행 형태 '나히'(년셰, 년긔, 셜)의 모습이 등장하기 시작한다. 사정한 『조선어
표준말 모음』에서 '나이'에 대한 '나'형은 준말(略語)의 신분으로 취급되었는
데, 이러한 기준은 현대국어의 『표준국어대사전』(국립국어원)에도 그대로 계승
되어 있다.[85]

이러한 사실을 보면, 개음절 어근에 연결된 접사 '-이'가 어근말 모음과 이
미 축약되어 이중모음을 형성한 (33)ㄱ-ㄴ의 보기들도 19세기 후기 함북/육
진 방언형들과 동일한 상태를 그 이전의 시기에 유지하였을 가능성이 높다.
(33)ㄷ의 보기 가운데 19세기 후기의 함북 방언형 '코이'(鼻)는 이와 비슷한
시기와, 오늘날의 전라방언을 포함한 일부 남부방언에서는 축약되어 '쾨'로
재구조화되어 사용된다.[86] 더국 천자 셕코리 타고(완판 84장본, 춘향전, 상.35ㄴ), 쾨코
리 샹(象, 1845, 完山 千字文 27ㄴ; 1925, 동몽수독 千字文, 14ㄴ)(백두현 2007에서 인용).
이러한 '쾨'형은 아마도 '곻+-이 → 고히>코이>쾨'와 같은 연속적인 발달 과
정을 이들 지역방언에서 밟아 온 것으로 추정된다.

파생접사 '-이'는 구상명사에만 아니라, 개음절 체언의 추상명사 어근에도
적용되었다는 사실은 이 글의 §2-4에서 제시된 여러 예들에서 확인된다. 이

---

85) 또한, '나이'(年齡)가 보이는 특이성은 '-이' 접사의 첨가가 매우 생산적인 19세기 후기와 오
늘날의 전라방언에서도 이러한 형태론적 조정이 제외된 상태로 사용되고 있다는 사실이다.

나 만하야 노망한 중의 이 일일 당히노니(완판 84장본 춘향전, 하.32ㄱ),
이도령 : 네 나이 몃살이냐. 춘향 : 나은 이팔이요(완판 26장본, 별춘향전, 3ㄴ).

이러한 '나(歲, 年齡)형은 평안도방언에서도 분포되어 있다. 김이협(1981 : 116)에 따르면, 평
북방언에서 '나이'라는 단어 대신에 '나'만 쓰이고 있다. 또한, 곽충구(2012 : 131)는 시인 김
동환의 『국경의 밤』에 반영된 함북방언 어휘들을 검토하면서, 예의 '나'형에 대해서 표준어
'나이'의 지역 방언형으로 기술하였다.

86) (ㄱ) 쾨코리, 코키리(전남 咸平 「한글」 4권 3호, 16쪽), 쾨키리(함남 定平 「한글」 5권 3호, 18
쪽), 케키리(河東 辰橋, 「한글」 4권 5호, 12쪽).
쾨 비(鼻, 8ㄴ, 을유본 유합), 쾨커리 샹(象,6ㄱ-이상은 이 글의 §2에서 예문 (1)을 참
조),
(ㄴ) 눈은 퉁방울 갓고 쾨는 질병 갓고(필사본 27장본 장화홍년전, 196쪽),
(ㄷ) 小倉進平(1944 : 85) : [kʰo] → 전남 여수, [kʰɛ] → 경남 울산, [kʰe] → 경남 하동,
(ㅁ) 현평효(1985 : 240) : [kʰokʰri]∽[kʰwekʰiri].

글에서 논의된 접사 '-이'의 본질로 비추어 보면, 구상명사 어근에만 적용이
한정될 수 있는 근거는 찾을 수 없다. 추상명사 '심스'(心事)와 '앙화'(殃禍)형이
접사 '-이'가 첨가되어 주격조사 '-가'와 대격의 '-를'과 통합되는 굴절 형태
를 서로 성격이 상이한 자료에서 추출하면 다음과 같다. (ㄱ) 심시를 더욱 뎡티
못호쇠(心事ㅣ, 1683, 나주 임씨 <임창계선생묵보>, 345쪽),87) (ㄴ) 삼ㄱ호면 앙해가 몸의
밋치 아니ㅎ오니(19세기 초반, 필사본 묘대천본 <교린수지>, 4.22ㄴ); cf. 삼가면 몸에 앙화
가 밋치지 아니 허오리라(1881, 초간 <교린수지>, 4.24ㄴ).

송철의(1983)에서 '나이'형이 중세국어의 체언 '낳'(年齡)에 빈번하게 연결된
주격조사 '-이'에 의한 재구조화로 단일어화로 형성되었을 것이라는 해석과
대조하여, 주격조사의 출현 빈도가 처격조사의 그것보다 비교적 낮은 방향
지시어 '웋'(上)형이 20세기 초기의 현대국어에서 '위'로 변화된 예를 같이 상
세하게 검토해 볼 만하다(최전승 2004 : 280-290).88) 우, 우헤, 우희, 우업다(1912, 법한
ᄌ뎐, p.1360), 우희(1897, 한영ᄌ뎐, p.103).

6.4 15세기 국어에서 3종류의 '-이' :
구본관(1997)에서의 형식 언어학의 논리

구본관(1997)은 15세기 국어 파생접미사를 대상으로 의미와 통사범주를 바

---

87) 이 예문은 『조선후기 한글 간찰(언간)의 역주연구』(3), 이강호 외, 태학사, 2005에서 인용한
것이다.
88) 오늘날의 '위'(上)는 19세기 후기와 20세기 초반의 지역방언의 자료에서는 대부분 '우'형으로
등장한다.

   (ㄱ) 19세기 후기 전라방언 : 이 우에 더 할소냐(완판 84장본 춘향전, 상:27ㄱ), 우으로 황상
      을 쇠기고(완판 대봉, 상:6ㄴ), 수리 우여 실여(완판 초한전, 상:29ㄴ),
   (ㄴ) 19세기 후기 중부방언 : 나무 우희 놋코(1896, 독립신문, 1권 88호), 우희로 나라 를 돕고
      (2권 85호), 우희 사름이 아래 사름을(상동, 1권76호), 그 직권 우희로(상동, 1권77호),
      산 우희로 통ㅎ야(1894, 텬로력뎡, 43ㄴ), 수리 우희로(좌동, 117ㄱ),
   (ㄷ) 20세기 초반의 함북방언 : čib uu hərə(위를, 1902, 「철자교과서」83 : 55), muri olla uru
      wašə(위로, 「철자교과서」 47 : 35), pusuk'ɛ ue(위에, 「철자교과서」 90 : 72), tʃibuŋ uulli
      (집웅 위로, 「로한소사전」 p.81).

꾸지 않는 접미사 부류를 논의하는 자리에서 주로 인명명사, 동물 명칭 등에 연결되는 '-이'를 대상으로 검토하였다. 구 교수는 같은 논문에서 인명명사에 결합되는 '-이'는 이광호(1986)에서 지적한 것과 같이 "통사구성요소"이기 때문에 파생접사의 범주에 속하지도 않으며, 동시에 조사나 어미와 같이 문법기능을 발휘하는 성분도 아니므로 굴절접사로도 볼 수 없다고 보았다(1997 : 117). 그리하여 '-이'는 파생접사나 굴절접사의 범주에 속하지 않은 제3부류의 의존성을 가지고 있는 문법형태소로 취급된다고 하였다(또한, 양정호 2014 : 23 을 참조).

그리하여 구본관(1997 : 120)은 동물 명칭에 연결되는 '-이'와 인명의 고유명사의 '-이'가 속한 문법범주를 다르게 파악한다. 그렇게 판단하는 근거는 다음과 같다. (ㄱ) 인명명사에 연결되는 '-이'는 통사론의 현상인 반면에, 동물 명칭에 연결되는 '-이'는 어휘부 안에서 단어형성 규칙에 의해서 결합되는 형태론의 현상이다. (ㄴ) 인명명사의 '-이'는 '평칭 혹은 친근함'을 표시하는 요소인 반면에, 동물 명칭에 연결되는 '-이'는 N+ø와 N+-i형 간에 어떠한 의미적 대립을 추출할 수 없다는 것이다.

또한, 구본관(1997 : 121)은 동물 명칭에 연결되는 '-이'의 형성에 대해서 다음과 같은 두 가지의 관점을 제안한다. (1) 그것은 평칭의 인명 고유명사에 연결되는 접사 '-이'에 유추되어 형성된 것이다. 그렇지 않으면, (2) 중세국어에서 의성·의태어에 '-이'가 접미되어 해당 동물 명칭으로 사용되고 있기 때문에, 이 문법형태소는 동물 명칭을 만드는 파생접사에 속한다. 그리고 의존형태소의 신분으로 '-이'가 15세기 국어에 등장하는 또 다른 유형인 무정물 명사의 경우에 구본관(1997 : 126)은 해당 체언에 주격조사 '-이'가 통합된 것으로 파악하였다. 구 교수가 제시한 예에 따르면, 중세국어의 문헌 자료에 의미 차이가 없이 등장하는 공시적 교체형 '털(毛)∽터리'의 경우에 "털+주격조사 '-이' → 터리"의 통사구성이 어휘화되어 화자에게 단일어로 인식된 것이다.

중세국어에 등장하는 3종류(인명명사, 동물명사, 무정물명사 부류)의 '-이'에 대한 위와 같은 각각의 개별적인 구본관(1997 : 121)의 해석은 형식(formal) 언어학의 영역에서 기계적 절차에 따라서 행하여진 것으로 보인다. 따라서 구본관(1997)의 '-이'에 대한 관심은 당장 15세기 국어 자료에 국한하더라도 매우 좁혀져 있다. 우선 인명명사에 연결되는 파생접사 '-이'의 사례에서도 그 기능이 "평칭을 지칭하는 친근성"에 있다고 한다면, 어떠한 이유로 폐음절 인명의 어근에만 적용되었는지 설명하지 못하고 있다. 그러한 '-이'의 기능이 역시 개음절 어근의 인명명사에도 적용되어야 한다. 국어사 자료를 통해서 개음절의 인명명사에 접사 '-이'가 생산적으로 통합되어 등장한다(이 글에서 §5.2를 참조). 인명에 부가된 '-이'가 화용론적 속성을 지닌 성분으로 기저의 통사·의미 구조에 관여하는 통사적 현상(이광호 1986; 구본관 1997)이라면, 개음절 어근의 인명명사에도 역시 동일하게 적용되지 못할 이유가 없다.

명사파생접사 '-이'의 연결과 관련하여 동물 명칭의 어근에서도 역시 같은 말을 할 수 있다. 15세기 국어에서 동물명칭 'ᄉᆞ지'(獅子)의 대격조사와의 통합형 'ᄉᆞ지를'이나, 단독형 'ᄉᆞ지'형의 존재는 구본관(1997)의 접사 '-이'에 대한 논의에서 제외되어 있다(이 글에서 §2.1을 참조). 15세기 국어 'ᄉᆞ지'의 반사체들이 'ᄉᆞ지>사ᄀᆡ>사지'의 변화 과정을 밟아서 1920년대의 사전 표제어 '사지'로 등장하는 사실에 비추어 보면(ᄉᆞ지 : 獅子의 轉, 사지춤, 사지코, 사지탈(1920, 『朝鮮語辭典』, p.444)), 파생접사 '-이'의 적용 영역이 넓었을 것이 분명하다.[89]

이 글에서 논의한 파생접사 '-이'가 보유하는 사회언어학적 또는 화용론적 속성에 비추어 보면, '-이'의 적용 대상은 개음절과 폐음절 어근의 (ㄱ) 인명명사, (ㄴ) 지명, (ㄷ) 유정물·무정물의 동물과 식물, 및 보통명사와, (ㅁ) 추

---

89) 현대국어에서 개음절 어근의 명사에 적용되었던 파생접사 '-이'는 어근말 모음과 융합하여 이중모음을 형성한 다음에 단모음화된다. 예를 들면, '사지'(獅子)의 경우에, 원래의 한자명 '獅子'와 현실 발음 '사지'의 불일치가 초래되었기 때문에, 본래의 한자음으로 교정되어 환원되는 경향이 강하게 작용한 것으로 보인다. 이와 같은 교정은 지명의 경우나, 특히 불투명해진 개음절 인명에 적용된 것이다. 이 글에서의 각주 (80)을 참조.

상명사 어근에까지 확산되어 있었다. 글쓴이가 파생접사 '-이'를 취급하는 이러한 관점은 대체로 기능(functional) 언어학의 접근 방식에 있다. 글쓴이가 이해하는 기능적 접근 방식이란 말이 화자와 청자가 의사전달을 하는 현장에서 어떤 목적으로 어떻게 구체적으로 사용되고 있는가를 맥락/상황 속에서 파악하고자 하는 것이다(Givon 2001; Bybee 2015). 15세기 국어를 포함한 근대국어 단계에 등장하는 파생접사 '-이'가 가지고 있는 사회언어학적 및 화용론적 속성은 오늘날의 지역방언에서 쓰이고 있는 대화의 맥락 속의 기능을 추출해서 "동일과정설"(uniformitarian principles : Labov 1994 : 21-23)의 원리를 이용하여 과거의 역사적 단계의 상황으로 유추해 본 것이다.

6.5 접사 '-이'의 형태론적 조정을 받은 음성변화의 진로

지금까지 §§6.1-6.4를 통해서 검토한 명사파생접사 '-이'의 기능적 본질을 전제로 하여, 현대국어 표준어와 지역방언에서 해당 '-이'의 형태론적 개입이 없이는 순수한 음성변화의 측면으로 그 발달의 과정을 이해하기 어려운 몇 몇 어휘들을 이 글에서 논의된 순서대로 다시 정리하기로 한다. 아래의 보기들은 주로 개음절 어근의 명사에 한정한다.

(34-1) 미르/미른(龍)>미리 : 미르/미른+-이 → 미릐/미리>미리',

(-2) 술고(杴)>살귀, 살궤, 살기 : 술고+-이 → 술괴>술귀>살귀>살긔>살기,

(-3) 투구(盔)>투귀, 투기 : 투구+-이 → 튀귀>튀긔>튀기,

(-4) 수즈(獅子)>사지 : 수즈+-이 → 수진>사즤>사지,

(-5) 팔즈(八字)>팔재 : 팔즈+-이 → 팔진>팔재,

(-6) 바룰(海)>바리; 바룰+-이>바리(17세기 국어 지역방언),

(-7) 가마(釜)>가매 : 가마+-이 → 가매>가매,

(-8) 신하(臣下)>신해 : 신하+-이 → 신해(18세기 국어 지역방언),

(-9) ᄀᆞ오(누르-, 壓夢)>가위(눌리-) : ᄀᆞ오-+-이 → *ᄀᆞ외>ᄀᆞ위>가위,

(-10) 오도(棊棋)>오디 : (ㄱ) 오도+-이 → *오되>오뒤>오듸>오디;

(ㄴ) *오되>오듸>오대,

(-11) 셜마(雪馬)>썰매 : 셜마+-이 → 셜매>썰매,

(-12) 동토(東土)>동틔 : 동토+-이 → *퉁퇴>동튀>동틔>동틔,

(-13) 반도(螢)>반디 : 반도+-이 → 반되>반뒤>반듸>반디,

(-14) 가가(假家)>가게 : 가가+-이 → 가개>가게,

(-15) 따보(耒)>따비 : 따보+-이 → *따뵈>따뷔>따븨>따비,

(-16) 박亽(博士)>박수, 박시 : (ㄱ) 박亽+-이 → *박싀>박수,
　　　　　　　　　　　　　(ㄴ) *박싀>박싀>박시,

(-17) 판亽(判事)>판수 : 판亽+-이 → *판싀>판수,

(-18) 손亽(孫子)>손지, 손주 : (ㄱ) 손亽+-이 → *손직>*손쥐>손주,
　　　　　　　　　　　　　(ㄴ) *손직>*손직>손지,

(-19) 댱亽(商人)>장수, 장시 : (ㄱ) 댱亽+-이 → 댱싀>댱수>장수,
　　　　　　　　　　　　　(ㄴ) 댱싀>댱싀>댱시>장시,

(-20) 판亽(板子)>판지/널빤지 : 판亽+-이 → 판지>판직>판지,

(-21) 곽지우(郭再祐)>곽지위 : 곽지우+-이 → 곽지위(18세기 국어 지역방언),

(-22) 아모(某)>아뫼 : 아모+-이 → 아뫼(18세기 국어 지역방언),

(-23) 리셩화(李成化)>리셩왜 : 리셩화+-이 → 리셩왜>리셩왜;
　　　김셩오(金聖五)>김셩왜 : 김셩오+-이 → 김셩왜;
　　　김셩노(金聖魯)>김셩뇌 : 김셩노+-이>김셩뇌,
　　　(이상은 1930년대 함북 온셩방언),

(-24) 낳(歲)>나이 : 낳+-이>나히>나이; 낳>나(지역방언),

(-25) 나랗(國)>나래 : 나랗+-이>나라히>나라이>나래(19세기 후기 전라방언),

(-26) 바닿(해)>바대 : 바닿+-이>비다히>바다이>바대(19세기 후기 전라방언),

(-27) 코(鼻)>쾨 : 콯+-이 → 코히>코이>쾨, 쾨코리/쾨커리(象),

(-28) 『동국신속삼강행실도』(1617)와 『순천김씨묘 출토언간』(전철웅 1995; 조
　　　항범 1998), 『현풍곽씨언간』(백두현 2003; 황문환 외 2013)에 등장하는
　　　다양한 개음절 어근에 첨가된 '-이'의 인명명사와 지명명사 또는 보통명
　　　사의 유형들은 잘 알려져 있기 때문에 생략함.

참고논저

강희숙(2010), "/j/첨가와 전남방언 분화", 『한민족어문학』 제57호, 227-251, 한민족어문학회.

고광모(2014), "주격조사 '-가'의 발달", 『언어학』 제68호, 93-118, 한국언어학회.

고영근(1995), "파생접사의 분석 한계", 『단어·문장·텍스트』, 58-62, 한국문화사.

고영근(1998), 개정판 『표준 중세국어문법론』, 집문당.

곽충구(1994), 『함북 육진방언의 음운론-20세기 초 러시아의 Kazan에서 간행된 문헌자료에 의한-』, 국어학 총서 20, 태학사.

곽충구(1999), "육진방언의 어휘", 『국어어휘의 기반과 역사』, 617-669, 태학사.

곽충구(2013), "<國境의 밤>(김동환)의 표기와 함북방언 어휘", 『국어국문학』 제165호, 131-149, 국어국문학회.

구본관(1997), "의미와 통사범주를 바꾸지 않는 접미사류에 대하여-15세기 국어파생접사를 중심으로-", 『국어학』 제29호, 113-140, 국어학회.

구본관(2005), "국어 접미사의 분류에 대한 재검토", 『우리말 연구 서른아홉 마당』, 13-40, 태학사.

권인환(1995), "朝鮮館譯語의 음운론적 연구", 서울대학교대학원 박사학위논문.

김양진(2006), 『우리말 수첩』, 정보와사람.

김영배(2000), "『석보상절』 제3의 오각과 희귀어에 대하여", 『국어사자료연구』, 399-430, 월인.

김영신(1980), "『東國新續三綱行實圖』의 국어학적 연구", 『부산여대논문집』 9집, 1-58, 부산여자대학.

김완진(1971), "이른 시기에 있어서의 韓中 言語接觸의 一斑에 대하여", 『국어음운체계의 연구』, 96-114, 일조각.

김완진(1973), "국어 어휘 마멸의 연구", 『진단학보』 제35집, 150-173, 진단학회.

김이협(1981), 『평북방언사전』, 한국정신문화연구원.

김주원(1994), "18세기 황해도 방언의 음운현상", 『국어학』 제24집, 19-44, 국어학회.

김주원(1996), "18세기 평안도 방언을 반영하는 『염불보권문』에 대하여, 『음성학과 일반언어학』, 이현복 엮음, 서울대학교 출판부.

김진우(2011), Two undercurrents in Korean phonology, 『한국어와 문화』, 269-290, 연세대학교 한국문화연구원.

김한별(2015), "19세기 전기 국어의 음운사 연구", 서강대학교 대학원 박사학회논문.

김한별(2018), "국어 형태・음운사에서의 하향성 활음 /y/ 첨가에 대한 음운론적 해석", 『방언학』 제28호, 109-147, 한국 방언학회.

김한별(2019), "『<학봉 김선성힝장』(鶴峰 金先生行狀)의 서지와 언어", 『언어와 정보사회』 제36호, 37-81, 언어와 정보사회 회

김한별(2019ㄱ), "<학봉김션성힝장>(鶴峰金先生行狀) 판독과 주석", 원고본.

남기심・고영근(1993), 『표준 국어문법론』, 탑출판사.

남풍현(1968), "15세기 언해문헌에 나타난 정음표기의 중국계 차용어사 고찰", 『국어국문학』, 39-40호, 국어국문학회.

박상규(2009), "무당 및 무속어계에 대한 의미와 어원탐색의 단견", 『우랄・알타이 관계 민요, 어휘, 민속, 종교 연구』, 349-368, 역락

박용후(1988), 『제주방언연구』(고찰편), 과학사.

박재연・김민지(2009), "중한번역문헌연구소 소장 한글필사본『노릉지』에 대하여, 『한민족문화연구』 제29집, 61-88, 선문대학교 한민족문화연구소.

백두현(1992), 『영남 문헌어의 음운사 연구』, 국어학총서 19, 태학사.

백두현(1992ㄱ), "<직조번방지>(再造藩邦志)의 서지・국어학적 연구", 『성곡논총』 제23호, 1831-1877, 성곡학술재단.

백두현(1997), "19세기 국어의 음운사적 고찰-모음론", 『한국문화』 20집, 1-47, 서울대학교 한국문화연구소.

백두현(1998), "영남 문헌어에 반영된 방언어휘 연구", 『국어학』 제32집, 231-232, 국어학회.

백두현(1999), "영남방언의 통시적 변천", 『민족문화논총』 제20집, 23-54, 경북대 민족문화 연구소

백두현(2000), "<현풍 곽씨 언간>의 음운사적 연구", 『국어사자료연구』, 창간호, 97-130, 국어사자료학회.

백두현(2003), 『현풍 곽씨언간 주해』, 태학사.

백두현(2013), "영남지역 국어사 자료의 연구 성과와 연구 방향", 한국문학언어학회 2013 년 제5차 학술대회(2013.8.13.) 발표 원고, 1-29.

성희제(2007), "전래지명에 나타난 지명접미사 '-이'에 대하여", 『한국언어문학』 제63집, 29-50, 한국언어문학회.

소신애(2015), "체언 어간말 'ᄋ>오' 변화에 대하여", 『국어학』 74집, 175-206, 국어학회.

소신애(2018), "'ᄋ' 말음 체언의 통시적 변화", 『국어국문학』 제183호, 37-64, 국어국문학회.

송철의(1983), "파생어 형성과 통시성의 문제", 『국어학』 제12집, 47-72, 국어학회.

송철의(1989), "국어의 파생어형성 연구", 서울대학교 대학원 박사학위논문.

안병희(1971), "한국어 발달사(중), 文法史", 『한국문화사대계』 9(언어・문학사), 167-201, 고려대학교 민족문화 연구소

안병희(1977), "초기 한글표기의 고유어 人名에 대하여", 『언어학』 제2호, 65-72. 한국언어학회.

양정호(1991), "국어 파생접사연구", 『국어연구』 105호, 서울대 국어연구회.

양정호(2014), "중세국어 명사파생법의 연구 성과와 과제", 『국어사연구』 제21호, 7-32. 국어사학회.

여은지(2016), "국어 하향이중모음의 변화 연구", 전북대학교대학원 박사학위논문.

유창돈(1964), 『이조국어사 연구』, 선명문화사.

유창돈(1971), 『이조어휘사 연구』, 선명문화사.

이광호(1985), "미지(未知)의 '이'를 찾아서", 『어문학』 제5집, 67-83, 국민대 어문학연구소.

이기갑 외(1997), 『전남방언사전』, 전라남도, 태학사.

이기갑(2005), "전남 방언의 파생접미사(1)", 『언어학』 제41호, 159-191, 대한언어학회.

이기문(1968), "朝鮮館譯語의 종합적 검토", 『논문집』(인문, 사회과학), 제14호, 43-80, 서울대학교.

이기문(1971), "'州'의 古俗音에 대하여", 『장암 지헌영선생 화갑기념논총』, 585-596. 형설출판사.

이기문(1983), 『훈몽자회 연구』, 한국문화연구총서 5, 서울대학교출판부.

이기문(1991), 『국어 어휘사 연구』, 동아출판사.

이기문(2014), "어원 연구의 뒤안길"(3), 『한국어연구』 제11호, 21-125, 한국어연구회.

이기문·손희하(1995), 『천자문 자료집』(-지방 천자문 편-), 도서출판 박이정.

이능화(2008), 『조선무속고』, 서영대 역주, 창작과비평.

이/리득춘(1987), 『조선어 어휘사』, 연변대학출판사.

이상규(1999), 『경북방언문법연구』, 박이정.

이상규(2013), "을유본 『유합』에 나타나는 김해방언", 『방언학』 제17집, 229-259, 한국 방언학회.

이숭녕(1939/1988), "조선어 이화작용에 대하여", 『이숭녕 국어학선집』(1), 11-41, 민음사.

이숭녕(1954), 『국어음운론연구』(증보판), 제1집 'ᆞ'음고, 한국문화총서 제7집, 을유문화사.

이숭녕(1958), "주격 '가'의 발달과 그 해석", 『국어국문학』 제19집, 국어국문학회.

이숭녕(1961/1981), 『중세국어문법-15세기어를 주로 하여-』, <국어학총서>1, 을유문화사.

이숭녕(1961/1984), 『국어조어론고』, 을유문화사.

이숭녕(1978), 『제주도방언의 형태론적 연구』, 탑출판사.

이진호 외(2009), 『小倉進平과 국어음운론』, 제이엔씨.

이호권(2001), 『석보상절의 서지와 언어』, 국어학총서 39, 국어학회.

이화숙(2004), "석보상절 권3에 대한 일고찰", 『국어사연구』 제4호, 283-314. 국어사학회.

임석규(2002), "패러다임을 바탕으로 한 곡용어간의 재구조화", 『형태론』 제4권 2호, 319-338, 형태론학회.

전광현(1971/2003), "18세기 국어의 일고찰-『윤음언해』를 중심으로-", 『국어사와 방언』(1) 에 수록, 113-157, 도서출판 월인.

전철웅(1995), "『청주북일면 순천김씨묘 출토간찰』의 판독문", 『호서문화연구』 제13집, 225-281, 호서문화연구소.

정승철(1994), "제주도 방언의 파생접미사-몇 개의 재구형을 중심으로-", 『대동문화연구』 제30집, 359-374, 성균관대학교 대동문화연구소.

정승철(2000), "제주본 『훈몽자회』의 漢字音", 『한국문화』 25, 1-16, 인하대학교 한국문화 연구소.

정열모(1933), "대명사에 대하여", 『한글』 제1권 7호, 275-278, 조선어학회.

정우영(2002), "『월인석보』 권20의 어휘연구", 『국어국문학』 제131호, 국어국문학회.

정재영(1998), "정조의 기아 구휼법, 『字恤典則』", 『문헌과 해석』, 가을호, 25-47, 문헌과 해석학연구회. .

정향란(2010), 『연변방언의 곡용과 활용』, 한국학술정보.

조남호(1993), "한자어의 고유어화", 『국어사 자료와 국어학의 연구』(안병희선생 회갑기념 논총), 842-854, 문학과지성사.

조세용(1991), 『한자어계 귀화어 연구』, 고대민족문화연구소.

조 량(2008), "한국어 및 알타이 제어 巫覡 명칭의 비교연구", 서울대학교대학원 석사논문.

조항범(1998), 『주해 순천김씨묘 출토간찰』, 태학사.

조항범(1988ㄱ), "동물 명칭의 어휘사", 『국어 어휘의 기반과 역사』, 93-210, (심재기 편), 태학사.

주갑동(2005), 『전라도 방언사전』, 수필과비평사.

지춘수(1997), "어휘변화의 한 양상", 『국어학연구의 새 지평』(성재 이돈주 선생 화갑기 념), 1153-1178, 태학사.

최동주(2003), "동해안 방언의 문법", 『동해안 지역의 방언과 구비문학 연구』, 63-115, 영 남대출판부.

최전승(1979), "명사파생 접미사 -i에 대한 일고찰", 『국어국문학』 79-80집, 245-265, 국어 국문학회.

최전승(1982), "비어두음절 모음의 방언적 분화(u∽i)와 접미사 -i의 기능", 『정병욱선생 화갑기념논총』, 154-175, 신구문화사.

최전승(1988), "파생법에 의한 음성변화와 어휘대치의 몇 가지 유형", 『한글』 제200호, 24-56, 한글학회.

최전승(2016), "근대국어 후기 '으'의 전설(구개)모음화 현상과 그 과도교정의 역동성에 대 한 일고찰", 『어문교육연구』 제11호, 7-120, 전북대학교 교과교육연구소.

최전승(2019), "공시적 음운현상들의 표면적 수렴과 상이한 역사적 내적 과정-소위 전설 모음화 '-르>-리'의 형성을 중심으로-, 경북대학교 국어국문학과 BK21 플러스 <영남지역 문화어문학 연구 인력양성 사업단> 전문가 초청 특강집, 1-49.

최학근(1976), "M. 푸찔로의 『로한사전』에 대하여", 『관악어문연구』 제1집, 117-154, 서울 대인문대학국어국문학과.

최학근(1990), 『증보 한국방언사전』, 명문당.

하치근(2010), 『우리말 파생형태론』, 도서출판 경진.

허 웅(1955), "말의 소리는 어떻게 變하는가", 『국학논총』(용재 백낙준박사환갑기념), 343-456, 사상사.

허 웅(1965/1985), 『국어 음운학』, 샘문화사.

허 웅(1968), "서기 15세기 국어를 대상으로 한 조어법의 기술방법과 몇 가지 문제점", 『동아문화』 제6호, 1-53, 서울대 동아문화연구소.

허 웅(1975), 『우리 옛말본』, 샘문화사.

현평효(1962), 『제주도 방언연구』(자료편), 정연사.

현평효(1966), "제주도방언형태소의 이형태에 대하여", 『가람 이병기박사송수논문집』, 485-501, 삼화출판사.

홍윤표(1969), "15세기 국어의 격 연구", 『국어연구』 제21호, 국어연구회.

홍윤표(1985), "『歷代 千字文』과 서부 동남방언", 『국어학논총』, 585-605, 어문연구회.

홍윤표(1994), "주격조사 '-가'에 대하여", 『근대국어연구』(1), 347-423에 수록, 태학사.

황대화(2007), 『황해도방언연구』, 한국문화사.

황문환 외(2013), 『조선시대 한글편지 판독자료집』 1, 한국학중앙연구원 어문생활사연구소, 역락.

藤本幸夫(1980), "朝鮮版 『千字文』의 系統", 『朝鮮學報』 제94집, 63-117, 조선학회.

白鳥庫吉(1929), "高麗史에 등장하는 蒙古語의 해석", 『東洋學報』 제18권 제2호/白鳥庫吉著作集 제3권에 수록, 393-484, 태학사영인본.

小倉進平(1930), 『咸鏡南道 및 黃海道의 方言』, 경성제국대학, 近澤商店印刷所.

小倉進平(1939-1940), "朝鮮語에 있는 外來語"(中), 『小倉進平博士著作集』(四), 433-488, 경도대학문학부 국어국문학연구실 편, 경도 국문학회.

小倉進平(1944), 『朝鮮語의 方言』, 이진호 역주 『한국어 방언 연구』, 2009, 전남대학교출판부.

河野六郎(1945), 『朝鮮方言學試攷』, 東都書籍. (『한국어 방언학 시론』, 2012, 이진호 역주, 전남대학교 출판부).

Barton & Muddiman.(2001), *The Oxford Bible Commentary*, Oxford University Press.

Bybee, Joan.(2015). *Language Change,* Cambridge University Press.

Croft, William.(2000), *Explaining Language Change*, Pearson Education Limited, Longman.

Eckardt, P. A.(1923), *Koreanische Konversations-Grammatik* mit Lesestücken und Gesprächen, Heidelberg : Julius Groos. [역대문법대계] (김민수·하동호·고영근 편, 1977, 탑출판사 ② 23에 수록].

Geetaerts, Dirk.(2010), *Theories of Lexical Semantics,* Oxford University Press.

Givon, T.(2001), *Syntax,* Volume 1, John Benjamins Publishing Co.

Harris, Alice. & L. Campbell(1995), *Historical Syntax in Cross-linguistic Perspective,* Cambridge University Press.

Hopper & Traugott.(1993), *Grammaticalization,* Cambridge University Press.

Jung Young Lee.(1973), Concerning the origin and formation of Korean Shamanism, *Numen,* Vol. 20, 135-159. downloaded from https/www.justor.org/terms. 2019.3.25.

King, J. R. P.(1991a). *Russian Sources on Korean Dialects,* Unpublished Hard University Ph.D Dissertation.

King. J. R. P.(1991). Dialect Elements in Soviet Korean Publications from the 1920s, <*Proceedings of the VIIth ICON,* The Non-Slavic languages of the USSR>. 1-39.

Labov, William.(1994), *Principles of Linguistic Change* Internal Factors, Blackwell.

Lass, Roger.(1980), *On Explaining of Language Change,* Cambridge University Press.

Lass, Roger.(1997), *Historical Linguistics and Language Change,* Cambridge University Press.

Menges, K. H.(1968), Die Tungusischen Sprachen, *Handbuch der Orientalistik, Erste Abteilung, Fünfter Band Altaistik, dritter Abschnitt Tunguslogie,* Brill, Köln.

Ramstedt, G. J.(1939), *A Korean Grammar,* Helsinki : Suomalais-Ugrilaisen Seura.

Ramstedt, G. J.(1939/1951), Alte Türkische und Mongolische Titel, *Aufsätze und Vorträge von G. J. Ramstedt,* 59-82, bearbeitet und herausgegeben von Pentti Aalto, Helsinki.

Ridel, Félix-Clair(1881), *Grammaire Coréenne,* Yokohama : Imprimerie de L. Lévy et S. Salabelle. [역대문법대계(김민수·하동호·고영근 편, 1977, 탑출판사) ② 19 에 수록]

Roth, P. Lucius.(1936), *Grammatik der Koreanischen Sprache,* Abteil St. Bennedikkt. [역대문법대계(김민수·하동호·고영근 편, 1977, 탑출판사) ②25에 수록].

Scalise, Sergio.(1984), *Generative Morphology,* 전상범 역, 『생성형태론』, 한신문화사.

Traugott, Elizabeth & R. Dasher.(2002), *Regularity in Semantic Change,* Cambridge Studies in Linguistics 97, CUP.

Traugott, E. C.(2003), From subjectification to intersubjectification, in *Motives for*

Language Change, edited by Raymond Hickey, 124-139, Cambridge University Press.

Von Gabain.(1950), *Alt Türkische Grammatik*, Otto Harrassowitz, Leipzig.

제7장

국어사 한글 자료에 반영된 언어 현상과
언어 변화의 해석에 대한 몇 가지 대안적 고찰*
─주로 음운사의 측면에서 ─

1. 서론 : 사실과 허구

글쓴이는 국어의 역사를 고찰하는 연구의 본질을 가리키고 있는 적절한 비유 하나를 여기에 인용하면서, 국어사에서 아주 미세하고, 부분적인 영역 일부를 개략적으로 논의하려는 글을 시작하려고 한다.

> (1) 모든 역사가 그런 것처럼 국어의 역사도 하나의 허구입니다. 국어사를 쓰는 일은 헛집을 짓는 일입니다.(이기문 2005 : 23).

위의 인용문은 이기문 선생이 2005년 4월 20일 연세대학교에서 열린 <국어사 학술발표 대회>에서 발표한 주제 논문 "국어사 연구의 회고와 전망"에서 나온 첫 구절이다.[1] 국어사를 평생 연구해 오고 있는 老大家에게서 나온

---

* 이 글은 2014년 여름 국어사학회 전국학술대회(전북대학교, 7월 10일~11일)에서 주제 특강으로 발표되었다. 이 글의 초고를 검토하고 건설적인 비평과 잘못을 지적한 고동호(전북대), 서형국 (전북대), 백두현(경북대) 교수에게 깊은 감사의 말씀을 드린다. 그러나 이 글에서 파생되는 모든 잘못은 글쓴이에게 있다.

1) 2005년 4월 <국어사 학술발표 대회>에서 발표되었던 논문들은 나중에 『국어사 연구 어디까지 와 있는가』(임용기·홍윤표 편, 태학사, 2006)라는 제목의 단행본으로 간행되었다.

이러한 첫 구절이 아직도 풋내기에 지나지 않는 글쓴이에게 큰 인상을 남겼다. 그래서 이 구절이 지금도 여전히 뇌리에서 떠나지 않는다. 그러면서 글쓴이는 이기문 선생이 사용한 "허구"와 "헛집"이라는 표현은 국어사 연구에서 지금까지 제기된 학문적이고 체계적인 "가설"의 집합에 해당되는 말일 것이라는 생각을 아주 천천히 하게 되었다.[2]

국어학 연구의 다른 영역에도 해당되는 말이지만, 지금까지 수많은 학자들에 의해서 부단히 쌓아올린 국어사의 훌륭한 연구 성과물들은 그 자체 국어 역사의 구상적인 사실이 아니라, 그러한 추정된 사실에 대한 관찰과 기술을 바탕으로 이루어진 해석과 설명이다.[3] 자료로서 존재하는 역사적 사실은 그 자체 불변이지만, 이러한 사실들의 인과성과 지속성 및 그 구조적 배경을 파악하려는 우리의 해석과 설명은 하나의 가설로 성립된다고 생각한다. 우리가 하나의 해석 또는 설명의 방식으로 제시하는 가설은 실증적인 역사적 자료를 바탕으로 하지만, 여기서 몇 단계 벗어난 추상적인 추론과 전제로 이루어진 복잡한 그물망 또는 거미줄과 같은 것이라고 한다(Stockwell 1969 : 228). 여기서 이루어진 추론과 전제의 결과인 가설들의 집합은 우리가 근거하는 언어 이론의 흐름과, 대상에 대한 인식의 변화에 따라서 끊임없이 교체되고, 수정될 수밖에 없다.

예를 들면 구조주의 언어학의 전성시대에는 음운변화는 인지되지 않는 무의식의 층위에서 매우 점진적으로 진행되어 온 역사적 산물이기 때문에, 우리는 그것을 직접 관찰할 수 없다고 하였다(Hockett 1965 : 192). 또한, 1960년대 생성이론에서는 음운변화는 화자들의 언어수행에서가 아니라, 언어능력에서

---

2) 이와 같은 말을 글쓴이는 예전에 다른 맥락에서 사용한 적이 있다(최전승 2009 : 347).

3) 역사언어학에서 언어의 변화에 대한 "설명"(explanation)이 갖고 있는 철학적 개념과 그 구성 조건과 유형, 그리고 "예측"에 관한 전반적인 논의는 Lass(1980; 1997 : 325-336)와 Harris & Campbell(1995 : 315-330)을 참조.
   이 글에서 글쓴이는 설명이라는 용어는 국어사 영역에서 연구자들이 일정한 역사적 언어 사실을 유기적으로 이해하고 결론으로 내린 해석 또는 가정에 해당되는 통상적인 용어로 사용하였다.

일어난 변화이며, 규칙의 첨가, 탈락 그리고 재배열 등의 방식으로 설명될 수 있다고 했다(King 1969).

그러나 공시적 음운변화의 발단과 그 확산 과정에 대한 사회언어학적 요인(연령, 사회계층, 성별, 사회조직망)과의 체계적인 상관관계를 대상으로 하는 1970년대부터 본격적으로 전개된 사회언어학에서의 음운변화는 다른 차원으로 인식된다. 그리하여 음운변화는 우리 주위에서 일어나고 있는 변이 현상(variation)으로 존재하며, 대부분의 변화는 진행 중에 있는 과정이어서 사회 속에서 직접 관찰될 수 있다고 한다(Labov 1972). 또한, 사회언어학에서의 기본적인 전제는 언어 변이는 단순히 혼란스러운 상황이 아니고 규칙적인 내적 질서를 보유하고 있으며 사회적 요인들과 유기적으로 연관되어 있는 대상이기 때문에, 변이는 언어변화의 원리를 이해하는 중요한 열쇠가 된다고 한다(Milroy 1992). 문법화 이론을 내세우는 1990년대의 기능 언어학에서는 화자들의 언어수행, 언어의 구체적인 사용에서 일어난 표면상의 변화가 언어능력에 수용되는 것이며, 언어체계를 재구성하게 된다고 주장한다(Hopper & Traugott 2003).

이와 같이 시대의 패러다임과 더불어 부침하는 이론들의 줄기찬 흐름 가운데에서도 국어사에서 변함없이 기본적으로 추구해온 작업 중의 한 가지는 불완전하고, 불충분한 문헌 자료의 기록물을 통하여 국어의 역사에 대한 정밀한 정보를 획득해 내는 방법론이었다. 국어사 연구는 문자로 작성된 기록물인 역대의 문헌 자료가 없이는 우리가 체계적으로 접근할 수 없다는 제약 속에서만 가능하기 때문이다. 역사적 단계에 존재하는 문헌 자료의 기록은 당시 화자들의 언어를 전달하는 불완전한 기호 매체에 불과한 것이며, 동시에 단편적이고 제한된 기록물에서 최대의 효과적인 언어 정보를 이끌어 내어야 한다. 우연하게 우리들이 접할 수 있는 문헌 자료의 기록(작성자가 분명한 필사본 부류와, 발신자와 수신자가 분명한 한글편지 등의 일부 범주는 제외하면)에서 그 작성자의 신분이나, 연령, 당시 속해 있었던 사회적 계층 등의 정보도 파악할 수 없는 경우도 많다. 또한, 문장 구성이나 표기상의 과오를 확인하거나 수정할 수 있는 장치도 없을뿐더러, 다른 방언의 혼입의 정도를 측정하기도 어렵다. 그런가 하면 다행이 이용할 수 있는 문헌 자료라 하더라도 언제나 위험한 誤讀의 잠재성을 안고 있는 영인본일 경우가 많다. 그렇기 때문에, 역사언어학은 불완전하고 단편적인 문헌 자료들을 분석하여 최선의 언어 정보를 이끌어내는 일종의 "예술"이라고 생각되어 오기도 한다(Labov 1994 : 11).

최근에 역사적 자료의 전산 자료화가 진행되어 국어사의 연구에서 이용할 수 있는 자료상의 영역이 확대되면서 그 관찰의 방법이 역사 사회언어학과, 화용론과 역사언어학을 결합시킨 역사 화용론의 영역으로 전개되어 가고 있다. 그래도 역시 국어사 연구의 기본은 개별적 또는 일정한 텍스트 범주에 속하는 일군의 문헌 자료에서부터 출발한다고 해도 지나친 말은 아니다.4) 따라서 일정한 역사적 단계에 존재하는 언어 현상에 대한 새로운 통찰력은 해당 문헌 자료의 기록물들에 대한 보다 더 체계적이고, 더 적절한 해석으로부터 획득될 수 있다는 언급까지 한다(Hock 1991 : 4). 그리하여 어느 시대의 특정한 문헌 자료를 통해서 기본적인 국어사 연구를 수행한다고 전제하면, 여기에 각각 세 가지 종류의 문제가 뒤따르게 될 것이다(Campbell 2000 : 328, Fischer 2007 : 12). 첫째, 어떠한 언어적 정보를 이끌어 낼 수 있는가(what). 즉, 언어가 변화하고 있다는 증거는 무엇인가. 둘째, 그것을 어떤 방식으로 추출

---

4) 1980년대에 개최된 제 5차 ICHL(국제 역사언어학 대회 발표논문집)에서는 "역사언어학과 문헌학과의 관계"에 대한 주제에 초점을 맞춘 5편의 주제 논문들과 집중 토론이 특별 분과에서 발표된 바 있다. 여기에 실린 다양한 주제 논문들은 역사적 문헌 자료에서 언어변화의 증거를 추출해 내는 방법과 그 원리, 언어 변이와 표기 변화와의 관계, 표기의 혼란과 진행 중에 있는 언어변화의 과정 등에 관한 문제들이 논의되었다.
   그리고 이 논문집의 말미에는 Traugott(1982)의 강연 "끝맺는 말"(Concluding remark)이 실려 있다. 여기서 그는 본회에서 발표된 다양한 연구논문들의 주제들을 조감하면서, 역사언어학의 새로운 전망을 제시하였다. 그리고 그는 본회에서 발표된 주요 주제를 세 가지로 분류하여 상론하였다.
   첫째, 역사언어학에서 표기와 언어 변화와의 관계, 변화와 변이의 증거로서의 표기. 둘째, 사회언어학에서 성공적으로 개발된 언어 자료의 분석 방법과 그 원리를 역사언어학에 적용하여 역사-사회언어학 이론의 전개. 셋째, 언어변화 이론에서 "설명"의 역할.

해 냈는가(how). 그리고 셋째, 그 얻어진 언어 정보를 어떻게 체계적으로 설명하는가(why).

지금까지 국어사의 영역에서 기본 작업인 문헌 자료 연구 방법론과, 문자로 작성된 역동적인 기록물 가운데에서 변화의 증거를 관찰하고, 규명하여 내는 과정에서 일어날 수 있는 다양한 종류의 문제와, 그것에 대한 주의가 우리들에게 있어 왔다(김완진 1976; 이숭녕 1978; 안병희 1989, 2006; 홍윤표 1994). 즉, 자료상의 誤記와 관찰자의 誤讀의 문제, 표기의 변화와 음성의 변화와의 대응의 문제, 자료에 대한 맹신의 위험성, 자료 자체의 비판과 그 비판의 당위성 등에 대한 언급이 그것이다.

이 글에서 글쓴이는 이러한 선학들의 굳건한 업적 위에서, 지금까지의 국어사 연구 가운데 일정한 언어변화의 증거를 혼란스러운 표기 가운데 이끌어내고, 여기에 합당한 해석을 내린 일부의 연구 내용을 다시 검토해 보고, 나름의 관점으로 그 대안적인 해석을 제시해 보려고 한다.5) 이기문(2005)에서 지적된 바와 같이, 우리가 쌓아 올린 국어사 연구의 성과인 "헛집"의 모습이 새로워지고, 굳건해지기 위해서는 종래의 연구 성과에 대한 끊임없는 건설적인 토론과 재음미 및 그것에 대한 진지한 반성과, 새로운 대안 제시가 있어야 할 것이다. 국어사의 다양한 언어 현상에 대해서 단 한 가지만의 권위 있는 해석만 우리에게 주어져 있다고 한다면, 그것 자체가 학문적으로 비생산적인 것인 동시에, 폐쇄된 역사적 골동품에 불과한 것이라고 글쓴이는 생각

---

5) 글쓴이는 이 글을 작성하면서, 일찍이 유창돈(1964)에서 강조한, 아래와 같은 국어사 연구의 두 가지의 기본 원칙을 늘 염두에 두려고 한다.

(1) 국어사란 것은 국어 자체의 역사는 아니다. 국어 그 자체가 자연현상적인 변천과정을 거친 것이 아니다. 국어의 생성·소멸·변형의 제 현상은 어디까지나 그 언어를 구사하는 언어 주체자의 언어행위에 의해 실현되는 제 양상이기 때문에, 국어사는 곧 주체자의 인식의 변천에 불외하다는 사실을 확신하고, 이런 관점에서 언어의 변화는 언중의 인식을 토대로 한다.

(2) 현대국어의 언어 사실에 입각하거나, 현대적인 판단 하에 이조어를 분석하여서는 큰 착오가 있음을 절감한다. 그러므로 연구자의 판단으로서가 아니라, 표기자의 표기 의도에 먼저 접근해야 한다는 점을 강조한다.(p.1)

한다.

이 글에서 논의의 구성은 다음과 같다. 제2장 1절에서 16세기 이후에 일어난 '♀'의 제1단계 변화와 관련하여 표기와 음성 간의 1 : 1의 대응 문제를 원순모음화 과정을 원용하여 최근에 새롭게 해석한 논의를 중심으로 하여, 이러한 현상을 다른 대안적 관점에서도 살펴볼 수 있는 가능성을 제시한다. 제2장 2절에서는 근대국어 초기의 문헌 자료『동국신속삼강행실도』의 언어에 반영된 방언과 중앙어라는 종래의 이분법적 인식을 다시 점검해 보려고 한다.

제3장 1절에서는 16세기 후기부터 출현하는 한글편지의 텍스트 가운데 독특한 표기 형태를 통해서 국어사 연구의 주종 자료를 이루고 있는 간본 중심의 문헌어와 당시의 실제 화자들 간의 구어 사이에 개입되어 있는 시간적 거리를 새삼스럽게 지적하려고 한다. 그리고 제3장 2절에서는 간본 중심의 문헌어에서 우연하게 출현하는 "우발적 표기" 또는 "잘못된 표기"에 대하여 선학들이 지적한 엄격한 경고 가운데 국어사 자료에 대한 고찰에서 연구자들이 봉착하게 되는 일종의 "관찰자의 역설"을 설정하기로 한다.

제4장에서는 국어사 자료에 대한 관찰에서 지금까지 "역설", 또는 논란의 대상이 되어온 세 가지 유형의 예들을 각각 검토하고, 종래에 연구자들에 의해서 지적된 "誤記", 또는 잘못된 표기들이 당시 화자들이 구사하였던 구어에서의 개신적인 일면이 노출되어 있을 잠재성을 제시할 것이다. 첫째는 17세기의 대표적인 문헌『동국신속삼강행실도』에서의 '언덕'(丘, 崖)과 '어덕'의 교체; 둘째는 처소격조사 '-예'의 변이형 '-여'의 출현; 셋째는 어간 음절말 내파화 이후 후속되는 장애음에 경음화 대신 일어나는 일종의 유기음화 현상.

끝으로, 제5장 결론과 논의에서는 오늘날 우리 주변에 일어나고 있는 공시적 음운변화와 변이 현상들 가운데 일부는 과거의 역사적 단계에서 시작된 언어 사실들로 소급될 수 있음을 제시하려고 한다. 그리하여 현대국어의 일정한 음운현상 또는 진행 중에 있는 음운변화에 대하여 공시적 기술과 함께, 통시적 정보도 소중한 설명의 자원이라는 판단을 결론으로 첨가하려고 한다.

2. 문헌 자료에 반영된 언어 변화에 대한 관찰의 문제

2.1 문자 표기와 발음 간의 1 : 1의 대응? : 부사격조사 '-ᄋ로, -으로〉 -오로, -우로'의 사례

2.1.1 국어사와 국어 방언사 연구의 1차적 제약은 문헌 자료에 온전히 의존할 수밖에 없다는 사실이다. 언어의 전달 매체의 하나인 문자 표기로 작성된 기록물은 당시 언어의 실상 그대로의 모습은 아니다. 따라서 일찍이 김완진(1976)은 문헌 자료의 연구에 있어서 그 기록을 과신하지 말라고 우리들에게 당부한 바 있다. 어느 시기 당대의 언어의 실상을 찾아내려면 그 시기의 해당 문헌에 보이는 虛像을 대상으로 삼되, 그에 대한 정밀한 검토로부터 출발할 수밖에 없음을 경계하였던 것이다.

그렇다면, 언어의 역사적 연구의 기본적인 접근 방법은 우선 문자 표기에 대한 세밀한 해석의 방법과 동일시 될 수 있다. 어느 일정한 단계에 존재하는 문헌 자료에 대한 당대 표기법의 운용과 그 고찰이 정밀하게 선행되어야 할 것을 우리의 작업은 반드시 전제로 하기 때문이다. 언어변화의 고찰은 해당 문헌 기록의 표기 변화에 대한 관찰로 귀착되는 것이다. 동시에 표기체계의 변화에 대한 분석의 기술은 역사 음운론이 갖고 있는 방법론적인 중요한 원천인 것이다.

그러나 당시 화자들의 언어에 실제로 수행된 음운의 변화와, 이러한 사실을 공시적으로 증언하는, 또는 반영하는 문자 표기간의 일치 또는 불일치를 규명할 수 있는 시간적 및 공간적 거리 측정은 연구자의 관점과 주관적인 해석의 영역이기 때문에, 일정한 언어 현상에 따라서 해석상의 여러 代案이 제기되어 왔다. 그러한 해석상의 대안도 지금까지 축적되어 온 과거의 다른 해결책들과 무의식적으로, 또는 의식적으로 아무런 유기적 관계도 갖지 못하고 작성된 음운사의 일부 영역도 찾아 볼 수 있다. 일반적으로 16세기 이후의 국어에서 비어두음절 위치에 일어난 'ᄋ'의 변화와 관련하여 문법형태소 '-ᄋ로, -으로>-오로, -우로'의 변화의 방향에 대해서 지금까지 논의되어 온 여러 설명 방식을 대상으로 이러한 해석의 문제를 검토하기로 한다.

일찍이 이기문(1959/1978 : 82-83)은 16세기 국어의 부사격조사 '-ᄋ로/-으로'의 교체에서 이형태 '-ᄋ로'에 일어난 '-오로'의 빈번한 변화의 경향을 주목하고, 제2음절 이하 일정한 음성 환경에서 'ᄋ'의 또 다른 변화 공식 'ᄋ>오'를 설정한 바 있다. 그리고 이와 같은 변화는 후행하는 모음 '오'의 영향에 의한 역행 동화임을 지적하였다. 16세기 문헌에 나타난 형태들 가운데 '소노로, 짜호로, ᄆᆞᇝ오로, 홀고로(泥)' 등과 같이 체언 어간말 모음이 양성모음으로 끝난 예들이 제시되었다. 그러나 여기에 또한 체언 어간말 모음이 음성이어서 모음조화에 의해서 이형태 '-으로'와 통합되는 '춤'(涎, 춤+-으로)과 같은 환경에 출현하는 '-오로'형도 같은 변화의 범주로 귀속되었던 것이다. 헐므슨 부리 우희 추모로 나져 바며 머므디 말오 ᄇᆞᄅᆞ라(번역 박통사, 상.13ㄴ).

그 결과, 이기문(1959/1978)에서 '-ᄋ로>-오로'의 설명과 관련하여 일종의 중의적인 해석의 여지를 남기게 되었다. 기원적으로 체언 어간말 양성모음에 연결되었던 '-ᄋ로>-오로'의 변화에서 형성된 개신형 '-오로'가 16세기 국어에서 음성모음을 말음절로 갖고 있는 체언들에게까지 '-으로>-오로'로 확대되었다는 것인가. 그렇지 않다면, 체언 '춤'(涎)에 '-으로' 대신에 양성모음으로 시작하는 '-ᄋ로'가 통합되어 '-오로'로 출현하게 된 것인가.

16세기 국어에서 '추모로'와 같은 예에서 파생된 해석상의 애매성은 17세기 국어에 대한 전반적인 음운사적 고찰을 시도한 이숭녕(1971/1988)의 설명에서 분명하게 해결되는 것 같다. 이숭녕(1971/1988 : 282-283)은 『언해태산집요』 (1608)에서 추출해낸 '왼녁오로(10), 흘러 두루모로(36), 몯ᄒᆞ여시모로(10)' 등과 같은 예들이 보이는 '-으로>-오로'의 발달은 /ᄋᆞ/나 /으/가 /오/로 역행동화 되었으며,[6] 17세기의 문헌에서 개신형 '-오로'가 우세한 것은 아니지만, '-ᄋᆞ 로~-으로~-오로'가 서로 공존하고 있는 현상이었음을 지적하였다. 또한, 이숭녕(1978)은 『동국신속삼강행실도』에 대한 음운사적 고찰을 하는 과정에 서 이와 같은 설명을 다시 한번 확인하였다.

> (2) 15세기부터 조격 '-ᄋᆞ로, -으로'가 역행적 동화작용으로 '-오로'로 나타나기 시작한 것이다. 그 빈도는 지극 열세이었다.(1978 : 52).

이와 같은 설명은 17세기 국어에서 먼저 '-ᄋᆞ로>-오로'의 역행 동화가 시 작되고, 이어서 또 다른 이형태 '-으로'까지 일종의 유추에 의하여 개신형 '-오로'로 확대되어 단일화되어 가는 과정을 나타내는 것으로 파악될 수 있 다. 이러한 변화 경향은 보수형 '-ᄋᆞ로~-으로'와 개신형 '-오로'의 공존에서 파생된 이형태들의 부분적인 증가를 '-오로'의 방향으로 단일화시켜가는 방 향을 가리킨다고도 볼 수 있다. 그렇다면, 『언해태산집요』(1608)에서의 또 다 른 예, '부도로'(筆)의 경우도 '붓+-으로>붓+-오로'와 같은 유추 변화를 수행 하였을 것으로 보인다. 붓쥬사 무틴 <u>부도로</u> 산도 훈 댱(태산집요, 63ㄴ).

---

6) 15세기 국어에서도 부사격조사 '-오로'형이 체언 어간말 모음이 음성모음인 '녁'(向)의 경우에 도 연결되었다.

東山애 드러가샤 <u>흐녁고론</u> 깃그시고 <u>흐녁고론</u> 두리여 흐더시다(월인석보, 2,43ㄴ).

김유범(2007 : 56, 각주 4)은 중세국어 문법형태소의 이형태 교체를 논의하면서 위의 예문에 출현하는 '-오로'는 매개모음 'ᄋᆞ, 으'가 '-로'의 'ㅗ' 모음에 의해 역행적 원순모음화를 입은 형태로 판단하였다. 같은 시기에 체언 '녁' 다음에 모음조화에 따르는 '-으로'가 아닌 '-ᄋᆞ로'형이 연결되어 있는 예도 등장한다.

<u>흐녁ᄀᆞ론</u> 분별흐시고 <u>흐녁ᄀᆞ론</u> 깃거 구쳐 니러 절흐시고(석보상절, 6 : 3ㄱ).

이와 같은 부사격조사 '-ᄋ로, -으로>-오로'의 발달에 대한 관점은 『번역 노걸대』와 중간본 『노걸대언해』에 반영된 언어를 비교하여 정밀하게 고찰한 김완진(1976)에 오면, 다시 새로운 해석을 거치게 된다. 김완진(1976 : 156)은 16 세기 국어에서 '오'의 역행동화로 형성된 개신형 부사격 형태 '-오로'에 대한 일종의 반발로 17세기의 『노걸대언해』의 언어에서는 '-으로'형이 단일화를 거친 형태로 세력을 회복하게 되었다는 사실을 지적하면서, 이전 단계에서 산발적으로 등장하였던 '-우로'형을 주목하였다. 그리하여 김완진(1976 : 156)은 『번역 노걸대』에 등장하는 '앏푸로'(前, 번역노걸대, 상.10ㄱ) 등에서 부사격 형태 '-우로'형은 순자음 아래에서 수행되는 원순모음화와는 관계가 없으며, 형태 '-ᄋ로/-으로' 내에서의 '오'의 역행동화의 범주에 든다는 사실을 지적 하였다. 특히, '뒤후로ᄂ'(後, 번역노걸대, 상.10ㄱ)이나, '우후로'(상, 번역노걸대, 상.9 ㄱ) 등의 예를 보면 그러한 현상은 자명한 사실이라고 하였다. 이와 같은 부 사격 조사의 이형태 '-우로'에 대한 해석은 음성모음으로 끝난 체언에 연결 되는 '-으로'형도 '-ᄋ로>-오로'와 동일한 원순성의 역행동화를 받아서 '-으 로>-우로'로 변화하였음을 설명하는 것으로 파악된다.

최근 1990년대에 들어서면서, 종래에 주로 1970년대에서 논의되었던 부사 격조사 '-ᄋ로>-오로'와 '-으로>-우로'의 변화가 몇 가지의 관점에서 연구자 들에 의해서 다시 검토되기 시작하였다. 『小學』의 언해본의 언어와 그 특징 을 비교하여 소개하면서 이현희(1993 : 242)는 『소학언해』(1586)에 등장하는 '우 후로'(上, 5.86ㄱ) 등과 같은 형태는 '-ᄋ로>-오로'와 같은 경우만이 아니라, '우 ㅎ+-으로'에서 격조사의 초성 /으/ 모음이 /우/로 변화되었음을 나타내는 것 으로 기술하면 좋겠다는 제안을 하였다. 그 타당한 근거로 이 교수는 이미 15 세기에서도 원순성 자질에 의해서 'ᄋ>오'의 변화가 수행되었던 것과 마찬가 지로, 동일한 조건에서 '-으>우'의 원순화도 출현하였다는 사실을 예시하였 다(1993, 각주 25).

한편, 한영균(1994 : 170-174)은 'ᄋ'의 제1단계 변화의 시기와 성격을 논의하는 자리에서 부사격조사 '-ᄋ로, -으로'의 이표기인 '-우로'라는 용례가 특정한 음성 환경에서 주로 16세기의 문헌인 『번역노걸대』, 『번역소학』 그리고 『소학언해』의 언어에서 출현하고 있는 사실을 주목하였다.[7] 한영균(1994)에서 제시된 '-우로'의 자세한 출현 환경들에서 간략하게 변화 형태만 인용하면 다음과 같다.

(3) 앏푸로(前, 번역노걸대, 상.10ㄱ), 뒤후로(後, 번역노걸대, 상.10ㄱ; 번역소학 5.70ㄴ), 지부로(家, 번역노걸대, 상.44ㄴ), 우후로(上, 번역노걸대, 상.9ㄱ; 번역소학 8.5ㄴ; 소학언해 5.86ㄱ), 뿌구로(뾱+-우로, 구급방, 하.79ㄱ).

한영균(1994 : 각주 26)은 부사격조사의 이형태인 '-우로'의 출현은 지금까지 언급된 적이 없었던 현상이라고 지적하면서, 이러한 예들은 음운사적으로 중요한 의미를 가진다고 보았다. 그 이유는 '-으로>-우로'와 같은 변화는 순자음 'ㅂ, ㅍ' 다음과, '우'와 '위' 원순모음 뒤에서 나타나고 있으며, 첫째로, 형태소 경계를 사이에 두고 일어나는 동화라는 사실, 둘째로 순행 원순모음화라는 사실 두 가지가 주목되기 때문이라는 것이다. 그리하여 한영균(1994 : 172)은 순자음 아래에서 수행되는 '으>우'의 원순모음화 현상은 중앙어 중심의 언어에서는 17세기의 단계에 어두에서부터 실현되는 현상이기 때문에, 형태소 경계에 등장하는 '앏푸로'와 '지부로'의 예들은 어느 지역 방언의 음운현상이 반영되었을 것으로 추정하였다. 이와 같은 한영균(1994)의 관점에 따르자면, 16세기의 문헌 자료에서 부사격조사의 이형태 '-우로'의 출현은 원순성 자질의 동화를 입어서 '-으로>-우로'와 같은 음운 과정에서 형성된 것이다. 즉, '앏ᄑ로>앏프로>앏푸로', '집으로>지부로'.

최근, 김주필(1998; 2003; 2004)은 근대국어의 17·18세기 문헌 자료에서 비어두음절 위치에 나타나는 'ᄋ'의 음소적 신분을 확인하는 하나의 방안으로, 부

---

7) 한영균(1994 : 171-172)에서는 '-ᄋ로/-으로>-우로'의 예와 아울러, 목적격조사 '-ᄋᆯ/-을'의 또 다른 형태 '-올'의 출현도 언급의 대상이 되었으나, 여기서는 편의상 생략하기로 한다.

사격조사 '-ᄋ로>-오로', 그리고 '-으로>-우로'의 변화를 적극적으로 이용하
여 왔다. 우선, 표기 'ᄋ'와 관련하여 당대의 음운변화와 문자 표기 간의 1 : 1
의 대응 관계를 추구하는 김주필(1998 : 58-59)은 그러한 추정의 근거로 16세기
초엽의 『번역 노걸대』에 등장하고 있는 소위 "원순모음화 현상"의 용례를 지
적하였다. 그 예들은 위에서 한영균(1994)이 제시한 위의 (3)의 예들과 중복되
지만, 김 교수는 이번에는 체언의 어간말 모음의 범주에 따라서 두 가지의
음운변화, 즉 (ㄱ) '-ᄋ로>-오로'와, (ㄴ) '-으로>-우로'로 각각 구분하여 아
래와 같이 정리하였다.

(4) ㄱ. ᄆᄉ모로(상.6ㄱ), 우호로(상.10ㄴ),
ㄴ. 지부로(상.44ㄴ), 우후로(상.9ㄱ), 앏푸로(상.10ㄱ).[8]

이러한 보기에 대해서 김주필(1998)은 먼저 소위 원순모음화 현상에서 선
행하는 순자음이나, 앞뒤에 오는 원순모음의 작용으로 원순성이 추가될 때에
'ᄋ>오'와 '으>우'로 바뀌는 모음변화 원리를 전제로 한다. 김주필(1998)은 체
언 어간말 모음 'ᄋ'과 '으'에 따라서 원순화의 방향이 각각 '오'와 '우'로 실현
되는 것은 당연하기 때문에, 이와 같은 변화의 결과를 통해서 원래 원순모음
화 이전의 'ᄋ'와 '으'의 음성형의 신분을 분명하게 추정할 수 있다고 하였다.
이와 같은 논리는 (4)ㄴ의 예들에서 그대로 적용되는 것 같다. 즉, 체언 어
간말 모음이 중성이거나 음성인 경우에 원순성이 가해지면, '-으로>-우로'의
과정을 겪는다. 그러나 (4)ㄱ에서 '우호로'(웋+으로→웋+오로)의 경우는 변
화의 자연스러운 방향과 일치하지 않는다. 이러한 불일치를 해결하기 위해서
김주필(1998)은 16세기 당대에 '웋+으로→웋+ᄋ로'와 같은 '으>ᄋ'의 변
화가 존재하였다고 가정한다. 이와 같은 원순화 현상을 전제로 하여야만, '우

---

8) 16세기에 등장하는 이와 같은 유형의 처소격조사 '-우로'형은 국어 격조사의 변화를 조감하는
이태영(1997 : 726-728)에서도 관찰된 바 있다.

ㅎ+으로'의 통합에서 '우후로'가 아니라, '우호로'의 변화형이 출현할 수 있기 때문이다. 여기에 김 교수의 설명을 일부 인용하면 다음과 같다.

> (5) 그런데 (4)의 경우, 선행명사의 마지막 모음으로 보아 '우호로'와 '얇푸로'는 '으'가 'ᄋ'로 된 현상과 'ᄋ'가 '으'로 된 현상을 정해야 자연스럽게 원순모음화 현상이 설명된다.
> 즉 (4)ㄱ의 '우호로'는 (4)ㄴ에 있는 '우후로'로 되어야 당시의 모음조화를 반영한 것이다. 그럼에도 '우호로'가 되었다는 것은 '-으로'의 '으'가 'ᄋ'로 바뀌어 '-ᄋ로'로 되고 거기에 원순성이 추가되어 '우호로'로 되었다고 해야 자연스러운 설명이 된다. 모음조화에 맞지 않는 '얇푸로' 역시 '-ᄋ로'가 '-으로'로 된 다음 원순모음화 현상이 일어나 '얇푸로'로 되었다고 보는 것이 자연스럽다. 그러므로 이 예들은 '으'가 'ᄋ'로 바뀐 표기나, 'ᄋ'가 '으'로 바뀐 표기가 모두 음성형이 표기에 반영되었음을 보여주는 자료라고 생각된다.(김주필 1998 : 58).[9]

이와 같은 원리에 의하여, 김주필(1998; 2003; 2004)은 원순모음화의 결과 실현되는 'ᄋ>오'와 '으>우'의 변화 원리를 17·18세기 음운 현상에까지 확대하여 전개시키게 된다.[10] 17세기 자료에 출현하는 '너모더(넘+-오더, 태산집요.60 ㄴ), 부도로(분+오로, 태산집요.63ㄴ), 그몸씌(<그뭄, 노걸대, 상.1ㄴ), 너모(<너무, 노걸대, 상.17ㄴ), 무롭도리(무릎, 노걸대, 중.51ㄱ)' 등은 그는 원순모음화와 직접 관련되어 있는 형태로 판단한다. 이러한 형태들은 17세기의 단계에서 원래의 '으' 모음을 갖고 있었던 것인데, 순자음 'ㅁ' 아래에서 '오'로 원순모음화를 수행하였다고 파악한다. 원래의 기원적인 모음 '으'가 어떠한 이유로 'ᄋ'로 전환

---

9) 김주필(1998)에서 제시된 원래 예문의 번호 (4)는 이 글에서도 인용의 순서에 따라 그대로 예문 (4)에 해당된다.

10) 또한, 김주필(1998 : 57)은 제2음절 이하의 'ᄋ'와 관련된 표기로 『노걸대언해』(1670)에서 추출한 보기 중에서 'ᄋ>으'의 변화와 반대 방향의 표기를 보이는 예들인 '으'를 'ᄋ'로 표기한 사례를 다음과 같이 제시한다. '서룩(16ㄱ), 서눌한 디(24ㄴ), 그룻(39ㄱ), 번두시(27ㄱ), 거룹이(11ㄱ)'. 그리고 김 교수는 이러한 예들이 실제의 음성형을 반영했으리라는 주장은 원순모음화 현상을 통하여 지원 받을 수 있다고 했다.

된 다음, 원순성이 가해져 'ᄋ>오'의 변화를 나타내는 예들이라는 것이다. 따라서 김 교수는 이러한 현상이 역시 이 시기에 '으'에서 'ᄋ'로 전환되는 과정을 거쳐 나온 'ᄋ'가 실제의 음성 층위에서 기능을 발휘하였을 가능성을 가리키는 것이라고 본다.11)

따라서 김주필(1998/2011)은 17세기 국어에서의 이러한 예들은 실제 음성 형태가 표기에 1 : 1 그대로 반영된 것이라는 판단을 내린다. 이어서 이와 같은 결론과, 제2음절 이하 위치에서 '으→ ᄋ'와 동시에 '으→ ᄋ'와 같은 현상이 김주필(2004)에서 검토된 18세기 중·후기의 왕실 자료의 표기와 음운에 대한 관찰에서도 지속된다. 이와 같은 특징적인 사실을 근거로 김 교수는 근대국어의 후기 단계에까지 'ᄋ'의 제1단계의 변화가 완결되지 않았을 것으로 판단하게 된다.

지금까지 개략적으로 여기서 언급된 한영균(1994)와 김주필(1998; 2003; 2004)에서의 논지는 16세기와 근대국어 단계에서 비어두음절 위치에서 일부의 자료에서 보이는 기원적인 '으'가 'ᄋ'로 표기된 예들은 실제의 음성형이 반영된 것이며, 이러한 사실은 '으>우'와 'ᄋ>오'의 방향을 가리키는 원순모음화 현상으로 증명될 수 있다는 가정이다.

2.1.2 글쓴이는 위에서 논의된 같은 16세기와 근대의 문헌 자료를 이용하여, 이와는 상이한 해석상의 대안을 모색해 보기로 한다. 먼저, 김주필(1998/2011)에서 추출되어 비어두음절 위치에서 수행된 '-으>-ᄋ'와 같은 변화를 거치고, 이어서 소위 원순모음화 되었다고 해석된 몇몇 17세기 국어의 자료 '너모더(過), 부도로(筆), 그몸끠(<그뭄), 너모(<너무), 무룹도리(<무릅)' 등을 다시 음미해 볼 필요가 있다고 생각한다. 이 가운데, '너모더'가 해당 근대국

11) 김주필(1998 : 72)에서 제시된 비어두 음절 위치에서 일어난 'ᄋ'의 변화와 관련된 일련의 음운론적 혼기는 일정한 단계에서 음운변화와 밀접하게 관련되어 있음은 분명하다. 김 교수가 지적한 바와 같이, 이러한 혼기는 음운변화의 특성, 진행 과정에 따른 시기, 음운변화의 환경의 확대 등을 모두 고려하여 판단되어야 한다고 생각한다.

어 자료에서 출현하는 맥락은 다음과 같다.

(6) 비론 낙티 아녀도 열돌 <u>너모더</u> 나티 아니리 하느니...잉뷔 열돌 <u>너무더</u> 힉산 몯 ᄒ거든(태산 60ㄴ).

위의 예문에서 '너모더'와 '너무더'는 같은 문장 내에 출현하는 일종의 공시적 변이를 반영하고 있다. 이러한 현상은 이미 김주필(1998 : 각주 15)에서도 관찰된 바 있다. 그러나 이와 같은 '너모더~너무더'와 같은 공시적 교체는 17세기 초기의 원순모음화 현상으로 인한 것도 아니며, 동시에 비어두음절 위치에서 일어난 변화 '으>ᄋ'(너므→너ᄆ →>너모)와 아무런 관련이 없을 가능성이 있다. 이것은 중세국어에서의 연결어미 '-오/우더'형이 17세기 초기의 단계에서 선어말어미 '-오/우-'가 완전 탈락되어 개신형 '-ø되'로 전환되기 이전의 보수형의 모습이다.

이 교체형들이 반영되어 있는 17세기 초기의 문헌 『언해태산집요』(1608)의 국어학적 특징을 전반적으로 정리한 김유범(2009 : 189)은 이 자료에서 중세국어의 연결어미 '-오더/우더'는 몇 가지 유형으로 변화하여 가는 양상이 공존하고 있다고 기술하였다.

(7) ㄱ. [-오더/우더] : 골오더, 너모더, 너무더, 비셜ᄒ오더, 구ᄒ오더, ᄲ로더,
ㄴ. [-더] : 도티더,
ㄷ. [-(으)되] : 나되, 머그되/먹그되,
ㄹ. [-오되] : 머고되.

또한, 『언해태산집요』(1608)의 음운론에서는 양순음 다음에 연결되는 'ᄋ'나 '으'가 각각 '오'와 '우'로 바뀌게 되는 원순모음화 현상은 아직 나타나지 않았다. 이러한 사실은 김유범(2009 : 180-186)에서 취급된 음운론적 특징에서도 확인된다. 그렇다면, 이 자료에 공시적으로 공존하는 '너모더~너무더'와 같은

변이 현상은 '너무디 → 너모디'와 같은 방향을 가리키는 유형 가운데 하나에 포함되는 것이다.12) 이러한 음운론적 과정은 일찍이 17세기 국어의 음운론을 기술한 전광현(1967/2003 : 447)이 비어두음절 위치에서 일어나는 '오~우'의 교체 현상으로 주목한 바 있다 : 구롬~구룸, 대쵸~대츄, 더옥~더욱, 더러온~더러운. 따라서 17세기 후반의 『노걸대언해』(1670)의 언어에서 김주필(1998/2011)이 이 끌어낸 '그몸쯰(<그뭄), 너모(<너무), 무롭(<무릅)' 등의 예는 비어두음절 위치에 서의 '그몸~그뭄, 너모~너무, 무롭~무릅'과 같은 이 시기의 '오~우'의 교체 또는 동요를 보여주는 예 이상의 것은 아니다. 이와 같은 '오~우'의 교체 또는 동요는 근대국어 전반에 걸쳐 수행되어 있으며, 점진적으로 '오>우'의 방향을 취하여 간다(곽충구 1980; 백두현 1992; 전광현 1997).

이 가운데, 또 다른 '너모~너무'형의 교체에 대해서 김주필(2004 : 49, 각주 18)은 아래와 같이 그 실현 과정을 기술하였다.

> (8) '너모'는 'ㅁ' 뒤에서 'ㅡ'가 'ㆍ'로 바뀐 것으로 간주할 수 있다. '너무'의 'ㅁ' 뒤에서 'ㅜ'가 'ㅡ'로 비원순화된 다음, 'ㅡ>ㆍ'의 변화를 거치고, 'ㆍ'가 'ㅁ' 의 영향을 받아 'ㅗ'로 된 것으로 추정할 수 있기 때문이다.13)

---

12) 17세기 초기에 잔존하여 있던 보수형 연결어미 '너무디'는 곧 이어서 『동국신속삼강행실도』 에서는 개신형 '너므듸'로 전환되어 나타난다.

   나히 쉰 너므듸 문안을 폐티 아니ᄒ고(효자, 7,14ㄴ).

13) 김주필(2004)의 설명 방식에 의하면, '너모'의 이전 단계 '너ᄆᆞ'형이 전제 되어야 하지만, '너 무'에서 비어두음절에서 비원순화를 거친 '너무>너므'형만 16세기 국어에 등장하고 있다. 그 반면, 유일한 예인 '너ᄆᆞ'형이 15세기 국어의 단계에 출현한다. 다음의 부분적인 예들을 보면, 16세기부터 '너모~너무'의 교체가 수의적으로 등장하기 시작하여 17세기 국어로 지속되어 있다.

   (ㄱ) 너모(過) : 슬허호몰 禮에 너모 ᄒ더라(1514, 속삼강, 효자, 27ㄱ),
                셜워 호몰 너모 ᄒ야(속삼강, 열녀, 12ㄱ),
                슬허ᄒ기늘 너모 ᄒ더라(번역소학, 9,22ㄱ),
                ᄒᆞᆫ 사ᄅᆞᄆᆡ 대텽이 도의면 너모 너ᄅᆞ니라(번역소학, 10,29ㄱ),
                네 싸ᄒᆞᄂᆞᆫ 딥히 너모 굵다(노걸대언해, 상.17ㄴ),
   (ㄴ) 너무 : 阿那律이 닐오ᄃᆡ 닐굽 히 너무 오라다(월인석보, 7,2ㄱ),
               글혀 서르 밋게 ᄒᆞ고 너무 젹게 마롤 디니(구급방, 상.58ㄴ),

일찍이 김완진(1976 : 155)은 『노걸대언해』의 모음 표기에 나타나는 원순모음의 '오~우'와 평순모음의 'ᄋᆞ~으'의 빈번한 수의적 변이 현상을 관찰하면서, 이것은 의미와는 아무 상관이 없는 차원에서 일어나는 것이며, 당시 화자들의 언어 의속 속에 '오'와 '우'의 문법 기능이 소멸된 증거라고 해석하였던 것이다.

김주필(1998/2011)에서 『언해태산집요』(1608)에서 인용된 '부도로'(붓+-ᄋᆞ로)의 경우는 또 다른 설명을 요한다. 우선, 이 자료를 분석한 김유범(2009)에서 '부도로'형과 관련된 부사격조사 '-오로'가 어떻게 취급되었는가를 살펴 볼 필요가 있다. 김유범(2009 : 192-193)은 이 자료에 반영된 부사격조사 '-오로'에 통합되는 체언 어간말음을 양성과 음성/중성모음 두 범주로 구분하여 제시하였다.

> (9) '-오로' : (ㄱ) 밧고로, 소노로, 버서나모로, 몬ᄒᆞ모로, 물오모로,
> (ㄴ) 부도로, 몬ᄒᆞ여시모로, 누어시모로, 드루모로.

이와 같은 부사격조사 '-오로'형에 대하여 김유범(2009)은 '-ᄋᆞ로, -으로'의 매개모음 'ᄋᆞ, 으'가 뒤따르는 '로'의 원순모음 '오'에 의해 역행동화를 받은 결과로 해석하였다. 그리고 명사형어미에 '-오로'가 결합되어 형성된 '-모로'를 공시적으로 하나의 연결어미로 파악할 수 있는 가능성도 고려하였다. 명사형어미와 통합된 '-모로'형은 16세기의 단계에서도 체언 어간말 모음의 유

셜워ᄒᆞ믈 너무ᄒᆞ야(속삼강, 중.열녀, 12ㄱ),
世俗이 혼인ᄒᆞ기를 너무 일 ᄒᆞ야(소학언해, 5,62ㄴ),
눌을 너무 두터이 말고(박통사언해, 상.15ㄴ),
(ㄷ) 너므 : 이는 너므 ᄀᆞ놀오 이는 ᄯᅩ 굴고(번역노걸대, 하.32ㄱ),
그리도록 너므 만히 드려 므슴 홀다(상동, 상.20ㄱ),
네 너므 촌촌ᄒᆞ다(상동, 상.33ㄱ),
(ㅁ) 너ᄆᆞ : 졋 몯 먹ᄂᆞ니, 졋 너ᄆᆞ 느니(1489, 구급간이방, 目錄, 8ㄴ).

15세기의 '너ᄆᆞ'형은 원래 '너무'로부터 비원순화를 거쳐 '너므'로 바뀐 다음에, 제1단계 'ᄋᆞ'의 변화 과정에서 원래의 '으'가 'ᄋᆞ'로 과도교정된 것으로 보인다.

형에 구애받지 않고 출현하고 있었다. 풀리 업수모로(번역노걸대, 하.2ㄴ)~나는 漢 兒의 마를 모릭모로(좌동, 하.6ㄱ), 몰 갑시 요스싀 됴효모로(好, 번역노걸대, 상.9ㄱ).14) 이 러한 사실을 보면 명사형어미와 연결되는 부사격조사의 경우에도 이미 16세 기에서부터 '-오로'형으로 단일화되기 시작하였던 것으로 추정된다.

위의 (9)의 예들 가운데, 17세기 초반의 형태 '부도로'의 예가 형성된 방식 은 이보다 앞선 16세기 단계에 사용되었던 '추모로'(涎, 번역박통사, 상.13ㄴ)와 관련지어 소급될 수 있다. 17세기의 '부도로'형이 '붇+으로'에서 '-ᄋ로>-오 로'에서 발달된 '-오로'형으로 유추를 거쳐 '붇+-오로'로 단일화된 것과 동일 하게, 16세기 단계의 '추모로'형 역시 '춤+-으로>춤+오로'의 과정을 거친 상 태로 본다. '추모로'형이 출현하는 『번역 박통사』(상)의 언어에는 역시 체언 어간말 음성모음과 부사격조사가 연결되는 환경에서 '-오로'형이 선택되었다. 혼 녀고로(녁, 상.4ㄱ), cf. 두루믜 지초로(번역박통사, 상.27ㄴ), ᄆᆞᆺ모로(좌동, 상.42ㄱ). 그렇기 때문에, 『번역 노걸대』에 출현하는 '그투로'(하.15ㄴ, 尖端, 긑+-으로→긑 +-오로→긑+-우로)의 존재도 이러한 흐름 속에서 이해된다.

따라서 17세기 초반의 (9)의 예들 대부분은 16세기의 『번역 노걸대』, 『번 역 소학』 부류 등에서 이끌어낸 '우호로~우후로~(우후로)'와 '뒤호로~뒤후 로~(뒤흐로)'와 같은 공시적 변이를 이루고 있다.

(10) ㄱ. **우호로~우후로** :
　　　당시론 五百里 우호로 잇ᄂᆞ니(번역노걸대, 상.10ㄴ),
　　　우호로 어버이를 셤기며(1518, 正俗, 21ㄴ),

---

14) 명사형어미와 통합되어 출현하는 부사격조사 형태 '-모로'는 16세기의 『번역소학』(1517)에서 도 체언 어간말 모음의 유형에 상관없이 생산적으로 나타난다. 그 반면에, '-모로'와 대조되 는 '-무로'형은 위의 자료에서 발견하기 어렵다.

　　(ㄱ) 어버ᅀᅵ 깃거호모로(7.4ㄱ), 글 비호모로(8.30ㄱ), 밝디 아니 호모로(8.42ㄴ). 이러호모로 (9.20ㄴ), 놉픈 디롤 엿보모로(9.19ㄴ),
　　(ㄴ) 이러트시 두터우모로(9.5ㄴ),어딘 사롬 어두모로(9.12ㄱ), 짜홀 ᄀᆞ릭츄모로(9.20ㄴ), 사라 시며 주구모로(9.63ㄱ).

바랏 <u>우호로셔</u> 오놋짜(1576, 백련초, 14ㄴ)~,

열랑 <u>우후로</u> 풀리라(번역노걸대, 상.9ㄱ),

아래로 비화 <u>우후로</u> 통달ᄒᆞ느니라(소학언해, 5.86ㄱ),

cf. 우흐로 그윗 공셰롤 그르 아니코(正俗, 23ㄴ).

ㄴ. **뒤호로~뒤후로** :

앒프로 어버싀 옷기즐 잡고 아ᄉᆞᆫ <u>뒤호로</u> 어버싀 옷기슬 글잇드러(번역
소학, 7,39ㄱ),

앒프로ᄡᅥ 南을 삼고 <u>뒤호로</u> 北을 삼고(1632, 가례언해, 1,11ㄱ)~

앒후로 촌애 다돌디 몯ᄒᆞ고 <u>뒤후로논</u>(번역노걸대, 상.10ㄴ),

아프로 옷기슬 둥긔고 <u>뒤후로</u> 옷기슬 글잇그러(소학언해, 5,70ㄴ).

cf. 남진이 뒤흐로셔 쏄리 브르면(1608, 태산집, 10ㄴ).

예문 (10)의 16세기 공시적 교체형들을 §2.1.1에서 논의된 김주필(1998/2011)
의 해석 방안으로 이해하면, 이 부사격조사는 (10)ㄱ의 경우에 수의적인 '우
흐로~우ᄒᆞ로(<우흐로)~우호로(<우ᄒᆞ로)~우후로(<우흐로)와 같은 4가지
의 이형태를 표면으로 실현시키는 셈이다. 국어사에서 여러 유형들의 이형태
들의 수효가 유추를 거쳐 단일화되어 가는 방향에 비춰어 볼 때, 우선 이러
한 4가지로 확대된 이형태들의 가상적 존재는 화자들의 입장에서 보더라도
비경제적이다. 그 대신, 16세기의 단계에서 부사격조사 '-ᄋᆞ로/-으로'는 'ᄋᆞ'
의 제1단계 변화를 수용하여 대체로 '-으로'로 단일화되는 경향을 보였다. 글
쓴이가 검토해본 최세진의 저작물인 『번역 노걸대』와 『번역 박통사』(상)의
언어에는 통상적인 '-오로'와 산발적인 '-우로'형을 제외하면, 체언어간말 양
성모음과 음성모음을 가릴 것 없이 주로 부사격조사 '-으로'와 통합되어 나
타난다. 그 대신, 이들 자료에서 '-ᄋᆞ로'형은 체언 어간말 양성모음과의 연결
에서도 쉽게 발견되지 않는다. 그리하여 16세기의 자료에서 부사격조사는 3
가지 형태로 출현하였을 뿐이다. (ㄱ) '-ᄋᆞ로>-으로'의 변화를 겪은 '-으로'형
과, (ㄴ) '-ᄋᆞ로>-으로'의 과정을 거쳐 '-ᄋᆞ로>-오로'의 역행 동화에서 형성
되어 '-오로'가 '-으로'에까지 확대된 '-오로'형, 그리고 (ㄷ) '-오로'에서부터

수의적으로 한 단계 진전한 '-우로'형이 그것이다. 우리 알프로(번역노걸대, 상.59
ㄱ)~앏포로 가니(상.29ㄴ)~앏푸로 춘애 다둗디 몯ᄒᆞ고(상.10ㄱ), 우리 앏푸로 나ᅀᅡ가
(상.10ㄱ).

이와 같은 '앏포로~앏푸로'의 교체와 위의 (10)ㄱ의 '우호로~우후로'와,
(10)ㄴ의 '뒤호로~뒤후로'의 교체에서 부사격조사 '-우로'형은 16세기에 비어
두음절 위치에서 일어난 '오~우'의 수의적 교체에서 비롯되었던 것으로 보
인다. 최세진의 일련의 저작물들이 반영하고 있는 16세기 당대의 언어의 모
습에서 예의 '오~우'의 교체가 산발적으로 관찰된다.[15]

(11) ㄱ. 비로 오론 믈(槽尒, 번역노걸대, 하.10ㄴ), 져기 비로 잇고(번역박통사,
　　　상.63ㄴ)~비뤼 므슴 어려운 고디 이시리오(번역박통사, 상.63ㄴ),
　　ㄴ. 온가짓 슈고ᄒᆞ야(辛苦, 번역박통사, 상.57ㄴ)~미실 길 든녀 <u>슈구</u>ᄒᆞ고
　　　(번역노걸대, 상.69ㄴ),
　　ㄷ. 듕신도 유복ᄒᆞ도다(번역박통사, 상.46ㄴ)~그리어니 유복<u>ᄒᆞ두다</u>(좌동,
　　　상.46ㄴ),
　　　cf. 요괴로오믈 아디 몯ᄒᆞ<u>두다</u>(번역소학, 10,18ㄴ),
　　ㄹ. 두루미(鴛鴦, 사성통해, 상.13ㄱ)~<u>두로미</u>(좌동, 하.23ㄱ),
　　ㅁ. <u>스릐나무</u>(刺楡樹, 훈몽자회, 상.5ㄴ)~누틔나모(좌동, 상.5ㄴ),[16]
　　ㅂ. <u>벼루</u>(硯,번역박통사, 상.60ㄴ)~硯 벼로,연(훈몽자회, 상.18ㄱ),
　　ㅅ. <u>항귀</u>, 분(鏵, 사성통해, 상.63ㄱ)~항괴(훈몽자회, 중.8ㄴ),
　　ㅇ. <u>항것귀</u>(大蘇, 훈몽자회, 상.4ㄴ)~항것괴(사성통해, 상.23ㄱ),
　　　cf. 그 세흔 져<u>두군</u> 더으니를 아쳐러 ᄒᆞ고(번역소학, 6,18ㄴ)~모로매
　　　내 집<u>두곤</u> 더으니로 홀디니(상동, 7,34ㄱ).

---

15) 최세진의 저작물에 등장하는 또 다른 '불휘(根)~불회'의 공시적 교체형도 이러한 범주에 들
　　것이다.
　　　根 불휘 근(훈몽자회, 하.2ㄱ)~혼 불회도 업다(번역박통사, 상.9ㄴ).
　　　cf. 이런 사롬ᄆᆞᆫ 불회 업슨 남기며(1518, 正俗,22ㄱ),
　　　　田禾에 믈 씨여 혼 불회도 업고(박통사언해, 상.10ㄱ).
16) 이기문(1971 : 143)은 최세진의 『훈몽자회』의 현존하는 異本간의 註에 나타나는 차이를 조사
　　하면서, '스릐나무'(楡)에서의 '나무'형을 각별히 주목한 바 있다. 이기문 선생은 여기에 출현
　　하는 '나무'는 어말에서의 '오>우'의 경향이 이미 16세기에 시작되었음을 암시하고 있다고
　　언급하였다.

비로소 공효를 볼 거시니(상동, 8,35ㄱ) ~ ᄆᆞᅀᆞ미 **비루소** 거츠러(상
동, 8,24ㄴ).

위의 예에서 (11)ㅁ의 '나모~나무'(樹)와 같은 비어두음절 위치에서 '오~
우'의 교체 현상은 부분적으로 이미 15세기의 단계로 소급된다. 柳樹上木耳, 버
드<u>나무</u> 우희 도톤 버슷(1489, 구급간, 6,24ㄱ), 大棗<u>나무</u> 닐곱돼(1514, 속삼강,효, 14ㄱ), 나
<u>무</u>와 플 여름 몯 쁘더 먹고(1579, 삼강행, 열.19ㄱ). 그리고 (11)ㄷ에서의 'ᄒᆞ도다 ~ ᄒᆞ
두다'의 경우도 15세기의 문헌 자료에 출현하기 시작하였다. 내 알리로소니 애
와텨 겁직<u>ᄒᆞ두다</u>(능엄경언해, 3.116ㄴ). 이와 같이, 중세국어의 단계에서부터 이와
같이 비어두음절 위치에서 부분적으로 일어나는 '오~우'의 교체 현상이 당
대의 모음체계의 역동성과 관련하여 어떤 기능과 위상을 갖고 있는가에 대
해서 성찰이 앞으로 필요하다고 생각한다.[17]

그렇지만, (11)의 예들에서 파악된 '오~우'의 교체는 '-ᄋᆞ로/으로'에서 '-오
로'의 단일화를 부분적으로 거치고 '우호로~우후로', '뒤호로~뒤후로' 및 '앏
포로~앏푸로' 등에서와 같은 '-우로'의 이형태를 보이는 현상과 밀접하게 연
관되어 있을 가능성이 높다. 이와 같은 관점에서 16세기의 『번역 노걸대』에
등장하였던 '지부로'(상.44ㄴ, 집+-우로)의 존재도 이해하여야 될 것이다.

이러한 '지부로' 형태는 §2.1에서 논의한 한영균(1994)의 해석, 즉 순자음과
통합되어 일어난 어느 지역방언에서 이른 단계의 원순모음화, 또는 김주필
(1998)의 해석, 즉 '-으로'에서 후행 음절의 '오' 모음의 역행 동화를 받아서 형
성된 '-으로>-우로'의 원순모음화로도 설명할 수 있을 것이다. 그러나 최세
진의 일련의 저작물들에서나, 『번역 소학』과 『소학언해』부류와 같은 16세기

---

17) 15세기 국어에 나타나는 '뿌구로(艾, <뿍+-으로, 구급방언해, 하.79ㄱ)~뿌그로(좌동, 하.73ㄴ)'
   의 교체에서도 역시 '뿍+-으로 → 뿍+-오로'의 단계에서 '뿍오로~뿍우로'와 같은 과정을 반
   영하는 것으로 보인다.
   중세국어의 단계에 일어난 '오~우' 교체 현상과, 이와 대립되어 근대국어에 등장하기 시작
   하는 새로운 '오>우' 현상과 해당 모음체계와의 연관성은 백두현(1992)에서 상세하게 논의
   되었다.

의 문헌 자료에서 양순음 아래 실현되는 통상적인 원순모음화의 예는 발견되지 않는다.[18] 근대국어 단계에서 어느 남부 지역방언의 음운론에서도 형태소 경계에서 실현되는 순행 원순모음화 현상에 관한 자료는 통상적으로 18세기 후반까지 기다려야 한다고 생각한다.[19]

2.2. 지역방언과 중앙어의 二分法的 해석 : 『東國新續三綱行實圖』의 사례

2.2.1 중세와 근대국어 한글자료에 반영된 일정한 공시적 언어 현상이나 어휘 등에 대한 종래의 해석에서 변화를 수용한 개신형과 전통적인 보수형 간의 식별 못지않게, 규범적인 중앙어 또는 중부방언과, 여기서 어느 정도의 이탈 또는 특이성을 보여주는 지역 방언과의 구분이 지속적으로 이루어져 왔다. 예를 들면, 중세국어의 문헌에 합성어와 파생어의 일정한 음성 환경에서만 일어나는 s>z/y, r, n____와 같은 음성변화를 수용한 형태와, 이러한 변화에서 면제되어 있는 형태들이 공존하고 있다. 두어(二三), 한솜(褌), 한숨(嘆), 프어리(草中), 너삼(苦蔘)~두서, 한삼, 한숨, 프서리, 너삼(이숭녕 1971, 남광우 1975, 이기문 1972 : 34).

이기문(1978 : 95)은 이와 같은 유형의 형태들의 대립에서 'ㅅ>△'의 변화를 겪은 z형과 그렇지 않은 s형은 개신형과 보수형 간의 교체가 아니라, 서로 기원이 다른 방언형이라는 사실을 환기시켰다. 그리하여 z형 부류는 중앙방언의 것인 반면에, s형은 남부방언 형태이었을 것이며, 이러한 남부 방언형이

---

18) 그 대신, '말솜(言)>말솜'(번역노걸대, 상.5ㄴ; 번역박통사, 상.14ㄱ), '션븨>션븨'(번역소학 9.6ㄴ) 및 '님금>님굼'(번역소학 9.40ㄴ) 등과 같은 유형만 등장하고 있다. 또한, '너무>너므'와 같은 비원순화 현상도 이 시기에 출현하였다. 16세기 국어에서 부분적으로 일어나고 있는 이러한 음성변화의 성격에 대해서는 백두현 1992 : 230-234), 송민(1998 : 42)을 참조
19) 18세기 초엽 당시 원순모음화의 영역이 형태소 경계에까지 확대되는 상황은 경상도 예천에서 간행된 용문사본 『염불보권문』(1704)에 나타난다. '지븨'(집+-의, 21ㄱ), '아븨'(아비+-의, 13ㄱ). 18세기 후기 합천 해인사본 『염불보권문』(1776)에 서는 '닙(口)+-으로>닙+-부로'와 같은 예도 등장하였다. 스스로 닙부로 염불리 나와(51ㄱ).

중앙방언에 침투하여 공시적 공존이 이루어진 상태로 간주하였다(이기문 1972 : 34).

그러나 글쓴이는 위의 공시적인 '두셔~두서' 등과 같은 공존에 대해서 다른 代案을 제시하려고 한다. 중세국어에서 s>z/y, r, n____의 음성변화는 수의적인 현상으로서, 당시 화자들의 말의 스타일에 따라서 교체되는 경향이 있는 동시에, 사회 계층과 해당 어휘들에 따라서 점진적으로 확산되어가는 진행 과정을 취하고 있었다. 따라서 중세국어 당시의 대중의 구어에서는 'ㅅ>ㅿ'의 변화의 음성 환경이 확대되어 있었을 것이다. 글쓴이가 이렇게 추정하는 근거는 다음과 같다.

첫째, '한삼(襕)~한삼'의 경우는 동일 인물 崔世珍이 작성한 다른 저작물에도 번갈아 출현하고 있다. 한삼너출(사성통해, 상.70ㄴ)~ 한삼너출 릉(예산본 훈몽자회, 상.4ㄴ). 이와 같은 공시적 공존이 중앙방언의 형태와 남부방언의 형태라면, 어떠한 이유로 中人 계층의 최세진은 이 형태를 번갈아 사용하고 있었을까. 이것은 동일한 화자가 담화 구성이나, 문맥에 따른 말의 스타일상의 교체를 나타내고 있는 공시적 변이 현상일 가능성이 있다. 개인의 말에 실현되는 스타일상의 변이는 해당 지역사회 구성원들이 속한 사회적 차원에서 수행되는 공시적 변이를 반영하는 것이다. 그렇기 때문에, 일정한 사회에서 s형과 z형의 사용은 서로 상보적인 사회언어학적 가치를 갖고 있는 개인적 말의 스타일에 따르는 선택의 문제이다.[20]

둘째, 중세국어에서도 'ㅅ>ㅿ'의 변화가 적용될 수 있는 음성 환경을 갖추고 있는 일련의 다른 합성어나 파생어에서 그러한 변화가 여전히 수용되어 있지 않은 예외형들이 출현하고 있다. 활살(월인석보, 10.27ㄴ), 화살와 槍과(석보상절, 23 : 50ㄱ), 외셤(孤島, 용가 37장), 한쇼(大牛, 용가 87장), 대숩(竹林, 월인석보, 8,99ㄴ). 이러한 예외형들의 존재는 이 시기에 특정한 음성 환경에서 일어나는 ㅅ>ㅿ

---

20) 이숭녕(1981 : 37)은 이와 같은 '두셔(二三)~두어, 한삼(襕)~한삼' 유형들은 15세기의 서울말에서도 서로 대립되어 있었다고 기술하였다.

의 변화가 중부방언에서도 필수규칙이 아니라, 수의적 선택의 과정이었으며, 해당 변화가 이러한 일부의 어휘들에 전반적으로 확산되지 않았음을 가리킨다.21)

끝으로, 한글 표기 人名을 보여주는 최초의 자료로 간주되는 『舍利靈應記』(1449)에 등록된 총 47명의 고유어 이름 가운데 6인이 끝 음절에 '-쇠/-쇠' 교체 유형을 갖고 있다. 여기서 일정한 조건에서 이름에 적용되어 있는 '-쇠(金)→-쇠'의 변화는 당시 15세기 문헌에서 추출된 통상적인 음성 환경(-y, r, n)보다 광범위하게 실현되어 있다.

(12) ㄱ. 은쇠, 강쇠, 망쇠, 곰쇠, 모리쇠,
ㄴ. 북쇠.(최범훈 1977 : 16; 안병희 1977 : 68).

안병희(1977 : 68)는 이러한 인명의 끝 음절에 실현되어 있는 '-쇠'는 이른바 공명음 뒤에서 출현하고 있기 때문에, 이것은 그러한 음성 환경을 구비하지 않은 조건에서의 인명의 끝 음절 '-쇠'와 상보적 분포를 보이는 현상으로 설명하였다.22) 이와 같은 분포를 보면, 이기문(1972, 1978)에서 문헌어를 중심으로 추출된 통합적 음성변화 'ㅅ>△'의 실현 영역(이중모음의 부음 y, r, n과 모음 사이)은 그 당시 대중들의 구어에서는 전반적인 공명음의 영역으로 확대되어

---

21) 중세국어의 단계에서 일정한 음성 조건에서 실현되는 'ㅂ>ㅸ'과, 'ㄱ>ㅇ'의 유성 마찰음화와 같은 또 다른 공시적 변화 유형에서도 그 음성변화의 수의적 성격과, 담화의 구성이나, 말의 스타일에 따라서 출현하는 방식은 본문에서 언급된 'ㅅ>△'의 변화와 대체로 동일했을 것으로 보인다(최전승 1994 : 493-496을 참조).

22) 17세기 초반의 『동국신속삼강행실도』에 등장하는 한글 인명들에서도 음절말 '-쇠' 유형이 지속되어 있다. 그러나 이 시기에는 음소로서 /△/과, 일정한 음성 환경에서의 'ㅅ>△'의 기능은 소실되었다.

건쇠 : 스로 건쇠는 평양부 사룸이라(建金伊, 효자, 5,36ㄴ),
됴은쇠 : 역사룸 됴은쇠의 체라(驛卒 趙銀金, 열녀, 7,26ㄴ),
녕쇠 : 스노 김녕쇠는 셔울 사룸이라(金鈴金, 효자, 8,73ㄴ),
근쇠 : 그 누의 남진 근쇠 밤을 타셔(未叱金, 열녀, 3,26ㄴ),
무적쇠 : 스로 무적쇠는 듁산현 사룸이니(無其叱金, 충신, 1,78ㄴ).

있었음을 추정할 수 있다. 그러나 격식적인 문어체에서는 이러한 음성변화의 환경이 선별적으로 제한되어 당시의 문헌 자료에 등장하였을 것이다.

주로 16세기 이후부터 일정한 지방에서 간행된 일련의 문헌 자료에 그 해당 지역의 고유한 방언이 부분적으로 드러나는 것은 매우 자연스러운 현상이다. 그렇기 때문에, 이러한 자료들에 반영된 단편적인 고유한 방언형들이나 개별적 음운현상을 추출하여 이해하는 데 별다른 문제가 따르지 않는다.

전라도 방언의 한정된 경우만을 예로 들면, 『광주판 千字文』(1575)에만 특징적인 몇몇 새김들(釋)은 이 지역 방언적 요소들을 고려하지 않고서는 해결하기 어려운 것들이다(이기문 1972). 또한, 『광주판 千字文』의 새김과 일정한 공통점들을 보이는(不, 안득 블 4ㄴ, 未 아톨 미 1ㄱ, 5ㄱ, 上 마뎌 샹 5ㄱ), 동경대본 『百聯抄解』(임진란 이전)는 전남 장성 출신인 김인후의 원작일 가능성이 있다고 한다(안병희 1979/1992 : 550). 이러한 사실과 관련하여 『百聯抄解』의 異本에 대한 비교 연구에서 석주연(1999 : 76-77)은 동경대본에 제시된 한자음 '上 마뎌 샹(14ㄴ)과 같은 문면에 출현하는 '上 마뎌 향'이 보여주는 전남 방언적 배경을 주목한 바 있다. 그리하여 석주연(1999)은 '마뎌 샹'에서 '마뎌 향'으로의 교체는 16세기 후기에 이미 전라방언에서 완성되었던 h-구개음화에서 기원된 과도교정을 반영한 "잘못된" 표기로 판단하였다. 여기서 '샹→향'(上)으로의 대치가 당시에 이 지역에서 생산적이었던 h-구개음화에 근거한 과도교정을 거친 표기라는 것은 분명한 사실이다. 그러나 이러한 과도교정은 잘못된 표기가 아니고, 그 당시 화자의 현실적인 한자음의 발음 가운데 하나의 유형이 재해석을 거쳐 우연하게 문헌 자료 가운데 반영되었을 것으로 보인다.[23]

또한, 동경대본 『百聯抄解』 텍스트가 전라도 방언과 깊은 관계를 맺고 있

---

23) 글쓴이는 국어사에서 화자들의 언어활동에서 일어나는 다양한 과도교정들은 실체성이 있는 긍정적인 언어 현상으로 파악한다. 근대국어에서 t-개음화의 과도교정으로 형성된 일련의 어휘들이 1936년에 표준어로 수용되는 과정을 상기하면 좋을 것이다. 또한, 오늘날의 지역 방언, 예를 들면 함북방언에서 '절'(寺)에 대한 과도교정 형태 '결'이 분포되어 있다(경원, 종성, 김태균 1986 : 433).

을 것이라는 언어적 사실은 새김(釋) 가운데 이 지역에서 매우 유표적인 방언 어휘 '숨플'(林)의 출현에서도 확인된다. 한자음과 새김이 따로 없고, 언해만 있는 필암서원본에서도 이 방언형이 등장하고 있다.[24]

> (13) ㄱ. 林 숨플 림 : 새 수플 아래셔 우루더(동경대본, 1ㄱ),
>   cf. 林 수플 림(상동, 7ㄴ, 10ㄱ, 13ㄴ, 16ㄴ),
>   ㄴ. 새 숨플 아래셔 우로더(筆巖서원본, 1ㄱ).

이 '숨플'형은 17세기 초반 전남 구례화엄사에서 간행된 『勸念要錄』(1637)에서도 그대로 계승되어 온다. 숨플나모와 뎐집들왜(林木, 16ㄱ). 그리고 이 형태는 18세기를 건너 뛰어, 19세기 후기 전라방언의 자료에 생산적으로 사용되어 있다.

> (14) 숨풀의 은신ᄒ야(완판 화룡, 59ㄴ),
>   숨풀의 우난 시는(완판 심청, 상.7ㄱ),
>   범이 집푼 숨풀을 일희미(완판 길동, 11ㄱ),
>   디숨푸레 셰우미쳐 쩌러진듯(완판 대봉, 하.9b),
>   장임 숨풀 깁푼 고더(완판 수절가, 상.2ㄱ),
>   벽오동은 숨풀 속으 웃쑥 셔셔(상동, 하.29ㄴ),
>   젹막슨중 숨풀속에(신재효본, 변. 576).

현대 방언에서 小倉進平(1944 : 344)의 조사에 따르면, 방언형 '숨풀'의 1940

---

24) 그러나 일반적으로 어휘 범주를 이용하여 방언의 구획 설정이나, 공시적 분포 지역을 단순히 설정하기는 어렵다. 이러한 사실과 관련하여, 영남 지역 국어사 자료의 연구 성과를 조감한 백두현(간행 예정)의 지적을 상기할 필요가 있다.

문헌에 실린 어휘가 특정 방언의 것인지 아닌지를 판별하기 어렵기 때문에 문헌을 통한 방언 어휘의 연구는 방언적 문법형태의 연구 못지않게 간단치 않다. 하나의 방언형이 꽤 넓은 지역에 걸쳐 분포되어 있음에 유의해야 된다. 특정 방언에만 한정된 어휘를 딱 꼬집어서 단정하기 어렵기 때문에 지역적 배경이 불분명한 문헌을 다룰 때에는 특정 방언형으로만으로 배경 방언을 판단하면 실수하기 쉽다.(원고 22쪽).

년 대 당시의 분포는 단지 전남과 전북 지역에만 한정되어 있다.25) 따라서 16세기의 동경대본 『百聯抄解』에 등장하였던 그 당시의 방언형 '숨플'은 오랜 역사성을 보유하고 있는 셈이다.

2.2.2 그 반면에, 근대국어 초기 최대의 국어사 자료인 『동국신속삼강행실도』(1617)에 반영된 당시의 다양한 언어의 모습에는 중앙어와 지역방언의 요소가 뒤섞여 나타난다고 한다. 이러한 사정은 총 18권 18책 목판본으로 구성된 방대한 간행 사업에 참여한 다수의 인물들과, 지방 5도(전라도 6책, 경상도 4책, 충청도 4책, 황해도 3책, 평안도 1책)에서 각각 분담하여 완성되었다는 사실에서 비롯된다. 따라서 이 자료는 중세에서 근대국어의 단계로 이행하여 오는 역동적인 언어의 현상과 그 근대적 추이 과정을 관찰할 수 있는 매우 중요한 제1급의 귀중한 문헌이면서, 동시에 번역 참여자의 방언 배경이나, 간행지의 방언의 혼입 등과 같은 성분에 세심한 주의가 필요하다는 양면적 지적을 받아 왔던 것이다(전광현 1967; 이숭녕 1971, 1972, 1978; 김영신 1980; 홍윤표 1993, 1944; 방언연구회 2001).

이 문헌 자료의 언어 전반에 대하여 종합적이고 정밀한 조사와 기술을 병행한 김영신(1980 : 24-26)은 방언 어휘나 방언적 현상을 보여주는 예로 60여 항목을 추출해 낸 바 있다. 이러한 잡다한 항목들 가운데 '외히려~오히려(反), 에엿비~어엿비(憐), 우연ᄒ야~위연ᄒ다'(癒) 등의 교체에서 이중모음으로의 변화를 수용한 형태와, "일즙 우디 아닐 제기 업더라"에서의 '제기'와 '저혀~제혀' 등의 예는 일종의 움라우트가 수행된 방언 현상으로 제시하였다.

김영신(1980)이 방언으로 규정한 '뫼욕'(沐浴), '베히-'(斷, 斬)형에 대해서는

---

25) 20세기 초반 충남 서천방언을 배경으로 하는 『初學要選』의 텍스트에서도 '숨풀'형이 등장하고 있다. 숨풀 임(森), 숨풀 임(林)(초학요선,84). 『初學要選』을 작성한 盧明鎬는 1872년 충남 서천에서 출생하여 1920년 전북 옥구에서 서당을 개설하여 한문 교육에 종사하다가 타계하였다고 한다(홍윤표 1991 : 202-203).

앞서 『동국신속삼강행실도』의 음운사적 고찰을 시도한 이숭녕(1978/1988)에서 모음 발달의 근대어적 양상을 취하는 유형으로 파악되었던 예들이다. 특히 이숭녕(1978/1988 : 379-380)은 오늘날 서울말에서 '목욕'과 더불어 쓰이는 '미역 감는다'의 '미역' 또는 '멱'의 기원이 '모욕>뫼욕'과 같은 변화에서부터 비롯된 것으로 파악하고, 이 형태의 발달 과정을 다음과 같이 구체적으로 설정하였다. mo-jok>moi-jok>me-jok>mi-jək.26) 또한, 이숭녕(1978/1988 : 384-385)은 이 자료에 부단히 출현하는 '버히-~베히'의 교체는 '버히->베히-'의 변화 과정을 나타내는 일종의 움라우트 현상과 같은 발달을 보여주는 것으로 간주하였다.27)

홍윤표(1994 : 133)는 『동국신속삼강행실도』를 1608년에 각각 간행된 許浚의 저작물인 『언해태산집요』와 『언해두창집요』와 함께 근대국어 단계의 방언사 관계 자료로 분류하였으며, 이 문헌에 등장하는 지역 방언적 요소들은 이 책

---

26) 지역 방언적 색채와 관련이 없는 통상적인 국어사 자료에서도 16세기부터 (일차적) 움라우트를 실현시킨 사례가 일찍이 河野六郎(1945/2012 : 258-259)에서 주목된 바 있다. 그는 15세기의 '그려기'(雁)와 16·17세기 세기의 변화형 '기려기'와의 사이에 개입된 중간단계 '긔려기'(예산본 훈몽자회, 상.8ㄴ; 신증유합, 상.11ㄴ)형을 주목하고, 이 단어의 변화 과정을 ki-ryə-gi>kii-ryə-gi>ki-ryə-gi로 설정하였다. 그리고 16세기의 『훈몽자회』에 등장하는 '긔려기'의 첫 음절의 모음 '긔-'[kii]는 둘째 음절 '-려-'[ryə]의 y에 의한 변화(umlauten)를 겪은 것이며, 'ki->ki-'의 과도기를 가리키고 있다고 보았던 것이다.

그 반면, 김주필(1994 : 135)은 '그려기>긔려기'의 변화에서 움라우트 현상에서와 같이 i나 y에 의해 선행의 후설모음에 전설성을 추가한다면 '긔려기'가 아니라 '기려기'되어야 한다고 본다. 따라서 김주필(1994)의 해석은 '으'에 전설성이 추가되면 '으'가 중간단계 '의'를 경과하지 않고, 직접 '이'로 전환되어야 된다는 것이다. 즉 '그려기>기려기'.

그리하여, 김주필(1994 : 121, 각주 2)은 1930년대 국어의 움라우트 현상 가운데 '으>의'의 과정을 음성학적으로 설명한 정인승(1937)의 예들을 표기에 이끌린 관찰로 취급하게 된다. 김주필(1994)에서 전개된 소위 "구개성 반모음 첨가 현상"에 대한 적절한 지적은 고영근(1995)에서의 각주 (14)를 참조.

27) 그 반면, 최근에 『동국신속삼강행실도』에 등장하는 소위 지역 방언형이라고 추정되어 온 형태들에 대한 재검토에서 유경민(2013)은 이래와 같은 지적을 하였다.

움라우트를 겪은 남부 방언형으로 보고 있는 '외히려, 베혀, 제혀, 뫼욕' 등은 단순한 모음동화의 예들이다. 후설 'ㅣ' 모음이나 반모음의 영향을 받은 것일 뿐, 17세기 후반기 이후의 움라우트와는 그 환경도 다르고, 시기적으로 움라우트를 겪은 방언형으로 볼 수 없는 것들이다.(2013 : 45).

을 간행한 지역의 방언이 아니라, 한문 원문을 한글로 번역한 인물들의 방언이 직접 반영된 것으로 판단한 바 있다. 또한, 이 자료의 전반적인 특질을 검토한 홍윤표(1993 : 264)에서는 아래와 같은 유형들은 움라우트의 가장 이른 시기의 예에 속하는 것이며, 그렇기 때문에 이러한 예들은 남부방언을 반영한 표기로 간주되었다.[28]

> (15) ㄱ. 일즙 우디 아닐 <u>제기</u> 업더라(충신, 1 : 24),
>   cf. 졔홀 저긔면 열흐를 젼긔ᄒᆞ야 관디를 벗디 아니ᄒᆞ야(효자, 6 : 41),
> ㄴ. 네 이믜 내 <u>지애비</u>를 더위고(열녀, 5),
>   cf. 지아비 사오나온 병 어덧거늘(열녀, 1 : 91).

최근에 『동국신속삼강행실도』에 대한 국어사적 고찰을 시도한 신성철(2010 ㄱ : 80-84)은 지금까지 논란의 대상이 되었던 방언 어휘들을 다시 재검토하면서, 'ᄋᆞ'의 변화와 관련된 '사름'(人,<사룸, 효 7 : 1), '흙'(土,<ᄒᆞᆰ, 효 1 : 38), '가만이'(<ᄀᆞ만이, 충 1 : 74), '가온대'(中, <가온ᄃᆡ, 충 1 : 37) 등은 이미 16세기의 전형적인 자료에서부터 확산되어 출발한 개신형들이기 때문에, 17세기 전기 당시의 중앙 방언에 수용된 형태들인 것으로 이해하였다. 그 반면에, 신성철(2010ㄱ : 85)은 같은 자료에 등장하는 '제기'(젹+이, 충 1 : 24), '턱애'(<특, 효 4 : 5), '지애비'(<지아비,열 : 5) 등의 경우는 움라우트('ㅣ' 모음 역행동화)를 수용한 예들인 동시에, 언어 외적 사실을 들어서 이 형태들은 중앙 방언에 해당되지 않는다고 판단하였다.[29] 또한, 신성철(2010)은 『동국신속삼강행실도』에 반영된 방언의

---

28) 홍윤표(1993 : 267-270)에서는 이숭녕(1978)에서 적극적으로 발달 과정을 예시한 바 있는 '버히-~베히-', '모욕~뫼욕~목욕'의 항목들은 '오히려~외히려'(猶) 등과 함께 일정한 설명을 첨가하지 않고, 단순한 교체형으로만 참고로 제시하였다.

29) 신성철(2010 : 508)에서는 이러한 세 가지 유형의 움라우트의 예들 가운데 '제기'(<젹+이)와 '턱애'(<특+애)는 각각 경상도와 전라도에 분간된 부분에서, '지애비'는 평안도에서 분간된 부분에서 출현하였음을 규명한 다음, 만약 이러한 형태들이 분간된 지역의 방언형을 반영한 것이라면 17세기 초반부터 평안방언에 움라우트 현상이 작용하고 있어야 할 것으로 보았다. 그러나 『동국신속삼강행실도』에 사용된 '턱애'에서 '특>턱'의 변화 유형에는 움라우트 현상이 개입된 것 같지는 않다. 이러한 사실은 신성철(2010)에서 지적되어 있다. cf. 狼頭는 턱 아

유형들의 성격과 그 지리적 분포를 파악하기 위해서 이 책의 언해에 참여한 번역자들의 출신지역과 그 사용 방언의 성격을 정밀하게 분석하였다. 이 가운데, 이 자료에 3회씩이나 등장하는 '뫼욕'형은 오늘날의 지역방언에서 주로 전남과 전북에 분포되어 있기 때문에, 이것은 전라도 출신의 번역자가 사용하는 방언이 해당 문면에 반영되었을 것으로 판단하였다. 그렇지만, 1936년에 공표된 『사정한 조선어표준말 모음(조선어학회)』에서 '미역감다'형이 서울과 경기도 인근에서 공시적으로 통용되는 '멱감다, 메역감다'형들 가운데에서 표준어로 선정되었다는 사실(1936 : 21)을 기억할 필요가 있다.

지금까지 『동국신속삼강행실도』에 산발적으로 등장하고 있는 지역 방언적 요소에 대해서 제시된 유형들과, 그 상반된 해석에 대하여 최근에는 반성이 일어나고 있다. 이와 같은 지역 방언적 성분들로 논의되어 온 몇몇 특정한 예들을 역동적이고 이질적인 17세기 전기 국어, 특히 중앙방언의 전면적인 성격으로 포괄하려는 시도가 그것이다. 이 방대한 한글 번역 자료의 일차적 간행 목적이 백성들의 敎化에 있었으며, 17세기 당대의 전역 5도에 있는 일반 양민 계층의 한글 해독자들을 독자로 염두에 두었다는 사실을 전제할 필요가 있다고 생각한다. 당시의 다양한 계층의 독자들이 이 책을 읽고 이해하기에 아주 어려웠을 어휘 형태소나 문법 형태소 및 애매한 통사적 문장 구성은 명백한 오각이나 오기가 아니고는 원칙적으로 존재하지 않았을 것이다.[30]

래 고기롤 드듸는 둣ᄒᆞᆼ도다(중간, 두시언해, 2,7ㄴ).

오늘날의 육진방언과 남부방언 등지에 분포되어 있는 '택'형의 역사적 형성 과정에 대해서는 곽충구(1992, 1999 : 644)를 참조.

30) 적어도 글쓴이의 관점으로 『동국신속삼강행실도』의 언어에서 가장 주목되는, 흥미 있는 어휘 가운데 하나는 奴婢의 한글 이름인 '쇼뗘'(牛屎)이다.

ᄉᆞ비 부기ᄂᆞᆫ 견쥐 사ᄅᆞᆷ이니 ᄉᆞ로 쇼뗘의 쳬라(私婢夫只全州人私奴牛屎之妻, 열녀, 2 : 7).

이것은 漢字 그대로 오늘날의 '소똥'의 17세기 형태에 속한다. 이 형태에 대해서 종래에 관심을 기울인 학자는 없었다. 그러나 이 자료에 등장하는 '쇼뗘'를 주목한 학자는 김영신(1980 : 25)이었다. 김 교수는 17세기 국어에서의 인명 '쇼뗘'는 오늘날의 경상도 방언에서와 같이, '쇼똥이 → 쇼뙹이(움라우트) → 쇼쌩이(비원순화) → 쇼쎙이(모음상승) → 소쎄(비모음 탈락)'의 일련의 과정을 거친 형태가 아닐까 하는 의문을 남겼던 것이다. 그렇다면, 이것은 이 그렇다면, 지금까지 이 자료의 언어 내용을 취급하면서, 또한 다른 통상적인 국어사 기술(예를 들면, 한영균 1994) 등에서 종래에 이분법으로 논의되어 온 중앙어 또는 중앙방언의 성격은 무엇일까.

이러한 생각의 일단은 신성철(2013)의 논문 발표에 대한 신승용(2013 : 83-85)의 토론문의 논지에서 분명하게 나타난다. 신승용(2013)은 그 토론문에서 '중앙어'에 대한 개념 문제를 지적하였다.[31] 그리하여 특히 어휘 차원에서 예를

숭녕(1972)에서 누차 강조되었던 방언 또는 당시 대중들의 俗語에 해당되는 셈이다. 그렇지만, 중세국어의 단계에서도 통상적인 '쏭'(屎)과 함께 유사한 개념으로 '씨'형이 사용되어 왔다는 사실을 아래의 『석보상절』 3권 텍스트에서 보여준다(김영배 2000 : 408).

춤 흘리고 오좀 씨니 니르리 빳며 고 고오고 니 골오 뷘 일 십고 방긔 니르리 ᄒᆞ며(3 : 25ㄴ).

cf. 사뚜는 띠가 매러워데서 "야야 띠 빨리 누는 데가 얼마나 남았능가" 하구 물었다.
    사뚜는 그 말을 듣구 매리운 띠를 참구 가넌데...(『한국구전설화-평안북도 편1-』, 임석재 전집 1, 평민사, <미련한 원님>, 260쪽, 1936, 定州郡)
    그런데 배찡이 나서 띠레 매리운 걸 참고 이었렀는디 참다 참다 못 참아서, 띠레 마구 쏟아데 나와서 띠에 파묻해서 죽었다구 한다.(상동, <호박충이>, 1932, 정주군, 임석재 1, 364쪽.)

따라서 오늘날 평북방언 자료에서도 15세기 국어 '씨'의 반사체가 그대로 '띠'로 존속하고 있음을 보면, 17세기의 『동국신속삼감행실도』에 등장하는 인명 '쇼씨'는 '쇼쏭'과는 별개의 형태일 것으로 보인다.

31) 국어사와 방언학의 영역에서 주로 통용되고 있는 개념 '중앙어'라는 용어에 대한 연구자들의 구체적인 쓰임을 관찰하기 위해서 『方言學 事典』(방언연구회, 2001)에서 제시된 '중앙어' 항목 찾아보기를 이용하면 다음과 같다.

(ㄱ) 경기도 방언은 중앙어로서의 지위도 겸한다(2001 : 41),
(ㄴ) 표준어(중앙어) 2001 : 124,
(ㄷ) 중앙어를 기반으로 하는 문헌어(2001 : 172),
(ㄹ) 서울·경기도 지역의 중앙어(2001 : 322),
(ㅁ) '방언'은 중앙어(또는 표준어)와 대립되는 개념(2001 : 386).

이상의 언급을 정리해 보면 '중앙어'(또는 중앙방언)라는 용어는 대체로 서울과 경기도 지역의 말이거나, 표준어 또는 문헌어 등에 적용되는 개념을 보유하고 있다.
그러나 서울과 그 인근의 경기도 말이라고 하더라도 계층과 연령, 그리고 말의 스타일에 따라서 여타의 남부 지역방언에서 발달되어 확산된 언어 특질들을 많이 보유하고 있는 사실을 우리는 경기도 방언을 꼼꼼하게 수집한 김계곤(2001)에서와, 『서울 토박이말 자료집』 I-III(19978-2001, 국립국어연구원), <뿌리깊은 나무 민중자서전 4. 班家 며느리 이규숙의 한평생> 『이 "계동 마님"이 먹은 여든살』(1992, 뿌리깊은 나무사) 등을 통해서 관찰할 수

들면, 이 문헌 자료에 출현하는 '절벽, 언덕, 빙애, 언, 낭' 중에서 어느 형태가 방언이고, 어느 것이 중앙어로 판별할 수 있는 근거가 무엇인지 궁금해 하였다. 신 교수는 이러한 다양한 형태들이 그 쓰이는 비율은 상이하지만, 당시 서울 일대에서 통용되었다면 모두 중앙어 또는 서울에서 쓰였던 사회방언이었을 가능성을 제시하였다. 이와 같은 맥락의 연속에서, 유경민(2013)은 지금까지 『동국신속삼강행실도』에서 방언형으로 기술되어 온 다양한 특질들을 'ㄷ' 구개음화의 실현 여부, 'ㅿ'의 사용에 대한 상황, 그리고 종래에 추정되어 온 방언형 어휘에 대한 재검토를 하였다.[32] 그 결과, 언해문 텍스트에 나타나는 소위 방언형이라고 추정되어 온 예들은 실제로 해당 지역의 방언형들이기 보다는 17세기 국어의 공시적인 다양한 언어의 모습이 반영된 것이었다는 판단에 이르게 되었다. 즉, 이러한 유형들을 통해서 당대 중앙어의 어휘적 다양성을 관찰할 수 있다는 것이다(유경민 2013 : 43-46).

그러나 유경민(2013)에서는 미리 설정한 주제와 그 논지 전개에 너무 충실하다 보니, 『동국신속삼강행실도』에 등장하는 위의 본문에서의 (15)와 같은 언어 특질에 대해서는 아래와 같은 주장도 제시하였다.

있다.

따라서 "중앙어"라는 용어는 적합한 선택은 아니고, 지역방언과 대립하여 사용하는 경우에는 표준말 또는 규범어 정도에 상대적으로 해당된다. 이러한 사실을 보면, 국어사에서 언급되는 중세 또는 근대국어 단계에서 상대적인 중앙어라는 개념은 규범적인 문헌어에 근거하고 있다.

32) 유경민(2013ㄴ)은 'ㄷ' 구개음화가 남부방언에서는 16세기 후기 정도에 완성된 단계에 이르는 반면에, 중앙어에서는 17세기 전반기에는 아직 확산되지 않았을 것이라는 일반적인 전제를 이용하여, 『동국신속삼강행실도』에 'ㄷ' 구개음화를 반영하는 유일한 용례, 즉 '건져내여'(믈에 쌔뎟더니 도적이 건져내여 비롤 뜨니라. 열녀, 4,12ㄴ)만 제외하면, 이 현상이 나타나지 않았음을 지적하였다. 그리하여 『동국신속삼강행실도』에 반영된 언어 사실이 방언사의 자료라는 평가를 내리기 어려운 것으로 판단하였다.

따라서 유경민(2013ㄴ : 97)은 'ㄷ' 구개음화를 보여주는 유일한 보기인 '건져내여'라는 표기 자체를 의심하게 되었다. 'ㄷ' 구개음화를 반영하는 이 예는 실제 문면을 관찰하면 '건뎌내여'로 읽을 수 있다는 것이다.

이와 같은 유일한 예를 수용하기 어려운 유경민(2013ㄴ)의 입장은 다시 유경민(2013 : 46)에서 이 문헌에서 396회나 출현하는 '지아비'(父)에 대해서 단 1회의 출현만 확인되는 '지애비'형의 신분을 단순한 오각으로 처리하려는 태도와 일맥상통한다.

(16) '제기'(1회)~'젹'(102회), '지애비(1회)~지아비'(396회)는 가장 이른 시기의 움라우트의 예로 언급되는 예들이다. 그러나『동국신속삼강행실도』가 간행된 17세기 초에는 움라우트라는 음운현상이 존재하지 않았다. 사용 빈도로 보아 '제기'는 '져기'와 '제'의 공존에서 온 혼효형이다.
'지애비'(삼강열녀.5ㄴ)는 단 1회만 확인되고, 같은 장에서도 '지아비'가 3회나 확인되기 때문에 방언형으로 보기보다는 단순한 오각으로 이해하는 것이 타당하다(유경민 2013 : 46).

동일한 텍스트의 문면에 출현하는 언어변이와 관련하여 근대국어의 단계에서 특히 주목되는 음운현상의 한 가지 사례는 보수형과, 새로운 변화를 수용한 개신형 간의 끊임없는 교체이다. 이와 같은 언어변이의 양상은 우리가 접근할 수 있는 대부분의 국어사와 방언사의 문헌 자료에서도 쉽게 관찰되는 통상적인 현상이다. 단어의 굴절 형태를 예로 들면, 중세와 근대의 교체기에서 17세기 근대국어 초기의 상태를 보여주는『언해 두창집요』(1608)에는 동일한 문장 내부에서 '구무'(穴)에 대한 목적격 '구멍을'이라는 새로운 굴절형과 종래의 전통적인 보수형 '굼글'이 번갈아 교체되어 쓰이고 있다.

(17) 디룡이 ᄀᆞ놀고 쟉고 사니를 어더 돍긔 알해 죠고만 <u>구멍을</u> 둛고 디룡을 녀코 죠희로 그 <u>굼글</u> 볼라 밤 우히 노하(언해 두창, 상.8ㄴ),
cf. 고롬이 ᄲᅧ여 오롤 젹긔 아홉 <u>구멍을</u> 삼가 다다 두어(언해 두창, 상.30ㄴ).

여기서 우리는 근대국어를 지향하는 단일화를 거친 새로운 형태 '구멍을'이 간본의 보수적 제약을 극복하고 격식어에 개입되어 등장한 것으로 이해한다. 이와 같은 개신형이 같은 자료에 또 한 번 반복되어 있어, 17세기 초엽의 언어에 출현하는 '구멍을'의 신분이 다시 한 번 확인된다. 17세기 초엽의 대표적인 근대국어 자료인『동국신속삼강행실도』(1617)에 반영된 당시 언어의 성격은 한 마디로 규정할 수 없는 복잡한 양상을 보이고 있다(이숭녕 1978; 김영신 1980; 홍윤표 1992; 정일영 2013). 이러한 공시적 현상과 관련하여, 다음과 같은 짧은 담화 내부에 교체되어 번갈아 등장하는 보수형 '지아비'(夫)와 개신형 '지애비'의 변이 과정은 특히 주목되는 것이다.[33]

> (18) 김시는 안동 사람이니...김시 나모활을 잡고 브르지져 아퍼 가 왼소느로 지
> 아비(ㄱ)를 잡고 올흔 소느로 범을 텨 거의 뉵십 보의 니르러 범이 브리고
> 그쳐놀 김시 ᄀ로디 네 이믜 내 지애비(ㄴ)를 더위고 날조차 므로려 ᄒᄂ
> 냐...지아비(ㄱ) 긔졀ᄒ여놀 김시 어버 지븨 도라가니 새배지아비(ㄱ) 도로
> 사다...(삼강, 열녀, 5ㄴ).

위의 텍스트에 담긴 담화에서 한문 원문의 '夫'에 대한 번역어가 4회 등장하였는데, 이 가운데 단 1회 출현하는 '지애비'형은 통상적인 '지아비'에서 그 당시 어느 지역에서 확산되어 있었던 움라우트를 수용한 개신형 또는 입말의 신분으로 보인다. 이와 같은 판단은 개신형 '지애비'가 쓰이는 담화 내적 상황이 보수형 '지아비'의 경우와 변별되어 나타나기 때문에 가능하다. 본문에서 3회 등장하는 '지아비'형은 담화 기술자의 이야기 전개 시점에 위치하는 것이다. 그 반면에, 1회 사용된 '지애비'는 "김시 ᄀ로디"로 시작하는 담화 내 주인공 주체의 발화인 직접인용문 "네 이믜 내 지애비를 더위고 날조차 므로려 ᄒᄂ냐."에 위치하고 있기 때문에 그 실현되는 목소리와 태도가 담화 기술자의 그것과 다르게 나타난다. 여기서 현장감 있는 말의 스타일상의 교

---

33) 이와 다른 유형의 보수형과 개신형 간의 교체들도 동일한 텍스트의 문면에서 등장하는 상황은 『동국신속삼강행실도』에서 빈번하게 관찰할 수 있다. 예를 들면, '남여(藍輿)~남예'형들의 공존이 이러한 경우이다.

> 쥬부 니슈경은 담양부 사람이니...방뒤 등풍ᄒ얏거늘 슈경이 남예로 틱와 산곡애 피ᄒ야 숨엇더니 ...슈경이 남여를 붓잡고 나가디 아니ᄒ야(효자, 8.19ㄴ).
> cf. 상옛 알픠 풍류ᄒ고 우러 조차 가며(喪輿, 번역소학, 7,17ㄱ),
> 풍뉴로뻐 상여를 인도ᄒ고(소학언해, 5.50ㄱ).

위에서 '남예'(藍輿)형은 통상적인 한자음 '남여'에서 '여>예'로의 변화를 반영하는 것으로 보인다. 이러한 변화는 19세기 후기 전라방언 자료에까지 확대되어 나타난다.
> 긱사의 연몡차로 나메 타고 드러갈시(완판본 수절가, 하.3ㄴ)~남여 투고(신재효 춘,남창, 32), 요예 틱와(腰輿, 신재효, 춘, 동창, 150), 조출한 샹에 우의(완판 수절가, 하.34ㄴ).

체를 확인할 수 있으며, 그것은 '지아비→지애비'의 대치로 실현된 것이라고 가정한다.[34]

이 담화에서 규범 형태 '지아비'와 교체되어 단 1회 사용된 개신형 '지애비' 형은 구체적으로 어떤 사회적 쓰임의 위상과, 지역적 신분을 17세기 초엽에 갖고 있었을까. 우선, 확실한 것은 당시 언해문 작성자와 편집에 참여한 교정자 그리고 이 담화 내용을 읽게 되는 당시의 일반 독자층에게 이 개신형은 그대로 용인되었다는 사실이다. 그렇다고 해서 보수형 '지아비'와 개신형 '지애비'는 그 시대에 화자들에 의해서 수의적으로 사용되었던 것이 아니라, 일정한 사회언어학적 변항의 선택의 과정을 거쳐 담화 구성에 참여했을 것이 분명하다. 따라서 이 시기에 개신형 '지애비'가 문헌어에서도 출현할 수 있다는 사실은 당시 해당 지역사회(그것이 서울과 경기도 인근의 사회방언일 수도 있고, 또는 어느 남부지역의 방언일 경우도 있을 것이다.)의 입말에서 실제로 쓰이고 있었을 가능성을 전제로 한다.[35] 물론 이 개신형은 당시의 보수형 '지아비'와 말

---

34) 전광현(1967 : 87; 1970/2003)은 17세기 국어의 고찰에서 전남 구례에서 간행된 『권념요록』(1637)에 등장하는 '에미'(母)를 주목하고, 움라우트 현상이 남부방언에서 먼저 출발하였을 가능성을 언급하였다. 이어서 19세기 후기 국어의 모음체계를 논의하면서 이병근(1970 : 389, 각주 (15))은 이러한 사실이 남부방언을 반영하는 문헌 자료에서 확인될 수 있다면, 상향 이중모음 /외/와 /위/의 단모음화가 움라우트를 거쳐 중부방언보다 남부방언 또는 그 하위방언에서 더 일찍 진전되었을 것이라는 추정을 할 수 있을 것으로 보았다. 그렇지만, 이병근(1970)은 움라우트 현상이 가장 생산적인 현대 경상방언의 모음체계에 전설 단모음 [ö]와 [ü]를 설정할 수 없다는 사실을 지적하였다.

그 반면에, 국어사의 단계에서 19세기 이전에 움라우트를 보이는 예들은 모음체계에서 전설 단모음화가 아니라, 하향 이중모음화로 실현된다는 가정에 대해서는 최전승(1986)과 백두현(1992)을 참조.

35) 유표적인 지역 방언적 성격이 없는 16세기의 『번역 노걸대』의 언어에서도 '도ᄅ혀~도리혀'(反)와 같은 변이형들이 공존하고 있다. 여기서 '도ᄅ혀>도리혀'와 같은 변화는 당시의 일차적 움라우트 현상을 반영하는 것으로 보인다(최전승 1995 : 141). 같은 16세기에 '도로혀'형도 다른 문헌 자료에 등장하였으나, 오늘날의 '도리어' 형태의 기원은 오히려 움라우트 실현형 '도리혀'로 소급되는 것이다.

간대로 바도려 ᄒ디 말라 <u>도리혀</u> 네 홍졍 머믈울 거시라(번역노걸대, 하:27ㄱ)~ᄀ장 됴ᄒ 거슨 <u>도로혀</u> 푸디 몯ᄒ고(상동, 하:66ㄴ)~만이레 패ᄒ여 나면 죄 니부믈 <u>도로혀</u> 크게 ᄒᄂ니(번역소학, 7,29ㄴ).

의 스타일에 따라서 선택되며, 각각 고유한 사회언어학적 의미를 보유하고
있었을 것으로 보인다.

이와 같은 유형의 변화를 수용한 움라우트의 또 다른 실현형 '어미(母) →
에미'가 전남 구례 화엄사에서 개간된 『권념요록』(1637)에서 (18)과 다른 맥
락에서 등장하고 있다(전광현 1970/2003 : 110; 이병근 1970 : 34). 여기서는 동일한
문면에서 일어나는 '어미>에미'로의 말의 스타일상의 이동은 외면상 구체적
으로 추출되지 않지만, 담화 구술자의 내면의 시선의 이동 또는 대상의 전환
에서 야기된 것으로 보인다.

(19) 오직 <u>어미</u> 호오사 업술시 이 이제 잠깐 와 서르 알외뇌다 ㅎ야놀...
후에 니르러 <u>에미</u> ᄋ의 ᄀᄅ치물브터 날로 미타올 렴ㅎ니(28ㄴ).

따라서 『동국신속삼강행실도』(1617) 전체의 텍스트를 통해서 개신형 '지애
비'(夫)는 출현 빈도상으로 자체적으로 고립되어 쓰이고 있으나, 이와 비슷한
단계에 출현하는 17세기 초기 움라우트 현상이 전개되어 있던 서울말 일부
계층의 구어에서나, 남부 지역방언의 형태가 반영된 그대로의 이형태로 파악
하는 것이 온당하다.36)

---

36) 오늘날 서울과 경기도 중심의 중앙어에 해당되는 입말에는 표준어와 달리 움라우트 현상이
생산적으로 진행되어 있다(김계곤 2001, 참조). 또한, 서울 토박이 부인 한상숙 노인(당시 74
세)이 구술한 『민중 자서전』자료집(『서울토박이 부인 한상숙의 한평생』, 뿌리깊은 나무 민
중자서전, 18, 1992)에 자연스럽게 반영된 서울말에는 움라우트 현상이 두드러지게 사용되어
있다(이병근 1992 : 18).

   (ㄱ) 쇠주(소주, p.43), -쩨리(오전쩨리, p.80; 스물 몇 평쩨리, p.171), 채례(사당 채례 지내구,
       p.58), 댄추(단추, p.108), 쩰여서(절여, 삼삼하게 쩰여, p.77).
   (ㄴ) 핵교(학교, p.27), 냄편(남편, p.138), 꼴띠기(꼴뚜기, p.64), 욍겼으니(옮겼으니, p.89).

   이와 같은 서울말과 경기도 지역에서의 공시적 움라우트 현상은 역사적으로 오랜 시간심층
(time depth)을 갖고 있을 것으로 보인다. 따라서 17세기 국어에 반영된 움라우트 실현형 '지
애비'(夫)형은 당시 중앙어를 사용하였던 대중들의 입말에서도 확대되었을 가능성도 있다.

3. 우발적 표기 형태와 국어사 연구에서 관찰자의 역설

3.1 규범적인 글말과 당시 화자들의 입말 간의 시간적 거리

3.1.1 우리가 국어사 연구의 일차적 문헌 자료를 취급할 때마다 해결하기 어려운 문제는 다음과 같은 두 가지 의문으로 압축된다. 일정한 역사적 단계의 문헌 자료에 반영된 문헌어와 그 당시 일반 화자들이 구사하는 실제 구어는 어느 정도의 차이가 개입되어 있을 것인가. 그 양자 사이의 시간적, 공간적 거리를 측정할 수 있는 장치는 무엇일까.[37]

이러한 난제에 일단의 돌파구를 마련해 주는 텍스트의 유형은 한글편지(언간)라고 생각한다. 따라서 한글편지는 구어 접근성의 측면에서 전통적인 간본 자료들이 반영하는 보수적인 문헌어가 갖고 있는 한계를 극복할 수 있는 매우 중요한 도구로 인식되어 왔다(황문환 2002 : 135). 일정한 지역사회에서 긴밀한 사회 조직망을 구성하고 있는 사회 구성원(연령, 성별, 계층)들 사이에 한글로 작성되어 교신된 편지글 텍스트에 대해서 지금까지 이루어진 정밀한 주석과, 다양한 연구들은 이와 같은 전제와 관점에서 수행되어 왔다(특히, 김일근 1986; 조항범 1998; 백두현 2003 등을 참조).[38] 조선시대 한글편지 자료에 대한 지금까지의 연구 현황과 전망을 종합하여 제시하는 자리에서 황문환(2002; 2004; 2010)은 이 자료 유형이 갖고 있는 특징을 다음과 같이 요약한 바 있다(또한, Elspass 2012도 참조). (1) 언간의 일상성, (2) 언간의 자연스러운 표현성, (3) 언

---

37) 송민(1986 : 25-27)은 "문헌 음운론"의 방향을 탐색하면서 발화 현실과 문자 표기 간에는 엄밀한 1 대 1의 대응이 존재하지 않는다는 사실을 전제로 한 다음, 발화 현실과 표기와의 乖離의 내면적 성격을 공시적 측면, 통시적 측면, 그리고 문헌적 측면에서 규명해 보려고 시도하였다. 송민(1986 : 27-29)에서 음운변화가 표기에 반영되기까지 설정된 가상적 과정이 이 글 작성에 큰 도움이 되었다.

38) 한글 편지에 대한 긍정적인 인식과, 본격적인 국어사 자료로서 고찰의 대상으로 포함되기 시작한 것은 16세기 국어의 문법을 다룬 허웅(1989)에서부터이며, 1990년대에는 그 당시 한국정신문화연구원에서 "필사본 언문간찰에 대한 국어학적 분석"이라는 주제 밑에 여러 편의 기획논문(1996)이 발표되기 시작하였다.

간의 구어성, (4) 언간의 역사-사회언어학적 접근성.

지금까지 공개되어 분석된 한글 편지의 텍스트 가운데, 비교적 이른 시기에 속하는 16세기 후기에 사대부 집안 李應台(1556-1586)의 부인이 요절한 남편의 棺에 넣어 보낸 편지(1586)에 등장하는 몇 가지 특질이 통상적인 문헌어와 당시 화자들의 구어와의 대비의 관점에서 국어사적으로 의미심장한 것이다. 여기에 무엇보다도 'ᄒᆞ여>희(爲)'의 음운론적 과정을 거친 최초의 개신형이 3회 연속으로 사용되어 있다.

> (20) 자내 날 향희 ᄆᆞᄋᆞᆯ 엇디 가지며 나는 자내 향희 ᄆᆞᄋᆞᆯ 엇디 가지던고...
> 자내 향희 ᄆᆞᄋᆞᆯ칭 니즐 주리 업스니...(이응태묘 출토언간, 1586 : 아내 → 남편).39)

이응태 부인이 쓴 위의 한글 편지 가운데 나오는 '향희'에 대해서 제일 먼저 이 편지글을 해독하고 주석을 시도한 안귀남(1999ㄴ)은 '향희'를 다른 설명이 없이 그대로 오늘날의 '향해'로 읽었다. 이 활용형이 출현하는 편지글의 전후의 문맥상으로 보아도 '향희>향해'로 파악될 수밖에 없어서 이와 다른 방안은 찾기 어렵다.40) 그렇기 때문에, 이러한 해독이 황문환(2002 : 137; 2010 : 91), 백두현(2003 : 141) 그리고 최근에 장영길(1999 : 53-54)에서도 지속되어 왔다.41)

---

39) 1998년 안동 정상동 고성 이씨분묘에서 출토된 이응태 부인의 요절한 남편에게 보내는 애절한 편지 사연과 출토 배경 및 텍스트의 주석과 현대 역에 대해서는 안귀남(1999ㄱ; 1999ㄴ)을 참조.

40) 그러나 16세기의 편지글에 등장하는 '향희'에서의 'ᄒᆞ-'의 부사형 '희-'와 19세기의 'ᄒᆞ여>희'의 음운론적 내용은 상이하다. 전자는 이중모음 [hʌy]인 반면에, 후자의 형태는 단모음 [he]의 신분이었다.

41) 백두현(2003 : 144)은 17세기 초엽 경상도 현풍 지역에 살았던 郭澍(1569-1617)와 그의 가족들이 작성한 한글편지 묶음인 『현풍곽씨언간』의 텍스트에서 이응태 부인의 편지에 쓰인 적이 있는 '향희'형과 가까운 '향애'가 사용되었음을 주목하였다.

날 향애 중ᄃᆞ리 후이 ᄒᆞ니 나도 갈 제 저의롤 술이나 머기고 가려 ᄒᆞ뇌
(현풍, 17, 곽주→河氏).

그러나 16세기 후기 편지글에서 3회 쓰인 '향희'에서 '흐여>희'와 같은 과정을 거친 형태가 국어사의 역대 다양한 문헌 자료를 통해서 근대국어 후기에 이르기까지 다시 출현한 적이 없다는 사실이 주목되는 것이다. 19세기 후기의 단계에 이르러서야, '흐여~희'의 교체가 당시의 여러 지역방언을 반영하는 다양한 자료에 생산적으로 분포되기 시작한다. 그렇다면 16세기 후기에 젊은 이응태 부인이 남편에게 실제로 사용했던 '희'형은 어디로 사라졌다가 19세기 후기에 비로소 우리에게 보이는 것일까.[42]

16세기 후기의 역사적 단계에 당시 경상도 안동에 살았던 사대부 집안의 20대 부인이 망극한 슬픔 가운데 죽은 남편에게 경황없이 구사하였던 구어형 '희'(為, <흐여)로부터 19세기 후기의 전통적인 문헌어에 등장하는 '희'에 이르기까지는 300년이라는 시간적 거리가 개입되어 있다. 만일 이응태 부인의 편지글에서 '향희'와 같은 형태가 우연하게 등장하지 않았더라면, 우리에게 남겨진 음성변화 '흐여>희'에 대한 역사적 증거는 19세기 후기의 문헌 자료에서만 발견할 수 있었을 것이다. 16세기의 편지글에 등장하는 '흐여>희'와 같은 변화에 대하여 또 다른 의문도 떠오르게 된다. 첫째, '흐여>희'는 어떠한 음운론적 과정을 차례로 밟아서 안동 사대부의 구어 가운데에서 우연하게 출현하게 되었을까. 둘째, 19세기 후기의 자료에서 '흐여>희'의 형태를 보여주기 이전까지, 근대국어의 문헌 자료들은 이와 같은 변화에 이르는 과정을 암시하는 음운론적 변이의 모습을 어떠한 방식으로 보여주고 있을까.

이와 같은 유형이 보이는 문헌어와 구어 간의 시간적 거리는 비록 극단적

---

42) 글쓴이는 최전승(2004 : 123-135)에서 '흐여>희'의 변화 사이에는 '흐여>희여'와 같은 중간단계가 개입되어 있을 것으로 추정하고, 개신형 '희여' 형태들이 16세기 이후 근대국어의 문헌 자료에 확산되어 가는 과정을 제시하려고 한 바 있다. 최근에 '흐여>희여'와 같은 변화에 대한 재논의는 배영환(2011)을 참조

아ᄆ리 무ᄉᆞ물 잡쟈 희여도 흔터 사던 이리 니즌 적 업시
그리오니 날 <u>위희여</u> 벼스룰 말랴 날 <u>위희여</u> 쳐블 말랴
내 주그리로다(1565, 순천김씨언간, 40).
cf. 조항근(1998 : 225)의 현대역 "날 위하여 벼슬을 말겠느냐? 첩(妾)을 말겠느냐?

인 예이기는 하지만, 문헌 자료 중심으로 국어사 영역에 종사하는 우리에게 극복하기 어려운 하나의 역설(paradox)을 제공한다.[43] 즉, 일정한 역사적 언어 현상이 문헌상으로 증명되지 않았다고 해서, 그 현상이 해당 시기에 화자들에 의해서 사용되지 않았다는 전제가 과연 타당한 것일까. 그렇다면, 문헌상으로 한 번도 나타나지 않았던 형태를 그 시기에 대중들의 자연스러운 입말에서 사용되고 있었다고 어떻게 증명해 보일 수가 있는가.

3.1.2 한글 편지글에는 문헌어 중심의 간본 자료에서 생각할 수 없는 매우 급진적인 음운론적 과정도 드러나기도 한다. 유학자 安敏學(1542-1601)이 1576년 5월 10일 젊은 나이에 돌아간 아내의 넋을 위로 위하여 상중의 비통한 심정으로 급급히 써내려간 한글 <哀悼文>에 반영된 16세기 후기의 한글편지에 이러한 예가 보인다(구수영 1979, 1980). 16세기 후기의 충남방언을 그대로 반영하는 이 한글편지 텍스트에는 아래와 같은 움라우트 실현 예들이 사용되어 있다.

(21) ㄱ. 그저기 나는 스물 다ᄉ신 저기오 자내는 <u>내히</u> 열세힌 저기...
　　ㄴ. 출할이 주거가 그디과 <u>넥시나</u> 혼가ᄃ녀...
　　　cf. 넉시 디다플가.[44]

위의 (21)의 예들은 주격조사 '-이' 앞에서 각각 '나ᄒ(歲)+-이>내히'와, '넋(魂)+-이>넥시'와 같은 움라우트 현상이 형태소 경계에서 수행되었음을 나타낸다. 16세기 후기 충청방언을 구사하였던 유학자의 구어에 나타나는 '넥시~넉시'의 변이형들은 움라우트 현상의 진행과 그 확산의 관점에서 종래에 근대국어 후기 단계의 간본 중심의 문헌어에서 산발적으로 등장하였던 예들

---

43) 이 글의 §3.2.2에서 "허웅(1975)과 Wang(1968)에서의 역설"을 참조.
44) 안민학의 <哀悼文>의 원문 해독과, "가옹 안민ᄒ근 유인(孺人) 곽시(郭氏) 령젼늬 고ᄒ뇌..." 로 시작하는 원문의 사진본은 구수영(1979)을 이용했음.

과 대조하면 급진적이고, 동시에 특이한 전개 방식을 보여주고 있다.45) 그러나 17세기 초엽의 경상방언을 반영하고 있는 중간본 『두시언해』(1632)에서도 체언과 주격조사 '-이'가 통합되는 과정에서 수행된 움라우트의 예들이 관찰되는 사실로 미루어 보면(백두현 1989 : 58-59, 1992 : 231-214), 위와 같은 예들의 존재를 의심할 수는 없다.46)

특히 (21)ㄴ의 '녝+시'와 같은 변화는 개재자음과 관련된 움라우트 실현상의 위계에 비추어 볼 때, 16세기 후기의 단계에서 일어났던 현상으로 쉽게 수용하기는 어려운 점이 있다. 그러나 이 <애도문>의 작성과 시간과 공간적으로 동일하지는 않지만, 후대의 중간본 『두시언해』(1632)의 언어에서도 '소리(聲)>쇠리'의 변화 유형이 등장하고 있는 사실을 고려할 필요가 있다고 생각한다.47) 비롤 쁴우고 展轉ㅎ야셔 ᄌᆞ조 둘기 쇠릴 듣노라(聞鷄, 3 : 20ㄴ). 일찍이 17세기 국어의 음운론을 전반적으로 고찰한 전광현(1967/2003 : 18)은 중간본 『두시언해』에 등장하는 '쇠리'형을 주목하였으며, 이것은 경상방언의 영향에 의해서 등장한 형태로 간주한 바 있다. 또한, 경상도 문헌어를 중심으로 지역방언

---

45) 한글편지의 일종인 <애도문>에 반영된 16세기 국어를 검토한 도수희(1987 : 241)는 위의 (21)의 예들을 제시하면서, "특기할 만한" 언어 현상이라고 주목하였다.

46) 중간본 『두시언해』에 반영된 음운현상 가운데, 형태소 경계를 넘어 실현되는 움라우트의 예들은 다음과 같다(백두현 1992).

  (ㄱ) ᄇᆞ릭미 노ᄒᆞ야<ᄇᆞ롬미, 風怒呼, 6 : 42ㄱ),

  (ㄴ) 두어 재히오(<자히오, 數尺, 25 : 21ㄱ),

  (ㄷ) 님재히오(<님자히오, 6 : 8ㄱ).

47) 움라우트 현상의 기원적 진원지 가운데 하나에 속하는 육진방언에서 오늘날 이 현상은 개재자음 'ㅅ'의 제약이 극복되어 생산적으로 실현되어 있는 모습을 보인다.

  '취척(추석, p.30), 쇠셜(소설, p.31), 뙤션(조선, p.35), 쇠식(소식, p.35), 웬셩(온성, p.30)'(함경북도, 경흥군, 장안리, 『1960년대 육진방언 연구』(자료편, 황대화, 2011, 역락).

  19세기 후기에 속하는 완판본 고소설 자료에서도 생산적인 움라우트 현상에 개재자음 'ㅅ'에 대한 제약이 더 이상 적용되지 않았다(최전승 1986 : 27).

  (ㄱ) 옥경연화 피난 뙤시 틱을션인 연엽션 쓴 듯(병오판 춘향전, 7ㄴ),
      옥경년화 피는 곳시 틱을션인 연엽션 쓰듯(별춘향전 10ㄱ).

  (ㄴ) 뇌셩(魯城, 수절가, 하.24ㄱ; 병오판 춘향전 23ㄴ), 니셩(별춘향전, 21ㄱ).

의 통시적 음운사를 개척한 백두현(1992 : 214)에서도 '소리>쇠리'의 예를 경상 방언에서 '오'의 움라우트를 실현시킨 예로 기술하였다.

18세기 중반 황해도 구월산 興律寺에서 간행된『염불보권문』(1765)의 텍스트에 등장하는 '뮈셥다'(31ㄴ)의 예도 이 지역에서 개재자음 'ㅅ'의 제약을 넘어 '무셥->뮈셥-'(恐)의 과정을 거친 움라우트 실현형으로 보인다(김주원 1994 : 36-37). 고통 슈ㅎ기 실노 뮈셥다 ㅎ시니(31ㄴ), cf. 실노 무셥다 ㅎ시니(1776,염불권문, 동화사본, 21ㄱ).48)

한글편지를 포함한 필사본 자료에 등장하는 형태들은 간본에서와는 대조적으로, 그 변화의 진행 과정이 시기적으로 이른 음운론과 형태론의 일부를 보여주기도 한다. 아래의 보기에 등장하는 '불휘(根)>쓰리'와 같은 변화가 그것이다.

(22) 싱양 여닐곱 쓰리나 키여 죠히여 싸 봉ㅎ여 보내소(현풍. 54),

17세기 초기의 대표적인 경북 현풍/달성 방언자료로 간주되는『현풍곽씨언간』에서(김주필 1993; 백두현 2000, 2003), 곽주가 그 부인에게 보낸 편지글 가운데 쓰인 '쓰리'(根)형은 매우 급진적인 음운변화를 포함하고 있는 예외적인 형태임에 틀림없다. 17세기의 '쓰리'에 가까운 또 다른 '쑤리'의 등장은 간본 중심의 문헌어에서 적어도 19세기 후기까지 기다려야 하기 때문이다. 진실노 이믜 그 쑤리를 버히고 그 너출을 끈허쓰나(1881, 어척윤음.1ㄴ).『현풍곽씨언간』에 반영된 언어 현상을 음운사적 관점에서 고찰하고, 정밀하게 주해한 백두현(2000 : 109; 2003 : 304)은 이 시기의 '쓰리'형이 밟아온 발달 과정을 다음과 같은 순서로 재구하였다. 불휘 → 블희(비원순화) → 브릐(유성음간 ㅎ탈락) → 브리(이중모음의 단모음화) → 어두경음화(쓰리). 이와 같은 음운론적 과정에 참여한 다양한

---

48) '무셥->뮈셥-'의 움라우트 과정을 거친 오늘날의 지역방언 후속형 '미셥-'의 분포가 전남에서 충청, 그리고 황해도 일대와 평북지역에까지 확대되어 있다(김주원 1994).

음성변화 중에서 특히 이중모음화의 단모음화(즉, -uy>iy와, 이어서 개입되는 iy>i의 발달)는 근대국어의 간본 자료에서는 쉽게 관찰하기 어렵다.[49] 그러나 위의 한글편지 가운데 등장하는 (22)에서의 '쓰리'(根)의 존재는 당시의 경북방언에서 이러한 일련의 음성변화가 구어에서 가능하였음을 의미하는 것이다.

이와 같은 비어두음절 위치에서 이중모음 '-위'의 최종적인 '-이'로의 단모음화 과정이 17세기 당시의 화자들의 자연스러운 구어에서 출현하였다면, 일찍이 『동국신속삼강행실도』(1617)에 등장하였던 노비의 한글 이름인 '쇼찌'(牛屎)에 대한 김영신(1980)의 추정도 다시 음미해 볼만 하다고 생각한다(이 글의 §2.2에서 각주 30을 참조).[50]

3.2 국어사 연구에서 관찰자 역설의 유형

3.2.1 이숭녕(1971/1988)과 안병희(1989/1992)에서의 역설

지금까지 §3.1에서 언급된 사실을 어느 정도 전제로 한다면, 일정한 시기의 문헌 자료에 반영된 보수적인 문헌어를 이용하여 음운변화 또는 형태 통사적 변화를 관찰하려는 우리에게 이러한 변화가 직접 일어나고 있는 현장의 모습을 어디에서 구체적으로 찾을 수 있을 것인가. 예전부터 모든 언어변화는 원칙적으로 구어(parole) 가운데에서 출발한다고 한다고 알려져 왔다(de Saussure 1959 : 98). 또한, 고전적인 Paul(1960 : vi)은 언어사에서 문자로 기록되

---

49) 전광현(1967/2003 : 81-82)은 17세기 국어 음운론에서 비어두음절 위치에 일어난 '위' 이중모음의 단모음화 현상을 '불휘>불희>뿌리'의 변화 가운데에서 추출해 낸 바 있다.
  초혜쑤리(草鞋, 태산집요.27).
  그러나 이 형태가 등장하는 예문을 점검해 보면, 여기서 '쑤리'는 '根'을 나타내는 단어가 아니라, 15세기 국어의 이형태들인 '부ㆍ우리~부ㆍ으리' 등과 공존하였던 'ㆍ부리'(喙)형으로 소급되는 것으로 보인다. 즉, '초혜ㅅ 부리 → 초혜쑤리'.
  머리터럭 길혜 디연눈 왼발 초혜쑤리 다 검게 스라(태산집요.27ㄴ).
50) 이숭녕(1971/2011)은 『동국신속삼강행실도』(1617)의 어휘론적 고찰에서, 이 자료에는 참여한 다수의 집필들이 구사한 俗語와 방언도 섞여 있을 것으로 예상하였다. 여기서 人名 '쇼찌'(牛屎)의 사례도 당시 화자들의 구어에 존재하였던 속어의 범주로 귀속될 수 있다고 본다.

어 출현하는 언어 사용에서의 모든 변화와 그 발생의 원인은 수많은 화자와
청자들 간의 일상적인 언어활동 자체에서 이루어진 결과라고 각별히 강조해
왔다.

문자로 기록된 문헌 자료는 구어에서 일어난 언어변화를 점진적으로 수용
하여 반영하는 불완전한 매체에 불과할 뿐이다. 일정한 시기의 문헌 자료에
반영된 격식적인 문헌에서 어느 특정한 언어변화가 실현되어 있다는 사실은
이미 당시의 구어에서 이러한 개신이 어느 정도 일반화되었거나, 그 세력이
확대되어 문헌어의 신분에까지 침투될 수 있는 확산의 단계를 전제로 한다.
그렇다면, 격식적인 문헌어에서 우리가 직접 관찰할 수 있는 당시 화자들의
구어의 모습 또는 구어에서 기원된 언어변화의 구체적인 증거는 일종의 "우
발적 표기"(occasional spellings)에서 찾아 볼 수 있을 것이다. 이러한 표기 유형
은 종래에 "誤記"라는 명칭으로 경계의 대상이 되어 왔다.

근대국어의 단계의 자료 자체 내에서 끊임없이 등장하는 표기법의 혼란은
실제 당시 언중들의 구어에 실현되는 동요와 변이 현상을 어느 정도 반영하
는 대상으로 인식되어 왔다. 그리하여 이숭녕(1971/1988 : 249)은 17세기 국어의
전반적인 음운사적 고찰을 시작하면서, 이 시기의 표기의 혼란은 보수적인
경향과 당시의 언어 개신을 표기에 실현시키려는 시도가 서로 상충되어 있
음을 지적하였다. 그렇기 때문에, 17세기 음운론의 자료에는 신형과 구형의
공존, 신형의 分岐, 다양한 쌍형어(doublets) 등의 모습이 표기법의 혼란 가운
데에서 추출될 수 있다고 보았다. 또한, 이숭녕(1971/1988)은 이러한 현상이 음
운변화의 과정에서 일어나는 교체의 과정일 수 있으나, 17세기 국어 음운론
의 에누리 없는 실태를 복원하기에는 결코 쉬운 작업이 아니기 때문에, 다음
과 같은 각별한 당부를 우리에게 하였다.

(23) 따라서 문헌에 나타난 語彙의 신기한 表記를 그것의 音韻變化로 본다면 큰
    위험을 범함이 될 것이요, 그 반대로 음운변화의 단서가 될 자료를 誤記로

보아서도 안 된다(p.253).

위의 인용문에서 언급된 양면적인 성격의 "신기한 表記"는 역사언어학에서 말하는 우발적 표기 형태를 가리킨다고 생각한다. 문자로 기록된 언어 자료에서 언어변화와 관련된 정보를 이끌어내는 한 가지의 방법으로 전형적인 우발적 표기가 관찰의 대상이 된다. 규범적이고 관습적인 표기에서 이탈하여 우연하게 출현하는 이러한 유형의 예들은 우리가 신중하고 정밀하게 점검을 해 보면, 다음과 같은 긍정적인 중요한 측면도 보여준다는 것이다(Penzel 1969 : 17-18; Campbell 2000 : 335-338). (ㄱ) 표기법의 규범이 규제하고 있는 음운변화의 노출, (ㄴ) 말의 스타일의 변동에 따른 문어와 구어 간의 대립의 상황, (ㄷ) 음운변화에서 일어나고 있는 교체의 과정, (ㄹ) 방언 접촉에 의한 외부 방언형의 혼입.

이러한 성격의 우발적 표기에 적절한 국어사적 의미와 가치를 부여하려면, 해당 문헌 자료에 대한 "냉철한 비판과, 서지학적 검토가 선행"되어야 할 것(안병희 1989/1992 : 750)이다. 그리고 각각의 대상 문헌에서 "시대적 표기법의 경향과, 집필자의 문체적 특징"(이숭녕 1971/1988 : 253)을 판정한 후에야 역사적 고찰로 들어갈 수 있다고 한다. 국어사 자료에서 誤字와 誤讀이 갖고 있는 다양한 문제점을 예증하면서, 안병희(1989/1992)는 위의 인용문 (24)에서와 유사한 성격의 다음과 같은 경각심을 우리들에게 준 바 있다.

> (24) 요컨대, 국어사의 연구에서 典籍을 다룰 때에는 誤字가 없지 않다는 전제에서 비판적으로 다루어야 한다. 그렇다고 하여 誤字에 지나치게 집착해서는 안 된다. 정작 올바른 語形을 誤字에 의한 것으로 보거나, 잘못 읽어 제대로 해석하지 못하는 태도도 지양되어야 한다.(p.750).

국어사 자료에 출현하는 우발적 표기를 취급하는 절차 있어서, 위에서 제시된 이숭녕(1971/1988)과 안병희(1989/1992)에서의 양면적 성격의 경고는 우리에게 소위 "관찰자의 역설"(observer's paradox)을 연상하게 한다. Labov(1972 : 208-210)는 일정한 지역사회에 들어가서 이루어지는 현지 언어조사의 목적이 토박이 화자들이 체계적으로 관찰 받고 있지 않을 때 어떻게 토속적인 일상어를 사용하고 하는가를 발견하는 것이지만, 현지 조사자는 이러한 순수한 자료를 체계적인 관찰을 통해서 얻을 수밖에 없는 방법론의 한계를 소위 관찰자의 모순이라고 지적하였다. 그 이유는 이러한 체계적인 관찰은 격식을 갖춘 면담 과정을 통해서 가능한 것인데, 면담에 응하는 자료 제공인은 자신의 말이 외지인에 의해서 관찰 받고 있다고 느끼면 느낄수록 자신의 자연스러운 언어사용 행위를 의식적으로 격식어의 방향으로 통제하게 되기 때문이다.51)

여기서 글쓴이는 일정한 시대의 문헌에 등장하는 "신기한 表記" 또는 '誤字'의 유형에 속할 것 같은 우발적 표기 또는 그 형태에 대한 우리의 두 가지의 모순적/역설적 태도를 사회언어학의 현지 조사에서 파생되는 근본적인 문제인 관찰자의 역설의 관점에서 이해하려고 한다. 우리가 정확한 역사적 언어 사실을 관찰하기 위해서 해당 문헌 자료에 출현하는 잘못된 표기 또는 誤記 등에 너무 과민하게 반응하면 할수록, 당시의 역동적인 언어 현실에서 멀어지게 된다. 따라서 이숭녕(1971/1988)과 안병희(1989/1992)에서 제시한 위의

---

51) Labov(1972)는 일정한 격식을 차린 면담이 갖고 있는 제약을 극복하기 위해서 고안된 장치로 방언 화자들이 이야기의 상황에 따라 달리 실현시키는 말의 스타일(style)의 영역을 활용하였다.

여기서 말의 스타일은 방언 화자가 동일한 개념이나 사물을 표현하기 위해서 사용할 수 있는 몇 가지 언어적 가능성 가운데 사회적 상황에 따라서 취하는 말의 선택이라는 의미로 한정하여 사용된다. 말의 스타일을 언어 표현의 선택이라고 하는 것은 동일한 의미를 나타내지만 변이를 형성하고 있는 변이형(variants) 중에서 어느 하나를 선택한다는 것이다. 또한 이러한 언어적 선택은 변이형들과 연관된 사회적 의미(방언 화자의 보수적 또는 진보적 성향, 중류의 사회 계층, 젊은 연령, 격식을 차린 분위기 등과 같은)를 내포하고 있음을 뜻한다. 따라서 방언 화자가 사용하는 스타일의 유형과 그 변화를 통해서 우리는 해당 언어가 보이고 있는 사회적 의미에 접근할 수 있다고 한다.

그러나 말의 스타일의 개념은 화자가 자신의 말에 부여하는 주의력의 정도에 대한 연속체에서, 최근에는 청자에 대한 화자의 대화 전략과 반응, 소속집단 의식의 표현 등과 같은 영역으로 확대되어 가고 있다(Coupland 2007).

인용문 (23)과 (24)의 양면적 성격을 문헌 자료를 관찰할 때 파생되는 이숭녕 (1971/1988)과 안병희(1989/1992)에서의 역설이라고 잠정적으로 부르기로 한다.

3.2.2 허웅(1975)과 Wang(1969)에서의 역설

15세기 중세국어에 사용되었던 서술어 활용 형태들의 유형을 제시하면서 허웅(1975 : 412)은 우리는 15세기 국어의 모든 활용 형태들을 만들어낼 수 있는 당시 화자들의 언어능력을 갖고 있지 않다는 사실을 지적하였다.52) 그리하여 우리가 이용할 수 있는 당시의 많은 문헌들을 전부 검토하여 당시 문법의 규칙을 귀납적으로 추출하여 보아도 문헌에 쓰여 있는 말은 무한한 언어수행의 일부에 지나지 않는다는 것이다. 따라서 문헌에 모든 용언의 활용형의 꼴들이 전부 나타날 것으로 기대할 수도 없기 때문에, 어떠한 활용 형태가 자료에 등장하지 않았다 해서 그러한 형태가 존재하지 않았다는 직접적인 증거는 될 수 없다고 한다. 따라서 허웅(1975)은 문헌 자료 중심의 공시적 및 통시적 연구에 내재되어 있는 이러한 본질적인 유형의 제약을 다음과 같이 요약하였는데, 우리는 이 내용을 허웅(1975)에서의 역설이라고 부르기로 한다.

> (25) 일반적으로 역사적 문헌은 긍정적인 (언어) 자료는 제공해 줄지언정, 부정적인 자료는 제공해 주지 않는다.(p.412).

이와 유사한 맥락에서 역사적 문헌 자료들이 갖고 있는 다양한 문제와 제약을 지적하면서 Labov(1994 : 11)도 역시 일정한 시대의 자료는 우리에게 해당 언어 사실에 대한 "긍정적인 증거"(positive evidence)만을 보여준다고 하였다. 역사적 문헌 자료에 등장하는 언어 현상과 표기 형태에 대하여 더 많은

---

52) 이러한 문제는 종래에 역사 언어학 연구 분야에서 지적되어 왔는데, 이와 유사한 제약을 일찍이 Vizmuller(1982 : 376)는 *Saussurean paradox*라 부른 적이 있다.

예들을 적극적으로 산출하여 내고, 표기상의 타당성을 합리적으로 검증하고, 증거를 식별해 낼 수 있는 당시 화자들의 언어능력의 결여는 결국에는 오늘날의 언어 중심의 현대적 편견으로 치우치게 하는 경향으로 나타난다.

일정한 역사적 단계의 화자들이 어떤 반사형들을 구어에서 실제로 구사하였다고 해도 이러한 사실이 문헌 자료에서 기록으로 우연히 증명되지 않는다면, 우리는 다른 방법을 통해서 확인할 수 있는 방법이 전연 없는 셈이다. 그렇기 때문에, 일정한 역사적 단계에서 당시의 문헌 자료에 어떤 언어적 특질이 반영되지 않았다고 해서 당시의 언중들의 언어수행에 그러한 특질이 존재하지 않았다는 직접적인 증거는 되지 않는다고 본다.

근대국어의 음운사적 성격을 조감하면서 홍윤표(2009)는 이 단계에서 출현하는 체언 어간말 설단 자음의 변화와, 당시의 7종성 표기의 확립에 대한 설명에서 아래와 같은 관찰을 한 바 있다.

> (26) 특히 'ㄷ'으로 끝난 체언들은 모두 'ㅅ'으로 변화하였는데, 이중에서 우리의 관심을 끄는 것은 '구개음화'와 '마찰음화'를 거쳐서 'ㅅ'으로 된 부류('벋이 → 벗이 → 벗이', 이러한 체언에는 '뜯(義), 곧(處), 빋(負債)' 등이 있다)와 '구개음화' 과정이 표기상에 나타나지 않은 부류들(몯(釘)이 (→X못이) → 못이, 이에 해당하는 체언에는 '붇(筆), 낟(鎌), 갇(笠)' 등이 있다)이다. 그러나 후자의 변화는 명쾌한 해답이 없다. 단지 표기상으로 우연의 빈칸으로 설명하고 있으나, 이것은 구조상의 빈칸으로 해석되어야 한다.(홍윤표 2009 : 167-168).

근대국어의 단계에서 일련의 체언의 어간말 'ㄷ' 자음이 문헌 자료상에서 주격형의 구개음화의 실현과 유추에 의한 확대가 등장하는 부류들의 경우에는 구개음화와 마찰음화의 과정이 수용될 수 있다. 그 반면에, 이와 동일한 음성적 환경을 구비하고 있는 체언 말음이어도 그러한 음성변화와 형태변화의 연속이 문증되지 않는 다른 부류의 경우에는 확실한 결정을 내리지 못한다는 홍윤표(2009)의 입장은 실증적으로 타당한 것이다.

그러나 이러한 "구조상의 빈칸"은 자료의 확대와 더불어 잠정적으로 축소될 수 있는 여지가 있다. 18세기에 간행된 팔공산 동화사본 『염불보권문』(1764)에서와, 19세기 전기에 작성된 안동 사대부 집안의 한글편지(1832)에 출현하는 '붓'(筆)의 곡형 형태의 쓰임이 이러한 사실을 말하고 있다.53)

> (27) ㄱ. 감관도 <u>부즐</u> 잡고 칙을 보며(동화사본 염불보권문, 26ㄱ),
> ㄴ. 조희 <u>붓즐</u> 주고 가르치면 스마 ᄒ오니 우습고(1832, no.005. 아내 → 남
> 편/김진화, 66).54)

위의 예에서 '붓'(筆)의 대격 형태 '부즐, 붓즐'은 먼저 주격조사 앞에서 'ㄷ' 구개음화 현상이 적용되고, 이어서 주격형의 갖고 있는 유추에 의한 힘에 의해서 다른 격 형태로 확대되는 과정을 반영하는 것이다. '부즐'의 형태는 '붇+-이 → 부지'의 선행 단계를 함축하고 있는 것이다.55) 그러나 18세기의 같은

---

53) 文證이 아직 되지 않은 또 다른 중세국어 '남(鎌)'과 '갇(笠)'의 굴절 형태들도 먼저 주격에서 구개음화와 유추적 확대를 거쳐 왔을 가능성이 있다. 주격형에 구개음화가 실현되지 않았던 육진과 함북방언에서 중세국어 단계의 체언 어간말 설단 자음은 오늘날까지 그대로 유지되어 있는 것이다.

  (ㄱ) 이 집에 <u>낟이</u> 잇으무 빌게 주움쇼(낫이. 최명옥 외 2002 : 89),
  (ㄴ) <u>가드</u> 쓰고 가디만(갓을, 함북 온성군, 황대화 2011 : 182),
  (ㄷ) 거 언제 <u>비드</u> 츠겟소, <u>비드</u> 지문 이따 더 바쁘디(빗을, 상동, 2011 : 194).

  함북지역 출신 중심으로 중국 연변지역 한국어의 음운론을 고찰한 채옥자(2005 : 46)도 체언 어간말 설단자음 계열의 단어들이 굴절 형태에서 'ㅅ' 대신에 '남(鎌), 몯(釘), 붇(筆), 빋(債), 밭(田), 끝(末)' 등으로 쓰이고 있는 사례를 보고한 바 있다.

  모디(몯+이), 모드(못+을), 모데(못+에).

  이러한 사실을 관찰하면, 체언 어간말 자음 'ㄷ'이 'ㅅ'으로 변화하는 과정에 일차적인 계기는 필수적으로 t-구개음화이었음을 확인할 수 있다.
54) 이 용례는 <조선후기 한글 간찰(언간)의 역주 연구>(제6권), 『의성김씨 김성일파 종택 한글 간찰』(2009, 한국학 중앙연구원 편)에서 제시된 판독문과 그 주석, 그리고 이 한글편지 묶음을 그대로 영인한 『부록』(2009, 『조선후기 한글 간찰(언간) 영인본』 3)에서 인용한 것이다.
55) 홍윤표(2009)에서 언급된 또 다른 형태 '낫'(鎌)의 굴절 형태들이 구개음화를 수용하였을 가능성은 이 글의 §4.3에서 예문 (45)를 참조

『염불보권문』계통의 자료이면서, 평안도 방언을 반영하고 있는 또 다른 이본
인 묘향산 용문사본(1765, 충남대 도서관소장본)에서 '붓'(筆)의 곡용 형태는 구개
음화와, 그 유추적 확대형을 보여주지 않는다. 써를 썩거 부들 밍글고(3ㄱ). 묘향
산본『염불보권문』의 언어는 18세기의 평안도 방언을 반영하고 있으며, 그곳
에서는 'ㄷ' 구개음화가 전혀 등장하지 않았다(김주원 1996 : 439).

국어사의 문헌 자료에서 文證의 실증적 문제와 실제의 구어와의 대조에서
일어나는 필연적인 "구조적 빈칸"의 관계와 관련하여, 일찍이 어휘확산의 개
념을 설정한 Wang(1969 : 21)의 역설이 연상된다. 그는 어휘확산의 가설(lexical
diffusion)을 주장하면서, 종래의 전통적인 통시 음운론에서 문헌 자료에 대한
논의에서 준수하여 오던 표준 개념들의 일부를 재검토해야 할 필요성을 언
급하였다. 그리고 그는 직접 문헌상으로는 증명되지 않지만, 자신이 제시한
어휘확산의 추론에 대해서 다음과 같은 비유를 제시한 것이다. 卵生이면서
포유류에 속하는 오리너구리(platypus)의 번식 과정이 과학적으로 아직 규명
되지 못한 단계에서, 그것이 알을 낳고 있지 않은 사진들을 연속적으로 보여
줌으로써 우리는 그것이 알을 낳아서 번식하지 않는다고 증명할 수는 없다
는 것이다.

Lass(1997 : 65-66)는 일정한 역사적 단계의 문헌 자료에 산발적으로 나타나
는 문자 표기의 이탈, 또는 그 변이형들과 같은 우발적 표기들이 단순한 표
기법상의 문제가 아니라 보수형과 개신형과의 대립 등과 같은 새로운 변화
의 관점에서 음운론과 형태론적으로 중요한 의미를 획득하려면 그 시기의
표기법과 관련된 내적 기준 이외에도, 적어도 다음과 같은 4가지의 외적 기
준을 만족시켜야 한다고 지적하였다. (ㄱ) 해당되는 문자 표기의 변이가 통
시적으로 가능한 또는 타당한 발달을 나타내는 것인가. (ㄴ) 자연스러운 음
운론적 과정의 관점에서 충분히 예측될 수 있는 변화인가. (ㄷ) 현대 지역 방
언의 반사체에 비추어 그 역사적 변화의 발달 과정을 확인할 수 있는가. (ㄹ)
동일한 시대 또는 그 이후의 다른 문헌 자료들에서 이와 똑같은 변이 현상이

지속적으로 출현하고 있는가.

이와 같은 Lass(1997)의 관점과, 여기서 논의된 관찰자 역설의 측면에서 종래의 국어사 자료에서 연구자들에 의해서 우발적 표기, 誤記, 또는 인출 과정에서 글자의 마멸과, 일부 문자의 획의 탈락, 그리고 필사자의 오류 등으로 취급되어온 몇 가지 유형들을 다시 음미하여 보기로 한다.

4. 국어사 자료에서 관찰자 역설의 실제

4.1 『동국신속삼강행실도』에서 '어덕~언덕'(崖)의 교체

4.1.1 『동국신속삼강행실도』(1617)의 텍스트 가운데에는 동일한 문면에 일견해서 피상적으로 '어덕'(崖)과 '언덕'형이 교체되어 출현하고 있는 것 같은 구절이 출현하고 있다.

> (28) 지아비늘 조차 도적을 지평 짜히 가 피ᄒᆞ더니 도적이 텰환으뻐 싀아비늘
>   맏친대 싀아비 <u>어덕</u> 아래 뻐러뎌 죽거늘 김시 쏘ᄒᆞ <u>언덕</u> 아래 ᄂᆞ려뎌 주검
>   을 안고(열녀. 6,52ㄴ).

일찍이 이숭녕(1978 : 38)은 17세기 초엽의 『동국신속삼강행실도』에 반영된 근대국어에 대한 음운사적 고찰을 시작하면서, 중세에서 근대의 단계로 이행하여 오는 과도기의 자료로서의 언어적 특성을 이 문헌의 텍스트에서 주의 깊게 관찰하였다. 그리고 이숭녕 선생은 이 자료의 언해에 참여한 다수의 번역자들의 방언적 배경과 연관되어 표출된 언어 자료의 다양성에 관한 성격을 예시하기 위해서 '崖, 斷崖, 絶壁'의 번역어로 사용된 단어들의 7가지 유형을 추출하여 제시하였다. 즉, '절벽~빙애~언~언덕~언턱~낭~어덕'. 그리하여 오늘날 서울말의 '낭떠러지'의 '낭'이나, 지역 방언에서의 '낭-어덕(<낭+

어덕) 같은 조어 형태가 해명된다고 보았다. 또한 이숭녕(1978 : 38)은 이 자료에 각 지방의 집필자들의 방언에서 등장하게 되는 쌍형어들의 예를 제시하면서, 앞에서 언급되었던 '崖'의 다양한 형태들을 다시 한 번 그 출현 맥락과 함께 자세히 논의하였다. 이와 같은 이숭녕(1978)에서의 '崖'의 변이형들에 대한 관점은 1980년대 개정증보판 『중세국어문법』(이숭녕 1981)의 <造語論> 항목에서에서도 다음과 같이 그대로 지속되어 있다.

> (29) 그러나 17세기 초(1617)에 간행된 『동국신속삼강행실도』에서 보면 雙形語 三重語들의 상태는 큰 混亂을 보이고 있다. 崖 : '빙애, 언, 언턱, 낭, <u>어덕</u>, 절벽'. 方言에서도 '낭아덕, 낭어덕'이 나오는데, '낭'이나 '어덕'이 '절벽'을 뜻하는 말이다.(p.137). (밑줄은 글쓴이가 첨가했음.)

이숭녕(1978; 1981)의 이러한 관찰은 『동국신속삼강행실도』의 어휘론적 고찰을 시작한 1970년대 초반의 이숭녕(1972 : 403-415)에서 열거한 '崖'에 대한 다양한 변이형들과는 약간 차이가 난다. 이숭녕(1972)에서 방언적 요소가 개입되어 있는 가장 복잡한 어휘로 '崖'의 변이형들이 열거되었는데, 여기서 '어덕'형은 그 예 가운데 포함되지 않았던 것이다.[56)

당시 서울대학교 중앙도서관 소장인 『동국신속삼강행실도』를 1959년 국립도서관에서 영인하여 간행한 이 영인본에서 '어덕~언덕'형이 교체되어 나타나는 문면을 자세히 검토해 보면 이숭녕(1972)과 이숭녕(1978; 1981)에서의 '어덕~언덕'형의 출현을 관찰하는 인식의 차이를 이해할 수 있다. '어덕~언덕'형이 교체되는 예문의 문면(싀아비 <u>어덕</u>(ㄱ) 아래 쩌려며 죽거늘 김시 쪼흔 <u>언덕</u>(ㄴ) 아래 ᄂ려며 주검을 안고(열녀, 6,52ㄴ))에서 먼저 출현하는 '어덕'(ㄱ)이 인쇄되어

---

56) '어덕'(ㄱ)형이 이숭녕(1972)에서 단순히 기술에서 누락된 것이 아니고, '언덕'형으로 분명히 파악되었다는 사실은 다음과 같은 언급에서 확인할 수 있다.

--'언덕'도 의미가 현대어와 달라서, '싀아비 <u>언덕</u> 아래 쩌려며 죽거늘(열녀, 6.52)'와 같이 급경사의 '崖'를 뜻하고 있다.(1972/2011 : 466).

있는 글자의 모양이 단순히 '어덕' 그 자체로만 보기에 형태상으로 의심스러운 점이 있다(첨부된 <그림 1>과 이를 조합하여 대조한 <그림 2>를 참조).

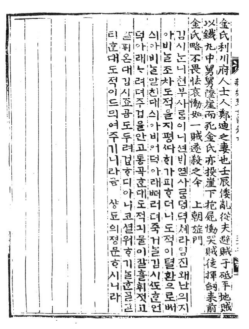

〈그림 1〉 『동국신속삼강행실도』 열녀도六 52

확대된 <그림 2>를 참조하면, '어덕'(ㄱ) 형태 좌측 상단부분에 '언덕'의 첫 음절의 종성 'ㄴ'이 떨어져 나간 것으로 보이는 흔적이 약간 남아 있다. 따라서 좌측 상단의 점의 일부는 종성 문자 'ㄴ'이 기원적으로 있었던 흔적을 표시하는 것으로 생각할 수도 있다. 그러나 같은 예문에서 다시 연속으로 등장하는 두 번째 형태 '언덕'(ㄴ)의 꼴에서 첫 음절의 종성 문자 'ㄴ'의 공간적 배치와 대조해 보아도, '어덕'(ㄱ)의 존재가 원래의 '언덕'으로부터 글자의 획이 일부 떨어져 나가고 그 작은 흔적만 흑점으로 좌측 상단에 남아 있는 것인지의 여부에 대해서 분명한 판단을 내리기 어렵다

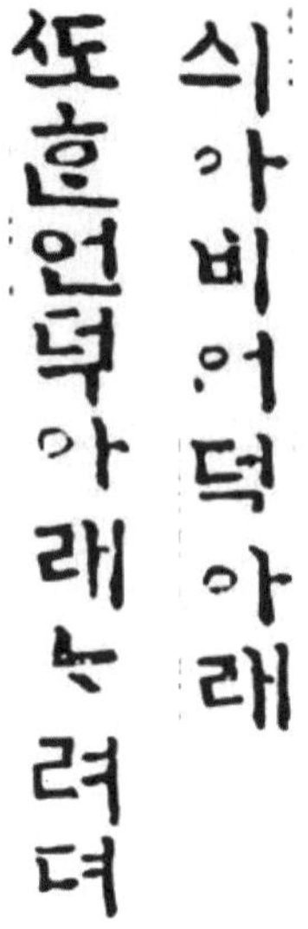

이와 같은 상황에서 『동국신속삼강행실도』의 어휘론적 고찰이 중심을 이루는 이숭녕(1972)에서는 '어덕'형이 기술에서 제외가 되었으나, 이 자료에 대한 종합적인 점검으로 이루어진 이숭녕(1978)에서는 '언덕'과 별개의 형태 '어덕'형이 일종의 방언형의 자연스러운 개입으로 파악되어 다시 수용되었던 것으로 추정된다. 그리하여 '낭'과 '어덕'의 합성으로 구성된 방언형 '낭아덕/낭어덕'에 대한 구체적인 예가 이숭녕(1978; 1981)에서 제시된 것이다.

그러나 이숭녕(1978)의 관찰 이후에 『동국신속삼강행실도』의 언어에 대해서 이루어진 일련의 후속 연구에서 예의 '어덕'형의 존재는 도외시되어 왔다. 우선, 이 자료에 대한 광범위한 종합적인 국어학적 고찰인 김영신(1980)에서 '어덕'형은 언급되지 않았다. 또한, 국어사의 관점에서 이 문헌의 체제와 구성 및 그 언어적 특질을 기술한 홍윤표(1993)에서도 여기에 반영된 다양한 교체형 가운데 '崖'에 대한 '언덕~언턱' 항목만이 취급되었다. 그리고 1990년대에 간행된 『17세기 국어사전』(홍윤표 외 1995 : 1924)에서 '어덕'(ㄱ)으로 추정될 수도 있는 형태는 '언덕' 항목의 예문에 포함되어 있다.57) 이러한 사정은 새로운 안목으로 근대국어의 자료, 또는 방언사 자료로서의 『동국신속삼강행실도』를 대상으로 본격적으로 시도된 최근의 여러 진지한 연구에서도 역시 변함이 없다.58)

〈그림 2〉 '崖' 부분

---

57) 또한, 21세기 세종계획의 일환으로 작성된 한민족 언어정보화(1998-2007)의 <국어어휘의 역사검색 프로그램>에서 본문에서의 (28) 예문은 '언(?)덕'으로 입력되어 있다.

   싀아비 언(?)덕 아래 뻐려뎌 죽거늘 김시 쏘흔 언덕 아래 ᄂᆞ려뎌 주검을 안고(1617, 동국신, 동삼열 6,052b).

58) 2013년 국어사 학회 · 국립국어연구원 공동학술대회 "<동국신속삼강행실도>의 현대적 이해와 국어 음운사"에서 발표된 여러 편의 연구물들을 참조.

이숭녕(1978; 1981)에서 수용된 형태 '어덕'(ㄱ)에 대한 이와 같은 연구자들의 부정적 태도는 일차적으로 위에서 지적한 문자의 의심스러운 형태에 기인하는 것이다. 그러나 다음과 같은 언어 내적인 문제도 개입되어 있는 것으로 생각된다. 우선, '언덕 → 어덕'과 같은 변화의 과정을 근대국어의 음운론에서 합리적으로 설명하기 어렵다.[59] 그리고 같은 문면에 나란히 출현하는 '어덕~언덕'의 교체를 보수형과 개신형의 교체, 또는 동일한 화자의 서술의 목소리에 바뀌어 실현되는 중앙어와 지역 방언형과의 교체로 이해하기에는 무리가 따른다. 따라서 언어 내적과 언어 외적으로 의심스러운 형태 '어덕'을 국어사의 분석에서 도외시하거나, 또는 '언덕'으로 파악하려는 태도는 어느 정도 합리적인 면이 있다.

4.1.2 이와 같은 사실에도 불구하고, 글쓴이는 17세기 국어에 등장하는 역설적인 '어덕'(ㄱ)형의 존재를 그 자체 인정할 수 있는 여지가 있다고 생각한다. 그러한 근거는 『동국신속삼강행실도』에서 등장하였던 동일한 성격의 '어덕~언덕'과 같은 변이 현상이 19세기 후기 전라방언의 자료와, 19세기 후기의 전라방언의 언어 특질을 대부분 공유하고 있는 20세기 초반의 중간 필사본 『여사서언해』(1902) 등에서 출현하고 있기 때문이다.[60]

먼저, 19세기 중기에서 20세기 초기에 이르기까지 전주에서 간행된 완판본 고소설 부류에는 '언덕'에 대한 '어덕'형이 생산적으로 나타난다.[61]

---

59) 홍양호의 <北塞記略> 가운데 "孔州風土記"에 수록되어 있는 함북 경흥지방의 어휘 가운데, "高阜曰 德"으로 미루어 보면, '언덕'은 '언+덕'의 합성어로도 생각된다.

60) 19세기 후기 전라방언 자료에 등장하는 '숨풀(林)형이 16세기 후기의 전라방언 자료인 『百聯抄解』에서의 '숨플'(1ㄱ)로 소급되는 사실을 기억할 필요가 있다. 이 글의 §2.2.1의 예문 (13)-(14)를 참조

61) 또한, 19세기 후기 완주방언을 반영하고 있는 필사본 『봉계집』(이태영 1993)에 반영된 방언 어휘에서도 예의 '어덕'형이 등장하고 있다. 어덕의 안지며(봉계집 6ㄴ).

(30) 어덕 밋틔 조을면셔(완판 수절가, 하.34ㄴ),
　　　양지 바른 어덕 미틔(戊戌本 41장본 심청가, 7ㄴ),
　　　비를 어덕의 디이고 부인을 인도ᄒᆞ야(완판 충열, 샹18ㄴ),
　　　어덕을 의지ᄒᆞ여(완판 대셩, 23ㄱ),
　　　어덕으 올나(완판 삼국지, 3.12ㄴ),
　　　어덕이 머러쓰니(완판 삼국지, 4.24ㄱ),
　　　어덕 우의 초집이 잇거날(완판 초한, 하.38ㄴ),
　　　어덕으 오른니(초한, 하.38ㄱ),
　　　어덕 우의(초한, 하.38ㄴ),
　　　말을 잡고 노푼 어덕의 셧거날(완판 초한, 하.28ㄱ),
　　　질 가에 잇는 어덕(신재효.판.변. 600),
　　　어덕 깁게 파이엿다(상동, 536).
　　　문어진 어덕이 홀노 셧고(필사 구운몽, 하.259ㄱ).[62]

위의 예에서 '어헝'형이 '언덕'과 어떤 관계를 맺고 있으며, 어떠한 형태론적 조어 과정을 거쳤는지에 대해서는 여기서 밝히기 어렵다. 그러나 19세기 후기 전라 방언형 '어덕'형이 보이는 생산성은 완판본 고소설 텍스트와는 범주가 다른 중간본 『女四書諺解』(1907)에서도 확인할 수 있다(최전승 2004 : 551–553).[63]

(31) ㄱ. 밍렬ᄒᆞᆫ 불이 <u>어덕</u>을 불ᄉᆞ름 갓다 ᄒᆞ고(중간 여사서언해 2.12ㄴ),
　　　　cf. 모딘 블이 두던에 븓틈이라 ᄒᆞ고(烈火燎原, 초간 여사서언해 3.18ㄴ),
　　　ㄴ. 션을 ᄡᅡ <u>어덕</u>을 일위미(중간 여사서언해 2.26ㄴ)~집푼 언덕의 던져(중간 4.18ㄴ), 언덕 갓튼 되(상동, 중간 4.20ㄴ), 언덕 우의(상동, 중간 4.21ㄱ).

---

62) 17세기 초엽의 『동국신속삼강행실도』에 출현하였던 또 다른 형태 '언턱'은 19세기 후기 완판본 고소설 부류의 자료에는 나타나지 않는다.
　　언턱의 ᄢᅥ러뎌 죽거눌(열녀, 4,67ㄴ), 쏘 언턱의 ᄢᅥ러뎌 주그니라(열녀, 4,67ㄴ),
　　언턱의 ᄢᅥ러뎌 주그니(열녀, 5,7ㄴ), 언턱의 ᄶᅥ러뎌 죽다(열녀, 7,33ㄴ).
　　1920년대 『조선어사전』(총독부)에 '언턱'이 '언턱배기'(p.594)와 함께 표제어로 설정되어 있다. 이러한 사실을 보면, 17세기 초기의 '언턱'형의 경우도 그 당시의 지리적 분포가 오늘날보다 넓었을 것으로 보인다.
63) 중간 필사본 『女四書諺解』와 19세기 후기 완판본 고소설 부류와의 언어 특질에 대한 대조는 최전승(2000 : 27-81)을 참조.

　1940년대 小倉進平(1944 : 29)에서 '어덕'형은 전남의 강진과 담양 두 지역에서만 수집되어 있다. 그러나 『한국방언자료집』(『전남』 1991 : 227과, 『전북』 1987 : 163, 한국정신문화원 간행)에 따르면 이 방언형의 분포는 주로 전라방언 지역에만 집중되어 나타난다. 그리하여, 전남의 강진방언을 시어로 승화시킨 1930년대 김영랑의 서정시에서도 '어덕'형이 구사되기도 하였다. 어덕에 바로 누어... 이 몸이 서러운 줄 어덕이야 아시련만(『永郎詩集』 1935. 11). 또한, 1930년대 『한글』 제4권 제3호에 이강수 씨가 수집하여 실린 전남 함평방언 어휘에서도 '어덕' 형이 '엉턱, 엉떡' 등과 함께 등장한다. 언덕(丘) : 깔크막, 어덕, 엉떡, 엉턱(p.15).

　'어덕'형은 20세기 초엽의 경남 고성방언 자료인 『歷代千字文』(1911)에도 등장하고 있는 것이다(홍윤표 1985 : 602). 皋, 어덕 고; 阜, 어덕 부(3ㄴ).64) 오늘날의 경상도 방언권에서 경북방언에서는 예의 '어덕'형은 나타나지 않지만, 경남지역 가운데 합천과 밀양 두 방언지역에서만 유일하게 분포되어 있다(『한국방언자료집』VIII, 경남 편, p.194). 김병제의 『방언사전』(1980)에 의하면, '어덕'형은 전남의 담양, 함평, 강진 이외에, 충북의 청주 일대에도 분포되어 있다.

　그와 동시에 '어덕'형은 함북방언에도 '덕', '데기'와 함께 사용되고 있다. 덕 : 종성, 데기 : 종성, 어덕 : 온성, 회령(김태균 1986 : 366). 이러한 사실들을 정리해 보면, 방언형 '어덕'의 지리적 분포는 19세기 후반 경에는 오늘날보다 더 확대되어 있었으며, 그 역사적 배경은 근대국어의 초기의 단계로까지 소급될 수 있다고 생각한다.

---

64) 영남 문헌어에 반영된 방언 어휘를 정리한 백두현(1998)은 경상도 방언 자료 『嶺南三綱錄』 (3.30ㄴ)에 '어덕'형이 등장하는 사실을 지적하고, '어덕'은 '언덕'에 해당하는 경상 방언형으로 기술하였다.
　또한, 김영신(1983)은 경남방언의 기술에서 "어덕 디리 질 된다."(언덕 디디어 길 된다.)는 관용구를 제시한 바 있다.

4.2 처소격조사 '-예→여'의 대치

4.2.1 중세국어에서 체언 어간말 i와 -y 다음에 연결되는 처소격조사 형태는 일반적으로 '-에→-예'로 전환되었다. 이러한 현상은 18・19세기에 이르러 '-에'로 단일화를 거치기 이전까지 근대국어의 단계로까지 지속되어 나타난다(이광호 2004 : 257).[65] 그러나 일정한 음성 환경에서 일어나는 '-에>-예'의 변화가 어떠한 음운론적 과정을 나타내는 것인지 아직까지 분명하게 밝혀진 바는 없다(허웅 1975 : 344; 이숭녕 1981 : 172).[66]

다른 처소격조사들과 상보적 분포를 형성하여, '-애~-에~-예'와 같은 음운론적으로 조건된 이형태 가운데 '-예'형은 근대국어를 전후한 자료에서 간혹 '-예>-여'로의 대치를 보여주기도 한다. 이러한 yəy>yə의 변화도 아직까지 합리적인 음운론적 설명을 기다리고 있다. 지금까지의 국어사 자료에 대한 검토에서 연구자들은 '-예>-여'에서 형성된 '-여'형에 대해서 "잘못된 표기, 誤記, 필사 과정에서의 오류" 등과 같은 부정적인 견해를 유지해 왔다. 그 사례 별로 몇몇 예를 제시해 보면 다음과 같다.

송민(1986 : 53-41)은 雨森芳洲(1668-1755)가 조선어 텍스트로 편집한 전사 자료인 『全一道人』(1729)에 반영되어 있는 18세기 전기 국어의 자료적 성격을 세밀하게 점검하면서, 그의 당시의 문자 기록은 현실성과 지역성의 관점으로 본다면, 대체로 중앙방언의 표기에 해당되는 것이며, 국어의 발화 현실을 중시한 결과임을 규명하였다. 이어서 송 교수는 편집인이 열거한 『全一道人』의 범례 제3조에서 일종의 최소대립어의 짝을 구성하여 "유사한 말을 모아 적은 항목"으로 구성된 8개의 국어 문장을 인용하면서 근대국어의 문장과 단어를

---

65) 허웅(1975 : 344-345)은 15세기 국어에서 처소격조사 '-예'가 그 출현 환경이 아닌 체언 어간말 모음에서도 연결되어 있는 예들을 주목한 바 있다. (ㄱ) 치마예(월인석보 10 : 24), (ㄴ) 쩌예(초간, 두시언해 7 : 22).

66) 이숭녕(1981 : 172)는 이러한 과정을 -ai+əi→-ai-y-əi→-ai-yəi와 같이 분석하여 모음의 충돌을 피하고자 하는 수단으로 -y-가 개재된 현상으로 파악하였다. 허웅(1975)에서 제시된 설명도 "홀소리 충돌을 피하는 하나의 방법"으로 기술되었다.

대조하였다(1986 : 53-54). 이러한 과정에서 송민(1986 : 53-41)은 다음과 같은 예문에서 '-궤예→궤여'의 대치를 지적하고, 이것의 출현은 '-예'의 잘못된 표기에서 기인된 형태로 설명하였다.

(32) 게를 <u>궤여</u> 담엇거눌 괴 이셔 먹음어 가니 괴이ᄒ다(盛蟹於櫃有猫...).

위의 예문은 최소대립어의 짝 '게(蟹)/궤(櫃)/괴(猫)'의 변별에 대한 훈련용으로 작성된 것으로 보인다. 송민(1986 : 58-59)은 『全一道人』의 범례 제3조에 있는 다른 7개의 문장에 대한 표기도 검토하면서 위에서의 '-궤예→궤여' 이외에 몇 가지 잘못된 표기로 지적된 표기 형태들 가운데 일부 다음과 같은 항목들도 아울러 제시하였다. '드토와(爭)→도토와, 뫼(山)→미, 불휘(根)→불희, 두어 되(二三升)→두어 디, 사회(婿)→사희'.67)

안귀남(1999)은 鶴峯 金誠一(1538-1593)이 왜적과의 전투에서 진주에서 순국

---

67) 그러나 송민(1986)에서 지적된 『전일도인』에서의 이러한 잘못된 표기들은 18세기 당시 화자들의 실제 구어가 반영되었던 것으로도 생각된다.
　　'드토와(爭)→도토와'의 예는 원순성의 역행동화를 나타내는 것으로 이미 17세기의 자료에 등장하고 있다. 南風으란 외오 <u>도토고</u> 北 녁 나그내란 疎히 ᄒᄂ다(중간 두시언해 25,48ㄱ). '불휘(根)→불희'의 경우도 마찬가지이다. ᄯ 삽둇 <u>불희</u>만 스라도 됴ᄒ니라(1542, 온역이, 6ㄴ), 즘불희로뻐 목을 미여(동국신속, 열녀, 6,26ㄴ).
　　그 반면에, '사회(婿)→사희'와 같은 직접적인 예는 확인되지는 않지만, 17세기 후기의 필사본 『음식디미방』의 텍스트에는 비어두음절 위치에서 원순성이 제거되는 '교토→교뢰→교티'와 같은 예와 대비될 수 있다.

지령국의 ᄒ면 <u>교티</u>롤 ᄒ고 오미ᄌ국의ᄂ <u>교티</u>롤 아니 ᄒᄂ니라(디미.1ㄴ),
토장국의 <u>교티</u>ᄒ고 오마자차ᄂ 쓸만 쓰ᄂ니라(디미.2ㄱ).

또한, '뫼(山)→미', '두어 되(二三升)→두어 디'와 같은 비원순화의 예들도 역시 17세기 후기 『음식디미방』에서도 등장하고 있다.
(ㄱ) 뫼뿔(粳)>미뿔;
　　둠애 찹뿔이 만ᄒ여 됴코 젹어도 됴코 업스면 <u>미뿔</u>만 ᄒ여도 무던ᄒ니라(디미.15ㄱ)～ 뫼뿔 ᄒ 되(디미.22ㄱ),
　　cf. <u>밋뿔</u> 넉되(주방. 3ㄱ), <u>밋뿔</u>을 몬져 ᄲ다가(주방. 3ㄱ).
(ㄴ) 되(斗)>디;
　　빅미 ᄒ <u>디</u> 작말ᄒ여(디미. 20ㄴ)～국말 ᄒ 되 몬져 믈에 프러(디미. 20ㄴ).

하기 1년 전에 지금의 경남 산청에서 아내 안동 권씨에게 보낸 한글편지 (1592) 1통 원문을 소개하고 주석을 하는 자리에서 여기에 쓰인 처소격조사 '-예→-여'의 대치를 '-예'의 誤記로 처리하였다.

> (33) 요ᄉ이 <u>치위여</u> 대되 엇디 계신고 ᄀ장 스럼ᄒ뇌...(학봉→아내, 1592년 12 월 24일, 선조 25년.).
>
> 주석 : 치위여→15세기의 처격조사에서 '-예'의 출현 분포로 보면, '치위'는 ㅣ 모음 다음이므로 '-예'가 올 자리인데, '-예'의 오기로 보인다.(안 귀남 1999).

17세기 전기의 한글편지 『현풍곽씨언간』에 대한 음운사적 고찰에서 백두 현(2000 : 105)은 이 자료에 반영된 하향 이중모음의 부음 '-ㅣ'의 유동성을 기 술하면서, 다음과 같은 처소격조사 '-예>-여'의 예들을 추출한 바 있다. 죠희 여 ᄲ(현풍. 54), 마뢰여 연저(현풍. 10). 백 교수는 이러한 처소격형태 '-여'는 '-예' 의 부음 y가 탈락한 것으로 다른 문헌에서 찾아보기 어려운 특이한 예로 기 술하였다.[68] 또한, 17세기 후기 필사본 『음식디미방』의 언어에 대한 주해에 서 백두현(2006)은 처소격 형태 '-여'의 출현에 대해서 앞서와 동일한 부정적 견해를 표시하였던 것이다.

> (34) 조흔 굴르로 ᄀ는 <u>체여</u> 처 ᄀ는 모시예 뇌여두고(디미. 2ㄴ),
>
> cf. 잠간 데쳐 체예 건져두고(디미. 12ㄴ).
>
> 주석 : '체예'에서 어말의 'ㅣ'가 누락된 표기. 필사상의 오류로 생각된다 (2006 : 79).

---

68) 백두현(2000 : 105)은 "중모음의 변화" 항목에서 '-예>-여'의 변화를 보이는 처소격 형태들과 함께 제시한 '관계>관겨'(關係, 현풍 4, 75, 80), '증세>증셔'(症勢, 현풍. 121), '병세>병셔'(病勢, 현풍 119, 170), '사세>ᄉ셔'(事勢, 현풍 32, 57) 등의 한자음에서 수행된 yəy>yə의 과정은 당 시의 俗漢字音으로 쓰였던 것으로 간주하였다. 그러나 백두현(2003 : 105)에서는 『현풍곽씨언 간』에 등장하는 예의 '마뢰여'(현풍, 10)의 경우는 두 가지의 가능성 가운데 처소격 '-예'의 부음 y가 탈락한 현상으로 해석하기도 하였다.

4.2.2 처소격조사 '-예→-여'로의 표기 형태가 "잘못된 표기" 혹은 "필사상의 오기"라고 한다면, 16세기 후기에서부터 근대국어의 단계로 산발적이기는 하지만 지속적으로 잘못 등장하게 되는 이유는 무엇일까. 글쓴이는 이러한 현상은 당시 화자들의 구어에서 진행 중에 있던 음성변화의 과정이 실제로 표기의 형태로 투영되었거나, 문헌어의 영역으로 부분적으로 확대되었을 개연성을 보이는 것으로 가정한다.

처소격조사 '-여'의 생성은 체언과 격조사가 연결되는 과정에서 형성된 모음 연쇄에서 [-i,-y+-yəy → -i,-y+øəy]와 같은 동음 생략에서 기인되었을 것이다(King 1991 : 355). 이러한 변화는 자연스러운 현상이기 때문에, 16세기 전기의 단계에서부터 산발적으로 문헌 자료에 등장하기 시작한다. 그러나 16세기와, 근대국어의 처소격조사의 형태를 기술하는 자리에서 이형태 '-여'의 존재는 전혀 관찰된 바가 없었다(허웅 1989; 홍윤표 1994; 이광호 2004).

16세기 전기 최세진의 저작물에는 오늘날의 '귀고리'의 선행 형태인 '귀엿골회'(耳環, 珥)형이 등장하고 있으며, 이것은 17세기 국어에서 '귀옛골회'로 대치되기도 하였다. 그러나 16세기의 '귀엿골회'는 기원적인 '귀옛골회'에서 처소격조사 '-예>-여'와 동일한 변화 과정을 이른 시기에 실현시킨 것으로 판단된다.

  (35) ㄱ. 혼 솽 귀엿골회(번역박통사, 상.20ㄱ),
       귀엿골회 혼 솽과(좌동, 상.20ㄴ),
       珥 귀엿골회 싀, 瑥 귀엿골회 당(예산본 훈몽자회, 중.12ㄱ),
    ㄴ. 혼 딹 귀옛골회(1677, 박통사언해, 상.20ㄱ).

『번역 박통사』(상)에 사용된 명사류에서 해석하기 어려운 難解語들을 분석한 김양진(2011 : 247-248)은 '귀엿골회'형을 기원적인 형태로 설정하고, 그 발달 과정을 "귀엿골회(16세기)>귀옛골회/귀옛골/귀여쏠/귀역골(17세기)>귀역골(18세기)"와 같이 기술하였다. 그리고 김 교수는 16세기의 '귀엿골회'에서 '-엿-'

을 처소격과 속격의 복합형태 '-옛-'으로 보기 어렵다는 사실을 분명히 하였다(2011 : 248).[69] 그 반면에, 근대국어의 격조사의 표기 형태를 조감하는 자리에서 홍윤표(1994 : 284)는 속격 위치에 출현하는 '-에'의 형태는 '처격+속격'의 복합격 형태인 '-옛'에서 속격의 'ㅅ'이 탈락되어 나온 것으로 설명하면서, 그 대표적인 예로 '귀옛골회'형을 제시하였다.

글쓴이도 '귀옛골회'에서 '-옛-'을 처소격조사 '-예'가 하나의 성분으로 참여한 것으로 본다. 여기에 개입된 '-옛->-엿-'으로의 변화는 위에서 우리가 관찰하였던 처소격조사에서의 '-예>-여'의 음운론적 과정과 동일한 것으로 해석할 수 있기 때문이다. 근대국어 후기 단계의 지역 방언을 반영하는 다양한 자료에는 '귀'(耳)에 처소격조사 '-예'가 연결되는 경우에 '귀예→귀여'의 과정이 실현되어 있다.

> (36) ㄱ. 모딘 일이 <u>귀여</u> 들리디 아니캐 ᄒ리니(1752, 지장해, 중.8ㄱ),
>   ㄴ. 너의 수족 ᄯᆫ어니여 두 <u>귀여</u>다 불지르고(완판 수절가, 하.19ㄱ),
>   <u>귀여</u> 징징 들이난 듯(병오판 춘향, 17ㄴ),
>   ㄷ. <u>귀여</u> 다히고. 말ᄒ면(재간 교린수지, 4.12ㄴ),
>   귀옛골이라 ᄒᆞᄂᆞ 거슨 계집사롬이 <u>귀여</u> ᄃᆞᄂᆞ니라(1881, 초간 교린수지, 3.4ㄴ),
>   ㄹ. 너희가 달은 거슬 니 <u>귀여</u> 들니미니(1887, 예수셩교젼셔, 사도행젼, 17 : 20).

이와 같은 '귀예>귀여'에서 추출할 수 있는 처소격 형태 '-여'는 17세기 국어의 단계로 점진적으로 계승된다. 16세기의 '귀옛골회>귀엿골회'에서와 같은 복합격조사 '-옛-'의 '-엿-'으로의 변화 유형도 『동국신속삼강행실도』의 자료에 '션비열~션비엿~션비옏' 등과 같은 변이형으로 등장하고 있다.

---

69) 그리하여 김양진(2011)은 '귀엿골회'를 "귓불에 다는 고리"라는 뜻으로 분석하여, "귀에엿골회'를 재구하고 여기서부터 "귀여엿골회>귀엿골회'와 같은 변화를 밟아 온 것으로 가정하였다.

(37) ㄱ. 최시는 녕암 <u>션비열</u> 사룸 인우의 ᄯᅡ리라(삼강, 열녀, 2ㄴ),
　　　박시는 경도 사룸이니 <u>션비열</u> 사룸 박공의 ᄯᆞᆯ이오
　　　<u>션비열</u> 사룸 셔션원의 안해라(열녀, 6,14ㄴ),
　　ㄴ. 쳐녀 니시는 쳥쥐 사룸이니 <u>션비엿</u> 사룸 니쟝의 ᄯᅡ리라(열녀, 3,76ㄴ).
　　　cf. 션비엘 사룸 뎡호의 안해라(열녀, 2,23ㄴ),
　　　　　션비엘 사룸 뎡덕 쳬라(열녀, 6,52ㄴ),
　　　　　어딘 션비엿 관원과(1517, 번역소학, 9,12ㄴ).

이와 같은 처소격조사 '-예>-여'의 변화형들이 16세기국어에서부터 안귀남(1999), 백두현(2000; 2003) 및 송민(1986) 등이 취급한 각각의 한글편지 그리고 전사 자료에 출현하였으나, 관찰자에 의해서 부정적으로만 처리되었던 것이다. 이러한 변화의 경향은 근대국어의 후기의 단계로 오면서 화자들의 구어에서 점진적으로 확대된 것 같지만, 간본 중심의 전형적인 문헌 자료에서는 억제되어 있었을 것이 분명하다. 그렇게 판단하는 이유는 19세기 후기와 20세기 전반의 구어를 중심으로 하는 지역방언의 자료에서 '-예>-여'의 변화는 생산적으로 확대되어 있기 때문이다.

먼저, 19세기 후기 전라방언에서 그러한 예들을 일부 추려내면 다음과 같다(최전승 1986; 2004 : 492-493).[70]

---

70) 오늘날 전북 지역의 토박이 방언 화자들로부터 이끌어낸 자연스러운 구술 담화에서 처소격 '-여'는 아래와 같은 체언들에서 생산적으로 사용되고 있다. 이 구술 자료는 한국정신문화원에서 간행한『한국구비문학대계』5권 5집과 5권 7집(1987)에 수록되어 있는 <전북 정주시 · 정읍군편> 가운데 하위 면 단위에서 채집된 구비 설화를 이용한 것이다. 이 구술 자료의 제공인들은 채록 당시 해당 면에서 거주하고 있던 토박이 노년층들로서 대부분 70대이었다.

　(ㄱ) 1. 위(上) : 눈우여 죽순나고 얼음우여 잉여 주고(정읍 이평면 4 : 17),
　　　　　　　　그리서 눈위에 죽순 나, 눈우여 죽순난다는 것은(정읍 이평면 4 : 17),
　　　2. 귀(耳) : 네 귀여다 편경달고(정읍 북면 민요 6 : 237),
　　　3. 두지(뒤주) : 무슨 사람이 두지여가 들었으리라마는(정읍 고부면 7 : 304),
　　　4. 멸치 : 술도 주머는 인자 멸치여다가 쇠주 준게, 멸치여다(고부면 16 : 301),
　　　5. 전대 : 전대여다 질머지고(정읍 이평면 14 : 49),
　　　6. 뒤(後) : ㄱ. 삼일이 지난 뒤여는(정읍 이평면 15 : 51),
　　　　　　　　　그 뒤여 인자 강감찬씨가(정읍 이평면 13 : 49),
　　　　　　　ㄴ. 남자가 뒤여 채기 밑이서(정읍 옹동면 1 : 123),

(38) ㄱ. 죽기여 이르러도(완판 삼국지, 3.29ㄱ),

옥문간의 와겨기여 당부ᄒ엿더니(병오판 춘향, 32ㄱ),

니 줌치여 잇던이라(병오판 춘향, 18ㄴ)~니 줌치예 수ᄒ반 잇던이라
(병오판 춘향, 18ㄴ),

머리여도 쪼자보며(완판 수절가, 상.6ㄴ; 병오판 춘향, 2ㄴ),

상 머리여 먹는다고(완판 심청, 상.20ㄴ),

어름 궁기여 잉어 엇고(심청, 하.25ㄴ), 그 궁기여 머리를 넛코(완판 충
열, 상.11ㄱ),

청용황용이 벽도지여 잠기여(필사 별춘, 208),

두 다리여서...두 다리여 어리연네(병오판 춘향, 17ㄴ),

궁둥이여 붓터셔(완판 수절가, 상.35ㄴ),

허리여 잠 썰넌네(완판 심청, 하.29ㄴ),

ㄴ. 그 말 한 마듸여 말궁기가(완판 수절가, 상.22ㄴ),

뒤여 ᄒ 사롬은(완판 심청A, 하.3ㄱ)~뒤의 ᄒ 사롬은(완판 심청E, 하.3ㄱ),

ㄷ. 잇쩌여 도련임이(필사 별춘, 209)~이 쩌예(병오판 춘향, 25ㄱ)~이 쩌
의(완판 심청, 상.16ㄴ),

긔여 물여(병오판 춘향, 27ㄱ),

빅여 나리소셔(완판 삼국지, 3.40ㄴ)~비으 올나(좌동, 3.12ㄱ),

쐬여 쌘진 줄 알고(완판 길동, 34ㄱ), 적장 쐬여 쌘져(완판 충열, 하.7
ㄱ),~니 쐬의 돌여쏘다(완판 삼국지, 3.15ㄴ),

궐너여 드러 가니(완판 충열, 하.28ㄱ)~궐너의 드러 가(좌동, 하.15

ㄷ. 인자 중이 간 뒤여 조앙 앞으다(정주시 48 : 179),

문 뒤여다 놔(정주시 53 : 191),

ㄹ. 뒤여가서 감나무가 ...뒤여 감나무다가(정읍 신태인읍 19 : 457),

ㅁ. 구랭이란 놈이 올라슨 뒤여 말여(정읍 감곡면 9 : 586),

ㅂ. 느닷없이 뒤여 따라오는(정읍 신태인읍 31 : 540).

근게 가만히 뒤여로 가서는(신태인읍 28 : 517),

ㅅ. 어치게 뒤여를 한번 본게(정주시 45 : 162),

근게 그 뒤여부터는(정주시 28 : 124),

(ㄴ) 1. 양가(兩家) : 양가여서 잘 살았다는 그런 애기여(정읍 이평면 15 : 51),

2. 정부(政府) : 옛날이는 서자자식을 채용을 안혀, 정부여서(정읍 이평 13 : 46),

3. 관가(官家) : 계모년은 그 관가여서 잡어서 가뒀드래야(고부면 8 : 306),

4. 마루(廳) : 마루여서 밥을 먹다가(고부면 10 : 309),

5. 애초(初) : 그 양반이 애초여 그리갔고는(정읍 이평면 25 : 29),

애초여 강으서 나왔는디(정읍 이평면 24 : 98).

ㄱ)~궐닉예(정사본 조웅, 3.7ㄱ),

쇠적쇠여 덩그럭키 걸녀녹코(별춘향전, 9ㄴ)~쇠적시의 거러 노코(병오판 춘향, 7ㄴ),

혼 소리여(완판 충열, 하.39ㄴ)~ᄒᆞ는 소리의(좌동, 하.16ㄴ),

방이여 올나셔셔(완판 심청, 하.29ㄱ),

ㄹ. 홍장 우여 거러 논니(완판 수절가, 하.23)~홍장 우의 거러 노니(병오판 춘향, 22ㄴ)

흔창 조흘 고부여(완판 심청, 하.31ㄴ).

위의 예에서 (38)ㄴ의 체언 어간말 모음 '의'[iy]와 '위'[uy~wi]는 19세기 후기에 이중모음을 그대로 지속시키고 있으나, (38)ㄷ의 경우는 이중모음의 단모음화를 이미 수행하였을 것으로 보인다. 그러나 예전에 연결되었던 처소 격조사 '-여'가 그대로 유지되어 있다. 또한, 기원적으로 출현 환경이 아닌 체언 어간말음과의 연결에도 '-여'형이 일부 확대되어 있는데, 이러한 모습은 오늘날의 전라방언에서 더욱 진전되어 나타난다(이 글의 각주 70를 참조).

그리고 처소격 형태 '-여'는 19세기 후기 함북방언과 평안방언 자료에도 생산적으로 분포되어 있었다. 19세기 후기의 함북방언을 반영하는 Putsillo의 『로한ᄌᆞ뎐』(1874)과, 20세기 초엽 제정 러시아 카잔에서 간행된 일련의 육진 방언 자료에서도 어간 말음이 '-이' 또는 -y로 끝난 체언에 연결되는 과정에서 처소격 이형태 '-여'가 등장하고 있었다. 이러한 예들은 King(1991 : 155-156)에서 상세하게 정리되어 있다.[71] '빙여 올나 잔척한다'(1874, 로한ᄌᆞ뎐, p.427)의 표제어에서 처격형 '-여'는 [-yə]로 음성전사되어 나타난다.

19세기 후기 평안도 방언을 반영하는 Ross의 *Corean Primer*(1877), 『예수 성교, 누가복음』(1882)에서도 처소격조사 '-여'형이 적극적으로 등장하였다.[72]

---

71) 함경도 방언의 연구에서 정용호(1988 : 196)는 대체로 명사 어간이 열린 소리마디로 끝나고 그 모음이 '이'인 경우에 처소격의 특수한 형태로서 '-여'가 연결되는 예를 제시하였다. 헨지여(現地에), 그 시여(時에), 해이여(會議에). 정용호(1988 : 195)에 의하면, 처소격 형태 '-여'는 전형적인 방언 소유자들 가운데에서도 주로 노인층에 간혹 쓰일 뿐이라고 한다.

72) John Ross가 평안도 출신 젊은 청년들과 함께 번역한 초역본 『예수성교, 누가복음』(1882)에

이러한 예들 일부를 *Corean Primer*(1877)를 중심으로 제시한다.

(39) 의지여 걸레질 하시(의자에, uijiyu, p.12),
　　　세국 종에여 쓰시(종이에, p.8),
　　　걸이여 나가(guriyu, 거리에, p.55), 걸이여 가기(p.45),
　　　걸리여 물니 난다(p.45)~네 걸이어 나가(guriu, p.57),
　　　쟈근 비여 능히 야든셤을 싯갓다(배에, p.63),
　　　챠 뒤여 얼그시(dooiyu, p.32)~니 뒤에 이서(p.15),
　　　동짓달 동지여(동지에, p.71), cf. 동짓날 동지예(*Korean Speech*, p.53),
　　　한 비여 열몃기 나앗슴(hanbeyu, p.27),
　　　　　cf. 암토야지 한 비예 식기 습예기 나앗다(*Korean Speech*, p.23),
　　　데 근체여서(근처에서, p.84).

위의 예에서 처소격조사 '-여'는 yu로 음성 전사되어 있으며, 자료 자체에서도 '-에' 또는 다른 이형태 '-어'와 교체되기도 하였다. 그리고 *Corean Primer*(1877)의 개정판 *Korean Speech*(1882)에서 초판에 풍부하게 반영된 평안방언의 성분이 많이 수정되었지만, 다음과 같은 예들에서는 여전히 처소격 형태 '-여'가 유지되어 있다. 전약쩌여(p.18), 거리여 가서(p.19)~걸이에 사람이 만으니(p.34), 걸이여 가넌데(p.20), 세국 종에여 쓰소(p.2), 져 동피여 갑시 얼미냐(p.39).

이와 같이 19세기 후기 단계에서 남부와 북부의 지역방언 자료에 확산되어 있는 '-여'의 생산적인 분포는 기록상으로 16세기 후기로 소급되는 깊은 시간심층을 갖고 있다. 따라서 '-여'의 발달은 중세국어의 후기에서 근대국어로 점진적으로 그 영역을 확대시켜 전개해 온 과정을 보인다. 19세기 후기의

서도 처소격 조사 '-여'는 일정한 조건을 갖춘 체언들에 생산적으로 사용되었다(정길남 1985 : 397).

(1) 그 쩌여(2 : 8), 되여슬 쩌여(3 : 2), 비 곱풀 쩌여(5 : 3), (2) 당시여(2 : 1), (3) 하느님 외여 (5 : 21), (4) 친척과 벗 사이여 (2 : 44), (5) 독구 남우 쌀이여 이스니(3 : 9), (6) 권세여 붓고 (7 : 8), (7) 뒤여 나아가(8 : 44), (8) 비여 올우니(5 : 3), 비여 올나(8 : 22), 고기를 두 비여 치와(5 : 7), (9) 평디여 셔니(6 : 17).

중부방언 중심의 자료에는 처소격조사의 이형태 '-여'의 사용 예가 보이지 않기 때문에, 그 출발이 16세기 당대에서도 지역방언에 한정되어 있었을 가능성도 있다. 그러나 16세기 후기에 鶴峯 金誠一과 같은 사대부가 아내에게 보내는 한글 편지의 첫 줄에 출현하는 '치위여'의 '-여'형은 그 당시 화자들의 자연스러운 구어가 반영되었을 것으로 생각된다.

4.3 굴절 형태의 패러다임에서 후음 'ㅎ'의 형성과 유기음화

4.3.1 18-19세기에 간행된 일본인에 의한 한국어 전사 자료 가운데 일정한 음성 환경에서 예상되는 경음화 현상 대신에 유기음화 현상이 표기에 일부 등장하고 있다. 특이한 유기음화 현상을 관찰하는 연구자들은 이러한 유형들을 상이한 자음체계를 갖고 있는 외국인으로서 무의식중에 일어난 잘못으로 돌리거나, 아니면 자료의 대상에서 일단 제외하려는 경향을 보였다.

초간·재간본『交隣須知』(1881, 1883)에 경음화 대신 등장하는 유기음화의 예들이 부분적으로 관찰된다. 19세기 후반에 간행된 부산 도서관본『교린수지』(일본 외무성 간행, 1881)의 언어에 대한 전반적인 고찰을 했던 김정현(2005)은 아래와 같은 예들은 현대국어의 일반적인 음운 현상으로 설명되지 않기 때문에 적절한 기술의 대상에서 배제시켰던 것이다.

(40) ㄱ. 오늘도 머물 <u>밧케</u> 업스오(초간/재간 교린수지 3.37ㄴ),
　　　　문 <u>밧케</u> 나와셧습네(초간 교린수지 4.39ㄴ), 문 박케(재간 교린수지 4.39ㄱ),
　　　　넌은 인군박케는 못툭는 거시라(초간/재간 교린수지 3.37ㄱ),
　　ㄴ. 처분은 <u>당신케</u> 잇슴네다(초간/재간 교린수지 4.41ㄴ).
　　ㄷ. 장지는 안빡을 종희로 둑겁케 바르옵네(초/재간 교린수지 2.33ㄴ),
　　ㄹ. 술로 밥 <u>먹키</u>는 됴션만 잇눈가 시브외(苗代川本 교린수지 3.11ㄱ),
　　　　cf. 수까락으로 밥 먹기는(초간/재간 교린수지 3.23ㄱ),
　　ㅁ. 종들이 잘 테가 업서(處, 초간/재간 교린수지 2.35ㄴ),

ㅂ. 손목 쥐고 홉케 가옵시(초간/재간 교린수지 1.47ㄱ).

위의 예들은 19세기 후기의 단계에서 통상적으로 경음화 현상에 적용되어
야 한다. 그 대신 조사와 활용어미, 의존명사 등의 초성에 유기음화가 수행된
선행음절의 음성 환경은 'ㄴ, ㄹ, ㅁ' 종성에까지 확대되어 있다. 특히 여격
체언의 '당신케' 같은 경우나, 미래 관형사형어미 'ㄹ'에 연속되는 의존명사
'데'(處)의 초성이 경음화를 보여주지 않는다. 이와 같은 특이한 유기음화의
예들이 초간본(1881)에서 우연하게 일어난 오식 또는 외국인 편집자의 잘못에
서 기인된 표기라면, 2년 이후 다시 간행된 재간본(1983)에서 교정을 거쳤을
것이다. 그러나 (40)의 예들에서 유기음화에 대한 교정은 수행되지 않았다.
또한, 이러한 유형의 유기음화 현상이 비슷한 시기에 일본인에 의해서 간행
된 또 다른 한국어 교과서 『正訂 隣語大方』(1882)에서도 위의 (40)의 예들과
거의 동일한 음성 환경에서 일부 반복되어 나타나고 있다.

    (41) ㄱ. 너무 욕심이 과ᄒᆞ야 단골 삼치 못허겟네(4.2ㄴ),
          cf. 단골 삼지 몯ᄒᆞ게 하엿습늬(1790, 언어대방 4.5ㄴ),
      ㄴ. 각각 수를 뎡허여 맷키시니 나라일을 엇지 피허올쇼(4.7ㄱ).
      ㄷ. 당신케 가져 간쳥헐 밧게는(1.6ㄴ),
      ㄹ. 자녜쳐럼 ᄒᆞ다가는 시비 돗키 쉽사오리(3.6ㄱ).

특히, 위의 『交隣須知』에 등장하였던 '당신케'(←당신쎄)와 같은 표기 형태
가 『正訂 隣語大方』에서 이끌어낸 (41)ㄷ에서도 그대로 반복되어 있어 주목
된다. 만일 '당신케'와 같은 표기 형태가 통상적인 '당신쎄'의 발화에 대한 외
국인의 인지상의 잘못, 아니면 오식에서 비롯된 것이라고 하면 이와 같이 지
속적으로 반복되지는 않을 것이다. 일본인 편집자의 귀에 한국어의 경음과
유기음이 혼동되어 청취되었을 개연성도 생각할 수 있다. 그러나 그 반대의
상황, 한국어 사용자가 이러한 예들이 갖고 있는 음성 환경에서 타성에 의해

서 민감하게 감지하지 못하는 유기음화 현상을 오히려 외국인들이 토박이 화자의 발화에서 세심하게 청취하였을 경우도 가능하다.

현대국어의 구어에서와, 지역방언의 발화에서도 위의 (40)-(41) 예들에서 수행되었던 유기음화 현상에 준하는 용례들이 산발적으로 관찰된 바 있다. 김옥화(2003)는 전북 부안방언에서 토박이 노년층이 구사하고 있는 특수조사 형태를 조사하면서, 19세기 후기의 (40)ㄱ의 '밧케, 박케'에 해당되는 유형과 동일한 유기음화 현상(42ㄱ)의 예를 수집하였다. 그리고 『한글』제5권 1호 (1937)에 실려 있는 咸南 定平지방에 대한 방언조사(池鳳旭, pp.16-22)에 우리가 주목하였던 존칭의 여격조사 형태 '-케'형(42ㄴ)이 보고되어 있다. 또한, 미래 관형사형어미 다음에 연속되는 의존명사의 초성도 통상적인 경음화 대신에 유기음화가 실현되어 있는 예들(40ㅁ)도 19세기 후기 전라방언의 자료에 반영 되어 있다(42ㄷ).

> (42) ㄱ. 그것 <u>배키</u>는 인 비는디,
>   cf. 중핵교 배끼 못 댕깄어라우.(김옥화 2003 : 187),
> ㄴ. 께→케 : (例 : 先生님께→先生님케, 함남 정평, p.17),
> ㄷ. 암만흔들 될 <u>커</u>시냐(신재효, 판, 적벽가, 502),
>   물 쓸 <u>특기</u> 나오느듸(신재효, 판, 박타령, 440).
>   cf. <u>집비들키</u> 우름운다(완판 심청, 하.26ㄴ), 쌍거쌍니 비들키 갓치(완판 수절가, 상.32ㄴ),
>   비들기(鳩)→<u>삐들키</u>(『한글』제5권11호, 백남종씨 수집 "전북 정읍 시골말". p.19).

이러한 유기음화 현상을 나타내는 예들은 오늘날의 지역방언에 해당되는 동시에, 그 출현이 매우 산발적이다. 그러나 위의 (42)의 예들에서의 유기음 화 현상과 19세기 후기에 일본인이 작성한 한국어 학습서인 『交隣須知』와 『正訂 隣語大方』에서 (40)-(41)의 예들과 어느 정도 일치하고 있다. 따라서 (42)에서 추출된 예문이 발음의 현실을 그대로 반영한 것이라면, 19세기 후기

의 (40)-(41) 예들 역시 그렇다고 인정해야 할 것이다.

신재효의 판소리사설 <박타령>에 등장하는 위의 (42)ㄷ에서의 '믈 쓸 특기'와 동일한 유기음화는 19세기 후기의 중부방언을 반영하는 『독립신문』의 표기에서도 생산적으로 반영되어 있다. 이러한 사실을 보면, 경음화가 실현되는 위치에 대신 나타나는 유기음화 현상은 그 당시 중부방언의 구어에서도 어느 정도 확대되어 있는 것 같다.73)

> (43) ㄱ. 어린 ᄋ희들이 부모를 의지ᄒ덧키 의지ᄒ고(독립신문, 1896.7.11.①),
> ㄴ. 셰도 ᄒ던 지샹 대접ᄒ덧키ᄒ는거슨(상동, 1896.9.8①),
> ㄷ. 아니 지은 죄도 지은듯키 구츅 ᄒ여(상동, 1898.6.11),
> ㄹ. 본국으로 도라 갈듯키 지녀고(상동, 1897.10.20.1),
> ㅁ. 남의 일 보듯키 보고 잇시면(상동, 1897.8.14),
> ㅂ. 남의 일 보듯키들 ᄒ며(상동, 1897.8.14).74)

통상적으로 경음화 현상이 예상되는 음성 환경에서 그 대신 일어나는 이와 같은 유형의 유기음화와 관련하여, '낫'(鎌)의 지역 방언적 곡용형 가운데 후음 'ㅎ'이 개입되어 있는 특이한 '낫츨'과 같은 유기음화의 예들이 이해될 수 있다고 생각한다.

---

73) 박용후(1988)는 제주도 방언에서 사이시옷 밑 일정한 자음 다음에 평음으로 시작되는 어근 또는 어미가 연결되는 경우에 그 초성에 'ㅎ'이 첨가되어 유기음화가 실현되는 범주를 제시한 바 있다.

(ㄱ) 사이시옷과 관련된 경음화 대신에 일어나는 제주방언에서의 격음화;
고기+집 → 고기칩, 불미+집 → 불미칩, 드르+밭 → 드르팥,
소금+국 → 소금쿡, ᄂ물+국 → ᄂ물쿡,
(ㄴ) 관형사형 어미 '-ㄹ' 다음에 일어나는 격음화;
질을+것 → 질을 커, 먹을 +것 → 먹을 커.
(ㄷ) 합성명사에서 어근말 'ㄹ' 다음에 연결되는 평음에 수행되는 격음화;
모멀+ᄀ로 → 모멀크로, 오놀+저녁 → 오놀처녁, 물+것 → 물커, ᄀ슬+것 - ᄀ슬커.(pp.80~81).
74) 서울 지역어의 음운론을 기술한 유필재(2001)에서도 연결어미 목록 가운데 '-드키'형이 아래의 예문과 함께 제시되어 있다.

비들기들이 고추씨를 우리네 갈비탕 먹드키 먹어요.(p.221).

(44) ㄱ. 성실한즉 낫츨 쓰문 거둘 씨 닐으미라(1884/1887, 예수성교, 말코복음
　　　　 4 : 29),

　　　　 낫(鎌) : 낫으루 눈 가리우기(『평북방언사전』, 김이협 1981 : 123),

　　　　 낫 놓구 기억재두 못그리는 판무식(상동, 452),

　　　　 낫(鎌) : 낫(平北 宣川,『한글』제4권 제4호),

　　　　 cf. 낫(鎌) : 낫(함북 羅津지방 방언수집{3), 정백운,『한글』제9권 제
　　　　　　 5호, p.20),

　　　　　　 낫 : 낟(함남 定平,『한글』제5권 제1호, 지봉욱, p.20),75)

　　 ㄴ. 낫(鎌) : 놋츨 가지고 나무 뷔여 오느라(교정 교린수지, 221),

　　　　 cf. 낫 가지고 나무 븨여 오느라(초간/재간 교린수지 2.28ㄴ)

위의 평북방언 등지에서 쓰였던 19세기 후기의 '낫츨'과, 오늘날의 단독형
'낫'과 굴절 형태 '낫으루' 등은 중세국어 '낟'(鎌)의 주격 형태에서 'ㄷ' 구개음
화를 수용한 연후에 다른 격 형태들로 유추에 의한 확대를 거쳐 /낫/으로 재
구조화된 모습으로 생각된다. 그러나 이와 같은 역사적 발달 과정에서 '낫즐,
낫으로→낫츨, 낫츠로'과 같은 유기음화 현상에 참여한 것이 분명하다.

그렇다면, 이와 같은 유기음화 현상에 대하여 우리는 두 가지 의문에 직
면하게 된다. 하나는 이러한 현상 또는 그 발단은 역사적으로 국어사의 어느
단계에까지 소급될 수 있을까. 다른 하나의 의문은 일정한 통합적 연쇄에서
실현되는 경음화 현상 대신에 수행되는 유기음화의 음성학적 근거는 무엇일
까. 두 번째 의문, 즉 유기음화의 생성 조건에 대한 해결은 글쓴이의 형편으
로 여기서 제시하기 어려운 것이지만, 경음과 유기음의 상관관계에 대한 정
밀한 실험 음성학적 연구에서 규명되어져야 한다고 생각한다.76)

---

75) 지봉욱씨가 수집하여 『한글』誌(제5권 제1호-제5권 제3호)에 3회로 나누어 개재한 함남 정
　　 평방언의 어휘 항목들 가운데 중세국어의 체언 어간말 설단 자음에서 기원된 단어들은 원
　　 래의 'ㄷ' 종성이거나, 부분적으로 구개음화를 수용한 형태를 나타낸다.

　　 (ㄱ) 곳(處) → 곧, 곳, (ㄴ) 몯(釘) → 못, 모다구, (ㄷ) 빚(債) → 빋,
　　　　 cf. 깃(羽) → 짓, 지티, 닻(錨) → 닫.

76) 국어의 특정한 음운현상과 관련되어 있는 음성학과 음운론에는 우리의 올바른 이해와 관찰
　　 이 아직 확립되지 못한 영역도 존재한다. 그러한 영역 가운데 한 가지는 굴절 과정에서 출

통합적 연쇄에서 출현하는 유기음화 현상의 일단이 간본 중심의 문헌 자료에 일부 반영되기 시작한 것은 17세기 초엽의 『동국신속삼강행실도』(1617)의 언어로 소급된다.77)

(45) ㄱ. 먹이-(使食) → 머키-;78)
　　　　조이 손가락을 그처 뼈 머키더니(열녀, 3, 33ㄴ),
　　　　cf. 약에 빠 먹기니 어믜 병이 즉시 됴핫더니(효자, 7, 76ㄴ),
　　　　　　도적기 활 혀 살 먹겨 견휘 ㄱ로더(삼강, 열녀, 3ㄴ),
　　ㄴ. 속이-(使欺) → 속키-;
　　　　녀편네 덕기 잇더니…도적글 속켜 도적 몬져 가더니(열녀, 3, 15ㄴ),79)
　　ㄷ. 죽이-(使死) → 죽키-;80)
　　　　그 지아비롤 죽켜롤 금이 브르며 울고 릴오더 지아비 주그니(열녀, 3, 19ㄴ),

현하는 성문 유기음 'ㅎ'과 연관되어 있는 현상이다. 'ㅎ' 첨가로도 말할 수 있는 이러한 현상들의 유형은 동일한 범주로 귀속되지 않는 복잡성을 보여준다.

19세기 후기 지역방언의 여러 자료에 출현하기 시작하는 '꿀-(跪)>꿇ㅎ-～꿇ㅎ-', '뚤녕-(穿)>뚫w->뚫ㅎ-～뚫ㅎ', '골-(腐)>곯-' 등과 같이 용언 어간말 'ㄹ'과 자음군을 이루게 되는 'ㅎ' 첨가 부류들도 있다. 이러한 변화를 주도하는 용언 어간의 적극적인 발달은 '싣-(載)>실->싫-～실ㅎ'과 같은 19세기 후기의 중부와 남부방언 자료에 잘 반영되어 있다(최전승 2011).

77) 본문의 (45)의 예들은 김영신(1980 : 10, 24-26)에서 "방언" 또는 "방언적 격음화" 항목 가운데 포함되었다.

그 반면, 유경민(2013 : 45)은 이러한 '머키-～머기-, 죽키-～죽히-～주기-, 속키-～소기' 유형들은 방언형이 아니고, 파생접사의 차이에서 비롯된 다른 어형일 것으로 간주하였다.

이와 같은 일련의 유기음화 현상과 관련하여 17세기 초기 『동국신속삼강행실도』에 실현된 '맜-(任)>맛ㅌ-'의 예도 고려된다.

목스 되여셔 ᄆ춤내 맛튼 짜히 떠나디 아니ᄒ고(충신, 1,48ㄴ),
cf. 任, 맛쫄 심(훈몽자회, 하.31ㄴ).

78) 사동형 '먹키'의 예는 16세기의 『소학언해』(1586) 등의 문헌에서도 부분적으로 출현한다.

만일 음식 먹키거시든 비록 즐기디 아니ᄒ나 반ᄃ시 맛보고셔(소학언해, 2, 12ㄱ),
친영홀 제 술 먹켜 보내는 례되라(상동, 2,46ㄱ),
cf. 쏭 빠다가 누에 먹켜 보쟈스랴(1658, 경민해, 40ㄴ).

79) 이와 같은 유형의 표기는 완판 29장본 『별춘향전』에서도 등장한다. 숫사람을 속키랴고 (20ㄱ).

80) 김형배(1997 : 358)에서는 통시적 관점에서 사동접사 '-히-'가 연결된 것으로 파악하였다.

칼눌 당호여 바로 나아가 그 몸을 <u>죽히라</u> 청호대(열녀, 7, 81ㄴ),

소러 딜러 울고 좃디 아니호니 도적이 <u>죽기다</u>(열녀, 8, 3ㄴ),

cf. 통곡호야 골오디 나롤 <u>죽기</u>라 나롤 주기라 호고(효자, 6, 9ㄴ).

위의 예에 실현된 유기음화를 이해하려면 '먹-(食), 속-(欺), 죽-(死)'의 사동형 '머기-, 소기-, 주기-'의 중철 표기가 실제로 발화에서도 이중으로 연속적으로 실현되었을 개연성을 전제로 해야 하는 남점이 있다. '머기-→먹기, 소기-→속기-, 주기-→죽기-'.[81] 또한, 『동국신속삼강행실도』에 출현하는 '묻지->묻치-'(撫)의 예도 이러한 유형의 유기음화 현상으로 귀속될 수 있다. 이미 영장호매 무덤을 <u>묻치며</u> 우니(열녀, 2,18ㄴ), cf. 싀부뫼 며느리게논 어른<u>묻치고</u> 형弟의게논 븟자블디니(가례언해, 5,29ㄱ).[82]

18세기 단계에 당시 화자들의 일상적인 구어에 실현되는 유기음화 현상을 관찰한 예가 『全一道人』(1729)에 보인다. 이 자료의 편집인 雨森芳洲는 당시 한국어의 용례 가운데, 용언어간 '안-'(抱)에 연결어미 '-고'가 연결되는 경우에 그 발음을 '안코'와 같이 유기음화하여 제시하였다. 그리고 雨森芳洲는 『全一道人』의 <凡例 第三條>에서 이 한국어 문장에서 '안고'의 '-고'를 '-코'라고 적어야지, '-고'로 적어서는 나쁘다는 主意까지 첨부하였다(송민 1986 : 59-60을 참조). 이 문헌에 개입된 雨森芳洲의 한국어 첨기에 대한 誤謬의 유형을 검토하면서, 송민(1986 : 59)은 "(ᄌ식을) 안코"의 표기를 잘못으로 간주하

---

81) 근대국어의 중철 표기가 어느 정도 실제의 발음을 반영하였을 것이라는 관점은 최전승(1986 : 49-55)을 참조. 오늘날의 지역 방언에서도 부분적으로 중철에 근거하는 것 같은 이중 발음이 일부 관찰된다.

　(ㄱ) 호미→홈미(함북 경원, 『한글』제5권 6호, p.14),

　(ㄴ) 그네→근네, 부러지다→불러지다(함남 정평(2), 『한글』제5권 2호, p.24),

　(ㄷ) 뜨물→뜸물, 여물→염물, 나물→남물(함북 청진(8), 『한글』제10권 1호, p.12),

　(ㄹ) 뿌리→뿔리(제주도, 소창진평 1944 : 341), 꼬리→꼴리(제주도, 현평효 1962 : 370).

82) 현대 지역방언에서 17세기 '묻치-'의 후속형으로 [몬친다], [만첸다], [몬처진다], [맨쳐진다], [만친다] 등과 같은 유기음화된 형태들이 『한국방언자료집』(한국정신문화연구원) 『전남 편』(1991 : 346), 『전북 편』(1987 : 254), 그리고 『경북 편』(1989 : 329) 및 『경남 편』(1993 : 301) 등지에 분포되어 있다.

여 "(즈식을) 안쏘"와 같이 교정하였던 것이다.83)

4.3.2 경음화 현상이 적용될 수 있는 음성 환경에서 위에서와 같이 근대국어의 단계에 산발적으로 등장하였던 유기음화는 오늘날의 지역방언과 일상적인 구어에서 확대되어 있는 양상을 보인다. 예를 들면, 현대 전북일대의 노년층의 방언에서 'ㅅ' 불규칙용언 '짓-'(作)은 대부분 '짗-'으로 어간의 재구조화를 거쳐 왔다고 언급되어 왔다(최태영 1983; 소강춘 1983; 김규남 1987). 짓-(作)+-고→직코→지코 용언어간 '짓-(作)' 다음에 자음으로 시작하는 어미가 연결되면, 일반적으로 [진꼬~찍꼬~지꼬]와 같이 경음화 현상의 지배를 받아야 하는 것이 일반론이다. 그러나 이와 같은 음성 환경에서 경음화 대신에 유기음화 현상이 일어난 것이다. '짓-+고→[지꼬]'의 음운론적 과정을 자연스러운 경음화 현상으로 기술하는 방식과 동일하게, '짓-+-고→[지코]'를 낮은 층위의 음성학에서 야기된 유기음화 현상으로 취급할 수 있을 것 같다.84)

---

83) 또한 용언 어간말 'ㄴ' 다음에 연결되는 사동과 피동의 접사 '-기-'의 초성에 경음화 대신에 유기음화 현상이 적용되어 있는 지역 방언형들이 확대되어 있다.

 (ㄱ) 신기다, 신겨 : 신케 주다~신케 준다(『한국방언자료집』(한국정신문화연구원) 『전남편』, 1991 : 321),

 (ㄴ) 안기다 : 안친다(『경남 편』, 1993 : 121),

 (ㄷ) 숨기다, 숨겨 : 성킨다~성긴다, 숭캐, 숭케라(『전북 편』, 1987 : 200), 숭킨다(『전남 편』, 1991 : 275), 숭키고, 숨카 준다(『경북 편』, 1989 : 262).

84) 'ㅅ' 불규칙 용언어간 가운데 '짓-'(作)의 활용형들은 19세기 후기의 단계에서 유기음화 현상을 반영하고 있었다.

 (ㄱ) 언제 밧바 옷 짓컷나(신재효,박타령, 383),
   양나리 쥬흥스가 흐로밤의 이 글을 짓코(99장 필사본 별춘향, 14ㄱ),
   농스 짓키 일삼난대(병진본 필사 박흥보, 1ㄴ),
   흔 돌금은 겨구리 짓고, 쏘 흔 돌금은 바지 짓코(상동, 6ㄴ),
   싀집 짓코 왕토흐기(상동, 8ㄱ),
   닙구쩌로 집을 짓코(상동, 13ㄱ),
   졔비 집을 직코(상동, 21ㄴ).

 (ㄴ) 션혼 사룸의 일홈은 션흐게 지코 악혼 사룸의 일홈은 악흐게 지코(1894, 천로역정 서문, 3ㄴ),
   조흔 짜 일홈은 조케 지코 흉흔 짜 일홈은 흉흐게 지엿스니(상동, 3ㄴ),

그러나 이와 같은 통합적 관계에서 유기음화가 일어나는 음성학적 원리는, 역사적 자료 §4.3.1에서 언급한 바와 같이, 쉽게 우리가 규명해 내기 어렵다는 데에 문제가 있다. 이러한 사실에도 불구하고, 역시 마찬가지로 설득력 있게 그 원인을 제시하게 어려운 '짓->짛-'(作)으로의 재구조화의 방향보다, 역사적인 근원이 있는 유기음화으로의 방향이 더 음운론적 사실에 더 가까울 것으로 판단한다. 활용의 패러다임에서 동일한 적용 환경에서 경쟁하여 일어나는 경음화와 유기음화의 원리를 국어의 경음과 유기음 형성의 음성학에서 앞으로 정밀하게 밝혀져야 한다고 생각한다(최임식 1989 : 29를 참조).

전북 부안방언의 공시 음운론을 작성하면서 김옥화(2001)는 이 지역방언에서 'ㅂ' 불규칙 용언 범주의 활용형들이 보이는 몇 가지의 유형 가운데, 용언 어간말 'ㅂ'에서 'ㅎ'으로 재구조화를 수행한 예들을 소개하였다.

(46) 굽-(炙) : 궁 : 고~구어라,
    눕-(臥) : 눙고~누어서,
    집-(補) : 짛고~지어서(짛-어서)~지여(짛-어).(김옥화 2001 : 92).

'ㅂ' 불규칙 활용 어간에 나타나는 변화의 방향에서 실현된다고 하는 '굽-(炙) → 궁, 눕-(臥) → 눙-, 집-(補) → 짛-'와 같은 소위 재구조화의 과정도 역시 'ㅅ' 불규칙 용언의 경우에서와 동일하게 단순한 유기음화 현상으로 포함된다. 예를 들면, '/굽-(炙)+-고/ → (유기음화)[굽-+-코] → (조음위치동화)[국코] → (동일조음 탈락)[구코]'와 같은 음운론적 과정이 여기에 순서대로 적용된 결과로 파악하는 것이다.

이와 같은 용언들의 어간말음 'ㅎ'으로의 재구성은 여타의 지역방언들의 음운론에서도 광범위하게 확산되어 있다. 오종갑(1997)은 'ㅂ'과 'ㅅ' 불규칙 활용 어간들이 전국의 지역방언에 분포되어 있는 다양한 변이형들의 유형을

죄롤 지코 디옥에 빠지는 거시 조흐냐(상동, 1ㄴ).

정리하면서, '굽-'(炙)과 '붓-'(注) 등의 어간에 어미 '-고'가 연결되면 그 자음
어미의 초성이 각각 경음화와 격음화로 실현되는 양상을 아래와 같이 나누
어 기술한 바 있다.

(47) ㄱ. /굽 : -+고/ → (경음화)굽 : 꼬→국 : 꼬→[구 : 꼬],
        /굽 : -+고/ → (격음화)굽 : 코→국 : 코→[구 : 코].
    ㄴ. /붓 : -+고/ → (중화)붇 : 고→(경음화)붇 : 꼬→북 : 꼬→[부 : 꼬],
        /붓 : -+고/ → (중화)붇 : 고→(격음화)붇 : 코→북 : 코→[부코].
     (오종갑 1997 : 6-9).

지금까지의 유기음화 현상과는 대조적으로, 불규칙 용언의 활용형들에서
수행된 소위 재구조화 'ㅅ/ㅂ → ㅎ'의 과정을 언어 외적으로 해석하려는 논
의가 정인호(1997)와, 김현(2001, 2002, 2003)에서 각각 설득력 있게 제시된 바 있
다.[85] 'ㅅ'과 'ㅂ' 불규칙 용언의 어간말음에서 일어나고 있는 'ㅂ/ㅅ → ㅎ'(자
음어미 앞)과 같은 재구성의 발단이 정인호(1997)에서의 "화자 중심의 단일화를
지향하는 類推", 그리고 김현(2001)에서 가정된 "청자 중심의 재분석"에 기인
되었을 개연성도 크다고 인정한다.
  그러나 여기서 글쓴이가 생각하는 유기음화 현상은 'ㅂ'과 'ㅅ' 불규칙 용
언의 활용형들에 대한 적용 영역을 넘어서 'ㄹㄷ' 종성을 갖고 있는 체언들의
굴절 과정에서 여러 남부 지역방언들에 확산되어 있는 다음과 같은 유형들

---

85) 오늘날의 전남방언을 중심으로 'ㅂ' 불규칙 용언어간이 보이는 공시적 변화 유형을 검증하면
서 정인호(1997)는 'ㅂ>ㅎ(ㆆ)'의 변화를 거친 용언어간들의 형성 과정을 어간 단일화라는
의식적인 화자들의 개입을 통해서 규명하려고 하였다. 정 교수는 'ㅅ' 불규칙 용언어간의 말
음이 자음어미 앞에서 'ㅅ>ㅎ'으로 변화된 '짛-'(作)의 활용 예가 이 방언에 이미 존재하고
있는 'ㅎ' 말음 용언을 모형으로 유추변화를 수행한 것으로 판단하였다. 그리고 정 교수는
'짛-'(作)이 보여주는 활용 형식이 'ㅂ>ㅎ'의 변화 방향을 가리키는 일부 'ㅂ' 불규칙 용언어
간의 활용과 부분적으로 일치하기 때문에, 역시 'ㅎ' 말음 용언의 활용을 기준으로 옮겨 간
것으로 추정하였다.
  최근에 김현(2001, 2002)은 불규칙 활용어간에서 뿐만 아니라, 어간말음이 모음이거나 또는
비성문음이었던 용언어간이 'ㅎ' 또는 'ㆆ'로 재구조화되어 가는 경향을 관찰하면서, 이러한
현상도 청자 중심에서 이루어진 誤分析의 개입을 고려한 바 있다

도 포함시킬 수 있는 이점이 있다. 『한국방언자료집』(한국정신문화연구원)에서 「전북 편」(1987), 「전남 편」(1991), 「경남 편」(1993) 및 「경북 편」(1989) 자료를 이용하여 '흙, 닭, 칡, 돐'의 격 형태에 실현되는 몇몇 유기음화의 예를 간략하게 정리한다.[86)]

> (48) ㄱ. 흙(土)+-이/을 → 흐키~흑키~흐클~흘클,
> ㄴ. 닭(鷄)+-이/을 → 대키~다클~달키~다킬,
> ㄷ. 칡(葛)+-이/을 → 치키~치킬,
> ㄹ. 돐(石)+-이/에 → 도키~돌키~돌케~도케.

5. 결론과 논의

5.1 이 글에서 글쓴이는 국어사 연구에서 가장 본질적인 문헌 자료의 해석과 관련된 몇 가지의 언어 현상과 음운변화 유형들을 재검토하면서, 어떤 새로운 해결을 제시하기보다는 더 많은 문제들을 새삼스럽게 불러일으킨 셈이 되었다.

중세국어에서 일부 한정적인 자료들에 출현하는 부사격조사 '-우로~-오로~-으로'의 교체형들에 대한 지금까지의 논의를 살펴보면서(§2.1), 글쓴이는 양순음 다음에 통합되는 평순모음 'ᄋ'와 '으'가 원순화 [오]와 [우]로 전환되는 원순모음화 현상이 이 시기의 음성 환경에서 아직 출현하지 않았다는 사

---

86) 이 가운데 '닭(鷄)과 '돐'(石)의 굴절 형태에 출현하는 유기음화 현상은 19세기 후기의 지역 방언 자료에서도 부분적으로 확인할 수 있다.

(ㄱ) 첨미 밋터 황게 <u>닥카</u> 쑥교ᄒ고 우지마라(21ㄴ, 박순호 소장본 68장 필사본 춘향가),
(ㄴ) <u>닭키</u> 홰에 올으다 鷄栖于特(1895, 국한회어, 73),
<u>닭키</u> 홰을 치다 膓(1895, 국한회어, 73).
(ㄷ) 무죄ᄒ거던 <u>섭돌키</u> 빅키 주웁소서 ᄒ고 공중을 힝ᄒ여 옥잠을 쩌지니
옥잠이 나려와 <u>섭돌케</u> 박히는지라(경남대 소장 필사본 수겡옥낭좌전, 23ㄴ).

실을 지적하였다. 따라서 글쓴이는 문법형태소에 반영된 이와 같은 공시적 교체는 비어두음절 위치에 적용되는 그 당시의 '오~우'의 교체에 근거했을 개연성을 추구했던 것이다. 이러한 '오~우'의 교체 또는 '오>우'와 같은 음운론적 현상이 중세국어의 모음체계에서 어떠한 사실을 말하고 있는가에 대한 문제는 전연 접근하지 못했다.

그러나 국어사에서 양순음의 순행동화로 이루어지는 원순모음화 현상만큼 그 출현 시기와 적용 영역을 가늠하기 어려운 음운현상은 없을 것이다. 예를 들면, 16세기 국어의 일부 지역에서 '말슴>말숌'(辭), '님금>님굼'(帝)과 같은 역행적 원순모음화가 실현되었다면, 그리고 15세기의 격식적인 문헌어에서 '더뵈 >더뷔(暑), 치뵈>더뷔(寒)'와 같은 현상이 실제로 가능하였다면, 왜 본격적인 순행 원순모음화는 중세국어의 단계에 억제되어 있을까.

15세기 국어의 '몬져'(先)의 후속형들 가운데 18세기 초기 경북 예천 용문 사본(1704)에서와, 대구 동화사본(1764), 그리고 황해도 흥률사본(1765)『염불보권문』의 텍스트에는 '믄져'형이 등장하고 있다. 이와 같은 현상을 관찰한 백두현(1992 : 233)과 김주원(1994 : 36)은 '몬져>믄져'와 같은 '오>ㅇ'의 비원순화 과정으로 기술 한 바 있다. 그러나 여기에 개입되어 있는 음운사의 문제는 그리 간단한 것 같지 않다(최전승 2004 : 157 이하를 참조).

글쓴이가 그렇게 판단하는 근거는 다음과 같다. 첫째, 15세기의 형태 '몬져'(先)는 현대 제주도 방언에서 '문제'(현평효 1962 : 167, 박용후 1960/1988 : 229)와 첫 음절에서 '오~ㅇ' 모음대응을 보인다(이기문 1977 : 185). 둘째, 오늘날의 함북과 평북방언의 반사체들은 '만져~맨제'와 같은 방언형으로 분포되어 있으며(김이협 1981 : 245; 김태균 1986 : 205), 이 형태는 19세기 후기 평북방언의 자료에서 '민져~만져'형으로 소급된다.[87] 이러한 사실은 15세기의 '몬직'(埈)형의

---

87) (ㄱ) 뉘가 <u>민져</u> 주워(先, 예수셩교젼셔, 로마 11.35),
　　　　 각기 <u>민져</u> 먹기를 호미(코린돗 젼셔 11.21),
　　　　 반드시 <u>민제</u> 이스되(초역 누가 1882, 21.9),
　　　　 반다시 <u>만져</u> 이스되(예수셩교젼셔 누가 21.9)~만져(로마 15.24),

후속형들이 오늘날의 제주도 방언, 그리고 함북 및 평북방언에서 보이는 '몬지~몬주'형들과는 분명한 대조를 보이고 있는 것이다.

5.2 중세의 처소격조사 이형태들 가운데 '-예'에서 분화된 또 다른 '-여'의 오늘날의 지역방언에서의 발달 과정이나, 어간말의 환경에서 중화가 일어난 다음 후속되는 장애음에 실현되기 시작하는 유기음화 현상은 오랜 시간 심층을 보여준다. 그렇기 때문에, 특히 지역방언에서 확대되어 있는 'ㄷ'과 'ㅂ' 불규칙 용언어간들에서 경음화 대신에 수행되는 유기음화는 순수하게 공시적 음운현상의 관점으로만 해결되지 않는다고 생각한다. 예를 들면, 방언 음운론의 기술에서 'ㅂ' 불규칙과 관련된 음운현상인 '굽고→꾸코' 등과 같은 예에서 기저형 /꿓-/를 설정하거나, 또는 '굽고→꾸꼬'에서 기저형 /꾸ᇦ-/를 설정하여 왔다.

또한, 'ㄷ' 불규칙 용언이 패러다임에서 규칙화를 추구하면서(화자들에 의해서), 모음으로 시작되는 어미 앞에서의 어간말 '-ㄹ'로 단일화되는 과정에서도 자음으로 시작하는 어미의 초성을 경음화 또는 유기음화시키는 경향이 지역방언에서 뚜렷하게 나타난다. 종래의 방언 음운론에서 용언 어간말 /-ᆶ/과 /-ᆶ/을 설정하였던 것이다. 그러나 19세기 후기 지역방언의 자료는 'ㄷ' 불규칙 용언어간이 유추에 의하여 단일어간 '--ㄹ'로 규칙화가 먼저 수행된 다음에 점진적으로 어간말 '-ㄹ'의 환경에서 후속 자음을 경음화 또는 유기음화 시키고 있는 순서를 보여준다.

예를 들면, 19세기 후기 전라방언 자료들에서는 '싣-(載)+-고→실코'의 유기음화 실현 형태들의 빈도가 단순히 규칙화된 '실고'나, 경음화된 '실꼬'보다 더 높게 나타난다. 그 반면에 19세기 후기 서울말 중심의 『독립신문』의 언어

만져 흐던 쟈는(코린돗 젼셔 14.31).
cf. 몬주꺼지 써러(埃, 초역 누가 10.11).
(ㄴ) 치뎐에 만져 풀미고(manjiu, Korean Speech, p.21),
만졋 달은 졍가물 다니(Korean Speech, p.50).

에는 '실고'형의 출현 빈도수가 '실코'나 '실꼬'형들보다 더 높다(최전승 2011 : 311-313). 그리고 1930년대의 함경도 방언에서는 'ㄷ' 불규칙용언들이 '-ㄹ' 어간말음으로 단일화는 이미 수행되었지만, 여기에 경음화나 유기음화는 아직 나타나지 않는다. 『한글』 제5권 1호(1937)에 지봉욱 씨가 기고한 咸南 定平방언에서 이러한 현상을 확인할 수 있다. 듣다(聞)→들다(p.22), 긷다(汲)→길다(p.19), 걷다(步)→걸다(p.17), 걷고→걸고(p.17). 용언의 어간말 '-ㄹ'에 연결되는 어미의 초성 장애음들이 경음화 또는 유기음화를 수행하는 음운론적 과정은 19세기 후기 지역방언의 여러 자료에 점진적으로 등장하기 시작하는 '쑬-(跪)>쑿-', '쑯-(穿)>쑬w->쑿-', '골-(腐)>곯-' 등의 활용형에서 관찰할 수 있다.[88]

5.3 현대국어의 지역방언들에서 보이는 음운현상들의 일부는 공시적으로 확대되어 가는 부단한 과정을 보이지만, 그 근원은 그 이전 역사적 단계에 두고 있는 경우도 많다. 특히 §3.1에서 취급된, 16세기 후기 편지글에 등장하는 'ㅎ여>힝'(爲)의 음운론적 과정이 그렇다. 비로소 19세기 후기 문헌어로 우리들에게 나타나기 시작하는 '힝'에 대해서 "축약"이라는 공시적 설명만으로 그 변화의 본질을 올바로 이해하기 어려운 일이다. 따라서 과거의 언어 사실과 오늘날의 언어 현상들은 고립되어 존재하는 별개의 공시성과 통시성의 대상들이 아니라, 긴밀한 상호 유대를 맺고 있는 것이다.

오늘날의 언어가 사회 속에서, 그리고 화자들에 의해서 역동적으로 운용되는 상황을 이용하여 과거 언어의 모습을 재구하고, 이해하려는 단일과정설(uniformitarian)의 원리는 19세기언어학에서부터 확립된 하나의 방법론이다(Christy 1983). 이 원리의 기본 개념은 공시적 언어변화를 설명하기 위해서 사

---

88) 19세기 후기 전라방언 자료에서 '짜르-(達)에 어미 '-고'가 연결되는 경우에 이 어간이 '짤-'로 축약된 다음에, 자음어미의 초성에 유기음화가 실현되기도 한다.

비힝 뒤를 짤코(완판 수절가, 하.3ㄱ),
스람 짤코 힝 업는 게 제비로다(신재효, 판,박, 442).

회언어학적 맥락을 연구의 틀로 활용하는 일련의 최근 작업에서 효과적으로 반영되어 있다(Labov 1994). 그리고 공시적 자료를 분석하기 위해서 개발된 음운 이론과 음성학적 기술이 과거에 일어났던 음운 과정에 그대로 적용될 수 있다.

그러나 현재의 언어와 과거의 언어와의 관계는 현재에서 과거로의 단일 방향적인 것이 아니라, 동시에 과거에서 현재의 언어로 상호 방향적인 관계를 맺어야 된다고 본다. 과거의 언어 사실과 현상이 현재를 이해하는데 적절하게 이용되어야 하는 것이다. 현대어의 음운체계와 음운현상은 이른 단계 언어에서 수행되었거나, 일어나고 있는 음운변화들의 역사적 산물이다. 오늘날 우리 주변에서 일어나고 있는 공시적 음운현상들 가운데 일부는 일정한 규칙성으로 파악되지 않는 사례들도 존재한다. 피상적으로 보기에 이런 공시적 음운현상들은 자연성이 결여되어 있는 것처럼 판단되지만, 통시적인 관점에 설 때 합리적인 해석에 도달할 수 있다.

이와 같은 의미에서, 국어사는 "과거의 언어와 현재의 언어와의 끊임없는 대화"가 일어나고 있는 영역이라고 은유적으로 바꿔 말할 수 있을 것 같다.[89]

---

89) 이와 같은 은유적 표현은 Edward H. Carr(1892-1982)의 『역사란 무엇인가』에서 요약된 유명한 구절인 "역사는 과거와 현재와의 끊임없는 대화"를 단순하게 차용한 것이다.

참고논저

고영근(1995), "중세어의 동사형태부에 나타나는 모음동화", 『國語史와 借字表記』(소곡 남풍현 선생 회갑기념논총), 587-603, 태학사.

구수영(1979), "안민학의 哀悼文攷", 『백제연구』 제10집, 169-192, 충남대 백제연구소.

구수영(1980), "고분에서 출토된 한글 哀悼文", 『장암 지헌영선생 고희기념논총』, 255-262, 형설출판사.

곽충구(1992), 『함북 육진방언의 음운론』, 국어학총서 20, 국어학회.

곽충구(1999), "육진방언의 어휘", 617-669, 『국어어휘의 기반과 역사』, 태학사.

김경아(1998), "용언어간말 'ㅎ'의 교체에 대하여", 『언어』, 23.1, 1-27, 한국언어학회.

김경아(2000), 『국어의 음운표시와 음운과정』, 국어학 총서 38, 국어학회.

김경아(2008), "체언어간말 설단자음의 변화에 대한 통시론", 『동양학』 제43집, 71-94, 단국대학교 동양학 연구소

김계곤(2001), 『경기도 사투리연구』, 박이정.

김규남(1986), "부안 지역어의 음운론", 전북대 석사학위논문.

김규남(1987), "전북방언의 'ㅂ' 불규칙활용과 재구조화", 『어학』 제18집, 95-124, 전북대 어학연구소

김양진(2011), "(번역) 『박통사』(上)의 명사류 난해어에 대하여", 『국어사연구』 제13호, 239-266, 국어사학회.

김옥화(2001), "부안지역어의 음운론적 연구", 서울대학교 박사학위논문.

김옥화(2003), "부안지역어의 특수조사", 『관악어문연구』 제28집, 183-205, 서울대학교 국어국문학과.

김영신(1980), "『東國新續三綱行實圖』의 국어학적 연구", 「부산여대 논문집」 9집, 1-58, 부산여자대학.

김완진(1971), 『국어 음운체계의 연구』, 일조각.

김완진(1976), 『노걸대의 언해에 대한 비교연구』, 한국연구총서 제31집, 한국연구원.

김완진(1996), 『음운과 문자』, 신구문화사.

김이협(1981), 『평북방언사전』, 한국정신문화연구원.

김유범(2007), 『중세국어 문법형태소의 형태론과 음운론』, 월인.

김유범(2009), "『언해태산집요』(1608)의 국어학적 특징에 대하여", 『국어사연구』 제9호, 173-210, 국어사학회.

김정현(2005), "『교린수지』의 표기와 음운현상에 대한 연구", 국민대학교 석사학위논문.

김주원(1994), "18세기 황해도 방언의 음운현상", 『국어학』 제24집, 19-44, 국어학회.

김주원(1996), "18세기 평안도 방언을 반영하는 『염불보권문』에 대하여, 『음성학과 일반 언어학』, 이현복 엮음, 서울대학교 출판부.

김태균(1986), 『함북방언사전』, 경기대학교 출판국.

남광우(1997), 『교학 고어사전』, 교학사.

김주필(1994), "17 · 8세기 국어의 구개음화와 관련 음운현상에 대한 통시론적 연구", 서울 대학교 박사 학위논문.

김주필(1998), "음운변화와 표기의 대응 관계", 『국어학』 32집, 49-76, 국어학회.

김주필(2003), "후기 중세국어의 음운현상과 모음체계" 『어문연구』(통권 117권), 5-29.

김주필(2004), "영조 어제류 한글 필사본의 표기와 음운현상", 『藏書閣』 11집, 28-60.

김주필(2009), "근대국어 음운론의 쟁점", 『국어사연구』 제9호, 69-122, 국어사학회.

김주필(2011), 『음운변화와 국어사 자료 연구』, 역락.

김태균(1986), 『함북방언사전』, 경기대학교 출판국.

김 현(2001), "활용형의 재분석에 의한 용언어간 재구조화", 『국어학』 제37호, 85-114, 국 어학회.

김 현(2003), "활용상에 보이는 형태음운론적 변화의 원인과 유형", 서울대학교 박사학위 논문.

도수희(1987), "哀悼文에 나타난 16세기 국어", 『한국어 음운사 연구』, 237-243, 탑출판사.

방언연구회 편(2001), 『방언학 사전』, 태학사.

박용후(1988), 『제주방언연구』(고찰편), 과학사.

백두현(1988), "嶺南三綱錄의 음운론적 고찰", 『용연어문논집』 제14집, 85-119, 경성대 국문 과.

백두현(1990/2009), "영남 문헌어에 반영된 방언적 문법형태에 대하여", 『어문론총』 24호, 51-72, 『국어 형태 · 의미의 탐색』(홍사만 외, 2009, 역락)에 재수록.

백두현(1992), 『영남 문헌어의 음운사 연구』, 국어학 총서 19, 국어학회.

백두현(1996), "경상방언의 통시적 연구", 3-46, 『내일을 위한 방언연구』, 경북대학교 출판 부.

백두현(2000), "『현풍 곽씨언간』의 음운사적 연구", 『국어사자료연구』, 창간호, 97-130, 국 어사자료학회.

백두현(2003), 『현풍 곽씨언간 주해』, 태학사.

백두현(예정) "영남 지역 국어사 자료의 연구 성과와 연구 방향", (한국문학연구 2013년 제5차 학술대회 기획논문의 수정본 원고).

배영환(2011), "'ᄒᆞ야(爲)의 변화와 관련한 몇 가지 문제", <제52차 한국언어문학 정기학 술 발표대회 초록집>, 99-113, 한국언어문학회.

배주채(1998), 『고흥방언 음운론』, 국어학총서 32, 국어학회.

배주채(1989/2008), 「음절말 자음과 어간말자음의 음운론」, 『국어연구』 91, 『국어 음운론의
　　　　체계화』에 재수록, 한국문화사, 57-153.

배주채(2003), 『한국어의 발음』, 삼경문화사.

석주연(1999), 『百聯抄解』의 이본에 관한 비교 연구, 『규장각』 22집, 69-93, 서울대 규장각.

소강춘(1983), "남원지역어의 음운론적 연구", 전북대학교 석사학위논문.

소강춘(1989), 『방언분화의 음운론적 연구』, 한신문화사.

송　민(1986), 『전기 근대국어음운론연구』, 국어학총서 8, 태학사.

송　민(1998), "근대국어의 음운론적 인식", 국어학강좌 8, 『음운』II 태학사.

송　민(2006), "근대국어 음운사와 '가나', 『국어사 연구 어디까지 와 있는가』, 385-403, 임
　　　　용기·홍윤표 편, 태학사.

신경철(1986), "역대천자문 연구", 『국어국문학』 95, 37-62, 국어국문학회.

신성철(2010), "『東國新續三綱行實圖』의 국어사적 고찰", 『어문학』, 495-517, 제107집, 한국
　　　　어문학회.

신성철(2010ㄱ), "『東國新續三綱行實圖』와 방언", 『새국어교육』 제85호, 새국어교육연구회.

신성철(2013), "<동국신속삼강행실도>의 표기와 음운", 63-82, <동국신속삼강행실도>의
　　　　현대적 이해와 국어음운사(2013년 국어사학회·국립국어원 공동학술대회).

신승용(2003), 『음운 변화의 원인과 과정』, 국어학총서 43, 국어학회.

신승용(2013), "<동국신속삼강행실도>의 표기와 음운(신성철 발표)에 대한 토론문",
　　　　83-85, <동국신속삼강행실도>의 현대적 이해와 국어음운사(2013년 국어사
　　　　학회·국립국어원 공동학술대회).

안귀남(1999ㄱ), "고성 이씨 이응태묘 출토편지", 『문헌과 해석』, 1999.

안귀남(1999ㄴ), "이응태 부인이 쓴 언간의 국어학적 의의", 『인문과학연구』, 안동대학교.

안병희(1977), "초기 한글표기의 고유어 人名에 대하여", 『언어학』 제2호, 65-72, 한국언어
　　　　학회.

안병희(1989/1992), "국어사 자료의 誤字와 誤讀", 『국어사 자료연구』에 재수록, 28-42, 문
　　　　학과 지성사.

안병희(1992), "중세국어 연구 자료의 성격", 『국어사 자료연구』에 수록, 11-27, 문학과 지
　　　　성사.

안병희(2006), "국어사 연구와 한글 자료", 71-85, 『국어사 연구 어디까지 와 있는가』,
　　　　45-70, 임용기·홍윤표 편, 태학사.

안병희·이광호(2006), 『중세국어문법론』, 학연사.

오종갑(1997), "어간 '줍-'의 방언분화와 표준어의 문제", 『인문연구』 제18집 2호, 1-32, 영
　　　　남대학교 인문연구소

유경민(2013ㄱ), "<동국신속삼강행실도> 언해문 번역과 어휘", 87-110, <동국신속삼강행
　　　　실도>의 현대적 이해와 국어음운사(2013년 국어사학회·국립국어원 공동학

술대회).

유경민(2013), "『東國新續三綱行實圖』의 언해문의 방언 반사론에 대한 재검토", 『어문학』 제121집, 27-52, 한국어문학회.

유창돈(1964), 『이조국어사연구』, 선명문화사.

유창돈(1971), 『어휘사 연구』, 선명문화사.

이광호(2003), 『근대국어문법론』, 태학사.

유필재(2001), "서울지역어의 음운론적 연구", 서울대학교대학원 박사학위논문.

이기문(1959/1978), 『16세기 국어의 연구』, 국어학 연구총서 3, 탑출판사.

이기문(1963), 『국어표기법의 역사적 연구』, 한국연구 총서 18, 한국연구원.

이기문(1972), 『국어 음운사 연구』, 한국문화연구 총서 13, 한국문화연구소.

이기문(1978), 개정판 『국어사 개설』, 탑출판사.

이기문(1983), 『훈몽자회 연구』, 한국문화연구총서 5, 서울대학교출판부.

이기문(2005/2006), "국어사 연구의 회고와 전망", 『국어사 연구 어디까지 와 있는가』, 45-70, 임용기・홍윤표 편, 태학사.

이병근(1970), "19세기 후기 국어의 모음체계", 『학술원논문집』(인문, 사회) 9, 375-390, 대한민국학술원.

이병근(1992), "한상숙 노인의 서울말", 『밥해 먹으믄 바느질허랴, 바느질아니믄 빨래허랴』(뿌리깊은 나무 민중자서전 18, 서울 토박이 부인 한상숙의 한평생), 15-18. 뿌리깊은나무사.

이숭녕(1971/1988), "17세기 국어의 음운사적 고찰", 『이숭녕 국어학선집』, 음운편 3에 재수록, 249-296, 민음사.

이숭녕(1972/2011), "『東國新續三綱行實圖』에 대한 어휘론적 고찰", 403-415, 『국어국문학』 55-57, 403-415, 국어국문학회, 『심악이숭녕선생전집』 9, 455-473에 재수록.

이숭녕(1978), "『東國新續三綱行實圖』의 음운사적 연구", 37-77, 『학술원논문집』 17, 대한민국학술원.

이숭녕(1981), 『중세국어문법-15세기어를 주로 하여-』, <국어학총서>1, 을유문화사.

이영경(2011), "『동국신속삼강행실도』 언해의 성격에 대하여", 『진단학보』 112, 103-123, 진단학회.

이진호(1997), "국어어간말 자음군과 관련 현상에 대한 통시음운론", 『국어연구』 147, 서울대 국어연구회.

이진호(2003), "국어 ㅎ-말음 어간의 음운론", 『국어국문학』 제133집, 167-195, 국어국문학회.

이진호(2005), 『국어 음운론 강의』, 삼경문화사.

이진호(2009), "현대국어의 음운사적 고찰", 『국어사연구』 제9호, 123-152, 국어사학회.

이태영(1993), "<봉계집>과 19세기말 전북 화산 지역어", 『국어문학』 제28집, 3-26, 전북국어문학회.

이태영(1997), "국어 격조사의 변화", 『국어사연구』, 701-735, 태학사.

이혁화(2009), "방언사의 현황과 과제-방언음운사를 중심으로-", 『국어학』 제54집, 303-497, 국어학회.

이현희(1993), "『小學』의 언해본", 『국어사자료 연구』, 231-251, 서울대학원 국어연구회 편, 문학과지성사.

장영길(1999), "'이응태공 부인의 언간'에 대한 음운사적 고찰", 『동구어문논집』 35집, 51-69, 동구어문학회.

전광현(1967/2003), "17세기 국어의 연구", 『국어사와 방언』 1에 재수록, 7-102, 월인.

전광현(1970/2003), "『권념요록』에 대하여", 『국어사와 방언』 1에 재수록, 103-112, 월인.

전광현(1997), "근대국어의 음운", 『국어의 시대별 변천 연구』 2, -근대국어-, 7-54, 국립국어연구원.

정승철(1995), 『제주도 방언의 통시음운론』, 국어학 총서 25, 국어학회, 태학사.

정승철(1996), "제주도 방언 'ㅎ' 말음 용언어간의 통사론" 『이기문교수 정년퇴임 기념논총』, 738-753, 신구문화사.

정연찬(1981), "근대국어 음운론의 몇 가지 문제", 『동양학』 제11집, 1-34, 단국대동양학연구소

정용호(1988), 『함경도 방언연구』, 교육도서출판사.

정인호(1997), "ㅂ-불규칙 용언어간의 변화에 대하여", 『애산학보』 20, 145-178, 애산학회.

정일영(2013), "<동국신속삼강행실도> 간행의 역사적 배경", 33-58, <동국신속삼강행실도>의 현대적 이해와 국어음운사(2013년 국어사학회 · 국립국어원 공동학술대회).

조항범(1998), 『순천김씨묘 출토간찰』, 태학사.

채옥자(2005), "중국 연변지역 한국어의 음운체계와 음운현상", 서울대학교 박사학위논문.

최명옥(1997), "국어의 통시음운론 개관", 『국어사연구』, 국어사연구회, 363-385, 태학사.

최명옥(2004), 『국어 음운론』, 태학사.

최명옥 외(2009), 『함북 지역어 연구』, 태학사.

최범훈(1977), 『漢字借用 표기체계연구』, 동국대학교 한국학연구소

최임식(1989), "국어 내파화에 관한 연구", 계명대학교 대학원 박사학위논문.

최전승(1986), 『19세기 후기 전라방언의 음운현상과 그 역사성』, 한신문화사.

최전승(1995), 『한국어 방언사 연구』, 태학사.

최전승(2004), 『한국어 방언의 공시적 구조와 통시적 변화』, 역락.

최전승(2009), 『국어사와 국어방언사와의 만남』, 역락.

최전승(2011), "'ㆆ'[?]에 대한 인식의 전개와 음운현상의 본질", 『교과교육연구』 제4호, 241-337, 전북대학교교과교육연구소.

한영균(1994), "후기중세국어의 모음조화 연구", 서울대학교 대학원 박사학위논문.

한영균(1997), "모음의 변화", 『국어사연구』, 457-489, 태학사.

한국학중앙연구원 편(2009), 『의성김씨 김성일파 종택·전주이씨 덕천군파 종택 한글 간찰』, 조선 후기 한글 간찰(언간)의 역주 연구 6, 태학사.

허 웅(1975), 『우리 옛말본, 15세기 국어 형태론』, 샘문화사.

허 웅(1989), 『16세기 우리 옛말본』, 샘문화사.

홍윤표(1985), "<역대천자문>과 서부 동남방언", 『국어학논총』(김형기 선생팔순기념), 어문연구회.

홍윤표(1992), "방언사 관계 문헌자료에 대하여", 405-423, 『남북한의 방언 연구』, 경운출판사.

홍윤표(1993ㄱ), 『국어사 문헌자료 연구』(근대편 I), 태학사.

홍윤표(1993), "東國新續三綱行實圖", 『국어사자료 연구』, 252-270, 서울대대학원 국어연구회 편, 문학과지성사.

홍윤표(1994), 『근대국어연구』(I), 태학사.

홍윤표(2009), "근대국어의 국어사적 성격", 『국어사연구』 제9호, 153-172, 국어사학회.

황대화(1998), 『조선어 동서방언 비교연구』, 한국문화사.

황대화(2011), 『1960년대 육진방언 연구』(자료 편), 역락.

황문환(2002), "조선시대 언간과 국어생활", 『새국어생활』 제12권 2호, 여름, 133-146, 국립국어연구원.

황문환(2004), "조선시대 언간자료의 연구 현황과 전망", 69-93, 『어문연구』 제32권 제2호.

황문환(2010), "조선시대 언간 자료의 현황과 특성", 『국어사연구』 제10호, 73-130, 국어사학회.

小倉進平(1924), 『南部朝鮮의 方言』, 조선사학회.

小倉進平(1944/2009, 이진호, 역주) 『한국어 방언연구』, 전남대출판부.

河野六朗(1945/2012, 이진호 역주), 『朝鮮方言學 試攷』(『한국어 방언학 시론』, 전남대학교 출판부).

Campbell, L.(2000), *Historical Linguistics*, The MIT Press.

Coupland, Nikolas.(2007), *Style*, Language variation and identity, Cambridge Univ. Press.

de Saussure, Ferdinand.(1959), *Course in General Linguistics*, translated, with introduction and notes by Wade Baskin, McGraw-Hill Book Company.

Elspass, Stephan.(2012), The Use of Private Letters and Diaries in Sociolinguistic Investigation, 156-169, in *The Handbook of Historical Sociolinguistics*, edited by Hernandez-Campay et als. Wiley-Blackwell.

Fischer, Olga.(2007), Morphosyntactic Changes, Oxford Univ. Press.

Christy, T. Craig.(1983), *Uniformitarianism in Linguistics*, John Benjamins Publishing Co.

Fleishman, Suzanne.(2000), Methodologies and Ideologies in Historical Linguistics, 33-58, in *Textual Parameters in Older Languages,* John Benjamins Publishing Company.

Harris, A. & Lyle, Campbell.(1995), *Historical Syntax in cross-linguistic Perspective,* Cambridge University Press.

Hock, H. Hans.(1991), *Principles of Historical Linguistics,* Mouton de gruyter.

Hockett, Charles F.(1965), Sound Change, *Language* 41, 185-204.

King, J.R.P.(1994), Russian Sources on Korean Dialects, thesis presented to Harvard University for the degree of Doctor of Philosophy.

King, Robert. D.(1969), *Historical Grammar and Generative Grammar,* Prentice-Hall, Inc.

Labov, William.(1972), *Sociolinguistic Patterns,* Basil Blackwell.

Labov, William.(1994), *Principles of Linguistic Change,* 1. Internal Factors, Blackwell Press.

Lass, Roger.(1980), *On Explaining Language change,* Cambridge University Press.

Lass, Roger.(1997), *Historical linguistics and Language change,* Cambridge University Press.

Milroy, J.(1992). *Linguistic Variation and Change,* Basil Blackwell.

Ohara, J. J.(2003), Phonetics and Historical Phonology, In *The Handbook of Historical Linguistics,* edited by Joseph Brian D. et als, Blackwell Publishing, pp.669-686.

Paul, H.(1960), *Prinzipien der Sprachgeschichte,* sechste, unveraenderte Auflage, Max Niemeyer Verlag.

Penzel, Herbert.(1969), The Evidence of Phonemic Change, 10-24, in *Approaches to English Historical Linguistics,* edited by Roger Lass, Holt, Holtrinehart & Winston, Inc.

Stockwell, P. Robert.(1969), Mirrors in the History of English Pronunciation, 228-245, in *Approaches to English Historical Linguistics,* edited by Roger Lass, Holt, Holtrinehart & Winston, Inc.

Traugott, C. E.(1982), Concluding Remarks, in *Papers from the 5th International Conference on Historical Linguistics,* edited by Ahlqvist, 374-384, John Benjamins Publishing Co.

Vizmuller, Jana.(1982), Theories of Language and the Nature of Evidence and Explanation in Historical Linguistics, in *Papers from the 5th International Conference on Historical Linguistics,* edited by Ahlqvist, 460-466, John Benjamins Publishing Co.

Wang, W. S-Y.(1969). Competing changes as a cause of residue, *Language* 45-1 : 9-25.

제8장

19세기 후기~20세기 초반 외국인(선교사들)의 한국어 문법서에 기술된 조건의 연결어미 '-거드면'의 문법화 과정에 대한 재고찰*

1. 서론

이 글에서 글쓴이는 일정한 화자의 조건 또는 가정을 나타내는 연결어미의 유형 가운데, 19세기 후기에서부터 20세기 초반의 국어 자료에 걸쳐 일시적으로 출현하였던 한 가지 문법형태 '-거드면'형의 문법화 현상을 다시 논의해 보려고 한다.[1]

1990년대 초에 글쓴이는 19세기 후기 전라방언의 자료와, 이와 동 시대에 속하지만 전혀 다른 성격을 보유한 개화기 중부방언의 자료 『독립신문』 등의 텍스트를 이용하여 여기에 특유하게 등장하는 '-거드면'의 형태론적 기능과 문법적 의미를 부분적으로 관찰해 본 적이 있다(최전승 1992). 그 이후, 1990년대부터 개화기 단계의 과도기적 언어 현상으로 여러 학자들의 관심이 집중되면서, 이 시기에 대한 주로 종합적인 문법사적 관점에서 '-거드면'형이 조명을 받으며 새롭게 분석되기도 하였다. 그리고 아주 최근에 이금영(2018)은 19세기 후기에서부터 20세기 초반에 이르는 다양한 문헌 자료를 중심으로

---

1) 이 글의 초고를 검토하고 여기에 내재된 많은 문제점들에 대하여 적절한 대안과 개선점을 제시하여준 이금영(충남대), 이정애(전북대), 김한별(서강대), 정경재(창원대) 그리고 허재영(건국대) 교수의 논평에 깊은 감사의 말씀을 드린다.

그러나 이 글에서 파생되는 모든 과오는 오직 글쓴이에게 한정된다.

하여, 여기에 출현하는 예의 '-거드면' 조건 구문의 형태와 통사론적 환경을 정밀하게 분석하고, 지금까지 선행 연구에서 제시된 몇 가지 해석의 타당성을 단독 논문으로 검증하였다.

글쓴이는 부족한 예전의 최전승(1992)에 내재된 결점을 오래 전부터 잘 인지하고 있었다. 또한, '-거드면' 유형의 형태가 19세기 후기의 전라방언 자료들과, 『독립신문』의 텍스트에서만 아니라, 그와 비슷한 시기의 다른 유형의 <신소설> 부류에서와 같은 일부의 개화기 자료에서도 산발적으로 쓰이고 있었던 사실도 알게 되었다. 글쓴이는 현대국어의 일종의 과도기를 형성하는 개화기 단계의 국어의 양상을 조감하기 위해서 19세기 이후부터 20세기 초반에 이르는 시기에 작성되었던 당시의 외국인과 외국 선교사들의 일련의 한국어 문법서들을 살펴보는 과정에서 여기에서도 예의 '-거드면'형에 대한 관찰과 언급이 등장하고 있음을 주목하게 되었다. 그리고 이러한 문법형태소에 불과한 '-거드면'형에 대한 적극적인 기술이 외국인들의 한국어 문법서에서 Eckardt(1923) → Ramstedt(1939) → Martin(1954) → Martin(1992)의 순서로 관점을 달리하여 계승되어 있다는 사실도 알게 되었다.

원래 글쓴이가 시도한 이 글은 19세기 후기~20세기 초반 외국인 및 외국 선교사들의 한국어 문법서에 등장하는 문법화 현상과 몇 가지의 문법형태소의 특질을 종합적으로 조감하여 정리하는 작업 가운데 하나의 작은 항목이었다. 그러나 '-거드면' 항목의 기술 과정에서 이금영(2018)을 비롯한 종래의 몇몇 연구자들의 '-거드면'에 대한 해석을, 나름의 관점에서 하나의 독립된 논문으로 다시 검토해 볼 필요성을 절감하게 되었다.

이 글의 제2장에서 20세기 초반과 그 이후의 외국인들의 문법서에서 그 당시의 '-거드면'이 관찰되고 분석되는 양상을 제시하였으며, 이 문법형태가 1940년대의 국어사전과 현대국어 사전부류에 표제어로 여전히 등록되어 있는 특이한 사실을 주목하였다.

제3장에서는 1980년대부터 국어학계에서 예전의 연결어미 '-거드면'에 대

한 관심과 형태론적 인식을 주로 '-거든+-면→-거드면'과 '-게+-되면→-거드면'의 관점에서 다시 검토하고, 여기서 파생되는 문제점들을 지적하였다. 제4장에서는 1990년대 이후 '거드면'형에 대한 연구자들의 새로운 해석인 '-겟+-더면→-거드면'(이현희 1994, 2007; 정재영 1996; 정혜선 2007; 이금영 2018)을 재음미하면서, 이러한 설명이 자체적으로 안고 있는 문제점을 다섯 가지로 설정해서 차례로 정리하였다.

특히, §4.2에서 '-거드면'의 기원적 형태라고 추정된 바 있는 '-겟더면' 구성체가 19세기 후기의 한국어 문법서 Underwood(1890)에서 열거된 조건문 유형 가운데 등장하고 있음을 확인하고, 통상적인 '-거드면'의 용법과 상이함을 지적하였다.

2. 20세기 초반 '-거드면'의 형태론적 분석 : '-게 되면>-거드면'(Eckardt); '-거든+-(으)면>-거드면'(Ramstedt)

19세기 후기에서부터 20세기 초반에 주로 문헌 자료에 등장하였던 조건의 연결어미 '-거드면'에 대한 형태론적 분석과 통사적 기능에 관한 기술은 독일인 신부 Eckardt의 한국어 회화 및 문법서 『조선어교제문전』(1923)에서 처음으로 출발한다. Eckardt(1923 : 353)는 독일어 문장의 종속절 daβ에 해당되는 한국어 조건문 구문의 유형을 대조 관찰하면서, gesetzt den Fall, daβ…; für den Fall, daβ…; angenommen, daβ…(--는 경우를 설정하면, --는 경우라면, --를 가정하면) 등의 구문은 한국어의 어미 '-면'이나, '-면'으로 구성된 다음과 같은 절로 옮겨지게 된다고 기술하였다. '-면, -하게 되면, --할 것 같으면, --할 지경이면, --할진댄'. 이어서 Eckardt(1923)는 이러한 조건과 가정의 연결어미 '-거드면'이 사용된 아래와 같은 예문 하나를 제시하였다.

(1)　manil pika okŏtŭmyŏn(=oltjikengimyŏn, ol kŏd kadhŭmyŏn, oke tŏimyŏn,
　　　oltjintain), ultharienŭn ballaika ta kyŏltan nakedso.
　　　=Für den Fall, daβ es regnet, geht (die) ganze Wasche am Zaum
　　　(aufgehängt ist) zugrunde.
　　　(만일 비가 오거드면(=올 지겡이면, 올 걷 같으면, 오게 되면, 올진댄),
　　　울타리에 는 빨래가 다 결단 나겠소.)

　　그는 예문에 등장하는 조건문어미 '-오거드면'에 대해서 본문의 각주에서
이것은 '오게 되면'(oke tŏimyŏn)에서 절단된/축약된(Verstrümmelung) 형태라고
설명하였다. 그와 같은 분석에 이르게 된 구체적인 사실은 Eckardt는 텍스트
에서 제시하지 않았다. 그러나 여기서 그의 '거드면'에 대한 이러한 형태론적
분석과, 그가 제시한 예문을 우리는 주목한다. 그 이유는 '-거드면'이 등장하
는 위의 (1)의 예문이 어느 정도 그대로 1930년대 외국인의 한국어 문법서에
다시 한 번 등장하기 때문이다. Eckardt(1923 : 353)로부터 16년이 경과한 후에,
Ramstedt는 그의 *A Korean Grammar*(1939 : 103)에서 한국어의 조건 부동사
'-면'과 가정 부동사 '-거든'의 의미 영역과 그 쓰임을 설명하는 자리에서,
"복합어미"(combined ending) '-거드면'형을 지적하면서 위의 (1)의 예문을 아래
와 같이 그대로 제시하였다.

(2)　pi ga ogędęmjęn urane nĭn ppallä ga ta kięldan hagesso.
　　　=if it should happen to rain, the washings in the court-yard would all be
　　　spoiled.
　　　(비 가 오거드면 울안에 는 빨래 가 다 결단 하겠소).

　　Ramstedt(1939 : 103)의 예문 (2)는 Eckardt(1923 : 353)의 '-거드면' 구문 (1)을
그대로 차용했지만, 몇 가지의 변경을 첨가했다.[2] 조건과 가정의 부사 '만일'

---

[2] Ramstedt는 *A Korean Grammar*(1939)의 서문에서 일본 동경에 체류하면서 1924-1926년 동안
　　에 한국 학생 유진걸 씨를 스승으로 삼고 본격적으로 한국어 공부를 시작했으며, 그 이전에
　　외국인들이 작성한 한국어 문법서들을 이용할 수 있는 대로 참고하였다고 서문에서 밝히고

은 잉여적인 성분으로 파악하여 생략하였고, 주격조사 '-가'는 예문에서 띄어 쓰기를 시행하였으며, 한글자모의 전사방식은 자신의 체계로 옮겼다. 그렇지만, (1)의 "울타리에 는 빨래가…"의 구문에서 Ramstedt는 당시의 Eckardt가 실제의 음성 그대로 전사한 '널다'의 관형사형 '-넌>-는'(모음상승)의 발음은 그대로 이용하였다. 또한, (1)의 예문에서 용언 구문인 원래의 '--나겠소'를 (2)에서는 '--하겠소'로 대치했다. 이것은 인용하는 과정에서 일어난 Ramstedt(1939)의 착오이거나, 아니면 단순한 활자상의 오식으로 생각된다. 그러나 Ramstedt(1939)는 '-거드면'에 대한 해석에서 Eckardt(1923)와 관점을 그대로 따르지 않고, 독자적으로 "복합어미"로 파악한 사실이 주목된다.[3] 그는 자신의 문법서에서 어미 '-거드면' 형태가 어떤 성분과 어떤 성분과의 결합형인가는 구체적으로 언급한 바는 없다. 그러나 조건의 부동사 '-면'의 기능과 예문을 제시한 다음에 이어서 가정의 '-거든'에 Ramstedt(1939)는 이르고 있기 때문에, '-거드면'형을 '-거든'과 '-면'이 연결된 복합어미로 파악하였을 개연성이 있다.[4]

있다. 그리고 특별히 크게 도움을 받은 문법서로 그는 Underwood(1890), Gale(1882), Eckardt(1923) 등을 열거하였다. 이 가운데 그는 특히 Ross의 *Corean Speech*(1882)와 『노한소사전』(Kazan 간행, 1904)에서 북부방언에 대한 귀중한 정보를 얻었다고 언급하였다. Ramstedt가 그 당시에 참고한 이러한 문법서 가운데 Eckardt의 『조선어교제문전』(1923)이 포함되어 있기 때문에, 그 문법서에서 연결어미 '-거드면'이 들어간 조건문 예문이 그대로 인용되었을 가능성이 높다.

그러한 근거는 그가 小倉進平의 한국어 방언에 관한 일련의 저작물을 숙지하고 있었다는 사실을 밝혔으나, 小倉進平의 그 당시 방언 자료(1924) 가운데 연결어미 '-거드면'형은 등장한 적이 없기 때문이다.

3) Ramstedt(1928)는 당시의 외국 선교사들이 쓴 문법서들은 대부분 전도활동을 위한 것이었으며, 그들의 잘못된 방법론과 체계적인 사고의 결여에서 비롯됫된 너무 많은 오류들이 있다고 지적하였다. 이어서 Ramstedt는 자신이 참고하였던 Eckardt(1923)에 대하여 다음과 같은 논평을 하였다.

한국인들 속에서 대략 20여 년을 생활하였던 독일 선교사 Eckardt는 그의 방대하지만, 혼란스러운 한국어 문법서에서 한국어에는 25개의 분사가 사용되고 있는 반면에, 일본어에는 2개의 분사 밖에 없기 때문에, 이들 두 언어 사이에는 기원적으로 아무 연관성이 없다고 기술하였다.(p.443)

4) 가정과 조건의 연결어미 '거드면'의 기원에 대하여 지금까지 제시된 연구자들의 관점을 나열

20세기 초반의 두 가지의 문법서에 등장하는 이러한 연결어미 '-거드면'은 1950년대 외국인 언어학자의 당대 한국어에 대한 전문적인 정밀한 기술에서도 등장하게 된다. 한국어의 형태음운론에서 Martin(1954 : 45-46)은 이 연결어미가 의미상으로 통상적인 조건 접속어미 '-(으)면'에 해당되는 비표준 방언형으로 사용되고 있음을 지적하고, "잠정적" 조건어미(tentative conditional)라는 명칭을 부여하였다. Martin은 '-거드면'형의 문법형태소 경계를 -ket-uymen으로 분석한 다음, 형식명사 '것'(ket)+조건의 접속어미 '-으면'과 같은 구성성분으로 재해석하였다. 그러나 그는 오랜 세월을 거쳐 최종적으로 집대성한 *A Reference Grammar of Korean*(『한국어문법총람』, 1992 : part Ⅱ : 609)에서 '-거드면' 문법형태소 항목을 아래와 같이 제시하였는데, 그 분석이 혼성어(blend)로 수정되어 있다.

(3) *-ketumyen(un)* : tentative conditional [DIAL]=*-umyen*. if/when.
[Probably a blend of *-ketun* and *-myen]*.).

이러한 그의 설명으로 미루어 볼 때, 문제의 '-거드면'이 1950년대 서울 토박이에게서 Martin이 직접 청취하고 구체적으로 추출한 변이형이었는지, 아니면 선행하는 20세기 초반의 Eckardt(1923)에서나, 또는 Ramstedt(1939)를 통해서 파악했는지는 판단하기 어렵다. 그러나 그가 '-거드면'을 Martin (1954)과 Martin(1992)에서 변함없이 방언형으로 분류한 사실로 보면, 이 문법형태소를 직접 대화 가운데에서 서울말에서나, 지역방언에서 관찰하였을 가능성도 있다.

따라서 당대 한국어를 기술하였던 외국인 학자들을 통한 예의 연결어미 '-거드면'의 실제 쓰임에 관한 가장 분명한 증언은 20세기 초반의 Eckardt(1923)

하는 자리에서 이금영(2018 : 60)은 '-거든+-면'이 통합된 형태로 파악하는 부류로 Ramstedt (1939)와 리의도(1990), 이지영(2008) 등을 포함시켰다.

으로 소급될 수밖에 없다.[5] 그 반면, 이 문법형태에 관한 관찰이나 언급은 국내의 사전 부류와 문법서 등에서는 비교적 늦게 출발한 것 같다. 주시경의 『국어문법』(1910 : 86-87) 가운데 <잇의 갈래>에서, "거짓" 범주로 '-면, -이면, -거든, -어든, -이거든, -이어든' 부류의 형태가 열거되어 있으나, 예의 '-거드면'형은 포함되어 있지 않았다.[6]

이러한 사정은 최현배의 『우리말본』(1937/1961 : 296)에서 "거짓잡기 매는 꼴"(가정구속형)의 분류에서도 마찬가지였다. 또한 19세기 후반에 외국인 선교사를 통해서 편집된 일련의 대역사전 부류에서나, 그 이후의 1920·30년대 『조선어사전』 등에서도 이 형태는 등록된 적이 없다.[7] 이러한 '-거드면'형이 국어사전에 정식으로 표제항으로 아래와 같이 등록되기 시작한 것은 1940년대 후반에 간행된 한글학회지은 『큰사전』부터였다.

---

5) Eckardt(1923)가 보유하고 있는 일차적 특징 가운데 한 가지는 체계적인 문법 기술에도 있으나, 무엇보다도, 자신이 직접 자료 제공자들로부터 수집한 그 당시의 민담 자료와, 사실적인 <대화>를 로마자로 정밀하게 전사하여 제시한 언어 자료에 있다.
그의 문법서가 추구하는 일차적 목표는 일반 대중들 속에서 그들이 구사하는 일상적 구어를 이해하고 습득하는 것이었기 때문에, 기술의 대상인 당시의 언어는 종래의 다른 문법서들이 대상으로 했던 격식적인 표준어가 아니라, 대중들이 구사하였던 서울말 중심의 살아 있는 구어(vernacular) 중심이었다. 따라서 Eckardt(1923)의 텍스트 예문에 실린 한국어는 20세기 초엽의 중부방언의 모습을 관찰하기 위한 적절한 대상을 제공한다고 생각한다(최전승 2015).

6) 그러나 배재학당 학원 주상호의 신분으로 『독립신문』의 "론셜" 부분에 2회에 걸쳐 1897년 당시의 만 21세 주시경이 작성한 <국문론>의 텍스트에는 단 1회 '-거드면'형이 등장한다. 그러나 주시경의 다른 저작물에서 연결어미 '-거드면'형이 사용된 적은 없다.

어리셕은 어린 아히라도 하로동안만 공부 ᄒᆞ거드면 넉넉히 다 알문 ᄒᆞ도다(독립,1897.4.24. ①), cf. 어리셕은 아히라도 하로 동안만 빈호면 다 알게 만드ᄉᆞ(상동, 1897.4.22.②).

당시의 『독립신문』의 텍스트에는 '-거드면'이 생산적으로 쓰이고 있었다는 사실을 전제로 하면, 이러한 '-거드면'형의 스타일을 논설 등에서 구사하였던 편집인(서재필)의 간섭이 주상호의 글에 부분적으로 개입되었을 가능성도 있다.

7) 프랑스 신부 Louis Le Gendre(1862-1928)가 1893년부터 착수하여 1912년에 완성한 필사본 『법한ᄌᆞ뎐』의 <가셜법> 항목에서도 '-거드면'은 등장하지 않았다. '-ᄒᆞ면, -ᄒᆞ거든, ᄒᆞ엿시면, -ᄒᆞ엿거든, -ᄒᆞ겟시면, -ᄒᆞ겟거든'(1912 : 342).

(4) -거드면[끝] : '-거든'과 '-으면'이 합쳐 된 말.
¶ 만일 일이 뜻과 같이 못 되거드면 어찌 하리까?
-거드면-은[끝] : '-거드면'의 더 힘 있게 하는 말(상동).(큰사전 1947 : 149).

위의 '-거드면'에 대한 최초의 사전적 정의에서 '-거든'과 '-으면'이 합쳐 형성된 어미라는 언급이 주목된다. 그렇다면, 『큰사전』에서 표준어 신분을 차지한 연결어미 '-거드면' 항목과 그 예문은 어디에서 유래하였을까 하는 의문이 나온다. 예의 연결어미 '-거드면'은 1940년대를 전후한 서울말에서나 어느 지역방언에서도 높은 출현 빈도를 보이는 일반적인 문법형태가 아니었기 때문이다(이금영 2018). 더욱이, '-거드면'의 더 힘 있게 하는 말이라는 '-거드면+-은'의 예는 19세기 후기와 20세기 전기의 자료에 실제로 사용된 적이 없다. 이와 유사한 의문점들은 최근 국립국어원에서 펴낸 『표준국어대사전』에서의 아래와 같은 '-거드면'의 표제항에서도 계속된다.

(5) 거드면「어미」 : '이다'의 어간, 용언의 어간 또는 어미 '-으시-', '-었-', '-겠' 뒤에 붙어 예스러운 표현으로 '실제로 어떠하면'의 뜻을 나타내는 연결어미.
¶자네 말이 사실이거드면 내가 사과하겠네.
숨긴 사실이 있거드면 용서하지 않겠다. (표준국어대사전).

위의 해설 부분은 형태론적 분석을 제시하는 대신에, 통사적 출현 환경과, "예스런 표현"이라는 말의 스타일상의 제약을 첨부하였다. 그러나 오늘날의 국어에서 예스런 표현으로 '-거드면'과 같은 연결어미가 쓰이고 있는지 의문이다.8) 또한, (5)의 정의에서 추정이나 미래시제의 선어말어미 '-겠-'에 '-거

8) 2009년 고려대학교 민족문화연구원에서 간행한 『한국어 대사전』에 실린 '-거드면' 표제어 (p.243)의 해설과, 제시된 예문에서도 『표준국어대사전』의 그것과 대동소이한 모습을 보인다. 여기서는 용법을 "예스러운 표현" 대신에 "주로 옛 말투로 쓰인다."라고 하였다.

드면'이 후속된다는 언급도 눈에 띈다. 그러한 이유는 19세기 후기 단계의 특정한 사회 문화적 배경 속에서 등장하는 한정된 부류의 텍스트 등에서 조건/가정의 연결어미 '-거드면'이 어느 정도 생산적으로 사용되었으나, 선어말어미 '-겠-' 뒤에 연결되어 출현하는 환경은 이전이나 현대국어에서나 전혀 등장하지 않았기 때문이다.

3. 1980년대부터 '-거드면'에 대한 형태론적 재인식 : '-거든+-면' 및 '-게+되면'

국내에서 연결어미 '-거드면'에 관한 최초의 국어학적 관심과, 그에 대한 언급은 1980년대 들어와서 이기문(1980)에서 비롯되었다. 이기문(1980 : 264-265)은 현대국어의 올바른 이해를 위해서 19세기 후반서부터 20세기 초의 국어에 대한 광범위하고도 면밀한 연구의 필요성을 제기하면서, 『독립신문』 1권 (1896.4.7.-12.31)에 반영된 용언의 어미 '-거드면'이 사용된 용례 5가지 유형을 소개하였다. 그리고 이것은 '-면'보다는 강한 가정을 나타낸 어미로 판단하였다. 이어서 19세기 후기 국어의 전반적인 특질을 검토한 김형철(1984)은 『독립신문』 자료를 중심으로 추출된 '-거드면'의 예를 몇 가지 제시하면서, 이것은 조건의 연결어미 '-거든'과 '-면'이 통합된 구조로 간주하였다.

따라서 '-거드면'의 형태론적 기원이 기존의 조건의 연결어미 두 가지 유형이 상호 결합된 '-거든+-면'으로 구성된 결과라는 관점은 1930년대의 Ramstedt(1939)에서 시작되어 1940년대 후반의 한글학회지은 『큰사전』(1947)을 거치고, 김형철(1984)과 리의도(1990), 그리고 Martin(1992)으로 이어지는 오랜 전통을 보유하는 셈이다. 최근에 선어말어미 '-더-'에 관한 통시적 고찰을 시도한 이지영(1999ㄱ, 1999ㄴ)에서도 '-거드면'을 이루고 있는 구성성분인 '-더

/드-'가 통상적인 반사실적 가정의 의미를 전혀 반영하지 않는다는 점에서, 이 연결어미에 대한 다른 대안적 해석을 부정하고 '-거든+-으면'의 혼효형으로 파악하였다.

그러나 '-거드면'의 형태론적 기원을 조건의 '-거든+-으면'의 통합형 또는 혼효형으로 간주하는 입장의 논자들은 그러한 2차적 문법화가 수행된 논리적 타당성과 필연성을 지금까지 검증한 적은 없다. 조건 또는 가정의 '-면'과 '-거든'이 역사적으로 보유해온 고유한 통사적 기능과 의미 영역(이광호 1980/2001)이 표면적으로 구분되어 있는 상황에서 두 개의 성분이 결합하여 하나의 어미 구성체를 이루게 되는 상황에 대한 논리적 검토도 제시된 바 없다.9) 그 반면에, 조건표지 '-거든'의 문법화 현상을 통해서 현대국어에서 진행 중인 종결어미화 과정을 논의하면서, 구현정 · 이성하(2001 : 9)는 역사적으로 '-거든'이 '-으면'으로 대치되어가는 지속적인 경향을 제시하며, 이러한 변화의 흐름 속에서 기능이 약화된 '-거든'이 '-으면'과 결합하여 일정한 짧은 시간적 단계에서 일시적으로 '-거드면'으로 등장하였을 것으로 추정하였다. 공시적으로 유사한 기능을 보유하고 있던 경쟁하는 두 개의 문법형태소나 어휘 및 구문 A와 B가 일정한 맥락에서 동시에 연상되어 출현하는 맥락에서 A와 B가 A+B로 상호 혼성될 수 있는 여건이 마련될 수는 있다. 그러나 '-면'의 기능과 영역이 '-거든'의 그것을 포괄하고 있으며, '-거든'의 용법이 점진적으로 축소되어가는 경향에 비추어 볼 때, 조건의 '-거든'과 '-면'이 동시에 연상되는 상황은 생각하기 어렵다.

1990년대 초에, 일련의 19세기 후기 전라방언 자료에 반영된 그 시대의 언어 모습을 살펴보고 있던 최전승(1992)은 여기에서도 동 시대 중부방언 중심

---

9) 그 이후, 이 문법형태 '-거드면'은 개화기 단계의 언어의 모습을 고찰하는 과정에서 『독립신문』의 자료와 함께 언제나 간단한 언급의 대상이 되어 왔다. 이경우(1994 : 97)는 갑오경장기의 문법을 취급하면서, 어미 '거드면'은 '-ㄹ 것 같으면'의 축약 형태로 보인다고 하였다. 또한, 민현식(1999) 역시 개화기의 문법을 기술하는 과정에서 『독립신문』에 등장하는 '-거드면'은 '-ㄹ 것 같으면'의 뜻으로서, 오늘날은 소실되었음을 지적하였다.

의 『독립신문』의 언어에 반영되어 있던 연결어미 '-거드면'형이 생산적으로
사용되고 있음을 관찰하고, 예의 문법형태의 기원을 잠정적으로 투명한 '-게
+-되면' 구문으로 설정하였다. 따라서 이러한 분석은 결과적으로 1920년대에
이미 이루어진 Eckardt(1923)의 기술을 사전에 전혀 인지하지 못하고 그대로
따른 셈이 되었다. 그러나 그 해석의 과정이나 분석의 바탕은 서로 동일한
것이 아니다.

우선, 최전승(1992)에서 19세기 후기와 20세기 초반에 걸치는 다양한 성격
의 동 시대적 자료에서 '거드면'이 등장하는 통사적 환경과 그 의미 및 출현
조건이 검토된 후에, '게+-되면>-거드면'의 2차적 문법화를 잠정적으로 설정
하게 된 직접적인 동기는 다음과 같다.

첫째, 연결어미 '-거드면'이 사용되었던 당시의 통사적 환경과 맥락은 일반
적인 '-면'의 그것과 어느 정도 대부분 일치한다. '-거드면'은 선행절 S^1의 명
제에 포함된 행위나 사건이 화자의 가정이나 설정된 조건을 통해서 동작에
미치게 되는 예정 상황에서, 후행절 S^2의 명제가 직접적(사실적) 또는 가상적
상황에 이르게 되는 인과적 결과를 추정하여 표시하는 상황에서 주로 사용
되었다.[10] 그리하여 19세기 후기 전라방언의 다양한 자료에서 사용된 '-거드

---

10) 이와 같은 상황은 19세기 후기의 전라방언 자료와, 동 시대의 중부방언이 반영된 『독립신문』
　　에서의 '-거드면∞-게드면'에서만 아니라, 다른 성격의 20세기 초반의 자료에서도 동일하다
　　는 사실을 제시할 필요가 있다.
　　아래의 예들은 『주시경학보』 6집(1990)의 제1-2면에 사진판으로 실려 있는 새로 발굴된 자
　　료 「뎨국신문」의 "론셜"(3권5호, 광무4년, 1900.1.10) 부분을 중심으로 조건의 연결어미 '-거
　　드면∞-게드면'이 출현하는 보기들에서 후행절의 서술어를 주목한다.
　　같은 『주시경학보』 6집의 <자료발굴과 소개>(202-203면)에서 론셜은 현행 맞춤법에 맞추어
　　현대문으로 제시되었는데, 원래 본문의 '-게드면'은 '-겟더면'으로, '-거드면'은 '-거더면'으로
　　바꾸어져 있는 점이 특이하다.

　(ㄱ) 통이론지 ᄒ게드면 글이란거시 긔록ᄒᄂᆫ대 쓸 ᄯᆞ름이라(론셜 1면),
　(ㄴ) 무삼 일이 잇던지 무삼 일을 힝ᄒ엿던지 누가 무삼죄를 지엇던지 ᄒ게드면 노쓴을 가
　　　지고 큰 일이면 노쓴을 크게 밋고...증거를 삼더니(론셜 1면),
　(ㄷ) 당초에 글만들던 본의를 궁구 ᄒ게드면 지금 우리 한국에셔 쓰는 국문이...이무 가론이
　　　오(론셜 1면),
　(ㄹ) 젼국 사롬이 국문에 힘을 써셔 연구ᄒ야 졈졈 발명 ᄒ게드면 편리혼 법이 셰계 만국

면'은 동일한 텍스트의 다른 유형의 판본과 필사본에서는 '-면, -거들난' 또는 '-게더면' 등과 같은 공시적 변이형으로 교체되어 등장하고 있다(최전승 1992 : 571-572).

  (6-1) '-거드면~-면'
    ㄱ. 만일 이기씨가 <u>알거드면</u> 질어 야단이 눌거신이...(필사 별춘향전, 82ㄱ),11)
    ㄱ'. 만일 이기씨가 <u>아르시면</u> 지러 야단이 날거시니...(완판 33장본 춘향가, 27ㄴ),
    ㄴ. 너와 갓튼 봉황의 짝을 어더 니 실흐의 노는 양을 이 목젼의 <u>보거드면</u> 나도 죨터인듸.(필사 별춘향전, 263),
    ㄴ'. 봉황의 짝을 어더 니 압푸 노난 양을 니 안목의 <u>보아쓰면</u> 너도 죠코 나도 좃체.(완판 84장본 춘향가, 상.39b).
    ㄴ''. 너와 갓튼 봉황의 짝을 어더 내 앞에서 <u>놀고 보면</u> 너도 죠코 나도 좃체(창본 춘향가, 22).
    ㄷ. 져런 걸린 갓츠<u>흐거드면</u> 숫가락 모도 일는 법이니(완판 29장본 별춘향전, 27ㄴ),
    ㄷ'. 져런 걸인 <u>갓차흐면</u> 숟가락 모도 일난 법이니(완판 33장본 춘향가, 30ㄴ).
    ㄹ. 만일 불로 <u>치거드면</u> 그 일을 어지 하리오(판소리 창본, 적벽가, 12),
    ㄹ'. 만일 강동의셔 불노 <u>치면</u> 엇지 하릿가(완판본 화룡, 50ㄱ).
  (6-2) '-거드면~-거들란/거들랑'
    ㄱ. 강퇴공의 조작쳐로 쩔크덩쩡크덩 쩼<u>커드면</u> 날린 쥴노 알여무나(장자백 창본, 춘향가, 36),
    ㄱ'. 강퇴공의 조작방이 그져 쩔쿠덩쩔쿠덩 쩍<u>커들난</u> 날린줄 알여무나(완

      글중에몌 일 긴요훈 글이 <u>될거시어눌</u>(론셜 1면),
    (ㅁ) 어느 쥴이던지 자편 변을 쩨거드면 모다 <u>모음이니</u>(론셜 2면),
    (ㅂ) 국문을 연구 흐야 남이 알기 쉽도로 만들게드면 사룸마다 세계 형편도 알기 <u>쉬을거시오</u>(2면).
    (ㅅ) 진실로 그 소위을 궁구 흐게드면 무비 <u>자작지열이라</u>(제3권 11호, 잡보 2면).
  11) 이 필사본은 박순호 교수 소장 99장본 <별춘향전>으로, 1917년 정사년에 필사된 것으로 추정된다고 한다. 『한글 필사본 고소설 자료총서』 18(박순호 소장본)에 수록되어 있다. 완판본 84장본 춘향전과 거의 동일한 텍스트이지만, 필사자의 의도에 따라 지역방언에 근거한 다양한 변이가 실현되어 있다.

판 84장본 춘향가, 상.29ㄴ),

ㄴ. 내가 덤슥 안고 너울너울 **춤추거드면** 날인 줄 알여므나(판소리 창본 춘
향가, 316),

ㄴ'. 네 곳숭이를 덤썩 물고 너훌너훌 **놀거들낭** 나린 줄 알여무나(장자백
창본 춘향가, 35),

(6-3) **'-거드면~된덜'**

ㄱ. 낙화낙엽 **되거드면** 어느 나부 다시 올가(완판 84장본 춘향가, 상.40ㄱ),

ㄱ'. 낙엽이 낙화가 **된덜** 언의 나부가 도라오며(장자백 창본, 춘향가, 49),

(6-4) **'-거드면~-게더면'**

ㄱ. 타국에서 왓다ㅎ고 쳔더을 **ㅎ게더면** 그 안니 졀통ㅎ요(완판 퇴별가, 14ㄱ),

ㄱ'. 타국의셔 왓다ㅎ고 쳔더을 **ㅎ거드면** 그 아니 졀통ㅎ오(판소리, 퇴별가,
294),

타국에서 왓다허고 쳔대를 **허거드면** 원통헌 일이 아니겟오(박인수 창
본 수궁가, 59).

이와 같이 동일한 조건 또는 가정의 상황에 등장하는 '-거드면'형이 다른
이본 부류에서 동일한 통사적 환경에서 주로 '-면'으로 대치되어 사용되는
예들(6-1)은 '-거드면'이 보편적인 '-면'의 기능을 대체로 내포하고 있었다는
사실을 나타내는 것으로 파악된다.

둘째, 19세기 후기의 전라방언 자료에서나 『독립신문』 등의 언어에서 '-거
드면'이 쓰이고 있는 통사적 구문을 살펴보면, '-거드면' 자체에서 어떤 과거
회상과 같은 정보 또는, 반사실적 가정이 드러나지 않는 사례들이 많다.[12] 그
리하여 다음과 같은 예들에서는 화자가 과거 시점에서 장차 실현될 반사실
적 사건이나 행위를 추정하거니 가정하는 상황이라기보다는, 일정한 조건에
대한 사실적이고, 필연적 인과적 결과를 표시한다.

이러한 '-거드면'의 구문은 그 통사적 위치에 일반적인 가정의 연결어미
'-면'으로 완벽하게 대치될 수 있다.[13]

---

12) 19세기 후기와 20세기 전기 국어의 다양한 문헌 자료의 텍스트에 실현된 '-거드면'의 통시적
결합 방식은 최전승(1992), 정혜선(2007), 이금영(2018)에 상세하게 기술되어 있다.

(7) ㄱ. 눈은 매양 둘이 잇는디 몸에 비교 <u>ᄒ거드면</u> 큰 모양이요, 눈을 현미경
　　 으로 디고 <u>보거드면</u> 모쇼리가 여럿이 잇서 쏙 금강셕 싹거 노흔 것 ㅈ
　　 ᄒᄉ지라(독립신문 1897. 7.17),

ㄴ. 물 ᄒ 방울을 현미경으로 <u>보거드면</u> 그 쇽에 이런 싱물이 몃만긔가 잇
　　 고(상동, 1897. 7.22),

ㄷ. 물고기를 바다 물에다 별안간에 <u>넛커드면</u> 곳 죽나니라(상동, 1897.
　　 7.15.),

ㄹ. 고리 ᄒ 머리를 <u>잡거드면</u> 대개 갑시 삼수쳔원이 되나니라(상동, 1897.
　　 7.15),

ㅁ. 그런 고로 입 안을 샹고<u>ᄒ거드면</u> 이가 아리 우회로 둘이 잇는디 길고
　　 미우 뵤죡ᄒ야 그 이 틈에 무슴 물건이 <u>들어가거드면</u> 글씨가 미우 쉬
　　 히 되얏는지라(상동, 1897. 7.1.),

ㅂ. 남 대양에 가 <u>보거드면</u> 흰 물새가 잇는디 일홈은 일바트로스라. 이 새
　　 는 화륜션을 <u>보거드면</u> 몃 빅리라도 쏫차 오다가 비가 찬 긔후에 들어
　　 셔면 그 째는 새가 빌를 쏫지 안코 도로 더운 나라로 도라가더라(상동,
　　 1897. 7.8.).

위에서 제시한 예문 (6)의 19세기 후기의 자료에 등장하는 '-거드면'의 유
형에서나, 거의 동 시대에 전혀 성격이 다른『독립신문』의 텍스트에 사용된
예문 (7)의 동일한 연결어미가 사용된 구문에서도 과거의 사실이나, 화자의
반사실적 가정이 추출되지 않는다. 그리하여 대부분의 '-거드면'의 쓰임에서
오히려 화자의 시점에서 앞으로 예정된 동작이나 사건의 필연적인 결과를
조건으로 가정하고 있다. 따라서 위의 (6)~(7)의 예들은 연결어미 '-거드면'의

---

13) 또한,『독립신문』의 텍스트에서 동일한 문장 가운데, '-거드면'과 '-면'이 별갈아 교체되어 나
　　오는 예들을 보면, 이러한 교체는 서술자가 상황에 따라서 선택하는 말의 스타일과 관련되
　　어 있는 것으로도 보인다.

　　(ㄱ) 돈을 쓰다가 다라 졍히 노흔 즁슈가 <u>못되면</u> 그 돈을 탁지로 가지고 <u>오면</u> 탁지에셔 원
　　　　 즁슈 나가는 돈 ᄒ고 밧고와 줄터이요 만일 돈을 샤스로히 싹는다던지 샹 <u>ᄒ거드면</u> 그
　　　　 돈은 밧고와 주지도 안코 쓰지도 못 ᄒ게 홀터에요(1897. 4.15.②),

　　(ㄴ) 일이 잘 <u>되거드면</u> 의정부 찬졍들이 인민의게 칭찬을 들을터이요 만일 일이 잘못 <u>되면</u>
　　　　 이네 들이 너외국민의게 시비를 듯고 형벌을 밧아야 원망홀슈가 업는지라(1896. 10.6.
　　　　①).

형태론적 구성성분의 일부인 '-드면'이 과거 경험에 대한 회상의 선어말어미 '-더-'에 대한 조건이나 가정의 기능을 보이지 않는다.14) 이러한 사실은 20세기 전반에 '-거드면'이 산발적으로 등장하는 일부의 자료에서도 확인된다.

아래의 (8)ㄱ의 예는 전북 출신 채만식의 1930년대 소설 『태평천하』 텍스트에서, (8)ㄴ은 전북 전주 출신 최명희의 장편소설 『혼불』에 실린 농부들의 민요에서 사용된 '-거드면'의 용례들이다.15)

(8)　ㄱ. 그러니 그 놈만 잡아다가 <u>족치거드면</u> 그 일당을 다 잡을 수가 있으리라고 아뢰어 바쳤읍니다.(p.36),
　　　시어머니라는 종족이 며느리라는 종족한테 얼마나 야곳스러운 생물<u>이 거드면</u>, 이다지 박절할 속담까지 생겼읍니다.(p.53),
　　　번뇌까지 안가고라도 마음이 싱숭싱숭<u>하거드면</u> 콧노래가 절로 나옵니다.(p.63).
　　ㄴ. 번 눈에 <u>나거드면</u>/ 독수공방 찬 자리에/ 뉘를 의지하잔 말고(혼불, 3 : 92),
　　　화심일랑 고이 두고 화판만을 곱게 따소/차덕치덕 구울 적에 보기 좋게 얹어 붙여, 난들난들 <u>익거드면</u> 맛이 있게 노나 먹세(혼불, 8.37).

또한, 19세기 후기 전라방언의 자료에서 동일 계열에 속하는 이본이나, 후대의 판소리 창본 부류에서 '-거드면'형은 종종 '-게드면, -게 되면, -게 되면, -게 도면' 등으로 지속적으로 교체되어 출현한다(최전승 1992). 이러한 공시적 교체형들은 19세기 후기 『독립신문』 부류와 같은 개화기 자료에서와, 20세기 초반의 『신소설』 부류에서도 지속적으로 출현하였다(이금영 2018).16) 이와 같

---

14) 이금영(2018 : 68)은 '-거드면'의 후행절에 과거시제가 나타나는 구문들을 중심으로 반사실적 가정 또는 과거 시점에서 앞으로 일어나게 될 사건을 가정하는 상황을 확인하였다. 그리하여 이금영(2018 : 78)은-거드면의 1차적 기능은 과거 시점에서 화자가 장차 일어나게 될 일을 추정하여 가정하는 것이었지만, '-더/-드-'의 과거 의미가 약화되면서 단순한 가정이나 조건으로 이행한 것으로 파악하였다.

15) 채만식의 장편소설 『천하태평춘』이 1938년 <朝光>잡지(1월호-9월호)에 발표된 이후에 1940년과 1948년에 수정을 거쳐 단행본으로 출간된 판본과, 그 텍스트에 반영된 전북방언의 특질은 이태영(2011)을 참조

은 경향은 관점에 따라서 두 가지의 방향으로 해석될 수 있다. 한 가지는 기존에 사용되었던 문법형태소 '-거드면'형이 19세기 후기 단계를 거쳐 20세기 초반에 불투명하여지면서, 당시의 화자들이 맥락에 따라서 다시 투명한 '-게 되면'으로 점진적인 재분석을 하게 되었을 가능성이다.

다른 한 가지의 해석은 이와는 정반대의 방향이다. 기원적인 '-게 되면'에서 '-거드면'으로 문법화를 수행하는 과정에서 형태변화의 진로를 보여주는 과도기적 상황이 '-게되면∽게드면∽-게디면∽-게도면' 등과 같은 이형태를 노출시키게 되었을 가능성이다. 이에 대해서 최전승(1992)는 후자의 해석을 잠정적으로 선택하였다. 연결어미 '-거드면'의 변이형 '-게드면∽-게도면' 부류가 19세기 후기 전라방언 자료에 등장하는 모습은 아래와 같다.[17]

> (9) '-게되면∽-게도면'
> ㄱ. 백발리 <u>오게되면</u> 소연풍도는 거둘 수(창본 춘향가, 22),
> ㄱ'. 백발리 장차 <u>오거드면</u> 소년풍도 걷을 수(한국의 판소리, 춘향가, 243).
> ㄴ. 시름상사 급히 든 병 웬통히 <u>죽게되면</u> 그 안니 불상하오(창본 춘향가, 22),

---

16) 20세기 초반의 시대적 산물인 일련의 <신소설> 계열의 텍스트에서도 '-게드면∽-게 되면'과 같은 변이가 지속적으로 반영되어 있다.

(ㄱ) '-게드면';
아는 사람이 듯게드면 횡셜슈셜ᄒ다고 쎕도 칠 만ᄒ더라(1912, 치악산(하), 15),
만일 붉은 눌에 보게드면 사람이며 귀신이물 분별ᄒ기 어려울 터이나(상동, 74).
이더로 잇게 드면 그몸게는 아모리 이리저리 쥬션ᄒ드리도(1911, 동각한매, 4),
리년 구월이 되야 ᄌ네가 돈을 가져 오게 드면 곳 집으로 보니게(상동, 14),
굴삼녀로 짝을 지여 쇽졀업시 되게 드면 일가친척 ᄌ손중에 그 뉘라셔 게 차즐가 (1912, 불로쵸, 29).
(ㄴ) '-게 되면';
우리 둘이 ᄉ랑타가 혼번 앗차 죽게되면 後生期約 셔로 ᄒ자(옥중화, 486),
춘향은 여 속에 안쳐 가게되면 남들이 보기에 신주든 줄 알지(상동, 486).
17) 19세기 후기 전라방언의 자료들과 시대적인 배경과 언어의 성격을 기본적으로 달리하는 동시대의 『독립신문』 등과 같은 다양한 자료의 텍스트에서 출현하는 '-거드면'에 대한 이형태 '-게드면, -거더면, -거듸면, -게되면' 등과 같은 유형은 이금영(2018)에서 상세하게 정리되어 있다.

ㄴ'. 상사로 병이 들러 이통ᄒ다 죽거듸면 혈혈단신 이 니 신셰 뉘를 밋고
사잔말고(완판 84장본 춘향전, 상.39ㄱ),18)

ㄷ. 죠조룡 월강ᄒ던 쳥춍마를 타게도면 이날 이시 호양 가련만은(이명선
구장 춘향전, 72ㄱ)

ㄷ'. 조자룡의 월강하던 천총마가 잇거드면 금일노 가련마는(완판 84장본
춘향전, 하.27ㄴ),

ㄹ. 다른 아희 갓게되면 난하게 니르련만(고대본 필사본 춘향전, 312),
그러할 것 갓게되면 뉘 아들리 걱졍하건넌아(상동, 352),
ᄉ랑가로 놀게되면 졍영 직효되련마는(상동, 316).

문법형태 '-거드면'의 형성을 기원적인 '-게+-되면'의 구문으로 소급하려
는 경우에 파생되는 문제는, 이금영(2018 : 67)에서 옳게 지적한 바와 같이,
'-게 되면>-거드면'으로의 음성변화를 설명하여 줄 합리적인 방식을 찾을 수
없다는 사실이다. 그러나 국어사의 영역에서 투명하게 예측 또는 가정된 문
법형태의 발달과정과 여기에 대응되는 음성변화의 진로를 대응시키기 어려

---

18) 연결어미 '-거드면'에 대하여 19세기 후기 전라방언 자료에서 또 다른 이형태 '-거듸면'이 공
존한다. 이러한 '-거듸면'형은 일단 2차적 문법화를 거친 '-거드면'에서 움라우트에 적용된
형태이거나, 기원적인 구성체 '-게 되면'에서 1차적 문법화를 수행하면서 일어난 '-게 되
면>-거드면' 과정의 중간단계에서 나온 형태일 가능성도 있다.
이러한 예들은 동 시대의 『매일신문』에서도 등장하였다.

(ㄱ) 19세기 후기 개화기 자료
이러ᄒ 변을 미루어 보게듸면 리두에 장촛 무슴 변이 쏘 잇슬넌지(매일신문,
1898.9.14.),
위됴 문셔ᄒ 졍졀이 탄로가 되게듸면 리슌풍의 긔인 츼물ᄒ 죄ᄂ 이무가론이오(상동,
1898.9.9.),
디방디에셔라도 퇵인을 ᄒ게듸면 빅셩을 비호라고 권ᄒ지 안이 ᄒ드리도(상동,
1898.9.2.),
cf. 만일 오날밤의 긩기게듸면 가죽이ᄂ 벽겨쓰가(주해 어록총람, 1919 : 90ㄴ).

(ㄴ) 19세기 후기 전라방언 자료
군사를 갈나 금산셩을 치거듸면 졔 응당 구흘 차로 올 거시니(완판 유츙열전, 하.14ㄴ),
젹장을 유린ᄒ야 진즁의 들거듸면 제 비록 쳔신이라도 피홀 질이 업스리라(상동, 하.6
ㄴ),
너조차 죽거듸면 유주부 사당의 일졈 영화 잇슬손아(상동, 상.22ㄴ),
서로 병이 들러 이통하다 죽거듸면 니 혼신 원귀가 될 거신이(완판 84장본 춘향전,
상.39a).

운 사례들이 존재한다. 이러한 형태변화의 진로와 일련의 음성변화와의 불일치는 중세국어에서의 완료 지속의 동작상으로부터 과거시제로의 이행 과정에서 '-아/어+이시-/잇->-앗-/-엇-'의 변화는 당대의 적절한 음성변화의 과정으로 설명되지 않는다. 추정의 선어말어미 '-겟-'의 형성 역시 통상적인 기원적 구문 '-게 ᄒ엿-'으로부터 적절한 음성변화를 이용하여 이끌어내는 방안은 없다.[19] 그렇기 때문에, 다음 §2.3에서 언급할 또 다른 '-거드면'의 기원적 구문 '-겟+-더면'의 구성에서 적절한 근대국어의 음성변화를 이용하여 '-겟더면>-거드면'으로 이끌어 낼 수 있는 실증적 방안은 당분간 역시 찾을 수 없다.

4. 90년대 이후 '-거드면'의 새로운 해석 : '-겟+-더면)-거드면'

4.1 기원적 형태 '-겟+더면'(이현희 1994; 이금영 2018)

19세기 국어의 문법사를 개괄적으로 기술하는 자리에서 이현희(1994 : 72)는 연결어미 '-거드면' 또는 '-게드면'이 해당 시기의 중엽 이후의 다양한 자료에 새롭게 출현하는 예들을 제시하였다. 그리고 이현희(1994)는 이러한 '-게드면∽-거드면' 형태는 선어말어미 '-겟-' 다음에 '-더면/-드면'이 통합된 구성으로 파악하고, 그 의미는 '-ㄹ 것 같으면' 정도에 해당된다고 지적하였다. 여

---

19) 예를 들면, 추정의 '-겟-'의 문법화를 통한 형태변화를 고찰한 조민진(2006)에 의하면, '-겟-'의 기원적 구성체 '-게 ᄒ엿-'의 형성과정에 개입된 음성변화는 두 가지 방식으로 설명되어 왔다고 한다.
(1) '-게 ᄒ엿->-게엿->-겟->-겠-',
(2) '-게 ᄒ엿->-게 힛->-겟->-겠-'.
그러나 위의 2가지 형태 변화의 진로에 개입된 각각의 중간단계를 근대국어의 음성변화의 직접적인 원리로 전혀 설명이 불가능하다. (1)의 변화 방향에서 중간단계 '-게엿-> -겟-'이나, (2)에서 '-게힛->-겟-'의 경우가 특히 그렇다. 이와 같은 난점에 대한 부분적인 해결 방안은 이병기(1977)와 조민진(2006)을 참조할 수 있다.

기서 '-겟+-더면>-게드면∽거드면'의 방향으로 해석하는 주된 근거는 '-겟-'이 때로는 '-것-'으로도, 자음어미 앞에서는 'ㅅ'이 표기상 누락되어 '-게-' 또는 '-거-' 등으로 표기되어 나타나기 때문이라는 것이다. '-거드면'에 대한 이러한 관점은 19세기 초기에서 20세기 전반에 걸치는 문법사적 기술인 이현희 (2007 : 28)에서도 다시 한 번 그대로 반복되어 등장한다. 그러나 이현희(1994) 와, 그 이후에 이루어진 이현희(2007)에서 표기상으로 출현한다는 '-겟- → 게/ 거'에 대한 실증적인 예들과, 그러한 변화 과정에 대한 적절한 음성변화의 원리는 제시된 바 없다.

또한, 19세기 후기서부터 20세기 초엽에 걸치는 국어어문의 모습을 조감하면서 정재영(1996 : 21-22)은 예의 연결어미 '-거드면'에 대해서 부가적인 예들을 첨가하여 이현희(1994)의 견해를 두 가지의 측면에서 보강하였다. 한 가지는 『한어문전』(1880)의 텍스트에 제시된 다양한 용언의 활용표 가운데 조건의 연결어미 '-겟더면'에서 유일하게 어간말 'ㅅ'이 누락된 '놉게더면'(←놉겟더면, s'il serait haut. p.32)을 추출한 것이다. 다른 한 가지는 필사본 <농가월령 가>(1876년본, 위당 정인보소장)에서 '-겟-'의 이형태로 간주되는 다음과 같은 '-거-'의 용례가 다수 출현한다는 사실이다(민현식 교수가 제시하여 주었다 함, 정재영 1996 : 각주 21). (ㄱ) 희 길고 잔풍ᄒ니 오늘 노리 잘 되거다(4월령), (ㄴ) 보리밧 누른 빗치 밤 ᄉ이 나거고나(5월령), (ㄷ) 귀쏘람이 말근 쇼리 벽간의 들거고나(8월령).

또한, 개화기 단계에서 사용된 몇 가지 연결어미 유형들을 논의하면서 정혜선(2007 : 105)은 당시의 일부 자료에서 '-거드면'이 '-게드면'으로도 표기되어 나오는 현상을 주목하고, 선어말어미 '-겟-'과 과거회상법의 '-더-'의 또 다른 표기 '-드-'에 '-면'이 연결된 일종의 통합형 형태로 해석하였다. 그리고 이 시기에 일어난 '-겟더면>-거드면'으로 향하는 음성변화의 원리는 전적으로 이현희(1994 : 72)에 근거하였다.

최근에, 이금영(2018)은 '-거드면'을 단독 주제로 삼아서 이 연결어미의 통사적 결합 방식을 다양한 자료를 통해서 정밀하게 고찰하고, 객관적인 형태

분석을 통해서 나온 의미에 근거하여 그 기원적 구성을 종래에 설정된 바 있던 '-겟더면'으로 확인하였다. 이금영(2018)은 연결어미 '-거드면'이 출현하는 예문들 가운데 후행절에 과거시제가 나타나는 구문을 주로 추출한 다음, 이러한 통사적 환경은 반사실적 가정 또는 과거의 일정한 시점에서 미래에 예측될 수 있는 동작이나 사건을 가정하는 상황을 지시하는 문법형태로 인식하였다. 그리하여 이금영(2018)은 '-거드면'의 통사적 기원이 선행 연구에서 제시된 몇 가지 관점 중에서 '-겟-+-더-+-면'(이현희 1994, 2007)의 복합 결합형으로 분석하는 방법이 더 타당함을 주장하였다.20)

그럼에도 불구하고, 글쓴이는 연결어미 '-거드면'이 출현하는 통사적 환경이나, 형태 분석에 대한 새로운 해석인 이금영(2018)에 대해서 아래와 같은 몇 가지의 의문점과 여기에 대한 다른 대안을 잠정적으로 생각해 보려고 한다.21)

4.2 구성체 '-겟더면' 설정에 대한 몇 가지 문제점

이러한 글쓴이의 의문점과 그 대안의 전반부(가-다)는 주로 '-겟더면>-거드면'에 이르는 형태론적 구성과 변화와 관련되어 있다. 그 다음, 후반부(라-마)는 조건이나 가정의 연결어미 '-거드면'에 접속되는 후행절과의 시제와, '-거드면'의 문법적 의미와 '-겟더면'과의 현저한 차이에 관련된 문제에 해당한다.

---

20) 또한, 이금영(2018)은 '거드면'이 등장하는 19세기 후기~20세기 초반의 전반적인 다양한 자료를 통해서 검토하고, 최전승(1992)에서 잠정적으로 추정되었던 19세기 후기의 전라 방언적 요소를 부정하였다. 지금의 관점에서 매우 타당한 지적이라고 글쓴이는 생각한다.

21) 우선 예전의 최전승(1992)에서의 자료와 논거를 부분적으로 바탕으로 하지만, 그 이후 이 대상에 대해서 글쓴이가 사고해온 사실을 중심으로 기술하려고 한다. 그렇다고 해서, 종래의 '-게+-되면>-거드면∞게되면∞-게도면'과 같은 변화의 방향을 고집하는 태도는 아니다.

(가) 19세기 후기 전라방언에서 미정의 선어말어미 '-것-'

연결어미 '-거드면'의 기원적 구성이라고 추정된 복합형태 '-겟더면'형은 19세기 후기의 전라방언에서는 존재하지 않았다. 따라서 전라방언에서 '-겟더면>-거드면∽-게드면'의 형태론적 변화는 상정하기 어렵다. 그러한 근거는 전형적인 전라방언에서 추정이나 의도의 선어말어미 '-겠-'이 19세기 후기의 단계에서나, 현대 전라방언에서 쓰인 사례가 전혀 없다는 사실에 있다. 이러한 분포 현상은 만일 '-겟더면'을 전제로 하면 19세기 후기의 전라방언 자료에 매우 높은 출현빈도를 보유하였던 생산적인 '-거드면'의 등장(최전승 1992를 참조)과 모순되는 것이다. 추정이나 의도 또는 미래를 가리키는 선어말어미 '-겠-'은 현대 전라남・북도 전 지역에서는 '-겄-'으로 분포되어 있다(이기갑 2003 : 496).[22] 오늘날 이 지역방언에서 '-겄-'으로 대표되는 문법형태는 19세기 후기의 단계에서 '-것-'으로 소급되어 나타난다. 이러한 예들의 일부를 편의상 전주에서 간행한 84장본 완판 『춘향전』(열여춘향슈졀가)의 텍스트에서 부분적으로 추려보면 아래와 같다.

(10) ㄱ. 농군이라 ᄒᆞ난 거시 디가 ᄲᆞᆨᄲᆞᆨᄒᆞ면 쥐식기 소리가 <u>나것다</u>(하.26ㄴ).
　　　 이도령 마음이 울적ᄒᆞ고 졍신 어질하야 별 싱각이 다 <u>나것다</u>(상.9ㄱ),
　　　 아셔라, 그 글도 못 <u>일으것다</u>(상.14ㄴ), 그 글도 못 일것다(상.14ㄴ),
　　　 일졈혀륙이 업셔 일노 한이 되야 장탄슈심의 병이 <u>되것구나</u>(상.1ㄱ),
　　　 구곡간장 구부 셕어 이니 눈물 구연지수 <u>되것구나</u>(하.13ㄴ),
　　 ㄴ. 이 마리 만일 사쏘게 드려가면 큰 야단이 <u>나것거던</u>(상.41ㄱ),
　　　 춘향이 이러나며 엿자오디 시속인심 고약하니 그만 놀고 <u>가것너다</u>

---

22) 이기갑(2003)에 의하면, 추정과 의도의 선어말어미 '-겠-'의 지역 방언적 분포는 '-겠-, -겟-, -겄-, -갔-, -갓-' 등의 형태로 나타난다. 이 가운데 전형적인 '-겄-'형은 전라남북도 전역과 경남의 대부분 지역, 경기도 남부와 서부 일부, 충남과 충북의 일부에 분포되어 있다. 이금영(2018 : 77)은 전라도 방언 '못 들겄드랑게라'(듣지 못하겠더라고요)과 같은 구성을 소개하며, 이것은 '-더라' 종결어미 앞에서 기원적 '-겟더면'의 '-겠-'이 실현되어 있는 현상이 지속되어 있다고 하였다. 그러나 이것은 '-겟-'이라기보다는, 전형적인 전라방언의 형태 '-것-'으로 분석된다.

(상.13ㄴ),

네가 몰르면 <u>쓰것난야</u>(상.14ㄱ),

조곰 안져싸가 <u>가것노라</u> 이러난이(상.14ㄱ),

하날임이 드르시면 쌈짝 놀닉실 거진말도 <u>듯거소</u>(상.15ㄴ),

춘향과 도련임이 마조 안져 노와쓰니 그 이리 엇지 <u>되것난야</u>(상.26ㄴ).

『독립신문』의 텍스트에 반영된 중부방언을 중심으로 연결어미 '-거드면∽-게드면'의 기원적 구성을 '-겟더면'으로 설정한다면, 이와 동 시대에 속하는 19세기 후기 전라방언의 자료에 출현하는 예의 '-거드면∽-게드면'형의 기원도 위의 (9)의 상황에 맞추어 이번에는 '-것더면'으로 조정해서 설정하여야 된다. 동 시대의 상이한 성격의 자료에 출현하는 연결어미 '-거드면∽게드면' 부류의 통사적 환경이나 그 기능 및 의미를 성격이 상이한 두 가지 유형의 자료를 중심으로 상호 대조하여 보면, 이 연결어미를 서로 다른 별개의 독자적인 문법형태라고 파악될 근거는 없다.

19세기 후기 중부방언의 '-겟더면' 구성에서 첫 음절에 일어난 음운론적 조정을 '-겟->-게-∽-거-'의 방향으로 잠정적으로 추정할 수는 있다(이현희 1992; 이금영 2018). 그러나 이번에는 19세기 후기 전라방언에서 '-것더면>-거드면'은 개연성이 있으나, 또 다른 이형태 '-게드면'을 '-것더면'으로부터 '-것->-게-'의 음성변화를 적용하여 이끌어내는 방법은 찾을 수 없다. 따라서 19세기 후기 전라방언의 '-거드면∽-게드면' 부류의 연결어미 형태가 기원적인 '-것더면'이나 중부방언에서의 '-겟더면'과 같은 구성에서 2차적 문법화를 거쳐 변화되어 나온 것이 아니라면, 이와 통사적 성격이 동일한 동 시대의 중부방언에서의 '-거드면∽-게드면'의 형성도 역시 '-겟더면'과 같은 원래의 구성과 무관한 것이다.

(나) 근대국어에서 잔존형으로서 확인법의 '-것-'과 '-거-'

정재영(1996)과 이금영(2018 : 66)은 설정된 기원적 '-겟더면' 통합형어미에서 최종 형태 '-거드면'으로의 이행을 설명하기 위해서 근대국어 단계에서 일정한 부류의 자료(주로, 필사본)에서 첫 음절 위치에 있는 '-겟-'이 '-것-, -거-, -게-'로 표기되어 출현한다는 예들을 제시하였다. 그러나 그러한 보기들을 다시 살펴보면, 정재영(1996)에서도 그렇지만, 특히 이금영(2018)이 나열한 예들은 대부분 중부방언에서의 직설 확인법(고영근 1993 : 202-203), 또는 강조·영탄법(허웅 1975 : 943)에 속하는 '-것-' 부류와 관련되어 있다.23) 이러한 부류들은 주로 설명법어미 '-다'와 통합하여 '-것다' 또는 영탄의 '-것구나'와 같은 구성으로 15세기 국어에서부터 근대국어에 걸쳐 등장하고 있다.24) 이러한 확인법의 '-것-'에 대하여 안병희·이광호(1990 : 227)는 중세국어에서 이미 일어난 사실을 주관적으로 확신하여 강조하는 선어말어미 '-거-'가 근대국어로 오면서 '것-'으로 형태변화를 수행한 것으로 설명한 바 있다. 확인법의 '-것다/-것구나' 유형은 위에서 제시한 19세기 후기 전라방언에서 일부 (9)ㄱ과 기능상으로 유사한 측면이 보인다.25)

또한, '-겟더면'에서 '-거드면'으로의 발달 과정에서 출현한다는 음절말 'ㅅ'의 탈락(이현희 1992; 이금영 2018)은 중세어 미완료 동작상 '-아/어 잇/이시-'의 구문에서부터 과거시제 '-앗/-엇'으로의 전개 과정에서, 동시에 '-게 ᄒᆞ야잇-/

---

23) 이금영(2018)이 각주 (9)에서 제시한 근대국어 자료를 인용하면 다음과 같다. 인용된 자료의 성격에 대한 설명은 이 논문에서 별도로 제시되지 않았다. 이들 예에서 '-것구나' 유형은 이 글의 본문에서 제시한 19세기 후기 전라방언의 자료 (9)ㄱ에 접근한다.

　(ㄱ) 거포쥰이 샹속ᄒᆞ니 호리건곤 되것구나(약산동되 110), (ㄴ) 삼연 무관의 고국을 발라본니 미구혼이 되것구나(심청전/하바드대학 소장본, 21ㄱ), (ㄷ) 千里에 만낫ᄃᆞ가 千里에 ㅅ굼 속에 千里 님 보것고나(악학습령 549), (ㄹ) 穴을 차자 파거드면 細砂黃土 나거구나(國師玉龍子游世祕錄), (ㅁ) 그러치 아니ᄒᆞ더면 그 손에 죽게더라(텬로력뎡 1.139ㄴ).

24) 허웅(1975 : 943)과 이병기(1977 : 26)에서 확인법 또는 강조·영탄법의 '것'에 대한 중세국어의 용례를 인용하면 다음과 같다.

　(ㄱ) 牛斗星 ᄇᆞ라오몰 혼갓 잇비 ᄒᆞ것다. 龍泉劍 파내욜 혜유미 업세라(두시언해, 21,42ㄱ), (ㄴ) 져믄 사름의 즐규믈 쇽졀업시 보것다. 춤는 눈믈이 ᄒᆞ마 오시 졋ᄂᆞ다(상동, 11,30ㄴ).

25) 현대 중부방언에서 확인법의 '-것-'과 전라방언에서의 추정의 '-것-'과의 형태상의 유연성에 대한 논의는 이병기(1997 : 26-27)를 참고하였다.

이시-'에서 '-겟-'으로의 발달에서 산발적으로 출현하는 현상이다. 그러나 근대국어의 문헌 자료에 이와 같이 산발적으로 출현하는 선어말어미 '-겟-'의 이형태 '-것-, -거-, -게-' 등과 같은 표기를 설령 그대로 수용한다고 하더라도, 19세기 후기의 전라방언 자료와 『독립신문』 등과 같은 개화기 부류에서 '-거드면'으로 이르는 직접적인 중간단계 '-겟더면>-것드면'은 확인되지 않는다.26) 혹시 어떤 근대국어의 자료에서 "-것더면/-것드면'이 확인된다고 하더라도, 음절 'ㅅ'의 일부의 산발적인 탈락이 '-것더면>-거드면'의 경우에서는 하나의 예외도 남기지 않고, 전부 규칙적으로 실행되었을 개연성은 매우 낮다. 이렇게 추정된 '-겟더면'과 유사한 음성 환경을 구비하고 있는 '-앗/엇+-더면'의 과거회상의 가정법 형태에서 'ㅅ'이 탈락된 "-아/어더면'형은 쉽게 확인되지 않는다.27)

(다) '-겟더면>-겟더라면'의 발달형의 부재 :

가정법 과거 회상의 '-더면'은 19세기 후기 이후부터 점진적으로 '-더라면'으로 교체되어 간다.28) 이러한 새로운 경향은 '-더라 ᄒᆞ면'과 같은 강조된 가

---

26) 원래의 구성체 '-겟더면'을 주장하는 이금영(2018 : 77)은 기원적 형태 '-겟더면'을 포함해서, 그 변화의 중간단계인 '-것더면/-것드면' 등과 같은 예상 형태가 근대국어의 문헌 자료상으로 전혀 출현하지 않은 사실은 해결되지 않는 문제점으로 인식하였다.

27) 추정된 '-겟+더면>거드면'으로의 발달이라 가정하고, 과거회상의 '-더-'형의 모음이 상승되어 '-드-'로 바뀌진 것이라 한다면, 같은 자료 내에서 원형 '더'를 보여주는 '-거+더+면'의 용례가 『독립신문』(1896.4.4~1898.6.30)에서 단 1회도 출현하지 않는다. 이러한 사실은 과거의 선어말어미 '-엇-/-앗-' 뒤에 연결된 '-더면'형이 동일한 『독립신문』의 텍스트에서 '-더면'과 '-드면'과 같은 부단한 변이를 보이고 있는 예들과 대조된다.
그렇다면, '-거드면'의 복합 형태소 '-드-'형이 과거회상의 선어말어미 '-더-'와 직접적인 연관을 맺기 어렵다고 생각한다.

28) '-더면>-더라면'의 교체는 19세기 후기 『독립신문』의 텍스트에서 부분적으로 등장한다.

그 디방에 원거 ᄒᆞᄂᆞᆫ 근착 잇ᄂᆞᆫ 사ᄅᆞᆷ들노 <u>식혓더라면</u> 이런 도망질 ᄒᆞᄂᆞᆫ 폐단이 업슬 것을 (1897. 7.29),
cf. 각국이 다 ᄌᆞ쥬 독립국으로 승인을 ᄒᆞ여 주엇스니 ᄌᆞ쥬 독립국 힘셰를 <u>ᄒᆞ엿드면</u> 죠화슬 것을...(상동, 1898. 4.1.),
니치를 잘ᄒᆞ야 나라이 평안 <u>ᄒᆞ엿드면</u> 다시 갑오년 을미년 변이 아니 낫슬걸(상동, 1898.

정의 인용법이 개입된 결과로 보인다. 여기에 형태론적 변화에 보조를 맞추어, 추정된 '-겟더면'의 경우도 '*-겠+더라면'과 같은 통사적 구성으로 향할 수도 있을 것이다. 따라서 20세기 전기에 '-거드면'형도 '-거드라면'으로 일부 출현할 것으로 예상된다. 그러나 '-거더라면'형은 물론, 기원적인 '-겟더라면'도 문헌 자료상으로 존재하지 않기 때문에, '-거드면'형이 과거 회상의 반사실적 가정의 '-더면'과도 무관한 구성체라는 사실을 보여준다.

(라) 19세기 후기 '-겟더면'의 용법과 '-거드면'의 용법과의 불일치

19세기 후반에 '-겟더면'형이 가정법 조건을 나타내는 연결어미로 단 1회 출현한다. 선교사 Underwood(1859-1916)가 한국어 구어 중심으로 작성한『한영문법』(*An Introduction to the Korean Spoken Language*, 1890)에서 조건문과 연결어미 항목의 설명 가운데 제시된 아래와 같은 예문에서 '-겟더면'이 사용되었다. Underwood(1890 : 266)는 조건문에 대한 기술을 "1. 단순 조건(simple conditional), 2. 사실과 반대되는 추정(supposition contrary to fact), 그리고 3. 현실적으로 있음직하지 않은 추정(improbable supposition)"과 같이 세 가지로 나누어 제시하였다.[29] Underwood가 제시한 두 번째 조건문인 반사실적 추정에 대한 몇 가지 유형의 예문들 가운데 다음과 같은 '-겟드면' 연결어미 형태가 등장

4.1.).

29) Underwood(1890)에서 제시된 조건문 세 가지에 대한 설명은 다음과 같다.

  (1) 단순 조건문 : 선행절에서 현재, 과거 그리고 미래시제에 '-면'이 연결되고, 후행절은 앞선 조건의 결론으로 미래와, 때때로 현재시제가 온다. 예문 : 불 ㄲ지게 ᄒ면 우리들이 다 감겨 들겟소

  (2) 사실과 반대되는 추정문 : 조건절의 용언에서 복합시제 또는 '-더-'와 '-면'이 연결되며, 후행절에서 결론으로 (가정법) 미래 완료형 시제가 뒤따른다. 특히, 후행절에서 아주 흔하게 '-번 ᄒ오'가 붙은 미래 분사(future participle)가 오는 경우가 많다. 예문 : 비 오지 안터면 우리들이 다 몰 엇고 쇼챵묘로 갓겟소

  (3) 있음직하지 않은 추정문 : 만일 추정이 현실에 비추어 의심의 여지가 있을 경우에 가정은 불확실성이나 의심을 표출하는 첨사 '혹'을 첨가하여 '-면'을 연결하거나, 또는 '-면' 대신에 '-거든'을 연결시킨다.
  셔울 가겟거든 내 편지 ᄒ나 전ᄒ야 주면 됴켓소(p.266).

한다.

> (11) 그 일 ㅎ겟더면 벌써 ㅎ엿겟소(Underwood 1890 : 267).
> If I were going to do it, I would have done it already.
> cf. 그 사름 가더면 내가 가겟소=If he were going, I would go.
> 병 잇엿다고 날넛더면 어저끼 내가 갈 번 ㅎ엿소
> =if you had told me she was sick, I would have gone yesterday.

위의 예에서 선행절의 연결어미 구성체 '-겟더면'(if I were going to)에 후속하는 후행절의 '하엿겟소'(would have done) 용언 형태는 전적으로 과거에 일어날 잠재성이 없는 반사실적 가정법을 표시하였다. 이와 같은 사실은 이미 Underwood(1890)가 관찰한 바와 일치한다. 따라서 원래의 연결어미 '-겟더면'의 기능은 화자가 현재의 입장에서 그러한 일이 없었으나 과거 시점에 일정한 사건이 일어났을 것으로 가정 또는 전제할 때에, 인과적으로 따라서 수행되었을 사건을 반사실적으로 후행문의 서법과 시제를 통해서 추정하는 문법 영역으로 한정된다.

또한, 반사실적 사건에 대한 가정이라는 관점에서 '-겟+-더면'의 구성체는 '-앗/엇+-더면'형과 '-더면'을 공유하고 있다는 점에서 이미 Underwood(1890)에서 분류된 바와 같이 유사한 조건문 범주에 귀속된다. 단지 전자의 형태는 화자가 현재 시점에서 과거에 일어나지 않았던 일이 만약에 일어났었다고 가정했을 때, 어떤 결과가 현실 세계에서 부수적으로 또는 필연적으로 도출되었을 것인가에 대한 강한 추정을 전제로 하는 어미이다. 그 반면에, 후자의 형태는 전자와 동일한 의미 내용에 대한 화자의 단순한 반사실적 가정만을 나타내는 어미이다. 따라서 전자와 후자의 형태의 등장은 단지 반사실적 인과관계에 대한 화자의 화용론적인 선택에 의해서 결정되는 것으로 생각한다.

1930년대 한국어 문법을 기술한 Roth 신부의 *Grammatik der Koreanischen Sprache*(1936 : 482)의 조건문 항목에서 과거의 반사실적인 가상 상황에서 쓰이는 연결어미 '-았/었더면'에 뒤따르는 후행절의 서술어는 주로 '-하였겠는데(요), -하였을걸(이요)'로 나타난다. 당신이 어제 오셨더면 당신 동포를 만나보았겠는데요(p.482). 이러한 조건문의 후행절 서술어의 유형은 19세기 후기에 Underwood(1980)에서 반사실적 조건문의 예문으로 제시된 부류와 어느 정도 일치한다. (ㄱ) 그때 로형이 내게 은젼을 빌녓더면 닷시만에 돈과 변리를 다 갑핫겟소(p.267).30)

연결어미 '-겟더면'의 구체적인 실체는 파리 외방전도회 선교사들과 Ridel 신부가 공동으로 저술한 『한어문젼』(Grammaire Coréenne, 1880)에서 자세하게 열거된 다양한 용언들의 활용 목록표 가운데 등장하고 있다.31) 여기서 예시된 30여 개의 용언어간에 연결된 '-겟드면' 또는 '-엇겟드면'의 조건문에서 후행절은 모두 생략되어 있다. 이 가운데, 일부 용언활용의 보기를 인용하면 아래와 같다. 아래의 (12)ㄱ은 형용사 활용, (12)ㄴ은 동사 활용에서 일부 추출한 것이다.

> (12) ㄱ. 깁-다/깁-더니/깁-더면/깁-겟다/깁-겟더니/깁-더면/<u>깁-겟더면</u>,
> 깁-헛다/깁-허시면/깁-헛더면(p.27),
> 놉-다/놉-더니/놉-더면/놉-겟다/놉-겟더니/놉-<u>게더면</u>
> (nop-*keit*-te-myen, p.32),
> ㄴ. 호-면/호-거든/호-더면/호-엿더면/<u>호-겟더면</u>/<u>호-셧겟더면</u>호-엿겟거든
> /<u>호-엿겟더면</u>(pp.88-93),
> ㄷ. 먹-으면/먹-거든/먹-더면/먹-어시면/먹-엇거든/먹-겟시면/먹-겟거든/
> 먹-엇겟시면/<u>먹-겟더면</u> /<u>먹-엇겟더면</u>(pp.88-93).

---

30) Gale의 『스과지남』(Korean grammatical forms, 1894 : 52)에서도 조건의 연결어미 '-ㅅ더면'은 과거 용언어간에 첨가하여 'if I had'의 뜻으로, 다음과 같은 예문으로 소개되었다.

밥 먹엇더면 혼 십리 더 갈 번 호엿소(if I ad eaten, I think I could have gone another ten li).

31) 『한어문젼』(Grammaire Coréenne, 1880)에서 기술된 이러한 사실과, 그 활용 예들은 이미 정재영(1996 : 21-22)이 지적한 바 있다. 그리고 이 문법서(1880 : 25)에서 선어말어미 '-겟-'은 미래표지(la marque du futur)로만 규정되어 있다. 이집이 크겟다(cette maison sera grande).

위의 활용 예들 가운데, 『한어문전』(*Grammaire Coréenne*, 1880)에서 예시
된 모든 형용사어간에 연결된 '-겟더면'은 단지 (12)ㄱ의 '놉-게더면'(si'il serait
haut) 활용 형태에서만 'ㅅ'이 탈락되어 주목된다. 그리하여 정재영(1996 :
21-22)은 '-거드면'의 기원적 구성체 '-겟더면'을 주장하기 위한 일차적 증거
인 'ㅅ' 탈락형의 보기로 예의 '놉-겟더면>놉-게더면'을 지적하였던 것이다.
그러나 글쓴이는 여기서 'ㅅ'의 탈락은 어떤 모종의 음성변화에 의해서 일관
성 있게 수행된 현상이 아니라고 판단한다. 그 근거는 열거된 '놉-게더면'에
병기되어 있는 로마자 전자에 음절말 'ㅅ'의 발음에 해당되는 t가 살아있기
때문이다. nop-<u>keit</u>-te-myen. 그뿐만 아니라, 같은 문법서에서 열거된 모든
유형의 형용사와 동사어간에 첨가된 연결어미 '-겟더면'에서 (12)ㄱ의 '놉-게
더면'을 제외하면, 이러한 'ㅅ' 탈락형으로 등장한 예는 찾을 수 없다. 그러한
연유로 '놉-게더면'에서 유일한 'ㅅ'의 탈락은 당대의 사실적인 언어 현상이
라기보다는 인쇄 과정에서 일어난 우발적인 오식의 일종으로 추정된다.

또한, 같은 문법서(1880 : 87)에서 'ㅎ-겟더면'은 si je devais faire(가정법 미
래 : 만일 내가 과거에 그 일을 하였더라면)으로, 'ㅎ-엿겟더라면'은 si j'aurais fait,
si j'avis ete devant faire, si j'avais du faire(가정법 미래 미완료 : 만일 내가 과거
에 그 일을 하였을 것 같았더라면...어떠한 결과가 일어났을 것이다.) 정도로 해석되는
프랑스 대역어가 첨부되었다. 따라서 여기서 제시된 설명에 따르면, '-겟더면'
이나, 또 다른 '-엇겟더면'의 문법적 의미는 화자의 가정이 과거 또는 과거완
료의 강한 반사실적 가정에 근거하고 있음을 알 수 있다. 따라서 이러한 연
결어미에 후속하는 후행문의 인과적 결과는 과거나 현재의 현실세계에서 전
연 수행될 수 없는 사건들에 대한 순수한 가정이다.

설령, 『한어문전』(*Grammaire Coréenne*, 1880)에서나, Underwood(1980 : 266)에서
확인된 반사실적 가정의 연결어미 '-겟더면'이 그대로 '-거드면'으로 발달하
였다고 일단 가정하면, 적어도 중부방언 중심의 19세기 후기의 단계에서 다
음과 같은 두 가지의 문제가 파생된다. 하나는 이 짧은 시기 동안에 급진적

인 변화 '-겟더면>-거드면∽-게드면'을 수용하여야 된다는 사실이다. 다른 하나는 19세기 후기에서나 20세기 초기에 '-겟더면>-거드면∽-게드면'의 변화가 수행되는 과정에서 필연적으로 등장하게 되었을 '-겟더면∽-거드면∽-게드면' 등과 같은 공시적 변이가 『독립신문』 부류의 개화기 자료에 반영되어 있어야 한다. 그러나 '-겟더면'형과 '-거드면' 또는, '-게드면'형들은 이들 자료에서 서로 출현상의 배타적 분포를 보인다. 다시 말하면, 사실적 조건이나 추정의 연결어미 '-거드면∽-게드면'이 출현하는 19세기 후기의 『독립신문』 부류에서나, 20세기 초반의 <신소설> 등에서 기원적 구성체 '-겟더면'은 확인되지 않는다. 그 반면에, 반사실적 가정의 '-겟더면'이 등장하는 『한어문전』(Grammaire Coréenne, 1880)에서나, Underwood(1980 : 266)에서 '-거드면∽-게드면' 등의 변이형은 전혀 나타나지 않는다. 따라서 이와 같은 동 시대의 자료에서 배타적 분포를 보이는 '-겟더면'과 '-거드면∽-게드면'은 전혀 별개의 각각의 독자적인 문법형태이다

(마) '-겟더면>-거드면'과 '-ㄹ 것 같으면'의 의미 영역의 불일치

근대국어의 단계에서 '-겟더면>-거드면'의 발달 방향을 상정하는 이현희(1994 : 72)와 정재영(1996 : 21)은 여기서 '-거드면'의 문법적 의미를 한결같이 '-ㄹ 것 같으면' 정도로 해석하면 문맥이 자연스럽다고 보았다. 그러나 우리가 위의 (ㄹ)의 항목에서 추정한 원래의 '-겟더면'(반사실적 가정법 미래 미완료)과, 보편적인 '-면'의 적용 영역을 포괄하고 있는 '-ㄹ 것 같으면'의 의미와는 일맥상통하지 않는다. 19세기 후기의 『독립신문』의 텍스트에서도 '-거드면'와 함께 '-ㄹ 것 같으면' 구문이 빈번하게 교체되어 사용되었는데, 그 구문이 나타내는 의미는 '-겟더면>-거드면'이 상정되지 않은 '-거드면'의 영역에 포괄된다. 이 자료에서 출현하는 '-ㄹ 것 같으면' 구문과 연속되는 후행절 서술어의 상태를 일부 제시하면 아래와 같다.

(13) ㄱ. 죄가잇서 면직 식히랴거드면 그신돎을 다만 당쟈의게만 알게 홀샏 아
니라 왼 나라 사름의게 광고 ᄒ는거시 첫지는 죄가 잇슬것 곳흐면 당
쟈도 원통훈 ᄆ음이 업슬터이요 둘지는 다른 사름의게 증계도 되는거
시니 엇지 유익지 안ᄒ리요(독립신문, 1896. 5.5.①),

ㄴ. 이러케 빌어슬 것 곳흐면 하ᄂ님이 이긔도를 더답 ᄒ실지라(상동, 1896.
8.18.①),

ㄷ. 만일 셩쌀 돈이 잇슬 것 곳흐면 각항구에 포터를 뭇고 슈뢰 포를 뭇어
도적의 군함들이 못들어 오게 쥰비 ᄒ는거시 맛당 홀지라(상동, 1896.
10.29.),

ㄹ. 각기 즈긔 직무문 홀 것 곳흐면 그 째는 져졀노 샹하가 합심이 되야 ᄉ
랑ᄒ는 싱각도 싱길터이요 서로 도아 줄 싱각도 날터이라(상동, 1897.
3.18.②).

가정을 전제하는 '-ㄹ 것 같으면'의 구문 자체에 미래의 관형사형 어미
'-ㄹ'이 내포되어 있기 때문에, 과거나 과거 회상과는 관련이 없이 화자가 현
재의 시점에서 일정한 조건에 의해서 앞으로 일어날 어떤 사건이나 동작을
가정하는 상황을 전제로 한다. 따라서 연속되는 이러한 앞선 가정으로 일어
나는 인과적 결과는 역시 미래에 속하는 동작이나 상태이다. 따라서 위의 예
문들에서 가정의 '-ㄹ 것 곳흐면' 구문 대신에 예의 '-거드면'을 그대로 대입
시켜도, 통사적 구성이나, 그 의미에 별다른 영향을 주지 못한다.[32] 그러나
이 자리에 원래의 '-겟더면'으로 대치될 수 없다는 것은 분명하다. '-거드면'
을 '-겟더면'에서 유래된 것으로 전제하는 한에 있어서, '-거드면'과 '-ㄹ 것
곳흐면'과의 의미와 통사적 기능이 동일시 될 수 없기 때문이다. 그 반면에,
'-겟더면>-거드면'의 형태변화 과정을 부정하고, '-거든'과 '-으면'의 혼효형

---

32) 이 글의 §2의 (1)에서 '-거드면'과 관련하여 제시한 Eckardt(1923 : 353)의 예문을 다시 참조

(ㄱ) 만일 비가 오거드면(=올 지겡이면, 올 걸 같으면, 오게 되면, 올진댄), 울타리에는 빨래
가 다 결단 나겠소

(ㄴ) onal nari tjohŭlkŏd kadhmŭyŏn, salkogot kukyŏng kakedso
(=오날 날이 조홀 것 가트면 살고꼳 구경 가겠소).

으로 해석하는 이지영(1999 : 21-39)에서 '-거드면'은 '-ㄹ 것 같으면'의 의미를 지니게 된다.

5. 결론과 논의 : '-게+-되면〉-거드면(어미)'의 문법화

지금까지 글쓴이는 앞선 §4.2에서 90년대부터 최근까지의 고찰에서 이루어진, 조건의 연결어미 '-거드면'에 대한 형태론적 분석 '-겟-+-더-+-면'에 내재된 몇 가지의 문제점들을 글쓴이의 관점에서 찾아보았다. 사실, 19세기 후기와 20세기 전반의 시대적 단계에 일정한 부류의 자료에서 짧은 기간 생산적으로 사용되었다가 오늘날에는 구어에서 거의 사라져버린 문법형태 '-거드면'은 불가해한 존재이다. 그럼에도 불구하고, 오늘날 대부분의 대표적인 국어사전 부류에 여전히 '-거드면' 표제어가 마치 화석처럼 등록되어 있는 사실도 또한 특이한 현상이다. 글쓴이는 애초에 19세기 후기에 전주 등지에서 간행된 판소리계 완판본 고소설 부류와 신재효가 개작한 판소리 사설집에서 주로 등장하였던, 구어성이 강한 '-거드면'이 동일한 시대의 상이한『독립신문』의 텍스트에서도 빈번하게 사용되었음을 알고, 이것은 일종의 지역 방언적 특질로 파악한 적도 있었다(최전승 1992).[33]

그러나『독립신문』의 텍스트 자체(1896.4.7.-1899.12.30.)에서도 편집인들의 교체를 거치면서 연결어미 '-거드면'의 출현 빈도는 일정하지 않았다. 특히, 이 문법형태의 출현은『독립신문』발행의 후반기에서는 감소되는 경향을 보인다. 그 반면에, 전라방언의 특질을 그대로 보유한 판소리 사설 계통에서 이 형태는 구전으로 계승되어 오고 있다. 따라서 '-거드면'의 사용은 그 당시 화

---

33) 글쓴이가 살펴본 대부분의 19세기 후기 경판본 고소설 자료에서 예의 '-거드면'의 등장은 확인되지 않는다.

자들의 말의 스타일에 따라서 구사되었던 조건의 연결어미의 변이형이었을 것으로 추정되기도 한다.

이 글에서 '-거드면'의 기원적 형태 '-겟더면'의 존재를 일단 유보하면, 다른 대안으로 제시되었던 혼효형 '-거든+-면>-거드면'(Ramstedt 1939; 한글학회의 『큰사전』 1947; 리의도 1990; Martin 1992; 이지영 1999)과, 1920년대 Eckardt(1923)에서 분석되었던 '-게+-되면>-거드면'의 과정이 다시 남게 된다. 먼저, 19세기 후기~20세기 전반에 걸쳐 주로 등장하는 '거드면'형이 '-거든+-면'의 결합으로 구성된 혼효형이라면, 그것의 형태론적 동기는 이기문(1980 : 284)에서 지적한 바와 같이, '-면'보다는 강한 가정을 표출하기 위한 시도에 있을 것이다.

그러나 당시의 다양한 여러 텍스트에 등장하는 '-거드면'이 쓰인 통사적 맥락을 살펴보면, 이 혼효형이 통상적인 '-면'보다 더욱 강한 가정을 전제로 하였다는 객관적인 근거는 구체적으로 확인하기 어렵다.[34] 이 글의 §3에서 동 시대에 작성된 이본들을 중심으로 추출되었던 (6)의 예문들(특히, '-거드면 ∽-면'의 공시적 변이)에서도 이러한 사실이 드러난다.

또한, '-거드면'형은 조건 또는 가정의 전제가 표면으로 뚜렷하게 실현되어 있지 않은 맥락에서도 쓰이고 있는 예도 자료에 따라서 관찰된다. 아래의 예들이 이러한 사실을 어느 정도 예증하고 있다.

> (14) ㄱ. 이와 갓타여 네 그런 일이 잇스물 <u>보거드면</u> 그 쩌가 온 줄 알진더이에
> 門의 밋츤거시니라(1885, 신약 마가젼복음, 13 : 29, 이수정 역),
> ㄴ. 이갓치 너희 이 일 이스물 <u>보고</u> 쩌 갓가와 문에 밋츤 줄 알나.(1887,
> Ross의 예수셩교젼셔, 말코복음 13 : 29),

---

34) 또한, '-거드면'의 기원적 형태가 '-거든+-면'의 복합구성이라면, 혼효형을 이루는 과정에서 개입된 앞선 성분 '-거든'의 음절말 자음 'ㄴ'의 탈락은 음운론적으로 설명하기 어렵다. 이 글의 초고에 대한 논평에서 김한별 교수는 혼효형을 형성하는 과정에서 발생하는 특정 형식의 탈락(혹은 절단)이 반드시 음운론적으로 설명할 수 있어야 하는 것은 아니라고 지적하였다.

ㄷ. 이와ᄀᆞ치 너희가 이런 일 나는 거슬 <u>보거든</u> 인ᄌᆞ가 갓가히 와셔 곳 문 압혜 니른줄을 알나.(1900, 신약젼셔),35)

   cf. a. similarly, <u>when</u> you see these things happen, you will know
         that he is near at the door(오늘날의 영어성서).

     b. ebenso auch, <u>wenn</u> ihr seht, daβ so etwas geschieht, so wisst,
       daβ er nahe vor der Tür ist(마틴 루터판 독일어성서).

위의 예문 (14ㄱ)은 서울 출신 이수정이 번역해서 1885년에 간행한『신약 마가전복음셔언ᄒᆡ』에서 인용한 것인데, 전체 텍스트에서 유일하게 '-거드면'이 단 1회 출현한다. 여기에 쓰인 '-거드면'은 앞으로 일어날 사건의 예정을 나타낸다. 그 반면에, 이보다 2년 후에 출간된 Ross의『예수셩교젼셔, 말코복음』의 경우에는 이와 동일한 문맥에서 선행절이 계기의 연결어미 '-고'로 실현되어 있다. 그리고 1900년에 출간된『신약젼셔』에서는 후행절이 명령문의 서법에서 직설법의 '-거든'이 배정되어 있다.

이 글의 §3에서 논의되었던, 또 다른 대안적 해석인 '-게+-되면>-거드면'의 과정 역시 이금영(2018)에서 지적된 바와 같은 많은 문제점들을 자체적으로 안고 있다. 그러나 기원적 구성체의 존재가 투명하고, 여기서 발달된 '-거드면'형이 형태론적으로 불투명해짐에 따라서 다음 시기의 화자들이 문맥에 의해서 다시 원래의 투명한 형태로 환원(탈문법화)시켰을 전후의 관계를 추적할 수 있는 여지가 있다. 특히, 여기서 추정된 '-게+-되면>-거드면'의 과정은 문법화의 범주로 귀속시킬 수는 여건을 구비한다. 일정한 통사적 환경에서 부사형 어미 '-게'에 의해서 주도되는 어떤 상태나 동작으로 이르게 되는 상황을 가정하는 구성체 '-게+-되면'의 쓰임이 일종의 관용구와 같이 빈번해짐에 따라서 문법화를 수행하여 점진적으로 조건 또는 가정의 연결어미로 전

---

35) 제주 향토문화연구소에서 펴낸 제주방언 성경『마가복음』(1981, 보이스사)에서도 이 구절은 다음과 같이 옮겨져 있다.

이것광 ᄀᆞᆺ이 느네도 영혼 일들이 일어나는 걸 <u>보거든</u> 사름의 아들이 문 앞이 온 중을 알라 (13 : 29).

환되었을 개연성이 높다.

기원적 구성체 '-게 되면'에서 문법화의 과정을 거친 문법형태소로서 '-거드면'은 句에서 어미로 탈범주화를 수행하였으며, 점진적인 변화의 과정을 밟으면서 '-게 도면∽거 되면∽게 되면∽-게 되면' 등과 같은 다층의 "연계 맥락"(bridging context) 속에서 동 시대에 출현하고 있다(Evans & Wilkins 2000 : 550). 이와 동시에, '-게 되면>-거드면∽-게드면'의 변화에서 형태론적 및 음운론적 융합과 음절 경계의 탈락이 수반되어 나타난다. 이어서 가정이나 조건의 의미가 부분적으로 상황에 따라서 탈색되고, 의미의 일반화를 거쳐 바로 앞으로 일어날 예정의 범주에까지 확대되어간다(이 글에서 §3에 나열된 예문 {6}-{7}을 참조). 이러한 과정에서 '-거드면'에 수반된 의미변화는 일정한 외부 사실에 근거한 객관적인 조건이나 가정에 대한 화자의 내적 해석이 주관적인 판단 혹은 평가와 태도를 표출하는 방향으로 향한다(Traugott & Dasher 2002).

특히, '-거드면'으로의 문법화 과정이 진행됨에 따라서, 기원적 句의 구성체에서만 출현하였던 통사적 맥락이 확대되어 전형적인 연결어미의 맥락으로 옮겨가기도 한다. 이러한 사정은 문법화를 수행한 '-거드면'형의 통합적 관계가 기원적 구성체 '-게 되면'과의 통상적인 통합 관계를 벗어나 새로운 환경으로 "숙주 확장"(host-expansion)을 수반한다(Brinton & Traugott 2005 : 100).

그리하여, 19세기 후기의 단계에서 연결어미 '-거드면'은 통상적인 용언의 기본적인 어간에 연결되었던 환경을 벗어나서, (15ㄱ) 높임의 선어말어미 '-시-'와 '-시옵-', (15ㄴ) 과거시제의 '-앗/엇-', (15ㄷ) 내포문의 종결어미 '-자'와 의도와 목적의 연결어미 '-려/랴' 다음에도 통합될 수 있었다. 19세기 후기 『독립신문』의 언어에서 추출된 다음의 보기들이 이와 같은 문법화를 거친 '-거드면'의 확장된 출현 영역을 나타내고 있다.

(15) ㄱ. 손님들을 다 ᄎᆞ즈 <u>오시거드면</u> 거뎌와 음식이며 여외 범졀을 극진히 슈

응 흐게슴(독립신문, 1897. 7.3.),

물어셔 의론흐야 <u>쓰시옵거드면</u> 무엇이 너졍의 셔지안코 외교의 밋브지 못흠을 걱졍흐오릿가(상동, 1898. 11.15.),

ㄴ. 경무쳥에셔 만일 뎌런 니평을 <u>알앗거드면</u> 혹빅을 곳 분셕흐야 원고되 는 빅셩으로 흐여금 갓치는 디경에 들지 안케 흐리라고들 흔다더라(상 동, 1899. 8.15.),

cf. 경무쳥에셔 만일 이러흔 쇼문을 <u>알거드면</u> 필경 엄히 금단 홀 듯 흐 더라(상동, 1897.1.9.④),

ㄷ. 그리 흔즉 졍부에셔 인민을 의식을 <u>주즈거드면</u> 첫지 홀 일이 법률을 공령 흐게 시힝 흐야(상동, 1898.4.9.),

이 일을 <u>흐즈거드면</u> 사룸이 무죄히 죽을 일이 만히 싱길터이나…(상동, 1897.7.31.),

cf. 법률과 규칙이 실샹으로 시힝 <u>되게 흐즈고 흐거드면</u> 여간 흐나나 둘 못된 관인이 잇드리도(상동, 1897.6.8.),

올흔 일을 <u>졍흐랴거드면</u> 쥬인과 곳 격이 나셔 일은 일디로 아니 되고 불편만 홀터이니(상동, 1897.9.21.),

cf. 편벽 되히 스귀려 <u>흐거드면</u> 다른 나라들이 그걸 죠하 아니 흐야(상 동, 1897.5.25.).

위의 예문 (15)ㄷ에서 내포문의 종결어미 '-다'나 '-자' 또는 의도의 연결어 미 '려/랴' 다음에 연결되는 조건의 '-거드면'의 경우는 함께 제시된 예문에서 보여주는 바와 같이, 인용표지 '-고'와 '-흐거드면'에서 '-흐-' 성분이 인용표 지와 함께 생략된 구문임을 알 수 있다.

연결어미 '-거드면'이 과거의 선어말어미 '-앗-' 다음에 통합되는 '-알앗거 드면'의 예 (15)ㄴ은 이금영(2018)에서 인용한 것이다. 이금영(2018 : 63)은 이러 한 '-알앗거드면'이 쓰인 문맥으로 "만일 저런 내평(內評)을 알았으면" 정도로 해석할 수 있기 때문에, 이러한 위치에 출현하는 '-거드면'을 '-게 되면'으로 파악하기 어렵다고 지적하였다.

(15)ㄴ의 예문은 그 밑의 참조문과 대조되어 있는 "경무쳥에셔 만일 이러 흔 쇼문을 <u>알거드면</u>"(상동, 1897.1.9.④)의 구조와 거의 동일한 구문인데, 현재시

제에 '-거드면'이 연결되어 있다. 예의 '-알앗거드면'이 출현하는 『독립신문』 (1898.11.15.)의 텍스트를 조사하여 보면, 1면에서 4면에 걸쳐 다른 통상적인 '-거드면'의 용례는 발견되지 않는다. 1898년 9월 이후부터 예의 '-거드면'의 사용이 극도로 축소되어, 거의 출현하지 않았다. 1898년 8월 2일자 신문의 텍스트에서 '-거드면'은 단지 2회 출현한다. 이러한 전후의 상황에서 출현하는 11월 15일자의 '-앗거드면'은 특이한 면이 있다.

참고논저

고영근(1993 : 202-3,『국어형태론연구』, 서울대학교 출판부.

고영근(1998),『표준 중세국어문법론』, 집문당.

구현정・이성하(2001), "조건 표지에서 문장종결 표지로서의 문법화",『담화와 인지』제8
    권 1호, 1-19, 담화와 인지연구회

김형철(1984), "19세기말엽의 국어에 대하여",『어문논집』, 1-24, 경남대학교 어문연구회.

리의도(1990),『우리말 이음씨끝의 통시적 연구』, 어문각.

민현식(1999), "개화기 국어문법",『국어의 시대별 변천연구』4, -개화기 국어-, 163-234,
    국립국어연구원.

민현식(2008), "19세기 국어에 대한 종합적 검토",『국어국문학』제134호, 15-42, 국어국문
    학회.

안병희・이광호(1990),『중세국어 문법론』, 학연사.

이경우(1994), "갑오경장기의 문법",『새국어생활』제4권 4호, 74-99, 국립국어연구원.

이광호(1980/2001), "접속어미 '-면'의 의미기능과 상관성",『언어』제5권 2호,『국어문법의
    이해』1에 재수록, 371-410, 태학사.

이금영(2018), "연결어미 '-거드면' 고찰",『어문연구』제95집, 59-82, 어문연구회.

이기문(1980), "19세기 말엽의 국어에 대하여",『난정 남광우박사 화갑기념논총』, 255-266,
    일조각.

이기갑(2003),『국어방언문법』, 태학사.

이병기(1997), "미래 시제 형태의 통시적 연구",『국어연구』제146호, 서울대학교 국어연구
    회.

이병기(2006), "'-겟-'의 문법화와 확정성",『진단학보』102호, 2006-178, 진단학회.

이지영(1999), "선어말어미 '-더-'의 통시적 연구",『국어연구 제159호, 서울대학교 국어연
    구회.

이지영(1999ㄱ), "선어말어미 '-더-'에 관한 일 고찰 -후기 근대국어부터 20세기 전반을
    대상으로-" 제26회 국어학회 공동연구회 발표논문집, 21-39, 국어학회.

이태영(2011), "채만식 소설『천하태평춘』에 나타난 방언의 특징",『전북방언의 연구』,
    205-245, 역락.

이현희(1994), "19세기 국어의 문법사적 고찰",『한국문화』제15집, 57-81, 서울대학교 한
    국문화연구소.

이현희(2007), "19세기 초기부터 20세기 초기까지의 한국어는 어떤 모습이었나 : 주로 문

법사적 기술을 중심으로", 『우리말글』 41, 1-40, 우리말글회.

정재영(1996), "19세기말부터 20세기초의 한국어문", 『한국문화』 제18집, 1-31, 서울대학교 한국문화연구소.

정혜선(2007), "개화기 접속어미 '-거드면', '을뿐더러', '-지마는'에 관한 연구", 『언어와 정보사회』 제8권, 97-113, 서강대학교 언어정보연구소.

조민진(2006), "'-겟-'의 문법화 과정에 대하여-형태 변화를 중심으로-", 『언어와 정보사회』 제7권, 111-137, 서강대학교 언어정보연구소.

최전승(1992), "조건관계 접속어미의 한 유형 '-거드면'에 대하여-19세기 후기 전라방언 자료와 독립신문을 중심으로-", 『이규창박사 정년기념 국어국문학논문집』, 193-222, 집문당.

최전승(2015), "20세기 초엽의 서울방언의 음운론과 움라우트 현상의 공시성-Eckardt의 『조선어교제문전』을 중심으로-", 『중세국어 파생법이 연구 성과와 과제』 (2015년 여름 국어사학회 전국학술대회 발표집, 153-197, (2015, 8.6-7, 충남 대학교)

허 웅(1975), 『우리 옛말본』, 샘문화사.

Brinton, Laurel & E. C. Traugott(2005), Lexicalization and Language Change, Cambridge Univ. Press.(『어휘화와 언어 변화』, 2015, 최전승·서형국 역, 역락).

Eckardt, P. A.(1923), Koreanische Konversations-Grammatik mit Lesestücken und Gesprächen, Heidelberg : Julius Groos. [역대문법대계] (김민수·하동호·고 영근 편, 1977, 탑출판사 ② 23에 수록].

Eckardt, P. A.(1972), Grammatik der Koreanischen Sprache, 개정 3판, Julius Groos, Heiderberg.[역대한국문법대계](제2부 제42책), 김민수·고영근, 박이정.

Evans, N. D. & David Wilkins.(2000), In the mind's ear : The semantic extensions of percepton, Language, 76, pp.546-592.

Gale, J. S.(1894), Korean Grammatical Forms(ᄉ과지남), [역대문법대계] (김민수·하동 호·고영근 편, 1977, 탑출판사 ② 4에 수록].

Martin, Samuel. E.(1954), Korean Morphophoemics, William Dwight Whitney Linguistic Series, Linguistic Society of America.

Martin, Samuel. E.(1992), A Reference Grammar of Korean(『한국어문법총람』), Tutle Language Library. Charles E. Tutle Company.

Ramstedt, G. J.(1928), Remarks on the Korean Language, Memoires de la Societé Finno-ougrienne 58, pp.441-453.

Ramstedt, G. J.(1939/1997), A Korean Grammar, 제2판, Helsinki : Suomalais-Ugrilaisen Seura.

Ridel, Félix-Clair(1881), Grammaire Coréenne, Yokohama : Imprimerie de L. Lévy et S.

Salabelle. [역대문법대계(김민수 · 하동호 · 고영근 편, 1977, 탑출판사) ② 19 에 수록]

Roth, P. Lucius.(1936), *Grammatik der Koreanischen Sprache,* Abtei St. Bennedikkt. [역대 문법대계(김민수 · 하동호 · 고영근 편, 1977, 탑출판사) ②25에 수록].

Traugott, Elizabeth & R. Dasher(2002), *Regularity in Semantic Change*, Cambridge Studies in Linguistics 97, Cambridge Univ. Press.

Underwood, H. G.(1890), 『한영문법』(*An Introduction to the Korean Spoken Language*), Kelly & Walsh, Ltd. [역대문법대계] (김민수 · 하동호 · 고영근 편, 1977, 탑 출판사 ②

찾아보기

ㄱ

ㅇ

ㅊ

A~Z

저자 최 전 승

- 1978~2010 : 전북대학교 사범대학 국어교육과 교수
- 2010~현재 : 전북대학교 명예교수

근대국어 방언사 탐구

초판 1쇄 인쇄 2020년 6월 10일
초판 1쇄 발행 2020년 6월 17일
지은이 최전승
펴낸이 이대현
편 집 권분옥
디자인 안혜진
펴낸곳 도서출판 역락
　　　　서울시 서초구 동광로 46길 6-6 문창빌딩 2층
　　　　전화 02-3409-2058(영업부), 2060(편집부)
　　　　팩시밀리 02-3409-2059
　　　　이메일 youkrack@hanmail.net
　　　　홈페이지 http://www.youkrackbooks.com
　　　　등록 1999년 4월 19일 제303-2002-000014호
ISBN 979-11-6244-533-4 93710